Hagen Schneider
Justizvergütungs- und -entschädigungsgesetz

JVEG

Justizvergütungs- und -entschädigungsgesetz

Kommentar

von

Hagen Schneider
Dipl.-Rechtspfleger, Magdeburg

2., vollständig neu bearbeitete Auflage 2014

Zitiervorschlag:
Schneider § 8 JVEG Rn. 1

www.beck.de

ISBN 978 3 406 63999 9

© 2014 Verlag C. H. Beck oHG
Wilhelmstraße 9, 80801 München
Satz: Druckerei C. H. Beck, Nördlingen
(Adresse wie Verlag)
Druck und Bindung: fgb · freiburger graphische betriebe GmbH & Co. KG,
Bebelstr. 11, 79108 Freiburg

Gedruckt auf säurefreiem, alterungsbeständigem Papier
(hergestellt aus chlorfrei gebleichtem Zellstoff)

Vorwort der 2. Auflage

Seit seinem Inkrafttreten am 1.7.2004 wurden bei dem JVEG bereits zahlreiche Änderungen vorgenommen. Zuletzt wurde mit dem 2. Kostenrechtsmodernisierungsgesetz, das am 1.8.2013 in Kraft getreten ist, eine größere Novellierung vorgenommen. Die vorliegende Neuauflage berücksichtigt dabei sowohl die Gesetzesänderungen als auch die inzwischen zum JVEG ergangene zahlreiche Rechtsprechung und Literatur.

Dabei möchte der Kommentar, wie in der Vorauflage, auch zukünftig praxisnahe und umfassende Erläuterungen geben und somit als Hilfe und Orientierung auf dem Gebiet des Entschädigungs- und Vergütungsrechts nach dem JVEG dienen. Das vorliegende Werk wendet sich somit an alle Personen, die mit dem JVEG befasst sind. Dabei bleibt der Kommentar seinem Ziel verpflichtet, umfangreich, aber anwendungsorientiert zu informieren.

Auf der beigefügten CD-ROM finden sich außerdem wichtige länderspezifische Verwaltungsvorschriften. Alle wichtigen Landesgesetze und -verordnungen zum JVEG sind in einer Übersicht in der Anlage aufgeführt.

Die Neuauflage hat den Gesetzesstand 1.1.2014. Rechtsprechung und Literatur sind bis August 2013 berücksichtigt. Zugleich werden alle Leser und Anwender erneut herzlichst darum gebeten, das Werk durch Anregungen, Hinweise und Kritik zu unterstützen.

Magdeburg, im Februar 2014 *Hagen Schneider*

Inhaltsverzeichnis

Vorwort der 2. Auflage V
Abkürzungs- und Literaturverzeichnis IX
Einleitung XIII

Gesetz über die Vergütung von Sachverständigen, Dolmetscherinnen, Dolmetschern, Übersetzerinnen und Übersetzern sowie die Entschädigung von ehrenamtlichen Richterinnen, ehrenamtlichen Richtern, Zeuginnen, Zeugen und Dritten (Justizvergütungs- und -entschädigungsgesetz – JVEG)

Abschnitt 1. Allgemeine Vorschriften

§ 1 Geltungsbereich und Anspruchsberechtigte 1
§ 2 Geltendmachung und Erlöschen des Anspruchs, Verjährung 85
§ 3 Vorschuss 105
§ 4 Gerichtliche Festsetzung und Beschwerde 116
§ 4a Abhilfe bei Verletzung des Anspruchs auf rechtliches Gehör ... 137
§ 4b Elektronische Akte, elektronisches Dokument 145
§ 4c Rechtsbehelfsbelehrung 149

Abschnitt 2. Gemeinsame Vorschriften

§ 5 Fahrtkostenersatz 153
§ 6 Entschädigung für Aufwand 173
§ 7 Ersatz für sonstige Aufwendungen 185

Abschnitt 3. Vergütung von Sachverständigen, Dolmetschern und Übersetzern

§ 8 Grundsatz der Vergütung 200
§ 8a Wegfall oder Beschränkung des Vergütungsanspruchs 217
§ 9 Honorar für die Leistung der Sachverständigen und Dolmetscher ... 230
§ 10 Honorar für besondere Leistungen 247
§ 11 Honorar für Übersetzungen 255
§ 12 Ersatz für besondere Aufwendungen 271
§ 13 Besondere Vergütung 299
§ 14 Vereinbarung der Vergütung 316

Abschnitt 4. Entschädigung von ehrenamtlichen Richtern

§ 15 Grundsatz der Entschädigung 321
§ 16 Entschädigung für Zeitversäumnis 327
§ 17 Entschädigung für Nachteile bei der Haushaltsführung 329
§ 18 Entschädigung für Verdienstausfall 332

Abschnitt 5. Entschädigung von Zeugen und Dritten

§ 19 Grundsatz der Entschädigung 338
§ 20 Entschädigung für Zeitversäumnis 360
§ 21 Entschädigung für Nachteile bei der Haushaltsführung 364

Inhaltsverzeichnis

§ 22 Entschädigung für Verdienstausfall 368
§ 23 Entschädigung Dritter 377

Abschnitt 6. Schlussvorschriften

§ 24 Übergangsvorschrift 388
§ 25 Übergangsvorschrift aus Anlass des Inkrafttretens dieses Gesetzes 392

Anhang

1. Anlage 1 (zu § 9 Abs. 1) 393
2. Anlage 2 (zu § 10 Abs. 1) – mit Kommentierung – 397
3. Anlage 3 (zu § 23 Abs. 1) – mit Kommentierung – 434
4. Gebührenordnung für Ärzte (GOÄ) – Gebührenverzeichnis
   Abschnitte M, O – 447
5. VwV Reiseentschädigung 491
6. Übersicht: Gesetze und Verordnungen der Länder 507

Sachregister 537

Abkürzungs- und Literaturverzeichnis

a. a. O.	am angegebenen Ort
Abs.	Absatz
AG	Amtsgericht
AGS	Anwaltsgebühren spezial (Z)
a. M.	anderer Meinung
amtl.	Amtlich
amtl. Vorbem.	amtliche Vorbemerkung
Amt. Bl.	Amtsblatt (Z)
Anm.	Anmerkung
AnwBl.	Anwaltsblatt
AO	Abgabenordnung
ArbG	Arbeitsgericht
ArbGG	Arbeitsgerichtsgesetz
Art.	Artikel
ArztuR	Der Arzt und sein Recht (Z)
AV	Allgemeine Verfügung
Baumbach/Lauterbach/ Albers/Hartmann	ZPO-Kommentar, 72. A. 2014
BauR	Zeitschrift für das Baurecht (Z)
BayLSG	Bayerisches Landessozialgericht
BayOblG	Bayerisches Oberlandesgericht
BayVBl.	Bayerische Verwaltungsblätter
BayVerfGH	Bayerischer Verfassungsgerichtshof
BayVGH	Bayerischer Verwaltungsgerichtshof
BBiG	Bundesbildungsgesetz
Beschl.	Beschluss
Bestelmeyer/Feller/ Frankenberg u. a.	RVG Kommentar, 5. A. 2013
Beyerlein	*Praxishandbuch für den Sachverständigen, 1. Aufl. 1995*
BGB	Bürgerliches Gesetzbuch
BGBl.	Bundesgesetzblatt
BGH	Bundesgerichtshof
BSG	Bundessozialgericht
Bleutge	*Kommentar zum ZSEG, 3. Aufl. 1995*
BNotO	Bundesnotarordnung
BPflV	Bundespflegesatzverordnung
BRAGOreport	BRAGO-Report (Z)
Breith	Dr. Hermann Breithaupt: Sammlung von Entscheidungen auf dem Gebiet der Sozialversicherung
Brocke/Reese	Die Entschädigung von Zeugen, Sachverständigen und ehrenamtlichen Richtern, 2. A. 1965
BR-Drucksache	Drucksache des Deutschen Bundesrats
BRKG	Bundesreisekostengesetz
BT-Drucksache	Drucksache des Deutschen Bundestags
BtPrax	Betreuungsrechtliche Praxis (Z)
BVerfG	Bundesverfassungsgericht
BVG	Bundesverwaltungsgericht
CR	Computer und Recht (Z)
DAR	Deutsches Autorecht (Z)
DAVorm	Der Amtsvormund (Z)
DB	Der Betrieb (Z)

IX

Abkürzungs- und Literaturverzeichnis

DB-GVKostG	Durchführungsbestimmungen zum Gerichtsvollzieherkostengesetz
DEKRA	Deutscher Kraftfahrzeug Überwachungsverein
DÖV	Die öffentliche Verwaltung (Z)
DRiZ	Deutsche Richterzeitung (Z)
EBAO	Einforderungs- und Beitreibungsanordnung
EFG	Entscheidungen der Finanzgerichte
EGGVG	Einführungsgesetz zum GVG
EhrRiG	Gesetz über die Entschädigung der ehrenamtlichen Richter
EStG	Einkommensteuergesetz
EzFamR aktuell	Entscheidungssammlung zum Familienrecht
FamGKG	Gesetz über Gerichtskosten in Familiensachen
FamRZ	Zeitschrift für das gesamte Familienrecht (Z)
FG	Finanzgericht
FGG	Gesetz über Angelegenheit der freiwilligen Gerichtsbarkeit
FGO	Finanzgerichtsordnung
GG	Grundgesetz
GKG	Gerichtskostengesetz
GNotKG	Gerichts- und Notarkostengesetz
GOÄ	Gebührenordnung für Ärzte
GOV	Geschäftsordnungsvorschriften
GVG	Gerichtsverfassungsgesetz
GVO	Gerichtsvollzieherordnung
Haarmeyer/Mock	*Insolvenzrechtliche Vergütung (InsVV), 5. Aufl. 2014*
Hartmann	*Kostengesetze, 44. Aufl. 2014*
Hans.	Hanseatisch(es)
InsO	Insolvenzordnung
i. S. d.	Im Sinne der (des)
InsVV	Insolvenzrechtliche Vergütungsverordnung
JBeitrO	Justizbeitreibungsordnung
JGG	Jugendgerichtsgesetz
JKomG	Gesetz über die Verwendung über die Verwendung elektronischer Kommunikationsformen in der Justiz (Justizkommunikationsgesetz)
JKostG LSA	Justizkostengesetz Land Sachsen-Anhalt
JMBl.	Justizministerialblatt
JMBl. NRW	Justizministerialblatt Nordrhein-Westfalen
JMBl. LSA	Justizministerialblatt Sachsen-Anhalt
JurBüro	Das Juristische Büro (Z)
JVBl.	Justizverwaltungsblatt
Keidel	*FamFG-Kommentar, 18. A. 2014*
KG	Kammergericht (in Berlin)
Kissel/Mayer	*Gerichtsverfassungsgesetz – GVG, 7. A. 2013*
KostO	Kostenordnung
KostRÄndG	Kostenrechtsänderungsgesetz (1957)
KostRÄndG 1994	Kostenrechtsänderungsgesetz (1994)
KostRMoG	Kostenrechtsmodernisierungsgesetz
KostRsp.	Kostenrechtsprechung
KostRsp. EREG	Kostenrechtsprechung zum EhrRiG
KostRsp. ZSEG	Kostenrechtsprechung zum ZSEG
KostVfg	Kostenverfügung
KV/Nr. GKG	Nr. des Kostenverzeichnis zum Gerichtskostengesetz
LAG	Landsarbeitsgericht
LG	Landgericht
LHO LSA	Landeshaushaltsordnung Sachsen-Anhalt
Loewe-Rosenberg	*Kommentar zur StPO, 26. Aufl. 2007 ff.*

Abkürzungs- und Literaturverzeichnis

LSA	Land Sachsen-Anhalt
LSG	Landessozialgericht
LwVG	Gesetz über das gerichtliche Verfahren in Landwirtschaftssachen
MedR	Medizinrecht (Z)
MEDSACH	Der Medizinische Sachverständige (Z)
Meyer/Höver/Bach	JVEG Kommentar, 26. A. 2014
MDR	Monatszeitschrift Deutsches Recht (Z)
MJ	Ministerium der Justiz
MI	Ministerium des Innern
Münchener Kommentar	Kommentar zur ZPO, 4. Aufl. 2012 ff.
m. w. N.	mit weiteren Nachweisen
Nds. FGH	Niedersächsischer Finanzgerichtshof
Nds. MBl.	Niedersächsisches Ministerialblatt
Nds. MS	Niedersächsisches Ministerium für Soziales
Nds. Rpfl.	Niedersächsische Rechtspflege
NJW	Neue Juristische Wochenschrift (Z)
NJW-RR	Neue Juristische Wochenschrift – Rechtsprechungsreport (Z)
NStE	Neue Entscheidungssammlung für Strafrecht
NStZ	Neue Zeitschrift für das Strafrecht (Z)
NStZ-RR	Neue Zeitschrift für das Strafrecht – Rechtsprechungsreport (Z)
n. v.	nicht veröffentlicht
NVwZ-RR	Neue Zeitschrift für Verwaltungsrecht – Rechtsprechungsreport (Z)
NZS	Neue Zeitschrift für Sozialrecht (Z)
Oestreich/Hellstab/Trenkle	Kommentar zum GKG/FamGK
OLG	Oberlandegericht
OLG-NL	Oberlandesgerichtrechtsprechung Neue Länder
OLGR	Oberlandesgericht Rechtssprechung
OVG	Oberverwaltungsgericht
OWiG	Gesetz über Ordnungswidrigkeiten
PKH	Prozesskostenhilfe
RdErl.	Runderlass
Rn.	Randnummer
RdSchr.	Rundschreiben
Rechtsmedizin	Zeitschrift für Rechtsmedizin (Z)
Rpfleger	Der deutsche Rechtspfleger (Z)
RV	Rundverfügung
RVG	Rechtsanwaltsvergütungsgesetz
Schaden-Praxis	Schadens-Praxis (Z)
SchlHA	Amtsblatt Schleswig-Holstein
SchlH FG	Finanzgericht Schleswig-Holstein
Schomburg/Lagodny/Gleß/Hackner	Internationale Rechtshilfe in Strafsachen, 5. A. 2012
SG	Sozialgericht
SGb	Die Sozialgerichtsbarkeit (Z)
SGG	Sozialgerichtsgesetz
SozSich	Soziale Sicherheit (Z)
StGB	Strafgesetzbuch
StPO	Strafprozessordnung
StraFO	Strafverteidiger Forum (Z)
TKG	Telekommunikationsgesetz
TKÜV	Telekommunikations-Überwachungsverordnung
TÜV	Technischer Überwachungsverein
UdG	Urkundsbeamter der Geschäftsstelle

Abkürzungs- und Literaturverzeichnis

Ulrich	Der gerichtliche Sachverständige, 12. A. 2007
UStG	Umsatzsteuergesetz
VBl.	Verordnungsblatt
VerglO	Vergleichsordnung
VersR	Versicherungsrecht (Z)
VGH	Verwaltungsgerichtshof
VKH	Verfahrenskostenhilfe
Vorbem.	Vorbemerkung
VV	Verwaltungsvorschrift
VV Nr.	Verwaltungsvorschrift zur Landeshaushaltsordnung
VwVfG	Verwaltungsverfahrensgesetz
VwGO	Verwaltungsgerichtsordnung
WEG	Wohnungseigentumsgesetz
Wistra	Zeitschrift für Wirtschaftstrafrecht (Z)
WM	Wertpapierermittlung (Z)
WuM	Wohnungswirtschaft & Mietrecht (Z)
WRP	Wettbewerb in Recht und Praxis (Z)
z. B.	zum Beispiel
ZfBR	Zeitschrift für deutsches und internationales Baurecht (Z)
ZfSch	Zeitschrift für Schadensrecht (Z)
ZIP	Zeitschrift für Wirtschaftsrecht (Z)
Zöller	*Kommentar zur ZPO, 30. Aufl. 2014*
ZPO	Zivilprozessordnung
ZSEG	Zeugen- und Sachverständigenentschädigungsgesetz
ZSW	Zeitschrift für das gesamte Sachverständigenwesen (Z)
ZVG	Zwangsversteigerungsgesetz
zzgl.	zuzüglich

Einleitung

Mit Wirkung vom 1.7.2004 ist das JVEG in Kraft getreten. Es ist als Art. 2 Teil des Kostenrechtsmodernisierungsgesetzes (KostRModG) vom 5.5.2004 (BGBl. I S. 718) gewesen. Wegen zahlreicher Verweise von bundes- und landesrechtlichen Bestimmungen kommt dem JVEG ein über die Grenzen der Justiz weit hinausreichender Geltungsbereich zu. Gem. §§ 23, 26 VwVfG ist das Gesetz insbesondere auch vor den Verwaltungsbehörden anzuwenden. Der Gesetzgeber hat die Anpassung des Bundesrechts mit Art. 4 KostRModG zum 1.7.2004 vollzogen, während die landesrechtlichen Bestimmungen erst später und nicht voll umfassend an die neue Rechtslage angepasst worden sind. Zugleich sind mit dem Inkrafttreten des JVEG das bis dahin geltende Gesetz über die Entschädigung von Zeugen und Sachverständigen (ZSEG) und das Gesetz über die Entschädigung der ehrenamtlichen Richter (EhrRiEG) außer Kraft getreten (Art. 6 KostRModG).

Seit seinem Inkrafttreten ist das JVEG bereits mehrfach geändert worden. Dabei hatte der Gesetzgeber u. a. auf die Rechtsprechung des Bundesverfassungsgerichts zu reagieren, was durch Art. 16 des Anhörungsrügengesetzes (BGBl. I 2004, S. 3220) zur Einfügung des § 4a führte. Danach ist nunmehr auch in Verfahren nach diesem Gesetz die Anhörungsrüge statthaft. Zum anderen war die allgemeine Entwicklung und Modernisierung der Justiz zu berücksichtigen. Der Gesetzgeber hat in Folge des Justizkommuniktionsgesetzes (BGBl. I 2005, S. 837) auch in den Festsetzungsverfahren nach dem JVEG die Verwendung elektronischer Dokumente grundsätzlich zugelassen und § 4b eingefügt. Weitere Änderungen ergaben sich in der Folge auch durch das Kapitalanleger-Musterverfahrensgesetz (BGBl. I 2005, S. 2437) und das 2. Justizmodernisierungsgesetz (BGBl. I 2006, S. 3416).

Eine größere Novellierung hat das JVEG mit dem 2. Kostenrechtsmodernisierungsgesetz vom 23.7.2013 (BGBl. I S. 2586, 2681) erfahren, das am 1.8.2013 in Kraft getreten ist. Mit dem Gesetz wurde insbesondere die Anlage 1 zu § 9 als Herzstück des Vergütungsrechts für Sachverständige novelliert. Zugleich wurden mit dem neu eingefügten § 8a solche Fälle gesetzlich geregelt, in denen der Vergütungsanspruch etwa wegen Schlechtleistung erlöschen kann.

Schon 1878 wurde mit der Gebührenordnung für Zeugen und Sachverständige – GebOZS -(RGBl. S. 173) eine für das gesamte Deutsche Reich geltende Entschädigungsregelung getroffen, allerdings sah § 16 GebOZS die Möglichkeit vor, die Sachverständigen nach landesrechtlichen Vorschriften zu entschädigen. Die GebOZS trat durch das KostRÄndG 1957 im selben Jahr außer Kraft. Zugleich trat das ZSEG am 1.10.1957 in Kraft, welches seit dem 6.7.1959 auch für das Saarland Anwendung fand (BGBl. I S. 401). Nach der deutschen Wiedervereinigung trat es am 3.10.1990 auch im Beitrittsgebiet in Kraft, wenn auch der Einigungsvertrag Sonderbestimmungen vorsah, die durch die VO vom 15.4.1996 (BGBl. I S. 604) mit Wirkung zum 1.7.1996 der aktuellen Einkommensentwicklung angepasst worden sind. Erst mit dem Inkrafttreten des JVEG am 1.7.2004 besteht somit für ganz Deutschland wieder eine uneingeschränkt einheitliche Regelung auf dem Gebiet der Entschädigung und Vergütung von Zeugen und Sachverständigen.

Einleitung

Bis zum Inkrafttreten des JVEG war die Entschädigung für die ehrenamtlichen Richter in einem gesonderten Gesetz geregelt. Im Rahmen des KostRÄndG 1957 trat auch das EhrRiEG zum 1.10.1957 in Kraft. Es umfasste auch die Entschädigung der ehrenamtlichen Richter in den Fachgerichtsbarkeiten, die bis dahin in zahlreichen Verordnungen gesondert geregelt war, und die durch Art. XI § 4 Abs. 4 KostRÄndG 1957 aufgehoben worden. Im Bereich der ordentlichen Gerichtsbarkeit galt bis dahin die Verordnung über die Entschädigung der Schöffen und Geschworenen vom 1.8.1951 (BGBl. I S. 485). Das EhrRiEG galt seit 1959 auch im Saarland, seit 1963 in Berlin-West und nach der Wiedervereinigung am 3.10.1990 auch im Beitrittsgebiet.

Die Regelung der Entschädigung für Schöffen einerseits und für die Zeugen und Sachverständigen andererseits in zwei verschiedenen Gesetzen hat der Gesetzgeber im Jahr 2004 durch das KostRModG aus Gründen der sachlich gebotenen Vereinheitlichung und Vereinfachung der Rechtsanwendung durch ein einheitliches Gesetz ersetzt (BT-Drs. 15/1971, S. 2), dabei aber weiter an der sich bewährten, für das Bundesgebiet einheitlichen Regelung festgehalten. Zugleich ist nunmehr auch zwischen der Gewährung einer Entschädigung und Vergütung zu unterscheiden, nachdem ZSEG und EhrRiEG nur die Entschädigung kannten. Der Gesetzgeber hat damit die Schaffung eines leistungsrechten Vergütungsmodells angestrebt, welches sich an dem Bild der selbstständig und hauptberuflich Tätigen orientiert (BT-Drs. 15/1971, S. 2). Da trotz des Vergütungsprinzips die Zahlungen grundsätzlich an die gesetzlichen Honorarsätze gebunden bleiben, ist das Modell in die Kritik geraten, weil die im JVEG festgesetzten Stundensätze teilweise nicht kostendeckend sind oder hinter dem außerbehördlich erzielten Honorar zurückbleiben. Eine wesentliche Erleichterung der Rechtsanwendung hat sich aber daraus ergeben, dass das JVEG im Gegensatz zu § 2 ZSEG nicht mehr Rahmensätze vorschreibt, sondern feste Stundensätze festgelegt sind. Zugleich ist der Anwendungsbereich des Gesetzes erweitert worden, da nunmehr auch eine Heranziehung durch den Gerichtsvollzieher erfasst wird. Nicht aufgegeben wurde hingegen die für Handelsrichter bestehende gesonderte Entschädigungsregelung des § 107 GVG.

Das JVEG ist in sechs Abschnitte untergliedert. Die in Abschnitt 1 enthaltenen allgemeinen Vorschriften sind wie die von Abschnitt 2 erfassten gemeinsamen Vorschriften auf sämtliche nach diesem Gesetz berechtigte Personen anwendbar, während die Abschnitte 3–5 besondere Regelungen enthalten, die nur auf den jeweiligen Personenkreis anwendbar sind. Diese Gesetzessystematik muss unbedingt beachtet werden, da sich die in den Abschnitten 3–5 geregelten Entschädigungs- oder Vergütungstatbestände nicht analog anwenden lassen, was insbesondere bei der Vorschrift des § 12 beachtet werden muss. Bestandteil des Gesetzes sind weiter die Anlagen 1 bis 3 zu §§ 9, 10, 23.

Aufgrund der großen Bedeutung für die tägliche Arbeit der Justizbehörden sind die einschlägigen Landesbestimmungen und Verwaltungsvorschriften auf dem Gebiet des Zeugen- und Sachverständigenentschädigungsrechts in der Anlage gesammelt. Obwohl den Verwaltungsvorschriften kein Gesetzesrang zukommt, bewirkt die Aufstellung von verwaltungsinternen Vorschriften und die ständige Befolgung durch die Behörde eine Selbstbindung. Die Behörde wird dadurch in ihrem Ermessen eingeschränkt und nach dem Grundgesetz verpflichtet (Art. 3 Abs. 1 GG) diese Vorschriften im Einzelfall anzuwenden

Einleitung

(KG Rpfleger 1969, 101), ein Verstoß dagegen stellt einen Ermessenfehler dar, der die Verfügung rechtswidrig machen kann (BVerfG NJW 1959, 843). Die durch die Landesjustizverwaltung erlassenen Verwaltungsvorschriften sind deshalb zu beachten und sollen dem Rechtsanwender in diesem Werk daher gleichfalls zugänglich gemacht werden.

Gesetz über die Vergütung von Sachverständigen, Dolmetscherinnen, Dolmetschern, Übersetzerinnen und Übersetzern sowie die Entschädigung von ehrenamtlichen Richterinnen, ehrenamtlichen Richtern, Zeuginnen, Zeugen und Dritten (Justizvergütungs- und -entschädigungsgesetz – JVEG)[1]

Vom 5. Mai 2004 (BGBl. I S. 718)
Zuletzt geändert durch Art. 7 2. KostenrechtsmodernisierungsG vom 23.7.2013
(BGBl. I S. 2586)

Abschnitt 1. Allgemeine Vorschriften

§ 1 Geltungsbereich und Anspruchsberechtigte

(1) Dieses Gesetz regelt
1. die Vergütung der Sachverständigen, Dolmetscherinnen, Dolmetscher, Übersetzerinnen und Übersetzer, die von dem Gericht, der Staatsanwaltschaft, der Finanzbehörde in den Fällen, in denen diese das Ermittlungsverfahren selbstständig durchführt, der Verwaltungsbehörde im Verfahren nach dem Gesetz über Ordnungswidrigkeiten oder dem Gerichtsvollzieher herangezogen werden;
2. die Entschädigung der ehrenamtlichen Richterinnen und Richter bei den ordentlichen Gerichten und den Gerichten für Arbeitssachen sowie bei den Gerichten der Verwaltungs-, der Finanz- und der Sozialgerichtsbarkeit mit Ausnahme der ehrenamtlichen Richterinnen und Richter in Handelssachen, in berufsgerichtlichen Verfahren oder bei Dienstgerichten sowie
3. die Entschädigung der Zeuginnen, Zeugen und Dritten (§ 23), die von den in Nummer 1 genannten Stellen herangezogen werden.
Eine Vergütung oder Entschädigung wird nur nach diesem Gesetz gewährt. Der Anspruch auf Vergütung nach Satz 1 Nr. 1 steht demjenigen zu, der beauftragt worden ist; dies gilt auch, wenn der Mitarbeiter einer Unternehmung die Leistung erbringt, der Auftrag jedoch der Unternehmung erteilt worden ist.

(2) Dieses Gesetz gilt auch, wenn Behörden oder sonstige öffentliche Stellen von den in Absatz 1 Satz 1 Nr. 1 genannten Stellen zu Sachverständigenleistungen herangezogen werden. Für Angehörige einer Behörde oder einer sonstigen öffentlichen Stelle, die weder Ehrenbeamte noch

---

[1] Verkündet als Art. 2 KostenrechtsmodernisierungsG v. 5.5.2004 (BGBl. I S. 718); Inkrafttreten gem. Art. 8 Satz 1 dieses G am 1.7.2004.

§ 1 Abschnitt 1. Allgemeine Vorschriften

ehrenamtlich tätig sind, gilt dieses Gesetz nicht, wenn sie ein Gutachten in Erfüllung ihrer Dienstaufgaben erstatten, vertreten oder erläutern.

(3) Einer Heranziehung durch die Staatsanwaltschaft oder durch die Finanzbehörde in den Fällen des Absatzes 1 Satz 1 Nr. 1 steht eine Heranziehung durch die Polizei oder eine andere Strafverfolgungsbehörde im Auftrag oder mit vorheriger Billigung der Staatsanwaltschaft oder der Finanzbehörde gleich. Satz 1 gilt im Verfahren der Verwaltungsbehörde nach dem Gesetz über Ordnungswidrigkeiten entsprechend.

(4) Die Vertrauenspersonen in den Ausschüssen zur Wahl der Schöffen und die Vertrauensleute in den Ausschüssen zur Wahl der ehrenamtlichen Richter bei den Gerichten der Verwaltungs- und der Finanzgerichtsbarkeit werden wie ehrenamtliche Richter entschädigt.

(5) Die Vorschriften dieses Gesetzes über die gerichtliche Festsetzung und die Beschwerde gehen den Regelungen der für das zugrunde liegende Verfahren geltenden Verfahrensvorschriften vor.

Übersicht

	Rn.
I. Allgemeines	1
1. Regelungszweck	1
2. Entschädigungs- und Vergütungsanspruch	2
II. Geltungsbereich	3
1. Allgemeines	3
2. Verweisung auf das JVEG durch andere Vorschriften	4
3. Ausländische Gerichte	5
4. Bausachen (Gerichtliches Verfahren nach §§ 217 ff. BauGB)	6
a) Allgemeines	6
b) Kosten für Privatgutachten	7
5. Bausachen (Verfahren vor der Entschädigungsbehörde)	10
a) Allgemeines	10
b) Notwendige Kosten der Beteiligten	11
c) Zeugen, Sachverständige, Dolmetscher und Übersetzer	12
d) Vollstreckbare Ausfertigung	13
6. Berufs- und Dienstgerichte	14
7. Bodensonderungsgesetz	15
8. Finanzbehörden	16
9. Gerichte	17
a) Allgemeines	17
b) Freiwillige Gerichtsbarkeit	18
c) Strafsachen	19
d) Arbeitsgerichtsbarkeit	20
e) Finanzgerichtsbarkeit	21
f) Sozialgerichtsbarkeit	22
g) Verwaltungsgerichtsbarkeit	23
10. Gerichtsvollzieher	24
a) Allgemeines	24
b) Heranziehung von Zeugen	25
c) Beauftragung von Sachverständigen	26
d) Dolmetscherkosten	27
e) Wiedereinziehung der Kosten	28
11. Justizverwaltung	29
a) Allgemeines	29
b) Hinterlegungssachen	30
12. Notare	31
a) Allgemeines	31
b) Sachenrechtsbereinigungsgesetz	32
13. Parteien oder Beteiligte	33
14. Polizei	34
a) Heranziehung nach Auftrag oder Billigung der Staatsanwaltschaft	34

	Rn.
b) Heranziehung außerhalb eines staatsanwaltschaftlichen Verfahrens	35
c) Blutentnahme	36
15. Amts- und Rechtshilfe	37
16. Staatsanwaltschaften	38
17. Verwaltungsbehörden	39
18. Zivildienstgesetz (ZDG)	40
III. Berechtigte Personen	41
1. Abstammungssachen	41
2. Beistand in Strafsachen	42
3. Bewährungshelfer	43
4. Beurkundungszeugen	44
5. Dolmetscher und Übersetzer	45
6. Ehrenamtliche Richter	46
7. Elternvertreter	47
8. Forstausschüsse	48
9. Gerichtliche Auflagen	49
a) Allgemeines	49
b) Urinproben	50
10. Gutachterausschuss nach dem BBauG	51
11. Juristische Personen	52
a) Allgemeines	52
b) DEKRA	53
c) Technischer Überwachungsverein (TÜV)	54
12. Landpachtsachen	55
13. Rechtsanwälte	56
14. Sachverständige	57
15. Schiedsstellen	58
16. Unterbringungskosten nach § 81 StPO	59
17. Unterbringungskosten nach §§ 71, 72 JGG	60
18. Untersuchungsausschüsse	61
19. Zeugen und Dritte (§ 23)	62
IV. Behördengutachten	63
1. Allgemeines	63
2. Amtshilfe	64
3. Erstattungsverzicht	65
4. Gutachten von Fachbehörden in Strafsachen	66
5. Gutachterliche Stellungnahme kraft Gesetzes	68
a) Allgemeines	68
b) Deutsches Patentamt	69
c) Deutsche Bundesbank	70
d) Gesundheitsämter	71
e) Gewerbeämter	72
f) Industrie- und Handelskammer	73
g) Jugendämter	74
h) Landwirtschaftskammer	75
i) Notarkammer, Bundesnotarkammer	76
j) Patentanwaltskammer	77
k) Rechtsanwaltskammer	78
l) Steuerberaterkammer	79
m) Versorgungsausgleichsverfahren	80
V. Erfüllung von Dienstaufgaben	81
1. Allgemeines	81
2. Erstattung des Gutachtens in der Freizeit	82
3. Erstattungsanspruch, weil keine Dienstaugaben wahrgenommen werden	83
4. Hinzuziehung von Dritten	84
5. Reisekosten	85
6. Ärzte	86
7. Chemische Untersuchungsämter	87
8. Finanzämter	88
9. Finanzgerichte	89
10. Gesundheitsämter	90
11. Gewerbeaufsichtsämter	91
12. Hochschullehrer	92

§ 1 Abschnitt 1. Allgemeine Vorschriften

	Rn.
13. Kriminalämter	93
14. Landwirtschaftsamt	94
15. Prüfungsbeamte	95
16. Veterinärämter	96
17. Wasserwirtschaftsbehörden	97
18. Weinkontrolleur	98
19. Wetterdienst	99
20. Wirtschaftsreferent	100
VI. Unmittelbar geladene Personen in Strafsachen	100a
1. Allgemeines	100a
2. Darbietung der Entschädigung/Vergütung	101
3. Hinterlegung auf der Geschäftsstelle	102
4. Berechnung der bar angebotenen Entschädigung	103
5. Höhe der Entschädigung oder Vergütung	104
a) Allgemeines	104
b) Zeugen	105
c) Sachverständige	108
6. Entschädigung oder Vergütung aus der Staatskasse	111
a) Allgemeines	111
b) Zweckdienlichkeit für die Sache	112
c) Erstattungspflicht der Staatskasse nach erfolgter Entschädigung	113
d) Höhe der zu zahlenden Entschädigung	114
e) Antrag	115
f) Rechtsmittel	116
g) Kostenerstattung	117
VII. Kosten des freigesprochenen Angeschuldigten (§ 464a Abs. 2 StPO)	118
1. Allgemeines	118
2. Rechtsgrundverweis oder Rechtsfolgenverweis	119
3. Kostenfestsetzungsverfahren	120
a) Allgemeines	120
b) Festsetzungsbeschluss und Rechtsmittelbelehrung	121
c) Bindung an die Kostenentscheidung	122
d) Zuständigkeiten	123
e) Vertretung der Landeskasse (Anhörung und Zustellung)	124
f) Vollmacht	125
4. Rechtsmittel	126
5. Geltendmachung und Verjährung	127
6. Jugendgerichtssachen	128
7. Erstattungsfähige Kosten	129
a) Allgemeines	129
b) Beistand in Strafsachen	130
c) Dolmetscherkosten	131
d) Ermittlungen	132
e) Gegenüberstellungen	133
f) Hausdurchsuchungen	134
g) Informationsreisen	135
h) Jugendstrafsachen (Auslagen des gesetzlichen Vertreter)	136
i) Privatgutachten	137
j) Schriftliche Äußerungen	138
k) Unmittelbar geladene Zeugen und Sachverständige	139
l) Verhandlung, Teilnahme an der V.	140
m) Vernehmungen	141
n) Vorbereitungen	142
o) Zinsen	143
8. Höhe der zu zahlenden Entschädigung	144
a) Auslagen	145
b) Fahrtkosten	146
c) Nachteile in der Haushaltsführung, Zeitversäumnis	147
d) Urlaub	148
e) Umsatzsteuer	149
f) Verdienstausfall	150
VIII. Entschädigung des Beteiligten in Sozialgerichtssachen (§ 191 SGG)	151
1. Allgemeines	151
2. Frist zur Geltendmachung	152

Geltungsbereich und Anspruchsberechtigte § 1

	Rn.
3. Festsetzungsverfahren	153
a) Allgemeines	153
b) Antragsverfahren	154
c) Rechtsbehelfe	155
4. Berechtigte Personen	156
5. Tätigwerden des Gerichts	157
6. Höhe der Entschädigung	158
a) Allgemeines	158
b) Aufwandsentschädigung	159
c) Auslagen	160
d) Begleitpersonen	161
e) Fahrtkosten	162
f) Nachteilsentschädigungen	163
g) Übernachtungskosten	164
h) Urlaub	165
i) Verdienstausfall	166
IX. Fahrtkosten und Aufwandsentschädigung der Betreuer, Pfleger und Vormünder	167
1. Allgemeines	167
2. Fahrtkostenersatz (§ 1835 Abs. 1 BGB)	168
a) Betreuer	168
b) Pfleger	169
c) Verfahrenspfleger	170
d) Vormünder	171
3. Aufwandsentschädigung (§ 1835a BGB)	172
4. Frist zur Geltendmachung	173
5. Festsetzungsverfahren	174
6. Zustellung der Entscheidung	175
7. Rechtsmittel	176
8. Höhe der erstattungsfähigen Fahrtkosten	177
a) Allgemeines	177
b) Benutzung eines Kfz	178
c) Öffentliche Verkehrsmittel	179
d) Übernachtungs- und Verpflegungskosten	180
e) Umsatzsteuer	181
X. Wiedereinziehung der nach dem JVEG gezahlten Beträge	182
1. Allgemeines	182
2. Höhe des einzuziehenden Betrages	183
3. Verzicht auf Zahlung	184
4. Ehrenamtliche Richter und Handelsrichter	185
5. Dolmetscher- und Übersetzungskosten	186
a) Allgemeines	186
b) Niederschlagung wegen unsachgemäßer Behandlung	187
c) Arbeitsgerichtssachen	188
d) Übersetzer für blinde oder sehbehinderte Personen	189
e) Gebärdendolmetscher	190
6. Dolmetscher- und Übersetzungskosten für Ausländer in Strafsachen	191
a) Allgemeines	191
b) Unentgeltliche Beiordnung nach Art. 6 Abs. 3 MRK	192
c) Auswahl und Anzahl der beigeordneten Dolmetscher	193
d) Ermittlungsmaßnahmen	194
e) Brief- und Besuchskontrolle	195
f) Rechtshilfe	196
7. Dolmetscher und Übersetzungskosten der Rechtsanwälte	197
a) Beigeordnete Anwälte	197
b) Beratungshilfe	198
c) Wahl- und Pflichtverteidiger	199
8. Kosten für die Vorbereitung der öffentlichen Klage	200
9. Reiseentschädigungen für mittellose Personen	201
10. Überhöhte Zahlungen	202
11. Durchlaufende Gelder	203
a) Allgemeines	203
b) Echte durchlaufende Gelder	204
c) Kosten einer Finanz- oder Zollbehörde	205

§ 1 Abschnitt 1. Allgemeine Vorschriften

	Rn.
d) Auslagen der Polizei desselben Bundeslandes	206
e) Auslagen der Polizeibehörden anderer Bundesländer	207
f) Auslagen der Polizeibehörden des Bundes	208
g) Kosten der Gerichtsvollzieher	209
h) Auslagen von Behörden anderer Bundesländer	210
i) Aufnahme von durchlaufenden Geldern in die Kostenrechnung	211
j) Auszahlung von durchlaufenden Geldern	212
k) Kosten der deutschen Auslandsvertretungen	213
XI. Ausländische Gerichte	214
1. Allgemeines	214
2. Zivil- und Handelssachen	215
a) Allgemeines	215
b) Kostenerstattung bei Mitgliedsstaaten der Europäischen Union	216
c) Übersetzungskosten für Zustellungsersuchen nach der EG-VO Zustellungen	223
d) Kostenerstattung bei Nicht-EU-Staaten	224
e) Übersicht über die anzuwendenden internationalen Verträge	229
f) Auslagen des Zustellungsempfängers	230
3. Strafsachen	231
a) Allgemeines	231
b) Europäisches Rechtshilfeübereinkommen (EurRHÜbk)	232
c) Vorschusszahlungen nach Art. 10 EurRHÜbk	233
d) Höhe des zu zahlenden Vorschusses	234
e) Monaco	235
f) Tunesien	236
4. Kosten der deutschen Auslandsvertretungen	237
a) Zivil- und Handelssachen	237
b) Strafsachen	238
5. Anforderung erstattungspflichtiger Kosten von den ausländischen Behörden	239
a) Zivil- und Handelssachen	239
b) Strafsachen	240

I. Allgemeines

1. Regelungszweck

1 § 1 bestimmt den Geltungsbereich des Gesetzes und benennt die Stellen, bei denen bei einer erfolgten Heranziehung der unmittelbare Geltungsbereich des Gesetzes eröffnet ist sowie weiter die Personen, die Berechtigte nach diesem Gesetz sein können. Abs. 1 S. 1 unterscheidet dabei zwischen Personen, die eine Vergütung erhalten und solchen, denen aufgrund der Heranziehung lediglich eine Entschädigung zu gewähren ist. Erfasst sind wegen der Nennung in Abs. 1 Nr. 1 ausdrücklich auch Heranziehungen, die durch den Gerichtsvollzieher erfolgen. Klarstellend ist in Abs. 1 Nr. 1 weiter die Heranziehung durch eine Finanzbehörde genannt, wenn diese das Ermittlungsverfahren führt.

2. Entschädigungs- und Vergütungsanspruch

2 Ein Entschädigungs- oder Vergütungsanspruch entsteht nur dann, wenn die Heranziehung von einer in § 1 genannten Stelle aufgrund einer Anordnung der jeweiligen Stelle erfolgt ist. Es genügt deshalb nicht das bloße Tätigwerden der Person, sondern es bedarf darüber hinaus eines Tätigwerdens der Stelle, was ausdrücklich auch in sozialgerichtlichen Angelegenheiten gilt. Bei dem Anspruch handelt es sich um einen öffentlich-rechtlichen Anspruch, der ordentliche Klageweg ist daher ausgeschlossen. Soweit der Herangezogene einen Entschädigungs- bzw. Vergütungsanspruch nach dem JVEG besitzt, richtet sich dieser nur nach diesem Gesetz, was Abs. 1 S. 2 ausdrücklich klarstellt. Andere Bestimmungen können nicht herangezogen werden. Das gilt auch dann, wenn die herangezogene Stelle eine eigene Gebührenordnung besitzt. Eine Abweichung ist nur im Rahmen einer besonderen Vergütung nach §§ 13, 14 möglich.

Wird ein Arzt herangezogen, gelten auch für ihn ausschließlich die Bestimmungen des JVEG. Die GOÄ findet nur im Rahmen des § 10 Abs. 2 Anwendung, wenn es sich um eine Leistung handelt, die in Abschnitt O der GOÄ aufgeführt ist oder nach Vorbem. 4 Abs. 2 der Anlage 2 zu § 10 Abs. 1, wenn es sich um Leistungen nach Abschnitt M III 13 GOÄ handelt.

II. Geltungsbereich

1. Allgemeines

Ein Anspruch auf Zahlung einer Vergütung oder Entschädigung nach dem JVEG besteht nur dann, wenn die Heranziehung oder Beauftragung durch eine in § 1 genannte Stelle erfolgt, da der unmittelbare Geltungsbereich des Gesetzes auf solche Stellen beschränkt ist. Unmittelbare Anwendung erfolgt deshalb nur bei einer Heranziehung oder Beauftragung durch: 3
- Gerichte, einschließlich der außerordentlichen Gerichtsbarkeit,
- Staatsanwaltschaften,
- Finanzbehörden, wenn diese das Ermittlungsverfahren selbstständig führen,
- Verwaltungsbehörden im Verfahren nach dem OWiG,
- Gerichtsvollzieher,
- Polizei, wenn die Heranziehung im Auftrag oder mit vorheriger Billigung der Staatsanwaltschaft, der Finanzbehörde im selbstständig durchgeführten Ermittlungsverfahren oder der Verwaltungsbehörde im Verfahren nach dem OWiG erfolgt,
- andere Strafverfolgungsbehörden, wenn die Heranziehung im Auftrag oder mit vorheriger Billigung durch die Staatsanwaltschaft, der Finanzbehörde im selbstständig durchgeführten Ermittlungsverfahren oder der Verwaltungsbehörde im Verfahren nach dem OWiG erfolgt.

2. Verweisung auf das JVEG durch andere Vorschriften

Neben den in § 1 genannten Stellen findet das JVEG auch Anwendung, wenn durch andere Vorschriften auf dieses Gesetz verwiesen wird. Der mittelbare Anwendungsbereich des JVEG ist deshalb sehr umfangreich, da zahlreiche bundes- und landesrechtliche Bestimmungen auf dieses Gesetz verweisen. Bei den Verweisungsnormen handelt es sich jedoch zumeist nur um einen Verweis wegen der Höhe der zu leistenden Zahlungen, eine Rechtsfolgenverweisung erfolgt hingegen nur in den wenigsten Fällen. Die Anpassung des Bundesrechts an das im Jahr 2004 geänderte Kostenrecht erfolgte durch Art. 4 KostRMoG, so dass die bisherigen Verweise auf das ZSEG oder EhrRiEG durch Verweise auf dieses Gesetz ersetzt worden sind. Für diese Bestimmungen sind die Übergangsbestimmungen des § 25 anzuwenden. Eine allgemeine Übergangsbestimmung war im KostRMoG 2004 jedoch nicht enthalten, mit der Folge, dass auch die noch nicht angepassten landesrechtlichen Vorschriften 4

§ 1
Abschnitt 1. Allgemeine Vorschriften

weiter anzuwenden sind, auch wenn sie noch auf das ZSEG oder EhrRiEG verweisen (Meyer/Höver/*Bach* Abschn. B Fn. 3).

Für das Bundesrecht wird durch die nachfolgenden Vorschriften auf dieses Gesetz verwiesen:
- § 87 Abs. 2, § 107, § 405 Abgabenordnung (AO),
- § 3 Abs. 2 Adoptionsübereinkommens-Ausführungsgesetz,
- § 9 Abs. 3 Arbeitsgerichtsgersetz (ArbGG),
- § 26 Arbeitssicherstellungsgesetz,
- § 7 Abs. 2 Auslandskostengesetz,
- § 6 Abs. 2 Auslandsrechts-Auskunftsgesetz,
- § 76 Auslandsunterhaltsgesetz (AUG),
- § 1 Abs. 3 Binnenschifffahrtsverordnung,
- §§ 20b Abs. 7, 20l Abs. 5 Bundeskriminalamtgesetz
- § 22a Abs. 5, 25 Abs. 4 Bundespolizeigesetz (BPolG),
- §§ 8b Abs. 9, 8d Abs. 5 Bundesverfassungsschutzgesetz,
- §§ 1835 Abs. 1, § 1835a Abs. 1, § 1908i Abs. 1, § 1915 Abs. 1 Bürgerliches Gesetzbuch,
- § 5 Abs. 1 EG-Verbraucherschutzdurchsetzungsgesetz,
- § 30a Einführungsgesetz zum Gerichtsverfassungsgesetz,
- § 5 Erwachsenenschutzübereinkommens-Ausführungsgesetz,
- § 29 Finanzgerichtsordnung (FGO),
- § 21 Abs. 1 Gebrauchsmustergesetz,
- § 2 Abs. 1 Gebührenordnung für Maßnahmen im Straßenverkehr,
- §§ 57 Abs. 2, 80 Abs. 1 Gesetz gegen Wettbewerbsbeschränkungen (GWB),
- § 59 Gesetz über Ordnungswidrigkeiten (OWiG),
- § 3 Gesetz über den Wehrbeauftragten des Deutschen Bundestages,
- § 51 Abs. 2 Gesetz über die Schiedsstellen in den Gemeinden,
- § 20 des Gesetz zu Artikel 10 des Grundgesetz,
- § 3 Gesetz zu Artikel 45b des Grundgesetz,
- §§ 55, 107 Abs. 2 Gerichtsverfassungsgesetz (GVG),
- § 11 Abs. 4 Insolvenzrechtliche Vergütungsverordnung,
- § 54 Internationales Familienrechtsverfahrensgesetz (IntFamRVG),
- § 5 Abs. 1 Kommunikationshilfenverordnung,
- § 5 Kriegsdienstverweigerungsordnung,
- § 265 Abs. 4 Lastenausgleichsgesetz,
- § 93a Markengesetz,
- § 88 Abs. 1 Patentanwaltsordnung,
- § 128a Patentgesetz,
- § 9 Abs. 2 Post- und Telekommunikationssicherstellungsgesetz,
- § 97 Abs. 4 Sachenrechtsbereinigungsgesetz,
- § 26 Abs. 4 Seesicherheits-Untersuchungsgesetz,
- § 19 Abs. 2, § 21 Abs. 3 SBG X,
- § 17 Schiedsamtsverordnung,
- § 20 Schwarzarbeitsbekämpfungsgesetz,
- § 19 Abs. 2 Sozialgerichtsgesetz (SGG),
- § 104 Steuerberatungsgesetz,
- §§ 71, 84 Strafprozessordnung (StPO),
- § 128 Abs. 2 Telekommunikationsgesetz,
- § 35 Abs. 2 Untersuchungsausschussgesetz des Deutschen Bundestages,

Geltungsbereich und Anspruchsberechtigte § 1

- §§ 11 Abs. 1, 12 Abs. 1 Urheberrechtsschiedsstellenverordnung,
- § 1 Abs. 3 Verfahren nach der Kostenordnung für Maßnahmen nach dem Gesetz zu dem Übereinkommen vom 2. Dezember 1972 über sichere Container,
- § 4 Verfahrensverordnung zu Artikel VI des BEG-Schlussgesetzes,
- § 10 Abs. 4 Verordnung über die Seetauglichkeit,
- § 7 Abs. 1 Verordnung zur Durchführung des Jugendschutzgesetzes,
- § 32 Verwaltungsgerichtsordnung (VwGO),
- § 23 Abs. 2, § 26 Abs. 3 Verwaltungsverfahrensgesetz,
- § 10 Wehrdisziplinarordnung,
- § 80 Wirtschaftsprüferordnung,
- § 20 Zivildienstgesetz,
- §§ 91 Abs. 1, 401, 413 Zivilprozessordnung,
- § 41a Zollfahndungsdienstgesetz,
- § 39 Abs. 2 Zulassungsverordnung für Vertragsärzte,
- § 8 Zweiten Verordnung zur Durchführung des Gesetzes über Arbeitnehmererfindungen.

3. Ausländische Gerichte

Wegen der Ersuchen von ausländischen Gerichten wird auf die ausführlichen Erläuterungen bei → Rn. 214 ff. verwiesen. 5

4. Bausachen (Gerichtliches Verfahren nach §§ 217 ff. BauGB)

a) Allgemeines. Im gerichtlichen Verfahren vor den Kammern und Senaten für Baulandsachen (§§ 217 ff. BauGB) gelten gem. § 221 Abs. 1 BauGB die für Klagen in bürgerlichen Rechtsstreitigkeiten anzuwendenden Vorschriften. Das gilt insbesondere für die Vorschriften der ZPO, so dass auch für die in Baulandsachen hinzugezogenen Zeugen, Sachverständigen, Dritten, Dolmetscher und Übersetzer §§ 401, 413 ZPO anzuwenden sind. Eine Entschädigung oder Vergütung ist danach nur nach dem JVEG zu gewähren. Die Bestimmungen der ZPO sind auch hinsichtlich der Kosten des Verfahrens anzuwenden (§ 228 BauGB), und zwar nicht nur hinsichtlich der zu treffenden Kostenentscheidung, sondern auch im Hinblick auf die Kostenerstattung. Anwendung finden auch die Regelungen des § 91 ZPO. Die Kostenerstattung umfasst daher auch die durch notwendige Reisen oder Terminswahrnehmungen entstandenen Kosten. Hinsichtlich der zu erstattenden Fahrtkosten und des eingetretenen Verdienstausfalls sind die für Zeugen geltenden Bestimmungen anzuwenden (§ 91 Abs. ZPO). Die Höhe der Erstattung richtet sich deshalb nach § 19. Verdienstausfall und Zeitversäumnis können bis zu den Höchstsätzen der §§ 20–22 erstattet werden. Für die Benutzung eines eigenen oder unentgeltlich zur Verfügung gestellten PKW sind je gefahrenen Kilometer 0,25 EUR zu erstatten (§ 5 Abs. 2 S. 1 Nr. 1). Die Bestimmung des § 19 Abs. 4 für Zeugen, die ihren gewöhnlichen Aufenthalt im Ausland haben, ist auch im Kostenfestsetzungsverfahren anzuwenden (*OLG Stuttgart* Rpfleger 1972, 306). 6

b) Kosten für Privatgutachten. Die Kosten für eingeholte Privatgutachten können im Rahmen des § 91 ZPO erstattungsfähig sein. 7

aa) **Vorprozessuales Privatgutachten.** Die Kosten für ein vorprozessuales Gutachten sind dann zu erstatten, wenn das Gutachten für die zweckentsprechende Rechtsverteidigung oder Rechtsverfolgung notwendig und prozessfördernd war (*LG Mannheim* MDR 1973, 236) oder es zur Prüfung der Erfolgsaussichten der Rechtsverteidigung bzw. der Substantiierung der Mängel erforderlich gewesen ist (*OLG Celle* BauR 2003, 588). Kosten für die Bearbeitung eines umfangreichen Bauprozesses durch einen Architekten, sind daher nicht nach § 91 ZPO erstattungsfähig, wenn die Partei selbst über die erforderliche Sachkunde verfügt (*KG Berlin* BauR 2003, 1943). Kosten für eine prozessbegleitende Fachbetreuung durch ein Ingenieurbüro sind nur unter sehr engen Voraussetzungen erstattungsfähig (*OLG Nürnberg* MDR 2001, 1439). Sie können vorliegen, wenn die Eigenleistungen der Partei wie Durcharbeiten des Prozessstoffes, Sammeln und Sichten von Tatsachen und Beweismaterial oder die Weitergabe von Informationen an den Prozessbevollmächtigten unzumutbar erscheint, weil dieser Aufwand das übliche Maß übersteigen würde oder aber der Partei die zur sachgerechten Prozessführung notwendigen Kenntnisse fehlen.

8   bb) **Privatgutachten während des Prozesses.** Die Kosten für ein während des gerichtlichen Verfahrens eingeholtes Privatgutachten sind nur in Ausnahmefällen erstattungsfähig (*OLG Düsseldorf* BauR 1998, 1282). Eine Erstattungsfähigkeit ist regelmäßig zu verneinen, wenn ersichtlich ist, dass die Beweisfragen durch ein gerichtliches Gutachten geklärt werden können (*OLG Koblenz* Az. 14 W 277/00). Die Erstattung ist auch ausgeschlossen, wenn die Partei selbst über die notwendigen Kenntnisse verfügt, so etwa, wenn ein bauplanender Architekt, der auch Diplomingenieur ist, in einem Bauprozess ein Gutachten einholt, um mit diesem zu dem Gutachten eines gerichtlichen Sachverständigen Stellung nehmen zu können (*KG* AnwBl BE 199, 10). Eine Erstattung kann hier nur in Betracht kommen, wenn das Gegengutachten geeignet ist, das gerichtliche Gutachten in seiner Beweiskraft soweit zu erschüttern, dass ein erneutes Gutachten durch das Gericht eingeholt wird (*KG* AnwBl BE 1994, 81). Dient ein während des Prozesses eingeholtes Gutachten jedoch der Klagevorbereitung oder der Verteidigung, so können die Kosten dafür erstattungsfähig sein (*LG Hamburg* BauR 1999, 684). Gleiches gilt, wenn sich ein in der ersten Instanz unterlegener Laie zur Vorbereitung der Berufung eines solchen Privatgutachters bedient und das Berufungsgericht beschließt, über die vorgebrachten Angriffe Beweis zu erheben (*OLG Koblenz* VersR 1988, 701).

9   cc) **Höhe der erstattungsfähigen Kosten.** Die Kosten für eingeholte Privatgutachten sind nicht auf die Sätze des JVEG beschränkt, da dieses Gesetz für von einer Partei eingeholte Gutachten weder unmittelbar noch mittelbar anwendbar ist (BGH MDR 2007, 803). Es findet daher hinsichtlich der Leistungsvergütung oder der Auslagen des Sachverständigen keine Beschränkung auf die Höchsätze des JVEG statt. Nur dann, wenn die Stundensätze des Privatgutachters ganz erheblich von den im JVEG bestimmten Sätzen abweichen, bedarf es einer besonderen Darlegung ihrer Notwendigkeit (BGH MDR 2007, 803). Dass ein Privatgutachten weder im Prozess noch im Kostenfestsetzungsverfahren vorgelegt wird, schließt eine Kostenerstattung nicht von vornherein aus (BGH MDR 2013, 559; *OLG München* Az. 11 W 751/11).

5. Bausachen (Verfahren vor der Entschädigungsbehörde)

a) Allgemeines. Für eine Enteignung nach dem BauGB ist eine Entschädigung zu leisten (§ 93 Abs. 1 BauGB). Das Enteignungsverfahren wird nach den Vorschriften der §§ 104 BauGB durchgeführt, wobei u. a. eine mündliche Verhandlung vorgesehen ist (§ 107 BauGB). Die Enteignungsbehörde hat auf eine Einigung der Beteiligten hinzuwirken. Kommt eine Einigung jedoch nicht zustande, entscheidet die Enteignungsbehörde durch Beschluss über den Enteignungsantrag (§ 112 BauGB). § 121 BauGB regelt die Pflicht zur Kostentragung der im Verfahren vor der Enteignungsbehörde entstandenen Kosten. Danach hat der Antragsteller die Kosten zu tragen, wenn der Antrag auf Enteignung abgelehnt oder zurückgenommen wird (§ 121 Abs. 1 BauGB). Als Kosten des Enteignungsverfahrens gelten die Kosten des Verfahrens und die zur zweckentsprechenden Rechtsverfolgung oder Rechtsverteidigung notwendigen Auslagen der Beteiligten (§ 121 Abs. 2 BauGB). Auch die Gebühren und Auslagen eines Bevollmächtigten können erstattungsfähig sein, wenn dessen Hinzuziehung notwendig war. Die Kosten werden durch die Enteignungsbehörde in dem Enteignungsbeschluss festgesetzt (§ 121 Abs. 4 BauGB). Sie kann aber auch nach eigenem Ermessen die Kosten in einem separaten Beschluss festsetzen. In dem Beschluss ist zugleich darüber zu entscheiden, ob die Hinzuziehung eines Bevollmächtigten notwendig war. Macht ein Beteiligter entstandene Kosten geltend, hat er diese der Enteignungsbehörde mitzuteilen und zu beziffern.

b) Notwendige Kosten der Beteiligten. Zu den nach § 121 Abs. 2 BauGB notwendigen Kosten eines Beteiligten gehören auch Fahrtkosten und eingetretener Verdienstausfall, der dadurch entstanden ist, dass der Beteiligte an Verhandlungen der Enteignungsbehörde teilnehmen musste. Die persönlichen Kosten sind dem Beteiligten auch dann gesondert zu erstatten, wenn in der Verhandlung auch sein Bevollmächtigter anwesend ist (*Reisnecker* § 121 Rn. 25 m. w. N. BayVGH BayVBl. 1974, 595). Eine direkte Verweisung auf § 91 ZPO oder das JVEG ist für diese Verfahren durch das BauGB nicht vorgesehen. Zu erstatten sind deshalb grundsätzlich die tatsächlichen Auslagen der Beteiligten. Hinsichtlich des eingetretenen Verdienstausfalls können die Höchstsätze des § 22 nicht angewendet werden. Für die Erstattung von baren Aufwendungen können die Bestimmungen der §§ 5–7 jedoch als Richtlinien dienen. Da die Beteiligten nicht wie Zeugen zu entschädigen sind, kann auch eine Erstattung der Umsatzsteuer in Betracht kommen.

c) Zeugen, Sachverständige, Dolmetscher und Übersetzer. Hinsichtlich der herangezogenen Zeugen, Sachverständigen, Dolmetscher oder Übersetzer ist das JVEG anzuwenden, da das Verwaltungsverfahrensgesetz auf dieses Gesetz verweist (§ 23 Abs. 2 und § 26 VwVfG). Soweit die entsprechenden Verwaltungsverfahrensgesetze der Länder keine Verweisung auf Bundesrecht vorsehen, beinhalten sie zumeist eigene Verweisungsnormen, → Rn. 39.

d) Vollstreckbare Ausfertigung. Aus dem nicht mehr anfechtbaren Enteignungsbeschluss findet die Zwangsvollstreckung statt, die sich nach den Bestimmungen der ZPO richtet. Die Bestimmung des § 122 BauGB ist auch auf die erfolgte Festsetzung der Kosten eines Beteiligten anwendbar. Wegen der sachlichen Zuständigkeit sind nach § 122 Abs. BauGB zwei Fälle zu unterscheiden:

§ 1   Abschnitt 1. Allgemeine Vorschriften

– sofern **kein** gerichtliches Verfahren anhängig (§ 119 BauGB) ist:
es ist der UdG des Amtsgerichts zuständig, in dessen Bezirk die Enteignungsbehörde ihren Sitz hat,
– soweit ein gerichtliches Verfahren anhängig ist:
es ist der UdG des Amtsgerichts zuständig, bei welchem das gerichtliche Verfahren anhängig ist.

Die Anträge auf Erteilung einer vollstreckbaren Ausfertigung nach § 122 Abs. 2 BauGB sind in das Zivilprozessregister des Amtsgerichts einzutragen. Sie werden dort unter dem Registerbuchstaben H geführt (Zus. Best. Nr. 1 zu § 13 AktO-oG).

6. Berufs- und Dienstgerichte

14   Die Ehrengerichte sind besondere Gerichte, die wegen Verstößen gegen die ordnungsgemäße Berufsausübung, standesrechtlicher Verstöße oder Streitigkeiten innerhalb des Berufsrechts zuständig sind. Es handelt sich jedoch nicht um besondere Gerichte nach § 14 GVG, so dass eine straf- und zivilrechtliche Ahndung neben einer Ahndung durch ein Ehrengericht erfolgen kann. Ehrengerichte bestehen beispielsweise für Ärzte, Apotheker, Steuerberater, Rechtsanwälte (Ehrengericht für Rechtsanwälte, Ehrengerichtshof für Rechtsanwälte), Tierärzte, Wirtschaftsprüfer und Zahnärzte. Werden Zeugen oder Sachverständige von einem solchen Gericht herangezogen, ist das JVEG nur anzuwenden, wenn das Gesetz, welches für Verfahren vor dem jeweiligen Berufs- oder Dienstgericht gilt, eine Verweisungsnorm auf das JVEG enthält. Zahlreiche landesrechtliche Bestimmungen sehen auch hinsichtlich der Entschädigung für die ehrenamtlichen Richter oder Beisitzer einen Verweis auf das JVEG oder noch das vormalige Gesetz über die Entschädigung der ehrenamtlichen Richter (EhrRiEntschG) vor.

Die Disziplinargerichte sind als besondere Verwaltungsgerichte für die Disziplinarverfahren zuständig. So bestehen Disziplinargerichte für Beamte, Richterdienstgerichte und für Soldaten die Wehrdienstgerichte. Werden Zeugen und Sachverständige nach § 25 Bundesdisziplinargesetz herangezogen, sind diese nach dem JVEG Anwendung zu entschädigen bzw. vergüten (§ 3 Bundesdisziplinargesetz i. V. m. § 26 Abs. 3 VwVfG). Gleiches gilt für die Disziplinargerichte für Notare, da § 96 Abs. 1 BNotO auf das Bundesdisziplinargesetz verweist. In Verfahren vor den Wehrdisziplinargerichten findet das JVEG wegen § 10 Wehrdisziplinarordnung Anwendung.

7. Bodensonderungsgesetz

15   In dem Verfahren auf gerichtliche Entscheidung nach § 18 Bodensonderungsgesetz (BoSoG), gelten die Bestimmungen der ZPO (§ 18 Abs. 5 BoSoG). Werden daher in einem solchen Verfahren Zeugen oder Sachverständige herangezogen, erhalten sie eine Entschädigung bzw. Vergütung nur nach dem JVEG (§§ 401, 413 ZPO). Weiter ist § 228 BauGB anzuwenden, danach gelten die Vorschriften der ZPO auch hinsichtlich der Kosten des Verfahrens (→ Rn. 8). Dem obsiegenden Beteiligten sind daher nach § 91 Abs. 1 ZPO auch die zur Wahrnehmung von Terminen und durch notwendige Reisen entstandenen Kosten (Verdienstausfall, Zeitversäumnis und Reisekosten) nach den für Zeugen geltenden Bestimmungen (§ 19) zu erstatten.

Geltungsbereich und Anspruchsberechtigte　　　　　　　　　　§ 1

8. Finanzbehörden

In Verfahren, in denen die Finanzbehörde gem. § 386 Abs. 2 Abgaben- 16
ordnung das Ermittlungsverfahren selbstständig durchführt, sind die Herangezogenen nur nach dem JVEG zu entschädigen bzw. zu vergüten. Der Gesetzgeber hat diese Behörden klarstellend in den Abs. 1 S. 1 Nr. 1 aufgenommen. Der Heranziehung durch eine Finanzbehörde steht die polizeiliche Heranziehung gleich, wenn diese durch die Finanzbehörde vorher gebilligt war (Abs. 3). Sind einer Bundesfinanzbehörde Auslagen entstanden, werden sie als durchlaufende Gelder behandelt und an diese abgeführt, wenn sie den Betrag von 25 EUR übersteigen (§ 5 Abs. 5 KostVfg).

9. Gerichte

a) **Allgemeines.** Das JVEG findet Anwendung, wenn die Heranziehung 17
durch ein deutsches Gericht erfolgt. Unerheblich ist dabei, um welchen Gerichtszweig es sich handelt. Neben den Gerichten der ordentlichen Gerichtsbarkeit findet das JVEG auch auf die Fachgerichtsbarkeiten Anwendung, also auch in arbeits-, finanz-, sozial- und verwaltungsgerichtlichen Verfahren. Als Gericht i. S. d. § 1 gilt dabei nur der Richter, die Kammer oder der Senat, nicht jedoch die Justizverwaltung (*Thüringer LSG* Az. L 6 B 51/01). Soweit es sich um ein Geschäft handelt, welches dem Rechtspfleger übertragen ist, ist auch dieser Gericht i. S. d. Vorschrift.

Ein Entschädigungs- oder Vergütungsanspruch besteht nicht, wenn die Heranziehung durch ein **ausländisches Gericht** erfolgt. Ein Erstattungsanspruch gegenüber dem deutschen Gericht besteht deshalb auch dann nicht, wenn ein Zeuge aufgrund eines Rechtshilfeersuchen eines ausländischen Gerichts vorgeladen wird (*OLG Düsseldorf* MDR 1993, 392), aber → Rn. 214 ff.

b) **Freiwillige Gerichtsbarkeit.** Nach § 30 Abs. 1 FamFG kann eine 18
förmliche Beweisaufnahme nach den Regelungen der ZPO durchgeführt werden. Danach ist auch in Verfahren der freiwilligen Gerichtsbarkeit eine Entschädigung oder Vergütung nach dem JVEG zu zahlen (§§ 401, 413 ZPO i. V. m. § 30 Abs. 1 FamFG).

c) **Strafsachen.** Die Strafprozessordnung verweist für Zeugen und Sach- 19
verständige durch die §§ 71, 84 StPO direkt auf das JVEG. Dolmetscher und Übersetzer sind wegen Abs. 1 Nr. 1 vom JVEG erfasst, ebenso wie Dritte (§ 23) wegen Abs. 1 S. 1 Nr. 3. Für Jugendstrafsachen gilt nichts abweichendes, da Sondervorschriften im JGG fehlen (§ 2 JGG). Die Vorschriften des JVEG sind zudem anzuwenden, wenn in Jugendgerichtssachen der gesetzliche Vertreter zur Hauptverhandlung geladen wird (§ 50 JGG). Auch hinsichtlich der Höhe der eigenen Auslagen des freigesprochenen Beschuldigten wird durch § 464a Abs. 2 StPO auf das JVEG verwiesen, → Rn. 118 ff.

d) **Arbeitsgerichtsbarkeit.** Aus § 9 Abs. 3 ArbGG ergibt sich für heran- 20
gezogene Zeugen und Sachverständige die unmittelbare Anwendbarkeit des JVEG. Für die ehrenamtlichen Richter gilt das Gesetz unmittelbar wegen Abs. 1 S. 1 Nr. 2, für die Dolmetscher und Übersetzer wegen Abs. 1 S. 1 Nr. 1. Durch die in den Ländern ergangenen Verwaltungsbestimmungen ist zumeist geregelt, dass auch die Mitglieder des beratenden Ausschusses nach § 18 Abs. 2 ArbGG für die Fahrtkosten und den eingetretenen Verdienst-

ausfall eine Entschädigung nach dem JVEG erhalten, so in Sachsen-Anhalt AV d. MJ v. 7.2.2008. Eine Entschädigung für Verdienstausfall wird danach nicht gezahlt, wenn die Mitglieder Angehörige des öffentlichen Dienstes sind.

21 e) **Finanzgerichtsbarkeit.** Im Bereich der Finanzgerichtsbarkeit ist das JVEG für Zeugen und Sachverständige anzuwenden (§ 82 FGO i. V. m. §§ 401, 413 ZPO). Für Dolmetscher und Übersetzer ergibt sich die Anwendung aus Abs. 1 S. 1 Nr. 1, für die Vertrauensleute in den Ausschüssen zur Wahl der ehrenamtlichen Richter aus Abs. 4.

22 f) **Sozialgerichtsbarkeit.** Handelt es sich um Zeugen oder Sachverständige, ergibt sich der unmittelbare Anwendungsbereich aus § 118 Abs. 1 SGG i. V. m. §§ 401, 413 ZPO. Die an dem Verfahren Beteiligten sind im Falle der Anordnung des persönlichen Erscheinens für die entstandenen Auslagen und die Zeitversäumnis wie ein Zeuge zu entschädigen (§ 191 SGG), siehe hierzu Rn. 151 ff. Für Dolmetscher und Übersetzer gilt das JVEG wegen Abs. 1 S. 1 Nr. 1, für ehrenamtliche Richter wegen Abs. 1 S. 1 Nr. 3.

Daneben sind für verschiedene Ausschüsse die für ehrenamtliche Richter geltenden Vorschriften zu beachten. In den Ländern sind entsprechende Verwaltungsbestimmungen ergangen, die eine Entschädigung der Mitglieder der beratenden Ausschusses für die Ernennung der Berufsrichterinnen und Berufsrichter der Sozialgerichte nach den für die ehrenamtlichen Richtern geltenden Entschädigungsregelungen vorsehen.

23 g) **Verwaltungsgerichtsbarkeit.** Auch auf die in Verfahren der Verwaltungsgerichtsbarkeit herangezogenen Zeugen und Sachverständigen ist das JVEG unmittelbar anzuwenden (§ 98 VGO i. V. m. §§ 401, 413 ZPO). Für Dolmetscher und Übersetzer gilt das JVEG wegen Abs. 1 S. 1 Nr. 1, für ehrenamtliche Richter wegen Abs. 1 S. 1 Nr. 3, für die Vertrauensleute in den Ausschüssen zur Wahl der ehrenamtlichen Richter wegen Abs. 4.

10. Gerichtsvollzieher

24 a) **Allgemeines.** Abs. 1 S. 1 Nr. 1 bestimmt, dass ein Erstattungsanspruch nach dem JVEG auch dann besteht, wenn die Heranziehung durch den Gerichtsvollzieher erfolgt. Der Gesetzgeber hat solche Heranziehungen ausdrücklich in das JVEG aufgenommen, da der Gerichtsvollzieher wie das Vollstreckungsgericht als Vollstreckungsorgan tätig wird. In der BT-Drs. 15/1971, S. 178 heißt es dazu: *„Bislang fehlt insoweit eine gesetzliche Regelung, da nach allgemeiner Meinung das ZuSEG auf diese Fälle nicht unmittelbar anwendbar ist. Der Gerichtsvollzieher ist jedoch wie das Vollstreckungsgericht ein Vollstreckungsorgan, so dass es sachgerecht erscheint, die Vergütung bzw. Entschädigung der von ihm herangezogenen Personen den gleichen Regelungen zu unterwerfen wie sie für eine Heranziehung durch das Gericht gelten."* Das JVEG findet jedoch nur dann Anwendung, wenn es sich tatsächlich um einen Gerichtsvollzieher handelt. Wird die Vollstreckung durch einen Vollstreckungsbeamten nach der JBeitrO durchgeführt, besteht kein Erstattungsanspruch nach dem JVEG, auch wenn § 6 Abs. 1 JBeitrO auf § 759 ZPO verweist, denn die Vollstreckungsbehörde ist keine heranziehende Stelle nach § 1.

25 b) **Heranziehung von Zeugen.** Nach § 759 ZPO werden durch den Gerichtsvollzieher Zeugen herangezogen, wenn bei der Vollstreckungshand-

lung in der Wohnung des Schuldners weder der Schuldner noch ein Familienmitglied oder ein Erwachsener anwesend ist, welcher in der Familie beschäftigt ist oder der Schuldner gegen die Vollstreckungshandlung Widerstand leistet. Der Gerichtsvollzieher muss stets zwei erwachsene Personen als Zeugen hinzuziehen. In § 62 Abs. 2 S. 4, 5 GVGA wird ausdrücklich bestimmt, dass den Zeugen auf Verlangen eine angemessene Entschädigung zu gewähren ist, die sich nach den Bestimmungen des JVEG richtet. Wegen der klaren Fassung von § 62 Abs. 2 GVGA und der Tatsache, dass der Gerichtsvollzieher heranziehende Stelle nach § 1 Abs. 1 S. 1 Nr. 1 ist, darf die zu zahlende Entschädigung die Höchstsätze des JVEG keinesfalls mehr übersteigen. Soweit die Sätze des JVEG überschritten werden, wird auch nicht mehr von notwendigen Vollstreckungskosten nach § 788 ZPO auszugehen sein. Werden Gemeinde- oder Polizeibeamte als Zeugen hinzugezogen, ist eine Entschädigung nicht zu gewähren, wenn diese im Rahmen ihrer Dienstaufgaben tätig werden. Bei Streit wegen der Entschädigung ist für das gerichtliche Festsetzungsverfahren das jeweilige Vollstreckungsgericht zuständig (§ 4 Abs. 1 S. 2 Nr. 4). Vollstreckungsgericht ist das Amtsgericht, in dessen Bezirk das Vollstreckungsverfahren stattfindet oder stattfinden soll (§ 764 ZPO).

c) Beauftragung von Sachverständigen. Bei der Pfändung von Sachen **26** ist nach § 813 Abs. 1 ZPO der gewöhnliche Verkaufswert zu schätzen. Dabei kommt die Hinzuziehung eines Sachverständigen dann in Betracht, wenn der Gerichtsvollzieher Kostbarkeiten pfändet. Ein Sachverständiger ist auch auf Antrag des Gläubigers oder Schuldners hinzuzuziehen. Für die Bestellung des Sachverständigen ist in den Fällen des § 813 Abs. 1 ZPO der Gerichtsvollzieher zuständig. Liegt ein Fall des § 813 Abs. 1 ZPO jedoch nicht vor, kann der Gerichtsvollzieher nicht im eigenen Ermessen einen Sachverständigen hinzuziehen, es bedarf hierzu einer Anordnung des Vollstreckungsgerichts (*LG München* Rpfleger 1978, 456), dass gilt auch für die Pfändung von Pferden (*LG Kostanz* DGVZ 1994, 140). Die Landesjustizverwaltung kann jedoch bestimmen, dass auch in weiteren, nicht von § 813 Abs. 1, 3 ZPO erfassten Fällen, ein Sachverständiger hinzugezogen werden soll (§ 813 Abs. 4 ZPO).
Bestellt der Gerichtsvollzieher zuständigkeitshalber den Sachverständigen, so trifft ihn für die Auswahl und die Übernahme des ermittelten Schätzwertes kein Verschulden, wenn das Sachverständigengutachten nicht offensichtlich falsch ist und der Sachverständige auch auf dem entsprechenden Sachgebiet tätig ist (*OLG München* DGVZ 1980, 122). Auch dann, wenn es sich bei den gepfändeten Sachen um Kostbarkeiten handelt, ist die Schätzung des Verkaufswertes einem Sachverständigen zu übertragen. Zu den Kostbarkeiten i. S. d. § 813 ZPO gehören insbesondere Gegenstände aus Gold, Silber, Platin, Edelsteine, echte Perlen, Münzen, Kunstwerke, wertvolle Antiquitäten, Briefmarkensammlungen (*Zöller/Stöber* § 808 ZPO Rn. 16). Aber auch Gegenstände, die wegen ihres wertvollen Materials, ihrer aufwendigen oder künstlerischen Herstellung oder Seltenheit im Verhältnis zu ihrer Größe einen besonderen Wert besitzen, können Kostbarkeiten sein (*AG Schwäbisch Hall* DGVZ 1990, 79), auch ein Orientteppich. Wurde der Wert einer Kostbarkeit durch einen Sachverständigen geschätzt, kann der Gerichtsvollzieher den Verkaufspreis nach einem erfolglosen Versteigerungsversuch nicht erneut schätzen lassen (*AG München* DGVZ 1989, 31). Die erneute Schätzung ist aber bei Eintritt

§ 1   Abschnitt 1. Allgemeine Vorschriften

wesentlicher Änderungen der wirtschaftlichen Verhältnisse oder des Marktes zulässig (Zöller/*Stöber* § 813 Rn. 8).

Ein Sachverständiger ist auch hinzuzuziehen, wenn bei einer Person, die Landwirtschaft betreibt, Früchte gepfändet werden, die noch nicht vom Boden getrennt sind oder Gegenstände nach § 811 Abs. 1 Nr. 4 gepfändet werden, soweit anzunehmen ist, dass ihr Wert 500 EUR übersteigt (§ 813 Abs. 3 ZPO). Der Sachverständige erhält wegen der ausdrücklichen Regelung in Abs. 1 S. 1 Nr. 1 für seine Leistung auch im Falle der Heranziehung durch den Gerichtsvollzieher eine Vergütung ausschließlich nach den Bestimmungen des JVEG. Insoweit ist die Regelung in § 100 Abs. 1 GVGA nicht verständlich, da bei einer Heranziehung nach Abs. 1 S. 1 Nr. 1 die Sätze des JVEG nicht überschritten werden dürfen.

Geschäftsanweisung für Gerichtsvollzieher
§ 100
(§ 813 Abs. 3 ZPO)
...

(4) Dem Sachverständigen ist eine Vergütung nach dem ortsüblichen Preis seiner Leistung zu gewähren. Der Gerichtsvollzieher zahlt die Vergütung sofort bei der Pfändung gegen Empfangsbescheinigung aus. Soweit nicht ein anderer ortsüblicher Preis feststeht, sind für die Bemessung die Sätze des JVEG maßgebend. Die Vergütung umfasst sowohl den Wert der Leistung als auch die Aufwandsentschädigung. An Reisekosten sind dem Sachverständigen nur die tatsächlichen Auslagen zu erstatten. Ist der Sachverständige mit der Bemessung seiner Entschädigung nicht einverstanden, so verweist ihn der Gerichtsvollzieher mit seinen Einwendungen gemäß § 766 ZPO an das Vollstreckungsgericht.

Erfolgt die Beauftragung auf Antrag des Gläubigers oder Schuldners durch das Vollstreckungsgericht (§ 813 Abs. 1 S. 3 ZPO), so liegt eine Heranziehung durch ein Gericht nach Abs. 1 S. 1 Nr. 1 vor.

27   **d) Dolmetscherkosten.** Der Gerichtsvollzieher ist nach § 8 GVGA verpflichtet, bei der Durchführung einer Amtshandlung gegen eine Person, die der deutschen Sprache nicht kundig ist, eine Person hinzuzuziehen, die der von dem Betroffenen gesprochenen Sprache kundig ist, sofern der Gerichtsvollzieger nicht selbst dieser Sprache mächtig ist. Dabei sollen zwar nach Möglichkeit Personen hinzugezogen werden, die keine Kosten verursachen, dies dürfte aber im Regelfall unmöglich sein. Hat der Gerichtsvollzieher einen Dolmetscher beauftragt, so hat dieser gem. Abs. 1 S. 1 Nr. 1 einen Vergütungsanspruch nach dem JVEG. Der Dolmetscher soll erst nach Rücksprache mit dem Auftraggeber hinzugezogen werden, wenn Eilbedürftigkeit nicht entgegensteht. Auch für den Fall, dass eine vorherige Verständigung mit dem Gläubiger unterbleibt, können die entstandenen Gerichtsvollzieherkosten aber nur dann nach § 7 GvKostG außer Ansatz gelassen werden, wenn der Gläubiger darlegt, dass er den Auftrag bei Kenntnisnahme von der Zuziehung des Dolmetschers zurückgenommen hätte (*LG Berlin* JurBüro 2000, 376). Der Gerichtsvollzieher kann die Zahlung eines Vorschusses verlangen und die Vollstreckung auch solange ablehnen, bis ein ausreichender Auslagenvorschuss für die Dolmetscherkosten durch den Gläubiger gezahlt wird (*AG Worms* DGVZ 1995, 31). Eine Verpflichtung zur Hinzuziehung eines Dolmetschers besteht auch in Verfahren wegen Abgabe der Ver-

mögensauskunft, wenn der Schuldner der deutschen Sprache nicht kundig ist (§ 10a Abs. 2 GVGA), der Auftraggeber ist gleichfalls vor der Heranziehung zu verständigen.

e) Wiedereinziehung der Kosten. Die dem Gerichtsvollzieher erwachsenen Auslagen sind nach Nr. 703 KV-GvKostG von dem Schuldner oder dem Auftraggeber wieder einzuziehen. Ein Einzug vom Kostenschuldner erfolgt auch dann, wenn aus Gründen der Verwaltungsvereinfachung keine Zahlungen zu leisten gewesen sind. Die Auslagen werden gem. § 14 S. 2 GvKostG sofort nach ihrer Entstehung fällig. Kostenschuldner sind nach § 13 GvKostG der Auftraggeber und ggf. auch der Vollstreckungsschuldner.

Ein Einzug unterbleibt jedoch, wenn es sich um Kosten für einen Gebärdendolmetscher oder einen Übersetzer für eine blinde oder sehbehinderte Person handelt. Da solche Kosten nicht wieder eingezogen werden und ein Verschulden des Gerichtsvollziehers nicht vorliegt, sind ihm seine Auslagen aus der Landeskasse zu ersetzen (§ 11 Abs. 3 GVO). Ein Auslagenvorschuss kann für solche Kosten nicht erhoben werden. Soweit nach Nr. 703 KV-GvKostG ein Wiedereinzug zugelassen ist, ist er nur in Höhe der gesetzlichen Entschädigung oder Vergütung nach dem JVEG zulässig.

11. Justizverwaltung

a) Allgemeines. Die Justizverwaltung ist nicht Gericht im Sinne des § 1 (*Thüringer LSG* Az. L 6 B 51/01 SF). Eine unmittelbare Anwendung dieses Gesetzes ist daher nicht möglich. Es ist aber statthaft, mit dem Herangezogenen eine Anwendung des JVEG zu vereinbaren. In den Ländern sind teilweise entsprechende Verwaltungsbestimmungen erlassen, so bestimmt sich etwa in Nordrhein-Westfalen die an Dolmetscher und Übersetzer zu zahlende Vergütung für die Überwachung des Schriftverkehrs und der Besuche von Untersuchungsgefangenen nach dem JVEG (RV d. JM v. 4.10.2004).

b) Hinterlegungssachen. Die Hinterlegungsstelle ist nach den Hinterlegungsgesetzen der Länder berechtigt, Sachverständige damit zu beauftragen, den Wert oder die Beschaffenheit von Kostbarkeiten zu ermitteln. Da es sich bei den Hinterlegungssachen um Angelegenheiten der Justizverwaltung handelt, sind die Bestimmungen des JVEG nicht unmittelbar anwendbar. Die gesetzliche Vergütung nach § 9 sollte dennoch nicht überschritten werden, da die Sachverständigenkosten zu den Kosten der Justizverwaltungssache zählen und Vorbem. 2 KV-JVKostG wegen der Höhe der einzuziehenden Sachverständigenvergütung auf Nr. 9005 KV-GKG verweist, die einen Einzug nur in Höhe der nach dem JVEG zu zahlenden Beträgen vorsieht. Auch in Hinterlegungssachen sind daher die nach dem JVEG zu zahlenden Beträge nicht zu überschreiten, da Mehrkosten nicht vom Kostenschuldner eingezogen werden könnten. Soweit sich die Vergütung nach § 9 bestimmt, kann nach Anlage 1 zu § 9 eine Zuordnung in die Honorargruppe 3 (Schmuck, Juwelen, Perlen, Gold- und Silberwaren) erfolgen. Zu beachten sind auch die in den Ländern erlassenen Verwaltungsbestimmungen (Ausführungsvorschriften zur Hinterlegungsordnung). Danach soll die Wertbestimmung nach § 9 Abs. 2 HinterlO durch einen Sachverständigen nur dann erfolgen, wenn besondere Umstände dies erfordern und keine unverhältnismäßig hohen Kosten entstehen (vgl. in Sachsen-Anhalt: AV d. MJ v. 2.11.2010, JMBl. LSA S. 231).

§ 1 Abschnitt 1. Allgemeine Vorschriften

Ausführungsvorschriften zum Hinterlegungsgesetz des Landes Sachsen-Anhalt
(AV d. MJ v. 2.11.2010)

8. Abschätzung von Kostbarkeiten

Die Hinterlegungsstelle soll Kostbarkeiten durch eine Sachverständige nur dann abschätzen oder zur Feststellung ihrer Beschaffenheit besichtigen lassen (§ 13 Abs. 2 HintG LSA), wenn besondere Umstände dies erforderlich erscheinen lassen und nicht unverhältnismäßig hohe Kosten entstehen.

12. Notare

31 **a) Allgemeines.** Vor einem Notar erschiene Zeugen (§ 29 BeurkG) oder von einem Notar herangezogene Dolmetscher und Übersetzer werden nicht nach dem JVEG entschädigt bzw. vergütet, da es sich nicht um eine gerichtliche Heranziehung handelt.

32 **b) Sachenrechtsbereinigungsgesetz.** Im Rahmen des Sachenrechtsbereinigungsgesetzes kann der Notar im vorgesehenen Vermittlungsverfahren Zeugen heranziehen und nach Erörterung oder auf Antrag eines Beteiligten auch ein schriftliches Gutachten durch einen Sachverständigen einholen. Die in solchen Verfahren durch den Notar zu Beweiszwecken herangezogenen Zeugen oder Sachverständigen erhalten eine Entschädigung bzw. Vergütung nach dem JVEG (§ 97 Abs. 4 SachenRBerG). Die Bestimmung wurde durch Artikel 1 SachenRÄndG des eingefügt, durch Art. 4 Abs. 34 KostRMoG erfolgte ein unmittelbarer Verweis auf das JVEG. In der BT-Drs. 12/5992 heißt es: *„Das Gesetz über die Entschädigung von Zeugen und Sachverständigen ist nicht unmittelbar anzuwenden, da es eine Heranziehung des Beweismittels durch das Gericht oder einen Staatsanwalt voraussetzt. Absatz 4 stellt die entsprechende Anwendung jenes Gesetzes sicher. Hierdurch wird zugleich klargestellt, dass es sich bei der Entschädigung um Auslagen nach § 137 Nr. 4 Kostenordnung handelt, die der Notar nach § 101 erheben kann."*

13. Parteien oder Beteiligte

33 Der von einer Partei bzw. Beteiligten gestellte Zeuge hat gegenüber dem Gericht nur dann einen Entschädigungsanspruch, wenn er auch tatsächlich vernommen wurde (*OLG Koblenz* NJW 1967, 1866), siehe ausführlich bei → § 19 Rn. 5. Soweit die Partei an von ihr gestellte Zeugen Zahlungen vornimmt, sind diese aber als notwendig im Sinne des § 91 ZPO anzusehen. Die Fristenregelung des § 2 gilt nicht. Obwohl das JVEG keine unmittelbare Anwendung findet, besteht eine Erstattungspflicht nur insoweit, wie die Parteiaufwendungen die gesetzliche Entschädigung nach § 19 nicht übersteigen (*OLG München* JurBüro 1981, 1245; *OLG Karlsruhe* JurBüro 1991, 1514). Auch eine durch den Zeugen der Staatskasse gegenüber abgegebene Verzichtserklärung hindert nicht an der Geltendmachung dieser Kosten (*OLG München* a. a. O.) Auch die Kosten für die Sistierung eines ausländischen Zeugen können erstattungsfähig sein, insbesondere dann, wenn das Gericht die Partei selbst um eine Sistierung gebeten hat (*OLG Hamburg* MDR 2000, 666). Bei ausländischen Zeugen kommt wegen der Regelung des § 19 Abs. 4 auch eine von der gesetzlichen Entschädigung abweichende Festsetzung in Betracht. Wegen des nach § 220 StPO gestellten Zeugen siehe → Rn. 100a ff.

Geltungsbereich und Anspruchsberechtigte   § 1

14. Polizei

a) Heranziehung nach Auftrag oder Billigung der Staatsanwalt- 34
schaft. Bei der Heranziehung durch die Polizei ist zu unterscheiden, ob es sich um ein polizeiliches Ermittlungsverfahren handelt oder die Polizei im Rahmen eines staatsanwaltschaftlichen Ermittlungsverfahren tätig geworden ist. Handelt es sich um ein staatsanwaltschaftliches Ermittlungsverfahren, so ist dieses Gesetz unmittelbar anzuwenden, da die Heranziehung durch die Polizei mit vorheriger Billigung der Staatsanwaltschaft einer Heranziehung durch die Staatsanwaltschaft selbst gleichsteht (→ Abs. 3 S. 1). Die Vergütung bzw. Entschädigung bestimmt sich ausschließlich nach dem JVEG. Das gilt auch dann, wenn es sich um andere Ermittlungspersonen der Staatsanwaltschaft nach § 152 GVG handelt; zum Fundstellennachweis wegen der Rechtsverordnungen nach § 152 Abs. 2 GVG siehe bei Schönfelder, Deutsche Gesetze, Nr. 96, Anm. zu § 152 Abs. 2.

b) Heranziehung außerhalb eines staatsanwaltschaftlichen Verfah- 35
rens. Wird die Polizei außerhalb eines staatsanwaltschaftlichen Ermittlungsverfahrens tätig und erfolgt die Heranziehung nicht im Auftrag oder mit vorheriger Billigung der Staatsanwaltschaft, so kann eine Entschädigung bzw. Vergütung im Regelfall nicht nach diesem Gesetz gewährt werden, da die Polizeibehörden keine heranziehenden Stellen i. S. d. § 1 sind. Insoweit wird durch Abs. 3 eine abschließende Regelung getroffen, so dass eine polizeiliche Heranziehung, die nachträglich von der Staatsanwaltschaft gebilligt wird, nicht von der Regelung erfasst wird (BVerfG NJW 2007, 2393). Wird daher ein Sachverständiger von der Polizei auf deren eigener Initiative herangezogen, ohne dass eine vorherige Billigung durch die Staatsanwaltschaft erfolgt, so ist er nicht nach dem JVEG zu vergüten (*LG Landau* JVBl. 1968, 22; *OLG Düsseldorf* MDR 1989, 1022). Die Beauftragung durch die Polizei erfolgt in diesen Fällen nach einem privatrechtlichen Vertragsverhältnis, so dass die Vergütung unter Zugrundelegung einer privatrechtlichen Rahmenvereinbarung bestimmt wird (BVerfG a. a. O). Ein Erstattungsanspruch gegenüber der Staatsanwaltschaft entsteht daher nicht. Die Polizeigesetze der Länder sehen jedoch für die Fälle der direkten Heranziehung durch die Polizei zumeist eine Anwendung des JVEG vor, jedoch lässt dies nur einen Anspruch gegenüber der Polizei entstehen. Daneben können auch Verwaltungsbestimmungen eine Anwendbarkeit des JVEG bestimmen, so in Bayern wegen der Erstattung von Verdienstausfall eines von der Polizei zur Aufklärung des Sachverhalts herangezogenen Zeugen (Bek. d. StMI v. 26.10.2004) oder in Baden-Württemberg aufgrund der VwV d. MI v. 29.12.2004. Wegen der Landespolizeigesetze siehe:

Baden-Württemberg: § 27 Abs. 4 Polizeigesetz (PolG)

Berlin: § 20 Abs. 4 Allgemeines Sicherheits- und Ordnungsgesetz (ASOG Bln)

Brandenburg: Siehe unten.

Bremen: § 12 Abs. 4 Bremisches Polizeigesetz (BremPolG)

Niedersachsen: § 16 Abs. 4 Niedersächsisches Gesetz über die öffentliche Sicherheit und Ordnung)

Nordrhein-Westfalen: § 10 Abs. 5 Polizeigesetz des Landes Nordrhein-Westfalen (PolG NW)

Rheinland-Pfalz: § 12 Abs. 5 Polizei- und Ordnungsbehördengesetz (POG)

Sachsen: § 18 Abs. 7 Polizeigesetz des Freistaates Sachsen (SächsPolG)

§ 1   Abschnitt 1. Allgemeine Vorschriften

Hamburg: § 11 Abs. 5 des Gesetzes zum Schutz der öffentlichen Sicherheit und Ordnung
Hessen: § 3 Abs. 2 des Hessischen Gesetzes über die öffentliche Sicherheit und Ordnung
Mecklenburg-Vorpommern: § 50 Abs. 6 Gesetz über die öffentliche Sicherheit und Ordnung in Mecklenburg-Vorpommern (SOG MV)
Sachsen-Anhalt: § 35 Abs. 5 Gesetz über die öffentliche Sicherheit und Ordnung des Landes Sachsen-Anhalt
Schleswig Holstein: § 199 Abs. 6 Landesverwaltungsgesetz (LVwG)
Thüringen: § 16 Abs. 6 Ordnungsbehördengesetz (OBG)

Im Land Brandenburg wurde § 15 Abs. 5 Brandenburgisches Polizeigesetz, der bei Vorladungen durch die Polizei wegen der Zeugenentschädigung auf das JVEG verwies, durch Art. 1 des Gesetzes vom 18.12.2006 (GVBl. I S. 188) aufgehoben, weil sich die Anwendung des JVEG bereits aus (jetzt) § 1 des Brandenburgischen Verwaltungsgesetzes i. V. m. §§ 23, 26 VwVfG des Bundes ergibt (Landtagsdrucksache 4/3508, S. 20).

Das JVEG ist auch dann anzuwenden, wenn die Polizei als Verwaltungsbehörde i. S. d. § 35 OWiG tätig wird, denn nach dem OWiG Herangezogene sind gem. § 59 OWiG nach dem JVEG zu entschädigen bzw. zu vergüten.

36 c) Blutentnahme. Soweit die Polizei selbstständig Blutentnahmen zur Feststellung von Alkohol-, Medikamenten- oder Drogeneinflusses im Straßenverkehr durchführt, kann eine Vergütung nach dem JVEG nicht gewährt werden. Sofern in den Ländern keine anderweitigen Bestimmungen bestehen, bestimmt sich die Vergütung der Ärzte regelmäßig nach der GOÄ, in Bayern ausdrücklich bestimmt durch Bek. d. StMI v. 13.12.2004 (→ CD-ROM). Bei der Wiedereinziehung der Kosten von einem späteren Kostenschuldner können sich jedoch insoweit Probleme ergeben, als dass die Einziehung solcher Auslagen gem. Nr. 9015, 9016 KV-GKG nur in Höhe der Bestimmungen des JVEG zulässig ist. Die gewährte Vergütung ist deshalb umzurechnen, vgl. in Nordrhein-Westfalen Anm. zu Hinweis Nr. 5 d. RdErl. d. IM v. 18.8.2004, danach sind die Kosten der Blutentnahme in der tatsächlichen Höhe mitzuteilen und von den Justizbehörden entsprechend umzurechnen.

Die in den Ländern wegen der Feststellung von Alkohol-, Medikamenten- und Drogeneinfluss bei Straftaten und Ordnungswidrigkeiten ergangenen Verwaltungsbestimmungen sehen weiterhin vor, dass die Kosten der körperlichen Untersuchung, Blutentnahme, Blutuntersuchung, Urin- und Haarproben und deren Untersuchung zu den Akten des Straf- und Bußgeldverfahrens mitzuteilen sind, über eine Kostenerstattungspflicht aber erst im Rahmen des Straf- oder Bußgeldverfahrens entschieden wird. Ein vorzeitiger Einzug unterbleibt deshalb. Im Falle der kostenpflichtigen Verurteilung handelt es sich um Auslagen nach Nr. 9015, 9016 KV-GKG.

Fundstellen für die einzelnen Bundesländer:
Baden-Württemberg: VwV v. 26.3.2005, Justiz 2005,
Bayern: Gem. Bek. v. 5.4.2001, BayJMBl. 2001, 93
Wegen der Vergütung gilt: Bek. des BayStMI v. 13.12.2004
Berlin:
Brandenburg: Gem. AV v. 23.6.2000, JMBl Bbg. 2000, 87
Bremen:
Hamburg:

Geltungsbereich und Anspruchsberechtigte § 1

Hessen:	Gem RdErl. v. 12.1.2006, JMBl. 2006, 182 (neu in Kraft gesetzt durch Gem RdErl. v. 16.11.2011
Mecklenburg-Vorpom.:	Gem RdErl. d. MJ u. MI v. 31.8.2000, AmtsBl. M-V 2000, 1338
Niedersachsen:	Gem Vfg. v. 18.10.1999, Nds. Rpfl. 1999, 332
Nordrhein-Westfalen:	Gem. RdERl. v. 15.8.2000, SMBl. NRW 2000, 934
Rheinland-Pfalz:	VwV v. 13.10.1999, JBl. 1999, 241
Saarland:	Gem. Erl. v. 1.11.1999, GMBl. 1999, 360
Sachsen:	Gem. VwV v. 28.6.2000, SächsABl. 2000, 646
Sachsen-Anhalt:	Gem. RdErl. v. 12.5.2005, JMBl. LSA 2005, 273
Schleswig-Holstein:	Gem Erl. d. MJ u. MI v. 3.11.1999, ABl. SH 1999, 636
Thüringen:	VV v. 19.9.2000, Thür. StAnz. 2000, 1959

15. Amts- und Rechtshilfe

Werden Zeugen, Sachverständige oder andere Berechtigte im Wege der 37 Rechtshilfe durch ein anderes Gericht vernommen oder beauftragt, hat das ersuchte Gericht die Entschädigung bzw. Vergütung zu zahlen (*OLG Stuttgart* OLG 18, 386; *Kiesel* § 164 GVG Rn. 2). Eine Kostenerstatung findet durch das ersuchende Gericht nicht statt (§ 164 Abs. 1 GVG). Die Kosten werden daher auch bei dem ersuchenden Gericht eingezogen und verbleiben in dem dortigen Haushalt. Besteht Streit, welches Gericht für die Festsetzung zuständig ist, ist gem. § 159 GVG zu entscheiden (*BGH* NJW 1958, 1310).

Für die Amtshilfe zwischen Gerichten und Staatsanwaltschaften gilt § 164 Abs. 1 GVG hingegen nicht, so dass ein Kostenausgleich stattfindet (*Kiesel* § 164 GVG Rn. 6). Wird jedoch die Amtshilfe einer Justizverwaltungsbehörde oder der Arbeitsgerichtsbarkeit wegen der Vernehmung von Zeugen oder Sachverständigen in Anspruch genommen, gilt Abschnitt III der Vereinbarung über den Ausgleich von Kosten, welche Bund und Länder getroffen haben. Danach erfolgt (nur) in diesen Fällen, die Auszahlung der Entschädigung oder Vergütung an den Herangezogenen durch die ersuchte Behörde nur dann, wenn eine Barauszahlung unbedingt erforderlich ist. In anderen Fällen hat die Berechnung und Auszahlung der Entschädigung oder Vergütung durch die ersuchende Behörde zu erfolgen.

Ist wegen Eilbedüftigkeit eine Reiseentschädigung oder ein Vorschuss nach § 3 JVEG durch den Präsident oder Direktor des Amtsgerichts gezahlt (Nr. 2 VwV Reiseentschädigung), in dessen Bezirk sich der Antragsteller aufhält, erfolgt die Zahlung aus dem Haushalt dieses Amtsgerichts. Die Länder haben gegenseitig auf die Erstattung solcher Kosten verzichtet. Das gilt auch für die ausgezahlten Reiseentschädigungen an mittellose Personen oder für die nach § 3 in Eilfällen gezahlten Vorschüsse (Abschnitt. V. der Vereinbarung über den Ausgleich von Kosten).

Vereinbarung über den Ausgleich von Kosten (Anlage)
(AV d. JM v. 6.7.2001, Nordrhein-Westfalen, bundeseinheitlich)

...

III.

Auslagen bei Inanspruchnahme der Amtshilfe von Behörden

Nimmt ein Gericht oder eine Staatsanwaltschaft die Amtshilfe einer anderen Behörde der Justizverwaltung oder der Arbeitsgerichtsbarkeit bei der Vernehmung von

§ 1 Abschnitt 1. Allgemeine Vorschriften

Zeugen oder Sachverständigen in Anspruch, so zahlt die in Anspruch genommene Behörde die den Zeugen, Sachverständigen oder Dolmetschern zu gewährenden Entschädigungen nur aus, wenn eine Barzahlung erforderlich ist; die Zahlung ist unverzüglich zu den Sachakten mitzuteilen. Es genügt die Übersendung einer Durchschrift der Auszahlungsanordnung. Auf der Urschrift der Auszahlungsanordnung ist zu bescheinigen, daß die Anzeige zu den Sachakten erstattet ist.

IV.
Abgabe eines Verfahrens, Erstattungsverzicht

1. Die Abschnitte I und II gelten auch bei der Abgabe eines Verfahrens.
2. Die Länder verzichten gegenseitig auf die Erstattung von Beträgen, die nach den Abschnitten I bis III eingezogen oder ausgezahlt werden, auf den Ausgleich von Zahlungen, die aufgrund der Bewilligung von Prozesskostenhilfe geleistet werden, sowie auf die Abführung der Einnahmen, die sich aufgrund des § 130 der Bundesgebührenordnung für Rechtsanwälte ergeben.

V.
Reiseentschädigung und Vorschüsse

Die Länder verzichten gegenseitig auf die Erstattung von Reiseentschädigungen, die an mittellose Personen oder als Vorschüsse an Zeugen und Sachverständige gezahlt werden.

16. Staatsanwaltschaften

38 Im Falle der Heranziehung durch die Staatsanwaltschaft ist das JVEG unmittelbar anzuwenden (Abs. 1 S. 1 Nr. 1). Soweit die Heranziehung durch die Polizei oder eine andere Strafverfolgungsbehörde im Auftrag oder mit vorheriger Billigung der Staatsanwaltschaft erfolgt, gilt wegen Abs. 3 gleichfalls unmittelbar das JVEG. Durch die Steuer- und Zollfahndungsämter Herangezogene werden nach diesem Gesetz entschädigt bzw. vergütet, wenn die Staatsanwaltschaft die Verfolgung einer Ordnungswidrigkeit übernommen hat (*Bach* JurBüro 1990, 681).

17. Verwaltungsbehörden

39 Die Verwaltungsbehörde ist nach § 35 Abs. 1 OWiG zur Verfolgung der Ordnungswidrigkeiten zuständig, wenn sich keine Zuständigkeit des Gerichts oder der Staatsanwaltschaft ergibt. Welche Behörde dabei als Verwaltungsbehörde tätig ist, ergibt sich aus dem jeweiligen Gesetz, welches die Ordnungswidrigkeit regelt. Durch die Verwaltungsbehörde herangezogene Personen werden gem. Abs. 1 und § 59 OWiG nach dem JVEG entschädigt bzw. vergütet. Auch in anderen Angelegenheiten sehen die Verwaltungsverfahrensgesetze des Bundes und der Länder Verweise auf dieses Gesetz vor, so dass sich auch in solchen Verfahren die Höhe der Zahlungen nur nach dem JVEG richtet. Für den Bund verweisen §§ 23, 26 VwVfG auf das JVEG.

Wegen des geltenden Landesrechts vergleiche:

Baden-Württemberg: §§ 23, 26 Landesverwaltungsverfahrensgesetz

Bayern: Art. 23, 26 Bayerisches Verwaltungsverfahrensgesetz

Berlin: § 1 Gesetz über die Berliner Verwaltung (Verweis auf VwVfG des Bundes)

Niedersachsen: § 1 Niedersächsisches Verwaltungsverfahrensgesetz (Verweis auf das VwVfg des Bundes)

Nordrhein-Westfalen: §§ 23, 26 Verwaltungsverfahrensgesetz

Rheinland-Pfalz: § 1 Landesverwaltungsverfahrensgesetz (Verweis auf das VwVfg des Bundes)

Geltungsbereich und Anspruchsberechtigte § 1

Brandenburg: § 1 Verwaltungsverfahrensgesetz (Verweis auf VwVfG des Bundes)
Bremen: §§ 23, 26 Bremisches Verwaltungsverfahrensgesetz

Hamburg: §§ 23, 26 Hamburgisches Verwaltungsverfahrensgesetz

Hessen: §§ 23, 26 Hessisches Verwaltungsverfahrensgesetz
Mecklenburg-Vorpommern: §§ 23, 26 Landesverwaltungsverfahrensgesetz

Saarland: §§ 23, 26 Saarländisches Verwaltungsverfahrensgesetzes

Sachsen: § 1 Gesetz zur Regelung des Verwaltungsverfahrens- und des Verwaltungszustellungsrechts für den Freistaat Sachsen (Verweis auf VwVfg des Bundes)
Sachsen-Anhalt: § 1 Verwaltungsverfahrensgesetz (Verweis auf VwVfg des Bundes)
Schleswig-Holstein: §§ 82a, 84, 199 Landesverwaltungsgesetz
Thüringen: §§ 23, 26 Thüringer Verwaltungsverfahrensgesetz

18. Zivildienstgesetz (ZDG)

In Verfahren nach dem Zivildienstgesetz (ZDG) kann, soweit die Vernehmung eines Zeugen oder Sachverständigen erforderlich wird, das Amtsgericht, in dessen Bezirk diese ihren Wohnsitz oder Aufenthalt haben, mit der Vernehmung des Zeugen oder Sachverständigen ersucht werden. Nach § 20 ZDG sind neben den Vorschriften der §§ 156 ff. GVG über die Rechtshilfe auch die entsprechenden Vorschriften der ZPO anzuwenden. Ein herangezogener Sachverständiger oder Zeuge hat danach einen Erstattungsanspruch nur nach dem JVEG (§§ 401, 413 ZPO). 40

III. Berechtigte Personen

1. Abstammungssachen

Werden Beteiligte, zu denen nach § 172 FamFG auch der Vater, die Mutter und das Kind gehören, in einem Erörterungstermin angehört (§ 175 FamFG), so sind sie nicht als Zeugen zu entschädigen, da es sich um Verfahrensbeteiligte handelt. Es kann nur eine Reiseentschädigung wegen Mittellosigkeit bewilligt werden. Ebenso besteht kein Entschädigungsanspruch nach dem JVEG gegenüber dem Gericht, wenn ein Beteiligter an einem Untersuchungstermin nach § 178 FamFG teilnimmt. 41

2. Beistand in Strafsachen

In Strafsachen kann das Gericht nach § 149 StPO den Ehegatten oder Lebenspartner sowie den gesetzlichen Vertreter des Angeklagten als Beistand zulassen und ihn auf sein Verlangen hin auch anhören. Zeit und Ort der Hauptverhandlung sind ihm mitteilen. Dem Beistand nach § 149 StPO steht kein Erstattungsanspruch nach dem JVEG gegenüber der Staatskasse zu, da er nicht als Herangezogener i. S. d. § 1 gilt (*LG Offenburg* Rpfleger 2007, 625). Auch ein Anspruch nach dem RVG besteht nicht (*OLG Köln* Az. 2 Ws 173/87). Das OLG Köln hat in seiner Entscheidung aber offen gelassen, ob die Kosten des Beistands zu seinen notwendigen Auslagen (§ 464a StPO) gehören 42 und somit bei einem Freispruch eventuell doch von der Staatskasse zu tragen sind (§ 467 StPO), so dass hier im Einzelfall eine Erstattungsfähigkeit zu prüfen ist. Wegen der gesetzlichen Vertreter von Jugendlichen gilt § 50 Abs. 2 JGG. Danach gelten die Regelungen für die Zeugenentschädigung entsprechend.

3. Bewährungshelfer

43 Auf Bewährungshelfer ist dieses Gesetz anzuwenden, wenn sie zu Beweiszwecken herangezogen werden. Es bestehen aber Besonderheiten, → bei § 22 Rn. 11.

4. Beurkundungszeugen

44 Wegen der von einem Notar herangezogenen Beurkundungszeugen siehe Rn. 31. Auch die wegen der Errichtung von Not- oder Seetestamenten herangezogenen Zeugen, erhalten keine Entschädigung nach dem JVEG. In Baden-Württemberg besteht jedoch eine eigene Regelung, danach erhalten die für die Errichtung von Nottestamenten herangezogenen Zeugen gem. § 17 Abs. 2 LJKostG eine Vergütung von 2,50 EUR je angefangener Stunde.

5. Dolmetscher und Übersetzer

45 Dolmetscher oder Übersetzer sind nach diesem Gesetz zu vergüten, wenn sie von einer in § 1 genannten Stelle herangezogen werden. Liegt eine solche Heranziehung oder Beauftragung nicht vor, besteht gegenüber der Staatskasse kein Vergütungsanspruch. Das gilt insbesondere dann, wenn die Parteien auf Verlangen des Gerichts Schriftstücke übersetzen, da es sich dann um Parteikosten nach § 91 ZPO handelt (*OLG Celle* OLGR Celle 2008, 758); siehe hierzu bei § 11 Rn. 5. Ordnet das Gericht die Besuchsüberwachung an (§ 119 StPO), handelt es sich trotz der richterlichen Anordnung der Besuchsüberwachung nicht um eine gerichtliche Heranziehung nach § 1, da die Durchführung der angeordneten Überwachung dem Leiter der JVA obliegt und daher eine Maßnahme der Justizverwaltung darstellt (*Meyer/Höver/Bach* § 1 Rn. 1.10). In Nordrhein-Westfalen findet das JVEG jedoch aufgrund von Verwaltungsbestimmungen Anwendung (RV d. JM v. 4.10.2004).

Werden Dolmetscher oder Übersetzer von einer Verwaltungsbehörde herangezogen, weil die verlangte Übersetzung von Anträgen, Belegen, Eingaben, Urkunden oder sonstiger Schriftstücke nicht fristgerecht vorgelegt wurde, bestimmt sich die Vergütung aufgrund der Verweise in den Verwaltungsverfahrensgesetzen nach dem JVEG (Fundstellen → Rn. 39).

6. Ehrenamtliche Richter

46 Die herangezogenen ehrenamtlichen Richter erhalten eine Entschädigung nach diesem Gesetz (Abs. 1 S. 1 Nr. 3), unabhängig davon, ob sich um ein Gericht der ordentlichen oder einer Fachgerichtsbarkeit handelt. Gleiches gilt wegen Abs. 4 für die Vertrauenspersonen in den Ausschüssen zur Wahl der Schöffen und der ehrenamtlichen Richter sowie für die Vertrauensleute in den Ausschüssen zur Wahl der ehrenamtlichen Richter bei den Finanz- und Verwaltungsgerichten. Handelsrichter werden nicht nach dem JVEG entschädigt, für sie gilt § 107 GVG (→ § 15 Rn. 15 ff.).

7. Elternvertreter

Ist die Erstattung von Reisekosten der Eltern- und Schülervertretungen 47 durch Verordnung geregelt, und mit dieser nur eine Erstattung der „notwendigen Reisekosten" bestimmt, ist bei dem Bestehen von Gesetzeslücken auf die Bestimmungen des Bundesreisekostenrechts abzustellen. Das JVEG kann über seinen Geltungsbereich hinaus nicht angewandt werden (*OVG Magdeburg* Az. 2 L 520/02). Das JVEG findet aber dann Anwendung, wenn die Gesetze oder Verwaltungsbestimmungen der Länder ausdrücklich auf dieses Gesetz Bezug nehmen, so wird in Niedersachsen den Mitgliedern des Landeselternrats und des Landesschulbeirates ein zusätzliches Sitzungsgeld in Höhe des nachgewiesenen Verdienstausfalls bis zur Höhe der in § 18 JVEG bestimmten Sätze gewährt (VO v. 25.4.2005).

8. Forstausschüsse

Die Mitglieder der Forstausschüsse erhalten im Land Brandenburg nach § 9 48 der Fortausschussverordnung – FoAV – v. 13.1.2010 (GVBl. II 2010, Nr. 3) den regelmäßigen Verdienstausfall erstattet. Dabei kann höchstens der nach § 22 JVEG geltende Höchstbetrag erstattet werden. Die Regelung des § 19 Abs. 2 gilt nicht. Der Verdienstausfall muss durch Vorlage einer Gehalts- oder Lohnbescheinigung nachgewiesen werden. Fahrtkosten sind hingegen nach dem Bundesreisekostengesetz zu erstatten. Die Fahrtkosten werden nach §§ 5, 6 BRKG erstattet (§ 8 FoAV). Zur Abgeltung des durch die Teilnahme an den Sitzungen entstandenen Aufwands wird ein Sitzungstagegeld bis zu der Höhe des Satzes gewährt, der Landesbeamten nach den Vorschriften über die Reisekostenvergütung als Tagegeld zusteht. Die Vorschriften, nach denen bei Reisen, die an demselben Kalendertag angetreten oder beendet werden, sich das Tagegeld vermindert oder ein Tagegeld nicht gewährt wird, gelten entsprechend (§ 7 FoAV).

9. Gerichtliche Auflagen

a) Allgemeines. Entstehen einem Beschuldigten in Strafsachen Kosten, 49 weil er eine ihm nach § 153a StPO auferlegte Auflage oder Weisung erfüllt, besitzt er grundsätzlich keinen Erstattungsanspruch nach dem JVEG. Unterzieht sich der aus der Strafhaft und dem Regelvollzug Entlassene einem Therapiegespräch mit einem Arzt und erfüllt er insoweit eine gerichtliche Weisung, so steht auch dem Arzt kein Vergütungsanspruch gegen die Staatskasse zu (*LG Paderborn* MDR 1991, 1099). Das gilt z. B. dann, wenn ein Geschädigter in einem Strafverfahren auf Anforderung der Strafverfolgungsbehörde, den ihm durch die Straftat entstandenen Schaden feststellen lässt, auch wenn sich der Geschädigte dabei eines bei ihm beschäftigten Arbeitnehmers bedient (*OLG Koblenz* JurBüro 1992, 416). Auch die Kosten für Alkohol- oder Drogenkontrollen, die in Erfüllung einer Weisung im Rahmen der Führungsaufsicht durchgeführt werden, sind vom Verurteilten zu tragen, jedoch kann die Inanspruchnahme wegen § 68b Abs. 3 StPO begrenzt sein (*OLG Thüringen* NStZ-RR 2011, 296).

b) Urinproben. Wird ein Sachverständiger für die Untersuchung von 50 Urinproben tätig, die im Rahmen einer Bewährungsauflage durchzuführen sind, ist ihm keine Erstattung aus der Landeskasse zu zahlen. Auftraggeber ist der Proband (*LG Osnabrück* NdsRpfl. 1995, 134). In Bayern ist die VwV v. 28.2.1983 (4263-II-2187/80) zu beachten. Danach fallen die Kosten der Untersuchung der Staatskasse zur Last, wenn das Gericht in dem der Bewährungsaufsicht zugrundeliegenden Beschluss dem Probanden die Weisung erteilt, nach näherer Bestimmung durch den Bewährungshelfer regelmäßig Urinproben abzugeben. Es ist Aufgabe des Bewährungshelfers, die Untersuchung des Probanden zu veranlassen. Die Kosten der Untersuchung sind aber dann von dem Probanden selbst zu tragen, wenn das Gericht in dem Beschluss die Weisung erteilt hat, sich nach näherer Bestimmung durch den Bewährungshelfer regelmäßig der Urinkontrolle zu unterziehen. Der Proband hat die Untersuchung selbst zu veranlassen und auch die Kosten zu tragen. In solchen Fällen ist aber eine Kostenübernahme durch die Staatskasse möglich, wenn es sich um einen mittellosen Probanden der Bewährungshilfe handelt.

Werden Urinuntersuchungen bei drogenabhängigen Probanden während der Durchführung der Führungsaufsicht durchgeführt, werden die Kosten als Kosten der Vollstreckung einer Rechtsfolge der Tat i. S. d. § 464a Abs. 1 S. 2 StPO angesehen. Sie werden zunächst von der Staatskasse verauslagt und sind nach § 465 Abs. 1 StPO von dem verurteilten Probanden einzuziehen. In Bayern sind die Kosten für Urinuntersuchungen nach der o. g. VwV erst nach Beendigung oder Ablauf der Führungsaufsicht einzuziehen.

10. Gutachterausschuss nach dem BBauG

51 Die Höhe der Entschädigung der ehrenamtlichen Mitglieder von Gutachterausschüssen nach dem BauGB bestimmt sich nach landesrechtlichen Bestimmungen. Sie verweisen zumeist auf die für Sachverständige geltenden Bestimmungen des JVEG. Wird der Gutachterausschuss nach dem BBauG für ein Gericht tätig, so ist er ausschließlich nach dem JVEG zu entschädigen (*LG Wuppertal* KostRsp. ZSEG § 1 Nr. 8; *OLG Saarbrücken* KostRsp. ZSEG § 1 Nr. 10; *LG Münster* NJW 1967, 637; *LG Freiburg* Justiz 1997, 59). Für sämtliche Ausschussmitglieder ist ein einheitlicher Stundensatz zu gewähren (*OLG München* JurBüro 1976, 1362). Auch das Honorar der hauptamtlich und der ehrenamtlich tätigen Gutachter ist einheitlich zu bemessen (*OLG Schleswig* Az. 15 WF 10/02).

11. Juristische Personen

52 **a) Allgemeines.** Der Vergütungsanspruch kann auch einer juristischen Person oder einer Personenvereinigung zustehen, was durch Abs. 1 S. 3 „Unternehmung" klargestellt wird (BT-Drs. 15/1971, S. 178). Obwohl nur natürliche Personen als Sachverständiger herangezogen werden können, kann daher auch eine juristische Person oder Personenvereinigung als Auftragnehmer i. S. d. Gesetzes gelten. Sie erwirbt auch einen direkten Erstattungsanspruch gegenüber der Staatskasse. Die Vergütung steht dem Unternehmen und nicht dem Mitarbeiter selbst zu. Das gilt auch dann, wenn zwar der Mitarbeiter die Leistung erbringt, jedoch das Unternehmen beauftragt gewesen war. Hierzu hat der Gesetzgeber ausgeführt (BT-Drs. 15/1971, S. 178):

„Entsprechend der bisherigen Rechtslage soll mit Satz 3 zum Ausdruck gebracht werden, dass der Anspruch auf Vergütung nach den Regelungen des JVEG nicht nur dem Sachverständigen, Dolmetscher oder Übersetzer als im Verfahren tätige natürliche Person, sondern auch einer juristischen Person oder einer Personenvereinigung zustehen kann. Dies ist der Fall, soweit die juristische Person oder Personenvereinigung den

Geltungsbereich und Anspruchsberechtigte   § 1

Auftrag zu Leistungen erhält, die ein (angestellter oder freier) Mitarbeiter als Sachverständiger, Dolmetscher oder Übersetzer im Verfahren erbringt. Zwar können grundsätzlich nach einer Auffassung im Schrifttum nur natürliche Personen als Sachverständige im verfahrensrechtlichen Sinn tätig werden (Zöller/Greger, 23. Aufl., Rn. 6 zu § 402 ZPO). Dessen unbeschadet sind häufig juristische Personen oder Personenvereinigungen wie zum Beispiel die Technischen Überwachungsvereine jedenfalls im kostenrechtlichen Sinn als Auftragnehmer anzusehen (vgl. etwa Sächsisches LSG JurBüro 2001, 486, mit weiteren Nachweisen zur Rechtsprechung). In diesen Fällen erwerben sie unmittelbar den Vergütungsanspruch gegen die Staatskasse, weil insoweit keine Unterschiede zu einer Beauftragung im außergerichtlichen oder außerbehördlichen Bereich anzuerkennen sind.*" Eine Entschädigung ist deshalb auch zu gewähren, wenn ein Dritter (§ 23) eine juristische Person ist. Auch ein Sprachbüro stellt eine Unternehmung i. S. d. Abs. 1 S. 3 dar, selbst wenn es nicht als juristische Person oder Personenvereinigung organisiert ist (*OLG Düsseldorf* JurBüro 2011, 433).

b) DEKRA. Bei einer Heranziehung der DEKRA steht der Vergütungs- 53
anspruch nicht dem dort Bediensteten, sondern der DEKRA selbst zu (*OLG Schleswig* JurBüro 1996, 323), wenn der Sachverständige die Leistung als DEKRA-Ingenieur erbringt und die Tätigkeit auch zu seinen dienstlichen Aufgaben gehört.

c) Technischer Überwachungsverein (TÜV). Wird der TÜV mit der 54
Erstattung eines Gutachtens beauftragt, so steht der Vergütungsanspruch nicht dem dort Bediensteten persönlich, sondern nur dem TÜV selbst zu. Das gilt auch für eine beim TÜV beschäftigte Betriebsärztin, die persönlich mit der Erstattung des Gutachtens beauftragt wurde (*LSG Sachsen* JurBüro 2001, 486).

12. Landpachtsachen

Ein Sachverständiger, der zur Beschreibung einer Pachtsache (§ 585b BGB) 55
hinzugezogen wird, ist auch dann im Auftrag der Parteien tätig, wenn das Landwirtschaftsgericht bei seiner Ernennung tätig geworden ist. Es besteht daher gegenüber der Staatskasse kein Vergütungsanspruch, da eine gerichtliche Heranziehung nicht vorliegt (*Thüringer OLG* OLG-NL 1997, 187).

13. Rechtsanwälte

Ein Rechtsanwalt, der eine Leistung nach dem JVEG erbringt, die aus- 56
schließlich auf seinem besonderen Spezialwissen beruht und auch im Wesentlichen keine Rechtsberatung darstellt, ist nach dem JVEG und nicht nach dem RVG zu vergüten (*OLG Hamm* JurBüro 2001, 248). Ein Anspruch gegenüber der Staatskasse besteht freilich nur bei ausdrücklicher Heranziehung nach § 1.

14. Sachverständige

Sachverständige, die von einer in § 1 genannten Stelle herangezogen wer- 57
den, erhalten eine Vergütung ausschließlich nach dem JVEG. Eine abweichende Vergütung kann nur nach §§ 13, 14 gewährt werden. Der Sachverständige besitzt einen unmittelbaren Vergütungsanspruch gegenüber der Staatskasse. Erbringt er die Leistung aber im Rahmen seiner Dienstaufgaben, so steht der Vergütungsanspruch seiner Behörde zu, → Rn. 81 ff. Höhe und

27

§ 1   Abschnitt 1. Allgemeine Vorschriften

Umfang der Vergütung bestimmt sich nach §§ 8 ff. Wird der Sachverständige von anderen Behörden herangezogen, so findet dieses Gesetz keine unmittelbare Anwendung. Soweit jedoch die Verwaltungsverfahrensgesetze des Bundes und der Länder auf das JVEG verweisen, ist es auch vor anderen Behörden anzuwenden. Auch bei einer Heranziehung durch Privatpersonen gilt das JVEG nicht, → Rn. 9.

15. Schiedsstellen

58   Auf Zeugen und Sachverständige, die vor einer Schiedsstelle freiwillig erscheinen, findet das JVEG keine unmittelbare Anwendung. Nach den Landesgesetzen über die Schiedsstellen können zwar Zeugen und Sachverständige auf Antrag der Parteien geladen werden, ein Entschädigungs- bzw. Vergütungsanspruch gegenüber der Schiedsstelle entsteht dadurch jedoch nicht. Die Schiedsstelle kann auch Dolmetscher und Übersetzer heranziehen. Wegen der Höhe ihrer Vergütung verweisen die Schiedsstellengesetze zumeist auf das JVEG.

Im Fall von Meinungsverschiedenheiten über den Grund und die Höhe der Vergütung findet auf Antrag der Schiedsperson oder des Dolmetschers die gerichtliche Festsetzung durch das für den Schiedsamtsbezirk zuständige Amtsgericht statt. Die Vereinbarung einer gesonderten Vergütung nach § 13 JVEG ist zumeist zulässig. Zu den Schiedsstellengesetzen sind landesrechtliche Verwaltungsvorschriften erlassen, die weitere Regelungen treffen. Im Regelfall haftet danach zunächst die Antrag stellende Partei für die Kosten (Veranlasserhaftung). Die in den einzelnen Ländern erlassenen Verwaltungsvorschriften sehen vor der Beauftragung des Dolmetschers zudem die Zahlung eines ausreichenden Auslagenvorschusses vor.

Wegen des Landesrechts vgl.:

Baden-Württemberg: § 16 Abs. 2 Schlichtungsgesetz
Berlin: § 47 Berliner Schiedsamtsgesetz
Brandenburg: § 43 Abs. 2 Schiedsstellengesetz
Hessen: § 42 Hessisches Schiedsamtsgesetz
Mecklenburg-Vorpommern: § 51 Landes-Schiedsstellengesetz
Niedersachsen: § 48 Abs. 2 Niedersächsisches Schiedsämtergesetz
Nordrhein-Westfalen: § 46 Abs. 2 Schiedsamtsgesetz
Rheinland-Pfalz: § 37 Abs. 2 Schiedsamtsordnung
Saarland: § 42 Abs. 2 Saarländische Schiedsordnung
Sachsen: § 53 Sächsisches Schiedsstellengesetz
Sachsen-Anhalt: § 51 Abs. 2 Schiedsstellen- und Schlichtungsgesetz
Schleswig Holstein: § 46 Abs. 2 Schiedsordnung
Thüringen: § 51 Abs. 2 Thüringer Schiedsstellengesetz

16. Unterbringungskosten nach § 81 StPO

59   Das Gericht kann durch Beschluss die Unterbringung des Angeklagten in einem psychiatrischen Krankenhaus anordnen (§ 81 StPO). Die Unterbringung kann dabei der Vorbereitung oder der Erstattung eines vom Gericht angeordneten Gutachtens dienen. Auf die Unterbringungskosten ist das JVEG nicht anwendbar (*OLG Thüringen* Az. 1 Ws 35/08), so dass es sich nicht um Aufwendungen nach §§ 7, 12 handelt. Bestritten ist jedoch, ob die Kosten von dem Justizfiskus oder dem Träger des psychiatrischen Krankenhauses zu

Geltungsbereich und Anspruchsberechtigte § 1

tragen sind. Einheitlichen Regelungen bestehen nicht (*Löwe-Rosenberg* § 81 Rn. 33). Soweit eine Regelung nicht besteht, können gegen eine Erstattung der Kosten durch die Justiz keine Bedenken bestehen, da diese Kosten nach Nr. 9011 KV-GKG als Verfahrenskosten wieder eingezogen werden können.

17. Unterbringungskosten nach §§ 71, 72 JGG

In Jugendsachen kann der Richter nach § 71 Abs. 2 JGG die einstweilige Unterbringung des Jugendlichen in einem Heim der Jugendhilfe anordnen. Die einstweilige Unterbringung in einem solchen Heim kann auch angeordnet werden, wenn die Voraussetzungen für den Erlass eines Untersuchungshaftbefehls vorliegen (§ 72 Abs. 4 JGG). Eine einheitliche Regelung über die Erstattung solcher Kosten besteht nicht. Die Länder haben entsprechende Verwaltungsvorschriften erlassen. In Sachsen-Anhalt ist der Gem. RdErl. des MS, MJ und MI vom 5.8.1998 zu beachten. Nach Nr. 5 der Vorschrift rechnet die Jugendhilfeeinrichtung mit dem Gericht ab. Die für Maßnahmen nach §§ 71 Abs. 2, § 72 Abs. 4 JGG entstanden Kosten sind Auslagen des Verfahrens und können nach Nr. 9011 KV-GKG von dem Kostenschuldner wieder eingezogen werden. Handelt es sich jedoch um eine nicht erzwingbare Weisung des Jugendrichters, sich in einem Heim der Jugendhilfe aufzuhalten, handelt es sich nicht um gerichtlichen Auslagen (*OLG Thüringen* NStZ-RR 1997, 320). Die Kosten sind danach entweder von dem Jugendlichen, dem Jugendamt oder als Maßnahme der Erziehungshilfe von dem Sozialamt zu tragen.

60

Grundsätze, praktische Ausgestaltung und Verfahren der Unterbringung von Jugendlichen gemäß § 71 Abs. 2 und § 72 Abs. 4 des Jugendgerichtsgesetzes in geeigneten Heimen der Jugendhilfe
(Gem. RdErl. d. MS, MJ u. MI v. 5.8.1998, 54.51 243)

...

5. Kostentragung
5.1. Die durch den Vollzug einer einstweiligen Unterbringung nach § 71 Abs. 2 und § 72 Abs. 4 JGG entstehenden Kosten, wie sie nach Jugendhilferecht als notwendig anerkannt werden, trägt die Justiz. Solange eine Pflegesatzvereinbarung zwischen dem Land, den kommunalen Spitzenverbänden und der LIGA der freien Wohlfahrtspflege keine anderweitige Regelung trifft, sind die Pflegesatzberechnungen geeigneter Jugendhilfeträger vom Landesjugendamt auf ihre Angemessenheit zu prüfen. Auf Grund dessen setzt das Landesjugendamt für die jeweilige Einrichtung einen Tagespflegekostensatz fest. Bei der Bemessung ist insoweit ein Belegungsgrad von 80 v. H. der vorgesehenen Platzkapazität, bei den Koordinatoreneinrichtungen von 50 v. H., zugrunde zu legen.

5.2. Von der Justiz sind weitere Kosten zu erstatten, wenn diese schriftlich von der betreuenden Jugendhilfeeinrichtung mit dem Jugendgericht gemäß Nr. 2.3. bei der Aufnahme oder im Laufe der Betreuungszeit vereinbart worden sind.

5.3. Die Kostenabrechnung der betreuenden Jugendhilfeeinrichtung erfolgt monatlich gegenüber dem anordnenden Gericht.

5.4. Die betreuende Jugendhilfeeinrichtung hat Anspruch auf Kostenerstattung gegenüber der Justiz, solange sich die oder der Jugendliche auf Anordnung des Gerichts in der Einrichtung befindet. Der Anspruch endet, wenn die Anordnung befristet war, mit Ablauf der Frist. Wird die Anordnung vom Jugendgericht aufgehoben, so endet der Anspruch mit dem Zeitpunkt der

§ 1 — Abschnitt 1. Allgemeine Vorschriften

Aufhebung. Spätestens endet die Kostenerstattungspflicht der Justiz für die einstweilige Unterbringung mit dem rechtskräftigen Abschluss des Strafverfahrens.

5.5. Bei Maßnahmen, die sich auf Heranwachsende beziehen (Nr. 1.3), trägt der örtliche Träger der öffentlichen Jugendhilfe die Kosten.

18. Untersuchungsausschüsse

61 Werden Zeugen und Sachverständige von einem Untersuchungsausschuss herangezogen, findet das JVEG nur Anwendung, wenn das entsprechende Gesetz über den Untersuchungsausschuss darauf verweist. Einen entsprechenden Verweis enthält beispielsweise § 35 des Untersuchungsausschussgesetz des Deutschen Bundestags. Die in den Ländern entsprechend erlassenden Gesetze beinhalten zumeist ebenfalls einen Verweis auf das JVEG.

19. Zeugen und Dritte (§ 23)

62 Zeugen werden dann nach dem JVEG entschädigt, wenn sie von einer in § 1 genannten Behörde zu Beweiszwecken herangezogen worden sind. Handelt es sich um einen unmittelbar geladenen Zeugen, erhält dieser eine Entschädigung aus der Landeskasse nur nach § 220 Abs. 3 StPO, siehe bei Rn. 100a ff. Dritte erhalten eine Entschädigung nach diesem Gesetz nur dann, wenn ein solcher Erstattungsanspruch nach § 23 besteht. Es muss sich dabei um eine dort genannte Leistung handeln.

IV. Behördengutachten

1. Allgemeines

63 Das JVEG findet auch dann Anwendung, wenn eine Behörde oder eine sonstige öffentliche Stelle von einer in § 1 Abs. 1 genannten Stelle herangezogen wird (→ Abs. 2).

Behörde ist jede Stelle, die Aufgaben der öffentlichen Verwaltung wahrnimmt (§ 1 Abs. 4 VwVfG). Unter den Begriff „sonstige Stellen" fallen alle anderen öffentlichen Stellen, die nicht Behörde nach § 1 Abs. 4 VwVfG sind, aber einer Körperschaft, Anstalt oder Stiftung des öffentlichen Rechts angehören. Die Vergütung für eine erbrachte Leistung ist ausschließlich dem JVEG zu bestimmen, die Anwendung von sonstigen Gebührenordnungen scheidet aus (BVerwG Az. 1 D 99/95). Das gilt auch dann, wenn die Behörde die erbrachte Leistung regelmäßig nach einer solchen Gebührenordnung abrechnet (*Hartmann* § 1 Rn. 47), Ausnahmen sind aber nach §§ 13, 14 zulässig. In den Ländern bestehen zudem zahlreiche Verwaltungsbestimmungen, die trotz bestehender besonderer Gebührenordnung ausdrücklich vorschreiben, dass im Falle einer gerichtlichen oder staatsanwaltschaftlichen Heranziehung nur das JVEG anzuwenden ist. Eine Vergütung kann der Behörde auch dann nicht versagt werden, wenn sie bisher auf eine Vergütung verzichtet hat (*OLG Düsseldorf* MDR 1989, 1022).

2. Amtshilfe

64 Wird eine Behörde im Wege der Amtshilfe (Art. 35 GG) tätig, besitzt sie für ein von ihr erstelltes Gutachten gleichwohl einen Vergütungsanspruch

Geltungsbereich und Anspruchsberechtigte § 1

gegenüber der beauftragenden Stelle (*OLG Hamburg* NJW 1987, 1095). Zugleich bestimmt sich auch die Höhe der Vergütung für eine Tätigkeit im Rahmen der Amtshilfe nur nach dem JVEG.

3. Erstattungsverzicht

Die ersuchte Behörde hat der beauftragenden Stelle eine Kostenrechnung 65 zu übersenden. Ob allerdings tatsächlich eine Auszahlung an die ersuchende Behörde erfolgt, bestimmt sich nach haushaltsrechtlichen Bestimmungen. Diese sehen oftmals aus Gründen der Verwaltungsvereinfachung einen Zahlungsverzicht vor. Liegt ein solcher Zahlungsverzicht vor, sind die entstandenen Auslagen dennoch von einem vorhandenen Kostenschuldner einzuziehen. In den Verwaltungsvorschriften zu den Landeshaushaltsordnungen (VV LHO) sind Regelungen enthalten, welche die interne Verrechnungen innerhalb der Landesverwaltung regeln. In Bayern wird zwischen den Landesbehörden keine Auszahlung vorgenommen, jedoch werden die Kosten der ersuchten Behörde zu den Sachakten mitgeteilt (VV Nr. 2.2.1, 2.3 zu § 61 BayHO). Die Regelungen sind in den Ländern jedoch nicht einheitlich, zumeist soll von einer Anforderung von Beträgen von weniger als 25 EUR abgesehen werden, wenn es sich um eine juristische Person des öffentlichen Rechts handelt und Gegenseitigkeit verbürgt ist. Diese besteht immer dann, wenn sich die Ansprüche gegen den Bund oder ein anderes Bundesland richten. Wegen der Auszahlung von den Polizeibehörden in Straf- und Ordnungswidrigkeitsverfahren entstandenen Kosten, → bei Rn. 200.

4. Gutachten von Fachbehörden in Strafsachen

In Strafsachen ist durch § 83 Abs. 3 StPO ausdrücklich vorgesehen, dass in 66 „wichtigeren Fällen" das Gutachten einer Fachbehörde eingeholt werden kann. Wird das Gutachten einer kollegialen Fachbehörde eingeholt, kann das Gericht die Behörde auch ersuchen, eines ihrer Mitglieder mit der Vertretung des Gutachtens in der Hauptverhandlung zu beauftragen (§ 256 Abs. 2 StPO). Der Fachbehörde steht für ihre Leistung eine Vergütung nach dem JVEG zu (Abs. 2).

Für den Bediensteten selbst, besteht ein solcher Erstattungsanspruch jedoch 67 nicht, sofern er das Gutachten im Rahmen seiner Dienstaufgaben erstattet. Fahrtkosten sind im Falle der Ausübung dienstlicher Aufgaben bei der Fachbehörde als Dienstreise abzurechnen.

5. Gutachterliche Stellungnahme kraft Gesetzes

a) **Allgemeines.** Soweit Behörden kraft Gesetzes gutachterliche Stellung- 68 nahmen abzugeben haben oder anzuhören sind, erlangen sie nicht den Status eines Sachverständigen, da die gutachterliche Stellungnahme kraft Gesetzes keine Beweisaufnahme darstellt. Der ersuchenden Stelle steht somit kein Vergütungsanspruch zu (*Meyer/Höver/Bach* § 1 Rn. 1.45). Eine gutachterliche Stellungnahme kraft Gesetzes oder Anhörungen von Behörden sind u. a. vorgesehen durch § 32 LwVG, §§ 162, 176, 194, 195, 205, 213, 220 FamFG.

b) **Deutsches Patentamt.** Das Deutsche Patentamt ist verpflichtet Gut- 69 achten abzugeben, welche Fragen über Patente, Gebrauchsmuster oder Marken betreffen (§§ 29 Abs. 1 PatG, § 21 GebrauchsmusterG, § 58 Abs. 1

§ 1 Abschnitt 1. Allgemeine Vorschriften

Markengesetz), wenn in den Akten bereits voneinander abweichende Gutachten vorliegen.

70 **c) Deutsche Bundesbank.** Nach § 36 Abs. 3 des Gesetzes über die Deutsche Bundesbank hat diese der zuständigen Polizeibehörde ein Gutachten zu übermitteln, wenn als Falschgeld verdächtige Banknoten oder Münzen von den Verpflichteten mit einem beigefügten Bericht der Deutschen Bundesbank übermittelt wurden und diese die Unechtheit der Banknoten oder Münzen feststellt.

71 **d) Gesundheitsämter.** Die in Betreuungsverfahren abgegebene gutachterliche Stellungnahme des Gesundheitsamts stellt keine Handlung kraft Gesetzes dar. Es besteht daher auch ein Erstattungsanspruch nach dem JVEG (*LG Göttingen* NdsRpfl. 1994, 66). Eine Vergütung nach der jeweiligen Gebührenordnung oder der GOÄ ist jedoch unzulässig (*BVerwG* Az. 1 D 99/95), da eine Anwendung der GOÄ ist nur im Rahmen des § 10 Abs. 2 und Vorbem. 4 Abs. 2 der Anlage 2 zu § 10 Abs. 1 in Betracht kommt.

72 **e) Gewerbeämter.** Die Gewerbeämter sind nicht verpflichtet, in einer Zivil- oder Strafsache kraft Gesetzes Gutachten zu erstellen. Auch zu einer kostenfreien Amtshilfe sind sie nicht verpflichtet, so dass den Gewerbeämtern ein Erstattungsanspruch nach diesem Gesetz zusteht (*LG Bamberg* JVBl. 1963, 162).

73 **f) Industrie- und Handelskammer.** Zu den Aufgaben der IHK gehört es u. a. Gutachten für andere Behörden zu erstellen. Davon zu unterscheiden ist aber die bloße Benennung eines Sachverständigen durch die IHK, diesem steht selbstverständlich ein Vergütungsanspruch zu.

74 **g) Jugendämter.** Die Anhörung und Beteiligung der Jugendämter ist in zahlreichen Fällen, vornehmlich in Angelegenheiten des Familiengerichts, kraft Gesetzes vorgesehen. Wird das Jugendamt kraft Gesetzes angehört, steht ihm kein Erstattungsanspruch nach dem JVEG zu. Eine Anhörung kraft Gesetzes ist u. a. vorgesehen nach:
- § 162 FamFG in Kindschaftssachen,
- § 176 FamFG in Abstammungssachen,
- §§ 194, 195 FamFG in Adoptionssachen,
- § 205 FamFG in Ehewohnungssachen,
- § 213 FamFG in Gewaltschutzsachen.

75 **h) Landwirtschaftskammer.** Wird eine Landwirtschaftskammer durch das Landwirtschaftsgericht im Rahmen der dortigen Aufklärungspflicht nach § 17 LwVfG um Erstellung eines Gutachtens gebeten, handelt es sich um Amtshilfe. Der Kammer steht daher kein Erstattungsanspruch nach dem JVEG zu (*AG Bad Iburg* NdsRpfl. 1995, 45).

76 **i) Notarkammer, Bundesnotarkammer.** Die Notarkammern sind gem. § 113 Abs. 3 Nr. 8 BNotO verpflichtet, Gutachten zu erstatten, die ein Gericht anfordert. Die Bundesnotarkammer hat solche Gutachten zu erstatten, die ein Bundesgericht anfordert, es besteht eine Verpflichtung kraft Gesetzes (§ 78 Abs. 1 Nr. 4 BNotO).

77 **j) Patentanwaltskammer.** Soweit durch ein Gericht ein Gutachten bei der Patentanwaltskammer eingeholt wird, steht dieser ein Erstattungsanspruch

nach dem JVEG zu, § 14 RVG ist nicht parallel anzuwenden (*LG Düsseldorf* MittdtschPatAnw 2001, 139).

k) Rechtsanwaltskammer. Auch die Rechtsanwaltskammern sind kraft Gesetzes verpflichtet Gutachten zu erstellen (§ 73 Abs. 2 Nr. 8, § 177 Abs. 2 Nr. 5 BRAO). Ist ein Gebührengutachten nach § 14 Abs. 2 RVG einzuholen, sind die Rechtsanwaltskammern verpflichtet, dass Gutachten kostenfrei zu erstatten (§ 14 Abs. 2 RVG). Ein Erstattungsanspruch nach JVEG, auch für anfallende Auslagen, besteht nicht (*OLG München* NJW 1975, 884), das ergibt sich eindeutig aus dem Wortlaut des § 14 RVG, der von Kosten (Gebühren und Auslagen) spricht. 78

l) Steuerberaterkammer. Die Steuerberaterkammern sind nach § 76 Abs. 2 Nr. 7 Steuerberatungsgesetz verpflichtet, kraft Gesetzes Gutachten auf Anforderung eines Gerichts zu erstellen. Die Bundessteuerberaterkammer hat Gutachten auf Anforderung eines Bundesgerichts zu erstellen (§ 86 Abs. 2 Nr. 6 Steuerberatungsgesetz). Es handelt sich bei den erstellten Gutachten um Sachverständigengutachten, es besteht somit ein Vergütungsanspruch nach dem JVEG, da § 413 ZPO Anwendung findet (*Gehre* § 76 Rn. 33). 79

m) Versorgungsausgleichsverfahren. In Verfahren wegen der Durchführung des Versorgungsausgleichs ist das Familiengericht nach § 220 FamFG ermächtigt, Auskünfte über die Versorgungsanwartschaften von den nach § 219 FamFG zu beteiligenden Personen einzuholen. Davon sind erfasst, die Ehegatten, die Versorgungsträger, bei denen ein auszugleichendes Anrecht besteht, die Versorgungsträger, bei denen ein Anrecht zum Zweck des Ausgleichs begründet werden soll sowie die Hinterbliebenen und die Erben der Ehegatten. Solche Personen werden nicht zu Beweiszwecken herangezogen, da sie eine Auskunft kraft Gesetzes abzugeben haben. Ein Entschädigungsanspruch nach dem JVEG besteht deshalb nicht (*KG* JurBüro 1981, 740), was auch für die Pensionskassen gilt (*OLG Stuttgart* JurBüro 1980, 110). Die Auskunftspflichtigen sind auch keine Dritten i. S. v. § 23. Ein Erstattungsanspruch besteht auch dann nicht, wenn zur Erteilung der Auskunft ein versicherungsmathematisches Büro hinzugezogen wurde (*OLG Köln* FamRZ 1985, 719). Dem Auskunftspflichtigen kann jedoch ausnahmsweise eine Entschädigung nach § 19 (nicht nach § 9) gewährt werden, wenn diesem mit den Beteiligten keine besonderen Rechtsbeziehungen verbinden (*OLG Dresden* OLG-NL 2000, 65). Zu diesen besonderen Rechtsbeziehungen gehört danach ein Arbeitgeber- oder Versicherungsverhältnis. In dem o. g. Fall hatte jedoch eine Firma die Auskunft erteilt, die weder Rechtsnachfolgerin des ehemaligen Arbeitgebers des Beteiligten war, noch in einem Arbeitsverhältnis mit ihm stand, sondern lediglich die Archivverwaltung übernommen hatte. 80

V. Erfüllung von Dienstaufgaben

1. Allgemeines

Abs. 2 S. 2 ordnet an, dass ein Erstattungsanspruch nach dem JVEG nicht besteht, wenn der Herangezogene Angehöriger einer Behörde oder sonstigen öffentlichen Stelle ist und er das Gutachten in Erfüllung seiner Dienstaufgaben erstattet, vertritt oder erläutert. Ist der Herangezogene aber ehrenamtlich oder als Ehrenbeamter tätig, gilt die Regelung nicht. Liegt ein Anwendungs- 81

§ 1 Abschnitt 1. Allgemeine Vorschriften

fall des Abs. 2 S. 2 vor, steht der Erstattungsanspruch nur der jeweiligen Behörde, nicht dem Herangezogenen selbst zu. Das gilt immer dann, wenn die erbrachte Leistung zu den amtlichen Aufgaben der Behörde gehört und die Tätigkeit von ihr oder durch einen ihrer Bediensteten erbracht wird.

Erstattet ein Bediensteter ein Gutachten in Erfüllung seiner Dienstaufgaben, kann aber die Behörde ihren Erstattungsanspruch nach dem JVEG nach haushaltsrechtlichen Kriterien gegenüber der heranziehenden Stelle geltend machen. Eine Gebührenfreiheit nach einem landesrechtlichem Gebührengesetz greift nicht (*OLG Stuttgart* Rpfleger 1982, 82).

Bei einem Behördenangestellten ist zunächst regelmäßig davon auszugehen, dass er das Gutachten im Rahmen seiner Dienstaufgaben erstattet hat. Dabei ist es unerheblich, ob der Gutachtenauftrag über die Behörde oder direkt an ihn ergeht (*Bleutge* § 1 Rn. 13). Ob der herangezogene Sachverständige sein laufendes Gehalt auch für die erbrachte Leistung erhält und ob die Tätigkeit tatsächlich seinen Dienstaufgaben zuzuordnen ist, muss nach dem jeweiligen Dienstrecht des Herangezogenen bewertet werden (*OLG Bamberg* Rpfleger 1965, 151). In Hamburg ist die AO v. 23.10.1968 über die Inanspruchnahme von Beamten und Angestellten der Freien und Hansestadt Hamburg zu beachten, im Saarland siehe den Gem. Erl. d. MJ u. d. MF vom 19.9.1966 über die Entschädigung von Behördengutachten und Gutachten von Behördenangehörigen in Rechtssachen.

2. Erstattung des Gutachtens in der Freizeit

82   Wird das Gutachten im Rahmen der Dienstaufgaben erstattet, steht dem Bediensteten auch dann kein persönlicher Vergütungsanspruch zu, wenn die Leistung außerhalb der Arbeitszeit oder während des Urlaubs erbracht wurde (*OLG Hamm* Rpfleger 1963, 421), da sie ihren dienstlichen Charakter behält. Dass gilt auch dann, wenn der Bedienstete in der Verhandlung wie ein gewöhnlicher Sachverständiger behandelt wurde (*LG Flensburg* JurBüro 1976, 941). Ein persönlicher Erstattungsanspruch kann aber im Einzelfall dann bestehen, wenn der Bedienstete das Gutachten auf ausdrücklichen Wunsch des Gerichts schneller erstattet, als dies als Dienstaufgabe möglich gewesen wäre oder der Bedienstete es ausdrücklich an einem dienstfreien Sonn- oder Feiertag erstellt hat (*LG Bremen* KostRsp. ZSEG § 1 Nr. 14).

3. Erstattungsanspruch, weil keine Dienstaugaben wahrgenommen werden

83   Ist der herangezogene Bedienstete für die Erstattung des in Auftrag gegebenen Gutachtens sachlich nicht zuständig, gehört die Erstellung nicht zu seinen Dienstaufgaben. Das gilt auch dann, wenn der Bedienstete nicht zur Erstattung des Gutachtens verpflichtet ist (*OLG Düsseldorf* JurBüro 1986, 1859). In diesen Fällen steht ihm deshalb der Erstattungsanspruch persönlich zu. Ein persönlicher Erstattungsanspruch besteht auch dann, wenn es sich um eine genehmigungspflichtige Nebentätigkeit handelt (Meyer/Höver/*Bach* 22. Aufl. § 1 Rn. 56.1). Soweit keine Dienstaufgaben wahrgenommen werden, besteht ein persönlicher Vergütungsanspruch auch, wenn der Bedienstete das Gutachten teilweise während der Dienstzeit oder bei Benutzung eines Dienstkraftfahrzeugs und des dienstlichen Telefons erstattet hat (*VGH BadWürtt.* KostRsp. ZSEG § 1 Nr. 37). Eine eventuell zu erstattende Ausgleichsleistung an den Dienstherrn bleibt davon freilich unberührt.

4. Hinzuziehung von Dritten

Zieht die ersuchte Behörde für die Erstattung des Gutachtens ohne vor- 84
herige Genehmigung des Gerichts bzw. der Staatsanwaltschaft einen Dritten
hinzu, so erlangt der hinzugezogene Dritte gegenüber der Staatskasse keinen
Vergütungsanspruch, da eine gerichtliche Heranziehung nach § 1 nicht vorliegt (*LG Frankenthal* Rpfleger 1982, 242).

5. Reisekosten

Ein persönlicher Erstattungsanspruch des Bediensteten besteht in den Fällen 85
des Abs. 2 S. 2 auch nicht hinsichtlich der entstehenden Reisekosten. Er muss
die Dienstreisekosten gegenüber seiner Dienststelle geltend machen (*KG* Rpfleger 1962, 355). Diese kann die Fahrtkosten nach § 5 erstattet verlangen. Im
Saarland können aus Gründen der Verwaltungsvereinfachung die Reisekosten
dem Bediensteten durch die heranziehende Behörde auch in bar ausgezahlt
werden, wenn dessen Dienstbehörde keine anderweitige Anordnung getroffen
hat (Nr. 1 Abs. 2 d. Gem. Erl. d. MJ u. d. MF v. 19.9.1966).

6. Ärzte

Der beim Gesundheitsamt bedienstete Arzt wird stets im Rahmen seiner 86
Dienstaufgaben tätig, wenn er Gutachten für die Gerichte oder Staatsanwaltschaften fertigt. Das gilt auch bei der Mitwirkung bei einer Leichenöffnung.
Der Vergütungsanspruch steht daher nur dem Gesundheitsamt selbst zu. Zu
den Dienstaufgaben gehört auch die gutachterliche Stellungnahme, wenn ein
Krankenhaus die Frage beantworten soll, ob der Zweck der Unterbringung
erreicht ist (*OLG Düsseldorf* Rpfleger 1965, 55). In Berlin steht der Vergütungsanspruch dem Klinikarzt persönlich zu, der das Gutachten erstattet
hat, da die Erstellung gerichtlicher Gutachten nicht zu seinen hauptamtlichen
Aufgaben gehört, was sowohl für eine mündliche als auch für eine schriftliche
Heranziehung gilt (*LG Berlin* Az. 83 T 601/04).

Über die Erfüllung der Dienstaufgaben geht es jedoch hinaus, wenn der
Sachverständige eine gutachterliche Stellungnahme zu den Auswirkungen des
von ihm festgestellten Blutalkoholgehalts wie etwa die Beeinträchtigung der
Fahrtüchtigkeit oder der Zurechnungsfähigkeit abgeben soll (Meyer/Höver/
Bach § 1 Rn. 1.57). Gleiches gilt dann, wenn der Arzt in dem Gutachten eine
materiell-rechtliche Beurteilung der Streitfälle abgeben muss (*OLG München*
JurBüro 1977, 82). Ein persönlicher Vergütungsanspruch kann auch dann
bestehen, wenn der Leiter eines staatlichen Instituts die Erstattung wegen der
Überlastung der Ärzte ablehnt und das Gericht daraufhin einen Arzt des
Instituts persönlich mit der Erstattung des Gutachtens beauftragt (*KG*
KostRsp. ZSEG § 1 Nr. 25), danach kommt es bei der Frage, ob eine Dienstaufgabe vorliegt, nicht darauf an, dass die Erstattung des Gutachtens generell
von dem Institut durchgeführt wird, sondern vielmehr darauf, dass der Sachverständige das Gutachten im Rahmen seiner dienstlichen Tätigkeit als Angehöriger des Instituts erstattet hat.

7. Chemische Untersuchungsämter

Soweit die staatlichen Chemischen Untersuchungsämter Gutachten für die 87
Gerichte oder Staatsanwaltschaften oder der Polizei erstellen, ist diese Leistung

§ 1 Abschnitt 1. Allgemeine Vorschriften

den Dienstaufgaben des wissenschaftlichen Mitarbeiters zuzuordnen. Etwas anderes gilt nur dann, wenn dieser aufgrund seiner Sachkenntnis auf einem speziellen Wissensgebiet, unabhängig von einem aufgrund seines Amtes erstellten Gutachtens, tätig wird. Im Übrigen sind Tätigkeiten, soweit für die Chemischen Untersuchungsämter Verwaltungs- oder Dienstbestimmungen nicht erlassen sind, dann den Dienstaufgaben zuzuordnen, wenn sie mit einer dienstlichen Tätigkeit so eng im Zusammenhang stehen, dass sie nach allgemeiner und natürlicher Betrachtung als eine Fortsetzung oder Ergänzung der allgemeinen dienstlichen Tätigkeit erscheint (*LG Krefeld* KostRsp. ZSEG § 1 Nr. 50).

8. Finanzämter

88   Wird ein Bediensteter des Finanzamtes durch das Gericht mit der Erstellung eines Betriebsprüfungsberichts beauftragt, kann er für diese Leistung regelmäßig keine Vergütung beanspruchen (*FG Berlin* EFG 1967, 133). Dem finanzamtlichen Betriebsprüfer steht ein persönlicher Vergütungsanspruch aber dann zu, wenn er außerhalb seiner Dienstaufgaben tätig wird (*SchlH FG* EFG 1968, 29).

9. Finanzgerichte

89   Die bei einem Finanzgericht beschäftigten Buchsachverständigen erstatten die für das Gericht gefertigten Gutachten in Erfüllung ihrer Dienstaufgaben (*FG München* EFG 1994, 170), ein persönlicher Vergütungsanspruch steht ihnen daher nicht zu.

10. Gesundheitsämter

90   Erstellt der bei einem Gesundheitsamt angestellte oder verbeamtete Arzt eine gutachterliche Stellungnahme in einem gerichtlichen Betreuungsverfahren, nimmt er Dienstaufgaben war, so dass ihm kein persönlicher Vergütungsanspruch zusteht (*LG Braunschweig* NdsRpfl. 1983, 185; *LG Darmstadt* KostRsp. ZSEG § 1 Nr. 84) (→ Rn. 86).

11. Gewerbeaufsichtsämter

91   Die Bediensteten der Gewerbeaufsichtsämter nehmen regelmäßig dienstliche Aufgaben wahr, wenn sie für Gerichte oder Staatsanwaltschaften Gutachten erstellen (*OLG Bamberg* JurBüro 1963, 639 speziell für den Freistaat Bayern). Ein Vergütungsanspruch steht deshalb nur dem Gewerbeamt zu (*BayVGH* KostRsp. ZSEG § 1 Nr. 43). In Nordrhein-Westfalen gehört auch die Erstellung von Gutachten in Angelegenheiten des Arbeitsschutzes und der Unfallverhütung zu den Dienstaufgaben der dortigen Bediensteten (*OLG Hamm* Rpfleger 1961, 313).

12. Hochschullehrer

92   Hochschullehrer werden bei der Erstattung von Gutachten für Gerichte und Staatsanwaltschaften nicht im Rahmen ihrer Dienstaufgaben tätig, ihnen steht daher ein persönlicher Vergütungsanspruch zu. Für die Benutzung von Einrichtung, Material und Personal müssen die Hochschullehrer regelmäßig

einen bestimmten Anteil der Vergütung an den Dienstherrn abführen, → § 12 Rn. 19 ff.

13. Kriminalämter

Bedienstete des Bundes-, Landes- oder des Zollkriminalamtes werden regelmäßig im Rahmen ihrer Dienstaufgaben tätig, wenn sie für die Gerichte oder Staatsanwaltschaften Gutachten erstatten oder diese mündlich erläutern. Ein persönlicher Vergütungsanspruch steht dem Bediensteten daher nicht zu (*OLG Hamm* JVBl. 1965, 21). Auch die Erstellung eines daktyloskopischen Gutachtens gehört zu den Dienstaufgaben der Kriminal- bzw. Polizeibeamten (*OLG Neustadt* Rpfleger 1962, 420). Danach gehört es grundsätzlich zu den Aufgaben der Polizei, eine strafbare Handlung zu ermitteln und zu verfolgen. Das schließt auch die Spurensicherung und die Spurenauswertung ein. 93

14. Landwirtschaftsamt

Wird durch das Landwirtschaftsamt eine gutachterliche Stellungnahme wegen der wirtschaftlichen Zumutbarkeit von Auflagen gegen gewerbliche Lärm- und Geruchsbelästigung erstellt, handelt es sich nicht um eine Dienstaufgabe (*VGH BadWürtt*. KostRsp. ZSEG § 1 Nr. 37). 94

15. Prüfungsbeamte

Erstattet ein Prüfungsbeamter ein Gutachten, dass in einem Zusammenhang mit einem wegen seiner Prüfungstätigkeit eingeleiteten Strafverfahren steht, liegt keine Vermutung vor, dass es sich generell um eine Dienstaufgabe handelt. Steht die Gutachtenerstellung aber eng mit der zugewiesenen Prüfungstätigkeit im Zusammenhang, wird eine dienstliche Tätigkeit anzunehmen sein (*OLG Bamberg* Rpfleger 1965, 151). Erfordert das Gutachten jedoch eine wesentliche, über die normalen Dienstaufgaben hinausgehende Vorbereitung oder geht es wesentlich über die übliche Tätigkeit hinaus, kann aber ein persönlicher Vergütungsanspruch bestehen (Meyer/Höver/*Bach* 22. Aufl. § 1 Rn. 55.4). 95

16. Veterinärämter

Regelmäßig nehmen auch die Bediensteten der Veterinärämter dienstliche Aufgaben bei der Erstattung gerichtlicher Gutachten war. Ein Vergütungsanspruch steht deshalb nur der Behörde selbst zu. Das gilt jedoch nicht, wenn ein Beamter des Veterinäramtes wegen seiner speziellen Fachkenntnis persönlich als Sachverständiger herangezogen wird, insoweit besteht ein persönlicher Vergütungsanspruch (*OLG Koblenz* MDR 1980, 959). 96

17. Wasserwirtschaftsbehörden

In Bayern gehört es gemäß der Bek. d. IM v. 4.4.1990 zu den Dienstaufgaben der Beamten und Angestellten der Fachbehörden der Wasserwirtschaft gutachterliche Stellungnahmen abzugeben, wenn es sich um ein gerichtliches Verfahren, ein Ermittlungsverfahren der Staatsanwaltschaft oder einer Verwaltungsbehörde in einem Ordnungswidrigkeitenverfahren handelt. 97

18. Weinkontrolleur

98 In Niedersachsen gehört die Erstattung von Gutachten für die Gerichte, Staatsanwaltschaften oder der Polizei gem. RdErl. d. MS v. 3.9.1973 zu den dienstlichen Aufgaben des Weinkontrolleurs, soweit es sich nicht um Gutachten handelt, die er aufgrund seines individuellen Sachwissens auf einem speziellen Wissensgebiet erbringt. Ein persönlicher Erstattungsanspruch steht dem Weinkontrolleur daher nicht zu, wenn er dienstliche Aufgaben wahrnimmt (*LG Hannover* NdsRpfl. 1959, 131).

19. Wetterdienst

99 Erstattet ein Beamter des Deutschen Wetterdienstes ein Gutachten, steht ihm auch für die mündliche Erläuterung seines Gutachtens kein persönlicher Vergütungsanspruch zu, da diese Aufgaben in seine Diensttätigkeit fallen (*LG Tübingen* KostRsp. ZSRG § 1 Nr. 19; *OLG Stuttgart* KostRsp. ZSEG § 1 Nr. 22). Im Übrigen kann auch dem Deutschen Wetterdienst für die Gutachtenerstellung eine Vergütung nur nach dem JVEG gezahlt werden, die eigene Gebührenordnung des Deutschen Wetterdienstes ist nicht anwendbar (*AG Charlottenburg* JurBüro 1982, 106).

20. Wirtschaftsreferent

100 Die Wirtschaftsreferenten bei den Staatsanwaltschaften nehmen regelmäßig dienstliche Aufgaben wahr. Es handelt sich aber dann um eine vergütungsfähige Leistung, wenn sie in ihrer Freizeit eine Sachverständigentätigkeit wahrnehmen (*OLG Düsseldorf* JurBüro 1986, 1859). Auf jeden Fall steht der Staatsanwaltschaft ein Vergütungsanspruch nach Abs. 2 zu, auch wenn aus Gründen der Verwaltungsvereinfachung keine Zahlung erfolgt. Die Kosten für die Tätigkeit eines Wirtschaftsreferenten der Staatsanwaltschaft sind zu den Akten zu reichen und können, soweit sie die Sätze des JVEG nicht übersteigen, als fiktive Kosten des Verfahrens gegen den Verurteilten angesetzt werden (*OLG Koblenz* Rpfleger 1998, 214). Sie können gemäß Nr. 9015 KV-GKG i. V. m. Nr. 9005 KV-GKG von dem Kostenschuldner eingezogen werden. In Bayern ist das Schreiben d. Bayr. StM d. Justiz v. 2.2.1983 (5600-I-72/83) zu beachten. Danach erhalten die Wirtschaftsfachkräfte für ihre Tätigkeit als Sachverständige in Strafverfahren keine Vergütung. Die Wirtschaftsfachkräfte sind aber gehalten, die Vergütung nach dem JVEG zu berechnen und zu den Strafakten als Kostenvormerkung mitzuteilen, damit sie von dem späteren Kostenschuldner eingezogen werden können. Der Kostenschuldner kann den Kostenansatz der fiktiven Kosten nur mit der Erinnerung nach § 66 GKG angreifen (*LG Dresden* NStZ-RR 2012, 327).

VI. Unmittelbar geladene Personen in Strafsachen

1. Allgemeines

100a In Strafsachen kann der Angeklagte Personen auch selbständig (unmittelbar) laden, wenn das Gericht den Antrag auf Ladung dieser Personen abgelehnt hat (§ 220 Abs. 1 StPO). Die unmittelbar geladene Person ist jedoch nur dann zum Erscheinen verpflichtet, wenn ihr bei der Ladung die gesetzliche Ent-

Geltungsbereich und Anspruchsberechtigte § 1

schädigung für anfallende Reisekosten und Versäumnis (Verdienstausfall, Vergütung oder Zeitversäumnis) bar angeboten oder die Hinterlegung dieses Betrages bei der Geschäftsstelle nachgewiesen ist (§ 220 Abs. 2 StPO). Die Bestimmung des § 220 StPO ist nur auf Zeugen und Sachverständige anwendbar, für andere Beweismittel gilt sie nicht, auch nicht für eine kommissarische Vernehmung (*Löwe-Rosenberg* § 220 Rn. 1, 3). Im Übrigen besteht eine Pflicht zum Erscheinen auch dann, wenn die geladene Person auf eine Entschädigung bzw. Vergütung verzichtet hat oder die Entgegennahme der Zahlung verweigert. Die Erscheinungspflicht besteht zudem unabhängig davon, ob die Entschädigung in bar angeboten oder auf der Geschäftsstelle hinterlegt wird (*Löwe-Rosenberg* § 220 Rn. 17). Der Angeklagte muss den Betrag aus eigenen Mitteln aufbringen, ein Vorschuss aus der Staatskasse kann nicht verlangt werden.

2. Darbietung der Entschädigung/Vergütung

Die Entschädigung bzw. Vergütung ist der unmittelbar geladenen Person 101 mit der Ladung in bar anzubieten, → Rn. 102. Die Zustellung der Ladung erfolgt durch den Gerichtsvollzieher, der durch den Angeklagten selbst zu beauftragen ist (§ 38 StPO). Der Barbetrag ist dem Gerichtsvollzieher zu übergeben. Mit der Ladung ist der Zeuge zugleich auf die Folgen des unentschuldigten Ausbleibens hinzuweisen, das entsprechende Beweisthema braucht hingegen nicht genannt werden (*Karlsruher Kommentar* § 220 Rn. 2).

Geschäftsanweisung für Gerichtsvollzieher (GVGA)
C. Zustellung in Straf- und Bußgeldsachen

§ 28
Zustellungen in Straf- und Bußgeldsachen
(§ 38 StPO)

(1) Soweit die an einem Strafverfahren oder einem Bußgeldverfahren Beteiligten nach den gesetzlichen Vorschriften befugt sind, Zeugen und Sachverständige unmittelbar zu laden, erfolgt dies durch Zustellung einer von dem Auftraggeber unterschriebenen Ladungsschrift. Die Vorschriften über Zustellung auf Betreiben der Parteien in bürgerlichen Rechtsstreitigkeiten sind entsprechend anzuwenden.

(2) Der unmittelbar geladene Zeuge oder Sachverständige ist nur zum Erscheinen verpflichtet, wenn ihm bei der Ladung die gesetzliche Entschädigung für Reisekosten und Versäumnis bar dargeboten oder wenn ihm nachgewiesen wird, dass die Entschädigung bei der Kasse oder Gerichtszahlstelle hinterlegt ist (§ 220 Absatz 2 der Strafprozessordnung (StPO)). Der Gerichtsvollzieher hat daher auf Verlangen des Auftraggebers
 1. der geladenen Person die Entschädigung bei der Zustellung gegen Quittung zu übergeben, wenn ihm der Auftraggeber den Betrag in bar ausgehändigt hat, oder
 2. die Bescheinigung der Kasse oder Gerichtszahlstelle über die Hinterlegung mit zuzustellen, wenn der Auftraggeber den Betrag hinterlegt hat.
Der Gerichtsvollzieher übermittelt dem Auftraggeber mit der Zustellungsurkunde die Quittung des Empfängers. Hat der Empfänger die Entschädigung zurückgewiesen, so gibt der Gerichtsvollzieher dem Auftraggeber den Betrag mit der Zustellungsurkunde wieder zurück.

(3) Auf der Zustellungsurkunde oder einem Nachtrag zu ihr muss der Gerichtsvollzieher ersichtlich machen:

§ 1   Abschnitt 1. Allgemeine Vorschriften

1. das Anbieten der Entschädigung,
2. ihre Auszahlung oder Zurückweisung; im Fall der Zurückweisung ist der Grund zu vermerken, den der Empfänger hierfür angegeben hat,
3. die Mitzustellung der Bescheinigung der Kasse oder Gerichtszahlstelle, wenn der Auftraggeber den Betrag hinterlegt hat.

(4) Der Gerichtsvollzieher führt die Zustellung auch dann aus, wenn ihm der Auftraggeber die Entschädigung weder zur Auszahlung übergeben noch sie hinterlegt hat. In diesem Fall darf aber die Ladung keinen Hinweis auf die gesetzlichen Folgen des Ausbleibens enthalten. Dieser Sachverhalt ist in der Zustellungsurkunde ersichtlich zu machen; bei einer Zustellung durch die Post geschieht dies neben dem Vermerk, der auf das zu übergebende Schriftstück gesetzt wird.

3. Hinterlegung auf der Geschäftsstelle

102   Der anzubietende Betrag kann auch auf der Geschäftsstelle hinterlegt werden. In solchen Fällen ist dem unmittelbar geladenen Zeugen oder Sachverständigen mit der Ladung ein entsprechender Nachweis vorlegen.

Der Geldbetrag ist bei der Gerichtszahlstelle zu hinterlegen, da im Regelfall nur die Zahlstellenbeamten zur Annahme von Bargeld berechtigt sind. In Nordrhein-Westfalen sind hierzu entsprechende Verwaltungsvorschriften ergangen. Gemäß RV d. JM v. 29.8.1980, sind die Gerichtszahlstellen und die Gerichtskassen zur Geldannahme für die für unmittelbar geladene Personen einzuzahlenden Entschädigungen bzw. Vergütungen ermächtigt. Die Zahlungen können nicht durch Kostenmarken oder Gerichtskostenstempler erbracht werden. Der Einzahler hat den Tag der Hauptverhandlung, zu welcher die Ladung erfolgen soll, und bei mehreren Personen den für jede einzelne Person bestimmten Betrag anzugeben. Fehlen diese Angaben und können sie nicht sofort nachgeholt werden, so ist die Annahme abzulehnen.

4. Berechnung der bar angebotenen Entschädigung

103   Der Angeklagte muss die Höhe der bar anzubietenden bzw. zu hinterlegenden Entschädigung bzw. Vergütung selbst berechnen. Eine Berechnung durch den Anweisungsbeamten oder das Gericht erfolgt nicht. Eine Ersatzpflicht des Staates besteht auch für den Fall nicht, dass aufgrund einer falschen Berechnung durch den Angeklagten eine zu hohe Entschädigung gezahlt wird (*Löwe/Rosenberg* § 220 Rn. 22 m. w. N.). Um eine genaue Berechnung der Entschädigung bzw. Vergütung sicherzustellen, ist der Angeklagte gehalten notfalls Rücksprache mit der geladenen Person nehmen. Er kann sich auch dabei nicht der Hilfe des Gerichts bedienen.

5. Höhe der Entschädigung oder Vergütung

104   **a) Allgemeines.** Aus der Regelung des § 220 StPO folgt, dass der unmittelbar geladene Zeuge oder Sachverständige die gesetzliche Entschädigung oder Vergütung erhält, so dass er nur Zahlungen in der Höhe beanspruchen kann, wie es auch ein unmittelbar vom Gericht Herangezogener könnte. Die unmittelbar geladenen Personen sind deshalb an die im JVEG bestimmten Höchstsätze gebunden. Der Angeklagte, Neben- oder Privatkläger ist daher nicht verpflichtet, eine höhere Zahlung zu leisten. Die Bestimmungen der StPO erfassen nur die Reisekosten und die versäumte Zeit. Der unmittelbar geladenen Person sind aber gleichwohl auch notwendige Über-

Geltungsbereich und Anspruchsberechtigte § 1

nachtungs- und Verpflegungskosten nach § 6 zu erstatten. Soweit es sich um unmittelbar geladene Sachverständige handelt, ist auch § 12 anwendbar. Im Übrigen gilt für alle unmittelbar geladenen Personen auch die Regelung des § 7.

b) Zeugen. Hinsichtlich des Umfangs der Entschädigung gilt § 19. Wegen 105 der Auslagen gelten danach nur die §§ 5–7, die Regelung des § 12 ist nicht anwendbar.

aa) Verdienstausfall und Zeitversäumnis. Einem unmittelbar geladenen Zeugen sind Verdienstausfall oder eine eingetretene Zeitversäumnis sowie ggf. auch Nachteile in der Haushaltsführung zu erstatten. Die Höhe des Verdienstausfalls bestimmt sich ausschließlich nach § 22, dabei ist der Höchstsatz von 21 EUR je Stunde zu berücksichtigen. Auch die Bestimmung des § 19 Abs. 2 gilt für die unmittelbar geladenen Zeugen, so dass Verdienstausfall oder Zeitversäumnis für höchstens zehn Stunden täglich zu erstatten sind. Notwendige Reise- und Wartezeiten sind erstattungsfähig.

bb) Reisekosten. Als Reisekosten sind nach § 5 die tatsächlichen Kosten 106 für die Anreise mit öffentlichen Verkehrsmitteln bis zur Höhe der ersten Wagenklasse zu erstatten. Ist die Anreise durch Benutzung eines Kfz erfolgt, sind 0,25 EUR je gefahrenen Kilometer zu erstatten (§ 5 Abs. 2 S. 1 Nr. 1). Höhere Kosten können nur nach § 5 Abs. 3 erstattet werden. Erstattet werden zudem nur die tatsächlich notwendigen Reisekosten, nicht aber fiktive Kosten. Anzuwenden ist auch § 5 Abs. 5, so dass auch ein unmittelbar geladener Zeuge anzeigen muss, dass er die Anreise von einem anderen Ort aus als dem Ladungsort antritt. Parkentgelte, Straßengebühren oder Kosten für Platzreservierungen sind nach § 5 zu erstatten.

cc) Aufwandsentschädigung. Weiter ist auch einem unmittelbar geladenem Zeugen eine Aufwandsentschädigung nach § 6 Abs. 1 zu zahlen, wenn 107 die Voraussetzungen hierfür vorliegen. Gleiches gilt für die notwendige Erstattung von Übernachtungskosten nach Maßgabe des § 6 Abs. 2. Auch solche Kosten sind dem unmittelbar geladenen Zeugen daher vorab anzubieten bzw. auf der Geschäftsstelle zu hinterlegen. Wohnt der unmittelbar geladene Zeuge am Gerichtsort oder ist er dort beschäftigt, kann eine Aufwandsentschädigung nach § 6 nicht gewährt werden.

c) Sachverständige. aa) Vergütung. Auch für den unmittelbar geladenen 108 Sachverständigen bestimmt sich die Höhe seiner Vergütung ausschließlich nach dem JVEG, auch wenn noch auf die „gesetzliche *Entschädigung*" verwiesen wird. Die Vergütungstatbestände werden in § 8 abschließend genannt, wobei sich die Höhe des Honorars nur nach §§ 9, 10 bestimmt. Reise- und Wartezeiten sowie Zeitaufwand für die Vorbereitung sind zu vergüten (§ 8 Abs. 2 S. 1), im Übrigen wird auf die Erläuterungen zu § 8 verwiesen. Die Aufrundungsvorschrift des § 8 Abs. 2 S. 2 ist anzuwenden.

bb) Auslagen. Für unmittelbar geladene Sachverständige gelten auch §§ 7, 109 12, so dass die notwendigen baren Aufwendungen zu ersetzen sind. Hierzu gehört auch die zu entrichtende Umsatzsteuer (§ 12 Abs. 1 S. 2 Nr. 4). Die Auslagen einschließlich der Umsatzsteuer sind in der vorab vorzunehmenden Berechnung des zu hinterlegenden oder bar anzubietenden Betrags zu berücksichtigen.

§ 1   Abschnitt 1. Allgemeine Vorschriften

110   **cc) Reisekosten und Aufwandsentschädigung.** Wegen der zu erstattenden Reisekosten gilt → § 5. Erfolgt die Anreise mit dem Kfz, sind 0,30 EUR je gefahrenem Kilometer zu ersetzen (§ 5 Abs. 2 S. 1 Nr. 2). Hinsichtlich der öffentlichen Verkehrsmittel gilt § 5 Abs. 1. Weiter sind die aus Anlass der Reise entstandenen baren Aufwendungen (Parkentgelte, Reservierungskosten oder Mautgebühren) zu erstatten. Tagegeld und notwendige Übernachtungskosten sind nach § 6 zu erstatten, wenn die Voraussetzung für eine Gewährung vorliegt, → bei § 6.

6. Entschädigung oder Vergütung aus der Staatskasse

111   **a) Allgemeines.** Das Gericht hat die Entschädigung oder Vergütung aus der Staatskasse anzuordnen, wenn sich in der Hauptverhandlung ergibt, dass die Vernehmung des Zeugen oder die Heranziehung des Sachverständigen für die Sache zweckdienlich gewesen ist (§ 220 Abs. 3 StPO). Eine solche Anordnung ergeht jedoch nicht von Amts wegen, sondern ist nur auf Antrag auszusprechen, → Rn. 115. Die Anordnung der Entschädigung oder Vergütung aus der Staatskasse ist somit an die zwei folgenden Bedingungen geknüpft:
1. dem Vorliegen eines entsprechenden Antrags und
2. die Zweckdienlichkeit der Vernehmung für die Sache.

Liegen die Voraussetzungen des § 220 Abs. 3 StPO vor, ist es unerheblich, dass der Geladene die zuvor angebotene Entschädigung abgelehnt hat (*Löwe/Rosenberg* § 220 Rn. 34).

112   **b) Zweckdienlichkeit für die Sache.** Bei der Prüfung, ob die Zweckdienlichkeit vorliegt, muss auf die Förderung des Verfahrens zum Zeitpunkt der Vernehmung abgestellt werden. Sie kann deshalb nicht verneint werden, weil eine Zweckdienlichkeit für die Sache zwar zum Zeitpunkt der Vernehmung vorgelegen hat, sie aber aus Sicht der späteren gerichtlichen Entscheidung nicht mehr vorliegt. Hingegen kann eine nachträgliche Bewilligung der Entschädigung oder Vergütung aus der Staatskasse angeordnet werden, wenn sich die Zweckdienlichkeit erst zu einem späteren Zeitpunkt herausstellt (*Löwe/Rosenberg* § 220 Rn. 28). Eine Zweckdienlichkeit der Vernehmung kann im Übrigen dann angenommen werden, wenn die spätere Entscheidung des Gerichts darauf gestützt wird (*LG München* StV 1988, 350).

113   **c) Erstattungspflicht der Staatskasse nach erfolgter Entschädigung.** Nach der herrschenden Meinung besteht keine Erstattungspflicht für die Staatskasse mehr, wenn die geladene Person bereits durch den Angeklagten in vollem Umfang entschädigt worden ist (*Kleinknecht/Meyer* § 220 Rn. 12 m. w. N.: *OLG Düsseldorf* VRS 86, 449; *Löwe/Rosenberg* § 220 Rn. 31 m. w. N.: *OLG Düsseldorf* MDR 1994, 521). War der Betrag aber nur auf der Geschäftsstelle hinterlegt und ist noch keine Entschädigung oder Vergütung gezahlt, so besteht ein Erstattungsanspruch seitens der geladenen Personen. Im Gegensatz zur bereits erfolgten Entschädigung durch den Angeklagten geht die herrschende Meinung bei nur erfolgter Hinterlegung des Geldbetrages davon aus, dass ein Entschädigungsanspruch besteht, da der hinterlegte Betrag nicht mehr in Anspruch genommen werden darf, sobald ein Erstattungsanspruch gegenüber der Staatskasse nach § 220 Abs. 3 StPO entsteht (*Löwe/Rosenberg* § 220 Rn. 32). Ein Erstattungsanspruch gegen die Staatskasse besteht auch dann, wenn mit dem hinterlegten Betrag nicht die vollständige Entschädigung oder Vergütung in der gesetzlichen Höhe abgedeckt werden konnte.

Geltungsbereich und Anspruchsberechtigte § 1

d) Höhe der zu zahlenden Entschädigung. Bei der zu zahlenden Entschädigung nach § 220 Abs. 3 StPO handelt es sich um die gesetzliche Entschädigung oder Vergütung, so dass sich ihre Höhe ausschließlich nach den Vorschriften des JVEG richtet. Die Staatskasse ist auch an anderweitige Absprachen zwischen der geladenen Person und dem Angeklagten nicht gebunden.

e) Antrag. Eine Entscheidung nach § 220 Abs. 3 StPO ergeht nur auf Antrag. Ein Antragsrecht steht neben dem Angeklagten, Neben- oder Privatkläger auch dem unmittelbar geladenen Zeugen und Sachverständigen sowie der Staatsanwaltschaft zu. Der Antrag kann während oder nach Beendigung der Hauptverhandlung gestellt werden. Er ist bei dem Gericht zu stellen, vor welchem die Vernehmung stattfindet, dabei ist die Frist des § 2 einzuhalten (*OLG Köln* MDR 1958, 622). Der Antrag muss deshalb binnen drei Monaten nach Beendigung der Vernehmung gestellt werden. Mit Ablauf der Frist ist der Anspruch erloschen, ein Antrag auf Wiedereinsetzung in den vorigen Stand (§ 2 Abs. 2) ist aber ebenso zulässig wie ein Antrag auf Fristverlängerung (§ 2 Abs. 1 S. 3). Das Gericht entscheidet durch Beschluss, mit welchem auch festgestellt werden muss, dass die Vernehmung der Aufklärung der Sache zweckdienlich gewesen ist.

f) Rechtsmittel. Der nach § 220 Abs. 3 StPO erlassene Beschluss ist mit der Beschwerde anfechtbar. Beschwerdeberechtigt sind der Zeuge und der Sachverständige, wenn das Gericht eine Erstattung aus der Staatskasse ablehnt. Für den Fall, dass eine Beschwer vorliegt, sind auch der Angeklagte, Privat- und Nebenkläger und die Staatsanwaltschaft beschwerdeberechtigt. Der Angeklagte ist jedoch nicht beschwerdeberechtigt, wenn er aufgrund der Kostenentscheidung die Verfahrenskosten zu tragen hat und eine Erstattung aus der Staatskasse abgelehnt wurde (*OLG Karlsruhe* MDR 1985, 694).

g) Kostenerstattung. Die Entscheidung über die Erstattung der Entschädigung oder Vergütung aus der Staatskasse nach § 220 Abs. 3 StPO berührt nur das Verhältnis zwischen dem Vernommenen und der Staatskasse, nicht aber das Verhältnis zwischen Staatskasse und dem Angeklagten. Bei der zu zahlenden Entschädigung oder Vergütung aus der Staatskasse handelt es sich um Verfahrenskosten, die vom Kostenschuldner eingezogen werden können (Nr. 9005 KV-GKG), sofern dieser rechtskräftig verurteilt ist. Wird der Angeklagte freigesprochen, so fallen die Kosten der Staatskasse zur Last. Es gelten insoweit die Bestimmungen der §§ 465, 467 StPO. Ist die Entschädigung oder Vergütung aus dem hinterlegten oder bar angebotenen Geldbetrag des Angeklagten gezahlt, kann der Angeklagte diese gezahlten Beträge nur im Wege der Kostenfestsetzung nach § 464b StPO geltend machen (*KG Berlin* NStZ 1999, 476). Eine Festsetzung ist aber nur möglich, wenn die Vernehmung zweckdienlich war, → Rn. 112.

VII. Kosten des freigesprochenen Angeschuldigten (§ 464a Abs. 2 StPO)

1. Allgemeines

Soweit ein Angeschuldigter freigesprochen, die Eröffnung des Hauptverfahrens gegen ihn abgelehnt oder das Verfahren eingestellt wird, fallen seine notwendigen Auslagen der Staatskasse zur Last (§ 467 Abs. 1 StPO). Das gilt

43

jedoch nicht für solche Kosten, die durch eine schuldhafte Säumnis des Angeschuldigten selbst entstanden sind oder wenn der Angeschuldigte in einer Selbstanzeige vorgetäuscht hat, die ihm zur Last gelegten Taten begangen zu haben (§ 467 Abs. 3 StPO). Ferner werden die notwendigen Auslagen des Angeklagten nicht der Staatskasse auferlegt, wenn das Verfahren nach vorangegangener vorläufiger Einstellung nach § 153a StPO endgültig eingestellt wird (§ 467 Abs. 5 StPO). Stellt das Gericht das Verfahren nach einer Vorschrift ein, die dies nach seinem Ermessen zuläßt, so kann es zudem davon absehen, die notwendigen Auslagen des Angeschuldigten der Staatskasse aufzuerlegen (§ 467 Abs. 4 StPO).

Nach § 464 Abs. 1 StPO ist jedes Urteil, jeder Strafbefehl und jede, eine Untersuchung einstellende Entscheidung mit einer Kostenentscheidung zu versehen. Auch die Entscheidung, wer die notwendigen Auslagen trägt, hat das Gericht mit dem das Verfahren abschließende Urteil oder Beschluss zu treffen (§ 464 Abs. 2 StPO). Im Übrigen sehen auch die §§ 467a, 469 StPO eine solche Entscheidung vor. Ein separates Rechtsmittel ist nach § 464 Abs. 3 StPO gegeben.

Soweit das Gericht die notwendigen Auslagen des freigesprochenen Angeklagten der Staatskasse auferlegt, erwirbt dieser einen öffentlich-rechtlichen Kostenerstattungsanspruch gegen die Staatskasse. Um einen privatrechtlichen Erstattungsanspruch handelt es sich aber dann, wenn die notwendigen Auslagen eines am Strafverfahren Beteiligten durch das Gericht auf einen anderen Beteiligten auferlegt werden; wegen der Bindung und ggf. notwendigen Auslegung der Kostenentscheidung im Kostenfestsetzungsverfahren → Rn. 122.

2. Rechtsgrundverweis oder Rechtsfolgenverweis

119 Welche Kosten zu den notwendigen Auslagen des freigesprochenen Angeschuldigten zählen, wird durch § 464a Abs. 2 StPO bestimmt. Danach sind zu erstatten notwendiger Verdienstausfall und Zeitversäumnis sowie die Kosten für einen Rechtsanwalt, soweit sie nach § 91 Abs. 2 ZPO zu erstatten sind. Aus dem Wortlaut „auch" folgt jedoch, dass die Abzählung nicht abschließend ist, so dass auch andere notwendige Auslagen wie Fahrtkosten zu erstatten sind. Dabei spricht § 464a Abs. 2 Nr. 1 StPO lediglich einen Rechtsfolgenverweis aus, so dass auf die Berechnung und Erstattung der notwendigen Auslagen eines freigesprochenen Angeklagten das JVEG nur hinsichtlich der Höhe der Auslagen anwendbar ist. Eine generelle Anwendung, insbesondere der §§ 1, 4 ist nicht statthaft (*OLG Hamburg* Rpfleger 1972, 414; *OLG Düsseldorf* Rpfleger 1981, 366; *OLG Karlsruhe* MDR 1986, 694; *OLG Zweibrücken* MDR 1996, 318; *LG Weiden* MDR 1971, 598; *LG Krefeld* JurBüro 1972, 341; *LG Marburg* Rpfleger 1985, 210). Auch auf andere Beteiligte, wie den Nebenkläger findet § 1 hinsichtlich der Kostenerstattung keine Anwendung, da es sich um einen Rechtsfolgenverweis handelt (*OLG Bamberg* JurBüro 1985, 1047 m. zust. Anm. *Mümmler*). Auch aus der Begründung des Gesetzgebers aus Anlass der Einführung des § 464a StPO lässt sich nicht festellen, dass ein Rechtsgrundverweis gewollt ist. In der BT-Drs. 5/2600, S. 19 heißt es nur: „*Die durch eine Zeitversäumnis entstandenen Auslagen sollen nach der Nr. 1 dem Angeklagten in gleicher Weise erstattet werden wie einem Zeugen. Eine unterschiedliche Regelung erscheint nicht angemessen.*"

Geltungsbereich und Anspruchsberechtigte § 1

3. Kostenfestsetzungsverfahren

a) Allgemeines. Soweit der Staatskasse die notwendigen Auslagen des 120 Angeschuldigten auferlegt sind, erfolgt eine Festsetzung der Kosten nur auf Antrag und nicht von Amts wegen. Es ist ein Kostenfestsetzungsverfahren durchzuführen. Auf das Verfahren, die Vollstreckung und Verzinsung sind die Vorschriften der Zivilprozessordnung (§§ 103 ff. ZPO) anzuwenden (§ 464a S. 3 StPO). Funktionell zuständig ist der Rechtspfleger. Grundlage für die Kostenfestsetzung kann nur eine rechtskräftige Kostengrundentscheidung sein (*OLG Schleswig* Az. 1 Ws 92/72; *LG Flensburg* JurBüro 1983, 400). Vor der Festsetzung ist daher stets zu prüfen, ob die Rechtskraft tatsächlich eingetreten ist. Der Rechtskraftvermerk ist am Kopf der Entscheidung anzubringen, sobald die Rechtskraft eingetreten ist (§ 7 Abs. 1 AktO-oG), sie wird durch den Urkundsbeamten der Geschäftsstelle des Gerichts des ersten Rechtszugs erteilt (§ 13 Abs. 4 StVollstrO). Wird gegen ein Berufungsurteil keine Revision eingelegt, so wird das Rechtskraftzeugnis durch den Urkundsbeamten der Geschäftsstelle beim Berufungsgericht erteilt.

Richtlinien für das Strafverfahren und das Bußgeldverfahren

145

Festsetzung der notwendigen Auslagen des Beschuldigte

(1) Vor dem Erlass des Festsetzungsbeschlusses soll der Rechtspfleger den Vertreter der Staatskasse hören. Dieser kann zu der von ihm beabsichtigten Äußerung oder zu Einzelfragen eine Stellungnahme des Leiters der Strafverfolgungsbehörde beim Landgericht herbeiführen.

(2) Der Festsetzungsbeschluss des Rechtspflegers ist dem Vertreter der Staatskasse zuzustellen (§ 464b Satz 3 StPO, § 104 Abs. 1 Satz 3 ZPO). Dieser prüft, ob gegen den Festsetzungsbeschluss innerhalb der gesetzlichen Frist namens der Staatskasse ein Rechtsbehelf (Erinnerung oder sofortige Beschwerde) einzulegen ist. Dabei kann er den Leiter der Strafverfolgungsbehörde beim Landgericht beteiligen. Wird von einem Rechtsbehelf abgesehen, so teilt der Vertreter der Staatskasse dies dem Rechtspfleger mit. Legt der Vertreter der Staatskasse einen Rechtsbehelf ein, so beantragt er gleichzeitig, die Vollziehung des Festsetzungsbeschlusses auszusetzen. Er teilt dem Rechtspfleger unverzüglich die Entscheidung des Gerichts über diesen Antrag mit.

(3) Die Entscheidung des Gerichts über die Erinnerung wird dem Vertreter der Staatskasse zugestellt, wenn gegen sie die sofortige Beschwerde statthaft ist. Für die sofortige Beschwerde und für den Antrag auf Aussetzung der Vollziehung der angefochtenen Entscheidung gilt Absatz 2 Satz 2 bis 6 entsprechend.

(4) Soweit der Rechtspfleger bei der Festsetzung der Auslagen der Stellungnahme des Vertreters der Staatskasse entspricht, ordnet er gleichzeitig mit dem Erlass des Festsetzungsbeschlusses die Auszahlung an. Die Auszahlung von Auslagen, deren Festsetzung der Vertreter der Staatskasse widersprochen hat, wird bereits vor der formellen Rechtskraft des Festsetzungsbeschlusses angeordnet, wenn
   a) die Frist zur Einlegung des statthaften Rechtsbehelfs für den Vertreter der Staatskasse abgelaufen ist,
   b) der Vertreter der Staatskasse erklärt hat, dass ein Rechtsbehelf nicht eingelegt werde, oder
   c) der Vertreter der Staatskasse einen Rechtsbehelf eingelegt hat und
      aa) die Vollziehung des Kostenfestsetzungsbeschlusses oder
      bb) die Vollziehung der Entscheidung über die Erinnerung für den Fall, dass diese mit der sofortigen Beschwerde angefochten werden kann,

§ 1 Abschnitt 1. Allgemeine Vorschriften

nicht innerhalb einer Woche nach Ablauf der Frist zur Einlegung des jeweiligen Rechtsbehelfs ausgesetzt wird. Wird der Kostenfestsetzungsbeschluss nur zum Teil angefochten, so ist der Teil der Auslagen, dessen Festsetzung nicht angefochten ist, sofort zu erstatten; auf dem Auszahlungsbeleg ist auf die Teilanfechtung hinzuweisen.

121 **b) Festsetzungsbeschluss und Rechtsmittelbelehrung.** Der Rechtspfleger entscheidet durch zu erlassenden Festsetzungsbeschluss (§ 464b StPO, Nr. 145 Abs. 2 RiStBV). Der Beschluss ist zu begründen (*OLG Düsseldorf* Rpfleger 2001, 541; *LG Bonn* JurBüro 1992, 256), dass gilt insbesondere dann, wenn eine von den Anträgen der Beteiligten abweichende Entscheidung ergeht (*LG Krefeld* MDR 1981, 606). Dem Beschluss ist eine Rechtsmittelbelehrung anzufügen (*LG Bautzen* Rpfleger 2000, 183). Ist eine solche Belehrung unterblieben, ist von Amts wegen Wiedereinsetzung zu gewähren, wenn die sofortige Beschwerde nicht fristgerecht eingelegt wird (*OLG München* StV 2001, 633). Eine Rechtsmittelbelehrung ist auch dann notwendig, wenn der Betroffene durch einen Anwalt vertreten wird (*LG Frankenthal* JurBüro 1991, 716). Mit der Einführung des Gesetzes zur Einführung einer Rchtsbehelfsbelehrung im Zivilprozess und anderer Vorschriften vom 5.12.2012 (BGBl. I S. 2418) zum 1.1.2014, ist ein Kostenfestsetzungsbeschluss wegen § 232 ZPO-E zwingend mit einer Rechtsbehelfsbelehrung zu versehen, so dass dies wegen der Verweisungsregelung des § 464b S. 3 StPO auch für die davon erfassten Verfahren gilt.

In den Ländern bestehen z. T. Verwaltungsvorschriften, die für den Fall der Anerkennung der Erstattungsbeträge durch den Vertreter der Landeskasse die Anordnung der Auszahlung ohne vorherigen Erlass eines Festsetzungsbeschlusses vorsehen; so in Baden-Württemberg die VwV d. JuM v. 10.8.2001 und Rheinland-Pfalz d. RdSchr. d. MJ v. 3.3.2004. Dem Antragsteller ist dann ein Abdruck der Auszahlungsanordnung zu übersenden.

122 **c) Bindung an die Kostenentscheidung.** Der Rechtspfleger ist an die erlassene Kostengrundentscheidung gebunden (BGH Rpfleger 1973, 130). Eine fehlerhafte Kostengrundentscheidung kann nicht im Festsetzungsverfahren abgeändert werden, sie kann nur mit dem Rechtsmittel der sofortigen Beschwerde nach § 464 Abs. 3 StPO angefochten werden. Auch eine gesetzeswidrige Kostenentscheidung entfaltet im Kostenfestsetzungsverfahren eine Bindungswirkung (*OLG Düsseldorf* Rpfleger 1994, 80; *LG Hanau* Rpfleger 2000, 183; *LG Schwerin* DAR 1990, 575; **a. A.** *OLG Oldenburg* Rpfleger 1991, 521; *LG Mainz* Rpfleger 1995, 311). Die Beschwerde gegen die Kostenentscheidung ist binnen einer Woche einzulegen, die Frist beginnt mit der Bekanntmachung der Entscheidung zu laufen (§ 311 Abs. 2 StPO). Eine Entscheidung wird im Fall der Anwesenheit der betroffenen Person durch Verkündung bekannt gemacht, andere Entscheidungen durch Zustellung (§ 35 Abs. 1, 2 StPO). Lautet die Kostenentscheidung „Der Angeklagte wird auf Kosten der Staatskasse freigesprochen", so werden dadurch regelmäßig auch die notwendigen Auslagen des Angeschuldigten erfasst. Eines besonderen Kostenausspruchs bedarf es dann nicht (*LG Limburg* JurBüro 1985, 1510; *OLG Köln* JurBüro 1985, 1206; **a. A.** *LG Regensburg* JurBüro 1984, 1205).

123 **d) Zuständigkeiten.** Funktionell zuständig für das Kostenfestsetzungsverfahren ist der Rechtspfleger (§ 21 Nr. 1 RPflG) des erstinstanzlichen Gerichts (§ 464b StPO). Eine Zuständigkeit des UdG besteht nicht, es handelt sich auch nicht um einen Akt der Justizverwaltung, sondern um Rechtsprechung. Wird das Strafverfahren gem. § 354 StPO an ein anderes Gericht zurückverwiesen, so bleibt das zuerst mit dem Verfahren befasste Gericht zuständig (BGH Rpfleger 1991, 125). Ergeht nach Einstellung des Verfahrens durch die Staatsanwaltschaft die Kostenentscheidung durch das Gericht, so wird der Kostenfestsetzungsbeschluss durch das Gericht, nicht durch die Staatsanwaltschaft erlassen (*OLG Stuttgart* Rpfleger 2003, 20). In einem Wiederaufnahmeverfahren gilt als Gericht des ersten Rechtszuges das Gericht, welches zuerst mit der Sache befasst war (*OLG Hamm* Rpfleger 2003, 96).

e) Vertretung der Landeskasse (Anhörung und Zustellung). Vor Erlass des Festsetzungsbeschlusses ist der Bezirksrevisor als zuständiger Vertreter der Landeskasse anzuhören, der auch eine Stellungnahme des Leiters der Strafverfolgungsbehörde bei dem Landgericht einholen kann (Nr. 145 Abs. 1 RiStBV). Der Rechtspfleger hat deshalb sowohl dem Angeschuldigten als auch dem Vertreter der Landeskasse rechtliches Gehör zu gewähren (*OLG Stuttgart* Rpfleger 1971, 308). Rechtliches Gehör ist bereits vor Erlass des Festsetzungsbeschlusses und nicht erst im Beschwerdeverfahren zu gewähren (*LG Bonn* JurBüro 1992, 256).

Der Kostenfestsetzungsbeschluss ist dem Bezirksrevisor stets förmlich zuzustellen (Nr. 145 Abs. 2 RiStBV). Dabei sind die Verwaltungsbestimmungen zu beachten. Danach erfolgt die Zustellung an den Bezirksrevisor durch Vorlegung der Urschrift des zuzustellenden Schriftstücks. Der Beschluss gilt erst dann als zugestellt, wenn der Vertreter der Landeskasse das Empfangsbekenntnis mit Datum und Unterschrift vollzieht, auf das Eingangsdatum in der Briefannahmestelle kommt es nicht an (*LG Göttingen* JurBüro 1990, 1326). Nach Eingang des Kostenfestsetzungsbeschlusses hat der Bezirksrevisor zu prüfen, ob innerhalb der Beschwerdefrist namens der Staatskasse ein Rechtsbehelf einzulegen ist. Ist davon abgesehen, so teilt der Bezirksrevisor dies dem Rechtspfleger mit. Wird ein Rechtsbehelf gegen den Kostenfestsetzungsbeschluss eingelegt, hat der Bezirksrevisor zugleich die Aussetzung der Vollstreckung des Beschlusses zu beantragen (Nr. 145 Abs. 2 RiStBV). Auch die Entscheidung über den Rechtsbehelf ist dem Bezirksrevisor zuzustellen. Soweit der Kostenfestsetzungsbeschluss so ergangen ist, wie es auch der Stellungnahme des Bezirksrevisors entspricht, ist durch den Rechtspfleger die Auszahlung gleichzeitig mit dem Erlass des Kostenfestsetzungsbeschluss anzuordnen (Nr. 145 Abs. 4 RiStBV).

f) Vollmacht. Antragsberechtigt ist der Erstattungsberechtigte selbst sowie ein Rechtsnachfolger. Der Antrag nach § 464b StPO kann auch durch einen Rechtsanwalt gestellt werden, soweit dieser in dem Verfahren vertretungsberechtigt ist. Die Vollmacht des Strafverteidigers umfasst auch das Kostenfestsetzungsverfahren (*LG Berlin* Az. 502 Qs 189/90). Beinhaltet die erteilte Vollmacht aber keine Empfangsvollmacht für Gelder, ist für das Verfahren nach § 464b StPO eine neue Vollmacht erforderlich (*OLG München* Rpfleger 1968, 32). War das Mandat bereits beendet, so ist der Verteidiger nicht mehr befugt, Anträge im Kostenfestsetzungsverfahren zu stellen (*Löwe/Rosenberg* § 464b Rn. 5a). Ist die Vollmacht des Wahlverteidigers wegen seiner Beiordnung zum Pflichtverteidiger erloschen, gilt dies nicht zwangsläufig auch für das Kostenfestsetzungsverfahren. Das Erlöschen ist vielmehr durch Auslegung zu ermitteln (*LG Kiel* NStZ 2003, 52). Die Kostenfestsetzung kann jedoch nicht von dem Wahlverteidiger beantragt werden, der zuvor wegen des Verstoßes gegen das Verbot der Mehrfachverteidigung zurückgewiesen wurde (*LG Nürnberg-Fürth* JurBüro 1984, 243).

4. Rechtsmittel

126 Nachdem der BGH NJW 2003, 763 zu § 464b S. 3 StPO festgestellt hat, dass die Regelungen der ZPO hinsichtlich des Verfahren nur entsprechend anzuwenden sind und die §§ 103 ff. ZPO lediglich insoweit Anwendung finden, als sie strafprozessualen Prinzipien nicht widersprechen und zudem die Regelungen der StPO über die Beschwerde und nicht die Regelungen der ZPO Anwendung finden, ist gegen den Kostenfestsetzungsbeschluss nach § 464b StPO die sofortige Beschwerde nach § 311 StPO einzulegen. Auf das Verfahren der sofortigen Beschwerde sind deshalb nur die Vorschriften der §§ 304 ff. StPO anzuwenden, so dass die sofortige Beschwerde gem. § 311 Abs. 2 StPO binnen einer Woche einzulegen ist (*OLG Nürnberg* ZfSch 2011, 226; *OLG Koblenz* NJW 2005, 917; *OLG Hamm* Rpfleger 2004, 732; *OLG Düsseldorf (2. Senat)* Rpfleger 2004, 120; *OLG Dresden* NJW 2001, 154; *OLG Celle* Rpfleger 2001, 97; *Osnabrück* JurBüro 2004, 354; *LG Bautzen* Rpfleger 2000, 183; *KG* Rpfleger 2000, 28; **a. A.** *OLG Düsseldorf (3. Senat)* JurBüro 2005, 422; *OLG München* StV 2001, 633; *OLG Düsseldorf (1. emsp13;Senat)* Rpfleger 2001, 96; *OLG Nürnberg* NStZ-RR 2001, 224; *OLG Köln* Rpfleger 2000, 422; *LG Stendal* Rpfleger 2001, 171). Die sofortige Beschwerde ist nur zulässig, wenn der Beschwerdewert 200 EUR übersteigt (§ 304 Abs. 3 StPO). Nach § 311 Abs. 3 StPO besitzt der Rechtspfleger keine Abhilfebefugnis (*KG* Rpfleger 2012, 45)

Ist die sofortige Beschwerde wegen Nichterreichens des Beschwerdewerts unzulässig, findet die Erinnerung nach § 11 Abs. 2 RPflG statt. Die Erinnerung ist binnen einer Woche einzulegen (§ 11 Abs. 2 RPflG). Die Regelung wird wegen Art. 4 Nr. 2 i. V. m. Art. 21 S. 2 des Gesetzes v. 5.12.2012 (BGBl. I S. 2418) jedoch mit Wirkung zum 1.1.2014 dahingehend geändert, dass die Erinnerung stets binnen zwei Wochen einzulegen ist.

Eine Rechtsbeschwerde zum BGH in Kostenfestsetzungsverfahren in Strafsachen findet wegen § 310 Abs. 2 StPO nicht statt (BGH NJW 2003, 763).

5. Geltendmachung und Verjährung

127 Die Ansprüche des freigesprochenen Angeschuldigten und der Anspruch der Staatskasse auf Rückerstattung von Auslagen verjähren in 30 Jahren (*LG Zweibrücken* NStZ-RR 2006, 128; *KG* Az. 1 AR 1393/99), da es sich um einen öffentlich-rechtlichen Anspruch handelt. Der Antrag auf Kostenfestsetzung ist nicht fristgebunden (*LG Flensburg* SchlHA 1972, 172; *LG Nürnberg-Fürth* AnwBl. 1973, 28), sondern er unterliegt vielmehr nur den Verjährungsregelungen. Auch die Frist des § 2 ist nicht anwendbar (*OVG Rheinland-Pfalz* Rpfleger 2006, 48), eine analoge Anwendung des § 5 Abs. 2 GKG scheidet gleichfalls aus. Gleichwohl kann das Antragsrecht aber bei langem Zeitablauf verwirkt sein (*OLG Oldenburg* JurBüro 2005, 655).

6. Jugendgerichtssachen

128 Sieht das Gericht in Jugendstrafsachen nach § 74 JGG davon ab, dem Angeklagten die Kosten und Auslagen aufzuerlegen, werden die eigenen Auslagen des Angeklagten davon nicht erfasst (BGH NStZ-RR 2006, 224;

Geltungsbereich und Anspruchsberechtigte   § 1

OLG München JurBüro 1983, 1852; OLG Stuttgart Rpfleger 1982, 438; OLG Frankfurt JurBüro 1981, 1857; OLG Celle MDR 1975, 338; OLG Saarbrücken NJW 1973, 1943; LG Augsburg AnwBl. 1984, 263; LG Bonn JurBüro 1984, 1053). Es mangelt an einer gesetzlichen Vorschrift, wer die eigenen Auslagen des Verurteilten zu tragen hat (BGH NJW 1989, 464). § 74 JGG kann nicht dahingehend ausgelegt werden, dass diese Kosten der Staatskasse auferlegt werden können, da dies die Grenzen der Gesetzesauslegung überschreiten würde. Der Jugendliche soll zudem nur von solchen Kosten freigesprochen werden, die ihm durch die Verurteilung erstmalig erwachsen (*Rehberg/Xanke* „Stichwort: Jugendsachen" Rn. 2.3). Sollen der Staatskasse auch die notwendigen Auslagen des Jugendlichen auferlegt werden, bedarf es einer dahingehenden gerichtlichen Kostenentscheidung (*LG Hof* JurBüro 1985, 908). Aus der Kostenentscheidung „von einer Auferlegung der Kosten des Verfahrens wird abgesehen" kann eine solche nicht abgeleitet werden (*LG Düsseldorf* JurBüro 1985, 910).

7. Erstattungsfähige Kosten

a) Allgemeines. Hinsichtlich der Höhe der erstattungsfähigen Kosten wird **129**
durch § 464a Abs. 2 StPO auf die für die Entschädigung von Zeugen geltenden Vorschriften verwiesen, so dass § 19 gilt. Obwohl § 464a Abs. 2 Nr. 1 StPO nur auf eine notwendige Zeitversäumnis abstellt, ist nicht nur eine bloße Zeitversäumnis, sondern auch Verdienstausfall zu erstatten. Es muss sich aber um notwendige Kosten für die Rechtsverteidigung handeln. Als notwendig ist dabei nur solcher Zeitaufwand zu verstehen, welcher ein vernünftiger Mensch zur Verteidigung und Wahrnehmung seiner Rechte für erforderlich halten konnte (*LG Marburg* Rpfleger 1985, 210). Es ist daher zu prüfen, ob die entstandenen Aufwendungen für eine wirksame Verteidigung im Strafverfahren notwendig waren (*OLG Zweibrücken* MDR 1996, 318), wobei die speziellen Erfordernisse des einzelnen Verfahrens zu berücksichtigen sind. Allgemeiner Zeitaufwand des Angeschuldigten, z. B. benötigte Zeit um sich über seine Rechte im Strafverfahren zu informieren, ist danach nicht erstattungsfähig. Allgemeine und pauschale Regelungen können für die Notwendigkeitsprüfung nicht aufgestellt werden, denn es sind stets die Umstände des Einzelfalls zu prüfen (*OLG Hamburg* Rpfleger 1972, 414). Berücksichtigt werden sollte auch stets der Grundgedanke, dass einem zu Unrecht einer Straftat verdächtigten Beteiligten wenigstens ein Ersatz für den entstandenen materiellen Schaden gewährt werden soll (*Dahs* NJW 1965, 1289). Dem sollte schon deshalb gefolgt werden, da andere immaterielle Schäden oftmals überhaupt nicht zu messen oder zu ersetzen sind.

b) Beistand in Strafsachen. Der als Beistand zugelassene Ehegatte eines **130**
Angeklagten erlangt weder nach dem JVEG noch nach dem RVG einen Erstattungsanspruch gegenüber der Staatskasse (*OLG Köln* Az. 2 Ws 173/87). Unter dem Gesichtspunkt der Notwendigkeit können solche Kosten aber nach § 464a Abs. 2 StPO erstattungsfähig sein, hier könnte § 7 (Begleitkosten) entsprechend angewendet werden. Es ist stets nach objektiven Gründen zu entscheiden.

c) Dolmetscherkosten. Soweit der Angeschuldigte freigesprochen wird, **131**
ist über die Frage der Notwendigkeit und Erstattungsfähigkeit von Dolmetscher- oder Übersetzungskosten im Kostenfestsetzungsverfahren nach § 464b

49

§ 1 Abschnitt 1. Allgemeine Vorschriften

StPO zu entscheiden (*KG* Az. 3 Ws 177/97). Eine Erstattung kommt aber nur in Betracht, wenn der Staatskasse durch abschließende Entscheidung die notwendigen Auslagen auferlegt worden sind *(OLG Frankfurt* NJW 1981, 533).

132 **d) Ermittlungen.** Aufwendungen für private Ermittlungen und Beweiserhebungen sind in der Regel für eine zweckdienliche Rechtsverteidigung nicht notwendig (*LG Göttingen* JurBüro 1987, 250). Eingetretener Verdienstausfall oder Zeitversäumnis kann nicht erstattet werden.

133 **e) Gegenüberstellungen.** Für die wegen einer polizeilichen Gegenüberstellung aufgewendeten Zeit, ist eingetretener Verdienstausfall oder Zeitversäumnis als notwendig und erstattungsfähig anzusehen (*OLG Braunschweig* NdsRpfl. 1981, 280). Auch die hierfür entstandenen Fahrtkosten sind nach § 5 zu erstatten.

134 **f) Hausdurchsuchungen.** Tritt wegen einer durchgeführten polizeilichen Hausdurchsuchung Zeitversäumnis oder Verdienstausfall ein, kann dieser regelmäßig als notwendig erachtet werden und ist erstattungsfähig (**a. A.** *OLG Frankfurt* JurBüro 885 m. abl. Anm. *Mümmler*).

135 **g) Informationsreisen.** Der Zeitaufwand für Informationsreisen ist regelmäßig als erstattungsfähig anzusehen, jedoch muss es sich um Kosten handeln, die auch unter Berücksichtigung des Einzelfalls als notwendig anzusehen sind, z. B. in Wirtschaftsstrafsachen (*OLG Hamburg* Rpfleger 1972, 414). Danach muss ein Angeklagter zur ordnungsgemäßen Verteidigung die Möglichkeit des unmittelbaren Zusammenkommens mit seinem Verteidiger haben. Der Angeschuldigte muss sich auch nicht auf eine einzige Informationsreise beschränken, so dass insbesondere in umfangreichen Strafsachen mehrere Informationsreisen notwendig sein können (*OLG Hamburg* a. a. O.) Neben den Reisekosten ist auch eingetretener Verdienstausfall zu erstatten (*LG Göttingen* NdsRpfl. 1977, 90). Mehrkosten sind auch dann erstattungsfähig, wenn der Beschuldigte am Wohnort verhaftet wird und den am Wohn- und Verhaftungsort bestellten Anwalt auch bei einer späteren Verlegung beibehält (*OLG Düsseldorf* MDR 1986, 958). Das gilt auch dann, wenn der Beschuldigte, gegen den in Deutschland ein Ermittlungsverfahren durchgeführt wird, an seinem ausländischen Wohnort einen dort zugelassenen Anwalt in Anspruch nimmt (*OLG Hamburg* NStZ 1983, 284).

136 **h) Jugendstrafsachen (Auslagen des gesetzlichen Vertreter).** In Jugendstrafsachen sind auch solche Auslagen als notwendig anzusehen, die dem gesetzlichen Vertreter des Kindes entstanden sind, denn der gesetzliche Vertreter ist gem. § 50 Abs. 2 JGG Beteiligter und wird im Rahmen seiner Fürsorgepflicht für das Kind tätig (*LG Weiden* MDR 1971, 598). Dem gesetzlichen Vertreter steht daher ein Erstattungsanspruch für eingetreten Verdienstausfall, auch für Besprechungen mit dem Verteidiger des Kindes, zu. Für die gerichtlichen Verhandlungen selber ist der gesetzliche Vertreter aber gem. § 50 Abs. 2 JGG wie ein Zeuge zu entschädigen. Insoweit besteht ein unmittelbarer Erstattungsanspruch nach § 1 JVEG gegenüber dem Gericht, so dass solche Kosten daher nicht Gegenstand des Festsetzungsverfahrens nach § 464b StPO sein können. Da sich ein solcher Anspruch unmittelbar aus § 50 Abs. 2 JGG ergibt, muss er nicht im Kostenfestsetzungsverfahren festgestellt werden.

Geltungsbereich und Anspruchsberechtigte § 1

i) Privatgutachten. Die Kosten für durch den freigesprochenen An- 137
geschuldigten selbst eingeholte Gutachten können nur im Ausnahmefall als
erstattungsfähig angesehen werden. Im Regelfall werden die Interessen des
Angeschuldigten nämlich durch die Ermittlungen der Strafverfolgungsbehörden ausreichend gewahrt. Bei der Beurteilung der Erstattungspflicht ist deshalb darauf abzustellen, ob der Angeschuldigte zum Zeitpunkt der Vornahme
seiner Handlungen davon ausgehen konnte, dass sie zur Rechtsverteidigung
notwendig waren. Eine solche Feststellung kann nur durch das erkennende
Gericht getroffen werden (*OLG Stuttgart* NStZ-RR 2003, 127). Eine Einschränkung von dem allgemeinen Grundsatz der Nichterstattungsfähigkeit
kann nur dann erfolgen, wenn der Beschuldigte alle strafprozessrechtlichen
Möglichkeiten ausgeschöpft hat, um die Staatsanwaltschaft oder das Gericht
zu den erforderlichen Ermittlungen zu veranlassen (*LG Dortmund* Rpfleger
1991, 33). Dabei ist aber stets zu berücksichtigen, dass es dem Beschuldigten
grundsätzlich freisteht, sich gegen die Beschuldigungen zur Wehr zu setzen.
Kann er dies, weil im Einzelfall erhebliches Sachwissen erforderlich ist, nur
unter der Mitwirkung eines Sachverständigen tun, kann die Erstattung solcher
Kosten nicht mit dem Hinweis verwehrt werden, der Beschuldigte hätte auch
andere Möglichkeiten zu seiner Verteidigung gehabt (*OLG Düsseldorf* MDR
1990, 744). Es ist daher stets eine objektive Prüfung des einzelnen Sachverhalts
vorzunehmen. Im Übrigen kommt eine Erstattung in Ausnahmefällen bei
besonders schwierigen und abgelegenen Fragen in Betracht (*LG Traunstein*
Rpfleger 1990, 386). Sie ist auch dann stathaft, wenn aufgrund eines Privatgutachtens der gerichtlich bestellte Sachverständige wegen mangelnder
methodischer und fachlicher Qualifikation als befangen abgelehnt wird (*OLG
Koblenz* NStZ-RR 2000, 64; *LG Schwerin* StraFo 2002, 304). Ein Erstattungsanspruch kann auch dann bestehen, wenn ein Beweisverlust durch die Verschlechterung der Spurenlage droht und das Privatgutachten für den späteren
Freispruch ursächlich ist (*KG* StraFo 2012, 380). Musste der Angeklagte bei
vollständiger Würdigung des Sach- und Streitstandes annehmen, dass sich
seine Prozesslage ohne die private Hinzuziehung eines weiteren Sachverständigen verschlechtern würde, sind diese Kosten eines Privatgutachtens gleichfalls erstattungsfähig (*OLG Düsseldorf* NStZ 1997, 511). Wird ein Angeklagter
aufgrund eigener Nachforschungen freigesprochen, nachdem sein entsprechender Beweisantrag zuvor abgelehnt worden war, so sind die ihm entstanden Auslagen für die zu seiner Entlastung gemachten Tatrekonstruktionen
erstattungsfähig (*AG Delmenhorst* StV 1993, 649). Die Kosten für ein eingeholtes Privatgutachten können auch dann erstattungsfähig sein, wenn die
Verteidigung sich durch einen Sachverständigen unterweisen lassen muss, um
sich die notwendige Sachkunde anzueignen (*OLG Düsseldorf* MDR 1990,
744).

Ist das Verfahren wegen Verfahrenshindernissen eingestellt und die Kosten
der Staatskasse auferlegt worden, können Kosten des Angeklagten für eine
Beauftragung von Privatgutachtern nur im Wege der Kostenfestsetzung nach
§ 464b StPO geltend gemacht werden (*OLG Düsseldorf* MDR 1985, 783).

Wie auch bei in Zivilsachen eingeholten Privatgutachten gilt auch in
Strafsachen, dass eine Begrenzung der erstattungsfähigen Kosten auf die Sätze
des JVEG nicht vorgesehen ist (*KG* StraFO 2012, 380; BGH NJW 2007,
1532 für Zivilsachen; a. A. *LG Cottbus* NZV 2005, 435). Die Stundensätze
des JVEG können jedoch als Richtlinie anzusehen sein, auf deren Grundlage
der privatrechtlich vereinbarte Stundensatz einer Plausibilitätsprüfung zu un-

51

§ 1 Abschnitt 1. Allgemeine Vorschriften

terziehen ist. Weicht der Stundensatz um 20 % oder mehr vom Stundensatz der entsprechenden Honorargruppe des JVEG ab, bedarf es für die Plausibilitätsprüfung besonderer Darlegungen durch den Anspruchsteller (*KG* StraFO 2012, 380).

138 **j) Schriftliche Äußerungen.** Auch der für notwendige schriftliche Einlassungen aufgewendete Zeitaufwand ist erstattungsfähig, da auch einem Zeugen für die schriftliche Beantwortung von Beweisfragen eine Entschädigung zusteht. Eine Schlechterstellung des freigesprochenen Angeschuldigten scheint unangemessen.

139 **k) Unmittelbar geladene Zeugen und Sachverständige.** Die Kosten für von dem Beschuldigten selbst geladene oder gestellte Sachverständige gehören nur ausnahmsweise zu den notwendigen Auslagen nach § 464a Abs. 2 Nr. 1 StPO (*OLG Stuttgart* NStZ-RR 2003, 127). Ist eine Anordnung nach § 220 Abs. 3 StPO nicht getroffen, kann eine Erstattung der Kosten nach § 464b StPO gleichwohl erfolgen, wenn die Vernehmung sachdienlich i. S. d. § 220 Abs. 3 StPO war (*KG* NStZ 1999, 476).

140 **l) Verhandlung, Teilnahme an der V.** Der für die Teilnahme an der mündlichen Verhandlung aufgewendete Zeitaufwand ist im Regelfall als erstattungsfähig anzusehen, so dass Verdienstausfall oder Zeitversäumnis sowie die Fahrtkosten erstattungsfähig sind. Das gilt auch für die Teilnahme an der Hauptverhandlung während eines Revisionsverfahrens (*OLG Koblenz* NJW 1965, 1289). Auch hier muss allein auf die Notwendigkeit abgestellt werden. Eine zweckmäßige und damit auch als notwendig zu erachtende Teilnahme an der Revisionsverhandlung liegt zumindest dann vor, wenn das Strafverfahren nicht nur rechtlich schwierig ist, sondern es auch für die Existenz des Angeklagten von erheblicher Bedeutung ist (*OLG Hamm* NJW 1973, 259). Eine Erstattung ist auch dann vorzunehmen, wenn der Angeklagte davon ausgehen konnte, dass er aufgrund seiner eigenen Sach- und Rechtskunde sachdienlich in der Hauptverhandlung beitragen konnte (*OLG Celle* Rpfleger 1996, 170).

141 **m) Vernehmungen.** Ist wegen einer polizeilichen Vernehmung eine Zeitversäumnis oder Verdienstausfall eingetreten, sind diese als notwendig anzusehen und erstattungsfähig (*OLG Braunschweig* NdsRpfl. 1981, 280; *LG Krefeld* JurBüro 1972, 341; *LG Dortmund* Rpfleger 1984, 247; **a. A.** *OLG Frankfurt* JurBüro 885 m. abl. Anm. *Mümmler*). Die Erstattungsfähigkeit ist auch dann gegeben, wenn der Angeschuldigte aufgrund einer polizeilichen Vorladung vernommen wird, dabei aber schweigt und erklärt, eine Einlassung würde von seinem Verteidiger folgen (*LG Krefeld* JurBüro 1972, 341). Reisekosten für sonstige auswärtige Vernehmungen wie etwa einer kommissarischen Vernehmung von Zeugen können nur dann erstattet verlangt werden, wenn eine Notwendigkeit vorliegt. Sie ist dann gegeben, wenn aufgrund eines objektiv komplizierten Sachverhaltes die Anwesenheit des Betroffenen notwendig war und die Beweisaufnahme auch für den Verfahrensausgang von Bedeutung ist (*LG Hof* JurBüro 1973, 307).

142 **n) Vorbereitungen.** Dem Angeschuldigten ist Verdienstausfall auch für solche Zeiten zu erstatten, welche für die Vorbereitung der Verhandlung notwendig gewesen sind (*LG Marburg* Rpfleger 1985, 210). Dazu gehört auch eine notwendige Einsicht der Akten oder von sonstigen Unterlagen, die für das Strafverfahren von Bedeutung sind.

o) **Zinsen.** Die festgesetzten Kosten sind auf Antrag zu verzinsen. Der 143
Zinsanspruch ist in dem Kostenfestsetzungsbeschluss auszusprechen (§ 464b
S. 2 StPO). Er bezieht sich auf sämtliche entstandenen Aufwendungen und
erfasst daher sowohl die Rechtsanwaltskosten als auch die persönlichen notwendigen Aufwendungen des freigesprochenen Angeschuldigten. Hinsichtlich der Höhe des Zinssatzes findet § 104 Abs. 1 ZPO Anwendung (§ 464b
S. 3 StPO). Danach beträgt der Zinssatz fünf Prozentpunkte über dem Basiszinssatz nach § 246 BGB. Erforderlich ist die Erklärung nach § 104 Abs. 2
ZPO, dass der Antragsteller die Umsatzsteuerbeträge nicht als Vorsteuer abziehen darf (*LG Berlin* JurBüro 1996, 260). Das gilt auch in Strafsachen,
obwohl regelmäßig davon ausgegangen werden kann, dass eine Vorsteuer
nicht geltend gemacht werden kann. Die Verzinsung ist frühestens vom
Eingang des Kostenfestsetzungsantrags bei Gericht an auszusprechen (§ 464b
S. 3 StPO).

8. Höhe der zu zahlenden Entschädigung

Es gelten die für Zeugen anzuwendenden Bestimmungen (§ 464a Abs. 2 144
Nr. 1 StPO), die Erstattungstatbestände werden deshalb durch § 19 benannt.
Reise- und Wartezeiten sind zu berücksichtigen, die letzte bereits begonnne
Stunde ist aufzurunden (§ 19 Abs. 2).

a) **Auslagen.** Soweit dem Angeschuldigten bare Aufwendungen wie Por- 145
to- oder Telefonkosten entstanden sind, besteht für den Fall der Notwendigkeit ein Erstattungsanspruch nach § 464a Abs. 2 StPO i. V. m. § 7. Eine
pauschale Erstattung von entstandenen Auslagen ist jedoch nicht möglich, die
Aufwendungen müssen einzeln aufgeführt werden (*OLG Frankfurt* JurBüro
1983, 886). Auch notwendige Tagegelder und Übernachtungsgelder sind zu
zahlen, § 6 ist anwendbar (*OLG Karlsruhe* MDR 1986, 694). Entstandene
Auslagen für Juris-Abfragen des Verteidigers sind hingegen keine notwendigen Auslagen des Angeschuldigten, sie können auch nicht als Schreib-, Postoder Fernschreibgebühren betrachtet werden (*LG Köln* AGS 1992, 14). Auch
sind die Auslagen des Angeschuldigten für einen Finanz- und Wirtschaftsdienst, der in einem Strafverfahren Schriftsätze gefertigt hat, nicht erstattungsfähig, wenn es sich um eine unzulässige Rechtsberatung handelt (*LG Bayreuth*
JurBüro 1986, 891). Im Einzelfall können auch die Kosten für die Ruhigstellung eines Hundes, z. B. die Kosten des Hundefutters, als erstattungsfähig
nach § 464a Abs. 2 StPO anzusehen sein (*AG Krefeld* DAR 1998, 412). Nicht
zu berücksichtigen im Verfahren nach § 464b StPO sind aber Kosten für
Strafverfolgungsmaßnahmen, da nach dem StrEG zu verfahren ist. Kosten für
das Abschleppen und Sicherstellen eines PKW aufgrund einer richterlichen
Anordnung können daher nicht im Verfahren nach § 464b StPO geltend
gemacht werden (*OLG Düsseldorf* Rpfleger 1981, 366). Wegen der Einholung
eines Privatgutachtens → Rn. 137.

b) **Fahrtkosten.** Die Höhe der Fahrkosten richtet sich nach § 5 (*LG* 146
Baden-Baden Rpfleger 1989, 254; *LG Koblenz* MDR 1998, 1183; *OLG
Düsseldorf* AnwBl. 2001, 577). Bei der Benutzung eines eigenen oder unentgeltlich benutzen Kfz sind nach § 5 Abs. 2 S. 1 Nr. 1 0,25 EUR je gefahrenen Kilometer zu erstatten, da die Regelung für Zeugen entsprechend gelten.
Kosten für die Benutzung öffentlicher Verkehrsmittel sind bis zur Höhe der
ersten Wagenklasse erstattungsfähig (§ 5 Abs. 1). Im Übrigen wird auf die

Erläuterungen zu → § 5 verwiesen. Die Bestimmung des § 5 Abs. 3, wonach auch höhere Fahrtkosten als nach § 5 Abs. 1, 2 erstattet werden können, wenn besondere Umstände vorliegen, ist entsprechend anwendbar, siehe bei § 5 Rn. 42 ff. Das gilt insbesondere dann, wenn eine Anreise mit dem PKW oder öffentlichen Verkehrsmitteln nicht möglich ist. Höhere Fahrtkosten können auch dann erstattet werden, wenn dadurch eine Gesamtsersparnis, insbesondere hinsichtlich des Verdienstausfalls eingetreten ist. Soweit noch das bis zum 1.7.2004 geltende Recht angewendet werden muss, sind dem freigesprochenen Angeklagten gem. § 9 ZSEG die Kosten bei Benutzung des privaten Kfz in den Fällen, in denen die Entfernung mehr als 200 Kilometer beträgt nur dann zu erstatten, wenn diese die Kosten bei Anreise mit öffentlichen Verkehrsmitteln nicht übersteigen (*LG Flensburg* JurBüro 1983, 1345).

Tritt der Angeschuldigte die Reise von einem anderen Ort aus als den Ladungsort an, so hat das Gericht nach § 5 Abs. 5 nach billigem Ermessen zu entscheiden, ob die Mehrkosten erstattungsfähig sind (*LG Baden-Baden* Rpfleger 1989, 254; *LG Koblenz* MDR 1998, 1183).

Wäre die heranziehende Stelle aber bei Kenntnis davon, dass die Anreise von einem anderen Ort aus als dem Ladungsort erfolgt, bei seiner ursprünglichen Entscheidung der Ladung des Angeklagten verblieben, besteht kein Grund, die Verletzung der Anzeigepflicht zu sanktionieren (*OLG Dresden* JurBüro 1998, 269). Davon ist bei einem freigesprochenen Angeklagten im Regelfall auszugehen, da die Hauptverhandlung andernfalls wegen § 230 Abs. 1 StPO im Regelfall nicht stattfinden kann (*OLG Celle* Rpfleger 2013, 174). Gleiches gilt für einen Betroffenen in Bußgeldsachen (*LG Potsdam* Rpfleger 2013, 414).

Hat der freigesprochene Angeklagte aber unverzüglich angezeigt, dass die Anreise von einem anderen Ort aus erfolgt, sind die Fahrtkosten zu erstatten, ein Ermessen besteht dann nicht, wenn das Gericht trotz der Anzeige nicht auf eine Teilnahme des Beschuldigten verzichtet.

147 **c) Nachteile in der Haushaltsführung, Zeitversäumnis.** Da wegen § 464a Abs. 2 Nr. 1 StPO dieselben Grundsätze wie bei der Zeugenentschädigung gelten, kann unter den Voraussetzungen des § 21 auch die Entschädigung für Nachteile in der Haushaltsführung gewährt werden. Gleiches gilt für die Nachteilsentschädigung nach § 20. Eine Einschränkung der Anwendbarkeit würde zu einer nicht gewollten Ungleichbehandlung der Zeugen und der freigesprochenen Angeschuldigten führen.

148 **d) Urlaub.** Da die für Zeugen geltenden Vorschriften anzuwenden sind, kommt eine Erstattung von Verdienstausfall auch für den freigesprochenen Angeschuldigten nicht in Betracht, wenn dieser bezahlten Urlaub genommen hat, da ein Verdienstausfall in diesen Fällen nicht eingetreten ist. Ihm steht dann nur die Nachteilsentschädigung nach § 20 i. H. v. 3,50 EUR je Stunde zu, da der Angeschuldigten neben dem Freizeitverlust keinen weiteren Einkommensverlust erleidet (*OLG München* MDR 1981, 163; *OLG Hamm* Az. 1 Ws 352/81; *OLG Stuttgart* Justiz 1990, 409; *OLG Düsseldorf* NStZ-RR 1998, 157; *LG Heidelberg* NStZ-RR 2004, 224). Eine über die an Zeugen zu zahlende Entschädigung hinausgehende Erstattung ist mit der Regelung des § 464a Abs. 2 Nr. 1 StPO nicht vereinbar.

149 **e) Umsatzsteuer.** Zusätzlich zu dem eingetretenen Verdienstausfall ist eine Erstattung der Umsatzsteuer ausgeschlossen, da die Bestimmung des § 12

Geltungsbereich und Anspruchsberechtigte § 1

Abs. 1 S. 2 Nr. 4 nicht auf Zeugen anwendbar ist. Die Nichterstattungsfähigkeit ist auch im Kostenfestsetzungsverfahren zu berücksichtigen (*OLG Koblenz* MDR 1994, 1152). Eine Erstattungspflicht besteht nur soweit, wie in erstattungsfähigen Auslagen eine Umsatzsteuer enthalten ist. Erklärt der Verteidiger, dass sein Mandant nicht vorsteuerabzugsberechtigt ist, ist auch auf die entstandenen Gebühren und Auslagen eine Umsatzsteuer (VV/Nr. 7008 RVG) festzusetzen, wenn ein entsprechender Antrag vorliegt.

f) Verdienstausfall. Ist ein Verdienstausfall eingetreten, so ist er nach § 22 **150** erstattungsfähig, wobei jedoch auch dem freigesprochenen Angeschuldigte höchstens 21 EUR je Stunde erstattet werden können, auch wenn ein höherer Verdienstausfall nachgewiesen wird. Fiktive Kosten können nicht erstattet werden, eine Erstattung ist deshalb auch dann ausgeschlossen, wenn der Angeschuldigte einwendet, er habe während der laufenden Verhandlung keine Chance auf dem Arbeitsmarkt gehabt (*OLG Düsseldorf* JurBüro 2006, 260). Wegen § 19 Abs. 2 können höchstens zehn Stunden täglich erstattet werden.

VIII. Entschädigung des Beteiligten in Sozialgerichtssachen (§ 191 SGG)

1. Allgemeines

In Sozialgerichtssachen sind einem Beteiligten nach § 191 SGG Auslagen **151** und eingetretener Zeitverlust wie einem Zeugen zu entschädigen, wenn das persönliche Erscheinen angeordnet war. Wegen der Höhe der Entschädigung finden die §§ 19 ff. Anwendung. Nach § 191 SGG ist eine Entschädigung zu gewähren, wenn
1. das persönliche Erscheinen angeordnet war;
2. das persönliche Erscheinen nicht angeordnet war, der Beteiligte trotzdem erscheint und das Gericht die Teilnahme für erforderlich erachtet;
3. ein Antrag auf Vergütung gestellt wird.

Ein Erstattungsanspruch entsteht aber auch durch die gerichtliche Anordnung zur Teilnahme an der Untersuchung durch einen Arzt oder Sachverständigen (*LSG Thüringen* Az. L 6 SF 51/07). Der Entschädigungsanspruch besteht kraft Gesetzes, eines gesonderten Beschlusses bedarf es nicht (*BayLSG* Bay. ABl. 1957, B 73). Soweit das persönliche Erscheinen nicht angeordnet war, hat das Gericht durch Beschluss zu entscheiden, dass die Teilnahme erforderlich war.

2. Frist zur Geltendmachung

Die herrschende Meinung hält die Bestimmung des § 2 auch für Ansprüche **152** nach § 191 SGG für anwendbar. Danach muss der Anspruch des Beteiligten innerhalb von drei Monaten geltend gemacht werden (*LSG Thüringen* Az. L 6 SF 51/07; *BayLSG* KostRsp. SGG § 191 Nr. 2; *LSG Rheinland-Pfalz* Breith 1975, 449; *LSG Berlin* Breith 1983, 940; *LSG Niedersachsen-Bremen* NdsRpfl. 2005, 261; *SG Berlin* ASR 2004, 89; **a. A.** *LSG NRW* Breith 1988, 880; *LSG Bad.Württ.* Breith 1959, 774). Es handelt sich um eine Ausschlussfrist, der Anspruch erlischt daher bei nicht fristgerechter Geltendmachung. Das Land

§ 1 Abschnitt 1. Allgemeine Vorschriften

kann sich jedoch nicht darauf berufen, wenn es den Beteiligten zuvor nicht auf die Ausschlussfrist hingewiesen hat (*LSG Berlin* Breith 1983, 940), ein entsprechender Hinweis in der Ladung ist aber ausreichend. Möglich ist nunmehr auch ein Antrag auf Fristverlängerung (§ 2 Abs. 1 S. 3) oder Wiedereinsetzung in den vorigen Stand (§ 2 Abs. 2). Über den Antrag auf Fristverlängerung entscheidet der UdG, lehnt er die Verlängerung ab, hat er den Antrag unverzüglich dem Gericht vorzulegen.
Die Frist beginnt dem Wortlaut des § 2 Abs. 1 nach mit Beendigung der Zuziehung, so dass bei der Teilnahme an einer Untersuchung auf deren Beendigung bzw. bei Teilnahme an einem gerichtlichen Termin auf die Entlassung abzustellen wäre (*BayLSG* Az. L 17 U 184/05; *LSG Thüringen* Az. L 6 SF 57/07; *SG Köln* Az. S 6 RA 328/04). Es wird jedoch überwiegend davon ausgegangen, dass die Frist bei der sozialgerichtlichen Partei erst mit Beendigung der Instanz zu laufen beginnt (*LSG Niedersachsen-Bremen* NdsRpfl. 2005, 261; *LSG Berlin* Breith 1983, 940; *LG Rheinland-Pfalz* Breith 1975, 449; *BayLSG* KostRsp. SGG § 191 Nr. 2) oder zumindest mit Beendigung der letzten Untersuchung *(SG Dresden* Az. S 7 U 227/02). Hier wird der Argumentation des LSG Niedersachsen-Bremen zu folgen sein, dass erst zu diesem Zeitpunkt genau festgestellt werden kann, welche Kosten entstanden sind, so dass auf die Verfahrensbeendigung abzustellen ist. Denn anders als bei einem Zeugen, handelt es sich bei § 191 SGG um Verfahrensbeteiligte, so dass nicht auf eine konkrete Heranziehung, sondern auf das Verfahren abgestellt werden muss. Zugleich kann nur so der Tatsache Rechnung getragen werden, dass die Partei in einem sozialgerichtlichen Verfahren mehrfach herangezogen werden kann und sie ihre Aufwendungen nicht nach jeder Heranziehung geltend zu machen braucht. Fristbeginn ist somit die Beendigung der Instanz, dabei kommt es auf die Verkündigung bzw. Zustellung des Urteils an (a. A. *LSG Rheinland-Pfalz* Breith 1975, 449: erst nach rechtskräftigem Abschluss). Wegen des neuen § 2 Abs. 1 S. 3 beginnt die Frist zur Geltendmachung des Anspruchs, aber in jedem Fall erst mit der letzten Heranziehung. Daneben kann auch eine andere Verfahrensbeendigung wie die Klagerücknahme den Fristbeginn auslösen (*LSG Rheinland-Pfalz* Az. L 2 Sb 89/93).

3. Festsetzungsverfahren

153 **a) Allgemeines.** Der Antrag auf Festsetzung nach § 191 SGG ist bei dem Sozialgericht einzureichen, welches das persönliche Erscheinen des Beteiligten oder die anderweitige Heranziehung, etwa durch ärztliche Untersuchung, angeordnet hat. Zuständig für die Festsetzung ist der Urkundsbeamte der Geschäftsstelle. Er wird dabei als Verwaltungsbeamter tätig, seine Festsetzung stellt einen reinen Verwaltungsakt und keine Rechtsprechung dar. Das Gericht kann aber von Amts wegen auch eine gerichtliche Festsetzung durchführen. Die Regelung ist von der Bestimmung des § 193 SGG abzugrenzen, denn § 191 SGG geht dieser Regelung vor. Kosten, die nach dieser Vorschrift geltend gemacht werden können, sind keine notwendigen Aufwendungen i. S. d. § 193 Abs. 2 SGG (*SG Berlin* ASR 2004, 89).

154 **b) Antragsverfahren.** Eine Entschädigung wird nur dann gewährt, wenn der Beteiligte die entstandenen Aufwendungen geltend macht, d. h. nicht von Amts wegen. Der Antrag ist bei dem Sozialgericht zu stellen, welches das

Geltungsbereich und Anspruchsberechtigte § 1

persönliche Erscheinen angeordnet hat. Die Antragstellung ist auch zu Protokoll der Geschäftsstelle möglich, sie bedarf keiner besonderen Form.

c) **Rechtsbehelfe.** Gegen die Festsetzung durch den UdG ist das Verfahren nach § 4 gegeben. Soweit sich Einwendungen gegen die durchgeführte Festsetzung ergeben, muss Antrag auf gerichtliche Festsetzung gestellt werden. Dabei ist rechtliches Gehör zu gewähren, auch der Staatskasse. Das Gericht entscheidet durch Beschluss, gegen den die Beschwerde nach § 4 Abs. 3 zulässig ist, soweit der Beschwerdewert 200 EUR übersteigt oder das Gericht die Beschwerde wegen der Bedeutung der Sache zugelassen hat. Der Landeskasse steht, soweit sie beschwert ist, ein eigenes Beschwerderecht zu (*LSG NRW* UsgB 1960, 32), sie kann auch die gerichtliche Festsetzung beantragen. § 197 SGG ist nicht anwendbar (*LSG BadWürtt*. Breith 1959, 774). Das Verschlechterungsverbot (reformatio in peius) gilt nicht (*BayLSG* Az. L 15 SF 29/12; *LSG Thüringen* Az. L 6 SF 2/05). 155

Der Beschluss, ob das Erscheinen eines Beteiligten nachträglich für geboten erachtet wird, ist prozessleitende Verfügung, die nicht anfechtbar ist (*LSG Bad.Württ*. Az. L 12 KO 4691/10 B).

4. Berechtigte Personen

Der Geltungsbereich des § 191 SGG wird durch § 69 SGG bestimmt. Danach kommt eine Erstattung nur an den Kläger, Beklagten oder Beigeladenen in Betracht, wenn es sich dabei um natürliche Personen handelt. Darüber hinaus kommt eine Entschädigung nach § 191 SGG auch für Vertreter in Betracht, die den Beteiligten in Vollmacht vertreten. So ist auch dem anstelle der erkrankten Klägerin erschienen Ehemann eine Erstattung nach § 191 SGG zu gewähren (*Breith* 1962, 1122), und zwar auch dann, wenn er die Klage zurücknimmt (*SG Münster* Az. S 1 J 1290/56). Eine Erstattung kommt auch für andere angereiste Verwandte in Betracht, welche den Termin in Vertretung wahrnehmen (*LSG Sachsen-Anhalt* E-LSG B-005). Kein Erstattungsanspruch besteht hingegen für den Prozessbevollmächtigten nach § 73 SGG, da er nicht unter den Personenkreis des § 69 SGG fällt (*LSG Thüringen* Az. L 6 B 51/01 SF), das gilt auch dann, wenn er gem. § 111 SGG geladen wird (*LSG Schleswig-Holstein* NZS 1996, 304). 156

5. Tätigwerden des Gerichts

Ein Erstattungsanspruch nach § 191 SGG besteht nur dann, wenn das persönliche Erscheinen des Beteiligten anordnet war. Eine solche Anordnung gilt nicht nur für die gerichtlichen Verhandlungen, sondern auch für die von dem gerichtlich bestellten Sachverständigen anberaumten Untersuchungsterminen. So lässt auch die Untersuchung durch einen Sitzungsarzt den Anspruch entstehen (*BayLSG* BayABl. 1961, B89). Im Übrigen setzt die Anordnung i. S. d. § 191 SGG stets das Tätigwerden des Sozialgerichts voraus (*LSG Thüringen* Az. L 6 B 51/01 SF), eine Erstattung nach § 191 SGG ist daher ausgeschlossen, wenn der Beteiligte von sich aus ärztliche Atteste beibringt. Die Anordnung muss vor dem Termin ergehen, die nachträgliche Festsetzung stellt kein Tätigwerden des Gerichts mehr dar (*LSG Thüringen* Az. L 6 B 60/99 SF), es sei denn, dass das Gericht nach § 191 SGG das Erscheinen für geboten hält. (*SG Freiburg* Az. II Kn 19/54). 157

§ 1   Abschnitt 1. Allgemeine Vorschriften

6. Höhe der Entschädigung

158   **a) Allgemeines.** Auf die Höhe der Entschädigung sind die für Zeugen geltenden Bestimmungen des JVEG anzuwenden. Nach § 19 Abs. 1 sind zu erstatten:
- Fahrtkosten (§ 5),
- Aufwandsentschädigung (§ 6),
- Sonstige bare Aufwendungen (§ 7),
- Entschädigung für Zeitversäumnis (§ 20),
- Entschädigung für Nachteile in der Haushaltsführung (§ 21),
- Verdienstausfall (§ 22).

Nicht zu erstatten sind solche Kosten, die über den Entschädigungsrahmen des JVEG hinaus gehen, dass gilt etwa für Körper- oder Sachschäden. Auch Krankenhaus- oder Behandlungskosten, die zwar aufgrund eines wegen einer gerichtlichen Anordnung durchgeführten diagnostischen Eingriffs herrühren, aber nicht mehr zu den gewöhnlichen Folgeerscheinungen eines solchen Eingriffs gehören, stellen gleichfalls keine erstattungsfähigen Kosten des Beteiligten dar. Hierbei handelt es sich um Schadensersatzansprüche, die nicht nach dem JVEG geltend gemacht werden können (*LSG BadWürtt.* NJW 1967, 319).

159   **b) Aufwandsentschädigung.** Dem Beteiligten ist ein Tagegeld zu gewähren, wenn die Voraussetzungen des § 6 vorliegen, die Höhe richtet sich nach § 4 Abs. 5 Satz 1 Nr. 5 Satz 2 EStG. Es ist grundsätzlich nur dann zu gewähren, wenn der Beteiligte am Terminsort weder wohnt noch arbeitet.

160   **c) Auslagen.** Bare Aufwendungen des Beteiligten können erstattet werden, soweit es sich um notwendige Auslagen handelt, die aufgrund der gerichtlichen Anordnung entstanden sind. Hierzu können etwaige Porto- oder Telefonkosten gehören. Eine Erstattung ist ausschließlich nach § 7 möglich, die Bestimmungen des § 12 sind nicht anwendbar. Umsatzsteuer kann einem Beteiligten nach § 191 SGG nicht erstattet werden, es sei denn, dass sie in zu zahlenden baren Aufwendungen enthalten ist.

161   **d) Begleitpersonen.** Die Kosten für eine notwendige Begleitperson sind dem Beteiligten im Rahmen des § 191 SGG zu erstatten, da die Regelung des § 7 Abs. 1 Anwendung findet, siehe dazu § 7 Rn. 23 ff.

162   **e) Fahrtkosten.** Die Fahrtkosten werden dem Beteiligten wie einem Zeugen ersetzt (*LSG Hessen* USgb 1960, 24). Dabei ist er im Rahmen des § 5 bei der Wahl des Beförderungsmittels frei. Soweit ein Kfz benutzt wird, sind je gefahrenen Kilometer 0,25 EUR zu erstatten (§ 5 Abs. 2 S. 1 Nr. 1). Zu erstatten sind auch die aus Anlass der Reise entstandenen baren Auslagen wie Parkentgelte oder Platzkarten. Wie bei einem Zeugen kann für die Zurücklegung der Strecke zu Fuß oder mit dem Fahrrad keine Reisekostenerstattung gewährt werden. Im Übrigen ist die Bestimmung des § 5 Abs. 5 auch im Festsetzungsverfahren nach § 191 SGG anwendbar (*SG Hamburg* SozSich 1997, 40). Der Beteiligte muss deshalb anzeigen, dass er die Reise von einem anderen Ort aus als dem Ladungsort antritt. Bei rechtzeitiger Anzeige besteht ein Erstattungsanspruch der Reisekosten vom tatsächlichen Anreiseort, wenn das Gericht an dem Erscheinen festhält (*LSG Sachsen* SGb 2001, 436), das gilt auch für Streitbeteiligte (*BayLSG* Breith 1964, 909). Ist eine Mitteilung unterblieben, steht es im pflichtgemäßen Ermessen des Gerichts, ob die Mehrkosten erstattet werden (*LSG Thüringen* Az. L 6 SF 726/99).

f) Nachteilsentschädigungen. Ist ein Verdienstausfall nicht eingetreten, ist auch dem Beteiligten in sozialgerichtlichen Verfahren eine Nachteilsentschädigungen zuzubilligen. Da er wie ein Zeuge zu behandeln ist, sind die §§ 20, 21 anzuwenden. Die Entschädigung nach § 20 ist dabei auch einem arbeitslosen Sozialhilfeempfänger zu gewähren (**a. A.** *LSG Thüringen* Az. L 6 SF 2/05), jedoch nicht die Entschädigung für Nachteile in der Haushaltsführung, da § 21 S. 2 anordnet, dass Personen mit einem Erwerbsersatzeinkommen erwerbstätigen Personen gleichstehen. 163

g) Übernachtungskosten. Notwendige Übernachtungskosten sind zu erstatten, dabei findet die Regelung des § 6 Abs. 2 Anwendung, die wiederum auf die Regelungen des BRKG verweist, → § 6 Rn. 16 ff. 164

h) Urlaub. Hat der Beteiligte aus Anlass der gerichtlichen Anordnung bezahlten Urlaub genommen, ist ihm nur die Entschädigung für Zeitversäumnis nach § 20 i. H. v. 3,50 EUR je Stunde zu gewähren (*SG Hamburg* SozSich 1997, 40). Verdienstausfall wird nicht erstattet, da ein solcher nicht eingetreten ist. Etwas anderes gilt nur dann, wenn es sich um unbezahlten Urlaub handelt. 165

i) Verdienstausfall. Verdienstausfall ist nach § 22 zu erstatten, es gilt deshalb der dortige Höchstsatz von 21 EUR je Stunde. Nach § 19 Abs. 2 ist die Erstattung auf höchstens zehn Stunden täglich beschränkt. Die Regelung des § 19 Abs. 2 S. 2 ist zu beachten, → § 19 Rn. 19. Ein Nachweis über die Höhe des Verdienstausfalls ist nicht zwingend beizubringen, er ist bereits zu erstatten, wenn die Lebensstellung und die Erwerbstätigkeit des Beteiligten einen solchen Ausfall rechtfertigen (*SG Berlin* AnwBl. 1984, 573). Die Erstattung von Verdienstausfall ist im Übrigen nur zulässig, wenn er im direkten Zusammenhang mit der gerichtlichen Heranziehung entstanden ist. Soweit er dieser nicht eindeutig und zwingend zugeordnet werden kann, ist er im Verfahren nach § 191 SGG nicht zu berücksichtigen (*LSG Rheinland-Pfalz* Az. L 3b Sb 1/76). 166

Fallen Zeiten der Heranziehung des Beteiligten in der Freizeit an, kommt hierfür nur die Gewährung der Zeitversäumnis nach § 20 in Betracht (*LSG Schleswig-Holstein* Breith 1974, 548).

IX. Fahrtkosten und Aufwandsentschädigung der Betreuer, Pfleger und Vormünder

1. Allgemeines

Die Entschädigung bzw. Vergütung für Betreuer, Pfleger oder Vormünder richtet sich nicht nach dem JVEG. Anwendung finden die Vorschriften des BGB, FamFG und des VBVG. §§ 1835, 1835a, 1836 BGB verweisen jedoch hinsichtlich der Höhe der Entschädigung teilweise auf das JVEG. So kann ein bestellter Vormund für Aufwendungen Ersatz nach § 1835 BGB verlangen, ebenso Betreuer (§ 1908i BGB) und Pfleger (§ 1915 Abs. 1 BGB). Zu den Aufwendungen gehören auch Fahrtkosten. Hinsichtlich ihrer Höhe verweist § 1835 Abs. 1 BGB auf § 5, und zwar auf die für Sachverständige geltenden 167

§ 1 Abschnitt 1. Allgemeine Vorschriften

Bestimmungen. Die Anwendbarkeit des § 1835 Abs. 1 BGB wird jedoch durch das VBVG erheblich eingeschränkt.

2. Fahrtkostenersatz (§ 1835 Abs. 1 BGB)

168 **a) Betreuer.** Grundsätzlich ist zu unterscheiden, ob es sich um einen ehrenamtlich tätigen oder um einen berufsmäßigen Betreuer handelt. Der ehrenamtliche Betreuer kann entstandene Auslagen, einschließlich solcher nach § 1835 Abs. 1 BGB gesondert geltend machen, allerdings muss er sie sich auf die Pauschale nach § 1835a BGB anrechnen lassen.
Ein Berufsbetreuer kann bare Aufwendungen nach § 1835 Abs. 1 BGB hingegen nicht gesondert geltend machen, da diese bereits durch die nach dem VBVG zu zahlende Vergütung abgegolten sind (§ 4 Abs. 2 VBVG). Auch ein Betreuungsverein kann solche Auslagen nicht gesondert geltend machen (§ 7 Abs. 1 i. V. m. § 4 Abs. 1 VBVG). Eine Ausnahme ergibt sich jedoch aus § 6 VBVG. Danach kann ein Ersatz für Aufwendungen nach § 1835 Abs. 1 BGB neben der Vergütung ausnahmsweise dann gesondert geltend gemacht werden, wenn es sich um eine Betreuung nach § 1899 Abs. 2, 4 BGB handelt, was auch für Betreuungsvereine gilt (§ 7 Abs. 2 VBVG). Im Falle der Bestellung eines Behördenbetreuers gilt § 8 Abs. 2 VBVG. Die Betreuungsbehörde kann danach Aufwendungsersatz nach § 1835 Abs. 1 S. 1, 2 BGB verlangen, wenn eine Inanspruchnahme des Betreuten nach § 1836c BGB zulässig ist. Vereins- und Behördenbetreuer besitzen selbst keinen Anspruch auf Aufwendungsersatz, er kann nur durch den Verein bzw. die Behörde selbst geltend gemacht werden (§§ 7 Abs. 3, 8 Abs. 3 VBVG).

169 **b) Pfleger.** Hierunter sollen nur die von § 1915 Abs. 1 BGB erfassten Pfleger behandelt werden, für die Verfahrenspfleger → Rn. 170. Die ehrenamtlich tätigen Pfleger können Aufwendungen nach § 1835 Abs. 1 BGB geltend machen, allerdings sind diese auf die Aufwandspauschale nach § 1835a anzurechnen. Der beruflich tätige Pfleger kann gleichfalls Aufwendungen nach § 1835 Abs. 1 gesondert erstattet verlangen.

170 **c) Verfahrenspfleger.** Nach § 277 Abs. 1 FamFG sind einem ehrenamtlich tätigen Verfahrenspfleger die entstandenen Aufwendungen nach § 1835 Abs. 1 BGB gesondert zu erstatten. Ein Vorschuss kann nicht gefordert werden. Eine Behörde oder ein Verein erhält jedoch keinen Aufwendungsersatz (§ 277 Abs. 1 S. 2 FamFG). Ein gesonderter Ersatz kann aber auch durch den beruflichen Verfahrenspfleger verlangt werden. § 277 Abs. 2 FamFG sieht in solchen Fällen zwar die Gewährung einer Vergütung nach dem VBVG vor, jedoch ist diese ausdrücklich neben den Aufwendungen nach § 277 Abs. 1 FamFG i. V. m. § 1835 Abs. 1, 2 BGB zu gewähren. Das Gericht kann dem Verfahrenspfleger anstatt des Aufwendungsersatz oder der Vergütungen nach § 277 Abs. 1, 2 FamFG einen festen Geldbetrag zubilligen (§ 277 Abs. 3 FamFG). Neben dem Stundensatz ist auch eine Aufwendungspauschale von 3 EUR je veranschlagter Stunde zu vergüten. Ein weitergehender Vergütungs- und Aufwendungsersatz ist in diesen Fällen ausdrücklich ausgeschlossen. Ist das Mitglied eines anerkannten Betreuungsvereins zum Verfahrenspfleger bestellt, kann Aufwendungsersatz nach § 1835 Abs. 1 BGB gesondert erstattet verlangt werden (§ 277 Abs. 4 FamFG). Die Vergütung kann nur durch den Verein selbst geltend gemacht werden (§ 277 Abs. 4 S. 2

Geltungsbereich und Anspruchsberechtigte § 1

FamFG, § 7 Abs. 3 VBVG). Ist ein Bediensteter der Betreuungsbehörde als Pfleger für das Verfahren bestellt, erhält die Betreuungsbehörde keinen Aufwendungsersatz und keine Vergütung (§ 277 Abs. 4 S. 3 FGG).

d) Vormünder. Ehrenamtlich tätige Vormünder können Aufwendungen **171** nach § 1835 Abs. 1 BGB gesondert geltend machen, jedoch sind diese auf die Pauschale des § 1835a BGB anzurechnen. Das gilt auch für berufliche Vormünder, da nach § 3 VBVG, anders als nach § 4 VBVG, die Aufwendungen nicht in der Vergütung enthalten sind. Ist das Jugendamt oder ein Verein zum Vormund bestellt, kann ein Aufwendungsersatz aber nur dann verlangt werden, wenn das einzusetzende Einkommen und Vermögen des Mündels ausreicht (§ 1835 Abs. 5 BGB).

3. Aufwandsentschädigung (§ 1835a BGB)

Nach § 1835a BGB kann zur Abgeltung entstehender Aufwendungen **172** eine Aufwandsentschädigung erstattet verlangt werden. Antragsberechtigt sind Vormünder und Betreuer (§ 1908i BGB), wenn sie keine Vergütung erhalten. Dem Jugendamt oder einem Verein kann keine Aufwandsentschädigung gewährt werden (§ 1835a Abs. 5 BGB). Die Entschädigung nach § 1835a BGB kommt deshalb nur für ehrenamtliche Vormünder und Pfleger in Betracht. Auch Pflegepersonen nach § 1630 BGB haben einen Anspruch auf Erstattung der Aufwandsentschädigung (*OLG Stuttgart* MDR 2006, 934).

Die Höhe der Aufwandsentschädigung bestimmt sich nach § 1835a Abs. 1 S. 1 BGB, sie beträgt danach für ein Jahr das Neunzehnfache des einen Zeugen nach § 22 zustehenden Höchstbetrags, mithin 399 EUR (19 × 21 EUR). Sie ist jährlich zu zahlen, und zwar erstmals ein Jahr nach der Bestellung (§ 1835a Abs. 2 BGB). Im Falle der Mittellosigkeit ist sie aus der Staatskasse zu zahlen, in diesen Fällen gilt für das Festsetzungsverfahren § 168 Abs. 1 FamFG. Wegen der Frist → Rn. 173.

4. Frist zur Geltendmachung

Die Ansprüche sind fristgerecht geltend zu machen. Die Aufwendungs- **173** ersatzansprüche erlöschen, wenn sie nicht binnen 15 Monaten nach ihrer Entstehung gerichtlich geltend gemacht werden (§ 1835 Abs. 1 S. 3 BGB), eine abweichende Fristfestsetzung von zwei Monaten durch das Gericht ist möglich (§ 1835 Abs. 1a BGB). Der Anspruch auf Zahlung der Aufwandsentschädigung erlischt in diesen Fällen, wenn er nicht innerhalb der bestimmten Frist geltend gemacht wird. Es handelt sich um Ausschlussfristen, das Gebot von Treu und Glauben kann nicht entgegengehalten werden (*OLG Frankfurt* KindPrax 2004, 67). Der Antrag ist bei dem Betreuungs- oder Familiengericht einzureichen, bei dem die Betreuung, Pflegschaft oder Vormundschaft geführt wird. Zur Fristwahrung kommt es auf den rechtzeitigen Eingang bei diesem Gericht an. Die Frist wird dabei nur gewahrt, wenn der Antrag durch das Gericht hinreichend überprüfbar (*OLG München* MDR 2006, 815) und der Anspruch konkret beziffert ist (*OLG Dresden* FamRZ 2004, 137). Handelt es sich um eine Familienpflege (§ 1630 BGB), ist das Familiengericht zuständig (*OLG Stuttgart* MDR 2006, 934).

61

5. Festsetzungsverfahren

174 Das Festsetzungsverfahren für die Aufwendungen nach §§ 1835, 1835a BGB bestimmt sich nach 168 Abs. 1 FamFG. Dabei sind grundsätzlich zwei Arten der Festsetzung zu unterscheiden:
– Gerichtliches Festsetzungsverfahren (§ 168 Abs. 1 S. 1 FamFG),
– Festsetzung im Verwaltungsverfahren (§ 168 Abs. 1 S. 4 FamFG).

Für das gerichtliche Festsetzungsverfahren ist der Rechtspfleger funktionell zuständig, er entscheidet durch Beschluss. Die gerichtliche Festsetzung erfolgt auf Antrag oder von Amts wegen, wenn das Gericht sie für angemessen hält. Ist kein Antrag auf gerichtliche Festsetzung gestellt und richten sich die Ansprüche gegen die Staatskasse, ist die Festsetzung im Verwaltungsverfahren durchzuführen. Auf das Verfahren sind die Vorschriften des JVEG anzuwenden (§ 168 Abs. 1 S. 4 FamFG). Die Festsetzung erfolgt durch den UdG.

6. Zustellung der Entscheidung

175 Im Hinblick auf das befristete Rechtsmittel (→ Rn. 176), ist der Beschluss über die gerichtliche Festsetzung förmlich zuzustellen, da die Rechtsmittelfrist mit der Bekanntgabe der Entscheidung zu laufen beginnt (§ 63 Abs. 3 FamFG). Es bedarf der förmlichen Zustellung, wenn der Beschluss Absetzungen enthält, da er dann nicht dem Willen des beantragenden Betreuers, Pflegers oder Vormunds entspricht (§ 41 Abs. 1 FamFG). Im Übrigen bedarf es der Bekanntgabe an den Betreuten oder Mündel und auch an die Staatskasse. Für die Bekanntmachung an den Bezirksrevisor sind die Verwaltungsbestimmungen zu beachten, danach wird an diesen durch Vorlage der Urschrift der Entscheidung zugestellt.

7. Rechtsmittel

176 Gegen den Beschluss über die gerichtliche Festsetzung nach § 168 Abs. 1 S. 1 FamFG findet die Beschwerde nach §§ 58 ff. FamFG statt, wenn der Wert des Beschwerdegegenstandes 600 EUR übersteigt oder das Gericht sie wegen der Bedeutung der Sache zugelassen hat (§ 61 Abs. 3 FamFG). Ist der Beschwerdewert nicht erreicht, ist die Erinnerung nach § 11 Abs. 2 RPflG zulässig. Die sofortige Beschwerde ist binnen einen Monats einzulegen, wobei die Frist mit dem Zeitpunkt der Bekanntgabe der Entscheidung zu laufen beginnt (§ 63 Abs. 1 FamFG), Wiedereinsetzung in den vorigen Stand ist unter den Voraussetzungen des § 18 FamFG zulässig. Gegen die Entscheidung des Beschwerdegerichts findet die Rechtsbeschwerde nach §§ 70 ff. FamFG statt.

Keine Beschwerde ist möglich, wenn der UdG die Festsetzung im Verwaltungsverfahren durchgeführt hat. In diesen Fällen kann nur Antrag auf gerichtliche Festsetzung nach § 168 Abs. 1 S. 1 FamFG gestellt werden. Der Antrag auf gerichtliche Festsetzung nach § 4 Abs. 1 oder die unbefristete Beschwerde nach § 4 Abs. 3 sind nicht zulässig, da der in § 168 Abs. 1 S. 4 FamFG enthaltene Verweis auf das JVEG nur die Möglichkeit der Festsetzung durch den UdG schaffen soll, nicht jedoch auch Verfahren nach § 4 JVEG ermöglichen will (*OLG Dresden* FamRZ 2011, 320). Erst gegen die erfolgte gerichtliche Festsetzung kann Beschwerde nach §§ 58 ff. FamFG eingelegt werden.

Geltungsbereich und Anspruchsberechtigte § 1

8. Höhe der erstattungsfähigen Fahrtkosten

a) Allgemeines. Die Höhe der nach § 1835 Abs. 1 BGB zu erstatten- 177
den Fahrtkosten bestimmt sich nach § 5. Es gelten die für Sachverständige
geltenden Bestimmungen. Eine Erstattung erfolgt jedoch nur, wenn die
Fahrtkosten für die Führung der Betreuung, Pflegschaft oder Vormundschaft
notwendig waren. Die Notwendigkeit der Aufwendungen orientiert sich am
Mündelinteresse und nach den Umständen des Einzelfalls (*LG Dortmund*
Rpfleger 1983, 439). Zu ersetzen sind weiter solche Aufwendungen, die der
Betreuer, Pfleger oder Vormund unter Berücksichtigung eines angemessenen
Verhältnisses zur Bedeutung der Angelegenheit für erforderlich gehalten hat
(*Staudinger* § 1835 Rn. 1). Reisekosten sind auch dann nach § 1835 BGB
zu erstatten, wenn ein naher Verwandtschaftsgrad zwischen dem Pfleger und
dem Mündel besteht (*LG Bayreuth* JurBüro 1981, 1864). Ist der Sohn als
Betreuer eingesetzt, so können Fahrtkosten für durchschnittlich zwei Besuchsfahrten pro Monat in das Pflegeheim der dort untergebrachten, betreuten Mutter erstattet werden (*LG Mainz* BtPrax 2002, 174). Werden wegen
der zu erledigenden Aufgaben lange Anfahrtswege nötig, muss sich der
Betreuer aber möglichst um eine schriftliche oder telefonische Kontaktauf-
nahme bemühen und häufige persönliche Vorsprachen vermeiden (*OLG
Zweibrücken* FamRZ 2001, 447). Ist der mittellose Betreute in einem Pflegeheim untergebracht, können die Fahrtkosten für ein bis maximal zwei
Besuche im Monat erstattungsfähig sein (*LG Mainz* JurBüro 1998, 39).
Fahrtkosten für Fortbildungsveranstaltungen sind nicht als Aufwendungen
nach § 1835 BGB erstattungsfähig (*LG Ellwangen* BWNotZ 1997, 149), das
gilt auch für Veranstaltungen, die der Beratung und Unterstützung des
Betreuers dienen wie eine Hilfeplankonferenz (*BayObLG* FamRZ 2003,
1969).

b) Benutzung eines Kfz. Bei der Benutzung des eigenen oder unentgelt- 178
lich zur Verfügung gestellten Kfz sind 0,30 EUR je gefahrenen Kilometer zu
ersetzen (§ 5 Abs. 2 S. 1 Nr. 2 i. V. m. § 1835 Abs. 1 S. 1 BGB). Die Höhe
der Pauschale ist unabhängig davon, ob die Vergütung aus der Staatskasse oder
aus dem Vermögen des Mündels oder Betreuten gezahlt wird (*Soergel* § 1835
BGB Rn. 8). Entstehen wegen der Fahrt weitere bare Aufwendungen wie
Mautgebühren oder Parkentgelte, so sind diese gesondert zu erstatten (§ 5
Abs. 2). Eine pauschale Anrechnung der entstandenen Fahrtkosten ist nicht
möglich, es verbleibt bei der Einzelabrechnung nach effektiv entstandenen
Kosten (*LG Aurich* FamRZ 1996, 758). Der Betreuer, Pfleger oder Vormund
muss daher die Fahrten unter Angabe der gefahrenen Kilometer bezeichnen.
Genaue Einzelnachweise der entstandenen Kosten sind neben diesen Angaben
aber nicht erforderlich. Daher können auch dem ehrenamtlichen Betreuer die
angefallenen Fahrtkosten mit 0,30 EUR je gefahrenen Kilometer ohne Einzelnachweise erstattet werden (*LG Koblenz* MDR 1998, 1105). Mit der
Pauschale nach § 5 Abs. 2 werden auch die Anschaffungs-, Unterhaltungs-
und Betriebskosten sowie die Abnutzung des Fahrzeugs abgegolten. Eine über
die Pauschale hinausgehende Erstattung, etwa für Kraftstoff ist nicht zulässig
(*LG Aurich* FamRZ 1996, 758), das gilt auch für entstandene Reparaturkosten
oder Kfz-Steuern. Die Abgeltung der Anschaffungskosten umfasst auch den
Kauf von Winterreifen, die nicht gesondert erstattet werden können (*LG
Koblenz* FamRZ 1998, 117).

§ 1 Abschnitt 1. Allgemeine Vorschriften

179 **c) Öffentliche Verkehrsmittel.** Werden öffentliche Verkehrsmittel benutzt, sind die tatsächlich entstandenen Kosten bis zur Höhe der Benutzung der ersten Wagenklasse zu ersetzen. Eine Einschränkung auf die zweite Wagenklasse ist nicht mehr zulässig, da § 5 Abs. 1 eine Erstattung ausdrücklich vorsieht. Zu erstatten sind auch die Kosten für Platzreservierungen oder wegen der Mitnahme von notwendigem Gepäck.

180 **d) Übernachtungs- und Verpflegungskosten.** Dem Betreuer, Pfleger oder Vormund sind auch die im Rahmen einer durchgeführten Reise angefallenen und notwendigen Übernachtungskosten zu erstatten. Die Bestimmungen des JVEG können auf diese Aufwendungen jedoch nicht angewendet werden, da § 1835 Abs. 1 BGB nur hinsichtlich der Fahrtkosten auf dieses Gesetz verweist, ein Ersatz für Verpflegungskosten kann regelmäßig nicht verlangt werden (*BayObLG* FamRZ 2004, 565). Die Erstattung solcher Kosten wird aber dann zugebilligt werden müssen, wenn es sich um mehrtägige Reisen handelt. Ist aus Anlass einer Reise eine Übernachtung notwendig geworden, so sind diese Kosten zu erstatten, dabei wird die Höhe der Erstattungsfähigkeit nicht eingeschränkt, da ein direkter Verweis auf § 6 Abs. 2 oder das BRKG fehlt. Gleichwohl sollten die Regelungen des § 6 Abs. 2 mit seinem Verweis auf die Bestimmungen des BRKG, insbesondere bei Ersatz aus der Staatskasse als Richtlinie herangezogen werden.

181 **e) Umsatzsteuer.** Enthalten die geltend gemachten Aufwendungen Umsatzsteuer, ist diese zu erstatten (*OLG Hamm* FamRZ 2000, 549; *OLG Zweibrücken* FamRZ 2001, 447).

X. Wiedereinziehung der nach dem JVEG gezahlten Beträge

1. Allgemeines

182 Die nach dem JVEG gezahlten Beträge sind von dem Kostenschuldner des Verfahrens, in dem die Heranziehung erfolgt ist, im Rahmen der jeweiligen Kostengesetze wieder einzuziehen. Die Grundlagen hierfür bilden Nr. 9005 KV-GKG, Nr. 2005 KV-FamGKG und Nr. 31005 KV-GNotKG. Ein Kosteneinzug kommt nach Nrn. 9015, 9016 KV-GKG auch dann in Betracht, wenn es sich um Kosten für die Vorbereitung der öffentlichen Klage handelt oder sie in einem dem gerichtlichen Verfahren vorausgegangenen Bußgeldverfahren entstanden sind. Im Bereich der Justizverwaltung ist aufgrund der Verweisungsnorm der Vorbem. 2 KV-JVKostG gleichfalls Nr. 9005 KV-GKG anzuwenden. Eine Behandlung als Gerichtskosten ist jedoch nur statthaft, wenn die nach dem JVEG gezahlten Beträge aufgrund einer Heranziehung durch eine in § 1 genannten Stelle entstanden sind. Nur im Rahmen der Nr. 9013, 9015, 9016 KV-GKG können die Kosten auch dann eingezogen werden, wenn die Maßnahmen von anderen als den in § 1 genannten Stellen unmittelbar veranlasst wurden. Parteikosten (§ 91 ZPO) sind jedoch nicht erfasst. Das gilt etwa für die Kosten eines von der Partei beauftragten Übersetzers, weil das Gericht die Partei aufgefordert hat eine fremdsprachige Urkunde übersetzen zu lassen (*OLG Koblenz* AGS 2002, 137) oder für Aufwendungen einer Prozesspartei zur Vorbereitung eines gerichtlichen Gutachtens (*OLG Koblenz* MDR 2004, 1025).

2. Höhe des einzuziehenden Betrages

Der Wiedereinzug ist aufgrund der Regelungen der Kostengesetze nur in 183
der Höhe der nach dem JVEG vorzunehmenden gesetzlichen Entschädigung
oder Vergütung statthaft. Soweit Zahlungen an nach § 1 herangezogene
Personen die Sätze des JVEG übersteigen, kann gleichwohl nur der nach dem
JVEG zulässige Betrag wieder eingezogen werden. Andere Vorschriften wie
das Verwaltungskostengesetz oder sonstige Gebührensatzungen stellen keine
Rechtsgrundlagen für den Kostenansatz dar (*OLG Celle* NdsRpfl. 1984, 263).
Das gilt auch dann, wenn das Gericht eine überhöhte Entschädigung oder
Vergütung nach § 4 festgesetzt hat, da solche Entscheidungen nicht zu Lasten
des Kostenschuldners wirken (§ 4 Abs. 9). Von der gesetzlichen Vergütung
abweichende Zahlungen können nur dann von dem Kostenschuldner eingezogen werden, wenn es sich um eine besondere Vergütung nach §§ 13, 14
handelt. Ein Einzug ist hier ausdrücklich auch von der Partei zulässig, deren
Zustimmung gerichtlich ersetzt wurde. Diese kann aber einwenden, dass die
Zahlung nicht erfolgen durfte, wenn kein ausreichender Auslagenvorschuss
gezahlt war. Wegen der Besonderheiten bei der Bewilligung von PKH oder
VKH ist § 13 Abs. 3, 4 zu beachten.

3. Verzicht auf Zahlung

Nach den Bestimmungen der Kostengesetze erfolgt eine Einziehung von 184
dem Kostenschuldner auch dann, wenn aus Gründen der Gegenseitigkeit,
der Verwaltungsvereinfachung oder aus vergleichbaren Gründen eine tatsächliche Zahlung nicht erfolgt ist (vgl. Anm. Abs. 2 zu Nr. 9005 KV-GKG,
Anm. Abs. 1 zu Nr. 2005 KV-FamGKG, Anm. Abs. 1 zu Nr. 31005 KV-
GNotKG). Auch der Einzug nicht gezahlter Kosten setzt aber zumindest eine
Mitteilung der entstandenen Kosten voraus. Die herangezogene Stelle muss
die ihr entstandenen Kosten nach den Vorschriften des JVEG (Vergütung und
Auslagen) beziffern und deshalb regelmäßig eine Kostenrechnung übersen-
den.

4. Ehrenamtliche Richter und Handelsrichter

An ehrenamtliche Richter und Handelsrichter gezahlte Entschädigungen 185
(§§ 15 ff., § 107 GVG) können von dem Kostenschuldner nicht nach
Nr. 9005 KV-GKG oder Nr. 31005 KV-GNotKG eingezogen werden, da
solche Zahlungen aufgrund Anm. Abs. 1 zu Nr. 9005 KV-GKG bzw. Anm.
Abs. 2 zu Nr. 31005 KV-GNotKG ausgenommen sind. Diese Zahlungen
müssen bei der Erstellung des Kostenansatzes unberücksichtigt bleiben, was
sämtliche Teile der Entschädigung betrifft. In Baden-Württemberg ist hinsichtlich der Buchung der Entschädigungen und der Wiedereinziehung der
Kosten die AV d. JuM v. 2.9.1991 zu beachten.

Eine Ausnahme von dem Einziehungsverbot gilt jedoch für Reisekosten
von Gerichtspersonen, die entstehen, weil ein Geschäft außerhalb der Gerichtsstelle durchgeführt werden musste (z. B. eine Inaugenscheinnahme). In
diesen Fällen sind nach Nr. 9006 KV-GKG, Nr. 31006 KV-GNotKG die den
Gerichtspersonen gezahlten Entschädigungen (Reisekosten und Auslagenersatz) nach den gesetzlichen Bestimmungen wieder einzuziehen. Zu den
Gerichtspersonen gehören auch die ehrenamtlichen Richter (*Oestreich/Hell-
stab/Trenkle* Nr. 9006 KV-GKG Rn. 4) und Handelsrichter. Nach Nr. 9006

§ 1 Abschnitt 1. Allgemeine Vorschriften

KV-GKG, Nr. 31006 KV-GNotKG können jedoch nur die aus Anlass der Reise entstandenen Mehrkosten eingezogen werden. Kosten, die auch im Falle der Durchführung des Geschäfts auf der Gerichtsstelle entstanden wären, müssen unberücksichtigt bleiben (*OVG Lüneburg* JurBüro 1972, 321). Nicht wieder einziehbar sind außerdem Zeitversäumnis und Verdienstausfall, auch wenn sie aus Anlass der Reise in besonderer Höhe entstanden sind, da es sich nicht um einen Auslagenersatz handelt (*Oestreich/Hellstab/Trenkle* Nr. 9006 KV-GKG Rn. 4).

Wird ein Dienstfahrzeug benutzt, so werden den ehrenamtlichen Richtern für diese Fahrt keine Reisekosten erstattet, stattdessen sind von dem Kostenschuldner die Kosten für die Benutzung des Dienstfahrzeugs einzuziehen. Der Fahrtdienst der Justizbehörde ist verpflichtet, die Länge der Fahrtstrecke umgehend zu den Sachakten mitzuteilen. Der Kostenbeamte hat im Kostenansatz 0,30 EUR je gefahrenen Kilometer anzusetzen (Nr. 9006 lit. 2 KV-GKG, Nr. 31006 lit. 2 KV-GNotKG).

5. Dolmetscher- und Übersetzungskosten

186 **a) Allgemeines.** Die an Dolmetscher und Übersetzer nach dem JVEG gezahlten Beträge sind nach Nr. 9005 KV-GKG, Nr. 2005 KV-FamGKG, Nr. 31005 KV-GNotKG von dem Kostenschuldner wieder einzuziehen. Ein Einzug erfolgt auch dann, wenn der Kostenschuldner Ausländer ist. Dieser Grundsatz gilt für alle Verfahren. Eine Einschränkung ergibt sich nach Anm. Abs. 4 zu Nr. 9005 KV-GKG aber für Ausländer in Strafsachen und in gerichtlichen Verfahren nach dem OWiG (→ Rn 191 ff.). Wegen der Arbeitsgerichtssachen → Rn 188.

Müssen Schriftstücke im Rahmen der Rechtshilfe übersetzt werden, weil der ersuchte Staat von der Bestimmung des Art. 5 Abs. 3 Haager Übereinkommen Gebrauch gemacht hat und eine Übersetzung des zuzustellenden Schriftstücks in der Amtssprache fordert, sind auch diese Kosten von dem Kostenschuldner einzuziehen.

187 **b) Niederschlagung wegen unsachgemäßer Behandlung.** Kosten für Dolmetscher oder Übersetzer sind nicht einzuziehen, wenn eine unsachgemäße Behandlung vorliegt (§ 21 GKG, § 20 FamGKG, § 21 GNotKG). Eine solche liegt vor, wenn das Gericht einen Dolmetscher hinzuzieht, ohne vorher zu prüfen, ob die Voraussetzungen des § 185 GVG überhaupt vorliegen (*OLG Köln* Az. 17 W 514/83). Besteht jedoch anhand der Akten Grund für die Annahme, dass eine sprachliche Verständigung nicht möglich ist, sind vermeidbar gewesene Dolmetscherkosten nicht niederzuschlagen (*OLG Nürnberg* JurBüro 1989, 1692; *OLG Düsseldorf* NJW-RR 1998, 374). Es ist Aufgabe der Parteien bzw. Beteiligten, das Gericht auf die Entbehrlichkeit eines Dolmetschers hinzuweisen (*OLG Stuttgart* FamRZ 2001, 238). Spricht die betroffene Person mehrere Sprachen, steht es im Ermessen des Gerichts, für welche Sprache es einen Dolmetscher beizieht (*VGH Hessen* JurBüro 1989, 645). Im Falle einer Auslandszustellung liegt keine unsachgemäße Behandlung vor, wenn das Gericht im Hinblick auf die Prozessbeschleunigung die Übersetzung anordnet, obwohl der Empfängerstaat eine Übersetzung nicht verlangt (*OLG Koblenz* NJW-RR 2004, 1295).

188 **c) Arbeitsgerichtssachen.** In Arbeitsgerichtssachen werden die Kosten für vom Gericht herangezogene Dolmetscher und Übersetzer nicht erhoben,

Geltungsbereich und Anspruchsberechtigte § 1

wenn die Partei oder der Beteiligte ein Ausländer und die Gegenseitigkeit verbürgt ist oder ein Staatenloser Partei ist (Anm. Abs. 5 zu Nr. 9005 KV-GKG).

d) Übersetzer für blinde oder sehbehinderte Personen. Einer blinden 189 oder sehbehinderten Person sind nach § 191a Abs. 1 GVG die für sie bestimmten gerichtlichen Schriftstücke in einer für sie wahrnehmbaren Form auslagenfrei zur Verfügung zu stellen, soweit dies für die Wahrnehmung ihrer Rechte erforderlich erscheint. Dazu gehören insbesondere Urteile und Beschlüsse. Um die Auslagenfreiheit zu gewähren, wird durch Anm. Abs. 3 zu Nr. 9005 KV-GKG, Anm. Abs. 2 zu Nr. 2005 KV-FamGKG, Anm. Abs. 2 zu Nr. 31005 KV-GNotKG bestimmt, dass die Kosten für solche Übersetzungen nicht vom Kostenschuldner eingezogen werden dürfen. Die Bestimmung ist von Amts wegen zu beachten, ihre Nichtbeachtung kann im Erinnerungsverfahren nach § 66 GKG, § 57 FamGKG, § 81 GNotKG angegriffen werden. Anm. Abs. 3 zu Nr. 9005 KV-GKG gilt wegen Vorbem. 2 KV-JVKostG auch in Justizverwaltungsangelegenheiten.

e) Gebärdendolmetscher. Soweit für eine hör- oder sprachbehinderte 190 Person ein Gebärdendolmetscher herangezogen wird, sind die dadurch entstehenden Kosten außer Ansatz zu lassen. Sie können weder von dem Kostenschuldner noch von der hör- oder sprachbehinderten Partei selbst eingezogen werden. Grundlage für die Kostenfreiheit bilden § 186a GVG und die Regelungen der Anm. Abs. 3 zu Nr. 9005 KV-GKG, Anm. Abs. 2 zu Nr. 2005 KV-FamGKG, Anm. Abs. 2 zu Nr. 31005 KV-GNotKG. Eine Ausnahme besteht im Geltungsbereich des GKG aber für solche Fälle, in denen das Gericht dem Beschuldigten oder Betroffenen die Kosten nach §§ 464c, 467 Abs. 2 StPO auferlegt hat. Das gilt auch in Ordnungswidrigkeitsverfahren (§ 46 Abs. 1 OWiG).

6. Dolmetscher- und Übersetzungskosten für Ausländer in Strafsachen

a) Allgemeines. Ist für einen Beschuldigten oder Betroffenen, der 191 deutschen Sprache nicht mächtig, hör- oder sprachbehindert ist, im Strafverfahren oder im gerichtlichen Verfahren nach dem OWiG ein Dolmetscher oder Übersetzer herangezogen worden, um Erklärungen oder Schriftstücke zu übertragen, auf deren Verständnis der Beschuldigte oder Betroffene zu seiner Verteidigung angewiesen ist oder soweit dies zur Ausübung seiner strafprozessualen Rechte erforderlich war, werden die dadurch entstandenen Auslagen von dem Betroffenen gem. Anm. Abs. 4 zu Nr. 9005 KV-GKG nur erhoben, wenn das Gericht ihm diese nach § 464c StPO oder die Kosten nach § 467 Abs. 2 S. 1 StPO, auch i. V. m. § 467a Abs. 1 S. 2 StPO oder § 46 Abs. 1 OWiG auferlegt hat. Die unterschiedliche Behandlung von Privatkläger (der mit Dolmetscherkosten belastet werden kann) und dem Privatbeklagten verstößt nicht gegen das Grundgesetz (BVerfG NStZ 1981, 230).

b) Unentgeltliche Beiordnung nach Art. 6 Abs. 3 MRK. Nach Art. 6 192 Abs. 3 Buchst. e MRK ist einem Betroffenen in Strafsachen unentgeltlich ein Dolmetscher beizuordnen. Die Bestimmung dient der Durchführung eines fairen Verfahrens. Sie ist nur in Strafsachen und in den Verfahren zur Verfolgung von Ordnungswidrigkeiten anzuwenden (*LG Ansbach* NJW 1979, 2484; *LG München* NStZ 1982, 124; *LG Verden* JurBüro 1983, 1845; *LG*

67

§ 1 Abschnitt 1. Allgemeine Vorschriften

Wuppertal JurBüro 1987, 402). Das Recht auf kostenfreie Inanspruchnahme eines Dolmetschers besteht in jedem Verfahrensstadium (*OLG Brandenburg* StV 2006, 28), auch schon vor der Hauptverhandlung etwa für der Verteidigung dienende Vorbereitungsgespräche (*LG Hamburg* StV 1990, 16). Art. 6 Abs. 3 Buchst. e MRK setzt eine gerichtliche Heranziehung des Dolmetschers voraus (*OLG Düsseldorf* Rpfleger 1999, 234). Ein kostenpflichtiger Verurteilter hat danach keinen Ersatzanspruch gegenüber der Staatskasse für einen ohne Einschaltung des Gerichts hinzugezogenen Dolmetscher. Die unentgeltliche Beiordnung erfolgt im Übrigen nur insoweit, wie sie zur zweckentsprechenden Wahrnehmung der Verteidigung des Betroffenen unerlässlich war (*OLG Frankfurt* NStZ-RR 1998, 158). Da die Bestimmung des Art. 6 MRK der Durchführung eines fairen Verfahrens dienen soll, ist ein Dolmetscher auch für verfahrensvorbereitende Gespräche mit einem Wahlverteidiger beizuordnen (*OLG Hamm* StV 1994, 475; **a. A.** *OLG Düsseldorf* NJW 1989, 677). Art. 6 Abs. 3 Buchst. e MRK garantiert aber keine unentgeltliche Beiordnung für solche Verhandlungen, zu denen der Angeklagte nicht erscheint. Die Auferlegung solcher Dolmetscherkosten verstößt daher nicht gegen diese Bestimmung (EuGzR 1989, 329).

Der Notwendigkeitsgrundsatz gilt entsprechend für anfallende Übersetzungen. Der Angeklagte besitzt daher keinen Anspruch, dass ihm neben der Anklageschrift auch wesentliche Aktenteile übersetzt werden (*OLG Düsseldorf* MDR 1986, 958). Eine Übersetzung von Aktenteilen kommt ausnahmsweise nur dann in Betracht, wenn sie für die Verteidigung notwendig war oder der Durchführung eines fairen Verfahrens gedient hat. Kein Anspruch besteht auch für eine Übersetzung des schriftlichen Urteils und der Revisionsbegründung (*OLG Köln* JMBlNW 2006, 126). Das gilt für erstinstanzliche Entscheidungen jedenfalls dann, wenn der Angeklagte einen Verteidiger hat und bei der unter Hinzuziehung eines Dolmetschers erfolgten Urteilsverkündung anwesend war (*OLG Oldenburg* NdsRpfl 2012, 74).

193 **c) Auswahl und Anzahl der beigeordneten Dolmetscher.** Auswahl und Heranziehung erfolgen im Falle der Beiordnung eines Dolmetschers durch das Gericht. Der Betroffene kann sich daher keinen Dolmetscher nach eigenem Belieben auswählen (*LG Bremen* StV 1987, 193). Der Angeklagte besitzt einen Anspruch auf die unentgeltliche Heranziehung eines Dolmetschers nur für Besprechungen mit einem Verteidiger, unabhängig ob Wahl- oder Pflichtverteidiger. Für Besprechungen mit einem weiteren Wahlverteidiger besteht kein Anspruch auf die unentgeltliche Heranziehung eines Dolmetschers (*OLG Düsseldorf* NJW-RR 1998, 359).

194 **d) Ermittlungsmaßnahmen.** Auf Übersetzungskosten, die für Ermittlungsmaßnahmen entstanden sind, findet Art. 6 Abs. 3 Buchst. e MRK keine Anwendung (BVerfG Az. 2 BvR 555/99). Die Auferlegung solcher Kosten hat danach keinen strafähnlichen Charakter und verstößt deshalb auch nicht gegen Art. 103 Abs. 2 GG. Diese Auffassung wurde durch das Bundesverfassungsgericht auch durch spätere Entscheidungen bestätigt. Handelt es sich um Kosten für die Übersetzung von Telefonüberwachungsprotokollen kann die Auffassung vertreten werden, dass Art. 6 Abs. 3 MRK nicht angewendet werden kann und die entstandenen Kosten dem Verurteilten auferlegt werden können (BVerfG Az. 2 BvR 2118/01). In der Entscheidung heißt es dazu: „*Sinn und Zweck der in Art. 6 Abs. 3 MRK enthaltenen Regelung ist es, dem fremdsprachigen Angeklagten Mindestrechte zu gewährleisten, um ihm die Beteiligung*

Geltungsbereich und Anspruchsberechtigte § 1

an der auf Deutsch geführten Verhandlung zu ermöglichen. Mit dieser Gewährleistung hat das Interesse der Ermittlungsbehörden an übersetzten Telefonmitschnitten einer Telefonüberwachungsmaßnahme nichts zu tun. *Es geht nicht um die Beteiligungsmöglichkeiten des Beschuldigten und sein Verständnis vom Verfahren, sondern darum, den Ermittlungsbehörden fremdsprachige Texte verständlich zu machen. Die den angegriffenen Entscheidungen zu Grunde liegende Auffassung, Art. 6 Abs. 3e MRK sei auf Fälle der vorliegenden Art nicht anzuwenden, ist daher jedenfalls vertretbar."* Eine Auferlegung von Kosten für die Hinzuziehung eines Dolmetschers scheidet auch dann aus, wenn diese im Vorfeld eines staatsanwaltschaftlichen Ermittlungsverfahrens entstehen und der Feststellung von Personalien eines Ausländers dienen (*VG Kassel* NStZ 1984, 81). Danach tritt § 24 Abs. 5 AuslG hinter Art. 6 Abs. 3 Buchst. e MRK zurück. Auch eine Vorschusspflicht des Beschuldigten für Ermittlungsmaßnahmen besteht (selbstverständlich) nicht, was auch für die im Rahmen einer Telefonüberwachung anfallenden Dolmetscherkosten gilt (*OLG Stuttgart* StV 1990, 79).

e) Brief- und Besuchskontrolle. Dolmetscher- und Übersetzungskosten für die Brief- und Besuchskontrollen inhaftierter Gefangener dürfen dem Verurteilten nicht auferlegt werden (BVerfG Az. 2 BvR 2118/01; *OLG Frankfurt* StV 1986, 24; *OLG Düsseldorf* MDR 1991, 1079; *LG Kassel* StV 2007, 485), da ein Verstoß gegen den Gleichbehandlungsgrundsatz nach Art. 3 Abs. 3 GG vorliegen würde. Da Entscheidungen des Bundesverfassungsgerichts alle deutschen Gerichte und Behörden binden (§ 31 Abs. 1 BVerfGG), ist sie auch für den Kostenansatz von Amts wegen zu berücksichtigen. In Baden-Württemberg ist durch Verwaltungsbestimmung festgelegt, dass die für eine Besuchskontrolle entstandenen Dolmetscherkosten zwar zu den Kosten des Verfahrens gehören, sie aber von dem Verurteilten nicht eingezogen werden dürfen (VwV d. JuM v. 1.10.2001). In Nordrhein-Westfalen verbietet die RV d. JM v. 4.10.2004 den Einzug von Dolmetscherkosten für Brief- und Besuchskontrollen der Untersuchungsgefangenen. 195

f) Rechtshilfe. Soweit in Strafsachen oder gerichtlichen Verfahren nach dem OWiG Rechtshilfeverkehr mit dem Ausland stattfindet, sind entstandene Auslagen von einem Ausländer nach gleichem Maßstab anzusetzen wie von einem Deutschen. Das betrifft auch die notwendigen Dolmetscher- und Übersetzungskosten (*LG München I* JurBüro 1985, 1531). 196

7. Dolmetscher und Übersetzungskosten der Rechtsanwälte

a) Beigeordnete Anwälte. Soweit einem gerichtlich beigeordneten Anwalt Dolmetscher- und Übersetzungskosten entstehen, handelt es sich um notwendige Auslagen, die aus der Staatskasse nur nach § 46 RVG erstattet werden können. Dabei kommt eine Erstattung auch im Rahmen der Beiordnung nur insoweit in Betracht, wie sie zur zweckentsprechenden Rechtsverfolgung und Rechtsverteidigung notwendig war (*OLG Brandenburg* NJW-RR 2002, 1290). Die Notwendigkeit ist darzulegen (*KG* JurBüro 2009, 31). Ein unmittelbarer Erstattungsanspruch des Dolmetschers oder Übersetzers gegen die Staatskasse besteht nicht, da keine gerichtliche Heranziehung nach § 1 vorliegt. Zunächst hat deshalb der beauftragte Rechtsanwalt die Vergütung vorzunehmen, keinesfalls kommt eine Zahlung durch den Anweisungsbeamten in Betracht (*OLG Düsseldorf* NStZ-RR 2011, 719). Der beauf- 197

69

tragende und gerichtlich beigeordnete Anwalt kann aber einen Vorschuss für die entstandenen und die voraussichtlich entstehenden Auslagen verlangen (§ 47 Abs. 1 RVG). Zuständig für diese Festsetzung ist nicht der Anweisungsbeamte, sondern der UdG des gehobenen Dienstes. Die Zahlung erfolgt sodann aus dem für Zahlungen an beigeordnete Anwälte eingerichteten Titel. Die Beiordnung eines Dolmetschers im Wege der PKH oder VKH ist nicht möglich (*OLG Hamm* FamRZ 2008, 1463), so dass nur der beigeordnete Anwalt einen Auslagenersatz nach § 46 RVG verlangen kann, wenn es sich um notwendige Kosten handelt.

198 b) **Beratungshilfe.** Soweit für die Beratung die Hinzuziehung eines Dolmetschers notwendig gewesen ist, kann der tätige Rechtsanwalt die Erstattung der Dolmetscherkosten aus der Staatskasse verlangen (*LG Bochum* Rpfleger 1986, *AG Köln* AnwBl. 1984, 517).

199 c) **Wahl- und Pflichtverteidiger.** Hat der Wahlverteidiger einen Dolmetscher herangezogen, weil eine Verständigung mit dem Mandanten nicht möglich ist, besitzt der Dolmetscher gegenüber der Staatskasse keinen Anspruch auf Erstattung dieser Kosten (*OLG Düsseldorf* NStZ-RR 2011, 719), da nur der gerichtlich bestellte Rechtsanwalt gegenüber der Staatskasse einen Anspruch auf Erstattung von Auslagen besitzt *(KG Berlin* StV 1985, 184). Kann der Mandant die erforderlichen Dolmetscherkosten nicht aus eigenen Mitteln aufbringen, muss er den Verteidiger gerichtlich bestellen lassen (*LG Berlin* NSte Nr. 8 zu Art. 6 MRK; *LG Krefeld* StV 1987, 432; *LG Aachen* StV 1989, 148). Der Pflichtverteidiger kann solche Kosten nach § 46 RVG als Auslagen vergütet verlangen, soweit sie notwendig waren. Ein Erstattungsanspruch des Pflichtverteidigers entsteht aber erst mit dessen Beiordnung, die keine Rückwirkung entfaltet (*OLG Düsseldorf* NStZ 1984, 43; *LG Berlin* NSte Nr. 8 zu Art. 6 MRK). Wird jedoch über einen Antrag des Wahlverteidigers über die Beiordnung eines Dolmetschers nicht rechtzeitig entschieden, so kann ohne Rücksicht auf den Ausgang des Verfahrens ein Erstattungsanspruch gegenüber der Staatskasse für Kosten eines vom Wahlverteidiger für Verteidigergespräche selbst beauftragten Dolmetschers bestehen *(KG Berlin* NStZ 1990, 402).

Die Beiordnung eines Dolmetschers für einen Beteiligten kann in Strafsachen nicht wie die eines Pflichtverteidigers erfolgen, da sie nach deutschem Recht nicht vorgesehen ist (*OLG Düsseldorf* StV 2000, 194; *LG Düsseldorf* RVGreport 2011, 358).

Soweit kein Pflichtverteidiger bestellt war, kann der freigesprochene Angeschuldigte die Kosten nur im Verfahren nach § 464b StPO geltend machen, → Rn. 131.

8. Kosten für die Vorbereitung der öffentlichen Klage

200 Sind Auslagen wegen der Vorbereitung der öffentlichen Klage entstanden, können diese nach Nr. 9014 KV-GKG vom Kostenschuldner eingezogen werden, wenn die Auslagen von den Auslagentatbeständen des Teil 9 KV-GKG erfasst werden. Dazu gehören auch die nach dem JVEG gezahlten Beträge (Nr. 9005 KV-GKG). In den Ländern sind Verwaltungsbestimmungen erlassen worden, die einen gegenseitigen Erstattungsverzicht zwischen den Polizei- und den Justizbehörden vorsehen, soweit es sich um Kosten des Ermittlungsverfahrens handelt. Die Auslagen der Polizei werden den Gerich-

ten oder Justizbehörden deshalb nur mitgeteilt oder in den Strafakten vorgemerkt und von der Justiz eingezogen. Die eingezogenen Beträge verbleiben endgültig im Justizhaushalt. Auch die Auslagen einer Finanzbehörde sind als Vorbereitungskosten nach Nr. 9014 KV-GKG einzuziehen, wenn sie nur die verfahrensgegenständliche Tat betreffen. Dazu gehören auch die an Zeugen und Sachverständige gezahlten Beträge sowie Reisekosten- und Auslagenersatz (*OLG Koblenz* JurBüro 1995, 594).
Eine über die in Teil 9 KV-GKG genannten Auslagentatbestände hinausgehende Einziehung ist unzulässig. Nicht angesetzt werden können daher Mietkosten der Polizei für Computer zur Aufzeichnung einer Telefonüberwachung (*OLG Celle* Rpfleger 2001, 147). Wird ein Wirtschaftsreferent vom Staatsanwalt mit der Erstellung eines Gutachtens beauftragt (*OLG Koblenz* Az. 2 Ws 21/10), so sind diese Kosten als fiktive Kosten in Höhe der Bestimmungen des JVEG gegen den Verurteilten anzusetzen (*OLG Koblenz* Rpfleger 1988, 214; *LG Trier* NStZ-RR 1998, 256), → Rn. 100.

9. Reiseentschädigungen für mittellose Personen

201 Die an eine mittellose Partei gezahlten Reiseentschädigungen gelten als gerichtliche Auslagen (*OLG Brandenburg* NJW-RR 2004, 63). Solche Kosten sind nach Nr. 9008 KV-GKG, Nr. 2007 KV-FamGKG, Nr. 31008 KV-GNotKG von dem Kostenschuldner einzuziehen. Ein Zweitschuldner darf jedoch für diese Kosten nicht in Anspruch genommen werden (§ 31 Abs. 3 S. 2 GKG; § 26 Abs. 3 S. 2 FamGKG, § 33 Abs. 2 S. 2 GNotKG).

10. Überhöhte Zahlungen

202 Wurden an berechtigte Personen Zahlungen geleistet, welche die nach dem JVEG zu zahlende Entschädigung oder Vergütung übersteigen, dürfen diese Zahlungen wegen des überhöhten Teils beim Kostenansatz nicht berücksichtigt werden, so dass insoweit ein Kosteneinzug unstatthaft ist. Da die Parteien oder Verfahrensbeteiligten nicht an den Verfahren nach § 4 beteiligt sind, können sie daher Einwendungen gegen die gezahlte Entschädigung oder Vergütung nur im Erinnerungsverfahren nach § 66 GKG, § 57 FamGKG, § 81 GNotKG vorbringen. Die zu Unrecht oder überhöht gezahlten Beträge sind auch dann nicht im Kostenansatz zu berücksichtigen, wenn die Beträge aufgrund einer gerichtlichen Entscheidung nach § 4 gezahlt worden waren, da eine solche Entscheidung nicht zu Lasten des Kostenschuldners wirkt (§ 4 Abs. 9). Die Entscheidung, Kosten wegen unrichtiger Sachbehandlung nicht in Ansatz zu bringen, kann nur das Gericht (Richter, Rechtspfleger), nicht der Kostenbeamte treffen (§ 21 Abs. 2 GKG, § 20 Abs. 2 FamGKG, § 20 Abs. 2 GNotKG). Eine Anordnung kann aber auch im Verwaltungswege ergehen.

11. Durchlaufende Gelder

203 **a) Allgemeines.** Durchlaufender Gelder sind Beträge, die von der Landeskasse einzuziehen sind, ihr jedoch nicht zustehen. Sie sind daher nach der Zahlung der gesamten Kostenforderung durch den Kostenschuldner an den Berechtigten abzuführen (§§ 27 Abs. 8, 38 KostVfg, 14 EBAO). Nicht zu den „echten" durchlaufenden Geldern gehören solche Beträge, die ohne Rücksicht auf eine eventuelle Wiedereinziehung von einem Kostenschuldner an

§ 1 Abschnitt 1. Allgemeine Vorschriften

einen Forderungsberechtigten auszuzahlen sind. Insbesondere Geldauflagen, die irrtümlich an die Landeskasse gezahlt wurden, gehören nicht zu den durchlaufenden Geldern. Diese Beträge sind, wenn der Empfänger zweifelsfrei feststeht, an diesen weiterzuleiten. Ist eine Weiterleitung nicht möglich, etwa weil der Empfänger nicht ermittelt werden kann, ist der Betrag an den Einzahler zu erstatten.

204 **b) Echte durchlaufende Gelder.** Zählen Beträge zu den „echten" durchlaufenden Geldern, erfolgt eine Auszahlung an den Forderungsberechtigten erst dann, wenn die gesamte Kostenschuld durch den Kostenschuldner bezahlt wurde.

Zu den „echten" durchlaufenden Geldern gehören insbesondere:
– Gerichtsvollzieherkosten, wenn es sich um Vollstreckungskosten handelt (§ 21 KostVfg), d. h. es muss sich um einen vom Gericht erteilten Auftrag handeln,
– Kosten einer Bundesfinanzbehörde oder der Zolldienste (§ 5 Abs. 5 KostVfg).

Vergütungen, die an den Deutschen Wetterdienst zu leisten sind, stellen keine durchlaufenden Gelder mehr dar, da der Deutsche Wetterdienst die sofortige Zahlung verlangt. Die nach dem JVEG zu zahlenden Vergütungen sind daher sofort zu zahlen.

205 **c) Kosten einer Finanz- oder Zollbehörde.** Handelt es sich um eine Finanzbehörde des Bundes, sind die dort entstandenen Auslagen als durchlaufende Gelder zu behandeln. Eine Erstattung erfolgt erst nach vollständiger Begleichung der Kostenschuld, und nur dann, wenn die Auslagen den Betrag von 25 EUR übersteigen (§ 5 Abs. 5 KostVfg). Handelt es sich um die Finanzbehörde eines Landes, findet eine Erstattung der entstandenen Auslagen nicht statt. Die Kosten werden von dem Kostenschuldner eingezogen, aber nicht an die jeweilige Landesfinanzbehörde erstattet, sie sind endgültig im Justizhaushalt zu vereinnahmen.

206 **d) Auslagen der Polizei desselben Bundeslandes.** Auslagen der Polizei sind im Verhältnis zur Justiz des eigenen Bundeslandes in der Regel keine durchlaufenden Gelder. In den Ländern sind entsprechende Verwaltungsbestimmungen ergangen, wonach regelmäßig keine Erstattung zwischen Polizei und Justiz stattfindet. Eine solche Verwaltungsbestimmung kann dabei aber nur das Verhältnis der Polizeibehörden zu den Justizbehörden desselben Bundeslandes betreffen. Die von der Polizei im Rahmen ihrer Tätigkeit in einem Ermittlungsverfahren wegen eines Straf- oder Bußgeldverfahrens entstandenen Auslagen werden in den Akten des Straf- bzw. Bußgeldverfahrens vorgemerkt. Sind die Akten bereits abgegeben, werden danach entstehende Auslagen nachträglich mitgeteilt. Für die Mitteilung sind die vorgeschriebenen Formulare zu verwenden. Die in dem Straf- bzw. Bußgeldverfahren entstandenen Auslagen sind von dem Kostenschuldner gem. Nr. 9015, 9016 KV-GKG einzuziehen. Dabei sind nur solche Auslagen einzuziehen, für die in Teil 9 des KV-GKG ein Auslagentatbestand besteht. Beziehen sich die Auslagen der Polizei auf mehrere Verfahren, sind sie auf diese angemessen aufzuteilen.

207 **e) Auslagen der Polizeibehörden anderer Bundesländer.** Die in einem Straf- bzw. Bußgeldverfahren entstandenen Auslagen einer Polizeibehörde

Geltungsbereich und Anspruchsberechtigte   § 1

eines anderen Landes werden nicht erstattet. Die Innenminister der Länder
haben einen Verzicht auf die Erstattung von Kosten vereinbart (in Sachsen-
Anhalt: Bek. d. MI v. 7.1.1993). Danach werden Auslagen der Polizei, die
aufgrund der Ersuchen von Gerichten, Staatsanwaltschaften, Polizeidienststel-
len und Verwaltungsbehörden anderer Länder in Straf- und Ordnungswidrigkeitsverfahren nicht ausgeglichen. Die entstandenen Auslagen werden jedoch
angezeigt, damit diese nach Nr. 9015, 9016 KV-GKG von dem Kostenschuldner eingezogen werden können. Eine Erstattung an die Polizeibehörden findet nach Zahlung nicht statt. Auch im Strafvollstreckungsverfahren
findet eine Erstattung, der der Polizei und den Justizvollzugsanstalten entstandenen Kosten nicht statt, da die Bundesländer ebenfalls auf einen Ausgleich der Kosten verzichtet haben (Vereinbarung der Länder vom 8.6.1999).
Das gilt auch für die Vollstreckung von Erzwingungshaft nach § 97 OWiG
sowie von gerichtlich erkannter Haft von Zeugen in Straf- und Bußgeldsachen. Der Verzicht auf eine Erstattung von Kosten bezieht sich jedoch nicht
auf die Vollstreckung der mit der Freiheitsentziehung verbundenen Maßregel
der Besserung und Sicherung (vgl. Nr. III der Ländervereinbarung). In einigen Bundesländern sind Verwaltungsbestimmungen ergangen, die für den Fall
des Eingangs der Kosten eine Ablieferungspflicht für die Verwaltungsbehörden
vorschreiben.

f) Auslagen der Polizeibehörden des Bundes. In den Ländern sind 208
Verwaltungsbestimmungen ergangen, welche die Erstattung von polizeilichen
Ermittlungskosten der Bundespolizei regeln, vgl. in Niedersachsen: AV d. MJ
v. 10.10.2011; *Sachsen-Anhalt:* AV d. MJ v. 22.12.2008. Danach werden Auslagen, die der Bundespolizei wegen Ermittlungsverfahren in Strafsachen und
in Verfahren nach dem OWiG entstehen, aus Mitteln des Justizhaushaltes
erstattet, wenn die Kosten von dem Kostenschuldner eingezogen worden sind
und unabhängig von dem Kosteneinzug dann, wenn die Auslagen in Ausführung von Ersuchen eines Gerichts oder einer Staatsanwaltschaft entstanden
sind. Von der Erstattung ausgeschlossen sind aber stets Beträge von weniger als
25 EUR.

g) Kosten der Gerichtsvollzieher. Die Gerichtsvollzieherkosten gehören 209
zu den „echten" durchlaufenden Gelder (§ 21 KostVfg). Eine Erstattung
erfolgt deshalb erst nach vollständiger Zahlung der Gerichtskosten durch den
Kostenschuldner. Es muss sich um einen Auftrag durch das Gericht handeln,
da es sich nur dann um Auslagen des gerichtlichen Verfahrens handelt.
   Aufträge des Gerichtes sind insbesondere solche zur
– zwangsweisen Vorführung von Zeugen, Parteien und Beteiligten,
– Anheftung der Terminsbestimmung gem. § 39 Abs. 2 ZVG,
– Feststellung der Mieter oder Pächter eines Grundstücks gem. § 57b ZVG,
– Übergabe unbeweglicher Sachen an den Verwalter im Falle der Zwangs-
  versteigerung oder Zwangsverwaltung gem. § 150 ZVG,
– Versteigerung von Grundstückszubehör gem. § 65 ZVG,
– Verhaftung des Schuldners gem. § 98 InsO,
– Siegelung zwecks Sicherung der Insolvenzmasse gem. § 150 InsO.
   Ist der Auftraggeber ein Gericht oder eine Staatsanwaltschaft, hat der
Gerichtsvollzieher die entstandenen Kosten zu den Sachakten mitzuteilen
(Nr. 6 Abs. 2 DB-GVKostG). Das gilt auch dann, wenn dem Auftraggeber
PKH oder VKH bewilligt wurde. Im Falle der Bewilligung von PKH bzw.

73

§ 1   Abschnitt 1. Allgemeine Vorschriften

VKH verbleiben die nachträglich eingezogenen Gerichtsvollzieherkosten bei der Landeskasse, sie werden nicht an den Gerichtsvollzieher erstattet (§ 77b S. 3 GVO). Die Länder haben gegenseitig auf die Erstattung von Auslagen verzichtet, wenn der Gerichtsvollzieher aufgrund der Bewilligung von PKH unentgeltlich tätig war (Abschnitt IV der Vereinbarung über den Ausgleich von Kosten). Der Verzicht gilt auch für den Fall, dass die Kosten nachträglich eingezogen worden sind, sie verbleiben im Haushalt der einziehenden Behörde. Die mitgeteilten Gerichtsvollzieherkosten sind als gerichtliche Auslagen gem. Nr. 9013 KV-GKG, Nr. 2011 KV-FamGKG, Nr. 31013 KV-GNotKG von dem Kostenschuldner einzuziehen. Kostenschuldner ist dabei gem. § 29 Nr. 4 GKG, § 24 Nr. 4 FamGKG, § 27 Nr. 4 GNotKG auch der Vollstreckungsschuldner, soweit es sich um notwendige Kosten der Zwangsvollstreckung (§ 788 ZPO) handelt. Die im Hauptsacheverfahren bewilligte PKH erstreckt sich nicht auf ein Zwangsgeldverfahren.

Durchführungsbestimmungen zum Gerichtsvollzieherkostengesetz
Nr. 6 zu § 13

(1) ...

(2) Können die GV-Kosten wegen Bewilligung von Prozess- oder Verfahrenskostenhilfe auch vom Auftraggeber nicht erhoben werden, so teilt die Gerichtsvollzieherin oder der Gerichtsvollzieher die nicht bezahlten Kosten ohne Rücksicht auf die aus der Landeskasse ersetzten Beträge dem Gericht mit, das die Sache bearbeitet hat (vgl. § 77a GVO). Das gleiche gilt bei gerichtlichen Aufträgen.

(3) ...

(4) Mitteilungen nach den Absätzen 2 oder 3 können unterbleiben, wenn die Kosten voraussichtlich auch später nicht eingezogen werden können.

(5) In den Sonderakten oder – bei Zustellungs- und Protestaufträgen – in Spalte 8 des Dienstregisters I ist zu vermerken, dass die Kostenmitteilung abgesandt oder ihre Absendung gemäß Absatz 4 unterblieben ist.

Gerichtsvollzieherordnung
§ 77b (Abführung von Kosten an den Gerichtsvollzieher)

In den Fällen der Nummer 6 Absatz 2 Satz 2 und Absatz 3 sowie Nummer 9 Absatz 2 DB-GvKostG werden die durch die Kasse oder eine andere landesrechtlich dafür bestimmte Stelle eingezogenen Gerichtsvollzieherkosten an den Gerichtsvollzieher abgeführt. Er behandelt sie so, als ob er sie selbst eingezogen hätte. [3] Im Falle der Bewilligung von Prozess- oder Verfahrenskostenhilfe (Nr. 6 Absatz 2 Satz 1 DB-GvKostG) verbleiben die nachträglich von der Kasse oder einer anderen landesrechtlich dafür bestimmten Stelle eingezogenen Gerichtsvollzieherkosten in voller Höhe der Landeskasse.

210   **h) Auslagen von Behörden anderer Bundesländer.** Auslagen, die anderen inländischen Behörden zustehen, sind als gerichtliche Auslagen nach Nr. 9013 KV-GKG, Nr. 2011 KV-FamGKG, Nr. 31013 KV-GNotKG von dem Kostenschuldner einzuziehen. Nach den haushaltsrechtlichen Bestimmungen findet eine Erstattung der Auslagen zumeist nur dann statt, wenn diese den Betrag von 25 EUR übersteigen. In solchen Fall sind die angezeigten Kosten dennoch in die Kostenrechnung aufzunehmen und von dem Kostenschuldner einzuziehen. Nach Zahlung findet jedoch keine Erstattung an die andere Behörde statt, wenn die Wertgrenze von 25 EUR nicht über-

schritten wird. Im Übrigen besteht eine Vereinbarung zwischen den Ländern über die Erstattung von Kosten nur für die Polizeibehörden. Es besteht daher innerhalb der haushaltsrechtlichen Vorschriften grundsätzlich ein Erstattungsanspruch nach der Maßgabe des Verlangens. Ersucht die Behörde um sofortige Erstattung der Kosten, können diese nicht als durchlaufende Gelder behandelt werden, sondern sind sofort zu erstatten. Wird eine Zahlung erst für den Fall der Wiedereinziehung der Auslagen von dem Kostenschuldner verlangt, erfolgt die Erstattung an die forderungsberechtigte Behörde erst nach Zahlung aller von dem Kostenschuldner angeforderten Kosten.

i) Aufnahme von durchlaufenden Geldern in die Kostenrechnung. 211
Die durchlaufenden Gelder sind in die Ur- und Reinschrift der Kostenrechnung aufzunehmen. Der Empfangsberechtigte ist in der Urschrift aufzuführen. Handelt es sich dabei um Gerichtsvollzieherkosten, ist der Gerichtsvollzieher als Empfangsberechtigter aufzuführen. Werden die Kosten der Gerichtskasse zur Einziehung überwiesen (Sollstellung), so ist die Kasse durch den rot zu unterstreichenden Vermerk „ZA" um Erteilung einer Zahlungsanzeige zu ersuchen (§ 27 Abs. 8 KostVfg). Die Anordnung der Auszahlung ist bestimmungsgemäß zu vermerken (§ 38 KostVfg), → Rn. 212. Soweit eine Dienststelle bereits an ein elektronisches Haushaltssystem angeschlossen ist, genügt im Regelfall ein Ausdruck der IST-Rückmeldung über die erfolgte Zahlung.

j) Auszahlung von durchlaufenden Geldern. Nach Eingang der Zah- 212
lungsanzeige oder nach Zahlung durch Gerichtskostenstempler hat der Kostenbeamte die Auszahlungsanordnung zu erteilen (§ 38 Abs. 1 KostVfg). Irrtümlich an die Landeskasse gezahlte Beträge wie Geldauflagen für einen begünstigten Dritten, sollen an diesen weitergeleitet werden, wenn der Empfänger und seine Empfangsberechtigung zweifelsfrei feststehen. Die Anordnung der Auszahlung ist auf der Zahlungsanzeige bzw. auf dem Blatt, auf welchem sich der Gerichtskostenstemplerabdruck befindet, in auffälliger Weise zu vermerken. Der Vermerk ist rot zu unterstreichen (§ 38 Abs. 3 KostVfg).

k) Kosten der deutschen Auslandsvertretungen. Wegen der Zahlung 213
der von deutschen Auslandsvertretung für die Tätigkeit bei Zustellungs- und Rechtshilfeersuchen geltend gemachten Kosten → Rn. 237 f.

XI. Ausländische Gerichte

1. Allgemeines

Ein Erstattungsanspruch nach dem JVEG besteht nur, wenn es sich bei der 214
heranziehenden Stelle um ein deutsches Gericht oder eine deutsche Behörde handelt. Das JVEG findet jedoch seiner Höhe nach auch dann Anwendung, wenn sich die zu zahlende Entschädigung oder Vergütung aufgrund von bilateralen Verträgen nach dem im ersuchten Staat geltenden Recht richtet, jedoch wird dadurch kein Erstattungsanspruch gegenüber der deutschen Stelle begründet.

2. Zivil- und Handelssachen

a) Allgemeines. Auf dem Gebiet der Zivil- und Handelssachen bestehen 215
zahlreiche bilaterale und multilaterale Verträge, welche u. a. Fragen der Kos-

§ 1   Abschnitt 1. Allgemeine Vorschriften

tenerstattung regeln. Unter Zivil- und Handelssachen sind dabei nicht nur solche Verfahren zu verstehen, die bei einem Zivilgericht anhängig sind, sondern vielmehr alle Verfahren, bei denen private Rechte und Rechtsverhältnisse betroffen sind, so dass auch die Verfahren der freiwilligen Gerichtsbarkeit sowie die arbeitsgerichtlichen Angelegenheiten erfasst sind. Finanz- und verwaltungsgerichtliche Angelegenheiten werden hingegen nicht erfasst. Gleiches gilt für Strafsachen, hier bestehen besondere Verträge und Vereinbarungen.

Wird ein deutsches Gericht oder eine andere deutsche Behörde aufgrund eines eingehenden Rechtshilfeersuchens aus dem Ausland tätig, so hat ein vernommener Zeuge keinen Erstattungsanspruch nach dem JVEG gegenüber dem deutschen Gericht (*OLG Düsseldorf* JurBüro 1993, 367). Die ersuchende ausländische Behörde kann auch die Einholung einer Stellungnahme eines Sachverständigen beantragen. Wird dieser Sachverständiger von der deutschen Behörde mit der Stellungnahme oder des Gutachtens beauftragt, ist er von der ersuchten deutschen Behörde herangezogen worden und besitzt somit auch einen Erstattungsanspruch gegenüber der deutschen Behörde nach dem JVEG, wobei nach den bestehenden zwischenstaatlichen Verträgen und Vereinbarungen zu prüfen ist, ob die ausgezahlte Sachverständigenvergütung von der ersuchten Behörde erstattet verlangt werden kann.

216 **b) Kostenerstattung bei Mitgliedstaaten der Europäischen Union. aa) EG-VO Beweisaufnahme.** Soweit es sich bei dem ersuchenden Staat um einen Mitgliedstaat der Europäischen Union handelt, ist die Verordnung (EG) Nr. 1206/2001 des Rates v. 28.5.2001 über die Zusammenarbeit zwischen den Gerichten der Mitgliedsstaaten auf dem Gebiet der Beweisaufnahme in Zivil- und Handelsachen (nachfolgend: EG-VO Beweisaufnahme) maßgebend. Sie gilt im Verhältnis zu allen EU-Mitgliedsstaaten mit der Ausnahme Dänemarks. Hinsichtlich der Niederlande, Österreich und Polen können sich zudem Besonderheiten wegen bestehender bilateraler Vereinbarungen ergeben. Einschränkungen für bestimmte Territorien ergeben sich zudem in Bezug auf Frankreich, der Niederlande und Großbritannien. Soweit die Verordnung Anwendung findet, erfolgt eine Kostenerstattung nach Art. 18. Er regelt die Erstattung von Kosten für die im Wege der Rechtshilfe durchgeführte Beweisaufnahme. Gebühren und Auslagen werden danach grundsätzlich nicht erstattet. Zu erstatten sind jedoch gezahlte Aufwendungen für Sachverständige und Dolmetscher (Art. 18 Abs. 2 EG-VO Beweisaufnahme) sowie die Kosten für eine im Rahmen einer Video- oder Telefonkonferenz durchgeführten Beweisaufnahme (Art. 18 Abs. 3 EG-VO Beweisaufnahme). Wird die Stellungnahme oder das Gutachten eines Sachverständigen durch das ersuchende ausländische Gericht verlangt, so kann das ersuchte Gericht das ersuchende Gericht um einen angemessenen Vorschuss oder eine angemessene Kaution für die entstehende Vergütung bitten. Das gilt jedoch nur für Sachverständige. Für alle anderen Kosten, welche durch die Beweisaufnahme voraussichtlich entstehen, darf ein Vorschuss oder eine Kaution nicht verlangt werden (Art. 18 Abs. 3 EG-VO Beweisaufnahme).

217 **bb) Belgien.** Für Belgien gilt Art. 18 EG-VO Beweisaufnahme, darüber hinaus ist auch die deutsch-belgische Zusatzvereinbarung v. 25.4.1959 (BGBl. II 1959, S. 1525) zu beachten. Nach Art. 6 haben beide Staaten auf die Erstattung von Auslagen verzichtet, die wegen der Erledigung von Rechtshilfeersuchen entstehen. Der Verzicht gilt jedoch nicht für die an Sachver-

Geltungsbereich und Anspruchsberechtigte § 1

ständige geleisteten Entschädigungen (Art. 6 Abs. 2). Im Übrigen sind die entstandenen Kosten trotz des bestehenden Erstattungsverzichts der ersuchenden Behörde mitzuteilen, die von dieser nach Nr. 9014 KV-GKG wieder eingezogen werden können. Der Einzug ist danach auch statthaft, wenn Beträge aus Gründen der Gegenseitigkeit nicht an die ausländische Behörde gezahlt werden.

cc) Dänemark. Im Verhältnis zu Dänemark gilt für Rechtshilfeersuchen 218 hinsichtlich der Kostenerstattung Art. 5 der deutsch-dänischen Vereinbarung vom 1.6.1910, veröffentlicht im RGBl. 1910 S. 127. Sie gilt auch für sonstige dänische Gebiete (Grönland, Färöer-Inseln).

dd) Frankreich. Die Kostenerstattung erfolgt für Frankreich und die über- 219 seeischen Departments nach Art. 18 EG-VO Beweisaufnahme. Für alle sonstigen französischen Gebiete (Neukaledonien und Nebengebiete, Französisch-Polynesien, französische Süd- und Arktisgebiete, Wallis und Futuna, St. Pierre und Miquelon) sind Art. 14 und 26 des Haager Beweisaufnahmeübereinkommens vom 18.3.1970 anzuwenden.

ee) Großbritannien und ehemalige britische Gebiete. Im Verhältnis 220 zu Großbritannien einschließlich Nordirland und Gibraltar ist Art. 18 EG-VO Beweisaufnahme anzuwenden. Handelt es sich um sonstige britische Gebiete (britische Überseegebiete, Kanalinseln (Guernsey, Jersey), Insel Man, Akrotiri und Dhekelia), so erfolgt die Kostenerstattung auf der Grundlage der Art. 4, 10 des deutsch-britischen Rechtshilfeabkommens v. 20.3.1928 (RGBl. II 1928 S. 168).

Artikel 4 betrifft die Kostenerstattung für durchgeführte Zustellungsaufträge. Nach Art. 10 dürfen für die Erledigung eines Rechtshilfeersuchens keine Gebühren und Auslagen verlangt werden. Zu erstatten sind aber die an Zeugen, Sachverständige, Dolmetscher und Übersetzer gezahlten Entschädigungen bzw. Vergütungen. Nach Art. 10 Abs. 3 sollen die Kosten dabei die gleichen sein wie dies bei sonstigen Verfahren in dem ersuchten Staat üblich ist. Das deutsch-britische Rechtshilfeabkommen ist darüber hinaus auch im Verhältnis zu zahlreichen ehemaligen britischen Gebieten anzuwenden. Soweit diese Staaten auch anderen, multilateralen Abkommen beigetreten sind, geht die bilaterale Vereinbarung diesen vor. Wegen der Staaten, auf die das deutsch-britische Rechtshilfeabkommen v. 20.3.1928 anzuwenden ist, wird auf die Seite der Justizverwaltung des Landes Nordrhein-Westfalen verwiesen: http://www.datenbanken.justiz.nrw.de/pls/jmi/ir_start. Dort kann im Länderteil nachgeschlagen werden.

Deutsch-britisches Abkommen über den Rechtsverkehr vom 20.3.1928

Artikel 10

Für die Erledigung von Rechtshilfeersuchen sind Gebühren irgendwelcher Art von dem einen vertragschließenden Teil an den anderen nicht zu entrichten. Jedoch hat der ersuchende Teil dem anderen vertragschließenden Teile alle Kosten und Auslagen zu erstatten, die an Zeugen, Sachverständige, Dolmetscher oder Übersetzer zu zahlen sind, sowie die Kosten der Vorführung von Zeugen, die nicht freiwillig erschienen sind, und die Kosten und Auslagen, die an Personen zu zahlen sind, die die zuständige Gerichtsbehörde, soweit ihr Landesrecht dies zuläßt, mit einer Tätigkeit beauftragt hat, und alle Kosten und Auslagen, die durch ein beantragtes und angewandtes besonderes Verfahren erwachsen sind.

§ 1 Abschnitt 1. Allgemeine Vorschriften

Die Erstattung dieser Kosten und Auslagen kann durch die ersuchte Gerichtsbehörde von dem ersuchenden diplomatischen oder konsularischen Beamten bei Übermittlung der Urkunden, aus denen sich die Ausführung des Rechtshilfeersuchens ergibt, erfordert werden. Diese Kosten und Auslagen sollen die gleichen sein, wie sie bei den Gerichten dieses vertragschließenden Teiles in solchen Fällen üblich sind.

221 **ff) Niederlande.** Aus dem deutsch-niederländischen Vertrag vom 30.8.1962 können sich Besonderheiten ergeben. Die Kosten für Übersetzungen des Rechtshilfeersuchens sind nach Art. 5, 12 nicht zu erstatten, aber der ersuchenden Behörde mitzuteilen. Auch auf die Erstattung der Auslagen wurde verzichtet (Art. 6), dass gilt ausdrücklich auch für die an Sachverständige geleisteten Zahlungen. Die Auslagen sind der ersuchenden Behörde trotz des Erstattungsverzichts mitzuteilen, ein Einzug der Kosten ist nach Nr. 9014 KV-GKG möglich. Im Übrigen bestimmt sich die Kostenerstattung hinsichtlich der Niederländischen Antillen nach Art. 7, 16 Haager Zivilprozessübereinkommen und für Aruba nach Art. 14, 26 Haager Beweisaufnahmeübereinkommen. Die EG-VO Beweisaufnahme gilt für diese Gebiete nicht.

222 **gg) Österreich.** Im Verhältnis zu Österreich erfolgt eine Kostenerstattung nach Art. 18 EG-VO Beweisaufnahme. Besonderheiten können sich aber aus der deutsch-österreichischen Vereinbarung vom 6.6.1959 ergeben. Danach haben beide Staaten auf die Erstattung der bei der Erledigung eines Rechtshilfeersuchens entstandenen Auslagen verzichtet, was auch für die an Sachverständige gezahlten Beträge gilt (Art. 5 Abs. 1). Die entstandenen Auslagen sind der ersuchenden Behörde jedoch mitzuteilen.

223 **c) Übersetzungskosten für Zustellungsersuchen nach der EG-VO Zustellungen.** Im Verhältnis zu den Mitgliedsstaaten der Europäischen Union gelten für Zustellungsersuchen an ausländische Gerichte die Bestimmungen der Verordnung (EG) Nr. 1348/2000 des Rates vom 29.5.2000 über die Zustellung gerichtlicher und außergerichtlicher Schriftstücke in Zivil- oder Handelssachen in den Mitgliedsstaaten (nachfolgend: EG-VO Zustellung). Im Verhältnis zu Dänemark gilt die deutsch-dänische Vereinbarung v. 1.6.1910.

Nach Art. 11 Abs. 1 EG-VO Zustellung darf für die Zustellung gerichtlicher Schriftstücke keine Zahlung oder Erstattung von Gebühren und Auslagen verlangt werden. Es sind von den Verfahrensbeteiligten jedoch diejenigen Kosten zu zahlen oder zu erstatten, die dadurch entstehen, dass eine Amtsperson oder zuständige Person nach dem Recht des jeweiligen ersuchten Staates die Zustellung vornimmt oder eine besondere Form der Zustellung eingehalten wurde (Art. 11 Abs. 2 EG-VO Zustellung). Dem Empfänger steht ein Annahmeverweigerungsrecht hinsichtlich der Zustellung zu, wenn das Schriftstück nicht in einer Amtssprache des Empfangsmitgliedslandes verfasst ist. In Deutschland muss das zuzustellende Schriftstück demnach in deutscher Sprache abgefasst sein (Amtssprache des Empfangsmitgliedstaats). Wegen des Annahmeverweigerungsrechts siehe Art. 8 Abs. 1 EG-VO Zustellung. Ein Annahmeverweigerungsrecht besteht auch dann, wenn ein Zustellersuchen in Deutschland eingeht. Danach kann der Zustellungsempfänger die Annahme des zuzustellenden Schriftstücks verweigern oder das Schriftstück der Empfangsstelle binnen einer Woche zurückzusenden, wenn das Schriftstück nicht in deutscher oder in einer anderen Sprache, die der Empfänger versteht, abgefasst oder in eine dieser Sprachen übersetzt wurde (§ 102 Abs. 1

Geltungsbereich und Anspruchsberechtigte § 1

ZRHO). Über das Annahmeverweigerungsrecht ist gemäß § 103 ZRHO mit einem Formblatt zu belehren. Ob eine Annahmeverweigerung berechtigt ist und rechtzeitig erfolgte, entscheidet die ausländische Stelle (§ 102 Abs. 4 ZRHO).

d) Kostenerstattung bei Nicht-EU-Staaten. aa) Allgemeines. Im Verhältnis zu Nicht-EU-Staaten sind die Bestimmungen der EG-VO Beweisaufnahme oder EG-VO Zustellung nicht anwendbar. Zahlreiche andere Staaten sind jedoch dem Übereinkommen über die Beweisaufnahme im Ausland in Zivil- oder Handelssachen v. 18.3.1970 (nachfolgend: Haager Beweisaufnahmeabkommen) beigetreten, veröffentlich im BGBl. II 1977, S. 1472. Auslagen und Gebühren dürfen danach für die Erledigung eines Rechtshilfeersuchens seitens der ersuchten Behörde nicht verlangt werden (Art. 14 Abs. 1 Haager Beweisaufnahmeabkommen) mit Ausnahme der an Dolmetscher und Sachverständige gezahlten Vergütungen (Art. 14 Abs. 2 Haager Beweisaufnahmeabkommen). Soweit eine Kostenerstattung erfolgt, können auch solche Kosten von der ersuchenden Behörde erstattet verlangt werden, die durch die Zustellung und die an die vernommene Person gezahlten Entschädigungen entstanden sind (Art. 26 Abs. 1 Haager Beweisaufnahmeabkommen). 224

Des Weiteren gilt im Verhältnis zu verschiedenen Staaten auch noch das Übereinkommen über den Zivilprozess v. 1.3.1954 (nachfolgend: Haager Zivilprozessübereinkommen), veröffentlicht im BGBl. II 1958, S. 577. Zu dem Abkommen ist das Gesetz zur Ausführung des Haager Übereinkommens vom 1. März 1954 über den Zivilprozess v. 18.12.1958 erlassen (BGBl. I 1958, S. 939). Nach diesem Übereinkommen dürfen für die Erledigung eines Rechtshilfeersuchens keine Gebühren und Auslagen verlangt werden (Art. 16 Abs. 1 Haager Zivilprozessübereinkommen). Der ersuchte Staat darf jedoch die an Zeugen und Sachverständigen gezahlten Entschädigungen erstattet verlangen. Das gilt nach Art. 16 Abs. 2 Haager Zivilprozessübereinkommen auch für Auslagen die dadurch entstanden sind, dass wegen Nichterscheinens eines Zeugen die Mitwirkung eines Gerichtsbeamten erforderlich war, in Deutschland auch der Gerichtsvollzieher. Eine Ausnahme gilt jedoch für solche Verfahren, in denen einer Person eines der Vertragsstaaten Prozesskostenhilfe bewilligt ist, da in einem solchen Fall eine Kostenerstattung von dem ersuchenden Staat nicht verlangt werden kann, mit Ausnahme der an Sachverständige gezahlten Entschädigung (Art. 24 Haager Zivilprozessübereinkommen).

bb) Norwegen. Neben den Art. 14, 30 des Haager Beweisaufnahmeabkommens v. 18.3.1970 ist die deutsch-norwegische Vereinbarung v. 17.6.1977 zu beachten. Bei Rechtshilfeersuchen ist Art. 7 anzuwenden. Danach haben die Staaten gegenseitig auf die Erstattung von Auslagen verzichtet. Das gilt jedoch nicht für die Zahlung von an Sachverständige oder Dolmetschern geleisteten Beträgen, die zu erstatten sind. Keine Erstattung erfolgt hingegen für Kosten wegen Blutproben und der Erstattung von Blutgruppengutachten oder für solche Kosten, die dadurch entstehen, dass bei Zustellung die Mitwirkung des Gerichtsvollziehers oder eine besondere Form erforderlich war (Art. 3 Abs. 5). Die Höhe der entstandenen Auslagen ist der ersuchenden Behörde trotz Erstattungsverzicht mitzuteilen (Art. 3 Abs. 5, 7 Abs. 2). 225

cc) Schweiz. Im Verhältnis zur Schweiz sind für die Kostenerstattung die Art. 14, 30 des Haager Beweisaufnahmeabkommens v. 18.3.1970 i. V. m. 226

79

§ 1 Abschnitt 1. Allgemeine Vorschriften

Art. 4 der deutsch-schweizerischen Vereinbarung v. 30.4.1910 (RGBl. 1910, S. 674) anzuwenden. Zu erstatten sind danach nur die an Sachverständige und Dolmetscher gezahlten Entschädigungen bzw. Vergütungen (Art. 14 Haager Beweisaufnahmeabkommen). Soweit diese Kosten wegen dieser Bestimmung in Rechnung gestellt werden dürfen, werden sie nach den Vorschriften berechnet, die in dem ersuchten Staat für inländische Verfahren gelten (Art. 4 der deutschschweizerischen Vereinbarung). Im Falle der Ersuchung an ein deutsches Gericht sind daher die Vorschriften des JVEG anzuwenden. Fehlen bei einem ausgehenden Rechtsersuchen ausnahmsweise Übersetzungen von zuzustellenden Schriftstücken (in einigen Landesteilen der Schweiz ist französisch bzw. italienisch Amtssprache), so wird von der ersuchten Behörde eine Übersetzung auf Kosten der ersuchenden Stelle beschafft (Art. 2 Abs. 2). Dasselbe gilt auch für in Deutschland eingehende Rechtshilfeersuchen. Muss ein ersuchtes deutsches Gericht einen Übersetzer beauftragen, erfolgt seine Vergütung nach Maßgabe des JVEG, wobei ein direkter Vergütungsanspruch gegenüber der deutschen Behörde besteht, da die Heranziehung durch diese und nicht durch die schweizerische Behörde erfolgt ist.

227 **dd) Türkei.** Auf die Erstattung von Kosten wegen Rechtshilfeersuchen aus der Türkei sind die Art. 16, 24 des Haager Zivilprozessübereinkommens v. 1.3.1954 sowie Art. 16 des deutsch-türkischen Abkommens v. 28.5.1928 anzuwenden. Das deutsch-türkische Abkommen ist veröffentlicht im RGBl. II 1930, S. 7. Gebühren und Auslagen können danach für die Erledigung von Rechtshilfeersuchen nicht verlangt werden. Eine Ausnahme gilt für die Erstattung von an Zeugen und Sachverständige gezahlte Entschädigungen und Vergütungen, die erstattet verlangt werden können. Eine Erstattung kann auch für solche Kosten verlangt werden, die durch die Mitwirkung eines Vollziehungsbeamten im Falle des Nichterscheinens von Zeugen entstanden sind. Wegen der Ausführung des deutsch-türkischen Abkommens ist weiter die AusführungsVO v. 28.5.1929 (zuletzt geändert d. Gesetz v. 21.7.2001, BGBl. I, S. 1887) anzuwenden.

228 **ee) Tunesien.** Im Verhältnis zu Tunesien gelten wegen der Kostenerstattung aufgrund von Rechtshilfeersuchen Art. 15, 25 des deutsch-tunesischen Vertrages vom 19.7.1966 (BGBl. II 1969, S. 890). Für die Erledigung von Zustellungs- und Rechtshilfeersuchen dürfen Gebühren und Auslagen irgendwelcher Art nicht erhoben werden. Eine Kostenerstattung kann aber wegen der an Sachverständige und Dolmetscher gezahlten Vergütungen verlangt werden (Art. 25 Abs. 2), unerheblich ist dabei, ob der ersuchende Staat diese Kosten von den Parteien wieder einziehen kann. Zu beachten ist weiter das Ausführungsgesetz v. 29.4.1969 (BGBl. I 1969, S. 333). Nach § 1 kann Armenrecht bewilligt werden. Das Amtsgericht hat im Falle der Mittellosigkeit auch die Übersetzungen auf seine Kosten zu beschaffen, wenn die Rechtsverfolgung nicht mutwillig oder aussichtslos erscheint (§ 1 Abs. 2). Für die Übermittlung eines Zustellungsantrags oder eines Rechtshilfeersuchens durch den deutschen Konsul werden Gebühren erhoben (§ 4), das gilt nicht für den Antrag auf Bewilligung des Armenrechts (§ 2).

229 **e) Übersicht über die anzuwendenden internationalen Verträge.** Von einer Übersicht wie in der Vorauflage wurde abgesehen. Für die Prüfung, welche Verträge für den entsprechenden Staat Anwendung finden, wird auf

Geltungsbereich und Anspruchsberechtigte § 1

die Seite der Justizverwaltung des Landes Nordrhein-Westfalen verwiesen: http://www.datenbanken.justiz.nrw.de/pls/jmi/ir_start. Dort kann im Länderteil nachgeschlagen werden.

f) Auslagen des Zustellungsempfängers. Erscheint der Zustellungsempfänger augrund einer Vorladung, so kann er gegenüber der ladenden Behörde keine Erstattung seiner sonstigen Auslagen verlangen. Das gilt für entstehende Fahrtkosten und die sonstigen baren Aufwendungen (§ 117 ZRHO), davon erfasst sind auch Verdienstausfall und Zeitversäumnis. Insbesondere entsteht kein Erstattungsanspruch nach dem JVEG gegenüber dem deutschen Gericht. § 117 ZRHO gilt nur im Verhältnis zwischen dem Zustellungsempfänger und der ersuchenden bzw. ersuchten Behörde, ein eventueller Erstattungsanspruch nach § 91 ZPO bleibt davon unberührt. 230

3. Strafsachen

a) Allgemeines. Im Bereich der Strafsachen sind die für die Zivil- und Handelssachen geltenden Vorschriften nicht anwendbar. Neben multilateralen Verträgen bestehen zahlreiche bilaterale Vereinbarung mit anderen Staaten. Inländische und ausländische Zeugen, die im Rahmen der Rechtshilfe vernommen werden, besitzen einen Erstattungsanspruch nach dem JVEG (Schomburg/ Dr. Lagodny § 59 IRG Rn. 60). 231

b) Europäisches Rechtshilfeübereinkommen (EurRHÜbk). Im Verhältnis zu zahlreichen europäischen Staaten sind die Bestimmungen des Europäischen Rechtshilfeübereinkommens (EurRHÜbk) anzuwenden. Danach ist die Entschädigung bzw. Vergütung für Zeugen und Sachverständige von dem ersuchenden Staat zu zahlen. Die Entschädigung bzw. Vergütung ist vom Aufenthaltsort an zu berechnen und richtet sich mindestens nach dem geltenden Recht des Staates, in welchem die Vernehmung stattfinden soll (Art. 9 EurRHÜbk). Findet die Vernehmung in Deutschland statt, sind daher mindestens die nach dem JVEG zu erstattenden Kosten zu zahlen. Bei Zeugen und Sachverständigen, die ihren gewöhnlichen Aufenthaltsort nicht in Deutschland haben, müssen dabei auch §§ 8 Abs. 4, 19 Abs. 4 beachtet werden. Wird der Zeuge oder Sachverständige durch eine ausländische Behörde geladen, muss er der Ladung nicht Folge leisten. Zwangsmaßnahmen können gegen ihn nicht erlassen werden (Art. 8 EurRHÜbk). Ist das Erscheinen vor den Justizbehörden des ersuchten Staates für besonders wichtig erachtet worden, so ist dies in dem Ersuchen zu erwähnen. Der ersuchte Staat muss den Zeugen oder Sachverständigen sodann auffordern zu erscheinen (Art. 10 Abs. 1 EurRHÜbk). Die Antwort der betreffenden Person ist dem ersuchenden Staat bekannt zugeben. In dem Ersuchen oder der Vorladung ist auch die annähernde Höhe der zu zahlenden Entschädigung und die Höhe der zu erstattenden Reise- und Aufenthaltskosten anzugeben (Art. 10 Abs. 2 EurRHÜbk). Dem Zeugen oder Sachverständigen steht in dem ersuchenden Staat freies Geleit zu (Art. 12 EurRHÜbk). 232

Das EurRHÜbk gilt im Verhältnis zu den folgenden Staaten (vgl. Schomburg/Lagodny/*Gleß*/*Hackner* II B Rn. 8):

Albanien	Griechenland	Mazedonien	Schweiz
Andorra	Großbritannien	Moldawien	Serbien
Armenien	Irland	Monaco	Slowenien
Aserbaidschan	Island	Montenegro	Slowakei

81

§ 1 Abschnitt 1. Allgemeine Vorschriften

Belgien	Israel	Niederlande	Spanien
Bosnien-Herzegowina	Italien	Norwegen	Tschechische Rep.
Bulgarien	Korea, Republik	Österreich	Türkei
Chile	Kroatien	Polen	Ukraine
Dänemark	Lettland	Portugal	Ungarn
Estland	Lichtenstein	Rumänien	Zypern
Finnland	Litauen	Russische Föderation	
Frankreich	Luxemburg	San Marino	
Georgien	Malta	Schweden	

233 c) Vorschusszahlungen nach Art. 10 EurRHÜbk. Soll ein Zeuge oder Sachverständiger aufgrund der Bedeutung der Sache vor den Justizbehörden des ersuchenden Staates erscheinen, so kann ihm auf dessen besonderes Verlangen hin ein Vorschuss bewilligt werden (Art. 10 Abs. 3 EurRHÜbk). Ein Vorschuss darf jedoch nur gewährt werden, wenn der ausländische Staat verpflichtet ist, den Vorschuss zu erstatten (Nr. 79 Abs. 1 RiVASt). Die Mitgliedsstaaten des EurRHÜbk sind gem. Art. 10 Abs. 3 EurRHÜbk verpflichtet, den gezahlten Vorschuss an den ersuchten Staat zu erstatten. Ein Vorschuss kann auch dann bewilligt werden, wenn die Voraussetzungen des Art. 10 Abs. 1 EurRHÜbk nicht vorliegen, jedoch entsprechende bilaterale Vereinbarungen bestehen, so im Verhältnis zu Israel, Italien und der Schweiz. Im Verhältnis zu Schweden ist ausdrücklich vereinbart worden, dass Art. 10 Abs. 3 EurRHÜbk nicht für solche Zeugen gilt, die unmittelbar geladen worden sind.

Über die Bewilligung des Vorschusses entscheidet die Behörde, welche die Rechtshilfe bewilligt hat. Sie muss der für die Erteilung der Auszahlungsanordnung zuständigen Stelle ihre Entscheidung mitteilen. Gleichzeitig hat sie den Rechtsgrund anzugeben, auf deren Grundlage eine Erstattungspflicht für den ersuchenden Staat besteht (Nr. 79 Abs. 2 RiVASt). Wird ein Vorschuss gewährt, so muss die Höhe des gezahlten Vorschusses auf der Ladung vermerkt werden. Die ausländische Behörde ist davon umgehend zu benachrichtigen. Der Inhalt der Benachrichtigung ergibt sich aus Nr. 79 Abs. 4 RiVASt. In ihr ist u. a. der Rechtsgrund für die Erstattung anzugeben und die Bitte auszusprechen, den Vorschuss möglichst bald zu erstatten. Weiterhin ist die Zahlungsmöglichkeit anzugeben. Wird der Vorschuss von der ausländischen Behörde nicht innerhalb von sechs Monaten erstattet, ist die ausländische Behörde an die Zahlung zu erinnern. Geht die Erstattung trotz Mahnung, welcher regelmäßig nochmals die Zahlungsmöglichkeit beizufügen ist, nicht binnen eines Jahres ein, ist der obersten Justiz- oder Verwaltungsbehörde zu berichten (Nr. 79 Abs. 4 S. 3 RiVASt). Im Übrigen gelten § 3 JVEG und die allgemeinen Bestimmungen für die Anweisung und Zahlung des Vorschusses für Auslagen in Rechtssachen (Nr. 79 Abs. 3 S. 2 RiVASt).

234 d) Höhe des zu zahlenden Vorschusses. Wegen der Höhe des zu zahlenden Vorschusses verweist Nr. 79 Abs. 3 S. 1 RiVASt auf die Regelungen des § 3 JVEG. Zeugen und Sachverständigen sind Fahrtkosten und sonstige bare Aufwendungen im Wege des Vorschusses zu erstatten. Verdienstausfall oder eintretende Zeitversäumnis wird nicht vorschussweise erstattet, siehe im Übrigen bei § 3.

Geltungsbereich und Anspruchsberechtigte § 1

e) Monaco. Wegen der Rechtshilfe mit Monaco gilt der deutsch-mone- 235
gassische Vertrag über Rechtshilfe in Strafsachen vom 21.5.1962 (BGBl. II
1964, S. 1306). Nach Art. 8 Abs. 1 werden dem Zeugen oder Sachverständigen die Reise- und Aufenthaltskosten nach den Bestimmungen erstattet, die
in dem Staat gelten, in welchem die Vernehmung stattfindet. Findet die
Vernehmung in Deutschland statt, ist somit das JVEG anzuwenden. Auf
Antrag des Zeugen oder Sachverständigen ist ein Vorschuss auf die Reise- und
Aufenthaltskosten zu gewähren, seitens des ersuchenden Staates besteht Erstattungspflicht (Art. 8 Abs. 3). In dem Ersuchen um Zustellung der Ladung
ist anzugeben, in welcher Höhe eine Erstattung durch die ersuchende Behörde vorgenommen wird (Art. 8 Abs. 2).

f) Tunesien. Im Verhältnis zu Tunesien ist der deutsch-tunesische Vertrag 236
vom 19.7.1966 (BGBl. II 1969, S. 1158) anzuwenden. Nach Artikel 30
Abs. 1 werden die Reise- und Aufenthaltskosten des Zeugen und Sachverständigen nach den Bestimmungen bewilligt, die in dem Staat gelten, in
welchem die Vernehmung stattfinden soll. Soweit die Vernehmung in
Deutschland stattfindet, ist das JVEG anzuwenden. In der Ladung oder dem
Zustellersuchen muss angegeben werden, in welcher Höhe eine Kostenerstattung durch die ersuchende Behörde erfolgt (Art. 30 Abs. 2). Die Konsularbehörden des ersuchenden Staates können auf Antrag des Zeugen oder des
Sachverständigen einen Vorschuss auf die Reise- und Aufenthaltskosten gewähren (Art. 30 Abs. 2).

4. Kosten der deutschen Auslandsvertretungen

a) Zivil- und Handelssachen. Für die Tätigkeit bei der Erledigung von 237
Zustellungsaufträgen und Rechtshilfeersuchen erheben das Auswärtige Amt
und die deutschen Auslandsvertretungen Kosten (Gebühren und Auslagen)
nach dem Auslandskostengesetz (§ 76 ZRHO). Nach Eingang der Kostenrechnung einer deutschen Auslandsvertretung, sind die Kosten unverzüglich
zu erstatten. Dabei ist die Nummer der Kostenrechnung anzugeben und das
angegebene Konto zu benutzen. Es handelt sich nicht um durchlaufende
Gelder, die Kosten sind daher ohne Rücksicht auf einen eventuell vorhandenen Kostenschuldner und unabhängig vom Eingang des Auslagenvorschusses
zu erstatten (§ 78 Abs. 1 ZRHO). Wird persönliche Gebührenfreiheit in
Anspruch genommen, muss in dem an die Auslandsvertretung gerichteten
Ersuchen oder dem Begleitschreiben darauf hingewiesen werden (§ 77
ZRHO).

Soweit in dem betreffenden Verfahren aber einem Beteiligten Prozesskostenhilfe bewilligt worden ist, brauchen die Gebühren und Auslagen vorerst
nicht erstattet werden. Das Vorliegen von PKH ist der Auslandsgebührenstelle
des Bundesverwaltungsamtes in Köln unter Angabe der Nummer der Kostenrechnung umgehend mitzuteilen (§ 78 Abs. 2 ZRHO). Eine Erstattung der
Kosten findet dann erst nach rechtskräftigem Abschluss des Verfahrens statt.
Zu erstatten sind die Gebühren und Auslagen. Können die Kosten aufgrund
der PKH-Bewilligung von keinem Verfahrensbeteiligten eingezogen werden,
ist dem Bundesverwaltungsamt in Köln nach rechtskräftigem Abschluss Mitteilung zu geben. Es brauchen dann nur die Auslagen der Auslandsvertretung
erstattet werden. Soweit ein Kostenschuldner vorhanden ist, können die
Kosten nach Nr. 9014 KV-GKG, Nr. 2012 KV-FamGKG, Nr. 31014 KV-GNotKG von diesem eingezogen werden.

§ 1   Abschnitt 1. Allgemeine Vorschriften

238   **b) Strafsachen.** Die im Bereich der Strafsachen anfallenden Gebühren und Auslagen werden nach Maßgabe der Auslandskostenverordnung erstattet. Es handelt sich nicht um durchlaufende Gelder, sie sind daher auf Anforderung generell zu erstatten (Nr. 132 RiVASt).

5. Anforderung erstattungspflichtiger Kosten von den ausländischen Behörden

239   **a) Zivil- und Handelssachen.** Sind in einer Zivil- oder Handelssache Kosten entstanden, die aufgrund von Verträgen oder Vereinbarungen von dem ersuchenden Staat angefordert werden können, ist nach § 146 Abs. 1 ZRHO zu verfahren. Danach ist eine Kostenrechnung ohne Angabe des Kostenschuldners zu fertigen und den Erledigungsstücken beizufügen, ein Formularzwang besteht nicht. In dem Begleitschreiben an die ersuchende Behörde ist die Bitte auszusprechen, die aufgeführten Kosten zu erstatten. Auch für die Anforderung solcher Beträge sind die erlassenen Verwaltungsbestimmungen hinsichtlich der Kleinbeträge zu beachten. Wird eine Kleinbetragsgrenze nicht überschritten, braucht eine Kostenrechnung daher auch nicht beigefügt zu werden. Gebühren nach Nr. 1321, 1322 KV-JVKostG werden nur in Zivilsachen und in Angelegenheiten der freiwilligen Gerichtsbarkeit erhoben. Die Gebühren der Nr. 1321, 1322 KV-JVKostG und die entstandenen Auslagen werden zudem nicht erhoben, wenn die Gegenseitigkeit verbürgt ist. Die Bestimmungen der Staatsverträge bleiben unberührt (Vorbem. 1.3.2 S. 2 KV-JVKostG). Ist vereinbart, dass die Kosten von der ersuchenden ausländischen Behörde nicht anzufordern sind, hat die ersuchte deutsche Behörde den Betrag der Auslagen gleichwohl der ersuchenden Behörde mitzuteilen, damit diese sie von den Personen einziehen kann, die nach den ausländischen Vorschriften zur Erstattung verpflichtet sind. Als Auslagen sind nur solche Beträge anzugeben, die nach den bestehenden bundes- oder landesrechtlichen Kostenvorschriften erhoben werden können (§ 146 Abs. 3 ZRHO).

       Im vertraglosen Rechtshilfeverkehr wird von deutscher Seite die Erstattung von Kosten nur verlangt, soweit auch die ausländischen Behörden für die Erledigung deutscher Ersuchen um Rechtshilfe die Erstattung verlangen (§ 146 Abs. 2 ZRHO).

240   **b) Strafsachen.** Soweit wegen eines Rechtshilfeersuchens in einer Strafsache die Erstattung von Kosten durch die ersuchende Behörde verlangt werden kann, sind diese anzufordern. Es ist dabei nach Nr. 15 RiVASt zu verfahren. Die vornehmende Behörde sammelt die Belege (z. B. die Rechnung eines Sachverständigen) und erstellt eine Kostenrechnung, in welche sämtliche Kosten aufzunehmen sind, die zur Erstattung angefordert werden. Kosten können nur nach Maßgabe des JVKostG erhoben werden (Nr. 15 Abs. 2 RiVASt). In dem Begleitschreiben an die ersuchende Behörde ist die Bitte auf Erstattung der Kosten zu äußern, wenn die Erledigungsstücke auf unmittelbarem oder konsularischem Wege übersandt werden. In anderen Fällen ist die Kostenrechnung der obersten Justiz- oder Verwaltungsbehörde vorzulegen. Soweit die angeforderten Kosten nicht binnen sechs Monaten eingehen, ist die ersuchende Behörde an die Zahlung zu erinnern. Erfolgt die Erstattung nicht binnen eines Jahres, ist an die oberste Justiz- oder Verwaltungsbehörde zu berichten. Andere Behörden können nicht in Anspruch genommen werden, wenn die Kosten durch den ersuchenden Staat nicht bezahlt werden (Nr. 15 Abs. 4 RiVASt).

§ 2 Geltendmachung und Erlöschen des Anspruchs, Verjährung

(1) Der Anspruch auf Vergütung oder Entschädigung erlischt, wenn er nicht binnen drei Monaten bei der Stelle, die den Berechtigten herangezogen oder beauftragt hat, geltend gemacht wird; hierüber und über den Beginn der Frist ist der Berechtigte zu belehren. Die Frist beginnt
1. im Fall der schriftlichen Begutachtung oder der Anfertigung einer Übersetzung mit Eingang des Gutachtens oder der Übersetzung bei der Stelle, die den Berechtigten beauftragt hat,
2. im Fall der Vernehmung als Sachverständiger oder Zeuge oder der Zuziehung als Dolmetscher mit Beendigung der Vernehmung oder Zuziehung,
3. bei vorzeitiger Beendigung der Heranziehung oder des Auftrags in den Fällen der Nummern 1 und 2 mit der Bekanntgabe der Erledigung an den Berechtigten,
4. in den Fällen des § 23 mit Beendigung der Maßnahme und
5. im Fall der Dienstleistung als ehrenamtlicher Richter oder Mitglied eines Ausschusses im Sinne des § 1 Abs. 4 mit Beendigung der Amtsperiode, jedoch nicht vor dem Ende der Amtstätigkeit.

Wird der Berechtigte in den Fällen des Satzes 2 Nummer 1 und 2 in demselben Verfahren, im gerichtlichen Verfahren in demselben Rechtszug, mehrfach herangezogen, ist für den Beginn aller Fristen die letzte Heranziehung maßgebend. Die Frist kann auf begründeten Antrag von der in Satz 1 genannten Stelle verlängert werden; lehnt sie eine Verlängerung ab, hat sie den Antrag unverzüglich dem nach § 4 Abs. 1 für die Festsetzung der Vergütung oder Entschädigung zuständigen Gericht vorzulegen, das durch unanfechtbaren Beschluss entscheidet. Weist das Gericht den Antrag zurück, erlischt der Anspruch, wenn die Frist nach Satz 1 abgelaufen und der Anspruch nicht binnen zwei Wochen ab Bekanntgabe der Entscheidung bei der in Satz 1 genannten Stelle geltend gemacht worden ist.

(2) War der Berechtigte ohne sein Verschulden an der Einhaltung einer Frist nach Absatz 1 gehindert, gewährt ihm das Gericht auf Antrag Wiedereinsetzung in den vorigen Stand, wenn er innerhalb von zwei Wochen nach Beseitigung des Hindernisses den Anspruch beziffert und die Tatsachen glaubhaft macht, welche die Wiedereinsetzung begründen. Ein Fehlen des Verschuldens wird vermutet, wenn eine Belehrung nach Absatz 1 Satz 1 unterblieben oder fehlerhaft ist. Nach Ablauf eines Jahres, von dem Ende der versäumten Frist an gerechnet, kann die Wiedereinsetzung nicht mehr beantragt werden. Gegen die Ablehnung der Wiedereinsetzung findet die Beschwerde statt. Sie ist nur zulässig, wenn sie innerhalb von zwei Wochen eingelegt wird. Die Frist beginnt mit der Zustellung der Entscheidung. § 4 Abs. 4 Satz 1 bis 3 und Abs. 6 bis 8 ist entsprechend anzuwenden.

(3) Der Anspruch auf Vergütung oder Entschädigung verjährt in drei Jahren nach Ablauf des Kalenderjahrs, in dem der nach Absatz 1 Satz 2 Nr. 1 bis 4 maßgebliche Zeitpunkt eingetreten ist. Auf die Verjährung sind die Vorschriften des Bürgerlichen Gesetzbuchs anzuwenden. Durch den Antrag auf gerichtliche Festsetzung (§ 4) wird die Verjährung wie durch Klageerhebung gehemmt. Die Verjährung wird nicht von Amts wegen berücksichtigt.

§ 2 Abschnitt 1. Allgemeine Vorschriften

(4) **Der Anspruch auf Erstattung zu viel gezahlter Vergütung oder Entschädigung verjährt in drei Jahren nach Ablauf des Kalenderjahrs, in dem die Zahlung erfolgt ist. § 5 Abs. 3 des Gerichtskostengesetzes gilt entsprechend.**

Übersicht

	Rn.
I. Allgemeines	1
II. Antragsverfahren (Abs. 1 S. 1)	2
1. Keine Zahlungen von Amts wegen	2
2. Form	3
a) Allgemeines	3
b) Schriftliche Form	4
c) Mündliche Form	5
d) Elektronische Dokumente	6
3. Antragsberechtigte Personen	7
4. Abtretung und Pfändung	15
a) Allgemeines	15
b) Vergütungen nach §§ 8 ff.	16
c) Zeugenentschädigungen	17
d) Entschädigungen für ehrenamtliche Richter	18
III. Fristgerechte Geltendmachung und Fristbeginn	19
1. Allgemeines	19
2. Belehrungspflicht	20
3. Geltendmachung bei der heranziehenden Stelle	21
4. Fristbeginn	22
a) Allgemeines	22
b) Schriftliche Gutachten	23
c) Übersetzer	24
d) Vernehmung von Sachverständigen, Dolmetschern, Zeugen	25
e) Schriftliche Vernehmung von Zeugen	26
f) Dritte (§ 23)	27
g) Ehrenamtliche Richter	28
h) Auslagen	29
i) Parteikosten	29a
5. Mehrfache Heranziehung (Abs. 1 S. 3)	30
6. Vorzeitige Beendigung (Abs. 1 S. 2 Nr. 3)	31
IV. Fristverlängerung (Abs. 1 S. 4, 5)	32
1. Allgemeines	32
2. Antragsform	33
3. Frist	34
4. Entscheidung	35
5. Verfahren nach gewährter Fristverlängerung	36
6. Verfahren bei Ablehnung der Fristverlängerung	37
7. Bekanntgabe der Entscheidung	38
V. Wiedereinsetzung (Abs. 2)	39
1. Allgemeines	39
2. Antragserfordernis	40
3. Form	41
4. Zweiwochenfrist und Glaubhaftmachung	42
5. Jahresfrist (Abs. 2 S. 3)	43
6. Verschulden	44
a) Bewertung durch das Gericht	44
b) Einzelfälle	46
7. Gerichtliche Entscheidung	53
VI. Beschwerde bei Versagen der Wiedereinsetzung	54
1. Allgemeines	54
2. Frist und Form	55
3. Abhilfemöglichkeit	56
4. Beschwerdegericht	57
5. Kosten	58
a) Gerichtskosten	58
b) Außergerichtliche Kosten	59

Geltendmachung und Erlöschen des Anspruchs, Verjährung § 2

	Rn.
VII. Verjährung des Anspruchs auf Zahlung (Abs. 3)	60
1. Allgemeines	60
2. Verjährungsbestimmungen	61
a) Allgemeines	61
b) Hemmung der Verjährung	62
c) Neubeginn der Verjährungsfrist	63
3. Einrede der Verjährung seitens der Landeskasse	64
4. Rechtsbehelfe	65
VIII. Verjährung von Rückzahlungsansprüchen der Staatskasse (Abs. 4)	66
1. Allgemeines	66
2. Anzuwendende Regelungen	67
3. Aufforderung zur Zahlung oder Mitteilung einer Stundung	68
4. Unbekannter Aufenthalt des Schuldners	69
5. Kleinbeträge	70
6. Zahlung trotz eingetretener Verjährung	71
7. Entreicherung	72
8. Rückforderung des zu viel gezahlten Betrages	73
9. Verwaltungszwangsverfahren	74
10. Rechtsbehelfe des Berechtigten	75
11. Rechtsbehelfe der Parteien und Kostenansatz	76

I. Allgemeines

§ 2 bestimmt in Abs. 1 die Fristen, die für die Geltendmachung der Ansprüche nach dem JVEG einzuhalten sind sowie gleichzeitig die Voraussetzungen für eine Fristverlängerung. Abs. 2 schafft die Möglichkeit einer Wiedereinsetzung in den vorigen Stand. Durch Abs. 3, 4 wird schließlich die Verjährung der Ansprüche auf Zahlung der Vergütung und Entschädigung, aber auch der Rückforderungsansprüche der Staatskasse geregelt. Die Regelung soll daher Rechtssicherheit schaffen und zugleich die Staatskasse schützen, da es ihr ermöglicht wird, im Falle etwaiger Nachzahlungen, diese schneller im Kostenansatzverfahren zu berücksichtigen. In der Begründung zu § 2 (BT-Drs. 15/1971, S. 178) heißt es: *„Damit soll besser als bisher sichergestellt werden, dass die Abrechnung zeitnaher erfolgt. Dies hätte wiederum eine größere Gewähr für deren Richtigkeit zur Folge und würde die Möglichkeiten zur schnelleren Durchsetzung einer etwaigen Nachzahlungspflicht des Kostenschuldners erheblich verbessern."* Dadurch wird zugleich der Kostenschuldner geschützt, da die Regelungen des § 2 zugleich eine zügigere Erstellung der endgültigen Schlusskostenrechnung des Gerichts ermöglichen. 1

II. Antragsverfahren (Abs. 1 S. 1)

1. Keine Zahlungen von Amts wegen

Eine Entschädigung oder Vergütung wird nur auf Antrag gewährt, denn Abs. 1 S. 1 stellt klar, dass der Anspruch geltend gemacht werden muss. Eine Zahlung erfolgt deshalb nicht von Amts wegen. Die Anweisungsstelle ist an die Höhe des geltend gemachten Anspruchs gebunden, der festgesetzte Betrag darf den geltend gemachten Betrag deshalb nicht übersteigen. Es ist aber statthaft, im Rahmen des geltend gemachten Gesamtbetrages innerhalb der verschiedenen Positionen einen Austausch vorzunehmen. 2

2. Form

3   a) Allgemeines. Der Antrag auf Gewährung der Entschädigung oder Vergütung ist an keine Form gebunden, sondern vielmehr jede Erklärung, aus der sich ergibt, dass eine Entschädigung oder Vergütung beansprucht wird, ist ausreichend (*LG Würzburg* JurBüro 1977, 29; *OLG Düsseldorf* JurBüro 1992, 264). Übersendet der Sachverständige sein Gutachten mit dem Hinweis, dass die Kostenaufstellung folgt, so hat er seine Vergütung bereits mit genügender Deutlichkeit verlangt (*OLG Karlsruhe* Rpfleger 1957, 43). Ist die Geltendmachung eines Einzelanspruchs offensichtlich versehentlich unterblieben, kann der UdG jedoch darauf hinweisen und auch selbstständig anfragen, ob solche Ansprüche geltend gemacht werden. Eine ordnungsgemäße Geltendmachung ist auch dann erfolgt, wenn der Antrag solche Angaben enthält, die dem Anweisungsbeamten eine selbstständige Berechnung ermöglichen, so z. B. bei Reisen mit dem Kfz die bloße Angabe der Entfernung und des benutzten Verkehrsmittels. Die Geltendmachung des Anspruchs kann in schriftlicher oder mündlicher Form erfolgen, jedoch ist eine Geltendmachung nicht dadurch fristgerecht erfolgt, dass eine Mitarbeiterin oder der Sachverständige der Anweisungsstelle telefonisch mitteilt, denn die Übersendung der Rechnung noch eine zeitlang dauern werde (*BayLSG* JurBüro 2009, 150).

4   b) Schriftliche Form. Wird der Antrag schriftlich gestellt, sind ebenfalls keine besonderen Formvorschriften einzuhalten. Es besteht daher auch keine Verflichtung, die von der heranziehenden Stelle übersandten Formulare zu verwenden. Obwohl Abs. 1 S. 1 eine betragsmäßige Bezifferung des Anspruchs nicht verlangt, sollten durch den Herangezogenen zumindest die einzelnen Ansprüche benannt werden (z. B. Verdienstausfall, Fahrtkosten, Aufwandsentschädigung etc.), gleichwohl verhindert jedoch auch eine rechtzeitige Geltendmachung des Anspruchs ohne betragsmäßige Bezifferung das Erlöschen des Anspruchs. Auch Herangezogene nach § 8 (Sachverständige, Dolmetscher und Übersetzer) brauchen bei der erstmaligen Geltendmachung ihres Anspruchs diesen noch nicht betragsmäßig zu beziffern (*Bund* DS 2005, 325). Der nach § 8 herangezogene Berechtigte muss jedoch innerhalb der Verjährungsfrist des Absatzes 3 eine betragsmäßige Bezifferung vornehmen und den Betrag auch nach Einzelpositionen aufschlüsseln.

5   c) Mündliche Form. Eine rechtzeitige Geltendmachung des Anspruchs liegt auch in solchen mündlichen Erklärungen, durch welche ein Anspruchsverlangen zum Ausdruck kommt. Bestritten ist hingegen, ob eine Geltendmachung bereits dann vorliegt, wenn der Berechtigte um die Aushändigung des Kassenanweisungsformulars bittet, wie das durch ältere Rechtsprechung angenommen wurde (*OLG Düsseldorf* JurBüro 1992, 264). Da jedoch § 2 dem Zwecke dient, eine zeitnahme Erstellung der gerichtlichen Kostenrechnung zu ermöglichen und Sicherheit für Staatskasse und die Verfahrensbeteiligten schaffen soll, also gerade verhindern will, dass mit der Bezifferung der Ansprüche bis zum Ablauf der Verjährungsfrist des Abs. 3 abgewartet wird, woran auch die Änderung des § 2 durch das 2. KostRMoG nichts geändert hat, wird es deshalb nicht mehr als ausreichend anzusehen sein, wenn sich der Berechtigte nach Beendigung seiner Tätigkeit lediglich die Kassenformulare aushändigen oder die Anwesenheitszeiten bestätigen lässt (*OLG Frankfurt* NStZ-RR 2007, 256).

Die Ansprüche können auch durch Erklärung zu Protokoll der Geschäftsstelle geltend gemacht werden, was auch in Anwaltsprozessen ohne anwaltliche Mithilfe statthaft ist.

d) Elektronische Dokumente. Elektronische Dokumente können nur 6 unter der Maßgabe des § 4b verwendet werden.

3. Antragsberechtigte Personen

Der Anspruch ist durch den Berechtigten selbst geltend zu machen, er hat 7 daher eine abgegebene schriftliche Erklärung auch eigenhändig zu unterschreiben. Neben dem Berechtigten selbst können aber auch andere Personen, die als gesetzliche oder rechtsgeschäftliche Vertreter des Herangezogenen handeln, zur Antragstellung berechtigt sein:

- **Betreuer:** Der Betreuer kann den Antrag für den Herangezogenen stellen, 8 soweit diese Tätigkeit auch durch seinen Aufgabenkreis abgedeckt wird.
- **Eltern:** Für einen minderjährigen Herangezogenen können die Eltern den 9 Antrag stellen, soweit ihnen im Rahmen der elterlichen Sorge die Vertretungsmacht zusteht.
- **Erben:** Verstirbt der Herangezogene, so ist der Erbe zur Stellung des 10 Antrags berechtigt. Der Antrag kann auch gestellt werden, wenn das Gutachten nicht fertig gestellt wurde, es besteht insoweit ein Vergütungsanspruch für die bis zum Tode erbrachten Leistungen. Vor einer Auszahlung der Vergütung muss jedoch nachgewiesen werden, dass der Antragsteller tatsächlich Erbe geworden ist.
- **Nachlasspfleger:** Ist ein Nachlasspfleger bestellt, ist auch dieser berechtigt, 11 die Ansprüche nach § 2 geltend zu machen.
- **Pfleger:** Der Pfleger ist gleichfalls zur Antragstellung berufen, soweit die 12 Tätigkeit in seinen Aufgabenbereich fällt. Das gilt auch für die Familienpflege nach § 1630 BGB.
- **Prozessbevollmächtigte:** Sie sind zur Antragstellung berechtigt, wenn sie 13 auch den Herangezogenen vertreten. Der Prozessbevollmächtigte, der ausschließlich eine Partei vertritt, ist jedoch nicht zur Antragstellung berechtigt, da die Parteien grundsätzlich nicht an den Festsetzungsverfahren nach dem JVEG beteiligt sind. Hier bedarf es einer ausdrücklichen Vollmacht durch den Herangezogenen.
- **Vormund:** Ist für einen minderjährigen Herangezogenen ein Vormund 14 bestellt, kann dieser den Antrag nach § 2 stellen.

4. Abtretung und Pfändung

a) Allgemeines. Die aus dem JVEG herrührenden Ansprüche eines Be- 15 rechtigten können auch abgetreten und gepfändet werden. Hinsichtlich der Abtretung finden insoweit die Bestimmungen der §§ 398 ff. BGB Anwendung. Abgetreten werden können deshalb die Ansprüche sämtlicher nach dem JVEG Berechtigter. Die Abtretung ist der heranziehenden Stelle nachzuweisen. Die Landeskasse kann auch gegenüber dem neuen Gläubiger mit einer gegen den bisherigen Gläubiger bestehenden Forderung aufrechnen (§ 406 BGB). Ist der Berechtigte nicht umsatzsteuerpflichtig oder besteht für ihn kein Anspruch auf Erstattung einer solchen, weil die Regelung des § 12 Abs. 1 S. 2 Nr. 4 auf ihn nicht anwendbar ist, kann auch der neue Gläubiger keine Umsatzsteuer aus der Staatskasse verlangen, selbst wenn er umsatzsteuerpflichtig ist (*LSG Berlin-Brandenburg* MEDSACH 2013, 125). Der neue Gläubiger ist berechtigt, einen Antrag auf gerichtliche Festsetzung nach § 4 zu stellen (*BayLSG* Az. L 15 SF 352/09). Hat der Abtretende keine Möglichkeit, auf die Rechnungserstellung Einfluss zu nehmen, weil die Stelle abrechnet, an die der Dienstherr den Anspruch abgetreten hat, kann dem Sachverständigen bei der Wiedereinsetzung in den vorigen Stand ein Drittverschulden nur zugerechnet werden, wenn ihm ein Aufsichts-, Organisations- oder Informationsverschulden vorzuwerfen ist (*BayLSG* Az. L 15 SF 352/09).

16 **b) Vergütungen nach §§ 8 ff.** Vergütungen für Sachverständige, Dolmetscher und Übersetzer sind abtretbar und pfändbar. Das gilt insbesondere dann, wenn die Vergütung bereits fällig geworden ist. Ist die Vergütung noch nicht fällig geworden, weil die Leistung noch nicht abgeschlossen ist, kann diese gepfändet werden, wenn sie nach Art und Person des Drittschuldners bestimmt werden kann.

17 **c) Zeugenentschädigungen.** Die Entschädigung ist abtretbar und pfändbar, wenn die Heranziehung beendet ist und die Entschädigung fällig wird. Soweit aber im Rahmen dieser Entschädigung auch Verdienstausfall erstattet wird, sind die besonderen Schutzbestimmungen der §§ 850 ff. ZPO bei der Pfändung von Arbeitseinkommen zu beachten. Nach *Meyer/Höver/Bach* § 2 Rn. 2.6 ist die Entschädigung keinesfalls pfändbar, wenn die Heranziehung noch nicht beendet ist, da dadurch die Vernehmung des Zeugen gefährdet wäre.

18 **d) Entschädigungen für ehrenamtliche Richter.** Es gilt das für Zeugen Gesagte, so dass auch die Entschädigung nach §§ 15 ff. abtretbar und auch pfändbar ist. Zu beachten ist jedoch die besondere Schutzbestimmung des § 850a Nr. 3 ZPO. Danach sind Aufwandsentschädigungen unpfändbar, so dass sie wegen § 400 BGB auch nicht abgetreten werden können. Zu der Aufwandsentschädigung gehören neben Reise- und Übernachtungskosten sowie Tagegelder auch die Zeitentschädigung nach § 16. Der erstattete Verdienstausfall oder die Entschädigung für Nachteile in der Haushaltsführung (§ 17) sind hingegen pfändbar, zu beachten sind aber die Bestimmungen der §§ 850 ff. ZPO.

III. Fristgerechte Geltendmachung und Fristbeginn

1. Allgemeines

19 Der Anspruch muss fristgerecht geltend gemacht werden. Die Antragsfrist beträgt drei Monate (Abs. 1 S. 1). Es handelt es sich um eine Ausschlussfrist, so dass der Anspruch endgültig erlischt, wenn er nicht fristgerecht geltend gemacht wird (*OLG Oldenburg* NdsRpfl 2010, 384). Die Dreimonatsfrist umfasst sämtliche Ansprüche des Herangezogenen, die sich aus der Heranziehung oder Beauftragung ergeben. Hinsichtlich der Dauer der Frist für die Geltendmachung unterscheidet Abs. 1 nicht zwischen den einzelnen Herangezogenen, so dass sie für alle Berechtigten einheitlich drei Monate beträgt. Lediglich für den Beginn der Dreimonatsfrist unterscheidet Abs. 1 S. 2, 3 zwischen den einzelnen Berechtigten.

Wird die Entschädigung oder Vergütung erst nach Ablauf der Dreimonatsfrist geltend gemacht, so hat der Anweisungsbeamte die Festsetzung abzulehnen und den Antrag zurückzuweisen. Gegen die Entscheidung des Anweisungsbeamten kann der Berechtigte zunächst die gerichtliche Festsetzung nach § 4 Abs. 1 beantragen. Kommt das Gericht dabei zu dem Ergebnis, dass die Frist zur Geltendmachung des Anspruchs tatsächlich versäumt wurde, besteht kein Ermessenspielraum des Gerichts mehr, so dass es den Antrag zurückweisen muss (*OLG Hamm* OLGR 2002, 163). Wegen des Antrags auf Fristverlängerung → Rn. 32 ff.

2. Belehrungspflicht

Die heranziehende Stelle hat den Berechtigten gemäß Abs. 1 S. 1 Hs. 2 **20**
darüber zu belehren, dass der Entschädigungs- bzw. Vergütungsanspruch binnen drei Monaten bei der heranziehenden Stelle geltend zu machen ist. Weiter ist darüber zu belehren, wann die Dreimonatsfrist nach Abs. 1 S. 2 zu laufen beginnt. Ist die Belehrung fehlerhaft erfolgt oder ist sie gänzlich unterblieben, rechtfertigt dies einen Antrag auf Wiedereinsetzung in vorigen Stand (Abs. 2 S. 2).

3. Geltendmachung bei der heranziehenden Stelle

Der Anspruch muss bei der Stelle geltend gemacht werden, die den Berech- **21**
tigten herangezogen oder beauftragt hat (Abs. 1 S. 1 Hs. 1). Maßgeblich ist nur der Eingang bei dem Gericht oder der Behörde (z. B. Staatsanwaltschaft, Verwaltungsbehörde), auf den Eingang in der zuständigen Abteilung kommt es nicht an.

Wird der Anspruch bei einer anderen als der heranziehenden oder beauftragenden Stelle geltend gemacht, entfaltet er keine hemmende Wirkung. Das gilt auch für solche Anträge, die zu Protokoll der Geschäftsstelle erklärt werden. Sie können gem. § 129a Abs. 1 ZPO zwar vor der Geschäftsstelle jedes Amtsgerichts abgegeben werden, ihre Wirkung tritt aber nach § 129a Abs. 2 ZPO frühestens mit Eingang des Protokolls bei der heranziehenden bzw. beauftragenden Stelle ein. Hat das aufnehmende Gericht die Erklärung zögerlich weitergeleitet, kann aber eine Wiedereinsetzung in Betracht kommen *Zöller/Greger* § 129a ZPO Rn. 4. Auch für Entschädigungen nach § 191 SGG ist allein das Gericht, nicht beteiligte Partei, heranziehende Stelle (*BayLSG* Az. L 16 R 489/04).

Beispiel: Das AG Magdeburg zieht den Zeugen A heran. Der Zeuge wird am 15.4. in der mündlichen Verhandlung vernommen. Die Heranziehung endet am selben Tag. Eine Entschädigung wird zunächst nicht geltend gemacht.
Am 13.7. macht der Zeuge vor dem AG Hannover seine Entschädigung zu Protokoll der Geschäftsstelle geltend. Es geht am 17.7. bei dem AG Magdeburg ein.
Ergebnis: Der Anspruch ist zum Zeitpunkt des Eingangs der Erklärung bei dem AG Magdeburg am 17.7. bereits erloschen, da die Erklärung gem. § 129a Abs. 2 ZPO erst mit Eingang bei der heranziehenden Stelle Wirkung entfaltet.

Sofern für mehrere Behörden eine gemeinsame Postannahmestelle eingerichtet ist, gilt die Briefannahmestelle nach den Geschäftsordnungsvorschriften (GOV) zumeist als Geschäftsstelle sämtlicher Abteilungen der angeschlossenen Behörden. In einem solchen Fall ist der Antrag fristgerecht gestellt, wenn er innerhalb der Frist des Absatz 1 bei der gemeinsamen Briefannahmestelle eingeht. Ist für mehrere Gerichte eine gemeinsame Post- und Faxannahmestelle eingerichtet, die als Geschäftsstelle sämtlicher angeschlossener Gerichte oder Behörden gilt, ist ein per Telefax übermittelter Schriftsatz auch dann bei dem adressierten Gericht eingegangen, wenn für die Übermittlung versehentlich die Faxnummer einer anderen in den Behörden- und Gerichtsverbund einbezogen Stelle angewählt wurde (BGH FamRZ 2013, 1125).

4. Fristbeginn

22 **a) Allgemeines.** Die Dreimonatsfrist zur Geltendmachung des Anspruchs beginnt nach Abs. 1 S. 2 bei
– schriftlichen Begutachtungen mit Eingang des schriftlichen Gutachtens (Nr. 1 Alt. 1),
– schriftlichen Übersetzungen mit Eingang der Übersetzung (Nr. 1 Alt. 2),
– der Vernehmung als Sachverständiger oder Zeuge mit Beendigung der Vernehmung (Nr. 2 Alt. 1),
– der Zuziehung als Dolmetscher mit Beendigung der Zuziehung (Nr. 2 Alt. 2),
– der Heranziehung von Dritten (§ 23) mit Beendigung der Maßnahme (Nr. 4),
– Dienstleistungen eines ehrenamtlichen Richters mit Beendigung der Amtsperiode, aber nicht vor dem Ende der Amtstätigkeit (Nr. 5).

Bei einer Heranziehung nach Abs. 1 S. 2 Nr. 1, 2 gelten Sonderregelungen, wenn die Heranziehung vorzeitig beendet wird (→ Rn. 31) oder der Berechtigte im gerichtlichen Verfahren im selben Rechtszug mehrfach herangezogen wird (→ Rn. 30).

23 **b) Schriftliche Gutachten.** Bei der Fertigung eines schriftlichen Gutachtens beginnt die Dreimonatsfrist des Abs. 1 S. 1 mit dem Eingang des Gutachtens bei der beauftragenden Stelle. Maßgebend ist die Einreichung des vollständigen und fertigen Gutachtens, auf Teilleistungen kommt es nicht an. Der Sachverständige braucht deshalb erbrachte Einzelleistungen wie etwa Ortstermine nicht gesondert abrechnen. Die Frist beginnt für jeden Auftrag gesondert zu laufen, jedoch gilt, wenn der Sachverständige in demselben gerichtlichen Verfahren im selben Rechtszug mehrfach herangezogen wird (z. B. Gutachtenerstellung, mündliche Erläuterung) die Regelung des Abs. 1 S. 3 (→ Rn. 30).

24 **c) Übersetzer.** Die Frist des Abs. 1 S. 1 beginnt mit Eingang der schriftlichen Übersetzung bei der beauftragenden Stelle. War der Übersetzer in einer Rechtssache gleichzeitig mit der Übersetzung mehrerer Schriftstücke beauftragt, so handelt es sich um insgesamt einen Auftrag, der einheitlich abzurechnen ist. Im Übrigen ist Abs. 1 S. 3 zu beachten, wenn der Übersetzer in einem gerichtlichen Verfahren in demselben Rechtszug mehrfach beauftragt wird (→ Rn. 30).

25 **d) Vernehmung von Sachverständigen, Dolmetschern, Zeugen.** Wird ein Sachverständiger oder ein Zeuge mündlich vernommen, so beginnt die Frist des Abs. 1 S. 1 mit der Beendigung der Vernehmung (Abs. 1 S. 2 Nr. 2), d. h. seiner Entlassung im Termin (*OLG Celle* JurBüro 2005, 657). Wird der Berechtigte in einem gerichtlichen Verfahren mehrfach vernommen, so beginnt die Frist erst mit der Beendigung der letzten Vernehmung zu laufen (Abs. 2 S. 3). Das gilt etwa, wenn die Vernehmung an mehreren Tagen erfolgt ist. Wegen der Änderung von Abs. 1 durch das 2. KostRMoG ist ältere

anderslautende Rechtsprechung überholt. Bei der Beauftragung eines Dolmetschers beginnt die Frist des Abs. 1 S. 1 mit der Beendigung der Zuziehung, jedoch gilt auch hier die Regelung des Abs. 1 S. 3, wenn es sich um ein gerichtliches Verfahren handelt, so dass es bei mehrfacher Zuziehung in demselben Rechtszug auf die Beendigung der letzten Zuziehung ankommt.

e) Schriftliche Vernehmung von Zeugen. Wird ein Zeuge schriftlich 26 vernommen, kommt es auf den Eingang der schriftlichen Zeugenaussage bei der heranziehenden Stelle an, so dass dieser Zeitpunkt der Beendigung der Vernehmung i. S. d. Abs. 1 S. 2 Nr. 2 entspricht. Handelt es sich um ein gerichtliches Verfahren, gilt Abs. 1 S. 3, so dass die Frist bei mehrfachen Vernehmung im selben Rechtszug erst mit Beendigung der letzten Vernehmung beginnt. Das gilt etwa, wenn die heranziehende Stelle den Zeugen auffordert, weitere Ergänzungen vorzunehmen oder der Zeuge neue Beweisfragen beantworten soll oder er nach der schriftlichen Vernehmung auch noch mündlich vernommen werden soll.

f) Dritte (§ 23). Wird ein Dritter nach § 23 herangezogen, so beginnt die 27 Frist zur Geltendmachung der Entschädigung mit Beendigung der Maßnahme (Abs. 1 S. 2 Nr. 4). Handelt es sich um eine Leistung im Zusammenhang mit der Überwachung des Fernmeldeverkehrs, erlischt der Anspruch, wenn der Dritte seinen Anspruch nicht innerhalb von drei Monaten bei der zuständigen Staatsanwaltschaft geltend macht. Als Fristbeginn gilt dabei der Tag der Einstellung der Überwachung (*LG Osnabrück* NdsRpfl. 1994, 22). Hat das Gericht die Vorlage von Urkunden oder sonstigen Unterlagen angeordnet, so beginnt die Frist zur Geltendmachung des Anspruchs mit Eingang dieser Unterlagen bei der anordnenden Stelle.

g) Ehrenamtliche Richter. Für die ehrenamtliche Richter, Vertrauens- 28 personen in den Ausschüssen zur Wahl der Schöffen sowie die Vertrauensleute in den Ausschüssen zur Wahl der ehrenamtlichen Richter bei den Gerichten der Verwaltungs- und der Finanzgerichtsbarkeit bestimmt Abs. 1 S. 2 Nr. 4, dass die Dreimonatsfrist erst mit Beendigung der Amtsperiode zu laufen beginnt. Muss der Berechtigte seine Tätigkeit über das Ende der Amtsperiode hinaus fortsetzen, beginnt die Frist nicht vor Beendigung der Amtstätigkeit, so etwa, wenn ein Schöffe in einem laufenden Verfahren seine Amtstätigkeit über das Ende der Amtsperiode hinaus fortsetzen muss (BT-Drs. 17/11471 (neu), S. 259). Es kommt daher keinesfalls auf die Beendigung der einzelnen Verhandlung oder der Beendigung der einzelnen Angelegenheiten an. Der Gesetzgeber hat den Fristbeginn absichtlich auf den späten Zeitpunkt der Beendigung der Amtsperiode verlegt, um so zu verhindern, dass aufgrund der häufigen Heranziehung unter Umständen die rechtzeitige Geltendmachung verhältnismäßig leicht versäumt werden kann (BT-Drs. 15/1971, S. 179).

h) Auslagen. Der durch Abs. 1 S. 2 festgelegte Fristbeginn gilt für sämtli- 29 che Teile der Entschädigung oder Vergütung. Für entstandene Auslagen und Fremdkosten kommt es daher nicht auf den Zeitpunkt ihrer Entstehung an (*LSG NRW* Az. L 5 S 31/79). Die Auslagen sind innerhalb der regulären Dreimonatsfrist geltend zu machen. Auch kann eine nachträgliche Auslagenerstattung nicht verlangt werden, wenn die Dreimonatsfrist abgelaufen ist. Das gilt auch für eine nachträgliche Geltendmachung der Umsatzsteuer (*OLG München* RVGreport 2013, 163; *OLG Schleswig* IBR 2013, 440).

29a **i) Parteikosten.** Soweit Parteiaufwendungen nach § 91 ZPO geltend gemacht werden, ist die Dreimonatsfrist des § 2 nicht anwendbar (*OLG Hamburg* Rpfleger 1962, 235; *OLG München* JurBüro 1981, 1245; *OLG Karlsruhe* JurBüro 1991, 1514); das gilt auch für Aufwendungen nach § 162 Abs. 1 VwGO (*OVG Koblenz* Rpfleger 2006, 48).

5. Mehrfache Heranziehung (Abs. 1 S. 3)

30 Wird ein Berechtigter in den Fällen des Abs. 1 S. 2 Nr. 1, 2 in einem gerichtlichen Verfahren im selben Rechtszug mehrfach herangezogen, ist für den Beginn der Dreimonatsfrist des Abs. 1 S. 1 nur die Beendigung der letzten Heranziehung maßgeblich (Abs. 1 S. 3). Die Regelung wurde durch Art. 7 des 2. KostRMoG mit Wirkung zum 1.8.2013 eingeführt. Sie ist ihrem eindeutigen Wortlaut nach nur für Beauftragung und Vernehmung von Sachverständigen, die Vernehmung von Zeugen sowie die Beauftragung bzw. Zuziehung von Dolmetschern oder Übersetzern anwendbar. Für Dritte (§ 23) und ehrenamtliche Richter gilt die Regelung hingegen nicht, da es sich um Berechtigte nach Abs. 1 S. 2 Nr. 4, 5 handelt.

Eine mehrfache Heranziehung liegt etwa vor, wenn ein Sachverständiger, der ein schriftliches Gutachten erstellt hat, noch Ergänzungsgutachten anfertigen muss oder noch mündlich vernommen wird. Bei Zeugen ist eine mehrfache Vernehmung erfasst. Bei Übersetzern gilt die Regelungen für die Fälle, in denen mehrfach Übersetzungen in Auftrag gegeben werden. Bei Dolmetschern, wenn die Zuziehung an verschiedenen Tagen erflgt ist. Maßgeblich ist in allen Fällen nur noch die letzte Heranziehung. Ältere Rechtsprechung, die noch auf die Beendigung des einzelnen Auftrags oder der einzelnen Heranziehung abstellt, ist damit überholt.

Es muss sich um ein gerichtliches Verfahren handeln, so dass Abs. 1 S. 3 nicht gilt für eine Heranziehung durch die Staatsanwaltschaft oder die Verwaltungsbehörde. Weiter ist die Regelung nur anwendbar, wenn die mehrfache Heranziehung in demselben Rechtszug erfolgt ist. Gemeint ist damit der verfahrensrechtliche Instanzenzug. Wird der Sachverständige daher sowohl in der ersten als auch in der Rechtsmittelinstanz beauftragt, beginnt die Dreimonatsfrist des Abs. 1 S. 1 für jede Heranziehung gesondert.

Das Risiko, dass es nicht mehr zu einer weiteren Heranziehung kommt, trägt der Berechtigte, so dass die Dreimonatsfrist nach Abs. 1 S. 2 zu laufen beginnt, wenn eine weitere Heranziehung tatsächlich nicht mehr erfolgt.

6. Vorzeitige Beendigung (Abs. 1 S. 2 Nr. 3)

31 Wird die Heranziehung oder der Auftrag in den Fällen des Abs. 1 S. 2 Nr. 1, 2 vorzeitig beendet, so beginnt die Dreimonatsfrist mit der Bekanntgabe der Erledigung an den Herangezogenen (Abs. 1 S. 2 Nr. 3). Erfasst sind z. B. die Fälle, in denen die Abgabe des Gutachtens oder eine Zeugenvernehmung wegen Verfahrensbeendigung durch Vergleich oder Antrags- bzw. Klagerücknahme nicht mehr erforderlich ist. Die Bekanntgabe erfolgt dabei im Regelfall durch Schreiben der heranziehenden Stelle. Die Regelung erfasst nur die Fälle des Abs. 1 S. 2 Nr. 1, 2, so dass sie nur für Sacherständige, Dolmetscher, Übersetzer oder Zeugen gilt, nicht aber für Dritte (§ 23) oder ehrenamtliche Richter.

IV. Fristverlängerung (Abs. 1 S. 4, 5)

1. Allgemeines

Die Ausschlussfrist des Abs. 1 S. 1 kann auf Antrag des Berechtigten verlängert werden (Abs. 1 S. 4). Es bedarf stets eines Antrags, eine Fristverlängerung von Amts wegen kommt nicht in Betracht. 32

2. Antragsform

Eine besondere Form sieht § 2 auch für den Antrag auf Fristverlängerung nicht vor. Er kann deshalb schriftlich gestellt oder mündlich zu Protokoll der Geschäftsstelle erklärt werden (§ 129a ZPO). Der Antrag ist zu begründen, dabei sind insbesondere die Gründe zu nennen, die den Berechtigten an einer fristgerechten Geltendmachung hindern. Wegen der Verwendung elektronischer Dokumente gilt § 4b. 33

3. Frist

Der Antrag auf Fristverlängerung kann nur gestellt werden, solange der Anspruch auf Entschädigung oder Vergütung noch nicht erloschen ist. Er muss deshalb innerhalb der Dreimonatsfrist des Abs. 1 S. 1 gestellt werden. Nach Ablauf ist ein solcher Antrag nicht mehr zulässig (*LG Hannover* JurBüro 2005, 550). Auch der Antrag auf Fristverlängerung ist bei der heranziehenden oder beauftragenden Stelle einzureichen. Wird er bei einer anderen Behörde gestellt, entfaltet er bis zum Eingang bei der zuständigen Stelle keine Wirkung. 34

Die Frist soll nur in begründeten Ausnahmefällen verlängert werden, denn die Regelung dient nicht dazu, dem Berechtigten generell eine längere Frist zur Geltendmachung des Anspruchs zu verschaffen. In Betracht kommen deshalb insbesondere solche Fälle, in denen dem Berechtigten eine Geltendmachung nicht möglich ist oder diese nur unvollständig erfolgen könnte. Es muss deshalb ein berechtigtes Interesse vorliegen. Ein solches kann vorliegen, wenn dem Sachverständigen Fremdkosten entstanden sind, aber der vom Sachverständigen beauftragte Dritte, z. B. Hilfskräfte, noch nicht gegenüber dem Sachverständigen abgerechnet hat (BT-Drs. 15/1971, S. 179). Daneben können auch persönliche Gründe wie Krankheit oder längere Abwesenheit des Berechtigten eine Frristverlängerung rechtfertigen.

4. Entscheidung

Über den Antrag auf Fristverlängerung entscheidet zunächst der Anweisungsbeamte. Er ist als zuständige Stelle i. S. d. Abs. 1 S. 4 anzusehen, was daraus folgt, dass gegen eine Ablehnungsentscheidung die gerichtliche Festsetzung nach § 4 Abs. 1 beantragt werden kann. Eine Anhörung des Vertreters der Staatskasse ist nicht erforderlich. Es handelt sich um eine Ermessensentscheidung, was aus dem Wortlaut „kann" folgt, so dass ein Rechtsanspruch auf Fristverlängerung nicht besteht (*Bund* DS 2005, 325). Der Anweisungsbeamte muss jedoch von seinem Ermessen angemessen Gebrauch machen, so dass er auch eine Ablehnungsentscheidung zu begründen hat. 35

§ 2 Abschnitt 1. Allgemeine Vorschriften

5. Verfahren nach gewährter Fristverlängerung

36 Verlängert der Anweisungsbeamte die Frist nach Abs. 1 S. 4, so hat er den Berechtigten davon in Kenntnis zu setzen. Dabei hat er den Berechtigten unter Bestimmung einer neuen Frist aufzufordern, den Anspruch geltend zu machen. Eine solche Mitteilung kann unterbleiben, wenn eine von dem Berechtigten genannte Frist mit dessen Einverständnis stillschweigend verlängert wurde.

6. Verfahren bei Ablehnung der Fristverlängerung

37 Lehnt der Anweisungsbeamte den Antrag auf Fristverlängerung ab, so hat er den Antrag unverzüglich dem nach § 4 Abs. 1 zuständigen Gericht vorzulegen. Die Vorlage erfolgt von Amts wegen und bedarf keines besonderen Antrags. Das Gericht entscheidet über den Antrag auf Fristverlängerung durch Beschluss. Es kann dem Antrag auf Fristverlängerung stattgeben oder ihn zurückweisen. Der Beschluss ist unanfechtbar, so dass er auch im Hinblick auf den zum 1.1.2014 in Kraft tretenden § 4c keiner Rechtsbehelfsbelehrung bedarf.

Wird der Antrag abgelehnt und war die Frist nach Abs. 1 S. 1 bereits abgelaufen, so erlischt der Anspruch erst dann, wenn der Antragsteller nach Bekanntgabe des Ablehnungsbeschlusses, den Anspruch nicht binnen zwei Wochen bei der nach Abs. 1 S. 1 zuständigen Stelle geltend macht (Abs. 1 S. 5). Die Regelung des Abs. 1 S. 4 soll nämlich verhindern, dass der Antragsteller im Falle des Ablaufs der Drei-Monatsfrist seinen Anspruch schon vor Bekanntgabe der Entscheidung verliert oder er zur Einhaltung der Frist zwangsläufig unvollständig abrechnen müsste (BT-Drs. 15/1971, S. 179).

Beispiel: Der Sachverständige wird mit der Erstellung eines schriftlichen Gutachtens beauftragt. Dieses geht am 10. 7. bei Gericht ein. Am 8. 10. wird Antrag auf Fristverlängerung gestellt.
Nach Ablehnung der Fristverlängerung durch den UdG weist das Gericht den Antrag am 19.10. zurück. Der Beschluss wird dem Sachverständigen am 22.10. bekannt gegeben.
Ergebnis: Der Anspruch auf Vergütung erlischt jetzt erst, wenn er nicht binnen zwei Wochen ab Bekanntgabe der Entscheidung geltend gemacht wird, da die Dreimonatsfrist schon am 10.10. und somit zum Zeitpunkt der Bekanntgabe der Entscheidung abgelaufen war:

Bekanntgabe am: 22.10. zzgl. zwei Wochen
Erlöschen des Anspruchs am: 5.11. um 24.00 Uhr

7. Bekanntgabe der Entscheidung

38 Der ablehnende Beschluss ist förmlich zuzustellen, da er die Zweiwochenfrist des Abs. 1 S. 5 in Lauf setzt, die mit Bekanntgabe der gerichtliche Entscheidung beginnt (§ 329 Abs. 2 ZPO). Insoweit wird die in der Vorauflage vertretene Auffassung aufgegeben. In Verfahren der freiwilligen Gerichtsbarkeit genügt die Bekanntgabe durch Aufgabe zur Post (§ 15 Abs. 2 FamFG), die Regelung des § 41 Abs. 1 FamFG greift nicht, da der Beschluss nach Abs. 1 S. 4 nicht anfechtbar ist. Eine förmliche Zustellung ist aber dann vorzunehmen, wenn das Gericht sie angeordnet hat (§ 166 Abs. 2 ZPO i. V. m. § 15 Abs. 2 S. 1 FamFG).

96

V. Wiedereinsetzung (Abs. 2)

1. Allgemeines

War der Berechtigte ohne sein Verschulden an der Einhaltung der Frist des Abs. 1 gehindert, ist ihm auf fristgerechten Antrag hin Wiedereinsetzung in den vorigen Stand zu gewähren (Abs. 2 S. 1). Der Anweisungsbeamte ist nicht verpflichtet, auf die Möglichkeit der Wiedereinsetzung hinzuweisen (*BayLSG* Az. L 5 R 502/04.Ko). Eine Beteiligung der Staatskasse ist in dem Verfahren nach Abs. 2 nicht vorgesehen, so dass ihr auch kein rechtliches Gehör gewährt werden muss. Auch steht ihr gegen die Gewährung der Wiedereinsetzung kein Beschwerderecht zu (*OLG Koblenz* MDR 2012, 428; *OLG Schleswig* BauR 2009, 1789; *Bund* DS 2006, 325). 39

2. Antragserfordernis

Die Wiedereinsetzung ist nur auf Antrag des Herangezogegen und nicht von Amts wegen zu gewähren (*LSG Thüringen* Az. L 6 SF 1739/12 E; *BayLSG* Az. L 15 SF 255/10). Antragsberechtigt ist jeder Herangezogene, der die Frist des Abs. 1 versäumt hat, eine Differenzierung zwischen den einzelnen Berechtigten nimmt Abs. 2 nicht vor. 40

3. Form

Der Antrag ist schriftlich bei der heranziehenden Stelle zu stellen. Er kann aber auch zu Protokoll der Geschäftsstelle erklärt werden (§ 129a ZPO). Die Erklärung kann vor jedem Amtsgericht abgegeben werden, jedoch entfaltet sie ihre Wirkung, auch im Hinblick auf die Frist des Abs. 2 S. 1, 3, erst mit Eingang bei der zuständigen Stelle (§ 129a Abs. 2 S. 2 ZPO). Auch in Anwaltsprozessen ist daher die Mithilfe eines Rechtsanwalts nicht erforderlich. Wegen der Verwendung elektronischer Dokumente gilt § 4b. 41

4. Zweiwochenfrist und Glaubhaftmachung

Wiedereinsetzung in den vorigen Stand ist nur zu gewähren, wenn der Herangezogene seinen Anspruch innerhalb von zwei Wochen nach Beseitigung des Hindernisses beziffert und die Tatsachen glaubhaft macht, welche die Wiedereinsetzung begründen (Abs. 2 S. 1). Die vorgetragenen Hinderungsgründe sind glaubhaft zu machen. Die Glaubhaftmachung muss zugleich innerhalb der Zweiwochenfrist des Abs. 2 S. 1 erfolgen, sie ist deshalb auch bei rechtzeitiger Antragstellung zu einem späteren Zeitpunkt ausgeschlossen (*OLG Celle* NdsRfl 2007, 259). 42

Für die Glaubhaftmachung gilt § 294 ZPO, so dass sich der Herangezogene aller Beweismittel bedienen kann, auch der eidesstattlichen Versicherung, deren Beweiswert alledings anhand der konkreten Umstände des Einzelfalls zu ermitteln ist (*BayLSG* Az. L 15 SF 208/10 B E). Eine bloße Behauptung der Gründe genügt nicht (*BayLSG* Az. L 15 SF 46/11 B), ebenso wenig die bloße Einreichung der Rechnung, ohne Vortrag und Glaubhaftmachung (*BayLSG* Az. L 15 SF 135/12 B). Dass der Anspruch rechtzeitig nach Abs. 1 bei der zuständigen Stelle geltend gemacht wurde, hat der Herangezogene, nicht die Staatskasse zu beweisen (*BayLSG* Az. L 15 SF 44/09 B), so dass auch das

§ 2 Abschnitt 1. Allgemeine Vorschriften

Risiko einer versehentlich nicht mitübersandten Rechnung vom Herangezogenen zu tragen ist und keine Wiedereinsetzung rechtfertigt (*BayLSG* Az. L 15 SF 44/09).
In dem Antrag ist der Anspruch zugleich zu beziffern. Dabei sollten aber bei Zeugen nicht zu hohe Anforderungen gestellt werden, da solche Berechtigte nur selten herangezogen werden und sie daher, im Gegensatz zu den nach § 8 Herangezogenen, oftmals nicht über die einschlägigen Kenntnisse des JVEG verfügen. Es sollten daher hier solche Angaben genügen, die es der heranziehenden Stelle ermöglichen, die Entschädigung zu beziffern, z. B. Angabe des Zeitumfang eines eingetretenen Verdienstausfalls nebst Stundensatz oder die bloße Angabe des genutzten Fahrzeugs und der zurückgelegten Entfernung.

5. Jahresfrist (Abs. 2 S. 3)

43 Die Wiedereinsetzung kann nicht mehr beantragt werden, wenn seit dem Ende der nach Abs. 1 versäumten Frist ein Jahr vergangen ist (Abs. 2 S. 3). Es handelt es sich hierbei um eine Ausschlussfrist, gegen deren Versäumung keine Wiedereinsetzung möglich ist (Zöller/*Greger* § 234 ZPO Rn. 12).

6. Verschulden

44 **a) Bewertung durch das Gericht.** Ob ein Verschulden vorliegt, hat das Gericht nach objektiven Maßstäben zu bewerten. Dabei muss das Verschulden verfahrensbezogen, unter Berücksichtigung der Umstände des jeweiligen Falles, ermittelt werden (Zöller/*Greger* § 233 ZPO Rn. 14). Bei juristischen Personen und auch bei mit der Materie vertrauten Personen, z. B. Rechtsanwälten, können höhere Anforderung gestellt werden. Für das Verschulden Dritter muss der Herangezogene jedoch nicht haften (Zöller/*Greger* § 233 Rn. 19), es begründet eine Wiedereinsetzung (→ Rn. 48). Dieser für den Zivilprozess allgemein geltende Grundsatz muss auch für das Verfahren nach dem JVEG gelten.

45 Ist die nach Abs. 1 S. 1 Hs. 2 durch die heranziehende Stelle zwingend vorzunehmende Belehrung über die Frist zur Geltendmachung des Anspruchs und ihren Beginn unterblieben oder war diese fehlerhaft, so wird ein Fehlen des Verschuldens vermutet (Abs. 2 S. 2), so dass Wiedereinsetzung zu gewähren ist.

b) Einzelfälle

46 – **Arbeitsbelastung.** Eine starke berufliche Anspannung rechtfertigt keine Wiedereinsetzung (*BayLSG* Az. L 15 SF 338/09; *LSG Berlin-Brandenburg* Az. L 2 SF 218/10).

47 – **Belehrung:** Wegen der Belehrung nach Abs. 1 S. 1 Hs. 2 → Rn. 45.

48 – **Drittverschulden:** Der Berechtigte muss auch Verschulden von ihm beauftragter Dritter verantworten. Hat er aber die Arbeitsübertragung gewissenhaft organisiert, das beauftragte Personal sorgfältig ausgewählt und überwacht, kann Wiedereinsetzung gewährt werden (*LSG Berlin-Brandenburg* Az. L 2 SF 141/10 B).

49 – **Irrtümlich verspätete Antragstellung:** Geht der Berechtigte irrtümlich von einem falschen Beginn der Dreimonatsfrist aus, liegt darin kein Wiedereinsetzungsgrund (*LG Hannover* NdsRpfl. 2005, 349).

- **Postlauf:** Wird die Frist nicht eingehalten, weil es zu Verzögerungen im Postverkehr gekommen ist, kann Wiedereinsetzung gewährt werden, weil sich der Absender auf die zuverlässige Arbeit der Post verlassen kann (BVerfG NJW 1979, 641). Verzögerungen in der Briefbeförderung und Briefzustellung dürfen dem Herangezogenen danach nicht angelastet werden. 50
- **Umsatzsteuer:** Ist sie innerhalb der Frist des Abs. 1 nicht geltend gemacht, kommt eine Nachliquidierung nur in Betracht, wenn die Voraussetzungen des Abs. 2 vorliegen. Die bloße nachträgliche Geltendmachung von Umsatzsteuer rechtfertigt daher für sich allein noch nicht die Wiedereinsetzung (*OLG Thüringen* JurBüro 2012, 153; *OLG Bamberg* OLGSt JVEG § 2 Nr. 1). 51
- **Unzuständige Behörde:** Wird der Antrag nach Abs. 1 fristgerecht, aber versehentlich nicht bei der nach Abs. 1 zuständigen Stelle eingereicht und geht der Antrag der zuständigen Stelle erst nach Fristablauf zu, liegt ein Verschulden vor, so dass eine Wiedereinsetzung nicht gerechtfertigt erscheint (Zöller/*Greger* § 233 ZPO Rn. 23 „Gerichtseinlauf"). Eine schuldlose Verhinderung liegt deshalb auch nicht vor, wenn ein Entschädigungsantrag verspätet bei Gericht eingeht, weil der Betroffene diesen an eine Partei übersandt und diese ihn nicht rechtzeitig weitergeleitet hat (*BayLSG* Az. L 16 R 489/04). 52

7. Gerichtliche Entscheidung

Über den Antrag auf Wiedereinsetzung entscheidet das Gericht, welches den Berechtigten herangezogen hat (Abs. 2 S. 1). Die Entscheidung ergeht durch Beschluss, der zu begründen ist. Der Anweisungsbeamte ist nicht zur Entscheidung befugt (*OLG Celle* NdsRfl 2007, 259), was schon aus dem gegen die Entscheidung statthaften Rechtsbehelf folgt. Entscheidungen des Anweisungsbeamten als UdG können in der Regel nicht mit der Beschwerde, sondern mit der Erinnerung angefochten werden, diese lässt Abs. 2 aber ausdrücklich nicht zu. 53

Hat das Gericht den Antrag auf Wiedereinsetzung abgelehnt, ist der Beschluss an den Berechtigten von Amts wegen förmlich zuzustellen, da gegen diese Entscheidung ein befristetes Rechtsmittel gegeben ist (Abs. 2 S. 4); → Rn. 54 ff.

VI. Beschwerde bei Versagen der Wiedereinsetzung

1. Allgemeines

Versagt das Gericht die Wiedereinsetzung, findet gegen die ablehnende Entscheidung die Beschwerde statt (Abs. 2 S. 4). 54

2. Frist und Form

Die Beschwerde ist binnen zwei Wochen nach Zustellung der ablehnenden Entscheidung einzulegen (Abs. 2 S. 5), und zwar bei dem Gericht, welches die Wiedereinsetzung versagt hat (Abs. 2 S. 7 i. V. m. § 4 Abs. 6 S. 3). Im Übrigen verweist Abs. 2 S. 7 auf § 4 Abs. 4 S. 1–3, Abs. 6–8. Hat der Rechtspfleger den Antrag auf Wiedereinsetzung abgelehnt, entscheidet den- 55

§ 2 Abschnitt 1. Allgemeine Vorschriften

noch der Einzelrichter über die Beschwerde, da § 4 Abs. 7 S. 1 Hs. 2 anzuwenden ist. Ein Beschwerdewert braucht nicht erreicht zu werden, da eine Verweisung auf § 4 Abs. 3 fehlt.

Die Beschwerde kann schriftlich eingelegt oder zu Protokoll der Geschäftsstelle erklärt werden, § 129a ZO gilt entsprechend (Abs. 2 S. 7 i. V. m. § 4 Abs. 6 S. 1). Es bedarf daher auch in Anwaltsverfahren keiner anwatlichen Vertretung. Wird gleichwohl ein Anwalt bevollmächtigt, gelten für die Bevollmächtigung die verfahrensrechtlichen Vorschriften des Hauptverfahrens (Abs. 2 S. 7 i. V. m. § 6 Abs. 2). Wegen der Verwendung elektronischer Dokumente gilt § 4b.

3. Abhilfemöglichkeit

56 Das Gericht hat der Beschwerde abzuhelfen, soweit es sie für zulässig und begründet hält (Abs. 2 S. 7 i. V. m. § 4 Abs. 4 S. 1). Andernfalls muss die Beschwerde unverzüglich dem Beschwerdegericht vorgelegt werden.

4. Beschwerdegericht

57 Beschwerdegericht ist das nächsthöhere Gericht (Abs. 2 S. 7 i. V. m. § 4 Abs. 4 S. 2), eine Beschwerde an einen obersten Gerichtshof findet jedoch nicht statt (Abs. 2 S. 7 i. V. m. § 4 Abs. 4 S. 3), so dass Entscheidungen des BAG, BGH, BFH, BSG, BVerwG, FG, LAG, LSG, OLG, OVG nicht mit der Beschwerde nach Abs. 2 angegriffen werden können. In Familiensachen ist das nächsthöhere Gericht entgegen § 119 GVG nicht das Oberlandesgericht, sondern ebenfalls das Landgericht (*OLG Celle* NdsRpfl. 2005, 226; *OLG Brandenburg* FamRZ 2005, 141).

5. Kosten

58 **a) Gerichtskosten.** Sowohl der Antrag auf Wiedereinsetzung als auch das Beschwerdeverfahren sind gebührenfrei (Abs. 2 S. 7 i. V. m. § 4 Abs. 8 S. 1). Ist das Beschwerdeverfahren aber erfolglos verlaufen, so besteht eine Verpflichtung, die in dem Beschwerdeverfahren entstandenen gerichtlichen Auslagen (Nr. 9000 ff. KV-GKG, Nr. 2000 ff. KV-FamGKG, Nr. 31000 ff. KV-GNotKG) zu tragen.

59 **b) Außergerichtliche Kosten.** Eine Kostenerstattung findet nicht statt (Abs. 2 S. 7 i. V. m. § 4 Abs. 8 S. 2). Der Staatskasse können deshalb auch im Falle einer begründeten Beschwerde nicht die außergerichtlichen Kosten des Beschwerdeführers auferlegt werden. Die Entscheidung bedarf deshalb regelmäßig auch keiner Kostenentscheidung.

VII. Verjährung des Anspruchs auf Zahlung (Abs. 3)

1. Allgemeines

60 Der Anspruch des Berechtigten verjährt in drei Jahren nach Ablauf des Kalenderjahres, in dem die nach Abs. 1 bestimmte Frist zur Geltendmachung abgelaufen war (Abs. 3 S. 1). Diese Verjährungsfrist greift jedoch nur dann, wenn der Anspruch auch rechtzeitig nach Abs. 1 geltend gemacht wurde, weil er ansonsten bereits mit Verstreichen der Dreimonatsfrist erloschen war. Im

Geltendmachung und Erlöschen des Anspruchs, Verjährung § 2

Übrigen finden die Bestimmungen des BGB über die Verjährung Anwendung (Abs. 3 S. 2), so dass §§ 194 ff. gelten, soweit sich aus Abs. 3 nicht etwas abweichendes ergibt. Die Verjährung bei der Geltendmachung von Rückzahlungen durch die Staatskasse wird ausschließlich durch Abs. 4 geregelt (→ Rn. 66 ff.).

Beispiel: Der Zeuge wird am 15.4.2013 in der mündlichen Verhandlung vernommen, seine Heranziehung endet am selben Tag.
Der Anspruch muss geltend gemacht werden bis zum: 14.7. 2013 (24:00 Uhr)
Die Verjährungsfrist des Abs. 3 endet am: 31.12.2016 (24:00 Uhr)
Die Verjährung tritt ein am: 1.1.2017

2. Verjährungsbestimmungen

a) Allgemeines. Da nach Abs. 3 S. 2 die allgemeinen Bestimmungen des 61 BGB über die Verjährung Anwendung finden, kann die Verjährung auch für Ansprüche nach dem JVEG gehemmt oder unterbrochen werden.
Hemmung: Wird die Verjährung gehemmt, so wird der Zeitraum der Hemmung während der Verjährungsfrist nicht mitgerechnet (§ 209 BGB). Die Verjährungsfrist verlängert sich somit um den Zeitraum der Hemmung, die Frist beginnt **nicht** erneut.
Neubeginn: Wird die Verjährung unterbrochen, so beginnt mit Beendigung der Unterbrechung die Verjährungsfrist erneut.

b) Hemmung der Verjährung. Der Antrag auf gerichtliche Festsetzung 62 nach § 4 Abs. 1 führt eine Hemmung der Verjährung wie bei einer Klageerhebung herbei (Abs. 3 S. 3). Die Regelung entspricht § 204 Abs. 1 Nr. 1 BGB. Wurde der Berechtigte jedoch mehrfach hinzugezogen oder beauftragt, muss sich das Festsetzungsverfahren nach § 4 auf sämtliche Ansprüche beziehen, da es andernfalls nur für die dort erfassten Ansprüche zu einer Hemmung der Verjährung kommt. Neben dem Antrag auf gerichtliche Festsetzung nach § 4 Abs. 1 benennt § 212 Abs. 1 BGB weitere Fälle, die zu einer Hemmung der Verjährung führen.

In entsprechender Anwendung des § 204 Abs. 2 BGB endet die Hemmung sechs Monate nach Beendigung des nach § 4 Abs. 1 eingeleiteten Verfahrens, da in dem Verfahren keine der Rechtskraft fähige Entscheidung ergeht, auf die abzustellen ist. Soweit gegen den Beschluss Beschwerde eingelegt wird, ist auf das Ende des Beschwerdeverfahrens abzustellen. Die Verfahren nach § 4 werden mit Erlass der gerichtlichen Entscheidung oder dem Eingang der Rücknahmeschrift bei Gericht beendet.

c) Neubeginn der Verjährungsfrist. Für den Neubeginn der Verjährung 63 gilt § 212 BGB. Für die Zahlungen nach dem JVEG dürfte wohl nur die Anerkenntnis des Anspruchs oder die Leistung einer Abschlagszahlung durch die Staatskasse von Bedeutung sein.

3. Einrede der Verjährung seitens der Landeskasse

Nach Abs. 3 S. 4 ist die Verjährung des Anspruchs auf Zahlung der Ent- 64 schädigung oder Vergütung nicht von Amts wegen zu berücksichtigen. Die Verjährung ist deshalb erst dann gegenüber dem Berechtigten zu berücksichtigen, wenn die heranziehende oder beauftragende Stelle die Verjährungseinrede erhebt. Der Anweisungsbeamte kann die Verjährungseinrede wegen

101

§ 2 Abschnitt 1. Allgemeine Vorschriften

Abs. 3 S. 4 somit nicht selbst erheben, sondern muss für den Fall einer eingetretenen Verjährung entweder die Sache dem Gericht mit der Anregung einer gerichtlichen Festsetzung nach § 4 Abs. 1 vorlegen oder aber Sache an den zuständigen Vertreter der Staatskasse (Bezirksrevisor) veranlassen. Der Vertreter der Staatskasse hat sodann nach Aktenvorlage zu prüfen, ob eine Verjährung nach Abs. 3 eingetreten ist. Ist Verjährung eingetreten und soll nach Auffassung des Vertreters der Landeskasse die Verjährungseinrede erhoben werden, so hat er Antrag auf gerichtliche Festsetzung nach § 4 Abs. 1 zu stellen oder aber gegen eine solche Entscheidung Beschwerde nach § 4 Abs. 3 einzulegen. An der entsprechenden Anwendung von § 37a KostVfg wird nicht festgehalten, da die Regelung nur für die Verjährung von Gerichtskosten gilt, so dass der Vertreter der Landeskasse vor Erhebung der Verjährungseinrede in einem Verfahren nach § 4 nicht der Einwilligung des unmittelbar vorgesetzten Präsidenten bedarf. Insoweit wird die in der Vorauflage vertretene Auffassung ausdrücklich aufgegeben.

4. Rechtsbehelfe

65 Wird die Einrede der Verjährung erhoben, muss der Berechtigte mit den in § 4 genannten Rechtsbehelfen vorgehen. Eine Anfechtung nach § 30a EGGVG kommt nicht in Betracht, da diese Regelung nur eingreift, wenn es sich um einen Justizverwaltungsakt im Bereich der Justizverwaltung handelt, und auch dann nur, wenn eine andere Anfechtungsmöglichkeit nicht ausdrücklich bestimmt ist. Da aber die Rechtsbehelfe des § 4 auch bei der Einrede der Verjährung greifen, bleibt für die Anwendung von § 30a EGGVG kein Raum.

VIII. Verjährung von Rückzahlungsansprüchen der Staatskasse (Abs. 4)

1. Allgemeines

66 Der Anspruch der Staatskasse auf Erstattung von zuviel gezahlter Entschädigung oder Vergütung verjährt in drei Jahren nach Ablauf des Kalenderjahres, in dem die Zahlung erfolgt ist (Abs. 4 S. 1). Maßgeblich ist das Jahr der Auszahlung, nicht das folgende Kalenderjahr (*OLG Hamm* JurBüro 2001, 487; *OLG München* NJW-RR 2000, 143). Dabei kommt es weder auf eine Kenntnisnahme des zuständigen Vertreters der Landeskasse noch auf eine gerichtlichen Festsetzung (§ 4) an, sondern allein auf die Zahlung der Entschädigung bzw. der Vergütung. Unerheblich ist deshalb auch der Zeitpunkt der Beendigung der Heranziehung oder Beauftragung, so dass auch der Fristablauf des Abs. 1 unerheblich ist. Die Regelung des Abs. 4 gilt einheitlich für alle nach dem JVEG berechtigten Personen.

2. Anzuwendende Regelungen

67 § 5 Abs. 3 GKG gilt entsprechend (Abs. 4 S. 2), so dass auf die Verjährung die Vorschriften des BGB über die Verjährung anzuwenden sind. Es kann daher Hemmung oder Neubeginn der Verjährung eintreten (→ Rn. 61). Nach § 212 Abs. 1 Nr. 2 BGB tritt Neubeginn auch dann ein, wenn die

zuständige Vollstreckungsbehörde eine gerichtliche oder behördliche Vollstreckungshandlung vorgenommen oder beantragt hat.

Wird durch den Vertreter der Landeskasse die gerichtliche Festsetzung nach § 4 beantragt, so wird die Verjährung dadurch nicht gehemmt (*OLG Hamm* BauR 2012, 679; *KG* KGR 2004, 558). Die Regelung des Abs. 3 S. 3 ist auf die Verjährung nach Abs. 4 nicht entsprechend anwendbar.

3. Aufforderung zur Zahlung oder Mitteilung einer Stundung

Die Verjährungsfrist des Abs. 4 beginnt gem. § 5 Abs. 3 GKG erneut zu laufen, wenn der Herangezogene zur Zahlung aufgefordert wird oder ihm eine Stundung mitgeteilt wird, jedoch kann ein Neubeginn in diesen Fällen nur einmal eintreten. Ergeht eine zweite Zahlungsaufforderung, beginnt die Verjährungsfrist nicht erneut, sondern nur dann, wenn die Vollstreckungsbehörde gerichtliche bzw. behördliche Vollstreckungsmaßnahmen nach der JBeitrO einleitet (§ 212 Abs. 1 Nr. 2 BGB). In diesen Fällen tritt ein Neubeginn der Verjährung jedoch nicht ein, wenn dem Vollstreckungsantrag nicht stattgegeben oder der Antrag vor der Vollstreckungshandlung zurückgenommen oder die erwirkte Vollstreckungshandlung auf Antrag des herangezogenen Schuldners aufgehoben wird (§ 212 Abs. 3 BGB). Zahlungsaufforderung i. S. d. Abs. 4 S. 2 i. V. m. § 5 Abs. 3 S. 2 GKG ist dabei auch die Aufforderung nach § 5 Abs. 2 JBeitrO (*Korintenberg/Lappe* § 17 Rn. 12), nicht aber die bloße Mitteilung über die Einleitung eines Festsetzungsverfahrens nach § 4 (*OLG Hamm* BauR 2004, 887). **68**

4. Unbekannter Aufenthalt des Schuldners

Ist der Aufenthalt des Schuldners unbekannt, so genügt für die Aufforderung zur Zahlung auch die Zustellung durch Aufgabe zur Post gem. § 184 ZPO (§ 5 Abs. 3 S. GKG i. V. m. Abs. 4 S. 2). Die Zustellung durch Aufgabe zur Post erfolgt dadurch, dass die Geschäftsstelle den zuzustellenden Brief dem Gerichtswachtmeister übergibt, welcher das Schriftstück an die Post weitergibt. Die Übergabe ist aktenkundig zu machen. In den Ländern sind hierzu Verwaltungsvorschriften ergangen. Danach ist dem Brief ein Merkblatt beizufügen, mit dem darauf hinzuweisen ist, dass es sich um eine Zustellung handelt und wann die Zustellung als erfolgt gilt. Der Zustellungsvermerk darf erst nach erfolgter Übergabe zur Post in den Akten angebracht werden (BGH Rpfleger 1966, 143). Auf den tatsächlichen Zugang des Schriftstücks an den Schuldner kommt es nicht an. Die Zustellung ist auch dann erfolgt, wenn das Schriftstück als unzustellbar zurückgesandt wird (*Zöller/Stöber* § 184 ZPO Rn. 8). Vor einer Zustellung durch Aufgabe zur Post muss aber geklärt sein, dass der Aufenthalt des Schuldners tatsächlich unbekannt ist. Kommt daher die Zahlungsaufforderung als unzustellbar zurück, müssen vor einer Zustellung nach § 184 ZPO Ermittlungen über den Aufenthaltsort angestellt werden (*Waldner* § 17 Rn. 12), dies dürfte regelmäßig durch eine Anfrage beim Einwohnermeldeamt, bei der IHK o. ä. erfolgen. **69**

5. Kleinbeträge

Eine Hemmung oder ein Neubeginn der Verjährung tritt nicht ein, wenn es sich um Beträge von weniger als 25 EUR handelt (§ 5 Abs. 3 S. 4 GKG i. V. m. Abs. 4 S. 2). Dabei ist von Bruttobeträgen auszugehen, die auch eine **70**

§ 2 Abschnitt 1. Allgemeine Vorschriften

eventuelle Umsatzsteuer enthalten. Da nach § 212 Abs. 1 Nr. 1 BGB i. V. m. § 5 Abs. 3 S. 1 GKG, Abs. 4 S. 4 eine Teilleistung die Verjährung neu beginnen lässt, tritt ein Neubeginn auch dann ein, wenn sich der zurückzufordernde Betrag durch eine Teilleistung auf unter 25 EUR reduziert hat.

6. Zahlung trotz eingetretener Verjährung

71 Obwohl die Vorschriften des BGB über die Verjährung wegen des in Abs. 4 S. 2 vorgenommenen Verweis auf § 5 Abs. 3 GKG entsprechend anwendbar sind, geht die Rechtsprechung davon aus, dass die Regelung des § 214 Abs. 2 BGB auf die Rückforderung von zuviel geleisteten Beträgen nach dem JVEG nicht anwendbar ist, da es sich um einen öffentlich-rechtlichen Anspruch handelt und im Übrigen die irrtümlich an den Herangezogenen geleisteten Zahlungen wegen Abs. 1 S. 1 erloschen, aber nicht, wie es § 214 Abs. 2 BGB verlangt, verjährt sind (*LSG Nordrhein-Westfalen* Az. L 18 SF 391/11; *LSG Thüringen* Az. L 6 B 131/06; *OVG Hamburg* Az. 3 So 146/09).

7. Entreicherung

72 Der Herangezogene kann nicht nach § 818 Abs. 3 BGB einwenden, dass er entreichert ist (*OVG Hamburg* NvWZ-RR 2010, 1000).

8. Rückforderung des zu viel gezahlten Betrages

73 Wird die Erstattung der zuviel gezahlten Entschädigung bzw. Vergütung verlangt, ist der Herangezogene zunächst schriftlich aufzufordern, den Betrag zurückzuerstatten. Dabei ist ihm eine angemessene Rückzahlungsfrist einzuräumen, die im Regelfall mindestens 2 Wochen betragen sollte. Bei der Fristnotierung in den Akten ist zu berücksichtigen, dass zwischen der Rückzahlung und der Erteilung der Zahlungsanzeige ebenfalls ein gewisser Zeitraum vergehen kann. Nach § 32 Abs. 1 KostVfg ist dem Schreiben stets ein vorbereiteter Zahlschein beizufügen. Wird der Aufforderung keine Folge geleistet, ist der Betrag der zuständigen Kasse zur selbstständigen Einziehung zu überweisen (Erlass einer Annahmeanordnung). Dem Herangezogenen ist dann die jeweilige Einforderungsnummer mitzuteilen, damit eine spätere Zahlung zugeordnet werden kann.

9. Verwaltungszwangsverfahren

74 Die Gerichtskasse ist für die Einziehung zuständig, da die zuviel erstatteten Beträge im Verwaltungszwangsverfahren einzutreiben sind. Es gilt die Justizbeitreibungsordnung (JBeitrO), da nach § 1 Abs. 1 Nr. 8 JBeitrO auch die an Zeugen, Sachverständige und ehrenamtliche Richter gezahlten Beträge beigetrieben werden. Gleiches gilt für Ansprüche gegenüber Dritten, Dolmetschern und Übersetzern. Vor Vollstreckungsbeginn, ist der Schuldner zur Leistung innerhalb von zwei Wochen schriftlich aufzufordern und nach fruchtlosem Fristablauf besonders zu mahnen (§ 5 Abs. 2 JBeitrO). Einer förmlichen Zustellung bedarf es im Regelfall nicht. Ihr bedarf es nur dann, wenn dies ausdrücklich bestimmt ist (§ 3 JBeitrO). Ist eine förmliche Zustellung vorzunehmen, finden die Bestimmungen der ZPO Anwendung. Die Mahnung nach § 5 Abs. 2 JBeitrO löst die Gebühr der Nr. 1403 KV-JVKostG i. H. v. 5 EUR aus.

Vorschuss § 3

10. Rechtsbehelfe des Berechtigten

Einwendungen des Herangezogenen gegen die Rückzahlung sind nach § 4 **75** geltend zu machen, so dass § 30a EGGVG nicht gilt. Hat das Einziehungsverfahren der Kasse bereits begonnen, sind Einwendungen gem. § 8 Abs. 1 JBeitrO gleichfalls gerichtlich geltend zu machen, so dass § 4 JVEG gilt, nicht § 30a EGGVG.

11. Rechtsbehelfe der Parteien und Kostenansatz

Ist eine Zahlung nach dem JVEG unrechtmäßig ausgezahlt, so kann diese **76** nicht im Kostenansatzverfahren z. B. nach GKG, FamGKG, GNotKG berücksichtigt werden (*OLG Düsseldorf* BauR 2005, 1973; *BayObLG* Rpfleger 2004, 525; *OLG Nürnberg* JVBl. 1958, 246). Hierzu gehört auch die Zahlung einer überhöhten Vergütung an einen Herangezogenen. Ein Kosteneinzug scheidet auch aus, wenn der Sachverständige seinen Vergütungsanspruch nach § 8a verloren hat, etwa wegen Untätigkeit oder Befangenheit (*OLG Düsseldorf* BauR 2005, 1973). Für den Kostenansatz kommt es nicht darauf an, welche Zahlungen tatsächlich geleistet sind, weil ein Einzug vom Kostenschuldner nur möglch ist, soweit die Zahlungen die gesetzlichen Zahlungen nach dem JVEG oder eine vereinbarte Vergütung nach § 13 nicht übersteigen. Der Kostenschuldner kann sich daher gegen eine Berücksichtigung solcher unrechtmäßigen Zahlungen wenden. Er kann sich jedoch nur auf § 21 GKG, § 20 FamGKG, § 21 GNotKG stützen und einwenden, dass eine unrichtige Sachbehandlung vorliegt. Über einen solchen Antrag entscheidet das Gericht (Richter, Rechtspfleger) durch Beschluss, der Kostenbeamte ist nicht befugt, eine Entscheidung zu erlassen. Die Zusatzbestimmungen zur Kostenverfügung sehen in einigen Bundesländern die ausdrückliche Vorlage von nach § 21 GKG, § 20 FamGKG, § 21 GNotKG ergangenen Beschlüssen an den zuständigen Vertreter der Landeskasse vor.

§ 3 Vorschuss

Auf Antrag ist ein angemessener Vorschuss zu bewilligen, wenn dem Berechtigten erhebliche Fahrtkosten oder sonstige Aufwendungen entstanden sind oder voraussichtlich entstehen werden oder wenn die zu erwartende Vergütung für bereits erbrachte Teilleistungen einen Betrag von 2000 Euro übersteigt.

Übersicht

	Rn.
I. Allgemeines	1
1. Grundsatz	1
2. Voraussetzungen für die Vorschussgewährung	2
II. Vorschussberechtigte Personen	3
III. Festsetzungsverfahren	4
1. Zuständigkeit	4
a) Örtliche Zuständigkeit	4
b) Funktionelle Zuständigkeit	5
c) Eilfälle	6
2. Verwaltungsbestimmungen	7
3. Staatskasse	8
4. Kassenanordnung	9

105

§ 3 Abschnitt 1. Allgemeine Vorschriften

	Rn.
IV. Antrag	10
1. Antragsprinzip	10
2. Form	11
3. Frist	12
4. Antragsberechtigung	13
V. Rechtsbehelfe	14
1. Gerichtliche Festsetzung (§ 4)	14
2. Entscheidung	14a
3. Rückforderung des gewährten Vorschusses	15
VI. Umfang des Vorschusses	16
1. Allgemeines	16
2. Zeugen	17
a) Allgemeines	17
b) Fahrtkosten	18
c) Begleitpersonen	21
d) Tagegeld	22
e) Übernachtungskosten	23
f) Verdienstausfall und Nachteilsentschädigung	24
3. Dritte (§ 23)	25
4. Sachverständige	26
a) Allgemeines	26
b) Fahrtkosten	27
c) Leistungsvergütung	28
d) Sonstige Aufwendungen	30
5. Dolmetscher und Übersetzer	34
6. Ehrenamtliche Richter	35
VII. Reiseentschädigungen an mittellose Parteien	36

I. Allgemeines

1. Grundsatz

1 § 3 regelt die Gewährung eines Vorschusses an einen Anspruchsberechtigten. Auf die Gewährung des Vorschusses besteht im Rahmen des § 3 ein Rechtsanspruch. Die Bestimmung soll eine erhebliche oder unzumutbare finanzielle Belastung des Berechtigten verhindern. Ein Vorschuss kann allen nach dem JVEG anspruchsberechtigten Personen gewährt werden.

2. Voraussetzungen für die Vorschussgewährung

2 Die Voraussetzungen für die Gewährung eines Vorschusses sind abschließend in § 3 genannt, so dass ein Vorschuss zu bewilligen ist, wenn
– erhebliche Fahrtkosten oder sonstige Aufwendungen entstanden sind oder voraussichtlich entstehen werden, oder
– die zu erwartende Vergütung für erbrachte Teilleistungen 2000 EUR übersteigt.

Dass die vorgenannten Voraussetzungen vorliegen, hat der Anspruchsberechtigte darzulegen. Inwieweit entsprechende Nachweise verlangt werden, hat der zuständige Anweisungsbeamte nach pflichtgemäßem Ermessen zu bestimmen. Weitere, nicht in § 3 genannte Anforderungen dürfen nicht gestellt werden, insbesondere muss keine Mittellosigkeit des Anspruchsberechtigten vorliegen. Eine Prüfung findet deshalb insoweit nicht statt, auch sind entsprechende Ausführungen des Anspruchsberechtigten nicht erforderlich. Auf eine Mittellosigkeit kommt es jedoch ausnahmsweise dann an, wenn es sich um eine Reiseentschädigung für eine mittellose Partei, Beschuldigten oder sonstigen Beteiligten nach den erlassenen Verwaltungsbestimmungen handelt, da diese Vorschussberechtigten nicht von § 3 erfasst werden.

II. Vorschussberechtigte Personen

Die Regelung des § 3 ist nur auf solche Personen anzuwenden, welche nach § 1 einen Entschädigungs- oder Vergütungsanspruch nach dem JVEG besitzen. Ein Vorschuss nach § 3 kann deshalb nur gewährt werden an:
– Zeugen und Dritte (§ 23),
– Sachverständige,
– Übersetzer und Dolmetscher,
– ehrenamtliche Richter,
– Vertrauenspersonen und Vertrauensleute (§ 1 Abs. 4).

Auf andere Personen, z. B. Parteien oder sonstige Beteiligte eines gerichtlichen Verfahrens, findet § 3 keine Anwendung. Beantragt eine mittellose Partei, ein Beschuldigter oder sonstiger Beteiligter einen Vorschuss (Reiseentschädigung), so handelt es sich nicht um ein Verfahren nach § 3, sondern es finden die bundeseinheitlichen Verwaltungsvorschriften (VwV Reiseentschädigung) Anwendung. Die Regelung des § 3 greift aber ein, soweit andere bundes- oder landesrechtliche Bestimmungen nicht nur wegen der Höhe der Zahlungen auf das JVEG verweisen.

Der Antrag auf Gewährung eines Vorschusses nach § 3 kann zudem nur durch den Anspruchsberechtigten selbst gestellt werden. Eine Hilfskraft oder eine Begleitperson sind nicht antragsberechtigt. Vertreter des Berechtigten wie der Betreuer, Eltern oder der Prozessbevollmächtigte können einen Antrag jedoch stellen.

III. Festsetzungsverfahren

1. Zuständigkeit

a) Örtliche Zuständigkeit. Der Antrag auf Gewährung eines Vorschusses nach § 3 ist bei der heranziehenden oder beauftragenden Stelle zu stellen (§ 2 Abs. 1).

b) Funktionelle Zuständigkeit. Es gelten die allgemeinen Bestimmungen, so dass der Urkundsbeamte der Geschäftsstelle als Anweisungsbeamter zuständig ist. Der Vorschuss nach § 3 wird durch den Anweisungsbeamten berechnet und ausgezahlt, es handelt sich dabei um einen Verwaltungsakt. In diesen Fällen bedarf es deshalb auch keines Beschlusses, jedoch kann das Gericht (Richter, Rechtspfleger) einen Vorschuss auch durch Beschluss festsetzen. Soll hingegen eine Reiseentschädigung für mittellose Parteien, Beschuldigte oder sonstige Beteiligte gewährt werden, entscheidet, wenn nicht ein dringender Eilfall vorliegt, stets das Gericht, d. h. der Richter oder in den übertragenen Verfahren auch der Rechtspfleger, durch Beschluss. Es handelt sich hierbei nach herrschender Meinung um einen Akt der Rechtsprechung; siehe hierzu: VwV Reiseentschädigung, → Rn. 5.

c) Eilfälle. Nach den erlassenen Verwaltungsbestimmungen ist in Eilfällen auch das Amtsgericht zuständig, in dessen Bezirk sich der Berechtigte aufhält

§ 3   Abschnitt 1. Allgemeine Vorschriften

(Abschn. II Nr. 2 VwV Reiseentschädigung). Von einem Eilfall kann immer dann ausgegangen werden, wenn bei normalem Geschäftsbetrieb die Anweisung eines Vorschusses nicht mehr rechtzeitig erfolgen kann. Eilfälle werden deshalb im Regelfall auch nur bei Reisekosten auftreten. Beantragt ein Sachverständiger einen Vorschuss auf die Leistungsvergütung, liegt regelmäßig kein Eilfall vor, es genügt die zeitnahe Anweisung durch die heranziehende Stelle.

2. Verwaltungsbestimmungen

7   Der Anweisungsbeamte hat er bei der Berechnung und Festsetzung des Vorschusses die erlassenen Verwaltungsbestimmungen zu beachten. Es handelt sich dabei um bundeseinheitlich erlassene Landesbestimmungen; zu den Fundstellen → Rn. 36. Danach ist für die im Wege eines Vorschusses gewährten Fahrtkosten regelmäßig kein Bargeld auszuzahlen, vielmehr sind bargeldlos Fahrkarten zur Verfügung zu stellen. Die Regelung erscheint aber insbesondere für Sachverständige praxisfern. Beantragt ein Sachverständiger, Dolmetscher, Übersetzer einen Reisekostenvorschuss wegen dessen erheblicher Höhe, kann auch die Erstattung von Bargeld in Betracht kommen, da solche Kosten auch bei der endgültigen Abrechnung nach § 5 Abs. 2 zu zahlen wären. Werden Reisekosten nach der Durchführung der Reise, aber vor Fertigstellung des Gutachtens geltend gemacht, ist ein Vorschuss auf diese Kosten im Rahmen des § 5 ohnehin nur als Bargeld zu leisten.

3. Staatskasse

8   Der Anweisungsbeamte braucht vor der Festsetzung eines Vorschusses nach § 3 nicht zwingend eine Stellungnahme des Vertreters der Landeskasse herbeizuführen.

4. Kassenanordnung

9   Eine Durchschrift der Kassenanordnung ist zu den Sachakten zu nehmen. Wurde ein Vorschuss bereits vor Absendung der Ladung gewährt, ist dies auf der Ladung besonders kenntlich zu machen. Ansonsten ist der Berechtigte bei der Berechnung der endgültigen Vergütung bzw. Entschädigung durch den Anweisungsbeamten stets zu befragen, ob ein Vorschuss gezahlt wurde. Das Ergebnis der Befragung ist in der Kassenanweisung zu vermerken.

IV. Antrag

1. Antragsprinzip

10   Ein Vorschuss wird nur auf Antrag und nicht von Amts wegen gewährt, was aus dem eindeutigen Wortlaut des § 3 „Antrag" folgt. Das gilt auch dann, wenn sich aus den Akten Anhaltspunkte dafür ergeben, dass der Geladene nicht in der Lage ist, die Reisekosten aufzubringen. Das Gericht ist jedoch nicht gehindert, auf die Möglichkeit der Vorschussgewährung hinzuweisen. Der Antrag auf Vorschusszahlung braucht nicht eindeutig als solcher bezeichnet zu sein, denn vielmehr ist jedes Begehren, aus dem ersichtlich ist, dass der Anspruchsberechtigte einen Vorschuss verlangt, als Antrag auszulegen, so z. B., wenn der Berechtigte darauf hinweist, dass er aus finanziellen Gründen nicht in der Lage ist, die Kosten aufzubringen.

2. Form

§ 3 enthält keine Bestimmungen über die Form des Antrags, so dass § 4 Abs. 6 entsprechend anzuwenden ist. Danach ist der Antrag schriftlich oder zu Protokoll der Geschäftsstelle zu stellen. § 129a ZPO gilt entsprechend, so dass der Antrag vor der Geschäftsstelle eines jeden Amtsgerichts abgegeben werden kann. Der Antrag kann auch in Anwaltsverfahren ohne anwaltliche Mitwirkung gestellt werden (§ 4 Abs. 6). Wird der Antrag jedoch gleichwohl durch einen Bevollmächtigten gestellt, gelten für die Bevollmächtigung die Regelungen der jeweiligen Verfahrensordnungen. Soll der Antrag zu Protokoll der Geschäftsstelle abgegeben werden, ist der UdG des mittleren Dienstes zuständig, ein Fall des § 24 Abs. 2 Nr. 3 RPflG liegt nicht vor. § 4b findet Anwendung, so dass der Antrag auch als elektronisches Dokument eingereicht werden kann, wenn die jeweilige Verfahrensordnung die Verwendung in der Hauptsache zulässt und eine entsprechende Rechtsverordnung erlassen wurde. 11

Auch die Abschlagsrechnung für den Antrag auf Gewährung eines Vorschusses nach § 3 muss den Anforderungen des JVEG entsprechen (*OLG Koblenz* BauR 2004, 1053). Es muss insbesondere nachvollziehbar sein, welche Arbeiten vorgenommen worden sind und wie hoch der aufgewendete Zeitaufwand und das Stundenhonorar hierfür sind. Pauschale Beträge ohne nähere Begründung oder Erläuterung können nicht als Vorschuss angewiesen werden. Werden Fremdkosten geltend gemacht, sind die entsprechenden Belege beizufügen.

3. Frist

Eine Frist zur Antragstellung sieht § 3 nicht vor, jedoch sollte der Antrag möglichst zügig und zeitnah gestellt werden. Ist der Anspruchsberechtigte aber in der Lage, seine endgültige Entschädigung oder Vergütung geltend zu machen, kommt eine Vorschusszahlung nicht mehr in Betracht. Ein Fahrtkostenvorschuss für die Teilnahme an einer Verhandlung muss deshalb vor Reiseantritt beantragt werden, da nach Beendigung dieser Verhandlung kein Vorschuss mehr, sondern die endgültige Berechnung und Auszahlung der Entschädigung bzw. Vergütung erfolgt. In anderen Fällen kann der Antrag jedoch auch noch nach dem Entstehen der Auslagen oder Fahrtkosten gestellt werden, z. B. wegen der Teilnahme an Ortsbesichtigungen, was aus dem Wortlaut des § 3 folgt: „*erhebliche Fahrtkosten oder sonstige Aufwendungen entstanden sind oder voraussichtlich entstehen werden.*" Ein Sachverständiger kann einen Vorschuss nicht mehr verlangen, wenn er zur Berechnung der endgültigen Vergütung in der Lage ist oder er nur aufgrund seiner eigenen schuldhaften Verzögerung der Fertigstellung noch nicht zur Berechnung der endgültigen Vergütung in der Lage ist (*OLG Hamm* JMBlNW 1968, 238). 12

4. Antragsberechtigung

Der Antrag auf Gewährung eines Vorschusses nach § 3 kann nur durch den Anspruchsberechtigten selbst gestellt werden. Eine Hilfskraft oder eine Begleitperson sind nicht antragsberechtigt. Gesetzliche oder gewillkürte Vertreter des Berechtigten wie der Betreuer, Eltern oder der Prozessbevollmächtigte sind jedoch berechtigt, einen Antrag für den Vertretenen zu stellen. 13

§ 3   Abschnitt 1. Allgemeine Vorschriften

V. Rechtsbehelfe

1. Gerichtliche Festsetzung (§ 4)

14   Wird die Gewährung eines Vorschusses abgelehnt oder dem Antrag nur teilweise entsprochen, so kann das Gericht auf Antrag des Berechtigten die Höhe des Vorschusses durch Beschluss gem. § 4 Abs. 1 festsetzen. Gegen die Entscheidung des Anweisungsbeamten findet nicht die Erinnerung statt, sondern es gelten die allgemeinen Bestimmungen des JVEG, es ist daher Antrag auf gerichtliche Festsetzung nach § 4 zu stellen. Antragsberechtigt sind nur der Berechtigte oder die Staatskasse, die gegen eine überhöhte oder unrechtmäßige Zahlung beschwert ist. Den Parteien steht gegen die Gewährung eines Vorschusses an einen Herangezogenen kein Rechtsmittel zu, sie sind an den Verfahren nach §§ 3, 4 nicht beteiligt.

2. Entscheidung

14a   Die Entscheidung ergeht durch Beschluss, der zu begründen ist. Gegen die Entscheidung des Gerichts ist die Beschwerde nach § 4 Abs. 3 statthaft, siehe die Erläuterungen zu § 4. Die Regelungen des § 4 sind hingegen nicht anwendbar, wenn es sich um einen Vorschuss für eine mittellose Partei handelt, siehe bei VwV Reiseentschädigung → Rn. 15 ff.

3. Rückforderung des gewährten Vorschusses

15   Ein zuviel oder unrechtmäßig gezahlter Vorschuss ist zurückzufordern. Zuständig für die Zurückforderung ist der Anweisungsbeamte der nach § 4 Abs. 1 zuständigen Stelle, in den Fällen der Abgabe oder Verweisung, aber der Anweisungsbeamte des übernehmenden Gerichts. Es sind die Bestimmungen der JBeitrO anzuwenden (§ 1 Nr. 8 JBeitrO). Erfolgt nach Aufforderung zur freiwilligen Rückzahlung keine Zahlung, so ist der zuständigen Kasse eine Annahmeanordnung zuzuleiten. Auch auf die Rückforderung eines gewährten Vorschusses sind die in § 2 Abs. 4 genannten Verjährungsbestimmungen anzuwenden.

VI. Umfang des Vorschusses

1. Allgemeines

16   Ein Vorschuss kann nur für die in § 3 genannten Entschädigungs- bzw. Vergütungsleistungen bewilligt werden, so dass er nur in Betracht kommt für
– erhebliche Fahrtkosten (§ 5),
– Tagegelder und notwendige Übernachtungskosten (§ 6),
– sonstige bare Aufwendungen (§ 7).

     Sachverständige, Dolmetscher und Übersetzer können auch für bare Aufwendungen nach § 12 sowie für die Vergütung einen Vorschuss verlangen, wenn diese für bereits erbrachte Teilleistungen mehr als 2000 EUR beträgt.

Vorschuss § 3

2. Zeugen

a) Allgemeines. Einem Zeugen können nur Fahrtkosten oder sonstige 17
Aufwendungen als Vorschuss erstattet werden. Unter den Begriff der sonstigen
Aufwendungen sind die von § 7 erfassten Aufwendungen zu verstehen, die
durch den Anspruchsberechtigten nachzuweisen sind. Bei voraussichtlich entstehenden Fahrtkosten oder sonstigen Aufwendungen, ist ihre Höhe darzulegen, jedoch nicht stets auch glaubhaft zu machen. Ein Vorschuss kann einem
Zeugen auch dann gewährt werden, wenn ein entsprechender Auslagenvorschuss durch die Parteien noch nicht gezahlt wurde und das Gericht die
Ladung bereits veranlasst hat. Da es auf eine Mittellosigkeit nicht ankommt,
hat insoweit keine Prüfung stattzufinden, denn der Vorschuss ist zu gewähren,
wenn die in § 3 genannten Voraussetzungen (→ Rn. 2) vorliegen. Keinesfalls
ist es dem Zeugen zuzumuten, dass durch die Kosten, die für die Heranziehung entstehen, die Lebensführung des Herangezogenen oder seiner Familie eingeschränkt wird (Meyer/Höver/*Bach* § 3 Rn. 3.3.). Auch muss der
Zeuge keine Fremdmittel in Anspruch nehmen, weil § 3 gerade vor solchen
unzumutbaren Belastungen schützen soll. Der Herangezogene braucht sich
auch nicht auf andere öffentliche Einrichtungen verweisen lassen.

b) Fahrtkosten. aa) Erhebliche Fahrtkosten. Ein Vorschuss auf die ent- 18
stehenden Reisekosten kann gewährt werden, wenn „erhebliche Fahrtkosten"
entstehen. Der Begriff wird durch das Gesetz selbst nicht definiert, auch kann
der Begründung des Gesetzgebers zum JVEG (BT-Drs. 15/1971, S. 179)
nichts dazu entnommen werden. Aus dem Sinn und Zweck der Norm,
nämlich den Herangezogenen vor unzumutbaren finanziellen Belastungen zu
schützen, folgt jedoch, dass nicht nur auf die objektive Höhe der Fahrtkosten
oder der baren Aufwendungen abgestellt werden kann. Wann erhebliche
Fahrtkosten i. S. d. § 3 vorliegen ist deshalb nicht pauschal und für jede
Angelegenheit gleich zu bestimmen. Es bedarf vielmehr einer Einzelfallprüfung, bei der neben der tatsächlichen Höhe der Auslagen auch die persönlichen und wirtschaftlichen Verhältnisse des Herangezogenen zu berücksichtigen sind. Dabei ist jedoch zu beachten, dass auch bei guten wirtschaftlichen
Verhältnissen ein Fahrtkostenvorschuss zu gewähren ist, wenn hohe Fahrtkosten entstehen, wobei hier von erheblichen Fahrtkosten zugehen ist, wenn
diese einen Betrag von 200 bis 250 EUR übersteigen. Bei geringeren Fahrtkosten, ist für die Frage, ob erhebliche Fahrtkosten vorliegen, jedoch von den
wirtschaftlichen Verhältnissen des Herangezogenen auszugehen, da für zahlreiche Herangezogene auch wesentlich geringere Fahrtkosten erheblich sein
können wie beispielsweise für Empfänger von Hartz-IV-Leistungen, Alleinerziehende, Rentner oder Niedriglohnempfänger. Es kann daher der Meinung von *Hartmann* § 3 Rn. 4. insoweit nicht zugestimmt werden, dass die
Gewährung eines Reisekostenvorschusses für einen weniger Bemittelten
„nicht mehr eher als für einen Begüterten in Betracht" kommt. Der Antragsteller hat allerdings eine Darlegungspflicht, weshalb die Fahrtkosten bei
durchschnittlichen Verhältnissen nicht mehr unerheblich sind (*BayLSG* Az. L
3 U 267/03).

bb) Höhere Fahrtkosten. § 5 Abs. 3 ist auch bei der Gewährung eines 19
Vorschusses für die Reisekosten zu beachten. Es kann deshalb im Einzelfall ein
über die allgemeinen Regelungen des § 5 hinausgehender Vorschuss gewährt
werden, etwa wenn aus gesundheitlichen Gründen die Anreise mit besonde-

§ 3 Abschnitt 1. Allgemeine Vorschriften

ren Verkehrsmitteln notwendig erscheint. Denkbar ist deshalb auch die Gewährung eines Vorschusses auf entstehende notwendige Taxikosten.

20 **cc) Bargeldlose Erstattung der Fahrtkosten.** Die Deutsche Bahn hat das langjährige Stundungsverfahren bereits zum 30.6.2005 eingestellt. Fahrtgutscheine in der bisherigen Form können deshalb nicht mehr gewährt werden. Es kommen aber auch weiterhin Möglichkeiten für eine bargeldlose Vorschussgewährung in Betracht, siehe VwV Reiseentschädigung → Rn. 34. Da der Anweisungsbeamte an die erlassenen Verwaltungsbestimmungen gebunden ist, darf er einen Vorschuss auf die Reisekosten nur in Ausnahmefällen als Bargeld bewilligen, obwohl § 3 selbst nicht ausdrücklich vorschreibt in welcher Form der Vorschuss zu gewähren ist. Ein Ausnahmefall kann vorliegen, wenn an dem Ladungsort keine Bahnverbindung existiert und deshalb die Benutzung z. B. eines Busses erforderlich wird. Auch in größeren Städten, in denen öffentliche Verkehrmittel benutzt werden müssen um den Bahnhof zu erreichen, kann eine Barauszahlung für die notwendigen Fahrscheine (z. B. Bus, Straßenbahn) erforderlich sein. Ist aus gesundheitlichen Gründen die Benutzung eines Taxis notwendig, können ausnahmsweise auch solche Kosten im Wege der Vorschusszahlung gezahlt werden.

21 **c) Begleitpersonen.** Für die Kosten einer notwendigen Begleitperson kann ein Vorschuss bewilligt werden, da sie zu den sonstigen baren Aufwendungen nach § 7 Abs. 1 gehören. Der Begleitperson sind die entstehenden Kosten in voller Höhe zu erstatten. Auch die Erstattung von Verdienstausfall für eine Begleitperson ist zulässig. Bei der Prüfung, ob die entstehenden Fahrtkosten erheblich sind, ist daher zu beachten, dass auch die Kosten für die Anreise der notwendigen Begleitperson zu berücksichtigen sind, es kommt dann auf den Gesamtbetrag an. Liegen erhebliche Fahrtkosten deshalb nur bezüglich des Gesamtbetrags vor, ist gleichwohl ein Vorschuss nach § 3 zu gewähren. Auch wenn minderjährige Kinder, die eine Begleitperson benötigen, geladen werden, gelten dieselben Grundsätze. Wie es den anderen Geladenen nicht zugemutet werden kann, erhebliche Fahrtkosten vorzustrecken, so muss das auch für die Eltern gelten, die geladene Kinder begleiten müssen.

22 **d) Tagegeld.** Zu den Reisekosten gehören regelmäßig auch die notwendigen Verpflegungskosten. Einem Zeugen oder Dritten (§ 23) kann deshalb auch das Tagegeld im Wege des Vorschusses erstattet werden. Hiergegen dürften keine Bedenken bestehen, da das Tagegeld spätestens bei der endgültigen Entschädigung zu zahlen wäre. Das gilt auch bei einer sehr engen Auslegung des § 3, obwohl dieser nur die Fahrtkosten (§ 5) und die sonstigen baren Aufwendungen (§ 7) nennt. Da es sich bei § 6 aber um eine Aufwandsentschädigung handelt, liegen somit gleichfalls Aufwendungen vor, die aus Anlass der Heranziehung entstehen. Auch nach den erlassenen Verwaltungsbestimmungen (Abschn. II Nr. 1b i. V. m. Abschn. I Nr. 1b VwV Reiseentschädigung) zählen unvermeidbare Verpflegungskosten zu den Reisekosten, so dass ein Vorschuss nach § 3 verlangt werden kann. Was unter dem Begriff „unvermeidbar" zu verstehen ist, ist nicht definiert. Es muss daher auf die persönlichen Verhältnisse und die Umstände abgestellt werden (z. B. Krankheit). Auch bei längeren Reisen von mehr als 8 Stunden wird aber eine Mahlzeit zugestanden werden müssen. Das Tagegeld wird nur nach den Bestimmungen des § 6 gewährt. Wer am Verhandlungsort wohnt oder dort berufstätig ist, erhält kein Tagegeld. Die Verpflegungskosten sind durch das

Vorschuss   § 3

Tagegeld nach § 6 abgegolten. Eine darüber hinausgehende Gewährung kommt daher auch im Wege des Vorschusses nicht in Betracht.

e) Übernachtungskosten. Soweit eine Übernachtung notwendig wird, ist ein Vorschuss auch auf die unbedingt notwendigen Übernachtungskosten nach § 6 Abs. 2 zu gewähren. Wegen der Notwendigkeit einer Übernachtung siehe bei § 6 → Rn. 17 f. 23

f) Verdienstausfall und Nachteilsentschädigung. Ein Vorschuss wird nicht für den entstehenden Verdienstausfall gewährt, dass gilt auch für die Nachteilsentschädigungen der §§ 20–21, denn solche Teile der Entschädigung werden in § 3 nicht genannt. Dass dem Sachverständigen eine Leistungsentschädigung gewährt wird, führt auch nicht zu dem Umkehrschluss, dass dem Zeugen ein Verdienstausfall als Vorschuss erstattet werden kann. Auch die erlassenen Verwaltungsbestimmungen untersagen eine Erstattung des Verdienstausfalls ausdrücklich. 24

3. Dritte (§ 23)

Dritte können einen Vorschuss nur für erhebliche Fahrtkosten (§ 5) und die Aufwendungen (§§ 6, 7) erhalten. Für in § 23 genannte Leistungen ist ein Vorschuss nicht vorgesehen. Eine Ausnahme besteht aber für die in § 23 Abs. 2 S. 2 genannten Aufwendungen, wonach der Dritte nach § 7 die Kosten erstattet erhält, die deshalb entstehen, weil er sich eines Arbeitnehmers bedient, so dass § 3 ausnahmsweise anzuwenden ist. 25

4. Sachverständige

a) Allgemeines. Dem Sachverständigen kann ein Vorschuss auf erhebliche Fahrt- und Übernachtungskosten, bare Aufwendungen (§§ 7, 12) und die Leistungsentschädigung nach § 3 gewährt werden. Nach *OLG Frankfurt* BauR 2004, 1052 ist die Staatskasse bei einem Sachverständigen, anders als bei einem Zeugen nicht befugt, Vorschusszahlungen zu leisten, wenn ein ausreichender Auslagenvorschuss von den Parteien noch nicht gezahlt worden ist. Dieser Entscheidung kann nur bedingt zugestimmt werden, denn unterlässt es das Gericht, einen Vorschuss anzufordern, erteilt aber bereits den Auftrag zur Fertigstellung des Gutachtens, kann dieses Fehlverhalten nicht zu Lasten des Sachverständigen gehen. Auch im Fall einer Bewilligung von Prozess- oder Verfahrenskostenhilfe oder dem Vorliegen von Kostenfreiheit sowie dann, wenn von der Anforderung eines Auslagenvorschusses nach § 22 Abs. 6 KostVfg abgesehen wurde, muss bei Vorliegen der Voraussetzungen des § 3 ein Vorschuss gezahlt werden. Die Zahlung eines Vorschusses für eine besondere Vergütung nach § 13 ist hingegen immer von der vorherigen Leistung eines Auslagenvorschusses abhängig, wenn nicht nach § 13 Abs. 4 keine Zahlung geleistet werden braucht. 26

b) Fahrtkosten. Auch dem Sachverständigen ist für erhebliche Fahrtkosten ein Vorschuss zu gewähren. Es gelten die gleichen Grundsätze wie für einen Zeugen, insbesondere eine Mittellosigkeit braucht nicht vorliegen. Ob der Sachverständige in der Lage ist, die Fahrtkosten vorzustrecken, ist deshalb unerheblich, es kommt allein auf die Höhe der Kosten an. Erstattet werden sollten die tatsächlichen Fahrtkosten, also nicht nur die Kosten für eine Reise mit öffentlichen Verkehrsmitteln, da der Sachverständige im Rahmen des § 5 27

113

§ 3   Abschnitt 1. Allgemeine Vorschriften

die Wahlfreiheit genießt, welches Verkehrsmittel er benutzt. Auch schreibt § 3 nicht vor, welche Fahrtkosten im Wege des Vorschusses gezahlt werden sollen.

28   **c) Leistungsvergütung. aa) Allgemeines.** Auf die Leistungsvergütung kann ein Vorschuss nur dann bewilligt werden, wenn die Vergütung für die bereits erbrachten Teilleistungen einen Betrag von 2000 EUR übersteigt. Die für die Leistung erbrachte Zeitdauer ist unerheblich, allein die Höhe der Leistungsvergütung ist entscheidend. Auf die finanziellen Verhältnisse des Sachverständigen kommt es nicht an, denn der Gesetzgeber wollte allgemein eine unverhältnismäßig hohe Vorfinanzierung vermeiden. In der amtlichen Begründung (BT-Drs. 15/1971, S. 179) heißt es: *„Neu ist, dass zukünftig ein Vorschuss auch dann zu bewilligen sein soll, wenn die von dem Berechtigten bereits erbrachten Leistungen einen Teilvergütungsanspruch von 2000 EUR begründen. In diesen Fällen erscheint zur Vermeidung unverhältnismäßig umfangreicher Vorfinanzierungen stets eine Abschlagfinanzierung auf den Vergütungsanspruch geboten.“* Voraussetzung für die Vorschussgewährung ist aber stets, dass die Teilleistungen bereits erbracht sind. Der Berechtigte kann daher für zukünftige, noch nicht erbrachte Leistungen einen solchen Abschlag nicht erhalten. Wird die Erstattung des Gutachtens ohne Verschulden des Sachverständigen verzögert, soll ihm ein Vorschuss auf die Leistungsvergütung nicht zustehen (*KG* Rpfleger 1962, 124).

29   **bb) Bruttobetrag.** Bei dem Betrag von 2000 EUR handelt es sich um einen Bruttobetrag, die Umsatzsteuer ist darin bereits enthalten, denn auch die sonstigen Aufwendungen nach § 12, zu denen die Umsatzsteuer gehört, werden von § 3 erfasst.

Beispiel: Der Sachverständige beantragt einen Vorschuss nach § 3 auf die Leistungsvergütung. Er betragt einen Vorschuss von 1800,– EUR (24h à 75,– EUR), zzgl. der gesetzlichen Umsatzsteuer (§ 12).
Als Vorschuss kann nach § 3 gewährt werden:
1. Leistungsvergütung, §§ 8, 9 JVEG   = 1800,– EUR
2. Umsatzsteuer, § 12 Abs. 1 S. 2 Nr. 4 JVEG = 342,– EUR
Insgesamt: = 2142,– EUR

30   **d) Sonstige Aufwendungen. aa) Allgemeines.** Soweit wegen der Erstattung des Gutachtens bare Aufwendungen erforderlich werden, kann es auch dem Sachverständigen nicht zugemutet werden, die Kosten hierfür durch Fremdmittel aufzubringen. Auf solche Aufwendungen ist ein Vorschuss zu bewilligen. Es ist nicht erforderlich, dass die baren Aufwendungen bereits entstanden sind, was aus dem Wortlaut des § 3 folgt: „oder voraussichtlich entstehen werden". Zu den baren Aufwendungen gehören etwa Kosten für Fremduntersuchungen (z. B. bei Baugutachten die Kosten für Bohrungen oder Öffnungen) oder die sonstigen in § 12 genannten Aufwendungen, jedoch nicht die Schreibpauschale für die Fertigung des schriftlichen Gutachtens (§ 12 Abs. 1 S. 2 Nr. 3), da dieses hierzu vorliegen muss. Erfasst werden auch bare Aufwendungen nach § 7.

31   **bb) Höhe der Aufwendungen.** Die Betragsgrenze von 2000 EUR gilt nur für die Vergütung, nicht auch für die sonstigen baren Aufwendungen. Eine Erheblichkeit der angefallenen Kosten braucht deshalb nicht vorzuliegen. Sind bare Aufwendungen entstanden, kann für sie unabhängig von der Höhe ein Vorschuss verlangt werden.

cc) **Nachweispflicht.** Die Höhe und auch die Notwendigkeit der angefallenen oder anfallenden baren Aufwendungen hat der Sachverständige darzulegen und nachzuweisen. Es ist daher zweckdienlich, den Vorschuss zu beantragen, nachdem für die Fremdkosten bereits eine entsprechende Rechnung oder ein Kostenvoranschlag vorliegt, da eine Nachweisführung ansonsten schwierig sein dürfte. Höhere Anforderungen als an die endgültige Vergütung dürfen aber nicht gestellt werden, insbesondere bei Porto- und Telefonkosten werden die Angaben des Sachverständigen im Regelfall genügen, wenn diese keinen Anlass zu Zweifeln geben. 32

dd) **Hilfskräfte.** Ein Vorschuss kann auch für die an Hilfskräfte gezahlten Beträge gewährt werden, da es sich um sonstige Aufwendungen nach § 12 Abs. 1 S. 2 Nr. 1 handelt. Sind die durchgeführten Arbeiten jedoch in sich selbst nicht abgeschlossen und gegenüber dem Gutachten nicht abgegrenzt oder kann vor der Fertigstellung des Gutachtens die Notwendigkeit der Arbeiten nicht überprüft werden, kommt die Gewährung eines Vorschusses nicht in Betracht (*OLG München* Rpfleger 1976, 190). Bei der Geltendmachung eines Vorschusses für Hilfskräfte muss daher stets eine Aufschlüsselung der eingesetzten Zeitdauer und der ausgeführten Tätigkeiten erfolgen. Die Hilfskraft selbst kann keinen Antrag auf Zahlung eines Vorschusses stellen. Es handelt sich um ein privatrechtliches Verhältnis zwischen Hilfskraft und Sachverständigen, so dass die Hilfskraft solche Ansprüche nur gegenüber dem beauftragenden Sachverständigen geltend machen kann. 33

5. Dolmetscher und Übersetzer

Für Dolmetscher und Übersetzer gelten dieselben Grundsätze wie für Sachverständige, der Vorschuss ist auf die in § 3 genannten Teile der Vergütung beschränkt. 34

Es kann danach ein Vorschuss gewährt werden für:
- Fahrtkosten (§ 5),
- Übernachtungskosten, Tagegeld (§ 6),
- bare Aufwendungen (§§ 7, 12),
- das Honorar (§ 10 Abs. 3, § 11).

Ein Vorschuss auf das Honorar kann nur gewährt werden, wenn die Teilleistung den Betrag von 2000 EUR übersteigt. Bei Dolmetschern ist zu berücksichtigen, dass die endgültige Berechnung nach Ende jeder einzelnen Heranziehung (des Termins) erfolgen kann und der verbleibende Zeitraum bis zur möglichen endgültigen Abrechnung somit wesentlich geringer ist.

6. Ehrenamtliche Richter

Auch die Vorschusszahlung an die ehrenamtlichen Richter und die Vertrauenspersonen und Vertrauensleute (§ 1 Abs. 4) wird von § 3 erfasst. Ein Vorschuss kann deshalb auch für diese Personen ausschließlich nach den genannten Entschädigungspunkten gewährt werden. 35

Ein Vorschuss kann daher nur gewährt werden für:
- Fahrtkosten (§ 5)
- bare Aufwendungen (§ 7).

Auf den entstehenden Verdienstausfall oder für die eingetretene Zeitversäumnis kann ein Vorschuss nicht gewährt werden. In der Praxis wohl kaum

§ 4   Abschnitt 1. Allgemeine Vorschriften

von Bedeutung, aber möglich, ist die Gewährung eines Vorschuss wegen der Aufwendungen nach § 6. Handelsrichter werden nicht von § 3 erfasst.

VII. Reiseentschädigungen an mittellose Parteien

36   Dazu existieren verschiedene landesrechtliche Bestimmungen.

Baden-Württemberg:	VwV d. JuM v. 27.4.2006, Justiz 2006, 245
Bayern:	Bek. d. Bay. StM. d. J v. 14.6.2006, JMBl. 2006, 90
Berlin:	AV d. MJ v. 2.6.2006, ABl. 2006, 2063
Brandenburg:	AV d. MJ v. 23.5.2006, JMBl. 2006, 73
Bremen:	
Hamburg:	AV d. JB v. 26.6.2006, Hmb JVBl. 2006, 71
Hessen:	RdErl. d. MJ v. 9.8.2006, JMBl. 2006, 427
Mecklenburg-Vorpom.:	VwV d. JM v. 12.6.2006, ABl. M-V 2006, 447
Niedersachsen:	AV d. MJ v. 26.5.2006, NdsRpfl. 2006, 177
Nordrhein-Westfalen:	AV d. MJ v. 26.5.2006, JMBlNW 2006, 145
Rheinland-Pfalz:	VwV d. MJ v. 9.5.2006, JBl. 2006, 91
Saarland:	AV d. MiJuGS v. 14.6.2006
Sachsen:	VwV d. StMJ v. 16.5.2006, SächsJMBl. 2006, 58
Sachsen-Anhalt:	AV d. MJ v. 15.6.2006, JMBl. LSA 2006, 235
Schleswig-Holstein:	AV d. MJAE v. 29.6.2006, SchlHA 2006, 231
Thüringen:	VwV d. JM v. 19.6.2006, JMBl. Thür. 2006, 45

Der Text der VwV Reiseentschädigung samt Kommentierung findet sich im Anhang.

§ 4 Gerichtliche Festsetzung und Beschwerde

(1) **Die Festsetzung der Vergütung, der Entschädigung oder des Vorschusses erfolgt durch gerichtlichen Beschluss, wenn der Berechtigte oder die Staatskasse die gerichtliche Festsetzung beantragt oder das Gericht sie für angemessen hält. Zuständig ist**

1. **das Gericht, von dem der Berechtigte herangezogen worden ist, bei dem er als ehrenamtlicher Richter mitgewirkt hat oder bei dem der Ausschuss im Sinne des § 1 Abs. 4 gebildet ist;**
2. **das Gericht, bei dem die Staatsanwaltschaft besteht, wenn die Heranziehung durch die Staatsanwaltschaft oder in deren Auftrag oder mit deren vorheriger Billigung durch die Polizei oder eine andere Strafverfolgungsbehörde erfolgt ist, nach Erhebung der öffentlichen Klage jedoch das für die Durchführung des Verfahrens zuständige Gericht;**
3. **das Landgericht, bei dem die Staatsanwaltschaft besteht, die für das Ermittlungsverfahren zuständig wäre, wenn die Heranziehung in den Fällen des § 1 Abs. 1 Satz 1 Nr. 1 durch die Finanzbehörde oder in deren Auftrag oder mit deren vorheriger Billigung durch die Polizei oder eine andere Strafverfolgungsbehörde erfolgt ist, nach Erhebung der öffentlichen Klage jedoch das für die Durchführung des Verfahrens zuständige Gericht;**
4. **das Amtsgericht, in dessen Bezirk der Gerichtsvollzieher seinen Amtssitz hat, wenn die Heranziehung durch den Gerichtsvollzieher erfolgt**

Gerichtliche Festsetzung und Beschwerde § 4

ist, abweichend davon im Verfahren der Zwangsvollstreckung das Vollstreckungsgericht.

(2) Ist die Heranziehung durch die Verwaltungsbehörde im Bußgeldverfahren erfolgt, werden die zu gewährende Vergütung oder Entschädigung und der Vorschuss durch gerichtlichen Beschluss festgesetzt, wenn der Berechtigte gerichtliche Entscheidung gegen die Festsetzung durch die Verwaltungsbehörde beantragt. Für das Verfahren gilt § 62 des Gesetzes über Ordnungswidrigkeiten.

(3) Gegen den Beschluss nach Absatz 1 können der Berechtige und die Staatskasse Beschwerde einlegen, wenn der Wert des Beschwerdegegenstands 200 Euro übersteigt oder wenn sie das Gericht, das die angefochtene Entscheidung erlassen hat, wegen der grundsätzlichen Bedeutung der zur Entscheidung stehenden Frage in dem Beschluss zulässt.

(4) Soweit das Gericht die Beschwerde für zulässig und begründet hält, hat es ihr abzuhelfen; im Übrigen ist die Beschwerde unverzüglich dem Beschwerdegericht vorzulegen. Beschwerdegericht ist das nächsthöhere Gericht. Eine Beschwerde an einen obersten Gerichtshof des Bundes findet nicht statt. Das Beschwerdegericht ist an die Zulassung der Beschwerde gebunden; die Nichtzulassung ist unanfechtbar.

(5) Die weitere Beschwerde ist nur zulässig, wenn das Landgericht als Beschwerdegericht entschieden und sie wegen der grundsätzlichen Bedeutung der zur Entscheidung stehenden Frage in dem Beschluss zugelassen hat. Sie kann nur darauf gestützt werden, dass die Entscheidung auf einer Verletzung des Rechts beruht; die §§ 546 und 547 der Zivilprozessordnung gelten entsprechend. Über die weitere Beschwerde entscheidet das Oberlandesgericht. Absatz 4 Satz 1 und 4 gilt entsprechend.

(6) Anträge und Erklärungen können ohne Mitwirkung eines Bevollmächtigten schriftlich eingereicht oder zu Protokoll der Geschäftsstelle abgegeben werden; § 129a der Zivilprozessordnung gilt entsprechend. Für die Bevollmächtigung gelten die Regelungen der für das zugrunde liegende Verfahren geltenden Verfahrensordnung entsprechend. Die Beschwerde ist bei dem Gericht einzulegen, dessen Entscheidung angefochten wird.

(7) Das Gericht entscheidet über den Antrag durch eines seiner Mitglieder als Einzelrichter; dies gilt auch für die Beschwerde, wenn die angefochtene Entscheidung von einem Einzelrichter oder einem Rechtspfleger erlassen wurde. Der Einzelrichter überträgt das Verfahren der Kammer oder dem Senat, wenn die Sache besondere Schwierigkeiten tatsächlicher oder rechtlicher Art aufweist oder die Rechtssache grundsätzliche Bedeutung hat. Das Gericht entscheidet jedoch immer ohne Mitwirkung ehrenamtlicher Richter. Auf eine erfolgte oder unterlassene Übertragung kann ein Rechtsmittel nicht gestützt werden.

(8) Die Verfahren sind gebührenfrei. Kosten werden nicht erstattet.

(9) Die Beschlüsse nach den Absätzen 1, 2, 4 und 5 wirken nicht zu Lasten des Kostenschuldners.

Übersicht

	Rn.
I. Allgemeines	1
II. Festsetzungsverfahren vor dem Anweisungsbeamten	2
III. Die gerichtliche Festsetzung	4
1. Allgemeines	4
2. Festsetzung von Amts wegen	5

	Rn.
3. Gegendarstellung	6
4. Vorschusszahlungen	7
5. Finanzgerichtsbarkeit	8
6. Sozialgerichtsbarkeit	9
7. Wehrpflichtsachen	10
IV. Antragsberechtigte Personen	11
1. Allgemeines	11
2. Parteien	12
a) Allgemeines	12
b) Erinnerung gegen den Kostenansatz	13
3. Staatskasse	14
a) Allgemeines	14
b) Befangenheit	15
c) Polizei	16
4. Landesrechungshof	17
5. Kreditinstitute	18
6. Kostenfestsetzungsverfahren	19
V. Zuständigkeiten (Abs. 1 S. 2)	20
1. Allgemeines	20
2. Gerichte	21
3. Justizverwaltungssachen	22
4. Staatsanwaltschaft	23
5. Weitere Strafverfolgungsbehörden	24
6. Finanzbehörden	25
7. Gerichtsvollzieher	26
8. Verwaltungsbehörden	27
VI. Form	28
VII. Entscheidung durch das Gericht	29
1. Allgemeines	29
2. Überprüfung	30
3. Umfang der Festsetzung	31
4. Dienstliche Stellungnahme des Richters	32
5. Vermerke des Richters auf der Kassenanordnung	33
6. Rechtliches Gehör	34
7. Ablehnung des Richters	35
VIII. Beschwerde (Abs. 3)	36
1. Allgemeines	36
2. Beschwerdeberechtigte Personen	37
3. Beschwerdewert	38
a) Allgemeines	38
b) Umsatzsteuer	39
c) Mehrere Aufträge	40
d) Teilweise erfolgte Abhilfe	41
4. Zulassung der Beschwerde	42
5. Form	43
6. Frist und Verwirkung der Beschwerde	44
7. Abhilfemöglichkeit	45
8. Beschwerdegericht	46
9. Entscheidung des Beschwerdegerichts	47
a) Allgemeines	47
b) Nichtanwendbarkeit des Verschlechterungsverbots	48
c) Besetzung des Gerichts	49
IX. Weitere Beschwerde (Abs. 5)	50
1. Allgemeines	50
2. Rechtsverletzungen	51
3. Verfahrenrechtliches	52
X. Vertrauensschutz und Verjährung	53
1. Vertrauensschutz	53
2. Einwendungen gegen die Rückforderung	54
3. Verjährung	55
XI. Keine Wirkung zu Lasten des Kostenschuldners (Abs. 9)	56
1. Allgemeines	56
2. Auswirkungen auf das Kostenansatzverfahren	57
XII. Kosten des Verfahrens (Abs. 8)	58
1. Allgemeines	58

Gerichtliche Festsetzung und Beschwerde § 4

	Rn.
2. Gerichtliche Auslagen	59
3. Kosten der erfolglosen Beschwerde	60
4. Nebenverfahren	61

I. Allgemeines

§ 4 regelt in Abs. 1 das Verfahren über die gerichtliche Festsetzung der nach 1
dem JVEG zu leistenden Zahlungen. Die Regelung umfasst jedoch nicht das
Festsetzungsverfahren vor dem Anweisungsbeamten im Verwaltungswege.
Abs. 2 bis 7 regeln die statthaften Rechtsbehelfe, die gegen die gerichtliche
Entscheidung über die Festsetzung nach Abs. 1 statthaft sind. Abs. 8 beinhaltet
die kostenrechtliche Behandlung der Verfahren. Abs. 9 regelt das Verhältnis
der Verfahren nach § 4 zum Kostenansatzverfahren. Ergänzt werden die Bestimmungen durch § 4a über die Anhörungsrüge, die jedoch subsidiärer Art
ist und nur eingreift, wenn Rechtsbehelfe nach § 4 nicht mehr statthaft sind,
aber die Gewährung rechtlichen Gehörs in entscheidungserheblicher Weise
verletzt wurde.

Durch § 4 wird nur das Verhältnis zwischen der heranziehenden Stelle und
dem Herangezogenen berührt. Soweit die Zahlungen nach dem JVEG auch
andere Personen betreffen wie etwa die Parteien in einem Zivilprozess oder
den Kostenschuldner der Gerichtskosten, kann eine Prüfung der Zahlungen
auch nach anderen Vorschriften erfolgen (insb. §§ 103 ff. ZPO, § 66 GKG,
§ 57 FamGKG, § 81 GNotKG).

§ 4 ist auch dann uneingeschränkt anzuwenden, wenn es sich um ein auf
den Rechtspfleger übertragenes Geschäft handelt. Nimmt der Rechtspfleger
eine gerichtliche Festsetzung nach Abs. 1 vor, ist deshalb gleichwohl die
Beschwerde nach Abs. 3 statthaft. Die Erinnerung nach § 11 Abs. 2 RPflG
findet deshalb nur statt, wenn die Zulässigkeitsvoraussetzungen für die Beschwerde nach Abs. 3 nicht vorliegen.

II. Festsetzungsverfahren vor dem Anweisungsbeamten

Die Festsetzung der Zahlung erfolgt bei Geltendmachung der Ansprüche 2
nach § 2 Abs. 1 zunächst im Verwaltungsverfahren, die noch keine gerichtliche Festsetzung nach Abs. 1 darstellt. Funktionell zuständig für die Festsetzung der Entschädigung bzw. Vergütung ist der Urkundsbeamte der Geschäftsstelle (Anweisungsbeamter), der in dieser Funktion als Organg der
Justizverwaltung tätig wird. Er hat dabei die erlassenen Verwaltungsbestimmungen zu beachten. Der Vertreter der Staatskasse kann den Anweisungsbeamte nicht zu einer Berichtigung der Festsetzung anweisen, er kann aber
das gerichtliche Festsetzungsverfahren nach Abs. 1 betreiben, → Rn. 14 ff.
Die Festsetzung kann deshalb auch nicht im Verwaltungswege berichtigt
werden, eine z. B. § 19 Abs. 5 GKG entsprechende Regelung enthält § 4
nicht. Über Vergütungs- und Entschädigungsanträge ist im Allgemeinen
unverzüglich zu befinden, vgl. hierzu die in den Ländern erlassenen Verwaltungsvorschriften. Werden zu einzelnen Teilen des Antrags längere Aufklärungen oder gerichtliche Entscheidungen erforderlich, so ist der unstreitige
Betrag vorab festzusetzen und anzuweisen (*VG Schleswig* JurBüro 2004, 98).

§ 4   Abschnitt 1. Allgemeine Vorschriften

3   Hinsichtlich der Auszahlung der festgesetzten Beträge treffen die in den Ländern erlassenen Verwaltungsbestimmungen nähere Regelungen. Danach ist in einigen Ländern eine bare Auszahlung nur noch in Ausnahmefällen vorgesehen ist. Zahlungen, die an Dolmetscher, Übersetzer, Sachverständige und ehrenamtliche Richter vorzunehmen sind, erfolgen im Regelfall zumeist unbar durch Überweisung. Für die nach dem JVEG zu leistenden Zahlungen sind regelmäßig Allgemeine Zahlungsanordnungen erteilt.

III. Die gerichtliche Festsetzung

1. Allgemeines

4   Bestehen Streitigkeiten über die Höhe des durch den Anweisungsbeamten festgesetzten Betrags, so kann jeder Herangezogene einen Antrag auf gerichtliche Festsetzung stellen. Es findet ausschließlich § 4 Anwendung, so dass andere Rechtsbehelfe oder Rechtsmittel nicht eingelegt werden können. Der Antrag auf gerichtliche Festsetzung stellt jedoch keinen Rechtsbehelf gegen die Festsetzung durch den Anweisungsbeamten dar, sondern vielmehr handelt es sich bei der nach Abs. 1 zu treffenden Entscheidung um eine originäre Entscheidung des Gerichts. Die zuvor erfolgte Festsetzung des Anweisungsbeamten hat lediglich provisorischen Charakter und wird durch die gerichtliche Festsetzung hinfällig (*BayLSG* Az. L 15 SF 423/09). In dem Verfahren dürfen nur solche Positionen gerichtlich festgesetzt werden, die nach dem JVEG erstattet werden können (*BayLSG* Az. L 18/KO 34/65). Das Festsetzungsverfahren kann auch von Amts wegen betrieben werden (→ Rn. 5).

Der Sachverständige ist berechtigt, im Verfahren auf gerichtliche Festsetzung seine Erstattungsanträge durch das Stellen weiterer Anträge zu erhöhen. Er ist nicht an die einmal eingereichte Liquidation gebunden (*OLG Düsseldorf* BauR 1994, 280). Der Anspruch kann danach notfalls auch im Wege der Beschwerde erhöht werden.

2. Festsetzung von Amts wegen

5   Das Gericht kann die Festsetzung nach Abs. 1 auch von Amts wegen durchführen, wenn es sie für angemessen hält. Die gerichtliche Festsetzung nach Abs. 1 ist deshalb auch zulässig, wenn noch keine Berechnung und Auszahlung durch den Anweisungsbeamten erfolgt ist. Ein entsprechender Antrag kann somit auch schon vor der Festsetzung durch den Anweisungsbeamten gestellt werden, eine vorherige Festsetzung im Verwaltungsverfahren unterbleibt dann. Auch wenn das Verfahren von Amts wegen betriebenen wird, bleiben der Herangezogene und die Staatskasse stets beteiligt, so dass ihnen auch im Amtsverfahren rechtliches Gehör zu gewähren ist (*OLG Düsseldorf* Rpfleger 1988, 116).

Eine Festsetzung von Amts wegen kann nach *Hartmann* § 4 Rn. 6 insbesondere dann in Betracht kommen, wenn
– es sich um einen Berechtigten handelt, der im Ausland seinen gewöhnlichen Aufenthaltsort hat (§§ 8 Abs. 4, 19 Abs. 4),
– eine besondere Vergütung nach § 13 zu zahlen ist,
– es sich um die Festsetzung des Stundensatzes, also der Zuordnung in eine Honorargruppe handelt (§ 9).

120

Auch eine Anordnung der Rückforderung von an den Sachverständigen gezahlten Beträgen, kann von Amts wegen getroffen werden (*OLG Hamburg* StB 1974, 203).

3. Gegendarstellung

Eine Gegendarstellung ist im Verfahren auf gerichtliche Festsetzung und dem sich anschließenden Beschwerdeverfahren nur insoweit statthaft, wie sie auch in einem Zivilprozess zugelassen ist (*OLG München* JurBüro 1986, 1226). Danach kann sich die Gegendarstellung nur gegen solche Entscheidungen richten, die nicht mehr mit einem Rechtsmittel anfechtbar sind und unter einem Rechtsverstoß zustande gekommen sind (*OLG Karlsruhe* MDR 1993, 289). Soweit jedoch der Einwand der Verletzung des rechtlichen Gehörs geltend gemacht wird, ist Anhörungsrüge zu erheben (§ 4a). 6

4. Vorschusszahlungen

Eine gerichtliche Festsetzung nach Abs. 1 ist auch statthaft, wenn es sich um einen Vorschuss nach § 3 handelt, → § 3 Rn. 13 ff. Es kann dabei sowohl die vollumfängliche oder die teilweise Ablehnung eines solchen Antrags beanstandet werden, insbesondere auch die Höhe des festgesetzten Vorschusses. Handelt es sich jedoch um einen Reisekostenvorschuss für eine mittellose Partei, Beschuldigten oder Beteiligten erfolgt die Gewährung nicht aufgrund der Vorschriften des JVEG. Eine gerichtliche Festsetzung nach § 4 ist nicht möglich, siehe Anlage VwV Reiseentschädigung → Rn. 15 ff. 7

5. Finanzgerichtsbarkeit

Auch im Bereich der Finanzgerichtsbarkeit können Einwendungen nur nach § 4 vorgebracht werden. 8

6. Sozialgerichtsbarkeit

Handelt es sich um einen Berechtigten nach § 1 gilt nur § 4, nicht aber die Regelungen des SGG (Binz/Dörndorfer/*Binz* § 4 JVEG Rn. 1). Darüber hinaus ist § 4 auch anwendbar, wenn es sich um Ansprüche nach § 191 SGG handelt, so dass §§ 189 Abs. 2, 197 Abs. 2 SGG nicht gelten (*LSG Bad.Württ.* USgb 1961, 74). 9

7. Wehrpflichtsachen

In Wehrpflichtsachen fand bisher eine Beschwerde gegen die gerichtliche Festsetzung nicht statt (*OVG Lüneburg* KostRsp. ZSEG § 16 Nr. 56 mit abl. Anm. *Lappe; OVG Hamburg* KostRsp. ZSEG § 16 Nr. 62, mit zust. Anm. *Noll*). Aufgrund des neuen § 1 Abs. 5, wonach die Vorschriften des § 4 den Regelungen der für das zugrunde liegende Verfahren geltenden Verfahrensvorschriften vorgehen, ist diese Auffassung nicht mehr haltbar, so dass auch in Wehrpflichtsachen nach § 4 vorzugehen ist. 10

§ 4   Abschnitt 1. Allgemeine Vorschriften

IV. Antragsberechtigte Personen

1. Allgemeines

11 Hat das Gericht eine Festsetzung nicht von Amts wegen durchgeführt, so ist sie auf Antrag durchzuführen (Abs. 1). Antragsberechtigt sind nur
– Zeugen und herangezogene Dritte (§ 23),
– Sachverständige,
– Dolmetscher und Übersetzer,
– Ehrenamtliche Richter,
– Vertrauenspersonen in den Ausschüssen zur Wahl der Schöffen,
– Vertrauensleute in den Ausschüssen zur Wahl der ehrenamtlichen Richter bei den Gerichten der Finanz- und Verwaltungsgerichtsbarkeit.

Der Berechtigte muss von einer in § 1 genannten Stelle herangezogen worden sein, denn § 4 gilt nur, wenn sich die Ansprüche überhaupt nach dem JVEG richten. Insbesondere bei von Polizeibehörden herangezogenen Berechtigten ist eine genaue Prüfung erforderlich, vgl. Rn. 24. Nicht antragsberechtigt ist auch eine von dem Sachverständigen herangezogene Hilfskraft, da nur der Sachverständige selbst die Festsetzung nach § 4 beantragen kann (*SG Gießen* Breith 1966, 360; *OVG Berlin* Az. V K 5.74). Ist ein Sachverständiger persönlich herangezogen, ist davon auszugehen, dass er die Anträge nach § 4 auch dann selbst gestellt hat, wenn er den Kopfbogen des Unternehmens, für welches er tätig ist, benutzt und im Plural schreibt (*OLG Koblenz* JurBüro 2013, 320).

2. Parteien

12 **a) Allgemeines.** Die Parteien oder Beteiligten können eine gerichtliche Festsetzung nach Abs. 1 nicht beantragen (*OLG München* Rpfleger 1980, 303; *OLG Koblenz* VersR 1981, 756; *OLG Frankfurt* MDR 1985, 152; *OLG Koblenz* Rpfleger 1985, 333; *OLG Naumburg* BauR 2012, 842). Dabei ist unerheblich, ob das Verfahren noch anhängig oder rechtshängig ist (*OLG Oldenburg* NJW 1986, 265). Auch in einem Verfahren über die Aberkennung des Vergütungsanspruchs eines Sachverständigen sind die Parteien nicht beteiligt (*KG* MDR 1973, 157), auch dann nicht, wenn die Vergütung wegen der Unbrauchbarkeit des Gutachtens nach § 8a aberkannt werden soll (*OLG Frankfurt* KostRsp. ZSEG § 16 Nr. 2). Eine Beteiligung der Parteien oder Beteiligten erfolgt auch nicht, wenn sie Kostenschuldner für die Gerichtskosten des Verfahrens sind und für die geleisteten Zahlungen haften und die nach dem JVEG gezahlten Beträge nach Nr. 9005 KV-GKG, Nr. 2005 KV-FamGKG, Nr. 31005 KV-GNotKG einzuziehen sind. Eine Anhörung des Kostenschuldners findet daher im Festsetzungsverfahren nach Abs. 1 nicht statt, da er weder als Partei noch in parteiähnlicher Stellung beteiligt ist, so dass er auch nicht die Verletzung des rechtlichen Gehörs rügen kann (*BayVGH* BayVBl. 1973, 676).

13 **b) Erinnerung gegen den Kostenansatz.** Die Partei kann sich gegen die Höhe der nach dem JVEG vorgenommen Zahlungen nur im Wege der Erinnerung gegen den Kostenansatz nach § 66 GKG, § 57 FamGKG, § 81 GNotKG wenden (*OLG Naumburg* BauR 2012, 842). Für die Durchführung des Erinnerungsverfahrens ist es unerheblich, dass die Vergütung oder Entschädigung bereits an den Herangezogenen gezahlt wurde (*OLG Koblenz* KostRsp. ZSEG § 3 Nr. 68). Auch hindert eine bereits erfolgte gerichtliche Festsetzung nach Abs. 1 die Parteien nicht, die gezahlte Sachverständigenrechnung im Erinnerungsverfahren zu beanstanden (*OLG Düsseldorf* JurBüro 1996, 43), was aus Abs. 9 folgt (→ Rn. 56 f.). Die Erinnerung ist nicht fristgebunden. Sie kann zudem auch dann nicht ohne Weiteres als verwirkt angesehen werden, wenn sie erst nach mehr als drei Jahren erhoben wird (*OLG Koblenz* BauR 2005, 447).

3. Staatskasse

a) Allgemeines. Das Verfahren auf gerichtliche Festsetzung nach Abs. 1 ist ein Streit zwischen der Staatskasse auf der einen und dem Berechtigten auf der anderen Seite (*OLG Frankfurt* JVBl. 1969, 232), so dass die Staatskasse deshalb stets an dem Festsetzungsverfahren zu beteiligen ist. Aufgrund der Vertretungsregelungen der Länder wird die Staatskasse in Verfahren nach § 4 regelmäßig durch den zuständigen Bezirksrevisor vertreten. Ihm steht auch ein eigenes Antragsrecht zu, mit dem auch die Einrede der Verjährung (§ 2 Abs. 4) erhoben werden kann. Ein Antrag nach Abs. 1 kann durch die Staatskasse auch dann gestellt werden, wenn dem Zeugen eine Entschädigung gezahlt wird, obwohl dieser zuvor auf eine Entschädigung wirksam verzichtet hat (*OLG München* JurBüro 1995, 373). Auch dass für die zu zahlende Vergütung oder Entschädigung ein ausreichender Auslagenvorschuss gezahlt war, beseitigt nicht die Beschwer der Staatskasse (*LG Essen* JVBl. 1971, 72; *OLG Hamm* JVBl. 1971, 95; *KG* Rpfleger 1971, 447; *LG Mönchengladbach* JVBl. 1972, 117; *LG Berlin* JVBl. 1972, 116). Über einen Antrag auf gerichtliche Festsetzung durch die Staatskasse muss zudem auch dann noch entschieden werden, wenn die in den Kostenansatz enthaltenen Zahlungen nach JVEG bereits durch den Kostenschuldner beglichen sind (*OLG Zweibrücken* JVBl. 1968, 290). 14

b) Befangenheit. Der Vertreter der Landeskasse kann grundsätzlich nicht wegen Befangenheit abgelehnt werden (*OLG Koblenz* MDR 1985, 257). Es ist aber gegen ihn die Dienstaufsichtsbeschwerde zulässig, da der Bezirksrevisor der Dienstaufsicht untersteht, in der ordentlichen Gerichtsbarkeit dem Präsidenten des Amtsgerichts, Landgerichts oder des Oberlandesgerichts. 15

c) Polizei. Führt die Polizei auf Anordnungen der Staatsanwaltschaft Ermittlungen durch, ist die Polizeibehörde dennoch nicht befugt, eine gerichtliche Festsetzung nach § 4 selbstständig oder für die Staatskasse anzufechten (*OLG Zweibrücken* NJW 1997, 2692). Durch das im Auftrag oder mit Billigung der Staatsanwaltschaft oder der Finanzbehörde erfolgte Tätigwerden, wird kein eigenes Auftragsverhältnis gegenüber dem Herangezogenen begründet, auch dann nicht, wenn die Polizei aufgrund von verwaltungsinternen Vorschriften zur alleinigen Kostentragung verpflichtet ist. 16

4. Landesrechungshof

Werden im Rahmen einer Prüfung durch das Prüfungsamt oder des Landesrechnungshofs Beanstandungen gegen eine Festsetzung des Anweisungsbeamten festgestellt, kann die Prüfungsstelle den Anweisungsbeamten nicht zur Berichtigung der Festsetzung anweisen. Die Anweisungsstelle ist nicht an die Beanstandungen gebunden *Meyer/Höver/Bach* § 4 Rn. 4.4. Leistet die Anwei- 17

5. Kreditinstitute

18 Stellt ein Kreditinstitut im Rahmen eines beim Zollfahndungsamts anhängigen strafrechtlichen Ermittlungsverfahren Unterlagen zur Verfügung, ist ihm der Rechtsweg nach § 4 und nicht nach §§ 23, 30a EGGVG gegeben (*OLG Hamburg* NStZ 1982, 35). Das gilt auch dann, wenn erst durch die Festsetzung festgestellt werden soll, dass dem Kreditinstitut überhaupt eine Entschädigung zu gewähren ist.

6. Kostenfestsetzungsverfahren

19 In einem Kostenfestsetzungsverfahren nach §§ 103 ff. ZPO ist der Einwand zulässig, dass die zur Erstattung angemeldeten Sachverständigenkosten, die nach Nr. 9005 KV-GKG, Nr. 2005 KV-FamGKG, Nr. 31005 KV-GNotKG zu den Gerichtskosten gehören, von dem Gegner zu Unrecht an einem Dritten (die Gerichtskasse) gezahlt worden sind. Dies hat zur Folge, dass der Gegner darauf hinzuweisen ist, diesen unrechtmäßigen Betrag von der Staatskasse zurückzufordern (*OLG Koblenz* JurBüro 1985, 135). Soweit in einem Erinnerungsverfahren nach § 66 GKG, § 57 FamGKG oder § 81 GNotKG über die Sachverständigenvergütung entschieden wurde, ist diese Entscheidung im Kostenfestsetzungsverfahren bindend (*OLG Naumburg* Az. 13 W 99/01). Ein Vortrag im Verfahren nach §§ 103 ff. ZPO ist zudem nicht zulässig, wenn die erstattungspflichtige Partei alleiniger Kostenschuldner für die Gerichtskosten ist und, anders als der Prozessgegner, welcher die Auslagen vorschüsse geleistet hat, Erinnerung nach § 66 GKG, § 57 FamGKG, § 81 GNotKG einlegen kann (BGH MDR 2011, 1376).

Wird in einem Kostenfestsetzungsverfahren (§§ 103 ff. ZPO) rechtskräftig festgestellt, dass ein Teil der in dem Verfahren gezahlten Sachverständigenvergütung nicht notwendig war und deshalb auch nicht erstattungsfähig ist, kann die zahlungspflichtige Partei das rechtskräftig abgeschlossene Kostenfestsetzungsverfahren nicht wieder aufgreifen, wenn der Sachverständige seinerseits eine gerichtliche Festsetzung des umstrittenen Betrages nach § 4 erreicht hat. Der Partei verbleibt nur die Erinnerung gegen den Kostenansatz, was dazu führen kann, dass die Staatskasse um diesen Betrag geschädigt wird (*OLG Koblenz* Rpfleger 1987, 341). Die Erinnerung kann auch nach erfolgter Festsetzung nach § 4 eingelegt werden, weil die Beschlüsse nicht zu Lasten des Kostenschuldners wirken (Abs. 9). In dem Kostenfestsetzungsverfahren ist grundsätzlich nicht zu klären, ob eine Partei Kostenschuldner der Gerichtskosten geworden ist (*OLG Frankfurt* Az. 20 W 208/80).

V. Zuständigkeiten (Abs. 1 S. 2)

1. Allgemeines

20 Die Festsetzung nach Abs. 1 erfolgt stets durch ein Gericht, auch wenn die Heranziehung durch eine Staatsanwaltschaft, den Gerichtsvollzieher oder durch die Polizei mit vorheriger Billigung durch die Staatsanwaltschaft erfolgt

Gerichtliche Festsetzung und Beschwerde § 4

ist. Nach Abs. 1 S. 2 sind für die gerichtliche Festsetzung im Einzelnen zuständig:
- das Gericht, von dem der Berechtigte herangezogen worden ist, bei dem er als ehrenamtlicher Richter mitgewirkt hat oder bei dem der Ausschuss im Sinne des § 1 Abs. 4 gebildet ist (Nr. 1);
- das Gericht, bei dem die Staatsanwaltschaft besteht, wenn die Heranziehung durch die Staatsanwaltschaft oder in deren Auftrag oder mit deren vorheriger Billigung durch die Polizei oder eine andere Strafverfolgungsbehörde erfolgt ist, nach Erhebung der öffentlichen Klage jedoch das für die Durchführung des Verfahrens zuständige Gericht (Nr. 2);
- das Landgericht, bei dem die Staatsanwaltschaft besteht, die für das Ermittlungsverfahren zuständig wäre, wenn die Heranziehung in den Fällen des § 1 Abs. 1 S. 1 Nr. 1 durch die Finanzbehörde oder in deren Auftrag oder mit deren vorheriger Billigung durch die Polizei oder eine andere Strafverfolgungsbehörde erfolgt ist, nach Erhebung der öffentlichen Klage jedoch das für die Durchführung des Verfahrens zuständige Gericht (Nr. 3);
- das Amtsgericht, in dessen Bezirk der Gerichtsvollzieher seinen Amtssitz hat, wenn die Heranziehung durch den Gerichtsvollzieher erfolgt ist, abweichend davon im Verfahren der Zwangsvollstreckung das Vollstreckungsgericht (Nr. 4).

2. Gerichte

Erfolgt die Heranziehung durch ein Gericht, so ist das Gericht für die 21 gerichtliche Festsetzung zuständig, welches den Berechtigten herangezogen hat. Abs. 1 S. 2 Nr. 1 regelt dabei nicht nur die örtliche Zuständigkeit, sondern auch die sachliche Zuständigkeit. Es ist weiter die Abteilung (Familien-, Zivil-, Vollstreckungsgericht etc.) des Gerichts zuständig, welche den Berechtigten herangezogen hat. Welcher Senat bzw. welche Kammer über die Beschwerde entscheidet, bestimmt sich aus dem Geschäftsverteilungsplan (*OLG Bamberg* JVBlNW 1962, 15). Wegen der Heranziehung im Wege der Rechtshilfe siehe bei → § 1 Rn 37. Wird ein Berufsbetreuer als gesetzlicher Vertreter zur Strafverhandlung gegen den Betreuten geladen, ist nicht das Strafgericht für die gerichtliche Festsetzung seiner Betreuervergütung zuständig, sondern das Betreuungsgericht (*OLG Dresden* NStZ 2002, 164).

3. Justizverwaltungssachen

Ein im Bereich des JVEG ergehender Justizverwaltungsakt kann mit einem 22 Antrag auf gerichtliche Entscheidung auch dann angefochten werden, wenn dies nicht ausdrücklich in § 4 bestimmt ist, da in diesen Fällen § 30a EGGVG eingreift. § 30a EGGV wurde durch Art. 14 des Ersten Gesetzes über die Bereinigung von Bundesrecht im Zuständigkeitsbereich des Bundesministeriums der Justiz (BGBl. I S. 866) eingefügt und zugleich durch Art. 115 dieses Gesetzes der bisherige Art. XI §§ 1–3 KostRÄndG 1957 abgeschafft. Mit der Regelung soll verhindert werden, dass im Falle der Anfechtung von Verwaltungsakten der ordentlichen Gerichtsbarkeit auf dem Gebiet des Kostenrechts die Verwaltungsgerichte entscheiden müssten (BT-Drs. 16/47, S. 49). Zuständig ist nach § 30a Abs. 2 EGGVG das Amtsgericht, in dessen Bezirk die zuständige Kasse ihren Sitz hat. Im Übrigen gelten die Bestimmungen der

§ 4 Abschnitt 1. Allgemeine Vorschriften

§§ 81 Abs. 2–8, 84 GNotKG entsprechend (§ 30a Abs. 2 S. 3 EGGVG). Die Staatskasse ist in dem Verfahren zu hören (§ 30a Abs. 2 S. 2 EGGVG).

4. Staatsanwaltschaft

23 Ist der Berechtigte durch die Staatsanwaltschaft herangezogen worden, so ist das Gericht für die gerichtliche Festsetzung zuständig, bei dem die Staatsanwaltschaft besteht (Abs. 1 S. 2 Nr. 2). Sobald jedoch die öffentliche Klage erhoben wurde, ist nur noch das Gericht zuständig, das für die Durchführung des Erkenntnisverfahrens zuständig ist. Hierfür genügt auch der Antrag auf Erlass eines Strafbefehls. Das für das Erkenntnisverfahren zuständige Gericht ist auch dann für die gerichtliche Festsetzung zuständig, wenn der Berechtigte zwar durch die Staatsanwaltschaft herangezogen worden ist, die Sache aber bereits durch Erhebung der öffentlichen Klage oder wegen des Antrags auf Erlass eines Strafbefehls bei Gericht anhängig geworden ist (*OLG Hamm* Rpfleger 1971, 78), so dass dann nicht das Gericht entscheidet, bei dem die Staatsanwaltschaft besteht. Eine Zuständigkeit des für die Durchführung des Erkenntnisverfahrens zuständigen Gerichts ist auch dann gegeben, wenn die Staatsanwaltschaft das Gutachten zwar in Auftrag gegeben hat, das Gericht der ersten Instanz dieses aber im Urteil verwertet hat oder mit dem Gutachten sachlich befasst war (*OLG Koblenz* NStZ-RR 2001, 30); → Rn. 24.

5. Weitere Strafverfolgungsbehörden

24 Das Gericht bei dem die Staatsanwaltschaft besteht ist auch dann zuständig, wenn die Heranziehung durch die Polizei oder eine andere Strafverfolgungsbehörde erfolgt und diese auf Anordnung oder vorheriger Billigung der Staatsanwaltschaft tätig geworden sind. Es kommen auch weitere Strafverfolgungsbehörden wie die Steuer- oder Zollfahndungsämter in Betracht, → Rn. 25. Die Billigung durch die Staatsanwaltschaft kann auch stillschweigend erfolgen (*Hartmann* § 4 Rn. 13). Liegt jedoch keine vorherige Billigung durch Staatsanwaltschaft vor, findet Abs. 1 S. 2 Nr. 2, 3 keine Anwendung. Das gilt insbesondere dann, wenn die Heranziehung durch die die Polizei ohne vorherige Billigung der Staatsanwaltschaft erfolgt ist (Binz/Dörndorfer/ *Binz* § 4 JVEG Rn. 5). § 4 findet zudem auch dann keine Anwendung, wenn nach den Polizeigesetzen eine Entschädigung in entsprechender Anwendung des JVEG gewährt wird, weil auch in diesen Fällen kein Erstattungsanspruch gegenüber der Staatsanwaltschaft oder dem Gericht besteht.

6. Finanzbehörden

25 Ist die Finanzbehörde selbst als Strafverfolgungsbehörde tätig und hat diese den Berechtigten herangezogen oder ist ein Berechtigter durch die Polizei oder eine andere Strafverfolgungsbehörde im Auftrag oder nach vorheriger Billigung der Finanzbehörde herangezogen worden, so ist das bei der Staatsanwaltschaft bestehende Landgericht für die gerichtliche Festsetzung zuständig (Abs. 1 S. 2 Nr. 3). Ist bereits Klageerhebung erfolgt bzw. ein Antrag auf Erlass eines Strafbefehls gestellt, liegt die Zuständigkeit wiederum bei dem für die Durchführung des Erkenntnisverfahrens zuständigen Gerichts. In einem von der Finanzbehörde geführten Strafverfahren ist die Finanzbehörde jedoch nicht selber an einem gerichtlichen Festsetzungsverfahren nach § 4 beteiligt

Gerichtliche Festsetzung und Beschwerde § 4

(*OLG München* Rpfleger 1982, 317), sie ist daher auch nicht beschwerdeberechtigt.

7. Gerichtsvollzieher

Abs. 1 S. 2 Nr. 4 regelt die Zuständigkeit für den Fall der Heranziehung 26 durch einen Gerichtsvollzieher. Danach gilt Folgendes: Findet die Heranziehung in einem Zwangsvollstreckungsverfahren statt, so ist das Vollstreckungsgericht (§ 764 Abs. 2 ZPO) zuständig. Wurde der Berechtigte durch den Gerichtsvollzieher jedoch außerhalb eines gerichtlich anhängigen Zwangsvollstreckungsverfahrens herangezogen, ist das Amtsgericht für die gerichtliche Festsetzung zuständig, in dessen Bezirk der Gerichtsvollzieher seinen Amtssitz hat.

8. Verwaltungsbehörden

Erfolgt die Heranziehung durch eine Verwaltungsbehörde im Bußgeldver- 27 fahren gilt Abs. 2. In diesen Fällen wird die Vergütung oder Entschädigung gerichtlich durch Beschluss festgesetzt, wenn der Berechtigte die gerichtliche Entscheidung gegen die Festsetzung durch die Verwaltungsbehörde beantragt. Die Staatskasse kann gleichfalls einen entsprechenden Antrag stellen. Abs. 2 spricht zwar nur von dem Berechtigten, § 62 Abs. 1 OWiG sieht ein Antragsrecht aber ausdrücklich für alle Personen vor, gegen die sich die Maßnahme richtet. Eine Festsetzung von Amts wegen ist hingegen nicht möglich. Wegen des Verfahrens verweist Abs. 2 auf § 62 OWiG, die gerichtliche Entscheidung ist daher nicht anfechtbar, auch Abs. 3 ist nicht anwendbar (*v. König* Rpfleger 2006, 172). Der Gesetzgeber hat dazu in der Begründung zu § 4 (BT-Drs. 15/1971, S. 179) eindeutig ausgeführt: „*Die gerichtliche Entscheidung ist unanfechtbar (§ 62 Abs. 2 Satz 3 OWiG).*" Im Übrigen verweist § 62 Abs. 2 OWiG auf § 68 OWiG. Für die gerichtliche Festsetzung ist deshalb das Amtsgericht sachlich zuständig. Die örtliche Zuständigkeit bestimmt sich nach dem Sitz der Verwaltungsbehörde. Es können u. U. landesrechtliche Regelungen erlassen werden. Das Gericht entscheidet durch Beschluss.

VI. Form

Der Antrag auf gerichtliche Festsetzung kann schriftlich gestellt oder zu 28 Protokoll der Geschäftsstelle erklärt werden (Abs. 6 S. 1). § 129a ZPO gilt entsprechend. Wegen der Verwendung elektronischer Dokumente gilt § 4b. Die Aufnahme der Anträge erfolgt durch die Beamten des mittleren Dienstes, eine Zuständigkeit des Rechtspflegers nach § 24 RPflG ist nicht gegeben, da bei solchen Anträgen nicht von einer besonderen Erschwernis ausgegangen werden kann, zumal die Festsetzung selbst durch den UdG des mittleren Dienstes erfolgt.

Die Anträge können auch in Anwaltsverfahren ohne anwaltliche Vertretung gestellt werden (Abs. 6 S. 1). Wird jedoch ein Anwalt bevollmächtigt, gelten hierfür die Regelungen der jeweiligen Verfahrensordnung (Abs. 6 S. 2).

VII. Entscheidung durch das Gericht

1. Allgemeines

29 Das Gericht entscheidet durch Beschluss, der zu begründen ist. Einer Begründung bedarf es jedoch nicht, wenn die Beschwerde nach Abs. 3 wegen Nichterreichen des Beschwerdewerts unzulässig und auch keine Zulassung erfolgt ist (*LG Krefeld* JurBüro 1984, 1877). Das Gericht darf bei seiner Festsetzung nicht über den gestellten Antrag hinausgehen (*OLG Düsseldorf* JurBüro 1982, 1229). Dabei ist jedoch nicht auf die einzelnen Positionen, sondern nur auf den Gesamtbetrag abzustellen (*LG Dortmund* NJW 1966, 1169). Innerhalb des beantragten Gesamtbetrags ist das Gericht deshalb nicht an die geltend gemachten Einzelpositionen gebunden und darf hier einen Austausch vornehmen (*BayLSG* Breith 1965, 795). Hat sich das Gerichts in einem Verfahren nach § 4 mit der Frage zu befassen, ob die Sachverständigenvergütung zu versagen ist, weil das Gutachten unverwertbar ist, kann eine Schadensersatzhaftung nur unter den Voraussetzungen des § 839 Abs. 2 BGB eintreten (BGH MDR 1984, 383).

2. Überprüfung

30 In dem Festsetzungsverfahren muss das Gericht die gesamte Liquidation des Sachverständigen überprüfen, einschließlich des geltend gemachten Zeitaufwandes (*OLG Koblenz* MDR 1976, 324). Dem Gericht steht dabei ein Ermessensspielraum zu.

3. Umfang der Festsetzung

31 In dem Festsetzungsverfahren ist nur die Festsetzung eines Gesamtbetrages zulässig (*OLG München* JurBüo 1981, 901; *OLG Celle* JurBüro 2005, 550). Es ist unzulässig, dass das Gericht in seiner Entscheidung nur allgemeine, nicht erschöpfende Richtlinien festsetzt (*OLG Celle* NdsRpfl. 1964, 230). Auch eine bloße Festsetzung des Zeilensatzes für einen Übersetzer stellt einen Verfahrensfehler dar und ist daher unzulässig (*OLG Hamm* KostRsp. ZSEG § 16 Nr. 34). Das Gericht darf die Festsetzung auch nicht auf Einzelpositionen beschränken (*KG* Rpfleger 1981, 126), insbesondere die bloße Festsetzung des Stundensatzes (bzw. jetzt: Einteilung in eine Honorargruppe) reicht nicht aus (*OLG Hamm* JVBl. 1972, 45; *OLG Düsseldorf* JurBüro 1981, 411; *OLG München* JurBüro 1996, 321; **a. A.** *LG Mönchengladbach* JVBl. 1972, 117).

4. Dienstliche Stellungnahme des Richters

32 Die Dienstaufsichtsbehörde darf den Richter verpflichten, sich bereits vor der gerichtlichen Festsetzung darüber zu äußern, ob gegen die Sachverständigenvergütung dem Grunde nach Bedenken bestehen (BGH NJW 1969, 556). Die Stellungnahme eines Richters zur Frage der Angemessenheit eines Stundensatzes bzw. der Einteilung in eine Honorargruppe stellt jedoch keine gerichtliche Festsetzung dar (*OLG Hamm* JVBl. 1969, 166). Danach bindet eine solche Bestimmung weder den Anweisungsbeamten noch den Richter selbst in einem späteren Verfahren nach § 4, der Richter wird bei Abgabe der

Stellungnahme nur als Organ der Justizverwaltung tätig (*OLG Koblenz* KostRsp. ZSEG § 16 Nr. 46).

5. Vermerke des Richters auf der Kassenanordnung

Ein richterlicher Vermerk auf der Kassenanordnung über die Höhe des Stundensatzes bzw. die Einteilung in eine Honorargruppe ersetzt nicht die gerichtliche Festsetzung nach Abs. 1 (*LG Essen* JurBüro 1971, 573). Das Gleiche gilt dann, wenn der Richter eine solche Zuordnung in seiner Anweisung, der Sachverständige sei bestimmungemäß zu entschädigen, erteilt. Eine solche Verfügung wird deshalb auch ohne weiteres hinfällig, wenn sich das Gericht wegen Abs. 1 mit der Festsetzung befassen muss (*KG* KostRsp. ZSEG § 16 Nr. 79) und der festgesetzte Stundensatz durch die Festsetzung geändert wird. 33

6. Rechtliches Gehör

Auch im Festsetzungsverfahren nach Abs. 1 ist den Beteiligten stets rechtliches Gehör (Art. 103 Abs. 1 GG) zu gewähren. Beteiligte sind nur der Herangezogene und die Staatskasse. Dem Herangezogenen ist insbesondere dann rechtliches Gehör zu gewähren, wenn das Gericht auf Antrag der Staatskasse die durch den Sachverständigen geltend gemachten Beträge kürzen will. Der Staatskasse ist ebenfalls stets rechtliches Gehör zu gewähren (*OLG Hamm* JMBlNW 1974, 56; *OLG Düsseldorf* Rpfleger 1988, 116). Das gilt auch dann, wenn die Festsetzung nach Abs. 1 wegen der Gewährung oder der Ablehnung einer Vorschusszahlung nach § 3 stattfindet. Die Parteien oder der Kostenschuldner besitzen hingegen keinen Anspruch auf rechtliches Gehör (BayVerfGH BayMBl. 1974, 11). Wird der Anspruch auf Gewährung des rechtlichen Gehörs verletzt und ist ein Rechtsbehelf nach § 4 nicht mehr gegeben, so kann die Anhörungsrüge nach § 4a erhoben werden. 34

7. Ablehnung des Richters

In einem gerichtlichen Festsetzungs- oder Beschwerdeverfahren nach § 4 kann ein Richter wegen der Befangenheit gemäß den geltenden Verfahrensordnungen abgelehnt werden. Gegen den das Ablehnungsgesuch zurückweisenden Beschluss ist der normale Rechtsweg gegeben, z. B. die sofortige Beschwerde nach § 46 ZPO (*OLG Hamburg* JurBüro 1992, 194), § 6 Abs. 2 FamFG, § 24 StPO. Die sofortige Beschwerde kann auch dann noch eingelegt werden, wenn die gerichtliche Festsetzung bereits erfolgt ist. 35

VIII. Beschwerde (Abs. 3)

1. Allgemeines

Gegen die Entscheidung über die gerichtliche Festsetzung nach Abs. 1 findet die Beschwerde nach Abs. 3 statt. Sie ist nur gegen die gerichtliche Festsetzung, niemals gegen die des Anweisungsbeamten im Verwaltungsverfahren statthaft. Eine Beschwerde findet ausnahmsweise nicht statt, wenn ein oberstes Landesgericht oder ein Bundesgericht die gerichtliche Festsetzung vorgenommen hat, denn Abs. 4 S. 3 stellt ausdrücklich klar, dass die Beschwerde an einen obersten Gerichtshof des Bundes nicht stattfindet. Un- 36

§ 4   Abschnitt 1. Allgemeine Vorschriften

anfechtbar sind daher gerichtliche Festsetzungen durch das LAG, LSG, OLG, OVG, BAG BFH, BGH, BSG oder das BVerwG. Statthaft ist aber die Beschwerde an ein LAG, LSG, OLG, OVG, so dass auch eine landgerichtliche Festsetzung, die dort im Berufungsverfahren ergangen ist, nach Abs. 3 angegriffen werden kann (*OLG Karlsruhe* OGR Karlsruhe 2008, 319). Eine Beschwerde gegen die gerichtliche Festsetzung durch ein Finanzgericht an den Bundesfinanzhof findet wegen Abs. 4 S. 3 gleichfalls nicht statt (BFH KostRsp. ZSEG § 16 Nr. 29).

2. Beschwerdeberechtigte Personen

37   Ein Beschwerderecht steht nur den im Festsetzungsverfahren beteiligten Personen zu. Beschwerdeberechtigt sind daher
– Zeugen und herangezogene Dritte (§ 23),
– Sachverständige,
– Dolmetscher und Übersetzer,
– Ehrenamtliche Richter,
– Vertrauenspersonen in den Ausschüssen zur Wahl der Schöffen,
– Vertrauensleute in den Ausschüssen zur Wahl der ehrenamtlichen Richter bei den Gerichten der Finanz- und Verwaltungsgerichtsbarkeit,
– die Staatskasse.

Der Staatskasse steht gegen die gerichtliche Festsetzung ein Beschwerderecht unabhängig davon zu, ob die nach dem JVEG zu zahlenden Beträge von den Parteien zu tragen sind (*OLG Nürnberg* MDR 1999, 1023), da sich der Kostenschuldner im Erinnerungsverfahren (§ 66 GKG, § 57 FamGKG, § 81 GNotKG) gegen eine überhöhte Sachverständigenentschädigung wenden kann. Eine solche Rüge ist auch im Kostenfestsetzungsverfahren (§§ 103 ff. ZPO) noch statthaft. Die Parteien sind, wie auch am Verfahren nach Abs. 1 nicht an dem Beschwerdeverfahren beteiligt.

3. Beschwerdewert

38   **a) Allgemeines.** Die Beschwerde nach Abs. 3 ist nur zulässig, wenn der Beschwerdewert 200 EUR übersteigt (Abs. 3) oder eine Zulassung erfolgt (→ Rn. 42). Für die Wertberechnung ist der Wert der Beschwer maßgebend. Nicht zu berücksichtigen sind dabei solche Beträge, die erstmalig in der Beschwerdeinstanz geltend gemacht werden (*LSG NW* Az. L 5 S 62/81).

39   **b) Umsatzsteuer.** Die zu erstattende Umsatzsteuer ist bei dem Beschwerdewert mit zu berücksichtigen (*OLG Karlsruhe* Az. 14 W 663/92), wenn der Herangezogene nicht nach § 19 Abs. 1 UStG von der Zahlung befreit ist. Die Beschwerde ist deshalb auch dann zulässig, wenn der Beschwerdewert überhaupt nur durch das Hinzusetzen der Umsatzsteuer erreicht wird. Besitzt der Herangezogene jedoch keinen Anspruch auf Erstattung von Umsatzsteuer nach § 12 Abs. 1 S. 2 Nr. 4, was für Zeugen, sachverständige Zeugen und herangezogene Dritte gilt, kommt eine Berücksichtigung auch nicht bei dem Beschwerdewert in Betracht.

Beispiel: Der Sachverständige beantragt mit der gerichtlichen Festsetzung ihm einen abgesetzten Zeitaufwand von 3 Stunden á 65 EUR (Honorargruppe 1) festzusetzen. Er macht für das erstattete Gutachten und für die weitere Festsetzung auch Umsatzsteuer geltend.

Der Beschwerdewert beträgt: 232,05 EUR (3 × 65 = 195 × 1,19 = 232,05). Der Beschwerdewert übersteigt 200 EUR, obwohl er nur durch das Hinzusetzen der Umsatzsteuer überschritten wird.

c) Mehrere Aufträge. Wird ein Berechtigter in einem Verfahren mehrfach 40 herangezogen, so kann zwar eine einheitliche Festsetzung erfolgen, für das Erreichen des Beschwerdewertes ist dennoch auf die einzelnen Heranziehungen abzustellen (*OVG NW* VBl. NRW 1993, 313). Im Übrigen ist im Allgemeinen auf den jeweiligen Auftrag abzustellen. Der Mindestbeschwerdewert kann für einzelne Leistungen deshalb auch dann nicht umgangen werden, wenn diese in einem einheitlichen Beschluss festgesetzt worden sind (*OLG Hamm* JurBüro 1999, 319).

d) Teilweise erfolgte Abhilfe. Hilft das Gericht der ersten Instanz der 41 Beschwerde eines Sachverständigen bereits teilweise ab, so ist nur noch die Differenz zwischen dem ursprünglichen Beschwerdeantrag und dem festgesetzten Betrag nach der Abhilfeentscheidung maßgebend (*OLG Karlsruhe* JurBüro 1994, 180).

4. Zulassung der Beschwerde

Die Beschwerde findet auch statt, wenn sie das Gericht in der Entschei- 42 dung nach Abs. 1 zugelassen hat, wegen der grundsätzlichen Bedeutung der zur Entscheidung stehenden Frage. Die Zulassung kann nur in dem angefochtenen Beschluss ausgesprochen werden, eine nachträgliche Zulassung ist nicht statthaft (*OLG Stuttgart* StraFo 2005, 395). Die Nichtzulassung der Beschwerde ist unanfechtbar (Abs. 4 S. 4 Hs. 2). Eine Nichtzulassungsbeschwerde findet nicht statt (*BayLSG* Az. L 15 SF 45/12 NZB). Das Beschwerdegericht ist an die Zulassung der Beschwerde gebunden (Abs. 4 S. 1 Hs. 1). Das gilt jedoch nur, wenn die Beschwerde überhaupt statthaft ist. Wird die Beschwerde jedoch zugelassen, obwohl eine Beschwerde an einen obersten Gerichtshof des Bundes nicht stattfindet (Abs. 4 S. 3), tritt keine Bindung ein.

Besondere Bedeutung ist dann anzunehmen, wenn die aufgeworfene und zu klärende Frage in einer Vielzahl von Verfahren vorkommt (BGH NJW 2003, 65) oder ihr Auftreten zukünftig zu erwarten ist. Dabei kann wegen desselben Regelungsgehalts auf die zu § 66 GKG, § 57 FamGKG, § 81 GNotKG, § 33 RVG ergangene Rechtsprechung zurückgegriffen werden. Betrifft die zu klärende Frage auslaufendes Recht, muss dargelegt werden, inwieweit sie auch für zukünftige Verfahren von Bedeutung sein kann (BGH NJW 2003, 1943).

5. Form

Die Beschwerde ist bei dem Gericht einzulegen, dessen Entscheidung 43 angefochten wird (Abs. 6 S. 3). Sie ist schriftlich einzureichen oder zu Protokoll der Geschäftsstelle zu erklären (Abs. 6 S. 1). Einer anwaltlichen Vertretung bedarf es auch in Anwaltsverfahren nicht (Abs. 6 S. 1), siehe im Übrigen → Rn. 28.

6. Frist und Verwirkung der Beschwerde

44 Die Beschwerde nach Abs. 3 ist unbefristet, jedoch kann das Beschwerderecht gleichwohl verwirkt sein, etwa dann, wenn die späte Einlegung des Rechtsbehelfs missbräuchlich erscheint, weil die Beteiligten die nunmehr angefochtene Entscheidung bereits als endgültig angesehen haben (*LG Berlin* FamRZ 1999, 1514). Rechtsmissbräuchlich handelt ein Sachverständiger auch dann, wenn er innerhalb von 18 Monaten mehr als 90 Anträge auf gerichtliche Festsetzung stellt, diese zudem ohne Begründung einreicht und offensichtlich in der Absicht handelt, dem Gericht Mehrarbeit zuzufügen (*SG Berlin* Az. S 67 S (48) Vs 873/91). Auch wenn die Beschwerde erst nach unangemessen langer Zeit eingelegt wird, kann sie verwirkt sein. Das gilt für die unbefristete Beschwerde nach Abs. 3 dann, wenn sie nicht mehr innerhalb eines Zeitraums eingelegt wird, in dem vernünftigerweise etwas zur Wahrung des Rechts unternommen wird (*OLG Frankfurt* OLGR Frankfurt 1992, 116), z. B. nach Ablauf eines Zeitraums von 18 Monaten nach Zustellung der gerichtlichen Festsetzung (*OLG Düsseldorf* MDR 1997, 104). Die Verwirkung tritt bei einem langen Zeitraum auch dann ein, wenn der Herangezogene in seiner Beschwerdeschrift ausführt, der Vorgang sei durch andere Ereignisse, z. b. durch einen Vollstreckungsversuch, erstmals in Erinnerung gerufen worden. Als nicht verwirkt ist die Beschwerde hingegen anzusehen, wenn diese nach einem Zeitablauf von neun Monaten eingelegt wird (*OLG Saarbrücken* JurBüro 1989, 1465).

7. Abhilfemöglichkeit

45 Hält das Gericht die Beschwerde für zulässig und begründet, hat es ihr abzuhelfen (Abs. 4 S. 1). Die Abhilfe erfolgt durch begründeten Beschluss. Hilft das Gericht der Beschwerde nicht ab, hat es die Akten unverzüglich an das Gericht des nächst höheren Rechtszugs als Beschwerdegericht abzugeben (Abs. 4 S. 2).

8. Beschwerdegericht

46 Beschwerdegericht ist das nächsthöhere Gericht (Abs. 3 S. 2). In Familiensachen ist für das Beschwerdeverfahren nach § 4 entgegen § 119 GVG das Landgericht und nicht das Oberlandesgericht zuständig (*OLG Schleswig* SchlHA 2011, 382; *OLG München* MDR 2010, 1484; *KG* FamRZ 2008, 1101; *OLG Frankfurt* OLGR Frankfurt 2008, 194; *OLG Celle* FamRZ 2006, 141; *OLG Brandenburg* MDR 2006, 227). Das gilt auch, wenn ausländisches Familienrecht betroffen ist (*KG* JurBüro 2009, 375). Obwohl eine gesonderte Zuständigkeitsregelung für die Familiensachen fehlt, hat der Gesetzgeber dennoch eine parallele Anwendung der § 66 Abs. 3 GKG, § 33 Abs. 4 RVG beabsichtigt, aus denen sich ergibt, dass das nächst höhere Gericht das Landgericht ist, soweit das Amtsgericht entschieden hat (BT-Drs. 15/1971, S. 180).

9. Entscheidung des Beschwerdegerichts

47 **a) Allgemeines.** Das Beschwerdegericht entscheidet über die Beschwerde durch begründeten Beschluss. Dabei soll sich die Nachprüfung des Beschwerdegerichts in erster Linie darauf beschränken, ob die gerichtliche Festsetzung in fehlerhafter Weise erfolgt ist (*OLG Frankfurt* JurBüro 1983, 413).

b) Nichtanwendbarkeit des Verschlechterungsverbots. Das Verbot der 48
Schlechterstellung (reformatio in peius) gilt nicht für das Beschwerdeverfahren
nach Abs. 3 (*LSG Thüringen* KostRsp. JVEG § 4 Nr. 1; *LSG Bad.Württ.*
Rpfleger 1974, 374; *LSG Niedersachsen* NZS 2002, 224; *OLG Düsseldorf*
JurBüro 2005, 376). Die Höhe der Vergütung kann deshalb nachträglich
zuungunsten des Herangezogenen abgeändert werden (*OLG Düsseldorf* MDR
1995, 1267) und der vom Anweisungsbeamte festgesetzte Betrag unterschritten werden (*FG Bad.Württ.* EFG 1996, 1240).

c) Besetzung des Gerichts. Das Beschwerdegericht entscheidet durch 49
eines seiner Mitglieder als Einzelrichter (Abs. 7 S. 1). Das gilt auch dann,
wenn die angegriffene Entscheidung durch einen Einzelrichter oder Rechtspfleger erlassen wurde (Abs. 7 S. 1 Hs. 2). Aus dem Wortlaut „auch" folgt,
dass es bei der Zuständigkeit des Einzelrichters auch dann verbleibt, wenn die
angegriffene Entscheidung durch mehrere Richter, z. B. einer Zivilkammer
beim Landgericht, getroffen wurde (*OLG Dresden* JurBüro 2010, 96). Der
Einzelrichter überträgt das Verfahren auf die Kammer oder den Senat, wenn
die Sache besondere tatsächliche oder rechtliche Schwierigkeiten aufweist
oder die Rechtssache grundsätzliche Bedeutung hat (Abs. 7 S. 2). Hat die
Kammer oder der Senat entschieden, obwohl eine Übertragung nach Abs. 7
S. 2 nicht erfolgt ist, liegt ein unheilbarer Verfahrensmangel vor, da den
Beteiligten der gesetzliche Richter entzogen wird (*OLG Celle* BauR 2008,
401). Gleichwohl ordnet Abs. 7 S. 4 an, dass auf eine erfolgte oder unterlassene Übertragung ein Rechtsmittel nicht gestützt werden kann. Die Beschwerdeentscheidung ergeht stets ohne Beteiligung von ehrenamtlichen Richtern
(Abs. 7 S. 3).

IX. Weitere Beschwerde (Abs. 5)

1. Allgemeines

Nach Abs. 5 findet die weitere Beschwerde statt, wenn das Landgericht als 50
Beschwerdegericht entschieden hat und die weitere Beschwerde wegen der
grundsätzlichen Bedeutung der zur Entscheidung stehenden Frage zugelassen
hat. Handelt es sich um eine Entscheidung eines obersten Gerichts (FG, LAG,
LSG, OLG, OVG) findet keine weitere Beschwerde statt.

Das Landgericht muss die weitere Beschwerde ausdrücklich wegen der
Bedeutung der Sache zugelassen haben, wegen der besonderen Bedeutung
→ Rn. 42. Die Zulassung entfaltet für das Gericht, dass über die weitere Beschwerde zu entscheiden hat eine Bindungswirkung (Abs. 5 S. 4 i. V. m. Abs. 4
S. 4). Ist keine Zulassung erfolgt, findet die weitere Beschwerde auch dann
nicht statt, wenn die Beschwerdeentscheidung willkürlich ergangen ist, da die
weitere Beschwerde nicht als außerordentlicher Rechtsbehelf ausgestaltet ist
(*KG* JurBüro 2009, 375).

2. Rechtsverletzungen

Die weitere Beschwerde kann nur darauf gestützt werden, dass die angegrif- 51
fene Entscheidung auf einer Verletzung des Rechts beruht. Insofern sind die
§§ 546, 547 ZPO entsprechend anzuwenden (Abs. 5 S. 2 Hs. 2). Eine weitere
Beschwerde gegen eine Entscheidung des Landgerichts ist danach möglich,

§ 4   Abschnitt 1. Allgemeine Vorschriften

wenn das erste Gericht willkürlich entschieden und dabei wegen Nichtberücksichtigens von Rechtsnormen gegen Art. 3 Abs. 3 GG verstoßen hat. Auch wenn einer Partei kein rechtliches Gehör nach Art. 103 GG gewährt wurde, ist eine weitere Beschwerde möglich (*OLG Düsseldorf* JurBüro 1994, 182). Aus der Anwendbarkeit des § 546 ZPO folgt zugleich, dass im Rahmen der weiteren Beschwerde nur eine Überprüfung in rechtlicher und nicht in tatsächlicher Hinsicht erfolgt. Der Begriff der Rechtsverletzung muss objektiv betrachtet werden (Zöller/*Heßler* § 546 ZPO Rn. 16). Hingegen kann die weitere Beschwerde auf eine entgegen Abs. 7 S. 2 erfolgte oder unterlassene Übertragung nicht gestützt werden (Abs. 7 S. 4).

3. Verfahrenrechtliches

52   Über die weitere Beschwerde entscheidet das Oberlandesgericht (Abs. 5 S. 3). Das Landgericht hat der weiteren Beschwerde jedoch abzuhelfen, soweit es sie für zuässig und begründet hält (Abs. 5 S. 4 i. V. m. Abs. 4 S. 1). Im Übrigen gelten Abs. 6 (→ Rn. 43, 44) und Abs. 7 (→ Rn. 49).

X. Vertrauensschutz und Verjährung

1. Vertrauensschutz

53   In den Verfahren nach § 4 kann sich der Berechtigte im Allgemeinen nicht auf Vertrauensschutz berufen. Eine Rückforderung von zuviel gezahlter Vergütung wird nunmehr durch § 2 Abs. 4 eindeutig geregelt. Solche Ansprüche verjähren erst in drei Jahren nach Ablauf des Kalenderjahres, in dem die Zahlung erfolgt ist. Dabei kommt es nicht auf die Festsetzung durch den Anweisungsbeamten, sondern nur auf den Zeitpunkt der tatsächlichen Zahlung des Betrages an. Ältere Rechtsprechung, die einen Vertrauensschutz bejahte, ist insoweit überholt. Der Herangezogene kann auch nicht nach § 818 Abs. 3 BGB einwenden, dass er entreichert ist (*OVG Hamburg* NVwZ-RR 2010, 1000).

2. Einwendungen gegen die Rückforderung

54   Erhebt der Berechtigte Einwendungen gegen die Rückforderung durch die Staatskasse findet wegen § 1 Abs. 1 Nr. 8, § 8 Abs. 1 JBeitrO ebenfalls § 4 Anwendung (*OLG Hamm* JMBlNW 1971, 215; *OLG Koblenz* Rpfleger 1981, 328) Die Auffangbestimmung des § 30a EGGVG greift nicht, für die Entscheidung ist nur das in § 4 genannte Gericht zuständig.

3. Verjährung

55   Der Antrag auf gerichtliche Fristfestsetzung führt zu einer Hemmung der Verjährung, soweit es um die Zahlung von Ansprüchen aus der Staatskasse geht (§ 2 Abs. 3). Maßgeblich ist der Eingang des Antrags nach § 4 bei Gericht, der durch den Eingangsstempel bescheinigt wird. Es ist jedoch gleichwohl der tatsächliche Eingang maßgebend. Kann etwa nachgewiesen werden, dass die Beschwerde durch einen Einschreibebrief zu einem früheren Datum bei Gericht eingegangen ist, so kommt es auf das Datum des Eingangsstempel nicht an, eine Verjährung ist nicht eingetreten (*OLG Hamburg* JVBl. 1997, 25).

XI. Keine Wirkung zu Lasten des Kostenschuldners (Abs. 9)

1. Allgemeines

Die gerichtliche Festsetzung nach Abs. 1, die gerichtliche Entscheidung 56 nach Abs. 2 sowie die Entscheidungen in den Beschwerdeverfahren nach Abs. 4 und 5 wirken nicht zu Lasten des Kostenschuldners (Abs. 9). Er ist deshalb auch noch nach Erlass einer solchen Entscheidung berechtigt, die gezahlte Vergütung oder Entschädigung im Erinnerungsverfahren (§ 66 GKG, § 57 FamGKG, § 81 GNotKG) anzugreifen und kann auch zu diesem Zeitpunkt noch einzuwenden, dass der gezahlte Betrag überhöht ist (*BayObLG* JurBüro 1982, 110; *OLG Düsseldorf* JurBüro 1996, 43, *OLG Frankfurt* Az. 20 W 208/80).

2. Auswirkungen auf das Kostenansatzverfahren

Hat das Gericht eine überhöhte Vergütung festgesetzt und wendet sich der 57 Kostenschuldner dagegen mit der Erinnerung gegen den Kostenansatz, dürfen die überzahlten Beträge nicht als Auslagen von dem Kostenschuldner erhoben werden, da nach den Kostengesetzen ein Einzug nur in Höhe der gesetzlichen Regelungen des JVEG zulässig ist (*BayObLG* Rpfleger 2004, 525). Verliert etwa der Sachverständige seinen Vergütungsanspruch nach § 8a wegen Untätigkeit oder Befangenheit, so muss dies im Kostenansatzverfahren zugunsten der Parteien berücksichtigt werden (*OLG Düsseldorf* BauR 2005, 1973). Kann eine überhöhte Sachverständigenvergütung nicht mehr zurückgefordert werden, weil wegen der verspäteten Rückforderung durch das Gericht bereits Verjährung eingetreten ist, ist eine Belastung des Kostenschuldners mit diesen Beträgen gleichfalls ausgeschlossen (*OLG Düsseldorf* BauR 2005, 1973).

Der Kostenbeamte ist jedoch nicht von sich aus befugt, Auslagen wegen unrichtiger Sachbehandlung nach § 21 GKG, § 20 FamGKG, § 21 GNotKG außer Ansatz zu lassen. Die nach dem JVEG gezahlten Beträge fallen auch nicht unter die Sonderregelung des § 10a KostVfg, da er nur Kosten wegen der von Amts wegen erfolgten Terminsverlegung erfasst. Liegt eine unsachgemäße Behandlung hinsichtlich der nach dem JVEG gezahlten Beträge vor, muss daher das Gericht (Richter, Rechtspfleger) über die Nichterhebung entscheiden. Liegt eine solche Entscheidung noch nicht vor, kann die Anordnung auch im Verwaltungswege ergehen (§ 43 KostVfg). Soweit eine gerichtliche Entscheidung nach § 4 ergeht, ist der Kostenbeamte zunächst von Amts wegen verpflichtet, einen bereits aufgestellten Kostenansatz zu berichtigen (§ 35 Abs. 1 KostVfg) und ggf. auch eine Nachforderung gegen den Kostenschuldner zu veranlassen, wenn das Gericht die Vergütung oder die Entschädigung erhöht hat und noch kein Nachforderungsverbot nach § 20 GKG, § 19 FamGKG, § 20 GNotKG eingetreten ist. Gegen eine solche Kostenanforderung ist stets der Rechtsbehelf der Erinnerung (§ 66 GKG, § 57 FamGKG, § 81 GNotKG) zulässig. Hat das Gericht nach § 4 die Vergütung oder Entschädigung herabgesetzt muss der Kostenansatz gleichfalls von Amts wegen berichtigt werden (§ 35 Abs. 1 KostVfg), ggf. zuviel gezahlte Kosten sind dann zurückzuzahlen.

XII. Kosten des Verfahrens (Abs. 8)

1. Allgemeines

58 Sowohl das gerichtliche Festsetzungsverfahren nach Abs. 1 als auch die Beschwerdeverfahren nach Absatz 3 bis 5 sind gerichtsgebührenfrei (Abs. 8 S. 1), → Rn. 59. Auch eine Erstattung von außergerichtlichen Kosten findet nicht statt (Abs. 8 S. 2), → Rn. 60. Die parallele Anwendung andere kostenrechtlicher Bestimmungen ist nicht zulässig, da Abs. 8 ihnen als Spezialregelung vorgeht. Auch bei einer erfolgreichen Beschwerde ist eine analoge Anwendung der §§ 467 Abs. 1, 473 Abs. 1 StPO und die Auferlegung der Kosten auf die Staatskasse nicht zulässig (*OLG München* Rpfleger 1982, 317).

2. Gerichtliche Auslagen

59 Das Verfahren ist nur gerichtsgebühren-, nicht aber gänzlich kostenfrei, da sich Gerichtskosten aus Gebühren und Auslagen zusammensetzen. Die in den Verfahren nach § 4 entstehenden gerichtlichen Auslagen sind dann zu erheben, wenn das Festsetzung- bzw. das Beschwerdeverfahren erfolglos geblieben ist (Vorbem. 9 Abs. 1 KV-GKG, Vorbem. 2 Abs. 1 KV-FamGKG, Vorbem. 3.1 Abs. 1 KV-GNotKG). Insbesondere anfallende Zustellungskosten sind daher im Falle der Erfolglosigkeit in voller Höhe von der ersten Zustellung an in Ansatz zu bringen. Soweit nach Nr. 9002 KV-GKG, Nr. 2002 KV-FamGKG, Nr. 31002 KV-GNotKG bestimmt ist, dass bei wertabhängigen Gebühren Zustellungskosten nur erhoben werden, wenn in dem Rechtszug mehr als zehn Zustellungen entstehen, ist zu beachten, dass es sich bei den Festsetzungs- und Beschwerdeverfahren stets um eigenständige Kostenrechtszüge handelt und zudem wertabhängige Gebühren nicht erhoben werden. Nach welchem Kostengesetz die Auslagen erhoben werden, richtet sich nach dem Hauptverfahren (§ 1 Abs. 4 GKG, § 1 S. 2 FamGKG, § 1 Abs. 4 GNotKG). Zu beachten sind auch die verwaltungsinternen Bestimmungen über den Einzug von Kleinbeträgen.

3. Kosten der erfolglosen Beschwerde

60 Abs. 8 S. 1 schließt einen Kostenersatz generell aus, es ist daher auch in den Fällen einer erfolglosen Beschwerde kein Raum für eine Kostenentscheidung (*OLG München* Rpfleger 1969, 105). Auch für den Einzug der entstandenen gerichtlichen Auslagen ist keine Kostenentscheidung notwendig, da der (erfolglose) Beschwerdeführer gem. § 22 GKG, § 21 FamGKG, § 21 GNotKG kraft Gesetzes als Antragsschuldner haftet.

4. Nebenverfahren

61 Gebührenfrei nach Abs. 8 sind nicht die eventuellen Nebenverfahren. Die Regelung erfasst nur die Festsetzungs- und Beschwerdeverfahren nach § 4. Für das Beschwerdeverfahren wegen der Ablehnung eines Richters wegen Befangenheit, entstehen im Falle der Erfolglosigkeit gesonderte Gerichtsgebühren und Auslagen.

§ 4a Abhilfe bei Verletzung des Anspruchs auf rechtliches Gehör

(1) Auf die Rüge eines durch die Entscheidung nach diesem Gesetz beschwerten Beteiligten ist das Verfahren fortzuführen, wenn
1. ein Rechtsmittel oder ein anderer Rechtsbehelf gegen die Entscheidung nicht gegeben ist und
2. das Gericht den Anspruch dieses Beteiligten auf rechtliches Gehör in entscheidungserheblicher Weise verletzt hat.

(2) Die Rüge ist innerhalb von zwei Wochen nach Kenntnis von der Verletzung des rechtlichen Gehörs zu erheben; der Zeitpunkt der Kenntniserlangung ist glaubhaft zu machen. Nach Ablauf eines Jahres seit Bekanntmachung der angegriffenen Entscheidung kann die Rüge nicht mehr erhoben werden. Formlos mitgeteilte Entscheidungen gelten mit dem dritten Tage nach Aufgabe zur Post als bekannt gemacht. Die Rüge ist bei dem Gericht zu erheben, dessen Entscheidung angegriffen wird; § 4 Abs. 6 Satz 1 und 2 gilt entsprechend. Die Rüge muss die angegriffene Entscheidung bezeichnen und das Vorliegen der in Absatz 1 Nr. 2 genannten Voraussetzungen darlegen.

(3) Den übrigen Beteiligten ist, soweit erforderlich, Gelegenheit zur Stellungnahme zu geben.

(4) Das Gericht hat von Amts wegen zu prüfen, ob die Rüge an sich statthaft und ob sie in der gesetzlichen Form und Frist erhoben ist. Mangelt es an einem dieser Erfordernisse, so ist die Rüge als unzulässig zu verwerfen. Ist die Rüge unbegründet, weist das Gericht sie zurück. Die Entscheidung ergeht durch unanfechtbaren Beschluss. Der Beschluss soll kurz begründet werden.

(5) Ist die Rüge begründet, so hilft ihr das Gericht ab, indem es das Verfahren fortführt, soweit dies aufgrund der Rüge geboten ist.

(6) Kosten werden nicht erstattet.

Übersicht

	Rn.
I. Allgemeines	1
1. Regelungszweck	1
2. Wesen der Anhörungsrüge	2
II. Zulässigkeitsvoraussetzungen	3
1. Allgemeines	3
2. Festsetzung durch den Anweisungsbeamten	4
3. Gerichtliche Festsetzung nach § 4	5
4. Zahlungen von Vorschüssen	6
5. Offensichtliche Unrichtigkeit oder Ergänzung	7
6. Entscheidungserhebliche Weise	8
III. Fristen und Form des Antrags	9
1. Fristen	9
a) Allgemeines	9
b) Zwei-Wochenfrist	10
c) Jahresfrist	11
d) Wiedereinsetzung	12
2. Eingang bei der zuständigen Stelle	13
3. Inhalt und Form der Anhörungsrügeschrift	14
4. Anwaltsprozesse	15
IV. Stellungnahme der übrigen Beteiligten (Abs. 3)	16
1. Allgemeines	16
2. Parteien	17
V. Prüfung und Entscheidung durch das Gericht	18
1. Verwerfung oder Zurückweisung	18
2. Rechtsmittel	19

§ 4a   Abschnitt 1. Allgemeine Vorschriften

	Rn.
VI. Abhilfeverfahren	20
1. Abhilfe durch das Gericht	20
2. Kein Verschlechterungsverbot	21
3. Vollstreckung	22
VII. Kosten	23
1. Kostenerstattung	23
2. Gerichtskosten	24

I. Allgemeines

1. Regelungszweck

1 Die Regelung dient der Durchsetzung des verfassungsrechtlich gebotenen Anspruchs auf rechtliches Gehör. Der Plenarbeschluss des Bundesverfassungsgerichts vom 30.4.2003 (1 PBuV 1/02) hatte festgestellt, dass ein verfassungsrechtlicher Verstoß vorliegt, sofern die entsprechende Verfahrensordnung keine fachgerichtliche Abhilfemöglichkeit für den Fall schafft, dass der Anspruch auf rechtliches Gehör verletzt wird. Aus diesem Grund wurde § 4a zur Umsetzung der Auflagen des BVerfG durch Art. 16 des Anhörungsrügengesetzes v. 9.12.2004 (BGBl. I S. 3220) mit Wirkung zum 1.1.2005 eingeführt. Der Rechtsbehelf muss ausdrücklich in der jeweiligen Rechtsordnung vorgeschrieben sein, der Rückgriff auf nur durch die Rechtsprechung geschaffene außerordentliche Rechtsbehelfe ist nicht ausreichend (BT-Drs. 15/3706, S. 13).

2. Wesen der Anhörungsrüge

2 Es handelt sich bei der Anhörungsrüge um einen eigenständigen Rechtsbehelf, welcher jedoch subsidiärer Natur ist. Es sind daher zunächst die zulässigen Rechtsbehelfe des JVEG auszuschöpfen, was auch gilt, wenn eine offensichtliche Verletzung des rechtlichen Gehörs vorliegt. Die Anhörungsrüge erfasst sämtliche Instanzen, also auch solche Fälle, in denen der Anspruch auf rechtliches Gehör erstmals in der Rechtsmittelinstanz verletzt wurde (BT-Drs. 15/3706, S. 13). Die Anhörungsrüge kann auf einzelne Teile beschränkt werden, es muss daher nicht die gesamte Entscheidung angefochten werden. Die Verletzung des rechtlichen Gehörs kann im Verfassungsbeschwerdeverfahren nicht vorgebracht werden, wenn die Verletzung im Anhörungsrügenverfahren nicht gerügt wurde (BayVGH Vf.120-VI-04).

II. Zulässigkeitsvoraussetzungen

1. Allgemeines

3 Die Anhörungsrüge ist gem. Abs. 1 nur dann statthaft, wenn:
1. ein anderes Rechtsmittel oder ein anderer Rechtsbehelf gegen die Entscheidung nicht gegeben ist, und
2. das Recht auf rechtliches Gehör in entscheidungserheblicher Weise verletzt wird.

Eine Anhörungsrüge kann in allen Verfahren nach dem JVEG erhoben werden. Aufgrund der in Abs. 1 genannten Voraussetzungen findet die Rüge wegen Verletzung des rechtlichen Gehörs jedoch nur statt, wenn

– die Beschwerde gegen die Entscheidung über die gerichtliche Festsetzung wegen § 4 Abs. 3 nicht zulässig ist, weil der Beschwerdewert 200 EUR

nicht übersteigt und das Gericht, die Beschwerde auch nicht wegen der grundsätzlichen Bedeutung zugelassen hat,
– die weitere Beschwerde wegen § 4 Abs. 5 nicht zulässig ist, weil nicht das Landgericht als Beschwerdegericht entschieden hat,
– im Falle der Zustimmung des Gerichts zu einer besonderen Vergütung nach § 13, denn in solchen Fällen steht im Allgemeinen kein Beschwerderecht zur Verfügung,
– eine Entscheidung nach § 4 durch das Landesarbeitsgericht, Landessozialgericht, Oberlandesgericht oder Oberverwaltungsgericht ergeht, weil solche Entscheidung nach § 4 Abs. 4 S. 3 unanfechtbar sind,
– eine Entscheidung nach § 4 durch den BGH, BFH oder das BAG, BSG, BAG ergeht, weil diese Entscheidungen unanfechtbar sind,
– eine Entscheidung nach § 4 durch ein Finanzgericht ergeht, weil eine Beschwerde hiergegen an den Bundesfinanzhof nicht stattfindet.

Hingegen kommt in den folgenden Fällen die Erhebung der Anhörungsrüge nicht in Betracht, da das JVEG eigenständige Rechtsbehelfe vorsieht, die zunächst einzulegen sind:
– der Berechnung, Festsetzung und Auszahlung durch den Anweisungsbeamten,
– der gerichtlichen Festsetzung (§ 4 Abs. 1), wenn der Beschwerdewert 200 EUR übersteigt oder das Gericht die Beschwerde wegen der grundsätzlichen Bedeutung der Sache zugelassen hat,
– der gerichtlichen Festsetzung wegen der vorherigen Zuordnung zu einem Sachgebiet (§ 9 Abs. 1 S. 5),
– der Gewährung von Vorschüssen nach § 3,
– die gerichtliche Festsetzung durch den Rechtspfleger erfolgt ist, weil dann die Erinnerung nach § 11 Abs. 2 RPflG stattfindet, wenn die Beschwerde nach § 4 Abs. 3 unzulässig ist.

In den vorgenannten Fällen, mit Ausnahme der Festsetzung durch den Anweisungsbeamten, ist jedoch die Anhörungsrüge statthaft, wenn es sich um eine unanfechtbare Entscheidung eines FG, LSG, LAG, OLG, OVG, des BAG, BFH, BGH, BSG, BVerwG handelt.

2. Festsetzung durch den Anweisungsbeamten

In den Fällen der Berechnung, Festsetzung und Auszahlung durch den **4** Anweisungsbeamten, ist die gerichtliche Festsetzung nach § 4 möglich. Es ist daher zunächst der Antrag auf gerichtliche Festsetzung (§ 4 Abs. 1) zu stellen, da die Anweisung durch den Anweisungsbeamten einen reinen Verwaltungsakt darstellt, bei dem im Allgemeinen eine Anhörung des Berechtigten im Regelfall unterbleibt.

3. Gerichtliche Festsetzung nach § 4

Ist die gerichtliche Festsetzung nach § 4 Abs. 1 erfolgt, muss gegen diese **5** Entscheidung zunächst die Beschwerde (§ 4 Abs. 3) oder die weitere Beschwerde (§ 4 Abs. 5) eingelegt werden, da sie die zulässigen Rechtsmittel sind. Übersteigt aber der Beschwerdewert 200 EUR nicht und ist auch keine Zulassung der Beschwerde erfolgt, kann Anhörungsrüge erhoben werden, weil dann ein statthafter Rechtsbehelf nicht gegeben ist. Auch die Staatskasse kann dann Anhörungsrüge erheben. Hat hingegen der **Rechtspfleger** die

§ 4a   Abschnitt 1. Allgemeine Vorschriften

gerichtliche Festsetzung nach § 4 Abs. 1 vorgenommen, so findet die Erinnerung nach § 11 Abs. 2 RPflG statt, wenn die Beschwerde nach § 4 Abs. 3 nicht zulässig ist, so dass gegen die Entscheidungen des Rechtspflegers die Anhörungsrüge nicht stattfindet.

Im Falle der vorherigen **Zuordnung zu einem Sachgebiet** der Anlage 1 zu § 9 ist die Beschwerde nach § 4 Abs. 3 immer statthaft, auch wenn der Beschwerdewert 200 EUR nicht übersteigt (§ 9 Abs. 1 S. 5), so dass die Anhörungsrüge nicht stattfindet.

4. Zahlungen von Vorschüssen

6   Gegen die Höhe eines gewährten Vorschusses (§ 3) oder in den Fällen, in denen die Zahlung eines Vorschusses abgelehnt wird, ist zunächst die gerichtliche Festsetzung nach § 4 Abs. 1 zu beantragen und gegen diese Entscheidung Beschwerde oder weitere Beschwerde (§ 4 Abs. 3, 5) einzulegen; → Rn. 5. Die Anhörungsrüge findet daher nur statt, wenn eine solche Beschwerde nicht statthaft ist.

Handelt es sich hingegen um eine Reiseentschädigung, die mittellosen Parteien, Beschuldigten oder sonstigen Beteiligten gewährt wird, finden die Regelungen des JVEG über Rechtsbehelfe keine Anwendung, so dass auch § 4a nicht gilt. Soweit der Auffassung gefolgt wird, dass es sich bei der Gewährung oder Ablehnung einer Reiseentschädigung um einen Akt der Rechtsprechung handelt (→ Anhang VwV Reiseentschädigung Rn. 5), ist zunächst die Beschwerde nach § 127 ZPO ggf i. V. m. § 76 Abs. 2 FamFG statthaft, die dann zunächst die Anhörungsrüge nach § 321a ZPO, § 44 FamFG verdrängt.

5. Offensichtliche Unrichtigkeit oder Ergänzung

7   Enthält die gerichtliche Entscheidung nur eine offensichtliche Unrichtigkeit, so ist zunächst ein Antrag auf Berichtigung, z. B. nach § 319 ZPO, § 42 FamFG zu stellen. Soll die Entscheidung lediglich ergänzt werden, muss ein entsprechender Antrag z. B. nach § 321 ZPO, § 43 FamFG gestellt werden.

6. Entscheidungserhebliche Weise

8   Weitere Zulässigkeitsvoraussetzung ist, dass die Verletzung des Anspruchs auf rechtliches Gehör in entscheidungserheblicher Weise erfolgt ist (Abs. 1 Nr. 2). Ist rechtliches Gehör nicht oder nicht ausreichend gewährt worden, muss daher gerade diese Verletzung zu einem konkreten Nachteil führen, der von dem Rügeführer auch darzulegen ist. Es ist jedoch ausreichend, dass durch die Verletzung nur bestimmte Teile der gerichtlichen Entscheidung betroffen sind. Bei der Prüfung nach Abs. 4 S. 1, ob eine entscheidungserhebliche Verletzung vorliegt, muss das Gericht berücksichtigen, dass einer Entscheidung grundsätzlich nur solche Tatsachen zu Grunde gelegt werden können, zu welchen den Beteiligten die Möglichkeit zur Kenntnisnahme eingeräumt worden war (Zöller/*Vollkommer* § 321a ZPO Rn. 7). Es muss daher den Beteiligten im Rahmen des rechtlichen Gehörs Gelegenheit gegeben worden sein, sich zu allen entscheidungserheblichen Fragen zu äußern. Insbesondere die Anträge der Gegenseite sind zu übermitteln, das gilt auch für Stellungnahmen, auch solche der Staatskasse, wenn diese entscheidungserheb-

lich sind. Ob das Recht auf rechtliches Gehör versehentlich verletzt wurde, ist unbeachtlich.

III. Fristen und Form des Antrags

1. Fristen

a) Allgemeines. Abs. 2 bestimmt die für die Erhebung der Rüge maßgeblichen Fristen. Dabei ist zu unterscheiden zwischen
- der Zweiwochenfrist, nach der Kenntniserlangung von der Gehörsverletzung und
- der Jahresfrist nach Bekanntgabe der Entscheidung.

9

b) Zwei-Wochenfrist. Die Rüge muss innerhalb von zwei Wochen, nachdem der Beteiligte Kenntnis von der Gehörsverletzung erlangt hat, eingelegt werden. Bei der Zwei-Wochenfrist handelt sich um eine Notfrist (BT-Drs. 15/3706, S. 16), sie kann daher nicht verlängert oder verkürzt werden. Ist der Herangezogene anwaltlich vertreten, kommt es auf die Kenntnisnahme des anwaltlichen Vertreters an (Zöller/*Vollkommer* § 321a Rn. 14).

10

c) Jahresfrist. Unbeachtlich der Zweiwochenfrist ist die Erhebung der Anhörungsrüge jedoch mit Ablauf eines Kalenderjahres nach der Bekanntmachung der angefochtenen Entscheidung nicht mehr statthaft. Die Bekanntmachung erfolgt mit der Zustellung der Entscheidung. Im Geltungsbereich des JVEG wird eine förmliche Zustellung nur sehr selten in Betracht kommen, da die Beschwerden nach § 4 Abs. 3, 5 nicht an eine Frist gebunden sind. Die Entscheidung werden also regelmäßig formlos mitgeteilt. An den Bezirksrevisor ist unter Vorlage der Akten zuzustellen. Formlos mitgeteilte Entscheidungen gelten mit dem dritten Tage nach Aufgabe zur Post als zugestellt (Abs. 2 S. 3). Der Aktenvermerk des UdG über die Absendung ist ausreichend. Die Zustellung durch Aufgabe zur Post gilt dann als bewirkt, wenn das in einem adressierten Umschlag befindliche Schriftstück, durch den UdG zur Post gegeben oder in den Briefkasten eingeworfen wird, so dass von diesem Ereignis an zu rechnen ist. Ob die Entscheidung dem Beteiligten tatsächlich zugeht ist unerheblich.

11

d) Wiedereinsetzung. Ein Antrag auf Wiedereinsetzung ist wegen Versäumung der **Jahresfrist** nicht möglich, in der Begründung zu § 321a ZPO (BT-Drs. 15/3706, S. 16), an welchen § 4a angelehnt ist, heißt es: „... *Im Interesse der Rechtssicherheit sieht Satz 2 eine Ausschlussfrist von einem Jahr seit Bekanntgabe der angegriffenen Entscheidung vor. Die Frist ist – wie ihre Entsprechungen in § 234 Abs. 3, § 586 Abs. 2 S. 2 ZPO – als materielle Ausschlussfrist der Wiedereinsetzung nicht zugänglich.*" Ist hingegen die **Zweiwochenfrist** betroffen, kann Antrag auf Wiedereinsetzung gestellt werden (Zöller/*Vollkommer* § 321a ZPO Rn. 14).

12

2. Eingang bei der zuständigen Stelle

Die Anhörungsrüge ist bei dem Gericht zu erheben, dessen Entscheidung angefochten wird (Abs. 2 S. 4). Für die Fristwahrung kommt es deshalb drauf an, dass die Rüge bei dem richtigen Gericht eingeht. Wird die Rüge rechtzeitig bei einem anderen Gericht eingereicht und geht diese verspätet bei dem

13

§ 4a   Abschnitt 1. Allgemeine Vorschriften

zuständigen Gericht ein, ist die Frist nicht gewahrt. Im Falle der Aufnahme des Antrags nach § 129a ZPO zu Protokoll der Geschäftsstelle, hat diese den Antrag umgehend an das zuständige Gericht weiterzuleiten. Rechtswirkung entfaltet der Antrag aber erst mit Eingang bei dem zuständigen Gericht (§ 129a Abs. 2 ZPO). Ist für mehrere Gerichte eine gemeinsame Post- und Faxannahmestelle eingerichtet, die als Geschäftsstelle sämtlicher angeschlossener Gerichte oder Behörden gilt, ist ein per Telefax übermittelter Schriftsatz auch dann bei dem adressierten Gericht eingegangen, wenn für die Übermittlung versehentlich die Faxnummer einer anderen in den Behörden- und Gerichtsverbund einbezogen Stelle angewählt wurde (BGH FamRZ 2013, 1125).

3. Inhalt und Form der Anhörungsrügeschrift

14 Nach Abs. 2 S. 5 muss in der Rügeschrift die angefochtene Entscheidung genau bezeichnet werden, zu nennen sind insbesondere das Aktenzeichen und das Datum der Entscheidung. Der Beteiligte muss weiter den Zeitpunkt der Kenntniserlangung von der Gehörsverletzung in dem Antrag glaubhaft darlegen, dabei ist § 294 ZPO entsprechend anwendbar. Der Rügeführer kann sich daher aller Beweismittel bedienen (z. B. Zeugen, Auskünfte, Urkundenbeweis). Auch die eidesstattliche Versicherung ist stthaft, auch wenn sie durch den Rügeführer selbst erklärt wird. Der eidesstattlichen Versicherung oder einer anwaltlichen Versicherung kann nach Zöller/*Vollkommer* § 321a ZPO Rn. 14 eine besondere Bedeutung zukommen. Des Weiteren muss in der Rügeschrift dargelegt werden, dass die Voraussetzungen nach Abs. 1 Nr. 2 vorliegen und wie das rechtliche Gehör in entscheidungserheblicher Weise verletzt worden ist.
§ 4 Abs. 6 S. 1, 2 gilt entsprechend, so dass § 129a ZPO anzuwenden ist. Der Antrag auf Erhebung der Anhörungsrüge kann danach auch zu Protokoll der Geschäftsstelle gestellt werden. § 4b gilt auch für das Anhörungsrügeverfahren. Die Verwendung elektronischer Dokumente ist daher zulässig, wenn die Verfahrensordnung eine solche vorsieht und eine entsprechende Rechtsverordnung ergangen ist.

4. Anwaltsprozesse

15 Auch in Anwaltsprozessen (§ 78 ZPO) besteht für das Anhörungsrügeverfahren nach § 4a kein Anwaltszwang. Es gilt § 78 Abs. 5 ZPO, danach ist die Vertretung durch einen Rechtsanwalt nicht für solche Erklärungen vorgesehen, die zu Protokoll der Geschäftsstelle erklärt werden können, was für die Anhörungsrüge wegen § 4 Abs. 6 S. 1 i. V. m. Abs. 2 S. 4 statthaft ist

IV. Stellungnahme der übrigen Beteiligten (Abs. 3)

1. Allgemeines

16 Den übrigen Beteiligten ist Gelegenheit zur Stellungnahme zu geben, soweit dies erforderlich ist (Abs. 3). Eine solche Notwendigkeit besteht z. B. immer dann, wenn die Rüge unzulässig oder offensichtlich unbegründet ist (Keidel/*Meyer-Holz* § 44 Rn. 48). Beteiligte sind nur der Herangezogene und auch die Staatskasse. Ist diesen Personen nach Abs. 3 Gelegenheit zur Stel-

lungnahme zu geben, genügt die formlose Übersendung der Rügeschrift unter Bestimmung einer angemessenen Erklärungsfrist (Keidel/*Meyer-Holz* § 44 Rn. 49).

2. Parteien

Die Parteien sind nicht in dem Verfahren nach § 4 beteiligt, so dass sie auch am Anhörungsrügeverfahren nach § 4a nicht beteiligt werden brauchen. Die Rügeschrift ist ihnen daher nicht zu übersenden. Sie können die gezahlte Entschädigung oder Vergütung nur im Wege der Erinnerung gegen den Kostenansatz (§ 66 GKG, § 57 FamGKG, § 81 GNotKG) angreifen, in diesen Fällen ist die Anhörungsrüge nach § 69a GKG, § 61 FamGKG, § 84 GNotKG statthaft. Im Übrigen gilt die Schutzbestimmung des § 4 Abs. 9 auch bei der Fortsetzung eines Verfahrens nach § 4 wegen erfolgreicher Anhörungsrüge. **17**

V. Prüfung und Entscheidung durch das Gericht

1. Verwerfung oder Zurückweisung

Das Gericht hat von Amts wegen zu prüfen, ob die Rüge statthaft ist und ob sie in der gesetzlichen Form und Frist erhoben ist (Abs. 4 S. 1). Mangelt es auch nur an einem dieser Erfordernisse, so ist die Anhörungsrüge als unzulässig zu verwerfen (Abs. 4 S. 2). Ist die Rüge unbegründet, so muss das Gericht die Anhörungsrüge zurückweisen (Abs. 4 S. 3). **18**

Die Entscheidung ergeht durch Beschluss (Abs. 4 S. 4), der formlos zu übersenden ist. Der Beschluss soll kurz begründet werden (Abs. 4 S. 5), etwa hinsichtlich eines eingetretenen Fristablaufs oder auch weshalb keine entscheidungserhebliche Verletzung vorliegt.

2. Rechtsmittel

Der Verwerfungs- oder Zurückweisungsbeschluss ist unanfechtbar, ein Rechtsmittel ist nicht gegeben (Abs. 4 S. 3 Hs. 2). Ist die Anhörungsrüge zu Unrecht verworfen oder zurückgewiesen worden, kann nur die Verfassungsbeschwerde nach Art. 93 Abs. 1, 103 Abs. 1 GG erhoben werden. **19**

VI. Abhilfeverfahren

1. Abhilfe durch das Gericht

Ist die Anhörungsrüge begründet, so muss ihr das Gericht, welches die angegriffene Entscheidung erlassen hat, abhelfen. Das Verfahren wird fortgesetzt, soweit es aufgrund der Rüge geboten ist (Abs. 5). Da eine mündliche Verhandlung in den Verfahren nach § 4 im Regelfall nicht vorgesehen ist, wird sich die Fortsetzung auf das Vortragen der noch nicht berücksichtigten bzw. dem Gericht nicht bekannten Tatsachen beschränken. Dabei sollte auch dem weiteren Beteiligten das rechtliche Gehör gewährt werden. Auf das Fortsetzungsverfahren finden erneut die allgemeinen Bestimmungen des § 4 Anwendung, das Gericht entscheidet durch begründeten Beschluss. **20**

2. Kein Verschlechterungsverbot

21 Das Verschlechterungsverbot braucht im Anhörungsrügeverfahren nicht beachtet zu werden (Keidel/*Meyer-Holz* § 44 Rn. 58; Zöller/*Vollkommer* § 321a ZPO Rn. 18). Eine unzulässige Verschlechterung liegt schon deshalb nicht vor, da die Anhörungsrüge kein Rechtsmittel darstellt und das Verfahren nur in die Ausgangsentscheidung zurückversetzt wird (*OLG Frankfurt* NJW 2004, 165). Der Rügeführer kann einer Verschlechterung danach aber dadurch entgegenwirken, dass er die Anhörungsrüge beschränkt.

3. Vollstreckung

22 In einem Verfahren nach § 4a kann sich auch die Frage der Einstellung der Zwangsvollstreckung stellen, da aus der angegriffenen Entscheidung wegen eines überhöhten oder zu Unrecht gezahlten Betrages die Vollstreckung nach der JBeitrO stattfindet.

Nach § 707 Abs. 1 ZPO kann das Gericht im Rügeverfahren nach § 321a ZPO anordnen, dass die Vollstreckung einstweilen eingestellt wird. Die Entscheidung setzt einen Antrag des Beteiligten voraus. Der Anhörungsrüge kommt deshalb keine aufschiebende Wirkung zu, diese muss daher nicht zwingend von Amts wegen angeordnet werden (ähnlich der Regelung der §§ 66 GKG, 57 FamGKG, 81 GNotKG). Das Gericht kann aber wegen der Anlehnung des § 4a an den § 321a ZPO gleichwohl auch in einem Anhörungsrügeverfahren nach § 4a von Amts wegen durch Beschluss anordnen, dass die Vollstreckung einstweilen eingestellt wird. Die Entscheidung über die Einstellung der Vollstreckung ergeht durch unanfechtbaren Beschluss (Zöller/*Vollkommer* § 321a ZPO Rn. 19).

VII. Kosten

1. Kostenerstattung

23 Kosten werden im Anhörungsrügeverfahren nicht erstattet (Abs. 6). Der Ausschluss entspricht dem in kostenrechtlichen Verfahren geltenden Grundsatz. Die gerichtliche Entscheidung über das Rügeverfahren bedarf deshalb auch keiner Kostenentscheidung. Auch im Falle einer erfolgreichen Anhörungsrüge verbleibt es bei dem Ausschluss einer Kostenerstattung, keinesfalls können die Kosten des Beteiligten der Staatskasse aufgebürdet werden. Das gilt sowohl für die Auslagen des Beteiligten selbst, als auch für einen von diesem beauftragten Anwalt.

2. Gerichtskosten

24 Gerichtsgebühren werden nicht erhoben, soweit das GKG, FamGKG, GNotKG Gebühren für Anhörungsrügenverfahren vorschreiben, erfassen sie nur solche Verfahren nach den entsprechenden Verfahrensordnungen. Nicht anwendbar sind daher z. B. die Nr. 1700 KV-GKG, Nr. 1800 KV-FamGKG oder Nr. 19200 KV-GNotKG, da diese Regelungen nur für die Anhrungsrügen nach den verfahrensrechtlichen Vorschriften gelten. Auch Gebührenvorschriften für Beschwerden (z. B. Nr. 1812 KV-GKG) gelten nicht. Mangels Gebührentatbestand bleibt das Verfahren nach § 4a deshalb gebührenfrei (§ 1

GKG, § 1 FamGKG, § 1 GNotKG). Entstandene Auslagen können angesetzt werden, soweit dies nach den Kostengesetzen zulässig ist (Nr. 9000 ff. KV-GKG, Nr. 2000 ff. KV-FamGKG, Nr. 31000 ff. KV-GNotKG) und die Rüge in vollem Umfang verworfen oder zurückgewiesen wurde. In solchen Fällen ist Kostenschuldner der Rügenführer.

Einer Kostenentscheidung hinsichtlich der gerichtlichen Auslagen bedarf es wegen der bestehenden Haftungstatbestände in den Kostengesetzen nicht.

§ 4b Elektronische Akte, elektronisches Dokument

In Verfahren nach diesem Gesetz sind die verfahrensrechtlichen Vorschriften über die elektronische Akte und über das elektronische Dokument anzuwenden, die für das Verfahren gelten, in dem der Anspruchsberechtigte herangezogen worden ist.

I. Allgemeines

Der Gesetzgeber hat im Zuge der Einführung des Justizkommunikations- 1 gesetzes (JKomG) und der damit verbundenen Möglichkeit, elektronische Akten und Dokumente zu verwenden, auch die kostenrechtlichen Vorschriften entsprechend angepasst. Für die Verfahren nach dem JVEG wurde § 4b eingeführt, der auf die verfahrensrechtlichen Vorschriften des Verfahrens, in dem die Heranziehung erfolgt war, verwiesen hat, soweit nach Abs. 2, 3 keine eigenständigen Regelungen über Form, Signatur etc. enthalten waren.

Durch Art. 7 des 2. KostRMoG wurde § 4b dahingehend novelliert, dass nunmehr ausschließlich die jeweiligen verfahrensrechtlichen Vorschriften über die Verwendung elektronischer Dokumente anzuwenden sind, so dass das JVEG zukünftig keine eigenständigen Regelungen mehr enthält. Damit soll sichergestellt werden, dass für die kostenrechtlichen Verfahren die gleichen Grundsätze wie für das Verfahren zur Hauptsache gelten (BT-Drs. 17/11471 (neu), S. 156, 259).

II. Anwendungsbereich

1. Allgemeines

In den Verfahren nach dem JVEG, z. B. Festsetzungs- und Beschwerde- 2 verfahren nach § 4, richtet sich die Möglichkeit der Verwendung von elektronischen Dokumenten nach der Verfahrensordnung des Verfahrens, in dem die Heranziehung erfolgt ist.

Eine Führung von gerichtlichen elektronischen Dokumenten und Akten ist 3 insbesondere statthaft nach

Arbeitsgerichtsgesetz:	§ 46b, 46c, § 46d,
FamFG	§ 14 (§§ 130a, 130b ZPO gelten entsprechend),
Finanzgerichtsordnung:	§ 52a, § 52b,
OWiG	§§ 110a ff.,
Sozialgerichtsgesetz:	§ 65a, § 65b,
Strafprozessordnung:	§ 41a,
Verwaltungsgerichtsordnung:	§ 55a, § 55b,

§ 4b Abschnitt 1. Allgemeine Vorschriften

Verwaltungsverfahrensgesetz: § 3a,
Zivilprozessordnung: §§ 130a, 130b, 298a.

4 Eine Übersicht über die Gerichte und Justizbehörden, bei denen elektronische Dokumente verwendet werden dürfen, findet sich bei www.egvp.de. Dort sind auch die entsprechenden rechtlichen Grundlagen benannt. In den Ländern sind zudem Verwaltungsvorschriften ergangen, die bestimmen, dass in Verfahren, in denen elektronische Dokumente nicht verwendet werden können, bei der Angabe der E-Mail-Anschrift darauf hingewiesen werden soll (vgl. in *Sachsen-Anhalt* Nr. 21.1 GOV-LSA v. 18.12.2008).

2. Verfahren nach dem JVEG

5 Wird ein Berechtigter in einem Verfahren nach den obigen Verfahrensordnungen herangezogen, so kann er auch in Verfahren nach dem JVEG sämtliche Anträge oder Schriftsätze in Form elektronischer Dokumente einreichen. Die Verfahrensvorschriften sehen jedoch folgende Verwendungsvoraussetzungen vor:
– das elektronische Dokument muss für die Bearbeitung durch das Gericht geeignet sein,
– die verantwortende Person, soll das Dokument mit einer qualifizierten Signatur nach dem SigG versehen,
– die Verwendung elektronischer Dokumente muss durch Bundes- oder Landesverordnung zugelassen sein.

Ist die Verwendung elektronischer Dokumente danach zulässig, können im Bereich des JVEG folgende Anträge und auch sonstiger Schriftverkehr (z. B. Stellungnahmen) als elektronisches Dokument eingereicht werden:
– Geltendmachung des Anspruchs (§ 2 Abs. 1),
– Anträge auf Wiedereinsetzung (§ 2 Abs. 2),
– Anträge auf gerichtliche Festsetzung (§ 4 Abs. 1),
– Erhebung der Anhörungsrüge (§ 4a),
– Beschwerden und weitere Beschwerden (§ 4 Abs. 3, 5, § 9 Abs. 1 S. 5),
– Anträge auf besondere Vergütung (§ 13)
– Schriftverkehr in Verfahren wegen einer besonderen Vergütung nach § 14.

Mit der Einfügung des § 4b in den Teil der „Allgemeinen Vorschriften" war beabsichtigt, ausdrücklich auch das Festsetzungsverfahren, also die Geltendmachung des Anspruchs sowie die Berechnung und Auszahlung durch den UdG, zu beschleunigen. Der Gesetzgeber hat hierzu ausgeführt (BT-Drs. 15/4067, S. 56): *„Als Standort der Vorschriften soll jeweils der Abschnitt „Allgemeine Vorschriften" gewählt werden. Hierdurch würde erreicht, dass auch in Festsetzungsverfahren, beispielsweise nach dem JVEG, künftig elektronischer Medienverkehr in dem Umfang möglich wird, in dem dies die zu erlassenden Rechtsverordnungen für das jeweilige Hauptsacheverfahren vorsehen. Dies dürfte zu einer Verfahrensbeschleunigung führen."*

Auch die Weiterleitung einer Erklärung zu Protokoll der Geschäftsstelle als elektronisches Dokument ist statthaft (*HK-ZPO/Wöstmann* § 129a). In diesen Fällen hat das Gericht das elektronische Dokument unverzüglich an das zuständige Gericht zu übermitteln, die Wirkung der Handlung tritt dann erst mit Eingang bei dem zuständigen Gericht ein.

3. Kostenfreiheit

Besteht aufgrund der Verfahrensordnung die Verpflichtung, Schriftsätze mit einer ausreichenden Anzahl von Abschriften bei Gericht einzureichen, entfällt diese Verpflichtung, wenn elektronische Dokumente verwendet werden. Kosten können für die Anfertigung solcher Abschriften nicht erhoben werden, ein solcher Auslagentatbestand ist in Nr. 9000 KV-GKG, Nr. 2000 KV-FamGKG, Nr. 31000 KV-GNotKG nicht vorgesehen, um die Verbreitung und Verwendung elektronischer Dokumente nicht zu behindern, vgl. Stellungnahme der Bundesregierung zu Änderungsvorschlägen des Bundesrates (BT-Drs. 15/4067, S. 71). 6

III. Formvorschriften und Aktenführung

1. Signatur

a) **Allgemeines.** Die Verfahrensvorschriften sehen vor, dass die verantwortende Person das elektronische Dokument mit einer elektronischen Signatur nach dem Signaturgesetz versehen soll. Die elektronische Signatur soll die tatsächliche Unterschrift der das elektronische Dokument verantwortenden Person ersetzen. Der Begriff wird in § 2 SignG definiert. Weiter sind §§ 17, 23 SignG wegen der technischen Anforderungen zu beachten. 7

Obwohl es sich bei den Vorschriften um Sollvorschriften handelt, hat der BGH NJW 2010, 2134 zu § 130a Abs. 1 S. 2 ZPO entschieden, dass es sich nicht nur um eine bloße Ordnungsvorschrift handelt, so dass es bei bestimmten Schriftsätzen stets einer qualifizierten Signatur bedarf (BGH NJW 2010, 2134). Aus diesem Grund sind auch die nach § 4b verwendeten elektronischen Dokumente stets mit einer qualifizierten Signatur zu versehen, insoweit wird die in der Vorauflage vertretene Auffassung ausdrücklich aufgegeben.

b) **Strafsachen.** Im Bereich der Strafsachen ist das Fehlen einer qualifizierten Signatur unschädlich, wenn in der StPO nicht ausdrücklich bestimmt ist, dass die Erklärung oder der Antrag unterschrieben sein müssen. In der Begründung zum JKomG (*BT-Drucksache 15/4067*) heißt es zu Artikel 6, Nr. 3, § 41a StPO: *„Zur Identifizierung des Absenders ist danach eine qualifizierte Signatur nach § 2 Nr. 3 des Signaturgesetzes (SigG) erforderlich, wenn in der Strafprozessordnung ausdrücklich bestimmt ist, dass eine Erklärung oder ein Antrag schriftlich gestellt oder unterschrieben sein muss. Dies ist insbesondere der Fall, wenn ein Beschuldigter Rechtsmittel (§ 306 Abs. 1, § 314 Abs. 1, § 341 Abs. 1, § 345 Abs. 2 StPO) oder Einspruch (§ 410 Abs. 1 Satz 1 StPO) einlegen oder einen Wiederaufnehmantrag stellen will. ... In anderen Fällen muss ausdrücklich eine „Schrift" (z. B. § 381 StPO) eingereicht werden. Somit ist in diesen Fällen eine qualifizierte Signatur erforderlich, wenn die Erklärung übermittelt wird. Enthält die Strafprozessordnung keine derartige Formvorschrift, ist das Fehlen einer qualifizierten elektronischen Signatur unschädlich. Insbesondere bei Anträgen, über die das Gericht – etwa im Rahmen seiner Fürsorge- oder Aufklärungspflicht – auch von Amts wegen entscheiden kann, wäre die Einführung zusätzlicher Formvorschriften nicht sachgerecht."* 8

2. Aktenausdruck

Ist ein Antrag oder ein sonstiges Schriftstück als elektronisches Dokument eingereicht worden, kann für die Akten des Gerichts oder der Behörde ein 9

§ 4b   Abschnitt 1. Allgemeine Vorschriften

Ausdruck gefertigt werden. Durch den Ausdruck wird die Übersendung des Dokuments in Papierform an solche Verfahrensbeteiligte ermöglicht, die nicht über die technische Möglichkeit verfügen, das elektronische Dokument zu lesen. Kosten (insbesondere eine Dokumentenpauschale) entstehen hierfür nach Nr. 9000 KV-GKG, Nr. 2000 KV-FamGKG, Nr. 31000 KV-GNotKG nicht.
Der Ausdruck muss dabei folgende Vermerke beinhalten:
1. welches Ergebnis die Integritätsprüfung des Dokuments aufweist,
2. wen die Signatur als Inhaber der Signatur ausweist,
3. welchen Zeitpunkt die Signaturprüfung für die Anbringung der Signatur aufweist.

In Strafsachen ist von einem elektronischen Dokument grundsätzlich und unverzüglich ein Aktenausdruck zu fertigen (§ 41a Abs. 1 StPO). Das gilt daher wegen § 4b auch in den Verfahren nach dem JVEG, wenn die Heranziehung in einer Strafsache erfolgt ist. In Verfahren nach dem OWiG muss unverzüglich ein Aktenausdruck gefertigt werden, wenn die elektronische Aktenführung nicht gestattet ist (§ 110a Abs. 3 OWiG).

3. Übertragung in ein elektronisches Dokument

10   Das Gericht oder die Behörde kann auch ein Schriftstück, das im Papierformat vorliegt, in ein elektronisches Dokument umwandeln, wenn die Akten elektronisch geführt werden. Das elektronische Dokument ersetzt insoweit die Urschrift. Die (Papier-)Urschrift ist mindestens bis zum Abschluss des rechtskräftigen Hauptsacheverfahrens aufzubewahren, was wegen § 4b auch für die in solchen Verfahren nach dem JVEG gestellten Anträge gilt.

4. Aufbewahrungsfristen

11   Ein elektronisches Dokument ist stets bis zum rechtskräftigen Abschluss des Verfahrens zu speichern. Von dieser Speicherungspflicht sind nur originäre elektronische Dokumente, nicht aber die durch das Gericht oder die Behörde von Papierformat in elektronisches Format übertragenen Schriftstücke betroffen, → Rn. 10. Mit Abschluss des Verfahrens ist auch in den Verfahren nach dem JVEG der rechtskräftige Abschluss des Hauptsacheverfahrens zu verstehen, so dass eine Löschung des elektronischen Dokuments bei bloßer Beendigung des Festsetzungsverfahrens oder des Verfahrens nach § 4 noch nicht vorgenommen werden kann.

Es sind im Übrigen die in den Ländern erlassenen Verwaltungsbestimmungen (Aufbewahrungsbestimmungen) zu beachten. Hinsichtlich der Aufbewahrung von Schriftgut bei den Bundesgerichten und beim Generalbundesanwalt gilt das Gesetz zur Aufbewahrung von Schriftgut der Gerichte des Bundes und des Generalbundesanwalts nach Beendigung des Verfahrens vom 22.3.2005 (Schriftgutaufbewahrungsgesetz – SchrAG).

IV. Rechtswirkungen

1. Zeitpunkt des Eingangs des elektronischen Dokuments

12   Das elektronische Dokument ist eingereicht, sobald die für den Empfang bestimmte Einrichtung des Gerichts oder der Behörde es aufgezeichnet hat.

Die Anträge müssen, auch wenn sie in elektronischer Form eingereicht werden, an das zuständige Gericht übersandt werden. Geht ein elektronisches Dokument bei einem unzuständigen Gericht ein, so entfaltet das Dokument erst dann eine Rechtswirkung, wenn es bei dem zuständigen Gericht oder der zuständigen Behörde eingeht. Ist ein Empfangsgerät für mehrere Gerichte eingerichtet, so gilt es (parallel zu den Vorschriften der GOV) der jeweiligen Geschäftsstelle zugeordnet, für welches das elektronische Dokument bestimmt war. Das Risiko einer fehlgeschlagenen Übermittlung trägt regelmäßig der Absender (BT-Drs. 15/4067, S. 31), → Rn. 14.

2. Technische Anforderungen

Der Bund und die Länder werden ermächtigt, durch Rechtsverordnung 13 festzulegen, welche organisatorischen und technischen Bedingungen für die Führung von elektronischen Akten bestehen. Geht ein elektronisches Dokument bei Gericht ein, muss das Gericht unverzüglich prüfen, ob das elektronische Dokument den Anforderungen der Rechtsverordnung entspricht. Entspricht es nicht den Anforderungen, nur teilweise oder überhaupt nicht, ist das elektronische Dokument nicht zugegangen (BT-Drs. 15/4067, S. 37).

3. Mitteilungspflichten der Behörden

Kann das elektronische Dokument durch das Gericht nicht bearbeitet 14 werden oder eignet es sich nicht zur Bearbeitung, so muss die Behörde dem Absender die geltenden technischen Rahmenbedingen mitteilen. Die Mitteilung hat unverzüglich, d. h. ohne schuldhaftes Verzögern, möglichst sofort zu erfolgen, denn es soll verhindert werden, dass der Absender Fristen versäumt. Unterbleibt eine solche Mitteilung oder wird sie verspätet gegeben, kann darauf auch ein Antrag auf Wiedereinsetzung in den vorigen Stand gestützt werden (§ 2 Abs. 2). In der Begründung zum JKomG (BT-Drs. 15/4067, S. 31) heißt es zu Artikel 1, Nr. 6, § 130a ZPO: *„Das Risiko einer fehlgeschlagenen Übermittlung trägt in der Regel der Absender. Aus diesem Grunde soll er frühzeitig davon unterrichtet werden, dass ein übermitteltes Dokument nicht zur Bearbeitung durch das Gericht geeignet ist. Zum einen besteht dann bei noch laufender Frist die Möglichkeit, das Dokument nochmals zu übermitteln. Zum anderen kann darauf unter Umständen ein Antrag auf Wiedereinsetzung in den vorigen Stand gestützt werden."*

§ 4c Rechtsbehelfsbelehrung

Jede anfechtbare Entscheidung hat eine Belehrung über den statthaften Rechtsbehelf sowie über die Stelle, bei der dieser Rechtsbehelf einzulegen ist, über deren Sitz und über die einzuhaltende Form zu enthalten.

I. Allgemeines

§ 4c wurde durch Art. 13 des Gesetzes zur Einführung einer Rechtsbehelfs- 1 belehrung im Zivilprozess und zur Änderung anderer Vorschriften vom 5.12.2012 (BGBl. I, S. 2418) mit Wirkung zum 1.1.2014 eingeführt. Der Gesetzgeber hat die Regelung, obwohl verfassungsrechtlich nicht geboten, eingeführt, um unzulässige, insbesondere nicht fristgerechte Rechtsbehelfe zu vermeiden und zugleich bürgerfreundlich in der anfechtbaren Entscheidung über den statthaften Rechtsbehelf zu informieren (BT-Drs. 17/10490, S. 1).

II. Anfechtbare Entscheidung

2   Eine Rechtsbehelfsbelehrung muss in jeder anfechtbaren Entscheidung erfolgen. Dem Vorschlag des Bundesrats, die Regelung lediglich auf jede befristet anfechtbare Entscheidung zu begrenzen, ist die Bundesregierung nicht gefolgt. Eine Rechtsbehelfsbelehrung ist daher in sämtlichen, nach dem JVEG zu erlassenen Entscheidungen aufzunehmen. Es braucht sich nicht um eine gerichtliche Entscheidung handeln, sondern § 4c soll auch die Berechnung und Festsetzung durch den Anweisungsbeamten im Verwaltungsverfahren erfassen. Hierzu hat der Gesetzgeber ausgeführt (BT-Drs. 17/10490, S. 22 zu Art. 13): *„Der vorgeschlagene 4c des Justizvergütungs- und -entschädigungsgesetzes soll auch die Festsetzungsentscheidung im Verwaltungswege erfassen."* Eine Rechtsbehelfsbelehrung ist daher nicht nur auf die Entscheidungen nach § 4 begrenzt.

3   Es bedarf daher einer Rechtsbehelfsbelehrung
– bei der Festsetzung durch den Anweisungsbeamten,
– in der Entscheidung über die gerichtliche Festsetzung nach § 4 Abs. 1,
– in der Entscheidung über die Beschwerde (§ 4 Abs. 3) gegen eine Festsetzungsentscheidung, wenn die weitere Beschwerde nach § 4 Abs. 5 statthaft ist,
– bei Entscheidungen des Rechtspflegers mach § 4 Abs. 1, und zwar unabhängig davon, ob die Beschwerde nach § 4 Abs. 3 statthaft ist.

III. Hinweispflichtige Rechtsbehelfe

4   Einer Rechtsbehelfsbelehrung bedarf es nur, wenn gegen die Entscheidung ein Rechtsbehelf statthaft ist. Ist ein Rechtsbehelf oder Rechtsmittel nicht vorgesehen, bedarf es keiner Belehrung (BT-Drs. 17/10490, S. 13). Einer Belehrung bedarf es daher bei Beschlüssen über die gerichtliche Festsetzung nach § 4 Abs. 1 auch dann, wenn die Zulässigkeitsvoraussetzungen für die Beschwerde nach § 4 Abs. 3 nicht vorliegen, da gegen die Entscheidung ein Rechtsbehelf gleichwohl generell statthaft ist. Handelt es sich aber um außerordentliche Rechtsbehelfe wie die Wiedereinsetzung in den vorigen Stand oder die Anhörungsrüge bedarf es keiner Belehrung. Auch auf die Verfassungsbeschwerde muss nicht hingewiesen werden (BT-Drs. 17/10490, S. 13).

5   Eine Belehrung unterbleibt daher bei
– Entscheidungen des BAG, BGH, BFH, BSG, BVerwG, FG, LAG, LSG, OLG, OVG, da diese Entscheidungen unanfechtbar sind (§ 4 Abs. 4 S. 3);
– Entscheidungen über eine Beschwerde nach § 4 Abs. 3, da eine weitere Beschwerde an ein oberstes Gericht nicht stattfindet und auch die weitere Beschwerde nach § 4 Abs. 5 der Zulassung bedarf,
– über die Nichtzulassung der Beschwerde oder weiteren Beschwerde, da eine Anfechtung nicht möglich ist (§ 4 Abs. 4 S. 4 ggf i. V. m. Abs. 5 S. 4).

Ist eine vorgenannte Entscheidung aber durch den Rechtspfleger ergangen, ist stets zu belehren, da auch bei der Unzulässigkeit von Rechtsbehelfen nach dem JVEG noch die Erinnerung nach § 11 Abs. 2 RPflG stattfindet.

IV. Frist und Inhalt

1. Schriftform

Die Rechtsbehelfsbelehrung muss stets schriftlich erfolgen, eine mündliche Belehrung genügt nicht. Etwas anderes gilt nur dann, wenn es sich um eine der deutschen Sprache nicht mächtige Partei handelt, da dann keine Übersetzung der Rechtsbehelfsbelehrung vorzunehmen ist, sondern ausnahmsweise eine mündliche Belehrung ausreicht (BT-Drs. 17/10490, S. 13). 6

Bei einer gerichtlichen Entscheidung, ist die Belehrung zudem formeller Bestandteil der Entscheidung und muss von der Unterschrift des Richters, Rechtspflegers erfasst sein (Keidel/*Meyer-Holz* § 39 Rn. 10).

2. Adressat

Adressat der Rechtsbehelfsbelehrung ist diejenige Person, an die sich die gerichtliche Entscheidung oder die Festsetzung des Anweisungsbeamten im Verwaltungsverfahren richtet. 7

3. Inhalt der Belehrung

Nach § 4c muss die Rechtsbehelfsbelehrung mindestens enthalten: 8
– den Namen des statthaften Rechtsbehelfs,
– die Stelle, bei welcher der Rechtsbehelf einzulegen ist,
– den Sitz der Stelle, bei welcher der Rechtsbehelf einzulegen ist,
– die für die Einlegung des Rechtsbehelfs einzuhaltende Form und Frist.

Die Belehrung ist so zu fassen, dass ein nicht anwaltlich vertretener Beteiligter in die Lage versetzt wird, allein anhand der Rechtbehelfsbelehrung ohne Mandatierung eines Anwalts einen formrichtigen Rechtsbehelf einzulegen (BT-Drs. 17/10409, S. 13). Es ist daher auch die vollständige Anschrift der Stelle anzugeben, bei welcher der Rechtsbehelf einzulegen ist. Die bloße Bezeichnung genügt nicht. Mit der Formulierung „Stelle" soll klargestellt werden, dass auch Behörden wie etwa die Staatsanwaltschaft oder die Verwaltungsbehörde als zulässige Stelle für die Einlegung eines Rechtsbehelfs in der Belehrung anzugeben sind (BT-Drs. 17/10490, S. 13).

4. Fehlerhafte oder unterlassene Belehrung

Ist die Rechtsbehelfsbelehrung unterblieben, kann die Entscheidung nach den allgemeinen verfahrensrechtlichen Vorschriften, z.B. nach § 42 FamFG, § 319 ZPO, berichtigt werden. Wird die Rechtsbelehrung unterlassen, wird die Entscheidung oder der Justizverwaltungsakt nicht unwirksam. 9

5. Belehrung im Verwaltungsverfahren

Ist die Festsetzung zunächst durch den Anweisungsbeamten im Verwaltungsverfahren erfolgt, kann der Herangezogene die gerichtliche Festsetzung (§ 4 Abs. 1) beantragen. Der Antrag ist nicht fristgebunden. Er ist wegen § 4 10

§ 4c   Abschnitt 1. Allgemeine Vorschriften

Abs. 6 S. 1 schriftlich oder zu Protokoll der Geschäftsstelle einzulegen. Einer anwaltlichen Vertretung bedarf es daher auch in Anwaltsverfahren nicht. Wird aber gleichwohl ein Anwalt beauftragt, gelten für die Bevollmächtigung die allgemeinen Regelungen der jeweiligen Verfahrensordnung (§ 4 Abs. 6 S. 2).

6. Belehrung bei gerichtlicher Festsetzung

11 Gegen die Entscheidung über die gerichtliche Festsetzung nach § 4 Abs. 1 findet die Beschwerde statt. Sie ist nur zulässig, wenn der Beschwerdewert 200 EUR übersteigt oder das Gericht die Beschwerde wegen der grundsätzlichen Bedeutung der zur Entscheidung stehenden Frage zugelassen hat (§ 4 Abs. 3). Die Beschwerde ist bei dem Gericht einzulegen, dessen Entscheidung angefochten wird (§ 4 Abs. 6 S. 3). Sie ist schriftlich einzulegen oder kann zu Protokoll der Geschäftsstelle erklärt werden (§ 4 Abs. 6 S. 1). Einer anwaltlichen Vertretung bedarf es deshalb auch in Anwaltsverfahren nicht. Wird durch den Beschwerdeführer aber gleichwohl ein Anwalt beauftragt, gelten für die Bevollmächtigung die allgemeinen Regelungen der jeweiligen Verfahrensordnung (§ 4 Abs. 6 S. 2).

Hat der Rechtspfleger die gerichtliche Festsetzung vorgenommen, ist auch auf die Erinnerung nach § 11 Abs. 2 RPflG hinzuweisen, weil diese stets stattfindet, wenn eine Entscheidung des Rechtspflegers nicht mehr mit einem Rechtsbehelf nach den allgemeinen Vorschriften angefochten werden kann. § 11 Abs. 2 RPflG erhält mit Wirkung zum 1.1.2014 aufgrund Art. 4 Nr. 2 i. V. m. Art. 21 S. 2 des Gesetzes vom 5.12.2012 (BGBl. I S. 2418) eine neue Fassung. Danach ist die Erinnerung stets innerhalb einer Frist von zwei Wochen einzulegen ist. Im Übrigen gelten für die Erinnerung die Vorschriften der ZPO über die sofortige Beschwerde (§ 11 Abs. 2 S. 7 RPflG n. F.), so dass §§ 567 ff. ZPO anzuwenden sind.

Die Entscheidung über die Nichtzulassung der Beschwerde ist unanfechtbar (§ 4 Abs. 4 S. 4). Ist die Entscheidung aber durch den Rechtspfleger erlassen, bedarf es gleichwohl einer Rechtsbehelfsbelehrung, weil noch die Erinnerung nach § 11 Abs. 2 RPflG stattfindet.

7. Belehrung in der Beschwerdeentscheidung

12 Einer Rechtsbehelfsbelehrung bedarf es nicht, weil eine Beschwerde an ein Oberstes Landesgericht oder ein Bundesgericht nicht stattfindet (§ 4 Abs. 4 S. 3). Da auch die weitere Beschwerde nach § 4 Abs. 5 nur stattfindet, wenn sie das Landgericht zugelassen hat, bedarf es auch insoweit keiner Belehrung, weil die Nichtzulassungsentscheidung unanfechtbar ist (§ 4 Abs. 5 S. 4 i. V. m. Abs. 4 S. 4).

Abschnitt 2. Gemeinsame Vorschriften

§ 5 Fahrtkostenersatz

(1) Bei Benutzung von öffentlichen, regelmäßig verkehrenden Beförderungsmitteln werden die tatsächlich entstandenen Auslagen bis zur Höhe der entsprechenden Kosten für die Benutzung der ersten Wagenklasse der Bahn einschließlich der Auslagen für Platzreservierung und Beförderung des notwendigen Gepäcks ersetzt.

(2) Bei Benutzung eines eigenen oder unentgeltlich zur Nutzung überlassenen Kraftfahrzeugs werden

1. dem Zeugen oder dem Dritten (§ 23) zur Abgeltung der Betriebskosten sowie zur Abgeltung der Abnutzung des Kraftfahrzeugs 0,25 Euro,
2. den in § 1 Abs. 1 Satz 1 Nr. 1 und 2 genannten Anspruchsberechtigten zur Abgeltung der Anschaffungs-, Unterhaltungs- und Betriebskosten sowie zur Abgeltung der Abnutzung des Kraftfahrzeugs 0,30 Euro

für jeden gefahrenen Kilometer ersetzt zuzüglich der durch die Benutzung des Kraftfahrzeugs aus Anlass der Reise regelmäßig anfallenden baren Auslagen, insbesondere der Parkentgelte. Bei der Benutzung durch mehrere Personen kann die Pauschale nur einmal geltend gemacht werden. Bei der Benutzung eines Kraftfahrzeugs, das nicht zu den Fahrzeugen nach Absatz 1 oder Satz 1 zählt, werden die tatsächlich entstandenen Auslagen bis zur Höhe der in Satz 1 genannten Fahrtkosten ersetzt; zusätzlich werden die durch die Benutzung des Kraftfahrzeugs aus Anlass der Reise angefallenen regelmäßigen baren Auslagen, insbesondere die Parkentgelte, ersetzt, soweit sie der Berechtigte zu tragen hat.

(3) Höhere als die in Absatz 1 oder Absatz 2 bezeichneten Fahrtkosten werden ersetzt, soweit dadurch Mehrbeträge an Vergütung oder Entschädigung erspart werden oder höhere Fahrtkosten wegen besonderer Umstände notwendig sind.

(4) Für Reisen während der Terminsdauer werden die Fahrtkosten nur insoweit ersetzt, als dadurch Mehrbeträge an Vergütung oder Entschädigung erspart werden, die beim Verbleiben an der Terminsstelle gewährt werden müssten.

(5) Wird die Reise zum Ort des Termins von einem anderen als dem in der Ladung oder Terminsmitteilung bezeichneten oder der zuständigen Stelle unverzüglich angezeigten Ort angetreten oder wird zu einem anderen als zu diesem Ort zurückgefahren, werden Mehrkosten nach billigem Ermessen nur dann ersetzt, wenn der Berechtigte zu diesen Fahrten durch besondere Umstände genötigt war.

Übersicht

	Rn.
I. Allgemeines	1
1. Regelungszweck	1
2. Abladungen durch die heranziehende Stelle	2
II. Berechtigte Personen	3
1. Allgemeines	3

§ 5 Abschnitt 2. Gemeinsame Vorschriften

	Rn.
2. Ehrenamtliche Richter	4
3. Behördenangehörige	5
4. Polizeibeamte	6
5. Betreuer, Pfleger und Vormünder	7
6. Parteien oder Beteiligte	8
III. Öffentliche Verkehrsmittel (Abs. 1)	10
1. Allgemeines	10
2. Nachweis	11
3. Bahncard	12
a) Allgemeines	12
b) Nachweispflicht	14
c) Pflicht zur Inanspruchnahme der Bahncard	15
d) Kostenfestsetzungsverfahren	16
4. Dauerkarten	17
5. Freifahrtberechtigungen	18
a) Allgemeines	18
b) Soldaten	19
6. Gepäck	20
7. Platzkarten	21
8. Zuschläge	22
9. Schlafwagen	23
10. Nachlösen	24
IV. Kraftfahrzeuge (Abs. 2)	25
1. Allgemeines	25
2. Abgeltungsbereich der Pauschale	26
3. Höhe der Pauschale	27
4. Mietwagen, Taxikosten (Abs. 2 S. 3)	28
5. Aufrundung	29
6. Wahl der Wegstrecke	30
7. Berechnung der Wegstrecke	31
8. Mitfahrer	32
a) Allgemeines	32
b) Mitnahme durch die Parteien	33
c) Rechtsanwälte	34
d) Mitnahme in sonstigen fremden Autos	35
9. Sonstige bare Auslagen	36
V. Fahrrad oder Fußwege	41
VI. Höhere Fahrtkosten (Abs. 3)	42
1. Allgemeines	42
2. Ersparnis an Vergütung oder Entschädigung	43
3. Besondere Umstände	44
4. Genehmigungen durch das Gericht	45
5. Flugkosten	46
6. Krankentransport	47
7. Mietwagen	48
8. Taxi	49
VII. Reisen während der Terminsdauer (Abs. 4)	50
1. Allgemeines	50
2. Ersparnis von Mehrkosten	51
a) Erstattungsanspruch	51
b) Vergleichsrechnung	52
3. Besondere Umstände	53
VIII. Anreise von einem anderen Ort (Abs. 5)	54
1. Allgemeines	54
2. Anzeige des Berechtigten über die Mehrkosten	55
3. Bewilligung der Anreise	56
4. Unterlassen einer rechtzeitigen Anzeige	57
5. Berufliche Niederlassung	58
6. Dolmetscherbüro	59
7. Freigesprochene Angeklagte	60
8. Urlaubsort	61
9. Zweitwohnsitz	62

Fahrtkostenersatz § 5

I. Allgemeines

1. Regelungszweck

§ 5 regelt die Höhe der erstattungsfähigen Fahrtkosten, die Teil der Vergütung (§ 8) bzw. der Entschädigung (§§ 15, 19) sind. Es findet daher, mit Ausnahme der Regelung des Abs. 2 S. 1, auch keine Differenzierung zwischen den herangezogen oder beauftragten Berechtigten statt. Es handelt sich um einen Auslagenersatz, so dass nur tatsächlich entstandene Fahrtkosten erstattet werden. Soweit keine Aufwendungen entstanden sind, erfolgt kein Auslagenersatz, fiktive Kosten werden nicht erstatt. Dem Herangezogenen steht daher auch kein Wahlrecht zu zwischen der Erstattung der tatsächlich entstandenen Fahrtkosten und einer Erstattung von Pauschalen, die bei der Nutzung eines anderen Verkehrsmittels entstanden wären (*BayLSG* Az. L 15 SF 307/11).

Bei der Wahl der Beförderungsmittel ist der Herangezogene grundsätzlich frei, soweit die Sätze des § 5 nicht überschritten werden (*LG Dresden* MDR 2005, 1260; *BayLSG* Az. L 15 SF 82/12). Die Wahlfreiheit ist jedoch eingeschränkt, soweit sie zum Rechtsmissbrauch führt (*LG Cottbus* Az. 24 Qs 60/08). Auch die notwendigen Reisezeiten sind zu entschädigen bzw. vergüten, jedoch werden diese nicht von § 5, sondern vielmehr von §§ 8 Abs. 2, 15 Abs. 2, 19 Abs. 2 erfasst.

2. Abladungen durch die heranziehende Stelle

Wird der Termin durch die ladende Stelle aufgehoben, so sind die Reisekosten nur erstattungsfähig, wenn die Abladung den Herangezogenen nicht mehr rechtzeitig zugeht. Das bloße Absenden genügt daher noch nicht. Das Gericht kann jedoch davon ausgehen, dass der Herangezogene auf allgemein übliche Weise abgeladen werden kann. Er hat dafür Sorge zu tragen, dass er oder sein Vertreter die Post regelmäßig einsehen kann. Eine Ausnahme gilt nur dann, wenn die ladende Stelle Kenntnis von einer Abwesenheit hatte. Wird einem Berechtigten auf dessen Anrufbeantworter mitgeteilt, er brauche nicht zum Verhandlungstermin erscheinen, kann nicht mit ausreichender Sicherheit davon ausgegangen werden, dass der Berechtigte die Nachricht abhört, so dass ein Ersatz nach § 5 beansprucht werden kann. Etwas anders gilt aber dann, wenn der Berechtigte zu verstehen gibt, dass er auf den Anrufbeantworter gesprochene Nachrichten auch abhört, z. B. wenn dieser selbst auf seinem Briefkopf den Hinweis „Anrufbeantworter 24 Std." anbringt (*LSG Berlin* Az. L 2 B 11/02 SF).

II. Berechtigte Personen

1. Allgemeines

Die Regelung des § 5 gilt für alle nach dem JVEG berechtigten Personen, so dass erfasst sind:
– Sachverständige (§ 8 Abs. 1 Nr. 2),
– Dolmetscher und Übersetzer (§ 8 Abs. 1 Nr. 2),
– ehrenamtliche Richter (§ 15 Abs. 1 Nr. 1),

§ 5 Abschnitt 2. Gemeinsame Vorschriften

- Vertrauenspersonen und Vertrauensleute in den Ausschüssen zur Wahl der Schöffen (§ 1 Abs. 4 i. V. m. § 15 Abs. 1 Nr. 1),
- Handelsrichter (§ 107 Abs. 2 GVG),
- Zeugen (§ 19 Abs. 1 Nr. 1).

Eine Differenzierung bei der Fahrtkostenerstattung nach einzelnen Berechtigten findet nicht statt, mit Ausnahme der Erstattung von Fahrtkosten für benutzte eigene oder unentgeltlich zur Verfügung gestellte Kfz (Abs. 2 S. 1).

2. Ehrenamtliche Richter

4   Ihnen sind die Fahrtkosten nur dann zu erstatten, wenn eine entsprechende Ladung des Gerichts vorliegt. Nimmt daher ein ehrenamtlicher Richter vor dem Verhandlungstag Einsicht in die Verfahrensakten, so steht ihm eine Entschädigung einschließlich der Fahrtkosten nicht zu (*OVG NW* NVwZ-RR 1990, 381, a. A. *SG Bremen* SozSich 1965, RsprNr. 1788). Ein Fahrtkostenersatz ist aber ausnahmsweise dann zu gewähren, wenn das Gericht eine Erstattung der Fahrtkosten zugesagt hat. In den Fällen von vorgenommener Akteneinsicht ist deshalb zu prüfen, ob der Vorsitzende eine entsprechende Zusage erteilt hat (*LAG Bremen* MDR 1988, 995). Erstattungsfähig sind selbstverständlich auch die Reisekosten für eine Teilnahme an einer auswärtigen Sitzung, auch bei Benutzung eines privaten Kfz (*OVG Lüneburg* JVBl. 1969, 215). Zu erstatten sind ferner die Fahrtkosten, die dadurch entstehen, dass der ehrenamtliche Richter von der heranziehenden Stelle zu Einführungs- und Fortbildungsveranstaltungen herangezogen wird (§ 15 Abs. 3 Nr. 1). Wie ehrenamtliche Richter sind wegen § 1 Abs. 4 auch zu entschädigen, die Vertrauenspersonen in den Ausschüssen zur Wahl der Schöffen und die Vertrauensleute in den Ausschüssen zur Wahl der ehrenamtlichen Richter bei den Gerichten der Verwaltungs- und Finanzgerichtsbarkeit, so dass für sie § 5 gilt. Fahrtkosten für die Benutzung eines eigenen oder unentgeltlich zur Verfügung gestellten Kfz sind den ehrenamtlichen Richtern und den von § 1 Abs. 4 erfassten Personen nach Abs. 2 S. 1 Nr. 2 mit 0,30 EUR je Kilometer zu erstatten.

3. Behördenangehörige

5   Behördenangestellte, die vom Gericht als Zeugen über dienstliche Vorgänge vernommen werden, haben einen Anspruch auf die Erstattung der Reisekosten nach § 5 (*FG Bremen* EFG 1995, 1079). Erstattet eine Behörde ein Gutachten, kann nur die Behörde die Fahrtkosten geltend machen, nicht der Mitarbeiter selbst; → § 1 Rn. 85.

4. Polizeibeamte

6   Werden Polizeibeamte als Zeugen herangezogen, haben sie Anspruch auf Erstattung ihrer Fahrtkosten, wenn sie private Fahrzeuge oder öffentliche Verkehrsmittel benutzen. In Bayern ist das RdSchr. d. Bayr. StM. d. I. v. 2.7.1987 zu beachten. Danach sind auch Polizeibeamten, die ein Dienstfahrzeuges benutzen, Fahrtkosten nach § 5 zu erstatten, jedoch steht der Erstattungsanspruch der Staatskasse zu. Aufgrund des unverhältnismäßigen Verwaltungsaufwands kommt eine Auszahlung und anschließende Abführung nicht in Betracht. Die Fahrtkosten sind bei unentgeltlicher Nutzung von Dienstfahrzeugen in der Form abzuführen, dass der Polizeibeamte die Fahrtkosten

gegenüber dem Gericht geltend macht, aber auf eine Auszahlung verzichtet (Verrechnung bzw. Abtretung aus Gründen der Verwaltungsvereinfachung). Dieser Vorgehensweise ist ausdrücklich zuzustimmen, da in dem Schreiben zu Recht darauf hingewiesen wird, dass eine spätere Berücksichtigung im Kostenansatzverfahren nur erfolgen kann, wenn die Fahrtkosten nach § 2 geltend gemacht worden sind.

5. Betreuer, Pfleger und Vormünder

§ 1835 Abs. 1 BGB verweist hinsichtlich der Fahrtkosten auf § 5. Es gelten 7 die für Sachverständige getroffenen Regelungen. Bei Benutzung des eigenen Kfz sind danach 0,30 EUR je gefahrenen Kilometer zu erstatten. Eine gesonderte Erstattung kommt neben der Vergütung aber nur bedingt in Betracht, siehe dazu ausführlich → § 1 Rn. 167 ff.

6. Parteien oder Beteiligte

Ein Erstattungsanspruch gegenüber der Staatskasse besteht nicht, da es sich 8 nicht um eine herangezogene Person nach § 1 handelt. Ist die Person in der Rechtssache zwar Partei, wird sie aber auch als Zeuge vernommen, so sind ihr die Reisekosten aus der Staatskasse nach § 5 zu erstatten, da die Partei dann Herangezogener nach § 1 ist. Dass der Herangezogene dabei auch persönliche Sachen erledigt, bleibt unerheblich (*OLG Schleswig* Rpfleger 1962, 367).

Nach § 91 Abs. 1 ZPO hat die unterliegende Partei die dem Gegner 9 entstandenen Kosten zu erstatten, wenn diese zur Rechtsverfolgung oder Rechtsverteidigung notwendig waren. Die Kostenerstattung umfasst auch die für notwendige Reisen angefallenen Kosten. Es gelten die für Zeugen erlassenen Bestimmungen, so dass der Partei daher im Rahmen der Kostenfestsetzung (§§ 103 ff. ZPO) für die Benutzung eines eigenen oder unentgeltlich zur Verfügung gestellten Kfz nur 0,25 EUR je gefahrenen Kilometer zu erstatten sind. Werden öffentliche Verkehrsmittel benutzt, so sind auch die Parteireisekosten bis zur Höhe der ersten Wagenklasse zu berücksichtigen, da § 5 Abs. 1 keine Differenzierung zwischen den Berechtigten mehr enthält. Auch im Rahmen der Kostenfestsetzung sind Auslagen für Platzreservierungen, Parkentgelte und sonstige, aus Anlass der Reise entstandenen baren Aufwendungen zu erstatten (insbesondere Straßengebühren), da nach § 5 Abs. 1, 2 die Erstattung solcher Kosten statthaft ist.

III. Öffentliche Verkehrsmittel (Abs. 1)

1. Allgemeines

Reisekosten für die Benutzung öffentlicher Verkehrsmittel sind bis zur 10 Höhe der ersten Wagenklasse erstattungsfähig. Auf die persönlichen Verhältnisse des Berechtigten ist nicht mehr abzustellen. Eine Unterscheidung zwischen einzelnen Berechtigten ist nicht vorzunehmen. Auch kann nicht auf die persönlichen Verhältnissen des Herangezogenen abgestellt werden. Der Gesetzgeber hat dazu ausgeführt (BT-Drs. 15/1971, S. 180): „*Nach Absatz 1 soll Folgendes gelten: Hat ein Berechtigter, öffentliche, regelmäßig verkehrende Verkehrsmittel benutzt, soll sich die Höhe der Fahrtkostenerstattung bei Sachverständigen, Dolmetschern, Übersetzern oder Zeugen nicht mehr wie bisher nach deren persönlichen*

§ 5 Abschnitt 2. Gemeinsame Vorschriften

Verhältnissen, sondern nur noch nach der Höhe der mit der Benutzung des Verkehrsmittels verbundenen tatsächlichen Kosten, die allerdings wie bisher begrenzt auf die Höhe der Kosten, die bei Benutzung der ersten Wagenklasse der Bahn entstehen."
Erstattet wird also nunmehr stets der tatsächliche Fahrpreis, begrenzt auf die Kosten der ersten Wagenklasse. Keinesfalls ist der Berechtigte verpflichtet darzulegen, weshalb er die erste und nicht die zweite Wagenklasse benutzt hat. Auf die Erstattung solcher Kosten besteht ein allgemeiner Rechtsanspruch, wenn diese auch tatsächlich entstanden sind. Auch bei der Bewilligung eines Reisekostenvorschusses (§ 3) für nach dem JVEG berechtigte Person, kann dieser bis zur Höhe der ersten Wagenklasse gewährt werden (vgl. Nr. 3.1.2 VwV Reiseentschädigung), bei mittellosen Parteien oder anderen Beteiligten kommt hingegen ein Reisekostenvorschuss nur für die zweite Wagenklasse in Betracht.

2. Nachweis

11 Das Gesetz sieht eine Verpflichtung zum Nachweis der Fahrtkosten nicht vor. Da es sich aber um einen Auslagenersatz handelt, sollte sich der Anweisungsbeamte gleichwohl regelmäßig die Fahrtausweise vorlegen lassen, wenn es sich nicht um geringwertige Auslagen wie etwa von Straßenbahn oder Bus handelt. Im Übrigen wird ein Nachweis regelmäßig auch ohne weiteres erbracht werden können. Ein Verbleib oder eine Kopie des Fahrtausweises für die Akten ist nicht erforderlich. Relevant kann die Vorlage der Fahrtausweise zudem dann sein, wenn dem Herangezogenen auch eine separate Umsatzsteuer auf die Vergütung zu gewähren ist, da die Reisekosten dann nur in Höhe des Nettopreises erstattet werden können (→ § 12 Rn. 69 ff.).

3. Bahncard

12 a) **Allgemeines.** Die Kosten für die Anschaffung einer Bahncard können im Einzelfall erstattungsfähig sein, wenn die Bahncard ausschließlich aus Anlass der Reise gekauft wurde (OLG Hamm JurBüro 1996, 598). Eine Erstattung kann aber nur insoweit erfolgen, wie durch die Bahncard Fahrtkosten eingespart worden sind (OLG Hamm JurBüro 1996, 598). Es hat dann auch unberücksichtigt zu bleiben, dass die Bahncard später auch für private Zecke benutzt werden kann, denn der Herangezogene ist nicht verpflichtet, sich eine Bahncard aufgrund der Heranziehung anzuschaffen. Auch die häufige Heranziehung kann die Erstattung solcher Kosten rechtfertigen, so dass die Erstattung einer Bahncard insbesondere auch für solche ehrenamtlichen Richter in Betracht kommen kann, die häufiger herangezogen werden. Kommt eine Erstattung der Anschaffungskosten für die Bahncard in Betracht, dürfen die durch § 5 vorgeschriebenen Höchstsätze jedoch nicht überschritten werden, es darf daher nicht zur Gewährung einer höheren Gesamtentschädigung kommen, so dass dann auch nur eine teilweise Erstattung der Kosten zulässig ist. Es ist zudem sicherzustellen, dass die Anschaffungskosten für eine Bahncard nicht doppelt erstattet werden, etwa weil der Berechtigte in verschiedenen Rechtssachen herangezogen wird.

13 Soweit in Literatur und Rechtsprechung die Erstattung von Kosten für die Bahncardanschaffung generell abgelehnt wird, findet eine Differenzierung nicht statt oder es handelt es sich um solche Fälle, in denen die Bahncard nicht ausschließlich aufgrund der Heranziehung angeschafft wurde, sondern aus anderen privaten oder beruflichen Gründen bereits vor der Heranziehung

Fahrtkostenersatz § 5

angeschafft wurde. In solchen Fällen kann eine Erstattung der Kosten für die Bahncad auch anteilig nicht erfolgen, weil es sich nicht im Kosten handelt, die anlässlich der Heranziehung getätigt wurden und ein Anteil der Anschaffungskosten auf die einzelne konkrete Reise, die wegen der Heranziehung durchgeführt wurde, nicht möglich ist (*OLG Düsseldorf* Rpfleger 2009, 592; *Binz/Dörndorfer/Binz* § 5 JVEG Rn. 2; *Meyer/Höver/Bach* Rn. 5.9; **a. A.** *OLG Koblenz* Rpfleger 1994, 85).

b) Nachweispflicht. Grundsätzlich ist die Rechnung über den Kauf der 14 Bahncard vorzulegen, der Herangezogene hat nachzuweisen, dass und in welcher Höhe eine Zahlung erfolgt ist.

c) Pflicht zur Inanspruchnahme der Bahncard. Ein Herangezogener 15 ist nicht verpflichtet, aus Anlass der Heranziehung eine Bahncard anzuschaffen. Verfügt der Herangezogene jedoch schon vor der Heranziehung bzw. der Erteilung des Auftrages über eine Bahncard, so können ihm nur noch die ermäßigten Fahrtkosten erstattet werden, da der Berechtigte aus Gründen der Kostenminimierungspflicht verpflichtet ist, die Bahncard auch zu verwenden, wenn er bereits im Besitz einer solchen ist (*LG Cottbus* Az. 24 Qs 60/08).

d) Kostenfestsetzungsverfahren. Die Kosten für die Anschaffung einer 16 Bahncard können nicht als notwendige Kosten i. S. d. § 91 ZPO erstattet werden (*OLG Celle* MDR 2004, 1445), auch nicht anteilig (*OLG Koblenz* Rpfleger 2000, 129). Gleichwohl sind bei der Benutzung einer Bahncard, nur die tatsächlichen ermäßigten Reisekosten zu erstatten (*LAG Schleswig-Holstein* Az. 2 Ta 117/04; *OLG Celle* MDR 2004, 1445). Eine Ausnahme von dem Erstattungsausschluss kann aber dann bestehen, wenn die Bahncard nur aus Anlass eines Verfahrens angeschafft wurde, in dem umfangreichen Verfahren mehrere Terminsreisen notwendig waren und durch den Kauf einer Bahncard die tatsächlichen Reisekosten wesentlich geringer ausfallen würden. Die Partei ist aber nicht zum Kauf einer Bahncard verpflichtet, um Reisekosten einzusparen. Auch im Rahmen der Festsetzung des beigeordneten PKH-Anwalts kommt eine Erstattung der Aufwendungen des Anwalts für den Kauf einer Bahncard nicht in Betracht (*OVG NRW* Rpfleger 2006, 443), sie können mithin auch nicht als Auslagen nach § 46 RVG festgesetzt werden.

4. Dauerkarten

Kosten für Dauerkarten sind generell erstattungsfähig, wenn sie aus Anlass 17 der Heranziehung angeschafft werden. Hat der Herangezogene eine solche Dauerkarte unabhängig von der Heranziehung bereits besessen (z. B. Monats-, Netz- oder Verbundkarten), können ihm keine Fahrtkosten, auch nicht anteilig erstattet werden (*BayLSG* Az. L 15 SF 442/11; *LG Essen* JVBl. 1960, 95; *VG Schleswig* AnwBl. 1978, 144), da die Auslagen nicht aus Anlass der Heranziehung entstanden sind. Das gilt auch für die Semesterkarten von Studenten, mit denen öffentliche Verkehrsmittel ohne weitere Zahlungen oder verbilligt benutzt werden können. Da es sich um einen Auslagenersatz handelt, können bei Benutzung einer Dauerkarte auch keine fiktiven Reisekosten nur für die aus Anlass der Heranziehung durchgeführten Fahrten vorgenommen werden (*BayLSG* Az. L 15 SF 442/11).

§ 5 Abschnitt 2. Gemeinsame Vorschriften

5. Freifahrtberechtigungen

18 a) Allgemeines. Steht einem Herangezogenen eine Freifahrtberechtigung für öffentliche Verkehrsmittel zu, so kann dieser keinen Auslagenersatz nach § 5 verlangen, da keine tatsächlichen Auslagen aus Anlass der Reise entstanden sind. Insoweit ist auch die Wahlfreiheit des zu benutzenden Verkehrsmittels eingeschränkt, wenn diese rechtsmissbräuchlich ist (*LG Cottbus* Az. 24 Qs 60/08). Danach besteht auch für Mitarbeiter von Beförderungsunternehmen die Verpflichtung, Freifahrtberechtigungen oder Mitarbeiterrabatte zu nutzen (*LG Cottbus* Az. 24 Qs 60/08). Auch die Stelle, welche die Freifahrtberechtigung oder den Mitarbeiterrabatt gewährt, kann keinen Ersatz verlangen. Entstehen jedoch trotz einer Freifahrtberechtigung notwendige Fahrtkosten, so sind diese zu erstatten (*OLG Hamburg* JurBüro 1973, 544). In Niedersachsen ist die Vereinbarung über Freifahrten von Polizeivollzugsbeamten in Uniform in den Zügen der Deutschen Bahn AG bzw. der metronom Eisenbahngesellschaft mbH (RdErl. d. MI v. 12.6.2003 u. v. 5.2.2004, → CD-ROM) zu beachten. Sofern solche Freifahrten in Anspruch genommen werden, können keine Fahrtkosten nach § 5 erstattet werden.

19 b) Soldaten. Soldaten erhalten keine Fahrkarten im Dienstreiseverkehr der Bundeswehr oder eine Reisekostenerstattung durch die Bundeswehr, wenn sie als Zeugen oder Sachverständige geladen werden. Sie erhalten daher von der heranziehenden Stelle die Fahrtkosten nach § 5 erstattet (Abschn. B Nr. 21, 22 der Bek. über die Zustellungen, Ladungen und Zwangsvollstreckungen bezüglich Soldaten der Bundeswehr). Es kann ein Reisekostenvorschuss nach § 3 gezahlt werden. In Verfahren vor den Wehrdienstgerichten handelt es sich jedoch um eine Dienstreise des dienstlich gestellten Soldaten. Der Soldat hat insoweit einen Anspruch auf Reisekostenvergütung nach dem BRKG und nicht nach dem JVEG, in diesen Fällen können auch Militärdienstfahrscheine erteilt werden.

Zustellungen, Ladungen, Vorführungen und Zwangsvollstreckungen bezüglich Soldaten der Bundeswehr
(AV. d. JV v. 19.10.2004 – 3716-II. 11)
– in Nordrhein-Westfalen veröffentlichte Fassung –
(…)
B Ladungen von Soldaten
a Verfahren vor den Wehrdienstgerichten

11. Im gerichtlichen Disziplinarverfahren werden Soldaten zur Hauptverhandlung sowie zu sonstigen Vernehmungen auf Ersuchen des Wehrdienstgerichts oder des Wehrdisziplinaranwalts dienstlich gestellt, auch wenn sie Zeugen oder Sachverständige sind. Bei Bekanntgabe des Termins ist ihnen eine Abschrift der Ladung auszuhändigen.
12. Die Reise eines dienstlich gestellten Soldaten zur Vernehmung ist eine Dienstreise. Der Soldat hat somit Anspruch auf Reisekostenvergütung nach dem Bundesreisekostengesetz und den hierzu ergangenen Verfahrensbestimmungen. Bei Bedarf wird ihm eine Fahrkarte im Dienstreiseverkehr der Bundeswehr ausgestellt.
(…)
17. Für andere Verfahren nach der Wehrdisziplinarordnung und für Verfahren nach der Wehrbeschwerdeordnung vor den Wehrdienstgerichten gelten die Nummern 11 bis 16 entsprechend.

Fahrtkostenersatz § 5

b) Verfahren vor sonstigen deutschen Gerichten

(...)

19. In Strafverfahren haben auch der Angeklagte, der Nebenkläger und der Privatkläger das Recht, Zeugen oder Sachverständige unmittelbar laden zu lassen. Ein Soldat, der eine solche Ladung erhält, braucht ihr jedoch nur dann zu folgen, wenn ihm bei der Ladung die gesetzliche Entschädigung, insbesondere für Reisekosten, bar angeboten oder deren Hinterlegung bei der Geschäftsstelle des Gerichtes nachgewiesen wird.
20. Erhalten Soldaten eine Ladung zu einem Gerichtstermin, ist ihnen der erforderliche Sonderurlaub gemäß § 9 der Soldatenurlaubsverordnung – SUV – (ZDv 14/ 5 F 501) in Verbindung mit Nummer 72 der Ausführungsbestimmungen zur SUV (ZDv 14/5 F 511) zu gewähren.
21. Fahrkarten im Dienstreiseverkehr der Bundeswehr oder Reisekostenerstattung erhalten die geladenen Soldaten nicht.
22. Soldaten, die von einem Gericht oder einer Justizbehörde als Zeugen oder Sachverständige geladen worden sind, erhalten von der Stelle, die sie vernommen hat, Zeugen- oder Sachverständigenentschädigung einschließlich Reisekosten. Sind Soldaten nicht in der Lage, die Reisekosten aufzubringen, können sie bei der Stelle, die sie geladen hat, die Zahlung eines Vorschusses beantragen.
23. Auch Soldaten, die als Parteien oder Beschuldigte in einem Zivil- oder Strafgerichtsverfahren geladen sind, können unter gewissen Voraussetzungen von der Stelle, die sie geladen hat, auf Antrag Reisekostenersatz und notfalls einen Vorschuss erhalten, wenn sie die Kosten der Reise zum Gericht nicht aufbringen können.
24. Kann die Entscheidung der nach den Nummern 22 und 23 zuständigen Stellen wegen der Kürze der Zeit nicht mehr rechtzeitig herbeigeführt werden, ist, wenn ein Gericht der Zivil- oder Strafgerichtsbarkeit oder eine Justizbehörde die Ladung veranlaßt hat, auch das für den Wohn- oder Aufenthaltsort des Geladenen zuständige Amtsgericht zur Bewilligung des Vorschusses zuständig.

6. Gepäck

Kosten für die Gepäckbeförderung sind erstattungsfähig (Abs. 1), soweit sie 20 für die Heranziehung notwendig waren (*Meyer/Höver/Bach* § 5 Rn. 5.14). Danach gehören auch die Reisegepäckversicherung und im Einzelfall (z. B. wegen Alter oder Krankheit) die Kosten eines Gepäckträgers zu den notwendigen Kosten.

7. Platzkarten

Die Kosten für Platzreservierungen sind nach Abs. 1 in voller Höhe erstat- 21 tungsfähig, die Notwendigkeit muss nicht nachgewiesen werden. Es besteht wegen der eindeutigen Regelung des Abs. 1 ein Rechtsanspruch auf die Erstattung solcher Kosten, ältere Rechtsprechung ist überholt. Die Kostenerstattung kann auch nicht von bestimmten Umständen (starker Reiseverkehr, Krankheit, Alter) abhängig gemacht werden.

8. Zuschläge

Die Kosten für zuschlagspflichtige Züge sind erstattungsfähig (BT-Drs. 15/ 22 1971, S. 180), auch wenn eine namentliche Nennung in § 5 nicht mehr erfolgt ist. Zu erstatten sind daher auch die Zuschläge für:

– EuroCity (EC),
– EuroNight (EN),

§ 5   Abschnitt 2. Gemeinsame Vorschriften

- Intercity (IC),
- Intercity-Express (ICE),
- ICE-Sprinter,
- InterCityNight (ICN),
- Thalys,
- Berlin-Warschau-Express.

Dem Berechtigten obliegt es selbst zu entscheiden, ob er einen zuschlagspflichtigen Zug wählt. Es dürfen aber nicht solche Verkehrsmittel gewählt werden, die zu einem absichtlich erhöhten Zeitaufwand führen, um so eine höhere Erstattung von Verdienstausfall, Zeitversäumnis etc. zu erlangen. Schon im Hinblick auf die Erstattung von Verdienstausfall und der Vergütung, sollte stets das schnellste Verkehrsmittel benutzt werden. Die Kosten für Intercity-Expresszüge (ICE) sind ebenfalls stets bis zur Höhe der ersten Wagenklasse erstattungsfähig, obwohl die Deutsche Bahn AG für solche Züge keinen Zuschlag, sondern einen besonderen Kilometerfahrpreis erhebt, da es sich um öffentliche Verkehrsmittel handelt. Eine Erstattung kann auch dann erfolgen, wenn gleichzeitig billigere Züge auf derselben Strecke fahren. Die entstehenden Mehrkosten durch die ICE-Benutzung sind als notwendig anzusehen, da dem Herangezogenen gleichwohl ein Ermessensspielraum bei der Wahl des Beförderungsmittels zusteht.

9. Schlafwagen

23   Wird durch die Benutzung eines Liege- oder Schlafwagens die Gesamtentschädigung reduziert, so sind die Kosten dafür stets erstattungsfähig. Es ist zu berücksichtigen, dass bei der Benutzung eines Schlafwagens regelmäßig auch Übernachtungskosten eingespart werden, was insbesondere bei frühen oder späten Terminsstunden von Belang sein kann. Daneben ist zu prüfen und zu berücksichtigen, ob durch die Benutzung eines Schlafwagens andere Kosten wie Verdienstausfall, Vergütung oder Tagegeld eingespart werden. Neben den Kosten für die Benutzung des Schlafwagens kommt für dieselbe Zeit eine Gewährung von Übernachtungsgeld nicht in Betracht (§ 6 i. V. m. § 7 Abs. 2 Nr. 1 BRKG). Im Übrigen ist auch die Unzumutbarkeit der Anreise mit normalen Verkehrsmitteln zu berücksichtigen, dabei kann vergleichsweise auf dieselben Kriterien wie sie für Übernachtungskosten gelten zurückgegriffen werden, siehe hierzu bei → § 6 Rn. 16.

10. Nachlösen

24   Wird die Fahrkarte im Zug gekauft, können die für das Nachlösen entstandenen zusätzlichen Kosten im Regelfall nicht erstattet werden, da grundsätzlich nur die notwendigen Reisekosten erstattungsfähig sind. Liegen die Gründe für ein Nachlösen eindeutig in der Person des Berechtigten, weil dieser es schuldhaft unterlassen hat, sich rechtzeitig vor Fahrtantritt eine Fahrkarte zu besorgen, scheidet ein Ersatz stets aus. Zu den besonderen Umständen, die ausnahmsweise eine Erstattungsfähigkeit begründen können, gehört es, dass dem Zeugen, Sachverständigen, Dolmetscher oder Übersetzer die Ladung so kurzfristig zugeht, dass ein Kauf der Fahrkarte vor Fahrtantritt aus zeitlichen Gründen nicht mehr möglich ist. Werden Kosten für ein Nachlösen geltend gemacht, muss die Notwendigkeit auf jeden Fall kurz begründet werden.

IV. Kraftfahrzeuge (Abs. 2)

1. Allgemeines

Benutzt der Herangezogene ein eigenes oder ihm unentgeltlich zur Nutzung überlassenes Kraftfahrzeug, so sind die entstehenden Kosten erstattungsfähig (Abs. 2). Dabei gilt auch hier der Grundsatz der freien Wahl des Beförderungsmittels, so dass der Herangezogene auch nicht darlegen muss, weshalb er ein Kfz statt eines öffentlichen Verkehrsmittels benutzt hat. Das gilt auch bei langen Strecken, eine Vergleichsrechnung mit Reisekosten bei Nutzung öffentlicher Verkehrsmittel ist nicht mehr erforderlich. Eine Kostenerstattung erfolgt auch hinsichtlich der Parteikosten i. S. d. § 91 ZPO ohne eine Beschränkung der Gesamtstrecke.

25

2. Abgeltungsbereich der Pauschale

Es handelt sich bei der Entschädigung nach Abs. 2 um eine Pauschale, durch die insbesondere abgegolten sind:
– die Abnutzungskosten,
– die Anschaffungskosten,
– die Betriebskosten,
– die Unterhaltungskosten und
– der Wertverlust.

26

Eine separate Erstattung solcher Kosten scheidet deshalb aus. Es handelt sich auch nicht um bare Aufwendungen nach §§ 7, 12.

3. Höhe der Pauschale

Hinsichtlich der Höhe der Pauschale wird unterschieden:
– Zeugen und Dritte erhalten je gefahrenen Kilometer 0,25 EUR,
– Sachverständige, Dolmetscher und Übersetzer erhalten je gefahrenen Kilometer 0,30 EUR und
– Ehrenamtliche Richter und die von § 1 Abs. 1 S. 1 Nr. 2, Abs. 4 erfassten Berechtigten erhalten je gefahrenen Kilometer 0,30 EUR.

27

Es handelt sich um feste, pauschalisierte Sätze, die nicht überschritten werden können, auch wenn die tatsächlichen Kosten höher gewesen sind oder der Herangezogene tatsächlich höhere Kosten nachweist. Etwas anderes gilt nur, wenn besondere Umstände nach Abs. 3 vorliegen. Eine über Abs. 2 S. 1 hinaus gehende Erstattung kommt auch unter Berücksichtigung stark gestiegener Kraftstoffpreise nicht in Betracht. Die Rechtsprechung hat sich bereits zum ZSEG mit der Berücksichtigung der allgemeinen Geldentwertung befasst. Sie kann danach nicht berücksichtigt werden (*OLG Hamm* Rpfleger 1974, 333; *OLG Koblenz* VersR 1975, 913; *OLG Zweibrücken* NStE Nr. 3 zu § 3 ZSEG). Dieser Grundsatz ist auch auf den jetzigen § 5 anwendbar. Eine inflationsbedingte Anpassung der Pauschale obliegt allein dem Gesetzgeber.

Da es sich bei Abs. 2 S. 1 daher nicht um Höchstsätze, sondern um allgemeine Sätze handelt, können die Pauschalen auch nicht gekürzt werden.

4. Mietwagen, Taxikosten (Abs. 2 S. 3)

28   Nutzt der Herangezogene ein Kraftfahrzeug, das nicht zu den von Abs. 1 (öffentliche Verkehrsmittel) oder Abs. 2 S. 1 (eigenes oder unentgeltlich überlassenes Kfz) zählt, werden die tatsächlichen Auslagen erstattet, jedoch nur bis zur Höhe der nach Abs. 2 S. 1 zu zahlenden Pauschalen (Abs. 2 S. 3). Hierunter fallen daher die gegen ein Entgelt genutzten Fahrzeuge, insbesondere Mietwagen oder Taxi (BT-Drs. 15/1971, S. 180). Es ist daher in solchen Fällen nur das tatsächlich gezahlte Entgelt, höchstens aber die Pauschale des Abs. 2 S. 2 zu zahlen. Eine Erstattung höherer Kosten kommt nur nach Abs. 3 in Betracht.

5. Aufrundung

29   Ein angefangener Kilometer ist stets auf einen vollen Kilometer aufzurunden, da unter dem Begriff des gefahrenen Kilometers auch jeder angefangene Kilometer zu verstehen ist.

6. Wahl der Wegstrecke

30   Die Pauschale des Abs. 2 wird für den tatsächlich zurückgelegten Reiseweg erstattet, jedoch müssen die Fahrtkosten für die Heranziehung notwendig gewesen sein. Wie auch bei der Benutzung mit öffentlichen Verkehrsmitteln, hat der Herangezogene deshalb regelmäßig die im Hinblick auf die Gesamtentschädigung oder -vergütung günstigste Wegstrecke zu wählen. Soweit oftmals nur die kürzeste Wegstrecke zugebilligt wird, hat das *BayLSG* Az. L 15 SF 12/12 zu Recht festgestellt, dass es sich um objektiv erforderliche Fahrtkosten handeln muss und deshalb auch die schnellste Wegstrecke erstattungsfähig ist. Das gilt insbesondere dann, wenn die Nutzung der kürzesten Strecke unzumutbar ist, etwa wegen Umwegen, Straßenschäden oder Wetterbedingungen (*Thüringer LSG* Az. L 6 SF 408/05; *BayLSG* Az. L 15 SF 12/12).

7. Berechnung der Wegstrecke

31   Können die Herangezogenen die genaue Entfernung der Wegstrecke nicht angeben, ist es ausreichend, die Entfernung mittels Computerprogramm oder durch im Internet für jeden zugängliche Routenplaner (z. B. Falk, Google Maps) zu ermitteln (*BayLSG* Az. L 15 SF 12/12; *LSG Thüringen* JurBüro 2000, 489; *LG Dresden* MDR 2005, 1260). Es handelt sich bei einer solchen Berechnung jedoch nur um ein Indiz für die notwendige Strecke, bei Zweifeln kommt es nur auf die tatsächliche Entfernung an. Die Berechnungsprogramme stellen deshalb keine verbindlichen Obergrenzen für die Wegstreckenentschädigung dar, sondern dienen nur der Plausibilitätskontrolle (*LG Dresden* MDR 2005, 1260). Soweit durch das Computerprogramm regelmäßig die kürzeste Fahrtstrecke errechnet wird, bestehen gegen diese Vorgehensweise keine Bedenken (*LSG Thüringen* JurBüro 2000, 489). Macht der Zeuge aber berechtigterweise konkrete längere Fahrtstrecken geltend, müssen diese angesetzt werden. Nicht zulässig ist es, bei der Berechnung des zurückgelegten Weges nur die Entfernung von Ortsmitte zu Ortsmitte zu Grunde zu legen Es ist immer die genaue Entfernung von der Wohnung bzw. dem Büro zum Gebäude der Heranziehung maßgeblich. Die Entschädigung wird für die

Fahrtkostenersatz § 5

Hin- und Rückreise gewährt, beide Entfernungen sind deshalb zusammen zu addieren.

8. Mitfahrer

a) Allgemeines. Wird das Kfz durch mehrere Personen genutzt, so wird 32 die Pauschale gem. Abs. 2 S. 2 gleichwohl nur einmal gezahlt. Die Pauschale wird nur dem Fahrer erstattet, der Mitfahrer erhält keine separate Pauschale erstattet. Das gilt auch für Ehegatten, die in einem Auto anreisen (*OLG Stuttgart* Justiz 1983, 18). Nimmt der Fahrer weitere Zeugen mit, so kann er deswegen keine höheren Kosten geltend machen, es bleibt bei den Pauschsätzen des Abs. 2 S. 1, eine Mitfahrpauschale kennt das JVEG nicht.

b) Mitnahme durch die Parteien. Ein vom Kläger zum Verhandlungs- 33 termin mitgenommener und dort vernommener Zeuge hat keinen Anspruch auf Ersatz der Fahrtkosten (*OVG Lüneburg* Az. 11 L 6082/91). Das gilt auch dann, wenn ein Zeuge zu einem Termin von den Parteien zum Prozessgericht mitgenommen wird und dort seine Vernehmung beantragt, obwohl er ursprünglich im Wege der Rechtshilfe an dem Amtsgericht seines Wohnsitzes vernommen werden sollte (*OLG Hamburg* KostRsp. ZSEG § 9 Nr. 3).

c) Rechtsanwälte. Einem Rechtsanwalt kann es nicht zugemutet werden, 34 seinen als Zeugen geladenen Mandanten aus Gründen der Kostenersparnis bei längeren Fahrten in seinem Auto mitzunehmen. Der Zeuge erhält Fahrtkosten gesondert erstattet, wenn er separat angereist ist (*OLG Karlsruhe* KostRsp. ZSEG § 9 Nr. 4) oder dem Anwalt die Fahrtkosten erstatten muss (*OLG Karlsruhe* OLGR Karlsruhe 2008, 319)

d) Mitnahme in sonstigen fremden Autos. Im Übrigen hat der Heran- 35 gezogene bei der Mitnahme in einem fremden Auto für diese Kosten im Rahmen der Sätze des § 5 einen Anspruch auf Fahrtkostenersatz, wenn nicht auch dem Fahrer eine separate Erstattung der Fahrtkosten gegenüber der heranziehenden Stelle zusteht. Handelt es sich um eine Mitfahrgemeinschaft und muss der Herangezogene nur anteilige Fahrtkosten zahlen, kann ihm höchstens dieser Anteil erstattet werden, auch wenn er die Sätze des Abs. 2 nicht übersteigt.

9. Sonstige bare Auslagen

Entstehen bei der Benutzung eines Kraftfahrzeugs aus Anlass der Reise weitere bare Aufwendungen, sind diese gesondert zu erstatten, soweit sie nicht bereits durch die Pauschale des Abs. 2 selbst abgegolten sind.

– **Bußgelder:** Die Straßenverkehrsvorschriften sind stets zu beachten, eine 36 Erstattungspflicht der heranziehenden Stelle besteht deshalb nicht, wenn Bußgelder wegen begangener Übertretungen verhängt werden. Auch wenn das Gericht um eine schnellst mögliche Anreise gebeten hat, gilt dieser Grundsatz.
– **Fährgebühren:** Sie sind nach Abs. 2 S. 1 erstattungsfähig. 37
– **Parkgebühren:** Nach Abs. 2 S. 1 sind Parkentgelte stets gesondert zu 38 erstatten. Die Höhe der Parkgebühren ist nachzuweisen, da im Regelfall der Parkschein jedoch im Fahrzeug verbleiben muss, genügt eine glaubhafte Versicherung der tatsächlich entstanden Kosten durch den Herangezogenen. Es können auch die Parkkosten wegen Benutzung eines Parkhauses geltend

165

§ 5 Abschnitt 2. Gemeinsame Vorschriften

gemacht werden, siehe auch bei → § 6 Rn. 32. Kommt eine Erstattung der Flugkosten in Betracht, zählen die Parkgebühren des Flughafenparkhauses mit zu den erstattungsfähigen Reisekosten.

39 – **Reparaturkosten:** Keine Erstattung nach § 5 erfolgt für Abschlepp- oder Reparaturkosten, weil ein Schaden aufgrund einer Reise zu der geladenen Stelle entsteht. Es handelt sich auch nicht um bare Aufwendungen nach § 7.

40 – **Straßengebühren:** Gebühren für die Benutzung von Straßen, Brücken oder Tunneln sind erstattungsfähig. Eine Erstattung kommt nach Abs. 2 in Betracht, es handelt sich um bare Aufwendungen aus Anlass der Reise und nicht um sonstige bare Aufwendungen nach § 7. Die entstandenen Straßengebühren sollten soweit möglich, nachgewiesen werden. Kann ein Nachweis nicht erbracht werden, genügt die glaubhafte Versicherung, insbesondere auch für solche Gebühren, die erst bei der Rückreise entstehen werden.

V. Fahrrad oder Fußwege

41   Wird die Reise mit dem Fahrrad oder zu Fuß zurückgelegt, so erhält der Herangezogene hierfür keinen Auslagenersatz, das JVEG sieht eine Entschädigung hierfür nicht vor. Nach § 5 können nur tatsächlich entstandene Auslagen ersetzt werden, der Gesetzgeber ist offenbar davon ausgegangen, dass keine Auslagen entstehen. Fiktive Reisekosten werden nicht erstattet. Eine Verpflichtung, Wegstrecken zu Fuß oder mit dem Fahrrad zurückzulegen besteht aber nicht, da die Wahl der Reisemöglichkeit dem Berechtigten selbst obliegt. Benutzt der Berechtigte öffentliche Verkehrsmittel und für einen Teil des Weges ein Fahrrad, sind die zusätzlichen Kosten für die Beförderung des Fahrrades erstattungsfähig.

Werden durch den Berechtigten absichtlich keine sonstigen Verkehrsmittel benutzt, um so eine höhere Gesamtentschädigung wegen der versäumten Zeit zu erlangen, sind die geringeren Kosten zu erstatten, die bei Benutzung der Verkehrsmittel angefallen wären.

VI. Höhere Fahrtkosten (Abs. 3)

1. Allgemeines

42   Eine Erstattung der Fahrtkosten kann grundsätzlich nur nach Abs. 1, 2 erfolgen. Abs. 3 schafft jedoch die Möglichkeit, in Ausnahmefällen auch höhere Fahrtkosten zu erstatten.

Die Erstattung von höheren Fahrtkosten kommt danach ausnahmsweise dann in Betracht:
– wenn Mehrbeträge an Entschädigung oder Vergütung gespart werden,
– besondere Umstände die Nutzung des Verkehrsmittels erforderlich machen.

Es genügt das Vorliegen **einer** dieser Voraussetzungen, was durch den Wortlaut „oder" klargestellt wird. Der Berechtigte hat auf Verlangen des Anweisungsbeamten oder des Gerichts darzulegen, welche Gründe (Ersparnis oder besondere Umstände) vorgelegen haben. Das lediglich ein anderes, nicht von Abs. 1 oder Abs. 2 S. 1 erfasstes Fahrzeug genutzt wurde, genügt wegen der Regelung des Abs. 2 S. 3 für sich allein noch nicht (→ Rn. 28).

2. Ersparnis an Vergütung oder Entschädigung

Ob eine Ersparnis an Vergütung oder Entschädigung vorliegt, kann relativ **43** leicht festgestellt werden, es muss aber tatsächlich eine Ersparnis eingetreten sein, fiktive Ersparnisse genügen nicht. Das Ergebnis einer aufgestellten Vergleichsrechnung sollte in die Kassenanweisung aufgenommen werden, ggf. als Anlage. Ist eine Ersparnis an Vergütung oder Entschädigung eingetreten, sind die höheren Fahrtkosten stets zu erstatten, eine Wahlmöglichkeit des Anweisungsbeamten oder des Gerichts besteht nicht, da Abs. 3 in solchen Fällen eindeutig die Erstattungsfähigkeit bestimmt.

3. Besondere Umstände

Neben einer Ersparnis können auch besondere Umstände, abweichend von **44** Abs. 1, 2, die Erstattung von höheren Fahrtkosten rechtfertigen. Zu beachten ist dabei stets, dass Abs. 3 auch Unzumutbarkeiten für die Berechtigten vermeiden will. Die Umstände können dabei auch in der Person des Berechtigten selbst liegen. So ist etwa bei Krankheit, Alter oder Gebrechlichkeit eine Anreise mit öffentlichen Verkehrsmitteln oder dem eigenen Kfz oftmals nicht möglich, so dass höhere Fahrtkosten notwendig sein können.

Besondere Umstände können auch dann vorliegen, wenn ein Berechtigter eine sehr kurzfristige Ladung erhält und noch am selben Tag erscheinen soll oder auch, dass sehr schlechte Verkehrsanbindungen bestehen. Dass gilt auch dann, wenn an einem Ort überhaupt keine Eisenbahnverbindung besteht und auch andere öffentliche Verkehrsmittel nicht genutzt werden können. Bestehen tatsächlich nur sehr ungünstige Verkehrsverbindungen (z. B. nur eine Busverbindung täglich), ist dem Herangezogenen ein Ersatz der vollständigen Taxikosten zumindest bis zum nächsten größeren Bahnhof zuzugestehen.

Ist der Sachverständige gezwungen, schweres Gerät zu transportieren, können die höheren Fahrtkosten erstattungsfähig sein.

4. Genehmigungen durch das Gericht

Hat das Gericht (Richter, Rechtspfleger) die Anreise mit besonderen **45** Verkehrsmitteln vor Reiseantritt genehmigt oder bestimmt, unterliegt diese Entscheidung nicht mehr ihrer Nachprüfung im Festsetzungsverfahren, da es sich um eine richterliche Tätigkeit handelt. In Nordrhein-Westfalen sind entsprechende Verwaltungsbestimmungen erlassen worden (RV d. MJ v. 15.6.2004). Ist die Benutzung des besonderen Verkehrsmittels nicht im Voraus genehmigt worden, hat der Anweisungsbeamte jedoch in eigener Verantwortung nach pflichtgemäßem Ermessen zu prüfen, ob die Reisekosten notwendig gewesen sind. Eine nachträgliche Genehmigung durch das Gericht ist statthaft.

5. Flugkosten

Flugkosten können erstattet werden, wenn dadurch eine Zeitersparnis ein- **46** tritt (*OLG München* MDR 1981, 943). Es muss aber zugleich auch zu einer geringeren Gesamtentschädigung kommen, nur der Eintritt der Zeitersparnis ist im Regelfall nicht ausreichend (*Lappe* Anm. zu KostRsp. ZSEG § 9 Nr. 10). Von diesem Grundsatz kann jedoch dann abgewichen werden, wenn es zu einer erheblichen Zeitersparnis kommt (*OLG Hamm* OLGR 1997, 40).

§ 5   Abschnitt 2. Gemeinsame Vorschriften

Dieser Entscheidung wird zuzustimmen sein, wenn dem Berechtigten die langen Fahrtzeiten nicht zugemutet werden können oder andere besondere Umstände vorliegen. Zu den Flugkosten gehören neben dem Flugticket auch Flughafengebühren und eventuelle Flughafensteuern.

6. Krankentransport

47 Die Kosten für einen Krankentransport können nur dann erstattet werden, wenn eine Benutzung öffentlicher Verkehrsmittel objektiv nicht mehr möglich ist (*LSG Berlin* Az. L 2 B 1/03 SF). Es ist daher stets auf den Einzelfall abzustellen. Das Gericht kann die Anreise durch einen Krankentransport bewilligen, die Bewilligung kann auch nachträglich erfolgen. Die Benutzung eines Krankentransports sollte zweckmäßigerweise vorher angezeigt werden.

7. Mietwagen

48 Die Kosten für einen Mietwagen oder ein geleastes Fahrzeug sind erstattungsfähig, wenn dadurch die in Abs. 2 S. 1 geltenden Höchstsätze nicht überschritten werden (Abs. 2 S. 3). Entstehen durch die Benutzung eines Mietwagens jedoch höhere Kosten, so sind diese nur im Einzelfall erstattungsfähig, wenn die Voraussetzungen des Abs. 3 vorliegen. Auf Nachfragen des Gerichts oder des Anweisungsbeamten ist die Notwendigkeit zu erläutern. Die Kosten für die Benutzung des Mietwagens müssen zudem nachgewiesen werden.

8. Taxi

49 Die Kosten für die Benutzung eines Taxis sind zu erstatten, wenn dadurch eine Verringerung der Zeitentschädigung oder -vergütung eintritt, weil im Gegensatz zur Fahrt mit öffentlichen Verkehrsmitteln eine wesentliche Zeitersparnis eintritt. Daneben kommt eine Erstattung der Taxikosten aber auch dann in Betracht, wenn besondere Umstände dies erfordern. Besondere Umstände können z. B. Krankheit, Alter, Gebrechlichkeit oder auch Ortsunkenntnis sein. Es kann nämlich der Fall eintreten, dass ein Termin nur eingehalten werden kann, wenn nach Benutzen einer zeitlich knappen Zugverbindung ein Taxi statt Bus oder Straßenbahn benutzt wird. Eine Notwendigkeit fehlt aber, wenn die Taxinutzung erfolgt, weil sich das eigene Kfz in der Werkstatt befindet (*SG Karlsruhe* Az. S 1 KO 1719/13).

Die Taxikosten sind nachzuweisen. Erstattet werden die tatsächlich angefallenen Kosten. Trinkgelder sind nicht erstattungsfähig. Zu beachten ist bei Sachverständigen, Dolmetschern und Übersetzern, dass in den Taxikosten die Umsatzsteuer enthalten ist (→ § 12 Rn. 69 ff.).

Liegen die Voraussetzungen des Abs. 3 nicht vor, besteht wegen Abs. 2 S. 3 ein Anspruch auf Erstattung der Taxikosten nur in Höhe der Pauschale des Abs. 2 S. 1 (*SG Karlsruhe* AGS 2012, 51).

VII. Reisen während der Terminsdauer (Abs. 4)

1. Allgemeines

50 Fahrtkosten für Reisen während der Terminsdauer werden grundsätzlich nicht erstattet. Etwas anderes gilt wegen Abs. 4 nur dann, wenn durch

Fahrtkostenersatz § 5

solche Fahrten keine höhere Gesamtentschädigung gezahlt wird. Eine Kostenerstattung für Reisen während der Terminsdauer kommt daher nur in Betracht:
- wenn durch die Reisen eine Ersparnis von Kosten eintritt, die bei einem Verbleib am Terminsort entstanden wären, und dadurch eine Gesamtersparnis eintritt; oder
- wenn besondere Umstände vorliegen.

2. Ersparnis von Mehrkosten

a) Erstattungsanspruch. Werden Kosten eingespart, weil der Berechtigte 51 während der Terminszeit Reisen unternimmt, so können die zusätzlichen Kosten grundsätzlich nach Abs. 4 erstattet werden. Es besteht insoweit ein Rechtsanspruch auf die Erstattung, sie liegt nicht im Ermessen des Gerichts oder des Anweisungsbeamten.

b) Vergleichsrechnung. Im Regelfall wird eine Vergleichsrechnung auf- 52 zustellen sein. In der Kassenanweisung ist zu vermerken, dass eine Gesamtersparnis eingetreten ist. Bei der Vergleichsrechnung muss berücksichtigt werden, dass die Reisezeiten auch für den Fall einer Reise während der Terminszeit vergütungs- bzw. entschädigungsfähig sind (Vergütung, Verdienstausfall, Zeitversäumnis). Handelt es sich um Zeugen, die Kosten für die Kinderbetreuung geltend machen, muss berücksichtigt werden, dass solche Aufwendungen nach § 7 im Falle einer Reise während der Terminszeit möglicherweise geringer ausfallen werden. Die Kosten für eine notwendige Vertretung oder Begleitung (§ 7) sind daher in die Vergleichsrechnung aufzunehmen. Bei einer mehrtägigen Verhandlung müssen auch notwendige Übernachtungs- und Tagegelder in die Vergleichsrechnung einbezogen werden.

Beispiel: Der Zeuge tritt die Reise um 7:00 Uhr an. Da der Zeuge erst zu einem späteren Zeitpunkt, als in der Ladung angegeben vernommen werden soll, tritt er um 9:30 Uhr die Rückreise an und ist um 10:00 wieder zu Hause. Um 15:00 Uhr tritt er erneut die Reise zum Gericht an. Um 17:00 Uhr ist er wieder zu Hause. Wegen der Reise während des Termins wird Verdienstausfall nur für fünf, statt für neuneinhalb Stunden á 15 EUR, geltend gemacht. Die Fahrtstrecke beträgt 20 Kilometer für Hin- und Rückfahrt. Es wird ein eigenes Kfz genutzt.
Tatsächlich sind folgende Kosten entstanden:

1. Verdienstausfall (§ 22 JVEG) = 75,– EUR (5 Stunden à 15 EUR, 7:00–10:00 Uhr und 15:00–17:00 Uhr)
2. Fahrtkosten (§ 5 JVEG) = 20,– EUR (2 × 40 Kilometer á 0,25 EUR)

   Insgesamt: = **95,– EUR.**

Wäre während der Terminsdauer keine Reise vorgenommen, wären entstanden:

1. Verdienstausfall (§ 22 JVEG) = 142,50 EUR (9,5 Stunden à 15 EUR)
2. Fahrtkosten (§ 5 JVEG) = 10,– EUR (1 × 40 Kilometer á 0,25 EUR)

   Insgesamt: = **152,50 EUR.**

Aufgrund der während der Terminsdauer durchgeführten Reise ist folglich eine Gesamtersparnis eingetreten, so dass die Fahrtkosten wegen § 5 Abs. 4 zu erstatten sind.

§ 5 Abschnitt 2. Gemeinsame Vorschriften

3. Besondere Umstände

53 Obwohl Abs. 4 seinem Wortlaut nach nur Anwendung findet, wenn eine Gesamtersparnis bei Entschädigung oder Vergütung eintritt, sind gleichwohl auch hier besondere Umstände zu berücksichtigen, die ausnahmsweise eine Erstattung von Fahrtkosten wegen während der Terminsdauer durchgeführter Reisen rechtfertigen. Es gilt dabei auch hier der Grundsatz, dass das Vorliegen von besonderen Umständen, die auch in der Person des Berechtigten selbst liegen können, eine Erstattung der zusätzlichen Fahrtkosten rechtfertigt. Es bedarf dabei einer Prüfung des Einzelfalls. Das Gericht kann solche Fahrten und die entstehenden Mehrkosten genehmigen. Liegt eine richterliche Genehmigung nicht vor, so muss der Anweisungsbeamte nach pflichtgemäßem Ermessen unter Berücksichtigung der vorliegenden Umstände entscheiden.

Besondere Umstände können Krankheit, Alter oder Gebrechlichkeit des Berechtigten sein. Ein solcher Fall kann aber auch dann vorliegen, wenn der Verbleib am Terminsort aus anderen Gründen unzumutbar wäre, dabei können auch besondere familiäre Ereignisse (z. B. kurz bevorstehende Geburt, sehr schwere Krankheit, Pflegefälle) berücksichtigt werden.

VIII. Anreise von einem anderen Ort (Abs. 5)

1. Allgemeines

54 Entstehen Mehrkosten weil die An- oder Rückreise von bzw. nach einem anderen als dem in der Ladung bezeichneten Ort aus erfolgt, so können sie nach billigem Ermessen erstattet werden (Abs. 5). Voraussetzung hierfür ist jedoch, dass der Herangezogene durch besondere Umstände dazu genötigt war. Die Fahrtkosten sind deshalb grundsätzlich nur von dem in der Ladung bezeichneten Ort zu erstatten, da der Regelung des Abs. 5 Ausnahmecharakter zukommt.

Ein Anspruch auf Erstattung der Mehrkosten besteht deshalb nicht, da Abs. 5 ausdrücklich eine Ermessensentscheidung vorsieht, die durch den Anweisungsbeamten oder dem Gericht auszuüben ist, wenn eine entsprechende Anzeige eingeht oder sie gänzlich unterbleibt (*OLG Brandenburg* JurBüro 2010, 314). Dabei ist jedoch zu berücksichtigen, dass Abs. 5 der heranziehenden Stelle die Prüfung ermöglichen soll, zu entscheiden, ob es von einer Heranziehung zunächst absehen will (*OLG Celle* Rpfleger 2013, 174; *LSG Berlin-Brandenburg* RVGreport 2012, 479; *OLG Brandenburg* JurBüro 2010, 314; *LG Potsdam* Rpfleger 2013, 414). Wäre die heranziehende Stelle daher auch bei Kenntnis der Anreise von einem anderen Ort aus bei seiner ursprünglichen Entscheidung der Heranziehung verblieben, besteht kein Grund die Verletzung der Anzeigepflicht zu sanktionieren (*LSG Berlin-Brandenburg* RVGreport 2012, 479; *OLG Dresden* JurBüro 1998, 269), davon ist insbesondere auszugehen bei einem Betroffenen in Bußgeldsachen (*LG Potsdam* Rpfleger 2013, 414) oder bei einem freigesprochenen Angeklagten, da die Hauptverhandlung andernfalls wegen § 230 Abs. 1 StPO im Regelfall nicht stattfinden kann (*OLG Celle* Rpfleger 2013, 174).

2. Anzeige des Berechtigten über die Mehrkosten

55 Der Herangezogene hat dem Gericht unverzüglich, also möglichst bald nach Erhalt der Ladung anzuzeigen, dass er von einem anderen Ort anreist.

Die Anzeige durch den Herangezogenen darf nicht durch sein schuldhaftes Verhalten so lange verzögert werden, dass dadurch eine eventuelle Abladung nicht mehr möglich ist. Hierzu gehört es auch, dass der Herangezogene erst während des Termins die Anreise von dem anderen Ort anzeigt. Die Mitteilung über die Anreise von einem anderen Ort, muss gegenüber der heranziehenden Stelle erfolgen. Sie kann nicht den Parteien oder deren Vertretern gegenüber erklärt werden. Liegt die Erklärung nur ihnen gegenüber vor, bleibt dem Gericht aber eine nachträgliche Zustimmung unbenommen. Eine Antwort der heranziehenden Stelle braucht gleichwohl nicht abgewartet zu werden. Bei sehr hohen Fahrtkosten oder geplanten Auslandsreisen empfiehlt sich jedoch eine persönliche Rücksprache mit der ladenden Stelle ausdrücklich. Wird keine Abladung von der heranziehenden Stelle veranlasst, kann der Herangezogene davon ausgehen, dass eine stillschweigende Genehmigung vorliegt und auch die höheren Fahrtkosten erstattet werden. Der Herangezogene muss aber dafür Sorge tragen, dass ihm die Abladung oder Mitteilung der ladenden Stelle bei einem normalen Postlauf noch zugehen kann, wenn ihm die Ladung selbst nicht zu spät zugegangen war.

3. Bewilligung der Anreise

Ist eine rechtzeitige Anzeige erfolgt und bewilligt das Gericht (auch stillschweigend) die Anreise von dem anderen Ort, so erhält der Herangezogene die Fahrtkosten in der Höhe erstattet, als wenn er von dem tatsächlichen Anreiseort aus geladen wäre. Die Mehrkosten einschließlich der Rückfahrt sind selbst dann zu erstatten, wenn die Fahrt an den Gerichtsort auch aus anderen, z. B. familiären Gründen, unternommen wurde (*LSG Sachsen* SGb 2001, 436). Dass gilt auch bei einer Anreise von einem anderen Ort wegen der Teilnahme an einem Lehrgang. Reist der Zeuge erst am nächsten Tag wieder an den angegeben Ort zurück weil er aus familiären Gründen am Gerichts- bzw. dem Ladungsort übernachtet, so steht ihm hinsichtlich der Rückreise gleichwohl eine Fahrtkostenerstattung an den angegebenen, weiter entfernten Ort zu (*LSG Sachen* SGb 2001, 436). 56

4. Unterlassen einer rechtzeitigen Anzeige

Unterbleibt eine rechtzeitige Anzeige durch den Herangezogenen, so steht es im pflichtgemäßen Ermessen des Richters oder Rechtspflegers, ob trotz der fehlenden Anzeige dennoch die Mehrkosten zu erstatten sind. In einem solchen Fall kann das Beschwerdegericht nicht prüfen, ob der Richter dabei sein pflichtgemäßes Ermessen überschritten hat (*OLG Dresden* JurBüro 1998, 269). Der Herangezogene trägt bei Verletzung der Anzeigepflicht nach Abs. 5 das Risiko, dass das Gericht im Rahmen seiner Entscheidung die vorgetragenen Umstände nicht anerkennt und er die Kosten endgültig selbst tragen muss (*LSG Berlin-Brandenburg* RVGreport 2012, 479). 57

5. Berufliche Niederlassung

Erfolgt die Ladung des Sachverständigen, Dolmetschers oder Übersetzer an seine berufliche Niederlassung, so kann er grundsätzlich Fahrtkosten nur von diesem Ort aus verlangen. Das gilt auch dann, wenn die Anzeige über die Anreise von dem Wohnort an das Gericht erfolgt (*OLG München* JurBüro 1989, 864). Erfolgte jedoch eine rechtzeitige Anzeige, dass die Anreise nicht 58 von dem Ort der beruflichen Niederlassung angetreten wird, so sind die tatsächlichen Fahrtkosten und Reisezeiten zu berücksichtigen. Die heranziehende Stelle hat nach Mitteilung, dass die Reise nicht vom Ort der beruflichen Niederlassung aus angetreten wird die Möglichkeit, den Herangezogenen abzuladen. Macht es davon keinen Gebrauch, so geht dies nicht zu Lasten des Herangezogenen. Ob eine Anzeige an das Gericht auch dann erfolgt, wenn nur auf einem Empfangsbekenntnis vermerkt ist, dass die Anreise von einem anderen Ort aus angetreten wird, kann zweifelhaft sein, da von einem Sachverständigen, Dolmetscher oder Übersetzer aufgrund seiner Bildung und Stellung eine gewisse Mindestform der Anzeige erwartet werden kann. Gleichwohl sieht das Gesetz selbst keine bestimmte Form vor, so dass von einer erfolgten Anzeige nach Abs. 5 auszugehen ist. Solche Vermerke sollten dem Gericht durch die Geschäftsstelle unverzüglich vorgelegt werden. Erfolgt keine Um- oder Abladung durch die heranziehende Stelle, so muss der Herangezogene von einer stillschweigenden Genehmigung ausgehen, es besteht dann ein Erstattungsanspruch für die Mehrkosten.

6. Dolmetscherbüro

59   Ein Dolmetscherbüro kann die Reisekosten für einen freien Mitarbeiter erstattet verlangen, wenn dieser vom Wohnort anreist, weil er in dem Büro über keinen festen Arbeitsplatz verfügt und das Gericht dies stillschweigend billigt (*VG Lüneburg* NVwZ-RR 2003, 911; *VGH BadWürtt.* Justiz 1996, 115; a. A. *OLG München* JurBüro 1989, 864). Es bedarf deshalb stets einer vorherigen Anzeige gegenüber der ladenden Stelle. Die Ansprüche auf Erstattung der Reisekosten können durch das Büro im eigenen Namen geltend gemacht werden.

7. Freigesprochene Angeklagte

60   Auch ein freigesprochener Angeklagter, der Anspruch auf eine Erstattung der Fahrtkosten hat, muss dem Gericht unverzüglich anzeigen, dass er von einem anderen Ort aus als dem Ladungsort anreisen wird. Reist der Angeklagte daher zur Vernehmung oder Hauptverhandlung von einem anderen als dem in der Ladung bezeichneten Ort oder der ladenden Stelle unverzüglich angezeigten Ort an, können im Kostenfestsetzungsverfahren nach § 464b StPO nur die Reisekosten von dem Ladungsort bzw. unverzüglich angezeigten Ort erstattet werden (*LG Baden-Baden* Rpfleger 1989, 254; *LG Koblenz* MDR 1998, 1183). Hätte das Gericht den Angeklagten auch bei Kenntnis von der Anreise von einem anderen Ort geladen, sind die Mehrkosten jedoch zu erstatten (*OLG Celle* Rpfleger 2013, 174), ebenso bei einem Betroffenen in Bußgeldsachen (*LG Potsdam* Rpfleger 2013, 414). Wegen der Fahrtkosten des freigesprochenen Angeklagten siehe im Übrigen bei § 1 Rn. 118 ff.

8. Urlaubsort

61   Wird die Anreise vom Urlaubsort rechtzeitig angezeigt, so können die Fahrtkosten von diesem Ort aus erstattet werden. War eine rechtzeitige Anzeige erfolgt, so kann von einer stillschweigenden Genehmigung ausgegangen werden, wenn keine Mitteilung durch die heranziehende Stelle erfolgt. Bei sehr weit entfernten Urlaubsorten, insbesondere im Ausland, wird aber eine erhöhte Pflicht des Herangezogenen zur Mitteilung verlangt werden können.

Lädt das Gericht bei einer in das Ausland geplanten Reise nicht ab, muss der Berechtigte notfalls fernmündlich bei der heranziehenden Stelle in Erfahrung bringen, ob die Anreise vom Urlaubsort genehmigt worden ist. Die Kosten solcher Telefongespräche sind nach § 7 erstattungsfähig. Teilt der Zeuge dem Gericht mit, er werde ins Ausland reisen, muss er der heranziehenden Stelle auch die Möglichkeit geben, zeitlich angemessen auf die Mitteilung zu reagieren und notfalls selber anfragen, ob an der Vernehmung trotz Anreise aus dem Ausland festgehalten wird. Die Mitteilung hat deshalb unmittelbar nach Erhalt der Ladung bzw. Buchung der Reise zu erfolgen.

Unternimmt ein Sachverständiger im Anschluss an die Heranziehung eine Urlaubsreise, so werden Reisekosten nur soweit erstattet, wie wenn er nicht in den Urlaub gefahren wäre (*VGH BadWürtt.* KostRsp. ZSEG § 9 Nr. 6).

9. Zweitwohnsitz

Da Abs. 5 nur auf den Ladungsort abstellt, ist der Herangezogene auch 62 verpflichtet darauf hinzuweisen, dass er von seinem Zweitwohnsitz anreist, wenn beide Orte voneinander abweichen (*LSG Thüringen* Az. L 6 SF 37/08).

§ 6 Entschädigung für Aufwand

(1) **Wer innerhalb der Gemeinde, in der der Termin stattfindet, weder wohnt noch berufstätig ist, erhält für die Zeit, während der er aus Anlass der Wahrnehmung des Termins von seiner Wohnung und seinem Tätigkeitsmittelpunkt abwesend sein muss, ein Tagegeld, dessen Höhe sich nach § 4 Abs. 5 Satz 1 Nr. 5 Satz 2 des Einkommensteuergesetzes bestimmt.**

(2) **Ist eine auswärtige Übernachtung notwendig, wird ein Übernachtungsgeld nach den Bestimmungen des Bundesreisekostengesetzes gewährt.**

Übersicht

	Rn.
I. Allgemeines	1
1. Abgrenzung zu anderen Vorschriften	1
2. Geltungsbereich	2
3. Kostenfestsetzungsverfahren	3
II. Tagegeld (Abs. 1)	4
1. Aufwendungsersatz	4
2. Wohn- oder Arbeitsort	5
3. Keine Nachweispflicht	6
4. Behördenangehörige	7
5. Beteiligte in Sozialgerichtssachen	8
6. Rechtsanwälte	9
7. Ausländer	10
III. Höhe und Berechnung des Tagegeldes	11
1. Allgemeines	11
2. Höchstsätze	12
3. Persönliche Verhältnisse	13
4. Berechnung der Höhe des Tagegeldes	14
IV. Übernachtungsgeld (Abs. 2)	16
1. Grundsätze	16
2. Notwendigkeit	17
3. Mehrtägige Heranziehung	19
4. Auslagenersatz, keine pauschale Erstattung	20
5. Nachweis der Kosten	21

	Rn.
V. Höhe des Übernachtungsgeldes	22
1. Verweisung auf das BRKG	22
2. Höhe der notwendigen Übernachtungskosten	23
3. Objektive Angemessenheit der Übernachtungskosten	25
4. Inklusivpreis	29
5. Garagenkosten	32
6. Spenden	33
7. Trinkgelder	34

I. Allgemeines

1. Abgrenzung zu anderen Vorschriften

1   § 6 regelt in Abs. 1 die Erstattung von Kosten wegen des aus Anlass der Terminswahrnehmung entstandenen Aufwands, insbesondere Verpflegungskosten, sowie die Erstattung von Übernachtungskosten (Abs. 2). Die Fahrtkosten fallen nicht unter die Vorschrift, sie werden abschließend von § 5 erfasst. Die in § 6 genannten Aufwendungen zählen auch nicht zu den sonstigen baren Auslagen nach § 7, jedoch kann er als Auffangbestimmung dienen, wenn weitere nicht durch § 6 erfasste Auslagen entstehen.

2. Geltungsbereich

2   Die Bestimmungen gelten für sämtliche nach dem JVEG berechtigten Personen, da sich in den entsprechenden Vorschriften (§ 8 Abs. 1, § 15 Abs. 1, § 19 Abs. 1) Hinweise auf § 6 befinden. Es ergeben sich auch keine Einschränkungen, so dass die in § 6 bestimmten Auslagensätze ihrer Höhe nach stets für alle Berechtigten Anwendung finden.

3. Kostenfestsetzungsverfahren

3   Auch wegen der Festsetzung von Partei- oder Beteiligtenkosten (§ 91 ZPO) sind die Bestimmungen des § 6 anwendbar, so dass sich auch hier die Höhe der erstattungsfähigen Übernachtungskosten nach § 6 Abs. 2 i. V. m. § 7 BRKG richtet (*OLG Brandenburg* AGS 2008, 51). Solche Aufwendungen sind im Kostenfestsetzungsverfahren (§§ 103 ff. ZPO) geltend zu machen, was auch für die Kosten eines gestellten Zeugen gilt (*OLG Koblenz* MDR 1986, 856). Eine Kostenerstattung findet statt, soweit die entstandenen Übernachtungskosten und sonstigen baren Aufwendungen für die Rechtsverteidigung oder Rechtsverfolgung notwendig waren. Handelt es sich um Kosten für die Teilnahme an einem Ortstermin eines gerichtlich bestellten Sachverständigen, sind die Kosten als erstattungsfähig anzusehen, wenn auch eine verständige und wirtschaftlich vernünftige Partei die Kosten als sachdienlich ansehen durfte (*KG Grundeigentum* 2010, 124). Liegt eine Notwendigkeit für die Teilnahme der Partei oder des Beteiligten vor, sind die Parteikosten für Übernachtungen auch dann zu erstatten, wenn eine Vertretung durch einen Anwalt billiger gewesen wäre (*LAG Hamburg* Az. 2 Ta 8/92). Bei der Berechnung der fiktiven Kosten nach § 12a ArbGG sind neben Fahrtkosten auch die Übernachtungskosten hinzuzurechnen (*LAG Düsseldorf* JurBüro 1986, 1394, m. zust. Anm. *Mümmler*), insoweit ist auf § 6 zurückzugreifen.

Entschädigung für Aufwand § 6

II. Tagegeld (Abs. 1)

1. Aufwendungsersatz

Bei der Regelung des Abs. 1 handelt es sich nicht um einen Auslagen-, 4
sondern um einen Aufwendungsersatz. Soweit der Berechtigte die Voraussetzung des § 6 Abs. 1 i. V. m. § 4 Ab. 5 S. 1 Nr. 5 S. 2 EStG erfüllt, ist das Tagegeld daher unabhängig von der Höhe der tatsächlich entstandenen Aufwendungen zu erstatten. Eine betragsmäßige Bezifferung des Tagegelds ist deshalb nicht erforderlich, es genügt, wenn aus dem Antrag unter Angabe der Reisedaten erkennbar ist, dass eine Entschädigung begehrt wird (*LSG Thüringen* Az. L 6 SF 1252/12). Mit dem Tagegeld soll der Aufwand abgegolten werden, der dem Herangezogenen dadurch entsteht, dass die Heranziehung außerhalb seines Wohnortes stattfindet, so dass insbesondere Verpflegungskosten von Abs. 1 erfasst werden, die deshalb auch nicht gesondert nach § 7 erstattet werden können.

2. Wohn- oder Arbeitsort

Ein Tagegeld wird nur gewährt, wenn der Termin oder die Heranziehung 5
nicht innerhalb der Gemeinde stattfindet, in welcher der Herangezogene wohnt oder berufstätig ist.

Wird die Anreise von einem anderen Ort aus als dem Ladungsort vom Gericht bewilligt oder wird sie dem Gericht rechtzeitig angezeigt (§ 5 Abs. 5), so ist als Aufenthaltsort i. S. d. § 6 Abs. 1 derjenige Ort zu verstehen, von dem aus der Herangezogene seine Reise antritt, was dann im Einzelfall auch der Urlaubs- oder Kurort sein kann (*LSG Thüringen* JurBüro 2003, 96). In einem solchen Fall ist das Tagegeld auch dann zu gewähren sein, wenn der Terminsort zugleich der Wohnort des Herangezogenen ist. In Frage kommt bei Genehmigung oder rechtzeitiger Anreise auch der Ort einer auswärtigen Arbeitsstelle.

3. Keine Nachweispflicht

Ein Nachweis der entstandenen Kosten braucht nicht erbracht werden (*VG* 6
Chemnitz SächsVBl. 2002, 42), soweit es sich um Aufwendungen nach Abs. 1 handelt. Eine Nachweispflicht ist im Übrigen schon deshalb entbehrlich, da es sich nunmehr um eine pauschale Erstattung handelt.

4. Behördenangehörige

Auch Behördenangehörige, die vom Gericht als Zeugen über dienstliche 7
Vorgänge vernommen werden, haben einen Anspruch auf die Erstattung der Aufwandsentschädigung (*FG Bremen* EFG 1995, 1079). Für Beamte gelten gleichfalls nur die durch Abs. 1 bestimmten Sätze, das geltende Reisekostenrecht, etwa nach dem BRKG, kann nicht angewendet werden. Nimmt der Behördenangehörige keine dienstlichen Belange wahr, bestimmt sich das Tagegeld allein nach dem JVEG. Auch die Erstattung von Verpflegungskosten eines Behördenvertreters gem. § 162 VwGO erfolgt gleichfalls nach dem JVEG (*VG Chemnitz* SächsVBl. 2002, 42).

§ 6   Abschnitt 2. Gemeinsame Vorschriften

5. Beteiligte in Sozialgerichtssachen

8   Auch einem Beteiligten in Sozialgerichtssachen steht im Rahmen des § 191 SGG die Erstattung eines Tagegelds zu, wenn die Voraussetzungen des Abs. 1 i. V. m. § 4 Abs. 5 S. 1 Nr. 5 S. 2 EStG vorliegen (*BayLSG* Az. L 15 B 365/ 05 KO, *Thür. LSG* Az. L 6 SF 1549/10).

6. Rechtsanwälte

9   Wird ein Rechtsanwalt als Zeuge geladen, so steht ihm für die Teilnahme an dem auswärtigen Vernehmungstermin, kein Anspruch auf Tage- und Abwesenheitsgeld nach Nr. 7005 VV/RVG zu, weil keine „Geschäftsreise" i. S. d. Vorschrift vorliegt (*OLG München* Rpfleger 1956, 57), es gilt ausschließlich § 6. Das gilt auch dann, wenn er über seine Wahrnehmung als Vertreter der Partei vernommen werden soll.

7. Ausländer

10   Für Herangezogene, die ihren gewöhnlichen Aufenthalt im Ausland haben, gelten im Regelfall die in § 6 Abs. 1 genannten Sätze. Bestritten ist hingegen, ob von den in § 6 Abs. 1 i. V. m. § 4 Abs. 5 S. 1 Nr. 5 S. 2 EStG bestimmten Sätze im Einzelfall abgewichen werden kann, wobei auf das Auslandsreisekostenrecht zurückgegriffen wird. Während teilweise ein solcher Rückgriff für nicht zulässig gehalten wird (*OLG Köln* JMBlNW 1967, 119), wird in der Literatur auch die Auffassung vertreten, dass zumindest während der Reisezeit im Ausland das Tagegeld nach der VO über die Reisekostenvergütung bei Auslandsdienstreisen vom 18.5.1977 (ARV) gewährt werden kann. Der letzteren Auffassung wird zuzustimmen sein, weil auch die Regelungen der § 8 Abs. 4 und § 19 Abs. 4 für Sachverständige, Dolmetscher, Übersetzer und Zeugen, die ihren gewöhnlichen Aufenthalt im Ausland haben, eine höhere Entschädigung/Vergütung gewährt werden kann. Dabei ermöglicht § 8 Abs. 4 ausdrücklich auch eine Erhöhung der nach § 6 zu erstattenden Aufwendungen, weil auf § 8 Abs. 1 verwiesen wird, der wiederum § 6 einschließt. Aber auch soweit § 19 Abs. 4 dem Wortlaut nach für Zeugen nur eine Erhöhung der Entschädigung nach §§ 20 bis 22 zulassen will, muss die Regelung ihrem Sinn und Zweck nach, nämlich Ausländern, die keine Verpflichtung zum Erscheinen vor einem deutschen Gericht trifft, vor finanziellen Einbußen zu schützen, angewendet werden, so dass ein höheres Tagegeld auch für ausländische Zeugen gewährt werden kann. Eine höhere Erstattung sollte vor diesem Hintergrund auch deshalb erfolgen, weil im Ausland tatsächlich höhere Kosten entstehen können, was durch eine Anwendung der ARV berücksichtigt werden kann. Soweit die ARV angewendet wird, bestimmt sich die genaue Höhe des Auslandstagegeldes nach der erlassenen Verwaltungsvorschrift zu § 3 ARV, die Vorschrift ist als Anhang zu § 19 abgedruckt.

III. Höhe und Berechnung des Tagegeldes

1. Allgemeines

11   Hinsichtlich der Höhe des Tagegeldes verweist Absatz 1 auf § 4 Abs. 5 S. 1 Nr. 5 S. 2 EStG, der auf § 9 Abs. 4a EStG verweist. Danach ist das Tagegeld wie folgt festzusetzen:

Entschädigung für Aufwand   § 6

Bei einer Abwesenheit an einem Tag
- von 24 Stunden: 24,– EUR
- von weniger als 24 Stunden, aber mehr als 8 Stunden: 12,– EUR.[1]
Bei einer Abwesenheit von weniger als 8 Stunden wird kein Tagegeld gezahlt, weil § 6 Abs. 1 i. V. m. § 4 Abs. 5 S. 1 Nr. 5 S. 2 EStG eine solche Mindestabwesenheit vorschreibt (*BayLSG* L 15 SF 277/10; BT-Drs. 15/1971, S. 181). Eine Abweichung hiervon ist nicht statthaft, auch gibt es keine Härtefallregelung (*BayLSG* L 15 SF 277/10), wegen der ausländischen Zeugen vgl. aber → Rn. 10.

2. Höchstsätze

Die in Absatz 1 genannten Sätze sind Festbeträge, die nicht überschritten werden dürfen. Das gilt auch für solche Fälle, in denen höhere Verpflegungskosten nachgewiesen werden, da eine Überschreitung der Tagegeldsätze nicht vorgesehen ist, so dass dem Anweisungsbeamten oder dem Gericht kein Ermessensspielraum zusteht. Höhere Verpflegungskosten können deshalb auch dann nicht erstattet werden, wenn sie aus gesundheitlichen, religiösen oder vergleichbaren Gründen entstanden sind. 12

3. Persönliche Verhältnisse

Absatz 1 stellt nicht auf die persönlichen Verhältnisse des Berechtigten ab. Die in Absatz 1 i. V. m. § 4 Abs. 5 S. 1 Nr. 5 S. 2, § 9 Abs. 4a EStG genannten Tagegeldsätze sind deshalb stets in allen Fällen zu zahlen. Da sie auch keine Höchstsätze darstellen, ist das Tagegeld bei Vorliegen der Entstehungsvoraussetzungen des § 6 Abs. 1 i. V. m. § 4 Abs. 5 S. 1 Nr. 5 S. 2 EStG in der dort bestimmten Höhe, unabhängig von den tatsächlichen Aufwendungen zu zahlen. In der Begründung zur Einführung des JVEG (BT-Drs. 15/1971, S. 181) hat der Gesetzgeber zu § 6 ausgeführt: „*Im Übrigen soll die Aufwandsentschädigung sozial gerechter und transparenter gestaltet werden, indem – anders als noch in § 10 Abs. 1 Satz 2 ZuSEG – für ihre Bemessung nicht mehr auf die persönlichen Verhältnisse des Berechtigten abgestellt werden soll. Die in Bezug genommenen Sätze nach § 4 Abs. 5 Satz 1 Nr. 5 Satz 2 EStG, die auch der Bemessung des Tagegeldes nach § 9 BRKG zugrunde liegen, sollen vielmehr künftig in allen Fällen und damit nicht nur als Höchstsätze der Aufwandsentschädigung gezahlt werden.*" Eine Kürzung findet deshalb nicht statt; wegen der Reduzierung des Tagegelds bei einem Inklusivpreis für Übernachtungen siehe Rn. 29 ff. 13

4. Berechnung der Höhe des Tagegeldes

Die Pauschbeträge des § 4 Abs. 5 S. 1 Nr. 5 S. 2 EStG sind kalendertags bezogen. Die Abwesenheitszeiten dürfen daher nicht addiert werden, sondern die Aufwandsentschädigung des § 6 Abs. 1 ist für jeden Abwesenheitstag gesondert zu berechnen. Nach § 9 Abs. 4a EStG ist ein Tagegeld in den Fällen, an dem die Heranziehung an einem Kalendertag beginnt und am folgenden Tag ohne Übernachtung endet, lediglich für den Tag zu gewähren, an dem der Berechtigte am längsten abwesend ist. 14

---

[1] § 4 Abs. 5 S. 1 Nr. 5 S. 2 EStG wurde mit Wirkung zum 1.1.2014 durch Art. 1 des Gesetzes zur Änderung und Vereinfachung der Unternehmensbesteuerung und des steuerlichen Reisekostenrechts vom 20.2.2013 (BGBl. I S. 285) geändert.

§ 6 Abschnitt 2. Gemeinsame Vorschriften

15 Wird eine mehrtägige Reise mit Übernachtung unternommen, so ist für den An- und Abreisetag jeweils ein Tagegeld von 12 EUR zu zahlen (§ 9 Abs. 4a S. 3 Nr. 2 EStG). Das Tagegeld ist danach auch dann zu gewähren, wenn der Berechtigte an dem Anreise- oder Abreisetag nicht mehr als 8 Stunden abwesend ist, so dass die Prüfung einer Mindestabwesenheitszeit unterbleibt (BT-Drs. 17/10774, S. 16).

Beispiel 1: Der herangezogene Zeuge reist am 5.6. am Gerichtsort an, er übernachtet dort in einem Hotel. Die Reise hat um 15:00 Uhr begonnen. Am 6.6., dem Tag der Verhandlung, beendet der Zeuge die Reise um 18:00 Uhr.
Gem. § 6 i. V. m. § 4 Abs. 5 EStG steht ihm folgende Aufwandsentschädigung ohne Übernachtungsgeld zu:
5.6. Abwesenheit mehr als 8 Stunden   =   12 EUR
6.6. Abwesenheit mehr als 8 Stunden,
      aber weniger als 24 Stunden   =   12 EUR
                       Insgesamt: =   24 EUR

Beispiel 2: Der herangezogene Zeuge reist am 5.6. an, die Reise wurde um 16:30 Uhr begonnen. Eine Übernachtung findet nicht statt, die Reise wird am 6.6. um 7:00 Uhr beendet.
Gem. § 6 i. V. m. § 4 Abs. 5 S. 1 EStG steht dem Zeugen folgende Aufwandsentschädigung ohne Übernachtungsgeld zu:
Abwesenheit von mehr als 8 Stunden,
aber weniger als 24 Stunden   =   12 EUR
Die Abwesenheitszeiten sind zusammenzurechnen, da keine Übernachtung stattgefunden hat (§ 9 Abs. 4a S. 3 Nr. 3 EStG).

Beispiel 3: Der herangezogene Zeuge reist am 5.6. an den Gerichtsort an, die Reise wurde um 16:00 Uhr begonnen. Der Termin findet am 6.6. statt und endet am Nachmittag. Die Heimreise wird am 7.6. angetreten und endet um 18:00 Uhr.
Gem. § 6 i. V. m. § 4 Abs. 5 EStG steht im folgende Aufwandsentschädigung ohne Übernachtungsgeld zu:
5.6. Anreisetag   =   12 EUR
6.6. Abwesenheit von 24 Stunden   =   24 EUR
7.6. Abreisetag   =   12 EUR
                       Insgesamt: =   48 EUR

IV. Übernachtungsgeld (Abs. 2)

1. Grundsätze

16 Neben dem Tagegeld sind dem Herangezogenen auch die aus Anlass der Heranziehung entstandenen Übernachtungskosten zu erstatten (Abs. 2). Eine Erstattung findet jedoch nur statt, wenn die Übernachtung aufgrund der Heranziehung notwendig war, so dass sie nur in Betracht kommt, wenn sich der Gerichtsort nicht an dem Aufenthaltsort des Herangezogenen befindet und die An- oder Anreise am selben Tag nicht zumutbar ist. Sind Aufenthalts- und Gerichtsort identisch, scheidet eine Erstattung von Übernachtungskosten aus, da Abs. 2 ausdrücklich nur von auswärtigen Übernachtungen spricht.

2. Notwendigkeit

17 Die entstandenen Übernachtungskosten müssen dem Wortlaut des Abs. 2 nach notwendig gewesen sein. Der Begriff der Notwendigkeit wird durch das JVEG nicht definiert und bedarf daher der Auslegung. Die Notwendigkeit einer auswärtigen Übernachtung kann dann vorliegen, wenn die notwendigen Reisezeiten, die ohne eine Übernachtung entstehen würden, dem Herangezogenen nicht zumutbar sind. Dabei können die für Beamte bei Dienstreisen geltenden Bestimmungen herangezogen werden (*LSG Thüringen* Jur-Büro 2000, 489). Danach kann es dem Herangezogenen zugemutet werden, die Reise in den Monaten April – September 6 Uhr und in den Monaten Oktober – März um 7 Uhr anzutreten. Dabei braucht der Herangezogene vor 6 Uhr nicht abzureisen (*LG Stuttgart* Rpfleger 1986, 197). Bei der Prüfung, bis wann bei einer Rückreise am selben Tag die Rückkunft zumutbar ist, sind die individuellen Verhältnisse des Herangezogenen zu berücksichtigen, dazu zählen auch besondere Arbeitszeiten oder gesundheitliche Gründe. Zumutbar kann die Rückreise aber dann sein, wenn die Ankunft am Wohnort zwischen 23 und 24 Uhr erfolgen kann. War die Rückreise zumutbar, kann eine Erstattung der Übernachtungskosten selbst dann nicht erfolgen, wenn die Übernachtungskosten tatsächlich entstanden sind, da sie nicht als notwendig angesehen werden können. Soweit es um die Notwendigkeit i. S. d. § 91 ZPO geht, sind die Übernachtungskosten erstattungsfähig, wenn der zu erbringende Zeitaufwand einer Partei für die Hin- und Rückfahrt zwischen Wohnsitz und Gerichtsort 10 Stunden übersteigt (*OLG Dresden* MDR 1999, 894). Zu berücksichtigen ist bei den Abfahrtszeiten auch, dass der Herangezogene die Reise so zu planen hat, dass er den Gerichtstermin ohne Verzögerung einhalten kann. Wird die Reise mit öffentlichen Verkehrsmitteln angetreten, bei denen Anschlusszüge genutzt werden müssen, braucht sich der Herangezogene nicht auf zeitlich zu knapp bemessene Anschlüsse verweisen lassen, da er die Verantwortung für das rechtzeitige Erscheinen vor Gericht trägt und damit auch das Risiko, etwa einen Anschlusszug nicht mehr zu erreichen.

Neben der Reisezeit können auch andere persönliche und insbesondere 18 gesundheitliche Gründe eine Notwendigkeit von Übernachtungskosten begründen, so dass der Anweisungsbeamte nicht starr auf die vorgenannten Grundsätze im Reisekostenrecht abstellen darf, sondern die Notwendigkeit nach pflichtgemäßem Ermessen zu prüfen hat.

3. Mehrtägige Heranziehung

Dauert die Heranziehung mehrere Tage, so sind die Übernachtungskosten 19 für alle Tage zu erstatten, wenn dem Herangezogenen nicht zugemutet werden kann, täglich die Heimfahrt anzutreten (*Meyer/Höver/Bach* § 6 Rn. 6.5). Hierbei sind sowohl die Entfernung, die Terminsstunde (Beginn und Ende) sowie persönliche Gründe (z. B. Alter oder Krankheit) zu berücksichtigen. Eine Erstattung ist jedoch zu verneinen, wenn der Herangezogene täglich zurückreisen konnte und dadurch die Gesamtentschädigung (trotz der höheren Fahrtkosten) nicht höher ausgefallen wäre (*Bleutge* § 10 Rn. 7 m. w. N.).

4. Auslagenersatz, keine pauschale Erstattung

Für die Übernachtungskosten nach Abs. 2 gilt der Grundsatz, dass nur die 20 tatsächlich entstandenen Auslagen erstattet werden. Es erfolgt keine pauschale Erstattung von Übernachtungskosten. Auch die in § 7 Abs. 1 BRKG vorgesehene pauschale Erstattung von 20 EUR je Übernachtung kommt für die Verfahren nach dem JVEG nicht in Betracht, da es sich bei der Bestimmung

§ 6 Abschnitt 2. Gemeinsame Vorschriften

des Abs. 2 gerade um eine Auslagen-, nicht um eine Aufwandserstattung handelt (BVerwG NJW 2012, 1827; a. A. *Bund* DS 2006, 68). Erstattungsfähig sind daher nur die tatsächlichen Übernachtungskosten (BGH WuM 2011, 325). Deshalb können dem Herangezogenen auch keine Kosten nach Abs. 2 erstattet werden, wenn er zwar notwendigerweise auswärtig übernachtet, aber keine tatsächlichen Auslagen entstehen, etwa weil er bei Verwandten übernachtet.

5. Nachweis der Kosten

21   Die Übernachtungskosten sind stets nachzuweisen, insbesondere durch Hotelrechung (BGH WuM 2011, 325) oder Quittungen. Eine solche Verpflichtung ergibt sich zwar nicht unmittelbar aus dem Gesetz, sie ist aber gleichwohl erforderlich, um zu prüfen, ob die Übernachtungskosten tatsächlich und in ihrer geltend gemachten Höhe entstanden sind. Dem Verlangen des Anweisungsbeamten oder des Gerichts auf Vorlage entsprechender Nachweise ist deshalb nachzukommen.

V. Höhe des Übernachtungsgeldes

1. Verweisung auf das BRKG

22   Hinsichtlich der Höhe des für eine auswärtige Übernachtung zu erstattenden Übernachtungsgeldes verweist Abs. 2 auf die Bestimmungen des Bundesreisekostengesetz vom 26.5.2005 – BRKG – (BGBl. I S. 1418, zul. geänd. d. Gesetz vom 20.2.2013, BGBl. I S. 285). Bei Änderungen des BRKG gilt die Übergangsregelung des § 24, da sie auch für Änderungen von Gesetzen gilt, auf welche das JVEG Bezug nimmt.

2. Höhe der notwendigen Übernachtungskosten

23   Die konkrete Höhe der erstattungsfähigen Übernachtungskosten ergibt sich aus Abs. 2 i. V. m. § 7 Abs. 1 BRKG, der keine Erstattungsgrenze mehr vorsieht, wenn die Kosten notwendig waren und nachgewiesen werden. Aufgrund der Regelung des § 7 Abs. 1 S. 1 BRKG sind notwendige Übernachtungskosten, die nachgewiesen werden, ohne Weiteres zu erstatten, wenn sie den Betrag von 20 EUR nicht übersteigen. Zu beachten sind auch die allgemeinen Verwaltungsbestimmungen zum BRKG (BRKGVwV), die als Anhaltspunkte herangezogen werden können. Danach sind Übernachtungskosten auch dann als notwendig und erstattungsfähig anzusehen, wenn sie den Betrag von 60 EUR nicht übersteigen. Soweit die Übernachtungskosten diesen Betrag jedoch übersteigen, ist die Notwendigkeit im Einzelfall zu begründen (*LG Hannover* JurBüro 2006, 491). Die Verpflegungskosten bleiben bei dem Betrag von 60 EUR unberücksichtigt, so dass zusätzlich zu dem Übernachtungsgeld das anteilige Tagegeld hinzuzurechnen ist. In Nordrhein-Westfalen ist die RV d. JM vom 2.2.2006 zu beachten. Danach wird unter Hinweis auf Verwaltungsvorschriften zum Landesreisekostengesetz darauf hingewiesen, dass in Städten mit mehr als 100 000 Einwohnern, Übernachtungskosten bis zu einem Betrag von 80 EUR als erstattungsfähig gelten. Weiter wird auf die Hotelliste des MF NRW (RV d. MJ v. 2.3.2004, n. v.) verwiesen. Die Verwaltungsbestimmungen zum BRKG sind auf jeden Fall dann als Hilfe

Entschädigung für Aufwand § 6

zu nehmen, wenn es sich um Übernachtungskosten der Handelsrichter handelt und die landesrechtlichen Vorschriften direkt auf das BRKG verweisen, → § 15 Rn. 18.

Hat der Herangezogene begründet, dass die notwendigen Übernachtungskosten auch ihrer Höhe nach notwendig waren, müssen sie ihm erstattet werden. Ein Ermessensspielraum besteht dann nicht mehr. Der Gesetzgeber hat ausdrücklich regeln wollen, dass im Falle einer Heranziehung nach dem JVEG die Kosten für eine notwendige auswärtige Übernachtung grundsätzlich in voller Höhe erstattet werden. In der Begründung zur Einführung des JVEG (BT-Drs. 15/1971, S. 181) heißt es: *„Absatz 2 bestimmt, dass Übernachtungskosten zukünftig nach den für Beamte und Richter des Bundes sowie für in den Bundesdienst abgeordnete Beamte und Richter maßgebenden Regelungen in § 10 BRKG erstattungsfähig sein sollen und übernimmt damit die Regelung in § 4 Abs. 4 EhrRiG. Auch für den Bereich des § 10 Abs. 2 Satz 2 ZuSEG ist anerkannt, dass Regelungen des BRKG grundsätzlich den Maßstab für die Angemessenheit der erstattungsfähigen Reisekosten ergeben. Übernachtungskosten sollen daher (auch zukünftig) grundsätzlich in dem Umfang erstattungsfähig sein, in dem sie durch die Heranziehung des Berechtigten unvermeidbar bedingt waren.*" 24

3. Objektive Angemessenheit der Übernachtungskosten

Im Gegensatz zu der Regelung des Abs. 1 sind auch die persönlichen Verhältnisse des Herangezogenen zu berücksichtigen, wobei jedoch die zulässigen Sätze nach § 7 BRKG nicht überschritten werden dürfen. Die Berücksichtigung der persönlichen Verhältnisse ist notwendig, da die Übernachtungskosten auch nach objektiven Maßstäben angemessen sein müssen. Ein Sachverständiger kann beispielsweise die Kosten für ein Einzelzimmer in einem guten Mittelklassehotel mit modernem Komfort wie Dusche/WC und Telefon erstattet verlangen (*OLG Dresden* Az. 4 W 897/02). Die objektive Angemessenheit kann sich darüber hinaus auch nach der Ortsüblichkeit der Preise bestimmen, wobei in Großstädten besondere Ereignisse wie Messen oder Großveranstaltungen zu berücksichtigen sind. Es kann dem Herangezogenen gleichfalls nicht zugemutet werden, lange Zeit vor dem Termin ein Hotelzimmer zu buchen und zu bezahlen, nur um Übernachtungskosten zu sparen. 25

Bundesreisekostengesetz

§ 6 Tagegeld

(1) Als Ersatz von Mehraufwendungen für Verpflegung erhalten Dienstreisende ein Tagegeld. Die Höhe des Tagegeldes bemisst sich nach § 4 Abs. 5 Satz 1 Nr. 5 Satz 2 des Einkommensteuergesetzes. Besteht zwischen der Dienststätte oder der Wohnung und der Stelle, an der das Dienstgeschäft erledigt wird, nur eine geringe Entfernung, wird Tagegeld nicht gewährt.

(2) Erhalten Dienstreisende ihres Amtes wegen unentgeltlich Verpflegung, werden von dem zustehenden Tagegeld für das Frühstück 20 Prozent und für das Mittag- und Abendessen je 40 Prozent des Tagegeldes für einen vollen Kalendertag einbehalten. Gleiches gilt, wenn das Entgelt für Verpflegung in den erstattungsfähigen Fahrt-, Übernachtungs- oder Nebenkosten enthalten ist. Die Sätze 1 und 2 sind auch dann anzuwenden, wenn Dienstreisende ihres Amtes wegen unentgeltlich bereitgestellte Verpflegung ohne triftigen Grund nicht in Anspruch nehmen. Die oberste Dienstbehörde kann in besonderen Fällen niedrigere Einbehaltungssätze zulassen.

181

§ 6 Abschnitt 2. Gemeinsame Vorschriften

§ 7 Übernachtungsgeld

(1) Für eine notwendige Übernachtung erhalten Dienstreisende pauschal 20 Euro. Höhere Übernachtungskosten werden erstattet, soweit sie notwendig sind.

(2) Übernachtungsgeld wird gewährt
1. für die Dauer der Benutzung von Beförderungsmitteln,
2. bei Dienstreisen am oder zum Wohnort für die Dauer des Aufenthalts an diesem Ort,
3. bei unentgeltlicher Bereitstellung einer Unterkunft des Amtes wegen, auch wenn diese Unterkunft ohne triftigen Grund nicht genutzt wird, und
4. in den Fällen, in denen das Entgelt für die Unterkunft in den erstattungsfähigen Fahrt- oder sonstigen Kosten enthalten ist, es sei denn, dass eine Übernachtung aufgrund einer zu frühen Ankunft am Geschäftsort oder einer zu späten Abfahrt von diesem zusätzlich erforderlich wird.

§ 6 BRKG wurde durch Art. 3 des Gesetzes zur Änderung und Vereinfachung der Unternehmensbesteuerung und des steuerlichen Reisekostenrechts vom 20.2.2013 (BGBl. I S. 285) geändert. Die Änderungen treten zum 1.1.2014 in Kraft. Auswirkungen auf die Berechnung und Erstattung von Aufwendungen nach dem JVEG treten nicht ein, da sich das Tagegeld wegen Abs. 1 weiterhin nur nach § 4 Abs. 5 S. 1 Nr. 5 S. 2 EStG berechnet.

26 **Bundesreisekostengesetz**
(Fassung ab 1.1.2014)

§ 6 Tagegeld

(1) Als Ersatz von Mehraufwendungen für Verpflegung erhalten Dienstreisende ein Tagegeld. Die Höhe des Tagegeldes bemisst sich nach der Verpflegungspauschale zur Abgeltung tatsächlich entstandener, beruflich veranlasster Mehraufwendungen im Inland nach dem Einkommensteuergesetz. Besteht zwischen der Dienststätte oder der Wohnung und der Stelle, an der das Dienstgeschäft erledigt wird, nur eine geringe Entfernung, wird Tagegeld nicht gewährt.

(2) Erhalten Dienstreisende ihres Amtes wegen unentgeltlich Verpflegung, werden von dem zustehenden Tagegeld für das Frühstück 20 Prozent und für das Mittag- und Abendessen je 40 Prozent des Tagegeldes für einen vollen Kalendertag einbehalten. Gleiches gilt, wenn das Entgelt für Verpflegung in den erstattungsfähigen Fahrt-, Übernachtungs- oder Nebenkosten enthalten ist. Die Sätze 1 und 2 sind auch dann anzuwenden, wenn Dienstreisende ihres Amtes wegen unentgeltlich bereitgestellte Verpflegung ohne triftigen Grund nicht in Anspruch nehmen. Die oberste Dienstbehörde kann in besonderen Fällen niedrigere Einbehaltungssätze zulassen.

Die einschlägigen Verwaltungsvorschriften zum BRKG sind an dieser Stelle ebenfalls abgedruckt, da sie für die Festsetzung auch nach § 6 unentbehrliche Hinweise geben können.

27 **Allgemeine Verwaltungsvorschrift zum Bundesreisekostengesetz**
(BRKGVwV)
Vom 1. Juni 2005
...
Zu § 7 Übernachtungsgeld

7.1 Zu Absatz 1

...

7.1.3 Übernachtungskosten sind als notwendig anzusehen, wenn ein Betrag von 60 EUR nicht überschritten wird. Übersteigen die Übernachtungskosten

182

Entschädigung für Aufwand § 6

diesen Betrag, ist deren Notwendigkeit im Einzelfall zu begründen. Unabhängig davon werden Übernachtungskosten erstattet, wenn die Reisestelle dieses bereits vor Reiseantritt als angemessen anerkannt hat. Dies gilt auch, wenn sie die Zimmerreservierung selbst durchführt (auch von dort beauftragtes Reisebüro) oder Dienstreisende Zimmer aus einem von der Reisestelle herausgegebenen Hotelverzeichnis buchen. Bei der Feststellung der Angemessenheit bleiben Anteile für Verpflegung, z. B. Frühstück, unberücksichtigt.

7.1.4 Übernachtungskosten, die die Kosten des Frühstücks einschließen, werden unter Beachtung des § 6 Abs. 2 erstattet, unabhängig davon, ob der Inklusivpreis nach Übernachtungs- und Frühstücksanteil getrennt auf derselben Rechnung ausgewiesen ist; vorausgesetzt, der Frühstücksanteil ist nicht als gesonderte Wahlleistung erkennbar. Beinhaltet der Zimmerpreis neben dem Frühstück weitere Verpflegungskosten (sog. Halb- oder Vollpension), wird dieser ebenfalls unter Beachtung des § 6 Abs. 2 als Übernachtungskosten erstattet.

7.1.5 ...

7.2 Zu Absatz 2

7.2.1 Sind Auslagen für das Benutzen von Schlafwagen oder Schiffskabinen zu erstatten, wird für dieselbe Nacht Übernachtungsgeld nur gewährt, wenn Dienstreisende wegen der frühen Ankunft oder späten Abfahrt des Beförderungsmittels eine Unterkunft in Anspruch nehmen oder beibehalten mussten. Dieses gilt sinngemäß auch, wenn bei der Benutzung von Beförderungsmitteln (§ 7 Abs. 2 Nr. 1) eine zusätzliche Übernachtung erforderlich wird. Textziffer 7.1.3 ist anzuwenden.

Gesetz zur Reform des Reisekostenrechts vom 26. Mai 2005 (BGBl. I S. 1418) 28
Allgemeine Durchführungshinweise

RdSchr. d. BMI v. 27.7.2005 (D I 5–222 101 – 1/16)

Zur Durchführung und einheitlichen Anwendung des neu gefassten Bundesreisekostengesetzes, der dazu ergangenen Allgemeinen Verwaltungsvorschrift (BRKGVwV) vom 1. Juni 2005 (GMBl. S. 830) und sonstiger reisekostenrechtlicher Regelungen gebe ich folgende Hinweise:

...

III. Zu einzelnen Vorschriften

Nr. 5

Zu § 7 BRKG

Bis zu einem Betrag von 60 € werden gemäß BRKGVwV zu § 7 BRKG die Übernachtungskosten als notwendig angesehen. Bei der Ermittlung dieses Betrages bleiben die Kosten für die Verpflegung unberücksichtigt, sodass die Übernachtungskosten unter Berücksichtigung von § 6 Abs. 2 BRKG bis zu 84 € (bei Vollverpflegung) ohne gesonderte Begründung als notwendig angesehen werden können.

Übersteigen die Kosten für die Unterkunft 60 € können die diesen Betrag übersteigenden Übernachtungskosten nur erstattet werden, wenn deren Notwendigkeit begründet und nachvollziehbar anerkannt wird. Andernfalls werden lediglich 60 € für die Übernachtung erstattet. Sofern Verpflegungskosten in den Übernachtungskosten enthalten sind, erhöht sich der Betrag von 60 € um den jeweiligen Verpflegungsanteil im Tagegeld (§ 6 Abs. 2 BRKG). Bei der Berechnung des Tagegeldes erfolgt dann gemäß § 6 Abs. 2 Satz 2 BRKG der Einbehalt des Tagegeldes (der jeweilige Verpflegungsanteil im Tagegeld).

§ 6   Abschnitt 2. Gemeinsame Vorschriften

Beispiel:

a) Hotel A: Übernachtung incl. Frühstück für 64 €

Nach Abzug des Betrages für den Frühstücksanteil im Tagegeld gem. § 6 Abs. 2 BRKG i. V. m. Tz. 7.1.3 Satz 5 BRKGVwV (20 % aus 24 € = 4,80 €) verbleiben Übernachtungskosten für die Unterkunft in Höhe von 59,20 €. Gem. Tz 7.1.3 Satz 1 BRKGVwV sind diese Unterkunftskosten als notwendig anzusehen. Somit werden die Unterkunftskosten in Höhe von 64 € erstattet und das Tagegeld entsprechend um den Betrag für den Frühstücksanteil im Tagegeld gem. § 6 Abs. 2 BRKG einbehalten (24 € ./. 4,80 € = 19,20 €).

b) Hotel B: Übernachtung incl. Frühstück für 70 €

Die Übernachtungskosten übersteigen den Betrag von 60 € zzgl. des Betrages für den Frühstücksanteil im Tagegeld gem. § 6 Abs. 2 BRKG (4,80 €). Ohne Anerkennung einer Begründung für die Inanspruchnahme dieses Hotels, können lediglich 60 € (+ 4,80 € Frühstücksanteil) gem. Tz 7.1.3 BRKGVwV erstattet werden. Aufgrund des im Preis inbegriffenen Frühstücks erfolgt auch eine Einbehaltung des Tagegeldes gem. § 6 Abs. 2 BRKG um den Frühstücksanteil im Tagegeld (24 € ./. 4,80 € = 19,20 €).

Die Sätze 3 und 4 der Nr. 7.1.3 BRKGVwV bleiben unberührt.

4. Inklusivpreis

29   Handelt es sich bei den Übernachtungskosten um einen Inklusivpreis, der auch Mahlzeiten mit einschließt, ist das nach Abs. 1 gewährte Tagegeld zu kürzen. § 6 Abs. 2 BRKG ist wegen der Verweisung des § 6 Abs. 2 bei Zahlungen nach dem JVEG anzuwenden, so auch *Bund* DS 2006, 68. Die Kürzung nach § 6 Abs. 2 BRKG umfasst 20 Prozent eines vollen Tagegeldes, mithin 4,80 EUR (20 % von 24 EUR). Sind ein Mittagessen oder ein Abendbrot in dem Inklusivpreis enthalten, beträgt die Kürzung je Mahlzeit 40 Prozent eines vollen Tagegeldes, also 9,60 EUR. Für andere Mahlzeiten sind keine Regelungen vorgesehen. Sind mehrere Mahlzeiten enthalten, sind die in Abzug zu bringenden Beträge entsprechend zu addieren. Bei der Berechnung ist immer von dem Tagegeld eines vollen Kalendertages auszugehen. Das gilt auch dann, wenn dem Herangezogenen ein geringeres Tagegeld gezahlt wird. Die Kürzung erfolgt auch dann, wenn die unentgeltlich gewährte Verpflegung ohne triftigen Grund nicht in Anspruch genommen wird (§ 6 Abs. 2 Satz 3 BRKG). Neben der Regelung des § 6 Abs. 2 BRKG sind auf die Übernachtungskosten häusliche Ersparnisse nicht anzurechnen (BGH MDR 1985, 931).

Das Tagegeld ist nach § 6 BRKG wie folgt zu kürzen:
nur Frühstück: 4,80 EUR,
nur Mittagessen oder Abendessen: 9,60 EUR.

30   Das Tagegeld kann jedoch durch die Kürzungen nach § 6 Abs. 2 BRKG nicht unter Null sinken. In der BT-Drs. 15/4941, S. 13 heißt es dazu: *„Die für die einzelnen Mahlzeiten seit 1997 anzurechnenden vielen unterschiedlichen Beträge werden vereinheitlicht, indem wieder nur noch vom vollen Tagegeld (24 EUR) ausgegangen wird. Teiltagegelder können nicht unter Null sinken."*

Beispiel: Es wird eine Übernachtung notwendig. In den Übernachtungskosten sind auch Kosten für ein Frühstück enthalten. Die Reise wird an dem Tag, an dem das Frühstück eingenommen wird, um 16:00 Uhr beendet. Die Übernachtungskosten betragen 56 EUR, die Rechnung wird vorgelegt.

Ersatz für sonstige Aufwendungen § 7

Das Tagegeld beträgt gem. § 6 Abs. 1 i. V. m. § 4 Abs. 5 EStG 12 EUR. Abzuziehen sind wegen des Frühstücks 4,80 EUR (20 % von 24,– EUR). Zu erstatten sind somit 56 EUR an Übernachtungskosten und 7,20 EUR Tagegeld.

Zu der Frage, ob ein Inklusivpreis vorliegt, wird auf das anliegend abgedruckte RdSchr. d. BMI v. 28.8.1978 zu § 10 Abs. 3 BRKG a. F. verwiesen, das entsprechend auf § 6 Abs. 2 BRKG in der jetzigen Fassung angewendet werden kann. **31**

Zuschuss zum Übernachtungsgeld (§ 10 Abs. 3 BRKG)

RdSchr. d. BMI v. 28.8.1978 (D III 6–222 115/2)

Bei der Gewährung von Zuschüssen zum Übernachtungsgeld nach § 10 Abs. 3 BRKG gilt Satz 3 dieser Vorschrift, nach dem Übernachtungskosten, die die Kosten des Frühstücks einschließen (Inklusivpreis), vorab um 20 vom Hundert des Tagegeldes zu kürzen sind auch dann, wenn die Hotelrechnung für Unterkunft und Frühstück einen Gesamtpreis ergibt, daneben aber vorgedruckt oder mit Stempelaufdruck auf die im Gesamtbetrag enthaltenen Frühstückskosten hinweist. In diesem Falle liegt dem Wesen nach ein Inklusivpreis vor; Unterkunft und Frühstück werden nicht getrennt berechnet.

5. Garagenkosten

In der Rechnung enthaltene Kosten für die Nutzung der Hotelgarage bei einer Anreise mit einem Kfz sind erstattungsfähig. Es handelt sich dabei aber nicht um Übernachtungskosten nach Abs. 2, sondern um aus Anlass der Reise entstandene bare Auslagen nach § 5 Abs. 2, die gesondert zu erstatten sind. **32**

6. Spenden

Wird für die Übernachtung eine Spende gezahlt, so führt dies nicht zu einem Erstattungsanspruch nach § 6 (*OLG Hamburg* JurBüro 1974, 243), selbst dann nicht, wenn die Spende durch eine Spendenbescheinigung nachgewiesen wird. Auch Gastgeschenke, die als Gegenleistung für eine unentgeltliche Übernachtung gewährt werden, sind keine Übernachtungskosten i. S. d. BRKG (BVerwG DÖV 1982, 870), es handelt sich auch nicht um sonstige Aufwendungen nach § 7. **33**

7. Trinkgelder

Trinkgelder können im Gegensatz zum Bedienungsgeld nicht als Übernachtungskosten geltend gemacht werden (*Meyer/Höver/Bach* § 6 Rn. 6.5). **34**

§ 7 Ersatz für sonstige Aufwendungen

(1) **Auch die in den §§ 5, 6 und 12 nicht besonders genannten baren Auslagen werden ersetzt, soweit sie notwendig sind. Dies gilt insbesondere für die Kosten notwendiger Vertretungen und notwendiger Begleitpersonen.**

(2) **Für die Anfertigung von Kopien und Ausdrucken werden ersetzt**
1. **bis zu einer Größe von DIN A3 0,50 Euro je Seite für die ersten 50 Seiten und 0,15 Euro für jede weitere Seite,**
2. **in einer Größe von mehr als DIN A3 3 Euro je Seite und**

§ 7 Abschnitt 2. Gemeinsame Vorschriften

3. für Farbkopien und -ausdrucke jeweils das Doppelte der Beträge nach Nummer 1 oder Nummer 2.

Die Höhe der Pauschalen ist in derselben Angelegenheit einheitlich zu berechnen. Die Pauschale wird nur für Kopien und Ausdrucke aus Behörden- und Gerichtsakten gewährt, soweit deren Herstellung zur sachgemäßen Vorbereitung oder Bearbeitung der Angelegenheit geboten war, sowie für Kopien und zusätzliche Ausdrucke, die nach Aufforderung durch die heranziehende Stelle angefertigt worden sind. Werden Kopien oder Ausdrucke in einer Größe von mehr als DIN A3 gegen Entgelt von einem Dritten angefertigt, kann der Berechtigte anstelle der Pauschale die baren Auslagen ersetzt verlangen.

(3) Für die Überlassung von elektronisch gespeicherten Dateien anstelle der in Absatz 2 genannten Kopien und Ausdrucke werden 1,50 Euro je Datei ersetzt. Für die in einem Arbeitsgang überlassenen oder in einem Arbeitsgang auf denselben Datenträger übertragenen Dokumente werden höchstens 5 Euro ersetzt.

Übersicht

	Rn.
I. Allgemeines	1
II. Sonstige bare Aufwendungen	2
1. Allgemeines	2
2. Anrechnungsverbot	3
3. Rechtsanwaltskosten	4
4. Einzelne Anwendungsfälle (alphabetisch)	5
III. Vertretungskosten	17
1. Allgemeines	17
2. Höhe und Nachweis der Vertretungskosten	18
3. Hinweispflichten	19
4. Sachverständige	20
5. Zeugen	21
6. Ärzte	22
IV. Begleitpersonen	23
1. Allgemeines	23
2. Notwendigkeitsprüfung	24
3. Höhe der erstattungsfähigen Kosten	25
4. Minderjährige als Zeugen	26
5. Alter und Krankheit	27
6. Ehrenamtliche Richter	28
7. Betreuer als Begleitpersonen	29
8. Gefangene	30
V. Fotokopiekosten (Abs. 2)	31
1. Allgemeines	31
2. Höhe der Pauschale	32
3. Abgeltung	33
4. Schwarz-Weiß-Kopien	34
5. Schwarz-Weiß-Ausdrucke	35
6. Begriff der Angelegenheit	36
7. Mehrfertigungen	37
8. Einzelne Anwendungsfälle	38
a) Arbeitsunterlagen und Konzeptseiten	38
b) Aktenauszüge	39
c) Handakten	40
d) Vorbereitende Schreiben	41
9. Farbkopien und Farbausdrucke	42
a) Allgemeines	42
b) Abgrenzung zu § 12 Abs. 1 Nr. 2	44
10. Kopien oder Ausdrucke in größeren Formaten	45
VI. Elektronische Dateien (Abs. 3)	46

Ersatz für sonstige Aufwendungen § 7

I. Allgemeines

§ 7 ermöglicht die Erstattung von sonstigen baren Aufwendungen, für die 1
eine Regelung in anderen Vorschriften des JVEG fehlt (BT-Drs. 15/1971,
S. 182). Es handelt sich um eine Auffangregelung, die sicherstellen soll, dass
den herangezogenen Personen sämtliche Auslagen erstattet werden, soweit
diese für die Heranziehung notwendig waren (*LSG Erfurt* JurBüro 2003, 96).
Die Regelung des § 7 ist jedoch subsidiärer Natur, so dass sie nur eingreift,
wenn das Gesetz nicht durch andere Vorschriften die Auslagenerstattung
besonders regelt. Die in den §§ 5, 6, 12 getroffenen Regelungen über den
Ersatz von baren Aufwendungen gehen daher vor. Ein gesonderter Erstattungsanspruch ist deshalb ausgeschlossen, wenn bare Aufwendungen durch
eine nach den dortigen Bestimmungen gewährte Pauschale abgegolten werden.
§ 7 gilt uneingeschränkt für sämtliche nach dem JVEG berechtigten Personen. Auch Zeugen, Dritte und ehrenamtliche Richter können Auslagenersatz nach dieser Norm geltend machen.

II. Sonstige bare Aufwendungen

1. Allgemeines

Eine Erstattung kommt nur in Betracht, wenn die Aufwendungen für die 2
Heranziehung notwendig gewesen sind oder aufgrund der Heranziehung entstanden sind. Im Festsetzungsverfahren ist daher die Notwendigkeit zu prüfen,
ggf. muss der Heranziehende sie auch darlegen. Liegt eine Notwendigkeit
nicht vor, sind die Auslagen nicht erstattungsfähig. Auch die Höhe der baren
Auslagen ist nachzuweisen (Quittung, Rechnung usw.). Eine Erstattung von
Amts wegen kommt nicht in Betracht, die Kosten sind stets durch Antrag
geltend zu machen (§ 2 Abs. 1).

2. Anrechnungsverbot

Werden bare Aufwendungen nach § 7 erstattet, dürfen diese nicht auf die 3
nach § 9 gezahlte Vergütung angerechnet werden, da eine solche Anrechnung
nicht vorgesehen und unzulässig ist (*KG* NStE Nr. 12 zu § 3 ZSEG). Gleiches
gilt für Zeugen, Dritte (§ 23) und den nach § 15 berechtigten Personen.

3. Rechtsanwaltskosten

Der Zeuge ist berechtigt, einen Rechtsanwalt seiner Wahl als Rechtsbei- 4
stand hinzuzuziehen, da der allgemeine Ausschluss eines Rechtsbeistands bei
der Zeugenvernehmung gegen das Recht auf ein faires Verfahren verstößt
(*BVerfG* NJW 1975, 103). Ein Ausschluss des Rechtsbeistands kann aber
ausnahmsweise dann mit dem Rechtsstaatsprinzip vereinbar sein, wenn die
Hinzuziehung eines Anwalts gegen den Verhältnismäßigkeitsgrundsatz verstoßen würde. Dieser verlangt eine Abwägung zwischen dem Anspruch des
Zeugen und dem öffentlichen Interesse, etwa an der Effizienz des Strafverfahrens (*BVerfG* a. a. O). Liegt danach ein Verstoß gegen den Verhältnismäßigkeitsgrundsatz nicht vor, sind die Kosten für die Inanspruchnahme eines

§ 7   Abschnitt 2. Gemeinsame Vorschriften

Anwalts nach Abs. 1 S. 1 als erstattungsfähig anzusehen (*OLG Düsseldorf* MDR 1997, 893; *OLG Frankfurt* StV 1998, 89). Erstattungsfähig können dabei auch solche Rechtsanwaltskosten sein, welche der Zeuge zur Entschuldigung seines Fernbleibens aufgewendet hat. Hierzu gehören auch die Rechtsanwaltskosten für ein Beschwerdeverfahren wegen eines verhängten Ordnungsgeldes (*VGH BadWürtt.*, Justiz 1995, 417). Solche Kosten sind jedoch nur dann erstattungsfähig, wenn das Fernbleiben des Zeugen nicht schuldhaft oder gar absichtlich verursacht wurde. Rechtsanwaltskosten, die der ausgebliebene Zeuge zur Abfassung eines Entschuldigungsschreibens aufgewendet hat, sind nach Abs. 1 erstattungsfähig (*OLG Hamburg* MDR 1971, 685).

4. Einzelne Anwendungsfälle (alphabetisch)

5 – **Ärztliches Attest:** Muss der Berechtigte ein ärztliches Attest vorlegen, um sich für sein Fernbleiben an einer mündlichen Verhandlung oder Untersuchung ausreichend zu entschuldigen, sind die dafür aufgewendeten Kosten erstattungsfähig. Dabei ist es unerheblich, ob das Gericht die Vorlage des Attestes verlangt hat (*Hartmann* § 7 JVEG Rn. 5). Die für die Übersendung des Attestes aufgewendeten Portokosten sind gleichfalls zu ersetzen.

6 – **Digitalisierung:** Kosten für die Digitalisierung von Unterlagen, die dem Gericht vorzulegen sind und deren Herausgabe im Original nicht zumutbar ist, sind nach Abs. 1 S. 1 zu erstatten. Hierzu gehören etwa die Kosten für die Digitalisierung von Röntgenbildern (*LSG Bad.Württ.* Justiz 2011, 193). Danach steht auch § 261 HGB einer Kostenerstattung nicht entgegen, weil die Aufwendungen nicht dadurch entstehen, dass die Unterlagen nicht mehr im Original vorliegen, sondern nur deshalb, weil es dem Herangezogenen oder Dritten nicht zugemutet werden kann, die Originale ersatzlos herauszugeben.

7 – **Kursgebühren:** Nach Abs. 1 sind auch Kursgebühren zu erstatten, wenn der Herangezogene an Schulungen teilnimmt, die Teilnahme jedoch infolge der Heranziehung nicht möglich gewesen war und die Kursgebühren nach den Geschäftsbedingungen der Schulungseinrichtung trotz der unterbliebenen Teilnahme zu zahlen sind (*LSG Thüringen* JurBüro 2003, 96).

8 – **Notarielle Beurkundung:** Die Kosten für eine notarielle Beurkundung einer Zeugenaussage oder einer eidesstattlichen Versicherung sind nach Abs. 1 S. 1 erstattungsfähig (*Meyer/Höver/Bach* § 7 Rn. 7.9).

9 – **Portokosten:** Notwendige Portokosten sind stets zu erstatten. Das gilt für alle nach dem JVEG berechtigten Personen. Portokosten sind auch bare Aufwendungen nach § 7 und stellen nicht ausschließlich Vorbereitungskosten nach § 12 dar, → § 12 Rn. 4 ff.

10 – **Schriftuntersuchungen:** Wird wegen der Erstellung eines Schriftgutachtens eine ESDA-Polymer-Reproduktion gefertigt, sind diese Kosten in voller Höhe nach Abs. 1 erstattungsfähig.

11 – **Stornogebühren:** Muss ein Herangezogener aufgrund seiner Heranziehung von einer Reise zurücktreten, sind die anfallenden Stornogebühren des Reiseveranstalters als bare Auslagen nach Abs. 1 S. 1 zu erstatten (*OLG Celle* JurBüro 1990, 1048). Zu erstatten sind danach nicht nur die Stornogebühren des Herangezogenen selbst, sondern auch für die Ehepartner, Lebensgefährten oder die Kinder. Ein solcher Erstattungsanspruch besteht für alle Berechtigten, auch für die ehrenamtlichen Richter (*OLG Hamm*

JMBlNW 1967, 167). Eine Erstattung ist aber ausgeschlossen, wenn die Reise erst nach Zugang der Ladung gebucht wurde oder die Person mit einer hohen Wahrscheinlichkeit annehmen musste, in dem Zeitraum herangezogen zu werden, jedoch müssen hiefür tatsächliche Anhaltspunkte vorliegen. Auch die Kosten für eine Reiserücktrittsversicherung gehören nicht zu den baren Aufwendungen nach Abs. 1 S. 1 und sind nicht erstattungsfähig (*OLG Celle* JurBüro 1990, 1048).

- **Telekommunikation:** Entgelte für Telekommunikationsdienstleistungen sind nur dann nach Abs. 1 S. 1 erstattungsfähig, wenn sie für die einzelne Angelegenheit ausscheidbar sind, jedoch gilt Abs. 1 S. 1 dann nur für herangezogene Zeugen, Dritte und die nach § 15 berechtigten Personen, während für Sachverständige, Dolmetscher und Übersetzer eine Erstattung nach § 12 Abs. 1 S. 2 Nr. 1 erfolgt (*LG Dortmund* Az. 9 T 46/11). Ist ein festes Entgelt zu zahlen (Flatrate), scheidet eine anteilige Erstattung aus. Auch sind die Kosten für die Beschaffung und Unterhaltung der Telekommunikationseinrichtungen nicht erstattungsfähig. 12

- **Tiere:** Die Kosten für die Betreuung von Tieren wie z. B. Hunde während der Zeit der Heranziehung sind grundsätzlich nicht gesondert nach Abs. 1 S. 1 erstattungsfähig (*OLG Köln* AGS 2011, 331). Etwas anderes kann aber dann gelten, wenn der Herangezogene aufgrund der Heranziehung auswärts übernachten muss und er sein Haustier nicht mitnehmen kann, aber auch keine andere Möglichkeit besitzt, eine ordentliche Betreuung des Tieres zu gewährleisten. In einem solchen Fall hat das *LG Bautzen* DV 2012, 169 eine Erstattungsfähigkeit von Betreuungskosten für einen Hund im Rahmen von Parteireisekosten zugebilligt. Dem wird auch zuzustimmen sein, da die nur stundenweise Abwesenheit von einer auswärtigen Übernachtung abzugrenzen ist. Obwohl es sich um eine Entscheidung zu den Parteireikosten handelt, ist sie auch auf die nach dem JVEG Herangezogenen anwendbar, da die Parteireisekosten in entsprechender Anwendung der für die Zeugen geltenden Bestimmungen zu erstatten sind. 13

- **Vermittlungskosten:** Kosten, die einem Dritten bei der Suche nach einem Sachverständigen oder einem Dolmetscher entstehen, sind nicht nach Abs. 1 S. 1 erstattungsfähig (*OLG Koblenz* KostRsp. ZSEG § 8 Nr. 82). Hierzu gehören auch solche Kosten, die einem Dolmetscher-Service bei einer solchen Suche entstehen. 14

- **Veröffentlichungskosten:** Stellt der vorläufige Insolvenzverwalter Verfahrensdaten in einen privaten Internetdienst ein, sind die dadurch entstehenden Veröffentlichungskosten als bare Auslagen nach Abs. 1 S. 1 erstattungsfähig (*LG Dresden* ZIP 2001, 935). 15

- **Zinsen:** Verzugszinsen können nicht erstattet werden, da es sich bei Ansprüchen nach dem JVEG um einen öffentlich-rechtlichen Anspruch handelt (*LSG Thüringen* Az. L 6 B 53/01 SF). Eine analoge Anwendung der §§ 286 ff. BGB kommt danach für solche Forderungen nicht in Betracht. 16

III. Vertretungskosten

1. Allgemeines

Abs. 1 S. 2 bestimmt ausdrücklich, dass auch die Kosten für eine notwendige Vertretung des Herangezogenen zu erstatten sind, wenn die Kosten für die 17

§ 7   Abschnitt 2. Gemeinsame Vorschriften

Heranziehung notwendig waren. Es ist daher zu prüfen, ob eine Vertretung unter objektiven Umständen erforderlich gewesen ist. Dabei ist stets auf den Einzelfall abzustellen. Die Regelung verschafft der Vertretungsperson jedoch keinen unmittelbaren Erstattungsanspruch gegenüber der heranziehenden Stelle, da Abs. 1 S. 2 nur das Verhältnis zwischen Staatskasse und dem Herangezogenen regelt. Nur die nach § 1 herangezogene Person ist deshalb berechtigt, die Vertreterkosten gegenüber der Staatskasse geltend zu machen (*OLG Koblenz* JurBüro 1991, 593). Ein direkter Erstattungsanspruch ist auch dann ausgeschlossen, wenn die Ansprüche der berechtigten Person bereits nach § 2 Abs. 3 verjährt sind. Die bestellte Vertretung besitzt auch kein eigenes Antrags- oder Beschwerderecht nach § 4.

Bestellt der Herangezogenen eine Vertretung, die nicht durch ihn selbst zu vergüten ist, sondern die Leistung auf eigene Rechnung erbringt, sind keine Vertretungskosten nach § 7 zu erstatten (*KG* JurBüo 2004, 441). Eine Erstattung nach Abs. 1 S. 2 ist deshalb auch dann ausgeschlossen, wenn ein Dolmetscher einen Vertreter bestellt, da diesem die Einnahmen aus der Vertretertätigkeit selbt zufließen (*OLG Düsseldorf* Az. I-10 W 60/06). Sind Kinder des Herangezogenen in dessen Geschäft tätig, so kann ein an sie gezahltes Entgelt nicht erstattet werden, da sie nach § 1619 BGB verpflichtet sind, auch unentgeltlich im Geschäft zu arbeiten (*KG* Rpfleger 1992, 106).

2. Höhe und Nachweis der Vertretungskosten

18   Eine betragsmäßige Beschränkung der Erstattung sieht Abs. 1 S. 2 nicht vor. Sie kann sich aber aus dem Wort „notwendig" ergeben und dazu führen, dass der Anweisungsbeamte oder das Gericht zu prüfen haben, ob es sich um angemessene Vertretungskosten handelt. Die Regelung des Abs. 1 S. 2 basiert auf dem Prinzip des vollständigen Kostenersatzes, eine Beschränkung auf die Höchstsätze des JVEG ist daher nicht zulässig. So kann dem Vertreter eines Zeugen im Falle der Notwendigkeit auch ein Stundensatz erstattet werden, der 21 EUR/h überschreitet. Es besteht nach dem Gesetz keine Verpflichtung, die Höhe der Vertretungskosten nachzuweisen. Da es sich aber um einen Auslagenersatz handelt, sind der Anweisungsbeamte oder das Gericht befugt, einen Nachweis der Kosten und über die Zahlung zu fordern. Ein Nachweis wird insbesondere dann vorzulegen sein, wenn hohe Vertretungskosten angefallen sind oder die Vertretung für einen ganzen Tag erfolgt war, obwohl die Heranziehung nicht die gesamte Arbeitszeit in Anspruch genommen hat.

3. Hinweispflichten

19   Der herangezogene Berechtigte muss das Gericht darauf hinweisen, dass aufgrund der Heranziehung eine Vertreterbestellung notwendig ist (*OLG Frankfurt* KostRsp. ZSEG § 11 Nr. 28). Die Hinweispflicht sollte jedoch auf solche Fälle beschränkt sein, in denen hohe Vertreterkosten anfallen. Wird der Anfall solcher hohen Kosten durch den Herangezogenen erkannt, muss er sie daher im eigenen Interesse anzeigen (*OLG Karlsruhe* MDR 1993, 89). Eine solche Hinweispflicht gilt auch für ehrenamtliche Richter (*OVG Hamburg* NVwZ-RR 2006, 446). *Herget* KostRsp. ZSEG § 11 Nr. 23 hat zu der Entscheidung des OLG Karlsruhe aber zu Recht angemerkt, dass die Versagung der Erstattung zu einer Verpflichtung der heranziehenden Stelle führen kann, den Geladenen auf eine Mitteilungspflicht hinzuweisen. Die Kürzung

4. Sachverständige

Grundsätzlich kann auch ein Sachverständiger die Erstattung von Vertretungskosten nach Abs. 1 S. 2 verlangen. Das gilt auf jeden Fall dann, wenn er nicht als Sachverständiger, sondern als Zeuge geladen ist und er nur eine Entschädigung nach § 19 erhält. Umstritten ist in der Literatur jedoch, ob auch ein Sachverständiger, der ausdrücklich in dieser Eigenschaft herangezogen ist, Vertretungskosten geltend machen kann. Die herrschende Meinung billigt eine Erstattung und den Ausgleich einer tatsächlichen Vermögenseinbuße zu (*Meyer/Höver/Bach* § 7 Rn. 7.14; *Hartmann* § 7 Rn. 7). Die Erstattung von Vertreterkosten darf aber nicht dazu führen, dass der Sachverständige doppelte Einnahmen erzielt. Er muss sich deshalb stets den durch die Vertretung erwirtschafteten Gewinn anrechnen lassen, so dass der Sachverständige die erzielten Gewinne daher nachzuweisen hat. 20

5. Zeugen

Zeugen sind notwendige Vertretungskosten nach Abs. 1 S. 2 zu erstatten. Die Erstattung von Vertretungskosten schließt die gesonderte Erstattung von Verdienstausfall nicht grundsätzlich aus (*LSG Niedersachen* NZS 2000, 268; a. A. *Meyer/Höver/Bach* § 7 Rn. 7.13), jedoch hat sich der Zeuge die durch eine Vertretung erwirtschaftete Gewinne auf seinen eigenen, nach § 22 zu erstatteten Verdienstausfall anrechnen zu lassen. Wird kein Verdienstausfall geltend gemacht, so sind die notwendigen Vertretungskosten in voller Höhe zu erstatten. Entstehen während der Vertretung Mindereinnahmen, sind diese aber nicht zusätzlich zu den gezahlten Vertretungskosten zu erstatten (*OLG Hamm* MDR 1993, 485). Bestellt der Zeuge einen Vertreter für die Zeit seiner betrieblichen Abwesenheit, muss er zudem alle zumutbaren Vorkehrungen treffen, um die Notwendigkeit einer Vertreterbestellung abzuwenden (*OLG Frankfurt* OLGR Frankfurt 2000, 20). Muss ein Zeuge, welcher ein pflegebedürftiges Familienmitglied, etwa wegen Bettlägerigkeit oder Behinderung pflegt, aufgrund der Heranziehung eine Vertretung bestellen, z. B. einen Pflegedienst, sind diese Kosten nach Abs. 1 S. 2 erstattungsfähig. Bestellt ein Zeuge für die Zeit seiner Abwesenheit einen Vertreter, der nicht von ihm zu vergüten ist, sondern die vorgesehenen Leistungen auf eigene Rechnung erbringt, so sind dem Zeugen keine erstattungsfähigen Vertretungskosten entstanden (*KG* JurBüro 2004, 441). Für die entgangenen Einnahmen ist dann nur ein Verdienstausfall nach § 22 zu erstatten. 21

6. Ärzte

Werden Ärzte als Zeugen herangezogen, sind ihnen die notwendigen Vertretungskosten nach Abs. 1 S. 2 zu erstatten. Von einer Notwendigkeit kann regelmäßig ausgegangen werden, insbesondere dann, wenn eine Verlegung von Patiententerminen nicht mehr möglich ist. Eine Erstattung kann auch dann erfolgen, wenn der Arzt als sachverständiger Zeuge Leistungen nach der Anlage 2 zu § 10 Abs. 1 erbringt. Vertretungskosten sind im Übrigen auch 22 dann zu erstatten, wenn der herangezogene Arzt seine Ehefrau, die ebenfalls Ärztin ist, mit der Vertretung beauftragt (*LG Bielefeld* Rpfleger 1958, 195). Die während seiner Abwesenheit erzielten Gewinne sind nicht auf die Vergütung anzurechnen (*OLG Hamm* MDR 1993, 485). Wie auch bei anderen Herangezogen muss ein geladener Arzt aber solche Maßnahmen ergreifen, welche eine Vertreterbestellung unnötig machen können. So muss sich der in einem ärztlichen Bereitschaftsdienst eingeteilte Zeuge bemühen, mit einem Kollegen zu tauschen (*OLG Frankfurt* OLGR Frankfurt 2000, 20). Seine Bemühungen sind dabei aber auf ein verträgliches Maß zu beschränken, zu hohe Anforderungen dürfen nicht gestellt werden, insbesondere bei kurzfristigen Ladungen. Die Erfolglosigkeit solcher Bemühungen wirkt sich auch nicht nachteilig auf die Erstattung nach Abs. 1 S. 2 aus. Auch muss der Arzt nicht von sich aus gegenüber der Anweisungsstelle erklären, welche Maßnahmen er ergriffen hat, sondern hat sie nur auf eventuelle Nachfrage des Anweisungsbeamten oder des Gerichts darzulegen.

IV. Begleitpersonen

1. Allgemeines

23 Nach Abs. 1 S. 2 sind auch die Kosten für eine notwendige Begleitperson erstattungsfähig, jedoch steht der Begleitperson kein eigenständiger Erstattungsanspruch nach dem JVEG zu (*BayLSG* BtPrax 2012, 218), so dass nur der Herangezogene die Kosten für die Begleitperson geltend machen kann.

2. Notwendigkeitsprüfung

24 Eine Erstattung der Kosten für die Begleitperson erfolgt nach Abs. 1 S. 2 nur dann, wenn die Begleitung aufgrund der Heranziehung notwendig gewesen war. Ob eine Notwendigkeit vorliegt, hat das Gericht nach freiem Ermessen zu entscheiden (*LG Meiningen* Az. 2 Qs 138/09; *LSG Thüringen* Az. L 6 SF 152/11 E). Es sind dabei die Umstände des jeweiligen Einzelfalls zu prüfen. Maßgeblich ist, ob der Herangezogene aufgrund tatsächlicher Gründe wie z. B. gesundheitliche Einschränkungen oder starke Belastungen aufgrund der Heranziehung einer Begleitung bedarf. Im Übrigen sind die Kosten für die Begleitperson auch dann zu erstatten, wenn der Zeuge an seine Begleitperson keine Zahlungen leisten muss (*Bleutge* § 11 Rn. 10). Eine Erstattung aufgrund Vertrauensschutzes findet im Regelfall nicht statt, sondern nur, wenn der Herangezogene aufgrund missverständlicher Äußerungen oder Handlungen der heranziehenden Stelle auf eine Erstattung vertrauen durfte (*Thür LSG* Az. L 6 B 116/06 SF). Ein Vertrauensschutz wird auch durch die medizinische Einschätzung eines behandelnden Arztes nicht herbeigeführt (*LSG Thüringen* Az. L 6 SF 408/05), auch ist die Staatskasse an eine solche Einschätzung nicht gebunden. Gleichwohl kann die ärztliche Einschätzung aber ein Indiz für Notwendigkeit darstellen. Entstehen ungewöhnlich hohe Kosten für die Begleitung, hat der Herangezogene dies der heranziehenden Stelle vorher mitzuteilen, damit das Gericht eine Notwendigkeitsprüfung vornehmen kann (*LG Meiningen* Az. 2 Qs 138/09; *Thür. LSG* Az. L 6 B 116/06 SF), jedoch kann auch bei Unterlassen einer solchen Anzeige gleichwohl eine Kostenerstattung nach billigem Ermessen vorgenommen werden.

3. Höhe der erstattungsfähigen Kosten

Wie auch bei den Vertretungskosten gilt der Grundsatz der vollen Kostenerstattung, eine Begrenzung sieht Abs. 1 S. 2 nicht vor. Die Begleitperson ist deshalb, insbesondere wegen des eingetretenen Verdienstausfalls, nicht an die Höchstsätze des JVEG gebunden. Der eingetretene Verdienstausfall ist nachzuweisen, eine pauschale Entschädigung findet nicht statt (*LSG Thür.* Az. L 6 SF 152/11 E). Dabei sind jedoch keine höheren Anforderungen als an den Zeugen selbst zu stellen. Das gilt auch dann, wenn die Begleitperson selbständig tätig ist. Eine Begrenzung der Kostenerstattung auf die Höchstsätze des JVEG findet jedoch ausnahmsweise statt, wenn die Begleitperson durch das Gericht selbst herangezogen wurde oder es sich um den gesetzlichen Vertreter nach § 50 Abs. 2 JGG handelt. 25

Zu erstatten sind der Begleitperson auch entstandene Auslagen wie etwa Reise- und Übernachtungskosten (§§ 5, 6). Da es sich bei der Regelung des § 7 Abs. 1 um eine Vorschrift zur Erstattung von aufgewendeten baren Aufwendungen handelt, also nur der tatsächlich angefallenen Kosten für die Begeleitung ersetzen will, scheidet eine Erstattung von Zeitversäumnis nach §§ 20, 21 für die Begleitperson aus (*BayLSG* Az. L 15 SF 50/10), insoweit wird die in der Vorauflage vertretene Auffassung aufgegeben.

4. Minderjährige als Zeugen

Ist ein Minderjähriger als Zeuge geladen, sind die notwendigen Kosten der Begleitung durch einen Elternteil nach Abs. 1 S. 2 erstattungsfähig. Das gilt auch dann, wenn sich das Kind in einem Heim befindet (*AG Frankfurt* MDR 1969, 689). Die Begleitperson des Kindes ist wie ein Zeuge zu entschädigen (*LG Essen* KostRsp. ZSEG § 11 Nr. 3; *LG Heilbronn* KostRsp. ZSEG § 11 Nr. 4), jedoch findet eine Beschränkung auf die Höchstsätze des JVEG nicht statt (siehe Rn. 25). Es ist auch bei Begleitpersonen für Kinder die Frage ihrer Notwendigkeit zu prüfen. Dabei muss auf das Alter und die Persönlichkeit des Kindes abgestellt werden. Wegen der großen Unterschiede der Persönlichkeitsentwicklung sind jedoch pauschale Altersbegrenzungen zu vermeiden und stets auf den Einzelfall abzustellen. In schwerwiegenden Prozessen, die das Kind selbst betreffen wie Strafsachen wegen Verletzung des sexuellen Selbstbestimmungerechtes oder bei Gewalttaten gegen das Kind, kann auch bei älteren Kindern eine Begleitung notwendig erscheinen. Psychologische Belastungen für das Kind sind daher stets zu berücksichtigen. 26

5. Alter und Krankheit

Die Notwendigkeit einer Begleitperson ist auch dann gegeben, wenn der gesundheitliche Zustand der herangezogenen Person eine Begleitung erforderlich macht. Auch ein hohes Alter kann eine Begleitung rechtfertigen. 27

6. Ehrenamtliche Richter

Auch der ehrenamtliche Richter besitzt für notwendige Begleitpersonen einen Erstattungsanspruch nach Abs. 1 S. 2. Eine Erstattung ist dabei nicht schon deshalb ausgeschlossen, weil die Begleitung durch die Ehefrau erfolgt (*LSG BadWürtt.* SGb 1972, 192). 28

7. Betreuer als Begleitpersonen

29 Eine Begleitung kann auch für eine unter Betreuung stehende Person notwendig sein, die nach § 1 JVEG herangezogen wird. Nimmt der Betreuer an dem gerichtlichen Termin teil, weil die Teilnahme aufgrund seines Aufgabenkreises erforderlich gewesen ist, sind die ihm entstandenen Kosten nicht nach Abs. 1 S. 2 zu erstatten. Ein Entschädigungsanspruch nach dem JVEG steht dem Betreuer selbst dann nicht zu, wenn er als gesetzlicher Vertreter zu einer Verhandlung geladen wird (*OLG Dresden* NStZ 2002, 164). Der Betreuer kann seinen Vergütungsanspruch daher nur bei dem zuständigen Betreuungsgericht geltend machen. Eine gesonderte Vergütung kommt aber neben der pauschalen Erstattung nach dem VBVG nicht in Betracht. Auch aus § 50 Abs. 2 JGG kann der Betreuer keinen Erstattungsanspruch herleiten, da er nicht analog angewendet werden kann.

8. Gefangene

30 Wird ein als Zeuge herangezogener Gefangener von der JVA zum Gericht transportiert, können die Kosten für Begleitpersonen, welche den Gefangen bewachen, nicht gesondert als notwendige Begleitpersonen nach Abs. 1 S. 2 erstattet werden (*LG Mainz* KostRsp. ZSEG § 11 Nr. 22).

V. Fotokopiekosten (Abs. 2)

1. Allgemeines

31 Die Kosten für im Rahmen der Beauftragung oder Heranziehung gefertigte Fotokopien, können nur nach Abs. 2 erstattet werden. Es handelt sich um eine pauschale Abgeltung, darüber hinaus gehende Kosten können deshalb selbst bei Vorlage eines Nachweises nicht erstattet werden. Eine Kostenerstattung findet nur statt, wenn es sich um notwendige Ablichtungen aus der Gerichtsakte und auf Verlangen der heranziehenden Stelle angefertigte Mehrfertigungen des Gutachtens oder schriftlichen Aussage handelt. Gerichtsakte i. S. d. Abs. 2 sind auch solche Urkunden, Schriftsätze, Drucksachen, Pläne, Karten, Skizzen u. ä., die Bestandteil oder Anlage der Gerichtsakte geworden sind. Soweit Abs. 2 S. 3 vorschreibt, dass die Kopien aus den Gerichtsakten für die sachgemäße Vorbereitung und Bearbeitung der Angelegenheit geboten sein müssen, ist dem Sachverständigen hier ein Ermessensspielraum einzuräumen (*OLG Zweibrücken* ZSW 1983, 40). Notwendig erscheint die Fertigung von Ablichtungen danach etwa dann, wenn der Sachverständige diese zur Vorbereitung der mündlichen Erläuterung seines Gutachtens benötigt.

2. Höhe der Pauschale

32 Die Höhe der Pauschale bestimmt sich nach Abs. 2. Dabei handelt es sich um eine eigenständige Regelung, da ein Verweis auf die Vorschriften über die Dokumentenpauschale in den Gerichtskostengesetzen nicht mehr stattfindet. Es ist zu unterscheiden zwischen Schwarz-Weiß- und Farbkopien oder -ausdrucken. Weiter muss zwischen dem Format der Kopie oder des Ausdrucks unterschieden werden.

Ersatz für sonstige Aufwendungen § 7

3. Abgeltung

Durch die Pauschale des Abs. 2 sollen sämtliche mit der Herstellung der 33
Kopie oder des Ausdrucks verbundenen Kosten abgedeckt werden. Abgegolten sind daher insbesondere Papier- und Tonerkosten sowie Miet- oder Anschaffungskosten für die Kopiergeräte oder Drucker, so dass solche Kosten nicht gesondert erstattet werden können. Es verbleibt daher stets bei der Pauschale nach Abs. 2 S. 1, auch wenn tatsächlich höhere Kosten entstanden und nachgewiesen sind. Da mit der Pauschale zugleich der erforderliche Zeitaufwand abgegolten ist, auch der einer Hilfskraft, kann auch keine Vergütung nach §§ 9, 12 gezahlt werden. Lediglich dann, wenn Kopien oder Ausdrucke in einer Größe von mehr als DIN A3 gefertigt werden, kann nach Abs. 2 S. 4 anstelle der Pauschale ein tatsächlicher Kostenersatz verlangt werden (→ Rn. 45).

4. Schwarz-Weiß-Kopien

Handelt es sich um eine Schwarz-Weiß-Kopie bis zu einer Größe von DIN 34
A3, beträgt die Pauschale für die ersten 50 Seiten 0,50 EUR je Seite und 0,15 EUR für jede weitere Seite (Abs. 2 S. 1 Nr. 1); wegen der Farbkopien → Rn. 42.

Wird eine Kopie in einer Größe von mehr als DIN A3 gefertigt, beträgt die Pauschale 3 EUR je Seite (Abs. 2 S. 1 Nr. 2), wenn nicht ein tatsächlicher Kostenersatz gefordert wird (→ Rn. 45). Eine Staffelung nach der Seitenanzahl findet nicht statt, so dass die Kopien oder Ausdrucke auch dann mit 3 EUR je Seite zu erstatten sind, wenn diese mehr als 50 Seiten umfassen.

5. Schwarz-Weiß-Ausdrucke

Die Pauschale entsteht auch dann, wenn anstelle von Kopien Ausdrucke 35
gefertigt werden. Für einen Schwarz-Weiß-Ausdruck bis zu einer Größe von DIN A3, beträgt die Pauschale für die ersten 50 Seiten 0,50 EUR je Seite und 0,15 EUR für jede weitere Seite (Abs. 2 S. 1 Nr. 1). Die Pauschale ist auch dann zu erstatten, wenn dem Sachverständigen eine elektronische Akte durch die Behörde überlassen wird und dieser notwendige Aktenausdrucke vornehmen muss. Gleiches gilt, wenn die heranziehende Stelle oder die Parteien dem Sachverständigen andere elektronische Unterlagen überlassen, von denen einen Ausdruck erforderlich wird. Fertigt der Sachverständige nach Aufforderung Mehrfertigungen seines Gutachtens an, so steht der Computerausdruck einer Fotokopie gleich. Wegen der Farbausdrucke → Rn. 42 ff.

6. Begriff der Angelegenheit

Die Pauschale ist gemäß Abs. 2 S. 2 in jeder Angelegenheit einheitlich zu 36
berechnen. Als Angelegenheit im Sinne der Vorschrift ist nicht die Rechtssache oder der Instanzenzug zu verstehen, sondern nur der erteilte Auftrag bzw. die Heranziehung. Eine nähere Erläuterung des Begriffs „Auftrag" befindet sich in § 24, Rn. 2 ff. Insbesondere Ergänzungsgutachten stellen einen gesonderten Auftrag und somit auch eine besondere Angelegenheit im Sinne des Abs. 2 dar. Innerhalb derselben Angelegenheit sind alle ge-

§ 7   Abschnitt 2. Gemeinsame Vorschriften

fertigten Kopien und Ausdrucke einheitlich zu berechnen, der erhöhte Pauschsatz von 0,50 EUR je Seite kann daher nur einmal für die ersten 50 Seiten erstattet werden. Für die Berechnung ist es auch unerheblich, ob es sich um Ablichtungen aus den Akten oder Mehrfertigungen des Gutachtens handelt. Ausdrucke und Fotokopien sind gleichfalls einheitlich zu berechnen.

7. Mehrfertigungen

37   Fotokopien oder Ausdrucke für Mehrfertigungen des Gutachtens, die auf Anforderung der heranziehenden Stelle gefertigt werden, sind nach Abs. 2 S. 3 erstattungsfähig. Der Sachverständige kann nur die Pauschale nach Abs. 2 erstattet verlangen, eine Vergütung nach § 9 für den Zeitaufwand kann hingegen nicht gewährt werden (*OLG Celle* JurBüro 2005, 374). Auch die Kosten für eingesetzte Hilfskräfte sind nicht erstattungsfähig (*LG Hannover* JurBüro 2005, 374). Die Anfertigungen von nachträglich angeforderten Mehrfertigungen zählt zu derselben Angelegenheit i. S. d. Abs. 2 und muss den dort gefertigten Kopien hinzugerechnet werden. Soweit dort bereits 50 Fotokopien gefertigt waren, kann für die nachgeforderten Ausfertigungen nur noch eine Pauschale von 0,15 EUR je Seite erstattet werden (*OLG Celle* JurBüro 1998, 270).

Eine Erstattung von Fotokopiekosten oder Ausdrucken kommt nur dann in Betracht, wenn die Abschriften auch von der heranziehenden Stelle angefordert worden sind (*LAG Hamm* JurBüro 1976, 491; *KG* MDR 1982, 63; *OLG Koblenz* StraFo 1997, 62). Für unaufgefordert oder versehentlich eingereichte Mehrfertigung entsteht die Pauschale nicht. Auch Zeugen können für Mehrfertigungen einer schriftlichen Aussage Kopiekosten nach Abs. 2 geltend machen, jedoch kann für die Urschrift der schriftlichen Aussage keine Pauschale, auch nicht nach § 12, erstattet werden.

8. Einzelne Anwendungsfälle

38   **a) Arbeitsunterlagen und Konzeptseiten.** Fotokopien, die als Arbeitsunterlagen oder als Konzept (auch Redegierexemplare) des Berechtigten gedient haben, können erstattet werden (*OLG Nürnberg* KostRsp. ZSEG § 8 Nr. 17). Für solche Kopien kann nur die Pauschale des Abs. 2 gewährt werden, eine Erstattung nach § 12 Abs. 1 S. 2 Nr. 3 scheidet aus, auch für die als Konzept dienenden Seiten.

39   **b) Aktenauszüge.** Für die Fertigung eines allgemeinen Aktenauszuges können regelmäßig keine Fotokopiekosten erstattet werden, da solche Teile des Gutachtens bei dem Ersatz der Aufwendungen unberücksichtigt bleiben (*OLG Koblenz* Rpfleger 1996, 422). Die Fotokopie der vollständigen Akte wird zumeist nicht als notwendig für die Erfüllung des Auftrags anzusehen sein. Ein Erstattungsanspruch besteht aber dann, wenn die Akte deshalb vollständig kopiert werden muss, weil das Gericht die Akten von dem Sachverständigen unverzüglich zurückfordert und eine zeitnahe Rücksendung an diesen nicht möglich ist. Zu erstatten sind zudem solche Kopien, die der Sachverständige für die Erstattung des Gutachtens benötigt, z. B. Aktenauszüge, die das Untersuchungsmaterial wie etwa Schriftproben enthalten (*OLG Köln* JurBüro 2007, 432).

Ersatz für sonstige Aufwendungen   § 7

c) **Handakten.** Der Gesetzgeber hat Abs. 2 S. 3 durch Art. 19 Nr. 1 2. **40**
Justizmodernisierungsgesetz novelliert. Mit der Änderung wurde klargestellt,
dass die Kosten für Fotokopien des Gutachtens für die Handakten des Sachverständigen nicht gesondert erstattungsfähig sind. In der Begründung (BT-Drs. 16/3038, S. 54) hat der Gesetzgeber dazu ausgeführt: „*In der Rechtsprechung ist streitig, ob auch nach dem Inkrafttreten des Justizvergütungs- und -entschädigungsgesetzes Kosten für die Ablichtung des Gutachtens für die Handakten des Sachverständigen zu erstatten sind, weil diese Kosten in § 7 Abs. 2 JVEG – anders als früher im Gesetz über die Entschädigung von Zeugen und Sachverständigen – nicht mehr genannt sind. Dies ist auch folgerichtig, hat sich der Entwurf des JVEG doch an dem Bild des selbständig und hauptberuflich tätigen Sachverständigen orientiert. Von diesem muss man erwarten, dass ihm das Gutachten auch nach dessen Vorlage bei Gericht entweder elektronisch oder in Form einer Kopie weiterhin zur Verfügung steht, um es gegebenenfalls später vor Gericht mündlich zu erläutern. Mit der Einfügung des Wortes „nur" soll nunmehr klargestellt werden, dass nur in den in dieser Vorschrift genannten Fälle Kosten zu erstatten sind.*" Damit hat sich der Gesetzgeber der bereits bestehenden Rechtsprechung angeschlossen, die Abs. 2 allein dem Wortlaut nach ausgelegt und eine Erstattung von Kopiekosten abgelehnt hatte, so dass die wegen der Fertigung eines Gutachtenexemplars für die Handakten des Sachverständigen entstandenen Kopiekosten generell nicht mehr erstattungsfähig sind (*OLG Schleswig* SchlHA 2006, 95; *OLG München* BauR 2006, 578; *OLG Hamburg* OLGR Hamburg 2006, 396; *OLG Oldenburg* MDR 2009, 774; *LG Hannover* JurBüro 2006, 491). Das gilt aufgrund der eindeutigen Regelungsabsicht durch den Gesetzgeber und den bestehenden Aufbewahrungspflichten des Sachverständigen auch dann, wenn der Sachverständige beauftragt wird, eine schriftliche Ergänzung zum Gutachten einzureichen (*SG Fulda* Az. S 4 SF 1/12 E) oder eine mündliche Erläuterung erfolgen soll. Hingegen ist eine Kostenerstattung nach Abs. 2 nicht ausgeschlossen, wenn der Sachverständige andere Kopien für seine Handakte fertigen muss, z. B. notwendige Aktenauszüge (→ Rn. 39) oder Kopien von sonstigen, für die Erfüllung des Gutachtens notwendiger Unterlagen (*OLG Köln* JurBüro 2007, 432).

d) **Vorbereitende Schreiben.** Für vorbereitende Schreiben steht dem **41**
Sachverständigen keine Auslagenpauschale nach Abs. 2 zu. Es kommt aber
eine Erstattung der für das Fertigen solcher Schreiben eingesetzten Hilfskräfte
nach § 12 Abs. 1 S. 2 Nr. 1 in Betracht. Für den allgemeinen Schriftverkehr
ist eine Erstattung von Fotokopiekosten gleichfalls ausgeschlossen, da dieser
durch die Vergütung nach (jetzt) § 9 abgegolten wird (*KG* MDR 1988, 330).
Eine Erstattung ist daher insbesondere ausgeschlossen für Sachstandsanfragen,
Ladungen oder Anforderungsschreiben. Auch für die Kostenrechnung kann
eine Erstattung nach §§ 7, 12 nicht verlangt werden.

9. Farbkopien und Farbausdrucke

a) **Allgemeines.** Werden Farbkopien oder Farbausdrucke bis zur Größe **42**
DIN A3 gefertigt, beträgt die Pauschale nach Abs. 2 S. 1 Nr. 3 das Doppelte,
der für den anzufertigende Schwarz-Weiß-Kopien oder –ausdrucken zu zahlenden
Beträge, so dass für die ersten 50 Seiten 1 EUR je Seite und für jede weitere
Seite 0,30 EUR zu erstatten sind. Der Gesetzgeber hat damit im Rahmen des
2. KostRMoG eine deutliche Reduzierung der Pauschale vorgenommen, da

197

§ 7　Abschnitt 2. Gemeinsame Vorschriften

die Kosten für Farbausdrucke nur noch geringfügig über denen von Schwarz-Weiß-Kopien liegen (BT-Drs. 17/11471, S. 259).

43　Muss eine Farbkopie oder ein Farbausdruck in einer Größe von mehr als DIN A3 gefertigt werden, beträgt die Pauschale für jede Seite 6 EUR (Abs. 2 S. 1 Nr. 3), wenn nicht ein tatsächlicher Kostenersatz geltend gemacht wird (→ Rn. 45).

44　**b) Abgrenzung zu § 12 Abs. 1 Nr. 2.** Der Regelung des § 12 Abs. 1 S. 2 Nr. 2 wegen der Erstattung von erforderlichen Fotos geht der allgemeinen Bestimmung des Abs. 2 vor. Daraus folgt, dass eine Erstattung für Fotos nach Abs. 2 neben oder anstatt der Entschädigung nach § 12 Abs. 1 S. 2 Nr. 2 ausgeschlossen ist, denn Abs. 2 greift nur ein, wenn der Ersatz von Aufwendungen nicht bereits in der vorrangigen Vorschrift des § 12 Abs. 1 geregelt ist (*OLG Hamm* BauR 2013, 137; *FG Sachsen-Anhalt* EFG 2010, 1819). Handelt es sich bei den Farbkopien oder Farbausdrucken nur um einen weiteren Ausdruck eines nicht im Gutachten verwendeten Fotos, erfolgt daher eine Erstattung ausschließlich nach § 12 Abs. 1 S. 2 Nr. 2 (*OLG Hamburg* MDR 2007, 867). Das gilt auch dann, wenn es sich um Ausdrucke von mit einer Digitalkamera aufgenommenen Fotos handelt. Für jeden weiteren Ausdruck des nicht im Gutachten verwendeten Lichtbilds können daher nur 0,50 EUR erstattet werden (*OLG Hamburg* MDR 2007, 867; *OLG Hamm* BauR 2013, 137).

10. Kopien oder Ausdrucke in größeren Formaten

45　Muss eine Kopie oder ein Ausdruck in einer Größe von mehr als DIN A3 gefertigt werden, kann der Herangezogene wählen, ob er eine pauschale oder eine vollständige Kostenerstattung fordert. Wird eine pauschale Erstattung gewählt, beträgt die Pauschale für Schwarz-Weiß-Kopien oder –ausdrucke 3 EUR je Seite und für Farbkopien oder –ausdrucke 6 EUR je Seite (Abs. 2 S. 1 Nr. 2, 3).
Statthaft ist wegen Abs. 2 S. 4 auch eine Erstattung der tatsächlichen baren Aufwendungen, die für die Fertigung der Kopie oder des Ausdrucks entstanden sind, wenn die Fertigung gegen ein Entgelt von einem Dritten erfolgt ist. Hierzu zählen insbesondere die Kosten für Kopierläden. Da ein vollständiger Kostenersatz stattfindet, ist die Erstattung nicht auf die Pauschalen des Abs. 2 S. 1 Nr. 2, 3 beschränkt.

VI. Elektronische Dateien (Abs. 3)

46　Ist die Verwendung von elektronischen Dokumenten zulässig (§ 46e ArbGG, § 14 FamFG, § 81 Abs. 4 GBO, § 110a OWiG, § 65e SGG, § 41a StPO, § 55a VwGO, § 130a ZPO), erhält der Herangezogene die Pauschale nach Abs. 3, wenn er elektronische Dokumente an die heranziehende Stelle übermittelt. Da die Pauschale nur für Dokumente entsteht, die anstelle der nach Abs. 2 gefertigten Kopien oder Ausdrucke übersandt wird, ist auch die Erstattung nach Abs. 3 nur statthaft, wenn auch eine Kopie oder ein Ausdruck nach Abs. 2 erstattungsfähig gewesen wäre. Es muss sich daher um Mehrfertigungen handeln, die der Herangezogene aufgrund der Aufforderung der heranziehenden Stelle gefertigt hat. Ferner entsteht die Pauschale dann, wenn der Sachverständige aus einer ihm von der heranziehenden Stelle überlassenen

Ersatz für sonstige Aufwendungen § 7

elektronischen Akte Dokumente speichert, die zur sachgemäßen Vorbereitung oder Bearbeitung der Angelegenheit geboten war. Handelt es sich bei der Datei um ein vorbereitendes Schreiben, so ist eine Erstattung nach Abs. 3 wie bei solchen Schreiben in Papierform nicht statthaft. Das gilt auch dann, wenn die Kostenrechnung mittels Datei übermittelt wird. Nicht als Versendung elektronischer Dateien gilt die Übermittlung per Telefax (*Enders* JurBüro 2005, 393). Abs. 3 kann auch dann angewendet werden, wenn der Sachverständige Teile des Gutachtens wie Anlagen oder Berechnungen, Grafiken oder Bilder auf einem Datenträger als Anhang zu dem Gutachten einreicht.

Wird ein elektronisches Dokument überlassen, beträgt die Pauschale **47** 1,50 EUR je Datei (Abs. 3 S. 1). Auf die Größe und die Art der Datei kommt es nicht an. Mit der Pauschale werden sämtliche Kosten für die Überlassung der Datei sowie deren Vorbereitung abgegolten, so dass sowohl für den für die Speicherung auf den Datenträger oder das Versenden der Dateien wie auch für die Beschaffungskosten für den Datenträger keine gesonderte Erstattung verlangt werden kann. Neben der Pauschale nach Abs. 3 kann daher auch ein Zeitaufwand für das Suchen und Aufrufen der Datei weder für den Sachverständigen noch für Hilfskräfte erstattet werden. Auch die anfallenden Telefonkosten für das Versenden der Datei werden durch die Pauschale abgegolten, es sei denn, sie können eindeutig für den Auftrag ausgeschieden werden, weil dann eine Erstattung nach Abs. 1 S. 1 erfolgen kann, da auch bei der Übersendung von Kopien die Portokosten gesondert berechnet werden können.

Der Gesetzgeber hat in Abs. 3 durch Art. 7 des 2. KostRMoG einen neuen **48** S. 2 angefügt. Dadurch wird klargestellt, dass die Pauschale für mehrere in einem Arbeitsgang überlassene oder in einem Arbeitsgang auf denselben Datenträger übertragene Dokumente höchstens 5 EUR beträgt. Sind aber weniger als vier Dateien auf dem Dateiträger enthalten, ist die Pauschale nur mit dem tatsächlichen Satz von 1,50 EUR je Datei zu ersetzen. Erst bei einer Anzahl von mehr als drei Dateien kommt es für den Höchstsatz nach Abs. 3 S. 2 nicht auf die tatsächliche Anzahl der Dateien an.

Beispiel: Der Sachverständige übersendet an das Gericht eine CD-ROM auf der sich 25 Bilddateien befinden.
Es ist der Höchstsatz nach Abs. 3 S. 2 zu beachten.
Nach Abs. 3 S. 2 sind somit insgesamt 5 EUR zu erstatten.

Beispiel: Der Sachverständige übersendet an das Gericht das elektronische Gutachten. Die Daten sind auf einer CD-ROM gespeichert. Ingesamt werden drei CDs übersandt, auf denen sich jeweils drei Dateien befinden (eine Textdatei, eine Grafik und drei Bilddateien).
Es ist der Höchstsatz nach Abs. 3 S. 2 zu erstatten. Er ist jedoch für jede CD gesondert zu gewähren, da jede CD in einem gesonderten Arbeitsgang angelegt wurde.
Nach Abs. 3 S. 2 sind somit insgesamt 15 EUR (3 CDs à 5 EUR) erstattungsfähig.

Abschnitt 3. Vergütung von Sachverständigen, Dolmetschern und Übersetzern

§ 8 Grundsatz der Vergütung

(1) Sachverständige, Dolmetscher und Übersetzer erhalten als Vergütung
1. ein Honorar für ihre Leistungen (§§ 9 bis 11),
2. Fahrtkostenersatz (§ 5),
3. Entschädigung für Aufwand (§ 6) sowie
4. Ersatz für sonstige und für besondere Aufwendungen (§§ 7 und 12).

(2) Soweit das Honorar nach Stundensätzen zu bemessen ist, wird es für jede Stunde der erforderlichen Zeit einschließlich notwendiger Reise- und Wartezeiten gewährt. Die letzte bereits begonnene Stunde wird voll gerechnet, wenn sie zu mehr als 30 Minuten für die Erbringung der Leistung erforderlich war; anderenfalls beträgt das Honorar die Hälfte des sich für eine volle Stunde ergebenden Betrags.

(3) Soweit vergütungspflichtige Leistungen oder Aufwendungen auf die gleichzeitige Erledigung mehrerer Angelegenheiten entfallen, ist die Vergütung nach der Anzahl der Angelegenheiten aufzuteilen.

(4) Den Sachverständigen, Dolmetschern und Übersetzern, die ihren gewöhnlichen Aufenthalt im Ausland haben, kann unter Berücksichtigung ihrer persönlichen Verhältnisse, insbesondere ihres regelmäßigen Erwerbseinkommens, nach billigem Ermessen eine höhere als die in Absatz 1 bestimmte Vergütung gewährt werden.

Übersicht

	Rn.
I. Allgemeines	1
1. Regelungszweck	1
2. Heranziehung	2
II. Die Grundsätze der Vergütung	3
1. Allgemeines	3
2. Gutachterliche Tätigkeit	4
3. Kein vollständiger Vermögensersatz	5
4. Antragspflicht	6
III. Vergütungsanspruch	7
1. Allgemeines	7
2. Teilleistungen	8
3. Übersetzer	9
4. Selbsttötung	10
IV. Umfang und Höhe der Vergütung	11
1. Allgemeines	11
2. Einheitlicher Stundensatz	12
V. Erforderliche Zeit (Abs. 2)	13
1. Allgemeines	13
2. Zeitbegrenzung	14
3. Maßgebende Kriterien für die erforderliche Zeit	15
a) Allgemeines	15
b) Umfang des Gutachtens	16
c) Alter und Krankheit	17
4. Vergütung für die verbleibende Tageszeit	18
5. Einzelne Tätigkeiten des Sachverständigen	19

Grundsatz der Vergütung § 8

	Rn.
6. Besondere Gutachten in Familiensachen	49
a) Gutachten zur Erziehungsfähigkeit	49
b) Schaffung eines besonderen Vertrauensverhältnisses bei Kindern	50
c) Einbeziehungen von weiteren Personen	51
d) Herbeiführung einer Umgangsregelung	52
7. Medizinische Gutachten	53
VI. Nachprüfung des Zeitaufwands durch das Gericht	54
1. Allgemeines	54
2. Nachprüfungspflicht	55
3. Kürzungen durch den Anweisungsbeamten	56
4. Begründung von Absetzungen	57
5. Nachprüfung im Verfahren nach § 4	58
VII. Überschreiten des Auftrags	59
VIII. Aufrundung der letzten begonnenen Stunde (Abs. 2)	61
IX. Mehrere Angelegenheiten (Abs. 3)	63
X. Sachverständige, Dolmetscher oder Übersetzer aus dem Ausland (Abs. 4)	65

I. Allgemeines

1. Regelungszweck

§ 8 umfasst in Abs. 1 die gesetzlichen Tatbestände der an Sachverständige, **1** Dolmetscher oder Übersetzer zu zahlenden Vergütung. Auf andere Berechtigte ist die Regelung nicht anwendbar. Abs. 2 bestimmt die vergütungsfähige Zeit. Abs. 3 regelt die Fälle, in denen der Berechtigte in mehreren Angelegenheiten gleichzeitig tätig ist. Durch Abs. 4 wird Berechtigten, die ihren gewöhnlichen Aufenthalt haben, eine höhere Vergütung zugebilligt.

2. Heranziehung

Der Berechtigte muss von einer in § 1 Abs. 1 genannten öffentlichen Stelle **2** beauftragt sein. Gerichtlicher Sachverständiger ist deshalb nur derjenige, der vor der Erstattung des Gutachtens durch das Gericht dazu bestimmt worden ist. Nach der Erstattung des Gutachtens oder dem Abschluss des Verfahrens, ist eine nachträgliche Bestellung zum gerichtlichen Sachverständigen mit rückwirkender Kraft nicht mehr möglich. Ein direkter Vergütungsanspruch nach dem JVEG entsteht daher gegenüber dem Gericht nicht, wenn keine ausdrückliche Beauftragung vorliegt. Das gilt für einen Arzt auch dann, wenn die Ergebnisse seiner Untersuchungen in dem Gutachten eines gerichtlichen Sachverständigen verarbeitet worden sind (*LSG BadWürtt.* Justiz 1978, 246). Der Angestellte eines Ingenieurbüros ist als Sachverständiger hinzugezogen, wenn er in der Hauptverhandlung für den geladenen, aber verhinderten Leiter des Ingenieurbüros als Sachverständiger vernommen wird (*OLG Köln* Rpfleger 1980, 36).

II. Die Grundsätze der Vergütung

1. Allgemeines

Sachverständige, Dolmetscher und Übersetzer erhalten eine Vergütung und **3** nicht wie Zeugen, Dritte und ehrenamtliche Richter lediglich eine Entschädigung. Der Sachverständige, Dolmetscher oder Übersetzer ist zu einer unentgeltlichen Leistung nicht verpflichtet, soweit er herangezogen oder beauftragt wird, so dass ihm ein Honorar für die erbrachte Leistung zu zahlen ist. Die Vergütung für eine erbrachte Leistung wird nur einmal gewährt, sie schließt die Zahlung einer weiteren Vergütung für dieselbe Leistung aus. Diesem Grundsatz kommt insbesondere dann Bedeutung zu, wenn der Sachverständige, Dolmetscher oder Übersetzer in verschiedenen Angelegenheiten tätig geworden ist (→ Rn. 63 f.).

2. Gutachterliche Tätigkeit

4   Der Sachverständige erhält die Vergütung für seine gutachterliche Tätigkeit. Eine solche liegt nur dann vor, wenn sich der Sachverständige aufgrund seiner speziellen Qualifikationen in einer wissenschaftlichen Art und Weise mit dem Beweisthema auseinandersetzt und zugleich zu einer verwertbaren Beurteilung unter Einbringung bestimmter Fachkenntnisse und Erfahrungswerte kommt (*OLG Frankfurt* OLGR Frankfurt 1994,10). Dabei muss es sich bei der erbrachten Leistung stets um eine persönliche Leistung des beauftragten Sachverständigen handeln. Der Sachverständige darf die Aufgaben nicht unerlaubt einem Dritten übertragen, hierzu → § 8a Rn. 9.

3. Kein vollständiger Vermögensersatz

5   Das Gesetz sieht trotz der Gewährung einer Vergütung gleichwohl keinen vollständigen Ersatz von Vermögensausfällen vor. Trotz der durch die Einführung des JVEG und durch das 2. KostRMoG erfolgten Anhebung der Stundensätze an die für freie Aufträge erzielten Honorare, besteht auch zukünftig die Möglichkeit, dass der Sachverständige in Einzelfällen durch die Erfüllung des gerichtlichen Auftrags eine Vermögenseinbuße hinnehmen muss, weil sein außerbehördliches Honorar höher ist als das gesetzliche Honorar nach dem JVEG, denn auch in einem solchen Fall verbleibt es bei den durch § 9 festgesetzten Höchstsätzen. Das gesetzliche Honorar kann auch nicht aus Gründen der Billigkeit überschritten werden. Eine Abweichung kann nur unter den Voraussetzungen des § 13 erfolgen. Darüber hinaus kommt eine Erstattung nicht in Betracht, so dass einem nach § 8 Vergütungsberechtigten daher neben dem Honorar kein zusätzlicher Verdienstausfall oder eine Zeitversäumnis erstattet werden kann.

4. Antragspflicht

6   Auch die Vergütung wird nur gezahlt, wenn sie fristgerecht nach § 2 geltend gemacht wurde, so dass eine Zahlung nur auf Antrag und nicht von Amts wegen erfolgt. Zulässig ist aber die formlose Aufforderung an den Sachverständigen, seine Kostenrechnung einzureichen, damit eine Abrechnung der bereits eingezahlten Kostenvorschüsse oder der Erstellung der Schlusskostenrechnung erfolgen kann. Ob ein Verlangen auf Vergütung auch dann vorliegt, wenn nicht der Sachverständige selbst, sondern die PVS die Liquidation einreicht, kann zweifelhaft sein (*LSG Sachsen* MedR 2003, 528). Da die dort vorgetragenen Bedenken jedoch nur datenschutzrechtliche Fragen betreffen, ergeben sich keine vergütungsrechtlichen Folgen, so dass von einer ordnungsgemäßen Geltendmachung auszugehen ist.

III. Vergütungsanspruch

1. Allgemeines

Ein Vergütungsanspruch besteht nur für eine tatsächlich erbrachte Leistung. Die Vergütung wird im Regelfall erst mit der Vorlage des Gutachtens bei Gericht fällig (*OLG Koblenz* MDR 2005, 1258), vorher verbleibt nur die Möglichkeit der Zahlung eines Vorschusses nach § 3. Derselbe Grundsatz gilt auch bei der Beauftragung von Übersetzern, die Fälligkeit tritt erst mit Eingang der vollständigen und verwertbaren Übersetzung bei der beauftragenden Stelle ein. Bei Dolmetschern wird die Vergütung mit Abschluss der Dolmetschertätigkeit fällig.

7

2. Teilleistungen

Werden nur Teilleistungen erbracht, ist für die Frage der Vergütungsfähigkeit eine Differenzierung notwendig. Unterbleibt die Fertigstellung deshalb, weil Gründe vorliegen, die nicht in der Person des Sachverständigen selbst liegen, steht ihm ein Vergütungsanspruch für die erbrachten Teilleistungen auch dann zu, wenn ein fertig gestelltes Gutachten noch nicht vorliegt.

8

Liegen die Gründe für die unterbliebene Fertigstellung hingegen in der Person des beauftragten Sachverständigen selbst, wird eine Vergütung regelmäßig zu versagen sein (§ 266 BGB). Das folgt nunmehr auch aus § 8a Abs. 2 S. 1 Nr. 2, der den Vergütungsanspruch ausschließt, wenn eine mangelhafte und nicht bestimmungsgemäß verwertbare Leistung erbracht wird. Eine Vergütung kann daher insbesondere dann nicht geltend gemacht werden, wenn die erbrachte Teilleistung weder für das Gericht noch für die Parteien von Wert ist (*OLG Köln* NJW 1970, 1980). Verweigert der Sachverständige zudem ohne einen ausreichenden Grund die Fertigstellung seiner Arbeit, so hat er grundsätzlich auch keinen Vergütungsanspruch für die bereits geleisteten Vorarbeiten des Gutachtens (*OLG Hamm* JVBl. 1960, 214).

3. Übersetzer

Auch der Übersetzer hat für eine Teilleistung nur dann einen Vergütungsanspruch, wenn die Arbeit für das Gericht verwertbar ist oder die vorzeitige Beendigung nicht von ihm selbst zu verantworten ist (*OLG Hamm* Rpfleger 1963, 314).

9

4. Selbsttötung

Im Falle der Selbsttötung des Sachverständigen vor der Fertigstellung des Gutachtens besteht weiterhin ein Vergütungsanspruch für die bereits erbrachte Leistung (*OLG Düsseldorf* OLGR Düsseldorf 2002, 17), soweit die Teilleistung verwertbar ist und hierfür nach den allgemeinen Grundsätzen ein Vergütungsanspruch besteht (siehe Rn. 8 f.). Der Vergütungsanspruch steht jedoch regelmäßig den Erben zu.

10

IV. Umfang und Höhe der Vergütung

1. Allgemeines

11 Nach Abs. 1 erhalten Sachverständige, Dolmetscher und Übersetzer als Vergütung:
- ein Honorar für ihre Leistungen nach §§ 9 bis 11 (Nr. 1),
- Fahrtkostenersatz nach § 5 (Nr. 2),
- eine Aufwandsentschädigung sowie Übernachtungskosten nach § 6 (Nr. 3),
- Ersatz für sonstige und für besondere Aufwendungen nach §§ 7, 12 (Nr. 4).

Eine von der gesetzlichen Vergütung abweichende Zahlung kann nach §§ 13, 14 vereinbart werden. Auch kann Berechtigten, die ihren gewöhnlichen Aufenthalt im Ausland haben, eine höhere Vergütung gewährt werden (Abs. 4).

2. Einheitlicher Stundensatz

12 Das Honorar ist für die gesamte erforderliche Zeit einheitlich zu gewähren, unterschiedliche Stundensätze dürfen nicht gezahlt werden. Das gilt auch für den Fall der Tätigkeit auf mehreren Sachgebieten der Anlage 1 zu § 9 Abs. 1. Der Stundensatz wird daher für einfache Arbeiten wie Reise- und Wartezeiten in derselben Höhe gewährt wie für schwierige Arbeiten.

V. Erforderliche Zeit (Abs. 2)

1. Allgemeines

13 Bei dem Honorar des Sachverständigen handelt es sich zumeist um ein Zeithonorar (§ 9 Abs. 1). Es ist nach Abs. 2 S. 1 für jede Stunde der für die Leistungserbringung erforderlichen Zeit zu gewähren. Bei der Geltendmachung der Vergütung hat der Sachverständige, Dolmetscher oder Übersetzer deshalb anzugeben, welcher Zeitaufwand für die Erbringung der Leistung notwendig gewesen ist, dabei genügt eine nachvollziehbare Stundenaufstellung (*OLG Brandenburg* BauR 2011, 1060). Dabei hat der Sachverständige der anweisenden Stelle jedoch nicht nur die Gesamtzahl der aufgewendeten Stunden mitzuteilen, sondern auch eine Aufschlüsselung der für die Erbringung der Leistung notwendigen Zeit zu übersenden (*LSG Thüringen* Az. L 6 SF 1854/11), damit der Anweisungsbeamte und das Gericht die benötigte Zeit notfalls auf ihre Plausibilität prüfen können. Der benötigte Zeitaufwand muss sich aus der Kostenrechnung eindeutig ergeben, er muss nachvollziehbar und schlüssig angegeben werden. Pauschalierte Angaben sind nicht ausreichend.

Erbringt der Sachverständige eine Leistung, die von § 10 Abs. 1, 2 und der Anlage 2 zu § 10 Abs. 1 erfasst wird, erhält er abweichend von § 9 eine pauschale Vergütung, deren Höhe unabhängig von der aufgewendeten Zeit ist. Lediglich für zusätzlich benötigte Zeit, kann der Sachverständige ein Stundenhonorar geltend machen (§ 10 Abs. 3). Auch für einen Übersetzer bestimmt sich das Honorar nicht nach der erforderlichen Zeit, sondern es wird eine Zeichenvergütung gewährt, die sich allein nach dem Umfang und der Schwierigkeit des zu übersetzenden Textes bestimmt (§ 11).

Grundsatz der Vergütung § 8

2. Zeitbegrenzung

Das JVEG sieht eine Begrenzung der vergütungsfähigen Zeit nicht vor, 14
jedoch können nach Abs. 2 S. 1 gleichwohl nur solche Zeiten vergütet
werden, die für die Erbringung der Leistung objektiv notwendig waren. Eine
Vergütung ist deshalb auch für solche Leistungen zu gewähren, die an einem
allgemeinen Feiertag oder einem Sonntag erbracht werden. Zu beachten sind
jedoch allgemeine und lebensnotwendige Pausen- und Ruhezeiten, welche
grundsätzlich nicht vergütungsfähig sind. Zu einer Begrenzung der vergütungsfähigen Zeit kann es auch aus kostenrechtlichen Überlegungen kommen, etwa weil der Sachverständige entstehende Mehrkosten nicht rechtzeitig
mitteilt, → § 8a Rn. 29 ff. Der Sachverständige muss dem Gericht zudem
mitteilen, dass er an der Fertigstellung des Gutachtens wegen hoher Belastung
nur langsam und mit längeren Pausen arbeiten kann und dass dadurch höhere
Kosten entstehen werden (*OLG Schleswig* JurBüro 1966, 779).

3. Maßgebende Kriterien für die erforderliche Zeit

a) Allgemeines. Das Honorar wird für die gesamte Zeit gewährt, welche 15
für die Fertigstellung des Auftrags oder aufgrund einer Heranziehung erforderlich war. Eine Vergütung wird deshalb nur für die erforderliche Zeit und
nicht für die tatsächlich benötigte Zeit gewährt (BGH MDR 2004, 776). Der
benötigte Zeitaufwand ist nach objektiven Maßstäben zu bestimmen, wobei
der Umfang des Sachstoffs, die Schwierigkeit der Beweisfrage und die Bedeutung der Sache zu berücksichtigen sind (BVerfG JurBro 2008, 44). Es ist daher
auf den Zeitaufwand abzustellen, den ein Sachverständiger mit durchschnittlichen Fähigkeiten bei sachgemäßer Auftragserledigung benötigt, um die
Beweisfrage vollständig und sachgemäß zu beantworten (*LSG Schleswig-Holstein* SchlHA 2012, 474; *OLG Hamm* JurBüro 2000, 662; *OLG Koblenz*
MDR 1976, 324; *OLG Bamberg* JVBl. 1970, 44; *LG Oldenburg* NJW 1969,
1861; *LG Dortmund* NJW 1966, 1169). Es kann daher nicht auf die individuelle Arbeitsweise des Sachverständigen abgestellt werden (*LSG Sachsen-Anhalt*
MedR 2012, 151).

b) Umfang des Gutachtens. Der Umfang des Gutachtens kann ein Indiz 16
für den erforderlichen Zeitaufwand darstellen, jedoch darf dabei nicht allein
auf die Anzahl der vorhandenen Seitenzahlen des Gutachtens abgestellt werden (*KG* JurBüro 2005, 376; *OLG Rostock* OLGR Rostock 2005, 565). Wird
der Umfang als Kriterium herangezogen, ist zu berücksichtigen, ob das Gutachten in nicht unerheblichem Umfang allgemeine Ausführungen enthält wie
beispielsweise Hinweise des Sachverständigen auf die von ihm offensichtlich
auch in anderen Fällen verwandten Vorgehensweisen und Testmethoden
(*OLG München* FamRZ 1995, 1598). Bei einer derartigen Sachlage kann von
einem geringeren erforderlichen Zeitaufwand ausgegangen werden. Gleiches
gilt, wenn das Gutachten zu großen Teilen aus Textbausteinen besteht.

c) Alter und Krankheit. Alter oder Krankheit rechtfertigen keine höhere 17
Vergütung, eine Erhöhung des erstattungsfähigen Zeitaufwands ist daher nicht
zulässig. Allein aus dem hohen Alter des Sachverständigen kann aber auch
nicht allgemein gefolgert werden, dass die geltend gemachte Stundenzahl
überhöht ist und der Sachverständige für die Erbringung der Leistung eine
höhere Stundenzahl liquidiert hat (*KG* NJW 1968, 203).

205

4. Vergütung für die verbleibende Tageszeit

18 Über den für die Erfüllung des gerichtlichen Auftrags notwendigen Zeitaufwand hinaus, steht dem Sachverständigen, Dolmetscher oder Übersetzer kein Vergütungsanspruch zu. Das gilt auch dann, wenn er aufgrund der Leistungserbringung wegen eines gerichtlichen Auftrages die restliche Tages- bzw. Arbeitszeit nicht mehr nutzen kann. Ein solcher Zeitaufwand kann nicht als erforderlich und notwendig für die Leistungserbringung angesehen werden.

5. Einzelne Tätigkeiten des Sachverständigen

In der Rechtsprechung sind zu einer Vielzahl von Einzeltätigkeiten Entscheidungen ergangen, welche die Vergütungsfähigkeit betreffen. Sie können jedoch nur als Anhaltspunkt oder Richtlinien dienen, ersetzen aber nicht die Einzelfall bezogene Prüfung.

19 – **Ablehnungsgesuch:** Muss der Sachverständige zu einem gegen ihn gerichteten Ablehnungsgesuch wegen Befangenheit eine Stellungnahme abgeben, so kann ihm der hierfür benötigte Zeitaufwand nicht vergütet werden (*OLG Celle* NdsRpfl 2012, 309; *LSG Niedersachsen* SGb 2001, 385; *OLG Koblenz* MDR 2000; 416; *OLG Köln* FamRZ 1995, 101; *OLG München* MDR 1994, 1050; *OLG Düsseldorf* MDR 1994, 1050; *LG Osnabrück* JurBüro 2013, 99; *LG Essen* BauR 2005, 1686 a. A. *OLG Frankfurt* MDR 1993, 484), denn obwohl die Stellungnahme zu einem Ablehnungsgesuch zu den Nebenpflichten des Sachverständigen gehört, wird dadurch kein zusätzlicher Vergütungsanspruch begründet (*OLG Düsseldorf* MDR 1994, 1050).

20 – **Aktenstudium:** Für das Aktenstudium erforderlicher Zeitaufwand ist zu vergüten. Hierzu gehören neben der Gerichtsakte auch Anlagenbände oder sonstige Unterlagen, die der Sachverständige zur Erstattung des Gutachtens einsehen musste. Dabei gilt auch hier der Grundsatz, dass den Angaben des Sachverständigen hinsichtlich des benötigten Zeitaufwands Glauben zu schenken ist. Gleichwohl hat die Rechtsprechung hierzu gewisse Richtlinien geschaffen. Im Regelfall kann danach bei einem allgemeinen Akteninhalt von 100 Seiten je Stunde ausgegangen werden (*LSG Thüringen* NZS 2013, 560; *LSG Niedersachsen-Bremen* NZS 2003, 168). Dieser Wert kann jedoch nur zugrunde gelegt werden, wenn es sich tatsächlich um einen allgemeinen Akteninhalt handelt, der ohne weitere Schwierigkeiten durchgesehen werden kann. Handelt es sich um Inhalte, die einen höheren Zeitaufwand erforderlich machen, ist von 50 Seiten je Stunde auszugehen. Das betrifft insbesondere medizinische Unterlagen wie Gutachten oder Befundberichte (*LSG Thüringen* a. a. O.; *LSG Niedersachsen-Bremen* a. a. O.). Macht der medizinische Anteil des vom Sachverständigen zu sichtenden Akteninhalts mehr als ein Viertel des Umfangs aus, können die allgemeinen und die medizinischen Aktenteile unterschiedlich erfasst und bei der benötigten Zeit gesondert bewertet werden. Wird ein Sachverständiger nach § 109 SGG bestellt und lehnt dieser die Gutachtenerstattung ab, weil eine Änderung der Beurteilung nicht zu erwarten ist, steht ihm ein Vergütungsanspruch für das erbrachte Aktenstudium nicht zu, da er nicht als Sachverständiger tätig geworden ist (*BayLSG* Rpfleger 1980, 245).

Grundsatz der Vergütung § 8

- **Aktualisierung der privaten Datenbank:** Die Aktualisierung bzw. Ergänzung einer privaten Datenbank steht ausschließlich in dem privaten Interesse des Sachverständigen und ist daher nicht vergütungsfähig (*LG München* JurBüro 1989, 1464). **21**
- **Anamnese:** Im Falle einer stationären Behandlung steht dem Sachverständigen auch ein Vergütungsanspruch für den für die Anamnese und Untersuchung benötigten Zeitaufwand zu, und zwar auch dann, wenn das Krankenhaus bereits aus der Staatskasse einen Basis- und Abteilungspflegesatz erhalten hat (*LSG Niedersachsen-Bremen* NdsRpfl 2002, 349). **22**
- **Aneignung von Wissen:** Nicht vergütungsfähig ist der Zeitaufwand, den der Sachverständige benötigt, um sich Fachwissen durch langwierige und kostenintensive Forschungen anzueignen, beispielsweise zu ausländischem Recht. Der Sachverständige muss nämlich grundsätzlich über das zur Gutachtenerstellung notwendige Fachwissen verfügen (*OLG Frankfurt* EzFamR aktuell 2002, 94). **23**
- **Auftragsannahme:** Der für die Auftragsannahme benötigte Zeitaufwand ist nicht vergütungsfähig *(LG München JurBüro 1989, 1464)*, das gilt auch für die zur Aktenanlage benötigten Zeit (*OLG Braunschweig* NdsRpfl. 1984, 13). **24**
- **Bearbeitung von Fotos:** Werden digitale Bilddokumente durch den Sachverständigen bearbeitet, so ist der dafür benötigte Zeitaufwand nicht erstattungsfähig, denn die Entschädigung hierfür richtet sich ausschließlich nach § 12 Abs. 1 S. 2 Nr. 2 (*LSG Niedersachsen* NZS 2002, 424), → Rn. 35. **25**
- **Beförderung zum Postamt:** Der Zeitaufwand für die Beförderung von Post zum Postamt ist nicht vergütungsfähig (*OLG Hamm* JurBüro 1990, 1516). Ausgeschlossen ist dabei sowohl die Zahlung eines Honorars nach § 9 als auch eine Entschädigung nach § 12 Abs. 1 S. 2 Nr. 1 für Hilfskräfte (Bürokraft). Der Weg zum Postamt ist Teil der allgemein anfallenden Bürokorrespondenz des Sachverständigen, die dafür aufgewendete Zeit ist nicht vergütungsfähig, da sie nicht gutachtenspezifisch angefallen ist (*Mümmler* JurBüro 1990, 1517). **26**
- **Büroarbeiten:** Kann eine Tätigkeit des Sachverständigen oder auch der Bürokraft des Sachverständigen nicht speziell für das zu erstellende Gutachten ausgewiesen werden, kommt eine Vergütung nach § 9 oder § 12 (Hilfskräfte) nicht in Betracht (*OLG Hamm* JurBüro 1989, 1464; *Mümmler* JurBüro 1990, 1517). Typische Büroarbeit sind danach Aktenanlage, Aktenablage, das Binden des Gutachtens, das Einkleben der Fotoaufnahmen und das Überprüfen mathematischer Rechengänge (*OLG Braunschweig* NdsRpfl 1984, 13). **27**
- **Diagramme:** Der für die Erstellung von Diagrammen, Grafiken oder Tabellen erforderliche Zeitaufwand ist gesondert nach § 9 zu vergüten. Das folgt bereits daraus, dass für solche Bestandteile des Gutachtens keine Pauschale nach § 12 Abs. 1 S. 2 Nr. 2 gezahlt wird. Hierzu hat der Gesetzgeber ausgeführt (BT-Drs. 17/11471 (neu), S. 261): *„Die Notwendigkeit einer besonderen Vergütung für Grafiken und Diagramme besteht auch nicht, weil der Sachverständige für deren Anfertigung mit dem Stundensatz honoriert wird."* **28**
- **Diktat und Durchsicht:** Zweifel an der von dem Sachverständigen gemachten Aussage über den für den benötigten Zeitaufwand können dann bestehen, wenn er für die Durchsicht und das Diktat genauso viel Zeit beansprucht wie für die Ausarbeitung des Gutachtens selbst (*LG München* **29**

207

§ 8   Abschnitt 3. Vergütung von Sachverständigen u.a.

Rpfleger 1933, 305). Im Falle einer Nachprüfung hat das Gericht den für das Diktat und die Durchsicht benötigten Zeitaufwand nach objektiven Kriterien zu prüfen, wobei ein gewisses Schätzungsvermögen unabdingbar ist (*LG München* Rpfleger 1993, 305). Bei der Schätzung ist zu beachten, dass der Zeitaufwand zugrunde zu legen ist, den ein normal und durchschnittlich befähigter Sachverständiger benötigen würde. Die Rechtsprechung hat verschiedene Kriterien entwickelt, so können bei einem 40seitigen Gutachten, welches sich durch einen großen Zeilenabstand und mehrere Freiräume auszeichnet, vier Stunden angemessen sein (*LG München a. a. O*), einen Zeitraum von 5 bis 6 Seiten je Stunde für Diktat und Durchsicht hält das *Thüringer LSG* MEDSACH 1996, 134 für angemessen; 4–6 Seiten je Stunde *LSG Schleswig* SchlHA 2009, 403; *LSG Niedersachsen* NZS 2002, 224; 4 Gutachtenseiten je Stunde *BayLSG* Az. L 14 Ar 37/87 Ko.

30 – **Erstellung des Gutachtens:** Der für die Erstattung des Gutachtens benötigte Zeitaufwand kann nicht nur anhand der Zahl der erstellten Gutachtenseiten festgestellt werden. Der Anweisungsbeamte und das Gericht können daher eine Nachprüfung und Korrektur des geltend gemachten Zeitaufwandes dann vornehmen, wenn die benötigte Zeit für die Erstellung des Gutachtens augenscheinlich in einem Missverhältnis zum Umfang des Gutachtens steht. Wird eine Nachprüfung durchgeführt, muss jedoch stets eine auf den Einzelfall bezogene Prüfung erfolgen. Nach *KG* Az. 1 AR 832/00, ist bei der Prüfung des angegebenen Zeitaufwands auch Folgendes zu berücksichtigen:
– die Schwierigkeit des Gutachtens,
– das Maß an individueller Formulierung, statt der Verwendung von Standardtexten oder Textbausteinen,
– die zeitintensive Verkürzung eines Entwurfs um somit eine größtmöglichste Prägnanz zu schaffen.
Die o. g. Kriterien müssen bei einer Prüfung der durch den Sachverständigen gemachten Angaben berücksichtigt werden. Schon deshalb dürfte eine pauschalisierte Bewertung ausscheiden. Dennoch haben einige Gerichte solche Grundsätze entwickelt, sie gehen von zwei bis drei Gutachtenseiten je Stunde (*KG* KGR JurBüro 2005, 376) bis zu eineinhalb Seiten je Stunde aus (*LSG Thüringen* MEDSACH 2013, 124), letzteres geht zudem von 3 Seiten je Stunde für die Beantwortung der Beweisfragen und deren nähere Begründung aus. Zu einer zeitintensiveren Ausarbeitung und Formulierung des Gutachtens führt es auch, dass zu dem Beweisthema bereits mehrere Gutachter zu unterschiedlichen Ergebnissen gekommen sind, was aber keinen erhöhten Zeitaufwand für die Korrektur des Gutachtens rechtfertigt. Von einer Stunde für die Erstellung einer Gutachtenseite gehen das *LSG Schleswig* SchlHA 2012, 474; *BayLSG* Az. L 14 Ar 37/87 Ko aus. Die Wiedergabe des Akteninhalts ist zur Erfüllung des Gutachtenauftrags regelmäßig nicht erforderlich (*OLG Schleswig* JurBüro 1985, 1073; *OLG München* FamRZ 1995, 1598), ein hierfür notwendiger Zeitaufwand und auch Auslagen sind nicht vergütungsfähig.

31 – **Fertigung eines Aktenauszuges:** Für die für die Fertigung eines allgemeinen Aktenauszuges benötigte Zeit, kann ein Honorar nicht gewährt werden (*OLG Düsseldorf* JMBlNW 1983, 42).
– **Grafiken:** siehe bei Diagramme.

– **Handakten:** Der für die Fertigung von Kopien für die Handakte benötigte 32
Zeitaufwand ist unabhängig von der Frage der Erstattungsfähigkeit nach § 7
Abs. 2 bereits mit dem Honorar abgegolten und deshalb nicht gesondert
vergütungsfähig (*OLG München* wistra 2006, 120).
– **Internetstudium:** Der für Internetstudium erforderliche Zeitaufwand, 33
kann regelmäßig nicht vergütet werden (*LSG Niedersachsen-Bremen*
NZS 2003, 168). Im Ausnahmefall kann wie bei notwendigem Literaturstudium aber eine Erstattung in Betracht kommen, → Rn. 36.
– **Kostenrechnung:** Der Zeitaufwand für die Erstellung der Liquidation des 34
Sachverständigen stellt keine notwendige Zeit für die Erstellung des Gutachtens dar, eine Vergütung kann nicht gewährt werden. Das gilt auch für
den sich in diesem Zusammenhang anschließenden Schriftverkehr (*OLG
Koblenz* JurBüro 1983, 742). Hierzu gehören auch Schreiben, die Anfragen
des Anweisungsbeamten betreffen bzw. der im Rahmen einer gerichtlichen
Festsetzung nach § 4 notwendige Schriftverkehr.
– **Lichtbilder:** Der für die Herbeischaffung von Lichtbildern benötigte Zeit- 35
aufwand ist zu vergüten (*OLG Düsseldorf* KostRsp. ZSEG § Nr. 88). Der
vom OLG Düsseldorf weiter vertretenden Auffassung, dass auch der Zeitaufwand für das Einkleben der Lichtbilder zu erstatten ist, ist jedoch nicht
zuzustimmen, da diese Arbeiten durch die Pauschale nach § 12 Abs. 1 S. 2
Nr. 2 abgegolten werden. Der erforderliche Zeitaufwand für die Zuordnung von Lichtbildern zum Text des Gutachtens ist hingegen gesondert
vergütungsfähig (*OLG Düsseldorf* JurBüro 1987, 1574).
– **Literaturstudium:** Der für Literaturstudium benötigte Zeitaufwand ist 36
regelmäßig nicht zu vergüten (*LG Aachen* JurBüro 1982, 1704), da der
Sachverständige über die allgemeine Kenntnis der einschlägigen Literatur
verfügen muss. Auch eine zeitlich lange Vorgeschichte rechtfertigt ein
Honorar für das Literaturstudium nicht (*LSG Thüringen* Az. L 6 SF 1586/11
E). Das Literaturstudium kann aber ausnahmsweise dann vergütet werden,
wenn durch die benutzte Literatur außergewöhnliche Fragen behandelt
worden sind und sie auch ein erfahrener Sachverständiger zur Beantwortung
der Beweisfrage einsehen musste (*OLG Köln* OLGR Köln 1997, 118; *LSG
Thüringen* Az. L 6 SF 1739/12 E) oder es sich um sehr spezielle Beweisfragen handelt und im Gutachten eine kritische Auseinandersetzung erfolgt
(*LSG Thüringen* Az. L 6 SF 151/12 E; *BayLSG* Az. L 15 SF 36/10 B). Eine
Vergütungsfähigkeit kann auch vorliegen, wenn Fachliteratur notwendigerweise in erheblichem Umfang herangezogen wurde (*LSG Niedersachsen-
Bremen* NZS 2003, 168) und es sich dabei um gutachtenspezifische Literatur
handelt.
– **Mehrfertigungen, Herstellung:** Wird der Sachverständige durch das Ge- 37
richt aufgefordert, weitere Ausfertigungen seines Gutachtens zu übersenden, so ist der für deren Fertigung notwendige Zeitaufwand nicht vergütungsfähig (*OLG Celle* JurBüro 2005, 374). Der Auftrag zur Fertigung
von Mehrausfertigungen des Gutachtens stellt keinen eigenen Auftrag
i. S. d. § 7 dar, wegen der Kopiekosten siehe dort.
– **Pausenzeiten:** Zeiten für lebensnotwendige Pausen sind in der Regel nicht 38
erstattungsfähig, dazu gehören insbesondere solche Pausen, die zur Nachtruhe und der Nahrungseinnahme dienen. Wird eine Verhandlung wegen
einer Mittagspause unterbrochen, so steht dem Sachverständigen oder Dolmetscher für diesen Zeitraum keine Vergütung zu (*KG* JurBüro 2011, 491;

§ 8 Abschnitt 3. Vergütung von Sachverständigen u.a.

OLG Koblenz JurBüro 2007, 491; *OLG Oldenburg* NdsRpfl. 1991, 120). Es handelt sich dann nämlich nicht um eine Wartezeit, sondern um eine lebensnotwendige Pausenzeit. Verfassungsrechtliche Bedenken bestehen nicht (VGH Berlin Az. 174/11). Nutzt der Sachverständige oder Dolmetscher jedoch solche Pausen für die Arbeit an dem gerichtlichen Auftrag, steht ihm eine Vergütung für diese Zeit zu. Im Übrigen ist eine Vergütung auch dann zu gewähren, wenn der Sachverständige glaubhaft vorbringt, dass er üblicherweise keine Mittagspause einlegt, sondern arbeitet (*OLG Frankfurt* BauR 2012, 843). Werden andere Tätigkeiten in einer Wartezeit durchgeführt, etwa für außergerichtliche Aufträge, handelt es sich selbstverständlich nicht um eine vergütungsfähige Zeit. Auch im Falle einer notwendigen Übernachtung, ist nicht die gesamte Zeit der Abwesenheit zu vergüten, da auch die Nachtruhe eine lebensnotwendige Pausenzeit darstellt.

39 – **Recherchen:** Unternimmt der Sachverständige Recherchen, die nicht für die Erstattung des Gutachtens erforderlich gewesen sind, steht ihm hierfür kein Vergütungsanspruch zu. Das gilt beispielsweise dann, wenn er Recherchen zum Stand der Technik unternimmt, derartige Arbeiten aber für die Beantwortung der Beweisfragen nicht erforderlich waren (BGH BRAGOreport 2003, 20).

40 – **Reinschrift:** Der für die schriftliche Absetzung und die Erstellung der Reinschrift des Gutachtens erforderliche Zeitaufwand kann nicht vergütet werden (*LG Bückeburg* JurBüro 1993, 561). Führt der Sachverständige die mit der Reinschrift verbundenen Arbeiten selbst durch, so kann er nur die Pauschale nach § 12 Abs. 1 S. 2 Nr. 3 erstattet verlangen. Eine gesonderte Vergütung kann für die Erstellung der Reinschrift des Gutachtens auch dann nicht gewährt werden, wenn diese in einem einheitlichen Arbeitsvorgang gemeinsam mit der Korrektur und der Formulierung des Gutachtens erfolgt, es bleibt bei der Erstattung nach § 12 Abs. 1 S. 2 Nr. 3 (*OVG Sachsen* BauR 2004, 1996).

41 – **Reise- und Wartezeiten:** Dem Sachverständigen oder Dolmetscher sind auch die erforderlichen Reisezeiten und soweit erforderlich auch Wartezeiten zu vergüten. Der Gesetzgeber hat mit Abs. 2 eine Klarstellung beabsichtigt, um eventuelle Streitfragen über die Vergütungsfähigkeit solcher Zeiten auszuräumen (BT-Drs. 15/1971, S. 181). Hinsichtlich der Reise- und Wartezeiten gilt im Übrigen, dass nur die erforderliche Reisezeit vergütungsfähig ist. Im Regelfall ist daher nur die Strecke zu vergüten, die zu der geringsten Gesamtvergütung führt, so dass regelmäßig wohl die Strecke in Betracht kommt, die am wenigsten Zeit in Anspruch nimmt, was nicht immer der kürzesten Wegstrecke entsprechen muss. Ist eine Zeitersparnis eingetreten, sind die höheren Fahrtkosten nach § 5 Abs. 3 erstattungsfähig. Nicht zumutbar ist es, dem Sachverständigen die zeitgünstigste Strecke zu vergüten und zugleich hinsichtlich der Fahrtkosten eine andere, die streckenmäßig kürzere Route, zu vergüten. Durch Verspätungen öffentlicher Verkehrsmittel eintretender zusätzlicher Zeitaufwand ist regelmäßig erstattungsfähig, da das Risiko einer ordnungsgemäßen Fahrt mit solchen Verkehrsmitteln nicht dem geladenen Sachverständigen aufgebürdet werden kann. Wartezeiten sind auch dann zu vergüten, wenn die Partei zu einem anberaumten Untersuchungstermin nicht erscheint und der Sachverständige im Einzelfall keine andere Tätigkeiten ausüben kann (*LSG Thüringen* NZS 2010, 588).

– **Reisevorbereitungen:** Auch die erforderliche Zeit für die Reisevorberei- 42
tungen ist erstattungsfähig. Hierzu gehört insbesondere die Buchung der
Reise und der Kauf einer Fahrkarte (BGH WuM 2011, 325). Kauft der
Sachverständige eine notwendige Bahnfahrkarte im Voraus, um eine Fahrpreisermäßigung in Anspruch zu nehmen, so kann ihm der dafür notwendige Zeitaufwand einschließlich der Fahrtkosten nur insoweit erstattet werden, wie dadurch tatsächlich Fahrtkosten eingespart werden. Als ersparten
Fahrpreis kann die Differenz zwischen dem regulären Fahrpreis und der
ermäßigten Fahrkarte sowie eine Zeitersparnis von einer halben Stunde
angenommen werden, da nunmehr wegen der im Voraus gekauften Fahrkarte am Fahrtag kein erstattungsfähiger Zeitaufwand für den Kartenkauf
mehr anfällt.

– **Rücksprachen mit dem Gericht:** Muss der Sachverständige eine Rück- 43
sprache mit dem Gericht nehmen oder muss er Zeit für die Klärung der
Aufgabenstellung aufwenden, so ist dieser Zeitaufwand nicht erstattungsfähig, wenn nicht dargelegt wird, dass die Rücksprache im speziellen Fall
notwendig gewesen ist (*LG München* JurBüro 1989, 1464). Notwendig kann
eine Rücksprache dann sein, wenn das Gericht Beweisfragen zu undeutlich
formuliert hat oder Termine mit dem Gericht abgesprochen werden müssen. Nimmt das Gericht Rücksprache mit dem Sachverständigen ist der
aufgewendete Zeitaufwand allgemein erstattungsfähig. Das gilt jedoch nicht,
wenn es sich um Fragen der Vergütung handelt.

– **Schriftverkehr:** Für den allgemeinen Schriftverkehr steht dem Sachver- 44
ständigen eine Vergütung nach § 9 zu (*OLG Braunschweig* NdsRpfl. 1984,
13), daneben kann er aber keine weiteren Fotokopiekosten oder Schreibauslagen nach §§ 7, 12 ersetzt verlangen (*KG MDR* 1988, 330). Zu dem
allgemeinen Schriftverkehr gehören z. B. die Schreiben wegen Benachrichtigungen, die Ladungen zu einem Ortstermin (*OLG Hamburg* JurBüro
1983, 1358) oder das Anfordern von weiteren Unterlagen. Nicht vergütungsfähig ist dagegen der Zeitaufwand für das Fertigen der Liquidation
oder eines Ablehnungsgesuches.

– **Vervielfältigung des Gutachten:** Der Zeitaufwand der für das Kopieren 45
oder Ausdrucken des Gutachtens aufgewendet wird, kann nicht gesondert
vergütet werden (*OLG Düsseldorf* JurBüro 1982, 1703).

– **Vorbereitungszeit:** Die für eine mündliche Erläuterung des Gutachtens 46
benötigte Vorbereitungszeit ist vergütungsfähig. Die notwendige Vorbereitungszeit muss für jeden Auftrag unterschiedlich bewertet werden. Das gilt
insbesondere dann, wenn der Sachverständige zu weiteren Fragen der Parteien in dem Termin Stellung nehmen soll oder Einwendungen gegen sein
Gutachten vorliegen.

– **Wechsel des Sachbearbeiters:** Ist eine juristische Person zum Sachver- 47
ständigen ernannt worden, sind die durch einen Wechsel des Sachbearbeiters entstandenen Mehrkosten regelmäßig nicht als erforderlich anzusehen
und deshalb auch nicht vergütungsfähig (*OLG Koblenz* BauR 2005, 447).

– **Zusammenstellung des Gutachtens:** Der benötigte Zeitaufwand für die 48
Zusammenstellung des Gutachtens ist erstattungsfähig (*LG Darmstadt* JurBüro 1983, 856). Das gilt insbesondere dann, wenn der Sachverständige zu
entscheiden hat, welche Unterlagen Bestandteil des Gutachtens werden und
welche Unterlagen auszusondern sind. Auch der für die Zusammenstellung
einer Fotoanlage (z. B. Auswahl der Bilder) benötigte Zeitaufwand ist er-

6. Besondere Gutachten in Familiensachen

49 **a) Gutachten zur Erziehungsfähigkeit.** Da es sich um Gutachten in einem Sorgerechtsverfahren handelt, gilt Honorargruppe M 3 (100 EUR je Stunde). Bei der Ermittlung des für solche Gutachten erforderlichen Zeitaufwands kann ein höherer Zeitaufwand gerechtfertigt erscheinen. Das gilt insbesondere dann, wenn die Eltern des Kindes keine einfach strukturierten Persönlichkeiten darstellen (*OLG Karlsruhe* JurBüro 1985, 1071). Danach sind die angesetzten Stunden für Hausbesuche, Untersuchung der Eltern und Kinder, Telefongespräche und Aktenstudium sowie für die Auswertung der Besuche und die Abfassung des Gutachtens nicht zu beanstanden.

50 **b) Schaffung eines besonderen Vertrauensverhältnisses bei Kindern.** Auch der für den Aufbau eines Vertrauensverhältnisses des Sachverständigen zu dem Kind benötigte Zeitaufwand kann im Einzelfall vergütungsfähig sein. Eine solche Notwendigkeit besteht dann, wenn in einem Gutachten zur Erziehungsfähigkeit der Eltern auch die Frage zu klären ist, ob das Kind sexuell missbraucht wurde (*OLG Saarbrücken* Az. 9 WF 22/94). Der Zeitaufwand ist im Einzelfall auch großzügig zu bemessen, so hat der Senat in dem o. g. Fall einen Zeitaufwand für Hausbesuche und Gespräche mit Eltern, den Großeltern, dem Jugendamt mit 22,5 Stunden und 5 Stunden für weitere Telefonate festgesetzt. Der Entscheidung ist zu folgen, denn bei der Klärung einer so bedeutenden und zudem für das Kind schwer belastenden Frage muss ein angemessener Zeitaufwand angesetzt werden, der oftmals auch notwendig ist, um überhaupt eine Teilnahme des Kindes an den Untersuchungen zu ermöglichen.

51 **c) Einbeziehungen von weiteren Personen.** Hat der Sachverständige in sein Gutachten weitere Personen einbezogen, die einen engen Umgang mit der zu untersuchenden Person haben, ist der dafür aufgewendete Zeitaufwand ebenfalls vergütungsfähig, wenn die Einbezogenen für die Erstellung des Gutachtens relevante Informationen liefern können (*OLG Düsseldorf* JurBüro 2005, 376).

52 **d) Herbeiführung einer Umgangsregelung.** Beauftragt das Familiengericht den Sachverständigen mit einem Gutachten zu der Frage, ob und welcher Umgang des Kindes mit dem Vater aus psychologischer Sicht erforderlich ist, und mit der Erstellung eines sog. Interventionsgutachtens, so kann diese Leistung die nach den §§ 402 ff. ZPO i. V. m. § 30 Abs. 1 FamFG zulässige Sachverständigenarbeit überschreiten (*OLG Düsseldorf* OLGR Düsseldorf 2004, 240). Danach muss der vom Sachverständigen in solchen Fällen geltend gemachte Zeitaufwand dahingehend untersucht werden, ob dieser der Beantwortung der Beweisfragen gedient hat. Hat das Gericht einen solchen Auftrag erteilt, besteht ein Vergütungsanspruch aber auch dann, wenn die Arbeit zwar nicht der Beweisfrage gedient hat, die Leistung des Sachverständigen aber mit dem gerichtlichen Auftrag übereinstimmt. In solchen Fällen ist jedoch zu beachten, dass im Rahmen des Kostenansatzes die Vergütung nach Nr. 2005 KV-FamGKG nur insoweit angesetzt werden kann, wie sie der

Beantwortung der Beweisfragen gedient hat (*OLG Düsseldorf* OLGR Düsseldorf 2004, 240).

7. Medizinische Gutachten

Wird ein medizinisches Gutachten erstellt, so ist nicht nur der für die 53
Beantwortung der Beweisfragen erforderliche Zeitaufwand vergütungsfähig, sondern auch solcher für eine nähere Begründung in dem Gutachten. Es handelt sich dabei um Teile des Gutachtens, die das Gericht verwerten kann, damit es auch ohne medizinischen Sachverständigen eine Entscheidungsbegründung finden kann (*Thüringer LSG* Az. L 6 B 6/03 SF). Danach sind die in dem Gutachten eingefügten Schilderungen von Parteien oder Betroffenen für die gerichtliche Entscheidung nämlich erst nach der anschließenden Auswertung durch den Sachverständigen verwertbar. Zu vergüten ist zudem der für notwendige Untersuchungen aufgewendete Zeitaufwand.

VI. Nachprüfung des Zeitaufwands durch das Gericht

1. Allgemeines

Den Angaben des Sachverständigen hinsichtlich des benötigten Zeitauf- 54
wands ist im allgemeinen Glauben zu schenken. Es muss im Regelfall davon ausgegangen werden, dass die gemachten Angaben den Tatsachen entsprechen. Dennoch kann in Einzelfällen eine Erforderlichkeit oder Verpflichtung zur Nachprüfung bestehen, etwa weil die gemachten Angaben im Verhältnis zu der erbrachten Leistung des Sachverständigen unverhältnismäßig sind oder der Zeitaufwand ungewöhnlich hoch erscheint (*Thüringer LSG* MEDSACH 1996, 134). In solchen Fällen ist das Gericht auch berechtigt, Kürzungen der geltend gemachten Vergütung vorzunehmen, wenn es objektive Maßstäbe ansetzt (*LG Bielefeld* BauR 2010, 823). Kommt es zu einer Nachprüfung des angegebenen Zeitaufwands, braucht das Gericht den Angaben des Sachverständigen nicht zu folgen (*OLG Karlsruhe* OLGR Karlsruhe 1999, 403). Um der heranziehenden Stelle eine Plausibilitätsprüfung zu ermöglichen, hat der Berechtigte seinen Gesamtanspruch stets nachvollziehbar aufzuschlüsseln (*LSG Thüringen* Az. L 6 SF 1854/11 B), wozu auch eine aufgeschlüsselte Angabe der benötigten Zeit gehört.

2. Nachprüfungspflicht

Eine Nachprüfungspflicht seitens des Anweisungsbeamten oder des Gerichts 55
besteht immer dann, wenn die durch den Sachverständigen gemachten Angaben, auch bei Anlegung objektiver Kriterien und eines großzügigen Maßstabs, den vertretbaren Rahmen übersteigen (*OLG Hamm* JurBüro 2000, 662) oder die angegebene Zeit im Verhältnis zur erbrachten Leistung ungewöhnlich hoch erscheint. Gleich gilt, wenn der Zeitaufwand im Verhältnis zu den Beweisfragen und dem zu ihrer Beantwortung regelmäßig erforderlichen Zeitaufwand in einem Missverhältnis stehen. Im Rahmen der durchgeführten Prüfung ist dabei unter anderem dem Sachverständigen unterbreitete Streitstoff, der Schwierigkeitsgrad, der Umfang des Gutachtens, die Bedeutung der Sache und das Hinzuziehen von Hilfskräften zu berücksichtigen (*OLG Saarbrücken* Az. 9 WF 43/94; *OLG Karlsruhe* OLGR Karlsruhe 1999,

403; *OLG Hamm* JurBüro 2000, 662). Soweit nach der Entscheidung des OLG Hamm auch die Sachkunde des Sachverständigen miteinbezogen werden soll, kann dem nicht gefolgt werden, da nicht auf die individuellen Verhältnisse des Sachverständigen, sondern auf einen durchschnittlich befähigten Sachverständigen abzustellen ist (*KG* Az. 1 AR 832/00).

3. Kürzungen durch den Anweisungsbeamten

56 Auch der Anweisungsbeamte ist zu Kürzungen befugt. Er hat deshalb den Vergütungsantrag nach pflichtgemäßem Ermessen auch hinsichtlich des angegebenen Zeitaufwands zu prüfen. Er kann zu einer Absetzung des nicht erforderlichen Zeitaufwandes verpflichtet sein, um eine mögliche Belastung der Staatskasse mit zu Unrecht gezahlter Vergütung zu verhindern. Im Regelfall empfiehlt es sich aber vor Kürzungen eine Aufklärung von unklaren Sachverhalten, etwa durch Rücksprache mit dem Sachverständigen, zu erreichen.

4. Begründung von Absetzungen

57 Wird durch das Gericht eine Korrektur des benötigten Zeitaufwandes vorgenommen, so hat es konkret darzulegen, welche Arbeitszeiten zu lang gewesen sind und aus welchen Gründen die Einzelarbeit hätte schneller ausgeführt werden können (*OLG Düsseldorf* BauR 1997, 359). Eine Verpflichtung zur Mitteilung von Absetzungen und der Absetzungsgründe besteht auch dann, wenn die Kürzungen von dem Anweisungsbeamten vorgenommen worden sind. Die Mitteilung erfolgt formlos und im Regelfall schriftlich, im Einzelfall kann sie unter Fertigung eines Aktenvermerks auch fernmündlich erfolgen.

5. Nachprüfung im Verfahren nach § 4

58 Ist ein Antrag auf gerichtliche Festsetzung nach § 4 gestellt, so hat das Gericht auch den benötigten Zeitaufwand zu prüfen, soweit das Honorar Gegenstand des gerichtlichen Festsetzungsverfahrens ist. Im Rahmen der Nachprüfung steht dem Gericht ein eigener Ermessensspielraum zu, wenn es zu prüfen hat, welcher Zeitaufwand für die Leistungserbringung tatsächlich erforderlich war. Die Nachprüfung darf aber nicht dazu führen, dass die Festsetzung der Stundenzahl nach freiem Ermessen des Gerichts erfolgt. Es bedarf einer sorgfältigen Abwägung, weshalb der angegebenen Stundenzahl nicht gefolgt werden kann (*KG* Rpfleger 1962, 124).

VII. Überschreiten des Auftrags

59 Hat der Sachverständige den Auftrag der heranziehenden Stelle überschritten, ist eine Vergütung insoweit zu versagen (*OLG Hamburg* JurBüro 2000, 663). Dabei ist zu prüfen, ob die Mehrleistungen des Sachverständigen für ein sachgerechtes Gutachten erforderlich waren (*LG Lüneburg* NdsRpfl 1995, 45). Hat der Sachverständige Arbeiten durchgeführt, weil er die mit dem Gericht geführte Korrespondenz nicht beachtet hat, handelt es sich um nicht notwendige Arbeiten, für die eine Vergütung nicht gewährt wird (*OLG Hamm* NJW 1970, 1240). Eine Überschreitung des Auftrags mit der Folge des Verlustes der

Grundsatz der Vergütung § 8

Vergütung liegt auch dann vor, wenn der Sachverständige Untersuchungen durchführt, die er aufgrund seiner Sachkunde für die Beantwortung der Beweisfragen als nicht notwendig erachten durfte (*OVG Schleswig-Holstein* Az. 2 P 1/98). War der Sachverständige neben konkreten Fragen zum Sorge- und Umgangsrecht auch therapeutisch in Hinsicht auf Beziehungsprobleme und Kommunikationsprobleme beider Elternteile tätig, liegt eine Auftragsüberschreitung vor (*AG Hannover* FamRZ 2000, 175).

Ein Vergütungsanspruch besteht bei einer Auftragsüberschreitung aber **60** dann, wenn das Gericht die zusätzliche Tätigkeit für notwendig erachtet und sie in seiner Entscheidung verwertet (*OLG Hamm* Rpfleger 1962, 421). Im Übrigen muss vor einer möglichen Kürzung der Vergütung auch geprüft werden, ob tatsächlich eine Auftragsüberschreitung vorliegt. Der Sachverständige handelt nämlich noch auftragsgemäß, wenn er die zur Beantwortung der Beweisfrage notwendigen Arbeiten ausführt, die er nach seiner Sachkunde für erforderlich halten durfte (*KG* JurBüro 1970, 496). Eine Kürzung der Vergütung ist hier nur möglich, wenn das Gericht ausdrücklich bestimmte Arbeiten vorgeschrieben hat. Bestehen bei dem Gericht abweichende Vorstellungen über die notwendigen Arbeiten, so wirkt sich das nicht auf die Vergütung aus, wenn zuvor keine Beschränkung durch das Gericht erfolgt ist (*KG* JurBüro 1970, 496).

VIII. Aufrundung der letzten begonnenen Stunde (Abs. 2)

Die letzte, für die Leistungserbringung notwendige bereits begonnene **61** Stunde wird voll gerechnet, wenn sie zu mehr als 30 Minuten für die Erbringung der Leistung erforderlich war (Abs. 2 S. 2). Wird die letzte Stunde hingegen nur für bis zu 30 Minuten für die Leistungserbringung benötigt, beträgt das Honorar hingegen nur die Hälfte des sich für eine volle Stunde ergebenden Betrags. Es findet daher keine generelle Aufrundung auf volle Stunden statt. Der Gesetzgeber hat dazu ausgeführt (BT-Drs. 15/1971, S. 181): *„Die Rundungsvorschrift des § 3 Abs. 2 Satz 3 Halbsatz 1 ZSEG, nach der die letzte bereits begonnene Stunde voll gerechnet wird, soll nicht übernommen werden. Satz 2 sieht lediglich eine Aufrundung der letzten angefangenen halben Stunde vor, wobei dann folgerichtig insoweit auch nur der halbe Stundensatz in Ansatz zu bringen sein soll. Es erscheint nicht gerechtfertigt, den vollen Stundensatz zum Beispiel lediglich im Umfang der ersten Minuten für die Erbringung der in Auftrag gegebenen Leistung in Anspruch genommen werden musste."*

Ist eine Aufrundung unterblieben, so kann die gerichtliche Festsetzung nach **62** § 4 Abs. 1 beantragt werden. Die Aufrundung ist aber nicht von Amts wegen zu berücksichtigen. Hat der Sachverständige oder Dolmetscher keine Aufrundung beantragt oder in seinem Antrag vorgenommen, ist sie von dem Anweisungsbeamten nicht automatisch vorzunehmen, da die Vergütung nur auf Verlangen gezahlt wird.

Eine Aufrundung erfolgt, sobald die letzte angefangene Stunde zu mehr als 30 Minuten für die Leistungserbringung erforderlich war. Unerheblich ist dabei der tatsächliche Zeitaufwand, auch wenn nur eine weitere Minute erforderlich war, ist auf eine ganze Stunde aufzurunden. Es darf nur die letzte begonnene Stunde aufgerundet werden (*OLG Hamm*, Rpfleger 1958, 194). Unzulässig ist eine Aufrundung der einzelnen Positionen des Sachverständigen oder Dolmetschers oder eine tageweise Aufrundung. Es ist deshalb zunächst

§ 8 Abschnitt 3. Vergütung von Sachverständigen u.a.

der tatsächlich entstandene Zeitaufwand für alle erbrachten Leistungen festzustellen und dieser dann ggf. aufzurunden.

Beispiel 1: Der erforderliche Zeitaufwand des Sachverständigen beträgt 6 Stunden und 38 Minuten. Der Stundensatz beträgt 95 EUR gem. Honorargruppe 7. Dem Sachverständigen sind zu vergüten:
7 Stunden á 95 EUR   =   665 EUR.

Beispiel 2: Der erforderliche Zeitaufwand des Sachverständigen beträgt 6 Stunden und 10 Minuten. Der Stundensatz beträgt 95 EUR gem. Honorargruppe 7. Dem Sachverständigen sind zu vergüten:
6,5 Stunden á 95 EUR   =   617,50 EUR.

IX. Mehrere Angelegenheiten (Abs. 3)

63 Abs. 3 bestimmt, dass soweit vergütungspflichtige Leistungen oder Aufwendungen auf die gleichzeitige Erledigung mehrerer Angelegenheiten entfallen, die Vergütung nach der Anzahl der Angelegenheiten aufzuteilen ist. Dabei ist der Anteil der einzelnen Angelegenheit an der gesamten, für alle Angelegenheiten gleichzeitig erbrachten Tätigkeit zu berücksichtigen. Kann eine klare Aufteilung oder Zuordnung nicht erfolgen, so muss die Aufteilung gleichmäßig erfolgen. Der Gesetzgeber hat mit der Regelung des Abs. 3 klarstellen wollen, dass solche Leistungen nicht mehrfach abgerechnet werden dürfen. In der amtlichen Begründung (BT-Drs. 15/1971, S. 181) ist dazu ausgeführt: *„Absatz 3 soll klarstellen, dass solche Leistungen oder Aufwendungen des Sachverständigen, Dolmetschers oder Übersetzers, die der gleichzeitigen Erledigung mehrerer Aufträge dienen, nicht mehrfach abgerechnet werden dürfen. Dient etwa eine Reise eines Bausachverständigen der Besichtigung mehrerer Bauwerke, in Ansehung derer verschiedene Kläger in getrennten Verfahren Gewährleistungsansprüche verfolgen, soll der Sachverständige nur einmal die entsprechenden Fahrtkosten und den mit der Reise verbundenen zeitlichen Aufwand abrechnen können. Die Vergütung soll nach der Anzahl der erledigten Angelegenheiten aufgeteilt werden."* Das Honorar für dasselbe Gutachten kann der der Sachverständige auch dann nur einmal erstattet verlangen, wenn er es für mehrere Behörden, etwa einem Gericht und einer Staatsanwaltschaft, die das Gutachten in demselben Umfang angefordert haben, erstattet hat (*OLG Bamberg* JVBl. 1970, 43). Nur für die zusätzlichen Kosten, die auch tatsächlich entstanden sind, wie beispielsweise Fotokopiekosten für die weiteren Mehrausfertigungen, besteht eine gesonderte Erstattungspflicht. Auch die Schreibpauschale für die Fertigung des Originalgutachtens kann nur einmal verlangt werden.

64 Eine angemessene Aufteilung auf die einzelnen Verfahren hat auch hinsichtlich der Einziehung der nach dem JVEG gezahlten Beträge von dem Kostenschuldner zu erfolgen (Vorbem. 9 Abs. 2 KV-GKG, Vorbem. 2 Abs. 2 KV-FamGKG, Vorbem. 3 KV-GNotKG). Da die Auszahlung regelmäßig durch eine einheitliche Kassenanweisung erfolgt, ist in die weiteren Akten eine Kopie der Kassenanweisung zu nehmen, die den Hinweis enthalten muss, in welcher Höhe die Auslagen die jeweilige Angelegenheit betreffen.

Beispiel: Der Sachverständige unternimmt eine Fahrt von A nach B, um dort eine Ortsbesichtigung durchzuführen. Hin- und Rückfahrt dauern insgesamt 3 Stunden. In B nimmt der Sachverständige einen Ortstermin für die Klage 1 von einer Stunde war.

Anschließend fährt der Sachverständige innerhalb von B an einen anderen Ort, um dort eine Besichtigung für die Klage 2 durchzuführen. Die Fahrt dorthin dauert 30 Minuten, die Besichtigung eine Stunde.

Danach nimmt der Sachverständige noch eine Besichtigung innerhalb von B für die Klage 3 vor. Die Fahrt dorthin dauert 30 Minuten, die Besichtigung zwei Stunden.

Die Fahrt von A nach B ist eine Leistung, die für die verschiedenen Angelegenheiten notwendig gewesen und gleichzeitig erfolgt ist. Die anderen Leistungen können nach den einzelnen Angelegenheiten getrennt werden.

Abzurechnen sind:
Klage 1
Fahrt A – B – A = 1 Stunde (3h : 3)
Ortstermin = 1 Stunde
Klage 2
Fahrt von A – B – A = 1 Stunde (3h : 3)
Fahrt innerhalb B = 0,5 Stunden
Besichtigung = 1 Stunde
Klage 3
Fahrt von A – B – A = 1 Stunde (3h : 3)
Fahrt innerhalb B = 0,5 Stunden
Besichtigung = 2 Stunden.

X. Sachverständige, Dolmetscher oder Übersetzer aus dem Ausland (Abs. 4)

Handelt es sich um einen Sachverständigen, Dolmetscher oder Übersetzer, der seinen gewöhnlichen Aufenthalt im Ausland hat, so erhält er grundsätzlich dieselbe Vergütung wie ein Herangezogener mit gewöhnlichem Aufenthalt in Deutschland. Auch das Honorar ist daher nur nach §§ 9–11 zu gewähren.

Nach Abs. 4 kann jedoch einem Sachverständigen, Dolmetscher oder Übersetzer mit gewöhnlichem Aufenthalt im Ausland eine höhere als die in Abs. 1 bestimmte Vergütung gewährt werden. Erfasst ist daher sowohl das Honorar (§§ 9–11) als auch der Ersatz für bare Aufwendungen nach §§ 5–7, 12.

Ob eine höhere Vergütung gewährt wird, ist nach billigem Ermessen zu entscheiden. Dabei sind die persönlichen Verhältnisse, insbesondere das regelmäßige Erwerbseinkommen des Berechtigten zu berücksichtigen. Die erhöhte Vergütung kann auch durch den Anweisungsbeamten gewährt werden. Da Abs. 4 nur auf den gewöhnlichen Aufenthalt, nicht auf die Nationalität abstellt, kann auch einem Deutschen, der seinen gewöhnlichen Aufenthalt im Ausland hat, eine erhöhte Vergütung gewährt werden.

Wegen weiterer Erläuterungen, auch zum Währungs- und Wechselkurs, siehe bei § 19, Rn. 24 ff.

§ 8a Wegfall oder Beschränkung des Vergütungsanspruchs

(1) **Der Anspruch auf Vergütung entfällt, wenn der Berechtigte es unterlässt, der heranziehenden Stelle unverzüglich solche Umstände anzuzeigen, die zu seiner Ablehnung durch einen Beteiligten berechtigen, es sei denn, er hat die Unterlassung nicht zu vertreten.**

(2) **Der Berechtigte erhält eine Vergütung nur insoweit, als seine Leistung bestimmungsgemäß verwertbar ist, wenn er**

§ 8a Abschnitt 3. Vergütung von Sachverständigen u.a.

1. gegen die Verpflichtung aus § 407a Absatz 1 bis 3 Satz 1 der Zivilprozessordnung verstoßen hat, es sei denn, er hat den Verstoß nicht zu vertreten;
2. eine mangelhafte Leistung erbracht hat;
3. im Rahmen der Leistungserbringung grob fahrlässig oder vorsätzlich Gründe geschaffen hat, die einen Beteiligten zur Ablehnung wegen der Besorgnis der Befangenheit berechtigen; oder
4. trotz Festsetzung eines weiteren Ordnungsgeldes seine Leistung nicht vollständig erbracht hat.

Soweit das Gericht die Leistung berücksichtigt, gilt sie als verwertbar.

(3) Steht die geltend gemachte Vergütung erheblich außer Verhältnis zum Wert des Streitgegenstands und hat der Berechtigte nicht rechtzeitig nach § 407a Absatz 3 Satz 2 der Zivilprozessordnung auf diesen Umstand hingewiesen, bestimmt das Gericht nach Anhörung der Beteiligten nach billigem Ermessen eine Vergütung, die in einem angemessenen Verhältnis zum Wert des Streitgegenstands steht.

(4) Übersteigt die Vergütung den angeforderten Auslagenvorschuss erheblich und hat der Berechtigte nicht rechtzeitig nach § 407a Absatz 3 Satz 2 der Zivilprozessordnung auf diesen Umstand hingewiesen, erhält er die Vergütung nur in Höhe des Auslagenvorschusses.

(5) Die Absätze 3 und 4 sind nicht anzuwenden, wenn der Berechtigte die Verletzung der ihm obliegenden Hinweispflicht nicht zu vertreten hat.

Übersicht

	Rn.
I. Allgemeines	1
1. Regelungszweck	1
2. Geltungsbereich	2
II. Ablehnungsgründe bei Beginn der Heranziehung (Abs. 1)	3
1. Ablehnungsgründe	3
2. Anzeigepflicht	4
3. Folgen einer unterbliebenen Anzeige	5
III. Nicht ordnungsgemäße Leistungserbringung (Abs. 2)	6
1. Regelungsbereich	6
2. Umfang des Vergütungsanspruchs	7
3. Miteilungs- und Aufklärungspflicht nach § 407a ZPO (Nr. 1)	8
4. Persönliche Gutachtenerstellung (Nr. 1)	9
5. Mangelhafte Leistung (Nr. 2)	10
a) Allgemeines	10
b) Pflichtwidriges und grob fahrlässiges Verhalten	11
c) Fehlende Nachprüfbarkeit des Gutachtens	12
d) Mindestanforderungen	13
e) Gelegenheit zur Mängelbeseitigung	14
6. Ablehnung wegen Befangenheit (Nr. 3)	15
a) Allgemeines	15
b) Fahrlässigkeit und Vorsätzlichkeit	16
c) Einzelne Befangenheitsgründe	17
7. Festsetzung von Ordnungsgeld (Nr. 4)	27
8. Vergütungsanspruch	28
IV. Missverhältnis der Kosten (Abs. 3)	29
1. Hinweispflicht nach § 407a ZPO	29
2. Form der Mitteilung	30
3. Verhalten nach erfolgter Anzeige	31
4. Missverhältnis zum Streitwert	32
5. Bestimmung der Vergütung	33
6. Entscheidung	34
V. Überschreiten des Vorschusses (Abs. 4)	35
1. Verletzung der Hinweispflicht	35

Wegfall oder Beschränkung des Vergütungsanspruchs § 8a

	Rn.
2. Erhebliche Überschreitung	36
3. Höhe der Vergütung	37
VI. Fehlendes Verschulden (Abs. 5)	38
VII. Vergütung für die Vorprüfung	39
VIII. Rechtsbehelfe	40

I. Allgemeines

1. Regelungszweck

§ 8a wurde durch Art. 7 des 2. KostRMoG mit Wirkung zum 1.8.2013 **1** eingeführt. Er soll den Vergütungsanspruch in solchen Fällen regeln, in denen keine ordnungsgemäße Leistung erbracht wird. So war bisher die Wirkung von Leistungsstörungen gesetzlich nicht geregelt und wegen der öffentlichrechtlichen Beziehung zwischen heranziehender Stelle und den nach § 8 berechtigten Personen auch nicht vom BGB erfasst (*Zöller/Greger* § 413 ZPO Rn. 2). Abs. 1, 2 regeln Fälle der nicht ordnungsgemäßen Leistungserbringung und ihre Folgen auf den Vergütungsanspruch. Durch Abs. 3 werden die Fälle erfasst, in denen die Kosten außer Verhältnis zum Streitwert stehen. Abs. 4 regelt den Fall, dass die Kosten den angeforderten Auslagenvorschuss erheblich übersteigen. Durch Abs. 5 wird eine Ausnahmeregelung zu Abs. 3, 4 geschaffen, wenn der Berechtigte die Verletzung der ihm obliegenden Hinweispflichten nicht zu vertreten hat.

2. Geltungsbereich

Die Regelungen des § 8a gelten für sämtliche von § 8ff. erfassten Berech- **2** tigten, so dass sie für die Vergütungen von Sachverständigen, Dolmetschern und Übersetzern gilt. In der Begründung zu § 8a heißt es (BT-Drs. 17/11471 (neu), S. 259): *„Für Dolmetscher und Übersetzer kommen im Wesentlichen die Fälle der Befangenheit und der inhaltlichen Schlechtleistung als Kriterium in Betracht. Eine ausdrückliche Bezeichnung dieser Berufsgruppen im Gesetzeswortlaut erscheint jedoch unnötig, eine gemeinsame Regelung wird als hinreichend erachtet."*

II. Ablehnungsgründe bei Beginn der Heranziehung (Abs. 1)

1. Ablehnungsgründe

Nach § 406 Abs. 1 ZPO kann ein Sachverständiger von den Parteien bzw. **3** Beteiligten aus denselben Gründen wie ein Richter abgelehnt werden. Nach § 406 Abs. 1 i. V. m. § 41 ZPO kommen als Ablehnungsgrund insbesondere in Betracht:
– Sachen, in denen der Berechtigte selbst Partei ist oder bei denen er zu einer Partei in dem Verhältnis eines Mitberechtigten, Mitverpflichteten oder Regresspflichtigen steht;
– in Sachen seines Ehegatten, auch wenn die Ehe nicht mehr besteht;
– in Sachen seines Lebenspartners, auch wenn die Lebenspartnerschaft nicht mehr besteht;

§ 8a Abschnitt 3. Vergütung von Sachverständigen u.a.

– in Sachen einer Person, mit der der Berechtigte in gerader Linie verwandt oder verschwägert, in der Seitenlinie bis zum dritten Grad verwandt oder bis zum zweiten Grad verschwägert ist oder war;
– in Sachen, in denen der Berechtigte als Prozessbevollmächtigter oder Beistand einer Partei bestellt oder als gesetzlicher Vertreter einer Partei aufzutreten berechtigt ist oder gewesen ist. Die Regelung gilt entsprechend für den Fall, dass der Berechtigte von einer Partei bereits außergerichtlich als Sachverständiger, Dolmetscher oder Übersetzer hinzugezogen war.

Darüber hinaus ist Abs. 1 auch in solchen Fällen anwendbar, bei denen Gründe für eine Ablehnung wegen Befangenheit (§ 42 ZPO i. V. m. § 406 Abs. 1 ZPO) bereits bei der Erteilung des Auftrags vorliegen und der Berechtigte nicht unverzüglich darauf hinweist.

2. Anzeigepflicht

4   Der Berechtigte ist nach Abs. 1 verpflichtet, der heranziehenden Stelle unverzüglich solche Umstände anzuzeigen, die zu seiner Ablehnung durch einen Verfahrensbeteiligten berechtigen. Abs. 1 greift jedoch nur dann ein, wenn die Gründe, die zur Ablehnung berechtigen, bereits zum Zeitpunkt der Beauftragung vorgelegen haben. Führt der Berechtigte die Ablehnungsgründe hingegen erst im Laufe der Heranziehung herbei, gilt Abs. 2 Nr. 3.

3. Folgen einer unterbliebenen Anzeige

5   Unterlässt es der Berechtigte die Gründe für eine Ablehnung unverzüglich anzuzeigen, führt dies zum vollständigen Wegfall des Vergütungsanspruchs. Es kann daher von Anfang an keine Vergütung beansprucht werden, wenn die Ablehnungsgründe bereits bei der Beauftragung vorgelegen haben.

III. Nicht ordnungsgemäße Leistungserbringung (Abs. 2)

1. Regelungsbereich

6   Abs. 2 soll weitere Fälle einer nicht ordnungsgemäßen Leistungserbringung durch den Berechtigten und ihre Folgen auf den Vergütungsanspruch regeln. Abs. 2 S. 1 bestimmt, dass der Vergütungsanspruch auf die bestimmungsgemäß erbrachte und verwertbare Leistung beschränkt ist, wenn
– gegen die Mitteilungs- und Aufklärungspflichten nach § 407a Abs. 1, 3 S. 1 ZPO verstoßen wird, es sei denn der Berechtigte hat den Verstoß nicht zu vertreten (Nr. 1),
– gegen die Pflicht zur persönlichen Gutachtenerstellung nach § 407a Abs. 2 ZPO verstoßen wird (Nr. 1),
– eine mangelhafte Leistung erbracht wird (Nr. 2),
– im Rahmen der Leistungserbringung grob fahrlässig oder vorsätzlich Gründe geschaffen werden, die einen Beteiligten zur Ablehnung wegen der Besorgnis der Befangenheit berechtigen (Nr. 3),
– trotz Festsetzung eines weiteren Ordnungsgeldes die Leistung nicht vollständig erbracht wird (Nr. 4).

2. Umfang des Vergütungsanspruchs

Wird die Leistung aufgrund eines in Abs. 2 S. 1 Nr. 1 bis 4 genannten 7 Grundes nicht ordnungsgemäß erbracht, kann der Berechtigte eine Vergütung nur verlangen, soweit die Leistung bestimmungsgemäß verwertbar ist. Im Gegensatz zu Abs. 1 entfällt daher der Vergütungsanspruch nicht vollständig, sondern eine Vergütung kann beansprucht werden, soweit das Gericht die Leistung verwertet. Das wird durch Abs. 2 S. 2 klargestellt, der anordnet, dass die Leistung soweit als verwertbar gilt, als sie durch das Gericht berücksichtigt wird. Soweit jedoch verwertbare Leistungen oder Leistungsteile nicht festgestellt werden, soll der Vergütungsanspruch vollständig entfallen (BT-Drs. 17/11471 (neu), S. 261).

3. Miteilungs- und Aufklärungspflicht nach § 407a ZPO (Nr. 1)

Nach der Beauftragung hat der Sachverständige unverzüglich zu prüfen, ob 8 der Auftrag in sein Sachgebiet fällt und er ohne Hinzuziehung weiterer Sachverständiger erledigt werden kann (§ 407a Abs. 1 S. 1).

4. Persönliche Gutachtenerstellung (Nr. 1)

Der Sachverständige muss das Gutachten persönlich erstellen, so dass er 9 nicht befugt ist, den Auftrag an einen anderen zu übertragen (§ 407a Abs. 2 ZPO). Wird dagegen verstoßen und das Gutachten deshalb unverwertbar, erlischt der Vergütungsanspruch. In diesen Fällen genügt es auch nicht, dass der durch das Gericht beauftragte Sachverständige das durch den anderen Sachverständigen erstellte Gutachten unterschreibt (*OLG München* VRR 2009, 42) oder das von dem anderen erstellte und unterschriebene Gutachten billigt (*OLG Koblenz* MDR 2012, 1491). Unzulässig ist auch bei medizinischen Gutachten die Übertragung des Auftrags an einen anderen Arzt (*LSG Thüringen* Az. L 6 SF 584/04). Ein Vergütungsanspruch besteht auch nicht für durch den Sachverständigen herangezogene Diskussionspartner (*KG* KGR Berlin 2009, 552).

Nach § 407a Abs. 2 S. 2 ZPO ist der Sachverständige jedoch befugt, die Mitarbeit anderer Personen in Anspruch zu nehmen. In diesem Fall hat der Sachverständige die Personen namentlich zu benennen und den Umfang ihrer Tätigkeit anzugeben, wenn es sich nicht um Hilfsdienste von untergeordneter Bedeutung handelt. Eine Inanspruchnahme von weiteren Mitarbeitern ist jedoch nur insoweit zulässig, als die persönliche Verantwortung des vom Gericht beauftragten Sachverständigen für das Gutachten insgesamt uneingeschränkt gewahrt bleibt (BVwerG NJW 1984, 2645). Bei den Hilfskräften kann es sich um weniger qualifizierte Mitarbeiter, aber auch um andere Sachverständige handeln, die aufgrund ihrer Fachkenntnisse auch ohne Anweisung des Sachverständigen in der Lage wären, die Arbeiten auszuführen (*OLG Hamm* Rpfleger 1968, 371). Das Gutachten muss jedoch weiterhin eine persönliche Leistung des bestellten Sachverständigen bleiben. Hat sich ein Sachverständiger lediglich zur Rückversicherung, dass er relevante Fragen zutreffend beantwortet hat, mit einem Spezialisten beraten, ist im Regelfall kein Verstoß gegen § 407a Abs. 2 ZPO anzunehmen (*OLG Köln* Az. 19 W 23/10).

§ 8a   Abschnitt 3. Vergütung von Sachverständigen u.a.

5. Mangelhafte Leistung (Nr. 2)

10 a) **Allgemeines.** Der herangezogene Sachverständige ist verpflichtet, ein mangelfreies Werk abzuliefern. Das erstellte Gutachten darf nicht unbrauchbar sein. Entscheidend ist dabei, dass das Gutachten aufgrund inhaltlicher, objektiv feststellbarer Mängel nicht verwertbar ist und es deshalb von dem Gericht nicht als Entscheidungsgrundlage herangezogen werden kann (*OLG Düsseldorf* JurBüro 2002, 140). Danach reichen eine Unvollständigkeit und die Notwendigkeit der Ergänzung des Gutachtens nicht aus, um einen Vergütungsanspruch zu verwirken. Das Gutachten wird auch nicht dadurch unverwertbar, dass es das Gericht fälschlich für unbrauchbar hält und deshalb nicht in seine Entscheidung einbezieht. Unerheblich ist selbstverständlich auch, dass eine Partei das Gutachten aus subjektiven Gründen für falsch oder unbrauchbar hält. Eine mangelhafte Leistung liegt aber vor, wenn das Gutachten deshalb unverwertbar ist, weil es sich lediglich in der Wiedergabe der Aussage eines von dem Sachverständigen geladenen und vernommen Zeugen erstreckt, ohne dass die Parteien daran beteiligt worden wären oder eine Glaubwürdigkeitsbeurteilung vorliegt (*OLG Frankfurt* OLGR Frankfurt 1994, 10). Weigert sich der Sachverständige ein dem eindeutigen und klaren Wortlaut des Beweisbeschlusses entsprechendes Gutachten zu fertigen, hat er gleichfalls keinen Anspruch auf eine Vergütung (*FG Saarland* EFG 1994, 763). Ein psychiatrisches Gutachten ist unbrauchbar, wenn es nicht zutreffende Feststellungen bezüglich der Krankheitsgeschichte der untersuchten Person enthält (*OLG Thüringen* MEDSACH 2012, 207).

Ist eine mangelhafte Leistung erbracht, besteht ein Vergütungsanspruch nur soweit, wie das Gericht die Leistung verwertet.

11 b) **Pflichtwidriges und grob fahrlässiges Verhalten.** Abs. 2 S. 1 Nr. 2 stellt nicht darauf ab, dass die mangelhafte Leistung auf ein pflichtwidriges oder grob fahrlässiges Verhalten des Berechtigten beruht. Ein solches Verhalten muss daher nicht vorliegen, sondern es genügt, dass die Leistung wegen Mangelhaftigkeit durch die heranziehende Stelle unverwertbar ist.

12 c) **Fehlende Nachprüfbarkeit des Gutachtens.** Die Verwertbarkeit des Gutachtens ist entscheidend von dessen Nachprüfbarkeit abhängig (*OLG Düsseldorf* MDR 1995, 1267). Das Gutachten muss es dem Gericht und den Parteien daher ermöglichen, den Gedankengängen des Sachverständigen nachzugehen, insbesondere dann, wenn der Gutachter bei der Beantwortung der Beweisfragen von bereits erstatteten Gutachten abweicht. Es genügt daher nicht, wenn der Sachverständige lediglich das Ergebnis mitteilt, aber dieses nicht nachvollziehbar darstellt (*OLG Düsseldorf* MDR 1995, 1267). Ist der Sachverständige in einem solchen Fall auch nicht in der Lage, das Gutachten nachzubessern, führt dies zu einem Verlust seines Vergütungsanspruchs, weil eine mangelhafte nicht bestimmungsgemäß verwertbare Leistung vorliegt. Der Sachverständige hat auch die maßgeblichen Befundtatsachen offen zulegen. Ein Vergütungsanspruch ist deshalb auch dann zu versagen, wenn der Sachverständige aus Gründen der Geheimhaltungspflicht solche Angaben verweigert und deshalb etwa ein Gutachten zur ortsüblichen Vergleichsmiete unverwertbar wird (*LG Mönchengladbach* WuM 1998, 297).

13 d) **Mindestanforderungen.** Ist ein Gutachten unbrauchbar, weil es den Mindestanforderungen nicht entspricht, ist ein Vergütungsanspruch zu ver-

sagen, wenn diese auch durch Nachbesserungen oder Ergänzungen nicht erreicht werden können. Die Mindestanforderungen sind nicht eingehalten, wenn zwar die Beweisfragen beantwortet werden, dies jedoch nur durch kurze apodiktische Behauptungen und ohne nachvollziehbare oder überprüfbare Herleitung der Ergebnisse an Hand von Anknüpfungstatsachen (*SG Dresden* Az. S 1 RJ 251/00). Zu den Anforderungen an ein Prognosegutachten in Strafvollstreckungssachen siehe *LG Marburg* NStZ-RR 2006, 156.

e) Gelegenheit zur Mängelbeseitigung. Dem Sachverständigen sollte **14** vor einem Entzug des Auftrags oder einer Kürzung der Vergütung durch das Gericht Gelegenheit gegeben werden, Mängel des Gutachtens zu beseitigen, wenn dies zumutbar erscheint und auch eine Abhilfe zu erwarten ist, insbesondere dann, wenn sich die Mängel des Gutachtens auf irriger Annahme einer Verpflichtung zur Verschwiegenheit gründen und diese durch eine Ergänzung auch bereinigt werden können (*LG Mönchengladbach* WuM 1998, 297). Vor einem Entzug des Auftrags sollte das Gericht zudem auf die in der ZPO vorgesehenen Sanktionsmöglichkeiten wie die Androhung oder Verhängung von Ordnungsmitteln nach §§ 409, 411 ZPO zurückzugreifen. Weist das Gutachten jedoch mehrere schwere und grundlegende Mängel auf, so braucht eine Möglichkeit zur Nachbesserung nicht eingeräumt werden (*LG Marburg* Rpfleger 2006, 223). Gleiches gilt, wenn offensichtlich ist, dass eine Mängelbeseitigung nicht erfolgen kann.

6. Ablehnung wegen Befangenheit (Nr. 3)

a) Allgemeines. Der Sachverständige kann nach § 406 Abs. 1 i. V. m. § 42 **15** ZPO auch wegen Befangenheit abgelehnt werden. Hat der Berechtigte die Gründe, die einen Beteiligten zur Ablehnung wegen der Besorgnis der Befangenheit berechtigen erst im Rahmen der Leistungserbringung, d. h. nach Auftragserteilung, durch grob fahrlässig oder vorsätzlich Gründe geschaffen, besteht ein Vergütungsanspruch nur, soweit die Leistung gleichwohl durch das Gericht bestimmungsgemäß verwertet wurde. Lagen die Gründe für die Befangenheit bereits bei der Auftragserteilung vor, gilt hingegen Abs. 1, so dass der Sachverständige seinen Vergütungsanspruch dann vollständig verliert, wenn er die Gründe, die eine Befangenheit rechtfertigen, der heranziehenden Stelle nicht unverzüglich anzeigt.

b) Fahrlässigkeit und Vorsätzlichkeit. Nach § 42 Abs. 1 ZPO i. V. m. **16** § 406 Abs. 1 ZPO findet die Ablehnung wegen Besorgnis der Befangenheit statt, wenn ein Grund vorliegt, der geeignet ist, Misstrauen gegen die Unparteilichkeit des Sachverständigen zu rechtfertigen. Ein Verlust des Vergütungsanspruchs kann nach Nr. 3 jedoch nur eintreten, wenn der Sachverständige die Gründe für die Befangenheit durch grob fahrlässiges Verhalten oder vorsätzlich herbeigeführt hat. Eine leichte Fahrlässigkeit ist daher nicht ausreichend (BGH JurBüro 1976, 1329). Die grobe Fahrlässigkeit setzt dabei neben einer objektiven Sorgfaltsverletzung auch ein schweres subjektiv zuordnungsfähiges Verschulden voraus, wobei die Individualität des Sachverständigen zu berücksichtigen ist (*OLG Frankfurt* BauR 2005, 158). Nur dann, wenn dem Sachverständigen der Vorwurf gemacht werden kann, er habe die Ablehnung durch eine grobe Verletzung seiner Pflichten herbeigeführt, ist ihm ein Vergütungsanspruch zu verweigern (*KG* AnwBl. BE 1997, 451).

c) Einzelne Befangenheitsgründe

17 – **Außergerichtliche Tätigkeit:** Ein grob fahrlässiges Verhalten liegt vor, wenn es der Sachverständige unterlässt mitzuteilen, dass er außergerichtlich für einer am Verfahren beteiligte Partei tätig gewesen ist. Der Vergütungsanspruch erlischt deshalb auch dann, wenn der Sachverständige zuvor für eine am Ausgang des Verfahrens interessierte Versicherung tätig war (*OLG Bamberg* JurBüro 1989, 1169). Es dürfte jedoch ein Fall des Abs. 1 gegeben sein, weil dann die Gründe für die Ablehnung bereits zum Zeitpunkt der Auftragserteilung vorgelegen haben.

18 – **Beleidigungen:** Greift der Sachverständige eine Partei oder deren Prozessbevollmächtigten unsachlich oder persönlich an und wird er deshalb erfolgreich als Befangen abgelehnt, so steht ihm ein Vergütungsanspruch nicht zu (*OLG Düsseldorf* JMBlNW 2002, 270). Dabei ist die Grenze zur beleidigenden Herabsetzung einer Partei dort zu ziehen, wo es sich bei der Äußerung nicht mehr um eine sachliche Auseinandersetzung handelt (*OLG Saarbrücken* MDR 2005, 648). Setzt sich der Sachverständige daher mit deutlichen Worten offensiv-kritisch, aber sachlich gegen massive Angriffe einer Partei zur Wehr, die sich gegen seine Leistung oder Person richten, so liegt keine Pflichtwidrigkeit oder grobe Fahrlässigkeit vor (*OLG Düsseldorf* NJW-RR 1997, 1353). Eine Befangenheit kann hingegen dann angenommen werden, wenn sich der Sachverständige zu unbedachten Äußerungen bewegen lässt, weil er zu Anfragen von Parteien Stellung nehmen muss. Eine solche, über die offensiv-kritische Auseinandersetzung des Sachverständigen hinaus gehende Äußerung, liegt beispielsweise darin, dass Anfragen einer Partei als Frechheit bzw. Unverschämtheit bezeichnet werden, die dafür spreche, dass die Rechtsanwälte das Gutachten nicht gelesen haben dürften. Führt eine solche Entgleisung zur Ablehnung wegen Befangenheit, liegt ein vorsätzlich bzw. grob fahrlässiges Verhalten vor, die zu einem Erlöschen des Vergütungsanspruchs führen (*OLG Naumburg* Az. 13 W 604/01).

19 – **Beratung einer Partei:** Berät der Sachverständige nach seiner Bestellung eine Partei einseitig oder nimmt er für seine Tätigkeit außergerichtlich Geld an, so verliert er im Falle einer Ablehnung seinen Vergütungsanspruch (*OLG Hamm* FamRZ 1994, 974).

20 – **Bewertungen:** Wird die erfolgreiche Ablehnung dadurch herbeigeführt, dass der Sachverständige eigene rechtliche Bewertungen oder sein persönliches Gerechtigkeitsempfinden zum Gegenstand seiner Ausführungen macht, liegt vorsätzliches oder grob fahrlässiges Verhalten vor (*OLG Naumburg* Az. 5 W 1/10). Gleiches gilt, wenn der Sachverständige das Verhalten einer Partei oder ihres Vertreters unsachlich würdigt oder sich vorwurfsvoll zur Lebensführung einer Partei äußert, ohne hier Feststellungen getroffen zu haben (*OLG Nürnberg* MDR 2012, 365).

21 – **Einsichtnahme von Unterlagen:** Keine grobe Fahrlässigkeit des Sachverständigen (Wirtschaftsprüfer) liegt vor, wenn er in den Geschäftsräumen einer Partei Unterlagen einsieht, ohne vorher die andere Partei darüber zu informieren (*OLG Braunschweig* NdsRpfl. 1983, 142).

22 – **Informationen der Parteien:** Werden in dem Gutachten mündliche Informationen verwertet, die der Sachverständige von einer Partei eingeholt hat ohne die Gegenpartei darüber vorher zu informieren verliert der Sachverständige seinen Vergütungsanspruch, wenn sein Verhalten zu einer erfolgreichen Ablehnung wegen Befangenheit führt (*LG Bielefeld* MDR 1975,

238). Grobes Verschulden ist auch dann gegeben, wenn der Sachverständige schwere Beschuldigungen gegen eine Partei ungeprüft und als festgestellt in das Gutachten übernimmt und sodann das Gutachten einer Partei zuerst übersendet und der anderen Partei vorläufig nicht zur Kenntnis geben will (*OLG Köln* JurBüro 1982, 890).

– **Kanzleigemeinschaft:** Eine grobe Fahrlässigkeit liegt vor, wenn der Sach- 23 verständige es unterlässt anzuzeigen, dass zwischen ihm und dem Prozessbevollmächtigten einer Partei eine Kanzleigemeinschaft besteht (*OLG Düsseldorf* JurBüro 2001, 330). Es liegt dann jedoch ein Fall des Abs. 1 vor, weil der Befangenheitsgrund bereits bei der Auftragserteilung durch die heranziehende Stelle besteht. In diesen Fällen muss der Sachverständige den Befangenheitsgrund von sich aus unverzüglich anzeigen.

– **Ortstermin:** Führt der Sachverständige einen Ortstermin mit nur einer 24 Partei durch, weil er die Gegenpartei über diesen Termin nicht informiert hat und wird er deshalb erfolgreich abgelehnt, so steht dem Sachverständigen keine Vergütung mehr zu (*OLG Koblenz* MDR 2010, 463; *OLG München* MDR 1998, 1123; *OLG Frankfurt* OLGR 1994, 69; *LG Düsseldorf* JurBüro 1980, 111). Unterlässt der Sachverständiger die Ladung einer beigetretenen Streithelferin zu einem Ortstermin, so besteht für diesen Termin kein Vergütungsanspruch (*OLG Saarbrücken* BauR 2003, 1436).

– **Privatgutachter:** Eine Befangenheit liegt auch dann vor, wenn der Sach- 25 verständige an demselben Objekt wenige Monate zuvor als Privatgutachter tätig gewesen ist (*OLG Frankfurt* BauR 2006, 124). In den Fällen, in denen der Sachverständige bereits vor der Heranziehung durch das Gericht von einer Partei beauftragt wurde, ist jedoch ein Fall des Abs. 1 gegeben, weil dann die Gründe für die Ablehnung bereits zum Zeitpunkt der Auftragserteilung vorgelegen haben.

– **Zeugenbefragungen:** Unternimmt der Sachverständige ohne vorherige 26 Unterrichtung der Parteien und des Gerichts eine Zeugenbefragung und wird er deshalb erfolgreich abgelehnt, so verliert er seinen Vergütungsanspruch (*OLG Frankfurt* OLGR Frankfurt 1998, 123).

7. Festsetzung von Ordnungsgeld (Nr. 4)

Nach Abs. 2 S. 1 Nr. 4 kann der Vergütungsanspruch entfallen, wenn der 27 Berechtigte trotz der Festsetzung eines weiteren Ordnungsgeldes nach §§ 409, 411 ZPO seine Leistung nicht vollständig erbracht hat. Die Fälle einer verspäteten Gutachtenabgabe führen daher nicht automatisch zu einem Verlust des Vergütungsanspruchs nach Abs. 2 S. 1 Nr. 3. Hierzu hat der Gesetzgeber ausgeführt (BT-Drs. 17/11471 (neu), S. 260): *„Fälle der verspäteten Leistung sollen grundsätzlich nicht geregelt werden, weil das Gericht durch die Aufsichts- und Führungsmaßnahmen zum Beispiel nach § 411 Absatz 2 ZPO auf eine Fristversäumnis mit Ordnungsmitteln reagieren kann und daneben der Entzug des Auftrags in Betracht kommt. Nur für den Fall, dass die gesetzlich beschriebenen Ordnungsmittel (Ordnungsgeld wegen Fristversäumnis und wegen wiederholter Fristversäumnis) fruchtlos bleiben, soll nach der vorgeschlagenen Nummer 4 der Vergütungsanspruch gemindert werden."*

Es genügt dass das Gericht gegen den Sachverständigen ein weiteres Ordnungsgeld festsetzt, ein drittes oder viertes Ordnungsgeld braucht nicht festgesetzt zu werden.

§ 8a   Abschnitt 3. Vergütung von Sachverständigen u.a.

8. Vergütungsanspruch

28   Im Gegensatz zu Abs. 1 verliert der Berechtigte seinen Vergütungsanspruch in den Fällen des Abs. 2 nicht vollständig. Ein Vergütungsanspruch besteht soweit, als eine bestimmungsgemäß verwertbare Leistung erbracht wird. Als verwertbar gilt die Leistung nach Abs. 2 S. 2 auch soweit, als sie vom Gericht verwertet wird. Nach dem Willen des Gesetzgebers soll der Sachentscheidung für eine Verwertbarkeit im Hauptsacheverfahren präjudizierende Wirkung zukommen (BT-Drs. 17/11471 (neu), S. 261).
In den Fällen des Abs. 2 ist die Vergütung daher nur zu kürzen und nur für solchen Zeitaufwand und bare Aufwendungen zu beschränken, die auf die verwertete Leistung entfallen. Ein Vergütungsanspruch kann auch dann bestehen, wenn der neu bestellte Sachverständige auf die Leistung des abgelehnten Sachverständigen aufbaut, um Kosten zu sparen (*LG Bayreuth* JurBüro 1991, 437).

IV. Missverhältnis der Kosten (Abs. 3)

1. Hinweispflicht nach § 407a ZPO

29   Der Sachverständige ist nach § 407a Abs. 3 S. 2 ZPO verpflichtet, die heranziehende Stelle rechtzeitig darauf hinzuweisen, dass seine Vergütung außer Verhältnis zum Wert des Streitgegenstandes steht. Unterlässt der Berechtigte diese Mitteilung, bestimmt gem. Abs. 3 das Gericht nach Anhörung der Beteiligten nach billigem Ermessen eine Vergütung, die in einem angemessenen Verhältnis zum Wert des Streitgegenstands steht.
Die Regelung des § 407a Abs. 3 S. 2 ZPO gibt dem Berechtigten keinen Ermessensspielraum, so dass der Sachverständige deshalb die Akte auch nach angeforderten Kostenvorschüssen und dem Streitwert durchsehen muss (*Baumbach/Lauterbach* § 407a Rn. 20). In Zweifelsfällen hat er mit der beauftragenden Stelle Rücksprache zu nehmen. Eine Verpflichtung zur Mitteilung von Mehrkosten besteht auf jeden Fall dann, wenn das Gericht eine Kostengrenze vorgegeben hat (*KG* FamRZ 2002, 101).
Die Verpflichtung des § 407a Abs. 3 S. 2 ZPO gilt auch in solchen Verfahren, in denen ein Gutachten von Amts wegen eingeholt wird, z. B. in Verfahren der freiwilligen Gerichtsbarkeit wegen des Amtsermittlungsgrundsatzes nach § 26 FamFG. Auch in diesen Fällen kann daher die Vergütung nach Abs. 3 bestimmt und der Vergütungsanspruch gekürzt werden (*AG Hannover* FamRZ 2000, 175).

2. Form der Mitteilung

30   Das Gesetz sieht keinen Formzwang der Mitteilung vor, sie wird im Regelfall schriftlich erfolgen, ist aber in Einzelfällen auch fernmündlich möglich, etwa wenn der Sachverständige das Gericht telefonisch darauf hinweist, dass die Kosten bereits aufgrund der Entfernung und der voraussichtlichen Fahrtdauer überschritten werden (*KG* FamRZ 2002, 101). In der Mitteilung des Sachverständigen sind die voraussichtlich entstehenden Kosten zu beziffern, um welchen Betrag die angeforderten Vorschüsse überschritten werden. Es ist ein zahlenmäßiger Wert angegeben, die bloße Mitteilung, dass die Kosten überschritten werden genügt nicht, da es dem Gericht und den Parteien

Wegfall oder Beschränkung des Vergütungsanspruchs § 8a

möglich sein muss, das Kostenrisiko einzuschätzen. Fallen die voraussichtlichen Kosten nach einer bereits getätigten Mitteilung nochmals höher aus, so ist eine erneute Anzeige zu fertigen. Eine Schätzung ist aber ausreichend, daher genügt auch eine „ca.-Angabe", sie stellt auch bei ihrer Überschreitung keine pflichtwidrige Handlung des Sachverständigen dar (*OLG Düsseldorf* BauR 1993, 254).

3. Verhalten nach erfolgter Anzeige

Hat der Sachverständige mitgeteilt, dass für die Erstellung des Gutachtens 31
Mehrkosten entstehen, so hat er mit der weiteren Bearbeitung abzuwarten, bis er eine Mitteilung von dem Gericht erhält, dass die Begutachtung fortzusetzen ist (*LG Hannover* NdsRpfl. 1989, 296). Setzt der Sachverständige die Tätigkeit ohne das Abwarten einer Antwort fort, so kann sich der Vergütungsanspruch nach Abs. 3 auf den Vorschussbetrag beschränken (*OLG Bremen* Az. 2 W 69/05). Die Fortsetzung der Arbeiten geht also in Zweifelsfällen zu Lasten des Sachverständigen.

4. Missverhältnis zum Streitwert

Anzuzeigen ist auch ein Missverhältnis der voraussichtlichen Kosten zum 32
Streitwert. Das gilt auch in arbeitsgerichtlichen Verfahren (*Meyer/Höver/Bach* § 8 Rn. 8.22) sowie wegen der Verweisungsnorm des § 30 Abs. 1 FamFG auch in den Verfahren der freiwilligen Gerichtsbarkeit. So muss der Sachverständige auch in Nachlasssachen mitteilen, dass die Kosten des Gutachtens im Missverhältnis zum Geschäfts- bzw. dem Nachlasswert stehen. Unterbleibt diese Mitteilung kann dies zu einer Kürzung der Vergütung führen (*BayObLG* WuM 2002, 638). Im Übrigen besteht eine Mitteilungspflicht nach § 407a Abs. 3 S. 3 ZPO auch dann, wenn den Parteien oder Beteiligten Prozess- oder Verfahrenskostenhilfe bewilligt wurde. Kann der Sachverständige den Streitwert nicht aus den Akten ersehen, kann er notfalls anregen, den Streitwert festzusetzen, ein eigenes Antragsrecht steht ihm aber nicht zu. Zu beachten ist, dass das Gericht gem. § 25 GKG in verschiedenen Angelegenheiten bereits vor Erledigung des Verfahrens von Amts wegen verpflichtet ist, den Streitwert festzusetzen. Ein Missverhältnis ist dann anzunehmen, wenn die Kosten für das Gutachten 50 % des Streitwertes erreichen (*Meyer/Höver/ Bach* § 8 Rn. 8.22), in jedem Fall aber, wenn die Kosten den Streitwert um das zehnfache übersteigen (*LG Osnabrück* JurBüro 1995, 153).

5. Bestimmung der Vergütung

Ist der Anzeigepflicht des § 407a Abs. 3 S. 2 ZPO nicht nachgekommen 33
und liegt ein Missverhältnis der Kosten vor, hat das Gericht nach Anhörung der Beteiligten die Vergütung zu bestimmen. Die Höhe ist nach billigem Ermessen des Gerichts festzulegen, muss aber in einem angemessenen Verhältnis zum Wert des Streitgegenstands stehen. Abs. 3 ist jedoch wegen Abs. 5 unanwendbar, wenn der Berechtigte die Verletzung der ihm obliegenden Hinweispflicht nicht zu vertreten hat (→ Rn. 38).
Bei der Bestimmung der Vergütung hat das Gericht auch zu prüfen und zu berücksichtigen, ob der Auftrag auch bei einer rechtzeitigen Mitteilung des Sachverständigen fortgesetzt worden wäre (*OLG Hamburg* VersR 1967, 450; *KG* JurBüro 1983, 1546; *OLG Schleswig-Holstein* JurBüro 1997, 539). Das

227

§ 8a Abschnitt 3. Vergütung von Sachverständigen u.a.

Gericht hat darüber eine Prognose anzustellen (*LG Koblenz* FamRZ 2000, 178). Kann im Rahmen der durchgeführten Prognose nicht festgestellt werden, ob der Auftrag trotz Kostenüberschreitung weitergeführt worden wäre, so trägt der Sachverständige das Risiko der Unaufklärbarkeit (*BayObLG* FamRZ 1998, 1456).
Ist der Vergütungsanspruch zu kürzen, muss er angemessen reduziert werden (*OLG München* Rpfleger 1979, 158). Ein Verlust des gesamten Anspruchs aufgrund unterbliebener Mitteilung über die Mehrkosten kommt daher nicht in Betracht. Eine Kürzung kann zudem nur in der Höhe erfolgen, wie die Kosten des Gutachtens in einem Missverhältnis zum Streitwert stehen. Dabei kann der Wert des Streitgegenstands auch leicht überschritten werden, so etwa um 20 %, wenn das Gericht im Rahmen der Anhörung der Verfahrensbeteiligten nach Abs. 3 zu dem Ergebnis kommt, dass diese an der Gutachtenerstellung festhalten.

6. Entscheidung

34 Die Entscheidung über die Höhe der Vergütung nach Abs. 3 trifft das Gericht, d. h. der Richter oder Rechtspfleger, nicht der Anweisungsbeamte. Die Entscheidung ergeht durch Beschluss, der mit der Beschwerde nach § 4 Abs. 3 anfechtbar ist.

V. Überschreiten des Vorschusses (Abs. 4)

1. Verletzung der Hinweispflicht

35 Übersteigt die Vergütung einen angeforderten Kostenvorschuss erheblich, so hat der Sachverständige die heranziehende Stelle rechtzeitig darauf hinzuweisen (§ 407a Abs. 3 S. 2 ZPO). Unterlässt der Sachverständige eine solche Mitteilung, ist sein Vergütungsanspruch auf die Höhe des Vorschusses beschränkt, wenn die voraussichtlichen Kosten den Vorschuss erheblich übersteigen (Abs. 4). Das gilt wegen Abs. 5 jedoch nicht, wenn der Berechtigte die Verletzung der Hinweispflicht nicht zu vertreten hat.

2. Erhebliche Überschreitung

36 Durch Abs. 4 soll keine generelle Kappung der Vergütung bei Überschreitung des Vorschusses herbeigeführt werden, sondern nur für solche Fälle gelten, in denen die Kosten den Vorschuss erheblich übersteigen. Die voraussichtlichen Kosten für die Fertigstellung des Gutachtens übersteigen den angeforderten Auslagenvorschuss dann erheblich, wenn der Mehrbetrag 120–125 % des Vorschusses beträgt (*KG* BauR 2012, 303). Handelt es sich um höhere Gutachterkosten oder hohe Kostenvorschüsse, kann ein Missverhältnis aber auch schon bei einem Mehrbetrag von 10 % vorliegen (*Meyer/Höver/Bach* § 8 Rn 8.19).

3. Höhe der Vergütung

37 Liegt eine erhebliche Überschreitung des Vorschusses nicht vor, weil sich die Mehrkosten im Rahmen der zugebilligten Toleranz halten (→ Rn. 36), ist die Vergütung in Höhe der tatsächlichen Kosten zu zahlen. Wird der Toleranzrahmen jedoch überschritten, ist der Vergütungsanspruch nach Abs. 4 auf die Höhe des eingezahlten Vorschusses begrenzt.

VI. Fehlendes Verschulden (Abs. 5)

Nach Abs. 5 finden die Abs. 3, 4 keine Anwendung, wenn der Berechtigte, 38 die Verletzung der ihm obliegenden Hinweispflichten nicht zu vertreten hat, wobei die Darlegungspflicht den Berechtigten trifft. Der Gesetzgeber hat hierzu ausgeführt (BT-Drs. 17/11471 (neu), S. 261): „*Der vorgeschlagene Absatz 5 soll ein Verschuldenserfordernis in den Fällen der Absätze 3 und 4 festlegen. Dadurch soll dem Berechtigten ermöglicht werden, ein mangelndes Verschulden berufen zu können, um die Rechtsfolge der Vergütungsminderung nicht eintreten zu lassen. Systematisch wird ein Verschulden generell vermutet, so dass es dem Berechtigten obliegt, mangelndes Verschulden darzulegen. Als Verschuldensmaßstab soll Vorsatz und Fahrlässigkeit genügen.*"

Nicht zu vertreten hat der Sachverständige z. B. falsche Angaben der Parteien oder eine fehlerhafte Wertfestsetzung des Gerichts, soweit nicht ein offensichtlicher Fehler vorliegt. Im Übrigen kann auch ein konkludentes Verhalten der Parteien oder des Gerichts dazu führen, dass eine Kürzung des Vergütungsanspruchs nach Abs. 3, 4 ausscheidet. So etwa dann, wenn der Sachverständige darauf hinweist, dass der Vorschuss nicht ausreichend ist, dieses Schreiben den Parteien zur Kenntnis gebracht wird und diese daraufhin die Begutachtung zulassen (*OLG Celle* BauR 2011, 1710). Gleiches gilt, wenn das Gericht dem Sachverständigen nach einer aufgrund § 407a ZPO vorzunehmenden Mitteilung zu verstehen gibt, dass er das Gutachten erstellen soll. Dass in solchen Fällen das Einverständnis der Parteien nicht vorliegt, geht nicht zu Lasten des Sachverständigen.

VII. Vergütung für die Vorprüfung

Der für die Vorprüfung nach § 407a ZPO aufgewendete Zeitaufwand ist 39 im Regelfall nicht erstattungsfähig, so dass hierfür eine Vergütung nicht gewährt werden kann, da die Vergütung nur für den für die Gutachtenerstellung aufgewendeten Zeitaufwand gewährt wird (BGH MDR 1979, 754, *Mümmler* JurBüro 1989, 1741). Das gilt auch für die Prüfung, ob der Sachverständige in der Lage ist, das Gutachten zu erstellen (BGH NJW 2002, 2253; *OLG Düsseldorf* OLGR Düsseldorf 2005, 95; *OLG Nürnberg* JurBüro 1989, 545, **a. A.** *OLG Frankfurt* Rpfleger 1989, 304) oder solche Fälle, in denen der Sachverständige zu einem Befangenheitsantrag gehört wird (*OLG Celle* NdsRpfl 2012, 309; *OLG Düsseldorf* JurBüro 1989, 1741). Eine Vergütung ist auch abzulehnen, wenn der Sachverständige mitteilt, er sei zurzeit aus kostenrechtlichen Gründen nicht in der Lage das Gutachten zu erstellen (*OLG Hamburg* JurBüro 1993, 119). Aus dem gleichen Grund ist die Vergütung auch für die nach § 407a Abs. 2 S. 2 ZPO vorzunehmenden Prüfungen und Mitteilungen zu versagen (*LG Coburg* JurBüro 1987, 1580).

Entstehen dem Sachverständigen jedoch bare Auslagen für die Vorprüfung wie Porto- oder Telefonkosten, sind diese in jedem Fall nach §§ 7, 12 erstattungsfähig. Für das Mitteilungsschreiben steht dem Sachverständigen

§ 9   Abschnitt 3. Vergütung von Sachverständigen u.a.

eine Pauschale nach § 12 Abs. 1 S. 2 Nr. 3 nicht zu, da es hierbei nicht um einen Bestandteil des Originalgutachtens, sondern um vorbereitende Schreiben handelt, die nicht nach dieser Bestimmung erstattungsfähig sind. Muss der Sachverständige jedoch eine Stellungnahme über eigene Wahrnehmungen und Umstände während des Gutachtenauftrags abgeben, ist er als Zeuge nach §§ 19 ff. zu entschädigen (OLG *Schleswig* BauR 2009, 1190).

VIII. Rechtsbehelfe

40   Gegen die Kürzung oder Versagung der Vergütung durch den Anweisungsbeamten, kann der Berechtigte die gerichtliche Festsetzung nach § 4 Abs. 1 beantragen. Dagegen und gegen die Entscheidung des Gerichts nach Abs. 3, findet die Beschwerde nach § 4 Abs. 3 statt, wenn die dortigen Zulässigkeitsvoraussetzungen erfüllt sind.

§ 9 Honorar für die Leistung der Sachverständigen und Dolmetscher

(1) Der Sachverständige erhält für jede Stunde ein Honorar

in der Honorargruppe ...	in Höhe von ... Euro
1	65
2	70
3	75
4	80
5	85
6	90
7	95
8	100
9	105
10	110
11	115
12	120
13	125
M 1	65
M 2	75
M 3	100

Die Zuordnung der Leistungen zu einer Honorargruppe bestimmt sich entsprechend der Entscheidung über die Heranziehung nach der Anlage 1. Ist die Leistung auf einem Sachgebiet zu erbringen, das in keiner Honorargruppe genannt wird, ist sie unter Berücksichtigung der allgemein für Leistungen dieser Art außergerichtlich und außerbehördlich vereinbarten Stundensätze einer Honorargruppe nach billigem Ermessen zuzuordnen; dies gilt entsprechend, wenn ein medizinisches oder psychologisches Gutachten einen Gegenstand betrifft, der in keiner Honorargruppe genannt wird. Ist die Leistung auf mehreren Sachgebieten zu erbringen oder betrifft das medizinische oder psychologische Gutachten mehrere Gegenstände und sind die Sachgebiete oder Gegenstände verschiedenen Honorargruppen zugeordnet, bemisst sich das Honorar einheitlich für die gesamte erforderliche Zeit nach der höchsten dieser Honorargruppen; jedoch gilt Satz 3 entsprechend, wenn dies mit Rücksicht auf den Schwerpunkt der Leistung zu einem unbilligen Ergebnis führen würde. § 4 gilt entsprechend mit der Maßgabe, dass die Beschwerde auch zulässig ist, wenn der Wert des Beschwerdegegenstands 200 Euro nicht übersteigt. Die Beschwerde ist nur zulässig, solange der Anspruch auf Vergütung noch nicht geltend gemacht worden ist.

(2) Beauftragt das Gericht den vorläufigen Insolvenzverwalter, als Sachverständiger zu prüfen, ob ein Eröffnungsgrund vorliegt und welche Aussichten für eine Fortführung des Unternehmens des Schuldners bestehen (§ 22 Absatz 1 Satz 2 Nummer 3 der Insolvenzordnung, auch in Verbindung mit § 22 Absatz 2 der Insolvenzordnung), beträgt das Honorar in diesem Fall abweichend von Absatz 1 für jede Stunde 80 Euro.

(3) Das Honorar des Dolmetschers beträgt für jede Stunde 70 Euro und, wenn er ausdrücklich für simultanes Dolmetschen herangezogen worden ist, 75 Euro; maßgebend ist ausschließlich die bei der Heranziehung im Voraus mitgeteilte Art des Dolmetschens. Ein ausschließlich als Dolmetscher Tätiger erhält eine Ausfallentschädigung, soweit er durch die Aufhebung eines Termins, zu dem er geladen war und dessen Aufhebung nicht durch einen in seiner Person liegenden Grund veranlasst war, einen Einkommensverlust erlitten hat und ihm die Aufhebung erst am Terminstag oder an einem der beiden vorhergehenden Tage mitgeteilt worden ist. Die Ausfallentschädigung wird bis zu einem Betrag gewährt, der dem Honorar für zwei Stunden entspricht.

Übersicht

	Rn.
I. Allgemeines	1
II. Zuordnung in ein Sachgebiet	2
1. Allgemeines	2
2. Zuordnung eines aufgeführten Sachgebietes (Abs. 1 S. 1)	3
3. Nicht aufgeführte Sachgebiete (Abs. 1 S. 2, 3)	4
a) Allgemeines	4
b) Außerbehördlich erzieltes Honorar	5
c) Weitere Kriterien	6
4. Tätigkeit in verschiedenen Sachgebieten (Abs. 1 S. 4)	7
5. Einzelne Sachgebiete	8
6. Beschwerde	20
III. Medizinische und psychologische Gutachten	21
1. Allgemeines	21
2. Zuordnung bei nicht aufgeführten Sachgebieten	22
3. Gutachten in Betreuungsverfahren	23
a) Allgemeines	23
b) Höhe der Vergütung	24
c) Ärztliches Zeugnis	25
d) Selbst beigebrachte Zeugnisse	26
4. Medizinische Gutachten in der Sozialgerichtsbarkeit	27
a) Allgemeines	27
b) Psychologische Gutachten	28
c) Vorgutachten	29

§ 9   Abschnitt 3. Vergütung von Sachverständigen u.a.

	Rn.
IV. Vorabfestsetzung des Stundensatzes (Abs. 1 S. 5, 6)	30
1. Vorabfestsetzung	30
2. Beschwerde	31
V. Insolvenzverfahren (Abs. 2)	32
1. Allgemeines	32
a) Vorläufiger Insolvenzverwalter	32
b) Höhe der Vergütung	33
2. Isoliert tätige Sachverständige	34
a) Keine Anwendbarkeit von Abs. 2	34
b) Höhe der Vergütung	35
VI. Dolmetscher (Abs. 3)	36
1. Allgemeines	36
2. Höhe der Vergütung	37
a) Allgemeines	37
b) Simultandolmetschen	38
c) Einheitlicher Vergütungssatz	39
d) Aufwendungen des Dolmetscher	40
3. Aufrundung der letzten Stunde	41
4. Einzelne Anwendungsfälle	42
a) Besuchsüberwachung	42
b) Dienstaufgaben	43
c) Gebärdendolmetscher	44
d) Rechtsanwälte	45
e) Sprachsachverständige	46
5. Ausfallentschädigung bei Terminsaufhebung	47

I. Allgemeines

1 § 9 bestimmt das Honorar für die Leistungen von Sachverständigen und Dolmetschern. Die Regelung ist nicht abschließend, da bestimmte Leistungen auch von § 10 erfasst werden, zudem kann nach §§ 13, 14 eine abweichende Vergütung vereinbart werden. Neben dem Honorar bleiben die übrigen, in § 8 Abs. 1 Nr. 2–4 geregelten Vergütungsteile unberührt.

Es soll eine leistungsrechte Vergütung gezahlt werden, aus diesem Grund hat der Gesetzgeber die Stundensätze der in Abs. 1 S. 1 aufgeführten Honorargruppen durch das 2. KostRMoG angehoben, nachdem durch das KostR-MoG die Umstellung vom Entschädigungs- auf das Vergütungsprinzip erfolgte, wobei § 9 im Jahr 2004 das Kernstück der Novellierung durch das KostR-MoG 2004 bildete. Die bis dahin geltenden Rahmensätze des ZSEG wurden zugunsten fester Stundensätze aufgegeben, die im Falle einer namentlichen Nennung des Sachgebiets in der Anlage 1 zu Abs. 1 (siehe Anhang) auch unabhängig von der Schwierigkeit innerhalb dieses Gebiets, der Ausbildung oder Erfahrung des beauftragten Sachverständigen gewährt wird (Gruppenprinzip). Es kann daher auch keine Erhöhung des Stundensatzes wegen besonderer Schwierigkeit, Auseinandersetzung mit der wissenschaftlichen Lehre oder wegen Einkommensverlusten eines Berufssachverständigen vorgenommen werden.

In Abs. 1 S. 1–4 wird die Höhe des Stundensatzes der Sachverständigen bestimmt. Abs. 1 S. 5, 6 sehen die Möglichkeit der Zuordnung der Leistung in eine Honorargruppe vor der Geltendmachung der Vergütung vor. Abs. 2 regelt die Vergütung für Sachverständigentätigkeit des vorläufigen Insolvenzverwalters. Abs. 3 bestimmt die Stundensätze für Dolmetscher.

II. Zuordnung in ein Sachgebiet

1. Allgemeines

Die Höhe des Stundensatzes des Sachverständigen ergibt sich aus der Tabelle in Abs. 1 S. 1. Dabei stellen die Honorargruppen 13 und M 3 Höchstsätze dar, die nicht überschritten werden können, wenn nicht eine Vereinbarung nach § 13 getroffen wurde. Eine Überschreitung der in Abs. 1 S. 1 festgelegten Stundensätze ist daher auch aus Gründen der Billigkeit nicht statthaft. Umgekehrt kann eine Reduzierung des Honorars selbst dann nicht vorgenommen werden, wenn keine erkennbare Schwierigkeit vorlag (*OLG Schleswig* FamRZ 2009, 1707). Es handelt sich um Nettobeträge. Ist der Beauftragte umsatzsteuerpflichtig, ist diese gesondert nach § 12 Abs. 1 S. 2 Nr. 4 zu erstatten. Die allgemeine Begrenzung der Sachverständigenvergütung durch den Gesetzgeber ist verfassungsgemäß (BVerfG MDR 1972, 1016), insbesondere stellt sie keinen Verstoß gegen Art. 12, 14 GG dar. Für die am meisten verbreiteten Sachgebiete hat der Gesetzgeber eine Zuordnung in der Anlage 1 zu Abs. 1 vorgenommen.

Bei der Bestimmung des konkreten Stundensatzes ist daher zunächst zu prüfen, ob das Sachgebiet, in dem der Sachverständige im Rahmen der Beauftragung tätig geworden ist, in der Anlage 1 zu Abs. 1 enthalten ist. Dabei sind die medizinischen oder psychologischen Gutachten gesondert zu betrachten, es gelten die Honorargruppen M 1 bis M 3. Ist eine Zuordnung in der Anlage 1 erfolgt, ist diese bindend. Liegt eine Zuordnung nicht vor, ist die Leistung nach Abs. 1 S. 2, 3 einer Honorargruppe zuzuordnen.

2. Zuordnung eines aufgeführten Sachgebietes (Abs. 1 S. 1)

Soweit es sich um Sachgebiete handelt, die in der Anlage 1 zu Abs. 1 enthalten sind, ist eine Zuordnung leicht möglich. Dabei sind die Gerichte an die Einordnung der Sachgebiete in die Anlage 1 zu § 9 gebunden (*LG Flensburg* JurBüro 2005, 600), andere Umstände wie Schwierigkeit oder Umfang sind unerheblich (*OLG Naumburg* OLGR Naumburg 2006, 233). Das Gericht ist nicht befugt, über den Wortlaut des Gesetzestexts hinaus andere Zuordnungen vorzunehmen um etwaige Unbilligkeiten auszugleichen. Kann die erbrachte Leistung keinem Sachgebiet eindeutig zugeordnet werden, muss der Stundesatz nach Abs. 1 S. 2, 3 bestimmt werden.

Bei der Frage welches Sachgebiet vorliegt, ist stets auf die Entscheidung über die Heranziehung abzustellen (Abs. 1 S. 2), so dass es regelmäßig auf den Beweisbeschluss ankommt. Unerheblich sind daher sowohl ein eigenmächtiges Abweichen des Sachverständigen vom Beweisbeschluss sowie die Tatsache, dass der Sachverständige darüber hinaus auch auf anderen Sachgebieten beruflich tätig ist.

Die Anlage 1 zu Abs. 1 wurde durch das 2. KostRMoG novelliert. Bei ihrer Anwendung ist die Übergangsregelung des § 24 zu beachten. Ist der Auftrag vor dem 1.8.2013 erteilt, ist daher noch zwingend die bis dahin geltende Anlage 1 zu Abs. 1 sowie die Stundensätze des Abs. 1 S. 1 a. F. zugrunde zulegen.

§ 9 Abschnitt 3. Vergütung von Sachverständigen u.a.

3. Nicht aufgeführte Sachgebiete (Abs. 1 S. 2, 3)

4 **a) Allgemeines.** Handelt es sich um ein Sachgebiet, welches nicht in der Anlage 1 zu Abs. 1 genannt ist, bedarf es einer Zuordnung zu einer Honorargruppe. Die Zuordnung erfolgt zunächst durch den Anweisungsbeamten und nicht zwingend durch das Gericht (Richter, Rechtspfleger). In Zweifelsfragen, empfiehlt es sich aber eine kurze Äußerung des Richters oder Rechtspflegers einzuholen, da dieser mit dem Gutachten und den Beweisfragen näher vertraut ist als der Anweisungsbeamte. In Nordrhein-Westfalen ist gem. Nr. 3.2 RV d. JM v. 21.1.2005 die Einholung einer Äußerung des Dezernenten vorgeschrieben, wenn sich aus den Akten keine ausreichenden Anhaltspunkte für die Bestimmung des Sachgebiets ergeben. Im Falle der Erstellung eines mündlichen Gutachtens, wird das Sachgebiet von dem Dezernenten auf der Kassenanordnung festgelegt. Das Gericht kann die Honorargruppe aber auch von Amts wegen zugleich, auch vor Geltendmachung der Vergütung, durch gerichtliche Festsetzung nach § 4 Abs. 1 bestimmen. Dabei ist dem Sachverständigen und der Staatskasse rechtliches Gehör zu gewähren. Bei der Verletzung des Anspruchs ist § 4a anwendbar.

5 **b) Außerbehördlich erzieltes Honorar.** Die Zuordnung eines nicht in Anlage 1 zu Abs. 1 enthaltenen Sachgebiets erfolgt nach billigem Ermessen, wobei nach Abs. 1 S. 2 die allgemein für Leistungen dieser Art außergerichtlich und außerbehördlich vereinbarten Stundensätze zu berücksichtigen sind. Die Regelung gilt sowohl für medizinische als auch für nichtmedizinische Leistungen. Obwohl die für die eine erbrachte Leistung außergerichtlich oder außerbehördlich erzielten Stundensätze maßgebendes Kriterium sein sollen, stellen sie dennoch nicht das einzige Merkmal für eine entsprechende Zuordnung dar. Die ausschließliche Zuordnung nach den außerbehördlich erzielten Stundensätzen würde dazu führen, dass es einer Zuordnung in eine Honorargruppe nicht mehr bedarf, sondern die Stundensätze des Abs. 1 direkt anzuwenden wären, was jedoch mit dem Wortlaut des § 9 nicht vereinbar ist (*OLG Frankfurt* NStZ-RR 2005, 392; *LG Dortmund* Az. 2 O 502/04). Der Wortlaut der Begründung zur Einführung des JVEG steht der Hinzuziehung anderer Kriterien gleichfalls nicht entgegen, da nur von einem „maßgebenden", nicht aber „ausschließlichen" Kriterium gesprochen wird. In der Gesetzesbegründung (BT-Drs. 15/1971, S. 182) heißt es: „... *Da die Aufzählung in der Anlage 1 schon im Hinblick auf die Vielzahl der Sachgebiete, auf denen Sachverständige heute tätig sind, nur die in der Praxis wichtigsten Sachgebiete erfassen kann, bedarf es einer Regelung für das Honorar derjenigen Sachverständigen, die auf einem weniger häufig nachgefragten Sachgebiet tätig sind. Nach Satz 2 sollen diese Sachgebiete – gegebenenfalls im gerichtlichen Festsetzungsverfahren nach § 4 JVEG – nach billigem Ermessen einer Honorargruppe zugeordnet werden. Maßgebendes Kriterium für die Zuordnung sollen die außergerichtlich und außerbehördlich vereinbarten Stundensätze für Leistungen auf dem betroffenen Sachgebiet sein, weil auch die Einteilung der Gruppen nach der Anlage 1 diesem Maßstab folgt. Werden die Leistungen des Sachverständigen auf medizinischem Gebiet erbracht und können diese Leistungen keiner der drei Honorargruppen M1 bis M3 zugeordnet werden, soll entsprechend zu verfahren sein. ..."*

6 **c) Weitere Kriterien.** Die erbrachte Leistung kann einem in Anlage 1 genannten Sachgebiet und der dafür zu vergütenden Honorargruppe auch wegen der engen Verwandtschaft zugeordnet werden. Auf die Stellung und

die Vorbildung des Sachverständigen kommt es jedoch nicht an (*OLG Köln* MDR 1970, 1034; *OLG Düsseldorf* JurBüro 1979, 407 m. Anm. Mümmler). Ebenso sind besondere rechtliche oder tatsächliche Schwierigkeiten unerheblich, wenn sie nicht das Sachgebiet allgemein betreffen, sondern nur fallspezifisch sind.

4. Tätigkeit in verschiedenen Sachgebieten (Abs. 1 S. 4)

Wird der Sachverständige im Rahmen der Heranziehung auf mehreren Sachgebieten tätig, die nach der Anlage 1 zu Abs. 1 auch verschiedenen Honorargruppen zugeordnet werden, ist für das Stundenhonorar die höchste Honorargruppe maßgebend (Abs. 1 S. 4), wobei es auf den Schwerpunkt der erbrachten Leistung ankommt. Bei der Zuordnung ist jedoch nach Abs. 1 S. 3 auf die vergleichbaren außergerichtlichen Stundensätze abzustellen, wenn die Zuordnung nach Abs. 1 S. 4 zu einem unbilligen Ergebnis führen würde (Abs. 1 S. 4 Hs. 2). 7

Soweit nach *Meyer/Höver/Bach* § 9 Rn. 9.5 die Zuordnung in die untere Honorargruppe erfolgen muss, wenn das außergerichtlich erzielte Honorar zwischen zwei Honorarsätzen liegt, kann dem nicht gefolgt werden, da eine allgemeine pauschale Festlegung Abs. 1 S. 3, 4 nicht gerecht wird. Das Gericht hat daher auch in diesen Fällen nach billigem Ermessen unter Berücksichtigung der außergerichtlichen Stundensätze zu entscheiden. Insbesondere dann, wenn das außergerichtlich erzielte Honorar nahe an der nächsthöheren Honorargruppe liegt, sollten aus Gründen der Billigkeit keine Bedenken gegen eine Zuordnung in die höhere Honorargruppe bestehen. Im umgekehrten Verhältnis kann aber auch eine Zuordnung in die niedrigere Honorargruppe erfolgen, wenn diese nur sehr geringfügig überschritten wird.

5. Einzelne Sachgebiete

– **Anthropologisches Gutachten:** Ein anthropologisches Identitätsgutachten ist in der Anlage 1 nicht aufgeführt, die Zuordnung zu einer Honorargruppe muss deshalb im Rahmen des freien Ermessens bestimmt werden. Eine Zuordnung in eine der Honorargruppen M1 – M3 ist nicht möglich, da es sich nicht um ein medizinisches oder psychologisches Gutachten handelt (*OLG Frankfurt* NStZ-RR 2005, 392). Die Rechtsprechung hat überwiegend eine Eingruppierung in die Honorargruppe 6 vorgenommen (*OLG Bamberg* NStZ-RR 2005, 359; *OLG Dresden* DAR 2006, 338; *OLG Frankfurt* NStZ-RR 2005, 302; *LG Berlin* DAR 2011, 417), so dass 90 EUR pro Stunde gewährt werden können. Auch der Bundesrat hat in seinem Vorschlag, dem die Bundesregierung allerdings entgegengetreten ist, eine Zuordnung in die Honorargruppe 6 vornehmen wollen (BT-Drs. 17/11471 (neu), S. 325), so dass gegen die Zuordnung zur Honorargruppe 6 keine Bedenken bestehen sollten. 8

– **Ausländisches Recht:** Es ist keine Zuordnung zu einem Sachgebiet nach Anlage 1 möglich, wenn das Gutachten Auskunft über ausländisches Recht oder eine ausländische Rechtsanwendungspraxis gibt. Es kann sich deshalb an dem außerbehördlich erzielten Stundensatz orientiert werden, danach kann eine Zuordnung in die Honorargruppe 10 angemessen sein (*VGH Bayern* Az. 11 BV 03.1672). 9

§ 9   Abschnitt 3. Vergütung von Sachverständigen u.a.

10 – **Baumsachverständige:** Gutachten wegen der Gehölzwertermittlung können dem Sachgebiet der Bewertung von Immobilien (Honorargruppe 6 = 90 EUR/h) zugeordnet werden, da sie auch Kenntnisse der Grundstückswertermittlung voraussetzen, da Pflanzen nach § 94 BGB als Bestandteil des Grundstücks gelten (*Breloer* DS 2006, 70). Dieser Auffassung ist beizutreten, da eine Zuordnung in das Sachgebiet Garten- und Landschaftsbau unangemessen erscheint, da die Nr. 13.1 bis 13.3 die Bewertung nicht umfasst. Nr. 13.3 betrifft nur die Schadensbewertung. Gutachten aus dem Bereich der Verkehrssicherheit von Bäumen wurden bis zur Novellierung der Anlage 1 durch das 2. KostRMoG dem Sachgebiet Holz/Holzbau zugeordnet (*OLG Braunschweig* NdsRpfl 2011, 425; *OLG Hamm* DS 2006, 76), so dass jetzt eine Zuordnung in Nr. 14.3 Garten- und Landschaftsbau, Schadensfeststellung, -ursachenermittlung und -bewertung denkbar ist.

11 – **Baustoffe:** Gutachten wegen Baustoffen sind Honorargruppe 5 = 85 EUR/Stunde zugeordnet (Nr. 4.4 der Anlage). Hierunter fällt auch die Beurteilung der Qualität von Baustoffen, z. B. Treppenstufen (*OLG Brandenburg* MDR 2010, 1351).

12 – **Bußgeldsachen:** Gutachten zu Fragen der Verkehrsregelungs- oder –überwachungstechnik sind nunmehr in der Anlage 1 enthalten und Honorargruppe 5 (85 EUR/Stunde) zugeordnet. Hierzu gehören etwa Geschwindigkeitsmessgeräte, Police-Pilot-Systeme, eichfähige Rollenprüfstände, automatische Kennzeichenlesegeräte, Kontrollgeräte zur Überwachung von digitalen Tachographen, Atemalkoholmessgeräte und Drogenvortestgeräte. Nr. 10.2 der Anlage 1 greift nicht, da sie nur gilt, wenn nicht Nr. 38 erfasst ist, so dass es nur darauf ankommt, dass das Messgerät als Verkehrsüberwachungstechnik dient. Wegen der anthropologischen Gutachten siehe Rn. 8.

13 – **Erd- und Grundbau:** Ein Gutachten zu Fragen der Berechnung von Aushubmassen kann der Honorargruppe 6 zugeordnet werden (*OLG Naumburg* OLGR Naumburg 2006, 233).

14 – **Garten- und Landschaftsbau:** Gutachten aus dem Sachgebiet Garten- und Landschaftsbau sind der Honorargruppe 3 zugeordnet. Hierunter zählen insbesondere Gutachten zu Fragen des Anlegens von Gärten, Teichen und Wegen oder der gewerblichen Produktion von Pflanzen (*OLG Celle* NdsRpfl 2006, 283). Honorargruppe 3 ist nur zugrunde zulegen, wenn es sich um Planung oder handwerklich-technische Ausführungen handelt (Nr. 13.1, 13.2 der Anlage). Handelt es sich um eine Schadensfeststellung, -ursachenermittlung und -bewertung, gilt wegen Nr. 13.3 der Anlage 1 Honorargruppe 4 (80 EUR/Stunde) – soweit nicht Sachgebiet 13.1 oder 13.2 eingreifen. Ein in einer Strafsache erstelltes Gutachten zu der Frage der Wachstumszeit von Cannabispflanzen ist diesem Sachgebiet jedoch nicht zuzuordnen. Es kann insoweit von dem außerbehördlich erzielten Stundensatz ausgegangen werden, danach kann einen Stundensatz von 70 bis 75 EUR angemessen erscheinen.

15 – **Patentnichtigkeitssachen:** Aufgrund der Schwierigkeit des Sachgebiets hat der BGH GRUR-RR 2009, 12 eine Zuordnung in die höchste Honorargruppe, zum Zeitpunkt der Entscheidung Honorargruppe 10, vorgenommen.

16 – **Schlüsselgutachten:** Die Erstattung eins Schlüsselgutachtens wegen Kfz-Schlüsseln kann dem Sachgebiet Kraftfahrzeugschäden und -bewertung

nicht zugeordnet werden. Es kann daher auf den außerbehördlich erzielten Stundensatz abgestellt werden, so dass eine Zuordnung in die Honorargruppe 6 in Betracht kommt (*LG Dortmund* Az. 2 O 502/04).
- **Unterhalt:** Ist in einem Gutachten die unterhaltsrechtliche Leistungsfähigkeit eines Beteiligten aufgrund dessen Tätigkeiten in einem Unternehmen zu beurteilen, liegt eine der Unternehmensbewertung vergleichbare Leistung vor (*OLG Braunschweig* NdsRpfl 2009, 426), so dass Honorargruppe 11 = 115 EUR anwendbar ist. Ist ein medizinisches Gutachten wegen Unterhaltsstreitigkeiten aufgrund einer Erwerbs- oder Arbeitsunfähigkeit einzuholen, gilt Honorargruppe M 2. 17
- **Vermessungstechnik:** Unter Nr. 39 der Anlage 1 fallen Gutachten wegen Vermessungs- und Katasterwesen. In die Honorargruppe 1 = 65 EUR (Nr. 39.1) können jedoch nur Leistungen zugeordnet werden, die lediglich vermessungstechnische Frage betreffen, was aus dem Gesetzgebungsverfahren folgt (vgl. BT-Drs. 17/11471 (neu), S. 327). Sind hingegen zur Beantwortung der Beweisfragen neben der vermessungstechnischen Kompetenz auch kataster- und liegenschaftsrechtliche Kenntnisse sowie deren Anwendung auf den Einzelfall erforderlich, ist die Leistung nach Nr. 39.2 der Honorargruppe 9 = 105 EUR zuzuordnen (vgl. auch *OLG Frankfurt* Az. 17 U 68/05). Das gilt auch, wenn der Sachverständige bei der Bestimmung des Grenzverlaufs wegen fehlenden Grenzsteins den Grenzverlauf anhand des Katasternachweise erforderliche Prüfungen und rechnerischer Auswertungen vornehmen muss (*LG Dortmund* BauR 2012, 303). 18
- **Wildschäden:** Das AG Detmold Az. 8 C 272/11 hat Gutachten wegen Ermittlung von Ursachen und der Abgrenzung für einen Wildschaden der Honorargruppe 5 (85 EUR/Stunde) zugeordnet. 19

6. Beschwerde

Gegen den Beschluss über die vorherige Zuordnung der Leistung in eine Honorargruppe, findet die Beschwerde nach § 4 Abs. 3 statt; → Rn. 31. 20

III. Medizinische und psychologische Gutachten

1. Allgemeines

Die Vergütung für medizinische oder psychologische Gutachten bestimmt sich nach den Honorargruppen M1–M3. Eine Zuordnung in eine solche Honorargruppe ist nicht möglich, wenn das Gutachten nicht medizinische oder psychologische Inhalte aufweist Im Übrigen gelten dieselben Bestimmungen wie bei den Honorargruppen 1–13 (→ Rn. 4 ff.). Ist eine Zuordnung durch den Gesetzgeber erfolgt, stellt diese Aufzählung gleichwohl lediglich ein Indiz für den Schwierigkeitsgrad dar, so dass auf den Schwierigkeitsgrad der einzelnen Begutachtung im konkreten Einzelfall abgestellt werden muss (*OLG Nürnberg* FamRZ 2011, 844, Binz/Dörndorfer/*Binz* § 9 JVEG Rn. 3; **a. A.** *LSG Thüringen* Az. L 6 SF 172/12 E). Dabei bestimmt sich die Schwierigkeit nicht nach dem jeweiligen Fachgebiet, sondern durch die konkrete Fragestellung (*LSG Sachsen-Anhalt* Az. L 7 SB 11/08 B). 21

2. Zuordnung bei nicht aufgeführten Sachgebieten

22 Soweit der Gegenstand des Gutachtens nicht in der Anlage 1 zu Abs. 1 aufgeführt ist, ist maßgebliches Kriterium der Zuordnung auch hier das außergerichtlich bzw. außerbehördlich gezahlte Honorar. Es stellt jedoch nicht den alleinigen Maßstab für die Zuordnung dar, sondern es ist auch stets der Schwierigkeitsgrad der erbrachten Leistung zu prüfen und zu berücksichtigen. Die Anlage 1 unterscheidet ausdrücklich nach dem Grad der Schwierigkeit, so dass bei der Zuordnung in eine Honorargruppe unterschieden werden muss zwischen:

I. einfacher gutachterlicher Bewertung = M1 (65 EUR Stundensatz),
II. Begutachtung mit durchschnittlichem Schwierigkeitsrad = M2 (75 EUR Stundensatz),
III. Begutachtung mit hohem Schwierigkeitsgrad = M3 (100 EUR Stundensatz).

Die Zuordnung in Honorargruppe 3 setzt dem Wortlaut der Anlage 1 nach u. a. voraus, dass Begutachtungen spezieller Kausalzusammenhänge oder die Beurteilung strittiger Kausalitätsfragen erfolgt, so dass der Sachverständige im Regelfall umfassende und vielseitige, vielschichtige Überlegungen anstellen muss (*LSG NRW* Az. L 15 U 629/12 B). Die besonderen Schwierigkeiten können dabei mit den diagnostischen oder ätiologischen Fragen zusammenhängen (*LSG Thüringen* Az. L 6 SF 277/11 B). Ein Gutachten, das nach standardisiertem Schema und ohne Erörterung spezieller Kausalzusammenhänge und mit einfacher medizinischer Verlaufsprognose erstellt wurde, ist daher bei durchschnittlicher Schwierigkeit der Honorargruppe M2 zuzuordnen (*LSG Thüringen* Az. L 6 SF 197/12 B).

Soweit für Leistungen nach der Anlage 2 zu § 10 zusätzliche Zeit erforderlich ist, wird hierfür stets eine Vergütung nach Honorargruppe 1 (65 EUR) gezahlt. Die Zahlung eines Honorars nach den Gruppen M2-M3 ist in diesen Fällen auch dann ausgeschlossen, wenn es sich um sehr schwierige Leistungen handelt.

3. Gutachten in Betreuungsverfahren

23 **a) Allgemeines.** Nach § 280 Abs. 1 FamFG darf durch das Betreuungsgericht ein Betreuer erst bestellt oder ein Einwilligungsvorbehalt angeordnet werden, wenn zuvor ein Gutachten über die Notwendigkeit der Maßnahme eingeholt worden ist. Nach § 281 genügt in Ausnahmefällen jedoch ein ärztliches Zeugnis (→ Rn. 25). Vor der Erstattung des Gutachtens muss der Sachverständige den Betroffenen persönlich untersuchen oder befragen, so dass auch für diesen Zeitaufwand ein Vergütungsanspruch besteht. An das Gutachten sind Mindestanforderungen zu stellen, es muss die Qualität eines medizinischen Sachverständigengutachtens aufweisen (*BayObLG* FamRZ 2001, 1403). Es darf sich danach nicht nur um eine bloße Stellungnahme handeln, sondern dem Richter muss aufgrund des Gutachtens ermöglicht werden, dieses auf seine wissenschaftliche Fundierung, Logik und Schlüssigkeit zu überprüfen. Im Übrigen bestimmt § 280 Abs. 3 FamFG auf welche Bereiche sich das Gutachten mindestens erstrecken muss.

24 **b) Höhe der Vergütung.** Wird durch das Betreuungsgericht ein Gutachten oder eine ärztliche Stellungnahme nach § 280 FamFG in Auftrag gegeben, so liegt eine Heranziehung nach § 1 vor, so dass der Sachverständige einen Erstattungsanspruch gegenüber der Staatskasse erlangt. Die Vergütung bestimmt sich ausschließlich nach dem JVEG, andere Gebührenordnungen wie die GOÄ können nicht angewendet werden.

Nach Anlage 1 zu Abs. 1 fallen in die Honorargruppe M 2 = 75 EUR Gutachten wegen

- Einrichtung der Betreuung,
- Aufhebung der Betreuung,
- Anordnung eines Einwilligungsvorbehalts.

Das gilt auch, wenn die Betreuung um weitere Aufgabenkreise erweitert werden soll. Ferner dann, wenn das Gericht in der Beschwerdeinstanz Gutachten einholt und das Amtsgericht nach § 281 Abs. 1 Nr. 2 FamFG von der Begutachtung abgesehen hat. Soll die Anordnung eines Einwilligungsvorbehalts erst im laufenden Betreuungsverfahren erfolgen, ist gleichfalls nach Honorargruppe M2 zu vergüten (*LG Kassel* FamRZ 2010, 150).

Wird ein Gutachten wegen der **Verlängerung einer Betreuung** eingeholt, so bestimmt sich die Vergütung nach der Honorargruppe M1 (65 EUR/Stunde). Wegen der Gesundheitsämter siehe auch bei → § 1, Rn. 71.

Ist ein Gutachten wegen der **Geschäftsfähigkeit** zu erstellen, ist Honorargruppe M 3 (100 EUR je Stunde) anzuwenden. Das gilt auch dann, wenn ein Gutachten zur Geschäftsfähigkeit in einem Verfahren nach § 1907 BGB wegen der Wohnungskündigung eingeholt wird (*OLG München* Az. 33 Wx 28/08; *AG Ludwigsburg* FamRZ 2013, 490). Ist der Sachverständige mit dem Gutachten zur Einleitung einer Betreuung gleichzeitig beauftragt, zu der Frage der Geschäftsfähigkeit des Betroffenen Stellung zu nehmen, so ist die Bestimmung der Honorargruppe nach Abs. 1 S. 4 vorzunehmen, so dass das Gutachten einheitlich nach der höchsten Honorargruppe (M 3) zu vergüten ist. Insoweit wird die in der Vorauflage vertretene Auffassung, unter Bezugnahme auf *LG Berlin* 83 Az. T 93/05 wegen des eindeutigen Wortlauts des Abs. 1 S. 4 aufgeben.

Muss das Gutachten nach § 321 FamFG wegen einer **Unterbringungsmaßnahme** eingeholt werden, gilt Honorargruppe M 3 = 100 EUR je Stunde.

c) Ärztliches Zeugnis. Gem. § 281 Abs. 1 FamFG genügt die Einholung 25 eines ärztlichen Zeugnisses, wenn

- der Betroffene die Bestellung eines Betreuers beantragt und auf die Begutachtung verzichtet hat und die Einholung des Gutachtens insbesondere im Hinblick auf den Umfang des Aufgabenkreises des Betreuers unverhältnismäßig wäre oder
- ein Betreuer nur zur Geltendmachung von Rechten des Betroffenen gegenüber seinem Bevollmächtigten bestellt wird.

Für das ärztliche Zeugnis finden die Honorargruppen M1 und M2 keine Anwendung, da sie nur auf medizinische Gutachten anzuwenden sind. Es ist daher stets zu prüfen, ob tatsächlich ein Gutachten oder nur ein ärztliches Zeugnis vorliegt. Nur im letzteren Fall sind die Nummern 200–203 der Anlage zu § 10 Abs. 1 anzuwenden. Es muss durch die heranziehende Stelle klar ersichtlich gemacht werden, ob ein Gutachten oder nur ein ärztliches Zeugnis angefordert wird, maßgeblich ist dabei, wie der beauftragte Arzt das Anforderungsschreiben verstehen durfte (*LG Kassel* FamRZ 2012, 1974).

§ 9 Abschnitt 3. Vergütung von Sachverständigen u.a.

Soweit das ärztliche Zeugnis auch eine kurze gutachterliche Äußerung umfasst, bestimmt sich das Honorar nach Nummer 202 der Anlage 2, es beträgt für den Befund mindestens 38 EUR. Die Gebühr kann bis auf 75 EUR erhöht werden, wenn die Leistung außergewöhnlich umfangreich ist. Aus dem Wortlaut „bis zu 75 EUR" lässt sich folgern, dass Abstufungen möglich sind und es sich um einen Höchstsatz handelt, der nicht allgemein zu gewähren ist. Die Nummern 200 ff. der Anlage 2 zu § 10 Abs. 1 können aber nicht angewendet werden, wenn es sich um ein Gutachten handelt.

26 **d) Selbst beigebrachte Zeugnisse.** Das ärztliche Zeugnis kann auch von den Beteiligten selbst beigebracht werden. Bei den Kosten für selbst beigebrachte Zeugnisse handelt es sich jedoch nicht um erstattungsfähige Aufwendungen nach dem JVEG. Der Arzt oder die Betroffenen erlangen mangels einer gerichtlichen Beauftragung keinen Erstattungsanspruch gegenüber der Staatskasse.

4. Medizinische Gutachten in der Sozialgerichtsbarkeit

27 **a) Allgemeines.** Gerade in sozialgerichtlichen Verfahren, gestaltet sich die Zuordnung in eine Honorargruppe schwierig, so dass auch die Rechtsprechung beklagt hat, dass die erfolgte namentliche Nennung von Sachgebieten nicht ausreichend erscheint. Das *LSG BadWürtt.* Justiz 2005, 91 hat eine Zuordnung von sozialgerichtlichen Gutachten in die Honorargruppen M1–M3 wie folgt vorgenommen:

M 1 65 EUR je Stunde (einfache gutachterliche Beurteilung)
– augen- und ohrenfachärztliche Gutachten zur Frage des Ausmaßes einer Seh- oder Hörminderung,
– Gutachten ohne schwierige Diagnostik, bei einer auf Zustand oder Funktion des Organs beschränkten Beurteilung,

M 2 75 EUR je Stunde (Gutachten mit durchschnittlicher Anforderung)
– „Zustandsgutachten" über das Leistungsvermögen des zu Untersuchenden z. B. wegen Arbeitslosenversicherung, gesetzlicher Rentenversicherung oder im Rahmen des Schwerbehindertenrechts,
– Gutachten über die Leidensbesserung oder -verschlimmerung bei einer Neufeststellung in der gesetzlichen Rentenversicherung oder des sozialen Entschädigungsrechts, wenn auch Vorgutachten oder Vorbefunde zu erörtern sind,
– Gutachten aus dem Bereich der gesetzlichen Rentenversicherung oder des sozialen Entschädigungsrechts, die keine besonders schwierigen Überlegungen erfordern oder wenn die Beantwortung der Kausalfragen ohne eine kritische Auseinandersetzung erfolgt und sie sich allein an Standartwerke der unfallmedizinischen Literatur orientiert.

M 3 100 EUR je Stunde (Gutachten mit hohem Schwierigkeitsgrad)
– Zusammenhangsgutachten aus dem Bereich der gesetzlichen Unfallversicherung oder des sozialen Entschädigungsrechts, die sich auch mit in der Literatur vertretenen wissenschaftlichen Meinungen im Gutachten auseinandersetzen,
– Zustandsgutachten bei sehr komplizierten, widersprüchlichen Befunden und entsprechender Schwierigkeit bei deren diagnostischer Einordnung.

Darüber hinaus hat die Rechtsprechung nachfolgende Zuordnungen vorgenommen, die jedoch gleichwohl nur einen Anhaltspunkt darstellen können:

M 2
- Erwerbsminderung (*LSG Schleswig-Holstein* SchlHA 2012, 474; *LSG Berlin-Brandenburg* Az. L 2 SF 254/11; *LSG Thüringen* Az. L 6 SF 277/11 B),
- Fachorthopädische Gutachten (*BayLSG* Az. L 15 SF 188/09),
- Notwendigkeit einer stationären Behandlung, wenn keine Auseinandersetzung mit Kausalitätsfragen erfolgt (*LSG Thüringen* Az. L 6 B 209/09),
- Pflegebedürftigkeit (*SG Karlsruhe* NZS 2013, 560),
- Rentenversicherung (*BayLSG* Az. L 15 SF 188/09; *LSG Hessen* Az. L 2 SF 267/09),
- Schwerbehindertenrecht (*LSG Thüringen* Az. L 6 SF 172/12 E),
- Zustandsgutachten (*LSG Thüringen* Az. L 6 SF 433/13 E).

M 3
- Begutachtung oder Beurteilung strittiger bzw. spezieller Kausalitätszusammenhänge (*LSG NRW* Az. L 15 U 629/12 B),
- Notwendigkeit der Behandlungsmethode autologe Chondrozytenimplantation –ACI (*LSG Thüringen* Az. L 6 SF 11/07),
- Schmerzgutachten, wenn sowohl körperliche als auch psychologische Störungen zu beurteilen sind (*LSG Thüringen* Az. L 6 SF 48/08).

b) Psychologische Gutachten. Glaubhaftigkeitsgutachten sind wie andere psychologische Gutachten zu vergüten (*BayLSG* MEDSACH 2012, 33). Bloße testpsychologische Zusatzuntersuchungen können der Honorargruppe M1 zuzuordnen sein (*BayLSG* Az. L 15 SF 150/09), ebenso psychologische Zusatzgutachten, selbst dann, wenn das Hauptgutachten der Honorargruppe M2 oder M3 zugeordnet war (*BayLSG* Az. L 17 U 144/03.Ko). Für die in Strafsachen zu erstellenden testpsychologischen Gutachten kann eine andere Zuordnung erfolgen, so sind etwa Persönlichkeitsdiagnostiken in Honorargruppe M2 oder M3 einzuordnen (*OLG Bamberg* Az. 1 Ws 733/11). Für die Abgrenzung zwischen beiden Honorargruppen stellt das Gericht auf besondere Schwierigkeiten ab, z. B. eine erheblich gestörte Persönlichkeit, die erhöhte Neigung des Probanden zur verzerrenden Darstellung, eine gesteigerte Komplexität der Fragen, der Einsatz weiterer, insbesondere prognostischer Testverfahren und komplexerer Testverfahren.

28

c) Vorgutachten. In sozialgerichtlichen Verfahren rechtfertigt die vorzunehmende Auseinandersetzung mit Vorgutachten für sich allein noch keine Zuordnung in die Honorargruppe M3 (*LSG Thüringen* Az. L 6 SF 172/12 E). Der hierfür erforderliche Aufwand wird regelmäßig über die vergütungsfähige Zeit abgegolten (*LSG Berlin-Brandenburg* Az. L 2 SF 254/11)

29

IV. Vorabfestsetzung des Stundensatzes (Abs. 1 S. 5, 6)

1. Vorabfestsetzung

Nach Abs. 1 S. 5 kann der Sachverständige bereits vor Geltendmachung und Bezifferung der Vergütung die gerichtliche Festsetzung beantragen um damit eine Zuordnung der Leistung in eine Honorargruppe nach Abs. 1 S. 1 zu erreichen (BT-Drs. 15/1971, S. 182). Unanwendbar ist die Regelung des-

30

§ 9 Abschnitt 3. Vergütung von Sachverständigen u.a.

halb für die Frage, ob § 9 oder § 10 anzuwenden ist, weil das Gesetz eine gerichtliche Entscheidung darüber, nach welcher Norm eine Entschädigung für ein künftiges Tätigwerden eines Sachverständigen erfolgt, nicht vorsieht (*LG Bochum* Az. 1 AR 11/06). Die Entscheidung trifft daher das Gericht (Richter, Rechtspfleger) durch Beschluss, nicht der Anweisungsbeamte. Dem Vertreter der Staatskasse ist auch im Rahmen der Vorabfestsetzung rechtliches Gehör zu gewähren, § 4a ist anwendbar.

Die Möglichkeit der Vorabfestsetzung und der Beschwerde sind nur gegeben, solange der Anspruch auf Vergütung noch nicht geltend gemacht worden ist, weil der Sachverständigen dann die Möglichkeit hat, das Festsetzungsverfahren nach § 4 Abs. 1, 2 zu beschreiten.

Die vorherige Bestimmung der Honorargruppe steht unter dem Vorbehalt einer späteren Überprüfung im Rahmen der Vergütungsabrechnung (*LSG Stuttgart* Justiz 2005, 27). Eine solche Abänderung wird aber nur in Ausnahmefällen in Betracht kommen, da der Sachverständige im Regelfall nach Treu und Glauben auf den festgesetzten Stundensatz vertrauen kann.

2. Beschwerde

31 Gegen den Beschluss über die vorherige Zuordnung der Leistung in eine Honorargruppe, findet die Beschwerde nach § 4 Abs. 3 statt. Abs. 1 S. 5 ordnet dafür an, dass sie auch dann zulässig ist, wenn der Beschwerdewert 200 EUR nicht übersteigt. Die Privilegierung gilt jedoch nur, solange der Vergütungsanspruch noch nicht geltend gemacht wurde, so dass danach die Zulässigkeitsvoraussetzungen des § 4 Abs. 3 erfüllt sein müssen. Abs. 1 S. 5, 6 lassen daher das Beschwerderecht nach § 4 Abs. 3 unberührt (*KG* JurBüro 2011, 604; *OLG Celle* BauR 2008, 562). Das gilt auch dann, wenn die Vergütung zwar noch nicht geltend gemacht ist, aber wegen Erbringung der Leistung bereits geltend gemacht werden könnte, weil auch in diesen Fällen die Verfahren nach § 4 Abs. 1, 2 betrieben werden können und somit der Schutzgedanke des Abs. 1 S. 5, 6 nicht mehr eingreifen kann (*OLG Stuttgart* StraFo 2005, 395).

V. Insolvenzverfahren (Abs. 2)

1. Allgemeines

32 **a) Vorläufiger Insolvenzverwalter.** Um Nachteile für die Gläubiger zu vermeiden, hat das Insolvenzgericht bis zur Entscheidung über den Eröffnungsantrag alle Maßnahmen zu treffen, um eine nachteilige Veränderung in der Vermögenslage des Schuldners zu verhindern. Es kann deshalb nach § 21 Abs. 2 InsO auch einen vorläufigen Insolvenzverwalter bestellen, auf den die §§ 56, 58 bis 66 InsO entsprechend anzuwenden sind. Die Verwaltungs- und die Verfügungsbefugnis über das Vermögen des Schuldners geht bei Bestellung eines vorläufigen Insolvenzverwalters und der Auferlegung eines allgemeinen Verfügungsverbot für den Schuldner gem. § 22 Abs. 1 InsO auf den vorläufigen Insolvenzverwalter über. Das Gericht kann den vorläufigen Insolvenzverwalter auch als Sachverständigen beauftragen um zu prüfen, ob überhaupt ein Eröffnungsgrund vorliegt und welche Aussichten für die Fortführung des Unternehmens des Schuldners bestehen (§ 22 Abs. 1 S. 2 Nr. 3 InsO). Er wird durch diese Bestellung zum „starken" vorläufigen Insolvenzverwalter. Für diese Tätigkeit wird der Insolvenzverwalter als Sachverständiger tätig und ist hierfür nach dem JVEG zu vergüten (§ 11 Abs. 2 InsVV), er erwirbt somit einen Vergütungsanspruch gegenüber der Staatskasse (*OLG Düsseldorf* Rpfleger 2009, 344). Die Festsetzung erfolgt bei dem Insolvenzgericht, welches den vorläufigen Insolvenzverwalter herangezogen hat, so dass der Anspruch dort geltend zu machen ist. Die Regelung des Abs. 2 ist nicht verfassungswidrig, es liegt auch keine Ungleichbehandlung zwischen dem vorläufigen Insolvenzverwalter gegenüber anderen, isoliert tätigen Sachverständigen vor (BVerfG ZVI 2006, 39).

b) Höhe der Vergütung. Der vorläufige Insolvenzverwalter erhält für sein 33 Gutachten gem. Abs. 2 ein Stundenhonorar von 80 EUR. Es handelt sich um einen festen Stundensatz, der von dem Gericht auch aus Gründen der Billigkeit nicht überschritten werden kann. Im Übrigen kann der Insolvenzverwalter neben dem Honorar auch die übrigen Vergütungsteile § 8 Abs. 1 geltend machen. Die Vergütung nach Abs. 2 entsteht neben einer Vergütung nach der InsVV (*Ley* ZIP 2004, 1391), was sich unmittelbar aus dem Wortlaut des § 11 Abs. 2 InsVV ergibt. Eine Anrechnung der Vergütung ist nicht statthaft.

2. Isoliert tätige Sachverständige

a) Keine Anwendbarkeit von Abs. 2. Die Regelung des Abs. 2 ist nicht 34 auf den „isoliert" tätigen Sachverständigen anwendbar (*OLG Hamburg* ZInsO 2010, 634; *OLG Bamberg* NJW-RR 2005, 563; *OLG Koblenz* Rpfleger 2006, 336; *OLG Frankfurt* ZIP 2006, 676; *OLG Nürnberg* Rpfleger 2006, 500; *LG Hamburg* ZIP 2011, 1119), da er nach seinem eindeutigen Wortlaut nur für die sachverständliche Tätigkeit nach § 22 InsO herangezogen werden kann.

b) Höhe der Vergütung. Die Vergütung des „isolierten" Sachverständi- 35 gen ist nach Abs. 1 S. 3 zu bestimmen, so dass der Stundensatz für das Honorar, unter Berücksichtigung der allgemein für die Leistung außergerichtlich vereinbarten Stundensätze, nach billigem Ermessen zu bestimmen ist. Eine generelle Anwendung von Abs. 2 und die Gewährung eines Stundenhonorars von 80 EUR verbietet sich daher (BT-Drs. 17/11471 (neu), S. 260). In Betracht kommt etwa eine Zuordnung zu den in Nr. 6 der Anlage 1 zu Abs. 1 eingruppierten Sachgebieten (BT-Drs. 17/11471 (neu), S. 260), d. h. Unternehmensbewertung, Betriebsunterbrechungs- und -verlagerungsschäden (Honorargruppe 11 = 115 EUR), Kapitalanlagen und private Finanzplanung (Honorargruppe 13 = 125 EUR), aber auch Bewertung von Immobilien (Honorargruppe 6 = 90 EUR).

VI. Dolmetscher (Abs. 3)

1. Allgemeines

Der Dolmetscher ist Gehilfe des Richters oder Rechtspflegers und kein 36 Sachverständiger, jedoch wird er gleichwohl wie ein Sachverständiger vergütet (§ 8). Auch hinsichtlich der Ausschließung und Ablehnung des Dolmetschers, sind die für Sachverständigen geltenden Vorschriften anzuwenden (§ 191 GVG). Nach § 185 Abs. 1 GVG ist die Heranziehung eines Dolmetschers notwendig, wenn unter der Beteiligung von Personen verhandelt wird, die der deutschen Sprache nicht mächtig sind. Die Hinzuziehung des Dolmetschers kann unterbleiben, wenn die beteiligten Personen der fremden Sprache mächtig sind. Über die Hinzuziehung eines Dolmetschers entscheidet das Gericht nach pflichtgemäßem Ermessen (*Zöller/Lückemann* § 185 GVG Rn. 3). Der Dolmetscher hat nach § 189 GVG einen Eid zu leisten, dass er treu und gewissenhaft überträgt. Die Vereidigung richtet sich nach Landesrecht, sie ist kostenpflichtig. Abs. 3 findet keine Anwendung, wenn eine schriftliche Übersetzung angefertigt werden muss, hingegen dann, wenn Schriftsätze mündlich übersetzt werden oder auch, wenn eine mündliche Übertragung wie Telefongespräche stattfindet (*OLG Düsseldorf* InstGE 2013, 252).

2. Höhe der Vergütung

37 **a) Allgemeines.** Die von einer in § 1 genannten Stelle herangezogenen Dolmetscher erhalten eine Vergütung nach dem JVEG. Es ist ein Honorar nach Abs. 3 zu gewähren und daneben die in § 8 Abs. 1 Nr. 2–4 genannten Auslagen. Da der Dolmetscher eine Vergütung erhält, ist die zusätzliche Erstattung von Verdienstausfall ausgeschlossen (*OVG Hamburg* KostRsp. ZSEG § 17 Nr. 60).

Das Honorar des Dolmetschers beträgt 70 EUR je Stunde, wegen dem simultanen Dolmetschen siehe aber Rn. 38. Neben der eigentlichen Dolmetschertätigkeit sind auch notwendige Reise- und Wartezeiten zu vergüten (*OLG Stuttgart* JurBüro 1996, 659; *LSG NRW* Az. L 7 SF 400/11 E), was bereits aus § 8 Abs. 2 S. 1 folgt. Nicht zu vergüteten ist hingegen die Zeit, die der Dolmetscher benötigt, um sich auf die Dolmetschertätigkeit vorzubereiten, da er im Allgemeinen über die notwendigen Sprachkenntnisse verfügen muss. Auch sonstige Vorbereitungszeiten werden im Regelfall nicht in Betracht kommen. Nur dann, wenn das Gericht ausdrücklich bestimmt, dass sich der Dolmetscher mit der spezifischen Materie des Falls vertraut machen oder Akteneinsicht nehmen soll, ist eine solche Zeit nach Abs. 3 zu vergüten.

38 **b) Simultandolmetschen.** Ist der Dolmetscher ausdrücklich für simultanes Dolmetschen herangezogen, beträgt das Honorar 75 EUR. Bei dem Simultandolmetschen erfolgt die Verdolmetschung nahezu gleichzeitig mit dem Ausgangstext, so dass der Dolmetscher zeitgleich zwei Tätigkeiten (Hören und Sprechen) ausübt, hierzu gehört insbesondere das Kabinendolmetschen. Im Gegensatz dazu erfolgt bei dem Konsekutivdolmetschen die Verdolmetschung zeitversetzt. Das erhöhte Honorar wird nur gewährt, wenn der Dolmetscher ausdrücklich auch für simultanes Dolmetschen herangezogen wird, so dass es nicht genügt, dass während der Heranziehung auch simultan gedolmetscht wird. Das Gericht kann die Beauftragung aber während der Heranziehung ändern, z. B. wenn sich während einer Verhandlung herausstellt, dass wegen der Ausführung anderer Beteiligter umfangreiche Simultandolmetschung erfolgen muss.

39 **c) Einheitlicher Vergütungssatz.** Eine Abstufung des Honorars sieht Abs. 3 nicht vor, so dass es für den gesamten Heranziehungszeitraum entweder 70 oder 75 EUR betragen muss. Mit Ausnahme des Simultandolmetschens, kann wegen anderer Schwierigkeiten oder Besonderheiten kein höheres Honorar gewährt werden, da es sich bei Abs. 3 um eine abschließende

Regelung handelt (*OLG Hamburg* Az. 2 Ws 180/06). Auch kann die Regelung des § 11 Abs. 1 S. 3 nicht parallel herangezogen werden.

d) Aufwendungen des Dolmetscher. Einem Dolmetscher sind dieselben **40** Aufwendungen wie einem Sachverständigen zu erstatten. Er erhält deshalb nach § 8 Abs. 1 neben seinem Honorar auch erstattet:
- Fahrtkostenersatz (§ 5),
- Aufwandsentschädigung (§ 6),
- Ersatz für sonstige und besondere Aufwendungen (§§ 7, 12).

Nicht als besondere Aufwendungen sind Arbeitsmaterialien des Dolmetschers wie Wörterbücher etc. zu erstatten, da es sich hierbei um Gemeinkosten handelt, die gem. § 12 Abs. 1 S. 1 nicht erstattungsfähig sind. Auch die Umsatzsteuer ist dem Dolmetscher gesondert nach § 12 Abs. 1 S. 2 Nr. 4 zu erstatten. Das gilt auch für ein Dolmetscherbüro, wenn es einen dort nicht beschäftigten Dolmetscher benennt, der in seiner Person nicht die Voraussetzungen für eine Erstattung der Umsatzsteuer erfüllt (*OLG Celle* JurBüro 2005, 147).

3. Aufrundung der letzten Stunde

Es gilt § 8 Abs. 2 S. 2, so dass auch bei einem Dolmetscher, die letzte **41** bereits begonnene Stunde voll gerechnet wird, wenn sie zu mehr als 30 Minuten für die Leistungserbringung erforderlich war. In anderen Fällen wird für die letzte begonnene Stunde nur die Hälfte des für eine volle Stunde zu gewährenden Honorars, d. h. 35 bzw. 37,50 EUR gezahlt. Wird der Dolmetscher an verschiedenen Sitzungstagen, aber aufgrund eines einheitlichen Auftrags tätig, so sind die erbrachten Leistungen zusammenzurechnen und nur der kumulierte gesamte Zeitaufwand aufzurunden.

4. Einzelne Anwendungsfälle

a) Besuchsüberwachung. Obwohl es sich bei der Besuchsüberwachung **42** um eine Maßnahme der Justizverwaltung handelt, besteht nach überwiegender Handhabung ein Erstattungsanspruch nach dem JVEG, wenn der Dolmetscher im Rahmen einer richterlich angeordneten Besuchsüberwachung tätig geworden ist. Er ist insoweit gerichtlich herangezogen worden, da die Anordnung der Besuchsüberwachung gem. § 119 StPO dem Richter vorbehalten ist. Soweit der Leiter der Justizvollzugsanstalt gem. § 119 Abs. 6 StPO die Besuchsüberwachung anordnet, liegt ebenfalls eine gerichtliche Heranziehung vor, da dieser nur stellvertretend entscheidet.

Die Vergütung ist durch den Anweisungsbeamten des Gerichts vorzunehmen, dem der anordnende Richter angehört. In Nordrhein-Westfalen ist die RV d. JM vom 4.10.2004 zu beachten. Wegen der Wiedereinziehung der im Rahmen der Besuchsüberwachung oder Briefkontrolle gezahlten Beträge von dem verurteilten Angeklagten bei → § 1 Rn. 195.

b) Dienstaufgaben. Kein persönlicher Vergütungsanspruch besteht für **43** den Dolmetscher, wenn er die Dolmetschertätigkeit im Rahmen seiner Dienstaufgaben ausführt. Der in der Sitzung tätige Urkundsbeamte der Geschäftsstelle, nicht jedoch der Richter, kann nach § 190 GVG ohne eine besondere Vereidigung, als Dolmetscher tätig werden. Soweit der Protokollführer die Dolmetschertätigkeit im Rahmen seiner Dienstaufgaben durch-

§ 9 Abschnitt 3. Vergütung von Sachverständigen u.a.

geführt hat, besteht auch für ihn kein persönlicher Vergütungsanspruch, gehört sie aber nicht zu seinen Dienstaufgaben, ist der Protokollführer nach Abs. 3 zu vergüten.

44 **c) Gebärdendolmetscher.** Abs. 3 gilt auch für herangezogene Gebärdendolmetscher, da § 186 Abs. 2 GVG auch bei Hinzuziehung von Tauben oder Stummen von einem „Dolmetscher" spricht. Auf den Gebärdendolmetscher sind daher dieselben vergütungsrechtlichen Bestimmungen wie bei sonstigen Dolmetschern anzuwenden, das Honorar beträgt deshalb gleichfalls 70 EUR je Stunde, bzw. bei ausdrücklicher Heranziehung für Simultandolmetschen 75 EUR.

Bei der Wiedereinziehung der nach dem JVEG an Gebärdendolmetscher gezahlte Beträge, sind die Bestimmungen der Kostengesetze zu beachten. Nach Abs. 2 Anm. zu Nr. 9005 KV-GKG, Anm. Abs. 2 zu Nr. 2005 FamGKG, Anm. Abs. 2 zu Nr. 31005 KV-GNotKG können an Gebärdendolmetscher gezahlte Beträge grundsätzlich nicht von dem Kostenschuldner eingezogen werden. Eine Ausnahme gilt, soweit das Gericht wegen schuldhafter Säumnis oder sonstigem schuldhaftem Verhalten des Beschuldigten oder Betroffenen diesem solche Kosten nach §§ 464c, 467 Abs. 2, 467a StPO oder § 46 Abs. 1 OWiG auferlegt hat. In allen sonstigen Angelegenheiten unterbleibt ein Einzug. Werden solche Beträge geichwohl gegen den Kostenschuldner angesetzt, kann dieser seine Einwendungen im Wege der Erinnerung gegen den Kostenansatz (§ 66 GKG, § 57 FamGKG, § 81 GNotKG) geltend machen.

45 **d) Rechtsanwälte.** Wie auch bei Übersetzungsarbeiten erhält der Rechtsanwalt neben den üblichen Gebühren des RVG keine gesonderte Vergütung, wenn er selbst als Dolmetscher auftritt. Solche Arbeiten sind auch nicht als fiktive Kosten nach § 91 ZPO erstattungsfähig. Bei der Frage, ob und in welcher Höhe eine Pauschvergütung nach § 51 RVG zu gewähren ist, muss jedoch berücksichtigt werden, dass der Verteidiger durch eigene Sprachkenntnisse einem ausländischen Angeklagten Kosten für einen Dolmetscher erspart hat (*OLG Köln* NStZ-RR 2006, 192).

46 **e) Sprachsachverständige.** Keine Vergütung nach Abs. 3 erhält der Sprachsachverständige, er ist nach Abs. 1 zu vergüten (*OLG Düsseldorf* Jur-Büro 2000, 211). Wird ein Kassiber übersetzt und überprüft, so handelt es sich hierbei um eine Sachverständigenaufgabe, das gilt auch dann, wenn der Richter im Nichtwissen handelt (BGH NJW 1965, 643). Für die Frage, ob eine Dolmetscher- oder eine Sachverständigentätigkeit vorliegt ist zu beachten, dass die Aufgabe eines Dolmetschers darin besteht, den Prozessverkehr zwischen Gericht und Verfahrensbeteiligten zu ermöglichen, während der Sachverständige sich über den Sinn einer außerhalb des Prozessverkehrs gemachten fremdsprachigen Erklärung äußert (BGH BGHSt 1, 4 ff.).

5. Ausfallentschädigung bei Terminsaufhebung

47 Ist der Herangezogene ausschließlich als Dolmetscher tätig, ist ihm nach Abs. 3 S. 2 eine Ausfallentschädigung zu zahlen, soweit er die Aufhebung des Termins nicht zu vertreten hat und auch tatsächlich ein Einkommensverlust eingetreten ist. Abs. 3 S. 2 setzt weiter voraus, dass dem Dolmetscher die Aufhebung erst am Terminstag oder an einem der beiden vorhergehenden Tage mitgeteilt worden ist. Es kommt nur auf Kalender-, nicht auf Arbeitstage

Honorar für besondere Leistungen § 10

an. Es ist jedoch nicht Aufgabe des Dolmetschers, sich vorsorglich kundig zu machen, ob ein Termin entfällt, auch wenn dies naheliegend wäre, da eine solche Verpflichtung die heranziehende Stelle trifft (*BayLSG* Az. L 16 R 573/04.Ko), jedoch trifft den Dolmetscher die Pflicht, dafür Sorge zu tragen, dass er die an sich gerichtete Post auch zur Kenntnis nimmt. Liegen die Voraussetzung des Abs. 3 S. 3 vor, ist die Ausfallentschädigung zwingend zu gewähren, ein Ermessen besteht insoweit nicht. Ein Dolmetscher, der auch als Übersetzer tätig ist, kann keine Ausfallentschädigung geltend machen (*OLG Düsseldorf* JMBl. NW 2007, 139).

Ist der Dolmetscher zum Termin bzw. Einsatzort angereist weil eine Abladung nicht erfolgt ist, besteht ein Vergütungsanspruch auch dann, wenn der Termin nicht stattfindet weil der Angeklagte oder eine andere Person nicht erscheint. Die Vergütung des Dolmetschers ist in solchen Fällen nicht auf die Ausfallentschädigung begrenzt, sondern ihm ist ein Stundenhonorar nach Abs. 3 für die gesamte aufgewendete Zeit einschließlich Reise- und Wartezeiten zu vergüten. Der Gesamtbetrag darf in diesen Fällen 55 EUR überschreiten. Das gilt auch, wenn die Abladung so kurzfristig erfolgte, dass sie den Dolmetscher nicht mehr erreicht hat. Abs. 3 S. 2, 3 gelten in diesen Fällen nicht, da sie voraussetzen, dass der Dolmetscher über die Terminaufhebung noch vor Verlassen seiner Wohnung oder seines Büros entsprechend benachrichtigt worden ist (*BayLSG* Az. L 16 R 573/04.Ko). Wird dem Dolmetscher ohne sein Verschulden der Zutritt in eine Justizvollzugsanstalt verweigert und findet deshalb die Besuchsüberwachung nicht statt, so besteht für ihn ein Vergütungsanspruch (*OLG Hamm* NStZ-RR 1998, 223), der ebenfalls nicht auf die Ausfallentschädigung begrenzt ist.

Die Ausfallentschädigung wird höchstens bis zu einem Betrag gewährt, dem ein Honorar für zwei Stunden entspricht, d. h. 140 EUR, bei ausdrücklicher Heranziehung für Simultandolmetschen auch 150 EUR. Aus dem Wortlaut „bis zu" folgt, dass die Entschädigung die Beträge nicht übersteigen kann, auch wenn ein höherer Ausfall nachgewiesen wird, andererseits kann die Entschädigung auch nicht in jedem Fall pauschal für zwei Stunden zugebilligt werden. Es ist nur der tatsächliche Ausfall zu entschädigen, so dass der Dolmetscher vortragen muss. Im Regelfall wird eine Wartezeit von einer Stunde als angemessen gelten können (BayLSG Az. L 16 R 573/04.Ko), jedoch sind auch Reisezeiten zu berücksichtigen. Die Ausfallentschädigung des Abs. 3 S. 2, 3 deckt jedoch nur den Ausfall des Honorars ab, so dass entstandene Fahrtkosten gesondert nach § 5 zu ersetzen sind und in den Betrag nicht einzurechnen sind. Umsatzsteuer ist nach § 12 Abs. 1 S. 2 Nr. 4 gesondert zu erstatten.

§ 10 Honorar für besondere Leistungen

(1) **Soweit ein Sachverständiger oder ein sachverständiger Zeuge Leistungen erbringt, die in der Anlage 2 bezeichnet sind, bemisst sich das Honorar oder die Entschädigung nach dieser Anlage.**

(2) **Für Leistungen der in Abschnitt O des Gebührenverzeichnisses für ärztliche Leistungen (Anlage zur Gebührenordnung für Ärzte) bezeichneten Art bemisst sich das Honorar in entsprechender Anwendung dieses Gebührenverzeichnisses nach dem 1,3fachen Gebührensatz. § 4 Absatz 2 Satz 1, Absatz 2a Satz 1, Absatz 3 und 4 Satz 1 und § 10 der Gebühren-**

§ 10   Abschnitt 3. Vergütung von Sachverständigen u.a.

ordnung für Ärzte gelten entsprechend; im Übrigen bleiben die §§ 7 und 12 unberührt.

(3) **Soweit für die Erbringung einer Leistung nach Absatz 1 oder Absatz 2 zusätzliche Zeit erforderlich ist, erhält der Berechtigte ein Honorar nach der Honorargruppe 1.**

Übersicht

	Rn.
I. Allgemeines	1
1. Allgemeines	1
2. Verhältnis zu anderen Regelungen des JVEG	2
II. Leistungen nach der Anlage 2 (Abs. 1)	3
III. Leistungen nach Abschnitt O der GOÄ (Abs. 2)	5
1. Allgemeines	5
2. Höhe der Vergütung	7
3. Heilpraktiker	8
4. Erstattung von Aufwendungen	9
a) Allgemeines	9
b) Sachverständige Zeugen	10
c) Allgemeinkosten	11
d) Schriftliche Erstattung des Gutachtens	12
e) Umsatzsteuer	13
f) Reisekosten	14
g) Verbrauchte Materialien	15
h) Versand- und Portokosten	16
i) Hilfskräfte	17
j) Besondere Erstattungsbestimmungen in Abschnitt O GOÄ	18
IV. Zusätzliche Zeit (Abs. 3)	23
1. Allgemeines	23
2. Höhe der Vergütung	24
3. Anwendungsfälle	25
4. Mündliche Erläuterung	26

I. Allgemeines

1. Allgemeines

1 § 10 schafft Regelungen für bestimmte Leistungen, die durch Sachverständige oder sachverständige Zeugen erbracht werden. Dabei werden im Einzelnen geregelt
- besondere Leistungen, (Abs. 1, Anlage 2),
- Leistungen nach Abschnitt O der GOÄ (Abs. 2).

Abs. 3 regelt die Fälle, in denen für die Erbringung einer solchen Leistung zusätzliche Zeit erforderlich ist.

2. Verhältnis zu anderen Regelungen des JVEG

2 § 10 enthält abweichend von § 9 bzw. §§ 19 ff. Spezialvorschriften für Sachverständige oder sachverständige Zeugen, wenn diese von Abs. 1 und 2 erfasste Leistungen erbringen. Da es sich um eine Ausnahmeregelung handelt, sind § 10 und die dazugehörige Anlage eng auszulegen (Binz/Dörndorfer/*Binz* § 10 JVEG Rn. 1) und auf die typischen Fälle zu beschränken (*OLG Köln* Rpfleger 1963, 393). Eine darüber hinausgehende Anwendung ist nicht zulässig. Soweit eine Vergütung nach § 10 gezahlt wird, ist die gleichzeitige Gewährung einer Vergütung nach § 9 ausgeschlossen, soweit es sich um dieselbe Leistung handelt. Etwas anderes gilt dann, wenn die Untersuchungen

Honorar für besondere Leistungen   § 10

im Rahmen eines Gutachtenauftrags durchgeführt worden sind, weil § 10 dann nur für die durchzuführenden Untersuchungen gilt, während die übrigen Leistungen des Sachverständigen nach § 9 zu vergüten sind. Darüber hinaus ist eine Vergütung nach § 9 nur dann zu gewähren, wenn die in Abs. 1 und 2 genannten Leistungen zusätzliche Zeit erfordern (Abs. 3).

II. Leistungen nach der Anlage 2 (Abs. 1)

Für besondere Leistungen von Sachverständigen und sachverständigen Zeugen gilt Abs. 1. Es muss sich jedoch um eine in Anlage 2 zu Abs. 1 enthaltene Leistung handeln, so dass im Einzelnen erfasst sind: 3

- Leichenschau und Obduktion (Abschnitt 1 der Anlage 2),
- Erstellung von Befundberichten (Abschnitt 2 der Anlage 2),
- Untersuchungen (Abschnitt 3 der Anlage 2),
- Blutentnahme (Abschnitt 3 der Anlage 2),
- Abstammungsgutachten (Abschnitt 4 der Anlage 2).

Die Vergütung für solche Leistungen wird ausschließlich nach Anlage 2 zu Abs. 1 gewährt, eine Vergütung nach § 9 kann nicht gefordert werden, ebenso wenig eine Entschädigung nach §§ 20 ff., wenn es sich um einen sachverständigen Zeugen handelt. Nur dann, wenn für die Erbringung einer in Anlage 2 genannten Leistung zusätzliche Zeit benötigt wird, kann eine gesonderte Vergütung nach Abs. 3 gewährt werden. Wegen der einzelnen Vorschriften der Anlage 2 wird auf die gesonderten Erläuterungen zu der Anlage 2 zu § 10 Abs. 1 verwiesen (siehe im Anhang).

Auf andere Leistungen ist Abs. 1 nicht anwendbar, so dass sich die Vergütung nach § 9 richtet, wenn es sich nicht um eine von Abs. 2 erfasste Tätigkeit handelt. Durch das 2. KostRMoG wurde Abschnitt 5 der Anlage 2 aufgehoben, so dass sich die Vergütung für die Erstellung von erbbiologischen Abstammungsgutachten nunmehr, unter Beachtung der Übergangsregelung des § 25, nach § 9 richtet. 4

III. Leistungen nach Abschnitt O der GOÄ (Abs. 2)

1. Allgemeines

Erbringt der Sachverständige oder der sachverständige Zeuge eine in Abschnitt O der GOÄ aufgeführte Leistung, so wird er für diese Leistung ausschließlich nach dieser Bestimmung vergütet, andere Bestimmungen können nicht angewendet werden (*Thüringer LSG* Az. L 6 SF 48/02), so dass auch keine Vergütung nach § 9 oder eine Entschädigung nach §§ 20 ff. gewährt wird. Eine gesonderte Vergütung nach § 9 kann nur gewährt werden, wenn für die Erbringung einer in Abschnitt O GOÄ genannten Leistung zusätzliche Zeit erforderlich war (Abs. 3). Der Abschnitt O der GOÄ ist nach den Erläuterungen zur Anlage 2 zu Abs. 2 vollständig abgedruckt (siehe im Anhang). Für die Anwendung von Abschnitt O GOÄ nach Abs. 2 ist es unerheblich, ob es sich um einen niedergelassenen Arzt oder einen Krankenhausarzt handelt (*LSG Bad. Württ.* Az. L 10 KoB 71/87), eine Differenzierung kann danach auch nicht aus § 4 Abs. 3 GOÄ hergeleitet werden. 5

249

§ 10   Abschnitt 3. Vergütung von Sachverständigen u.a.

6   Die Regelung des Abs. 2 stellt eine Ausnahmeregelung dar, die nicht über ihren Wortlaut hinaus anwendbar ist, so dass eine Vergütung nach der GOÄ nicht verlangt werden kann, wenn der Sachverständige oder der sachverständige Zeuge Leistungen erbringt, die nicht von Abschnit O GOÄ erfasst sind (*LAG Düsseldorf* Az. 7 Ta 269/94; *LSG Sachsen-Anhalt* JMBl. LSA 2011, 138). Andere Abschnitte des Gebührenverzeichnisses der GOÄ können daher nicht analog angewendet werden (vgl. *BayLSG* Az. L 15 SF 179/09 zu Abschnitt F GOÄ). Bei der Erstellung von Abstammungsgutachten findet wegen Vorbem. 4 Abs. 2 der Anlage 2 die GOÄ auch dann Anwendung, wenn es sich um Leistungen nach Abschnitt M III 13 GOÄ handelt.
Zu beachten ist wegen Abs. 2 S. 2 ferner § 4 Abs. 2a S. 1 GOÄ, so dass der als Sachverständiger oder sachverständiger Zeuge herangezogene Arzt für eine Leistung, die Bestandteil oder eine besondere Ausführung einer anderen Leistung nach Anlage O GOÄ darstellt, keine Gebühr berechnen kann, wenn er auch für die andere Leistung eine Gebühr berechnet hat.

2. Höhe der Vergütung

7   Findet Abschnitt O GOÄ Anwendung, erhält der Sachverständige oder der sachverständige Zeuge die dortigen Gebühren in Höhe des 1,3-fachen Satzes der dort bestimmten Gebühren. Eine Erhöhung auf den 1,3-fachen Satz ist aber ausgeschlossen, wenn in Abschnitt O GOÄ ausdrücklich bestimmt ist, dass die Gebühr nur mit dem einfachen Gebührensatz erstattungsfähig ist (Binz/Dörndorfer/*Binz* § 10 JVEG Rn. 3). Entsprechende Einschränkungen gelten für Nr. 5328, 5335, 5480, 5481, 5483 bis 5485, 5732, 5733, 5803, 5832, 5833, 5841 GOÄ. Ist wegen Vorbem. 4 Abs. 2 der Anlage 2 Abschnitt M III 13 GOÄ anzuwenden, entsteht die Vergütung in Höhe des 1,15fachen Gebührensatzes.

3. Heilpraktiker

8   Die Auskunft eines Heilpraktikers ist wie die eines Arztes zu vergüten (*BayLSG* Breith 1972, 269). Dieser Grundsatz gilt auch für andere Leistungen eines Heilpraktikers, die von § 10 erfasst werden, da diese Regelung nur von „Sachverständigen" und „sachverständigen Zeugen" spricht. Es sind daher Abs. 1 bis 3 ohne Einschränkungen anzuwenden.

4. Erstattung von Aufwendungen

9   **a) Allgemeines.** § 4 Abs. 2 S. 1, Abs. 2a S. 1, Abs. 3, 4 S. 1 und § 10 GOÄ gelten entsprechend (Abs. 2 S. 2), so dass die dortigen Einschränkungen bei der Geltendmachung von Auslagen auch für die herangezogenen Sachverständigen gilt. Soweit nach § 4 Abs. 3, 4 S. 1, § 10 GOÄ und Abschnitt O GOÄ die Erstattung von Auslagen ausgeschlossen ist, handelt es sich um Spezialregelungen, die auch §§ 7, 12 verdrängen. Abs. 2 S. 2 Hs. 2 gilt daher nur für solche Aufwendungen, für die eine Kostenerstattung nach den anwendbaren GOÄ-Regelungen nicht ausgeschlossen ist.

10   **b) Sachverständige Zeugen.** Erbringt ein sachverständiger Zeuge Leistungen nach § 10, sind ihm seine notwendigen Aufwendungen nach §§ 7, 12 zu erstatten, obwohl er nicht vom Geltungsbereich des § 8 erfasst wird. Dieser Grundsatz wird lediglich durch die Regelungen des § 4 Abs. 3, 4 S. 1 GOÄ eingeschränkt (→ Rn. 9). Der Gesetzgeber hat ausdrücklich eine Gleichbe-

Honorar für besondere Leistungen **§ 10**

handlung mit den Sachverständigen gewollt. In der Begründung zu § 10 (BT-Drs. 15/1971, S. 183) heißt es: „*Absatz 1 entspricht § 5 Abs. 1 ZuSEG. Der sachverständige Zeuge soll – ebenso wie nach geltendem Recht – nicht nur eine Vergütung nach der Anlage 2, sondern gegebenenfalls wie ein Sachverständiger auch Ersatz für die in § 12 JVEG genannten besonderen Aufwendungen erhalten.*"

c) Allgemeinkosten. Nach § 4 Abs. 3 S. 1 GOÄ sind mit den Gebühren **11** des Abschnitts O der GOÄ auch die Praxiskosten einschließlich der Kosten für den Sprechstundenbedarf sowie die Kosten für die Anwendung von Instrumenten und Apparaten abgegolten, soweit nicht in Abschnitt O der GOÄ etwas anderes bestimmt ist. Eine Kostenerstattung ist daher ausgeschlossen. Soweit es sich aber um Aufwendungen handelt, die nicht von § 4 Abs. 3 GOÄ erfasst sind, findet ein Aufwendungsersatz nach §§ 7, 12 statt.

d) Schriftliche Erstattung des Gutachtens. Für die Erstellung des **12** schriftlichen Gutachtens, ist die Pauschale nach § 12 Abs. 1 S. 2 Nr. 3 zu erstatten, jedoch können sich Einschränkungen aus den ergänzenden Regelungen des Abschnitt O GOÄ ergeben.

e) Umsatzsteuer. Umsatzsteuer ist dem Sachverständigen nach § 12 **13** Abs. 1 S. 2 Nr. 4 zu erstatten. Gleiches gilt für einen sachverständigen Zeugen, obwohl § 12 Abs. 1 S. 2 Nr. 4 auf ihn im Regelfall nicht anwendbar ist, weil eine Verweisung in § 19 nicht enthalten ist. Da Abs. 2 jedoch seinem ausdrücklichen Wortlaut nach sowohl für Sachverständige als auch für sachverständige Zeugen gilt und dieser die Anwendung von §§ 7, 12 im Übrigen unberührt lässt, soll klargestellt sein, dass bei Erbringung von Leistungen nach Abs. 2 auch ein sachverständiger Zeuge ausnahmsweise einen Auslagenersatz nach § 12 erhält (→ Rn. 10), so dass ihm auch eine Umsatzsteuer zu erstatten ist.

f) Reisekosten. Unberührt bleiben §§ 5, 6 JVEG für notwendige Reise- **14** und Übernachtungskosten sowie wegen der Tagegelder. Die Regelungen sind, obwohl in Abs. 2 nicht benannt, anwendbar, was sich aus § 8 Abs. 1, § 19 Abs. 1 ergibt. §§ 8, 9 GOÄ gelten nicht. Wegen der Abführung von Entgelten für die Benutzung fremder Einrichtungen siehe § 12 Rn. 19 ff. Wegen der Hilfskräfte → Rn. 17.

g) Verbrauchte Materialien. Es gilt grundsätzlich § 12, jedoch wird **15** dieser durch § 4 Abs. 3, 4 S. 1 und § 10 GOÄ i. V. m. Abs. 2 S. 2 eingeschränkt. Der Sachverständige oder der sachverständige Zeuge kann deshalb auch die mit einer einmaligen Anwendung verbrauchten Arzneimittel, Verbandsmittel und sonstige Materialien erstattet verlangen, soweit es sich nicht um Instrumente oder Apparate handelt. Das gilt auf jeden Fall dann, wenn solche Materialien dem Patienten zur weiteren Verwendung überlassen werden. Eine Einschränkung ergibt sich aber aus § 10 Abs. 2 GOÄ, der eine Auflistung solcher Materialien enthält, die nicht gesondert erstattungsfähig sind. Dazu gehören insbesondere Kleinmaterialien (z. B. Zellstoff, Mulltupfer, Schnellverbandmittel, Mullkompressen), Reagenzmittel, Desinfektions- und Reinigungsmittel, Augen-, Ohren-, Nasentropfen, Salben, geringwertige Arzneimittel, für die sofortige Anwendung und verschiedene Einmalartikel. Ist eine Erstattung nach § 10 Abs. 2 GOÄ ausgeschlossen, kommt auch eine Erstattung nach § 12 Abs. 1 (Vorbereitungskosten oder verbrauchte Materialien) nicht in Betracht.

§ 10   Abschnitt 3. Vergütung von Sachverständigen u.a.

16   **h) Versand- und Portokosten.** Die entstehenden Versand- und Portokosten sind gesondert erstattungsfähig (§ 10 Abs. 1 GOÄ). Einschränkungen ergeben sich aber aus § 10 Abs. 3 GOÄ, welcher wegen Abs. 2 S. 2 auch für die herangezogenen Sachverständigen bzw. sachverständigen Zeugen gelten und den allgemeinen Bestimmungen der §§ 7, 12 vorgehen. Danach sind solche Kosten nicht erstattungsfähig, die für den Versand von Untersuchungsmaterial und der Übermittlung des Untersuchungsergebnisses innerhalb eines Krankenhausgeländes entstanden sind. Auch dann, wenn die Transportmittel einer Laborgemeinschaft genutzt werden, um die Materialien an einem mit der Leistung beauftragten Arzt weiterzuleiten, sind diese Kosten nicht erstattungsfähig. Für die Versendung einer Arztrechnung dürfen Versand- und Portokosten nicht berechnet werden.

17   **i) Hilfskräfte.** § 4 Abs. 3 GOÄ i. V. m. Abs. 2 S. 2 bestimmt, dass die Kosten für ärztliche Leistungen die der Arzt unter Inanspruchnahme Dritter, die nach der GOÄ selbst nicht liquidationsberechtigt sind, erbracht hat, mit den Gebühren abgegolten sind. Erfasst sind auch die von Abschnitt O GOÄ erfassten Leistungen. Insoweit ist auch eine Erstattung der Kosten für Hilfskräfte nach § 12 Abs. 1 S. 2 Nr. 1 ausgeschlossen (Binz/Dörndorfer/*Binz* § 10 JVEG Rn. 6).

18   **j) Besondere Erstattungsbestimmungen in Abschnitt O GOÄ. aa) Allgemeines.** Das Gebührenverzeichnis enthält zu jedem Unterabschnitt allgemeine Bestimmungen, welche teilweise auch Regelungen für die gesonderte Kostenerstattung der verbrauchten Stoffe enthalten oder einen Ersatz gänzlich ausschließen. Soweit solche Bestimmungen existieren, gehen diese wegen Abs. 2 S. 2 sowohl den Regelungen der §§ 4, 10 GOÄ als auch den §§ 7, 12 vor.

19   **bb) Strahlendiagnostik.** Für Leistungen der Strahlendiagnostik (Nr. 5000–5380 GOÄ) ist eine Erstattung der Kosten für Kontrastmittel auf Bariumbasis sowie der Kosten für Zusatzmittel für eine Doppelkontrastuntersuchung ausdrücklich ausgeschlossen. Darüber hinaus ist die Befundmitteilung oder der einfache Befundbericht mit Angaben zu Befund(en) und zur Diagnose Bestandteil der Leistungen und nicht gesondert berechnungsfähig.

20   **cc) Nuklearmedizin.** Im Bereich der Nuklearmedizin (Nr. 5400–5607 GOÄ) sind die Materialkosten für das Radiopharmazeutikum (Nuklid) und die benötigten Markierungs- und Testbestecke gesondert berechnungsfähig, hingegen können die Kosten für Beschaffung, Aufbereitung, Lagerung und Entsorgung der zur Untersuchung notwendigen Substanzen, die mit ihrer Anwendung verbraucht sind, nicht gesondert berechnet werden. Die Untersuchungs- und Behandlungsdaten sind in der Rechnung anzugeben, sofern sich nicht schon aus der Leistungsbeschreibung eine eindeutige Definition darüber ergibt. Die Befunddokumentation, die Aufbewahrung der Datenträger sowie die Befundmitteilung oder der einfache Befundbericht mit Angaben zu Befund und zur Diagnose sind Bestandteil der Leistungen und nicht gesondert berechnungsfähig.

21   **dd) Hochvoltstrahlenbehandlung.** Die für eine Hochvoltstrahlenbehandlung (Nr. 5831–5837 GOÄ) entstehenden Kosten für eine individuell geformte Ausblendung sind erstattungsfähig. Das gilt jedoch nicht für die Kosten des wieder verwendbaren Materials. Auch die Kosten für

Honorar für besondere Leistungen § 10

Kompensatoren sowie individuell gefertigte Lagerungs- und Fixationshilfen können gesondert erstattet werden.

ee) Brachytherapie. Handelt es sich um Leistungen im Rahmen einer Brachytherapie (Nr. 5840–5846 GOÄ), sind die verbrauchten Materialen an radioaktiven Stoffen gesondert erstattungsfähig, jedoch darf nur das für den Patienten verbrauchte Material in Rechnung gestellt werden.

22

Gebührenordnung für Ärzte (GOÄ)

§ 4 Gebühren

(1) (...)

(2) Der Arzt kann Gebühren nur für selbständige ärztliche Leistungen berechnen, die er selbst erbracht hat oder die unter seiner Aufsicht nach fachlicher Weisung erbracht wurden (eigene Leistungen). Als eigene Leistungen gelten auch von ihm berechnete Laborleistungen des Abschnitts M II des Gebührenverzeichnisses (Basislabor), die nach fachlicher Weisung unter der Aufsicht des anderen Arztes in Laborgemeinschaft oder in von Ärzten ohne eigene Liquidationsberechtigung geleiteten Krankenhauslabors erbracht werden. Als eigene Leistungen im Rahmen einer wahlärztlichen stationären, teilstationären oder vor- und nachstationären Krankenhausbehandlung gelten nicht
1. Leistungen nach den Nummern 1 bis 62 des Gebührenverzeichnisses innerhalb von 24 Stunden nach der Aufnahme und innerhalb von 24 Stunden vor der Entlassung,
2. Visiten nach den Nummern 45 und 46 des Gebührenverzeichnisses während der gesamten Dauer der stationären Behandlung sowie
3. Leistungen nach den Nummern 56, 200, 250, 250a, 252, 271 und 272 des Gebührenverzeichnisses während der gesamten Dauer der stationären Behandlung,

wenn diese nicht durch den Wahlarzt oder dessen vor Abschluß des Wahlarztvertrages dem Patienten benannten ständigen ärztlichen Vertreter persönlich erbracht werden; der ständige ärztliche Vertreter muß Facharzt desselben Gebiets sein. Nicht persönlich durch den Wahlarzt oder dessen ständigen ärztlichen Vertreter erbrachte Leistungen nach Abschnitt E des Gebührenverzeichnisses gelten nur dann als eigene wahlärztliche Leistung, wenn der Wahlarzt oder dessen ständiger ärztlicher Vertreter durch die Zusatzbezeichnung „Physikalische Therapie" oder durch die Gebietsbezeichnung „Facharzt für die Physikalische und Rehabilitative Medizin" qualifiziert ist und die Leistungen nach fachlicher Weisung unter deren Aufsicht erbracht werden.

(2a) Für eine Leistung, die Bestandteil oder eine besondere Ausführung einer anderen Leistung nach dem Gebührenverzeichnis ist, kann der Arzt eine Gebühr nicht berechnen, wenn er für die andere Leistung eine Gebühr berechnet. (...)

(3) Mit den Gebühren sind die Praxiskosten einschließlich der Kosten für den Sprechstundenbedarf sowie die Kosten für die Anwendung von Instrumenten und Apparaten abgegolten, soweit nicht in dieser Verordnung etwas anderes bestimmt ist. Hat der Arzt ärztliche Leistungen unter Inanspruchnahme Dritter, die nach dieser Verordnung selbst nicht liquidationsberechtigt sind erbracht, so sind die hierdurch entstandenen Kosten ebenfalls mit der Gebühr abgegolten.

(4) Kosten, die nach Absatz 3 mit den Gebühren abgegolten sind, dürfen nicht besonders berechnet werden. (...)

§ 10 Ersatz von Auslagen

(1) Neben den für die einzelnen ärztlichen Leistungen vorgesehenen Gebühren können als Auslagen nur berechnet werden
1. die Kosten für diejenigen Arzneimitteln, Verbandmittel und sonstigen Materialien, die der Patient zur weiteren Verwendung behält oder die mit einer einmaligen Anwendung verbraucht sind, soweit in Absatz 2 nichts anderes bestimmt ist,

253

§ 10   Abschnitt 3. Vergütung von Sachverständigen u.a.

2. Versand- und Portokosten, soweit deren Berechnung nach Absatz 3 nicht ausgeschlossen ist,
3. die im Zusammenhang mit Leistungen nach Abschnitt O bei der Anwendung radioaktiver Stoffe durch deren Verbrauch entstanden Kosten sowie
4. die nach den Vorschriften des Gebührenverzeichnisses als gesondert berechnungsfähig ausgewiesenen Kosten.

Die Berechnung von Pauschalen ist nicht zulässig.

(2) Nicht berechnet werden können die Kosten für:
1. Kleinmaterialien wie Zellstoff, Mulltupfer, Schnellverband, Verbandsspray, Gewebeklebstoff auf Histoacrylbasis, Mullkompressen, Holzspatel, Holzstäbchen, Wattestäbchen, Gummifingerlinge,
2. Reagenzien und Narkosemittel zur Oberflächenanästesie,
3. Desinfektions- und Reinigungsmittel,
4. Augen-, Ohren-, Nasentropfen, Puder, Salben und geringwertige Arzneimittel zur sofortigen Anwendung sowie für
5. folgende Einmalartikel: Einmalspritzen, Einmalkanülen, Einmalhandschuhe, Einmalharnblasenkatheter, Einmalskalpelle, Einmalproktoskope, Einmaldarmrohre, Einmalspekula.

(3) Versand- und Portokosten können nur von dem Arzt berechnet werden, dem die gesamten Kosten für Versandmaterial, Versandgefäße sowie für den Versand oder Transport entstanden sind. Kosten für Versandmaterial, für den Versand des Untersuchungsmaterials und die Übermittlung des Untersuchungsergebnis innerhalb einer Laborgemeinschaft oder innerhalb eines Krankenhausgeländes sind nicht berechnungsfähig; dies gilt auch, wenn Material oder ein Teil davon unter Nutzung der Transportmittel oder des Versandweges oder der Versandgefäße einer Laborgemeinschaft zur Untersuchung einem zur Erbringung von Leistungen beauftragten Arzt zugeleitet wird. Werden an demselben Körpermaterial sowohl in einer Laborgemeinschaft als auch von einem Laborarzt Leistungen aus dem Abschnitt M oder N ausgeführt, so kann der Laborarzt bei Benutzung desselben Transportweges Versandkosten nicht berechnen; dies gilt auch dann, wenn ein Arzt eines anderen Gebiets Auftragsleistungen aus Abschnitt M oder N erbringt. Für die Versendung der Arztrechnung dürfen Versand- und Portokosten nicht berechnet werden.

IV. Zusätzliche Zeit (Abs. 3)

1. Allgemeines

23   Nach Abs. 3 kann für Leistungen, die von Abs. 1, 2 erfasst sind eine Vergütung nach § 9 gewährt werden, wenn für die Leistungserbringung zusätzliche Zeit benötigt wurde. Das Honorar nach Abs. 3 ist neben der Vergütung nach Abs. 1, 2 zu gewähren und darf nicht auf diese angerechnet werden. Aus dem Wortlaut „zusätzliche Zeit" folgt jedoch, dass Abs. 3 nicht für die Zeit gilt, die für die Erbringung der Leistung nach Abs. 1, 2 aufgewendet wurde. Die Regelung des Abs. 3 gilt auch für einen sachverständigen Zeugen, wenn dieser Leistungen nach Abs. 1, 2 erbringt. Er muss sich deshalb nicht auf §§ 20 ff. verweisen lassen.

2. Höhe der Vergütung

24   Für die zusätzlich benötigte Zeit erhält der Berechtigte ein Honorar nach der Honorargruppe 1, so dass ein Stundensatz von 65 EUR zu gewähren ist. Es handelt sich dabei um einen festen Stundensatz, der nicht überschritten

werden kann, es sei denn, dass eine besondere Vergütung nach § 13 vereinbart wurde. Die Bestimmung des § 8 Abs. 2 hinsichtlich der letzten begonnenen Stunde muss beachtet werden. Eine Erhöhung wegen außergewöhnlicher Zeit oder Umständen ist nicht vorgesehen und kann daher nicht zugebilligt werden. Der Gesetzgeber hat dazu ausgeführt (BT-Drs. 15/1971, S. 183): „*Auf eine § 5 Abs. 3 Satz 2 ZuSEG entsprechende Regelung soll verzichtet werden. Die Datenerhebung im Bereich der Justiz hat gezeigt, dass die Voraussetzungen für den mit der Vorschrift normierten Erhöhungstatbestand offenbar nur selten erfüllt sind. Die Regelung spielt deshalb in der Entschädigungspraxis keine Rolle.*"

3. Anwendungsfälle

Eine Vergütung nach Abs. 3 ist nur dann zu gewähren, wenn die im Einzelfall aufgewendete zusätzliche Zeit objektiv für die Leistungserbringung nach Abs. 1, 2 notwendig war. Abs. 3 greift aber auch dann, wenn eine Abgeltung der zusätzlichen Leistung durch die Vergütung nach Abs. 1, 2 ihrem Wesen und Kostenaufwand nach nicht gerechtfertigt erscheint. Reise- und Wartezeiten sind gesondert nach Abs. 3 zu vergüten (*OLG Stuttgart* NStZ-RR 2008, 94). Der notwendige Zeitaufwand für das Erstellen einer Bildmappe mit während der Obduktion gefertigten Lichtbildern ist nach Abs. 3 als zusätzlicher Zeitaufwand zu vergüten (*LG Osnabrück* NdsRpfl. 1999, 175). Muss sich ein Sachverständiger, der ein Abstammungsgutachten nach Abschnitt 4 der Anlage zu Abs. 1 erstellt, kritisch mit einem Vorgutachten auseinandersetzen, so ist neben den Gebühren nach Nummer 400 ff. eine Vergütung nach Abs. 3 zu gewähren, da eine prozentuale Erhöhung der Gebühren nach Nummer 400 ff. nicht in Betracht kommt (*OLG Frankfurt* Rpfleger 1960, 313). 25

4. Mündliche Erläuterung

Die Regelung des Abs. 3 gilt nur für solche Tätigkeiten, die für die Erbringung einer Leistung nach Abs. 1, 2 erforderlich ist. Handelt es sich um andere Tätigkeiten, ist der Sachverständige nach § 9 zu vergüten und ein sachverständiger Zeuge nach §§ 19 ff. zu entschädigen. Das gilt auch für die mündliche Erläuterung in einer gerichtlichen Verhandlung (Binz/Dörndorfer/*Binz* § 10 JVEG Rn. 7; Meyer/Höver/*Bach* Rn. 10.7) einschließlich der hierfür erforderlichen Reise- und Wartezeiten. Gesondert zu vergüten bzw. entschädigen ist auch die Vorbereitungszeit für die mündliche Erläuterung, zu der auch ein erforderliches Aktenstudium gehört (*SG Hamburg* Breith 1960, 180). 26

§ 11 Honorar für Übersetzungen

(1) **Das Honorar für eine Übersetzung beträgt 1,55 Euro für jeweils angefangene 55 Anschläge des schriftlichen Textes (Grundhonorar). Bei nicht elektronisch zur Verfügung gestellten editierbaren Texten erhöht sich das Honorar auf 1,75 Euro für jeweils angefangene 55 Anschläge (erhöhtes Honorar). Ist die Übersetzung wegen der besonderen Umstände des Einzelfalls, insbesondere wegen der häufigen Verwendung von Fachausdrücken, der schweren Lesbarkeit des Textes, einer besonderen Eilbedürftigkeit oder weil es sich um eine in Deutschland selten vorkommende**

§ 11   Abschnitt 3. Vergütung von Sachverständigen u.a.

Fremdsprache handelt, besonders erschwert, beträgt das Grundhonorar 1,85 Euro und das erhöhte Honorar 2,05 Euro. Maßgebend für die Anzahl der Anschläge ist der Text in der Zielsprache; werden jedoch nur in der Ausgangssprache lateinische Schriftzeichen verwendet, ist die Anzahl der Anschläge des Textes in der Ausgangssprache maßgebend. Wäre eine Zählung der Anschläge mit unverhältnismäßigem Aufwand verbunden, wird deren Anzahl unter Berücksichtigung der durchschnittlichen Anzahl der Anschläge je Zeile nach der Anzahl der Zeilen bestimmt.

(2) Für eine oder für mehrere Übersetzungen aufgrund desselben Auftrags beträgt das Honorar mindestens 15 Euro.

(3) Soweit die Leistung des Übersetzers in der Überprüfung von Schriftstücken oder Aufzeichnungen der Telekommunikation auf bestimmte Inhalte besteht, ohne dass er insoweit eine schriftliche Übersetzung anfertigen muss, erhält er ein Honorar wie ein Dolmetscher.

Übersicht

	Rn.
I. Allgemeines	1
II. Vergütungsanspruch und Abgeltungsbereich	2
1. Allgemeines	2
2. Abgeltungsbereich	3
3. Rechtsanwälte als Übersetzer	4
4. Parteikosten	5
III. Höhe des Honorars	6
1. Allgemeines	6
2. Grundhonorar (Abs. 1 S. 1)	7
3. Erhöhtes Honorar (Abs. 1 S. 2)	8
4. Einheitliche Zeichenvergütung	9
5. Erhöhung des Honorars (Abs. 1 S. 2)	10
a) Allgemeines	10
b) Allgemeine Voraussetzungen	11
c) Schwere Lesbarkeit oder Schwierigkeit des Textes	14
d) Verwendung von Fachausdrücken	15
e) Juristische Fachausdrücke	16
f) Formulare	17
g) Eilbedürftigkeit	18
h) Seltene Fremdsprache	19
6. Auslandskostenverordnung	44
IV. Mindestvergütung (Abs. 2)	45
V. Zeichenzählung	46
1. Allgemeines	46
2. Maßgeblicher Text	47
3. Elektronische Zählung	48
4. Manuelle Ermittlung der Anschlagszahl	49
5. Identische Übersetzungen	50
VI. Überprüfung von Aufzeichnungen auf ihren Inhalt	51
VII. Aufwendungen des Übersetzers	52
1. Allgemeines	52
2. Schreibauslagen für die Originalübersetzung	53
3. Kosten für Fotokopien	54

I. Allgemeines

1   Handelt es sich bei der Leistung um eine Übersetzung, bemisst sich das Honorar nach § 11. Die Anwendung des § 11 verlangt aber eine schriftliche Übersetzerleistung. Für die Tätigkeit als Dolmetscher gilt § 9 Abs. 3, wozu auch die mündliche Übertragung gehört, z. B. wegen eines Telefonats (*OLG Düsseldorf* InstGE 13, 252). Wegen des Sprachsachverständigen siehe § 9

Rn. 46. Im Übrigen ist auf den Übersetzer § 8 anwendbar, da § 11 nur das Honorar nach § 8 Abs. 1 Nr. 1 bestimmt, so dass die übrigen Vergütungsansprüche nach § 8 Abs. 1 Nr. 2 bis 4 und die Regelungen des § 8 Abs. 2 bis 4 unberührt bleiben. Der Übersetzer erhält somit gleichfalls eine Vergütung und nicht nur eine bloße Entschädigung.

II. Vergütungsanspruch und Abgeltungsbereich

1. Allgemeines

Ein Vergütungsanspruch nach § 11 besteht nur dann, wenn der Auftrag 2 vollständig beendet wird. Wird der Auftrag nicht vollständig beendet und nur eine Teilübersetzung abgeliefert, besteht kein Vergütungsanspruch, da die Teilübersetzung für die heranziehende Stelle regelmäßig nicht verwertbar ist. Etwas anderes gilt ausnahmsweise dann, wenn ein unverschuldeter Abbruch des Auftrags erfolgt war und die Gründe hierfür nicht in der Person des Übersetzers selbst liegen, z. B. wenn das Gericht den Auftrag vorzeitig beendet, weil die Parteien den Rechtsstreit vergleichsweise oder durch Rücknahme beendet haben. Im Übrigen besteht ein Vergütungsanspruch, wenn das Gericht die erbrachte Teilleistung gleichwohl verwertet, auch dadurch, dass sie einem anderen Übersetzer zur Verfügung gestellt wird. Die Heranziehung muss durch eine in § 1 genannte Stelle erfolgt sein oder sich die Anwendbarkeit des JVEG durch bestehende Verweise in Bundes- oder Landesgesetzen ergeben.

2. Abgeltungsbereich

Mit dem Honorar nach § 11 wird die gesamte Arbeit des Übersetzers 3 abgegolten, darüber hinaus kann eine Entschädigung für eingetretenen Verdienstausfall oder eine weitere Vergütung nach § 9 nicht geltend gemacht werden. Das gilt auch für Zeitaufwand, der für die schriftliche Fertigung der Übersetzung und deren Reinschrift aufgewendet wird. Keine gesonderte Vergütung kann auch für weitere allgemeine Tätigkeiten des Übersetzers wie Bürotätigkeiten (z. B. Aktenanlage, Versandarbeiten) gezahlt werden. Entstandene Auslagen sind jedoch nach § 8 Abs. 1 Nr. 2–4 gesondert zu erstatten. Für die vom Übersetzer vorgenommene Beglaubigungen können keine gesonderten Kosten berechnet werden (*LSG BadWürtt.* Breith 1962, 569, *KG* Rpfleger 1962, 124), da diese gleichfalls durch die Vergütung nach § 11 abgegolten sind.

3. Rechtsanwälte als Übersetzer

Fertigt ein Rechtsanwalt für seinen Auftraggeber Übersetzungen oder 4 fremdsprachige Schreiben, so erhält er für diese Arbeiten keine zusätzliche Vergütung nach dem RVG. Ein gesonderter Anspruch kann aber für ein Honorar nach dem JVEG bestehen. Eine solche Vergütung ist dann zu gewähren, wenn der Anwalt für seinen Auftraggeber den Akteninhalt oder dessen Aussagen in dem Hauptverhandlungstermin übersetzt (*AG Ludwigshafen* AnwBl. 1979, 121). Solche Arbeiten sind nach § 11 zu vergüten (*LG Mannheim* JurBüro 1978, 30; *OLG Karlsruhe* MDR 1978, 574), handelt es sich um eine mündliche Übersetzung, ist jedoch § 9 Abs. 3 einschlägig (*OLG*

§ 11　Abschnitt 3. Vergütung von Sachverständigen u.a.

Düsseldorf InstGE 13, 252). Für die Übersetzung ist jedoch keine gesonderte Vergütung zu gewähren, wenn es sich um Schriftwechsel mit dem eigenen Mandanten handelt. Das JVEG findet nur hinsichtlich der Höhe des Honorars Anwendung, keinesfalls wird ein Erstattungsanspruch gegenüber der Staatskasse herbeigeführt, hierfür bedarf es eines ausdrücklichen gerichtlichen Auftrags.

4. Parteikosten

5　Übersetzungskosten gehören grundsätzlich zu den nach § 91 ZPO von dem Gegner zu erstattenden Kosten, wobei die Höhe der erstattungsfähigen Kosten in entsprechender Anwendung des § 11 auf die dortigen Sätze beschränkt ist (*OLG Celle* OLGR Celle 2008, 758). Im Kostenfestsetzungsverfahren nach §§ 103 ff. ZPO ist jedoch zu prüfen, ob die Übersetzungskosten für die Rechtsverfolgung bzw. -verteidigung notwendig waren. Die Übersetzungskosten einer der deutschen Sprache unkundigen Partei sind zu erstatten, insbesondere dann, wenn es sich um Übersetzungen von Urkunden, den wesentlichen Schriftsätzen sowie gerichtliche Entscheidungen handelt (*OLG Köln* JurBüro 2002, 591), denn eine Partei hat grundsätzlich auch Anspruch auf Erstattung der Kosten für die wörtliche Übersetzung der von ihren Prozessbevollmächtigten im Erkenntnisverfahren gefertigten Schriftsätze, auch wenn der Prozessbevollmächtigte einer internationalen Sozietät angehört und in dieser die Übersetzungen vorgenommen werden (*OLG Düsseldorf* Az I-2 W 24/09). Danach sind einer ausländischen, der deutschen Sprache nicht mächtigen Partei, die Kosten für die Übersetzung zu erstatten, und zwar insbesondere für die im Prozess gewechselten Schriftsätze, von Urkunden, Beweisprotokollen und Gutachten sowie gerichtlichen Protokollen, Verfügungen und Entscheidungen. Da es auch einer solchen ausländischen Partei nicht zuzumuten ist, sich nur auf den Rat ihrer anwaltlichen Vertreter zu verlassen, sondern sie vielmehr in die Lage versetzt sein muss, auch deren Schriftsätze daraufhin überprüfen zu können, ob diese inhaltlich den eigenen Standpunkt zutreffend wiedergeben, kommt nicht nur eine sinngemäße inhaltliche Wiedergabe in Betracht, so dass auch die Kosten für eine wörtliche Übersetzung zu erstatten sind (*OLG Düsseldorf* InstGE 12, 177). Dabei ist die Partei aber stets gehalten, die Übersetzungskosten niedrig zu halten (*BVerfG* NJW 1990, 3072). Zu den Parteikosten gehören auch solche Übersetzungskosten, die entstehen, weil das Prozessgericht nach § 142 Abs. 3 ZPO angeordnet hat, eine in einer fremden Sprache abgefassten Urkunde zu übersetzen. Das gilt auch dann, wenn die Partei mit der Übersetzung den eigenen Anwalt beauftragt. Solche Übersetzungskosten gehören nicht zu den Gerichtskosten nach Nr. 9005 KV-GKG, Nr. 2005 KV-FamGKG, Nr. 31005 KV-GNotKG. Ein Erstattungsanspruch gegenüber der Staatskasse besteht deshalb nicht (*OLG Koblenz* AGS 2002, 137). Die Erstattungsfähigkeit nach § 91 ZPO kann auch dann bejaht werden, wenn der Anwalt der Partei selbst als Übersetzer auftritt oder es sich um den im Wege der PKH/VKH beigeordneten Anwalt handelt.

Auch die Kosten für eine mündliche Übersetzung sind unter Beachtung von § 91 Abs. 1 ZPO erstattungsfähig, weil die Partei dann auch eine kostenauslösende Übersetzung veranlassen könnte (*OLG Düsseldorf* InstGE 13, 252). In diesen Fällen sind die erstattungsfähigen Kosten jedoch nicht nach § 11 zu berechnen, weil diese Vorschrift nur eine schriftliche Übersetzung erfasst, sondern nach § 9 Abs. 3 zu berechnen (*OLG Düsseldorf* InstGE 13, 252).

III. Höhe des Honorars

1. Allgemeines

Abs. 1 unterscheidet zwischen dem Grundhonorar (Abs. 1 S. 1 Alt. 1) und dem erhöhten Honorar (Abs. 1 S. 1 Alt. 2), wobei für beide Honorare wegen Erschwernis der Übersetzung unter den Voraussetzungen des Abs. 1 S. 3 ein erhöhtes Honorar gezahlt werden kann. Bei dem Honorar nach § 11 handelt es sich um eine Zeichenvergütung, nicht um eine Zeilenentschädigung. Der Gesetzgeber hat hierzu ausgeführt (BT-Drs. 15/1971, S. 183): *„Mit Absatz 1 soll das Honorar des Übersetzers in der Weise neu geregelt werden, dass an die Stelle der Zeilenentschädigung nach § 17 Abs. 3 und 4 ZuSEG eine nach der Anzahl der Anschläge bemessene Vergütung tritt."*

6

2. Grundhonorar (Abs. 1 S. 1)

Das Honorar für die Übersetzung beträgt 1,55 EUR je angefangene 55 Anschläge. Es handelt sich bei diesem Satz um das Grundhonorar, das gewährt wird, wenn es sich um einen nicht elektronisch zur Verfügung gestellten editierbaren Texten handelt, da andernfalls das erhöhte Honorar nach Abs. 1 S. 1 Alt. 2 zu gewähren ist. Das Grundhonorar ist unter den Voraussetzungen des Abs. 1 S. 3 auf 1,85 EUR zu erhöhen (→ Rn. 10 ff.). Macht der Übersetzer weniger als 1,55 EUR geltend, so kann wegen des sich aus § 2 ergebenen Antragsprinzips bei der Festsetzung des Honorars der geringere Satz zugrunde gelegt werden (*KG* DS 2005, 276).

7

3. Erhöhtes Honorar (Abs. 1 S. 2)

Handelt es sich um einen nicht elektronisch zur Verfügung gestellten editierbaren Text, ist ein erhöhtes Honorar zu vergüten, das 1,75 EUR je angefangene 55 Anschläge beträgt (Abs. 1 S. 2). Es ist daher zu zahlen, wenn die beauftragende Stelle Papierdokumente zur Übersetzung übersendet. Das erhöhte Honorar ist aber auch dann zu zahlen, wenn zwar ein elektronischer Text überlassen wird, der aber nicht editierbar ist, z. B. PDF-Dateien, die nur gelesen werden können. Das Grundhonorar ist unter den Voraussetzungen des Abs. 1 S. 3 auf 2,05 EUR zu erhöhen (→ Rn. 10 ff.).

8

4. Einheitliche Zeichenvergütung

Bei der Vergütung der Übersetzung ist eine einheitliche Zeichenvergütung zu Grunde zulegen. Die Übersetzung ist nach der durchschnittlichen Schwierigkeit des gesamten Textes zu vergüten (*OLG München* JVBl. 1970, 261; *LSG Bad.Württ.* NJW 1974, 2200). Es ist nicht zulässig, für Teile der Leistung verschiedene Honorarsätze zu gewähren. Leicht zu übersetzende Textstellen sind in derselben Höhe zu vergüten wie schwierige. Die in dem Text vorkommenden Schwierigkeiten sind deshalb in dem Honorarsatz ausreichend zu berücksichtigen. Auch für öfters vorkommende Wortwiederholungen ist eine Kürzung des Honorars nicht statthaft. Es ist daher für den ganzen Auftrag einheitlich entweder das Grundhonorar oder das erhöhte Honorar zugrunde

9

§ 11   Abschnitt 3. Vergütung von Sachverständigen u.a.

zulegen. Auch kann ein nach Abs. 1 S. 3 erhöhtes Honorar nur für die ganze Leistung verlangt bzw. gezahlt werden.

5. Erhöhung des Honorars (Abs. 1 S. 2)

10 a) **Allgemeines.** Das Grundhonorar und auch das erhöhte Honorar sind nach Abs. 1 S. 3 zu erhöhen, wenn die Übersetzung wegen der besonderen Umstände des Einzelfalls besonders erschwert ist. Das Grundhonorar (Abs. 1 S. 1) beträgt dann 1,85 EUR je angefangene 55 Anschläge und das erhöhte Honorar (Abs. 1 S. 2) 2,05 EUR je angefangene 55 Anschläge.

11 b) **Allgemeine Voraussetzungen.** Die Gründe für die Übersetzung können sowohl in dem zu übersetzenden Text selbst lieben, aber auch in anderen Umstände begründet sein, da Abs. 1 S. 3 nunmehr selbst auch solche anderen Umstände wie z. B. Eilbedürftigkeit benennt. Aus dem Wortlaut „insbesondere" folgt zugleich, dass die in Abs. 1 S. 3 genannte Aufzählung, häufige Verwendung von Fachausdrücken, schwere Lesbarkeit des Textes, besondere Eilbedürftigkeit oder eine in Deutschland selten vorkommende Fremdsprache nicht abschließend ist. Insoweit hat der Gesetzgeber durch das 2. KostRMoG wesentliche Veränderungen vorgenommen, da Abs. 1 S. 2 a. F. seinem Wortlaut nach eine solche Ausweitung auf andere, dort nicht genannte Fälle nicht zugelassen hat, auch wenn in Literatur und Rechtsprechung gleichwohl auch andere Gründe für eine Erhöhung herangezogen wurden.

12 Es ist daher nicht mehr nur die Schwierigkeit des zu übersetzenden Textes zu berücksichtigen, sondern auch äußere Begleitumstände. Daher können auch schlechte Arbeitsbedingungen eine erhöhte Vergütung rechtfertigen (*Hartmann* § 11 Rn. 7), wenn nicht der Übersetzer selbst diese Umstände zu vertreten hat, sondern solche Umstände allein dem gerichtlichen Auftrag geschuldet sind. Es müssen aber stets **objektive Gründe** vorliegen, da auf den Grad der Schwierigkeit der erbrachten Leistung abzustellen ist (*OLG Saarbrücken* AGS 2002, 286), wobei sich Letztere stets an der Leistung eines durchschnittlichen Übersetzers derselben Sprache orientiert.

13 Ob die Voraussetzungen für eine Erhöhung nach Abs. 1 S. 3 vorliegen, hat der Anweisungsbeamte bzw. das Gericht nach **pflichtgemäßem Ermessen** zu bestimmen (*BayLSG* Az. L 15 SF 149/10), wobei stets eine Einzelfallprüfung vorzunehmen ist (*KG* Az. 1 Ws 56/09; *LG Osnabrück* JurBüro 2009, 657). Eine Erhöhung des Honorars setzt aber voraus, dass die Übersetzung in ihrer Gesamtheit nach Art und Umfang der verwendeten Fachterminologie zu einer erheblichen Erschwernis geführt hat (*KG* Az. 1 Ws 56/09).

14 c) **Schwere Lesbarkeit oder Schwierigkeit des Textes.** Die schwere Lesbarkeit des zu übersetzenden Textes kann eine Erhöhung des Honorars rechtfertigen. Eine schwere Lesbarkeit kann vorliegen, wenn es sich bei dem zu übersetzenden Schriftstück um einen handschriftlichen Text mit einer schwer lesbaren Handschrift handelt. Auch wenn es sich um ältere handschriftliche Texte handelt, bei denen etwa noch Sütterlinschrift (alte deutsche Handschrift) verwendet wird, wie dies häufiger in Nachlasssachen vorkommt, kann eine solche Erhöhung gerechtfertigt sein. Ein handschriftlicher Text rechtfertigt aber für sich allein noch nicht stets eine Erhöhung des Honorars, denn sie ist nur dann gerechtfertigt, wenn die Übersetzung tatsächlich erschwert gewesen ist.

Honorar für Übersetzungen § 11

Eine erhöhte Schwierigkeit ist auch dann gegeben, wenn der Text inhaltlich schwer zu verstehen ist, etwa weil dieser schwere Rechtschreib- und Grammatikfehler oder wirre Gedankengänge enthält (*Bund* DS 2006, 404). Wegen der Verwendung von Fachausdrücken → Rn. 15 f. Muss ein fremdsprachlicher Text übersetzt werden, der von einer Person verfasst wurde, die der Schrift nicht voll mächtig ist, kann dies ebenfalls eine Erhöhung rechtfertigen (*Brocke/ Reese* § 17 Rn. 2b), was jedoch nicht dazu führt, dass jeder mit Schreibfehlern behaftete Text als erschwert einzustufen ist. Eine besondere Erschwernis kann zudem vorliegen, wenn in dem Text Ortsnamen, Begriffe oder Namen von Institutionen verwendet werden, die ohne historische Unterlagen und weitere Fachliteratur nicht zu ermitteln sind (*BayLSG* Az. L 15 SF 149/10).

d) Verwendung von Fachausdrücken. Eine Erhöhung des Honorars ist 15 auch dann zulässig, wenn die Übersetzung wegen der Verwendung von Fachausdrücken erschwert ist. Abs. 1 S. 3 setzt jedoch voraus, dass die Übersetzung des schriftlichen Texts in dessen Gesamtheit nach Art und Umfang der verwendeten Fachbegriffe zu einer besonderen Erschwernis geführt hat (*KG* NStZ-RR 2009. 328). Die Verwendung von Fachbegriffen genügt deshalb für sich allein noch nicht, wenn diese Begriffe einem durchschnittlich erfahrenen Übersetzer, der beide Srachen professionell beherrscht, keine erheblichen Schwierigkeiten bereitet (*KG* JurBüro 2009, 604; *LG Osnabrück* JurBüro 2009, 657). Eine Verwendung von Fachausdrücken i. S. d. Vorschrift liegt daher nur dann vor, wenn in dem jeweiligen Text eine solche Vielzahl von Fachausdrücken enthalten ist, dass eine richtige Übersetzung ohne Beherrschung der Fachausdrücke nicht gewährleistet ist (*OLG München* JurBüro 2005, 376). Es kommt dabei nicht auf die fachliche Qualifikation wie Kenntnisse oder Fähigkeiten des Übersetzers an (*OLG Köln* Az. 17 W 46/08), sondern nur auf die Schwierigkeit des jeweiligen Textes, wobei auf die durchschnittliche Schwierigkeit des gesamten Textes abzustellen ist (*KG* KostRsp. ZSEG § 17 Nr. 7), die Zahlung einer erhöhten Teilvergütung ist nicht statthaft (→ Rn. 9). Sind in dem Text Fachbegriffe nur begrenzt oder vereinzelt enthalten, kommt eine Erhöhung des Honorars nicht in Betracht, da sie nicht schon deshalb eintritt, wenn nur ganz wenige Fachausdrücke zu übersetzen sind (*OLG München* JurBüro 2005, 376).

Besondere Schwierigkeiten können beispielsweise technische oder medizinische Texte aufweisen (*KG* KostRsp. ZSEG § 17 Nr. 1), aber auch die Verwendung von speziellem religiösen Vokabular (*BayLSG* Az. L 15 SF 149/ 10). Handelt es sich hingegen um Fachbegriffe, die Bestandteil der allgemeinen Umgangssprache sind, kommt eine Erhöhung regelmäßig nicht in Betracht (*LG Osnabrück* JurBüro 2009, 657), ebenso bei der Schilderung einfacher Lebenssachverhalte.

e) Juristische Fachausdrücke. Auch die Verwendung juristischer Fach- 16 ausdrücke kann eine Erhöhung des Honorars nach Abs. 1 S. 3 rechtfertigen, jedoch genügt es nicht, dass in dem Text überhaupt juristische Fachbegriffe vorkommen (*KG* Az. 1 Ws 56/09), denn auch das nach Abs. 1 S. 1, 2 zu zahlende Honorar berücksichtigt bereits, dass auch Texte mit juristischen Fachbegriffen zu übersetzen sind (*LG Osnabrück* JurBüro 2009, 657; *OLG München* Az. 4 Ws 3/11) und dass das Vergütungsrecht auf die Belange des Gerichts abstellt und solche Fachausdrücke deshalb auch nicht ohne Weiteres erhöhend wirken können (*OLG Koblenz* MDR 1975, 63). Im Übrigen sind aber wegen der Verwendung von juristischen Fachausdrücken die gleichen

§ 11 Abschnitt 3. Vergütung von Sachverständigen u.a.

Anforderungen wie bei der Verwendung von anderen Fachbegriffen zustellen (→ Rn. 15). Eine erhöhte Vergütung kommt daher in Betracht bei Vorliegen einer besonderen Erschwernis, d. h. wenn eine richtige Übersetzung auch einem durchschnittlichem Übersetzer ohne Beherrschung der Fachterminologie nicht mehr möglich ist (*KG* Az. 1 Ws 57/09). Da objektiv auf die Kenntnisse eines durchschnittlich erfahrenen Übersetzers abzustellen und nicht subjektiv nach den besonderen Fähigkeiten des Übersetzers zu beurteilen ist, kann auch ein Rechtsanwalt, der juristische Texte übersetzt, ein erhöhtes Honorar nach Abs. 1 S. 3 geltend machen (*OLG Zweibrücken* Rpfleger 1999, 41; Binz/Dörndorfer/*Binz* § 11 JVEG Rn. 7; **a. A.** *OLG Frankfurt* MDR 1978, 238). Unerheblich ist deshalb auch, ob die Fachbegriffe in dem gerichtlichen Verfahren verwendet werden (*OLG München* DS 2005, 275).

Eine solche besondere Erschwernis ist aber zu verneinen, wenn es sich um gebräuchliche Fachausdrücke handelt, die zudem Bestandteil der allgemeinen Umgangssprache sind (*LG Osnabrück* JurBüro 2009, 657) oder es sich um solche gebräuchliche Fachausdrücke handelt, die in normalen Wörterbüchern zu finden sind (*OLG München* JurBüro 2005, 376). Hierzu gehören auch solche Begriffe wie Ermittlungsverfahren, Verfügung, Verjährung (*OLG München* JurBüro 2005, 376), Angeschuldigter, Anklageschrift, Betäubungsmittel, Haftbefehl, Registerauszug, Staatsanwalt (*KG* Az. 1 Ws 57/09), Altverfahren, Beschuldigtenvernehmung, Beweisantrag, Untersuchungshaft (*LG Osnabrück* JurBüro 2009, 657). Auch die Übersetzung von stadartisierten Rechtshilfeersuchen schließt eine Erhöhung des Honorars regelmäßig aus (*OLG Köln* Az. 17 W 46/08). Eine besondere Erschwernis ist auch abzulehnen, wenn die Fachbegriffe, die nicht zum gebräuchlichen Sprachgebrauch zu zählen sind, in dem Text nur in geringer Anzahl vorkommen (*LG Osnabrück* JurBüro 2009, 657). Eine häufige Verwendung wird dabei aber bei der Übersetzung von Klageschriften zugebilligt (*KG* Rpfleger 1962, 124) oder bei Scheidungsanträgen, Schadensersatz- oder Vollstreckungsabwehrklagen (*Bund* JurBüro 2006, 408), Kostenfestsetzungsbeschlüssen, Versäumnisurteilen (*OLG München* DS 2005, 275) oder bei der Übersetzung von deutschen Gesetzestexten (*OLG Schleswig* Rpfleger 1962, 367), jedoch ist stets weitere Voraussetzung für die Erhöhung des Honorars, dass es sich bei den häufig verwendeten juristische Begriffe tatsächlich um Fachbegriffe i. S. d. Abs. 1 S. 3 handelt.

17 **f) Formulare.** Handelt es sich bei der erbrachten Leistung um die Übersetzung eines Formulars mit etlichen Fachtexten, kann eine Erhöhung des Honorars gerechtfertigt sein. Etwas anderes kann aber gelten, wenn der Übersetzer kurz vorher gleichartige Texte übersetzt hat (*OLG Nürnberg* DS 2005, 274). Eine Erhöhung des Honorars kommt auch dann in Betracht, wenn eine Antragsschrift übersetzt werden soll, die auf einem Formular des Jugendamtes verfasst wurde (*OLG Hamburg* JurBüro 1982, 749), gleiches gilt für die Übersetzung von Formularen für die Durchführung des Versorgungsausgleichs (*OLG Düsseldorf* OLGR 1992, 216). Auch die Übersetzung und Übertragung deutschsprachiger Formulare ihrem Layout entsprechend in die Fremdsprache, z. B. die Formulare für die Geltendmachung von Mindestunterhalt nach §§ 249 ff. FamFG, kann eine Erhöhung nach Abs. 1 S. 3 rechtfertigen (*OLG Koblenz* FamRZ 2007, 1761). Sind dem Text auch Diagramme oder Grafiken enthalten, die übersetzt werden müssen, kann eine besondere Erschwernis vorliegen, so dass eine Erhöhung nach Abs. 1 S. 3 in Betracht kommen kann. Da die Regelung aber eine besondere Erschwernis erfordert, wird die Übersetzung von Tabellen oder solcher Grafiken, die ohne Weiteres unter Benutzung gewöhnlicher Software und ohne großem zeitlichen Aufwand erstellt werden können, keine Erhöhung des Honorars rechtfertigen (*KG* Az. 1 Ws 178/09).

g) Eilbedürftigkeit. Ist die Übersetzung wegen erheblicher Eilbedürftigkeit besonders erschwert, kann eine Erhöhung des Honorars nach Abs. 1 S. 3 vorgenommen werden. Dabei genügt aber noch nicht jeder von einem normalen Auftrag abweichender Zeitumfang, da eine besondere Erschwernis eintreten muss. Muss die Übersetzung aber unter starkem Zeitdruck vorgenommen werden, rechtfertigt dies ein höheres Honorar (*OLG Koblenz* MDR 1984, 780; *OLG Hamm* JurBüro 1999, 427). 18

h) Seltene Fremdsprache. aa) Grundsätze. Der Gesetzgeber hat Abs. 1 S. 3 durch das 2. KostRMoG dahingehend geändert, dass eine Erhöhung des Honorars auch dann vorzunehmen ist, wenn es sich um eine in Deutschland selten vorkommende Fremdsprache handelt. Damit ist ältere anderslautende Literatur oder Rechtsprechung (*OLG Bamberg* Az. Ws 651/05) überholt, da die Norm eindeutig ist. Eine Erhöhung kommt auch dann in Betracht, wenn die Übersetzung eines Textes in eine wenig gebräuchliche Sprache nur durch die Übersetzung in eine dritte Sprache möglich ist (*OLG Bamberg* JurBüro 1982, 749). Es kommt nur auf die für die zur Übersetzung notwendigen Kenntnisse des Übersetzers an, unberücksichtigt bleiben die weitere berufliche Qualifikation oder die Herkunft des Übersetzers. 19

bb) Einzelfälle (alphabetisch)

– **Afghanisch.** Die Übersetzung in die afghanische Sprache bereitet besondere Schwierigkeiten (*OLG Zweibrücken* Rpfleger 1986, 322), ein erhöhtes Zeichenhonorar nach Abs. 1 S. 3 kann gerechtfertigt sein. 20

– **Afrikaans.** → Rn. 43.

– **Arabisch.** Arabisch ist in Deutschland nicht weit verbreitet, aber auch nicht so selten, dass stets ein erhöhtes Honorar nach Abs. 1 S. 3 gewährt werden kann, insoweit wird die in der Vorauflage vertretene Auffassung aufgegeben. Liegen aber andere besondere Erschwernisse vor wie die gehäufte Verwendung von juristischen Fachausdrücken kommt eine Erhöhung nach Abs. 1 S. 3 in Betracht (*OLG Hamburg* JurBüro 1982, 749). Wegen der besonderen arabischen Schriftzeichen ist Abs. 1 S. 4 zu beachten. Ist Arabisch die Zielsprache, so ist für die Zeichenzählung dennoch der in lateinischer Schrift gefasste Ausgangstext maßgebend. 21

– **Dänisch.** Nur aufgrund der Sprache ist eine Erhöhung des Honorars nicht mehr gerechtfertigt. Liegen keine weiteren Voraussetzungen vor, verbleibt es bei dem Regelhonorar nach Abs. 1 S. 1, 2. Die Übersetzung von Texten der ZPO in die dänische Sprache kann hingegen eine Erhöhung des Honorars rechtfertigen (*OLG Hamburg* JurBüro 1972, 895; *OLG Koblenz* KostRsp. ZSEG § 17 Nr. 34) wie auch andere besondere Erschwernisse nach Abs. 1 S. 3. 22

– **Englisch.** Es handelt sich um eine in Deutschland sehr verbreitete Sprache, die für sich allein keine Erhöhung des Honorars rechtfertigt. Ohne eine erhebliche Erschwernis ist daher eine Vergütung nach Abs. 1 S. 1, 2 angemessen (*LG Hannover* DS 2005, 277). Ein erhöhtes Honorar nach Abs. 1 S. 3 kann aber gleichwohl gewährt werden, wenn die dortigen Voraussetzungen erfüllt sind, so etwa, wenn der Text zahlreiche Fachausdrücke 23

§ 11 Abschnitt 3. Vergütung von Sachverständigen u.a.

enthält, z. B. bei der Übersetzung einer Patentschrift wegen der darin enthaltenen technischen Fachbegriffe (BPatG BIPMZ 1986, 254). Eine regionale Unterscheidung z. B. zwischen Englisch und amerikanischen Englisch findet nicht statt.

24 – **EU-Amtssprachen.** Bei den in der Europäischen Union verwendeten und anerkannten Arbeits- und Amtssprachen handelt es sich um Sprachen, die nicht zu den in Deutschland selten vorkommenden Sprachen zugeordnet werden können, so dass die Vergütung nach Abs. 1 S. 1, 2 zu gewähren ist, wenn nicht besondere Erschwernisse nach Abs. 1 S. 3 vorliegen. Zu diesen Sprachen gehören Bulgarisch, Dänisch (→ Rn. 22), Englisch (→ Rn. 23), Finnisch, Französisch (→ Rn. 26), Griechisch (→ Rn. 27), Irisch, Italienisch (→ Rn. 29), Kroatisch, Lettisch, Litauisch, Niederländisch, Polnisch, Portugiesisch, Rumänisch (→ Rn 35), Schwedisch, Slowakisch, Slowenisch, Spanisch (→ Rn. 38), Tschechisch (→ Rn. 39), Ungarisch (→ Rn. 42). Etwas anderes wird aber für Estnisch und Maltesisch gelten müssen, da diese Sprachen nur von einer kleinen Sprecheranzahl gesprochen werden.

25 – **Flämisch.** Der Regelsatz nach Abs. 1 S. 1, 2 ist angemessen, wenn der Text keine weiteren Schwierigkeiten wie seltene Wörter und Redewendungen enthält und er auch nicht schwer lesbar ist (*OLG Koblenz* KostRsp. ZSEG § 17 Nr. 48).

26 – **Französisch.** Es handelt sich nicht um eine schwer zu übersetzende Sprache (*OLG Celle* NdsRpfl. 1990, 48), sondern vielmehr um eine gebräuchliche Weltsprache (*LG Osnabrück* JurBüro 2009, 657). Liegen weitere Schwierigkeiten nach Abs. 1 S. 3 nicht vor, verbleibt es bei dem Regelhonorar nach Abs. 1 S. 1, 2.

27 – **Griechisch.** G. ist eine in der EU gängige und nicht besonders schwierige Sprache (*LG Hannover* NdsRpfl. 1990, 48), wobei auch die Verwendung von besonderen griechischen Schriftzeichen für sich allein noch keine höhere Zeichenvergütung nach Abs. 1 S. 3 rechtfertigt. Ohne weitere besondere Erschwernisse kommt daher regelmäßig nur der Regelsatz nach Abs. 1 S. 1, 2 in Betracht.

28 – **Hebräisch.** Bei der hebräischen Sprache handelt es sich nicht um eine geläufige oder leicht erlernbare Sprache (*OLG Koblenz* MDR 1986, 260). Das gilt auch für Neu-Hebräisch. Es kann somit ein erhöhtes Honorar nach Abs. 1 S. 3 gewährt werden. Siehe auch Jiddisch, → Rn. 30.

29 – **Italienisch.** Da es sich nicht um eine schwierige Fremdsprache handelt (*OLG Koblenz* KostRsp. ZSEG § 17 Nr. 86), die zudem in Deutschland weit verbreitet ist, erscheint eine Erhöhung des Regelhonorars nach Abs. 1 S. 3 regelmäßig nicht angemessen (*LG Offenburg* KostRsp. ZSEG § 17). Liegen besondere Erschwernisse vor, kommt aber eine Erhöhung des Honorars in Betracht.

30 – **Jiddisch.** Es handelt sich um eine in Deutschland weniger gebräuchliche Sprache (*BayLSG* Az. L 15 SF 149/10), so dass eine Erhöhung nach Abs. 1 S. 3 in Betracht kommen kann.

31 – **Kasachisch.** → Rn. 36.
 – **Kaukasische Sprachen.** Die kaukasischen Sprachen sind in Deutschland allgemein nicht weit verbreitet, dass gilt auch für die zahlenmäßig stärksten, Georgisch und Tschetschenisch. Eine Abweichung vom Regelsatz erscheint deshalb angemessen. Das gilt insbesondere auch für andere kaukasische Sprachen, die teilweise nur von einem kleinen Kreis (weit unter 1. Mio.) gesprochen werden.

- **Norwegisch.** Die Sprache allein rechtfertigt keine allgemeine Erhöhung 32
des Honorars nach Abs. 1 S. 3. Besondere Erschwernisse rechtfertigen aber
gleichwohl eine solche Erhöhung. Müssen juristische Texte in die norwegische Sprache übersetzt werden, so kann eine Erhöhung der Vergütung nach
Abs. 1 S. 3 gerechtfertigt sein, wenn die Voraussetzungen dieser Vorschrift
(→ Rn. 11 ff.) erfüllt sind (*OLG Bamberg* JurBüro 1973, 354).
- **Persisch.** Die Sprache kann eine Erhöhung rechtfertigen, da es sich nicht 33
um eine in Deutschland weit verbreitete Sprache handelt. Kommen in dem
zu übersetzenden Text weitere besondere Erschwernisse hinzu wie bei der
Übersetzung einer Anklage- oder Antragsschrift ist eine Erhöhung nach
Abs. 1 S. 3 in jedem Fall gerechtfertigt.
- **Portugiesisch.** Die Regelsätze des Abs. 1 S. 1, 2 erscheinen wegen der 34
Verbreitung der Sprache regelmäßig als angemessen, wenn nicht weitere
Erschwernisse vorliegen.
- **Rumänisch.** Es handelt sich um eine gängige Sprache ohne besondere 35
Schwierigkeiten (*OLG Koblenz* KostRsp. ZSEG § 17 Nr. 46). Es kommt
ohne weitere besondere Erschwernisse nur ein Zeichenhonorar nach Abs. 1
S. 1, 2 in Betracht.
- **Russisch.** Russisch ist eine in Deutschland mittlerweile weit verbreitete 36
Sprache, insbesondere in den neuen Bundesländern, zunehmend aber auch
im Alt-Bundesgebiet. Auch die kyrillische Schrift rechtfertigt im Regelfall
keine Erhöhung des Honorars, so dass bei dem Russischen allgemein von
einem Honorar nach Abs. 1 S. 1, 2 auszugehen ist. Eine Erhöhung nach
Abs. 1 S. 3 kommt aber bei besonderen Erschwernissen wie die Verwendung von Fachausdrücken in Betracht. Diese Grundsätze können nur auf
die russische Sprache selbst angewendet werden. Handelt es sich um andere
Sprachen der GUS, kann ein Regelsatz nicht ohne weiteres angenommen
werden. Bei solchen Sprachen wie dem Armenischen, Kasachischen oder
Ukrainischen handelt es sich um eigene Sprachen, die in Deutschland im
Allgemeinen auch nicht weit verbreitet sind, sie können deshalb eine
Erhöhung rechtfertigen.
- **Serbokroatisch.** Eine Übersetzung aus oder in die serbokroatische Sprache 37
stellt allein noch keine Erschwernis i. S. d. Abs. 1 S. 3 dar (*OLG Hamm*
JurBüro 1972, 160). Soweit keine weiteren Erschwernisse hinzutreten, verbleibt es bei einem Zeichenhonorar nach Abs. 1 S. 1, 2.
- **Spanisch.** Es handelt sich nicht um eine schwierige und zudem in 38
Deutschland weit verbreitete Sprache. Besondere Erschwernisse nach Abs. 1
S. 3, zu denen auch die Übersetzung von Telefonüberwachungsprotokollen
unter Zeitdruck gehört, können aber zu einer Erhöhung des Honorars
führen (*OLG Hamm* JurBüro 1999, 427). Es kann insoweit ein Zeichenhonorar nach Abs. 1 S. 3 gewährt werden. *Bund* JurBüro 2006, 406 behandelt
das in Lateinamerika gesprochene Spanisch gesondert und hält dafür ein
erhöhtes Honorar für gerechtfertigt. Diese Unterteilung erscheint trotz der
tatsächlich bestehenden Sprachunterschiede nicht sachgerecht, da es sich
dennoch um eine Übersetzung aus dem/in das Spanische handelt und eine
regionale Unterscheidung regelmäßig nicht vorgenommen wird. Im Regelfall ohne weitere Erschwernisse kommt deshalb auch für lateinamerikanisches Spanisch nur das Regelhonorar nach Abs. 1 S. 1, 2 in Betracht.
- **Tschechisch.** Es handelt sich nicht mehr um eine Deutschland selten 39
vorkommende Sprache, so dass eine Erhöhung nach Abs. 1 S. 3 nur in
Betracht kommt, wenn besondere Erschwernisse bei der Übersetzung vor-

§ 11 Abschnitt 3. Vergütung von Sachverständigen u.a.

liegen. Hierzu kann bei Verwendung von zahlreichen Fachbegriffen auch die Übersetzung eines Rechtshilfeersuchens gehören (*OLG Düsseldorf* KostRsp. ZSEG § 17).

40 – **Türkisch.** Bei der Sprache handelt es sich um eine in Deutschland sehr weit verbreitete Sprache, die im Allgemeinen keine Abweichung von dem Regelhonorar nach Abs. 1 S. 1, 2 rechtfertigt. Es handelt sich auch nicht um eine schwierige Sprache (*KG* JurBüro 1984, 1379). Ältere Rechtsprechung (*LG Heilbronn* Justiz 1978, 369), die noch eine Erhöhung zubilligt, erscheint im Zuge der weiteren Verbreitung der Sprache nicht mehr sachgerecht. Sind besondere Erschwernisse eingetreten wie ein großer Anteil von Fachausdrücken kommt eine Erhöhung nach Abs. 1 S. 3 aber gleichwohl in Betracht.

41 – **Turksprachen.** Mit Ausnahme des Türkischen (→ Rn. 40) können die Turksprachen im Allgemeinen als in Deutschland nicht weit verbreitet angesehen werden. Zu ihnen gehören u. a. auch Aserbaidschanisch, Kasachisch, Kirgisisch, Turkmenisch, Uigurisch und Usbekisch. Eine Erhöhung nach Abs. 1 S. 2 erscheint daher angemessen.

– **Ukrainisch.** → Rn. 36.

42 – **Ungarisch.** Eine Abweichung von dem Regelhonorar nur aufgrund der Sprache erscheint aufgrund der zunehmenden Verbreitung des Ungarischen insbesondere nach dem EU-Beitritt des Landes nicht mehr gerechtfertigt. Eine Erhöhung kommt deshalb nur noch in Betracht, wenn besondere Erschwernisse nach Abs. 1 S. 3 vorliegen, **a. A.** *Bund* JurBüro 2006, 406, der auch ohne erhebliche Erschwernis ein erhöhtes Zeichenhonorar für angemessen hält. Eine solche besondere Erschwernis liegt auch vor, wenn die Übersetzung in die ungarische Sprache einen nicht unerheblichen Anteil an juristischen Fachwörtern aufweist (*OLG Celle* NdsRpfl. 1993, 187).

43 – **Urdu.** Es handelt sich um eine schwierige Sprache, die ein Honorar nach Abs. 1 S. 3 rechtfertigen kann (*Bund* JurBüro 2006, 406, m. w. N.: *LG Hildesheim,* 15 Qs 6/96, n. v.; **a. A.** *OLG Bamberg* JurBüro 1981, 1873). Der gegenteiligen Meinung ist nicht zu folgen, da es sich bei Urdu um eine in Deutschland nicht weit verbreitete Sprachen handelt. Das gilt auch für weitere afrikanischen Sprachen wie Afrikaans, Madagassisch, Somali und Suaheli. Es kann daher eine Erhöhung nach Abs. 1 S. 3 angemessen sein.

6. Auslandskostenverordnung

44 Die in der Auslandskostenverordnung vom 20.12.2001 (BGBl. I S. 4161), zuletzt geändert durch die VO v. 31.8.2012 (BGBl. I S. 1866), vorgenommene Einteilung in Sprachgruppen kann als Einordnungskriterium für Bestimmung des Honorars nach § 11 herangezogen werden (*OLG Celle* NdsRpfl. 1993, 187; *LG Lübeck,* SchlHA 2004, 192). Soweit eine Sprache dort in die unterste Sprachgruppe eingeteilt wurde, kann dies einen Indiz dafür darstellen, dass es sich um eine schwere Sprache handelt (*OLG Celle* NdsRpfl. 1990, 48). Für Übersetzungen sieht die Auslandskostenverordnung gem. Nr. 520 des Gebührenverzeichnisses eine Staffelung der zu zahlenden Entschädigung vor. Es existieren vier verschiedene Sprachgruppen: Sprachgruppe A (1,80 EUR/Zeile), Sprachgruppe B (2,40 EUR/Zeile), Sprachgruppe C (3,– EUR/Zeile) und Sprachgruppe D (3,60 EUR/Zeile). Insbesondere bei denen in die Sprachgruppen C und D eingruppierten Sprachen, handelt es sich regelmäßig

Honorar für Übersetzungen § 11

um in Deutschland selten vorkommende Fremdsprachen. Bei den Sprachen der Sprachgruppen A und B kann im Regelfall von gebräuchlichen Sprachen ausgegangen werden, bei denen eine Zeilenerhöhung wohl nur aufgrund anderer besonderer Erschwernisse eine Erhöhung des Zeichenhonorars nach Abs. 1 S. 3 in Betracht kommt. Diese Grundsätze können aber nur für den Regelfall herangezogen werden, da auch die Bestimmungen der Auslandskostenverordnung nur Anhaltspunkte für die Bestimmung der Honorarhöhe darstellen. So können auch Sprachen der Sprachgruppen C und D als nicht selten vorkommend gelten (z. B. Arabisch, Finnisch, Ungarisch, Vietnamesisch), während Sprachen der Sprachgruppen B hingegen in Deutschland selten vorkommen (z. B. Afrikaans, Madagassisch, Somali).

Auslandskostenverordnung
(Anlage 4 zu § 4)

Gruppe A:	1. Afrikaans	8. Katalanisch
	2. Brasilianisch	9. Letzeburgisch
	3. Dänisch	10. Niederländisch
	4. Englisch	11. Norwegisch
	5. Französisch	12. Portugiesisch
	6. Isländisch	13. Schwedisch
	7. Italienisch	14. Spanisch
Gruppe B:	1. Bosnisch	11. Polnisch
	2. Bulgarisch	12. Rumänisch
	3. Griechisch	13. Russisch
	4. Irisch	14. Serbisch
	5. Kroatisch	15. Slowakisch
	6. Lettisch	16. Slowenisch
	7. Litauisch	17. Somali
	8. Madagassisch	18. Tschechisch
	9. Mazedonisch	19. Ukrainisch
	10. Montenegrinisch	20. Weißrussisch
Gruppe C:	1. Albanisch	17. Nepalesisch
	2. Amharisch	18. Paschtu
	3. Armenisch	19. Persisch
	4. Aserbaidschanisch	20. Philippino
	5. Bengalisch	21. Singhalesisch
	6. Dari	22. Suaheli/Bantu-
	7. Estnisch	Amtssprachen
	8. Finnisch	23. Tadschikisch
	9. Georgisch	24. Tagalog
	10. Haussa/Sudan-	25. Tamilisch
	Amtssprachen	26. Türkisch
	11. Hindi	27. Turkmenisch
	12. Indonesisch	28. Ungarisch
	13. Kasachisch	29. Urdu
	14. Kirgisisch	30. Usbekisch
	15. Malaiisch	31. Vietnamesisch
	16. Mongolisch	
Gruppe D:	1. Arabisch	6. Kambodschanisch
		(Khmer)
	2. Birmanisch	7. Koreanisch

267

3. Chinesisch   8. Laotisch
4. Hebräisch (Iwrith)   9. Thailändisch
5. Japanisch

IV. Mindestvergütung (Abs. 2)

45 Dem Übersetzer steht unbeschadet der Regelung des Abs. 1 stets eine Mindestvergütung zu, die 15 EUR beträgt (Abs. 2). Sie ist dem Übersetzer für jeden Auftrag und nicht für die einzelne Übersetzung zu gewähren. Werden aufgrund eines einheitlichen Auftrags mehrere Übersetzungen gefertigt, welche jeweils die Mindestvergütung nicht erreichen, ist sie einmalig nur für den gesamten Auftrag zu gewähren. Die Mindestvergütung nach Abs. 2 ist als Nettovergütung zu verstehen, so dass ihr eine zu zahlende Umsatzsteuer hinzuzusetzen ist.

Beispiel: Das Amtsgericht Magdeburg beauftragt den Übersetzer mit der Übersetzung von zwei kleinen Briefen. Das erste Schriftstück umfasst 5 Zeilen, das zweite Schriftstück nur 3 Zeilen. Es wird der Mindestsatz vergütet.

Zu vergüten sind:

5 Zeilen à 1,75 EUR	=	8,75 EUR
3 Zeilen à 1,75 EUR	=	5,25 EUR
	=	14,00 EUR
gem. § 11 Abs. 2 aber mindestens:	=	*15,00 EUR*
zzgl. Umsatzsteuer 19 %	=	2,85 EUR
Insgesamt:	=	**17,85 EUR**

V. Zeichenzählung

1. Allgemeines

46 Maßgebend für die Vergütung und für die Zählung der Anschläge ist das Arbeitsergebnis (*Hartmann* § 11 Rn. 12). Zu den vergütungsfähigen Anschlägen müssen Schriftzeichen jeder Art gerechnet werden, so dass nicht nur Buchstaben, sondern auch sämtliche Satzzeichen wie Punkt, Aus- und Fragezeichen, Anführungszeichen etc. zu berücksichtigen sind. Auch Leerzeichen sind mitzuzählen (*OLG Hamburg* Rpfleger 2005, 111). Ebenso sind notwendige Anmerkungen des Übersetzers bei der Anschlagsermittlung zu berücksichtigen, da auch sie zu vergüten sind.

2. Maßgeblicher Text

47 Für die Berechnung der Anschläge ist nach Abs. 1 S. 4 der Text der Zielsprache maßgeblich (*OLG Hamburg* Rpfleger 2005, 111). Werden in der Zielsprache keine lateinischen Buchstaben verwendet (z. B. Arabisch, Chinesisch, Griechisch, Hebräisch, Japanisch, Russisch etc.), kommt es auf die Ausgangssprache an. Die in der Literatur und Rechtsrechung teilweise vertretene Auffassung, dass Abs. 1 S. 4 nur auf solche Sprachen anzuwenden sei, die Wort- oder Silbenschriften verwenden oder Vokale nicht oder nur zum Teil wiedergeben (vgl. *OLG Frankfurt* NStZ-RR 2012, 63; *Binz/Dörndorfer/Binz* § 11 Rn. 4), findet im Gesetz keine Stütze, sondern soll lediglich die Ermitt-

3. Elektronische Zählung

Die Zahl der Anschläge kann durch eine elektronische Zählung ermittelt werden. Gegen diese Zählungsweise können keine Bedenken mehr bestehen, da das geltende Recht durch die Gesetzesänderung ausdrücklich auch der fortgeschrittenen Computertechnik angepasst wurde und zur Vereinfachung des Festsetzungsverfahrens führen sollte. Mit den gängigen Softwareprogrammen können die Anschläge auch ohne größeren Arbeitsaufwand ermittelt werden. In der Begründung zur Einführung des JVEG (BT-Drs. 15/1971, S. 143) heißt es: „*Die moderne Computertechnik macht es heute entbehrlich, zur Vermeidung unzumutbaren Zählaufwands bei der – außerdem nur ungefähren – Ermittlung der Anzahl der Anschläge auf die Zeilenzählung abzustellen. Maßeinheit für die Vergütung soll die im Bereich des Übersetzerwesens allgemein eingeführte Standartzeile sein, die sich aus 55 Anschlägen einschließlich der Leerzeichen zusammensetzt. Zwar vertritt die ganz herrschende Auffassung in Rechtssprechung und Kommentarliteratur die Meinung, Leerzeichen seien keine Schriftzeichen im Sinne des § 17 Abs. 4 ZuSEG, weil sie nicht der Kommunikation dienten und damit auch keine Übersetzungsleistung erforderten. Wegen der weit verbreiteten Akzeptanz der Standartzeile erscheint es jedoch angebracht, diesen Umrechnungsmaßstab aufzugreifen. …*" 48

4. Manuelle Ermittlung der Anschlagszahl

Ist die Zahl der Anschläge nicht elektronisch ermittelbar, so ist die Zahl der Anschläge zu schätzen, wenn die Zählung der Anschläge mit einem unverhältnismäßigen Aufwand verbunden wäre (Abs. 1 S. 5). Die Anschlagszahl kann auch dadurch ermittelt werden, dass zunächst die durchschnittliche Anschlagszahl je Zeile durch Stichproben ermittelt wird und diese mit Anzahl der Zeilen multipliziert wird. 49

Beispiel: Der Übersetzer macht ein Honorar von 1,75 EUR geltend. Die Übersetzung enthält 25 Zeilen. Es wird festgestellt, dass eine Zeile durchschnittlich 75 Anschläge enthält.

Es ist zunächst die Zahl der Anschläge ist zu schätzen (Anzahl der Zeilen × durchschnittliche Anschlagszahl) und sodann die Anzahl der Standartzeilen zu ermitteln:
25 Zeilen × 75 Anschläge = 1875 Anschläge
1875 Anschläge : 55 = 35 Zeilen i. S. d. Abs. 1
Das Honorar nach Abs. 1 beträgt somit:

35 × 1,75 EUR = 61,25 EUR

5. Identische Übersetzungen

Fertigt der Übersetzer im Rahmen eines Auftrages mehrere Übersetzungen an, die bis auf wenige Stellen wie etwa die Anschrift identisch sind, so steht ihm gleichwohl für jede Übersetzung eine gesonderte Vergütung nach Abs. 1 zu. Dass es sich dabei um einen leichteren Auftrag handelt, kann nur bei der Höhe der Zeichenvergütung berücksichtigt werden (*OLG Köln* JurBüro 1991, 50

§ 11   Abschnitt 3. Vergütung von Sachverständigen u.a.

1397), jedoch kann eine Herabsetzung unter die in Abs. 1 S. 1, 2 festgesetzten Sätze nicht vorgenommen werden.

VI. Überprüfung von Aufzeichnungen auf ihren Inhalt

51   Der Übersetzer ist ausnahmsweise wie ein Dolmetscher zu vergüten, wenn er beauftragt wird, Schriftstücke und Aufzeichnungen der Telekommunikation wie Mitschnitte von Telefonaten oder sonstige Tonbandaufnahmen auf einen bestimmten Inhalt zu überprüfen. Für solche Leistung erhält er eine Vergütung auf Stundenbasis. Das Honorars bestimmt sich nach § 9 Abs. 3 und beträgt 70 EUR je Stunde, bei ausdrücklicher Heranziehung für simultanes Dolmetschen 75 EUR je Stunde. Die Aufrundungsbestimmung des § 8 Abs. 2 S. 2 ist zu beachten. Eine Abweichung von dem Stundensatz des § 9 Abs. 3 ist nicht möglich, es denn, dass eine besondere Vereinbarung nach § 13 getroffen ist. Eine Unterscheidung zwischen einer leichten oder einer schwierigen Arbeit ist, mit Ausnahme des simultanen Dolmetschen, nicht vorgesehen. Eventuelle Reise- und Wartezeiten sind, soweit sie notwendig waren, gesondert zu erstatten (§ 8 Abs. 2 S. 1). Das gilt insbesondere dann, wenn der Übersetzer Aufzeichnungen bzw. die durchgeführte Überprüfung erläutern muss oder er Unterlagen nicht in seinem Büro einsehen darf.

Das Honorar nach Abs. 3 deckt grundsätzlich nur die Überprüfung der Aufzeichnungen ab, nicht auch weitere Leistungen. Beauftragt das Gericht den Übersetzer neben der Überprüfung der Aufzeichnungen auch mit der Übersetzung des Textes, so ist für die Übersetzertätigkeit ein gesondertes Honorar nach Abs. 1 zu gewähren. Liegt ein solcher ausdrücklicher Auftrag aber nicht vor, kommt die Zahlung der Vergütung nach Abs. 3 nicht neben der Vergütung nach Abs. 1 in Betracht.

Im Übrigen greift Abs. 3 nicht ein, wenn ein Übersetzer, der zugleich Dolmetscher, nur als Dolmetscher tätig und auch als solcher herangezogen ist, weil dann nur § 9 Abs. 3 gilt.

VII. Aufwendungen des Übersetzers

1. Allgemeines

52   Die einzelnen Vergütungstatbestände des Übersetzers werden durch § 8 Abs. 1 bestimmt, so dass auch dem Übersetzer neben dem Honorar die notwendigen Aufwendungen zu erstatten sind. Die notwendigen Aufwendungen, einschließlich entstehender Portokosten, sind nach §§ 7, 12 zu erstatten. Allgemein anfallende Kosten wie Miete, Strom, Papier und Versandmaterial können jedoch nicht gesondert erstattet werden, da sie bereits durch das Honorar nach § 11 abgegolten werden und eine Erstattung von Gemeinkosten nach § 12 Abs. 1 S. 1 ausgeschlossen ist. Die Umsatzsteuer ist gem. § 12 Abs. 1 S. 2 Nr. 4 gesondert zu erstatten. Obwohl in der Praxis von untergeordneter Rolle, kommt auch eine Erstattung von Fahrt- und Übernachtungskosten sowie Tagegelder nach §§ 5, 6 in Betracht. Für die Fahrten zwischen Wohnung und Büro des Übersetzers findet eine Erstattung nicht statt.

2. Schreibauslagen für die Originalübersetzung

Für das Original der Übersetzung kann der Übersetzer keine Schreibaus- 53
lagen nach § 12 Abs. 1 S. 2 Nr. 3 erstattet verlangen (*KG* NStZ-RR 2009,
328; *OLG Stuttgart* Rpfleger 2005; **a. A.** *OLG München* JurBüro 2005, 376).
Ein Erstattungsanspruch kann auch nicht aus § 7 Abs. 2 hergeleitet werden
(*KG* NStZ-RR 2009, 328). Die Zeichenvergütung des Abs. 1 gilt die gesamte Übersetzertätigkeit ab, die regelmäßig auch die schriftliche Niederschrift beinhaltet. Im Gegensatz zur Dolmetschertätigkeit handelt es sich nämlich bei der Übersetzung nicht um eine mündliche Wiedergabe des in eine andere Sprache übertragenen Textes. Auch der Gesetzgeber hat eine Auslagenerstattung nach § 12 Abs. 1 S. 2 Nr. 3 für die Originalübersetzung nicht gewollt. In der Begründung zur Einführung des JVEG (BT-Drs. 15/1971, S. 184) heißt es: „*... Da der Sachverständige jedoch für die gedankliche Erarbeitung des Gutachtens ein nach Stunden bemessenes Honorar erhält und die Vorschrift lediglich die mit der reinen Schreibarbeit verbundenen Aufwendungen abgelten soll, das Honorar des Übersetzer sich im Gegensatz dazu jedoch ausschließlich nach dem Umfang des übersetzten Texts bemisst, soll der Sachverständige – anders als der Übersetzer – 0,75 EUR für jeweils angefangene 1000 Anschläge des Gutachtentextes erhalten. ...*" Auch wenn der Übersetzer eine Leistung nach Abs. 3 erbracht hat, sind ihm für das Original seiner Zusammenfassung keine Schreibauslagen nach § 12 Abs. 1 S. 2 Nr. 3 zu erstatten. Etwas anderes gilt aber dann, wenn der Übersetzer in der Zusammenfassung nicht lediglich die Gespräche wiedergibt, sondern sie auch zusammenfasst und eigene notwendige Anmerkung macht, denn es handelt sich dann nicht ausschließlich um eine reine Übersetzertätigkeit.

3. Kosten für Fotokopien

Die für angeforderte Mehrfertigungen aufgewendeten Fotokopiekosten 54
sind nach § 7 Abs. 2 zu erstatten. Der gegenteiligen Meinung (*OLG Hamm*
KostRsp. ZSEG § 17 Nr. 42) ist nicht zuzustimmen, da der Übersetzer nicht
verpflichtet ist, die Übersetzung mehrfach einzureichen. Keine Kopiekosten
werden hingegen für die Handakten des Übersetzers erstattet (*OLG Bamberg*
OLGR Bamberg 2006, 410), was schon aus der Regelung des § 7 Abs. 2 S. 3
unmittelbar folgt. Kosten für Schreibkräfte sind ebenfalls nicht gesondert
erstattungsfähig, auch nicht als Hilfskräfte nach § 12 Abs. 1 S. 2 Nr. 1.

§ 12 Ersatz für besondere Aufwendungen

(1) **Soweit in diesem Gesetz nichts anderes bestimmt ist, sind mit der Vergütung nach den §§ 9 bis 11 auch die üblichen Gemeinkosten sowie der mit der Erstattung des Gutachtens oder der Übersetzung üblicherweise verbundene Aufwand abgegolten. Es werden jedoch gesondert ersetzt**
1. **die für die Vorbereitung und Erstattung des Gutachtens oder der Übersetzung aufgewendeten notwendigen besonderen Kosten, einschließlich der insoweit notwendigen Aufwendungen für Hilfskräfte, sowie die für eine Untersuchung verbrauchten Stoffe und Werkzeuge;**
2. **für jedes zur Vorbereitung und Erstattung des Gutachtens erforderliche Foto 2 Euro und, wenn die Fotos nicht Teil des schriftlichen Gutach-**

§ 12 Abschnitt 3. Vergütung von Sachverständigen u.a.

tens sind (§ 7 Absatz 2), 0,50 Euro für den zweiten und jeden weiteren Abzug oder Ausdruck eines Fotos;
3. für die Erstellung des schriftlichen Gutachtens 0,90 Euro je angefangene 1000 Anschläge; ist die Zahl der Anschläge nicht bekannt, ist diese zu schätzen;
4. die auf die Vergütung entfallende Umsatzsteuer, sofern diese nicht nach § 19 Abs. 1 des Umsatzsteuergesetzes unerhoben bleibt.

(2) **Ein auf die Hilfskräfte (Absatz 1 Satz 2 Nr. 1) entfallender Teil der Gemeinkosten wird durch einen Zuschlag von 15 Prozent auf den Betrag abgegolten, der als notwendige Aufwendung für die Hilfskräfte zu ersetzen ist, es sei denn, die Hinzuziehung der Hilfskräfte hat keine oder nur unwesentlich erhöhte Gemeinkosten veranlasst.**

Übersicht

	Rn.
I. Allgemeines	1
II. Notwendige und besondere Kosten	2
1. Allgemeines	2
2. Parteikosten	3
3. Portokosten	4
a) Allgemeines	4
b) Auslagenersatz	5
c) Akteneinsicht	6
d) Kostenrechnung	7
e) Ortstermine	8
f) Übersendung des Gutachtens	9
g) Vorbereitungsschreiben	10
4. Telekommunikationsdienstleistungen	11
5. Fachliteratur	12
6. Fremduntersuchungen und Fremdleistungen	13
a) Fremduntersuchungen	13
b) Fremdleistungen	14
c) Umsatzsteuer	15
7. Nutzungsentgelte	16
8. Stationäre Behandlungen	17
III. Gemeinkosten (Abs. 1 S. 1)	18
1. Umfang der Gemeinkosten	18
2. Abzuführende Entgelte	19
a) Allgemeines	19
b) Keine gesonderte Erstattungsfähigkeit	20
c) Anteile für in Anspruch genommene Hilfskräfte und Materialien	21
3. Gebrauch von Geräten	22
4. Anmietung von Geräten	23
IV. Verbrauchte Stoffe und Werkzeuge	24
1. Allgemeines	24
2. Abnutzung von Geräten	25
3. Wertverlust durch eigenes Verschulden	26
4. Verhältnis zu anderen Bestimmungen	27
V. Hilfskräfte des Sachverständigen	28
1. Allgemeines	28
2. Höhe der erstattungsfähigen Kosten	29
a) Allgemeines	29
b) Auslagenersatz	30
c) Angemessenheit der Kosten	31
d) Hinzuziehung weiterer Sachverständiger	32
3. Nachweis der gezahlten Kosten	33
4. Besondere Leistungen nach § 10	34
5. Schreibkräfte	35
6. Bei dem Sachverständigen angestellte Hilfskräfte	36
a) Allgemeines	36
b) Bürokräfte	37

Ersatz für besondere Aufwendungen § 12

		Rn.
	c) Gutachteninstitut	38
	d) Laborangestellte	39
	e) Sprechstundenhilfe	40
7.	Zuschlag zu den Gemeinkosten (Abs. 2)	41
VI.	Erforderliche Fotos (Abs. 1 S. 2 Nr. 2)	42
1.	Allgemeines	42
2.	Nicht im Gutachten verwendete Fotos	43
3.	Höhe der Pauschale	44
4.	Abgrenzung der Bestimmung zu § 7 Abs. 2	45
5.	Grafiken und Diagramme	46
6.	Abgeltungsbereich der Pauschale	47
VII.	Erstellung des schriftlichen Gutachtens (Abs. 1 S. 2 Nr. 3)	48
1.	Allgemeines	48
2.	Zählung der Anschläge	49
3.	Schätzung der Anschlagszahl	50
4.	Abgeltungsbereich	51
	a) Allgemeines	51
	b) Binden	52
	c) Einkleben von Fotos	53
	d) Korrekturen	54
	e) Versenden des Gutachtens	55
	f) Vorbereitungen	56
	g) Zusammenstellung des Gutachtens	57
5.	Schriftliches Gutachten	58
	a) Allgemeines	58
	b) Benachrichtigungen	59
	c) Entwürfe	60
	d) Kostenrechung	61
	e) Ladungsschreiben	62
	f) Stellungnahmen	63
	g) Übersetzer	64
VIII.	Umsatzsteuer (Abs. 1 S. 2 Nr. 4)	65
1.	Allgemeines	65
2.	Umsatzsteuerbefreiungen	66
3.	Heilberufe	67
4.	Übersetzungsbüros	68
5.	Fremdleistungen	69
	a) Allgemeines	69
	b) Postdienstleistungen	70
	c) Hilfskräfte	71
	d) Katasterämter	72
6.	Sonstige Berechtigte	73
	a) Allgemeines	73
	b) Gutachterausschüsse für Grundstückswerte	74
	c) TÜV	75
7.	Kostenfestsetzung	76
	a) Parteikosten	76
	b) Beteiligte in Sozialgerichtssachen	77
	c) Freigesprochene Angeklagte	78

I. Allgemeines

§ 12 regelt die Erstattung von besonderen Aufwendungen, die neben dem **1** Honorar der §§ 9 bis 11 zu erstatten sind. Die Vorschrift ergänzt §§ 5 bis 7 und lässt diese daher unberührt. Die Erstattung von Aufwendungen nach § 12 kann jedoch durch andere Bestimmungen wie z. B. § 10 Abs. 2 S. 2 i. V. m. § 4 Abs. 3, 4 S. 1, § 10 GOÄ oder der Anlage 2 zu § 10 Abs. 1 eingeschränkt sein, die § 12 legis specialis vorgehen. Im Übrigen ist die Erstattung von Aufwendungen über die in den §§ 5–7, 12 geregelten Aufwendungen hinaus stets ausgeschlossen, was insbesondere für allgemeine Kosten gilt, → Rn. 2 ff. Es kann daher auch aus § 12 kein vollständiger Kostenersatz abgeleitet wer-

273

§ 12   Abschnitt 3. Vergütung von Sachverständigen u.a.

den, so dass eine gesonderte Erstattung von baren Aufwendungen abzulehnen ist, wenn kein Erstattungstatbestand nach §§ 5–7, 12 vorliegt.

Die Regelung des § 12 ist nur auf solche Berechtigte anwendbar, die von § 8 erfasst werden, so dass sie nur für Sachverständige, Dolmetscher und Übersetzer gilt. Für andere Berechtigte wie Zeugen oder Dritte gilt § 12 nicht und ist auch nicht entsprechend anwendbar.

II. Notwendige und besondere Kosten

1. Allgemeines

2   Nach Abs. 1 S. 2 Nr. 1 sind die Kosten für die Vorbereitung und Erstattung des Gutachtens zu erstatten, soweit sie für die Erbringung der Leistung notwendig waren. Entstehen Kosten wegen einer unsachgemäßen Behandlung oder wegen überflüssiger Arbeiten, ist ein Aufwendungsersatz daher ausgeschlossen, wobei objektive Maßstäbe anzusetzen sind. Eine Erstattung ist auch ausgeschlossen, soweit es sich um Gemeinkosten handelt, die nach Abs. 1 S. 1 bereits durch das Honorar der §§ 9 bis 11 abgegolten sind (hierzu → Rn. 18 ff.). Die in Abs. 1 S. 2 Nr. 1 vorgenommene Aufzählung von Kosten für Hilfskräfte (→ Rn. 28 ff.) und für verbrauchte Stoffe und Werkzeuge (→ Rn. 24 ff.) ist nicht abschließend, da es sich nur um eine beispielhafte Aufzählung handelt.

2. Parteikosten

3   Hat eine Partei zur Vorbereitung des Gutachtens Aufwendungen gemacht, die sonst der gerichtliche Sachverständige durch eine Hilfskraft ausführen müsste, handelt es sich bei diesen Aufwendungen gleichwohl nicht um gerichtliche, sondern um außergerichtliche Kosten (*OLG Düsseldorf* JurBüro 1970, 1108; *OLG Koblenz* MDR 2004, 1025), so dass ein Erstattungsanspruch gegenüber der Staatskasse nicht besteht (*OLG Koblenz* MDR 2004, 1025). Solche Kosten können deshalb nur im Rahmen des Kostenfestsetzungsverfahrens (§§ 103 ff. ZPO) nach § 91 ZPO von dem unterlegenen Gegner erstattet verlangt werden. Sie können auch nicht als fiktive Gerichtskosten behandelt werden (*OLG Koblenz* MDR 2004, 1025).

3. Portokosten

4   **a) Allgemeines.** Die dem Sachverständigen, Dolmetscher oder Übersetzer entstandenen Portokosten sind grundsätzlich erstattungsfähig. Bei den Portokosten handelt es sich allerdings um sonstige bare Aufwendungen nach § 7 Abs. 1, so dass die Erstattung nicht auf die nach § 12 berechtigten Personen beschränkt ist, sondern für alle nach dem JVEG herangezogenen Personen vorzunehmen ist.

5   **b) Auslagenersatz.** Erstattet werden nur die tatsächlichen Portokosten. Welches Postunternehmen der Berechtigte wählt, unterliegt seinem Ermessen. Es ist dem Berechtigten auch unter dem Grundsatz der Pflicht zur Kostenersparnis nicht zuzumuten, sich den preiswertesten Post- oder Paketdienstanbieter auszusuchen oder gar Preisvergleiche einzuholen. Pauschalisierte Portokosten können jedoch nicht erstattet werden, da es sich um einen Auslagenersatz handelt. Die Höhe der angefallenen Portokosten ist deshalb

genau anzugeben. Ein Nachweis der entstandenen Kosten ist jedoch regelmäßig nicht erforderlich. Bei besonders wichtigen Schreiben oder Unterlagen steht es im freien Ermessen des Sachverständigen, auch teurere, aber sicherere Versendungsarten wie das Einschreiben gegen Rückschein zu wählen. Diese Beförderungsart ist auch für Ladungen durch den Sachverständigen zu Ortsterminen zulässig.

c) Akteneinsicht. Fordert der Sachverständige die Gerichtsakten wegen einer mündlichen Erläuterung seines Gutachtens nochmals an, so sind die für die Rücksendung der Akten entstehenden Portokosten erstattungsfähig. Der Sachverständige muss sich nicht darauf verweisen lassen, er hätte sich notwendige Kopien anfertigen können. Ein Erstattungsausschluss kann aber dann bestehen, wenn nur das eigene Gutachten eingesehen werden soll, da der Sachverständige verpflichtet ist, ein Exemplar des Gutachtens aufzubewahren. 6

d) Kostenrechnung. Für die separate Übersendung der Kostenrechnung sind dem Herangezogenen oder Beauftragten keine Portoauslagen zu erstatten, da es sich um Gemeinkosten handelt (*Meyer/Höver/Bach* § 12 Rn. 12.4). 7

e) Ortstermine. Entstehen Portokosten wegen der Durchführung eines Ortstermins, z. B. für Ladungen und Benachrichtigungen an die Parteien, Parteivertreter oder sonstigen Beteiligten, sind diese stets erstattungsfähig. Auch Portokosten wegen einer Benachrichtigung des Gerichts sind zu erstatten, denn es handelt sich um notwendige Vorbereitungskosten, da es dem Gericht nur durch solche Mitteilung möglich sein wird, seine Leitungsbefugnis auszuüben (*OLG Hamburg* JurBüro 1983, 1358). Die wegen einer notwendigen Umladung entstandenen Portokosten sind gleichfalls erstattungsfähig. Das gilt auch dann, wenn die Gründe für die Umladung bei dem Sachverständigen selbst liegen, soweit keine Mutwilligkeit, Pflichtwidrigkeit oder grobe Fahrlässigkeit vorliegt. 8

f) Übersendung des Gutachtens. Die für die Übersendung des Gutachtens erforderlichen Portokosten an die beauftragende Stelle sind erstattungsfähig (*LG Mannheim* Rpfleger 1991, 36). Aufgrund der Bedeutung des Gutachtens muss es dem Sachverständigen stets zugestanden werden, das Gutachten auch per Einschreiben gegen Rückschein zu übersenden. Ein persönliches Überbringen der Akten ist dagegen regelmäßig nicht erforderlich. 9

g) Vorbereitungsschreiben. Darüber hinaus sind sämtliche, für die Vorbereitung des Gutachtens entstandenen Portokosten erstattungsfähig. Hierzu gehören auch solche für das Anfordern von Unterlagen, notwendige Schreiben an das Gericht, die Parteien oder andere Beteiligte. Auch die Kosten wegen notwendiger Sachstandsanfragen an das Gericht oder notwendiger Korrespondenz mit dem Gericht müssen erstattet werden. 10

4. Telekommunikationsdienstleistungen

Kosten für notwendige Telekommunikationsdienstleistungen sind erstattungsfähig. Eine Erstattung kommt sowohl nach Abs. 1 S. 2 Nr. 1 als auch nach § 7 Abs. 1 in Betracht. Wie auch bei den Portokosten besteht daher ein Erstattungsanspruch für alle nach dem JVEG berechtigten Personen. Erstattet werden jedoch nur die Entgelte für erbrachte und notwendige Dienstleistungen, mithin die Telefoneinheiten für Fern- oder Ortsgespräche, Faxe oder 11

§ 12   Abschnitt 3. Vergütung von Sachverständigen u.a.

Internet. Es können nur die tatsächlichen Kosten, keine pauschalisierten Beträge erstattet werden (*OLG Düsseldorf* Az. I-10 W 101/05). Ein konkreter Nachweis über die Telefonrechnung muss nicht erbracht werden. Auch die für Rückfragen mit dem Gericht anfallenden Kosten sind im Regelfall als erstattungsfähig anzusehen, ferner die Gespräche für sonstige notwendige Vorbereitungen wie die Beauftragung von Fremdfirmen, Hilfskräften, Absprachen mit weiteren bestellten Sachverständigen oder der Herbeischaffung von weiteren Unterlagen. Wegen der Veröffentlichungskosten im Internet des Insolvenzverwalters siehe bei § 7, Rn. 12. Grund- oder Anschlussgebühren können nicht gesondert erstattet werden, das gilt auch für die Anschaffung und Unterhaltung der notwendigen Geräte (*LG Detmold* Az. 9 T 46/11), es handelt sich um Gemeinkosten. Ist ein pauschalisierter Betrag (z. B. Flatrate) zu zahlen, handelt es sich um gleichfalls um Gemeinkosten, so dass auch eine anteilige Erstattung nicht in Betracht kommt.

Da die Telekommunikationsdienstleistungen mehrwertsteuerpflichtig sind, welche auf den Rechnungen auch gesondert ausgewiesen wird, können die von § 12 erfassten Personen solche Kosten nur als Nettobeträge geltend machen, wenn zugleich eine Erstattung der Umsatzsteuer nach Abs. 1 S. 2 Nr. 4 verlangt wird.

5. Fachliteratur

12   Zu den nicht erstattungsfähigen Gemeinkosten gehören auch alle sonstigen für den täglichen Gebrauch benötigten Arbeitsmittel des Sachverständigen, Dolmetschers oder Übersetzers. Kosten für Fachliteratur sind daher allgemein nicht gesondert erstattungsfähig. Eine gesonderte Erstattung kommt in Ausnahmefällen nur dann in Betracht, wenn für ein bestimmtes Gutachten die Anschaffung spezifischer Literatur notwendig wird. Dabei ist nicht auf die Fachkenntnis des jeweiligen Sachverständigen abzustellen, sondern vielmehr ist von den Fachkenntnissen eines normalen und durchschnittlich befähigten Sachverständigen auszugehen. Der Sachverständige kann auch nicht einwenden, dass die allgemein benötigte Literatur für sein spezielles Sachgebiet kostenintensiver ist, als die in anderen Sachgebieten. Es muss es sich zudem stets tatsächlich um solche Fachliteratur handeln, die zur Beantwortung der besonderen Beweisfragen erforderlich ist, allgemeine Literatur ist nicht erstattungsfähig. Soweit solche Literaturkosten geltend gemacht werden, erscheint eine kurze Begründung daher sinnvoll. Liegt ausnahmsweise eine Erstattungsfähigkeit vor, so hat es unberücksichtigt zu bleiben, dass die spezielle Literatur für spätere Aufträge nochmals verwendet werden kann.

6. Fremduntersuchungen und Fremdleistungen

13   **a) Fremduntersuchungen.** Kosten für vom Sachverständigen durchgeführte notwendige Fremduntersuchungen, sind als Vorbereitungskosten nach Abs. 1 S. 2 Nr. 1 erstattungsfähig. Der mit der Untersuchung beauftragte Dritte erlangt jedoch keinen unmittelbaren Erstattungsanspruch gegenüber der Staatskasse, da er nicht unmittelbar durch die heranziehende Stelle beauftragt ist. Der Dritte kann seine Ansprüche daher allein gegenüber dem Sachverständigen geltend machen. Die für die Fremduntersuchung zu erstattenden Kosten sind nicht an die Höchstsätze des JVEG gebunden, jedoch werden nur die tatsächlichen Kosten erstattet, welche der Sachverständige nachzuweisen hat, da es sich um einen Auslagenersatz handelt. Werden im Rahmen der

276

Ersatz für besondere Aufwendungen § 12

Gutachtenerstellung Untersuchungen durchgeführt, die in Anlage 2 zu § 10 Abs. 1 aufgeführt sind, ist der Sachverständige an die dort genannten Gebührensätze nicht gebunden, wenn er die Arbeiten von einer Hilfskraft durchführen lässt. Nur dann, wenn der Sachverständige selbst mit den Untersuchungen beauftragt war, können Kosten nur in Höhe der in der Anlage 2 bestimmten Sätze erstattet werden. So kann etwa ein Sachverständiger, der mit der Untersuchung eines in Nummer 300 der Anlage 2 zu § 10 Abs. 1 genannten Gegenstandes beauftragt wird, hierfür keine gesonderten Fremduntersuchungskosten geltend machen.

b) Fremdleistungen. Soweit der Sachverständige vorbereitende Arbeiten 14 von Fremdfirmen durchführen lässt, sind diese, soweit sie zur Gutachtenerstattung notwendig waren, gleichfalls nach Abs. 1 S. 2 Nr. 1 als Vorbereitungskosten zu erstatten. Hierzu gehören auch die Kosten für Bohrungen oder Öffnungen. Erstattet werden dem Sachverständigen nur die tatsächlich aufgewendeten Kosten, und zwar unabhängig davon, ob die Fremdrechung nach Werkvertragsrecht angemessen ist (*OLG München* OLGR München 1996, 59). Die Kosten sind nachzuweisen. Wird wegen der Durchführung von vorbereitenden Arbeiten Eigentum der Parteien beschädigt, führt das nicht zu einer Minderung des Erstattungsanspruchs des Sachverständigen. Die Parteien sind auf die allgemeinen Schadensersatzansprüche zu verweisen (*OLG München* OLGR München 1996, 59).

c) Umsatzsteuer. Stellen die Fremdfirmen dem Sachverständigen Umsatz- 15 steuer in Rechnung, so ist diese in vollem Umfang zu erstatten. Wird durch den Sachverständigen aber selbst eine Umsatzsteuer nach Abs. 1 S. 2 Nr. 4 geltend gemacht, können die Fremdkosten nur mit dem Nettobetrag berücksichtigt werden. Im Rahmen des Abs. 1 S. 2 Nr. 4 kann der Sachverständige aber auch eine Erstattung der Umsatzsteuer für umsatzsteuerfreie Fremdleistungen verlangen (*OLG Oldenburg* JurBüro 1994, 179), im Übrigen bei → Rn. 69 ff.

7. Nutzungsentgelte

Benutzt der Sachverständige kostenpflichtige Datenbanken (z. B. Audatex), 16 so sind diese Kosten nach Abs. 1 S. 2 Nr. 1 erstattungsfähig. Das betrifft ausdrücklich auch Datenbanken im Internet. Die Kosten für einen medizinischen Informationsdienst wie DIMIDI sind jedenfalls dann erstattungsfähig, wenn es sich um schwierige Zusammenhangsfragen handelt oder im Beweisbeschluss geboten worden war, sich mit Forschungsergebnissen auseinander zusetzen (*LSG Rheinland-Pfalz* Rpfleger 1986, 32). Da in zahlreichen Fällen eine Abrechnung der Datenbank erst zum Monatsende erfolgt, sollte die Versicherung des Sachverständigen, dass diese Kosten in der angegebenen Höhe tatsächlich entstanden sind, ausreichen.

8. Stationäre Behandlungen

Ist für die Erstattung eines Gutachtens die stationäre Behandlung oder 17 Unterbringung notwendig, sind dem Sachverständigen die hierfür aufgewendeten und an das Krankenhaus gezahlten Sach- und Personalkosten nach Abs. 1 S. 2 Nr. 1 zu erstatteten. Eine Beschränkung der erstattungsfähigen Kosten sieht das JVEG nicht vor, jedoch erfolgt eine Einschränkung insoweit, als nur notwendige Kosten erstattet werden. Eine unmittelbare Anwendung

§ 12   Abschnitt 3. Vergütung von Sachverständigen u.a.

des DRG-Systems kommt jedoch nicht in Betracht, da das JVEG dem KHG lex specialis vorgeht und deshalb ausschließlich Abs. 1 S. 2 Nr. 1 heranzuziehen ist (*SG Fulda* Az. S SF 56/10 E). Allenfalls können dem Fallpauschalenkatalog der Anlage 1 zu § 1 der Fallpauschalenvereinbarung Rückschlüsse über die Höhe der Kosten für eine stationäre Behandlung entnommen werden, wobei die geringste eintagesbezogene Fallpauschale für Belegabteilungen zugrunde gelegt werden kann (*SG Fulda* a. a. O.). Auf die Empfehlung eines Ausschusses muss sich der Sachverständige aber nicht verweisen lassen. Da aber das JVEG keine ausdrückliche Kostenbeschränkung vorsieht, kann auch die Fallpauschale nur einen Anhaltspunkt darstellen, so dass im Einzelfall auch höhere Kosten zu erstatten sind. Die entstandenen Kosten hat der Sachverständige nachzuweisen.

Das Krankenhaus erlangt keinen unmittelbaren Erstattungsanspruch gegenüber der Staatskasse, sondern nur dann, wenn es entweder direkt i. S. d. § 1 herangezogen wird oder der Sachverständige seinen Vergütungsanspruch abgetreten hat (*LSG Thüringen* Medsach 2012, 128).

Ein Erstattungsanspruch nach Abs. 1 S. 2 Nr. 1 besteht im Übrigen nur dann, wenn der stationäre Aufenthalt der Begutachtung dient (*OLG Frankfurt* FGPrax 2008, 275). Bestehen daneben auch medizinische Gründe für den Krankenhausaufenthalt, wird eine Leistungspflicht der Krankenkasse oder des Sozialhilfeträgers nicht ausgeschlossen (*OLG Frankfurt* a. a. O.). Eine Anwendung des JVEG ist zudem dann ausgeschlossen, wenn es sich um eine Unterbringung nach § 81 StPO handelt (*OLG Thüringen* Az. 1 Ws 35/08).

III. Gemeinkosten (Abs. 1 S. 1)

1. Umfang der Gemeinkosten

18   Die allgemeinen Kosten sind durch das Honorar abgegolten. Das Gesetz selbst definiert den Begriff der Gemeinkosten nicht, jedoch sollen nach dem Willen des Gesetzgebers unter den Begriff „übliche Gemeinkosten" die allgemeinen Kosten für den Bürobetrieb, einer angemessenen Ausstattung mit technischen Geräten und Fachliteratur fallen (*KG KGR Berlin* 2009, 552; *LG Dortmund* Az. 9 T 46/11). In der BT-Drs. 15/1971, S. 184 zur Einführung des JVEG heißt es dazu: „... *Gemäß Absatz 1 Satz 1 sollen mit dem Honorar nach den §§ 9 bis 11 JVEG auch die üblichen Gemeinkosten sowie die mit der Erstattung des Gutachtens oder der Übersetzung üblicherweise verbundenen Aufwand abgegolten sein, soweit das Gesetz nicht – wie in den §§ 5 bis 7 JVEG und in Satz 2 – ausdrücklich etwas anderes bestimmt. Zu den üblichen Gemeinkosten rechnen in erster Linie die mit dem Bürobetrieb verbundenen Kosten sowie die Aufwendungen, die sich aus einer angemessenen Ausstattung mit technischen Geräten und fachbezogener Literatur ergeben. Bei der Bemessung der Honorargrundlagen ist dies in angemessenen Umfang berücksichtigt worden.*" Zu den allgemeinen Kosten sind daher insbesondere die Miete und Nebenkosten für die Büro- und Arbeitsräume, Heizungs-, Strom- und Wasserkosten sowie Telefongrundgebühren zu rechnen. Bei diesen Aufwendungen handelt es sich auch nicht um besondere bare Aufwendungen, die nach § 7 ersetzt werden können. Miet- und Reinigungskosten können aber dann erstattungsfähig sein, wenn der Sachverständige fallspezifisch zur Erstattung eines Gutachtens Räumlichkeiten anmieten musste oder das Gesetz eine Erstattung für die Nutzung von Fremdeinrichtung vorsieht,

Ersatz für besondere Aufwendungen § 12

etwa in Abs. 2 der Anmerkung zu Abschnitt 1 der Anlage 2 zu § 10 Abs. 1. Auch die Kosten für eine Raum- und Gerätebenutzung sind bereits durch das Honorar abgegolten (*LSG Schleswig* Az. L 1 B 113/00 SF SK). Zu den nicht erstattungsfähigen Gemeinkosten zählt auch ein anteiliger Ersatz der allgemeinen Praxiskosten eines Arztes, der als gerichtlicher Sachverständiger tätig wird (*LSG Stuttgart* NJW 1969, 576).

Ein **Bereitschaftszuschlag**, den der Sachverständige dafür verlangt, dass er außerhalb der Büro- oder Sprechzeiten tätig wird, kann nicht erstattet werden. Es handelt sich auch nicht um besondere Kosten i. S. d. Abs. 1 S. 2 Nr. 1, da der Sachverständige keinen Kostenersatz, sondern ein erhöhtes Honorar für die Leistungen zu bestimmten Zeiten verlangt (*OLG Stuttgart* Justiz 2008, 78, **a. A.** *OLG Stuttgart* Justiz 2005, 437). Insoweit wird die in der Vorauflage vertretene Auffassung aufgegeben.

2. Abzuführende Entgelte

a) Allgemeines. Beamtete Sachverständige, welche die Einrichtung des 19 Dienstherrn in Anspruch nehmen, haben für die Benutzung der Einrichtung, von Material und dem bei dem Dienstherrn beschäftigten Personal oftmals ein bestimmtes Entgelt an diesen abführen. Gleiches gilt, wenn nicht beamtete Sachverständige solche Einrichtungen nutzen. Durch das Entgelt werden hauptsächlich solche Kosten abgegolten, die der Sachverständige selber tragen müsste, wenn er über eigene Räumlichkeiten und Personal verfügen würde. Mit der Zahlung sollen u. a. die finanziellen Vorteile ausgeglichen werden, die dadurch entstehen, dass der Sachverständige nicht selbst Personal und Einrichtung unterhalten muss (*BVerwG* NJW 1974, 1440), sie bezweckt mithin die Abgeltung anteiliger Gemeinkosten, deren Erstattung Abs. 1 S. 1 gerade ausschließen will (*LSG Schleswig* NZS 2002, 652).

b) Keine gesonderte Erstattungsfähigkeit. Da Abs. 1 S. 1 die Erstat- 20 tung von allgemeinen Kosten ausnimmt, ist auch ein solches abzuführendes Entgelt regelmäßig als nicht als erstattungsfähig nach Abs. 1 S. 2 Nr. 1 anzusehen (*OLG Düsseldorf* Rpfleger 1974, 127; *KG* KostRsp. ZSEG § 8 Nr. 38; *LG Flensburg* Justiz 1978, 179; *LSG Bad.Württ.* Justiz 1978, 416; *OVG Lüneburg* Rpfleger 1982, 122; *OLG Zweibrücken* KostRsp. ZSEG § 8 Nr. 77; *LSG Berlin* KostRsp. ZSEG § 8 Nr. 97; *LSG Schleswig* NZS 2000, 652; *LSG Rheinland-Pfalz* SGb 2004, 234; **a. A.** *OLG Stuttgart* Rpfleger 1982, 398; *OLG Schleswig* JurBüro 1982, 1546; *OLG Karlsruhe* Rpfleger 1983, 50). Es ist der Meinung zuzustimmen, die einen Aufwendungsersatz ablehnt, da die Erstattung eines solchen Entgelts andernfalls der generellen Verneinung der Kostenerstattung für allgemeine Kosten zuwiderlaufen würde und einem Teil der Sachverständigen ein höherer Erstattungsanspruch zugebilligt werden würde, als solchen Sachverständigen, welche für ihre allgemeinen Kosten keinen Kostenerstattungsanspruch besitzen. Die Nichterstattung des abzuführenden Entgelts stellt keinen Verstoß gegen das verfassungsrechtliche Gleichbehandlungsgebot nach Art. 3 Abs. 1 GG dar (*LSG Rheinland-Pfalz* SGb 2004, 234). Ein Erstattungsanspruch ist auch dann ausgeschlossen, wenn ein Abstammungsgutachten unter Benutzung eines Universitätsinstituts erstellt wird, da solche Kosten bereits durch die pauschalen Vergütungen nach der Anlage zu § 10 Abs. 2 abgegolten sind (*OLG Stuttgart* JurBüro 1987, 1852).

§ 12 Abschnitt 3. Vergütung von Sachverständigen u.a.

21 **c) Anteile für in Anspruch genommene Hilfskräfte und Materialien.** Ein Erstattungsanspruch für abzuführendes Entgelt besteht aber dann, wenn das Entgelt nicht nur die Gemeinkosten abdeckt, sondern es auch für die Benutzung von Personal oder Material der Einrichtung gezahlt werden muss. Eine Erstattung kommt dann in Betracht, wenn das beanspruchte Personal als Hilfskraft i. S. d. Abs. 1 S. 2 Nr. 1 anzusehen ist oder auch das Material nach dieser Vorschrift gesondert erstattungsfähig gewesen wäre. Zahlt der Sachverständige ein Entgelt und deckt dieses sowohl die Gemeinkosten als auch die Inanspruchnahme des Personals sowie den Verbrauch von Material ab, so kann die Hälfte dieses Entgelts als erstattungsfähig angesehen werden (*LG Aachen* JurBüro 1989, 547). Ist ausdrücklich ein bestimmter Anteil des zu zahlenden Entgelts für die Inanspruchnahme von Hilfskräften vorgesehen, ist dieser Anteil gesondert erstattungsfähig (*OLG Schleswig* JurBüro 1982, 1546; *OLG Stuttgart* Rpfleger 1982, 398). Es obliegt dabei dem Sachverständigen, sowohl die tatsächliche Inanspruchnahme der Hilfskräfte als auch den Anteil des hierauf zu zahlenden Entgelts darzulegen (*OLG Karlruhe* Rpfleger 1983, 507; *OLG Schleswig* JurBüro 1982, 1546). Da es sich bei Abs. 1 S. 2 Nr. 1 um einen Auslagenersatz handelt, ist die Erstattung auf die Höhe der tatsächlichen Aufwendungen begrenzt. Der Sachverständige muss die Kostenanteile für die Hilfskräfte sowie der verbrauchten Stoffe und Werkzeuge jedoch nicht einzeln nachweisen, jedoch müssen es die Angaben des Sachverständigen dem Anweisungsbeamten oder dem Gericht ermöglichen, nachvollziehbar zu prüfen, welche Arbeiten durch die Hilfskräfte ausgeführt worden sind und um welche verbrauchten Stoffe und Werkzeuge es sich gehandelt hat. Diese Angaben sind schon deshalb notwendig, da das JVEG hinsichtlich der Kostenerstattung für die von Hilfskräften durchgeführten Arbeiten sowie der Erstattung von verbrauchten Stoffen und Werkzeugen Einschränkungen vorsieht.

3. Gebrauch von Geräten

22 Zu den Allgemeinkosten gehören ferner die Kosten, welche für eine angemessene Ausstattung mit technischen Geräten anfallen (BT-Drs. 15/1971, S. 184). Insoweit getätigte Aufwendungen sind daher grundsätzlich nicht gesondert erstattungsfähig, so dass ein Kostenersatz insbesondere für solche Geräte und technischen Einrichtungen ausgeschlossen ist, die der Sachverständige für seine normale Arbeit benötigt. Durch das Honorar der §§ 9 bis 11 sind daher auch die Anschaffungskosten für Bürotechnik abgegolten.

Für die Frage Erstattungsfähigkeit bleibt es auch unberücksichtigt, dass das Tätigkeitsgebiet des Sachverständigen größere technische Aufwendungen verlangt als andere Sachgebiete oder in besonders großem Umfang teure Technik in Anspruch nimmt (*KG* KGR Berlin 2009, 552), da solche fachspezifischen Mehrkosten bereits in dem Honorar und der Abstufungen der Anlage 1 zu § 9 ausreichend berücksichtigt sind. Es ist daher auch nicht statthaft zwischen verschiedenen Sachgebieten zu vergleichen, sondern darauf abzustellen, welche Gerätschaften zur Ausübung der Tätigkeit auf dem speziellen Sachgebiet üblicherweise erforderlich sind. Die starke Inanspruchnahme von teurer Technik kann wegen der abschließenden Eingruppierung der Sachgebiete auch nicht zur Zahlung eines von Anlage 1 zu § 9 Abs. 1 abweichenden höheren Honorars führen. Da das JVEG, anders als das ZSEG, keine Regelung enthält, wonach bei Bestimmung des Stundensatzes die Benutzung technischer Vorrichtungen berücksichtigt werden muss, ist abweichende ältere Rechtsprechung überholt. Die Kosten für die Anschaffung von Technik ist auch nicht deshalb nach Abs. 1 S. 2 Nr. 1 erstattungsfähig, weil das technische Gerät vom Dienstherrn des Sachverständigen angeschafft und an den Sachverständigen vermietet wird (*KG KGR* Berlin 2009, 552). Ausgeschlossen ist danach etwa die Erstattung der Anschaffungskosten für eine Kraftstoffsverbrauchsanlage. Auch für die Nutzung von medizinischen Geräten kann ein ärztlicher Sachverständiger im Regelfall keinen besonderen Aufwendungsersatz geltend machen.

4. Anmietung von Geräten

Mietet der Sachverständige Geräte und Maschinen an, die er nur zur 23 Erstattung eines speziellen Gutachtens benötigt, so sind diese Kosten ausnahmsweise als erstattungsfähig anzusehen. Es muss sich aber um solche speziellen Geräte handeln, die tatsächlich nur für die Erstellung eines Gutachtens angemietet worden sind. Werden hingegen Geräte angemietet, welche der Sachverständige für seine allgemeine Arbeit benötigt, so besteht kein Erstattungsanspruch.

IV. Verbrauchte Stoffe und Werkzeuge

1. Allgemeines

Soweit für eine Untersuchung Stoffe oder Werkzeuge verbraucht werden, 24 können diese nach Abs. 1 S. 2 Nr. 1 gesondert erstattet werden. Die Stoffe und Werkzeuge müssen verbraucht oder so stark abgenutzt sein, dass eine nochmalige Verwendung ausgeschlossen ist. Wird eine Erstattung geltend gemacht, muss der Sachverständige genau beschreiben, um welche Stoffe oder Werkzeuge es sich handelt.

2. Abnutzung von Geräten

Werden Geräte des Sachverständigen nur im üblichen Maße abgenutzt, 25 kann eine Erstattung des Wertverlusts oder des Geräts nicht verlangt werden (*LG Köln* NJW 1961, 976; *OLG Hamm* JurBüro 1965, 730). Kommt es jedoch durch die Untersuchung zu einem erheblichen Substanzverlust oder einer erheblichen Wertminderung oder Beeinträchtigung der Brauchbarkeit, so kann eine Erstattung erfolgen (*OLG Hamm* JurBüro 1965, 730). Liegt ein erheblicher Substanz- oder Wertverlust nicht vor, besteht ein Erstattungsanspruch für die lediglich benutzten Stoffe oder Werkzeuge nicht (*OLG Hamm* JMBlNW 1973, 287). Das gilt auch dann, wenn die normale Abnutzung der Geräte wegen deren hohen Werts besonders bedeutsam ist (*OLG Hamm* JurBüro 1976, 72 mit zust. Anm. *Mümmler*).

3. Wertverlust durch eigenes Verschulden

Ist der Substanz- oder Wertverlust durch eigenes Verschulden des Sachver- 26 ständigen eingetreten, so ist eine Erstattung nach Abs. 1 S. 2 Nr. 1 generell ausgeschlossen. Das gilt insbesondere dann, wenn eine Versicherung für den Schaden aufkommt (*Brocke/Reese* Rn. 5b).

§ 12   Abschnitt 3. Vergütung von Sachverständigen u.a.

4. Verhältnis zu anderen Bestimmungen

27   Andere Regelungen des JVEG über den Aufwendungsersatz bleiben unberührt, so dass Abs. 1 S. 2 Nr. 1 nicht gilt, wenn für den Ersatz der bestimmten Auslagen andere Vorschriften bestehen. Zu beachten sind auch solche Regelungen, die einen Aufwendungsersatz gänzlich ausschließen oder es sich um ein pauschales Honorar handelt, welches zugleich die für Durchführung der entsprechenden Leistung benötigten und verbrauchten Materialen umfasst. Solche Regelungen gehen Abs. 1 S. 2 Nr. 1 legis specialis vor. Das betrifft folgende Bestimmungen:

– *§ 5 Fahrtkostenersatz*
   Mit der Zahlung der Kilometerpauschale nach § 5 Abs. 2 sind auch sämtliche Abnutzungs-, Anschaffungs-, Betriebs- und Unterhaltungskosten abgegolten. Neben der Pauschale können weitere Kosten wie etwa Benzin- oder Werkstattkosten grundsätzlich nicht erstattet werden. Auch eine gesonderte Abnutzungspauschale für das Kfz kann nicht gewährt werden.

– *§ 7 Fotokopiekosten und elektronische Dateien*
   Soweit angeforderte oder notwendige Ablichtungen gefertigt werden, erfolgt die Erstattung ausschließlich nach § 7 Abs. 2. Neben dieser Pauschale können für das eingesetzte Material (Papier, Druckerschwärze, Strom etc.) sowie für Inanspruchnahme und Abnutzung des Kopiergerätes keine zusätzlichen Erstattungen vorgenommen werden. Auch die Kosten für die Anschaffung oder Wartung von Kopiergeräten sind nicht gesondert erstattungsfähig, das gilt auch für Leasingkosten. Werden elektronische Dateien übersandt, ist die Inanspruchnahme der entsprechenden Gerätschaften und des elektrischen Stroms ebenfalls abgegolten.

– *§ 10 Abs. 1 (Anlage 2) Besondere Leistungen*
   Für die Erbringung von Leistungen, die von Anlage 2 zu § 10 Abs. 1 erfasst sind, ist zu beachten, dass das danach zu zahlende Honorar oftmals auch verbrauchte Stoffe und Materialien abdeckt. Eine gesonderte Erstattung ist danach ausgeschlossen bei dem Honorar nach Nummern 302, 303, 304 der Anlage 2. Bei der Erstellung von Abstammungsgutachten ist Vorbemerkung zu Abschnitt 4 der Anlage 2 zu beachten.

– *§ 10 Abs. 2 (Anlage 2) Leistungen nach Abschnitt O GOÄ*
   Ist eine Leistung nach Abschnitt O GOÄ zu erbringen, ordnet § 10 Abs. 2 S. 2 an, dass die Regelungen der § 4 Abs. 2 S. 1, Abs. 2a S. 1, Abs. 3, 4 S. 1, § 10 GOÄ entsprechend gelten, so dass die dortigen Einschränkungen bei der Erstattung von Aufwendungen zu beachten sind.

V. Hilfskräfte des Sachverständigen

1. Allgemeines

28   Hilfskräfte sind solche Personen, die Tätigkeiten ausüben, die im Rahmen der Heranziehung anfallen und durch den Sachverständigen selbst auszuführen wären. Die Hilfskräfte sind von dem Sachverständigen anzuleiten und zu überwachen. Bei den Hilfskräften kann es sich um weniger qualifizierte Mitarbeiter, aber auch um andere Sachverständige handeln, die aufgrund ihrer Fachkenntnisse auch ohne Anweisung des Sachverständigen in der Lage

Ersatz für besondere Aufwendungen § 12

wären, die Arbeiten auszuführen (*OLG Hamm* Rpfleger 1968, 371). Auf die Qualifikation kommt es deshalb nicht an (*OLG Köln* KostRsp. ZSEG § 8 Nr. 75). In welchem Umfang der Sachverständige Hilfskräfte heranzieht, entscheidet er selbst nach pflichtgemäßem Ermessen. Es können daher auch nur solche Kosten abgesetzt werden, die bei einer Ausübung des pflichtgemäßen Ermessens nicht für notwendig gehalten werden konnten. Das Gericht darf bei einer Überprüfung nicht das eigene Ermessen an die Stelle des Sachverständigen setzen (*OLG Brandenburg* OLGR Brandenburg 2002, 56). Der Sachverständige darf aber einen Ortstermin nicht ausschließlich einem seiner Mitarbeiter übertragen, er muss stets selbst anwesend sein. Zieht der Sachverständige die Hilfskraft ausschließlich aufgrund seines hohen Alters hinzu, können die Kosten dafür nicht erstattet werden (*AG Bremen* KostRsp. ZSEG § 8 Nr. 20).

Der Sachverständige darf jedoch den Auftrag zur Erstellung des Gutachtens nicht an Dritte weiterleiten. Das Gutachten muss weiterhin eine persönliche Leistung des bestellten Sachverständigen bleiben. Er muss zudem kraft seiner Sachkunde die Verantwortung für das Gutachten übernehmen (*OLG Köln* KostRsp. ZSEG § 8 Nr. 67). Wird eine Universitätsklinik mit der Erstattung des Gutachtens beauftragt, so ist regelmäßig derjenige als Sachverständiger anzusehen, den der Leiter des Klinikums als solchen bestellt. Der bestimmte Sachverständige ist auch dann keine Hilfskraft, wenn er das Gutachten gemeinsam mit dem Leiter erarbeitet, aber neben diesem auch die Verantwortung für das Gutachten übernimmt (*OLG Koblenz* MDR 1995, 647).

Wird eine Hilfskraft durch den Sachverständigen herangezogen, erwirbt diese keinen eigenständigen Erstattungsanspruch gegenüber der Staatskasse. Es handelt sich um ein privates Rechtsverhältnis zwischen dem Sachverständigen und der Hilfskraft.

Beauftragt eine Hilfskraft eine weitere Hilfskraft, besteht kein Erstattungsanspruch nach Abs. 1 S. 2 Nr. 1 (*BayLSG* Az. L 15 SF 398/09).

2. Höhe der erstattungsfähigen Kosten

a) Allgemeines. Werden durch die nach § 8 berechtigten Personen Hilfs- 29 kräfte hinzugezogen, sind die dafür aufgewendeten Kosten nach Abs. 1 S. 2 Nr. 1 zu erstatten, soweit die Beauftragung der Hilfskraft für die Leistungserbringung notwendig war. Bei den Hilfskräften handelt es sich um Personen, die Tätigkeiten ausüben, die im Rahmen der Heranziehung anfallen und durch den Sachverständigen selbst auszuführen wären.

b) Auslagenersatz. Eine Begrenzung der Kosten für Hilfskräfte ihrer 30 Höhe nach sieht das JVEG nicht vor, soweit es sich um notwendige Kosten handelt. Die Entschädigung für die Hilfskraft richtet sich deshalb auch nicht nach den Bestimmungen des JVEG, sondern es gilt das Prinzip des vollständigen Kostenersatzes, was sowohl für den Stundensatz der Hilfskraft als auch für deren Auslagen gilt, jedoch müssen die Kosten angemessen sein (→ Rn. 31). Es kann auch eine andere Gebührenordnung als Grundlage der Vergütung zwischen Hilfskraft und Sachverständigen herangezogen werden (*OLG Bamberg* JurBüro 1979, 409), gleiches gilt für die für eine Behörde maßgebende Entgeltordnung für den Arbeitsaufwand der Bediensteten (*FG Bremen* EFG 1996, 73). Das Prinzip des vollständigen Kostenersatzes gilt auch für die bei dem Sachverständigen selbst beschäftigten Hilfskräfte, so dass auch

283

§ 12   Abschnitt 3. Vergütung von Sachverständigen u.a.

insoweit keine Begrenzung auf die Höchstsätze des JVEG stattfindet (*KG* KostRsp. ZSEG § 8 Nr. 132). Abs. 1 S. 2 Nr. 1 schafft jedoch nur einen Auslagenersatz, so dass nur die tatsächlich entstandenen Kosten erstattet werden können. Nicht zu erstatten sind hingegen Gewinnabschläge (*OLG Köln* JVBl. 1961, 240) oder pauschalisierte Beträge (*OLG Köln* KostRsp. ZSEG § 8 Nr. 75), mit Ausnahme des nach Abs. 2 zu zahlenden Zuschlags.

31   c) **Angemessenheit der Kosten.** Die Kosten für die eingesetzten Hilfskräfte müssen angemessen sein und dürfen im Verhältnis zu den Gesamtkosten oder im Verhältnis zur Vergütung des Sachverständigen selbst, nicht unangemessen hoch erscheinen (*OLG Düsseldorf* JurBüro 1987, 1852). Erscheinen die Kosten für die Hilfskraft unangemessen hoch, was auch dann angenommen werden kann, wenn die Höchstsätze des JVEG überschritten werden, so ist dem Gericht eine Anzeige zu erstatten und abzuwarten, ob das Gericht nicht einen weiter bestellten Sachverständigen hinzuziehen will (*OLG Düsseldorf* MDR 1990, 164). Angemessene Kosten liegen deshalb nicht mehr vor, wenn der Hilfskraft Reisekosten gezahlt werden, welche die Sätze des § 5 Abs. 2 um das Doppelte übersteigen (*OLG Düsseldorf* BauR 2009, 1019). Die Hinzuziehung muss zudem ersichtlich für die Gutachtenerstattung notwendig gewesen sein oder es muss zuvor das Einverständnis des Gerichts oder der Parteien eingeholt werden (*OLG Hamburg* KostRsp. ZSEG § 8 Nr. 70).

Werden Hilfskräfte für eine **Bauteilöffnung** herangezogen, sind die Kosten regelmäßig notwendig, da der Sachverständige sonst eine Fremdfirma beauftragen müsste (*OLG Hamm* BauR 2012, 679). Notwendig kann eine Hilfskraft auch für **Korrekturlesen des Gutachtens** sein (*OLG Braunschweig* NdsRpfl 2009, 426). Nicht notwendig ist regelmäßig die Hinzuziehung eines Mitarbeiters des Sachverständigen zur **Erläuterung des Gutachtens** in der mündlichen Verhandlung. Der Sachverständige ist verpflichtet das Gutachten selbst zu erstatten, der Mitarbeiter ist zur Erläuterung des Gutachtens nicht befugt (*OLG Stuttgart* Az. 8 W 71/05), eine Kostenerstattung nach Abs. 1 scheidet aus.

32   d) **Hinzuziehung weiterer Sachverständiger.** Grundsätzlich können auch weitere Sachverständige als Hilfskräfte herangezogen werden, jedoch ist bestritten, ob die Kostenerstattung insoweit auf die Höchstsätze des JVEG beschränkt ist oder ob auch darüber hinaus gehende Kosten zu erstatten sind. Die ablehnende Meinung (*OLG Hamm* JurBüro 1974, 643; *OLG München* JurBüro 1994, 181) stützt sich hauptsächlich darauf, dass solche Mehrkosten dadurch verhindert werden könnten, dass das Gericht den weiteren Sachverständigen auch hätte selbst bestellen können. Da die Kosten für hinzugezogene Hilfskräfte jedoch nach dem Prinzip des vollen Aufwendungsersatzes und nicht nach dem Entschädigungsprinzip erstattet werden (*VG Hamburg* JurBüro 1980, 1706), wird jedoch der Meinung zuzustimmen sein, die eine Erstattung für die Heranziehung sachverständiger Hilfskräfte auch für die über das JVEG hinausgehenden Sätze zubilligt (*OLG Celle* JVBl. 1967, 214; *OLG Bamberg* JurBüro 1979, 409; *OLG Zweibrücken* MDR 1983, 780; *OLG Düsseldorf* BauR 1993, 509). Eine Einschränkung der Kostenerstattung kann sich allenfalls daraus ergeben, dass auch die Kosten für sachverständige Hilfskräfte notwendig und angemessen sein müssen sein müssen. Übersteigt daher der Stundesatz der Hilfskraft den Stundensatz des beauftragten Sachverständigen erheblich, liegt keine Angemessenheit mehr vor (*OLG Thüringen* BauR 2012,

Ersatz für besondere Aufwendungen § 12

997), so etwa wenn der Stundensatz des Sachverständigen 75 EUR, derjenige der Hilfskraft aber 134 EUR oder 144 EUR beträgt. Der Sachverständige ist dann verpflichtet, dem Gericht vor Beauftragung der Hilfskraft die Kosten anzuzeigen.

3. Nachweis der gezahlten Kosten

Eine Nachweispflicht über die an die Hilfskraft gezahlten Beträge besteht 33 nicht, wenn die geltend gemachten Kosten angemessen erscheinen (*LSG NRW* KostRsp. ZSEG § 8 Nr. 56). Verlangt das Gericht aber eine Erläuterung oder einen Beleg, ist dieser beizubringen (*OLG Celle* NdsRpfl 1964, 200). Der Sachverständige hat deshalb auf Anfrage des Gerichts oder auch des Anweisungsbeamten zu erläutern, welche Arbeiten durch die Hilfskraft ausgeführt worden sind, weshalb die Zuziehung sachlich geboten war, welcher Zeitaufwand angefallen ist und in welcher Höhe die Hilfskraft vergütet wurde (*OLG Karlsruhe* OLGR Karlsruhe 2005, 45).

4. Besondere Leistungen nach § 10

Eine Erstattung der Kosten für herangezogene Hilfskräfte ist auch dann 34 nach Abs. 1 S. 2 Nr. 1 vorzunehmen, wenn die hinzugezogene Hilfskraft ärztliche Leistungen nach Anlage 2 zu § 10 Abs. 1 erbringt (*LSG Niedersachsen* NdsRpfl 1988, 283; *OLG Karlsruhe* JurBüro 1991, 997), jedoch können sich Einschränkungen durch die einzelnen Vergütungstatbestände der Anlage 2 ergeben; hierzu wird auf die dortigen Erläuterungen verwiesen. Eine Erstattung der Kosten für Hilfskräfte erfolgt auch dann, wenn Leistungen nach § 10 Abs. 2 i. V. m. Abschnitt O GOÄ erbracht werden.

5. Schreibkräfte

Schreikräfte können Hilfskräfte im Sinne von Abs. 1 S. 2 Nr. 1 sein. Eine 35 Erstattung solcher Kosten ist aber ausgeschlossen, wenn für die verrichteten Arbeiten bereits die Schreibpauschale nach Abs. 1 S. 2 Nr. 3 geltend gemacht wird (*LG Schweinfurt* JurBüro 1976, 69). Eine gesonderte Erstattung kann ausnahmsweise in Betracht kommen, wenn es sich um einen Korrekturentwurf für ein schwieriges Gutachten handelt, welches sich durch viele Fachausdrücke, Fremdwörter, Formeln, Tabellen und ähnliches auszeichnet. Allgemeiner Schriftverkehr wird durch die Vergütung des Sachverständigen nach § 9 abgegolten, hierfür eingesetzte Schreibkräfte sind keine Hilfskräfte im Sinne des Abs. 1 S. 2 Nr. 1 (*OLG Braunschweig* NdsRpfl 1984, 13), es handelt sich insoweit um Gemeinkosten, die nach Abs. 1 nicht erstattungsfähig sind. Kosten für eine Schreibkraft, welche Schreiben fertigt, die der Vorbereitung des Gutachtens dienen, sind hingegen gesondert zu erstatten (*OLG Düsseldorf* MDR 1993, 804). Zu den erstattungsfähigen vorzubereitenden Schreiben gehören Ladungsschreiben zu einem Ortstermin (*OLG Hamburg* JurBüro 1983, 1358; *OLG Hamm* Rpfleger 1990, 228), Schreiben wegen der Anforderung von Akten und Unterlagen, notwendige Sachstandsanfragen und Korrespondenz mit dem Gericht. Ausgenommen sind aber die Fertigung der Kostenrechung und Schriftverkehr, der mit der Verfolgung der Vergütung zusammenhängt, auch Schreiben wegen Mehrkosten (§ 407a ZPO) können nicht erstattet werden. Kosten für Hilfskräfte, die für die Fertigung eines

§ 12 Abschnitt 3. Vergütung von Sachverständigen u.a.

Befundberichts tätig geworden sind, können nicht nach Abs. 1 S. 2 Nr. 1 erstattet werden (*LSG NRW* SGb 1998, 220).

6. Bei dem Sachverständigen angestellte Hilfskräfte

36 a) **Allgemeines.** Soweit der Sachverständige bei ihm beschäftigte Hilfskräfte in Anspruch nimmt, ist nur ein angemessener Anteil an dem tatsächlichen Gehalt zu erstatten (*OLG Karlsruhe* Rpfleger 1962, 186). Die Arbeitgeberanteile zu den Sozialversicherungsbeiträgen sind erstattungsfähig (*OLG Bamberg* KostRsp. ZSEG § 8 Nr. 9; *OLG München* JurBüro 1974, 103). Gleiches gilt für die Beiträge zur Vermögensbildung sowie Urlaubs- und Weihnachtsgeld (*OLG Braunschweig* KostRsp. ZSEG § 8 Nr. 52). Eine Bindung an die Höchstsätze des JVEG besteht nicht, es gilt auch für die angestellten Hilfskräfte der Grundsatz der vollen Kostenerstattung (*KG* KostRsp. ZSEG § 8 Nr. 132). Dabei ist bei der Berechnung des Stundensatzes die reine tarifliche Arbeitszeit, ohne gesetzliche Feiertage und Urlaub, zugrunde zu legen (*OLG Hamm* Rpfleger 1968, 371). Auf die Hilfskräfte entfallene Gemeinkosten können nur durch den Zuschlag nach Abs. 2 erstattet werden.

37 b) **Bürokräfte.** Soweit angestellte Bürokräfte des Sachverständigen typische Büroarbeiten verrichten, können sie nicht als Hilfskräfte angesehen werden. Solche Arbeiten werden bereits durch die Vergütung und die Pauschalen nach §§ 7, 12 abgegolten (*OLG Braunschweig* NdsRpfl 1984, 13). Eine ständige Bürokraft des Sachverständigen kann aber dann als Hilfskraft angesehen werden, wenn sie aussonderbare Leistungen für die konkrete Heranziehung erbringt (*LG Detmold* Az. 9 T 46/11). Das gilt etwa dann, wenn die Bürokraft für eine telefonische Terminsabsprache eines Ortstermins tätig wird (*OLG Koblenz* VersR 1994, 563) oder Protokolle eines durchgeführten Ortstermins fertigt (*LG Detmold* Az. 9 T 46/11, so dass eine Erstattung nach Abs. 1 S. 2 Nr. 1 erfolgt.

38 c) **Gutachteninstitut.** Die Mitarbeiterin eines Gutachteninstituts kann Hilfskraft sein, soweit deren Tätigkeit einem bestimmten Gutachten zugeordnet werden kann (*LSG Thüringen* MEDSACH 2005, 137).

39 d) **Laborangestellte.** Die in einem von dem Sachverständigen eingerichteten Labor ständig angestellten Mitarbeiter, können als Hilfskraft entschädigt werden. Dabei kann soweit es angemessen erscheint, auch der Stundensatz der jeweiligen Gebührenordnung zugrunde gelegt werden (*OLG Bamberg* JurBüro 1979, 409). Die hinzugezogene Hilfskraft im Labor kann selber keine weitere Hilfskraft heranziehen (*BayLSG* Az. L 15 SF 398/09).

40 e) **Sprechstundenhilfe.** Ein gerichtlicher Sachverständiger kann die durch die Inanspruchnahme einer fest angestellten Sprechstundenhilfe entstandenen Kosten nach Abs. 1 S. 2 Nr. 1 erstattet verlangen, wenn diese aufgrund der Erstattung des Gutachtens entstanden sind.

7. Zuschlag zu den Gemeinkosten (Abs. 2)

41 Nach Abs. 2 kann der auf die Hilfskraft entfallene Anteil der Gemeinkosten, in Abweichung der Bestimmung des Abs. 1 S. 1, durch einen Zuschlag von 15 Prozent auf die für die Hilfskräfte nach Abs. 1 S. 2 Nr. 1 zu erstattenden Aufwendungen abgegolten werden. Es handelt sich um eine pauschale Abdeckung der Gemeinkosten. Höhere Aufwendungen als nach

Ersatz für besondere Aufwendungen § 12

Abs. 2 können nicht erstattet werden. Der Zuschlag nach Abs. 2 wird nicht von Amts wegen gewährt, der Sachverständige muss ihn daher im Rahmen seiner Kostenliquidation geltend machen (§ 2). Ein Zuschlag nach Abs. 2 ist zudem nur dann zu gewähren, wenn tatsächlich Mehrkosten entstanden sind (*OLG Hamm* KostRsp. ZSEG § 8 Nr. 131). Eine Erstattung des Zuschlags nach Abs. 2 ist deshalb dann ausgeschlossen, wenn die Hilfskraft nicht im Büro des Sachverständigen beschäftigt ist. In der BT-Drs. 15/1971, S. 184 heißt es dazu: „*Absatz 2 entspricht im Grundsatz § 8 Abs. 2 ZuSEG. Allerdings soll zukünftig aus Vereinfachungsgründen generell ein Zuschlag von 15 Prozent (statt bisher „bis zu 15 vom Hundert") zu gewähren sein, es seit denn, die Heranziehung von Hilfskräften hat keine oder nur unwesentlich erhöhte Gemeinkosten veranlasst. Davon ist zum Beispiel bei der Hinzuziehung eines nicht im Büro des Sachverständigen beschäftigten freien Mitarbeiters auszugehen.*" Der Sachverständige muss jedoch im Regelfall das Entstehen der Kosten oder ihre Höhe im Regelfall nicht nachweisen.

Der Zuschlag nach Abs. 2 beträgt stets 15 Prozent, so dass es sich nicht um einen Höchstsatz handelt.

VI. Erforderliche Fotos (Abs. 1 S. 2 Nr. 2)

1. Allgemeines

Soweit für die Vorbereitung oder die Erstattung des Gutachtens Fotos 42 erforderlich werden, sind die anfallenden Kosten nach Abs. 1 S. 2 Nr. 2 gesondert erstattungsfähig. Eine Beschränkung der Anzahl der zu erstattenden Fotos oder Farbausdrucke sieht das JVEG nicht vor, jedoch kann Aufwendungsersatz nur für solche Fotos gewährt werden, die zur Vorbereitung oder Erstattung des Gutachtens notwendig waren. Die Frage der Notwendigkeit ist von den Umständen des Einzelfalls abhängig. Lediglich zu Illustrationszwecken, kommentar- und zusammenhanglos beigefügte Fotos, sind regelmäßig nicht als notwendig anzusehen (*LG Aachen* VersR 1992, 897).

2. Nicht im Gutachten verwendete Fotos

Erstattet werden ausdrücklich auch die zur Vorbereitung des Gutachtens 43 notwendigen Fotos. Das gilt auch dann, wenn sie weder im Originalgutachten noch in den Mehrausfertigungen verwendet worden sind (*LG Hannover* JurBüro 2005, 375; *LG Berlin* JurBüro 2010, 660), da es dem Wortlaut der Norm nach genügt, dass die Fotos für die Vorbereitung erforderlich waren, also weder auf die tatsächliche Verwendung noch darauf abstellt, ob es sich um herkömmliche Lichtbilder oder digitale Fotos handelt. Ein Aufwendungsersatz ist deshalb auch dann zu leisten, wenn ein Foto überhaupt nicht mehr ausgedruckt wird, sondern nur noch auf einem Datenträger gespeichert ist (*LG Konstanz* BauR 2011, 730), weil die Aufnahme nach Einschätzung des Sachverständigen zwar notwendig war, es aber gleichwohl nicht im Gutachten verwendet wird. Hierzu hat der Gesetzgeber ausgeführt (BT-Drs. 15/1971, S. 184): „... *Der Wortlaut sieht in bewusster Abweichung von der Fassung des geltenden Rechts vor, dass künftig die Pauschale für die „zur Vorbereitung des Gutachtens erforderlichen Lichtbilder oder an deren Stelle tretende Farbausdrucke"* erstattet *werden soll. Damit soll erreicht werden, dass die Erstattung nicht schon allein deshalb abgegeben wird, weil das Lichtbild zwar – etwa als Gedankenstütze – zur Vorbereitung*

287

§ 12   Abschnitt 3. Vergütung von Sachverständigen u.a.

des Gutachtens erforderlich, diesem aber nicht beigefügt war (so auch bereits OLG Oldenburg JurBüro 2003, 151)." Im Rahmen der Einführung des 2. KostR-MoG hat der Gesetzgeber das Wort „Lichtbild" durch das Wort „Foto" ersetzt, um auch die Erstattungsfähigkeit lediglich digitaler, aber nicht ausgedruckter Fotos zu ermöglichen. Hierzu heißt es in der BT-Drs. 17/11471 (neu), S. 261: *„Mit der vorgeschlagenen Änderung soll der fortschreitenden Digitalisierung Rechnung getragen werden. Nach dem geltenden Wortlaut wird die Pauschale für die Fertigung von Fotos nur gezahlt, wenn Abzüge oder Ausdrucke der Fotos angefertigt werden. Seit der Digitalisierung der Fotografie ist es nicht mehr zwingend, dass die für die Vorbereitung des Gutachtens erforderlichen Fotos ausgedruckt werden, wenn sie nicht im Gutachten verwendet werden. Mit der geplanten Einführung der elektronischen Akte wird es auch Fälle geben, in denen das schriftliche Gutachten nur noch elektronisch an das Gericht übermittelt wird. Auch in diesen Fällen soll die Fotopauschale anfallen, weil mit der Pauschale auch die Fertigung der Aufnahme und die Kosten der dafür verwendeten Kamera mit abgegolten werden sollen. Künftig soll im Gesetzestext der modernere Begriff „Foto" anstelle des Begriffs „Lichtbild" verwendet werden."*

Es muss aber weiterhin nachvollziehbar bleiben, ob die Fotos zur Vorbereitung oder Gutachtenerstellung notwendig waren. Bestehen daher für das Gericht Zweifel, ob Fotos tatsächlich erstellt oder verwendet worden sind, muss der Sachverständige seine Abrechnung plausibel machen und notfalls auch die nicht verwendeten Fotos vorlegen (*LG Münster* IBR 2009, 484). Dabei hat das *LG Berlin* JurBüro 2010, 660 jedoch zu Recht darauf hingewiesen, dass die Vorlage von nicht verwendeten Fotos nur in Zweifelsfällen erforderlich ist, aber nicht generelle Voraussetzung für einen Aufwendungsersatz ist.

3. Höhe der Pauschale

44   Die Kosten für die verwendeten Fotos oder Farbausdrucke sind nur in Höhe der Pauschalen des Abs. 1 S. 2 Nr. 2 erstattungsfähig. Höhere Kosten können auch dann nicht erstattet werden, wenn sie einzeln nachgewiesen werden können. Auf die Größe des Fotos kommt es nicht an.
Die Höhe der Pauschale beträgt:
– für die Originale (den ersten Abzug oder Ausdruck)   jeweils 2,00 EUR,
– für jeden weiteren Abzug oder Ausdruck   jeweils 0,50 EUR.
Die Pauschale ist für den zweiten und jeden weiteren Abzug jedoch nur dann zugewähren, wenn die Fotos nicht Teil des schriftlichen Gutachtens sind und für die Mehrfertigungen des Gutachtens nicht bereits eine Pauschale nach § 7 Abs. 2 entstanden ist. Sind in Mehrfertigungen des Gutachtens, für die eine Pauschale nach § 7 Abs. 2 gezahlt wird, Fotos vorhanden, wird für die Fotos keine Pauschale nach Abs. 1 S. 2 Nr. 2 erstattet. Es bleibt dann nur bei dem Aufwendungsersatz nach § 7 Abs. 2, ein Wahlrecht mit der Regelung des Abs. 1 S. 2 Nr. 2 besteht dann nicht. Der Gesetzgeber hat hierzu ausgeführt (BT-Drs. 17/11471 (neu), S. 261): *„Ferner wird vorgeschlagen, zur Vereinfachung der Abrechnung eine besondere Vergütung für den zweiten und jeden weiteren Abzug oder Ausdruck eines Fotos nur noch dann vorzusehen, wenn keine Aufwendungen nach § 7 Absatz 2 ersetzt werden. Sind Fotos Teil des schriftlichen Gutachtens geworden, sollen für einen zusätzlichen Ausdruck des Gutachtens die Fotos nicht gesondert abgerechnet werden."*

Ersatz für besondere Aufwendungen § 12

Beispiel: Das Gutachten umfasst 15 Fotos. Der Sachverständige hat das Gutachten im Original und mit vier weiteren Ausfertigungen bei Gericht einzureichen. Zur Vorbereitung des Gutachtens sind 10 weitere Fotos erforderlich gewesen, die im Gutachten aber nicht enthalten sind.
Es können abgerechnet werden:
– 10 Fotos à 2,– EUR (zur Vorbereitung notwendig)   = 20,– EUR,
– 15 Fotos à 2,– EUR (erster Abzug bzw. Ausdruck)   = 30,– EUR,
Insgesamt: = 50,– EUR.
Auf die Beträge nach Abs. 1 S. 2 Nr. 2 ist bei Bestehen der Umsatzsteuerpflicht auch Umsatzsteuer zu erstatten. Für die weiteren Abzüge bzw. Ausdrucke der Fotos ist eine Pauschale nach Abs. 1 S. 2 Nr. 2 nicht zu zahlen, da die Fotos Bestandteile des schriftlichen Gutachtens sind, für das bereits eine Pauschale nach § 7 Abs. 2 gezahlt wird.

Die Pauschale kann je Auftrag nur einmal erstattet werden. Liegt ein neuer Auftrag vor, etwa bei einem Ergänzungsgutachten, liegen weitere Originalabzüge vor. Sind von einem erstatteten Gutachten weitere Ausfertigungen herzustellen, kann nur die Pauschale nach § 7 Abs. 2 verlangt werden, nicht auch zusätzlich eine solche nach Abs. 1 S. 2 Nr. 2. Soweit es sich um Farbausdrucke handelt, ist auf die Anzahl der auf der Seite abgebildeten Ausdrucke abzustellen, da die Pauschale je Foto zu zahlen ist (*OLG Zweibrücken* OLGR Zweibrücken 2006, 88; *LG Landau* Az. 2 OH 1/05).

Beispiel: Die Anlage des Gutachtens enthält 10 Seiten, auf denen jeweils drei Fotos abgebildet sind.
Zu erstatten sind:
30 Fotos (10 Seiten × 3 Fotos) à 2,– EUR
Insgesamt: 60,00 EUR zzgl. Umsatzsteuer.

4. Abgrenzung der Bestimmung zu § 7 Abs. 2

Die zur Vorbereitung des Gutachtens gefertigten oder für die im Gutachten 45 verwendeten Fotos sind ausschließlich nach Abs. 1 S. 2 Nr. 2 zu vergüten. Die Regelung des § 7 Abs. 2 gilt nicht (*KG* JurBüro 2008, 264; *FG Sachsen-Anhalt* EFG 2010, 1819; *LG Konstanz* BauR 2011, 730). Das gilt auch dann, wenn für Fotos ausnahmsweise die Pauschale nach Abs. 1 S. 2 Nr. 2 Alt. 2 für den zweiten oder jeden weiteren Abzug oder Ausdruck eines Fotos zu zahlen ist, weil das Foto nicht Gegenstand des schriftlichen Gutachtens ist. Die Bestimmung des § 7 Abs. 2, die eine Erstattung von 2 EUR je Farbkopie oder -ausdruck vorsieht, kann daher nicht angewendet werden, so dass nur 0,50 EUR zu zahlen sind. Hingegen handelt es sich dann um Farbkopien oder -ausdrucke nach § 7 Abs. 2, wenn in dem Gutachten fremde Fotos, etwa aus Gerichtsakten oder von Dritten zur Verfügung gestellte Fotos verwendet werden.

5. Grafiken und Diagramme

Mit der Änderung des Abs. 1 S. 2 Nr. 2 durch das 2. KostRMoG hat der 46 Gesetzgeber zugleich klarstellen wollen, dass der Aufwendungsersatz nur gewährt wird, wenn es sich um Fotos handelt, so dass eine Anwendung auf Grafiken und Diagramme ausscheidet. Hierzu hat der Gesetzgeber ausgeführt (BT-Drs. 17/11471 (neu), S. 261): *„Künftig soll im Gesetzestext der modernere Begriff „Foto" anstelle des Begriffs „Lichtbild" verwendet werden. Damit soll auch klargestellt werden, dass jedenfalls Grafiken und Diagramme, wie dies zum Teil in den Kommentierungen (Hagen Schneider, JVEG, § 12, Rn. 33) und von der Recht-*

289

§ 12 Abschnitt 3. Vergütung von Sachverständigen u.a.

sprechung angenommen wird (OLG Bamberg vom 4. Januar 2006, OLGR Bamberg 2006, 460), nicht unter diese Vorschrift fallen. Die Notwendigkeit einer besonderen Vergütung für Grafiken und Diagramme besteht auch nicht, weil der Sachverständige für deren Anfertigung mit dem Stundensatz honoriert wird." Die in der Vorauflage vertretene Auffassung wird daher aufgegeben. Für Diagramme oder Grafiken kann daher weder eine Pauschale nach Abs. 1 S. 2 Nr. 2 noch nach § 7 Abs. 2 gewährt werden. Es kann aber für die Erstellung des Diagramms oder der Grafik ein Honorar nach § 9 verlangt werden.

6. Abgeltungsbereich der Pauschale

47 Bei der Regelung des Abs. 1 S. 2 Nr. 2 handelt es sich um eine pauschale Erstattung. Mit der Pauschale sollen alle Kosten, die mit der Fertigung der notwendigen Fotos entstehen, abgegolten werden. Das umfasst insbesondere auch das notwendige Material (z. B. Fotopapier, Tinte, Toner) oder die Entwicklungskosten. Neben der Pauschale ist eine separate Geltendmachung von Materialkosten oder Kosten von Fotolaboren daher nicht statthaft. Der Sachverständige besitzt auch kein Wahlrecht, auch bei der Geltendmachung von höheren Kosten verbleibt es bei der Regelung des Abs. 1 S. 2 Nr. 2. Nach dem Willen des Gesetzgebers soll die Pauschale aber nicht nur die Kosten für die Fotos im engeren Sinn abgegolten sein, sondern auch solche Kosten, die mit der Herbeischaffung und Fertigung der Fotos eng zusammenhängen. So war schon in der BR-Drucksache 796/93 vom Gesetzgeber zum Ausdruck gebracht worden, dass auch die Kosten für die Beschaffung des Filmmaterials und die Kosten für die Entwicklung mit abgegolten sein sollten. Das hat der Gesetzgeber bei der Novellierung des § 12 durch das 2. KostRMoG noch einmal bestätigt und hierzu ausgeführt (BT-Drs. 17/11471 (neu), S. 261): *„Mit der geplanten Einführung der elektronischen Akte wird es auch Fälle geben, in denen das schriftliche Gutachten nur noch elektronisch an das Gericht übermittelt wird. Auch in diesen Fällen soll die Fotopauschale anfallen, weil mit der Pauschale auch die Fertigung der Aufnahme und die Kosten der dafür verwendeten Kamera mit abgegolten werden sollen."* Auch die mit der Herstellung der Fotos verbundenen Hilfsarbeiten des Sachverständigen sind mit der Pauschale abgegolten (OLG Stuttgart Justiz 1997, 443), so etwa das Einkleben der Fotos. Müssen die Fotos aber von dem Sachverständigen bearbeitet werden oder muss dieser überhaupt erst prüfen und entscheiden, welche Fotos er im schriftlichen Gutachten verwenden will, ist dieser Zeitaufwand nach § 9 zu vergüten.

VII. Erstellung des schriftlichen Gutachtens (Abs. 1 S. 2 Nr. 3)

1. Allgemeines

48 Für die Erstellung des schriftlichen Gutachtens sieht Abs. 1 S. 2 Nr. 3 eine pauschale Abgeltung vor. Der Sachverständige erhält danach für die Fertigung des schriftlichen Gutachtens eine Pauschale von 0,90 EUR je angefangene 1000 Anschläge. Da im Gesetzestext von je angefangenen 1000 Anschlägen gesprochen wird, ist stets auf volle Tausend Anschläge aufzurunden, auch wenn die Anschlagszahl nur sehr geringfügig eine solche Grenze überschreitet.

Beispiel: Das schriftliche Gutachten umfasst 15 020 Anschläge.
Es ist auf 16 000 Anschläge aufzurunden, zu erstatten sind:
$16 \times 0{,}90$ EUR $= 14{,}40$ EUR.

2. Zählung der Anschläge

Die Ermittlung der Anschlagszahl kann mit Hilfe eines Computerprogramms vorgenommen werden. Bei der Zählung der Anschlagszahl sind neben Leerzeichen auch sonstige Satz- und Sonderzeichen sowie Wortwiederholungen mitzuzählen. Obwohl eine Angabe der Zeichenanzahl durch den Sachverständigen nicht vorgeschrieben ist, ist eine solche Angabe zweckdienlich. An die durch den Sachverständigen gemachten Angaben sind der Anweisungsbeamte und das Gericht jedoch nicht gebunden. Insbesondere der Anweisungsbeamte hat daher nach pflichtgemäßem Ermessen zu prüfen, ob die gemachten Angaben nicht Anlass zu einer Prüfung geben, er darf ihnen aber Glauben zu schenken, wenn eine Fehlerhaftigkeit nicht offenkundig ist oder belegt werden kann (*LG Frankfurt* IBR 2005, 613). 49

3. Schätzung der Anschlagszahl

Soweit die Zahl der Anschläge nicht bekannt ist, kann sie sowohl von dem Sachverständigen als auch von dem Anweisungsbeamten oder dem Gericht geschätzt werden. Hierzu empfiehlt es sich mehrere Zeilen auszuzählen, um so einen Zeilendurchschnitt zu ermitteln. Sodann muss die durchschnittliche Zeilenzahl einer Seite ermittelt werden, die dann mit den vorhandenen beschriebenen Seitenzahlen multipliziert werden kann. 50

4. Abgeltungsbereich

a) Allgemeines. Die Pauschale deckt sämtliche Arbeiten ab, welche für die unmittelbare Herstellung des Gutachtens erforderlich sind. Sie beschränkt sich aber nicht nur auf die eigentliche schreibtechnische Erledigung, sondern gilt auch das Fertigstellen, Ordnen und Heften des Gutachtens ab (*OLG München* Rpfleger 1988, 428), jedoch können die von der Pauschale abgegoltenen Tätigkeiten und Aufwendungen nicht zu weit gefasst werden. Für Hilfskräfte oder Schreibkräfte, die an der Fertigung des Gutachtens beteiligt waren, kann keine Kostenerstattung nach Abs. 1 S. 2 Nr. 1 verlangt werden, da Abs. 1 S. 2 Nr. 3 die Erstattung ausschließlich regelt. 51

b) Binden. Das Binden des Gutachtens ist durch die Pauschale abgegolten (*OLG München* MDR 1991, 800), eine gesonderte Erstattung erfolgt auch dann nicht, wenn die Arbeiten durch Hilfskräfte durchgeführt wurden (*OLG Hamm* JurBüro 1989, 1464). 52

c) Einkleben von Fotos. Das Einkleben von Fotos wird durch die Pauschale nach Abs. 1 S. 2 Nr. 2 abgegolten, jedoch kann für gewisse Arbeiten auch eine Vergütung nach § 9 gewährt werden (LG Münster IBR 2009, 484). 53

d) Korrekturen. Sind Korrekturen an dem Gutachten vorzunehmen, sind sie durch die Pauschale des Abs. 1 S. 2 Nr. 3 abgegolten (*OLG München* MDR 1991, 800), was jedoch nur schreibtechnische Korrekturen gilt. Nimmt der Sachverständige hingegen inhaltliche Veränderungen an dem Gutachten vor, so ist der Zeitaufwand nach § 9 zu vergüten. 54

e) Versenden des Gutachtens. Der für das Versenden des Gutachtens benötigte Zeitaufwand wird nicht durch die Pauschale nach Abs. 1 S. 2 Nr. 3 abgegolten. Es handelt sich auch nicht um allgemeine Bürotätigkeiten. Werden die Arbeiten von einer Hilfskraft getätigt, so besteht ein Kostenerstat- 55

§ 12　　　　　　　　　　Abschnitt 3. Vergütung von Sachverständigen u.a.

tungsanspruch nach Abs. 1 S. 2 Nr. 1 (*LG Darmstadt* JurBüro 1983, 586; **a. A.** *OLG Stuttgart* Justiz 1997, 443). Der Zeitaufwand der Hilfskräfte für die Beförderung zum Postamt ist hingegen nicht allgemein erstattungsfähig.

56　**f) Vorbereitungen.** Vorbereitende Arbeiten der Schreibkraft werden nicht durch die Pauschale nach Abs. 1 S. 2 Nr. 3 abgegolten. Hierzu gehören u. a. das Beschaffen und Ordnen der benötigten Unterlagen (*OLG München* MDR 1991, 800).

57　**g) Zusammenstellung des Gutachtens.** Die Zusammenstellung des Gutachtens, soweit es sich um schreibtechnische Arbeiten oder das Ordnen der im Gutachten verwendeten Unterlagen handelt, wird durch die Pauschale nach Abs. 1 S. 2 Nr. 3 abgegolten. Muss der Sachverständige aber prüfen, welche Unterlagen oder Lichtbilder überhaupt als Anlage verwendet werden sollen, erfolgt eine Vergütung nach § 9.

5. Schriftliches Gutachten

58　**a) Allgemeines.** Die Pauschale nach Abs. 1 S. 2 Nr. 3 kann nur für die Erstellung des schriftlichen Gutachtens gewährt werden, nicht aber auch für vorbereitende Schreiben. Eine Erstattung erfolgt deshalb nur für das Gutachten oder eine gutachterliche Stellungnahme. Weiterhin ist zu prüfen, ob die Arbeiten für die Erfüllung des Auftrags notwendig waren, wobei auch der Inhalt des Gutachtens einzubeziehen ist. Teile des Gutachtens, die sich auf eine Wiedergabe des bloßen Akteninhalts beschränken, sind unberücksichtigt zu lassen (*OLG Koblenz* MDR 1996, 1077). Zu beachten ist jedoch, dass ein schriftliches Gutachten gewisse Anforderungen erfüllen und bestimmte Inhalte aufweisen muss. Dazu gehören im Hauptteil des Gutachtens auch die Nennung der Beweisfragen sowie die Tatsachendarstellung. Der gesamte Beweisbeschluss muss aber nicht vollständig wiedergegeben werden, von langatmigen Sachverhaltsschilderungen und der Wiedergabe von längeren Aktenauszügen ist gleichfalls abzusehen. Im Übrigen muss aber die individuelle Arbeitsweise und der Ermessensspielraum des Sachverständigen beachtet werden. Auf jeden Fall dürfen vorgenommene Kürzungen nicht zu einer Beeinträchtigung der Verwertbarkeit des Gutachtens führen.

Keine Pauschale kann für die folgenden Schreiben gewährt werden, weil es sich um vorbereitende Arbeiten handelt:
– Benachrichtigungen,
– Entwürfe,
– Kostenrechnungen oder Schreiben, die mit der Verfolgung des Kostenanspruchs zusammenhängen,
– Ladungsschreiben,
– Sachstandsmitteilungen,
– Stellungnahmen (nicht die gutachterliche Stellungnahme) z. B. zu Ablehnungsgesuchen oder Vorprüfungen nach § 407a ZPO.

59　**b) Benachrichtigungen.** Benachrichtigungsschreiben gehören zu den vorbereitenden Arbeiten, die Pauschale nach Abs. 1 S. 2 Nr. 3 kann nicht gewährt werden. Das gilt auch dann, wenn die Benachrichtigung aufgrund einer Anforderung der heranziehenden oder beauftragenden Stelle erfolgt. Der hierfür von einer Schreibkraft benötigte Zeitaufwand ist jedoch nach Abs. 1 S. 2 Nr. 1 (Hilfskraft) erstattungsfähig.

c) **Entwürfe.** Für einen Gutachtenentwurf können Schreibauslagen nach 60
Abs. 1 S. 2 Nr. 3 im Regelfall nicht erstattet werden (*OLG Hamm* MDR
1991, 800). Auch für ein dem Gutachten vorangehendes Konzept kommt
eine separate Erstattung nicht in Betracht (*LG Frankfurt* Az. 2/9 T 29/86).

d) **Kostenrechung.** Für die Kostenrechnung des Sachverständigen und 61
dem sich hinsichtlich der Vergütung anschließenden Schriftverkehr erfolgt
kein Ersatz nach Abs. 1 S. 2 Nr. 3 (*OLG Koblenz* JurBüro 1983, 742). Das gilt
auch für Schreiben wegen der sich aus § 407a ZPO ergebenen Pflichten des
Sachverständigen. Auch wenn das Gericht wegen der zu erwartenden Kosten
um Stellungnahme bittet, scheidet ein Kostenersatz aus.

e) **Ladungsschreiben.** Ladungen zu Ortsterminen gehören zu den vor- 62
bereitenden Schreiben. Die hierfür entstandenen Kosten für Schreibkräfte
können nur nach Abs. 1 S. 2 Nr. 1 (Hilfskräfte) ersetzt werden. Für die
Ladungsschreiben, Umladungen oder Benachrichtigungen zu solchen Terminen wird die Pauschale nach Abs. 1 S. 2 Nr. 3 nicht gewährt.

f) **Stellungnahmen.** Eine Stellungnahme des Sachverständigen stellt kein 63
schriftliches Gutachten im Sinne von Abs. 1 S. 2 Nr. 3 dar. Die Pauschale
kann daher nicht gewährt werden, wenn der Sachverständige wegen der
Erstellung des Gutachtens selbst eine Stellungnahme abgeben muss oder es
sich um eine Stellungnahme zu einem Befangenheitsantrag handelt. Ist aber
eine gutachterliche Stellungnahme abzugeben, in welcher der Sachverständige
Fragen der Parteien oder Beweisfragen beantwortet oder sein Gutachten
erläutert, so kann dieses Schreiben als Gutachten im Sinne von Abs. 1 S. 2
Nr. 3 angesehen werden.

g) **Übersetzer.** Dem Übersetzer kann die Pauschale nach Abs. 1 S. 2 Nr. 3 64
für die Übersetzung nicht gewährt werden (→ § 11 Rn. 53).

VIII. Umsatzsteuer (Abs. 1 S. 2 Nr. 4)

1. Allgemeines

Eine auf die Vergütung zu zahlende Umsatzsteuer ist nach Abs. 1 S. 2 Nr. 4 65
gesondert zu erstatten. Auf andere Berechtigte als auf Sachverständige, Dolmetscher oder Übersetzer ist die Regelung nicht anwendbar, da die Anwendung von § 12 auf die von § 8 erfassten Herangezogene beschränkt ist. Wegen
der Änderung des Steuersatzes bei → § 24 Rn. 11.

2. Umsatzsteuerbefreiungen

Auf die zu zahlende Vergütung ist keine Umsatzsteuer zu erstatten, wenn 66
der Herangezogene eine solche Steuer gem. § 19 Abs. 1 UStG nicht abzuführen braucht. Nach dieser Regelung wird eine Umsatzsteuer nicht erhoben,
wenn der Umsatz im vergangenen Kalenderjahr 17 500 EUR und im laufenden Kalenderjahr voraussichtlich 50 000 EUR nicht übersteigt.

3. Heilberufe

Obgleich die Umsätze aus der Tätigkeit als Arzt, Zahnarzt, Heilpraktiker, 67
Physiotherapeut (Krankengymnastiker) und Hebammen nach § 4 Nr. 14

§ 12   Abschnitt 3. Vergütung von Sachverständigen u.a.

UStG einer Befreiung von der Umsatzsteuerpflicht unterliegen, gilt das für die Tätigkeit als Gutachter nur bedingt. Die Erstattung eines ärztlichen Gutachtens ist nach § 4 Nr. 14 UStG nur dann steuerfrei, wenn ein therapeutisches Ziel im Vordergrund steht. Gemäß dem Schreiben des BMF v. 8.11.2001 sind deshalb abweichend von Abschnitt 88 UStR 2000 **nicht** von der Zahlung der Umsatzsteuer befreit:

- Gutachten über den Kausalzusammenhang zwischen einem rechtserheblichen Tatbestand und einer Gesundheitsstörung,
- Gutachten über die Tatsache oder Ursache des Todes (außer, wenn als letzte Maßnahme im Rahmen einer Heilbehandlung anzusehen),
- Alkohol-Gutachten,
- Gutachten über den Gesundheitszustand als Grundlage für Versicherungsabschlüsse,
- Gutachten über die Berufstauglichkeit,
- Gutachten über die Minderung der Erwerbsfähigkeit in Sozialversicherungsangelegenheiten, in Angelegenheiten der Kriegsopferversorgung und in Schadensersatzprozessen,
- Zeugnisse oder Gutachten über das Sehvermögen,
- Gutachten über die Freiheit des Trinkwassers von Krankheitserregern,
- Blutgruppengutachten im Rahmen der Vaterschaftsfeststellung,
- anthropologisch-erbbiologische Gutachten,
- psychologische Tauglichkeitstest, die sich ausschließlich auf die Berufsfindung erstrecken,
- Gutachten über die chemische Zusammensetzung des Wassers.

Die Feststellung des Zustandes der Organe, Gewebe, Körperflüssigkeiten ist nur dann steuerbefreit, wenn sie für diagnostische oder therapeutische Zwecke erfolgt. Blutalkoholgutachten für Gerichte sind daher nicht nach § 4 Nr. 16 UStG steuerbefreit. Das gilt auch für Blutalkoholuntersuchungen, die durch ein chemisches Untersuchungsamt oder ein rechtsmedizinisches Institut einer Universität für eine Strafverfolgungsbehörde getätigt wird werden.

Schreiben des Bundesministeriums der Finanzen v. 8.11.2001
(IV D 1 S 7170 – 201/01)

Umsatzsteuerbefreiung nach § 4 Nr. 14 Umsatzsteuergesetz;
Sachverständigentätigkeit eines Arztes

Nach dem EuGH-Urteil vom 14. September 2000 – Rechtssache C-384/98 – sind Leistungen eines Arztes nur dann nach Art. 13 Teil A Abs. 1 Buchst. c der 6. EG-Richtlinie steuerfrei, wenn sie der medizinischen Betreuung von Personen durch das Diagnostizieren und Behandeln von Krankheiten oder anderen Gesundheitsstörungen dienen.

Unter Bezugnahme auf die Erörterungen mit den obersten Finanzbehörden der Länder gilt daher Folgendes:

§ 4 Nr. 14 und § 4 Nr. 16 UStG, die auf der Grundlage von Art. 13 A Abs. 1 Buchst. b und c der 6. EG-Richtlinie „ärztliche Heilbehandlungen" bzw. „Heilbehandlungen im Bereich der Humanmedizin" von der Umsatzsteuer befreien, sind im Sinnen des o. g. EuGH-Urteils auszulegen. Dies gilt unabhängig davon, um welche konkrete ärztliche Leistung es sich handelt (Untersuchung, Attest, Gutachten usw.), für wen sie erbracht wird (Patient, Gericht, Sozialversicherung u. a.) und wer sie erbringt (freiberuflicher oder angestellter Arzt, Heilpraktiker, Physiotherapeut, Unternehmer, der ähnliche heilberufliche Tätigkeiten nach § 4 Nr. 14 UStG ausübt), sowie Krankenhäuser, Kliniken usw.).

Ersatz für besondere Aufwendungen § 12

Abweichend von Abschnitt 88 Abs. 3 Nr. 1, 2, 4 und 5 UStR ist daher die Erstellung eines ärztlichen Gutachtens nur dann nach § 4 Nr. 14 UStG steuerfrei, wenn ein therapeutisches Ziel im Vordergrund steht.

Daher fällt die Erstellung von
- Gutachten über den Kausalzusammenhang zwischen einem rechtserheblichen Tatbestand und einer Gesundheitsstörung,
- Gutachten über die Tatsache oder Ursache des Todes (außer, wenn als letzte Maßnahme im Rahmen einer Heilbehandlung anzusehen),
- Alkohol-Gutachten,
- Gutachten über den Gesundheitszustand als Grundlage für Versicherungsabschlüsse,
- Gutachten über die Berufstauglichkeit,
- Gutachten über die Minderung der Erwerbsfähigkeit in Sozialversicherungsangelegenheiten, in Angelegenheiten der Kriegsopferversorgung und in Schadensersatzprozessen,
- Zeugnissen oder Gutachten über das Sehvermögen,
- Gutachten über die Freiheit des Trinkwassers von Krankheitserregern

abweichend von Abschnitt 88 Abs. 3 Nr. 1 und Nr. 2 UStR grundsätzlich nicht unter die Steuerbefreiung nach § 4 Nr. 14 UStG.

Die Erstellung von
- Blutgruppengutachten im Rahmen der Vaterschaftsfeststellung,
- anthropologisch-erbbiologischen Gutachten,
- psychologische Tauglichkeitstests, die sich ausschließlich auf die Berufsfindung erstrecken,
- Gutachten über die chemische Zusammensetzung des Wassers

fällt ebenfalls nicht unter die Steuerbefreiung nach § 4 Nr. 14 UStG (vgl. Abschnitt 88 Abs. 3 Nr. 1 S. 3, Nr. 2 S. 2 UStR).

Die ärztliche Untersuchung über die pharmakologische Wirkung eines Medikaments beim Menschen und die dermatologische Untersuchung von kosmetischen Stoffen fallen abweichend von Abschnitt 88 Abs. 3 Nr. 4 UstR grundsätzlich nicht unter die Steuerbefreiung nach § 4 Nr. 14 UStG.

Ärztliche Untersuchungen nach dem Jugendarbeitsschutzgesetz fallen abweichend von Abschnitt 88 Abs. 3 Nr. 5 UstR grundsätzlich nicht unter die Steuerbefreiung nach § 4 Nr. 14 UStG.

Abweichend von Abschnitt 98 Abs. 1 Satz 2 UStR ist die Feststellung des Zustands der Organe, Gewebe, Körperflüssigkeiten usw. in Einrichtungen ärztlicher Befunderhebung nur dann nach § 4 Nr. 16 UStG steuerfrei, wenn sie für diagnostische oder therapeutische Zwecke erfolgt. Blutalkoholuntersuchungen für gerichtliche Zwecke in Einrichtungen ärztlicher Befunderhebung sind daher abweichend von Abschnitt 98 Abs. 1 S. 3 UStR grundsätzlich nicht nach § 4 Nr. 16 UStG steuerfrei.

Die mit dem Betrieb der in § 4 Nr. 16 UStG bezeichneten Einrichtungen eng verbundenen Umsätze dürfen nach Abschn. 100 Abs. 1 Satz 2 UStR nicht im Wesentlichen dazu bestimmt sein, den Einrichtungen zusätzliche Einnahmen durch Tätigkeiten zu verschaffen, die in unmittelbarem Wettbewerb zu steuerpflichtigen Umsätzen anderer Unternehmer stehen. Daher sind derartige Leistungen – wie z. B. die Abgabe von ärztlichen Gutachten gegen Entgelt – nicht mehr nach § 4 Nr. 16 UStG steuerfrei, wenn eine vergleichbare Leistung nach § 4 Nr. 14 UStG steuerpflichtig ist.

Dieses Schreiben tritt an die Stelle des BMF-Schreibens vom 13.2.2001 – IV D 1 S 7170 – 4/01 – (BStBl I, S. 157). Soweit die Regelungen zur Steuerpflicht ärztlicher Leistungen über die v. g. Schreibens vom 13.2.2001 hinausgehen, ist es nicht zu beanstanden, wenn der leistende Unternehmer diese erst auf Umsätze anwendet, die nach dem 31.12.2001 erbracht werden. Das BMF-Schreiben wird im Bundessteuerblatt Teil I veröffentlicht.

§ 12 Abschnitt 3. Vergütung von Sachverständigen u.a.

4. Übersetzungsbüros

68 Benennt ein Dolmetscherbüro einen dort nicht beschäftigten Dolmetscher, so steht dem Büro die Erstattung der Umsatzsteuer selbst zu. Sie ist auch dann zu erstatten, wenn der Dolmetscher nicht die persönlichen Voraussetzungen für eine Umsatzsteuererstattung erfüllt (*OLG Celle* JurBüro 2005, 147).

5. Fremdleistungen

69 **a) Allgemeines.** Der Sachverständige kann eine Erstattung der Umsatzsteuer auch auf mehrwertsteuerfreie Fremdleistungen verlangen, da die Bemessungsgrundlage gem. § 10 Abs. 1 Nr. 1 UStG das Entgelt darstellt (*OLG Oldenburg* JurBüro 1994, 179). Danach sind die an die Materialprüfanstalt zu zahlenden Gebühren nicht als durchlaufende Gelder i. S. d. § 10 Abs. 1 S. 5 UStG zu behandeln. Gleiches gilt für andere Fremdrechnungen. In Niedersachsen ist die AV d. MJ v. 3.9.2012 über die Behandlung der Umsatzsteuer bei der Entschädigung von Sachverständigen zu beachten.

Behandlung der Umsatzsteuer bei der Vergütung von Sachverständigen
AV d. MJ v. 3.9.2012 (5672 I – 204.17)

I.

1. Nehmen Sachverständige, die nach § 12 Abs. 1 Nr. 4 JVEG Anspruch auf Ersatz der Umsatzsteuer haben, bei der Erledigung ihrer Aufträge Fremdleistungen in Anspruch, können sie die in den Rechnungen über die Fremdleistungen gesondert ausgewiesenen Umsatzsteuerbeträge unter den Voraussetzungen des § 15 UStG in ihren Umsatzsteueranmeldungen von der von ihnen geschuldeten Steuer als Vorsteuer absetzen. In Fällen dieser Art sind deshalb vorbehaltlich abweichender gerichtlicher Entscheidungen Fremdleistungen (z. B. Laborkosten) bei der Berechnung der Sachverständigenvergütung nur mit den Nettobeträgen (ohne Umsatzsteuer) zu berücksichtigen. Vom Gesamtbetrag aus den Eigenleistungen und den Nettobeträgen der Fremdleistungen ist die nach § 12 Abs. 1 Nr. 4 JVEG zu ersetzende Umsatzsteuer zu berechnen.
2. Von dem Grundsatz, dass nur gesondert in Rechnung gestellte Steuerbeträge zum Vorsteuerabzug berechtigen, gelten gem. §§ 33 und 34 UStDV folgende Ausnahmen:
a) Rechnungen über Kleinbeträge
In Rechnungen bis zu einem Gesamtbetrag von 150 EUR darf der Rechnungsbetrag (Entgelt und Steuerbetrag) in einer Summe ausgewiesen werden, wenn in der Rechnung der anzuwendende Steuersatz angegeben ist.
b) Fahrausweise als Rechnungen
In Fahrausweisen, die für die Beförderung von Personen ausgegeben werden, darf der Rechnungsbetrag (Entgelt und Steuerbetrag) in einer Summe ausgewiesen werden. Der Steuersatz braucht auf Fahrausweisen nicht angegeben zu werden, wenn die Beförderung innerhalb einer Gemeinde erfolgt oder die Beförderungsstrecke nicht mehr als 50 km beträgt. In anderen Fällen genügt die Angabe des Steuersatzes, bei Fahrausweisen der Eisenbahnen, die dem öffentlichen Verkehr dienen, auch die Angabe der Tarifentfernung, auf dem Fahrausweis. Der Steuerbetrag errechnet sich nach dem vollen Steuersatz (zurzeit 19 v. H.), wenn auf dem Fahrausweis dieser Steuersatz oder bei Fahrausweisen der Eisenbahnen, die dem öffentlichen Verkehr dienen, eine Tarifentfernung von mehr als 50 km angegeben ist, im Übrigen nach dem ermäßigten Steuersatz (zurzeit 7 v. H.).
Bei der Festsetzung der Sachverständigenvergütung sind auch in den unter Buchstaben a) und b) genannten Fällen nur die Nettobeträge zu berücksichtigen (Gesamtbetrag × 100 : [Steuersatz + 100]). § 12 Abs. 1 Nr. 4 JVEG bleibt unberührt.

Ersatz für besondere Aufwendungen § 12

3. Sachverständige, die nach § 12 Abs. 1 Nr. 4 JVEG keinen Anspruch auf Ersatz der Umsatzsteuer haben, weil von ihnen nach § 19 Abs. 1 Umsatzsteuergesetz (Kleinunternehmerbesteuerung) keine Umsatzsteuer erhoben wird, sind nicht zum Vorsteuerabzug berechtigt. Die von diesen Sachverständigen bei der Erledigung ihrer Aufträge in Anspruch genommenen Fremdleistungen sind deshalb bei der Berechnung der Sachverständigenvergütung mit den Bruttobeträgen (einschließlich Umsatzsteuer) zu berücksichtigen.

(Inkrafttreten)

II.

b) **Postdienstleistungen.** Für Postdienstleistungen wird eine Umsatzsteuer 70 von 19 % erhoben, so dass wie bei sonstigen umsatzsteuerpflichtigen Fremdleistungen zu verfahren ist (siehe Rn. 69).

c) **Hilfskräfte.** Stellen Hilfskräfte dem Sachverständigen Umsatzsteuer in 71 Rechnung, ist diese wie bei Fremdrechnungen nach Abs. 1 S. 2 Nr. 4 zu erstatten (*OLG Hamburg* JurBüro 1989, 1172). Eine Erstattung der Umsatzsteuer kann auch verlangt werden, wenn die Leistungen durch Hilfskräfte erbracht werden, die in einem zu dem Sachverständigen gehörenden Labor tätig sind (*OLG Oldenburg* JurBüro 1994, 179).

d) **Katasterämter.** In den Gebühren der Katasterämter ist eine Umsatz- 72 steuer regelmäßig nicht enthalten. Liegen dennoch einmal umsatzsteuerpflichtige Amtshandlungen vor, ist die Umsatzsteuer gesondert auszuweisen. Ob umsatzsteuerpflichtige Handlungen vorliegen, kann den landesrechtlichen Bestimmungen entnommen werden (vgl. in Sachsen-Anhalt: § 1 Abs. 2 der Kostenverordnung für das amtliche Vermessungswesen: „In den Gebühren ist die Umsatzsteuer nicht enthalten. Bei umsatzsteuerpflichtigen Amtshandlungen ist sie dem Kostenschuldner oder der Kostenschuldnerin in Rechnung zu stellen und gesondert auszuweisen."). Es handelt sich bei Fremdrechnungen der Katasterämter daher zumeist um mehrwertsteuerfreie Fremdleistungen, auf welche der Sachverständige die Erstattung der Umsatzsteuer verlangen kann.

Beispiel: Der Sachverständige macht neben seiner Leistungsvergütung von 600,– EUR auch Fremdkosten bzw. Auslagen geltend. Er reicht eine Fremdrechnung über 476,– EUR (400,– EUR zzgl. 19 % Umsatzsteuer) ein, daneben verlangt er 30,– EUR für einen Katasterauszug erstattet, welcher keine Umsatzsteuer enthält. Weiterhin verlangt er die Erstattung von 8,– EUR Portokosten.
Dem Sachverständigen sind zu erstatten:
1. Leistungsvergütung (§ 9 JVEG)   =   600,00 EUR
2. Fremdkosten (§ 12 Abs. 1 Nr. 1 JVEG)   =   400,00 EUR
3. Fremdkosten/Katasterauszug   =   30,00 EUR
4. Portokosten (§ 7 Abs. 1 JVEG)   =   6,72 EUR
5. Umsatzsteuer (§ 12 Abs. 1 Nr. 4 JVEG)
   19 % aus 1036,72 EUR   =   196,98 EUR
                        Insgesamt: =   1233,70 EUR

Erläuterungen:
Die Fremdrechnung über 476,– EUR ist nur mit dem Nettobetrag von 400,– EUR zu berücksichtigen, da die dort enthaltene Umsatzsteuer nur einmal erstattet werden kann. Gleiches gilt für die Portokosten, da auch hier eine Umsatzsteuer von 19 % enthalten ist. Bei den Kosten für den Katasterauszug handelt es sich hingegen um umsatzsteuerfreie Fremdleistungen, auf welche der Sachverständige die Erstattung der Umsatzsteuer verlangen kann. Die Umsatzsteuer ist somit nach Abs. 1 S. 2 Nr. 4 auf einen Betrag von 1036,73 EUR zu erstatten, sofern weiter keine Umsatzsteuerbefreiung nach § 19 Abs. 1 UStG vorliegt.

§ 12   Abschnitt 3. Vergütung von Sachverständigen u.a.

6. Sonstige Berechtigte

73 **a) Allgemeines.** Zeugen, sachverständige Zeugen, Dritte (§ 23), ehrenamtliche Richter und andere Berechtigte nach § 15 besitzen keinen Anspruch auf Erstattung einer Umsatzsteuer, da Abs. 1 S. 2 Nr. 4 auf solche Berechtigte keine Anwendung findet, da §§ 15, 19, 23 keinen Verweis auf § 12 beinhalten. Eine Umsatzsteuer kann diesen Berechtigten daher auch dann nicht erstattet werden, wenn sie als Selbständige tätig sind. Es handelt sich auch nicht um sonstige bare Aufwendungen nach § 7 Abs. 1. Sind den Berechtigten aber bare Aufwendungen wie z. B. Reise- oder Portokosten entstanden, die eine Umsatzsteuer enthalten, ist diese zu erstatten.

74 **b) Gutachterausschüsse für Grundstückswerte.** Erstellt ein Gutachterausschuss für Grundstückswerte ein Gutachten für ein Gericht oder eine Staatsanwaltschaft, unterliegt diese Leistung regelmäßig der Umsatzsteuerpflicht. Die Gutachterausschüsse sind als Betriebe gewerblicher Art anzusehen, so dass gem. § 2 Abs. 3 UStG eine Umsatzsteuerpflicht besteht. Zwar handelt es sich bei einem Gutachterausschuss um eine Fachbehörde, jedoch fällt in den gewerblichen Bereich i. S. d. § 2 Abs. 3 UStG auch die Erstattung von Gutachten und Obergutachten der Gutachterausschüsse, soweit auch private Sachverständige zu dieser Amtshandlung befugt sind. Auch einem Gutachterausschuss nach dem BBauG ist deshalb regelmäßig die Umsatzsteuer auf seine Vergütung nach Abs. 1 S. 2 Nr. 4 zu erstatten. Der gegenteiligen Meinung des *OLG München* Rpfleger 1976, 264 kann daher nicht gefolgt werden, da in der Entscheidung zwar auf die Behördenfunktion des Gutachterausschusses, jedoch nicht auf die Frage des Vorliegens einer gewerblichen Tätigkeit der Behörde eingegangen wird. In den Ländern sind Verwaltungsbestimmungen erlassen, die regelmäßig auf eine Umsatzsteuerpflicht hinweisen, so z. B. in *Brandenburg*: Umsatzsteuerhinweise vom 30.3.2000 (in BRAVORS veröffentlicht); *Niedersachsen*: RdErl. d. MI v. 4.11.2008 (NdsRpfl S. 1136); *Sachsen-Anhalt*: RdErl. d. MI v. 1.10.1997 (MBl. LSA S. 1838).

Umsatzsteuerrechtliche Behandlung von Amtshandlungen und Leistungen der Gutachterausschüsse für Grundstückswerte in Niedesachsen
RdErl. d. MI v. 4.11.2008 (34–05111/1)

1. Regelungsinhalt

Dieser RdErl. regelt die umsatzsteuerrechtliche Behandlung von Amtshandlungen und Leistungen der Gutachterausschüsse für Grundstückswerte (im Folgenden: GAG) gemäß der GOGut vom 26.9.2008 (Nds. GVBl. S. 306).
Für die Abwicklung des Besteuerungsverfahrens werden folgende Hinweise gegeben:

(...)

4. Justizvergütungs- und -entschädigungsgesetz (JVEG)

Die von einem Gericht oder von Justizbehörden beantragten und nach dem JVEG abzurechnenden Gutachten unterliegen der Umsatzsteuer zum Regelsteuersatz.

(...)

75 **c) TÜV.** Dem TÜV steht eine Erstattung der Umsatzsteuer auf die gewährte Vergütung im Regelfall zu. Dass der TÜV als Institution tätig wird, ist dabei unerheblich (*LSG Sachsen* JurBüro 2001, 486).

Besondere Vergütung § 13

7. Kostenfestsetzung

a) Parteikosten. Ist einer Partei im Rahmen der Kostenfestsetzung Verdienstausfall zu erstatten ist, weil dieser als Parteikosten (§ 91 Abs. 1 ZPO) anerkannt wird, ist eine Umsatzsteuer für diesen Ausfall nicht zu erstatten (*OLG Koblenz* MDR 1994, 1152). Auf notwendigen Auslagen gezahlte Umsatzsteuer bleibt aber auch im Festsetzungsverfahren erstattungsfähig. Liegt jedoch eine Vorsteuerabzugsberechtigung vor, kann die erstattungsberechtigte Partei von dem Gegner nicht die in Fahrtausweisen enthaltene Umsatzsteuer erstattet verlangen (*OLG Hamm* MDR 1997, 207), das gilt auch dann, wenn die Umsatzsteuer nicht gesondert im Fahrpreis ausgewiesen ist. Auf fiktiv geltend gemachte Reisekosten ist eine Umsatzsteuer nicht zu erstatten (*OLG Naumburg* JurBüro 1994, 218). 76

b) Beteiligte in Sozialgerichtssachen. Es gelten die Bestimmungen wie für Zeugen, eine Erstattung der Umsatzsteuer auf die gewährte Entschädigung für Verdienstausfall ist deshalb ausgeschlossen. 77

c) Freigesprochene Angeklagte. Die im Rahmen des § 464b StPO festzusetzenden notwendigen Auslagen des freigesprochenen Angeklagten bestimmen sich ihrer Höhe nach den für Zeugen geltenden Bestimmungen. Eine Erstattung von Umsatzsteuer kommt deshalb auch für die dem freigesprochenen Angeklagten gezahlte Entschädigung nicht in Betracht. Das gilt nicht für die notwendigen Kosten eines Rechtsanwalts, wenn dieser Umsatzsteuer nach VV/Nr. 7008 RVG erhebt. § 104 Abs. 2 ZPO ist zu berücksichtigen, die Umsatzsteuer kann danach nur dann festgesetzt werden, wenn der Antragsteller erklärt, dass er nicht vorsteuerabzugsberechtigt ist. In Strafsachen ist der freigesprochene Angeklagte selbst der Antragsteller, im Falle der Vertretung durch einen Anwalt im Kostenfestsetzungsverfahren (§ 464b StPO) muss deshalb durch den Rechtsanwalt erklärt werden, dass sein Mandant die Beträge nicht als Vorsteuer abziehen kann. Die Erklärung ist auch in Strafsachen notwendig (*LG Berlin* JurBüro 1996, 260), da § 104 Abs. 2 ZPO gem. § 464b StPO anzuwenden ist. 78

§ 13 Besondere Vergütung

(1) **Haben sich die Parteien oder Beteiligten dem Gericht gegenüber mit einer bestimmten oder einer von der gesetzlichen Regelung abweichenden Vergütung einverstanden erklärt, wird der Sachverständige, Dolmetscher oder Übersetzer unter Gewährung dieser Vergütung erst herangezogen, wenn ein ausreichender Betrag für die gesamte Vergütung an die Staatskasse gezahlt ist. Hat in einem Verfahren nach dem Gesetz über Ordnungswidrigkeiten die Verfolgungsbehörde eine entsprechende Erklärung abgegeben, bedarf es auch dann keiner Vorschusszahlung, wenn die Verfolgungsbehörde nicht von der Zahlung der Kosten befreit ist. In einem Verfahren, in dem Gerichtskosten in keinem Fall erhoben werden, genügt es, wenn ein die Mehrkosten deckender Betrag gezahlt worden ist, für den die Parteien oder Beteiligten nach Absatz 6 haften.**

(2) **Die Erklärung nur einer Partei oder eines Beteiligten oder die Erklärung der Strafverfolgungsbehörde oder der Verfolgungsbehörde genügt, soweit sie sich auf den Stundensatz nach § 9 oder bei schriftlichen Über-**

299

§ 13 Abschnitt 3. Vergütung von Sachverständigen u.a.

setzungen auf ein Honorar für jeweils angefangene 55 Anschläge nach § 11 bezieht und das Gericht zustimmt. Die Zustimmung soll nur erteilt werden, wenn das Doppelte des nach § 9 oder § 11 zulässigen Honorars nicht überschritten wird und wenn sich zu dem gesetzlich bestimmten Honorar keine geeignete Person zur Übernahme der Tätigkeit bereit erklärt. Vor der Zustimmung hat das Gericht die andere Partei oder die anderen Beteiligten zu hören. Die Zustimmung und die Ablehnung der Zustimmung sind unanfechtbar.

(3) Derjenige, dem Prozess- oder Verfahrenskostenhilfe bewilligt worden ist, kann eine Erklärung nach Absatz 1 nur abgeben, die sich auf den Stundensatz nach § 9 oder bei schriftlichen Übersetzungen auf ein Honorar für jeweils angefangene 55 Anschläge nach § 11 bezieht. Wäre er ohne Rücksicht auf die Prozess- oder Verfahrenskostenhilfe zur vorschussweisen Zahlung der Vergütung verpflichtet, hat er einen ausreichenden Betrag für das gegenüber der gesetzlichen Regelung oder der vereinbarten Vergütung (§ 14) zu erwartende zusätzliche Honorar an die Staatskasse zu zahlen; § 122 Abs. 1 Nr. 1 Buchstabe a der Zivilprozessordnung ist insoweit nicht anzuwenden. Der Betrag wird durch unanfechtbaren Beschluss festgesetzt. Zugleich bestimmt das Gericht, welcher Honorargruppe die Leistung des Sachverständigen ohne Berücksichtigung der Erklärungen der Parteien oder Beteiligten zuzuordnen oder mit welchem Betrag für 55 Anschläge in diesem Fall eine Übersetzung zu honorieren wäre.

(4) Ist eine Vereinbarung nach den Absätzen 1 und 3 zur zweckentsprechenden Rechtsverfolgung notwendig und ist derjenige, dem Prozess- oder Verfahrenskostenhilfe bewilligt worden ist, zur Zahlung des nach Absatz 3 Satz 2 erforderlichen Betrags außerstande, bedarf es der Zahlung nicht, wenn das Gericht seiner Erklärung zustimmt. Die Zustimmung soll nur erteilt werden, wenn das Doppelte des nach § 9 oder § 11 zulässigen Honorars nicht überschritten wird. Die Zustimmung und die Ablehnung der Zustimmung sind unanfechtbar.

(5) Im Musterverfahren nach dem Kapitalanleger-Musterverfahrensgesetz ist die Vergütung unabhängig davon zu gewähren, ob ein ausreichender Betrag an die Staatskasse gezahlt ist. Im Fall des Absatzes 2 genügt die Erklärung eines Beteiligten des Musterverfahrens. Die Absätze 3 und 4 sind nicht anzuwenden. Die Anhörung der übrigen Beteiligten des Musterverfahrens kann dadurch ersetzt werden, dass die Vergütungshöhe, für die die Zustimmung des Gerichts erteilt werden soll, öffentlich bekannt gemacht wird. Die öffentliche Bekanntmachung wird durch Eintragung in das Klageregister nach § 4 des Kapitalanleger-Musterverfahrensgesetzes bewirkt. Zwischen der öffentlichen Bekanntmachung und der Entscheidung über die Zustimmung müssen mindestens vier Wochen liegen.

(6) Schuldet nach den kostenrechtlichen Vorschriften keine Partei oder kein Beteiligter die Vergütung, haften die Parteien oder Beteiligten, die eine Erklärung nach Absatz 1 oder Absatz 3 abgegeben haben, für die hierdurch entstandenen Mehrkosten als Gesamtschuldner, im Innenverhältnis nach Kopfteilen. Für die Strafverfolgungs- oder Verfolgungsbehörde haftet diejenige Körperschaft, der die Behörde angehört, wenn die Körperschaft nicht von der Zahlung der Kosten befreit ist. Der auf eine Partei oder einen Beteiligten entfallende Anteil bleibt unberücksichtigt, wenn das Gericht der Erklärung nach Absatz 4 zugestimmt hat. Der Sachverständige, Dolmetscher oder Übersetzer hat eine Berechnung der gesetzlichen Vergütung einzureichen.

Besondere Vergütung § 13

Übersicht

	Rn.
I. Allgemeines	1
II. Umfang der besonderen Vergütung	2
1. Honorar	2
2. Besondere Leistungen	3
3. Aufwendungen	4
III. Berechtigte Personen	5
1. Allgemeines	5
2. Sachverständige	6
3. Dolmetscher und Übersetzer	7
4. Zeugen, Dritte (§ 23) und ehrenamtliche Richter	8
IV. Erfasste Verfahren	9
1. Allgemeines	9
2. Gerichtskostenfreie Verfahren	10
3. Einzelne Anwendungsbereiche	11
a) Arbeitsgerichtliche Verfahren	11
b) Aktienrechtliches Spruchstellenverfahren	12
c) Familiensachen	13
d) Freiwillige Gerichtsbarkeit	14
e) Sozialgerichtsbarkeit	15
f) Bußgeld- und Strafsachen	16
g) Umwandlungsrechtliches Spruchverfahren	17
h) Verwaltungsgerichtliche Verfahren	18
V. Zustimmungserklärung der Parteien (Abs. 1)	19
1. Allgemeines	19
2. Einverständniserklärung der Parteien	21
3. Form der Einverständniserklärung	22
4. Stillschweigendes Verhalten	23
5. Zustimmung nur zu einem Stundensatz	24
6. Vertrauensschutz	25
VI. Zustimmung des Gerichts (Abs. 2)	26
1. Allgemeines	26
2. Höhe der Vergütung	27
3. Zahlung eines Auslagevorschusses	28
4. Rechtliches Gehör	29
5. Entscheidung über die Ersetzung der Zustimmung	30
6. Zeitpunkt der gerichtlichen Zustimmung	31
7. Wirkung der Zustimmung	32
8. Rechtsmittel	33
VII. Zahlung eines ausreichenden Auslagenvorschuss	34
1. Allgemeines	34
2. Zeitpunkt der Zahlung	35
3. Gerichtliche Zustimmung	36
4. Höhe und Anforderung des Vorschusses	37
5. Prozesskostenhilfe	38
6. Kostenfreiheit	39
a) Verpflichtung zur Vorschusszahlung	39
b) Persönliche Kostenfreiheit	40
c) Sachliche Kostenfreiheit	41
VIII. Prozess- und Verfahrenskostenhilfe (Abs. 3, 4)	43
1. Allgemeines	43
2. Vorschusspflicht	44
a) Mittellosigkeit (Abs. 4)	45
b) Mittellosigkeit bei Streitgenossenschaft	46
IX. Kapitalanlegermusterverfahren	47
1. Allgemeines	47
2. Zustimmung der Beteiligten	48
3. Öffentliche Bekanntmachung	49

I. Allgemeines

§ 13 erlaubt die Zahlung einer von der gesetzlichen Regelung der §§ 8 ff. **1** abweichenden Vergütung. Es handelt sich dabei um eine Ausnahmeregelung,

§ 13　　　　　　　　Abschnitt 3. Vergütung von Sachverständigen u.a.

die nicht über ihren Wortlaut hinaus anwendbar ist. Wird eine besondere Vergütung nach § 13 vereinbart, handelt es sich weiterhin um einen öffentlich-rechtlichen Anspruch und nicht um ein zivilrechtliches Vertragsverhältnis (*OVG Berlin* JurBüro 2001, 485). Eine besondere Vergütung ist nur auf Antrag zu gewähren, sie muss daher für jeden Auftrag gesondert geltend gemacht werden. Die Bestimmung ist von der Regelung des § 14 insoweit abzugrenzen, als dass die vereinbarte Vergütung nach § 13 den gesetzlichen Rahmen übersteigen darf und zudem der Parteiherrschaft unterliegt, wenn auch Abs. 2 gleichwohl Einschränkungen herbeiführt.

Abs. 1 regelt die Fälle, in denen die Zustimmung durch beide Parteien erfolgt, während Abs. 2 gilt, wenn nur die Zustimmung einer Partei vorliegt. Ist einer Partei Prozess- oder Verfahrenskostenhilfe bewilligt gelten Abs. 3, 4. Für die Musterverfahren nach dem Kapitalanlegermustergesetz gilt Abs. 5. In Abs. 6 wird schließlich für solche Verfahren, in denen keine Partei die Gerichtskosten zu tragen hat, ein besonderer Kostenschuldner bestimmt, der die die besondere Vergütung entstehenden Mehrkosten zu tragen hat.

II. Umfang der besonderen Vergütung

1. Honorar

2　Eine besondere Vergütung kann für das Honorar vereinbart werden, so dass insbesondere ein von § 9 abweichender Stundensatz oder ein von § 11 abweichendes Zeilenhonorar in Betracht kommt. Es verbleibt aber auch in den Fällen des § 13 bei dem Grundsatz der einheitlichen Vergütung, so dass die besondere Vergütung auch für die Reise- und Wartezeiten zu gewähren ist (*LAG Frankfurt* AP Nr. 1 zu § 7 ZSEG). Die besondere Vergütung ist zudem für erbrachte Leistungen auch dann zu gewähren, wenn das Gutachten nicht fertig gestellt wird und dem Sachverständigen keine Schuld an dem Abbruch trifft. Die Vereinbarung nach § 13 bindet den Sachverständigen, so dass er keine nochmalige Erhöhung seiner besonderen Vergütung verlangen kann (*OLG Hamburg* JurBüro 1996, 153).

Neben einem besonderen Stundensatz nach § 9 oder einem Zeichenhonorar nach § 11 kann auch ein pauschaler Betrag vereinbart werden, der dann sämtliche Arbeiten des Auftrags abdeckt.

2. Besondere Leistungen

3　Die Parteien können auch für eine von § 10 erfasste Leistung eine besondere Vergütung vereinbaren, wenn es sich um eine sachverständige Leistung handelt, für Leistungen die von sachverständigen Zeugen zu erbringen sind, gilt dies nicht, da die Regelung wegen Abs. 1 S. 1 solche Berechtigten nicht erfasst.

3. Aufwendungen

4　Hinsichtlich der Aufwendungen kann gleichfalls eine besondere Vergütung nach § 13 vereinbart werden (*OLG Koblenz* MDR 2001, 1077; *LG Hof* JurBüro 1982, 270), was auch für Schreibpauschalen oder Fahrtkosten gilt (*OLG Stuttgart* Rpfleger 1986, 112). Das folgt aus dem Wortlaut des Abs. 1 S. 1, der nur von „Vergütung" spricht, die wegen § 8 Abs. 1 neben dem

Honorar ausdrücklich auch die Aufwendungen erfasst (§§ 5–7, 12), so dass § 13 auch auf diese Vergütungsteile anzuwenden ist. Etwas anderes gilt aber dann, wenn das Gericht die Zustimmung einer Partei nach Abs. 2 ersetzt hat, da eine solche nur hinsichtlich des Honorars (§§ 9, 11) statthaft ist. Gleiches gilt, wenn eine Partei, der Prozess- oder Verfahrenskostenhilfe bewilligt ist, eine Erklärung nach Abs. 1 abgeben will, weil eine solche nur wegen des Stundensatzes oder Zeichenhonorars (§§ 9, 11) zulässig ist (Abs. 3 S. 1).

III. Berechtigte Personen

1. Allgemeines

Aus dem Wortlaut des Abs. 1 S. 1 folgt, dass § 13 nur gilt, wenn ein Honorar für einen Sachverständigen, Dolmetscher oder Übersetzer betroffen ist. Auch aus der Stellung des § 13 innerhalb des Gesetzes folgt, dass er nur für den vorgenannten Personenkreis gelten soll, da er in Abschnitt 3 und nicht in Abschnitt 2 (Gemeinsame Vorschriften) eingestellt wurde. 5

2. Sachverständige

Von § 13 werden alle Sachverständigen erfasst, es ergeben sich keine Einschränkungen hinsichtlich des Abschlusses einer besonderen Vergütung, so dass eine solche auch für medizinische oder psychologische Gutachten vereinbart werden kann. Die Regelungen des § 13 sind auch dann anwendbar, wenn öffentliche Stellen mit der Fertigung des Gutachtens beauftragt werden. Dabei kann nach § 13 auch vereinbart werden, dass die für die Behörde oder öffentliche Stelle geltende Gebührenordnung zur Anwendung kommt (*LG Braunschweig* NJW 1969, 2290). 6

3. Dolmetscher und Übersetzer

Dolmetscher und Übersetzer können gleichfalls eine besondere Vergütung erhalten, wenn die Voraussetzungen des § 13 vorliegen, da auch sie eine Vergütung nach § 8 für die erbrachte Leistung erhalten. Einschränkungen ergeben sich auch nicht in den Fällen des Abs. 2, 3, da die Leistungen nach § 9 Abs. 3, § 11 honoriert werden. 7

4. Zeugen, Dritte (§ 23) und ehrenamtliche Richter

Eine besondere Vereinbarung bzw. Zustimmung des Gerichts ist nicht möglich, soweit es sich um eine Entschädigung für Zeugen, Dritte oder ehrenamtliche Richter handelt, da § 13 für solche Personen nicht gilt (→ Rn. 5). Das gilt auch für sachverständige Zeugen, da solche Herangezogenen keine Vergütung, sondern nur eine Entschädigung erhalten (§§ 15, 19, 23). Unbenommen bleibt aber die Möglichkeit, dass zwischen dem Zeugen und einer Partei eine abweichende Vereinbarung getroffen wird, die aber nur das Innenverhältnis betrifft. Ein Erstattungsanspruch gegenüber der Staatskasse lässt sich daraus jedch nicht ableiten. Werden solche Kosten von einer Partei später als Parteikosten geltend gemacht (§ 91 ZPO), besteht auch eine Erstattungspflicht des Gegners im Allgemeinen nur in Höhe der gesetzlichen Entschädigung nach dem JVEG. 8

§ 13 Abschnitt 3. Vergütung von Sachverständigen u.a.

IV. Erfasste Verfahren

1. Allgemeines

9   Eine besondere Vergütung kann in sämtlichen Verfahren vereinbart werden. Einschränkungen sind in § 13 nicht enthalten. Das gilt auch für solche Verfahren, in denen Gerichtskosten nicht erhoben werden (Abs. 1 S. 3), → Rn. 10. Auch die Bewilligung von Prozess- oder Verfahrenskostenhilfe hindert die Vereinbarung nicht, zu beachten ist aber Abs. 3. Die Besonderheiten des Kapitalanleger-Musterverfahrensgesetzes werden von Abs. 5 erfasst.

2. Gerichtskostenfreie Verfahren

10   Eine besondere Vereinbarung kann aufgrund der Änderung des Abs. 1 durch Art. 7 des 2. KostRMoG nunmehr auch in solchen Verfahren vereinbart werden, in denen Gerichtskosten in keinem Fall erhoben werden, da Abs. 1 nicht mehr darauf abstellt, dass die Gerichtskosten in jedem Fall der Partei aufzuerlegen ist. Eine Vereinbarung kann daher nunmehr auch getroffen werden in sozialgerichtlichen Verfahren (→ Rn. 15), in Straf- und Bußgeldsachen (→ Rn. 16) oder für Verfahren, in denen das Gericht von der Erhebung der Gerichtskosten absehen kann, z.B. nach § 81 Abs. 1 S. 2 FamFG. Dass folgt aus dem im Rahmen des 2. KostRMoG geänderten Abs. 1. Der Gesetzgeber hat dazu ausgeführt (BT-Drs. 17/11471 (neu), S. 262): „*Absatz 1 soll so geändert werden, dass unabhängig davon, ob die Kosten in jedem Fall einer Partei oder einem Beteiligten aufzuerlegen sind, mit Einverständnis der Parteien oder Beteiligten eine höhere als die gesetzliche Vergütung gezahlt werden kann. Dies führt dazu, dass auch in Verfahren nach dem FamFG, in dem das Gericht nach § 81 Absatz 1 Satz 2 FamFG anordnen kann, von der Erhebung der Kosten abzusehen, die Zustimmung zu einer höheren als der gesetzlichen Vergütung erteilt werden kann. Eine erhöhte Sachverständigenvergütung wird damit auch im Verfahren vor den Gerichten der Sozialgerichtsbarkeit und in Straf- und Bußgeldverfahren ermöglicht.*" Soll in einem solchen Verfahren eine besondere Vergütung vereinbart werden, müssen jedoch die Voraussetzung des Abs. 1 S. 3 erfüllt sein, so dass durch die Partei oder dem Beteiligten, der die Erklärung nach Abs. 1 S. 1 abgegeben hat, ein Auslagenvorschuss in Höhe der Differenz zwischen der gesetzlichen und der besonderen Vergütung zu zahlen ist. Wegen der besonderen Kostenhaftung gilt Abs. 6 (→ Rn. 39 ff.). Unerheblich ist auch, ob sachliche oder persönliche Kostenfreiheit besteht, so dass eine Vereinbarung zulässig ist, wenn ein Kostenschuldner Kostenfreiheit (z.B. nach § 2 GKG) genießt, wegen der Anforderung eines Vorschusses bei persönlicher Kostenfreiheit → Rn. 40.

3. Einzelne Anwendungsbereiche

11   **a) Arbeitsgerichtliche Verfahren.** Es kann in allen Verfahren eine besondere Vergütung vereinbart werden.

12   **b) Aktienrechtliches Spruchstellenverfahren.** Handelt es sich um ein aktienrechtliches Spruchstellenverfahren, findet § 13 Anwendung, so dass eine besondere Vereinbarung getroffen oder eine gerichtliche Zustimmung nach den Abs. 1, 2 erteilt werden kann (*OLG Düsseldorf* DB 2005, 321). Die

304

Besondere Vergütung § 13

Bestimmung des § 132 Abs. 5 AktG steht dem nicht entgegen, da diese Vorschrift für die Beteiligten nur eine Befreiung von der Vorschusspflicht für gesetzliche Kosten schafft (*KG* JurBüro 1971, 647; *LAG Düsseldorf* MDR 1992, 1063; *OLG Frankfurt* JurBüro 1994, 563). Bedingung für die Zahlung der besonderen Vergütung bleibt jedoch stets die tatsächliche Zahlung eines ausreichenden Vorschusses, dieser kann im aktienrechtlichen Spruchstellenverfahren allerdings nicht zwangsweise beigetrieben werden (*OLG Frankfurt,* a. a. O.). Da keine sachliche Kostenfreiheit besteht, kommt Abs. 6 nicht zur Anwendung.

c) Familiensachen. Es kann in allen Familiensachen eine besondere Vergütung vereinbart werden. Das gilt auch für solche Verfahren, in denen das Gericht nach § 81 Abs. 1 S. 2 FamFG anordnen kann, dass Gerichtskosten nicht zu erheben sind (BT-Drs. 17/11471 (neu), S. 262). In diesen Fällen gilt Abs. 1 S. 3, wegen der Kostenhaftung gilt Abs. 6. 13

d) Freiwillige Gerichtsbarkeit. Eine besondere Vergütung kann seit der Neufassung des Abs. 1 in allen Verfahren vereinbart, auch wenn das Gericht nach § 81 Abs. 1 S. 2 FamFG anordnen kann, dass Gerichtskosten nicht zu erheben sind (BT-Drs. 17/11471 (neu), S. 262). Es gilt Abs. 1 S. 3, wegen der Kostenhaftung gilt Abs. 6. 14

e) Sozialgerichtsbarkeit. In den sozialgerichtlichen Verfahren kann eine besondere Vergütung auch dann vereinbart werden, wenn in dem Verfahren nach § 183 SGG keine Gerichtskosten erhoben werden (BT-Drs. 17/11471 (neu), S. 262). Wird eine besondere Vergütung vereinbart, genügt es, dass die Beteiligten für die entstehenden Mehrkosten einen ausreichenden Auslagenvorschuss einzahlen (Abs. 1 S. 3). Für die Mehrkosten haftet wegen Abs. 6 die Partei, welche die Erklärung nach Abs. 1 S. 1 abgegeben hat. Insoweit wird § 183 SGG verdrängt. Im Übrigen soll § 13 die Regelung des § 109 Abs. 1 S. 2 SGG nicht ersetzen (BT-Drs. 17/11471 (neu), S. 262). 15

f) Bußgeld- und Strafsachen. Eine besondere Vergütung kann aufgrund der durch das 2. KostRMoG vorgenommenen Novellierung des § 13 nunmehr auch in Straf- und Bußgeldsachen vereinbart werden. Die nach Abs. 1 S. 1 notwendige Erklärung kann auch durch die Strafverfolgungs- oder Verfolgungsbehörde abgegeben werden. In diesen Fällen ist jedoch gleichfalls ein ausreichender Auslagenvorschuss, für die durch die Vereinbarung entstehenden Kosten einzuzahlen (Abs. 1 S. 3). Dabei stellt Abs. 6 S. 2 klar, dass für die Strafverfolgungs- oder Verfolgungsbehörde diejenige Körperschaft haftet, der die Behörde angehört, wenn die Körperschaft nicht von der Zahlung der Kosten befreit ist. In Verfahren nach dem OWiG bedarf es jedoch auch dann keiner Vorschusszahlung, wenn die Verfolgungsbehörde nicht von der Zahlung der Kosten befreit ist (Abs. 1 S. 2). Eine Erklärung und Zahlung nach Abs. 1 S. 1, 3 ist auch durch den Neben- oder Privatkläger statthaft. 16

g) Umwandlungsrechtliches Spruchverfahren. Im umwandlungsrechtlichen Spruchverfahren nach §§ 305 ff. UmwG finden die Bestimmungen des § 13 Anwendung (*OLG Stuttgart* NJW-RR 2002, 462), es kann eine besondere Vereinbarung getroffen bzw. eine gerichtliche Zustimmung erteilt werden. Ein Auslagenvorschuss nach Abs. 1 ist auch in diesen Verfahren zu zahlen, obwohl nach dem reformierten Umwandlungsrecht kein Kostenvorschuss erhoben werden soll (*OLG Düsseldorf* AG 1998, 525). 17

§ 13   Abschnitt 3. Vergütung von Sachverständigen u.a.

18   **h) Verwaltungsgerichtliche Verfahren.** Eine besondere Vergütung kann seit der Neufassung des Abs. 1 in allen Verfahren vereinbart werden, auch wenn eine sachliche Kostenfreiheit, z. B. nach § 188 VwGO, besteht. In diesen Fällen genügt es, dass die Partei, welche die Zustimmungserklärung nach Abs. 1 S. 1 abgegeben hat für die entstehenden Mehrkosten einen ausreichenden Auslagenvorschuss einzahlt (Abs. 1 S. 3). Für die Mehrkosten haftet wegen Abs. 6 die Partei, welche die Erklärung nach Abs. 1 S. 1 abgegeben hat.

V. Zustimmungserklärung der Parteien (Abs. 1)

1. Allgemeines

19   Eine besondere Vergütung wird nach Abs. 1 S. 1 nur gezahlt, wenn sich die Parteien oder Beteiligten gegenüber dem Gericht mit der Zahlung der besonderen Vergütung einverstanden erklärt haben. Es bedarf daher im Regelfall der Zustimmung sämtlicher Parteien oder Beteiligten, die Zustimmungserklärung nur einer Partei oder eines Beteiligten genügt nur in den Fällen des Abs. 2. Neben der Abgabe der Erklärung, bedarf es der Zahlung eines ausreichenden Auslagenvorschusses an die Staatskasse. Ein solcher Vorschuss ist auch in Verfahren zu leisten, in denen keine Gerichtskosten zu erheben sind, jedoch beschränkt sich die Vorschusspflicht dann auf die Mehrkosten (Abs. 1 S. 3). Die Verpflichtung zur Zahlung des Vorschusses trifft auch denjenigen, dem Prozess- oder Verfahrenskostenhilfe gewährt wurde (Abs. 3), wenn er nicht nach Abs. 4 von der Zahlung befreit ist (→ Rn. 45).

Hat nur eine Partei oder ein Beteiligter die nach Abs. 1 S. 1 erforderliche Zustimmungserklärung abgegeben, so kann die besondere Vergütung nur gezahlt werden, wenn das Gericht zustimmt (Abs. 2), → Rn. 26 ff.

Voraussetzung für die Zahlung einer besonderen Vergütung ist deshalb stets:
– dass sämtliche Parteien oder Beteiligten gegenüber dem Gericht ihr Einverständnis mit der erhöhten Vergütung erklären (Abs. 1), oder
– nur eine Partei zustimmt und das Gericht die Zustimmung der anderen Partei ersetzt und die Vergütung hierbei das 2,0fache der gesetzlichen Vergütung nicht übersteigt (Abs. 2), und
– ein ausreichender Kostenvorschuss gezahlt ist, es sei denn, dass ein solcher wegen Abs. 1 S. 2, Abs. 4 nicht gezahlt werden braucht.

20   Die Voraussetzungen des § 13 müssen für jeden einzelnen Auftrag erfüllt sein, auf die einzelne Rechtsache kommt es nicht an; wegen der Auftragserteilung und Abgrenzung vgl. § 24 Rn. 3 ff. Die besondere Vergütung für die mündliche Erläuterung des Gutachtens bedarf daher der erneuten Zustimmung der Parteien bzw. der gerichtlichen Zustimmung. Die Zustimmung der Parteien erstreckt sich auch nicht auf später eingeholte Ergänzungsgutachten (*OLG Koblenz* BauR 2004, 1200).

2. Einverständniserklärung der Parteien

21   Die Einverständniserklärung ist von allen Beteiligten abzugeben, auch von sämtlichen Streitgenossen. Sie ist nicht widerruflich (*OLG Stuttgart* Justiz 1986, 366) und wird dann wirksam, wenn sie bei der heranziehenden Stelle eingeht. Eine Absprache zwischen den Parteien und dem Sachverständigen stellt einen privaten Anspruch dar, es handelt sich nicht um eine Einverständ-

niserklärung i. S. d. § 13. Eine Absprache führt deshalb auch zu keinem erhöhten Anspruch gegenüber der Staatskasse, er ist in solchen Fällen durch den Sachverständigen selbst geltend zu machen.

Auch der Prozessbevollmächtigte (§ 78 ZPO) einer Partei kann, soweit er hiezu bevollmächtigt ist, namens der Partei ein wirksames Einverständnis erklären (Meyer/Höver/*Bach* § 13 Rn. 13.6). Soweit nicht sämtliche Parteien oder Beteiligten ihr Einverständnis erklären, ist die Zustimmung des Gerichts (Abs. 2) erforderlich. Gleiches gilt, wenn einer Partei oder einem Beteiligten Prozess- oder Verfahrenskostenhilfe gewährt ist und er nicht zur Vorschusszahlung in der Lage ist (Abs. 4). Wird nach der Auszahlung der besonderen Vergütung festgestellt, dass keine wirksame Einverständniserklärung vorgelegen hat, ist der die gesetzliche Vergütung übersteigende Betrag durch den Sachverständigen zurückzuzahlen (*LG Heilbronn* MDR 1993, 1245), aber → Rn. 25.

Eine Verpflichtung der Parteien oder Beteiligten zur Mitwirkung an dem Verfahren nach § 13 besteht nicht. Verweigert eine Partei ihre Zustimmung zu einer Vereinbarung, kann ihr Vorbringen nicht unter Hinweis auf die Beweislast zurückgewiesen werden (*OLG Düsseldorf* DB 1997, 2371).

3. Form der Einverständniserklärung

Die Einverständniserklärung ist an keine besondere Form gebunden. Es 22 handelt sich bei der Einverständniserklärung um eine Prozesshandlung, die auch zu Protokoll der Geschäftsstelle erklärt werden kann. Aus Gründen der Beweissicherheit sollte sie in Schriftform, also nicht fernmündlich, erfolgen.

4. Stillschweigendes Verhalten

Ein stillschweigendes Verhalten der Parteien ersetzt keine Einverständnis- 23 erklärung und kann auch nicht als solche behandelt werden (*OLG Hamm* JVBl. 1972, 45). Das gilt auch dann, wenn das Gericht die Parteien zur Abgabe einer Einverständniserklärung auffordert und erklärt, es werde von einem Einverständnis ausgehen, wenn keine Mitteilung erfolgt (*OLG Koblenz* MDR 2010, 346; *LG Heilbronn* MDR 1993, 1245). Danach kommt dem Schweigen der Parteien kein Erklärungswert zu, es darf auch nicht als konkludentes Einverständnis gewertet werden. Auch in der bloßen Einzahlung eines weiteren Kostenvorschusses liegt keine Einverständniserklärung der Parteien (*OLG Hamburg* MDR 1983, 415), jedoch kann in der Zahlung eines vom Gericht angeforderten Auslagenvorschusses eine konkludente Zustimmung liegen (*OLG Koblenz* JurBüro 2010, 214).

5. Zustimmung nur zu einem Stundensatz

Das Einverständnis der Parteien nur zu einem bestimmten Stundensatz 24 genügt (*OLG Frankfurt* Rpfleger 1976, 33; *LG Passau* JurBüro 1986, 1548; *LAG Düsseldorf* MDR 1992, 1063; **a. M.** *LAG Nürnberg* AMBl. Bayern 1977, C7; *OLG München* MDR 1993, 485; *OLG Düsseldorf* MDR 1995, 211). Der ablehnenden Meinung ist nicht zu folgen, da § 13 selbst keine solchen Vorgaben enthält, sondern vielmehr aus Abs. 2 folgt, dass die Zustimmung zu einem bestimmten Stundensatz genügt. Die Vereinbarung muss deshalb einen Gesamtbetrag nicht enthalten, es genügt vielmehr, dass nur die Berechnungsgrundlagen wie Stundensatz, Schreibgebühren und Kilometerpauschale festgelegt worden sind (*OLG Stuttgart* MDR 1986, 246).

6. Vertrauensschutz

25 Der Sachverständige kann sich im Regelfall nicht auf den Vertrauensschutz berufen. Insbesondere ist die Zusage eines Richters über die Höhe eines Stundensatzes eine rechtlich bedeutungslose Abmachung, die keine Bindung der Staatskasse herbeiführt und auch keinen Vertrauensschutz verschafft (*Thüringer LSG* SGb 2002, 282; *OLG Saarbrücken* OLGR Saarbrücken 2001, 436). Kein Vertrauensschutz besteht auch dann, wenn das Gericht versehentlich mitteilt, ein ausreichender Vorschuss sei eingezahlt (*OLG Dresden* OLGR Dresden 2005, 250). Der Sachverständige kann auch nicht darauf vertrauen, dass ihm die besondere Vergütung bei Zustimmung des Gerichts nach Abs. 2 auch bei Nichtzahlung des Auslagenvorschusses gewährt wird (*OLG Düsseldorf* JurBüro 2009, 51). Teilt der Sachverständige mit, er werde für die zu erbringende Leistung einen bestimmten Stundensatz berechnen und wird dieses Schreiben nicht beantwortet, so kann ein erhöhter Vergütungsanspruch nicht nach Treu und Glauben hergeleitet werden (*OLG Nürnberg* Az. 5 W 3801/90), anders aber, wenn das Gericht auf ein solches Schreiben mitteilt, der Sachverständige könne mit den Arbeiten beginnen (*LG Frankfurt* JurBüro 2003, 97). Das Gericht muss dann eindeutig zu erkennen geben, dass nicht nach dem besonderen Stundensatz abgerechnet werden kann, weil die Voraussetzungen des § 13 nicht vorliegen.

Ein Vertrauensschutz kann zudem entstehen, wenn ein grob fahrlässiges Verhalten des Gerichts vorliegt. Hierzu gehören insbesondere fehlerhafte oder unrichtige Auskünfte oder Zusagen, die bei dem Sachverständigen die unrichtige Vorstellung auslösen, er können die besondere Vergütung beanspruchen (*OLG Brandenburg* MDR 2010, 1351). Das gilt etwa dann, wenn der Sachverständige das Gericht mehrfach darauf hinweist, dass er auf der Grundlage eines festen Tagessatzes abrechne und das Gericht ihm mitteilt, es werde die Einverständniserklärung der Parteien notfalls gem. § 13 ersetzen (*OLG Düsseldorf* MDR 1999, 1528). Vertrauensschutz kann auch dann bestehen, wenn das Gericht dem Sachverständigen mitteilt, dass seine Kostenaufstellung die Zustimmung beider Parteien gefunden hat (*OLG Düsseldorf* BauR 1995, 880). Lag eine solche Zustimmung der Parteien jedoch tatsächlich nicht vor und wird sie von den Parteien auch nicht mehr erteilt, so darf der über die Sätze des JVEG hinausgehende Vergütungsbetrag nicht zu Lasten der Parteien im Kostensatzverfahren berücksichtigt werden, er ist ggf. nach §§ 21 GKG, 20 FamGKG, § 21 GNotKG wegen unrichtiger Sachbehandlung niederzuschlagen. Genießt der Sachverständige ausnahmsweise Vertrauensschutz wegen seiner erhöhten Vergütung, so kann diese Schutzwirkung nicht über die Regelung des § 13 hinausgehen, vor der Auszahlung der höheren Vergütung ist ein ausreichender Kostenvorschuss zu zahlen (*OLG Köln* OLGR Köln 2004, 355).

VI. Zustimmung des Gerichts (Abs. 2)

1. Allgemeines

26 Hat nur eine Partei oder nur ein Beteiligter die Zustimmungserklärung nach Abs. 1 S. 1 abgegeben, kann eine besondere Vergütung gezahlt werden, wenn

– das Gericht zustimmt (Abs. 2 S. 1).

- ein Honorar nach §§ 9, 11 verlangt wird und das Doppelte der gesetzlichen Vergütung nicht überschritten wird,
- ein ausreichender Auslagenvorschuss gezahlt wird.

2. Höhe der Vergütung

Die Zustimmung des Gerichts ist jedoch nur soweit möglich, wie sich die Erklärung der einen Partei auf den Stundensatz des § 9 oder das Zeichenhonorar des § 11 bezieht, also nicht auf Auslagen oder Leistungen nach § 10. Die vereinbarte Vergütung darf dabei das Doppelte der gesetzlichen Vergütung nicht übersteigen. Wird das Doppelte der gesetzlichen Vergütung überschritten, kann eine gesetzliche Zustimmung nicht erfolgen, da es sich bei Abs. 2 S. 2, trotz des Wortlauts der Norms „soll", um zwingendes Recht handelt (*OLG Düsseldorf* InstGE 13, 221). 27

3. Zahlung eines Auslagevorschusses

Die Zahlung eines Auslagenvorschusses wegen der entstehenden Mehrkosten ist auch dann erforderlich, wenn das Gericht die Zustimmung nach Abs. 2 ersetzt (*OLG Düsseldorf* JurBüro 2009, 151). Die Zahlung muss durch die Partei erfolgen, welche die Erklärung nach Abs. 1 S. 1 abgegeben hat. Das gilt wegen Abs. 1 S. 3 auch dann, wenn in dem Verfahren keine Gerichtskosten zu erheben sind. In den Fällen der Bewilligung von Prozess- oder Verfahrenskostenhilfe gelten Abs. 3, 4. Ist die Partei oder der Beteiligte zur Zahlung nicht imstande, gilt Abs. 4 (→ Rn. 45 ff.). 28

4. Rechtliches Gehör

Vor Erteilung der gerichtlichen Zustimmung sind die Parteien oder Beteiligten zwingend anzuhören (Abs. 2 S. 3). Ist eine solche Anhörung unterblieben kann, wegen der Unanfechtbarkeit des Beschlusses nach Abs. 4 S. 4, die Anhörungsrüge (§ 4a) erhoben werden. Die Staatskasse ist keine Partei im Verfahren nach § 13, so dass sie nicht gehört zu werden braucht. 29

5. Entscheidung über die Ersetzung der Zustimmung

Die Entscheidung über die Ersetzung der Zustimmung ergeht durch Beschluss. Die Zustimmung wird entweder erteilt oder verweigert. Der Beschluss ist an die Parteien bzw. Beteiligten und den Sachverständigen formlos zu übersenden, da er unanfechtbar ist. Als Gericht i. S. d. Abs. 2 ist das Prozessgericht und nicht lediglich ein Mitglied dieses Gerichtes anzusehen (*OLG Düsseldorf* MDR 1988, 507), die bloße Genehmigung durch den Berichterstatter reicht nicht aus. Das Gericht hat daher in seiner vollen Besetzung zu entscheiden (*Hartmann* § 13 Rn. 13, m. w. N.: *OLG Düsseldorf* MDR 1988, 507). Der Richter muss der Erklärung einer Partei klar und deutlich zustimmen (*OLG Düsseldorf* JurBüro 1989, 1171). Erhöht er lediglich den angeforderten Auslagenvorschuss, so liegt darin keine gerichtliche Zustimmung i. S. d. § 13.

Im Rahmen der Entscheidung hat das Gericht die Interessen der Partei zu berücksichtigen, die ihre Zustimmung nicht erteilt hat oder die für die entstandenen Mehrkosten haftet (BGH Az. X ZR 137/09). Es hat dabei auch zu berücksichtigen, ob die entstehenden Kosten im Verhältnis zum Streitwert 30

§ 13　Abschnitt 3. Vergütung von Sachverständigen u.a.

stehen (*OVG NRW* Az. 11 A 1327/98). Das Gericht hat auch zu prüfen, ob die vorgeschlagene Vergütung, insbesondere der Zeitaufwand angemessen ist. Liegt keine Angemessenheit vor, so ist die gerichtliche Zustimmung zu verweigern (BGH NJW-RR 1987, 1470). Die Zustimmung darf zudem wegen Abs. 2 S. 2 Hs. 2 nur erteilt werden, wenn sich unter Zahlung des gesetzlichen Honorars keine geeignete Person zur Übernahme der Tätigkeit bereit erklärt hat. Nach dem Willen des Gesetzgebers ist das Gericht daher vor der Zustimmung verpflichtet, diese Voraussetzungen zunächst in geeigneter Weise zu schaffen oder zu überprüfen. Dazu genügt es aber, dass dem Gericht aus ähnlichen Fällen bekannt ist, dass kein geeigneter Sachverständiger zur Übernahme bereit ist. Insoweit hat auch der Gesetzgeber ausgeführt (BT-Drs. 17/11471 (neu), S. 262): *„Namentlich in kartellrechtlichen Gerichtsverfahren in Zivil-, Verwaltungs- und Bußgeldsachen wird eine geeignete Person jedoch regelmäßig nicht bereit sein, zu dem gesetzlich bestimmten Honorar tätig zu werden."*

6. Zeitpunkt der gerichtlichen Zustimmung

31　Bestritten ist, ob die Erklärung nach Abs. 1 S. 1 und die gerichtliche Zustimmung nach Abs. 2 bereits vor der Heranziehung des Berechtigten erfolgen müssen. Zuletzt hat der BGH Az. X ZR 137/09 festgestellt, dass die Regelungen die fiskalischen Interessen der Staatskasse schützen und zugleich verhindern soll, dass die Partei, welche die Zustimmungserklärung nicht abgegeben hat, einem unberechenbaren Kostenrisiko ausgesetzt ist. Diesen Zielen steht es aber nicht entgegen, dass das Gericht die Zustimmung des Abs. 2 erst nach der Heranziehung erteilt, weil es auch dann der Zahlung eines Auslagenvorschusses bedarf und bei der Entscheidung über die Zustimmung auch die Interessen der kostenpflichtigen Partei zu berücksichtigen sind. Aus diesem Grund kann die gerichtliche Zustimmung auch noch nach der Heranziehung, auch nach Fertigstellung des Gutachtens, erfolgen (so auch: Binz/Dörndorfer/ *Binz* § 13 Rn. 7). Insoweit wird die in der Vorauflage vertretene Auffassung ausdrücklich aufgegeben. Ist aber bereits eine Kostengrundentscheidung ergangen oder liegt eine Kostenübernahmeregelung durch Vergleich vor, kommt eine Zustimmung nach Abs. 2 nicht mehr in Betracht (*OLG Hamm* Rpfleger 1973, 230; *OLG München* MDR 1985, 333; *KG* JurBüro 1989, 698; a. A. *OLG Düsseldorf* MDR 1989, 171). In diesen Fällen muss der Sachverständige, um Nachteile zu vermeiden, rechtzeitig auf eine gerichtliche Zustimmung hinzuwirken.

7. Wirkung der Zustimmung

32　Die gerichtliche Zustimmung ersetzt die Zustimmung der anderen Partei. Sie wirkt aber nur für den jeweiligen Auftrag, für diesen aber Instanz übergreifend (*OLG Nürnberg* Az. 2 U 2566/91). Ansonsten hat die Zustimmung des Gerichts zu einem bestimmten Stundensatz keine rückwirkende Wirkung, dass gilt auch dann, wenn die geltend gemachte Vergütung Vorarbeiten betrifft (*OLG Koblenz* BauR 2005, 447). Eine gerichtliche Zustimmung ist deshalb vor dem Beginn der Arbeiten einzuholen. Für nachfolgende Aufträge, auch in derselben Angelegenheit, ist die gerichtliche Zustimmung erneut zu erteilen, etwa für Ergänzungsgutachten oder die mündliche Erläuterung des Gutachtens.

Besondere Vergütung § 13

8. Rechtsmittel

Der Beschluss, mit welchem die Zustimmung der anderen Partei ersetzt 33
wird, ist unanfechtbar (Abs. 2 S. 4), dass gilt auch, wenn einer Partei Prozess-
oder Verfahrenskostenhilfe bewilligt ist (*OLG Düsseldorf* MDR 1989, 366),
was nunmehr auch durch Abs. 4 S. 3 eindeutig klargestellt wird. Auch die
Staatskasse kann die Zustimmung nicht anfechten.

VII. Zahlung eines ausreichenden Auslagenvorschuss

1. Allgemeines

Die besondere Vergütung kann grundsätzlich erst ausgezahlt werden, wenn 34
ein ausreichender Auslagenvorschuss eingezahlt wurde (*OLG Naumburg* BauR
2005, 1973). Der Vorschuss muss bei der Staatskasse eingezahlt werden, eine
bloße Hinterlegung bei einem Prozessbevollmächtigten oder dem Sachverständigen reicht nicht aus. Die Einzahlung ist nachzuweisen, die durch die
jeweilige Gerichtskasse erteilte Zahlungsanzeige ist ausreichend. Liegt eine
solche Zahlungsanzeige nicht vor und behauptet die Partei die Einzahlung
vorgenommen zu haben, muss der Zahlungseingang überprüft werden, bevor
eine Auszahlung vorgenommen wird. Werden die Vorschüsse von den Parteien trotz vorheriger Zustimmung nach Abs. 1 zu dem erhöhten Honorar
nicht gezahlt, tritt die Staatskasse nicht in Vorleistung (*OLG Frankfurt* OLGR
Frankfurt 2004, 64).

Liegt nur die Genehmigung eines bestimmten Stundensatzes vor, kann die
Anforderung des Vorschusses problematisch sein, da der Gesamtbetrag der
Vergütung noch nicht feststeht. Der Sachverständige ist deshalb um eine
Kostenschätzung zu bitten und der Vorschuss danach auszurichten, soweit
dieser Voranschlag realistisch erscheint. Der Sachverständige hat rechtzeitig
hinzuweisen, wenn über die Schätzung hinaus weitere Kosten entstehen.
Auch in Verfahren nach § 13 bleibt der Sachverständige verpflichtet den in
§ 407a ZPO genannten Verpflichtungen nachzukommen. Überschreiten die
Kosten des Gutachtens den Vorschuss erheblich, kommt selbst bei der Zustimmung der Parteien zu einem besonderen Stundensatz, die Auszahlung nur
in Höhe des Vorschusses in Betracht (§ 8a Abs. 4).

2. Zeitpunkt der Zahlung

Der Vorschuss muss vor der Auszahlung an den Sachverständigen und der 35
Fertigstellung des Gutachtens gezahlt werden. Eine Nachforderung ist jedoch
auch noch nach der Fertigstellung des Gutachtens möglich, allerdings dient sie
nicht dem Zweck, nachträglich im Interesse des Sachverständigen die Voraussetzungen des § 13 zu erfüllen (*KG* Rpfleger 1962, 124). Die nachträgliche
Anforderung ist auf jedem Fall dann zulässig, wenn die Parteien eine Einverständniserklärung zu der erhöhten Vergütung abgegeben haben (*OLG
Stuttgart* Justiz 1984, 366).

3. Gerichtliche Zustimmung

Ein ausreichender Auslagenvorschuss ist auch für den Fall der gerichtlichen 36
Zustimmung einzuzahlen (*OLG München* AGS 2001, 141; *OLG Düsseldorf*

§ 13   Abschnitt 3. Vergütung von Sachverständigen u.a.

JurBüro 2011, 490). Ausnahmen ergeben sich jedoch aus Abs. 4 bei Bewilligung von Prozess- oder Verfahrenskostenhilfe sowie nach Abs. 5 für das Kapitalanlegermusterverfahren.

4. Höhe und Anforderung des Vorschusses

37   Der zu zahlende Vorschuss ist durch den Kostenbeamten zu berechnen, wenn er nicht durch das Gericht (Richter, Rechtspfleger) bestimmt wird. Dabei sind die vom Sachverständigen gemachten Angaben zugrunde zu legen. Der Auslagenvorschuss ist durch Kostennachricht anzufordern, da die Durchführung der Beauftragung von der vorherigen Zahlung abhängig ist. Wegen der Regelungen des § 407a Abs. 3 ZPO und § 8a Abs. 4 ist der Sachverständige, Dolmetscher oder Übersetzer zwingend gehalten, dem Gericht mitzuteilen, dass der angeforderte Vorschuss nicht zur Deckung der Kosten ausreicht. Es ist dann ein weiterer Vorschuss anzufordern, wird er nicht gezahlt, kann die besondere Vergütung nur in Höhe der bisher geleiteten Vorschüsse gezahlt werden.

5. Prozesskostenhilfe

38   → Rn. 43 ff.

6. Kostenfreiheit

39   **a) Verpflichtung zur Vorschusszahlung.** Ist für die Gerichtskosten ein Kostenschuldner nicht vorhanden, etwa weil eine sachliche Kostenfreiheit besteht, z. B. in sozialgerichtlichen Verfahren nach § 183 SGG, oder weil das Gericht von der Kostenerhebung abgesehen hat (z. B. § 81 Abs. 1 S. 2 FamFG), haftet für die Zahlung des Auslagenvorschusses derjenige, der die Erklärung nach Abs. 1 S. 1 abgegeben hat (Abs. 6 S. 1). Die Haftung beschränkt sich jedoch auf die Differenz zwischen der gesetzlichen Vergütung und der vereinbarten Vergütung, also nur auf die Mehrkosten.

40   **b) Persönliche Kostenfreiheit.** Unberührt bleibt eine bestehende persönliche Kostenfreiheit, etwa nach § 2 GKG, § 2 FamGKG, § 2 GNotKG, jedoch kann auch eine solche kostenbefreite Partei eine Erklärung nach Abs. 1 S. 1 abgeben. Die bestehenden Befreiungsvorschriften bleiben von § 13 unberührt, so dass eine persönlich kostenbefreite Partei auch keine Vorschüsse nach § 13 zu leisten braucht (*OLG Frankfurt* JurBüro 1981, 887; *OLG Koblenz* MDR 2006, 896). An dieser Rechtslage hat die Novellierung des § 13 durch Art. 7 des 2. KostRMoG nichts geändert.
In Straf- und Bußgeldsachen kann eine Erklärung nach Abs. 1 S. 1 auch durch die Strafverfolgungs- oder Verfolgungsbehörde abgegeben werden. Sie ist gleichfalls zur Zahlung eines Vorschusses verpflichtet, wenn ihr nicht persönliche Kostenfreiheit zusteht (Abs. 1 S. 2). Steht der Behörde keine persönliche Kostenfreiheit zu, haftet für die durch die besondere Vergütung entstandenen Mehrkosten diejenige Körperschaft, der die Behörde angehört, wenn die Körperschaft nicht von der Zahlung befreit ist (Abs. 6 S. 2).

41   **c) Sachliche Kostenfreiheit. aa) Allgemeines.** Liegt nur eine sachliche Kostenfreiheit vor, z. B. in Sozialgerichtssachen nach § 183 SGG, kann eine Erklärung nach Abs. 1 abgegeben werden, jedoch ist ein die Mehrkosten

312

Besondere Vergütung § 13

deckender Betrag zu zahlen (Abs. 1 S. 3), wenn nicht der Zahlungspflichtige persönlich kostenbefreit ist.

bb) Kostenhaftung gegenüber der Staatskasse. Schuldet nach den kos- 42
tenrechtlichen Vorschriften keine Partei oder kein Beteiligter die Vergütung, haften die Parteien oder Beteiligten, die eine Erklärung nach Abs. 1, 3 abgegeben haben, für die hierdurch entstandenen Mehrkosten als Gesamtschuldner, im Innenverhältnis nach Kopfteilen (Abs. 6 S. 1). Hat das Gericht die Erklärung eines Beteiligten nach Abs. 4 ersetzt, so bleibt der auf diesen Beteiligten entfallende Anteil unberücksichtigt.
Die Erklärung stellt eine Übernahmeerklärung nach § 29 Nr. 2 GKG, § 24 Nr. 2 FamGKG, § 27 Nr. 2 GNotGK dar, welche sich aber nur auf die Mehrkosten bezieht, so dass sie die gesetzliche Vergütung nicht erfasst. Soweit mehrere Parteien oder Beteiligte im Fall des Abs. 1 S. 3 eine Übernahmeerklärung abgegeben haben, haften sie als Gesamtschuldner, im Innenverhältnis jedoch nach Kopfteilen (Abs. 6 S. 2). Der Kostenbeamte hat deshalb zunächst nach § 8 Abs. 3 KostVfg auch den Vorschuss nach Kopfteilen anzufordern. Nach Abs. 6 S. 4 hat der Sachverständige, Dolmetscher oder Übersetzer eine Berechnung der gesetzlichen Vergütung einzureichen, damit der auf die Mehrkosten entfallende Differenzbetrag berechnet werden kann.

VIII. Prozess- und Verfahrenskostenhilfe (Abs. 3, 4)

1. Allgemeines

Eine Erklärung nach Abs. 1 S. 1 kann auch von demjenigen abgegeben 43
werden, dem Prozess- oder Verfahrenkostenhilfe bewilligt ist. Allerdings kann sich seine Erklärung nur auf ein Stunden- oder Zeichenhonorar (§§ 9, 11) beziehen (Abs. 3 S. 1).

2. Vorschusspflicht

Trotz der bestehenden Bewilligung von Prozess- oder Verfahrenskostenhilfe 44
ist derjenige, der die Erklärung nach Abs. 1 S. 1 abgegeben hat, verpflichtet, einen hinreichenden Auslagenvorschuss zu zahlen, wenn er auch ohne erfolgte Bewilligung von Prozess- oder Verfahrenskostenhilfe zu einer solchen Zahlung verpflichtet wäre (Abs. 3 S. 2). Eine solche Verpflichtung kann sich aus dem Verfahrensrecht (z. B. § 402 i. V. m. § 379 ZPO) oder aus dem Kostenrecht (z. B. §§ 17, 18 GKG, §§ 16, 17 FamGKG, § 14, 17 GNotKG) ergeben. § 122 Abs. 1 Nr. 1a ZPO ist insoweit nicht anzuwenden (Abs. 3 S. 3). Die Verpflichtung zur Zahlung des Vorschusses besteht aber nur für die Differenz zwischen der gesetzlichen und der besonderen Vergütung.
Der zu zahlende Betrag ist durch das Gericht durch unanfechtbaren Beschluss zu bestimmen (Abs. 3 S. 4). Diese Festsetzung ist notwendig, um den Differenzbetrag zwischen gesetzlicher und besonderer Vergütung zweifelsfrei feststellen zu können. In dem Beschluss muss daher ein konkreter Zahlbetrag angegeben werden. Soweit sich später herausstellt, dass dieser Betrag nicht ausreichend ist, etwa weil nach Mitteilung durch den Sachverständigen ersichtlich ist, dass der benötigte Zeitaufwand umfänglicher ist, hat das Gericht durch weiteren Beschluss, einen zusätzlichen Vorschussbetrag festzusetzen. Der Entscheidung ist keine Kostennachricht beizufügen, wenn das Gericht

§ 13   Abschnitt 3. Vergütung von Sachverständigen u.a.

den Betrag und die Zahlungsfrist bestimmt hat (§ 31 Abs. 3 KostVfg). Zugleich hat das Gericht in dem Beschluss zu bestimmen, welcher Honorargruppe (§ 9) die Leistung ohne die besondere Vergütung zuzuordnen wäre bzw. wie hoch das Zeichenhonorar nach § 11 ohne die besondere Vergütung wäre (Abs. 3 S. 5).

Beispiel: In einer Zivilsache vor dem Landgericht soll ein Sachverständiger wegen der Bewertung von Immobilien bestellt werden. Dem Kläger ist PKH bewilligt, er ist auch vorschusspflichtig, da er den Beweisantrag gestellt hat.

Nach Beauftragung des Sachverständigen durch das Gericht teilt dieser mit, dass er nach einem Stundensatz von 120 EUR abrechnen wolle und bittet um Zustimmung der Parteien nach § 13. Er werde für die Fertigstellung des Gutachtens voraussichtlich 25 Stunden benötigen.

Sowohl der bemittelte Beklagte als auch der (PKH)-Kläger erklären ihre Zustimmung zur Zahlung einer besonderen Vergütung.

Das Gericht hat in den Beschluss folgendes aufzunehmen:
1. Das Sachgebiet des Sachverständigen wird der Honorargruppe 6 der Anlage 1 zu § 9 Abs. 1 (90 EUR) zugeordnet.
2. Der Kläger hat an die Landeskasse einen Vorschuss in Höhe von 892,50 EUR zu zahlen.

Berechnung:

Besondere Vergütung (25 Stunden à 120 EUR)	=	3000,00 EUR
zzgl. 19 % Umsatzsteuer aus 3000,– EUR	=	570,00 EUR
Besondere Vergütung (insgesamt)	=	3570,00 EUR
Gesetzliche Vergütung (25 Stunden à 90 EUR)	=	2250,00 EUR
zzgl. 19 % Umsatzsteuer auf 2250,– EUR	=	427,50 EUR
Gesetzliche Vergütung (insgesamt)	=	2677,50 EUR
als Vorschuss sind zu leisten:		
(3570,00 EUR abzgl. 2677,50 EUR)	=	892,50 EUR

45   a) **Mittellosigkeit (Abs. 4).** Ist eine Vereinbarung über eine besondere Vergütung nach Abs. 1, 3 für eine zweckentsprechende Rechtsverfolgung notwendig und ist derjenige, dem Prozess- oder Verfahrenskostenhilfe zur Zahlung des nach Abs. 3 S. 2 zu leistenden Betrages außerstande, so ist die Zahlung des Betrages nicht erforderlich, wenn das Gericht der Erklärung dieses Beteiligten zur besonderen Vergütung zustimmt (Abs. 4 S. 1). Das Gericht hat daher zu prüfen, ob die Partei tatsächlich mittellos ist und ob die Vereinbarung zur Zahlung einer zweckentsprechenden Rechtsverfolgung notwendig ist, etwa weil ein ausländischer Sachverständiger herangezogen werden muss (BT-Drs. 16/3038, S. 56). Mit dieser Regelung hat der Gesetzgeber berücksichtigt, dass die PKH-Partei wegen der Eigenbeteiligung an den Prozesskosten nicht in ihrem Existenzminimum beeinträchtigt werden darf, zudem soll zugleich sichergestellt sein, dass die höhere Inanspruchnahme der Staatskasse der richterlichen Kontrolle unterliegt (BT-Drs. 16/3038, S. 55). Eine Zustimmung soll dabei nur dann erteilt werden, wenn die besondere Vergütung das Doppelte des nach §§ 9, 11 zu zahlenden gesetzlichen Honorars nicht überschreitet.

Die Zustimmung oder die Ablehnung ist durch Beschluss auszusprechen, der jeweils unanfechtbar ist. Die Regelungen des § 115 ZPO sind im Hinblick auf die Prüfung, ob eine Mittellosigkeit vorliegt, nicht parallel anwendbar, denn durch Abs. 4 wird zum Ausdruck gebracht, dass höhere Anforderungen zu stellen sind. Es muss der Partei aber selbst möglich und auch zumutbar sein, den zu zahlenden Betrag mit eigenen Mitteln aufzubringen,

Besondere Vergütung   § 13

eine Aufnahme von Fremdmitteln ist im Regelfall nicht zumutbar. Auch die Höhe des einzuzahlenden Vorschusses ist zu berücksichtigen, so dass das Gericht daher bei der Entscheidung sowohl objektive als auch subjektive Gründe, insbesondere Unterschiede bei Einkommen und Unterhaltspflicht, einfließen lassen muss.

b) Mittellosigkeit bei Streitgenossenschaft. Besteht eine Streitgenos- 46
senschaft und ersetzt das Gericht die Zustimmung sämtlicher Streitgenossen, so bleibt nur der Kopfanteil der Partei oder des Beteiligten außer Ansatz, dem Prozess- oder Verfahrenskostenhilfe bewilligt ist. Trotz der bestehenden gesamtschuldnerischen Haftung ist der Kostenbeamte nach § 8 Abs. 3 KostVfg gehalten, die Kosten zunächst nach Kopfteilen von den Streitgenossen anzufordern, wenn ihre Haftung im Innenverhältnis nicht bekannt ist oder die Sicherheit der Staatskasse keine abweichende Inanspruchnahme erforderlich macht (*KG MDR* 2002, 1276), was auch für die Anforderung eines Auslagenvorschusses gilt (*OLG Koblenz* Rpfleger 1988, 384). Der auf die PKH/ VKH-Partei entfallende Anteil muss wegen der nach § 426 BGB bestehenden Ausgleichspflicht unberücksichtigt bleiben (*LG Lübeck* JurBüro 1989, 1560).

Beispiel: Die Zustimmung der Kläger A, B und C zu einer besonderen Vergütung wird durch das Gericht ersetzt. Dem C ist PKH bewilligt, auch seine Zustimmung wird gerichtlich ersetzt.
Der Sachverständige teilt mit, dass er nach einem Stundensatz von 90 EUR abrechnen wolle und für die Fertigstellung des Gutachtens ca. 30 Stunden benötigen würde.
Als Vorschuss sind nunmehr anzufordern:
1. Voraussichtliche Gutachterkosten: 2700,– EUR
Haftung jeweils zu gleichen Teilen (§§ 17, 18, 31 GKG):
A, B und C jeweils   900,– EUR
Der Auslagenvorschuss wird gem. § 8 Abs. 3 KostVfg zunächst von A und B eingezogen und zwar nach Kopfteilen. Der Kopfteil des C wird von diesem wegen § 13 Abs. 4 nicht angefordert. Er kann auch nicht von A und B angefordert werden. Da eine gesamtschuldnerische Haftung von A, B und C für diese Kosten besteht, würden diese im Falle der Zahlung des Kopfteils des C diesen im Wege der Ausgleichspflicht des § 426 BGB in Anspruch nehmen können, was aber verhindert werden soll.

Soweit die Zustimmung nicht gerichtlich ersetzt worden wäre, besteht auch für den PKH-Streitgenossen eine Vorschusspflicht, da die Zahlungsbefreiung des Abs. 4 dann nicht eingreift. Eine Vorschusspflicht würde in diesem Fall allerdings nur in Höhe des die gesetzliche Vergütung übersteigenden Teils bestehen.

IX. Kapitalanlegermusterverfahren

1. Allgemeines

Abs. 5 wurde durch Art. 5 des KapMuG eingefügt. Damit soll klargestellt 47
werden, dass eine besondere Vergütung auch in den Kapitalanlegermusterverfahren gewährt werden kann, jedoch wegen der Besonderheit der Verfahren besondere Regelungen gelten. Eine besondere Vergütung kann danach auch dann ausgezahlt werden, wenn kein ausreichender Auslagenvorschuss eingezahlt wurde. Das gilt auch für solche Vergütungsteile, welche die gesetzliche Vergütung übersteigen. Der Gesetzgeber hat Abs. 5 somit auf die Regelung des § 9 Abs. 1 GKG abgestimmt, der eine Fälligkeit der Auslagen im Musterverfahren auf den rechtskräftigen Abschluss des Verfahrens verschiebt.

315

§ 14   Abschnitt 3. Vergütung von Sachverständigen u.a.

Eine Anforderung von Vorschüssen hat somit entgegen der Bestimmungen der § 17 GKG, § 22 KostVfg zu unterbleiben. Die Absätze 3, 4 sind in Verfahren nach dem Kapitalanleger-Musterverfahrensgesetz nicht anwendbar.

2. Zustimmung der Beteiligten

48   Voraussetzung für die Zahlung einer besonderen Vergütung bleibt aber die Zustimmung wenigstens eines Beteiligten des Musterverfahrens. Das Gericht kann für den Fall, dass nur ein Beteiligter einer besonderen Vergütung zustimmt, seine Zustimmung zu der Vergütung erklären. Die gerichtliche Zustimmung erfolgt durch Beschluss. Eine Anhörung der Beteiligten, die der besonderen Vergütung nicht zugestimmt haben, kann durch eine öffentliche Bekanntmachung der Vergütungshöhe ersetzt werden. Beteiligte des Musterverfahrens sind gem. § 8 Abs. 1 KapMuG der Musterkläger, der Musterbeklagte und die Beigeladenen. Sie sind anzuhören, wenn ihre Anhörung nicht durch die öffentliche Bekanntmachung ersetzt werden soll. Wegen der oftmals umfangreichen Anzahl der Beigeladenen wird eine öffentliche Bekanntmachung regelmäßig vorzuziehen sein.

Die gerichtliche Zustimmung ist unanfechtbar. Der Anspruch auf rechtliches Gehör wird durch eine ordnungsgemäß erfolgte öffentliche Bekanntmachung gewährleistet, → Rn. 49. Unterbleibt sowohl eine Anhörung der Beteiligten als auch eine öffentliche Bekanntmachung, so ist der Rechtsbehelf der Anhörungsrüge nach § 4a statthaft.

3. Öffentliche Bekanntmachung

49   Die öffentliche Bekanntmachung erfolgt durch eine Eintragung in das Klageregister nach § 2 KapMuG und wird durch Eintragung in das Klageregister bewirkt (§ 9 Abs. 2 KapMuG). In paralleler Anwendung des § 2 Abs. 1 KapMuG entscheidet das Gericht über die Bekanntmachung durch Beschluss, der unanfechtbar ist. Welche Angaben die Bekanntmachung zu enthalten hat, wird ebenfalls durch § 2 Abs. 1 KapMuG bestimmt. Zu benennen ist danach in der öffentlichen Bekanntmachung insbesondere die Höhe der Vergütung. Da eine genaue Bezifferung der genauen Vergütungshöhe vor Erstattung des Gutachtens nur sehr beschränkt möglich ist, weil der Zeitaufwand noch nicht eindeutig abgeschätzt werden kann, ist eine Bekanntmachung des Stundensatzes ausreichend, wenn sich die Zustimmung gleichfalls nur auf einen Stundensatz oder ein Zeilenhonorar beschränkt. Zwischen der öffentlichen Bekanntmachung und der Entscheidung über die gerichtliche Zustimmung müssen mindestens vier Wochen liegen. Eine längere Frist ist unschädlich.

Eine Einsicht in das Klageregister steht jedem unentgeltlich zu (§ 2 Abs. 2 KapMuG). In dem Klageregister gespeicherte Daten müssen entweder nach der Zurückweisung des Musterfeststellungsantrags oder nach rechtskräftiger Beendigung des Musterverfahrens gelöscht werden (§ 2 Abs. 5 KapMuG).

§ 14 Vereinbarung der Vergütung

Mit Sachverständigen, Dolmetschern und Übersetzern, die häufiger herangezogen werden, kann die oberste Landesbehörde, für die Gerichte und Behörden des Bundes die oberste Bundesbehörde, oder eine von

Vereinbarung der Vergütung § 14

diesen bestimmte Stelle eine Vereinbarung über die zu gewährende Vergütung treffen, deren Höhe die nach diesem Gesetz vorgesehene Vergütung nicht überschreiten darf.

I. Allgemeines

§ 14 schafft für die obersten Bundes- oder Landesbehörden die Möglichkeit 1
mit Sachverständigen, Dolmetschern oder Übersetzern, die häufiger herangezogen werden, eine Vereinbarung über die Vergütung zu treffen. Es handelt sich um eine Ausnahmeregelung, nach der ausnahmsweise von dem Honorar der §§ 9 bis 11 abgewichen werden kann, jedoch darf die getroffene Vereinbarung die Vergütung nach § 8 ff., im Gegensatz zu § 13, nicht übersteigen. Der Begriff „häufiger" wird nicht näher definiert, er setzt aber voraus, dass der Berechtigte von der Behörde tatsächlich mehrfach beauftragt worden ist oder es zu zumindest zu erwarten ist, dass er zukünftig häufiger herangezogen wird. Abzustellen ist dabei nur auf den betroffenen Berechtigten, ein Vergleich mit der Heranziehung anderer Berechtigter scheidet aus.

II. Grundsätze der besonderen Vereinbarung

1. Geltungsbereich

Der Anwendungsbereich des § 14 ist abschließend geregelt, so dass eine 2
Vereinbarung nur mit Sachverständigen, Dolmetschern oder Übersetzern getroffen werden kann. Auf andere Personen ist die Regelung nicht anwendbar, so dass eine Vereinbarung mit einem Zeugen, sachverständigen Zeugen oder einem Dritten (§ 23) ausgeschlossen ist, auch wenn diese häufig herangezogen werden. Ebenfalls unanwendbar ist die Vorschrift im Zusammenhang mit der Entschädigung eines unparteiischen Mitglieds der Einigungsstelle nach dem PersVG (*OVG Brandenburg* PersV 2000, 187).

Eine besondere Vereinbarung kann in allen Verfahren, auf welche die Bestimmungen des JVEG anwendbar sind, geschlossen werden. Das gilt auch dann, wenn andere Gesetze oder Bestimmungen auf das JVEG verweisen.

2. Keine Beteiligung der Parteien

Einer Zustimmung der Parteien zu der Vereinbarung, wie etwa bei einer 3
besonderen Vergütung nach § 13, ist nicht notwendig, da die Parteien nicht an dem Verfahren nach § 14 beteiligt sind. Es empfiehlt sich jedoch ausdrücklich, vor dem Abschluss einer solchen Vereinbarung, dem Vertreter der Staatskasse Gelegenheit zur Stellungnahme zu geben, eine generelle Beteiligung sieht das Gesetz aber nicht vor.

3. Wirkung der Vereinbarung

Die besondere Vereinbarung bindet den Anweisungsbeamten und auch das 4
Gericht, soweit sie die Norm des § 14 nicht verletzt oder nicht unwirksam ist. Sie besitzt auch dann noch Gültigkeit, wenn der Sachverständige vor Einholung eines Gutachtens sein Tätigkeitsfeld und seinen Wohnsitz verlegt, denn die Verlegung des Tätigkeitsfeldes kann nicht zu einer Aufhebung der Vereinbarung führen (*SG Stuttgart* Az. S 6 V 757/60). Wird ein Sachverstän-

§ 14   Abschnitt 3. Vergütung von Sachverständigen u.a.

dige, der zur Zeit des Abschlusses einer Vereinbarung nach § 14 als Arzt in einem bestimmten Krankenhaus tätig war, später dessen Leiter, ist dies auf den weiteren Bestand der Vereinbarung ohne Bedeutung (*LSG BadWürtt.* Az. L 1a 48/64). Ist in der Vereinbarung eine Pauschalvergütung vereinbart, kann die heranziehende Stelle nicht einwenden, dass der für die erbrachte Leistung notwendige Zeitaufwand zu gering war, weil bei der nach § 14 abgeschlossenen Vereinbarung die individuelle Arbeitsleistung gerade nicht wie bei §§ 8 ff. zugrunde gelegt wird (*LSG Berlin* Az. L 2 SF 23/03 F).

4. Form

5   Das JVEG sieht für eine Vereinbarung nach § 14 nicht ausdrücklich eine besondere Form vor, sie bedarf jedoch gleichwohl in jedem Fall der schriftlichen Form.

5. Überprüfung der besonderen Vereinbarung

6   Eine nach § 14 getroffene Vereinbarung mit dem Sachverständigen über eine pauschale Entschädigung unterliegt ihrer Höhe nach in einem Festsetzungsverfahren (§ 4) keiner gerichtlichen Nachprüfung. Das Gericht kann aber prüfen, ob die Vereinbarung ordnungsgemäß zustande gekommen ist (*Hartmann* § 14 Rn. 8). Auch den Parteien oder dem Kostenschuldner fehlt eine Beschwer insoweit, da eine Vereinbarung nach § 14 die gesetzliche Vergütung nicht überschreiten darf. Eine Erinnerung (§ 66 GKG, § 57 FamGKG, § 81 GNotKG) kann deshalb nur darauf gestützt werden, dass dem Sachverständigen, Dolmetscher oder Übersetzer eine Vergütung gänzlich zu versagen wäre, z. B. nach § 8a wegen Befangenheit oder Unverwertbarkeit des Gutachtens oder darauf, dass die besondere Vereinbarung entgegen dem Wortlaut § 14 die gesetzliche Vergütung doch überschreitet.

III. Berechtigte Stellen

1. Allgemeines

7   Die Vereinbarung nach § 14 muss mit dem Sachverständigen, Dolmetscher oder dem Übersetzer selbst abgeschlossen werden. Der Abschluss einer Vereinbarung nur mit dem Berufsverband oder dem Leiter eines Instituts ist nicht ausreichend (*Meyer/Höver/Bach* § 14 Rn. 14.5). Der Abschluss einer solchen Vereinbarung ist zudem nur mit der obersten Landesbehörde zulässig, in der Regel das jeweilige Fachministerium. Eine mit einem Fachministerium getroffene Vereinbarung betrifft nur die Gerichte und Behörden des jeweiligen Geschäftsbereiches, auf die Behörden anderer Geschäftsbereiche ist sie nicht anwendbar, es sei denn, erlassene Verwaltungsvorschriften lassen das zu. Der Geltungsbereich einer Vereinbarung nach § 14 ist zudem auf die Gerichte des jeweiligen Bundeslandes beschränkt. Vereinbarungen mit Landesbehörden schaffen keine Vergütungsgrundlage vor den Bundesgerichten und umgekehrt.

2. Vereinbarungen mit dem einzelnen Gericht

8   Eine besondere Vereinbarung kann nicht mit einem einzelnen Mitglied der Behörde abgeschlossen werden. Insbesondere bei den Gerichten sind die

Vereinbarung der Vergütung § 14

einzelnen Spruchkörper (Richter, Kammern, Senate) nicht befugt, Vereinbarungen nach § 14 abzuschließen, da der Wortlaut der Norm eindeutig ist. Werden solche Vereinbarungen gleichwohl durch die einzelnen unzuständigen Gerichte oder Spruchkörper getroffen, sind sie unzulässig und unwirksam. Auch die Zusage eines Richters an den Sachverständigen ist unwirksam und verschafft diesem keinen Vergütungsanspruch gegenüber der Staatskasse (*Thüringer LSG* SGb 2002, 282), eine Berufung auf Vertrauensschutz ist nicht möglich (*OLG Saarbrücken* OLGR Saarbrücken 2001, 436). Hat aber der Sachverständige gegenüber dem Gericht einer von diesem festgesetzten Pauschalvergütung für die abgeschlossene Begutachtung zugestimmt, liegt darin ein verbindlicher und rechtswirksamer Verzicht auf einen eventuell höheren Vergütungsanspruch (*OLG Stuttgart* OLGR Stuttgart 2008, 34).

3. Anweisungsbeamter

Der Anweisungsbeamte ist nicht befugt, eine Vereinbarung nach § 14 abzuschließen (KG NStZ-RR 2009, 328). Eine solche Vereinbarung ist unwirksam. 9

4. Bestimmungen der Länder

Die oberste Landesbehörde kann die Zuständigkeit auch auf andere Stellen 10 übertragen. In den Ländern bestehen entsprechende Bestimmungen. In *Brandenburg* ist die VO v. 30.3.2006 (JVEGÜV) zu beachten. In *Hamburg* sind die Anordnung über den Abschluss von Vereinbarungen mit Sachverständigen, Dolmetschern und Übersetzern für Behörden der Freien und Hansestadt Hamburg v. 6.12.2004 und 12.11.2007 zu beachten. In *Sachsen-Anhalt* ist das Landesverwaltungsamt bzw. das Landesversorgungsamt ermächtigt worden Vereinbarungen nach § 14 abzuschließen, wenn es sich um Sachverständigengutachten nach § 69 SGB IX oder um Verfahren nach dem Gesetz über das Blinden- und Gehörlosengeld handelt (Erl. d. MS v. 17.1.2005). Da weitere nicht veröffentlichte Bestimmungen existieren, ist ggf. Rücksprache mit den Behörden zu nehmen.

5. Bundesbehörden

Mit der Änderung des § 14 durch das JKomG wurde klargestellt, dass eine 11 besondere Vereinbarung auch mit einer Behörde oder einem Gericht des Bundes abgeschlossen werden kann. Die Vereinbarung muss durch die jeweilige oberste Behörde, im Regelfall das jeweilige Bundesministerium, abgeschlossen werden, jedoch können auch die obersten Bundesbehörden die Befugnis auf andere Stelle übertragen.

IV. Umfang der Vereinbarung

1. Honorar

Durch die Vereinbarung kann ein Honorar nach den §§ 9, 11 vereinbart 12 werden. Grundsätzlich kann eine Vereinbarung nach § 14 auch für eine Vergütung nach § 10 geschlossen werden einschließlich der Vergütung nach Anlage 2 zu § 10 Abs. 1. Zulässig ist auch die Vereinbarung über Leistungen nach Abschnitt O GOÄ gilt, da diese von § 10 Abs. 2 erfasst sind und eine

319

§ 14   Abschnitt 3. Vergütung von Sachverständigen u.a.

Unterschreitung auch der dort vorgeschriebenen Sätze zulässig ist (*SG Köln* Az. S 3 J 78/88). Da § 14 jedoch nicht für sachverständige Zeugen gilt, da diese wie Zeugen zu entschädigen, nicht wie Sachverständige zu vergüten sind, kann eine Vereinbarung nach § 14 nur für solche von § 10 erfassten Leistungen abgeschlossen werden, bei denen es sich um eine sachverständige Tätigkeit handelt.

2. Vereinbarung zum Stundensatz

13   Mit der Vereinbarung kann eine Pauschalvergütung, aber auch nur ein bestimmter Stundensatz vereinbart werden. Bei Übersetzern ist auch die bloße Vereinbarung eines von § 11 abweichenden Zeichenhonorars zulässig. Dass die Vergütung nur den Stundesatz umfassen kann, hat auch der Gesetzgeber in der Begründung zur Einführung des JVEG ausdrücklich erklärt. In der Gesetzesbegründung (BT-Drs. 15/1971, S. 185) heißt es: „*In Betracht kommen hier etwa wie bisher Vereinbarungen über Fallpauschalen, die Höhe des Stundensatzes oder die Pauschalisierung von Fahrtkosten oder sonstigen Aufwendungen.*" Der Möglichkeit einer bloßen Vereinbarung des Stundensatzes sollte auch schon deshalb zugestimmt werden, weil die benötigte Zeit für ein zu erstellenden Gutachten unterschiedlich hoch sein kann. Würde stets ein Gesamtbetrag vereinbart, könnte dies dazu führen, dass sich bei einem geringeren tatsächlich aufgewendeten Zeitaufwand sogar eine höhere Vergütung als nach dem JVEG zulässig ergeben würde. Ist nur der Stundensatz oder ein Zeichenhonorar vereinbart, bleiben die übrigen, von § 8 Abs. 1 Nr. 2 bis 4 erfassten Vergütungsteile unberührt, wenn nicht etwas anderes vereinbart wurde.

3. Auslagen

14   Eine Vereinbarung nach § 14 kann auch die Aufwendungen nach §§ 5, 6, 7, 12 umfassen, da sie wegen § 8 Abs. 1 Nr. 2–4 Teil der Vergütung sind. Dabei gilt auch hierbei, dass die gesetzliche Vergütung unterschritten, aber nicht überschritten werden darf. Pauschale Auslagenerstattungen dürften ebenfalls ausscheiden, da das JVEG nur eine Erstattung der tatsächlich entstandenen Auslagen kennt. Bei der Vereinbarung eines Pauschalsatzes könnte die gesetzliche Vergütung dann im Einzelfall doch überschritten werden, wenn tatsächliche Auslagen nicht in dieser Höhe entstanden sind.

Abschnitt 4. Entschädigung von ehrenamtlichen Richtern

§ 15 Grundsatz der Entschädigung

(1) Ehrenamtliche Richter erhalten als Entschädigung
1. Fahrtkostenersatz (§ 5),
2. Entschädigung für Aufwand (§ 6),
3. Ersatz für sonstige Aufwendungen (§ 7),
4. Entschädigung für Zeitversäumnis (§ 16),
5. Entschädigung für Nachteile bei der Haushaltsführung (§ 17) sowie
6. Entschädigung für Verdienstausfall (§ 18).

(2) Soweit die Entschädigung nach Stunden bemessen ist, wird sie für die gesamte Dauer der Heranziehung einschließlich notwendiger Reise- und Wartezeiten, jedoch für nicht mehr als zehn Stunden je Tag, gewährt. Die letzte bereits begonnene Stunde wird voll gerechnet.

(3) Die Entschädigung wird auch gewährt,
1. wenn ehrenamtliche Richter von der zuständigen staatlichen Stelle zu Einführungs- und Fortbildungstagungen herangezogen werden,
2. wenn ehrenamtliche Richter bei den Gerichten der Arbeits- und der Sozialgerichtsbarkeit in dieser Eigenschaft an der Wahl von gesetzlich für sie vorgesehenen Ausschüssen oder an den Sitzungen solcher Ausschüsse teilnehmen (§§ 29, 38 des Arbeitsgerichtsgesetzes, §§ 23, 35 Abs. 1, § 47 des Sozialgerichtsgesetzes).

I. Regelungszweck

§ 15 regelt die Grundsätze der Entschädigung für ehrenamtliche Richter 1 i. S. d. § 1 Abs. 1 S. 1 Nr. 2. Wegen § 1 Abs. 4 ist die Regelung zudem anwendbar auf die Vertrauenspersonen in den Ausschüssen zur Wahl der ehrenamtlichen Richter bei den Gerichten der Finanz- und Verwaltungsgerichtsbarkeit, so dass sich auch diese Berechtigten nicht auf §§ 19 ff. verweisen lassen brauchen. Keine Anwendung finden §§ 15 ff. jedoch auf Handelsrichter und ehrenamtliche Richter in berufsgerichtlichen Verfahren oder bei Dienstgerichten (→ Rn. 11).

II. Entschädigungsanspruch

1. Zahlung einer Entschädigung

Obwohl das Schöffenamt eine ehrenamtliche Tätigkeit darstellt (§ 31 2 GVG), erhalten die ehrenamtlichen Richter gleichwohl eine Entschädigung nach dem JVEG, aber keine Vergütung, so dass ihnen kein vollständiger Ausgleich für den aus Anlass der Heranziehung eingetretenen Vermögensverlust gewährt wird, sondern nur ein Kostenersatz im Rahmen der Bestim-

§ 15   Abschnitt 4. Entschädigung von ehrenamtlichen Richtern

mungen des JVEG. Darüber hinaus gehende Ansprüche können nicht geltend gemacht werden.

2. Umfang Entschädigung

3   Nach Abs. 1 erhalten die berechtigten Personen erstattet:
- Fahrtkosten nach § 5 (Nr. 1), wobei bei Benutzung eines Kfz 0,30 EUR je Kilometer zu erstatten sind (§ 5 Abs. 2 S. 2 Nr. 2);
- Aufwandsentschädigungen und Übernachtungskosten nach § 6 (Nr. 2);
- Ersatz für sonstige bare Aufwendungen nach § 7 (Nr. 3);
- Entschädigung für Zeitversäumnis nach § 16 (Nr. 4);
- Entschädigung für Nachteile bei der Haushaltsführung nach § 17 (Nr. 5);
- Verdienstausfall nach § 18 (Nr. 6).

Weitere Regelungen, wie insbesondere § 12, sind nicht anwendbar.

3. Geltendmachung der Entschädigung

4   Die Entschädigungsansprüche nach § 15 sind gegenüber der heranziehenden Stelle geltend zu machen, eine Gewährung und Zahlung von Amts wegen erfolgt nicht (§ 2 Abs. 1 S. 1). Die Ansprüche müssen zudem innerhalb der Frist des § 2 Abs. 1 S. 2 geltend gemacht werden, jedoch beginnt die Ausschlussfrist nicht vor dem Ende der Amtstätigkeit. Da es sich um ein Ehrenamt handelt, besteht über den Entschädigungsanspruch hinaus kein Anspruch auf Vergütung, da zwischen der heranziehenden Stelle und dem ehrenamtlichen Richter kein zivilrechtliches Vertragsverhältnis, sondern ein öffentlich-rechtliches Verhältnis begründet wird. Der Entschädigungsanspruch kann daher auch nur nach §§ 2, 4, 4a, **hilfsweise** nach § 30a EGGVG, geltend gemacht werden, nicht aber im Klageweg (*Brocke/Reese* Einf. I Rn. 5).

4. Ordentliche Berufung

5   Voraussetzung für einen Entschädigungsanspruch ist ferner die ordentliche Berufung des ehrenamtlichen Richters. Ist die Berufung nichtig, ist die Entschädigung dennoch für den Zeitraum einer tatsächlichen Heranziehung zu zahlen, wenn die Nichtigkeit der Berufung den Beteiligten nicht erkenntlich war (*Brocke/Reese* § 1 EhrRiG Rn. 1). Hat der ehrenamtliche Richter mögliche Nichtigkeitsgründe jedoch absichtlich verschwiegen, ist eine Entschädigung nicht zu gewähren, sondern vielmehr eine Rückforderung zu prüfen.

III. Geltungsbereich

1. Allgemeines

6   Der Geltungsbereich des § 15 ist nicht nur auf die Berechtigten nach § 1 Abs. 1 S. 1 Nr. 2, Abs. 4 beschränkt, da die Anwendung der Regelung durch eine Vielzahl von anderen Vorschriften auch auf andere öffentliche Stellen ausgeweitet wird. Die Höhe der Entschädigung eines ehrenamtlichen Richters bestimmt sich dann, soweit die Anwendung der §§ 15 ff. statthaft ist, unabhängig von dem Verfahren oder der anzuwendenden Verfahrensordnung.

Grundsatz der Entschädigung   § 15

2. Gerichtsbarkeiten

Die Vorschriften des JVEG über die Entschädigung der ehrenamtlichen 7
Richter sind auf alle Gerichtsbarkeiten anzuwenden. Auch für die ehrenamtlichen Richter der Fachgerichtsbarkeiten bestimmt sich die Entschädigung daher nach § 15. Hinsichtlich der Höhe der Entschädigung ergeben sich keine Abweichungen gegenüber der ordentlichen Gerichtsbarkeit. Voraussetzung ist ein entsprechender Hinweis auf die Anwendbarkeit des JVEG in den jeweiligen Verfahrensgesetzen.
Entsprechende Verweisungen finden sich in:
- § 55 GVG; die Schöffen für die ordentlichen Strafgerichte,
- § 40 i. V. m. § 55 GVG; Vertrauenspersonen des Ausschusses,
- § 19 Abs. 2 SGG, Ehrenamtliche Richter vor den Sozialgerichten,
- § 32 VwGO, Ehrenamtliche Richter vor den Verwaltungsgerichten,
- § 26 i. V. m. VwGO, Vertrauensmann im Wahlausschuss,
- § 29 FGO, Ehrenamtliche Richter vor den Finanzgerichten,
- § 23 i. V. m. FGO, Vertrauensmann im Wahlausschuss.

3. Vertrauenspersonen in den Wahlausschüssen

Die Vertrauenspersonen in den Wahlausschüssen (§ 23 FGO, § 26 VwGO) 8
sind wie ehrenamtliche Richter zu entschädigen (§ 1 Abs. 4), so dass §§ 15 ff. uneingeschränkt gelten. Ihnen ist daher auch die Entschädigung für Zeitversäumnis nach § 16 zu gewähren.

4. Weitere Anwendungsbereiche

a) Bundesrecht. Der Anwendungsbereich des § 15 wird aufgrund von 9
weiteren bundesrechtlichen Bestimmungen über die Gerichtsbarkeiten hinaus ausgeweitet. Folgende Vorschriften beinhalten entsprechende Verweise:
- § 104 Steuerberatungsgesetz, ehrenamtliche Richter in der Kammer für Steuerberater- und Steuerbevollmächtigtensachen beim Landgericht,
- § 11 Urheberrechtsschiedsstellenverordnung, ehrenamtliche Mitglieder der Schiedsstelle,
- § 88 Patentanwaltsordnung, patentanwaltliche Mitglieder der Patentanwaltskammer,
- § 10 Abs. 4 VO über die Seedienstauglichkeit, Beisitzer im Widerspruchsausschuss,
- § 8 der 2. Verordnung zur Durchführung des Gesetzes über Arbeitnehmererfindungen, Beisitzer,
- § 80 Wirtschaftsprüferordnung, ehrenamtliche Richter in den Kammern und Senaten für Wirtschaftsprüfersachen.

b) Landesrecht. Neben den vorgenannten Bundesvorschriften verweisen 10
auch zahlreiche landesrechtliche Bestimmungen auf § 15. Sie betreffen vornehmlich die ehrenamtlichen Richter der Berufsgerichte oder die Mitglieder von Ausschüssen. Dabei ist genau zu prüfen, ob sich ein genereller Verweis auf § 15 in der Vorschrift befindet oder ob nur hinsichtlich einiger Teile der Vergütung auf das JVEG verwiesen wird. Soweit sich der Verweis einer landesrechtlichen Vorschrift nur auf den Verdienstausfall beschränkt, kommt die Gewährung einer Zeitversäumnis nach § 16 nicht in Betracht. In Hessen kann

§ 15 Abschnitt 4. Entschädigung von ehrenamtlichen Richtern

den Mitgliedern der Ortsgerichte deshalb nur Verdienstausfall erstattet werden (*AG Darmstadt* JMBl. 1998, 623). Verweist die Landesvorschrift noch auf das EhrRiEG, ist es weiterhin anzuwenden, obwohl das Gesetz zum 1.7.2004 außer Kraft getreten, da das KostRMoG v. 5.5.2004 keine allgemeine Übergangsvorschrift enthält. Das EhrRiEG ist in der Vorauflage als Anhang zu § 25 abgedruckt.

5. Ehren- und Berufsgerichte

11 Keine unmittelbare Anwendung findet das JVEG wegen § 1 Abs. 1 S. 1 Nr. 2 auf die ehrenamtlichen Richter in berufsgerichtlichen Verfahren oder bei Dienstgerichten (z. B. Berufsgerichte der Heilberufe), so dass §§ 15 ff. nicht gelten. Diese Regelungen sind aber dann anwendbar, wenn die landesrechtlichen Vorschriften über die jeweiligen Berufsgerichte hinsichtlich der Entschädigung der ehrenamtlichen Richter auf das JVEG verweisen. Anwendung kann bei entsprechenden Verweisen auch noch das EhrRiEG finden.

Eine Ausweitung des direkten Geltungsbereich des JVEG auf die Ehren- und Berufsgerichte war mit der Einführung von § 1 Abs. 1 Nr. 2 auch nicht beabsichtigt, sondern es sollte nur die Regelung des vormaligen § 14 EhrRiEG übernommen werden, der eine Entschädigung für solche Personen ebenfalls ausgeschlossen hatte. In der Begründung zum JVEG (BT-Drs. 15/1971, S. 178) heißt es zu § 1: „*Nummer 2 entspricht hinsichtlich der Ausnahmen vom Geltungsbereich des Gesetzes im Wesentlichen dem bisherigen § 14 EhrRiEG, ist jedoch zur Klarstellung um eine Erwähnung der ehrenamtlichen Richter in Handelssachen erweitert. Insoweit sollen auch künftig nach wie vor die §§ 107 ff. GVG als Spezialregelung gelten. Da es keine ehrengerichtlichen Verfahren und auch keine Dienststrafgerichte mehr gibt, soll der Text entsprechend angepasst werden.*"

Die ehrenamtlichen Richter der Dienstgerichte erhalten deshalb auch dann keine Entschädigung nach dem JVEG, wenn ein solches Gericht bei einer in § 1 genannten Stelle eingerichtet ist.

IV. Fortbildungstagungen und Wahl zu den Ausschüssen (ArbGG, SGG)

1. Allgemeines

12 Eine Entschädigung nach §§ 15 ff. ist auch dann zu gewähren, wenn der ehrenamtliche Richter zu Einführungs- oder Fortbildungstagungen herangezogen wird (Abs. 3 Nr. 1). Voraussetzung für einen Entschädigungsanspruch ist jedoch die erfolgte Heranziehung durch das Gericht. Nimmt der ehrenamtliche Richter deshalb eigenständig an Fortbildungsveranstaltungen teil, so besteht hierfür kein Erstattungsanspruch. Die Heranziehung erfordert daher ein Tätigwerden des Gerichts, wie beispielsweise eine Ladung oder gerichtliche Anordnung (*Thüringer LSG* Az. L 6 B 46/00 SF).

Da §§ 15 ff. vollumfänglich anzuwenden sind, muss auch für Fortbildungsveranstaltungen eine Zeitversäumnis (§ 16) neben Verdienstausfall und der Entschädigung nach § 17 gewährt werden. Auch bare Aufwendungen wie Reisekosten sind zu erstatten. Werden die Fortbildungsveranstaltungen an nicht zur Justiz gehörenden Bildungseinrichtungen wie Volkshochschulen durchgeführt, ist die Teilnahmegebühr nach § 7 Abs. 1 zu erstatten.

Grundsatz der Entschädigung § 15

Ferner ist den ehrenamtlichen Richtern eine vollständige Entschädigung nach §§ 15 ff. zu gewähren, wenn sie in der Arbeits- und Sozialgerichtsbarkeit in dieser Eigenschaft an der Wahl von gesetzlich für sie vorgesehenen Ausschüssen oder an Sitzungen solcher Ausschüsse teilnehmen (Abs. 3 Nr. 2).

2. Verwaltungsbestimmungen

Die Landesjustizveraltungen haben wegen der Einführung von ehrenamtli- 13
chen Richtern in die Strafrechtspflege entsprechende Verwaltungsbestimmungen erlassen. Diese sehen für die Einführungslehrgänge gleichfalls die Gewährung einer Entschädigung nach § 15 vor.

Solche Bestimmungen sind ergangen in den Ländern: *Brandenburg:* RdVfg. d. MJ v. 16.3.1992, *Niedersachsen* AV d. MJ v. 9.5.2011, *Rheinland-Pfalz* RdSchr. d. JM v. 17.8.2004, *Sachsen-Anhalt* AV d. MJ v. 16.6.2008 jeweils abgedruckt im *Anhang: Landesrechtliche Bestimmungen.* In *Hessen* ist zudem der RdErl. d. HMdJIE v. 22.12.2009 (JMBl. 2010, S. 51) über die Förderung der Aus- und Fortbildung der ehrenamtlichen Richterinnen und Richter der hessischen Gerichte für Arbeitssachen und der hessischen Gericht der Sozialgerichtsbarkeit zu beachten und in *Niedersachen* die Richtlinien über die Gewährung von Zuwendungen zur Fortbildung der ehrenamtlichen Richterinnen und Richter der Arbeitsgerichtsbarkeit des Landes Niedersachsen v. 17.8.2010 (NdsRpfl. 2010, 306)

3. Besichtigung einer JVA

Ist die Besichtigung einer JVA vorgesehen, ist auch für die Teilnahme an 14
einer solchen Fortbildungsveranstaltung eine Entschädigung nach §§ 15 ff. zu gewähren.

V. Handelsrichter

1. Allgemeines

Die Handelsrichter erhalten keine Entschädigung nach dem JVEG (§ 1 15
Abs. 1 Nr. 2). Sie werden ehrenamtlich tätig und besitzen keinen Besoldungsanspruch gegenüber der heranziehenden Stelle. Der Handelsrichter erhält daher keine Entschädigung für Verdienstausfall oder eingetretene Zeitversäumnis, da die Bestimmung des § 15 nicht auf ihn anwendbar ist. Er kann aufgrund von § 107 GVG nur die Fahrt- und Übernachtungskosten geltend machen.

2. Geltendmachung des Anspruchs

Dem Handelsrichter ist eine Entschädigung nur auf Antrag zu gewähren. Er 16
ist bei der heranziehenden Stelle zu stellen. Heranziehende Stelle ist das Landgericht, bei welchem sich der Sitz der Handelskammer befindet. Da es sich nicht um einen Anspruch nach dem JVEG handelt, ist bei Streitfällen die gerichtliche Festsetzung nach § 4 nicht möglich. Es liegt ein Justizverwaltungsakt auf dem Gebiet des Kostenrechts vor, so dass § 30a EGGVG anwendbar ist. Über die Einwendungen des Handelsrichters entscheidet danach das Amtsgericht, an dessen Ort die zuständige Gerichtskasse ihren Sitz hat.

325

§ 15   Abschnitt 4. Entschädigung von ehrenamtlichen Richtern

3. Fahrtkosten

17   Hinsichtlich der Fahrtkosten verweist § 107 Abs. 2 GVG auf die Regelungen des § 5 JVEG. Es gelten die für ehrenamtliche Richter anzuwendenden Bestimmungen. Erfolgt die Anreise mit dem eigenen oder einem unentgeltlich zur Nutzung überlassenem Kfz, so sind 0,30 EUR je Kilometer zu erstatten (§ 5 Abs. 2 S. 1 Nr. 2 i. V. m. § 107 Abs. 2 GVG). Weiter sind die aus Anlass der Reise angefallenen baren Auslagen wie Parkentgelte oder Straßengebühren zu erstatten. Im Übrigen wird auf die Anmerkungen zu § 5 verwiesen. Neben Fahrten zu gerichtlichen Terminen werden Fahrtkosten auch dann erstattet, wenn das Gericht eine Akteneinsicht genehmigt hat oder der Handelsrichter zu dem Gericht reisen muss, um die Entscheidung zu unterschreiben.

Der Handelsrichter ist nach § 2 Abs. 1 Nr. 10 SGB VII unfallversichert (*Kissel* § 107 Rn. 4).

4. Tage- und Übernachtungsgeld

18   **a) Allgemeines.** Die Regelung des § 6 ist auf die Handelsrichter nicht anwendbar. § 107 Abs. 1 GVG verweist jedoch hinsichtlich des Tage- und Übernachtungsgeldes auf die für die Richter am Landgericht geltenden Bestimmungen. Ein Tage- oder Übernachtungsgeld wird nur dann gewährt, wenn der Handelsrichter am Sitz der Kammer weder seinen Wohnort noch seine gewerbliche Niederlassung hat. Das einem Richter am Landgericht zu gewährende Tage- und Übernachtungsgeld bestimmt sich nach landesrechtlichen Vorschriften, welche teilweise auf das Bundesreisekostengesetz verweisen. Soweit nicht auf das BRKG verwiesen wird, bestehen eigene Landesreisekostengesetze.

19   **b) Landesrechtliche Bestimmungen.** Für die einzelnen Länder gelten folgende Bestimmungen:

Baden-Württemberg:	*Landesreisekostengesetz (LRKG)*
	§ 9 LRKG (Tagegeld) § 4 Abs. 5 EStG
	§ 10 LRKG (Übernachtungsgeld)
Bayern:	*Bayerisches Reisekostengesetz (BayRKG)*
	Art. 8 BayRKG (Tagegeld)
	Art. 9 BayRKG (Übernachtungsgeld)
Berlin:	*Bundesreisekostengesetz (BRKG)*
	Anzuwenden gem. § 77 Landesbeamtengesetz (LBG)
	§ 6 BRKG (Tagegeld)
	§ 77 Abs. 4, 5 LBG (Fahrtkosten)
Brandenburg:	*Bundesreisekostengesetz (BRKG)*
	Anzuwenden gem. § 63 LBG:
	§§ 6, 7 BRKG
Bremen:	*Bremisches Reisekostengesetz (BremRKG)*
	§ 6 BremRKG (Tagegeld)
	§ 7 BremRKG (Übernachtungsgeld)
Hamburg:	*Hamburgisches Reisekostengesetz (HmbRKG)*
	§ 9 HmbRKG (Tagegeld) § 4 Abs. 5 EStG
	§ 10 HmbRKG (Übernachtungsgeld)

Entschädigung für Zeitversäumnis   § 16

Hessen:	*Hessisches Reisekostengesetz (HRKG)*
	§ 7 HRKG (Tagegeld) § 4 Abs. 5 EStG
	§ 8 HRKG (Übernachtungsgeld)
Mecklenburg-Vorp.:	*Landesreisekostengesetz (LRKG M-V)*
	§ 7 LRKG M-V (Tagegeld)
	§ 8 LRKG M-V (Übernachtungskosten)
Niedersachsen:	*Bundesreisekostengesetz (BRKG)*
	§ 84 NBG
	Bis zum Erlass einer VO gemäß § 84 NBG findet das BRKG weiter Anwendung (§ 120 Abs. 1 NBG, RdErl. d. MF v. 23.11.2011 – NdsMBl, S. 866). Es gelten daher §§ 6, 7 BRKG.
Nordrhein-Westfalen:	*Landesreisekostengesetz (LRK)*
	§ 7 LRK (Tagegeld)
	§ 8 LRK (Übernachtungsgeld)
Rheinland-Pfalz:	*Landesreisekostengesetz (LRK)*
	§ 7 LRK (Tagegeld)
	§ 8 LRK (Übernachtungsgeld)
Saarland:	*Saarländisches Reisekostengesetz (SRKG)*
	§ 9 SRKG (Tagegeld)
	§ 10 SRKG (Übernachtungsgeld)
Sachsen:	*Sächsisches Reisekostengesetz (SächsRKG)*
	§ 6 (Tagegeld) § 4 Abs. 5 EStG
	§ 7 (Übernachtungsgeld)
Sachsen-Anhalt:	*Bundesreisekostengesetz (BRKG)*
	Anzuwenden gem. § 4 Besoldungs- und Versorgungsrechtsergänzungsgesetz des Landes Sachsen-Anhalt:
	§§ 6, 7 BRKG
Schleswig-Holstein:	*Bundesreisekostengesetz (BRKG)*
	Anzuwenden gem. § 84 LBG:
	§§ 6, 7 BRKG.
Thüringen:	*Thüringer Reisekostengesetz (ThürRKG)*
	§ 6 ThürRKG (Tagegeld)
	§ 7 ThürRKG (Übernachtungsgeld)

§ 16 Entschädigung für Zeitversäumnis
Die Entschädigung für Zeitversäumnis beträgt 6 Euro je Stunde.

I. Allgemeines

Für die in Ausübung ihres Ehrenamtes eingetretene Zeitversäumnis erhalten 1
die ehrenamtlichen Richter stets eine Entschädigung nach § 16, die immer
auch neben anderen Entschädigungen für Nachteile in der Haushaltsführung
(§ 17) oder Verdienstausfall (§ 18) zu gewähren ist, auch ist die Entschädigung
nach § 16 nicht auf Zahlungen nach §§ 17, 18 anzurechnen. Die Gewährung
der Entschädigung ist zudem unabhängig von einem eingetretenen Verdienstausfall, so dass sie auch den Beziehern von Erwerbsersatzeinkommen oder

§ 16   Abschnitt 4. Entschädigung von ehrenamtlichen Richtern

Beamten, deren Bezüge fortgezahlt werden, zu gewähren ist. Soweit durch Bundes- oder Landesrecht auf die Regelung des §§ 15 ff. JVEG verweisen wird, ist auch solchen Berechtigten eine Zeitversäumnis nach § 16 zu entschädigen, so z. B. den ehrenamtlichen Beisitzern in den Kammern und Senaten der Wirtschaftsprüferkammern (*LG Berlin* Az. WiL 12/07).

II. Höhe der Entschädigung

2   Die Entschädigung für Zeitversäumnis beträgt 6 EUR je Stunde. Gemäß § 15 Abs. 2 S. 1 Hs. 2 ist sie für höchstens Stunden je Tag zu gewähren. Die letzte bereits begonnene Stunde wird voll gerechnet (§ 15 Abs. 2 S. 2), so dass auf volle 6 EUR aufzurunden ist.

III. Einzelne Tätigkeiten

1. Sitzungen und dienstliche Besprechungen

3   Die Entschädigung ist für die gesamte Dauer der Heranziehung zu gewähren (§ 15 Abs. 2 S. 1), so dass sie insbesondere für die Teilnahme an jeglichen gerichtlichen Sitzungen zu gewähren ist. Nimmt der ehrenamtliche Richter im Anschluss an eine Sitzung noch an dienstlichen Besprechungen oder Beratungen des Gerichts teil, besteht auch für diesen Zeitraum ein Entschädigungsanspruch nach § 16.

2. Ermittlungen und Untersuchungen

4   Eine Entschädigung ist für eigenständige Ermittlungen oder Untersuchungen des ehrenamtlichen Richters ausgeschlossen, wenn das Gericht sie nicht ausdrücklich, auch im Nachhinein, billigt.

3. Fortbildungsveranstaltungen

5   Nimmt der ehrenamtliche Richter an Fortbildungsveranstaltungen teil, so ist ihm die Entschädigung für Zeitversäumnis, einschließlich notwendiger Reisezeiten, in voller Höhe zu gewähren (§ 15 Abs. 3 Nr. 1); → § 15 Rn. 12 ff.

4. Reise- und Wartezeiten

6   Die Zeitversäumnis nach § 16 ist auch für notwendige Reise- und Wartezeiten zu zahlen (§ 15 Abs. 2 S. 1). Sie ist daher regelmäßig für die Zeit vom Verlassen der Wohnung bis zur Rückkehr dorthin zu erstatten (*Nds. FGH EFG* 1975, 319). Dabei muss es sich aber stets um eine für die Erbringung der Dienstleistung notwendige Reise handeln. Hinsichtlich des zu berücksichtigenden Zeitaufwandes gilt derselbe Grundsatz wie für andere Berechtigte, wonach regelmäßig nur die kürzeste Reiseroute bzw. die die Strecke erstattungsfähig ist, die zu einer geringeren Gesamtentschädigung führt.

Erfolgen Umladungen oder Verlegungen von Sitzungen durch das Gerichts erst so spät, dass sie den ehrenamtlichen Richter nicht mehr vor Antritt der Reise erreichen, sind die Reisezeiten auch dann zu entschädigen, wenn es nicht mehr zur Durchführung der Sitzung kommt. Auch ist ein ehrenamtlicher Richter, der erst während der Anfahrt zum Gericht über eine Sitzungsverschiebung von einer Stunde informiert wird, nicht gehalten, wieder nach Hause zu fahren, so dass die Wartezeit zu entschädigen ist (*SG Leipzig* DÖV 2012, 124).

Wird einem ehrenamtlichen Richter für die Zeit der Heranziehung kein Urlaub, sondern Dienstbefreiung unter Fortzahlung der Bezüge gewährt, ist er so zu behandeln, als wenn er gearbeitet hätte. Fahrtkosten und Zeitversäumnis nach § 16 sind ihm somit nur von dem Arbeitsort zu erstatten, wenn diese geringer ausfallen als die Reisekosten ausgehend von dem Wohnort (*LG Trier* MDR 1997, 983).

Auch der ehrenamtliche Richter muss gem. § 5 Abs. 5 dem Gericht unverzüglich anzeigen, dass er die Reise von einem anderen Ort aus als dem Ladungsort antritt. Das Gericht hat jedoch die Möglichkeit, die Anreise von dem tatsächlichen Ort nachträglich nach billigem Ermessen zu bewilligen. Unterbleibt eine Mitteilung führt dies bei nicht gewährter Genehmigung hinsichtlich der mehr aufgewendeten Zeit auch zu einem Verlust der Zeitversäumnis nach § 16.

5. Terminsvorbereitung

Ob einem ehrenamtlichen Richter auch für solche Zeiten eine Entschädigung zusteht, die der Terminsvorbereitung dienen, ist in Literatur und Rechtsprechung bestritten. Zu der Terminsvorbereitung gehört auch die durch den ehrenamtlichen Richter vorgenommene Akteneinsicht vor der Hauptverhandlung. Einen allgemeinen Entschädigungsanspruch haben abgelehnt BAG DB 1972, 1783; *LAG Bremen* MDR 1988, 995; *OVG NRW* NVwZ-RR 1990, 381; *Thüringer LSG* Az. L 6 B 46/00 SF; **a. M.** *Hess. VGH* ESVGH 25, 120; *LAG Hamm* DB 1993, 842. Es wird wohl der Meinung zuzustimmen sein, die einen generellen und allgemeinen Entschädigungsanspruch ausschließt, da Grundlage für eine Entschädigung nach dem JVEG immer die Heranziehung durch das Gericht ist, was uneingeschränkt auch für die ehrenamtlichen Richter gilt. Eine solche Heranziehung erfordert aber stets ein Tätigwerden des Gerichts, z. B. durch Ladung oder gerichtliche Anordnung. Nimmt der ehrenamtliche Richter daher eigenständig eine Akteneinsicht vor, kann ihm für die erforderliche Zeit keine Entschädigung nach §§ 15 ff. gewährt werden (*Thüringer LSG* Az. L 6 B 46/00 SF). Die Versagung einer Entschädigung verstößt danach auch nicht gegen das Gleichbehandlungsgebot nach Art. 3 GG. Hat der Vorsitzende die Akteneinsicht jedoch genehmigt, ist der hierfür erforderliche Zeitaufwand einschließlich der notwendigen Reisezeiten zu erstatten (*LAG Bremen* MDR 1988, 995). Nach BAG DB 1972, 1783 ist es hinsichtlich der Bundesarbeitsrichter ausreichend, wenn der ehrenamtliche Richter am Tag vor dem Termin anreist, um an dem dortigen Verfahren über die Unterrichtung der Bundesarbeitsrichter teilzunehmen.

§ 17 Entschädigung für Nachteile bei der Haushaltsführung

Ehrenamtliche Richter, die einen eigenen Haushalt für mehrere Personen führen, erhalten neben der Entschädigung nach § 16 eine zusätzliche Entschädigung für Nachteile bei der Haushaltsführung von 14 Euro je Stunde, wenn sie nicht erwerbstätig sind oder wenn sie teilzeitbeschäftigt

§ 17 Abschnitt 4. Entschädigung von ehrenamtlichen Richtern

sind und außerhalb ihrer vereinbarten regelmäßigen täglichen Arbeitszeit herangezogen werden. Ehrenamtliche Richter, die ein Erwerbsersatzeinkommen beziehen, stehen erwerbstätigen ehrenamtlichen Richtern gleich. Die Entschädigung von Teilzeitbeschäftigten wird für höchstens zehn Stunden je Tag gewährt abzüglich der Zahl an Stunden, die der vereinbarten regelmäßigen täglichen Arbeitszeit entspricht. Die Entschädigung wird nicht gewährt, soweit Kosten einer notwendigen Vertretung erstattet werden.

I. Allgemeines

1 Sind infolge der Heranziehung Nachteile bei der Haushaltsführung eingetreten, ist eine Entschädigung nach § 17 zu zahlen, die nicht nur bloße Vermögenseinbußen entschädigen soll, sondern eine Entschädigung für sonstige Nachteile darstellt.

Die Entschädigung kann jedoch nur gewährt werden, wenn
– der ehrenamtliche Richter einen Mehrpersonenhaushalt führt und
– nicht erwerbstätig ist und auch kein Erwerbsersatzeinkommen bezieht oder
– bei einer Teilzeitbeschäftigung außerhalb der Arbeitszeit herangezogen wird.

Die Entschädigung ist auch einem Hausmann zu gewähren. Sie kann nur einer in dem Haushalt lebenden Person erstattet werden (*Hartmann* § 17 Rn. 3). Leben daher zwei Personen in einem Haushalt, die gleichzeitig einen Entschädigungsanspruch nach § 17 besitzen, kann die Nachteilsentschädigung gleichwohl nur einer von beiden gewährt werden.

II. Höhe der Entschädigung

1. Allgemeines

2 Die Nachteilsentschädigung beträgt für jede angefangene Stunde 14 EUR. Eine über § 17 hinausgehende Entschädigung ist auch unter dem Gesichtspunkt der Billigkeit nicht möglich.

Die Nachteilsentschädigung ist für die gesamte Dauer der Heranziehung zu gewähren, jedoch höchstens für zehn Stunden täglich (§ 15 Abs. 2 S. 1). Die Entschädigung ist nicht nur für Dauer der Sitzung, sondern auch für notwendige Reise- und Wartezeiten zu gewähren. Die letzte Stunde ist voll zu rechnen, so dass auf volle 14 EUR aufzurunden ist (§ 15 Abs. 2 S. 2).

Liegt eine Teilzeitbeschäftigung vor, so wird die Entschädigung nur insoweit gewährt, wie die Heranziehung außerhalb der vereinbarten regelmäßigen täglichen Arbeitszeit erfolgt. Es wird daher im Regelfall die im Rahmen einer Teilzeitbeschäftigung erfolgte Arbeitszeit abzuziehen sein. Bei einer Halbtagskraft ist die Anzahl der erstattungsfähigen Stunden auf maximal 20 Stunden je Woche zu begrenzen (*OLG Oldenburg* NStZ-RR 1999, 94).

2. Keine Anrechnung auf die Zeitversäumnis

3 Die Entschädigung nach § 17 wird stets neben der Zeitversäumnis nach § 16 gewährt und darf auch nicht auf diese angerechnet werden.

Entschädigung für Nachteile bei der Haushaltsführung § 17

Beispiel: Eine Hausfrau wird als ehrenamtliche Richterin von 9.00 bis 12.00 Uhr herangezogen. Sie tritt die Fahrt eine Stunde vor Sitzungsbeginn an und benötigt auch eine Stunde für die Rückreise.
Die Voraussetzungen des § 17 liegen vor. Ihr können als Entschädigung für die versäumte Zeit gewährt werden:
1. Entschädigung für Zeitversäumnis (§ 16)
   5 Stunden à 6 EUR (8.00 – 13.00 Uhr)   =   30,00 EUR
2. Entschädigung für Nachteile bei der
   Haushaltsführung (§ 17)
   5 Stunden à 14 EUR   =   70,00 EUR
   Insgesamt: =   **100,00 EUR.**

3. Einzelne Anwendungsfälle

a) **Erwerbsersatzeinkommen.** Der Gesetzgeber hat § 17 durch Art. 7 des 2. KostRMoG geändert und einen neuen S. 2 angefügt, durch den nunmehr ausdrücklich angeordnet wird, dass ehrenamtlichen Richter, die ein Erwerbsersatzeinkommen beziehen, einem erwerbstätigen ehrenamtlichen Richter gleichstehen mit der Folge, dass ihnen eine Entschädigung nach § 17 nicht mehr gewährt werden kann. Erfasst sind dabei insbesondere die Empfänger von Renten wegen Alters oder verminderter Erwerbsfähigket, Pensionen, Arbeitslosengeld I und II, Insolvenzgeld, Kurzarbeitergeld, Kranken- und Verletztengeld, Mutterschutzgeld. Solche Herangezogenen erhalten daher nur die Entschädigung nach § 16 sowie Auslagenersatz nach § 15 Abs. 1 Nr. 1 bis 3.

In der Begründung zu § 17 S. 2 JVEG (BT-Drucks. 17/11471 (neu), S. 325) heißt es dazu: „*Die Entschädigung für Nachteile bei der Haushaltsführung gemäß § 17 JVEG führt in der bisherigen Praxis zu unterschiedlicher Anwendung bei Personen, die ein Erwerbsersatzeinkommen bzw. Lohnersatzleistungen beziehen (z. B. Rente oder Arbeitslosengeld, Leistungen nach dem Sozialgesetzbuch II). Der überwiegende Teil der Rechtsprechung geht davon aus, dass diese Leistungen die Erwerbstätigkeit ersetzen und daher eine Berücksichtigung von Haushaltsführungsentschädigung nicht in Betracht kommt (KG Berlin, Beschluss vom 16. August 2010 – 1 Ws 135/ 10 –, JurBüro 2010, 660; LSG Berlin-Brandenburg, Beschluss vom 3. Mai 2010 – 2 SF 159/09 –; LSG Sachsen, Beschluss vom 15. Februar 2011 – L 6 SF 47/09 ERI –, KostRsp. JVEG § 17 Nummer 2; a. A. LSG Sachsen-Anhalt, Beschluss vom 18. November 2011 – L 4 P 18/09 –, JMBl LSA 2012, 18). Zur Klarstellung soll § 17 JVEG entsprechend ergänzt werden.*"

b) **Teilzeitbeschäftigte.** Ist der ehrenamtliche Richter nur teilbeschäftigt, steht ihm die Entschädigung nach § 17 gleichwohl zu; wegen der Berechnung siehe bei → § 21 Rn. 4f . Das gilt auch für eine ehrenamtliche Richterin, die teilzeitbeschäftigte Lehrerin ist und außerhalb ihrer Unterrichtszeit einen Mehrpersonenhaushalt betreut (*OLG Oldenburg NStZ-RR* 1999, 94).

c) **Vertretungskosten.** Die Entschädigung kann im Regelfall nicht gewährt werden, wenn der ehrenamtliche Richter neben der Entschädigung nach § 17 auch Vertretungskosten ersetzt bekommt. Eine Ausnahme gilt aber dann, wenn durch die Vertretung die entstehende Hausarbeit nur teilweise abgenommen wird. Werden Kosten für eine Kinderbetreuung gesondert erstattet, steht dies der Zahlung einer Entschädigung nach § 17 nicht entgegen. Bei ehrenamtlichen Richtern, die innerhalb eines Zeitraums sehr häufig herangezogen werden, kann die Zahlung für eine Tageseinrichtung (Kindergarten, Hort) angemessen sein.

§ 18 Entschädigung für Verdienstausfall

Für den Verdienstausfall wird neben der Entschädigung nach § 16 eine zusätzliche Entschädigung gewährt, die sich nach dem regelmäßigen **Bruttoverdienst** einschließlich der vom Arbeitgeber zu tragenden Sozialversicherungsbeiträge richtet, jedoch höchstens 24 Euro je Stunde beträgt. Die Entschädigung beträgt bis zu 46 Euro je Stunde für ehrenamtliche Richter, die in demselben Verfahren an mehr als 20 Tagen herangezogen oder innerhalb eines Zeitraums von 30 Tagen an mindestens sechs Tagen ihrer regelmäßigen Erwerbstätigkeit entzogen werden. Sie beträgt bis zu 61 Euro je Stunde für ehrenamtliche Richter, die in demselben Verfahren an mehr als 50 Tagen herangezogen werden.

I. Allgemeines

1   Dem ehrenamtlichen Richter ist der durch seine Heranziehung entstandene Verdienstausfall zu entschädigen. Er erhält jedoch keine Vergütung, sondern nur eine Entschädigung, welche die Sätze des § 18 nicht überschreiten darf, auch nicht aus Gründen der Billigkeit. Dass ehrenamtliche Richter im Vergleich zu anderen Berechtigten häufiger herangezogen werden, wird bereits durch die im Vergleich zu § 22 höheren Höchstgrenzen, insbesondere denen der Sätze 2, 3 berücksichtigt. Der Verdienstausfall ist stets neben der Zeitentschädigung nach § 16 zu gewähren, das stellt S. 1 eindeutig klar, so dass auch keine gegenseitige Anrechnung vorgenommen werden kann (*Nds. FG EFG* 1975, 319).

Es gilt § 15 Abs. 2 S. 1, so dass der Verdienstausfall für höchstens zehn Stunden je Tag erstattet werden kann. Zu entschädigen sind aber auch notwendige Reise- und Wartezeiten. Einem ehrenamtlichen Richter ist Verdienstausfall daher auch für die Zeit zu erstatten, in dem die Sitzung durch Pausen unterbrochen ist, wenn der ehrenamtliche Richter in den betroffenen Zeiträumen üblicherweise keine Pausen macht (*KG StRR* 2012, 357) oder die Pausenzeiten regelmäßig kürzer sind.

II. Höhe der Verdienstausfallentschädigung

1. Allgemeines

2   Der entstandene Verdienstausfall ist mit höchstens 24 EUR je Stunde zu entschädigen, soweit nicht die Voraussetzungen der Sätze 2, 3 für eine höhere Entschädigung vorliegen (→ Rn. 8 ff.). Der Berechnung ist stets der **Bruttoverdienst** zugrunde zulegen. Zu berücksichtigen sind auch ein 13. und 14. Monatsgehalt (*OLG Hamburg* Rpfleger 1974, 455). Ein Verdienstausfall ist jedoch nur dann zu erstatten, wenn er beziffert werden kann und zudem tatsächlich eingetreten ist.

2. Nachweis des Verdienstausfalls

3   Dass der Verdienstausfall nachweisbar sein muss, bedeutet nicht zwingend die Vorlage von schriftlichen Unterlagen über die Höhe des Verdienstausfalls (*LG Regensburg* KostRsp. EREG § 2 Nr. 1), siehe auch bei § 22 Rn. 5. Ist der Ausfall nicht einzeln nachgewiesen, kann er nach pflichtgemäßem Er-

messen geschätzt werden, ein fiktiver Verdienstausfall wird jedoch nicht erstattet (*OLG Stuttgart* Rpfleger 1972, 35). Bei ehrenamtlichen Richtern genügt im Regelfall der einmalige Nachweis über die Höhe des Verdienstausfalls, so dass nur bei Änderungen ein neuer Nachweis vorzulegen ist. In *Rheinland-Pfalz* ist hierzu das RdSchr. d. JM v. 3.8.2004 zu beachten, in *Thüringen* gilt die VV d. JM v. 31.7.1991. Danach genügt die einmalige Vorlage einer Ausfallbescheinigung bei Beginn der Amtsperiode. Im Übrigen kann der Verdienstausfall mit den Beweismitteln der ZPO nachgewiesen werden (*LSG Rheinland-Pfalz* Breith 1962, 266), jedoch kann die Vorlage von Steuerbescheinigungen, Umsatzsteuervoranmeldungen, Geschäftsbüchern und die zur Bewertung dieser Unterlagen erforderliche Einholung von Gutachten eines Buchsachverständigen nicht verlangt werden (*SG Leipzig* DÖV 2011, 864).

3. Auslöse

Die Erstattung einer Auslöse an einen ehrenamtlichen Richter kann wie bei einem Zeugen erfolgen (→ § 22 Rn. 4), jedoch dürfen dadurch die in § 18 bestimmten Höchstsätze nicht überschritten werden. 4

4. Umsatzsteuer

Eine Erstattung von Umsatzsteuer auf die gewährte Entschädigung erfolgt bei einem ehrenamtlichen Richter nicht, da der Geltungsbereich des § 12 Abs. 1 S. 2 Nr. 4 nur Sachverständige, Dolmetscher oder Übersetzer erfasst. Das gilt auch für ehrenamtliche Richter, die als Selbstständige tätig sind. Die Umsatzsteuer stellt auch keine bare Aufwendung nach § 7 Abs. 2 dar. Nur auf erstattungsfähige Fremdkosten wie Fahrtkosten besteht eine Erstattungspflicht. 5

5. Selbstständige

Auch ehrenamtliche Richter die als selbständige Unternehmer tätig sind, besitzen einen Anspruch auf Erstattung von Verdienstausfall nach § 18 (*LSG Rheinland-Pfalz* Breith 1973, 425; *OLG Stuttgart* Rpfleger 1973, 38). Dabei kann die Dauer der Inanspruchnahme ein wichtiges Indiz für die Höhe des Verdienstausfalls sein (*OLG Stuttgart* a. a. O.), jedoch kommt es nur auf den tatsächlichen Ausfall an. Macht der Selbstständige einen längeren Verdienstausfall glaubhaft, so ist er ihm auch für eine über die Heranziehung hinausgehende Zeit zu entschädigen. Kann der Verdienstausfall durch den Selbstständigen nicht nachgewiesen werden, ist er nach pflichtgemäßem Ermessen zu schätzen (*OLG Stuttgart* Rpfleger 1972, 35), ein fiktiver Verdienstausfall jedoch nicht zu erstatten. 6

6. Überstunden

Ein Verdienstausfall nach § 18 ist auch dann zu gewähren, wenn der Arbeitgeber das Gleitzeitkonto um die Dauer der Abwesenheit des ehrenamtlichen Richters kürzt (*LAG Düsseldorf* Az. 7 Ta 212/98). 7

§ 18   Abschnitt 4. Entschädigung von ehrenamtlichen Richtern

III. Erhöhung wegen häufiger Heranziehung

1. Allgemeines

8   Die Sätze 2 und 3 ermöglichen für die Fälle einer sehr häufigen Heranziehung des ehrenamtlichen Richters die Gewährung einer erhöhten Entschädigung. Sie kann nur dann gewährt wird, wenn die dort genannten Voraussetzungen erfüllt sind und ein Verdienstausfall auch tatsächlich in dieser Höhe eingetreten ist. Über die Regelungen des § 18 hinaus, kann jedoch keine Entschädigung gewährt werden, auch nicht aus Gründen der Billigkeit.

Nach der erhöhten Entschädigung kann Verdienstausfall wie folgt erstattet werden:
- 46 EUR je Stunde, wenn der ehrenamtliche Richter in dem selben Verfahren mehr als 20 Tage herangezogen worden ist,
- 46 EUR je Stunde, wenn der ehrenamtliche Richter innerhalb eines Zeitraums von 30 Tagen an mindestens 6 Tagen seiner regelmäßigen Erwerbstätigkeit entzogen worden ist,
- 61 EUR, wenn der ehreamtliche Richter in demselben Verfahren mehr als 50 Tage herangezogen worden ist.

2. Keine Ermessensentscheidung des Gerichts

9   Die Erhöhung ist von Amts wegen zu gewähren, wenn die Voraussetzungen der Sätze 2 und 3 vorliegen. Es bedarf insoweit keines gesonderten Antrags, sie ist bereits dann zu gewähren, wenn aus der Verdienstausfallbescheinigung ein entsprechender Ausfall hervorgeht. Die Gewährung der höheren Entschädigung steht nicht im Ermessen des Anweisungsbeamten oder des Gerichts.

3. Zurückverweisung des Verfahrens

10 Wird ein Verfahren an ein unteres Gericht zurückverwiesen, so gelten die Verfahren vor und nach der Zurückverweisung als ein Verfahren i. S. d. § 18. Die Regelung des § 21 RVG findet in den Festsetzungsverfahren nach dem JVEG keine Anwendung. Die Erhöhungsregelung des § 18 soll den Mehraufwand des ehrenamtlichen Richters berücksichtigen, der aus einer überdurchschnittlichen Heranziehung entsteht. Eine Nichtberücksichtigung der Zurückverweisung würde deshalb zu einer nicht gewollten Unbilligkeit führen.

4. Maßgeblicher Zeitraum

11 Nach Satz 2 muss unterschieden werden, ob die häufige Heranziehung in demselben Verfahren oder in einem bestimmten Zeitraum erfolgt ist. Die erste Alternative betrifft nur die Heranziehung in demselben Verfahren, während die zweite Alternative unabhängig von dem Verfahren erfolgt und nur auf den Zeitraum der Heranziehung abstellt. Satz 3 kann nur angewendet werden, wenn die Heranziehung dasselbe Verfahren betrifft. Die Sätze 2 und 3 sind darüber hinaus nur anwendbar, wenn dieselbe Person während es gesamten Zeitraum in ihrer Eigenschaft als ehrenamtlicher Richter herangezogen wird,

Entschädigung für Verdienstausfall § 18

nicht einzuberechnen sind daher solche Tage, an denen die Person auch anderweitig z. B. als Zeuge herangezogen war. Stellt sich erst im Verlaufe des Verfahrens heraus, dass die Voraussetzungen der Sätze 2 und 3 vorliegen, etwa weil erst im späteren Verfahrensverlauf weitere Verhandlungen erfolgen, ist die erhöhte Entschädigung nachzuzahlen. Dem trägt auch § 2 Abs. 1 Nr. 4 Rechnung, wonach die für die Geltendmachung des Anspruchs maßgebliche Drei-Monatsfrist für ehrenamtliche Richter erst mit der Beendigung der Amtsperiode beginnt. Soweit auf die Verhandlungstage in demselben Verfahren abgestellt wird, ist es für die höhere Entschädigung unerheblich, dass zwischen den Verhandlungstagen längere Pausen liegen. Die Erhöhung ist selbst dann für alle Sitzungstage zu gewähren, wenn auch nur an einem solchen Tag die Voraussetzungen für eine Erhöhung nach Satz 2 oder 3 vorliegen

Liegen die Voraussetzungen nach Satz 2, 3 vor, ist der erhöhte Verdienst- 12 ausfall für den gesamten Heranziehungszeitraum zu gewähren, eine Staffelung ist nicht zulässig (KG StRR 2012, 357). Wird der ehrenamtliche Richter innerhalb von 30 Tagen aufgrund einer Heranziehung an mindestens 6 Tagen seiner regelmäßigen Erwerbszeit entzogen, so beginnt mit der Gewährung der erhöhten Entschädigung nach dem sechsten Tag kein neuer Berechnungszeitraum, sondern es ist für alle Tage der erhöhte Ausfall zu erstatten (*OLG Frankfurt* NStZ-RR 2002, 352; *LG Offenburg* JurBüro 1996, 491).

Beispiel 1: Ein als Selbstständiger tätiger ehrenamtlicher Richter wird in verschiedenen Strafsachen am 1.6., 2.6., 10.6., 11.6., 21.6., 28.6. und am 29.6., somit an 7 Tagen, herangezogen. Er macht einen Verdienstausfall von 50 EUR/Stunde geltend.
Ihm kann für **alle** sieben Verhandlungstage ein Verdienstausfall von 46 EUR je Stunde erstattet werden, da er innerhalb von 30 Tagen an mindestens als 6 Tagen herangezogen wurde und er seiner regelmäßigen Erwerbstätigkeit nicht nachgehen konnte.

Beispiel 2: Ein als Arzt tätiger ehrenamtlicher Richter wird in verschiedenen Strafsachen am 1.6., 2.6., 10.6., 21.6. und am 28.6., somit an 5 Tagen, herangezogen. Er macht einen Verdienstausfall von 40 EUR/Stunde geltend.
Ihm kann für alle fünf Verhandlungstage nur ein Verdienstausfall von 24 EUR je Stunde erstattet werden, da er innerhalb von 30 Tagen **nicht mindestens** an 6 Tagen herangezogen wurde. Die Voraussetzungen für eine Erhöhung liegen nicht vor.

Beispiel 3: Ein als Ingenieur tätiger ehrenamtlicher Richter wird in einer Strafsache am 1.6., 2.6., 11.6., 21.6. und am 28.6., somit an 5 Tagen, herangezogen, zu weiteren Sitzungen wird er in diesem Zeitraum nicht herangezogen. Nach langer Pause finden im November in demselben Verfahren weitere 17 Verhandlungstage statt. Er macht einen Verdienstausfall von 50 EUR/Stunde geltend.
Ihm kann für alle 22 Verhandlungstage ein Verdienstausfall von 46 EUR je Stunde erstattet werden. Die Voraussetzungen für eine Erhöhung liegen vor. Der Schöffe ist nämlich in derselben Strafsache an mehr als 20 Tagen herangezogen worden.

IV. Sozialversicherungsbeiträge

1. Allgemeines

Nach S. 1 sind auch die Sozialversicherungsbeiträge des Arbeitgebers zu 13 erstatten. Auszugehen ist deshalb immer von dem Bruttogehalt, so dass an die Arbeitslosen-, Kranken- oder Rentenversicherung abzuführende Beträge zu

§ 18   Abschnitt 4. Entschädigung von ehrenamtlichen Richtern

erstatten sind, soweit dadurch nicht die durch § 18 festgeschriebenen Höchstsätze überschritten werden. Es können sich jedoch Einzelfälle ergeben, in denen eine Entschädigung nach § 18 ausgeschlossen ist, siehe Rn. 14 ff.

2. Krankenversicherung

14 Eine Unterbrechung der versicherungspflichtigen Tätigkeit aufgrund der gerichtlichen Heranziehung hat auf die Mitgliedschaft in der gesetzlichen Krankenversicherung keine Auswirkung, das Versicherungsverhältnis besteht fort. Nur wenn das Beschäftigungsverhältnis länger als einen Monat unterbrochen wird, ist eine freiwillige Versicherung erforderlich. In der Praxis kommen solche Fälle sehr selten vor, da aufgrund der Terminierung eine gänzliche Unterbrechung der Tätigkeit so gut wie nie vorkommt. Für den Fall der Notwendigkeit einer freiwilligen Versicherung kommt eine gesonderte Erstattung der dafür aufgewendeten Kosten nicht in Betracht, auch nicht nach § 7. Für das bei der Berechnung des Krankengeldes maßgebliche Arbeitsentgelt bleiben die Fehlzeiten infolge der gerichtlichen Heranziehung gleichfalls unberücksichtigt.

3. Rentenversicherung

15 Durch die Unterbrechung der rentenversicherungspflichtigen Tätigkeit des ehrenamtlichen Richters infolge seiner Heranziehung, vermindert sich regelmäßig das versicherungspflichtige Einkommen, was zu Einbußen bei der späteren Rentenzahlung führen wurde. Um solche Unbilligkeiten zu vermeiden, gilt gem. § 163 Abs. 3 SGB VI bei Arbeitnehmern, die ehrenamtlich tätig sind und deren Einkommen durch diese Tätigkeit gemindert wird, auch der Differenzbetrag zwischen dem tatsächlichen Arbeitsentgelt und dem ohne diese Tätigkeit erzielten Entgelt (Unterschiedsbetrag) als Arbeitseinkommen. Die Berücksichtigung des Unterschiedsbetrages erfolgt nur auf Antrag des Arbeitnehmers bei seinem Arbeitgeber. Zahlt der Arbeitgeber die Sozialversicherungsbeiträge daraufhin unter Berücksichtigung des Unterschiedsbetrages, so sind die für den Unterschiedsbetrag gezahlten Beiträge von der ehrenamtlich tätigen Person selbst zu tragen. Sie muss die Beträge dem Arbeitgeber erstatten, denn die Versicherungsbeträge für den Unterschiedsbetrag sind von der ehrenamtlich tätigen Person allein zu tragen (§ 168 Abs. 1 Nr. 5 SGB VI). Eine Geltendmachung gegenüber dem heranziehenden Gericht kann grundsätzlich nicht erfolgen. Zahlungen nach § 168 Abs. 1 Nr. 5 SGB VI können auch nicht nach Satz 1 erstattet werden, da es sich nicht um vom Arbeitgeber zu tragende Sozialversicherungsbeiträge handelt. Auch nach § 7 kommt eine Erstattung nicht in Betracht.

Ein Antrag nach § 163 Abs. 3 SGB VI kann nur für laufende oder zukünftige Gehaltszeiträume gestellt werden, für bereits vergangene Zeiträume ist ein Antrag unzulässig. Das gilt auch dann, wenn der ehrenamtliche Richter erst später Kenntnis von seinem Anspruch erhält. Zulässig ist es aber, zu Beginn eines Beschäftigungsverhältnisses bei demselben Arbeitgeber einen Antrag zu stellen, den Beitrag einschließlich des Unterschiedsbetrages für alle künftigen ehrenamtlichen Tätigkeiten zu zahlen. Mit Ausnahme der Hausgewerbetreibenden ist § 163 SGB VI nicht auf versicherungspflichtige Selbstständige anwendbar.

4. Unfallversicherung

Es besteht gem. § 2 Abs. 1 Nr. 10 SGB VII kraft Gesetzes Unfallversicherungsschutz gegen Körperschäden. Der Versicherungsschutz gilt auch für Wegeunfälle, jedoch darf der ehrenamtliche Richter dabei regelmäßig nicht von der allgemeinen Wegstrecke abweichen, etwa um private Angelegenheiten zu erledigen, durch die eine gefahrene Mehrstrecke verursacht wird.

16

Abschnitt 5. Entschädigung von Zeugen und Dritten

§ 19 Grundsatz der Entschädigung

(1) Zeugen erhalten als Entschädigung
1. Fahrtkostenersatz (§ 5),
2. Entschädigung für Aufwand (§ 6),
3. Ersatz für sonstige Aufwendungen (§ 7),
4. Entschädigung für Zeitversäumnis (§ 20),
5. Entschädigung für Nachteile bei der Haushaltsführung (§ 21) sowie
6. Entschädigung für Verdienstausfall (§ 22).
Dies gilt auch bei schriftlicher Beantwortung der Beweisfrage.

(2) Soweit die Entschädigung nach Stunden bemessen ist, wird sie für die gesamte Dauer der Heranziehung einschließlich notwendiger Reise- und Wartezeiten, jedoch für nicht mehr als zehn Stunden je Tag, gewährt. Die letzte bereits begonnene Stunde wird voll gerechnet, wenn insgesamt mehr als 30 Minuten auf die Heranziehung entfallen; anderenfalls beträgt die Entschädigung die Hälfte des sich für eine volle Stunde ergebenden Betrags.

(3) Soweit die Entschädigung durch die gleichzeitige Heranziehung in verschiedenen Angelegenheiten veranlasst ist, ist sie auf diese Angelegenheiten nach dem Verhältnis der Entschädigungen zu verteilen, die bei gesonderter Heranziehung begründet wären.

(4) Den Zeugen, die ihren gewöhnlichen Aufenthalt im Ausland haben, kann unter Berücksichtigung ihrer persönlichen Verhältnisse, insbesondere ihres regelmäßigen Erwerbseinkommens, nach billigem Ermessen eine höhere als die in den §§ 20 bis 22 bestimmte Entschädigung gewährt werden.

Übersicht

	Rn.
I. Allgemeines	1
1. Regelungszweck	1
2. Unverwertbarkeit der Aussage	2
II. Heranziehung in besonderen Verfahren	3
1. Abstammungssachen	3
2. Jugendgerichtssachen	4
3. Gestellte Zeugen	5
III. Umfang der Entschädigung	6
1. Allgemeines	6
2. Umsatzsteuer	7
IV. Verzicht auf Zeugenentschädigung	8
1. Allgemeines	8
2. Widerruf der Zeugenentschädigungsverzichtserklärung	9
3. Wirkung nur gegenüber der Staatskasse	10
V. Sachverständige Zeugen	11
1. Allgemeines	11
2. Abgrenzung zwischen Sachverständigen und sachverständigen Zeugen	12
a) Allgemeines	12
b) Bezeichnung des Herangezogenen	13
c) Ärzte	14
3. Gleichzeitige Vernehmung als sachverständiger Zeuge und Sachverständiger	15

Grundsatz der Entschädigung § 19

	Rn.
VI. Zu berücksichtigende Zeit (Abs. 2)	16
1. Allgemeines	16
2. Reise- und Wartezeiten	17
3. Wiederaufnahme der Arbeit	18
VII. Letzte begonnene Stunde (Abs. 2 S. 2)	19
VIII. Schriftliche Zeugenaussage (Abs. 1 S. 2)	20
1. Allgemeines	20
2. Verdienstausfall und Zeitversäumnis	21
3. Aufwendungen	22
IX. Heranziehung in mehreren Angelegenheiten (Abs. 3)	23
X. Zeugen aus dem Ausland (Abs. 4)	24
1. Allgemeines	24
2. Nationalität	25
3. Aufenthaltsort	26
4. Deutsche Konsulate	27
5. Rechtsbehelfe	28
6. Erhöhung nach billigem Ermessen	29
7. Währung und Wechselkurs	30
8. Parteikosten	31
9. Gesetzestexte	32

I. Allgemeines

1. Regelungszweck

Die Aussage des Zeugen ist eine staatsbürgerliche Pflicht, für welche ihm **1** aus Gründen der Billigkeit eine begrenzte Entschädigung erstattet wird (*OLG Bremen* JurBüro 1994, 182), so dass der Anspruch des Zeugen auch einem Schadensersatzanspruch nicht gleichgestellt ist (*OLG Schleswig* JurBüro 1991, 545). Der Umfang der zu gewährenden Entschädigung ergibt sich aus Abs. 1 (→ Rn. 6 ff.). § 19 ist nur anwendbar, wenn die Heranziehung durch eine in § 1 genannte Stelle erfolgt, bei einer Heranziehung durch andere Stellen nur, wenn das entsprechende Verfahrensgesetz auf § 19 verweist. Dabei schildert der Zeuge frühere Erinnerungen und persönliche Wahrnehmungen. Der Zeuge ist in Zivilsachen weder eine am Verfahren beteiligte Person (Partei, Intervenient usw.) noch ein gesetzlicher Vertreter einer Partei (Zöller/*Greger* § 373 ZPO Rn. 1). Ein Zeuge kann zudem nur eine natürliche Person sein, eine juristische Person kann nicht als Zeuge geladen werden, jedoch kann auch Unternehmungen oder Vertretern einer juristischen Person eine Entschädigung gewährt werden (→ § 22 Rn. 16 ff.).
Wegen der sachverständigen Zeugen → Rn. 11 ff.

2. Unverwertbarkeit der Aussage

Der öffentlich-rechtliche Entschädigungsanspruch des Zeugen entsteht, **2** wenn ihm aufgrund der gerichtlichen Anordnung Auslagen entstehen, die nach dem JVEG zu ersetzen sind. Die Verwertbarkeit der Aussage ist dabei ohne Belang. Der Zeuge verliert seinen Entschädigungsanspruch auch dann nicht, wenn es aufgrund leichter Fahrlässigkeit nicht zu einer Vernehmung kommt (*OLG München* MDR 1984, 948). Der Anspruch kann jedoch dann ausgeschlossen sein, wenn die Gewährung der Entschädigung mit dem Grundsatz von Treu und Glauben unvereinbar ist. Die Ausschlussgründe sind von der heranziehenden Stelle nachzuweisen (*OLG Schleswig* SchlHA 1990, 59). Ein Verstoß gegen Treu und Glauben kann vorliegen, wenn eine Person als Zeuge geladen wird, obwohl ihr bekannt ist, dass es sich bei ihr nicht um

§ 19   Abschnitt 5. Entschädigung von Zeugen und Dritten

die Person des Zeugen handelt, da es zur Verpflichtung des Herangezogenen gehört darauf hinzuweisen, wenn Kenntnis davon vorliegt (*VG Bremen* Az. 5 E 20/09). Hingegen ist eine Entschädigung zu gewähren, wenn der Zeuge zum Gerichtsort anreist, er aber infolge von Krankheit (z. B. Migräneanfall) nicht aussagen kann. Ein Entschädigungsanspruch besteht auch dann, wenn die Reise des Zeugen durch von ihm nicht zu verantwortende Umstände abgebrochen werden musste, beispielsweise bei Abbruch der Reise durch den Motorschaden eines von ihm benutzten Linienflugzeuges (*OLG München* JurBüro 1989, 1741).

II. Heranziehung in besonderen Verfahren

1. Abstammungssachen

3   Nach § 178 Abs. 1 FamFG hat in Abstammungssachen jede Person zum Zwecke der Feststellung der Vaterschaft Untersuchungen, insbesondere die Blutentnahme, zu dulden. Sucht ein Zeuge einen Sachverständigen auf, um ein Blutgruppengutachten zu ermöglichen, gilt er als in einem gerichtlichen Verfahren zu Beweiszwecken herangezogen und hat Anspruch auf eine Entschädigung nach dem JVEG. Wird hingegen ein Verfahrensbeteiligter (§ 172 FamFG) zu Beweiszwecken zu einer Blutentnahme geladen, steht ihm ein Entschädigungsanspruch nach dem JVEG nicht zu, so dass ihm höchstens im Falle der Mittellosigkeit eine Reiseentschädigung gewährt werden kann; siehe bei Anhang (VwV Reiseentschädigung). Die dem Verfahrensbeteiligten im Rahmen der Blutentnahme entstandenen Kosten wie Fahrtkosten und Verdienstausfall sind jedoch als Beteiligtenkosten nach § 91 ZPO i. V. m. § 80 S. 2 FamFG erstattungsfähig.

2. Jugendgerichtssachen

4   Gem. § 50 Abs. 2 JGG soll der Vorsitzende in einem Jugendstrafverfahren zur Hauptverhandlung auch den Erziehungsberechtigten bzw. den gesetzlichen Vertreter laden. Das kann im Einzelfall auch der Vormund oder eine Person sein, der nach § 1630 BGB die Pflege übertragen worden ist. Auf den nach § 50 Abs. 2 JGG Geladenen finden die Vorschriften des JVEG Anwendung, er hat daher einen direkten Anspruch auf Entschädigung wie ein herangezogener Zeuge.

3. Gestellte Zeugen

5   Ein von einer Partei gestellter Zeuge hat gegenüber dem Gericht keinen Erstattungsanspruch, wenn er nicht vernommen wird, da eine gerichtliche Heranziehung nicht vorliegt (*OLG Koblenz* NJW 1967, 1866). Ein Entschädigungsanspruch kann aber bestehen, wenn das Gericht eine Partei aus verschiedensten Gründen veranlasst, einen Zeugen zu stellen. Der Zeuge muss aber tatsächlich vernommen worden sein, das bloße Erscheinen genügt auch dann nicht, wenn das Gericht die Stellung des Zeugen zwar für zweckdienlich hält, ihn aber nicht vernimmt (*OLG Koblenz* NJW 1967, 1866; **a. A.** *OLG Stuttgart* MDR 1964, 857), es sei denn, dass das Gericht dem Zeugen im Voraus zu verstehen gibt, dass er im Termin gestellt wird (*KG* Rpfleger 1986, 283). Wird der gestellte Zeuge durch das Gericht vernommen und entsteht dadurch

ein genereller Erstattungsanspruch, werden die Auslagen des Zeugen dennoch nur in der notwendigen Höhe erstattet. Zu berücksichtigen ist dabei nämlich, dass das Gericht die Möglichkeit gehabt hätte, den Zeugen ggf. im Wege der Rechtshilfe zu vernehmen. Ansonsten könnte jede Partei, welche Zeugen zu einem gerichtlichen Termin stellt, die Staatskasse zu Lasten des Gegners zu solchen Ausgaben zwingen, die ohne das eigenmächtige Handeln der Partei nicht entstanden wären (*OLG Koblenz* NJW 167, 1866). In Arrest- und einstweiligen Verfügungsverfahren ist auch zu prüfen, ob nicht etwa eine eidesstattliche Versicherung genügt hätte (*OLG Schleswig* JurBüro 1981, 760). Zu berücksichtigen ist auch, dass es Sache des Prozessgerichts ist, ob es den auswärtigen Zeugen im Wege der Rechtshilfe vernehmen will, etwaige Mehrkosten sind nicht erstattungsfähig. Wäre ein durch das Gericht vernommener gestellter Zeuge im Wege der Rechtshilfe vernommen worden, so sind zumindest die Kosten zu erstatten, die bei der Vernehmung vor dem ersuchten Richter entstanden wären (*OLG Stettin* OLGE 23, 280).

Sagt eine Partei einem Zeugen bzw. seinem Arbeitgeber eine Entschädigung für die Zeugenvernehmung zu, welche die Gebührensätze des JVEG überschreitet, so entsteht dadurch hinsichtlich der Mehrkosten gleichwohl kein Erstattungsanspruch gegenüber der Staatskasse (*OLG Karlsruhe* Justiz 1990, 395). Die Mehrkosten sind von dem Zeugen gegenüber der betreffenden Partei geltend zu machen. Die einer Partei für gestellte Zeugen entstandenen Kosten sind im Rahmen der gesetzlichen Entschädigung als erstattungsfähig i. S. d. § 91 ZPO anzusehen, wenn die Stellung erforderlich gewesen ist. Zahlt die Partei an einen Zeugen, der gegenüber dem Gericht eine Verzichtserklärung abgegeben hat, eine Entschädigung, sind die Kosten gleichfalls erstattungsfähig, soweit sie den gesetzlichen Rahmen des JVEG nicht übersteigen (*OLG Karlsruhe* JurBüro 1991, 1514; *OLG Thüringen* OLG-NL 1999, 191). Eine Ausnahme kann nur für ausländische Zeugen gelten, so dass hier wegen § 19 Abs. 4 auch ein Kostenerstattungsanspruch besteht, wenn die nach dem JVEG zu zahlende Entschädigung überschritten wird.

III. Umfang der Entschädigung

1. Allgemeines

Nach Absatz 1 S. 1 erhält der Zeuge eine Entschädigung für:
- Fahrtkostenersatz (§ 5),
- Entschädigung für Aufwand (§ 6),
- Ersatz für sonstige Aufwendungen (§ 7),
- Entschädigung für Zeitversäumnis (§ 20),
- Entschädigung für Nachteile bei der Haushaltsführung (§ 21) sowie
- Entschädigung für Verdienstausfall (§ 22).

Die zu zahlende Entschädigung ist an die Höchstsätze des JVEG gebunden, eine darüber hinausgehende Erstattung erfolgt nicht, auch wenn die Mehrkosten nachgewiesen werden (*OLG Schleswig* JurBüro 1991, 545; *OLG Bremen* JurBüro 1994, 182). Die Zusage einer Partei, auch Mehrkosten zu erstatten, bewirkt keinen Anspruch gegenüber der Staatskasse (*OLG Karlsruhe* Justiz 1990, 395).

Wegen der zu berücksichtigenden Zeit → Rn. 16 ff.

§ 19   Abschnitt 5. Entschädigung von Zeugen und Dritten

2. Umsatzsteuer

7   Da Abs. 1 S. 1 nicht auf die Regelung des § 12 verweist, kann einem Zeugen und auch einen sachverständigen Zeugen keine Umsatzsteuer auf die gezahlte Entschädigung erstattet werden (*OLG Koblenz* MDR 1994, 1152). Es handelt sich auch nicht um bare Aufwendungen nach § 7 Abs. 1. Umsatzsteuer kann daher nur dann erstattet werden, wenn der Berechtigte sie für Fremdleistungen wie z. B. Fahrt- oder Portokosten gezahlt hat. Die Nichterstattungsfähigkeit der Umsatzsteuer ist auch im Rahmen der Kostenfestsetzung zu berücksichtigen, so dass auch die Parteien im Kostenfestsetzungsverfahren (§§ 103 ff. ZPO) keine Mehrwertsteuer auf anerkannten Verdienstausfall anmelden können, wenn dieser als Parteikosten i. S. d. § 91 Abs. 1 ZPO erstattungsfähig ist (*OLG Koblenz* MDR 1994, 1152).

IV. Verzicht auf Zeugenentschädigung

1. Allgemeines

8   Hat der Zeuge auf eine Entschädigung verzichtet, so erlischt sein Entschädigungsanspruch gegenüber der heranziehenden Stelle. Dies gilt für sämtliche in § 19 genannten Entschädigungspunkte, also auch für Fahrtkosten und sonstige Auslagen. Der Zeuge kann den Verzicht aber auf einzelne Entschädigungspunkte beschränken. Wird trotz der Verzichtserklärung, die schriftlich oder auch während der Heranziehung abgegeben werden kann, eine Entschädigung ausgezahlt, so hat sich der Zeuge unrechtmäßig mit der Folge bereichert, dass der Betrag zurückgefordert werden muss (*OLG Nürnberg* Rpfleger 1963, 180). Der Zeuge sollte dann zunächst aufgefordert werden, den Betrag freiwillig zurückzuerstatten. Wird der Aufforderung keine Folge geleistet, sind die Kosten nach der JBeitrO einzufordern. Ist ein Betrag an einen Zeugen unrechtmäßig ausgezahlt, kann dieser zudem nicht im Kostenansatzverfahren gegen den Kostenschuldner geltend gemacht werden (*OLG Nürnberg* Rpfleger 1963, 180).

2. Widerruf der Zeugenentschädigungsverzichtserklärung

9   Zu der Frage, ob eine Zeugenentschädigungsverzichtserklärung widerrufen werden kann, siehe ausführlich *Varrentrapp* NJW 1962, 903. Danach handelt es sich bei dem Verzicht nach den Grundsätzen des öffentlichen Rechts um eine einseitige empfangsbedürftige und rechtsgeschäftliche Willenserklärung. Sie wird erst wirksam, wenn sie der zuständigen Behörde, welche die Heranziehung angeordnet hat, zugegangen ist. Solange sich die Verzichtserklärung noch in den Händen des Beweisführers befindet ist sie widerruflich. Ist sie jedoch bei der zuständigen Behörde eingegangen, ist sie nur nach den Regeln des öffentlichen Rechts anfechtbar, so dass der Zeuge deshalb an diese gebunden ist.

Eine Anfechtung ist jedoch wegen Täuschung, Drohung und Erklärungsirrtums möglich (*KG* JurBüro 2011, 604; *OLG Koblenz* Az. 2 U 481/82). Die Anfechtung der Verzichtserklärung hat danach unverzüglich, sobald die dafür maßgeblichen Umstände eingetreten sind, zu erfolgen, damit das Gericht gegebenenfalls nachträglich von dem Beweisführer einen Auslagenvorschuss einfordern kann. Die Verzichtserklärung ist auf jeden Fall vor der Verneh-

Grundsatz der Entschädigung § 19

mung anzufechten (*OLG München* JurBüro 1995, 373). Eine Anfechtung ist auch dann zulässig, wenn der Zeuge auf die Entschädigung in der Annahme verzichtet, dass die Vernehmung im Wege der Rechtshilfe an dem für den Wohnort des Zeugen zuständigen Amtsgerichts durchgeführt wird, sie jedoch dann am Prozessgericht erfolgt. Auch der Wegfall der Geschäftsgrundlage kann die Rücknahme der Verzichtserklärung rechtfertigen (*OLG München* NJW 1975, 2108; *OLG Düsseldorf* JurBüro 1997, 374; *KG* JurBüro 2011, 604).

3. Wirkung nur gegenüber der Staatskasse

Mit der gegenüber dem Gericht abgegebenen Verzichtserklärung verzichtet 10 der Zeuge nicht ohne weiteres auch gegenüber der beweisführenden Partei. Die in einem solchen Fall von der Partei an den Zeugen geleisteten Zahlungen gehören bis zur Höhe der nach dem JVEG zu zahlenden Beträge zu den notwendigen Parteikosten nach § 91 ZPO, denn die beweisführende Partei verzichtet mit der Vorlage der Verzichtserklärung des Zeugen nicht auf die Erstattung der mit der Beweisführung verbundenen Auslagen (*OLG München,* Rpfleger 1957, 57).

V. Sachverständige Zeugen

1. Allgemeines

Nach § 414 ZPO, § 85 StPO ist die Heranziehung von sachverständigen 11 Zeugen statthaft. Es gelten die Vorschriften über den Zeugenbeweis. Wird ein sachverständiger Zeuge herangezogen, so wird er wie ein Zeuge entschädigt, so dass sich seine Entschädigung ausschließlich nach § 19 richtet (*OLG Stuttgart* MDR 2007, 1456; *OLG Hamm* NJW 1972, 2003, *VG Freiburg* Az. 4 K 928/02), eine Vergütung wie für Sachverständige wird nicht gewährt. Erbringt ein sachverständiger Zeuge Leistungen nach der Anlage 2 zu § 10 Abs. 1, so bemisst sich die Entschädigung nur nach dieser Anlage. Eine separate Entschädigung kann nur in Ausnahmefällen erfolgen.

2. Abgrenzung zwischen Sachverständigen und sachverständigen Zeugen

a) **Allgemeines.** Ob die herangezogene Person als sachverständiger Zeuge 12 oder als Sachverständiger zu behandeln ist, muss für jeden Einzelfall gesondert geprüft werden. Ein Sachverständiger übermittelt die Kenntnis von Erfahrungssätzen oder beurteilt bestimmte Tatsachen aufgrund von Erfahrungssätzen, während ein sachverständiger Zeuge hingegen von ihm beobachtete Tatsachen oder Zustände aufgrund seiner früheren Wahrnehmungen schildert, wobei er dies jedoch nur aufgrund seiner besonderen Fachkenntnisse vermag (*OLG Düsseldorf* JurBüro 2011, 490). Der Sachverständige ist somit dem Inhalt seiner Bekundungen nach auswechselbar (*LG Osnabrück* JurBüro 1998, 483). Ein Herangezogener, der nicht als austauschbar gilt, ist wie ein Zeuge zu entschädigen (Meyer/Höver/*Bach* § 8 Rn. 8.3). Wird ein Herangezogener über Tatsachen und Kenntnisse vernommen, die er anlässlich der Vorbereitung eines Privatgutachtens wahrgenommen oder gewonnen hat, wird er nicht als Sachverständiger, sondern als sachverständiger Zeuge vernommen, da er inso-

343

weit nicht auswechselbar ist (*LG Osnabrück* JurBüro 1998, 483). Ein Sachverständiger, der zu Fragen vernommen wird, die mit Vorkommnissen im Zusammenhang mit der Erstattung eines in der Vorinstanz erstatteten Gutachtens zusammenhängen, ist als Zeuge zu entschädigen (Meyer/Höver/*Bach* § 8 Rn. 8.3.) Überprüft ein Wartungstechniker das Störbuch einer Lichtzeichenanlage und fertigt er über seine Feststellungen eine Niederschrift an, so wird er hierbei nicht als Sachverständiger tätig, sondern er ist vielmehr ein sachverständiger Zeuge, der nach § 19 zu entschädigen ist (*AG Bensheim* KostRsp. ZSEG § 2 Nr. 61). Auch wer nur über Tatsachen oder Zustände berichtet, die er zufällig oder im privaten Auftrag wahrgenommen hat, wird hingegen nicht als Sachverständiger entschädigt (*OLG Hamm* NJW 1972, 2003). Ist ein Sachverständiger vorgerichtlich tätig gewesen und wird er nunmehr vom Gericht als Zeuge geladen und zu Tatsachen vernommen, ohne die einem Sachverständigen vorbehaltenen Bewertungen und Schlussfolgerungen zu ziehen, ist er als Zeuge zu entschädigen (*OLG Dresden* Az. 3 W 1276/10).

Eine Vergütung als Sachverständiger erfolgt dann, wenn der Herangezogene Angaben macht, die über die Wiedergabe bloßer Wahrnehmungen hinausgehen (*OLG Köln* MDR 1993, 391; *OVG Lüneburg* NJW 2012, 1307). Ein Kfz-Sachverständiger, der auch zu seinen gutachterlichen Schlussfolgerungen vernommen wird, die er aus seinen Feststellungen gezogen hat, ist als Sachverständiger zu vergüten (*OLG Karlruhe* ZfSch 1991, 305). Kann der sachverständige Zeuge die Beweisfrage nur aufgrund seines Fachwissens als Sachverständiger beantworten, so muss er gleichfalls als Sachverständiger vergütet werden. Das gilt auch dann, wenn er als Zeuge geladen wurde (*OLG Hamm* ZfSch 1986, 334). Überprüft ein als „sachverständiger Zeuge" bezeichneter Bausachverständiger auftragsgemäß die Notwendigkeit und Schlüssigkeit von Techniker- und Ingenieurstunden bei Bauvorhaben, stellt dies typische Sachverständigentätigkeit dar (*OLG Koblenz* OLGR Koblenz 2005, 228). Das gilt auch dann, wenn eine gerichtliche Entscheidung auf von die von einem sachverständigen Zeugen bekundete sachverständige Schlussfolgerungen gestützt wird, die ansonsten durch ein in Auftrag zu gebendes Sachverständigengutachten erfolgt wäre (*OLG Düsseldorf* VersR 1983, 544).

13 b) Bezeichnung des Herangezogenen. Unerheblich ist, wie der Herangezogene von dem Gericht im Beweisbeschluss benannt, von der Partei bezeichnet oder vom Gericht geladen wird (*OLG Düsseldorf* JurBüro 2011, 490; *OLG Koblenz* OLGR Koblenz 2005, 228). Allein der Inhalt der Vernehmung ist entscheidend (*OLG München* JurBüro 1998, 1242; *OLG Düsseldorf* BauR 2005, 606; *LG Osnabrück* JurBüro 1998, 483). Dabei ist auch ein als Zeuge geladener Sachverständiger, der im Termin nicht nur zu einer Tatsachenfeststellung vernommen, sondern auch zu einer sachverständigen Wertung veranlasst wird, für die gesamte Teilnahme an der mündlichen Verhandlung wie ein Sachverständiger zu vergüten (*OLG Hamm* JurBüro 1991, 1259; *OLG Karlsruhe* DAR 2000, 571; *OVG Lüneburg* NJW 2012, 1307). Die Bezeichnung in dem Beweisbeschluss ist ebenfalls unerheblich, es kommt allein auf den sachlichen Inhalt der gestellten Aufgabe an (*OLG Düsseldorf* BauR 2005, 606). Dem sachlichen Gehalt der gestellten Aufgabe kommt zudem insbesondere dann eine Bedeutung zu, wenn es nicht zu einer Vernehmung kommt (*OLG Düsseldorf* OLGR Düsseldorf 2005, 388).

Grundsatz der Entschädigung   § 19

c) **Ärzte.** Auch bei herangezogenen Ärzten ist zu prüfen, ob sie tatsächlich 14
als Sachverständiger oder als sachverständiger Zeuge tätig waren. Sagt der Arzt
über Krankheiten eines seiner Patienten aus, wird er regelmäßig als sachverständiger Zeuge tätig, wenn er aufgrund des Inhalts seiner Aussage nicht auswechselbar ist. Geht die Schilderung aber über die bloßen Wahrnehmungen hinaus, weil auch medizinische Rückschlüsse gezogen werden, so liegt darin eine Tätigkeit als Sachverständiger. Wird der Arzt in dem Termin zu einer von ihm ausgestellten fachärztlichen Bescheinigung eines Patienten vernommen, wird er als sachverständiger Zeuge tätig (*VG Freiburg* Az. 4 K 928/ 02). Der hierfür benötigte Zeitaufwand ist auch gesondert zu vergüten. Einem als sachverständiger Zeuge geladenen Arzt, der Aufschlüsse über einen von ihm abgegebenen Befund mitteilt, steht deshalb neben der Entschädigung nach der Anlage 2 zu § 10 Abs. 1 auch eine Entschädigung für den eingetretenen Verdienstausfall aus Anlass des Termins zu (*LG Berlin* JurBüro 1992, 566).

3. Gleichzeitige Vernehmung als sachverständiger Zeuge und Sachverständiger

Wird ein Herangezogener zugleich als sachverständiger Zeuge und als 15
Sachverständiger vernommen, so ist eine getrennte Entschädigung/Vergütung für die Dauer der Vernehmung als Sachverständiger und als Zeuge nicht möglich und auch nicht sachgerecht. Es ist daher für den gesamten Zeitraum der Heranziehung eine Vergütung nach § 8 zu gewähren (*OVG Lüneburg* NJW 2012, 1307). Eine gleichzeitige Vernehmung als sachverständiger Zeuge und als Sachverständiger liegt z. B. bei einem Arzt vor, der die Auswirkungen einer Krankheit aufgrund seiner Fachkenntnisse wiedergibt oder sich zu der Glaubwürdigkeit eines Kindes äußert, welches von ihm untersucht wurde (*OLG Köln* MDR 1993, 391). Da es sich um eine gleichzeitige Vernehmung handelt, ist der Arzt insgesamt als Sachverständiger zu vergüten.

VI. Zu berücksichtigende Zeit (Abs. 2)

1. Allgemeines

Die Entschädigung ist dem herangezogenen Zeugen für die gesamte Zeit 16
der Heranziehung zu gewähren (Abs. 2 S. 1). Es kommt dabei nicht auf die bloße Dauer der Vernehmung an, sondern maßgeblich ist die gesamte aufgewendete Zeit. Im Regelfall wird die Entschädigung daher für den Zeitraum vom Verlassen der Wohnung bis zur Rückkunft in die Wohnung gewährt. Der Anweisungsbeamte hat im Rahmen der Festsetzung zu prüfen, ob die geltend gemachte Zeit auch tatsächlich notwendig gewesen ist.
Auch eine Vorbereitungszeit kann erstattungsfähig sein, etwa weil der Zeuge Unterlagen einsieht oder auch Briefwechsel führt, soweit dieser im Rahmen der Beweisaufnahme notwendig ist. Eine solche Notwendigkeit kann vorliegen, wenn eine als Zeugin herangezogene Ärztin Unterlagen an ihrer ehemaligen Arbeitsstelle einsehen muss. Es empfiehlt sich jedoch, die heranziehende Stelle darüber zu informieren.

345

2. Reise- und Wartezeiten

17 Nach Abs. 2 S. 1 ist die Entschädigung auch für notwendige Reise- und Wartezeiten zu gewähren. Bei der Reisezeit ist regelmäßig die Fahrtstrecke zugrunde zulegen und als notwendig anzuerkennen, welche die geringste Gesamtentschädigung verursacht. Für die aufgewendete Zeit wegen notwendiger Umwege, Staus oder Verspätungen öffentlicher Verkehrsmittel besteht jedoch gleichwohl ein Entschädigungsanspruch. Dem Zeugen sind auch notwendige Pausenzeiten zu entschädigen. Das gilt insbesondere dann, wenn er längere Fahrtstrecken zurückzulegen hat oder der Gesundheitszustand bzw. das Alter des Zeugen Pausen erforderlich machen. Auch witterungsbedingte Umstände wie Hitze, Glätte, Schnee oder Nebel können Pausen erforderlich machen. In diesen Fällen kann auch von der kürzesten Fahrtstrecke abgewichen werden, wenn deren Nutzung unangemessen oder unzumutbar erscheint. Wird eine Verhandlung wegen einer Pause unterbrochen, so ist dem Zeugen auch für diese Zeit eine Entschädigung zu gewähren.

3. Wiederaufnahme der Arbeit

18 Ist eine Ausübung der beruflichen Tätigkeit vor dem Termin bzw. eine Wiederaufnahme nach dem Termin nicht möglich und hat der Arbeitgeber diese Tatsache in der Verdienstausfallbescheinigung bescheinigt oder legt der Zeuge dies glaubhaft dar, so ist ihm der gesamte Arbeitsausfall zu erstatten, auch wenn er die Zeit der Heranziehung überschreitet. Ein solcher Umstand kann dazu führen, dass für einen Termin, der selbst nur relativ wenig Zeit in Anspruch genommen hat, gleichwohl der ganze Tag als Verdienstausfall zu entschädigen ist. Ob tatsächliche betriebliche Gründe vorliegen, die eine Wiederaufnahme nicht möglich machen, hat das Gericht dabei nicht zu prüfen (*LAG Düsseldorf* JurBüro 1998, 152).

VII. Letzte begonnene Stunde (Abs. 2 S. 2)

19 Die letzte bereits begonnene Stunde wird voll gerechnet, wenn insgesamt mehr als 30 Minuten auf die Heranziehung entfallen. In diesen Fällen sind auch die nach §§ 20, 21 zu zahlenden Entschädigungen aufzurunden. Wird die letzte begonnene Stunde für weniger als 30 Minuten für die Heranziehung genutzt, beträgt die Entschädigung die Hälfte des sich für eine volle Stunde ergebenden Betrags (Abs. 2 S. 2), so dass dann z. B. die Entschädigung nach § 20 für die letzte Stunde nur 1,75 EUR beträgt. Hinsichtlich der Erstattung von Verdienstausfall ist jedoch nur der tatsächliche Verdienstausfall zu ersetzen, so dass weder aufgerundet noch gekürzt werden darf.

Beispiel 1: Der Zeuge wird für insgesamt 7 Stunden und 15 Minuten herangezogen. Verdienstausfall ist nicht eingetreten, aber Zeitversäumnis.
Dem Zeugen ist folgende Zeitversäumnis (§ 20) zu erstatten: Stunde 1 bis 7: 7 × 3,50 EUR = 24,50 EUR und für die letzte begonnene Stunden 1,75 EUR. Insgesamt beträgt die Zeitversäumnis (§ 20) somit 26,25 EUR.

Beispiel 2: Der Zeuge wird für insgesamt 7 Stunden und 45 Minuten herangezogen. Verdienstausfall ist nicht eingetreten, aber Zeitversäumnis.

Grundsatz der Entschädigung **§ 19**

Dem Zeugen ist folgende Zeitversäumnis (§ 20) zu erstatten: 8 × 3,50 EUR = 28,– EUR. Die letzte begonnene Stunde wird nach Abs. 2 S. 2 voll gerechnet, da sie zu mehr als 30 Minuten für die Heranziehung genutzt wurde.

Beispiel 3: Der Zeuge wird für insgesamt 7 Stunden und 45 Minuten herangezogen. Laut der vorgelegten Verdienstausfallbescheinigung erleidet er folgenden Verdienstausfall: 7,5 Stunden à 12,– EUR.
Dem Zeugen dürfen gemäß des tatsächlichen Ausfalls höchstens 90,– EUR (7,5 Stunden à 12,– EUR) erstattet werden. Eine Aufrundung nach Abs. 2 S. 2 auf 8 Stunden (96,– EUR) kann nicht erfolgen, da der tatsächliche Verdienstausfall nur 90,– EUR beträgt.

Beispiel 4: Der Zeuge wird für insgesamt 7 und 45 Stunden herangezogen. Laut der vorgelegten Verdienstausfallbescheinigung erleidet er folgenden Verdienstausfall: 7,5 Stunden à 28,– EUR. Der Zeuge erleidet mithin einen tatsächlichen Verdienstausfall von 210,– EUR.
Dem Zeugen ist folgender Verdienstausfall zu erstatten: 8 Stunden à 21,– EUR, insgesamt also 168,– EUR. Eine Aufrundung nach Abs. 2 S. 2 auf 8 Stunden kann vorgenommen werden, da der tatsächliche Verdienstausfall nicht überschritten wird.

VIII. Schriftliche Zeugenaussage (Abs. 1 S. 2)

1. Allgemeines

Ein Entschädigungsanspruch des Zeugen besteht auch dann, wenn das Gericht die schriftliche Beantwortung der Beweisfrage anordnet (§ 377 Abs. 2 ZPO). Der Entschädigungsanspruch des Zeugen bestimmt sich nach § 19, und zwar ohne Einschränkungen. **20**

2. Verdienstausfall und Zeitversäumnis

Erleidet der Zeuge wegen der Erstattung der schriftlichen Zeugenaussage einen Verdienstausfall (§ 22), Zeitversäumnis (§ 20) oder Nachteile in der Haushaltsführung (§ 21), so ist ihm die gesamte für die Beantwortung der Beweisfrage verwendete Zeit zu entschädigen. Dabei ist nicht nur Zeitaufwand für die Fertigung der Niederschrift, sondern auch solcher für das Lesen des Beweisbeschlusses, die angestellten Überlegungen oder das Heraussuchen und Sichten von Unterlagen zu entschädigen. Wegen der aufgewendeten Zeit ist in erster Linie auf die durch den Zeugen gemachten Angaben abzustellen, wobei die Umstände des Einzelfalls zu berücksichtigen sind. Ein grobes Missverhältnis zu dem Umfang der getätigten Aussage, kann jedoch zu Kürzungen führen. Dabei ist die Bildung des Zeugen insoweit zu berücksichtigen, wie Schreibungewandtheit zu einem höheren Zeitaufwand führen kann. Im Gegensatz zu Berechtigten nach § 8 ist bei einem Zeugen auch die aufgewendete Zeit für die Beförderung zum Postamt erstattungsfähig. Hat das Gericht um eine erneute schriftliche Aussage gebeten, besteht für die Ergänzungen ein weiterer Entschädigungsanspruch auch dann, wenn die Angaben zu ungenau waren. **21**

3. Aufwendungen

Hinsichtlich der Schreibauslagen hat der Zeuge für seine schriftliche Zeugenaussage keinen Anspruch auf die Schreibpauschale nach § 12 Abs. 1 S. 2 Nr. 3, denn diese wird nur Berechtigten nach § 8 gewährt. Auch Schreib- **22**

§ 19 Abschnitt 5. Entschädigung von Zeugen und Dritten

auslagen nach § 7 Abs. 2 kann der Zeuge für seine **Urschrift** nicht verlangen. Jedoch kann für verlangte Mehrfertigungen eine Pauschale nach § 7 Abs. 2 gewährt werden. Die Portokosten sind erstattungsfähig (§ 7 Abs. 1). Ist eine notarielle Beurkundung vorgenommen worden, sind die Notarkosten nach § 7 Abs. 1 als bare Aufwendungen erstattungsfähig (Meyer/Höver/*Bach* § 19 Rn. 19.2). Auch Telefonkosten für notwendige Rückfragen bei der heranziehenden Stelle sind erstattungsfähig. Wird die Aussage als elektronisches Dokument eingereicht, weil dies nach der jeweiligen Verfahrensordnung und ergangener Rechtsverordnung zulässig ist, steht dem Zeugen auch eine Entschädigung nach § 7 Abs. 3 zu. Musste der Zeuge Fotos anfertigen, sind die dafür entstandenen Kosten nach § 7 Abs. 2 zu erstatten.

IX. Heranziehung in mehreren Angelegenheiten (Abs. 3)

23 Wird der Zeuge für verschiedene Angelegenheiten herangezogen, ist die Entschädigung auf diese Angelegenheiten im Verhältnis der Entschädigung zu verteilen, die bei einer gesonderten Heranziehung entstanden wäre (Abs. 3). Damit soll zugleich klargestellt werden, dass der Zeuge die Entschädigung nicht mehrfach verlangen kann, obwohl die finanziellen Einbußen nur einmal entstanden sind.

Eine angemessene Aufteilung auf die einzelnen Verfahren hat auch im Kostenansatzverfahren wegen der Gerichtskosten zu erfolgen (Vorbem. 9 Abs. 2 KV-GKG, Vorbem. 2 Abs. 2 KV-FamGKG, Vorbem. 3 KV-GNotKG). Da die Auszahlung regelmäßig durch eine einheitliche Kassenanweisung erfolgt, ist in die weiteren Akten eine Kopie zu nehmen, die den Hinweis enthalten muss, in welcher Höhe die Auslagen die jeweilige Angelegenheit betreffen.

X. Zeugen aus dem Ausland (Abs. 4)

1. Allgemeines

24 Abs. 4 erlaubt bei Zeugen, die ihren gewöhnlichen Aufenthalt im Ausland haben, die Zahlung einer höheren, von §§ 20 bis 22 abweichenden Entschädigung. Die Bestimmungen unterscheidet sich daher von § 8 Abs. 4 insoweit wesentlich, als das Abs. 4 nur auf die Entschädigungen der §§ 20–22 verweist, also nicht die gesamte Entschädigungsansprüche nach Abs. 1 umfasst. Bei einer strengen Auslegung allein dem Wortlaut des Abs. 4 nach kommt deshalb noch nur eine höhere Erstattung von Verdienstausfall oder Zeitversäumnis in Betracht. Der Gesetzgeber hat in der Begründung zu Abs. 4 offen gelassen, ob damit tatsächlich eine Verschärfung der Erstattungsregelung gewollt war, sondern nur ausgeführt (BT-Drs. 15/1971, S. 185) „*Absatz 4 entspricht § 6 ZuSEG*", welcher gleichfalls keine erhöhte Auslagenerstattung vorsah. Es war jedoch gleichwohl schon nach altem Recht anerkannt, dass einem Herangezogenen aus dem Ausland ein erhöhtes Auslandstagegeld gewährt werden konnte. In Hessen hatte insoweit auch die Landesjustizverwaltung durch RdErl. d. MJ v. 29.9.1990 eine Anwendung der Auslandsreisekostenverordnung (ARV) zugelassen. Da Abs. 4. dem Zweck dient, bei im Ausland lebenden Herangezogenen, die keine Verpflichtung zum Erscheinen vor deutschen Gerichten trifft, solche finanziellen Einbußen auszugleichen,

Grundsatz der Entschädigung § 19

welche die Bereitschaft, vor Gericht zu erscheinen ausschließen könnte, sollte auch zukünftig eine Anwendung der ARV und der danach erhöhten Tagegelder in Betracht kommen, da die in § 6 gewährten Tagegelder oftmals nicht ausreichen, um die Reise- und Verpflegungskosten für die Anreise bis nach Deutschland zu bestreiten. Zumindest für die Reisezeiten im Ausland kann deshalb auch weiterhin ein Auslandstagegeldsatz nach der VO über die Reisekostenvergütung bei Auslandsdienstreisen v. 18.5.1977 (ARV) gewährt werden, wobei sich die Höhe des Auslandstagegeldes gem. § 3 Abs. 1 AVR nach den allgemeinen Verwaltungsvorschriften zur ARV (ARVVwV) bestimmt, abgedruckt bei → Rn. 32.

2. Nationalität

Da Abs. 4 nur auf den gewöhnlichen Aufenthaltsort im Ausland abstellt, 25 kommt es für die Anwendung der Regelung nicht auf die Nationalität des Herangezogenen an. Auch einem Deutschen, der seinen gewöhnlichen Aufenthaltsort im Ausland hat, kann deshalb eine höhere Entschädigung gewährt werden.

Wer hingegen in Deutschland seinen gewöhnlichen Aufenthalt hat, wird unabhängig von seiner Nationalität nach den „normalen" Sätzen des JVEG entschädigt, eine höhere Entschädigung kommt für ihn nicht in Betracht. Hält sich ein Ausländer nur vorübergehend in Deutschland auf, kann eine Erhöhung nach Abs. 4 gewährt werden. Wird ein Ausländer am deutschen Gerichtsort geladen und tritt er die Reise sodann ohne vorherige Miteilung von seinem ausländischen Wohnort aus an, so sind ihm nur die Kosten zu erstatten, die im Falle einer Anreise vom (deutschen) Ladungsort aus entstanden wären. Das bezieht sich nicht nur auf die Fahrtkosten, sondern auch auf den Verdienstausfall, Abs. 4 findet dann auf ihn generell keine Anwendung (*KG* Rpfleger 1962, 312). Das gilt auch für den Fall der schuldhaften, verspäteten Mitteilung des ausländischen Zeugen an das deutsche Gericht.

3. Aufenthaltsort

Der gewöhnliche Aufenthalt wird durch ein tatsächliches längeres Verwei- 26 len begründet (Palandt/*Ellenberger* § 7 Rn. 3 m. w. N. BGH NJW 1983, 2771). Aus dem längeren Verweilen muss zum Ausdruck kommen, dass der Zeuge den Aufenthaltsort im Ausland nicht nur vorübergehend wählt, auch wenn sein Aufenthalt dort eine längere Zeit in Anspruch nimmt. Befindet sich ein Deutscher deshalb aus beruflichen Gründen zeitweise im Ausland, weil er für einen begrenzten Zeitraum dorthin versetzt wurde, begründet er dort nicht seinen gewöhnlichen Aufenthalt. Ihm kann deshalb die erhöhte Entschädigung nach Abs. 4 nicht gewährt werden, weil er keinen gewöhnlichen Aufenthalt im Ausland hat. Eine erhöhte Entschädigung ist deshalb auch dann abzulehnen, wenn sich der Herangezogene wegen Urlaub oder Genesung im Ausland aufhält.

4. Deutsche Konsulate

Wird ein Zeuge vor einem deutschen Briefkonsul im Ausland vernommen 27 (§ 20 KonsG), kann eine Erhöhung nach Abs. 4 in Betracht kommen (*Hartmann* § 8 Rn. 45).

5. Rechtsbehelfe

28 Die Nichtbeachtung des Abs. 4 kann im Festsetzungs- bzw. Beschwerdeverfahren nach § 4 beanstandet werden.

6. Erhöhung nach billigem Ermessen

29 Die durch Abs. 4 vorgesehene Erhöhung der Entschädigung wird nach billigem Ermessen gewährt, dabei sind die persönlichen Verhältnisse, insbesondere die regelmäßige Erwerbstätigkeit, zu berücksichtigen. Eine erhöhte Entschädigung ist deshalb nicht schon allein deshalb zu gewähren, weil der herangezogene Zeuge ein Ausländer ist bzw. seinen gewöhnlichen Aufenthaltsort nicht in Deutschland hat.

Ein Anspruch auf eine die Höchstsätze des JVEG übersteigende Entschädigung besteht nur dann, wenn

– nachgewiesen wird, dass der eingetretene Vermögensschaden tatsächlich die Höchstsätze des JVEG übersteigt, und

– die persönlichen Verhältnisse (insbesondere die Erwerbstätigkeit) einen solchen Ausfall vermuten lassen oder ein solcher deshalb augenscheinlich geworden ist.

Obwohl Abs. 4 dem Gericht und auch dem Anweisungsbeamten einen Ermessensspielraum einräumt, sollte bei Vorliegen der beiden o. g. Voraussetzungen stets auch eine erhöhte Entschädigung gewährt werden. Der herangezogene Zeuge muss aber ggf. plausibel darlegen, dass und in welcher Höhe ihm ein Vermögensverlust entstanden ist. Soweit es sich um einen ausländischen Rechtsanwalt handelt, ist nicht ohne Weiteres ein im Ausland geltender Tarif zugrunde zu legen. Insbesondere dann, wenn der ausländische Anwalt eine gemeinschaftliche Anwaltskanzlei betreibt, können solche Einbußen unwahrscheinlich sein (*LG Berlin* KostRsp. ZSEG § 6 Nr. 1).

7. Währung und Wechselkurs

30 Werden Aufwendungen des Zeugen erstattet, ist der Wechselkurs des Tages zugrunde zulegen, an dem die Aufwendungen getätigt worden sind. Es ist der Devisenbriefkurs zugrunde zulegen (*BayLSG* HV-INFO 1990, 189), der bei den Landeszentralbanken erfragt werden kann. Ob sich zwischenzeitlich der Wechselkurs wesentlich verändert hat, kann nicht durch den Anweisungsbeamten geprüft werden. Nur wenn solche Einwendungen durch den herangezogenen Zeugen vorgebracht werden, muss nachgeprüft werden.

Da auch Absatz 4 keine Vorschrift darüber enthält, in welcher Währung die Zeugenentschädigung auszuzahlen ist, erhält der Zeuge seine Entschädigung grundsätzlich in EUR ausgezahlt. Dieser Handhabung wird schon aus praktischen Gründen zuzustimmen sein. Ein Anspruch des Zeugen auf Auszahlung der Entschädigung in der in seinem Heimatland gültigen Währung besteht nicht. Wegen der Zahlungen an Empfangsberechtigte im Ausland ist in Nordrhein-Westfalen die RV d. JM v. 12.12.2001 zu beachten.

8. Parteikosten

31 Werden in einem Kostenfestsetzungsverfahren (§§ 103 ff. ZPO) durch einen Ausländer oder einem Deutschen, der seinen gewöhnlichen Aufenthalt im Ausland hat, zu erstattende Parteikosten (§ 91 ZPO) geltend gemacht, ist

Grundsatz der Entschädigung § 19

die Bestimmung des Abs. 4 gleichwohl zu berücksichtigen (*OLG Stuttgart* Rpfleger 1972, 306).

9. Gesetzestexte

Verordnung über die Reisekostenvergütung bei Auslandsdienstreisen   32
(Auslandsreisekostenverordnung – ARV) v. 21.5.1991

§ 3 Auslandstagegeld, Auslandsübernachtungsgeld

(1) Die Auslandstage- und Auslandsübernachtungsgelder werden für Auslandsdienstreisen mit einer Abwesenheit von 24 Stunden in Höhe der Beträge gezahlt, die auf Grund von Erhebungen durch allgemeine Verwaltungsvorschriften nach § 16 des Bundesreisekostengesetzes festgesetzt und im Gemeinsamen Ministerialblatt veröffentlicht werden. Für Auslandsdienstreisen mit einer Abwesenheit von weniger als 24 Stunden, aber mindestens 14 Stunden beträgt das Auslandstagegeld 80 Prozent, von mindestens 8 Stunden 40 Prozent des Auslandstagegeldes nach Satz 1; bei mehreren Auslandsdiensteisen an einem Kalendertag werden die Abwesenheitszeiten an diesem Tag zusammengerechnet. In begründeten Ausnahmefällen kann von Satz 1 hinsichtlich des jeweiligen Auslandsübernachtungsgeldes abgewichen werden, wenn die nachgewiesenen notwendigen Übernachtungskosten das jeweilige Auslandsübernachtungsgeld übersteigen.

(2) Für die in den allgemeinen Verwaltungsvorschriften nach Absatz 1 nicht aufgeführten Übersee- und Außengebiete eines Landes sind die Auslandstage- und Auslandsübernachtungsgelder des Mutterlandes maßgebend. Für die in den allgemeinen Verwaltungsvorschriften nach Absatz 1 und in Satz 1 nicht erfaßten Gebiete oder Länder ist das Auslandstage- und Auslandsübernachtungsgeld von Luxemburg maßgebend. Absatz 1 gilt entsprechend.

§ 4 Grenzübertritt

(1) Das Auslandstage- und Auslandsübernachtungsgeld oder Inlandstage- und Inlandsübernachtungsgeld bestimmt sich nach dem Land, das der Auslandsdienstreisende vor 24 Uhr Ortszeit zuletzt erreicht. Wird bei Auslandsdienstreisen das Inland vor 24 Uhr Ortszeit zuletzt erreicht, wird Auslandstagegeld für das Land des letzten Geschäfts-, Dienst- oder Wohnortes im Ausland gezahlt.

(2) Bei Flugreisen gilt ein Land in dem Zeitpunkt als erreicht, in dem das Flugzeug dort landet; Zwischenlandungen bleiben unberücksichtigt, es sei denn, dass durch sie Übernachtungen notwendig werden. Erstreckt sich eine Flugreise über mehr als zwei Kalendertage, ist für die Tage, die zwischen dem Tag des Abflugs und dem Tag der Landung liegen, das Auslandstagegeld für Österreich maßgebend.

(3) Bei Schiffsreisen ist das Auslandstagegeld für Luxemburg, für die Tage der Ein- und Ausschiffung das für den Hafenort geltende Auslands- oder Inlandstagegeld maßgebend.

(4) Die in den Absätzen 1 und 2 Satz 1 auf das jeweilige Land bezogenen Vorschriften sind auch für Orte anzuwenden, für die besondere Auslandstage- und Auslandsübernachtungsgelder nach § 3 Abs. 1 Satz 1 festgesetzt worden sind.

Allgemeine Verwaltungsvorschrift über die Neufestsetzung der Auslandstage-   33
und Auslandsübernachtungsgelder (ARVVwV) v. 26.9.2013

Nach § 16 des Bundesreisekostengesetzes (BRKG) wird im Einvernehmen mit dem Auswärtigen Amt folgende allgemeinen Verwaltungsvorschrift zu § 3 Absatz 1 Satz 1 der Auslandsreisekostenverordnung (ARV) vom 21. Mai 1991 (BGBl. I S. 1140), zuletzt geändert durch Artikel 12 des Gesetzes vom 26. Mai 2005 (BGBl. I S. 1418), erlassen:

§ 19 Abschnitt 5. Entschädigung von Zeugen und Dritten

Artikel 1

Die Auslandstage- und -übernachtungsgelder werden in Höhe der aus der Anlage ersichtlichen Beträge festgesetzt.

Artikel 2

(1) Wird anlässlich einer Auslandsdienstreise die Mittagsverpflegung in einer Kantine eingenommen, beträgt das Auslandstagegeld nach § 3 Absatz 1 und 2 ARV 80 Prozent des in Spalte 2 der Anlage ausgewiesenen Betrages.

(2) Für notwendige Übernachtungen ohne belegmäßigen Nachweis beträgt das Auslandsübernachtungsgeld nach § 3 Absatz 1 und 2 ARV 50 Prozent des in Spalte 3 der Anlage ausgewiesenen Betrages, höchstens jedoch 30 EUR.

Artikel 3

(1) Diese Verwaltungsvorschrift tritt zum 1. Januar 2014 in Kraft.

(2) Zum gleichen Zeitpunkt tritt die Allgemeine Verwaltungsvorschrift über die Neufestsetzung der Auslandstage- und -übernachtungsgelder vom 29. Oktober 2012 (GMBl. 2012 S. 1234) außer Kraft.

Land/Ort	Auslandstagegeld	Auslandsübernachtungsgeld bis zu ... EUR mit Nachweis*
	in EUR	
1	2	3
Afghanistan	25	95
Ägypten	33	113
Äthiopien	25	175
Äquatorialguinea	41	226
Albanien	19	110
Algerien	32	190
Andorra	26	82
Angola	64	265
Antigua und Barbuda	44	117
Argentinien	30	125
Armenien	20	90
Aserbaidschan	33	120
Australien		
– Canberra	48	158
– Sydney	49	186
– im Übrigen	46	133
Bahrain	30	70
Bangladesch	25	75
Barbados	48	179

Grundsatz der Entschädigung § 19

Land/Ort	Auslandstagegeld in EUR	Auslandsübernachtungsgeld bis zu ... EUR mit Nachweis*
1	2	3
Belgien	34	135
Benin	34	90
Bolivien	20	70
Bosnien und Herzegowina	20	70
Botsuana	27	105
Brasilien		
– Brasilia	44	160
– Rio de Janeiro	39	145
– Sao Paulo	44	120
– im Übrigen	45	110
Brunei	30	85
Bulgarien	18	72
Burkina Faso	30	100
Burundi	39	98
Chile	33	130
China		
– Chengdu	26	85
– Hongkong	51	170
– Peking	32	115
– Shanghai	35	140
– im Übrigen	27	80
Costa Rica	30	69
Côte d'Ivoire	45	145
Dänemark	50	150
Dominica	33	94
Dominikanische Republik	25	100
Dschibuti	40	160
Ecuador	32	55
El Salvador	38	75
Eritrea	25	58
Estland	22	85

353

§ 19 Abschnitt 5. Entschädigung von Zeugen und Dritten

Land/Ort	Auslandstagegeld in EUR	Auslandsübernachtungsgeld bis zu ... EUR mit Nachweis*
1	2	3
Fidschi	26	57
Finnland	32	136
Frankreich		
– Lyon	44	83
– Marseille	42	86
– Paris sowie die Departements 92, 93 und 94	48	135
– Straßburg	40	89
– im Übrigen	36	81
Gabun	50	135
Gambia	15	70
Georgien	25	80
Ghana	38	174
Grenada	42	121
Griechenland		
– Athen	47	125
– im Übrigen	35	132
Guatemala	23	96
Guinea	31	110
Guinea-Bissau	25	60
Guyana	34	81
Haiti	41	111
Honduras	29	115
Indien		
– Chennai	25	135
– Kalkutta	27	120
– Mumbai	29	150
– Neu Delhi	29	130
– im Übrigen	25	120
Indonesien	32	110
Iran	23	84

Grundsatz der Entschädigung § 19

Land/Ort	Auslandstagegeld	Auslandsübernachtungsgeld bis zu … EUR mit Nachweis*
	in EUR	
1	2	3
Irland	35	90
Island	44	105
Israel	49	175
Italien		
– Mailand	32	156
– Rom	43	160
– im Übrigen	28	126
Jamaika	45	135
Japan		
– Tokio	44	153
– im Übrigen	42	156
Jemen	20	95
Jordanien	30	85
Kambodscha	30	85
Kamerun	33	130
Kanada		
– Ottawa	30	105
– Toronto	34	135
– Vancouver	30	125
– im Übrigen	30	100
Kap Verde	25	55
Kasachstan	32	109
Katar	46	170
Kenia	29	135
Kirgisistan	15	70
Kolumbien	34	126
Kongo, Republik	47	113
Kongo, Demokratische Republik	50	155
Korea, Demokratische Volksrepublik	25	186

§ 19 Abschnitt 5. Entschädigung von Zeugen und Dritten

Land/Ort	Auslandstagegeld	Auslandsübernachtungsgeld bis zu ... EUR mit Nachweis*
	in EUR	
1	2	3
Korea, Republik	55	180
Kosovo	21	65
Kroatien	24	57
Kuba	41	85
Kuwait	35	130
Laos	27	67
Lesotho	20	70
Lettland	15	80
Libanon	36	120
Libyen	37	100
Lichtenstein	39	82
Litauen	22	100
Luxemburg	39	102
Madagaskar	31	83
Malawi	32	110
Malaysia	30	100
Malediven	31	93
Mali	33	125
Malta	25	90
Marokko	35	105
Marshall Inseln	52	70
Mauretanien	40	89
Mauritius	40	140
Mazedonien	20	95
Mexiko	30	110
Mikronesien	46	74
Moldau, Republik	15	100
Monaco	34	52
Mongolei	24	84
Montenegro	24	95
Mosambik	35	147

Grundsatz der Entschädigung § 19

Land/Ort	Auslandstagegeld in EUR	Auslandsübernachtungsgeld bis zu … EUR mit Nachweis*
1	2	3
Myanmar	38	45
Namibia	24	85
Nepal	26	72
Neuseeland	39	98
Nicaragua	25	100
Niederlande	50	115
Niger	30	70
Nigeria	50	220
Norwegen	53	182
Österreich	24	92
Oman	40	120
Pakistan		
– Islamabad	20	150
– im Übrigen	20	70
Palau	42	166
Panama	28	101
Papua-Neuguinea	30	90
Paraguay	30	61
Peru	31	140
Philippinen	25	107
Polen		
– Breslau	27	92
– Danzig	24	77
– Krakau	23	88
– Warschau	25	105
– im Übrigen	22	50
Portugal		
– Lissabon	30	95
– im Übrigen	27	95

§ 19 Abschnitt 5. Entschädigung von Zeugen und Dritten

Land/Ort	Auslandstagegeld	Auslandsübernachtungsgeld bis zu ... EUR mit Nachweis*
	in EUR	
1	2	3
Ruanda	30	135
Rumänien		
– Bukarest	21	100
– im Übrigen	22	80
Russische Förderation		
– Moskau	40 a)	135
– St. Petersburg	30	110
– im Übrigen	30	80
Sambia	30	95
Samoa	24	57
São Tomé e Principe	35	75
San Marino	34	77
Saudi-Arabien		
– Djidda	40	80
– Riad	40	95
– im Übrigen	39	80
Schweden	60	165
Schweiz		
– Genf	51	174
– im Übrigen	40	139
Senegal	35	130
Serbien	25	90
Sierra Leone	32	82
Simbabwe	37	103
Singapur	44	188
Slowakische Republik	20	130
Slowenien	25	95
Spanien		
– Barcelona	26	118
– Kanarische Inseln	26	98
– Madrid	34	113

Grundsatz der Entschädigung § 19

Land/Ort	Auslandstagegeld	Auslandsübernachtungsgeld bis zu … EUR mit Nachweis*
	in EUR	
1	2	3
– Palma de Mallorca	26	110
– im Übrigen	24	88
Sri Lanka	33	118
St. Kitts und Nevis	37	99
St. Lucia	45	129
St. Vincent und die Grenadinen	43	121
Sudan	26	120
Südafrika		
– Kapstadt	31	94
– im Übrigen	30	72
Südsudan	38	134
Suriname	25	75
Syrien	31	140
Tadschikistan	21	67
Taiwan	32	110
Tansania	33	141
Thailand	26	120
Togo	27	80
Tonga	26	36
Trinidad und Tobago	45	164
Tschad	39	151
Tschechische Republik	20	97
Türkei		
– Istanbul	29	92
– Izmir	35	80
– im Übrigen	33	78
Tunesien	27	80
Turkmenistan	27	108
Uganda	27	130
Ukraine	30	85
Ungarn	25	75

§ 20 Abschnitt 5. Entschädigung von Zeugen und Dritten

Land/Ort	Auslandstagegeld in EUR	Auslandsübernachtungsgeld bis zu ... EUR mit Nachweis*
1	2	3
Uruguay	30	70
Usbekistan	25	60
Vatikanstaat	43	160
Venezuela	40	207
Vereinigte Arabische Emirate	35	145
Vereinigte Staaten von Amerika (USA)		
– Atlanta	47	122
– Boston	40	206
– Chicago	40	130
– Houston	47	136
– Los Angeles	40	153
– Miami	47	102
– New York City	40	215
– San Francisco	40	110
– Washington, D. C.	47	205
– im Übrigen	40	102
Vereinigtes Königreich von Großbritannien und Nordirland		
– London	47	160
– im Übrigen	35	119
Vietnam	31	86
Weißrussland	22	109
Zentralafrikanische Republik	24	52
Zypern	32	90

* Darüber hinaus Erstattung gemäß § 3 Abs. 1 Satz 3 ARV.
a) Bei Unterbringung in Gästewohnungen der Deutschen Botschaft in Moskau beträgt das Auslandstagegeld für Moskau 27 Euro. Art. 2 Absatz 1 der Allgemeinen Verwaltungsvorschrift ist in diesen Fällen nicht anzuwenden.

§ 20 Entschädigung für Zeitversäumnis

Die Entschädigung für Zeitversäumnis beträgt 3,50 Euro je Stunde, soweit weder für einen Verdienstausfall noch für Nachteile bei der Haushaltsführung eine Entschädigung zu gewähren ist, es sei denn, dem Zeugen ist durch seine Heranziehung ersichtlich kein Nachteil entstanden.

I. Allgemeines

Ist für die Zeit der Inanspruchnahme ein Verdienstausfall nicht eingetreten, 1
so kann eine Nachteilsentschädigung gewährt werden. Als Nachteil gelten
dabei nicht nur finanzielle Einbußen, sondern auch immaterielle Nachteile, so
dass auch eingetretener Freizeitverlust eine solche Entschädig nach § 20 rechtfertigt (*OLG Karlsruhe* Justiz 2007, 358; *OLG Düsseldorf* ZBR 2007, 68). Sie
kann deshalb auch solchen herangezogenen Zeugen gewährt werden, die aus
ihrer Tätigkeit keinen Gelderwerb ziehen (*AG Celle* NdsRpl. 1970, 66). Ist
aber aus den eigenen Angaben des Zeugen ersichtlich, dass er die Zeit nicht
anderweitig sinnvoll genutzt hätte oder es offensichtlich ist, dass ein Nachteil
nicht eingetreten ist, kommt die Gewährung einer Entschädigung nach § 20
nicht in Betracht (*BayLSG* Az. L 15 SF 82/12). Abzugrenzen von § 20 ist die
Entschädigung für Nachteile in der Haushaltsführung, für die nach § 21 ein
höherer Stundensatz zu gewähren ist.

II. Höhe der Entschädigung

1. Höhe des Stundensatzes

Die Höhe der Entschädigung für Zeitversäumnis beträgt 3,50 EUR je 2
Stunde. Der Gesetzgeber hat zuletzt im Rahmen des 2. KostRMoG eine
Anpassung an die allgemeine wirtschaftliche Entwicklung vorgenommen.
Wegen des Übergangsrechts gilt § 24. Bei dem in § 20 festgesetzten Satz
handelt es sich um einen Festsatz, der nicht überschritten, aber auch nicht
unterschritten werden kann. Ein Ermessensspielraum besteht daher nicht (*LG
Breisgau* JVBl. 1972, 95; *AG Hannover* NdsRpfl. 1972, 280). Das gilt danach
auch für solche Personen, die häufig herangezogen werden. Eine Ausnahme
besteht wegen § 19 Abs. 4 lediglich für Zeugen, die ihren gewöhnlichen
Aufenthalt im Ausland haben (→ § 19 Rn. 24 ff.).

2. Entschädigungsfähige Zeit

Die Entschädigung wird für die gesamte Zeitdauer der Heranziehung ein- 3
schließlich der notwendigen Reise- und Wartezeiten gewährt, jedoch für
höchstens 10 Stunden täglich (§ 19 Abs. 2 S. 1). Die Höchstdauer darf auch
dann nicht überschritten werden, wenn dem Zeugen nachweislich Nachteile
für einen längeren Zeitraum am Tag entstanden sind. Die letzte begonnene
Stunde ist aufzurunden, wenn insgesamt mehr als 30 Minuten auf die Heranziehung entfallen; andernfalls beträgt die Entschädigung die Hälfte des sich für
eine volle Stunde ergebenden Betrags, mithin 1,75 EUR (§ 19 Abs. 2 S. 2).
Eine fiktive Mittagspause kann nicht in Abzug gebracht werden, auch kann
keine Begrenzung der erstattungsfähigen Zeit auf eine bestimmte Uhrzeit
vorgenommen werden, maßgeblich ist allein die Dauer der Heranziehung
und die Begrenzung des Abs. 2 S. 1 (*BayLSG* Az. L 15 SF 442/11).

§ 20   Abschnitt 5. Entschädigung von Zeugen und Dritten

3. Keine Erstattung von Verdienstausfall

4   Die Gewährung einer Zeitversäumnis nach § 20 schließt für denselben Zeitraum die Erstattung von Verdienstausfall bzw. eine Entschädigung für Nachteile in der Haushaltsführung stets aus. Eine doppelte Entschädigung für einen herangezogenen Zeugen ist auch nach dem JVEG, anders als für die ehrenamtlichen Richter, nicht vorgesehen. In der Begründung des Gesetzgebers (BT-Drs. 15/1971, S. 186) heißt es dazu: *„Die Entschädigung für Zeitversäumnis soll – anders als bei der Entschädigung ehrenamtlicher Richter – auch zukünftig nicht neben der Entschädigung für Nachteile in der Haushaltsführung oder neben der Entschädigung für Verdienstausfall gezahlt werden, weil der Zeuge anders als der ehrenamtliche Richter kein Ehrenamt ausübt und daher für eine Gleichbehandlung auch kein hinreichender Anlass besteht."*

III. Einzelne Anwendungsfälle (alphabetisch)

1. Arbeitslose

5   Arbeitslosen, die keine finanziellen Nachteile durch die Heranziehung erleiden, kann eine Nachteilsentschädigung gewährt werden (Meyer/Höver/Bach § 20 Rn. 20.4 m. w. N.: *OLG Hamm* JVBl. 1960, 164; a. A. *LG Wuppertal* JurBüo 1979, 1184).

2. Auszubildende

6   Einem Auszubildenden kann im Einzelfall eine Nachteilsentschädigung gewährt werden. Im Regelfall wird die Gewährung jedoch nicht für solche Zeiten in Betracht kommen, in denen der Auszubildende seiner Arbeit in dem Ausbildungsbetrieb nachgegangen wäre, da er regelmäßig keine liegen gebliebenen Arbeiten nachholen muss; → § 22, Rn. 9. Die Voraussetzungen des § 20 können bei einem Auszubildenden jedoch dann vorliegen, wenn dieser in seiner Freizeit erscheint oder er während der Heranziehung die Berufsschule nicht besuchen kann und der versäumte Unterrichtsstoff nachgearbeitet werden muss.

3. Beamte

7   Obwohl ein Beamter regelmäßig keine finanziellen Nachteile durch eine Heranziehung als Zeuge erleidet, da sein Gehalt trotz der Heranziehung weitergezahlt wird, muss er im Regelfall liegen gebliebene Arbeiten nachholen, so dass die Entschädigung nach § 20 zu gewähren ist (*VG Köln* JVBl. 1971, 117). Keinen Nachteil erleiden jedoch solche Beamte, die in vollem Umfang vertreten werden und bei denen deshalb keine Arbeit liegen bleibt, die nachgeholt werden muss. Werden Beamte in ihrer Freizeit als Zeuge herangezogen, steht auch ihnen eine Nachteilsentschädigung stets zu.
In Nordrhein-Westfalen ist wegen der Entschädigung von Beamten, die als Zeugen herangezogen werden, die RV d. JM v. 16.7.2004 zu beachten. Danach erhalten Beamte regelmäßig keine Nachteilsentschädigung, wenn sie während der Dienstzeit herangezogen werden. Eine Nachteilsentschädigung kann danach nur gewährt werden, wenn die Beschäftigungsbehörde nach-

weist, dass der Beamte nicht vertreten wird und deshalb liegen gebliebene Arbeiten nachholen muss, zu Polizisten → Rn. 10.

4. Gerichtsvollzieher

Für einen als Zeugen herangezogenen Gerichtsvollzieher gilt das zu **8**
→ Rn. 7. Gesagte, wobei bei einem Gerichtsvollzieher regelmäßig nicht davon ausgegangen werden kann, dass dieser vertreten wird. Er muss liegen gebliebene Arbeit regelmäßig nachholen, so dass ihm daher die Nachteilsentschädigung nach § 20 zu gewähren ist (*LG Schweinfurt* DGVZ 1973, 121). Wird bei einer zwangsweisen Wohnungsöffnung durch den Gerichtsvollzieher dessen Ehefrau als Zeugin herangezogen, so ist auch der Ehefrau eine Nachteilsentschädigung zuzubilligen (*AG Goslar* DGVZ 1999, 12).

5. Lehrer

Es gilt das zu → Rn. 7 Gesagte. Eine Nachteilsentschädigung ist auch für **9**
eine unterrichtsfreie Zeit zu gewähren, da dann regelmäßig ein Freizeitverlust eintritt oder die für die Heranziehung aufgewendete Zeit ansonsten für die Unterrichtsvorbereitung zur Verfügung stehen würde.

6. Polizisten

Einem in seiner Freizeit vernommen Polizisten steht die Nachteilsentschä- **10**
digung zu (*OLG Karlsruhe* Justiz 2007, 358; *OLG Frankfurt* NStZ-RR 2008, 295; *AG Hannover* NdsRpfl. 1972, 280). Das gilt auch für die im Schichtdienst tätigen Beamten (*OLG Karlsruhe* Justiz 2007, 358; *OLG Frankfurt* NStZ-RR 2008, 295). Die Entschädigung ist auch dann zu gewähren, wenn der Herangezogene die verlorene Freizeit ausgeglichen bekommt, da der Polizeibeamte wegen der Heranziehung gehindert ist, über seine Freizeit eigenständig zu verfügen (*AG Celle* NdsRpfl. 1970, 66). Wird die Zeit der Heranziehung nachträglich als Arbeitszeit gezählt (z. B. nach § 2 Arbeitszeitverordnung für Polizeibeamte NRW), ist gleichwohl eine Nachteilsentschädigun zu gewähren, da insbesondere bei Beamten im Schichtdienst die eingetretene Freizeitunterbrechung zu einer Minderung der erforderlichen körperlichen Erholung führt (*OLG Düsseldorf* Az. II-4 Ws 572/05). Eine Überschreitung des Stundensatzes von 3,50 EUR ist hingegen auch dann unstatthaft, wenn der Polizist sehr häufig zu Gerichtsterminen herangezogen wird.

7. Rentner und Pensionäre

Rentnern oder Pensionären, die keine finanziellen Nachteile durch die **11**
Heranziehung erleiden, ist die Nachteilsentschädigung zu gewähren, da bei solchen Personen allein der Freizeitverlust als entschädigungspflichtiger Nachteil gilt (*OLG Karlsruhe* OLGR Karlsruhe, 1999, 40).

8. Schüler und Studenten

Schülern, Berufsschülern und Studenten ist eine Nachteilsentschädigung **12**
zu erstatten, sofern sie keinen Verdienstausfall erleiden. Unbestritten ist, dass durch die Heranziehung Nachteile entstehen, da die versäumte Schulzeit bzw. Vorlesungen nachgearbeitet werden müssen. Auch bei einer Heranziehung an

§ 21   Abschnitt 5. Entschädigung von Zeugen und Dritten

Ferientagen kommt die Zahlung einer Nachteilsentschädigung in Betracht, da durch den Freizeitverlust ein Nachteil eingetreten ist.

9. Selbständige

13   Erzielt ein Selbständiger regelmäßig negative Einkünfte, kommt zwar keine Erstattung von Verdienstausfall in Betracht, jedoch kann eine Entschädigung nach § 20 gewährt werden (*BayLSG* Az. L 15 SF 243/08).

10. Sozialhilfeempfänger

14   Die Entschädigung kann auch Empfängern von Hartz-IV-Leistungen gewährt werden, da ihnen durch die Heranziehung nichtmaterielle Einbußen entstehen (*OLG Hamm* JVBl. 1960, 164, zum Sozialhilferecht ergangen, jedoch sinngemäß weiter anwendbar).

11. Überstunden

15   Werden für die Teilnahme an dem Termin Überstunden aus einem Zeitguthaben (z. B. Gleitzeitkonto) abgebaut, so erleidet der Herangezogene keinen Verdienstausfall (*BayLSG* JurBüro 2009, 265; *AG Lübeck* Rpfleger 1995, 127), ihm kann jedoch eine Nachteilsentschädigung gewährt werden.

12. Urlaub

16   Nimmt der Zeuge für seine Heranziehung bezahlten Urlaub oder befindet sich der Zeuge zur Zeit der Heranziehung bereits im (bezahlten) Urlaub, erleidet er keinen Verdienstausfall, so dass ihm nur die Nachteilsentschädigung gewährt werden kann (*BGH* MDR 2012, 374; *OLG Schleswig* JurBüro 1991, 545; *OLG Stuttgart* JurBüro 1992, 123; *LAG Düsseldorf* JurBüro 1992, 686). Nimmt der Zeuge jedoch unbezahlten Urlaub, so ist ihm Verdienstausfall nach § 22 zu erstatten, was die Zahlung einer Entschädigung nach § 20 ausschließt.

§ 21 Entschädigung für Nachteile bei der Haushaltsführung

Zeugen, die einen eigenen Haushalt für mehrere Personen führen, erhalten eine Entschädigung für Nachteile bei der Haushaltsführung von 14 Euro je Stunde, wenn sie nicht erwerbstätig sind oder wenn sie teilzeitbeschäftigt sind und außerhalb ihrer vereinbarten regelmäßigen täglichen Arbeitszeit herangezogen werden. Zeugen, die ein Erwerbsersatzeinkommen beziehen, stehen erwerbstätigen Zeugen gleich. Die Entschädigung von Teilzeitbeschäftigten wird für höchstens zehn Stunden je Tag gewährt abzüglich der Zahl an Stunden, die der vereinbarten regelmäßigen täglichen Arbeitszeit entspricht. Die Entschädigung wird nicht gewährt, soweit Kosten einer notwendigen Vertretung erstattet werden.

I. Allgemeines

1   § 21 berücksichtigt, dass durch die Heranziehung auch Nachteile bei der der Haushaltsführung entstehen können. Da Hausarbeit eine geldwerte Leistung darstellt (*BGH* BGHZ 38, 55), steht dem Herangezogenen deshalb auch

für die entstandenen Nachteile bei der Haushaltsführung eine Entschädigung zu. Wegen ihrer Bedeutung erscheint daher die Beschränkung auf die Zeitversäumnis nach § 20 unbillig, so dass für nachzuholende Hausarbeit ein erhöhter Entschädigungssatz festgelegt worden ist. Die Entschädigung ist sowohl an eine Hausfrau wie auch an einen Hausmann zu zahlen (*LG Weiden* Rpfleger 1977, 339), sie ist mit dem Grundgesetz vereinbar (*BVerfG* BGBl. I 1978, 871 = MDR 1979, 201).

II. Höhe der Entschädigung

Die Entschädigung für die Nachteile in der Haushaltsführung beträgt 14 EUR je Stunde. Es handelt sich dabei um einen Festsatz, der nicht überschritten werden kann (*OLG München* Rpfleger 1973, 336). Auch eine Reduzierung des Stundensatzes ist nicht möglich, da es sich nicht um einen Höchstsatz handelt.

Die Entschädigung wird für höchstens 10 Stunden täglich gewährt (§ 19 Abs. 2 S. 1). Das gilt auch dann, wenn dem Zeugen tatsächlich Nachteile für einen längeren Zeitraum entstanden sind. Wird wegen einer Teilzeitbeschäftigung für denselben Tag Verdienstausfall und die Nachteilsentschädigung nach § 21 gewährt, dürfen beide Entschädigungen zusammen für nicht mehr als 10 Stunden gezahlt werden.

III. Mehrpersonenhaushalt

Eine Entschädigung nach § 21 wird nur dann gewährt, wenn es sich um einen Mehrpersonenhaushalt handelt. Dabei erfordert die Führung eines eigenen Haushalts für mehrere Personen eine hauswirtschaftliche Tätigkeit von erheblichem Umfang, die über die von einem allein stehenden Menschen ohnehin zu erbringende Haushaltsführung hinausgeht. Der Sachverhalt liegt deshalb nicht vor, wenn in einem Haushalt zwei Personen leben, welche die Aufgaben der Haushaltsführung gleichberechtigt und untereinander aufteilen (*SG Dresden* Az. S 1 AR 11/03).

Die Personen müssen in dem Haushalt und in derselben Wohnung leben. Voraussetzung ist nicht, dass die Personen miteinander verheiratet sind oder in einer Lebenspartnerschaft nach dem LPartG leben. Auch Personen, die in einer nichtehelichen Gemeinschaft leben, können deshalb die Voraussetzungen des § 21 erfüllen. Lebt die Person in einer eigenen abgeschlossenen Wohnung, so lebt sie nicht in demselben Haushalt. Die hauswirtschaftliche Betreuung für eine weitere Person, die in einer eigenen Wohnung lebt, findet deshalb keine Berücksichtigung (*SG Dresden* Az. S 1 AR 11/03) Auch eine Wohngemeinschaft, beispielsweise von Studenten, erfüllt die Voraussetzungen nicht. Die Entschädigungsvoraussetzungen liegen zudem nicht vor, wenn sich eine weitere Person nur vorübergehend oder stundenweise in dem Haushalt des Herangezogenen aufhält.

Die Entschädigung kann grundsätzlich nur einer der in dem Haushalt lebenden Personen gewährt werden, eine Erstattung an mehrere Personen ist auch dann nicht statthaft, wenn sie zusammen herangezogen worden sind.

IV. Teilzeitbeschäftigung

4 Die Nachteilsentschädigung wird auch dann gewährt, wenn ein Teilzeitbeschäftigter außerhalb der regelmäßigen Arbeitszeit herangezogen wird. Diese Regelung ist nur für Teilzeitbeschäftigte anwendbar. Ob eine Teilzeitbeschäftigung vorliegt, ist nach § 2 des Gesetzes über Teilzeitarbeit und befristete Arbeitsverträge – TzBfG zu prüfen. Danach ist ein Arbeitnehmer teilzeitbeschäftigt, wenn dessen regelmäßige Wochenarbeitszeit kürzer ist als die eines vergleichbaren vollzeitbeschäftigten Arbeitnehmers. Ist eine regelmäßige Wochenarbeitszeit nicht vereinbart, so ist ein Arbeitnehmer teilzeitbeschäftigt, wenn seine regelmäßige Arbeitszeit im Durchschnitt eines bis zu einem Jahr reichenden Beschäftigungszeitraums unter der eines vergleichbaren vollzeitbeschäftigten Arbeitnehmers liegt. Auf einen Vollzeitbeschäftigten ist § 21 nicht anwendbar, so dass ihm eine Entschädigung nach § 21 auch dann nicht gewährt werden kann, wenn die Heranziehung in seiner Freizeit erfolgt.

5 Liegt eine Teilzeitbeschäftigung vor, wird die Entschädigung nach § 21 für höchstens zehn Stunden abzüglich der vereinbarten regelmäßigen täglichen Arbeitszeit gewährt. Die Anzahl der nach § 21 erstattungsfähigen Stunden einer Halbtagskraft ist auf maximal 20 Stunden je Woche zu begrenzen (*OLG Oldenburg* NStZ-RR 1999, 94). Ein Nachweis der Teilzeitbeschäftigung kann nicht verlangt werden (Meyer/Höver/*Bach* § 21 Rn. 21.7).

Beispiel: Der Zeuge, der einen eigenen Haushalt für mehrere Personen führt, wird von 9:00 bis 14:00 Uhr (einschließlich Reisezeiten) herangezogen. Er geht einer Teilbeschäftigung nach, die täglich von 8:00 bis 12:00 Uhr dauert. Verdienstausfall wird in Höhe von 10 EUR/Stunde geltend gemacht, eine Arbeit vor dem Termin war nicht möglich.
Zu entschädigen sind wie folgt:

1. Verdienstausfall (§ 22 JVEG)	=	40,– EUR	(4 Stunden à 10 EUR, 8:00–12:00 Uhr)
2. Entschädigung für Nachteile bei der Haushaltsführung (§ 21 JVEG)	=	28,– EUR	(2 Stunden à 14 EUR, 12:00–14:00 Uhr)
Insgesamt:	=	**68,– EUR.**	

Beispiel: Der Zeuge, der einen eigenen Haushalt für mehrere Personen führt, wird von 8:00 bis 19:00 Uhr (einschließlich Reisezeiten) herangezogen. Er geht einer Teilbeschäftigung nach, die täglich von 8:00 bis 12:00 Uhr dauert. Verdienstausfall wird in Höhe von 10 EUR/Stunde geltend gemacht, eine Arbeit vor dem Termin war nicht möglich.
Zu entschädigen sind wie folgt:

1. Verdienstausfall (§ 22 JVEG)	=	40,– EUR	(4 Stunden à 10 EUR, 8:00–12:00 Uhr)
2. Entschädigung für Nachteile bei der Haushaltsführung (§ 21 JVEG)	=	84,– EUR	(6 Stunden à 14 EUR, 12:00–19:00 Uhr)
Insgesamt:	=	**124,– EUR.**	

Obwohl Nachteile bei der Haushaltsführung für insgesamt 7 Stunden (12:00–19:00 Uhr) entstanden sind, können nach § 21 JVEG hierfür nur 6 Stunden erstattet werden, da der erstattete Verdienstausfall und die Nachteilsentschädigung zusammen nicht mehr als 10 Stunden betragen können.

V. Erwerbsersatzeinkommen (S. 2)

Der Gesetzgeber hat durch Art. 7 des 2. KostRMoG einen neuen S. 2 **6** angefügt, durch den ausdrücklich angeordnet wird, dass Zeugen, die ein Erwerbsersatzeinkommen beziehen, einem erwerbstätigen Zeugen gleichstehen, so dass ihnen eine Zeitversäumnis nach § 21 nicht mehr gewährt werden kann (*KG* JurBüro 2010, 660; *LSG Berlin-Brandenburg* FamRZ 2010, 2108). Erfasst sind daher insbesondere die Empfänger von Renten wegen Alters oder verminderter Erwerbsfähigket, Pensionen, Arbeitslosengeld I und II, Insolvenzgeld, Kurzarbeitergeld, Kranken- und Verletztengeld, Mutterschutzgeld. Solchen Herangezogenen kann aber eine Nachteilsentschädigung nach § 20 von 3,50 EUR je Stunde gewährt werden, → § 20 Rn. 11, 14.

VI. Einzelne Anwendungsfälle (alphabetisch)

1. Arbeitslose

Einer Person, die einen eigenen Haushalt für mehrere Personen führt und **7** Arbeitslosengeld I oder II bezieht, kann eine Entschädigung nach § 21 wegen der Änderung des § 21 durch das 2. KostRMoG nicht mehr gewährt werden. Es verbleibt bei § 20.

2. Pflegepersonen

Auch eine in dem Haushalt des Zeugen dauerhaft lebende Pflegeperson **8** erfüllt die Voraussetzung für eine Nachteilsentschädigung nach § 21. Das gilt etwa dann, wenn es sich um eine Familienpflege nach § 1630 BGB handelt oder um durch das Jugendamt vermittelte Kinder handelt, die zur Pflege in dem Haushalt leben.

3. Polizisten

Polizisten steht keine Entschädigung für Nachteile in der Haushaltsführung **9** zu (*LG Schweinfurt* KostRsp. ZSEG § 2 Nr. 44; *OLG Koblenz* Rpfleger 1973, 109; *OLG Bamberg* Rpfleger 1973, 152). Das gilt auch bei einer Heranziehung in der Freizeit.

4. Rentner

Einem Rentner kann nach der Änderung des § 21 keine Entschädigung **10** mehr für Nachteile in der Haushaltsführung gewährt werden, da sie ein Erwerbsersatzeinkommen beziehen (S. 2). Ältere Rechtsprechung (*OLG Nürnberg* Rpfleger 1979, 234; *OLG Köln* NStZ-RR 2002, 32) ist deshalb überholt und nicht mehr anwendbar. Soweit nach altem Recht aber noch eine Entschädigung in Betracht kommt, ist die Übergangsregelung des § 24 zu beachten.

5. Sozialleistungen

Handelt es sich um Erwerbsersatzeinkommen (z. B. Arbeitslosengeld I, II **11** oder Sozilhilfe), egal aus welchem Grund es gezahlt wird, kann eine Ent-

§ 22 Abschnitt 5. Entschädigung von Zeugen und Dritten

schädigung für Nachteile bei der Haushaltsführung wegen der Regelung des S. 2 nicht mehr gewährt werden.

VII. Vertretungskosten

1. Allgemeines

12 Die Entschädigung nach § 21 wird nur gewährt, wenn dem Zeugen keine Vertretungskosten (§ 7 Abs. 1 S. 2) erstattet werden, soweit durch die Inanspruchnahme der Vertretung die wesentliche Haushaltsführung abgenommen wird. Solche Kosten können nur nach § 7 Abs. 1 S. 2 erstattet werden, es kommt dann für den Herangezogenen allenfalls eine Zeitentschädigung nach § 20 in Betracht.

2. Kinderbetreuung

13 Besteht die Vertretung nur aus einer Kinderbetreuung, steht eine Erstattung dieser Kosten nach § 7 Abs. 1 S. 2 der Gewährung der Nachteilsentschädigung nach § 21 nicht entgegen (so auch Meyer/Höver/*Bach* § 21 Rn. 21.9), da die Haushaltsführung gerade nicht nur aus der Kinderbetreuung besteht, sondern vielmehr nur einen Teil der Hausarbeit darstellt. Die Nachteilsentschädigung kann deshalb auch solchen Hausfrauen oder Hausmännern gewährt werden, deren Kinder tagsüber Kindereinrichtungen oder die Schule (auch den Schulhort) besuchen.

§ 22 Entschädigung für Verdienstausfall

Zeugen, denen ein Verdienstausfall entsteht, erhalten eine Entschädigung, die sich nach dem regelmäßigen Bruttoverdienst einschließlich der vom Arbeitgeber zu tragenden Sozialversicherungsbeiträge richtet und für jede Stunde höchstens 21 Euro beträgt. Gefangene, die keinen Verdienstausfall aus einem privatrechtlichen Arbeitsverhältnis haben, erhalten Ersatz in Höhe der entgangenen Zuwendung der Vollzugsbehörde.

Übersicht

	Rn.
I. Allgemeines	1
II. Höhe und Nachweis des Verdienstausfalls	2
1. Allgemeines	2
2. Sozialversicherungsbeiträge	3
3. Zuschläge und Auslöse	4
4. Nachweis der Höhe des Verdienstausfalls	5
III. Einzelne Entschädigungsfälle (alphabetisch)	6
1. Angestellte im öffentlichen Dienst	6
2. Anwesenheitsprämie	7
3. Ärzte	8
4. Auszubildende	9
5. Beamte	10
6. Bewährungshelfer	11
7. Gefangene	12
a) Allgemeines	12
b) Verwaltungsbestimmungen	13
8. Gerichtsvollzieher	14
9. Insolvenzverwalter	15

Entschädigung für Verdienstausfall § 22

	Rn.
10. Juristische Personen	16
a) Anwendung des § 22	16
b) Juristische Personen des Privatrechts	17
c) Juristische Personen des öffentlichen Rechts	18
d) Höhe der erstattungsfähigen Kosten	19
11. Landwirte	20
12. Nachtschichtzulage	21
13. Polizisten	22
14. Rechtsanwälte	23
15. Selbstständige	24
16. Selbstvertretung	25
17. Überstunden	26
18. Urlaub	27

I. Allgemeines

Durch § 22 wird der Entschädigungstatbestand des Verdienstausfalls seiner **1** Höhe nach geregelt. Der eingetretene Verdienstausfall kann nur in Höhe der von § 22 bestimmten Sätze erstattet werden, so dass auch bei Nachweis eines höheren Verdienstausfalls eine höhere Entschädigung nicht gewährt werden kann. Dass der eingetretene Verdienstausfall des Zeugen in keinem angemessenen Verhältnis zur Klageforderung steht, rechtfertigt nicht die Versagung der Entschädigung nach dem JVEG (*OLG Brandenburg* JurBüro 2010, 314). Gleiches gilt, wenn ein angeforderter Auslagenvorschuss nicht ausreichend ist. Die Regelung des § 22 gilt wegen § 23 Abs. 2 entsprechend, wenn sich der Dritte eines Arbeitnehmers oder eines Dritten bedient. Darüber hinaus finden die Höchstsätze des § 22 entsprechende Anwendung für die Parteikosten (§ 91 Abs. 1 S. 2 ZPO) und für die Erstattung der Kosten eines freigesprochenen Angeklagten.

II. Höhe und Nachweis des Verdienstausfalls

1. Allgemeines

Die durch § 22 bestimmten Entschädigungssätze sind Höchstsätze, die **2** grundsätzlich auch im Einzelfall nicht überschritten werden können. Jedem herangezogenen Zeugen können danach höchstens 21 EUR je Stunde entschädigt werden, auch wenn ein höherer Ausfall nachgewiesen werden kann, da es sich um eine staatsbürgerliche Pflicht handelt (*AG Betzdorf* AGS 2011, 332; *BayLSG* Az. L 15 SF 12/07 AL KO). Eine Ausnahme gilt nur für Zeugen, die ihren gewöhnlichen Aufenthalt im Ausland haben (§ 19 Abs. 4); hierzu bei → § 19 Rn. 24 ff.

Verdienstausfall kann für höchstens 10 Stunden täglich erstattet werden (§ 19 Abs. 2), das gilt auch dann, wenn dem Zeugen für einen längeren Zeitraum höherer Verdienstausfall entstanden ist. Unbezahlte Pausen (z. B. Mittagspause) sind nicht zu entschädigen, da für sie ein Verdienstausfall nicht eingetreten ist. Die unbezahlten Pausenzeiten sind in der Verdienstbescheinigung durch den Arbeitgeber auszuweisen. Ist der Zeuge aufgrund der Heranziehung an mehreren Tagen nicht in der Lage, seiner Erwerbstätigkeit nachzugehen, ist ihm, soweit notwendig, auch der Verdienstausfall für mehrere Tage zu erstatten.

§ 22   Abschnitt 5. Entschädigung von Zeugen und Dritten

2. Sozialversicherungsbeiträge

3 Einem herangezogenen Zeugen ist der Bruttoverdienst zu erstatten (S. 1), der deshalb in der Verdienstausfallbescheinigung auszuweisen ist. Eine Abführung der Sozialversicherungsbeiträge an die Sozialversicherungsträger findet jedoch durch die heranziehende Stelle nicht statt. Es obliegt allein dem herangezogenen Zeugen, ob er die ausgezahlten Sozialversicherungsbeträge einbehält oder sie zur Verminderung späterer Versicherungsansprüche doch abführt, wobei er sich der Vermittlung seines Arbeitsgebers bedienen muss. Ein über den Höchstsatz des § 22 hinausgehender Bruttoverdienstausfall kann nicht erstattet werden. Darüber hinausgehende Versicherungszahlungen sind auch nicht nach § 7 als besondere bare Aufwendungen erstattungsfähig. Unbeachtlich ist auch der Wert der Arbeitsleistung (*BayLSG* Az. L 15 SF 243/08).

3. Zuschläge und Auslöse

4 Dem Zeugen sind im Rahmen des § 22 auch Zuschläge oder eine Auslöse zu erstatten, jedoch ist dabei der Höchstsatz des § 22 zu beachten. Durch die Hinzurechnung der Zuschläge oder der Auslöse darf daher der Stundensatz von 21 EUR nicht überschritten werden, da solche Zusatzleistungen nach § 22 als Verdienstausfall erstattet werden.

Beispiel 1: Der herangezogene Zeuge macht wegen seiner Heranziehung Verdienstausfall für 8 Stunden à 18 EUR geltend. Zusätzlich macht der Zeuge eine Erschwerniszulage von 45 EUR für den ganzen Tag geltend.
Geltend gemacht werden können somit:
- Verdienstausfall (8h à 18,– EUR)   =   144,– EUR
- Erschwerniszulage   =   45,– EUR
  Insgesamt: =   189,– EUR.
  Maximal zu erstatten sind jedoch höchstens: = 168,– EUR (8 × 21 EUR).
Die Erschwerniszulage kann deshalb nur in Höhe von 24 EUR erstattet werden.

Beispiel 2: Der herangezogene Zeuge macht wegen seiner Heranziehung Verdienstausfall für 8 Stunden à 11 EUR geltend. Zusätzlich macht der Zeuge eine Erschwerniszulage von 40 EUR für den ganzen Tag geltend.
Geltend gemacht werden können somit:
- Verdienstausfall (8h à 11,– EUR)   =   88,– EUR
- Erschwerniszulage   =   40,– EUR
  Insgesamt: =   128,– EUR.
  Maximal zu erstatten sind: =   168,– EUR (8 × 21 EUR).
Die Erschwerniszulage kann in voller Höhe erstattet werden.

4. Nachweis der Höhe des Verdienstausfalls

5 Eine Verpflichtung, den eingetretenen Verdienstausfall nachzuweisen, besteht generell nicht. Die heranziehende Stelle kann jedoch gleichwohl einen Nachweis fordern, wenn ihr der geltend gemachte Ausfall unangemessen oder ungewöhnlich hoch erscheint. Dabei kann der Verdienstausfall mit allen Beweismitteln der ZPO nachgewiesen werden (*LSG Rheinland-Pfalz* Breith 1962, 266), jedoch kann die Vorlage von Einkommens- oder Steuerbescheinigungen, Umsatzsteuervoranmeldungen, Geschäftsbüchern und die zur Bewertung dieser Unterlagen erforderliche Einholung von Gutachten eines

Buchsachverständigen nicht verlangt werden (*SG Leipzig* DÖV 2011, 864). Der Anweisungsbeamte handelt im Übrigen auch dann pflichtgemäß, wenn er die Höhe des Verdienstausfalls aufgrund der von dem Zeugen angegeben Berufsangaben abschätzt (*OLG Schleswig* Rpfleger 1962, 366). Zu Selbstständigen siehe auch Rn. 24, hier wird ein eingetretener Verdienstausfall stets anzunehmen sein bei Architekten, Ärzten, Rechtsanwälten und anderen Selbstständigen (*Bleutge* § 2 Rn. 11). Ihnen wird auch ohne Weiteres der Höchstsatz von 21 EUR zugebilligt werden können. Eine Gewerbeanmeldung stellt keinen Nachweis über die Höhe des Verdienstausfalls dar (*BayLSG* Az. L 8 AL 491/04 Ko).

III. Einzelne Entschädigungsfälle (alphabetisch)

1. Angestellte im öffentlichen Dienst

Ein Anspruch auf Fortzahlung der Vergütung besteht nur, wenn kein Anspruch auf Ersatz der Vergütung gegen Dritte besteht. Hierzu gehört auch der Entschädigungsanspruch gegenüber der heranziehenden Stelle nach § 1. Wird ein Angestellter als Zeuge vom Gericht geladen, hat er somit wegen des entstehenden Verdienstausfalls einen Entschädigungsanspruch, weil der arbeitsrechtliche Vergütungsanspruch tarifvertraglich in einen subsidiären Anspruch abgeändert worden ist (*LSG Bremen* Az. L 5 H 8/85). In Nordrhein-Westfalen ist die RV d. JM v. 16.7.2004 zu beachten. Ein Verdienstausfall ist danach nicht zu gewähren, weil die Bezüge für die Zeit der Abwesenheit aus Anlass einer Zeugenvernehmung weitergezahlt werden (§ 52 Abs. 2 BAT, § 33 Abs. 3 MTArb). 6

Soweit eine Entschädigung in Betracht kommt, ist eine Abtretung an den Dienstherrn durch den Zeugen möglich. Nur in solchen Fällen kann der Verdienstausfall auch direkt an den Arbeitgeber erstattet werden, da diesem ansonsten kein direkter Erstattungsanspruch gegenüber der Staatskasse zusteht. In der Praxis wird von dieser Möglichkeit häufiger Gebrauch gemacht.

2. Anwesenheitsprämie

Eine Anwesenheitsprämie kann dem Zeugen nicht erstattet werden, da der Arbeitgeber eine solche nicht versagen kann, wenn der Zeuge die erforderliche Sollstundenzahl wegen der Heranziehung vor Gericht nicht erreichen kann (*LG Essen* Rpfleger 1973, 379). 7

3. Ärzte

Ein niedergelassener Arzt, der während seiner Sprechzeit als Zeuge herangezogen wird, erhält für diesen Zeitraum den Höchstsatz von 21 EUR entschädigt, wenn er seine Praxis schließen muss (*OLG Frankfurt* OLGR Frankfurt 2000, 20). 8

4. Auszubildende

Einem Auszubildenden kann kein Verdienstausfall erstattet werden, da der Ausbilder verpflichtet ist, die Auszubildendenvergütung fortzuzahlen (*AG Tiergarten* NStZ-RR 2009, 96 = NZV 2009, 204). Die Heranziehung als 9

§ 22   Abschnitt 5. Entschädigung von Zeugen und Dritten

Zeuge kann einen Verhinderungsgrund im Sinne des § 19 Abs. 1 Nr. 2b BBiG darstellen.

5. Beamte

10   Beamte erleiden keinen Verdienstausfall, da ihre Bezüge für die Zeit der Heranziehung weitergezahlt werden. Es kann aber eine Nachteilsentschädigung nach § 20 gezahlt werden, → § 20, Rn. 7. Eine Erstattung von Verdienstausfall kann jedoch dann in Betracht kommen, wenn der Beamte Unterricht erteilt, für den er eine Lehrvergütung erhält und solchen Unterricht wegen seiner Heranziehung versäumt, (Meyer/Höver/*Bach* § 22 Rn. 22.13).

6. Bewährungshelfer

11   Ein Bewährungshelfer ist wie ein Zeuge zu entschädigen. In Nordrhein-Westfalen ist die RV d. JM v. 7.3.1973 zu beachten. Danach wird der Bewährungshelfer, soweit er in Angelegenheiten seines Probanden von einem Gericht oder einer Staatsanwaltschaft zu Beweiszwecken herangezogen wird, ausschließlich nach dem JVEG entschädigt. Eingetretener Verdienstausfall ist ihm zu erstatten. Ist der Bewährungshelfer Beamter, so kann ihm kein Verdienstausfall erstattet werden, jedoch kann eine Nachteilsentschädigung nach § 20 gewährt werden.

7. Gefangene

12   **a) Allgemeines.** Auch Strafgefangene sind nach § 22 zu entschädigen. Sie erhalten einen Ersatz der ihnen wegen der Heranziehung entgangenen Zuwendungen wie Arbeitsentgelt, Ausbildungsbeihilfe, Taschengeld oder Zulagen nach dem Strafvollzugsgesetz (StVollzG) bzw. den jeweiligen landesrechtlichen Regelungen. Sofern die Vorführung durch einen Sammeltransport erfolgt, ist auch die Zeit für die Dauer des Sammeltransports zu entschädigen. Eine Freizeitentschädigung kann dem Gefangenen nicht gewährt werden, nur die entgangenen Zuwendungen sind zu erstatten. Auch wenn diese weniger als 3,50 EUR je Stunde betragen, kann dennoch keine Entschädigung nach § 20 gewährt werden, da dies in seine durch die Gefangenschaft besondere Situation eingreifen würde und zur Schaffung einer ihm nicht zustehenden Einkommensquelle verhelfen würde (*LG Braunschweig* NdsRpfl. 1973, 53).

13   **b) Verwaltungsbestimmungen.** Hinsichtlich der Entschädigung von Gefangen aufgrund ihrer Heranziehung als Zeugen sind in einigen Ländern Verwaltungsbestimmungen erlassen worden: *Berlin*: AV v. 19.11.2010, *Hessen*: RdErl. d. MdJ v. 7.5.1997, *Sachsen-Anhalt*: AV d. MJ v. 27.5.1991, *Thüringen*: VV d. Thür. JM v. 16.11.1991. Danach sind dem Gefangenen Arbeitsentgelt, Ausbildungsbeihilfe, Zulagen oder Taschengeld nach dem Strafvollzugsgesetz (StVollzG) bzw. den jeweiligen Landesgesetzen zu erstatten. Während der Dauer ihrer Heranziehung sind Leistungen nach dem StVollzG nicht zu zahlen. Dem Gefangenen ist durch die jeweilige JVA eine Bescheinigung über die Höhe der entgangenen Leistungen zu erteilen, welche bei der Anweisungsstelle vorzulegen ist. Die Zeugenentschädigung wird nicht an den Zeugen in bar erstattet, sondern ist an die Zahlstelle der JVA zu überweisen. Diese entscheidet sodann, wie der Gefangene nach Gutschrift der Entschädigung darüber verfügen kann.

Entschädigung für Verdienstausfall § 22

8. Gerichtsvollzieher

Ein Gerichtsvollzieher erleidet keinen Verdiensausfall, da seine Bezüge 14 während der Heranziehung weiter gezahlt werden. Ihm kann aber für das Nachholen der liegen gebliebenen Arbeit die Nachteilsentschädigung nach § 20 gewährt. Er ist auch kein Dritter nach § 23, siehe dazu dort: Rn. 14. Hat der Gerichtsvollzieher Zeugen herangezogen, steht diesen ein unmittelbarer Erstattungsanspruch zu (§ 1 Abs. 1 S. 1 Nr. 1), so dass auch Verdienstausfall zu erstatten ist.

9. Insolvenzverwalter

Wird ein Insolvenzverwalter als Zeuge herangezogen, so richtet sich seine 15 Entschädigung ausschließlich nach dem JVEG, die Insolvenzrechtliche Vergütungsverordnung (InsVV) kann nicht angewendet werden. Dieser Grundsatz gilt entsprechend für Zwangsverwalter, wenn diese als Zeuge herangezogen werden.

10. Juristische Personen

a) Anwendung des § 22. Obwohl nur eine natürliche Person als Zeuge 16 herangezogen werden kann und auch nur solche Personen einen Verdienstausfall geltend machen können, sind die Vorschriften des JVEG gleichwohl anzuwenden, wenn juristische Personen als Partei an einem Rechtsstreit beteiligt gewesen sind und Verdienstausfall im Wege der Kostenfestsetzung (§§ 103 ff. ZPO) als Parteikosten nach § 91 Abs. 1 S. 2 ZPO geltend machen. Es handelt sich nur um einen Rechtsfolgenverweis, so dass das JVEG nur hinsichtlich der Höhe der Entschädigungssätze anwendbar ist.

b) Juristische Personen des Privatrechts. Der BGH hat nunmehr fest- 17 gestellt, dass auch einer juristischen Person für die Teilnahme eines ihrer Mitarbeiter an einer Verhandlung ein Verdienstausfall erstattet werden kann (BGH MDR 2009, 230). Etwas anderes kann auch nicht aus dem Wortlaut des § 91 Abs. 1 S. 2 ZPO hergeleitet werden, der nur von „Zeitversäumnis" spricht, da die Regelung usprünglich auf § 2 ZSEG verwiesen hatte, der die Entschädigung von Zeugen allgemein regelte (Verdienstausfall und Zeitversäumnis), der Gesetzgeber hat insoweit aber eine Anpassung der ZPO-Vorschrift an die Regelungen des JVEG versäumt, so dass § 91 Abs. 1 S. 2 ZPO sowohl die Zeitversäumnis als auch den Verdienstausfall umfasst, denn der Prozessgegner soll von den finanziellen Nachteilen freigestellt werden, die aufgrund seiner Teilnahme an dem Rechtsstreit entstanden sind (BGH MDR 2009, 230). Da auch der gesetzliche Vertreter oder ein sonstiger Beauftragter seiner gewöhnlichen Tätigkeit bei Teilnahme an einer gerichtlichen Verhandlung nicht nachgehen kann, sind auch die Parteireisekosten einer juristischen Person erstattungsfähig. Der Partei entfällt die Arbeitskraft des Mitarbeiters, die in anderer Weise nutzbar wäre, so dass ein Entschädigungsanspruch bejaht werden muss (*AG Lobenstein* RTkom 2000, 310). Eine juristische Person kann deshalb einen eingetretenen Versäumnisausfall oder eingetretene Zeitversäumnis geltend machen (*OLG Frankfurt* JurBüro 1987, 908; *OLG Bamberg* JurBüro 1992, 242; *OLG Karlsruhe* Rpfleger 1993, 484; *OLG Brandenburg* OLGR Brandenburg 1997, 15; *OLG Hamm* MDR 1997, 206; *OLG Köln* JurBüro 2000, 84; *OLG Stuttgart* JurBüro 2001, 484). Auch bei der Wahrnehmung

§ 22 Abschnitt 5. Entschädigung von Zeugen und Dritten

von Gerichtsterminen durch Mitarbeiter oder Organe einer Handelsgesellschaft besteht eine Erstattungspflicht (*OLG Hamm* MDR 1997, 206). Die Erstattungsfähigkeit solcher Kosten bestimmt sich im Übrigen nach § 91 ZPO. Sie sind daher zu erstatten, wenn sie für die Prozessführung notwendig waren, insbesondere dann, wenn das Gericht zu einem Verhandlungstermin das persönliche Erscheinen eines Organs oder Mitarbeiters der juristischen Partei anordnet (*OLG Köln* JurBüro 2000, 84). Gerichtstermin ist auch ein durchgeführter Ortstermin eines gerichtlich bestellten Sachverständigen (*OLG Stuttgart* Justiz 2001, 360). Auch wenn ein Mitarbeiter der Rechtsabteilung eines Unternehmens einen Gerichtstermin wahrnimmt, sind die Kosten für die Teilnahme erstattungsfähig. Sie dürfen aber die Kosten nicht überschreiten, die bei einer Wahrnehmung des Termins durch einen Rechtsanwalt entstanden wären (*LG Aachen* Archiv PT 1998, 162). Die Deutsche Telekom AG kann die Reisekosten erstattet verlangen, die wegen einer Terminswahrnehmung durch einen ihrer Mitarbeiter entstanden sind (*LG Stade* Archiv PT 1998, 163). Für die Vorbereitung des Prozesses kann eine juristische Person keine Zeitversäumnis oder Verdienstausfall geltend machen, wenn einer ihrer Mitarbeiter oder eines ihrer Organe damit beauftragt war (*OLG Schleswig* JurBüro 1981, 122).

18 **c) Juristische Personen des öffentlichen Rechts.** Behörden oder juristischen Personen des öffentlichen Rechts sind die Terminsreisekosten ebenfalls zu erstatten, denn sie dürfen nicht schlechter gestellt werden als solche des privaten Rechts (*AG Köln* Archiv PT 1993, 84), das gilt auch bei einer Terminsvertretung durch einen Beamten (*OLG Stuttgart* MDR 1990, 635; *OLG Bamberg* JurBüro 1992, 242). Im Bereich der Verwaltungsgerichtsbarkeit gelten Besonderheiten. Für juristische Personen des öffentlichen Rechts besteht danach kein Erstattungsanspruch auf Entschädigung von Zeitversäumnis wegen der Teilnahme an einem Gerichtstermin (*BVerwG* JurBüro 2005, 314), das gilt auch für Abwasserzweckverbände (*OVG Magdeburg* Az. 4 O 332/05).

19 **d) Höhe der erstattungsfähigen Kosten.** Soweit die Reisekosten einer juristischen Person erstattungsfähig sind, kommt eine Erstattung gem. § 91 Abs. 1 S. 2 ZPO nur im Rahmen der für Zeugen geltenden Vorschriften in Betracht. Die Entschädigung für die Zeitversäumnis oder von Verdienstausfall einer Partei wegen der Reise aus Anlass einer Terminswahrnehmung wird deshalb durch die Höchstsätze der §§ 20 bis 22 begrenzt (*OLG Stuttgart* MDR 1990, 635). Eine darüber hinausgehende Erstattung kommt nicht in Betracht.

Zuzustimmen ist der Auffassung des *OLG Karlsruhe* JurBüro 2006, 35 wonach sich die Höhe der erstattungsfähigen Zeitversäumnis nicht nach einem eventuellen Verdienstausfall des Mitarbeiters, sondern nach dem wirtschaftlichen Wert der Tätigkeit dieses Arbeitnehmers für das Unternehmen richtet. Es ist regelmäßig davon auszugehen, dass die Entsendung des Mitarbeiters zu einem gerichtlichen Termin zu einer fühlbaren Einbuße für die Partei führt (*OLG Köln* JurBüro 2000, 84). Der Erstattungsanspruch im Rahmen des § 91 Abs. 1 S. 2 ZPO setzt auch keinen konkreten Vermögensschaden, sondern nur einen messbaren wirtschaftlichen Nachteil voraus (*OLG Rostock* OLGR Rostock 2000, 237). Die bloße Erstattung des Zeitversäumnis in Höhe des § 20 (3,50 EUR je Stunde) wird den eingetretenen wirtschaftlichen Schäden nicht gerecht. Auch wenn kein konkreter Nachweis über die Höhe des Ausfalls erbracht wird, kann das Gericht den Höchstsatz von

Entschädigung Dritter **§ 23**

Göttingen JurBüro 1990, 1326; *OLG Schleswig* JurBüro 1991, 545; *OLG Stuttgart* JurBüro 1992; *LAG Düsseldorf* JurBüro 1992, 686), es kommt nur die Nachteilsentschädigung nach § 20 in Betracht. Etwas anderes gilt jedoch bei unbezahltem Urlaub, da der Zeuge einen Verdienstausfall erleidet. Eine Erstattung von Verdienstausfall ist auch dann möglich, wenn der bezahlte Urlaub für die Heranziehung unterbrochen wird und stattdessen unbezahlter Urlaub genommen wird (Meyer/Höver/*Bach* § 22 Rn. 22.19), der Zeuge hat danach eine entsprechende Bescheinigung des Arbeitgebers vorzulegen. Die Beschränkung auf die Zeitversäumnis des § 20 bei Inanspruchnahme von Urlaub gilt auch, wenn es sich um Parteireisekosten (§ 91 Abs. 1 S. 2 ZPO) handelt (BGH MDR 2012, 374).

§ 23 Entschädigung Dritter

(1) **Soweit von denjenigen, die Telekommunikationsdienste erbringen oder daran mitwirken (Telekommunikationsunternehmen), Anordnungen zur Überwachung der Telekommunikation umgesetzt oder Auskünfte erteilt werden, für die in der Anlage 3 zu diesem Gesetz besondere Entschädigungen bestimmt sind, bemisst sich die Entschädigung ausschließlich nach dieser Anlage.**

(2) **Dritte, die aufgrund einer gerichtlichen Anordnung nach § 142 Abs. 1 Satz 1 oder § 144 Abs. 1 der Zivilprozessordnung Urkunden, sonstige Unterlagen oder andere Gegenstände vorlegen oder deren Inaugenscheinnahme dulden, sowie Dritte, die aufgrund eines Beweiszwecken dienenden Ersuchens der Strafverfolgungsbehörde**

1. **Gegenstände herausgeben (§ 95 Abs. 1, § 98a der Strafprozessordnung) oder die Pflicht zur Herausgabe entsprechend einer Anheimgabe der Strafverfolgungsbehörde abwenden oder**
2. **in anderen als den in Absatz 1 genannten Fällen Auskunft erteilen,**

werden wie Zeugen entschädigt. Bedient sich der Dritte eines Arbeitnehmers oder einer anderen Person, werden ihm die Aufwendungen dafür (§ 7) im Rahmen des § 22 ersetzt; § 19 Abs. 2 und 3 gilt entsprechend.

(3) **Die notwendige Benutzung einer eigenen Datenverarbeitungsanlage für Zwecke der Rasterfahndung wird entschädigt, wenn die Investitionssumme für die im Einzelfall benutzte Hard- und Software zusammen mehr als 10 000 Euro beträgt. Die Entschädigung beträgt**
1. **bei einer Investitionssumme von mehr als 10 000 bis 25 000 Euro für jede Stunde der Benutzung 5 Euro; die gesamte Benutzungsdauer ist auf volle Stunden aufzurunden;**
2. **bei sonstigen Datenverarbeitungsanlagen**
    a) **neben der Entschädigung nach Absatz 2 für jede Stunde der Benutzung der Anlage bei der Entwicklung eines für den Einzelfall erforderlichen, besonderen Anwendungsprogramms 10 Euro und**
    b) **für die übrige Dauer der Benutzung einschließlich des hierbei erforderlichen Personalaufwands ein Zehnmillionstel der Investitionssumme je Sekunde für die Zeit, in der die Zentraleinheit belegt ist (CPU-Sekunde), höchstens 0,30 Euro je CPU-Sekunde.**

Die Investitionssumme und die verbrauchte CPU-Zeit sind glaubhaft zu machen.

§ 23 Abschnitt 5. Entschädigung von Zeugen und Dritten

(4) Der eigenen elektronischen Datenverarbeitungsanlage steht eine fremde gleich, wenn die durch die Auskunftserteilung entstandenen direkt zurechenbaren Kosten (§ 7) nicht sicher feststellbar sind.

Übersicht

	Rn.
I. Regelungszweck	1
II. Telekommunikationsdienstleistungen (Abs. 1)	2
III. Anordnungen nach § 142 Abs. 1, § 144 Abs. 1 ZPO (Abs. 2 Alt. 1)	3
1. Allgemeines	3
2. Umfang der Entschädigung	4
3. Entschädigung für Verdienstausfall	5
4. Auslagen	6
5. Übersetzungskosten	7
6. Auslagenvorschuss und Gerichtskosten	8
IV. Anordnungen der Strafverfolgungsbehörden StPO (Abs. 2 Alt. 2)	9
1. Allgemeines	9
2. Umfang der Entschädigung	10
3. Erstattungsausschluss für Verfahrensbeteiligte	11
4. Reproduktionskosten für gespeicherte Daten	12
5. Autovermieter in Bußgeldsachen	13
6. Gerichtsvollzieher	14
7. Kreditinstitute	15
a) Entschädigungsanspruch	15
b) Erstattung von Verdienstausfall	16
c) Beauftragung Dritter durch das Kreditinstitut	17
d) Steuerstrafsachen	18
e) Schriftliche Auskünfte	19
f) Kosten für Fotokopien, Audrucke	20
g) Umsatzsteuer	21
V. Benutzung von Datenverarbeitungsanlagen (Abs. 3, 4)	22
1. Allgemeines	22
2. Eigene Datenverarbeitungsanlage (Abs. 3)	23
a) Allgemeines	23
b) Investitionssumme von 10 000–25 000 EUR	24
c) Investitionssumme von mehr als 25 000 EUR	25
3. Fremde Datenverarbeitungsanlage (Abs. 4)	26
VI. Sozialgerichtssachen	27

I. Regelungszweck

1 § 23 regelt die Entschädigung, wenn Dritte herangezogen werden, also solche Personen oder Unternehmungen, die nicht Zeuge, Sachverständiger, Dolmetscher, Übersetzer oder Berechtigte nach § 1 Abs. 1 Nr. 2, Abs. 4 sind. Die Regelung ist gleichwohl nur anwendbar, wenn es sich um einen nach Abs. 1 bis 4 Herangezogenen handelt.

Abs. 1 bestimmt die Entschädigung für erbrachte Telekommunikationsdienstleistungen und verweist im Einzelnen auf die Anlage 3 zu Abs. 1. Durch Abs. 2 Alt. 1 wird die Entschädigung für die nach §§ 142 Abs. 1, 144 Abs. 1 ZPO vorzunehmenden Handlungen bestimmt, durch Abs. 2 Alt. 2 die Entschädigung für Dritte, die aufgrund eines Beweiszwecken dienenden Ersuchens der Strafverfolgungsbehörde tätig werden. Abs. 3, 4 regeln die Benutzung von eigenen oder fremden Datenverarbeitungsanlagen für Rasterfahndungen.

Die Regelungen des § 19 gelten für Dritte nicht, obwohl § 23 in Abschnitt 5 Entschädigung von Zeugen und Dritten eingestellt ist, da § 19 seinem Wortlaut nach nur Zeugen umfasst. Der Umfang des Entschädigungs-

Entschädigung Dritter § 23

anspruchs, einschließlich der zu erstattenden Aufwendungen, wird daher abschließend durch § 23 und der Anlage 3 zu Abs. 1 bestimmt.

II. Telekommunikationsdienstleistungen (Abs. 1)

Werden Telekommunikationsunternehmen aufgrund der Umsetzung von Anordnungen tätig oder erteilen sie die Auskünfte, für die in der Anlage 3 zu Abs. 1 besondere Entschädigungen bestimmt sind, ist die Entschädigung ausschließlich nach dieser Anlage zu bestimmen (Abs. 1). Die sonstigen Regelungen des § 23 gelten nicht (BT-Drs. 16/7103, S. 7). Es wird hierzu auf die Erläuterungen zur Anlage 3 verwiesen. 2

III. Anordnungen nach § 142 Abs. 1, § 144 Abs. 1 ZPO (Abs. 2 Alt. 1)

1. Allgemeines

Das Prozessgericht kann gem. § 142 Abs. 1 ZPO anordnen, dass die Partei oder ein Dritter die sich in seinem Besitz befindlichen Urkunden oder sonstige Unterlagen vorlegen muss. Es kann hierzu eine Frist setzen und auch anordnen, dass die Unterlagen während einer bestimmten Zeit auf der Geschäftsstelle verbleiben. Der Dritte ist zur Vorlage nicht verpflichtet, wenn ihm diese nicht zugemutet werden kann oder er ein Zeugnisverweigerungsrecht nach §§ 383–385 ZPO besitzt. Vorzulegende Urkunden können beispielsweise sein (MüKo-ZPO/*Wagner* § 144 Rn. 8): 3
- Korrespondenzschreiben,
- Einnahme- und Ausgabebücher,
- Stammbücher in Nachlassangelegenheiten,
- Pläne und Zeichnungen,
- Handelsbücher,
- Tagebücher des Handelsmaklers (§§ 258, 102 HGB).

Kopien stehen danach den obigen Unterlagen gleich. Weiter kann das Gericht auch eine Inaugenscheinnahme durch einen Sachverständigen anordnen, und der Partei oder einem Dritten dazu aufgegeben, den fraglichen Gegenstand vorzulegen (§ 144 Abs. 1 ZPO).

2. Umfang der Entschädigung

Soweit dem Dritten durch eine gerichtliche Anordnung nach § 142 Abs. 1, § 144 Abs. 1 ZPO Kosten entstehen, sind diese nach Abs. 2 zu erstatten. Wird die Partei oder ein Beteiligter aufgrund einer solchen gerichtlichen Anordnung tätig, gilt Abs. 2 nicht (*OLG Frankfurt* KostRsp. ZSEG § 17a Nr. 10). 4

Ein von Abs. 2 erfasster Dritter ist wie ein Zeuge zu entschädigen (Abs. 2 S. 1), so dass zu ihm Verdienstausfall (§ 22) oder Zeitversäumnis (§§ 20, 21) zu erstatten sind. Daneben sind bare Aufwendungen nach §§ 5–7 zu ersetzen. Hat sich der Dritte eines Arbeitnehmers oder anderer Personen bedient, gehört zu den erstattungsfähigen Aufwendungen nach § 7, der an diese Personen gezahlte Verdienstausfall, der jedoch nur bis zur Höchstgrenze des

379

§ 23 Abschnitt 5. Entschädigung von Zeugen und Dritten

§ 22 (21 EUR je Stunde) und für höchstens zehn Stunden je Tag zu ersetzten ist (Abs. 2 S. 2 Hs. 2 i. V. m. § 19 Abs. 2). Der Entschädigungsanspruch muss gem. § 2 Abs. 1 S. 1 Nr. 4 binnen drei Monaten nach Beendigung der Maßnahme bei der Stelle geltend gemacht werden, welche den Dritten herangezogen oder beauftragt hat.

3. Entschädigung für Verdienstausfall

5   Für die im Rahmen einer Anordnung nach den §§ 142, 144 ZPO durchgeführten Tätigkeiten kann nur Verdienstausfall und Zeitversäumnis geltend gemacht werden. Es sind die Höchstgrenzen der §§ 20–22 zu beachten. Umsatzsteuer kann für den Verdienstausfall nicht gesondert erstattet werden, da die Bestimmung des § 12 Abs. 1 S. 2 Nr. 4 nicht für Dritte gilt (*LG Hannover* JurBüro 2005, 433). Gleichwohl ist dem Dritten aber Umsatzsteuer zu erstatten, wenn er diese für Fremdkosten geltend macht, etwa weil er zur Ausführung des Auftrags Fremdleistungen in Anspruch nimmt.

4. Auslagen

6   Zu ersetzen sind Aufwendungen nach §§ 5–7. Die Regelung des § 12 gilt nicht, da sie nur für die von § 8 erfassten Berechtigten gilt, nicht aber für Zeugen oder Dritte. In Betracht kommen insbesondere Kopiekosten (§ 7 Abs. 2), wenn die Unterlagen nicht im Original, sondern in Kopie eingereicht werden. Werden zulässigerweise elektronische Dokumente überlassen, gilt § 7 Abs. 3. Auch Porto- und Telefonkosten sind zu ersetzen. Werden die Unterlagen aber nicht wie vorgeschrieben im Original aufbewahrt, sondern auf einer Festplatte archiviert, können entstehende Mehrkosten dafür, dass die Daten ausgedruckt werden, nicht nach Abs. 1 geltend gemacht werden, was auch für Steuerberater gilt (*LG Koblenz* NStZ-RR 2003, 288). Die Kosten für die Digitalisierung sind ausnahmsweise dann erstattungsfähig, wenn dem Dritten eine Herausgabe der Originaldokumente nicht zumutbar ist (*LSG Bad. Württ.* Justiz 2011, 193). Soweit notwendige Fahrtkosten entstehen, sind diese nach § 5 i. V. m. Abs. 2 S. 1 Nr. 1 zu ersetzen. Für die Benutzung des eigenen oder eines unentgeltlich zur Nutzung überlassenen Kfz sind dabei 0,25 EUR je angefangenen Kilometer zu erstatten.

5. Übersetzungskosten

7   Hat das Gericht nach § 142 Abs. 3 ZPO angeordnet, dass eine in einer fremden Sprache abgefassten Urkunde durch einen vereidigten Übersetzer in die deutsche Sprache zu übersetzen ist, besitzt dieser keinen Erstattungsanspruch gegenüber der anordnenden Stelle. Es handelt sich um Parteikosten, die von der jeweiligen Partei nur nach § 91 ZPO als Parteikosten im Kostenfestsetzungsverfahren (§§ 103 ff. ZPO) geltend gemacht werden können. Etwas anderes gilt aber dann, wenn das Gericht die Übersetzung von Amts wegen veranlasst und einen Übersetzer beauftragt. Der Dritte kann nicht aufgefordert werden, die Übersetzung beizubringen (§ 142 Abs. 3 S. 2 ZPO).

6. Auslagenvorschuss und Gerichtskosten

8   Das Gericht ordnet die Vorlage durch Beschluss an, es handelt sich um eine Maßnahme nach § 273 ZPO. Die gerichtliche Handlung darf nicht in paralle-

ler Anwendung des § 379 ZPO von der Zahlung eines Kostenvorschusses abhängig gemacht werden (MüKo-ZPO/*Wagner* § 144 Rn. 20). Auch § 17 Abs. 3 GKG, § 16 Abs. 3 FamGKG, § 14 Abs. 3 GNotKG können nicht als Grundlage für eine Anforderung des Kostenvorschusses dienen, wenn Beweis nach § 144 ZPO erhoben wird (*BGH* NJW 2000, 743). Die an Dritte wegen einer Anordnung nach § 142 Abs. 1, § 144 Abs. 1 ZPO gezahlten Entschädigungen nach dem JVEG sind als Gerichtskosten (Nr. 9005 KV-GKG, Nr. 2005 KV-FamGKG, Nr. 31005 KV-GNotKG) von dem Kostenschuldner wieder einzuziehen.

IV. Anordnungen der Strafverfolgungsbehörden StPO (Abs. 2 Alt. 2)

1. Allgemeines

Nach Abs. 2 Alt. 2 besteht ein Entschädigungsanspruch, wenn Dritte aufgrund eines zu Beweiszwecken dienenden Ersuchens der Strafverfolgungsbehörde 9

– Gegenstände nach § 95a StPO herausgeben (Nr. 1 Alt. 1),
– Daten nach § 98a übermitteln (Nr. 1 Alt. 2),
– in anderen Fällen Auskunft erteilen (Nr. 2).

Nach § 95a StPO kann die Strafverfolgungsbehörde die Vorlage und Auslieferung von Gegenständen verlangen, die als Beweismittel für die Untersuchung von Bedeutung sein können (§ 94 StPO). Handelt es sich um eine in § 98a Abs. 1 StPO genannte Straftat, hat die speichernde Stelle die für den Abgleich erforderlichen personenbezogenen Daten aus den Datenbeständen auszusondern und den Strafverfolgungsbehörden zu übermitteln (§ 98a Abs. 2 StPO).

Als Strafverfolgungsbehörde gilt jede Behörde, die aufgrund gesetzlicher Vorschriften Straftaten erforscht. Hierzu gehören insbesondere die Staatsanwaltschaft, die Finanzbehörde in den Fällen des § 386 Abs. 2 AO sowie die Polizei, die im Rahmen des § 163 Abs. 1 StPO verpflichtet ist, Straftaten zu erforschen. Die Strafverfolgungsbehörde muss aber im Auftrag oder nach vorheriger Billigung der Staatsanwaltschaft tätig geworden sein. Das folgt aus § 1 Abs. 1 Nr. 3, der als Dritte nach § 23 nur solche Personen bezeichnet, die von einer in § 1 Abs. 1 Nr. 1 genannten Stelle herangezogen sind. § 1 Abs. 3 stellt andere Strafverfolgungsbehörden einschließlich der Polizei solchen Stellen gleich, wenn diese im Auftrag oder mit vorheriger Billigung der Staatsanwaltschaft handeln.

Für Telekommunikationsüberwachung richtet sich die Entschädigung ausschließlich nach Abs. 1 und der Anlage 3 zu Abs. 1.

2. Umfang der Entschädigung

Ein von Abs. 2 erfasster Dritter ist wie ein Zeuge zu entschädigen (Abs. 2 10 S. 1). Hierzu wird auf → Rn. 4 verwiesen. Wegen der Kreditinstitute → Rn. 15 ff.

Bedient sich der Dritte für die Herausgabe oder Überlassung der Gegenstände eines Arbeitnehmers oder einer anderen Person, sind ihm diese Kosten zu erstatten. Gleiches gilt, wenn der Dritte eine von der Strafverfolgungs-

§ 23 Abschnitt 5. Entschädigung von Zeugen und Dritten

behörde erteilte Weisung erfüllt, deren Erfüllung dazu führt, dass die Gegenstände nicht herausgegeben werden müssen. Ebenso bei der Datenübermittlung nach § 98a StPO oder der Erteilung anderer Auskünfte. Nach Abs. 2 S. 2 ist der Verdienstausfall zu erstatten. Dabei ist die Erstattung auf den Höchstsatz des § 22 beschränkt, so dass höchstens 21 EUR je Stunde gewährt werden können. Da § 19 Abs. 2, 3 entsprechend gilt (Abs. 2 S. 2 Hs. 2), ist die entschädigungsfähige Zeit zugleich auf höchstens zehn Stunden täglich begrenzt. Wird der Arbeitnehmer aber an mehreren Tagen tätig, ist der Verdienstausfall für jeden Tag gesondert zu entschädigen.

Sonstige bare Aufwendungen sind gesondert nach §§ 5–7 zu ersatten (→ Rn. 6). Hierzu gehören auch Fotokopiekosten (§ 7 Abs. 2), falls die Aushändigung an die Strafverfolgungsbehörde dadurch abgewendet werden kann, dass statt der Originalunterlagen Fotokopien überreicht werden. Wegen der Kosten für Reproduktionen → Rn. 12.

3. Erstattungsausschluss für Verfahrensbeteiligte

11 Abs. 2 findet keine Anwendung, wenn sich das Ersuchen der Strafverfolgungsbehörde an den Beschuldigten, den Geschädigten oder andere Verfahrensbeteiligte richtet. Das gilt auch für ein Unternehmen, welches auf Ersuchen Auskünfte über einen Bediensteten erteilt, der zugleich Beschuldigter ist (*OLG Frankfurt* NJW 1998, 551).

4. Reproduktionskosten für gespeicherte Daten

12 Kosten, die einem Dritten für die Reproduktion von Microfiches entstehen, auf denen Kontodaten gespeichert sind, können nicht gesondert erstattet werden, sie sind von dem Dritten selbst zu tragen (*OLG Koblenz* JurBüro 2005, 658; noch zum ZSEG: *OLG Bremen* NJW 1976, 685; *LG Kiel* SchlHA 1984, 192; *LG Berlin* NStZ-RR 1998, 224). Nach § 261 HGB besteht die Verpflichtung, Unterlagen, die auf Datenträgern gespeichert sind, auf eigene Kosten auszudrucken. Werden Buchungsunterlagen nur als Wiedergabe auf einem Bildträger oder einem anderen Datenträger gespeichert, besteht für eine Reproduktion ebenfalls kein Erstattungsanspruch für die entstandenen Arbeits- und Materialkosten (*OLG Düsseldorf* NStZ 1983, 22). Das gilt auch dann, wenn der Dritte solche Unterlagen auf der Festplatte gespeichert hat und diese nun ausdrucken oder kopieren muss (*LG Koblenz* NStZ-RR 2003, 288). Der gegenteiligen Meinung des *LG Coburg* MDR 1979, 1046 kann nicht gefolgt werden, da das HGB allgemeine Regelungen für die Handelsbücher schafft und die kostenfreie Reproduktion daher nicht nur auf die Fälle der §§ 259, 260 HGB beschränkt ist (*LG Berlin* wistra 1998, 40). Die Bestimmungen des HGB sind danach nicht nur auf das Handels- und Zivilrecht anzuwenden, sondern die Verpflichtung des § 261 HGB gilt auch für Auskunftsersuchen einer Strafverfolgungsbehörde. Eine Erstattung kommt auch nicht als sonstige bare Aufwendung nach § 7 in Betracht. Werden aber die gespeicherten Daten aufgrund eines Ersuchens der Strafverfolgungsbehörde auf einem Datenträger überlassen, können Auslagen nach § 7 Abs. 3 geltend gemacht werden, weil es sich gerade nicht um Reproduktionskosten handelt.

5. Autovermieter in Bußgeldsachen

Eine Autovermietungsgesellschaft ist als Dritte anzusehen, die eine Entschädigung nach Abs. 2 Nr. 2 geltend machen kann. Dem steht auch nicht entgegen, dass es sich um eine juristische Person handelt, weil durch § 1 Abs. 1 S. 3 klargestellt werden soll, dass auch juristischen Personen Ansprüche nach dem JVEG zustehen können (BT-Drs. 15/1971, S. 178 zu § 1). Zudem folgt aus der zu § 22 erfolgten Begründung, dass die Regelung wegen Abs. 2 S. 2 auch in diesen Fällen gelten soll, womit klargestellt wird, dass ein Entschädigungsanspruch für Autovermieter besteht. In der BT-Drs. 17/11471 (neu), S. 263 zu § 22 heißt es: „*Die Erhöhung der Höchstgrenze für die Verdienstausfallentschädigung der Zeugen wirkt sich wegen der Verweisung in § 23 Absatz 2 Satz 2 JVEG insbesondere auch auf eine an gewerbliche Autovermieter gerichtete Anfrage nach der Person des Mieters eines Kraftfahrzeugs aus. Die Beantwortung einer solchen Anfrage ist in der Regel nur mit einem wenige Minuten dauernden Zeitaufwand verbunden, so dass eine Entschädigung in Höhe eines halben Stundensatzes ausreichend erscheint.*" Wird daher einem Autovermieter in einer Straf- oder Bußgeldsache ein Auskunftsersuchen oder ein Zeugenfragebogen übersandt, besteht ein Entschädigungsanspruch nach Abs. 2 Nr. 2, so dass Verdienstausfall nach § 22 und bare Aufwendungen (§ 7) zu erstatten sind (*AG Darmstadt* Az. 210 OWi 15/10; *AG Herford* NZV 2010, 314; *AG Karlsruhe* SVR 2005, 195; *AG Leipzig* NZV 2005, 106; **a. A.** *AG Heilbronn* NZV 2012, 256; *AG Stuttgart* NZV 2005, 104). Der Entschädigungsanspruch gegenüber der Staatskasse besteht unabhängig davon, ob die Autovermietung die Möglichkeit hat, die Kosten gegenüber ihrem Kunden geltend zu machen (*AG Herford* NZV 2010, 314).

6. Gerichtsvollzieher

Wird ein Gerichtsvollzieher von der Staatsanwaltschaft beauftragt, ein Verzeichnis der gegen den Beschuldigten erteilten Vollstreckungsaufträge zu erstellen, wird er nicht als Dritter i. S. d. Abs. 2 tätig. Eine Entschädigung steht ihm daher nach dieser Vorschrift nicht zu (*LG Nürnberg-Fürth* DGVZ 1998, 60). Der Gerichtsvollzieher wird in diesem Fall als Bediensteter des jeweiligen Amtsgerichts tätig. Eine direkte Beauftragung des Gerichtsvollziehers ist unschädlich, es handelt sich um Amtshilfe. Soweit Ansprüche des Gerichtsvollziehers entstehen, weil dieser dienstliche Angelegenheiten, die er persönlich zu verrichten hat, erledigt, werden diese bereits durch die Besoldung abgedeckt (*LG Nürnberg-Fürth* DGVZ 1998, 60). Auch Schreibauslagen kann der Gerichtsvollzieher nicht verlangen (*BayVGH* DGVZ 1991, 62).

7. Kreditinstitute

a) Entschädigungsanspruch. Kreditinstitute, die im Rahmen des § 95 StPO Unterlagen herausgeben, sind nach Abs. 2 Nr. 1 zu entschädigen. Das gilt auch, wenn das Kreditinstitut von den angeforderten Unterlagen zur Abwendung einer Durchsuchung der Geschäftsräume Kopien anfertigt (*OLG Stuttgart* Justiz 1983, 89; *OLG Düsseldorf* wistra 1985, 123; *LG Koblenz* MDR 1985, 606; *LG Stuttgart* wistra 1987, 38; *LG Kiel* WM 1987, 483; *LG Bochum* WM 1987, 887; *LG Bielefeld* WM 2001, 198; **a. A.** *OLG Karlsruhe* BB 1987, 2188, *OLG Nürnberg* WM 1987, 483; *LG Göttingen* JurBüro 1988, 242). Die ablehnende Rechtsprechung ist durch die zwischenzeitlich erfolgten Gesetzes-

§ 23 Abschnitt 5. Entschädigung von Zeugen und Dritten

änderungen überholt, sie war schon mit der Einfügung des § 17a ZSEG weitgehend gegenstandslos, da Abs. 2 S. 1 ausdrücklich anordnet, dass der Dritte wie ein Zeuge zu entschädigen ist, so dass wegen § 19 Abs. 1 S. 1 Nr. 3 auch die baren Aufwendungen nach § 7, zu denen Kopiekosten oder Computerausdrucke zählen, zu erstatten sind. Die Entschädigung ist trotz eines bestehenden Eigeninteresses des Kreditinstituts zu gewähren, mit den gefertigten Fotokopien die Beschlagnahme und eine Beeinträchtigung des Geschäftsbetriebs zu vermeiden. Das staatliche Interesse der Verfolgungsbehörden geht dem Eigeninteresse des Kreditinstituts vor (*AG Bochum* NStE Nr. 2 zu § 1 ZSEG), es ist daher unbeachtlich, ob das Kreditinstitut aufgrund eines Auskunftsersuchens einer Strafverfolgungsbehörde oder zur Abwendung einer ergangenen Beschlagnahmeanordnung tätig wird (*OLG Celle* WM 1981 1288; *LG Ulm* Justiz 1983, 347).

Auch für die Sichtung und Erläuterung der Unterlagen besteht ein Entschädigungsanspruch (*OLG Düsseldorf* JMBlNW 1989, 177), gleichfalls für die Aufbereitung von Unterlagen (*LG Stuttgart* Justiz 1986, 419). Soweit darüberhinaus in Literatur und Rechtsprechung Streit besteht, ist der Meinung beizutreten, die einen Entschädigungsanspruch bejaht, da § 23 einen Entschädigungstatbestand ausdrücklich für alle von § 95 StPO erfassten Fälle schafft. Auch Sparkassen sind nach § 23 zu entschädigen, da sie im Rahmen einer solchen Verrichtung nicht als Behörde tätig werden (*OLG Koblenz* KostRsp. ZSEG § 5 Nr. 8).

16 **b) Erstattung von Verdienstausfall.** Sofern eigene Arbeitnehmer oder fremde Personen eingesetzt werden, sind die entstehenden Kosten nach Abs. 2 S. 2 zu ersetzen. Die Aufwendungen können danach nach § 7 erstattet werden, dürfen aber die Höchstgrenzen des § 19 Abs. 2 und § 22 nicht übersteigen. Zu erstatten sind daher höchstens 21 EUR je Stunde für höchstens zehn Stunden je Tag. Es kann nur der tatsächlich benötigte Zeitaufwand entschädigt werden. Eine Aufrundung der letzten begonnenen halben Stunde nach § 19 Abs. 2 darf nicht für jeden einzelnen Tag der Tätigkeit, sondern nur für die Gesamtentschädigung erfolgen. Abzulehnen ist die Auffassung, wonach eine Bank nicht den Verdienstausfall nach § 22, sondern nur die entstandenen wirtschaftlichen Nachteile geltend machen kann (*LG Frankenthal* JurBüro 1987, 1579), da dies gegen den eindeutigen Wortlaut des Abs. 2 S. 2 verstoßen würde. Die Arbeiten können auch durch eigenes Personal erbracht werden. Die Einstellung zusätzlicher Hilfskräfte oder das Erbringen von Überstunden ist nicht notwendig, da Abs. 2 S. 2 auch den Einsatz eigener Arbeitnehmer erfasst (*LG Frankenthal* JurBüro 1981, 738). Ein Erstattungsanspruch besteht für sämtliche Arbeitsvorgänge, die wegen des Ersuchens erforderlich waren. Sind zum Teil verfilmte und unsortierte Unterlagen über einen längeren Zeitraum ($2^{1}/_{2}$ Jahre) herauszusuchen, so ist dafür Verdienstausfall zu entschädigen (*KG* WM 1991, 1545). Der für das Fertigen der Kopien benötigte Zeitaufwand ist jedoch nicht gesondert erstattungsfähig, wenn die Fotokopiekosten nach § 7 erstattet werden, da diese Pauschale sowohl das Material als auch den Zeitaufwand abgilt, → Rn. 20.

17 **c) Beauftragung Dritter durch das Kreditinstitut.** Holt das Kreditinstitut aufgrund eines Auskunftsersuchens einer Strafverfolgungsbehörde die Auskunft eines Dritten ein, so sind die dafür entstandenen Kosten erstattungsfähig (*OLG Schleswig* JurBüro 1978, 1370). Dabei ist jedoch die Notwendig-

keit und Zweckmäßigkeit zu prüfen, nur in diesem Fall können die Kosten als sonstige bare Aufwendungen nach § 7 Abs. 1 erstattet werden.

d) Steuerstrafsachen. Ein Erstattungsanspruch nach Abs. 2 besteht auch dann, wenn ein Kreditinstitut Unterlagen aufgrund eines gerichtlichen Beschlusses herausgibt, der für ein selbstständig ermittelndes Finanzamt erlassen wurde, da auch die Finanzbehörden als Strafverfolgungsbehörde tätig werden können. In einem Steuerfestsetzungsverfahren steht dem Kreditinstitut ein Erstattungsanspruch nach § 107 AO zu (BFH WM 1981, 880; *OLG Hamburg* WM 1981, 1289; *FG Köln* WM 1984, 911), der direkt auf das JVEG verweist. Für die gerichtliche Festsetzung nach § 4 ist das Gericht zuständig, bei dem die betreffende Staatsanwaltschaft eingerichtet ist (*OLG Hamburg* WM 1981, 1289). 18

e) Schriftliche Auskünfte. Für eine an die Strafverfolgungsbehörde erteilte schriftliche Auskunft steht dem Kreditinstitut ein Entschädigungsanspruch nach Abs. 2 zu (*LG Koblenz* JurBüro 1985, 1531). 19

f) Kosten für Fotokopien, Audrucke. Fertigt das Kreditinstitut Fotokopien, um damit einer Beschlagnahme zuvorzukommen, so sind diesem die Fotokopiekosten zu erstatten (*AG Duisburg* WM 1980, 254; *LG Bonn* WM 1982, 1162; *LG Ulm* WM 1983, 693; *OLG Celle* WM 1983, 947; *LG Stuttgart* wistra 1987, 38; *OLG Frankfurt* WM 1991, 160). Die Kosten sind nach § 7 Abs. 2 zu erstatten, für die ersten 50 Kopien sind danach 0,50 EUR je Seite und für jede weitere Seite 0,15 EUR erstattungsfähig. Höhere Kosten können auch bei einem geführten Nachweis nicht erstattet werden. Werden Fotokopiekosten nach § 7 geltend gemacht, ist neben den Materialkosten auch der für die Fertigung der Kopien benötigte Zeitaufwand abgegolten. Für das Fotokopieren kann deshalb ein Verdienstausfall nicht neben der Kopierpauschale erstattet werden. Eine gesonderte Erstattung wegen des Materialverbrauchs und der Maschinenabnutzung kann das Kreditinstitut nicht verlangen, diese werden gleichfalls durch die Pauschale nach § 7 Abs. 2 abgegolten (*OLG Düsseldorf* WM 1989, 1275). Da § 7 Abs. 2 auch Ausdrucke umfasst, besteht ein Entschädigungsanspruch nach dieser Regelung auch dann, wenn das Kreditinstitut von auf einem Computer gespeicherten Unterlagen Ausdrucke anfertigt. Überlässt das Kreditinstitut **Daten auf einem Datenträger** ist nach § 7 Abs. 3 zu entschädigen. 20

g) Umsatzsteuer. Umsatzsteuer ist einem Kreditinstitut im Rahmen der Auskunftserteilung nicht zu erstatten (*LG Saarbrücken* JurBüro 1981, 897; *LG Ulm* WM 1983, 693), da die Bestimmung des § 12 Abs. 1 S. 2 Nr. 4 nur für die von § 8 erfassten Berechtigten gilt, nicht aber für Zeugen und Dritte. 21

V. Benutzung von Datenverarbeitungsanlagen (Abs. 3, 4)

1. Allgemeines

Wird für die Durchführung einer Rasterfahndung eine Datenverarbeitungsanlage eingesetzt, bestimmt sich die Entschädigung nach Abs. 3, wenn der Dritte eine eigene Datenverarbeitungsanlage nutzt. Wird hingegen eine fremde Datenverarbeitungsanlage genutzt, gilt Abs. 4 22

§ 23 Abschnitt 5. Entschädigung von Zeugen und Dritten

2. Eigene Datenverarbeitungsanlage (Abs. 3)

23 **a) Allgemeines.** Für die Nutzung einer eigenen Datenverarbeitungsanlage erfolgt eine Entschädigung nur dann, wenn die Investitionssumme für die im Einzelfall benutzte Hard- und Software mehr als 10 000 EUR beträgt. Erreicht die Investitionssumme diesen Betrag nicht, so findet eine Entschädigung nicht statt. Die Höhe der Investitionssumme ist glaubhaft zu machen (Abs. 3 S. 3), es können alle in § 294 ZPO zugelassenen Beweismittel genutzt werden. Bei der Berechnung der Investionssumme es ist der tatsächliche Gesamtpreis einschließlich der Mehrwertsteuer, aber abzüglich eventuell gewährter Rabatte, maßgebend (*Hartmann* § 23 Rn. 10).

24 **b) Investitionssumme von 10 000–25 000 EUR.** Liegt die Investitionssumme zwischen 10 000 und 25 000 EUR, so beträgt die Entschädigung für jede Stunde der Benutzung 5 EUR (Abs. 3 S. 2 Nr. 1). Die gesamte Benutzungsdauer ist auf volle Stunden aufzurunden. Zulässig ist nur die Zusammenrechnung der gesamten Benutzungsdauer, eine tageweise Aufrundung ist nicht zulässig (*LG Osnabrück* NdsRpfl. 1997, 142). Eine Aufrundung kann danach aber dann erfolgen, wenn die Leistung auf Grund einer gerichtlichen Anordnung durch verschiedene Mitarbeiter des Anbieters durchgeführt wurde.

25 **c) Investitionssumme von mehr als 25 000 EUR.** Bei einer benutzten Datenverarbeitungsanlage mit einer Investitionssumme von mehr als 25 000 EUR ist nach Abs. 3 S. 2 Nr. 2a, b genau zu differenzieren. Der Anbieter erhält nach Abs. 3 S. 2 Nr. 2a zunächst eine Entschädigung für die Benutzung der Anlage und die eventuelle Entwicklung eines im Einzelfalls erforderlichen Anwendungsprogramms. Die Entschädigung nur für die Benutzung bestimmt sich nach Abs. 1. Personalkosten können bis zu den Höchstsätzen der § 19 Abs. 2 und § 22 ersetzt werden. Hinzukommen bei der Entwicklung des besonderen Programms für jede Stunde der Benutzung der Anlage 10 EUR.

Für die übrige Dauer der Benutzung der Anlage sind je CPU-Sekunde ein Zehnmillionstel der Investitionssumme zu entschädigen, höchstens jedoch 0,30 EUR je CPU-Sekunde. Für die Dauer der Benutzung der Datenverarbeitungsanlage nach Absatz 3 S. 2 Nr. 2b kann ein zusätzlicher Verdienstausfall nicht erstattet werden, da die Entschädigung hierfür den erforderlichen Personalaufwand einschließt.

Die Höhe der benötigten CPU-Sekunden ist glaubhaft zu machen (Abs. 3 S. 3). Dies kann durch ein nachträglich von der Datenverarbeitungsanlage zu erstellendes Protokoll geschehen. Wird eine fremde Datenverarbeitungsanlage benutzt, so gilt Abs. 4 (→ Rn. 26).

Berechnung: Die Investitionssumme ist durch 10 000 000 zu dividieren, der Betrag darf 0,30 nicht übersteigen, bleibt er darunter, ist dieser Betrag zu entschädigen:

Investitionssumme: 8 000 000 EUR : 10 000 000 = 0,80 EUR
es verbleibt bei 0,30 EUR/CPU-Sekunde
Investitionssumme: 1 500 000 EUR : 10 000 000 = 0,15 EUR
zu entschädigen sind 0,15 EUR/CPU-Sekunde

3. Fremde Datenverarbeitungsanlage (Abs. 4)

26 Nutzt der Dritte eine fremde Datenverarbeitungsanlage, sind die Kosten nach § 7 Abs. 1 als bare Aufwendungen zu ersetzen. Erfasst sind etwa gemie-

tete oder geleaste Verarbeitungsanlagen (Binz/Dörndorfer/*Binz* § 23 JVEG Rn. 14). Die fremde Datenverarbeitungsanlege steht einer eigenen jedoch gleich, wenn die durch die Auskunftsterteilung entstandenen direkt zurechenbaren Kosten nicht sicher feststellbar sind. In diesen Fällen, kann eine Erstattung nicht nach § 7 Abs. 1 i. V. m. Abs. 2 Nr. 2, sondern nur nach Abs. 3 erfolgen. Es besteht dann auch keine Wahlmöglichkeit zwischen Abs. 3 und § 7 Abs. 1.

VI. Sozialgerichtssachen

Für eine nach § 106 Abs. 3 SGG erteilte Auskunft, ist der eingetretene Verdienstausfall nach den für die Zeugenentschädigung geltenden Vorschriften zu erstatten (*LSG Schleswig-Holstein* Breith 1994, 85). Die Höhe der Entschädigung richtet sich deshalb nach § 19 und ist zugleich auf die Höchstsätze des § 19 Abs. 2 und § 22 beschränkt. Für etwaige notwendige Reisekosten gelten §§ 5, 6. Die Regelung des § 12 findet keine Anwendung, so dass Schreibauslagen für die erstellte Urschrift der Auskunft ebensowenig wie eine Umsatzsteuer nicht gesondert erstattet werden kann. Notwendige Kopien für vom Gericht angeforderte Mehrfertigungen sind jedoch nach § 7 Abs. 2 zu erstatten. Werden Röntgenbilder überlassen, sind die Kosten für die Reproduktion nach § 7 Abs. 1 zu erstatten (*BayLSG* Az. L 2 U 264/02.Ko), wobei sich die Höhe an den entsprechenden Tarifen der Deutschen Krankenhausgesellschaft (DKG-NT) orientieren kann. Beauftragt das Gericht nach § 106 Abs. 3 Nr. 3–5 SGG Sachverständige, richtet sich deren Vergütung nach § 1 Abs. 1 S. 1 Nr. 1, §§ 8 ff. (*BayLSG* Az. L 15 SF 53/09). Sind Zeugen herangezogen, haben sie einen Entschädigungsanspruch nach § 1 Abs. 1 S. 1 Nr. 1, §§ 19 ff.

27

Abschnitt 6. Schlussvorschriften

§ 24 Übergangsvorschrift

Die Vergütung und die Entschädigung sind nach bisherigem Recht zu berechnen, wenn der Auftrag an den Sachverständigen, Dolmetscher oder Übersetzer vor dem Inkrafttreten einer Gesetzesänderung erteilt oder der Berechtigte vor diesem Zeitpunkt herangezogen worden ist. Dies gilt auch, wenn Vorschriften geändert werden, auf die dieses Gesetz verweist.

I. Allgemeines

1 § 24 enthält Übergangsregelungen für den Fall einer Änderung des JVEG und solcher Vorschriften, auf die es verweist. Die Regelung des § 24 soll Rechtssicherheit schaffen und spricht daher ein rechtsstaatlich gebotenes Rückwirkungsverbot aus. S. 1 ordnet an, dass die Entschädigung bzw. Vergütung noch nach dem bisherigen Recht zu berechnen ist, wenn der Auftrag vor dem Inkrafttreten einer Gesetzesänderung erteilt ist oder die Heranziehung vor diesem Zeitpunkt erfolgt war.

Die Regelung gilt auch für die Änderungen aus Anlass des Inkrafttretens des 2. KostRMoG zum 1.8.2013, da im KostRMoG keine eigenständigen Übergangsregelungen enthalten sind. Soweit noch zu prüfen ist, ob noch das ZSEG Anwendung findet, gilt hingegen § 25.

Eine Anwendung des § 24 auf nicht mit einer Gesetzesänderung im Zusammenhang stehende Sachverhalte ist nicht statthaft (*OLG Düsseldorf* JMBlNW 1997, 155).

II. Sachverständige, Dolmetscher und Übersetzer

1. Allgemeines

2 Die Vergütung ist nach bisherigem Recht zu berechnen, wenn der Auftrag vor dem Inkrafttreten der Gesetzesänderung erteilt wurde. Maßgebend ist deshalb nur der Zeitpunkt der Auftragserteilung (*BGH* NJW-RR 1987, 1470), während es auf den Zeitpunkt der Anhängigkeit oder die Dauer des Rechtszuges nicht ankommt. Unerheblich ist auch, zu welchem Zeitpunkt die Leistungen erbracht worden sind, wenn der Auftrag noch vor dem Inkrafttreten der Gesetzesänderung erteilt wurde, so dass eine einheitliche Vergütung auch dann nach bisherigem Recht zu gewähren ist, wenn Leistungen für denselben Auftrag sowohl nach als auch vor Inkrafttreten einer Gesetzesänderung erbracht werden.

2. Zeitpunkt der Auftragserteilung

3 § 24 setzt einen klar umrissenen Auftrag voraus, mit dessen Bearbeitung sofort begonnen werden kann (*OLG Karlsruhe* JurBüro 1987, 1853). Als Auftrag i. S. d. § 24 ist jedoch nicht nur der ursprüngliche Beweisbeschluss, sondern auch eine bloße gerichtliche Anordnung zur Ergänzung oder Erläu-

Übergangsvorschrift § 24

terung des Gutachtens anzusehen (*FG München* JurBüro 1988, 246), → Rn. 4. Der Auftrag gilt mit dem Zugang bei dem Dolmetscher, Sachverständigen oder Übersetzer als erteilt (*OLG Düsseldorf* JurBüro 1987, 1856), denn unter der Auftragserteilung ist eine Erklärung zu verstehen, die gem. § 130 BGB erst mit dem Zugang wirksam wird. Auf das Verfügungsdatum kann daher nicht abgestellt werden. Belanglos ist auch das Datum der Verkündung des Beweisbeschlusses, auch wenn dieser gem. § 329 ZPO bereits mit der Verkündung wirksam wird (*OLG Düsseldorf* JurBüro 1987, 1856). Der Auftrag gilt auch als zugegangen, wenn er telefonisch erteilt wird (*Hartmann* § 24 Rn. 4). Ohne Bedeutung ist die Auftragsannahme. Der Berechtigte ist deshalb auch dann nach bisherigem Recht zu vergüten, wenn der Beweisbeschluss noch vor Inkrafttreten der Gesetzesänderung zugegangen, der Auftrag aber erst später angenommen wird. Bemisst sich die Vergütung noch nach bisherigem Recht, ist dieses auch dann noch anzuwenden, wenn die Vergütungssätze zwischenzeitlich erhöht wurden sind (*OLG Hamburg* MDR 1990, 64).

3. Ergänzungsgutachten

Wird der Sachverständige nach Inkrafttreten einer Gesetzesänderung mit 4 der Erstellung eines Ergänzungs- oder Nachtragsgutachtens beauftragt, so wird regelmäßig ein neuer und selbstständiger Auftrag ausgelöst (*OLG Bamberg* Rpfleger 1987, 339; *KG* JurBüro 1989, 698; *OLG Düsseldorf* OLGR Düsseldorf 1997, 133; *OLG Celle* JurBüro 2005, 550). Der Sachverständige erhält seine Vergütung für den neuen Auftrag dann bereits nach neuem Recht. Es ist insoweit auch unerheblich, dass die Vergütung für das Hauptgutachten noch nach bisherigem Recht erfolgt ist. Von einem neuen Auftrag ist insbesondere dann auszugehen, wenn die Parteien weitere Beweisfragen an den Sachverständigen richten oder auch neue Tatsachen vorgebracht werden. Etwas anderes gilt aber dann, wenn der Sachverständige ein bereits erstelltes Gutachten auf Anordnung der beauftragenden Stelle nachbessern oder ergänzen muss, weil dieses nicht in vollem Umfang dem erteilten Auftrag entspricht oder die aufgeworfenen Beweisfragen nur unzureichend beantwortet. Wird aus solchen Gründen eine weitere Leistung erforderlich, ist diese nach bisherigem Recht zu vergüten, da kein eigenständiger Auftrag vorliegt (*OLG Düsseldorf* OLGR Düsseldorf 1997, 133).

4. Mündliche Erläuterung

Die mündliche Erläuterung des Gutachtens stellt im Regelfall einen eigen- 5 ständigen Auftrag dar. Die Vergütung ist deshalb nach neuem Recht zu zahlen, wenn die Heranziehung zur Erläuterung des Gutachtens nach Inkrafttreten der Gesetzesänderung erfolgt (*OLG Celle* JurBüro 2005, 657; *FG Bremen* EFG 1996, 73). Im Übrigen stellt die mündliche Erläuterung keinesfalls nur eine notwendige Ergänzung des Gutachtens dar, die es rechtfertigen könnte von einem einheitlichen Auftrag auszugehen, da die Erläuterung im Normalfall nicht aufgrund von inhaltlichen Mängeln durchgeführt wird. Wird eine mündliche Erläuterung aber deshalb erforderlich, weil das Gutachten nicht ausreichend zur Klärung der Beweisfragen geführt hat, so ist einheitlich bisheriges Recht anzuwenden, da es sich um einen Auftrag handelt (*BayVGH* Az. 1 B 97.1352). Das neue Recht ist aber dann anzuwenden, wenn der Sachverständige vor Inkrafttreten der Gesetzesänderung von dem zunächst beauftragten Sachverständigen zu der schriftlichen Ausarbeitung des

§ 24 Abschnitt 6. Schlussvorschriften

Gutachtens hinzugezogen wurde. Hat der der Sachverständige zunächst Leistungen nach § 10 erbracht und muss er diese später mündlich erläutern, stellt die Erläuterung bereits einen neuen Auftrag dar, so dass neues Recht gilt, wenn er nach Inkrafttreten einer Gesetzesänderung erteilt wird. In Strafsachen stellt die Ladung des Sachverständigen zur Hauptverhandlung noch keine Auftragserteilung i. S. d. § 24 dar (*OLG Karlsruhe* JurBüro 1987, 1853), dass gilt insbesondere dann, wenn die Ladung lediglich den Namen des Betroffenen, das Aktenzeichen der Strafsache und allgemeine Hinweise enthält oder das Beweisthema dem Sachverständigen erst in der Hauptverhandlung mitgeteilt wird. Es ist dann auf den Aufruf der Verhandlung abzustellen (*OLG Karlsruhe* JurBüro 1987, 1853).

5. Unterbrechung des Auftrags

6 Wird der erteilte Auftrag durch das Gericht unterbrochen, so kann unter Berücksichtigung der Umstände des Einzelfalls ausnahmsweise auch dann eine Vergütung nach neuem Recht gewährt werden, wenn der Auftrag noch vor Inkrafttreten einer Gesetzesänderung erteilt wurde, vgl. *Hartmann* § 24 Rn. 5, der die Fortsetzung als neuen Auftrag behandeln will. Eine solche Handhabung erscheint immer dann angemessen, wenn zwischen der Unterbrechung und der Anordnung zur Fortsetzung der Arbeiten ein erheblicher Zeitraum, z. B. mehr als einem Jahr liegt. Solche Umstände können auch dann eintreten, wenn die Auftragsunterbrechung erfolgt war, weil das Gerichtsverfahren etwa nach §§ 239, 240 ZPO unterbrochen war oder das Gericht das Ruhen des Verfahrens nach § 251 ZPO angeordnet hatte.

6. Dolmetscher

7 § 24 gilt auch für Dolmetscher, maßgebend ist deshalb der Zeitpunkt der Auftragserteilung, wobei dieser nicht identisch ist mit der Übersendung oder dem Zugang bei dem Dolmetscher. Es kommt auf den Zeitpunkt der Heranziehung in der mündlichen Verhandlung an, der Zeitpunkt der Ladung ist ohne Bedeutung (*OLG Hamburg* KostRsp. ZSEG § 18 Nr. 2). Der Dolmetscher ist deshalb auch dann nach neuem Recht zu vergüten, wenn die Ladung noch vor Inkrafttreten einer Gesetzesänderung erfolgt ist, die Leistung aber erst danach erbracht wird (*OLG Stuttgart* Justiz 1995, 55).

III. Zeugen und Dritte (§ 23)

8 Bei Zeugen und Dritten ist die Entschädigung nach bisherigem Recht zu berechnen, wenn der Berechtigte vor dem Inkrafttreten der Gesetzesänderung herangezogen wurde (S. 1). Maßgeblich ist daher der Beginn der Heranziehung. Das Datum der gerichtlichen Verfügung oder Ladung ist unerheblich. Bei Zeugen kommt es nur auf den Tag der Vernehmung an, im Fall der schriftlichen Zeugenaussage ist jedoch auf den Zugang der Verfügung bei dem Zeugen abzustellen. Wird der Zeuge an verschiedenen Verhandlungstagen herangezogen, ist jeder Tag gesondert zu behandeln, es ist unzulässig, nur auf den ersten Verhandlungstag abzustellen.

Bei Dritten (§ 23) kommt es auf das Datum der behördlichen Anordnung an, nicht auf das Datum des Zugangs (*Bund* Rpfleger 2005, 133). Da die Heranziehung erst mit Beendigung der gesamten Maßnahme abgeschlossen

Übergangsvorschrift   § 24

ist (*LG Osnabrück* NdsRpfl. 1994, 22), darf nicht auf die einzelnen Tage der Leistungserbringung abgestellt werden. Wird der Dritte in derselben Angelegenheit nach Beendigung der Maßnahme erneut herangezogen, ist neues Recht anzuwenden, wenn diese nach Inkrafttreten einer Gesetzesänderung erfolgt.

IV. Ehrenamtliche Richter

Einbezogen in die Regelung des § 24 sind auch die ehrenamtlichen Richter sowie die Vertrauensleute und -personen in den Ausschüssen zur Wahl der Schöffen bzw. der ehrenamtlichen Richter der Verwaltungs- und Finanzgerichtsbarkeit. Es ist daher das bisherige Recht anzuwenden, wenn die Heranziehung vor Inkrafttreten der Gesetzesänderung erfolgt ist. Handelt es sich um solche Berechtigte ist auf den Zeitpunkt des Beginns der Heranziehung abzustellen. Auf das Ende der Amtsperiode kommt es nicht an. Wird ein ehrenamtlicher Richter in demselben Verfahren vor und nach Inkrafttreten einer Gesetzesänderung herangezogen, findet das neue Recht bereits für solche Verhandlungstage Anwendung, die nach dem Inkrafttreten einer Änderung stattfinden. Auf den Zeitpunkt der ersten Verhandlung oder den Ladungszeitraum kommt es nicht an. Die Regelung des § 24 ist auch auf die Handelsrichter anwendbar, soweit sie einen Auslagenersatz nach § 5 erhalten, da der allgemeine Grundsatz des Rückwirkungsverbots auch für sie gilt. 9

V. Änderungen anderer Vorschriften (S. 2)

1. Allgemeines

§ 24 ist auch anzuwenden, wenn Vorschriften geändert werden, auf welche das JVEG verweist. Das Gesetz sieht eine Verweisung auf folgende Vorschriften vor: 10
– §§ 6, 7 Bundesreisekostengesetz (BRKG) in § 6 Abs. 2,
– §§ 194 ff. Bürgerliches Gesetzbuch (BGB) in § 2 Abs. 3,
– § 4 Abs. 5 S. 1 Nr. 5 S. 2 EStG Einkommensteuergesetz in § 6 Abs. 1,
– § 4 Abs. 2 S. 1, Abs. 2a S. 1, Abs. 3, 4 S. 1, § 10, Abschnitt O, M III 13 der Anlage zur Gebührenordnung für Ärzte (GOÄ) in § 10, Vorbem. 4 Abs. 2 der Anlage 2 zu § 10 Abs. 1,
– § 5 Abs. 3 Gerichtskostengesetz in § 2 Abs. 4,
– § 62 Ordnungswidrigkeitsgesetz (OWiG) in § 4 Abs. 2,
– § 19 Abs. 1 Umsatzsteuergesetz (UStG) in § 12 Abs. 1 S. 2 Nr. 4,
– §§ 129a, 546, 547, Zivilprozessordnung (ZPO) in § 4 Abs. 5, 6.

Durch § 4b wird wegen der Verwendung von elektronischen Dokumenten und der elektronischen Aktenführung auf die entsprechenden verfahrensrechtlichen Vorschriften verwiesen.

2. Umsatzsteuer

Da die Erstellung eines Gutachtens wie ein Werkvertrag zu behandeln ist, hat der Sachverständige einen Anspruch auf Erstattung der Umsatzsteuer in Höhe des Steuersatzes, der bei Fertigstellung der Leistung gilt (KG KGR Berlin 2007, 610). Danach handelt es sich auch nicht um eine teilbare Leis- 11

§ 25   Abschnitt 6. Schlussvorschriften

tung nach § 13 Abs. 1a UStG. Der vorgenannte Grundsatz ist auch auf Dolmetscher und Übersetzer sowie der mündlichen Erläuterung durch einen Sachverständigen anwendbar.

§ 25 Übergangsvorschrift aus Anlass des Inkrafttretens dieses Gesetzes

Das Gesetz über die Entschädigung der ehrenamtlichen Richter in der Fassung der Bekanntmachung vom 1. Oktober 1969 (BGBl. I S. 1753), zuletzt geändert durch Artikel 1 Abs. 4 des Gesetzes vom 22. Februar 2002 (BGBl. I S. 981), und das Gesetz über die Entschädigung von Zeugen und Sachverständigen in der Fassung der Bekanntmachung vom 1. Oktober 1969 (BGBl. I S. 1756), zuletzt geändert durch Artikel 1 Abs. 5 des Gesetzes vom 22. Februar 2002 (BGBl. I S. 981), sowie Verweisungen auf diese Gesetze sind weiter anzuwenden, wenn der Auftrag an den Sachverständigen, Dolmetscher oder Übersetzer vor dem 1. Juli 2004 erteilt oder der Berechtigte vor diesem Zeitpunkt herangezogen worden ist. Satz 1 gilt für Heranziehungen vor dem 1. Juli 2004 auch dann, wenn der Berechtigte in derselben Rechtssache auch nach dem 1. Juli 2004 herangezogen worden ist.

Die Übergangsbestimmungen des § 25 betreffen ausschließlich die Übergangsfälle aus Anlass der der Einführung des JVEG zum 1.7.2004, während für die Änderungen des JVEG selbst die Übergangsregelungen des § 24 gelten.

Aufgrund der geringen Bedeutung, die § 25 inzwischen hat, wird von einer Erläuterung abgesehen und auf die Vorauflage verwiesen. Dort findet sich auch ein Abdruck des EhrRiG sowie des ZSEG.

Anhang

1. Anlage 1 (zu § 9 Abs. 1)

Anlage 1
(zu § 9 Abs. 1)

Nr.	Sachgebietsbezeichnung	Honorargruppe
1	Abfallstoffe – soweit nicht Sachgebiet 3 oder 18 – einschließlich Altfahrzeuge und -geräte	11
2	Akustik, Lärmschutz – soweit nicht Sachgebiet 4	4
3	Altlasten und Bodenschutz	4
4	Bauwesen – soweit nicht Sachgebiet 13 – einschließlich technische Gebäudeausrüstung	
4.1	Planung	4
4.2	handwerklich-technische Ausführung	2
4.3	Schadensfeststellung, -ursachenermittlung und -bewertung – soweit nicht Sachgebiet 4.1 oder 4.2 –, Bauvertragswesen, Baubetrieb und Abrechnung von Bauleistungen	5
4.4	Baustoffe	6
5	Berufskunde und Tätigkeitsanalyse	10
6	Betriebswirtschaft	
6.1	Unternehmensbewertung, Betriebsunterbrechungs- und -verlagerungsschäden	11
6.2	Kapitalanlagen und private Finanzplanung	13
6.3	Besteuerung	3
7	Bewertung von Immobilien	6
8	Brandursachenermittlung	4
9	Briefmarken und Münzen	2
10	Datenverarbeitung, Elektronik und Telekommunikation	
10.1	Datenverarbeitung (Hardware und Software)	8
10.2	Elektronik – soweit nicht Sachgebiet 38 – (insbesondere Mess-, Steuerungs- und Regelungselektronik)	9
10.3	Telekommunikation (insbesondere Telefonanlagen, Mobilfunk, Übertragungstechnik)	8
11	Elektrotechnische Anlagen und Geräte – soweit nicht Sachgebiet 4 oder 10	4

Anhang

1. Anlage 1 (zu § 9 Abs. 1)

Nr.	Sachgebietsbezeichnung	Honorargruppe
12	Fahrzeugbau	3
13	Garten- und Landschaftsbau einschließlich Sportanlagenbau	
13.1	Planung	3
13.2	handwerklich-technische Ausführung	3
13.3	Schadensfeststellung, -ursachenermittlung und -bewertung – soweit nicht Sachgebiet 13.1 oder 13.2	4
14	Gesundheitshandwerk	2
15	Grafisches Gewerbe	6
16	Hausrat und Inneneinrichtung	3
17	Honorarabrechnungen von Architekten und Ingenieuren	9
18	Immissionen	2
19	Kältetechnik – soweit nicht Sachgebiet 4	5
20	Kraftfahrzeugschäden und -bewertung	8
21	Kunst und Antiquitäten	3
22	Lebensmittelchemie und -technologie	6
23	Maschinen und Anlagen – soweit nicht Sachgebiet 4, 10 oder 11	6
24	Medizintechnik	7
25	Mieten und Pachten	10
26	Möbel – soweit nicht Sachgebiet 21	2
27	Musikinstrumente	2
28	Rundfunk- und Fernsehtechnik	2
29	Schiffe, Wassersportfahrzeuge	4
30	Schmuck, Juwelen, Perlen, Gold- und Silberwaren	2
31	Schrift- und Urkundenuntersuchung	8
32	Schweißtechnik	5
33	Spedition, Transport, Lagerwirtschaft	5
34	Sprengtechnik	2
35	Textilien, Leder und Pelze	2
36	Tiere	2
37	Ursachenermittlung und Rekonstruktion bei Fahrzeugunfällen	12
38	Verkehrsregelungs- und -überwachungstechnik	5
39	Vermessungs- und Katasterwesen	

1. Anlage 1 (zu § 9 Abs. 1) Anhang

Nr.	Sachgebietsbezeichnung	Honorargruppe
39.1	Vermessungstechnik	1
39.2	Vermessungs- und Katasterwesen im Übrigen	9
40	Versicherungsmathematik	10

Gegenstand medizinischer und psychologischer Gutachten	Honorargruppe
Einfache gutachtliche Beurteilungen, insbesondere – in Gebührenrechtsfragen, – zur Minderung der Erwerbsfähigkeit nach einer Monoverletzung, – zur Haft-, Verhandlungs- oder Vernehmungsfähigkeit, – zur Verlängerung einer Betreuung.	M 1
Beschreibende (Ist-Zustands-)Begutachtung nach standardisiertem Schema ohne Erörterung spezieller Kausalzusammenhänge mit einfacher medizinischer Verlaufsprognose und mit durchschnittlichem Schwierigkeitsgrad, insbesondere Gutachten – in Verfahren nach dem SGB IX, – zur Minderung der Erwerbsfähigkeit und zur Invalidität, – zu rechtsmedizinischen und toxikologischen Fragestellungen im Zusammenhang mit der Feststellung einer Beeinträchtigung der Fahrtüchtigkeit durch Alkohol, Drogen, Medikamente oder Krankheiten, – zu spurenkundlichen oder rechtsmedizinischen Fragestellungen mit Befunderhebungen (z. B. bei Verletzungen und anderen Unfallfolgen), – zu einfachen Fragestellungen zur Schuldfähigkeit ohne besondere Schwierigkeiten der Persönlichkeitsdiagnostik, – zur Einrichtung oder Aufhebung einer Betreuung und der Anordnung eines Einwilligungsvorbehalts gemäß § 1903 BGB, – zu Unterhaltsstreitigkeiten aufgrund einer Erwerbs- oder Arbeitsunfähigkeit, – zu neurologisch-psychologischen Fragestellungen in Verfahren nach der FeV.	M2
Gutachten mit hohem Schwierigkeitsgrad (Begutachtungen spezieller Kausalzusammenhänge und/oder differenzialdiagnostischer Probleme und/oder Beurteilung der Prognose und/oder Beurteilung strittiger Kausalitätsfragen), insbesondere Gutachten – zum Kausalzusammenhang bei problematischen Verletzungsfolgen, – zu ärztlichen Behandlungsfehlern,	M3

Anhang

1. Anlage 1 (zu § 9 Abs. 1)

Gegenstand medizinischer und psychologischer Gutachten	Honorargruppe
– in Verfahren nach dem OEG, – in Verfahren nach dem HHG, – zur Schuldfähigkeit bei Schwierigkeiten der Persönlichkeitsdiagnostik, – in Verfahren zur Anordnung einer Maßregel der Besserung und Sicherung (in Verfahren zur Entziehung der Fahrerlaubnis zu neurologisch/psychologischen Fragestellungen), – zur Kriminalprognose, – zur Aussagetüchtigkeit, – zur Widerstandsfähigkeit, – in Verfahren nach den §§ 3, 10, 17 und 105 JGG, – in Unterbringungsverfahren, – in Verfahren nach § 1905 BGB, – in Verfahren nach dem TSG, – in Verfahren zur Regelung von Sorge- oder Umgangsrechten, – zur Geschäfts-, Testier- oder Prozessfähigkeit, – zu Berufskrankheiten und zur Minderung der Erwerbsfähigkeit bei besonderen Schwierigkeiten, – zu rechtsmedizinischen, toxikologischen und spurenkundlichen Fragestellungen im Zusammenhang mit einer abschließenden Todesursachenklärung, ärztlichen Behandlungsfehlern oder einer Beurteilung der Schuldfähigkeit.	

2. Anlage 2 (zu § 10 Abs. 1) – mit Kommentierung –

Anlage 2
(zu § 10 Abs. 1)

Nr.	Bezeichnung der Leistung	Honorar
	Abschnitt 1. Leichenschau und Obduktion	
	(1) Das Honorar in den Fällen der Nummern 100, 102 bis 106 umfasst den zur Niederschrift gegebenen Bericht; in den Fällen der Nummern 102 bis 106 umfasst das Honorar auch das vorläufige Gutachten. Das Honorar nach den Nummern 102 bis 106 erhält jeder Obduzent gesondert.	
	(2) Aufwendungen für die Nutzung fremder Kühlzellen, Sektionssäle und sonstiger Einrichtungen werden bis zu einem Betrag von 300 € gesondert erstattet, wenn die Nutzung wegen der großen Entfernung zwischen dem Fundort der Leiche und dem rechtsmedizinischen Institut geboten ist.	
100	Besichtigung einer Leiche, von Teilen einer Leiche, eines Embryos oder eines Fetus oder Mitwirkung bei einer richterlichen Leichenschau	60,00 €
	für mehrere Leistungen bei derselben Gelegenheit jedoch höchstens	140,00 €
101	Fertigung eines Berichts, der schriftlich zu erstatten oder nachträglich zur Niederschrift zu geben ist	30,00 €
	für mehrere Leistungen bei derselben Gelegenheit jedoch höchstens	100,00 €
102	Obduktion	380,00 €
103	Obduktion unter besonders ungünstigen äußeren Bedingungen:	
	Das Honorar 102 beträgt	500,00 €
104	Obduktion unter anderen besonders ungünstigen Bedingungen (Zustand der Leiche etc.):	
	Das Honorar 102 beträgt	670,00 €
105	Sektion von Teilen einer Leiche oder Öffnung eines Embryos oder nicht lebensfähigen Fetus	100,00 €
106	Sektion oder Öffnung unter besonders ungünstigen Bedingungen:	
	Das Honorar 105 beträgt	140,00 €
	Abschnitt 2. Befund	
200	Ausstellung eines Befundscheins oder Erteilung einer schriftlichen Auskunft ohne nähere gutachtliche Äußerung	21,00 €

Anhang

2. Anlage 2 (zu § 10 Abs. 1) – mit Kommentierung –

Nr.	Bezeichnung der Leistung	Honorar
201	Die Leistung der in Nummer 200 genannten Art ist außergewöhnlich umfangreich:	
	Das Honorar 200 beträgt	bis zu 44,00 €
202	Zeugnis über einen ärztlichen Befund mit von der heranziehenden Stelle geforderter kurzer gutachtlicher Äußerung oder Formbogengutachten, wenn sich die Fragen auf Vorgeschichte, Angaben und Befund beschränken und nur ein kurzes Gutachten erfordern	38,00 €
203	Die Leistung der in Nummer 202 genannten Art ist außergewöhnlich umfangreich:	
	Das Honorar 202 beträgt	bis zu 75,00 €

Abschnitt 3. Untersuchungen, Blutentnahme

300	Untersuchung eines Lebensmittels, Bedarfsgegenstands, Arzneimittels, von Luft, Gasen, Böden, Klärschlämmen, Wässern oder Abwässern und dgl. und eine kurze schriftliche gutachtliche Äußerung:	
	Das Honorar beträgt für jede Einzelbestimmung je Probe	5,00 bis 60,00 €
301	Die Leistung der in Nummer 300 genannten Art ist außergewöhnlich umfangreich oder schwierig:	
	Das Honorar 300 beträgt	bis zu 1000,00 €
302	Mikroskopische, physikalische, chemische, toxikologische, bakteriologische, serologische Untersuchung, wenn das Untersuchungsmaterial von Menschen oder Tieren stammt:	
	Das Honorar beträgt je Organ oder Körperflüssigkeit	5,00 bis 60,00 €
	Das Honorar umfasst das verbrauchte Material, soweit es sich um geringwertige Stoffe handelt, und eine kurze gutachtliche Äußerung.	
303	Die Leistung der in Nummer 302 genannten Art ist außergewöhnlich umfangreich oder schwierig:	
	Das Honorar 302 beträgt	bis zu 1000,00 €
304	Herstellung einer DNA-Probe und ihre Überprüfung auf Geeignetheit (z. B. Hochmolekularität, humane Herkunft, Ausmaß der Degradation, Kontrolle des Verdaus)	bis zu 205,00 €
	Das Honorar umfasst das verbrauchte Material, soweit es sich um geringwertige Stoffe handelt, und eine kurze gutachtliche Äußerung.	

2. Anlage 2 (zu § 10 Abs. 1) – mit Kommentierung – **Anhang**

Nr.	Bezeichnung der Leistung	Honorar
305	Elektrophysiologische Untersuchung eines Menschen	15,00 bis 135,00 €
	Das Honorar umfasst eine kurze gutachtliche Äußerung und den mit der Untersuchung verbundenen Aufwand.	
306	Raster-elektronische Untersuchung eines Menschen oder einer Leiche, auch mit Analysenzusatz	15,00 bis 355,00 €
	Das Honorar umfasst eine kurze gutachtliche Äußerung und den mit der Untersuchung verbundenen Aufwand.	
307	Blutentnahme	9,00 €
	Das Honorar umfasst eine Niederschrift über die Feststellung der Identität.	

Abschnitt 4. Abstammungsgutachten

[Vorbemerkung 4:]
(1) Das Honorar umfasst die gesamte Tätigkeit des Sachverständigen einschließlich aller Aufwendungen mit Ausnahme der Umsatzsteuer und mit Ausnahme der Auslagen für Probenentnahmen durch vom Sachverständigen beauftragte Personen, soweit nichts anderes bestimmt ist. Das Honorar umfasst ferner den Aufwand für die Anfertigung des schriftlichen Gutachtens und von drei Überstücken.
(2) Das Honorar für Leistungen der in Abschnitt M III 13 des Gebührenverzeichnisses für ärztliche Leistungen (Anlage zur GOÄ) bezeichneten Art bemisst sich in entsprechender Anwendung dieses Gebührenverzeichnisses nach dem 1,15fachen Gebührensatz. § 4 Abs. 2 Satz 1, Abs. 2a Satz 1, Abs. 3 und 4 Satz 1 und § 10 GOÄ gelten entsprechend.

400	Erstellung des Gutachtens	140,00 €
	Das Honorar umfasst	
	1. die administrative Abwicklung, insbesondere die Organisation der Probenentnahmen, und	
	2. das schriftliche Gutachten, erforderlichenfalls mit biostatistischer Auswertung.	
401	Biostatistische Auswertung, wenn der mögliche Vater für die Untersuchungen nicht zur Verfügung steht und andere mit ihm verwandte Personen an seiner Stelle in die Begutachtung einbezogen werden (Defizienzfall):	
	je Person	25,00 €
	Beauftragt der Sachverständige eine andere Person mit der biostatistischen Auswertung in einem Defizienzfall, werden ihm abweichend von Vorbemerkung 4 Absatz 1 Satz 1 die hierfür anfallenden Auslagen ersetzt.	

Anhang

2. Anlage 2 (zu § 10 Abs. 1) – mit Kommentierung –

Nr.	Bezeichnung der Leistung	Honorar
402	Entnahme einer genetischen Probe einschließlich der Niederschrift sowie der qualifizierten Aufklärung nach dem GenDG: je Person..	25,00 €
	Untersuchung mittels 1. Short Tandem Repeat Systemen (STR) oder 2. diallelischer Polymorphismen: – Single Nucleotide Polymorphisms (SNP) oder – Deletions-/Insertionspolymorphismen (DIP)	
403	– bis zu 20 Systeme: je Person..	120,00 €
404	– 21 bis 30 Systeme: je Person..	170,00 €
405	– mehr als 30 Systeme: je Person..	220,00 €
406	Mindestens zwei Testkits werden eingesetzt, die Untersuchungen erfolgen aus voneinander unabhängigen DNA-Präparationen und die eingesetzten parallelen Analysemethoden sind im Gutachten ausdrücklich dargelegt: Die Honorare nach den Nummern 403 bis 405 erhöhen sich um jeweils.................................	80,00 €
407	Herstellung einer DNA-Probe aus anderem Untersuchungsmaterial als Blut oder Mundschleimhautabstrichen einschließlich Durchführung des Tests auf Eignung: je Person..	bis zu 120,00 €

Allgemeines zur Anlage 2 (zu § 10 Abs. 1)

1 Soweit ein Sachverständiger oder ein sachverständige Zeuge Leistungen erbringt, die in der Anlage 2 zu § 10 Abs. 1 genannt sind, richtet sich die Vergütung bzw. Entschädigung ausschließlich nach den dortigen Bestimmungen. Unerheblich ist, ob es sich um einen niedergelassenen Arzt oder einen Arzt handelt, der in einem Krankenhaus beschäftigt ist (*OLG Stuttgart* Justiz 1977, 100; *LSG BadWürtt.* Az. L 10 Ko 51/83 B). Es ist nicht erforderlich, dass der Sachverständige die in der Anlage aufgeführten Leistungen vollständig selbst ausgeführt hat, er kann sich daher einer Hilfskraft bedienen. Diese muss jedoch unter einer verantwortlichen ärztlichen Leitung stehen (*LSG BadWürtt.* NJW 1967, 694). Soweit Leistungen durchgeführt werden, die nicht in der Anlage 2 zu § 10 Abs. 1 aufgeführt sind, richtet sich die

2. Anlage 2 (zu § 10 Abs. 1) – mit Kommentierung – **Anhang**

Vergütung entweder nach § 9 oder gem. § 10 Abs. 2 nach dem Abschnitt O der GOÄ.

Es handelt sich dabei um Höchstsätze, die auch im Einzelfall nicht überschritten werden können, Erhöhungen sind nur zulässig, soweit sie in der Anlage ausdrücklich zugelassen werden. Eine Überschreitung der Sätze kommt auch dann nicht in Betracht, wenn die Leistung zu einer ungewöhnlichen Zeit oder unter außergewöhnlichen Umständen erbracht wird. Die bisherige Regelung des § 5 Abs. 3 S. 2 ZSEG wurde ausdrücklich in den § 10 nicht übernommen. In der Begründung zum KostRMoG (BT-Drs. 15/1971, S. 183) heißt es dazu: *„Auf eine dem § 5 Abs. 3 Satz 2 ZuSEG entsprechende Regelung soll verzichtet werden. Die Datenerhebung im Bereich der Justiz hat gezeigt, dass die Voraussetzungen für den mit der Vorschrift normierten Erhöhungstatbestand offenbar nur sehr selten erfüllt sind. Die Regelung spielt deshalb in der Entschädigungspraxis keine Rolle."* Besondere Umstände können nur dann zu einer Erhöhung der Leistung führen, wenn die Anlage zu Abs. 1 dies ausdrücklich vorsieht (vgl. z. B. Nummern 103, 106, 203, 301, 303).

2

Nr.	Bezeichnung der Leistung	Honorar
Abschnitt 1. Leichenschau und Obduktion		
(1) Das Honorar in den Fällen der Nummern 100, 102 bis 106 umfasst den zur Niederschrift gegebenen Bericht; in den Fällen der Nummern 102 bis 106 umfasst das Honorar auch das vorläufige Gutachten. Das Honorar nach den Nummern 102 bis 106 erhält jeder Obduzent gesondert. (2) Aufwendungen für die Nutzung fremder Kühlzellen, Sektionssäle und sonstiger Einrichtungen werden bis zu einem Betrag von 300 € gesondert erstattet, wenn die Nutzung wegen der großen Entfernung zwischen dem Fundort der Leiche und dem rechtsmedizinischen Institut geboten ist.		
100	Besichtigung einer Leiche, von Teilen einer Leiche, eines Embryos oder eines Fetus oder Mitwirkung bei einer richterlichen Leichenschau	60,00 €
	für mehrere Leistungen bei derselben Gelegenheit jedoch höchstens	140,00 €
101	Fertigung eines Berichts, der schriftlich zu erstatten oder nachträglich zur Niederschrift zu geben ist	30,00 €
	für mehrere Leistungen bei derselben Gelegenheit jedoch höchstens	100,00 €
102	Obduktion	380,00 €
103	Obduktion unter besonders ungünstigen äußeren Bedingungen: Das Honorar 102 beträgt	500,00 €
104	Obduktion unter anderen besonders ungünstigen Bedingungen (Zustand der Leiche etc.): Das Honorar 102 beträgt	670,00 €

401

Anhang

2. Anlage 2 (zu § 10 Abs. 1) – mit Kommentierung –

Nr.	Bezeichnung der Leistung	Honorar
105	Sektion von Teilen einer Leiche oder Öffnung eines Embryos oder nicht lebensfähigen Fetus......	100,00 €
106	Sektion oder Öffnung unter besonders ungünstigen Bedingungen: Das Honorar 105 beträgt................................	140,00 €

Übersicht

	Rn.
I. Allgemeines	1
1. Regelungsinhalt	1
2. Menschliche Leiche	2
3. Abgegoltene Leistungen (Abs. 1 Vorbem. zu Abschnitt 1)	3
4. Nutzung fremder Einrichtungen (Abs. 2 Vorbem. zu Abschnitt 1)	4
5. Mehrheit von Personen und Leistungen	5
II. Leichenbesichtigung (Nummer 100)	6
1. Allgemeines	6
2. Hinzuziehung eines Arztes	7
3. Höhe der Vergütung	8
4. Mehrere Leistungen bei derselben Gelegenheit	9
III. Fertigung des Berichts (Nummer 101)	10
1. Allgemeines	10
2. Höhe der Vergütung	11
IV. Leichenöffnung (Nummern 102–104)	12
1. Allgemeines	12
2. Vergütungsanspruch	13
3. Höhe der Vergütung	14
4. Bericht und vorläufiges Gutachten	15
5. Reisezeiten	16
6. Zweiter Obduzent	17
7. Ungünstige äußere Bedingungen (Nummer 103)	18
8. Besonders ungünstige Bedingungen (Nummer 104)	19
V. Durchführung einer Sektion (Nummern 105–106)	20
VI. Aufwendungen der Sachverständigen	21
1. Allgemeines	21
2. Schreibauslagen	22
3. Hilfskräfte	23
4. Verbrauchte Stoffe	24
5. Fotos	25
6. Weitere Untersuchungen	26

I. Allgemeines

1. Regelungsinhalt

1 Für die Durchführung einer Leichenschau sowie für Obduktionen und Sektionen wird eine Vergütung nur nach Nummern 100–106 gewährt.

2. Menschliche Leiche

2 Die Honorare der Nummern 100–106 entstehen nur dann, wenn es sich um eine menschliche Leiche, einen menschlichen Embryo oder Fetus handelt. Handelt es sich nur um Teile einer menschlichen Leiche, sind Nummer 100 ff. jedoch gleichwohl anwendbar. Unerheblich ist auch, ob es sich um Leichenteile aus dem Körperinnern handelt (*Brocke/Reese* Anl. zu § 5

2. Anlage 2 (zu § 10 Abs. 1) – mit Kommentierung – **Anhang**

Nr. 1/2 II Nr. 2). Kadaver von Tieren werden hingegen nicht von diesen Bestimmungen erfasst, da sie auch nicht von § 87 StPO erfasst werden, so dass entsprechende Leistungen und Gutachten nur nach § 9 vergütet werden können. Auch die Zuordnung von Leichenteilen wird nicht von Abschnitt 1 der Anlage 2 erfasst und ist nach § 9 zu vergüten (Binz/Dörndorfer/*Binz* § 10 Anl. 2 JVEG Rn. 4).

3. Abgegoltene Leistungen (Abs. 1 Vorbem. zu Abschnitt 1)

Abs. 1 der Vorbemerkung zu Abschnitt 1 bestimmt, dass bestimmte Leistungen bereits von den Gebühren abgegolten sind, so dass eine gesonderte Vergütung hierfür ausscheidet. Im Einzelnen decken Nr. 100, 102 bis 106 den zur Niederschrift gegebenen Bericht ab. Nr. 102 bis 106 umfassen auch die Erstattung des vorläufigen Gutachtens. Erstellt der Sachverständige jedoch ein wissenschaftliches Gutachten, bei dem es sich nicht um das vorläufige Gutachten handelt, besteht jedoch ein Vergütungsanspruch nach § 9. Soweit ein Obergutachten erstellt wird, ist gleichfalls eine Vergütung nur nach § 9 zu zahlen, ein weiterer Vergütungsanspruch nach Nr. 100 bis 106 besteht dann nicht (*VG Minden* JVBl. 1962, 14). 3

4. Nutzung fremder Einrichtungen (Abs. 2 Vorbem. zu Abschnitt 1)

Nach Vorbemerkung Abs. 2 zu Abschnitt 1, der durch das 2. KostRMoG zum 1.8.2013 eingeführt wurde, werden Aufwendungen für die Nutzung fremder Kühlzellen, Sektionssäle und sonstiger Einrichtungen bis zu 300 EUR gesondert erstattet. Die Nutzung muss wegen der großen Entfernung zwischen dem Fundort der Leiche und dem rechtsmedizinischen Institut erforderlich gewesen sein. Erfasst sind auch die Reinigungskosten solcher Einrichtungen aufgrund der erfolgten Nutzung. Es handelt sich um einen Auslagenersatz (BT-Drs. 17/13537, S. 386), so dass eine Erstattung nur erfolgt, wenn tatsächlich bare Aufwendungen entstanden sind. Dabei kann der Höchstbetrag von 300 EUR auch dann nicht überschritten werden, wenn tatsächlich höhere Kosten nachgewiesen werden. Der Begriff der größeren Entfernung ist nicht definiert, dem Willen des Gesetzgebers nach, soll die Regelung aber berücksichtigen, dass aufgrund der Schließung einzelner Rechtsmedizinischer Institute wegen der größeren Entfernungen zwischen Fundort der Leiche und Standort des Rechtsmedizinischen Instituts die Obduktionen teilweise unter Nutzung fremder Einrichtungen in fundortnahen Kliniken durchgeführt wird, da ansonsten durch die Polizei begleitete Leichentransporte über weite Entfernungen erfolgen müssten. Aus diesem Grund ist der Auslagenersatz stets zu gewähren, wenn durch den Transport der Leiche zu dem Rechtsmedizinischen Institut ein höherer Aufwand anfallen würde, als bei Nutzung einer Fremdeinrichtung, so dass die tatsächliche Entfernung in den Hintergrund zu treten hat. 4

5. Mehrheit von Personen und Leistungen

Wirken mehrere Obduzenten mit, erhält jeder von ihnen die Gebühren der Nummern 102 bis 106 gesondert (Vorbemerkung 1 Abs. 1 S. 2 zu Abschnitt 1). Werden verschiedene Leistungen erbracht, entstehen die Gebühren der Nummern 100 bis 106 gesondert. 5

403

Anhang 2. Anlage 2 (zu § 10 Abs. 1) – mit Kommentierung –

II. Leichenbesichtigung (Nummer 100)

1. Allgemeines

6   Durch die Nummern 100 und 101 wird die Vergütung des Sachverständigen für die Mitwirkung an der Besichtigung einer Leiche, von Leichenteilen, eines Embryos oder Fetus bestimmt. Es muss sich dabei um eine Leichenbesichtigung nach § 87 StPO handeln, die durch die Staatsanwaltschaft, und auf Antrag der Staatsanwaltschaft auch durch den Richter durchgeführt wird (§ 87 Abs. 1 StPO). Im Regelfall ist die Leichenbesichtigung jedoch durch den Staatsanwalt durchzuführen, die Vornahme der Leichenbesichtigung durch den Richter ist nur in Einzelfällen zu beantragen (Nr. 33 Abs. 3 RiStBV), eine richterliche Genehmigung ist nicht erforderlich. Es handelt sich bei der Leichenbesichtigung durch den Staatsanwalt um eine nichtrichterliche Besichtigung, über deren Ergebnis der Staatsanwalt als Zeuge vernommen werden kann (*Loewe/Rosenberg* § 87 Rn. 8). Ein Vergütungsanspruch nach Nummern 100, 102 besteht auch dann, wenn die Leichenbesichtigung wegen eines Auftrags der Staatsanwaltschaft oder des Gerichts vorgenommen wird, ein Staatsanwalt oder Richter aber nicht an dieser mitwirkt. Maßgeblich ist hier nur die Heranziehung nach § 1.

2. Hinzuziehung eines Arztes

7   Bei der Leichenbesichtigung ist im Regelfall ein Arzt hinzuzuziehen. Nur wenn dies zur Aufklärung des Sachverhalts entbehrlich erscheint, kann auf die ärztliche Hinzuziehung verzichtet werden (§ 87 Abs. 1 StPO). Der Arzt muss an der Besichtigung teilnehmen und diese durch seine Sachkunde ergänzen und unterstützen. Es können auch mehrere Ärzte hinzugezogen werden. Der hinzugezogene Arzt nimmt an der Leichenbesichtigung stets als Sachverständiger teil. Das gilt unabhängig davon, ob er über die durchgeführte Leichenbesichtigung eine gutachterliche Äußerung zu Protokoll erklärt (*Loewe/Rosenberg* § 87 Rn. 12 m. w. N.). Auch dem hinzugezogenen Arzt steht daher stets eine Vergütung nach den Nummern 100, 101 zu. Ob er einen persönlichen Vergütungsanspruch besitzt, hängt allerdings davon ab, ob er an der Leichenbesichtigung im Rahmen seiner Dienstaufgaben teilgenommen hat, → § 1 Rn. 81 ff.

3. Höhe der Vergütung

8   Eine Vergütung nach Nummer 100 erhält der nach § 87 Abs. 1 StPO hinzugezogene Arzt im Falle der Mitwirkung an der Besichtigung einer Leiche, von Leichenteilen, eines Embryos oder Fetus. Die Vergütung beträgt 60 EUR. Werden mehrere Ärzte hinzugezogen, so erhält jeder hinzugezogene Arzt die Vergütung gesondert.

4. Mehrere Leistungen bei derselben Gelegenheit

9   Erbringt der Arzt bei derselben Gelegenheit mehrere Leistungen, beträgt die Vergütung der Nummer 100 höchstens 140 EUR. Dieselbe Gelegenheit ist gegeben, wenn der Arzt einen einheitlichen Auftrag für verschiedene Tätigkeiten erhält (*Brocke/Reese* Anl. zu § 5 Nr. 1/2 II Nr. 3). Es muss daher

2. Anlage 2 (zu § 10 Abs. 1) – mit Kommentierung –   **Anhang**

ein einheitlicher Auftrag für dasselbe Gericht oder dieselbe Staatsanwaltschaft vorliegen. Erfasst ist etwa die Leichenschau einer Zwillingsleibesfrucht, oder die gleichzeitige Besichtigung einer Leiche und eines Embryo (Meyer/Höver/*Bach* Anl. 2 zu § 10 Rn. 26.5). Wird der Auftrag, eine Leichenschau für verschiedene Leichen für verschiedene Verfahren durchzuführen, hingegen von verschiedenen Stellen erteilt, handelt es sich nicht um dieselbe Gelegenheit, so dass die Vergütung der Nummer 100 gesondert zu gewähren ist (*Brocke/Reese* Anl. zu § 5 Nr. 1/2 II Nr. 3). Die Besichtigung mehrerer Teile derselben Leiche rechtfertigt nicht die Erhöhung der Vergütung. Die Sätze der Nummer 100 sind Festsätze, die nicht überschritten, aber auch nicht unterschritten werden können.

III. Fertigung des Berichts (Nummer 101)

1. Allgemeines

Das Ergebnis der Leichenbesichtigung ist stets aktenkundig zu machen, 10 sowohl im Falle der staatsanwaltschaftlichen (§ 168b StPO) als auch bei der richterlichen Besichtigung (§§ 168, 168a StPO). Das Protokoll ist von allen Beteiligten, einschließlich des Sachverständigen zu unterzeichnen. Der zur Niederschrift gegebene Bericht des hinzugezogenen Arztes wird durch die Gebühr der Nummer 100 abgegolten, so dass eine gesonderte Vergütung hierfür nicht geltend gemacht werden kann (Abs. 1 S. 1 Vorbemerkung zu Abschnitt 1). Eine gesonderte Vergütung nach Nummer 102 ist aber dann zu gewähren, wenn der Arzt einen schriftlichen Bericht zu erstatten hat oder die Niederschrift nachträglich fertigt. Fertigt der hinzugezogene Arzt den Bericht nicht unverzüglich an, so schafft dies allein noch keinen Erstattungsanspruch nach Nummer 101. Dieser Anspruch besteht daher nur dann, wenn das Gericht oder die Staatsanwaltschaft die schriftliche Erstattung oder die nachträgliche Fertigung des Berichts angeordnet haben. Ein Erstattungsanspruch besteht auch dann, wenn der hinzugezogene Arzt an der Erstattung des Berichts gehindert war. Diese Umstände sind durch den Arzt glaubhaft zu machen, sofern nicht die Umstände dem Gericht bzw. der Staatsanwaltschaft bekannt sind, weil der Richter bzw. der Staatsanwalt an der Leichenbesichtigung teilgenommen haben (*Brocke/Reese* Anl. zu § 5 Nr. 1/2 II Nr. 4).

2. Höhe der Vergütung

Für jeden schriftlichen oder nachträglich gefertigten Bericht erhält der hin- 11 zugezogene Arzt 30 EUR, für mehrere Leistungen bei derselben Gelegenheit (hierzu → Rn. 9) jedoch höchstens 100 EUR. Neben der Vergütung nach Nummer 101 erhält der Arzt die Pauschale des § 12 Abs. 1 S. 2 Nr. 3 sowie bare Aufwendungen wie Portokosten (§ 7 Abs. 2) erstattet, da Nummer 101 nur den aufgewendeten Zeitaufwand umfasst.

IV. Leichenöffnung (Nummern 102–104)

1. Allgemeines

Eine Leichenbesichtigung bzw. Leichenöffnung ist stets anzuordnen, wenn 12 Anhaltspunkte dafür vorhanden sind, dass eine Person keines natürlichen

405

Anhang 2. Anlage 2 (zu § 10 Abs. 1) – mit Kommentierung –

Todes gestorben ist. Die Leichenöffnung muss stets vom Richter genehmigt werden (§ 87 Abs. 4 StPO). Der Staatsanwalt nimmt an der Leichenöffnung nur dann teil, wenn er dies aufgrund seines pflichtgemäßen Ermessens im Rahmen der Sachaufklärung für erforderlich hält (Nr. 33 Abs. 4 RiStBV). Danach kommt eine Teilnahme des Staatsanwalts immer dann in Betracht, wenn es sich um Kapitalsachen, tödliche Unfälle zur Unfallkonstruktion, Todesfälle bei Schusswaffengebrauch, den Vollzug von freiheitsentziehenden Maßnahmen handelt sowie in Verfahren wegen ärztlicher Behandlungsfehler. Die Leichenbesichtigung und die Leichenöffnung müssen möglichst zeitnah und mit größter Beschleunigung durchgeführt werden, da die ärztlichen Feststellungen über Todesursache und Zeitpunkt durch Verzögerungen an Zuverlässigkeit verlieren (*Loewe/Rosenberg* § 87 Rn. 2). Nach § 87 Abs. 2 StPO wird die Leichenöffnung von zwei Ärzten vorgenommen. Dabei muss ein Arzt Gerichtsarzt oder der Leiter eines öffentlichen gerichtsmedizinischen oder pathologischen Instituts sein. Beide Ärzte besitzen einen separaten Vergütungsanspruch. Die Leichenöffnung muss sich stets auf die Öffnung der Kopf-, Brust- und die Bauchhöhle erstrecken (§ 89 StPO). Von dieser Verpflichtung sind die Ärzte auch dann nicht entbunden, wenn bereits nach der Öffnung einer Körperhöhle die Todesursache festgestellt werden kann (*Loewe/Rosenberg* § 89 Rn. 1). Im Falle der Öffnung der Leiche eines Kindes ist § 90 StPO zu beachten. Danach sind die Untersuchungen sind darauf zu erstrecken, ob das Kind nach oder während der Geburt gelebt hat und ob es reif oder wenigstens fähig gewesen ist, das Leben außerhalb des Mutterleibes fortzusetzen.

2. Vergütungsanspruch

13   Bei den bei der Leichenöffnung mitwirkenden Ärzten handelt es sich um Sachverständige, die einen Erstattungsanspruch nach dem JVEG besitzen. Ob ein persönlicher Erstattungsanspruch besteht, richtet sich nach den Dienstaufgaben des Arztes. Der gem. § 87 Abs. 2 StPO hinzugezogene Gerichtsarzt bzw. der Leiter des öffentlichen oder pathologischen Instituts wird wohl stets im Rahmen seiner Dienstaufgaben tätig, so dass der Vergütungsanspruch der Behörde bzw. der Stelle zusteht. Landesrechtliche Bestimmungen sind zu beachten. Soweit es sich um einen Landgerichtsarzt oder einen Arzt des Gesundheitsamtes handelt, werden ebenfalls Dienstaufgaben verrichtet, der Vergütungsanspruch steht insoweit ebenfalls der Behörde zu. In Nordrhein-Westfalen ist hierzu der RdErl. des Ministers für Arbeit, Gesundheit und Soziales vom 2.4.2001 zu beachten, welcher bestimmt, dass der Erstattungsanspruch für von Ärzten des Gesundheitsamtes durchgeführte Leichenöffnungen dem Dienstherrn zusteht.

3. Höhe der Vergütung

14   Für die Obduktion erhält der Obduzent nach Nr. 102 ein Honorars 380 EUR. Die Vergütung ist für jede Obduktion gesondert zu gewähren. Eine Erhöhung ist nach den Nummern 103–104 möglich. Eine Beschränkung des Honorars für den Fall, dass bei derselben Gelegenheit mehrere Leistungen erbracht werden, sieht Nummer 102 nicht vor, so dass die Vergütung für jede erbrachte Leichenöffnung oder Teilsektion, ohne Beachtung einer Höchstgrenze, gesondert zu gewähren ist (*Brocke/Reese* Anl. zu § 5 Nr. 1/2 II Nr. 4). Hinsichtlich der Reisekosten der Justizbediensteten aus

2. Anlage 2 (zu § 10 Abs. 1) – mit Kommentierung – **Anhang**

Anlass einer Leichenöffnung sind in den Ländern teilweise Verwaltungsbestimmungen ergangen, die die Abgeltung von Nebenkosten bei Dienstreisen und Dienstgängen regeln. Solche Bestimmungen sind beispielsweise in *Bayern* (Nr. 1.4 der Bek. d. StM d. J vom 22.11.2004) und *Brandenburg* (AV d. MJ v. 21.9.2011) ergangen.

4. Bericht und vorläufiges Gutachten

Durch das Honorar sind auch der zu fertigende Bericht und das vorläufige Gutachten abgegolten (Abs. 1 S. 1 Vorbemerkung zu Abschnitt 1). Eine weitere Vergütung nach § 9 kann daher für solche Leistungen nicht gewährt werden, auch nicht nach § 10 Abs. 3. Die letztere Regelung greift aber dann ein, wenn für die Erbringung der Leistung nach Nummern 102 ff. zusätzliche Zeit benötigt wird, so dass die notwendigen Reisezeiten nach § 10 Abs. 3 gesondert zu vergüten sind.   15

5. Reisezeiten

Nummer 102 deckt nur den für die Obduktion erforderlichen Zeitaufwand ab, soweit nicht durch Abs. 1 S. 1 der Vorbemerkung zu Abschnitt 1 etwas anderes bestimmt wird. Notwendige Vorbereitungs- und Reisezeiten sind daher gesondert nach § 10 Abs. 3 zu vergüten (*OLG Stuttgart* NStZ-RR 2008, 94).   16

6. Zweiter Obduzent

§ 87 Abs. 2 StPO schreibt ausdrücklich die Beteiligung von zwei Ärzten vor. Die Vergütung der Nummern 102–106 erhält deshalb jeder an der Leichenöffnung teilnehmende Obduzent gesondert (Abs. 1 S. 2 der Vorbemerkung zu Abschnitt 1). Der Vergütungsanspruch steht dem zweiten Obduzenten deshalb auch dann zu, wenn durch das Gericht oder die Staatsanwaltschaft nur ein Arzt bestellt worden ist. Nach Meyer/Höver/*Bach* Anl. 2 zu § 10 Rn. 26.15 wird der zweite Obduzent nur dann im Rahmen seiner Dienstaufgaben tätig, wenn ihm die Tätigkeit als zweiter Obduzent ausdrücklich übertragen ist. Im Übrigen steht ihm der Vergütungsanspruch daher persönlich zu.   17

7. Ungünstige äußere Bedingungen (Nummer 103)

Das Honorar nach Nummer 102 erhöht sich gemäß Nummer 103, wenn die Obduktion unter besonders ungünstigen äußeren Bedingungen durchgeführt wird. Die Vergütung beträgt dann 500 EUR. Es handelt sich bei den Nummern 103–104 nicht um Regelbeispiele, denn vielmehr schaffen sie einen besonderen Vergütungstatbestand (*OLG Düsseldorf* Rpfleger 1981, 37; *OLG Hamm* Az. 2 Ws 130/83), so dass nicht schon im Regelfall von vergütungserhöhenden Umständen auszugehen ist. Der Begriff der ungünstigen äußeren Bedingungen ist im Gesetz nicht definiert, jedoch können diese sowohl persönlicher als auch sachlicher Art sein (*Brocke/Reese* Abschn. II-A, III Rn. 3). So können etwa ungenügende räumliche Verhältnisse oder besonders zeitraubende Umstände der Leichenöffnung zu einer Erhöhung führen (Meyer/Höver/*Bach* Anl. 2 zu § 10 Abs. 1 Rn. 26.10).   18

Anhang 2. Anlage 2 (zu § 10 Abs. 1) – mit Kommentierung –

Hingegen tritt eine Erhöhung nicht schon deshalb ein, weil die Obduktion an einem Sonn- oder gesetzlichen Feiertag durchgeführt wird (*OLG Düsseldorf* KostRsp. ZSEG § 5 Nr. 41).

8. Besonders ungünstige Bedingungen (Nummer 104)

19 Muss die Obduktion unter besonders ungünstigen Bedingungen durchgeführt werden, beträgt das Honorar der Nummer 102 gemäß Nummer 104 670 EUR. Da es sich um einen Festsatz, nicht um einen Rahmensatz handelt, ist die Vergütung in dieser Höhe zu gewähren, wenn die Voraussetzungen für eine Erhöhung vorliegen. Ein Ermessensspielraum besteht dann nicht, auch ist lediglich eine Teilerhöhung nicht vorgesehen. Die ungünstigen Bedingungen dürfen nicht äußerer Natur sein, da dann nur eine Erhöhung nach Nr. 103 eintritt, so dass andere „andere" besonders ungünstige Bedingungen vorliegen müssen. Der Gesetzgeber hat insbesondere auch auf den Zustand der zu öffnenden Leiche abgestellt, wobei es sich jedoch nicht um ein ausschließliches Kriterium handelt. Ein erhöhter Präparationsaufwand aufgrund eines vorangegangenen Unfalls rechtfertigt die Honorarerhöhung aber für sich alleine noch nicht (*OLG Thüringen* 1 Ws 518/08).

Eine besonders ungünstige Bedingung kann vorliegen, wenn die zu obduzierende Leiche bereits beerdigt gewesen war (*OLG Düsseldorf* Rpfleger 1980, 317). Eine besondere Erschwernis tritt aber nicht schon allein dadurch ein, dass der Obduzent lediglich an der Leichenausgrabung teilnimmt, die der von ihm durchgeführten Obduktion vorangeht. Es muss vielmehr tatsächlich zu einer Erschwernis bei der Obduktion gekommen sein. Im Übrigen ist die Teilnahme an der Exhumierung durch die Gebühren der Nummern 102–104 abgegolten (*Hartmann* § 10 Rn. 12). Es handelt sich deshalb auch nicht um zusätzlich aufgewendete Zeit nach § 10 Abs. 3. Wird die Leiche erst nach längerer Zeit gefunden, kann eine Erhöhung gerechtfertigt sein (*OLG Düsseldorf* JurBüro 1988, 1399). Dabei muss die verstrichene Zeit den üblichen Zeitraum zwischen dem Tod und dem Auffinden einer Leiche übersteigen und zudem vergleichbar sein mit den Erschwernissen bei einer schon beerdigten Leiche. Da die Erhöhung nur in besonderen Fällen eintritt, ist nicht allein der tatsächliche Zeitraum zugrunde zulegen, sondern auch der Zustand der Leiche selbst wie Fäulnis oder Madenbefall (*OLG Hamm* KostRsp. ZSEG § 5 Nr. 45). Auch der Zustand der durch hochsommerliche Temperaturen beschleunigten Verwesung kann eine Erhöhung rechtfertigen.

Muss eine Wasser- oder Brandleiche geöffnet werden, so kann dies ebenfalls eine Erhöhung rechtfertigen. Der Gesetzgeber hat mit der Änderung des ZSEG durch das KostRÄndG 1994 ausdrücklich eine Erhöhung für die Obduktion solcher Leichen ermöglichen wollen. In der Begründung zum KostRÄndG 1994 (BR-Drs. 796/93) heißt es zu Artikel 6 Abs. 2 (Anlage zu § 5 ZuSEG): *„Die Änderung bei den Buchstaben a und b soll es ermöglichen, die erhöhte Entschädigung bei Vorliegen nicht nur besonders ungünstiger äußerer Bedingungen, sondern auch anderer besonders ungünstiger Bedingungen zu gewähren, die z. B. auf dem Zustand der Leiche beruhen und bislang nicht von der Regelung erfasst wurden (z. B. die Obduktion oder Sektion von Wasser- und Brandleichen)."* Eine Erhöhung war also ausdrücklich dann vorgesehen, wenn die Umstände in dem Zustand der zu obduzierenden Leiche selbst liegen.

2. Anlage 2 (zu § 10 Abs. 1) – mit Kommentierung – **Anhang**

V. Durchführung einer Sektion (Nummern 105–106)

Für die Sektion von Leichenteilen oder der Öffnung eines Embryos oder eines nicht lebensfähigen Fetus erhält der Sachverständige eine Vergütung nach Nummer 105, sie beträgt 100 EUR. Soweit die Sektion oder Öffnung unter besonders ungünstigen Bedingungen stattfindet, beträgt das Honorar nach Nummer 106 für den Sachverständigen 140 EUR. Der Gesetzgeber hat dabei nicht nur auf die äußeren Bedingungen, sondern auf ungünstige Bedingungen allgemein abgestellt, → Rn. 18. Besonders ungünstige Bedingungen liegen auch vor, wenn diese die Leiche selbst betreffen, → Rn. 19. Durch die Honorare der Nummern 105 und 106 ist auch der zur Niederschrift zu gebende Bericht und das vorläufige Gutachten abgegolten (Abs. 1 S. 1 Hs. 2 der Vorbemerkung zu Abschnitt 1). Die Vorschrift erfasst im Übrigen jedoch nur den Zeitaufwand für die Sektion selbst, so dass notwendige Reisezeiten nach § 10 Abs. 3 zu vergüten sind. 20

VI. Aufwendungen der Sachverständigen

1. Allgemeines

Mit den Gebühren der Nummern 100 bis 106 sind nur die dort aufgeführten Leistungen abgegolten. Soweit für die Erbringung der Leistungen Auslagen entstehen, sind diese gesondert erstattungsfähig. Das betrifft ausdrücklich auch die in §§ 7, 12 genannten Aufwendungen sowie Reisekosten nach §§ 5, 6. 21

2. Schreibauslagen

Für die Erstellung des schriftlichen Gutachtens ist die Pauschale des § 12 Abs. 1 S. 2 Nr. 3 gesondert zu gewähren, da die Honorare der Nummern 100 ff. nur den für die Leistungserbirndgung erforderlichen Zeitaufwand abdecken, nicht aber auch den Auslagenersatz ausschließen. § 12 Abs. 1 S. 2 Nr. 3 ist daher auch dann anzuwenden, wenn eine Leistung nach § 10 Abs. 1 und der dazugehörigen Anlage 2 erbracht wird (*OLG Düsseldorf* JurBüro 2006, 324). Eine Erstattung von Fotokopiekosten für die Handakte kommt seit der Änderung von § 7 Abs. 2 jedoch nicht mehr in Betracht. Wegen des nachträglichen Berichts aus Anlass der Leichenöffnung, gilt Nummer 101 (→ Rn. 10, 11). 22

3. Hilfskräfte

Wird für eine in den Nummern 100–106 genannte Leistung ein Sektionsgehilfe herangezogen, so können diese Kosten von dem Sachverständigen nach § 12 Abs. 1 S. 2 Nr. 1 gesondert geltend gemacht werden, da die Sektionsgehilfen wie Hilfskräfte behandelt werden. Der Sektionsgehilfe ist jedoch kein zweiter Obzudent, so dass ihm kein direkter Erstattungsanspruch gegenüber der Staatskasse zusteht. Nach Meyer/Höver/*Bach* Rn. 26.13 steht dem Obduzenten ein Erstattungsanspruch jedoch nicht zu, wenn die ausgeführten Leistungen zu den hauptberuflichen Dienstaufgaben des Sektionsgehilfen gehören. Möglich ist aber eine anteilige Erstattung der für den 23

Anhang 2. Anlage 2 (zu § 10 Abs. 1) – mit Kommentierung –

Sektionsgehilfen zu zahlenden Sozialleistungen, wenn dieser in einem festen Arbeitsverhältnis zu dem Sachverständigen steht, z. B. bei den Gesundheitsämtern oder anderen öffentlichen Stellen wie das Institut für Rechtsmedizin. Ein auf den Sektionsgehilfen entfallener Anteil ist jedoch nach § 12 Abs. 1 S. 2 Nr. 1 zu erstatten, wenn der Obduzent nebenamtlich tätig ist und er seinem Dienstherrn ein Nutzungsentgelt für die Inanspruchnahme von Einrichtung und Personal erstatten muss (Binz/Dörndorfer/*Binz* § 10 Anl. 2 Rn. 6; Meyer/Höver/*Bach* Rn. 26.13).

4. Verbrauchte Stoffe

24 Die verbrauchten Stoffe können von dem Sachverständigen gesondert geltend gemacht werden, ihm steht insoweit ein Erstattungsanspruch nach § 12 Abs. 1 S. 2 Nr. 1 zu. Er kann deshalb benötigte Stoffe wie Chemikalien oder Watte etc. erstattet verlangen (*Hartmann* § 10 Rn. 12).

5. Fotos

25 Sind Fotos anzufertigen, ist hierfür ein Auslagenersatz nach § 12 Abs. 1 S. 2 Nr. 2 vorzunehmen. Ist wegen der Obduktion eine Bildermape anzulegen, ist der hierfür erforderliche Zeitaufwand als zusätzliche Zeit nach § 10 Abs. 3 zu vergüten (*LG Osnabrück* NdsRpfl 1999, 175).

6. Weitere Untersuchungen

26 Werden im Rahmen der nach Nummern 100–106 erbrachten Leistungen weitere Untersuchungen notwendig, so steht dem Sachverständigen hierfür ein gesonderter Erstattungsanspruch zu. Handelt es sich dabei um mikroskopische oder chemische Untersuchungen entsteht hierfür ein weiteres Honorar nach den Nummern 300 ff.

	Abschnitt 2. Befund	
200	Ausstellung eines Befundscheins oder Erteilung einer schriftlichen Auskunft ohne nähere gutachtliche Äußerung...	21,00 €
201	Die Leistung der in Nummer 200 genannten Art ist außergewöhnlich umfangreich:	
	Das Honorar 200 beträgt................................	bis zu 44,00 €
202	Zeugnis über einen ärztlichen Befund mit von der heranziehenden Stelle geforderter kurzer gutachtlicher Äußerung oder Formbogengutachten, wenn sich die Fragen auf Vorgeschichte, Angaben und Befund beschränken und nur ein kurzes Gutachten erfordern...	38,00 €
203	Die Leistung der in Nummer 202 genannten Art ist außergewöhnlich umfangreich:	
	Das Honorar 202 beträgt................................	bis zu 75,00 €

2. Anlage 2 (zu § 10 Abs. 1) – mit Kommentierung – **Anhang**

Übersicht

	Rn.
I. Allgemeines	1
II. Leistungen nach Nummer 200	2
1. Allgemeines	2
2. Höhe der Gebühr	3
3. Negative Bescheinigungen	4
4. Notwendige Untersuchungen	5
5. Erläuterung in der mündlichen Verhandlung	6
III. Leistungen nach Nummer 201	7
1. Höhe der Gebühr	7
2. Außergewöhnliche Umfänglichkeit	8
3. Mehrere Befundberichte	9
IV. Aufwendungen des Arztes bei Leistungen nach den Nrn. 200–201	10
1. Allgemeines	10
2. Hilfskräfte	11
3. Schreibauslagen	12
4. Umsatzsteuer	13
V. Leistungen nach den Nummern 202–203	14
1. Allgemeines	14
2. Formbogengutachten	15
3. Abgrenzung zwischen gutachterlicher Äußerung und Gutachten	16
4. Weitere Untersuchungen	17
5. Erläuterung in der mündlichen Verhandlung	18
6. Erhöhung nach Nummer 203	19
7. Aufwendungen	20

I. Allgemeines

Abschnitt 2 regelt die Vergütung für die Erteilung von ärztlichen Befund- 1
scheinen oder schriftlichen Auskünften (Nr. 200, 201) sowie für die Erteilung
von ärztlichen Befunden mit kurzer gutachtlicher Äußerung (Nr. 202, 203).
Eine Vergütung ist auch dann zu zahlen, wenn die Leistung nicht durch einen
Sachverständigen, sondern durch einen sachverständigen Zeugen erbracht
wird, da es sich um eine von § 10 Abs. 1 umfasste Leistung handelt und diese
Vorschrift für beide Berechtigte gilt. Ein Entschädigungsanspruch besteht auch
dann, wenn das Betreuungsgericht den Betreuer auffordert, einen Befundbericht beizubringen, da dies nichts daran ändert, dass die Einholung der Bescheinigung auf Veranlassung des Gerichts und im Rahmen seiner eigenen
Überprüfungspflicht erfolgt (*OLG Brandenburg* FamRZ 2011, 400).

II. Leistungen nach Nummer 200

1. Allgemeines

Soweit der Arzt lediglich einen Befundschein erstellen muss oder eine 2
schriftliche Auskunft erteilt, die keine gutachterlichen Äußerungen enthält,
steht ihm für diese Leistung eine Entschädigung nach Nummer 200–201 zu.
Dabei besteht ein Befund i. S. d. Nr. 200, 201 aus der Zusammenstellung
medizinischer Fakten ohne Bewertung (*LSG Schleswig-Holstein* MedR 2009,
473).

Neben der Entschädigung nach Nr. 200, 201 kann keine weitere Vergütung
nach § 9 oder Verdienstausfall nach § 22 geltend gemacht werden. Die Nummern 200, 201 umfassen daher die geistig-inhaltliche Leistung, die Schreib-
leistung, die Vorbereitungsmaßnahmen und auch das Absenden des Berichts

Anhang 2. Anlage 2 (zu § 10 Abs. 1) – mit Kommentierung –

(*LSG NRW* Az. L 7 B 33/01 SB; *SG München* ArztuR 1990, Nr. 10,6). Hält sich der Arzt nicht an das Auftragschreiben der heranziehenden Stelle, die nähere Angaben zu den Befunden und zu Art und Ausmaß des Funktionsausfalls erbeten hatte, führt dies nicht zu einem Erlöschen des Entschädigungsanspruchs des Arztes (*BayLSG* SGb 1999, 173), denn hierfür ist es ohne Bedeutung, ob die gemachten Angaben verwertbar sind, da der Inhalt einer schriftlichen Auskunft der freien Beweiswürdigung im Rahmen des Beweisergebnisses unterliegt.

Da der Begriff des „Befunds" nicht definiert wird, ist für die Frage der Entschädigung auf das gerichtliche Anforderungsschreiben abzustellen (*LG Kassel* FamRZ 2012, 1974; *LSG Thüringen* Az. L 6 B 134/07). Um einen Befundschein handelt es sich auch dann, wenn bei der Verwendung von Auszügen aus einer elektronischen Patientenakte, ohne irgendwelche Schwierigkeiten erkennbar ist, welche Auszüge im Rahmen der Beantwortung der gerichtlichen Anforderung welcher Frage zuzuordnen sind (*BayLSG* Az. L 15 SF 305/10).

Ist der Befundschein unbrauchbar wegen Gründen, die in der Person des Arztes liegen, z. B. Unleserlichkeit, besteht kein Vergütungsanspruch (Binz/Dörndorfer/*Binz* § 10 Anl. 2 JVEG Rn. 8).

2. Höhe der Gebühr

3 Die Höhe der Gebühr nach Nummer 200 beträgt unabhängig vom Umfang und Schwierigkeit stets 21 EUR, eine Erhöhung ist nur nach Nummer 202 zulässig. Die Entschädigung steht dem Arzt für jeden Befundschein und für jede erteilte ärztliche Auskunft gesondert zu. Da der Befundbericht mit der letzten Aufzählung eines Befundes für eine Person endet, steht dem Arzt die Entschädigung auch dann mehrfach zu, wenn es sich um eine Zusammenfassung von Befunden mehrerer Personen in einem Bericht handelt (*Brocke/Reese* Abschn. II-A, III 3/3 Rn. 1). Beginnt daher die Aufzählung des Befundes mit einer weiteren Person liegt ein neuer Befundschein vor, welcher die Entschädigungen nach Nummern 200–201 erneut auslöst.

3. Negative Bescheinigungen

4 Keine Entschädigung nach Nummern 200, 201 entsteht für eine negative Bescheinigung, weil die betreffende Person kein Patient des jeweiligen Arztes ist (BSG Breith 1998, 148). Auch die bloße Übersendung eines älteren Befundscheins lässt keinen Entschädigungsanspruch entstehen, denn Nr. 200 setzt neue berichtenswerte Fakten voraus (*LSG Schleswig-Holstein* MedR 2009, 473). Da der Arzt bei einer Leistung nach den Nummern 200–202 nicht als Sachverständiger, sondern nur als sachverständiger Zeuge tätig wird, kann ein Erstattungsanspruch aber niemals mit dem Verweis auf § 407a ZPO versagt werden. Der Arzt hat deshalb einen Anspruch auf Verdienstausfall, da auch ihm für das Durchsuchen der Patientenkartei und das Schreiben an das Gericht bzw. der Staatsanwaltschaft ein Verdienstausfall entsteht, da er während dieses Zeitraums seiner gewöhnlichen Beschäftigung nicht nachgehen kann. Ihm sollte deshalb für den eingetretenen Zeitraum die Entschädigung nach § 22 gewährt werden, die bloße Gewährung der Nachteilsentschädigung (§ 20) kommt nicht in Betracht. Bei einem Arzt wird auch regelmäßig vom Höchstsatz des § 22 auszugehen sein. Insgesamt kann der Verdienstausfall aber 21 EUR je Stunde nicht übersteigen. Die Kosten für das Heraussuchen und

2. Anlage 2 (zu § 10 Abs. 1) – mit Kommentierung – **Anhang**

die Sichtung von Patientenunterlagen können zudem nach § 7 Abs. 1 erstattet werden (*LSG Schleswig-Holstein* MedR 2009, 473).

4. Notwendige Untersuchungen

Durch die Entschädigung sind auch die notwendigen Untersuchungen 5 abgegolten. Das gilt auch für das Abfassen des Befundberichts oder der ärztlichen Auskunft selbst. Für diesen Zeitaufwand kann keine Vergütung nach § 9 erstattet werden, auch scheidet eine Anwendung von § 10 Abs. 3 aus. Der Gesetzgeber hat durch die Änderung der damaligen Nummer 3 der Anlage zu § 5 ZSEG (jetzt Nrn. 200, 201) klargestellt, dass die von ihr erfassten Tätigkeiten über die normale ärztliche Tätigkeit hinausgehen und deshalb damals den Entschädigungssatz überdurchschnittlich erhöht. In der Begründung zum KostRÄndG 1994 (BR-Drs. 796/93, S. 258) heißt es: *„Er soll an die wirtschaftlichen Verhältnisse angepasst, die Untergrenze überproportional erhöht werden. Damit soll erreicht werden, dass die von dieser Nummer erfasste Tätigkeit eines Arztes insgesamt besser bewertet wird. Sie geht in Umfang und Aufwand über die sonst in der ärztlichen Praxis übliche Tätigkeit für die Erstellung von schriftlichen Befund- und Krankheitsberichten hinaus und umfasst in der Regel eine ins einzelne gehende Darstellung der Krankheitsgeschichte mit detaillierten Angaben zu den erhobenen Befunden und die Zusammenstellung der Untersuchungsberichte wie Röntgenaufnahmen, EEG-, EKG- und sonstige Laborbefunde. Dies rechtfertigt insbesondere auch die überproportionale Anhebung der Untergrenze des Entschädigungsrahmens."* Soweit es sich aber um Untersuchungen handelt, die von der Anlage 2 zu § 10 Abs. 1 gesondert erfasst werden, kann der Arzt hierfür neben den Entschädigungen der Nummern 200, 201 eine weitere Vergütung nach der entsprechenden Nummer der Anlage verlangen (z. B. Nrn. 300 ff.).

5. Erläuterung in der mündlichen Verhandlung

Erläutert der Arzt seinen Befund in einer mündlichen Verhandlung, so 6 handelt es sich um eine zusätzlich aufgewendete Zeit nach § 10 Abs. 3. Da dieser ausdrücklich auch die Leistungen nach § 10 Abs. 1 erfasst und nur von „Berechtigten" spricht, muss auch dem Arzt, der als sachverständiger Zeuge herangezogen wird, ausnahmsweise ein Honorar nach Honorargruppe 1 zugestanden werden. Eine bloße Beschränkung auf Verdienstausfall nach § 22 ist mit § 10 Abs. 3 unvereinbar. Insoweit wird die in der Vorauflage vertretene Auffassung aufgegeben.

III. Leistungen nach Nummer 201

1. Höhe der Gebühr

Sind die nach Nr. 200 zu erbringenden Arbeiten wegen der Erstellung des 7 Befundberichts bzw. des ärztlichen Zeugnisses außergewöhnlich umfangreich sind, erhöht sich die Entschädigung der Nr. 200 nach Nr. 201 auf bis zu 44 EUR. Mit der Formulierung „bis zu" ist eindeutig klargestellt, dass die Entschädigung von 44 EUR den höchstmöglichen Satz darstellt, der nur bei außergewöhnlichsten Umständen gewährt werden kann. Der Arzt sollte daher die beantragte Erhöhung nach Nummer 201 stets begründen, da der Anwei-

413

Anhang   2. Anlage 2 (zu § 10 Abs. 1) – mit Kommentierung –

sungsbeamte nach pflichtgemäßem Ermessen zu prüfen hat, ob ein Erhöhungstatbestand nach Nummer 201 tatsächlich vorliegt.

2. Außergewöhnliche Umfänglichkeit

8   Innerhalb des Rahmens der Nr. 201 ist die Höhe der Entschädigung stets nach dem vorliegenden Einzelfall unter der Berücksichtigung von Art, Umfang und Schwierigkeit zu bestimmen (*SG München* ArztuR 1990, 10,6). Dabei kann nicht allein auf den Umfang der schriftlichen Ausführungen abgestellt werden, sondern vielmehr nach dem Ausmaß des für die Erstellung des Befunds oder der Auskunft erforderlichen Arbeitsaufwands (*LSG Thüringen* Az. L 6 B 134/07). Weitere Kriterien können die Ausführlichkeit der Beschreibung, die Schwierigkeit, die Befunde zusammenzustellen, der Auftrag, ein komplexes Krankheitsbild zu beschreiben oder die Übersichtlichkeit der Befundschilderung (*LSG Schleswig-Holstein* Az. L 1 SK 20/08). Die erhöhte Entschädigung der Nr. 201 kann auch dann gewährt werden, wenn die Leistung zu einer ungewöhnlichen Zeit oder unter ungewöhnlichen Umständen erfolgt (*Meyer/Höver/Bach* Anl. 2 zu § 10 Rn. 26.27). Ferner dann, wenn ein Sozialleistungsträger zusätzliche detaillierte Fragen zur Hilflosigkeit eines Behinderten in Form eines Formblatt-Fragebogens beifügt (*SG Augsburg* Breith 1993, 435), eine Vergütung nach Nummer 202–203 kann jedoch nicht beansprucht werden. Muss der Arzt für seine Auskunft neben eigenen Unterlagen auch Unterlagen anderer Ärzte auswerten, stellt dies gleichfalls einen Anhaltspunkt für eine von Nr. 201 erfasste Leistung dar (*SG Gelsenkirchen* Az. S 10 AR 49/07). Das gilt auch, wenn fachübergreifende Befunde auszuwerten sind (*SG Braunschweig* Az. S 36 R 287/09).

3. Mehrere Befundberichte

9   Hat der Arzt mehrere Befundbericht abgegeben, muss das Vorliegen der Erhöhungstatbestände für jeden Befundbericht oder jedes ärztliches Zeugnis gesondert geprüft werden. Es ist deshalb möglich, dass für einen Befundbericht nur Nummer 200 und für einen weiteren Befundbericht Nummer 201 eingreift. Hat der Arzt verschiedene Befundberichte abgegeben, die sämtlich außergewöhnlich umfangreich sind, so ist die erhöhte Gebühr für jeden Bericht zu gewähren.

IV. Aufwendungen des Arztes bei Leistungen nach den Nrn. 200–201

1. Allgemeines

10   Hat der Arzt eine Leistung nach den Nummern 200, 201 erbracht, besitzt er auch einen Erstattungsanspruch für die von ihm aufgewendeten Auslagen. Obwohl es sich um einen sachverständigen Zeugen handelt, sind ihm gleichwohl Aufwendungen auch nach § 12 zu erstatten. Der Gesetzgeber hat eine solche Erstattung ausdrücklich beabsichtigt, in der Begründung zu § 10 Abs. 1 (BT-Drs. 15/1971, S. 183) heißt es: *„Absatz 1 entspricht § 5 Abs. 1 ZuSEG. Der sachverständige Zeuge soll – ebenso wie nach geltendem Recht – nicht nur eine Vergütung nach der Anlage 2, sondern gegebenenfalls wie ein Sachverständiger auch Ersatz für die in § 12 JVEG-E genannten besonderen Aufwendungen erhalten."*

414

2. Anlage 2 (zu § 10 Abs. 1) – mit Kommentierung – **Anhang**

Daneben kommt insbesondere eine Auslagenerstattung nach § 7 in Betracht, wie etwa für anfallende Portokosten.

2. Hilfskräfte

Nicht erstattungsfähig sind hingegen Aufwendungen für Hilfskräfte (BSG **11** Breith 1988, 700; **a. A.** *SG Oldenburg* Az. S 10 SF 34/00). Auch für Schreibkräfte kann der Arzt keine gesonderten Aufwendungen nach § 12 geltend machen. Fällt aber eine Entschädigung nach Nr. 200, 201 nicht an, weil nur ein alter Befundbericht übersandt wird, sind die für das Heraussuchen und Sichten der Patienten unterlagen angefallenen Kosten nach § 7 Abs. 1 erstattungsfähig (*LSG Schleswig-Holstein* MedR 2009, 473).

3. Schreibauslagen

Für die Urschrift des Befundberichts kann keine Erstattung nach § 12 **12** Abs. 1 S. 2 Nr. 2 erfolgen (*BayLSG* Az. L 15 SF 305/10; Binz/Dörndorfer/ *Binz* § 10 Anl. 2 JVEG Rn. 8), da Nr. 200, 201 auch die Erstellung des Befundberichts bzw. der Auskunft abdecken. Fertigt der Arzt aber auf Anforderung der heranziehenden Stelle Mehrfertigungen an, sind ihm die dafür entstandenen Auslagen nach § 7 Abs. 2 zu erstatten (*SG Augsburg* Breith 1993, 435). Auch die Kosten für die Vervollständigung der eigenen Unterlagen sind danach erstattungsfähig.

4. Umsatzsteuer

Für die Erstellung eines Befundberichts oder einer ärztlichen Auskunft, die **13** von Nr. 200, 201 erfasst sind, kann eine Erstattung der Umsatzsteuer nach § 12 Abs. 1 S. 2 Nr. 4 nicht verlangt werden (BSG NZS 2009, 644).

V. Leistungen nach den Nummern 202–203

1. Allgemeines

Für die Erstellung eines ärztlichen Befunds mit kurzer gutachterlicher **14** Äußerung oder eines Formbogengutachtens bestimmt sich das Honorar nach Nr. 202, 203. Die Diagnose stellt noch keine gutachterliche Äußerung dar, weil darunter i. S. d. Vorschrift eine den Befund oder die Diagnose bewertende Feststellung, die eine medizinische Schlussfolgerung ergibt, zu verstehen ist (*Brocke/Reese* II-A, 3/4 Rn. 1). Es müssen daher aus bestimmten Tatsachen konkrete Schlussfolgerungen gezogen, Kenntnisse von Erfahrungssätzen oder mit besonderem Fachwissen Tatsachen festgestellt werden (*LSG Thüringen* Az. L 6 SF 53/09). Nicht erforderlich ist aber eine Auseinandersetzung mit wissenschaftlichen Lehrmeinungen oder der Literatur. Bei den Leistungen nach Nummern 202, 203 wird der Arzt als Sachverständiger, nicht als sachverständiger Zeuge tätig. Eine Unterscheidung zwischen dem ambulanten und stationären Bereich sehen Nr. 202, 203 nicht vor (*BayLSG* Az. L 15 SF 132/10).

Anhang 2. Anlage 2 (zu § 10 Abs. 1) – mit Kommentierung –

2. Formbogengutachten

15 Wird ein Formbogengutachten erbracht, gelten Nr. 202, 203 nur dann, wenn sich das Formbogengutachten auf Fragen der Vorgeschichte, Angaben und Befund beschränkt und auch nur ein kurzes Gutachten erforderlich ist. Geht die Leistung aufgrund einer Anforderung der heranziehenden Stelle darüberhinaus, gelten Nr. 202, 203 nicht, sondern es ist eine Vergütung nach § 9 zu zahlen. Ist das Formbogengutachten unvollständig, so kann eine Ergänzung gefordert werden, vorher besteht kein Vergütungsanspruch nach Nummern 202, 203 (*Brocke/Reese* I-A, 3/4 Rn. 2).

3. Abgrenzung zwischen gutachterlicher Äußerung und Gutachten

16 Es können sich Probleme hinsichtlich der Abgrenzung zwischen der gutachterlichen Äußerung und einem Gutachten ergeben, da letzteres nicht nach den Nummern 202, 203, sondern nach § 9 zu vergüten ist. Entscheidend hierfür sind der Beweisbeschluss und die darin enthaltenen Beweisfragen. Es empfiehlt sich in dem Beschluss zugleich aufzunehmen, ob eine gutachterliche Äußerung oder ein Gutachten erstellt werden soll, um eventuellen Missverständnissen vorzubeugen. Hat der Arzt trotz der angeforderten gutachterlichen Äußerung von sich aus ein Gutachten erstellt, dass die Anforderungen der Nr. 202, 203 übersteigt, entsteht dadurch noch kein Vergütungsanspruch nach § 9, wenn nicht das Gericht einer Gutachtenerstellung nachträglich zustimmt. Es verbleibt dann bei dem Honorar nach den Nummern 202, 203.

Von einer gutachterlichen Äußerung kann dann ausgegangen werden, wenn neben der bloßen Mitteilung des Befundes zugleich eine Stellungnahme über die Ursachen und deren Auswirkungen ergeht. Muss der Arzt einen Befundbericht zur Beurteilung der Erwerbsunfähigkeit vornehmen, gelten Nr. 202, 203 (*LSG Nordrhein-Westfalen* Az. L 4 B 13/98). Handelt es sich tatsächlich nur um eine gutachterliche Äußerung, entsteht die Vergütung nur nach den Nummern 202–203. Auch eine spätere Verwertung dieser Äußerungen durch das Gericht lässt keinen Vergütungsanspruch nach § 9 entstehen (*LSG BadWürtt.* Justiz 1986, 150). Das Gericht muss eindeutig zu erkennen geben, dass es nur eine gutachterliche Äußerung verlangt. Hat es den Sachverständigen nur mit einem Gutachten beauftragt, erlangt dieser mit Vorlage des Gutachtens auf jeden Fall einen Vergütungsanspruch nach § 9.

4. Weitere Untersuchungen

17 Es werden sämtliche Leistungen für die Erstellung der gutachterlichen Äußerung bzw. des Formbogengutachtens abgegolten. Auch der für die schriftliche Fertigung benötigte Zeitaufwand wird nicht gesondert vergütet, anders aber notwendige Reisezeiten, für die § 10 Abs. 3 gilt. Werden zusätzliche Untersuchungen notwendig, so sind diese nach der Anlage 2 zu § 10 Abs. 1 oder nach Abschnitt O der GOÄ i. V. m. § 10 Abs. 2 zu vergüten, wenn diese Leistungen dort aufgeführt werden. Gebühren für besondere körperliche Untersuchungen können aber nicht gesondert verlangt werden, sie sind bereits von Nummern 202–203 abgegolten (Binz/Dörndorfer/*Binz* § 10 Anl. 2 JVEG Rn. 8; *Bleutge* § 5 Rn. 12).

2. Anlage 2 (zu § 10 Abs. 1) – mit Kommentierung – **Anhang**

5. Erläuterung in der mündlichen Verhandlung

Wird der Arzt mit der mündlichen Erläuterung seiner gutachterlichen Äußerung oder des Formbogengutachtens beauftragt, so ist ihm der hierfür entstehende Zeitaufwand, einschließlich der notwendigen Vorbereitungs- und Reisezeit zu vergüten. Die hierfür benötigte Zeit wird durch die Gebühren der Nummern 202–203 nicht abgegolten, sondern es handelt sich um zusätzlich benötigte Zeit. Der Arzt ist deshalb hierfür, da er als Sachverständiger tätig wird, gem. § 10 Abs. 3 nach der Honorargruppe 1 mit einem Stundensatz von 65 EUR zu vergüten. 18

6. Erhöhung nach Nummer 203

Sofern die Leistung nach Nummer 202 außergewöhnlich umfangreich ist, erhöht sich das Honorar nach Nummer 203 auf bis zu 75 EUR. Da die Norm von „bis zu 75 EUR" spricht, kommt eine generelle Erhöhung auf 75 EUR nicht in Betracht, sondern nur dann, wenn der Umfang tatsächlich den Höchstsatz rechtfertigt. Die besonderen Umstände können in dem Umfang der Äußerungen oder des Formbogengutachtens begründet sein oder einem schwierigen Krankheitsverlauf liegen. Die Erhöhung ist zu begründen. 19

7. Aufwendungen

Da es sich bei den Leistungen nach den Nummern 202, 203 um eine Sachverständigentätigkeit handelt, erfolgt der Auslagenersatz wie bei einem Sachverständigen, § 12 ist vollumfänglich anzuwenden. Für das Original der gutachterlichen Äußerung und des Formbogengutachtens ist eine Schreibpauschale nach § 12 Abs. 1 S. 2 Nr. 3 zu erstatten, sind auf Anforderung der heranziehenden Stelle Mehrfertigungen zu übersenden, gilt § 7 Abs. 2 (*LSG Thüringen* Az. L 6 SF 53/09). Die Umsatzsteuer kann separat geltend gemacht werden (BSG NZS 2009, 644; *LSG Nordrhein-Westfalen* Az. 1 4 B 13/08). Portokosten sind nach § 12 Abs. 1 S. 2 Nr. 1 zu ersetzen (*LSG Thüringen* Az. L 6 SF 53/09). 20

	Abschnitt 3. Untersuchungen, Blutentnahme	
300	Untersuchung eines Lebensmittels, Bedarfsgegenstands, Arzneimittels, von Luft, Gasen, Böden, Klärschlämmen, Wässern oder Abwässern und dgl. und eine kurze schriftliche gutachtliche Äußerung:	
	Das Honorar beträgt für jede Einzelbestimmung je Probe	5,00 bis 60,00 €
301	Die Leistung der in Nummer 300 genannten Art ist außergewöhnlich umfangreich oder schwierig:	
	Das Honorar 300 beträgt	bis zu 1000,00 €
302	Mikroskopische, physikalische, chemische, toxikologische, bakteriologische, serologische Untersuchung, wenn das Untersuchungsmaterial von Menschen oder Tieren stammt:	

Anhang

2. Anlage 2 (zu § 10 Abs. 1) – mit Kommentierung –

	Das Honorar beträgt je Organ oder Körperflüssigkeit	5,00 bis 60,00 €
	Das Honorar umfasst das verbrauchte Material, soweit es sich um geringwertige Stoffe handelt, und eine kurze gutachtliche Äußerung.	
303	Die Leistung der in Nummer 302 genannten Art ist außergewöhnlich umfangreich oder schwierig:	
	Das Honorar 302 beträgt	bis zu 1000,00 €
304	Herstellung einer DNA-Probe und ihre Überprüfung auf Geeignetheit (z. B. Hochmolekularität, humane Herkunft, Ausmaß der Degradation, Kontrolle des Verdaus)	bis zu 205,00 €
	Das Honorar umfasst das verbrauchte Material, soweit es sich um geringwertige Stoffe handelt, und eine kurze gutachtliche Äußerung.	
305	Elektrophysiologische Untersuchung eines Menschen	15,00 bis 135,00 €
	Das Honorar umfasst eine kurze gutachtliche Äußerung und den mit der Untersuchung verbundenen Aufwand.	
306	Raster-elektronische Untersuchung eines Menschen oder einer Leiche, auch mit Analysenzusatz.	15,00 bis 355,00 €
	Das Honorar umfasst eine kurze gutachtliche Äußerung und den mit der Untersuchung verbundenen Aufwand.	
307	Blutentnahme	9,00 €
	Das Honorar umfasst eine Niederschrift über die Feststellung der Identität.	

Übersicht

	Rn.
I. Allgemeines	1
II. Untersuchungen nach Nummer 300	2
1. Allgemeines	2
2. Polizeiliche Ermittlungen	3
3. Höhe der Gebühr	4
4. Umfang der Probe	5
5. Schriftliche Äußerung	6
6. Erläuterungen in der mündlichen Verhandlung	7
7. Aufwendungen des Sachverständigen	8
III. Erhöhungstatbestände nach Nummer 301	9
IV. Leistungen nach Nummer 302	11
1. Allgemeines	11
2. Gutachterliche Äußerung	12
3. Gebührenhöhe	13
4. Mehrere Untersuchungen	14
5. Blutalkoholuntersuchungen	15

2. Anlage 2 (zu § 10 Abs. 1) – mit Kommentierung –   **Anhang**

	Rn.
6. Erhöhung nach Nummer 303	16
a) Allgemeines	16
b) Erhöhungstatbestände	17
c) Vergleichsweise Heranziehung der GOÄ	18
V. Leistungen nach Nummer 304	19
1. Allgemeines	19
2. Gebührenhöhe	20
3. Gutachterliche Äußerung, Reisezeiten	21
VI. Aufwendungen des Sachverständigen bei Leistungen nach Nummern 300–304	22
1. Verbrauchte Materialien	22
2. Schreibauslagen	23
3. Hilfskräfte	24
VII. Leistungen nach den Nummern 305–306	25
1. Allgemeines	25
2. Gebührenhöhe	26
3. Computertomographie	27
4. Gutachterliche Äußerung, Reisezeiten	28
5. Abgegoltener Untersuchungsaufwand	29
VIII. Blutentnahme (Nummer 307)	30
1. Allgemeines	30
2. Zusätzlich benötigte Zeit	31
3. Persönliche Vornahme der Blutentnahme	32
4. Blutentnahme im Rahmen weiterer Leistungen	33
5. Blutentnahme bei einer Leiche	34

I. Allgemeines

Für bestimmte Untersuchungen bestimmt sich die Vergütung nach Nr. 300 **1** bis 307. Für solche Leistungen kann keine gesonderte Vergütung nach § 9 geltend gemacht werden (*LSG BadWürtt.* Breith 1959, 862). Werden die Leistungen aber im Rahmen einer Gutachtenerstattung gesondert notwendig, sind sie gesondert zu erstatten. Das gilt auch dann, wenn es sich um Leistungen nach anderen Abschnitten dieser Anlage handelt. Eine gesonderte Vergütung nach § 9 ist auch dann zu zahlen, wenn in den Fällen der Nr. 300 bis 306 statt einer kurzen gutachterlichen Äußerung ein Gutachten zu erstatten ist.

II. Untersuchungen nach Nummer 300

1. Allgemeines

Das Honorar nach Nummer 300 entsteht, soweit das Untersuchungsmate- **2** rial nicht von einem Menschen oder Tier stammt, da dann Nr. 302, 303 gelten. Im Übrigen ist die in Nr. 300 vorgenommen Aufzählung nur beispielhaft, was aus dem Wortlaut „und dgl." folgt, die Regelung ist daher weit auszulegen. Gleichwohl können gegen eine Ausdehnung der Nummern 300, 301 auf jeden beliebigen anderen Stoff Bedenken bestehen, da der Gesetzgeber mit der Einfügung der Worte „und dergleichen" zwar beabsichtigt hatte, die Vergütung auch auf andere Stoffe auszudehnen, diese sollten aber mit den dort genannten Gegenständen vergleichbar sein. In der Begründung zum KostRÄndG 1994 (BR-Drs. 796/93, S. 258) heißt es: „*Der Entschädigungstatbestand ist der technischen Entwicklung der letzten Jahre angepasst worden. Dies ist insbesondere angesichts der ständig wachsenden Bedeutung des Umweltrechts in gerichtlichen Verfahren erforderlich. Er ist ergänzt worden hinsichtlich der zu unter-*

Anhang   2. Anlage 2 (zu § 10 Abs. 1) – mit Kommentierung –

suchenden Gegenstände (Luft, Gase, Böden, Klärschlamm). Mit der Anfügung des Wortes „dergleichen" soll gesichert werden, dass auch die Untersuchung von anderen, nicht in der Nummer genannten Gegenstände, die den dort genannten aber vergleichbar sind, von der Regelung erfasst sind." Erfasst von Nr. 300, 301 sind z. B. die Untersuchungen von Mineralölproben auf ihre Dichte und dem Flammpunkt (Meyer/Höver/*Bach* Anl. 2 zu § 10 Rn. 26.33), des Weiteren auch die Untersuchungen von Baubestandteilen wie Stahlträgern oder Eisenbetonteilen auf ihre Festigkeit hin (*Brocke/Reese* II-A, 5/6, Rn. 1).

2. Polizeiliche Ermittlungen

3   Für die Untersuchung einer Wasserprobe, die im Rahmen eines polizeilichen Ermittlungsverfahrens durchgeführt wird, besteht kein Vergütungsanspruch nach dem JVEG, da keine Heranziehung durch eine in § 1 genannte Stelle vorliegt (*OLG Schleswig* SchlHA 1990, 133). Etwas anderes gilt aber dann, wenn die Landespolizeigesetze einen Verweis auf das JVEG vorsehen (siehe bei § 1 Rn. 35), so dass dann auch Nr. 300, 301 gelten. Ist ein Verweis auf das JVEG nicht vorgesehen, sollte sich die Vergütung gleichwohl an dessen Sätzen orientieren, da die polizeilichen Kosten für die Vorbereitung der öffentlichen Klage nur in dieser Höhe von einem späteren Kostenschuldner eingezogen werden können.

3. Höhe der Gebühr

4   Nummer 300 gibt einen Vergütungsrahmen vor. Das Honorar kann danach 5 bis 60 EUR betragen. Für die Höhe der Gebühr muss auf den Einzelfall abgestellt werden, wobei der Umfang und die Schwierigkeit, auch im Verhältnis zu anderen nach Nummer 300 zu vergütenden Proben, zu berücksichtigen sind. Die Höhe des Honorars kann auch nach den Angaben des Sachverständigen über den Zeitaufwand, den Einsatz von Analysegeräten, Materialverbrauch sowie Betriebskosten an Hand einer von ihm vorgelegten Preisliste für Laborarbeiten bemessen werden (*OLG Stuttgart* Az. 2 Ws 105/93). Das Mindesthonorar kommt aber nur bei einfachsten Untersuchungen in Betracht. Das Honorar der Nr. 300 deckt neben der Untersuchung auch die Nutzung der Laboreinrichtungen ab (Binz/Dörndorfer/*Binz* § 10 Anl. 2 JVEG Rn. 11).

4. Umfang der Probe

5   Die Vergütung wird für jede Probe gesondert gezahlt, so dass sie für jede abgeschlossene Einzeluntersuchung gewährt wird. Ist es für die Erzielung des Endergebnisses notwendig, zunächst ein Zwischenergebnis zu erzielen, für welches eine eigene Probe erforderlich ist, so ist diese gesondert nach Nummer 300 zu vergüten. Unter Probe ist im Regelfall jeder selbstständige Untersuchungsvorgang gemeint und nicht nur die Untersuchung als Ganzes zu verstehen (*OLG Stuttgart* Az. 2 Ws 105/93). Dieser Auffassung kann auch unter dem Gesichtspunkt der bereits 1994 durchgeführten Änderung der vormaligen Nr. 5 der Anlage zu § 5 ZSEG gefolgt werden, da der Gesetzgeber damals den unteren Rahmen der Gebühren gesenkt und gleichzeitig auf eine Entschädigung für jede Einzelbestimmung je Probe umgestellt hatte. In der Begründung zum KostRÄndG 1994 (BR-Drucksache 796/93, S. 258) heißt es: *„Darüber hinaus soll die Entschädigung, wie in der außergerichtlichen Praxis*

2. Anlage 2 (zu § 10 Abs. 1) – mit Kommentierung – **Anhang**

üblich, für jede Einzelbestimmung je Probe gewährt werden. Wegen der verfeinerten und aufwendigeren Untersuchungsmethoden hat die geltende Regelung in manchen Fällen noch nicht einmal die Kosten decken können (siehe auch den der Entscheidung des Bundesverfassungsgerichts vom 12. Februar 1992 zugrunde liegenden Fall, BVerfGE 85, 329). Wegen der Umstellung der Entschädigung für jede Einzelbestimmung je Probe ist es gerechtfertigt, die Untergrenze des Rahmens zu senken und die Obergrenze mäßig zu erhöhen. " Wird daher bei einer Abwasseruntersuchung dieselbe Wasserprobe mehreren selbstständigen Untersuchungsgängen unterzogen, so ist die Vergütung nach Nummern 300–301 für jeden Untersuchungsgang gesondert zu gewähren (*OLG Schleswig* MDR 1993, 916).

5. Schriftliche Äußerung

Der Sachverständige hat neben der durchgeführten Probe zugleich eine 6 kurze schriftliche Äußerung zu fertigen. Für diese kurze gutachterliche Äußerung besteht kein weiterer Vergütungsanspruch nach § 9 oder § 10 Abs. 3, sie wird von Nr. 300 abgegolten. Das gilt insbesondere für den benötigten Zeitaufwand. Von einer gutachterlichen Äußerung kann dann ausgegangen werden, wenn neben der bloßen Mitteilung des Befundes zugleich eine Wertung über ihn erfolgt.

6. Erläuterungen in der mündlichen Verhandlung

Wird der Sachverständige mit der Erläuterung seiner schriftlichen Äuße- 7 rung beauftragt, so steht ihm für die notwendigen Reise- und Vorbereitungszeiten eine gesonderte Vergütung zu, da diese Leistungen nicht durch die Nummern 300, 301 abgegolten sind. Die Zeiten sind ihm gem. § 10 Abs. 3 nach der Honorargruppe 1 mit einem Stundensatz von 65 EUR zu vergüten.

7. Aufwendungen des Sachverständigen

Die durch den Sachverständigen aufgewendeten Auslagen wie Portokosten, 8 Fotos, Umsatzsteuer etc. sind gesondert zu erstatten. Ein Erstattungsanspruch besteht für ihn nach §§ 7, 12. Auch die Kosten für die Erstellung der gutachterlichen Äußerung sind nach § 12 Abs. 1 S. 2 Nr. 3 gesondert zu erstatten, da die Abgeltung der schriftlichen Äußerung durch die Nummern 300, 301 nur den verwendeten Zeitaufwand umfasst. Die Probe muss durch den Sachverständigen selbst ausgeführt werden. Lässt er die Proben von einem Dritten durchführen, besteht für ihn kein Erstattungsanspruch. Die hierfür aufgewendeten Kosten können aber gem. § 12 Abs. 1 S. 2 Nr. 1 wie für Hilfskräfte erstattet werden, wobei der Sachverständige nicht an die Höchstgrenze der Nummern 300, 301 gebunden ist (*LG Koblenz* NJW 1968, 204).

III. Erhöhungstatbestände nach Nummer 301

Sofern es sich bei der in Nummer 300 genannten Leistung um eine außer- 9 gewöhnlich umfangreiche oder schwierige Probe handelt, erhöht sich das Honorar nach den Bestimmungen der Nummer 301 auf bis zu 1000 EUR. Aus dem eindeutigen Wortlaut „bis zu" ist ersichtlich, dass der Höchstsatz nicht regelmäßig, sondern nur in Ausnahmefällen zu bewilligen ist. Es muss auf den Einzelfall abgestellt werden, wobei auch Umfang und Schwierigkeit

421

Anhang 2. Anlage 2 (zu § 10 Abs. 1) – mit Kommentierung –

zu berücksichtigen sind. Dabei muss das Verhältnis zwischen üblichen Untersuchungen und der Anzahl der bei ihnen vorzunehmenden Proben und der zu vergütenden Probe einbezogen werden. Da ein Vergütungsanspruch nach Nummer 300 für jede Probe gesondert besteht, kann auch die Erhöhung nach Nummer 301 für jede Probe gesondert entstehen (*SG Hannover* NdsRpfl. 1972, 71). Eine Begrenzung der Anzahl der Proben, für die eine Erhöhung gewährt werden kann, hat der Gesetzgeber nicht vorgesehen, jedoch müssen die Voraussetzungen für eine Erhöhung für jede Probe gesondert vorliegen. Für dieselbe Probe kann das Honorar nach Nr. 301 aber nicht neben dem Honorar nach Nr. 300 geltend gemacht werden.

10   Die Gründe für eine Geltendmachung der Erhöhung sind durch den Sachverständigen anzugeben, eine Erhöhung wird nicht von Amts wegen gewährt. Der Gesetzgeber hat die Erhöhung nach der damaligen Nr. 5 der Anlage 2 zum ZSEG (jetzt: Nummer 301 der Anlage zu § 10) ausdrücklich auch für außergewöhnlich schwierige Untersuchungen gewähren wollen, dazu gehören beispielsweise auch technisch äußerst aufwendige und kostspielige Untersuchungen wie solche auf Dioxine und Furane. In der Begründung zum KostRÄndG 1994 (BR-Drs. 796/93, S. 258) heißt es: *„Die erhöhte Entschädigung soll nunmehr auch bei außergewöhnlich schwierigen Untersuchungen und nicht nur wie bislang bei besonders umfangreichen Untersuchungen gewährt werden. Die Obergrenze der erhöhten Entschädigung für außergewöhnlich umfangreiche oder schwierige Untersuchungen soll von 250 auf 2000 DM angehoben werden, um auch technisch äußerst aufwendige und kostspielige Untersuchungen, z. B. auf Dioxine und Furane, angemessen entschädigen zu können."*

IV. Leistungen nach Nummer 302

1. Allgemeines

11   Stammt das Untersuchungsmaterial von einem Menschen oder Tier, entsteht ein Honorar nach Nr. 302, wenn es sich um eine mikroskopische, physikalische, chemische, toxikologische, baketriologische oder serologische Untersuchungen handelt. Die Aufzählung ist abschließend, da anders als bei Nr. 300 der Wortlaut „und dgl." fehlt. Die Bestimmungen der Nummern 302, 303 stellen eine Spezialbestimmung zu § 9 dar, so dass sich die Vergütung für die von Nr. 302 erfassten Leistungen nur nach dieser Vorschrift bestimmt.

Nr. 302 gilt für die Untersuchung von Körper- oder Leichenteilen, auch von amputierten Körperteilen, sowie für die Untersuchung von Körperflüssigkeiten wie Urin oder Blut. Auch für die Untersuchung von inneren Körperteilen wie Nieren, Gallen, Lunge oder Gefäßen, z. B. für die Frage, ob sich in der Lunge bestimmte Stoffe nachweisen lassen (*SG Aachen* Az. S 9 U 112/06), entsteht das Honorar nach Nummer 302. Gehört das Material aber nicht zum biologischen Bestandteil des Menschen oder Tieres wie beispielsweise Fremdkörper oder entnommene Nahrung, so greift Nr. 302 nicht (*Brocke/Reese* II-A, 5/6, Rn. 2).

2. Gutachterliche Äußerung

12   Durch Nr. 302 wird neben der durchgeführten Untersuchung auch eine kurze gutachterliche Äußerung abgegolten. Für den für die Abfassung der

2. Anlage 2 (zu § 10 Abs. 1) – mit Kommentierung – **Anhang**

Äußerung benötigten Zeitaufwand, kann deshalb keine zusätzliche Vergütung geltend gemacht werden. Handelt es sich aber um eine umfangreiche gutachterliche Äußerung, die sich mit der Einlassung des Angeklagten und Zeugenaussagen auseinandersetzen muss, ist diese gesondert zu vergüten (*LG Koblenz* NStZ, 2000, 96). Gleiches gilt, wenn der Sachverständige ein Gutachten erstellen soll. Die gesonderte Vergütung richtet sich nach § 9 und nicht nach § 10 Abs. 3, weil der Zeitaufwand gerade nicht für eine von Anlage 2 zu § 10 Abs. 1 erfasste Leistung aufgewendet wird. Es bleibt dem Sachverständigen überlassen, ob er die gutachterliche Äußerung unmittelbar mit dem Untersuchungsbefund oder erst im Rahmen einer Gesamtbeurteilung erstatten will, dabei muss die gutachterliche Äußerung aber als solche ohne weitere Schwierigkeiten für das Gericht und den Anweisungsbeamten als solche erkennbar sein (*LSG Nordrhein-Westfalen* Az. L 5 S 14/82).

3. Gebührenhöhe

Nr. 302 gibt einen Honorarrahmen von 5 bis 60 EUR vor. Bei der Bestimmung der Honorarhöhe ist auf den Einzelfall abzustellen. Handelt es sich um umfangreichere Untersuchungen, die auch mehrere Einzeluntersuchungen erforderlich machen, erscheint der Höchstsatz angemessen, da durch das Honorar (im Gegensatz zu Nr. 300) die gesamte Untersuchung des Organs bzw. der Körperflüssigkeit abgegolten wird, unabhängig davon wie viele Einzeluntersuchungen erforderlich gewesen sind (*OLG Karlsruhe* MDR 1994, 314). Bei einer chemisch-toxikologischen Untersuchung kann zur Bestimmung der Gebührenhöhe hinsichtlich der Personalkosten auf den Zeitfaktor und wegen des Geräteeinsatzes auf die betriebswirtschaftlichen Nutzungskosten abgestellt werden (*OLG Schleswig* SchlHA 1986, 47). Im Übrigen kommt eine Erhöhung nur nach Nummer 303 in Betracht, siehe Rn. 16 ff. Das Mindesthonorar von 5 EUR kommt nur bei einfachsten Untersuchungen in Betracht. 13

4. Mehrere Untersuchungen

Das Honorar der Nr. 302 entsteht für jedes untersuchte Körperteil oder jede untersuchte Flüssigkeit gesondert. Es ist daher nicht auf die Anzahl der durchgeführten Proben oder Untersuchungen abzustellen (*SG Aachen* Az. 2 9 U 112/06; *OLG Karlsruhe* MDR 1994, 314). Ältere Rechtsprechung, die als Probe auf den Untersuchungshergang abstellte (vgl. *LG Karlsruhe* KostRsp. § 5 Nr. 11), ist überholt, da der Gesetzgeber schon 1976 die damalige Nr. 6 der Anlage zu § 5 ZSEG geändert und die Worte „je Probe" durch die Worte „je Organ" ersetzt hat. Damit sollte klargestellt werden, dass nicht mehr auf den Untersuchungshergang, sondern auf das Untersuchungsmaterial (Organ) abzustellen ist (*OLG München* KostRsp. ZSEG § 5 Nr. 29). 14

5. Blutalkoholuntersuchungen

Auch durchgeführte Blutalkoholuntersuchungen werden von Nummern 302, 303 erfasst. Sie finden jedoch gleichwohl nur dann Anwendung, wenn es sich um eine heranziehende Stelle i. S. d. § 1 handelt, was auf die Staatsanwaltschaften und Gerichte zutrifft. Im Übrigen kommt eine Anwendung des JVEG nicht in Betracht, wenn die Polizei eine solche Untersuchung beauftragt. Soweit eine Blutalkoholuntersuchung der Feststellung des Alko- 15

Anhang 2. Anlage 2 (zu § 10 Abs. 1) – mit Kommentierung –

holeinfluss bei Straftaten und Ordnungswidrigkeiten dient, sind die erlassenen landesrechtlichen Verwaltungsvorschriften zu beachten, vgl. § 1 Rn. 36.

Soweit Nummer 302 Anwendung findet, deckt diese die vollständige Untersuchung zur Feststellung des Blutalkohols ab, der Höchstsatz von 60 EUR kann deshalb auch bei mehreren Untersuchungsvorgängen nicht überschritten werden (*OLG Karlsruhe* MDR 1994, 314). Die Untersuchung zur Feststellung des Blutalkoholwertes stellt trotz der hohen Messpräzision und der hohen Kontrollsorgfalt keine außergewöhnlich schwierige Untersuchung nach Nummer 303 dar (*OLG Karlsruhe* Justiz 1996, 415).

6. Erhöhung nach Nummer 303

16 a) **Allgemeines.** Handelt es sich um eine außergewöhnlich schwierige oder umfangreiche Untersuchung, so kann sich das Honorar der Nummer 302 auf bis zu 1000 EUR erhöhen. Der Höchstbetrag von 1000 EUR ist dabei aber nur für die umfangreichsten und schwierigsten Untersuchungen zu gewähren, er kann auch im Einzelfall nicht überschritten werden. Eine generelle Erhöhung auf 1000 EUR ist nicht vorgesehen, was durch den Wortlaut der Norm „bis zu" klargestellt wird.

17 b) **Erhöhungstatbestände.** Als außergewöhnlich umfangreich i. S. d. Nr. 303 muss eine Arbeit angesehen werden, die so viele verschiedene und umfangreiche Untersuchungsvorgänge erfordert, dass der dadurch verursachte Arbeits- und Kostenaufwand nicht mehr durch das Honorar der Nr. 302 angemessen abgegolten werden kann (*OLG Hamm* Az. 4 Ws 450/86). Eine außergewöhnlich umfangreiche und schwierige Untersuchung kann vorliegen, wenn es sich um die Erstellung einer Begleitstoffanalyse handelt und Untersuchungsgegenstand kein frisches Blut ist (*OLG Koblenz* NStZ-RR 2001, 391). Gleiches gilt, wenn eine unbeschränkte toxikologische Untersuchung von menschlichen Organen beauftragt wird und hierfür zahlreiche Einzeluntersuchungen von verschieden Organen erforderlich sind (*OLG Hamm* Az. 4 Ws 450/86). Auch eine Untersuchung von fäulnisverändertem Material, welches auf verschiedene Gifte untersucht werden muss, rechtfertigt eine Honorarerhöhung nach Nr. 303, ebenso die Untersuchung von neuen Giftstoffen, für die vollkommen neue Analysemethoden entwickelt werden müssen (*OLG Schleswig* SchlHA 1986, 47). Eine Erhöhung nach Nr. 303 kann auch dann in Betracht kommen, wenn sich die Untersuchungen auf das gesamte Spektrum von tödlichen Wirkstoffklassen von Betäubungsmitteln erstreckt und deshalb sehr zeit-, personal- und apparatetechnisch aufwendige Untersuchungen durchzuführen sind (*LSG Celle* NJW 1978, 606).

18 c) **Vergleichsweise Heranziehung der GOÄ.** Bei der Bemessung der Gebührenhöhe können auch vergleichsweise die Bestimmungen der GOÄ herangezogen werden, wobei allerdings der Sinn der Anlage zu § 10 nicht unbeachtet bleiben darf. Eine außergewöhnlich umfangreiche Untersuchung i. S. d. Nummer 303 kann dann vorliegen, wenn der Regelsatz der Nummer 302 bei der nach der GOÄ durchgeführten Vergleichsrechung um 50 % überschritten wird (*OLG Karlsruhe* Justiz 1993, 242); für eine vergleichsweise Heranziehung der GOÄ auch *LSG Hessen* JVBl. 1971, 119; *LSG Celle* NJW 1978, 606. Eine direkte Anwendung der GOÄ ist jedoch nicht statthaft, da eine solche nur im Rahmen des § 10 Abs. 2 und Vorbem. 4 Abs. 2 der Anlage 2 zu § 10 Abs. 1 erfolgen kann.

V. Leistungen nach Nummer 304

1. Allgemeines

Für die Herstellung einer DNA-Probe und die Überprüfung auf ihre Geeignetheit entsteht ein Honorar nach Nummer 304. Dieser Gebührentatbestand wurde erst durch das KostRÄndG 1994 in das damalige ZSEG aufgenommen, um den wachsenden molekularischen Untersuchungen in gerichtlichen Verfahren Rechnung zu tragen (BR-Drs. 796/93, S. 259). 19

2. Gebührenhöhe

Das Honorar nach Nr. 304 kann bis zu 205 EUR betragen. Dabei handelt es sich um einen Höchstsatz, der auch im Einzelfall nicht überschritten werden kann. Der Gesetzgeber hat im Gegensatz zu den Honoraren der Nummern 300 und 302 die Gewährung des Höchstsatzes nicht ausdrücklich von einer außergewöhnlich schwierigen oder umfangreichen Leistung abhängig gemacht. Die Höhe des Honorars ist daher allein durch die erbrachte Leistung zu bestimmen, ohne dass sie sich wesentlich von anderen von Nummer 304 erfassten Tätigkeiten abheben muss. Bei der Bemessung der Honorarhöhe sind der Umfang der Untersuchung und der damit verbundene Aufwand der einzelnen Leistung zu berücksichtigen. Kriterium kann auch die im Einzelfall notwendig gewesene Aufbereitungszeit des Materials (Blut, Liquor oder andere Körperzellen) sein. 20

3. Gutachterliche Äußerung, Reisezeiten

Das Honorar der Nummer 304 umfasst neben der Herstellung der Probe und ihrer Überprüfung auch eine kurze gutachterliche Stellungnahme, für deren Fertigung dem Sachverständigen deshalb kein zusätzlicher Vergütungsanspruch zusteht. Werden jedoch Reisezeiten erforderlich, erhält der Sachverständige hierfür eine gesonderte Vergütung gem. § 10 Abs. 3 nach der Honorargruppe 1 (65 EUR/h). Mit abgegolten ist ausdrücklich die Herstellung der Probe, dazu gehört auch die Entnahme des Materials. Nicht mit abgegolten ist hingegen die mündliche Erläuterung der gutachterlichen Stellungnahme. 21

VI. Aufwendungen des Sachverständigen bei Leistungen nach Nummern 300–304

1. Verbrauchte Materialien

Durch das Honorar nach Nummern 302–304 werden auch die verbrauchten geringwertigen Stoffe abgegolten (Anm. zu Nr. 302, 304), diese Aufwendungen sind daher nicht zusätzlich nach §§ 7, 12 erstattungsfähig. Diese Bestimmung ähnelt § 10 Abs. 2 GOÄ der ebenfalls eine zusätzliche Berechnung der Kosten für Kleinmaterialien untersagt, er kann deshalb als Kriterium für die Nummern 302–304 herangezogen werden. Nicht erstattungsfähig sind deshalb insbesondere Reagenzgläser, Glasplättchen, geringwertige Stoffe und Farbstoffe. Soweit es sich aber nicht um solches Material oder nicht um geringwertige Stoffe handelt, sind die aufgewendeten Stoffe und Materialien 22

Anhang
2. Anlage 2 (zu § 10 Abs. 1) – mit Kommentierung –

nach § 12 Abs. 1 S. 2 Nr. 1 zu erstatten (*LSG BadWürtt.* Az. L 10 Ko 51/83 B). Portokosten und die Umsatzsteuer sind dagegen stets gesondert zu erstatten, ebenso notwendige Fotos (§ 12 Abs. 1 S. 2 Nr. 1–4).

2. Schreibauslagen

23 Für das Original der gutachterlichen Äußerung kann die Schreibpauschale des § 12 Abs. 1 S. 2 Nr. 3 erstattet werden, da die Anmerkungen zu den Nummern 302–303 nur auf den Zeitaufwand Bezug nehmen. Für Mehrfertigungen, die auf Verlangen der heranziehenden Stelle gefertigt werden, sind Kopiekosten nach § 7 Abs. 2 zu erstatten.

3. Hilfskräfte

24 Soweit der Sachverständige für die Untersuchungen Hilfskräfte in Anspruch nimmt, sind ihm die Aufwendungen hierfür nach § 12 Abs. 1 S. 2 Nr. 1 gesondert zu erstatten (*OLG Karlsruhe* JurBüro 1991, 997), da diese Kosten nicht durch die Honorare der Nummern 302–303 abgegolten werden. Für Hilfskräfte, die als Schreibkräfte die kurze gutachterliche Äußerung gefertigt haben, besteht jedoch kein Erstattungsanspruch, es kann nur die Pauschale nach § 12 Abs. 1 S. 2 Nr. 3 erstattet werden. Auch für allgemeine Tätigkeiten wie Versand besteht kein Erstattungsanspruch für Hilfskräfte, da es sich insoweit um allgemeine Büroarbeiten handelt, die durch die Honorare ebenfalls abgegolten sind.

VII. Leistungen nach den Nummern 305–306

1. Allgemeines

25 Nach den Nummern 305–306 werden nur die elektrophysiologischen (Nr. 305) und raster-elektronischen Untersuchungen eines Menschen oder einer menschlichen Leiche, auch mit Analysenzusatz (Nr. 306), vergütet. Soweit es sich um andere Untersuchungen handelt, erfolgt die Vergütung des Sachverständigen gem. § 10 Abs. 2 nach dem Abschnitt O der GOÄ. Im Übrigen gilt § 9, wenn auch Nr. 300 bis 304 nicht einschlägig sind. Die früheren in Nr. 7 der Anlage zu § 5 ZSEG enthaltenen röntgenologischen Untersuchungen sind bereits 1986 aus der Gebührennummer entfernt worden, sie müssen deshalb nach Abschnitt O der GOÄ vergütet werden. Ältere Rechtsprechung ist folglich überholt. Eine EEG-Zusatzuntersuchung ist nach Nummer 305 zu vergüten, dabei kann regelmäßig der Höchstsatz angenommen werden (*SG Hannover* JVBl. 1971, 215). Das EKG ist aber nach der GOÄ (Nrn. 5420 ff.) zu vergüten. Nicht von Nr. 305 erfasst ist die Durchführung einer Dopplersonographie, so dass § 9 Anwendung findet (*LSG Nordrhein-Westfalen* Az. L 15 SO 275/12).

2. Gebührenhöhe

26 Es ist ein Honorarrahmen von 15 bis 135 EUR (Nr. 305) vorgesehen, der bei Nummer 306 15 bis 355 EUR beträgt. Das konkrete Honorar ist daher für jeden Einzelfall gesondert zu bestimmen. Die Höchstsätze sind nicht im Regelfall zu gewähren. Bei der Gebührenbestimmung können die in dem Deutschen Krankengesellschafts-Nebenleistungstarif (DKG-NT) vorgesehe-

2. Anlage 2 (zu § 10 Abs. 1) – mit Kommentierung – **Anhang**

nen Leistungssätze als Orientierung herangezogen werden (*LSG Schleswig* NJW 1979, 1952), jedoch sind sie nicht direkt anzuwenden. Weiter sind Bedeutung, Umfang und Schwierigkeit zu berücksichtigen (*LSG Schleswig* NJW 1979, 1952). Das Mindesthonorar kommt nur bei einfachsten Untersuchungen in Betracht. Bei mittleren und in allem durchschnittlichen Untersuchungen kann der Mittelsatz zugrunde gelegt werden, er beträgt für Nr. 305 75 EUR und für Nr. 306 185 EUR.

3. Computertomographie

Keine Leistung nach Nummer 305 ist die Durchführung einer Computertomographie (*LSG Niedersachsen-Bremen* NdsRpfl. 1979, 250; *OLG München* MDR 1984, 325). Sie bestimmt sich gem. § 10 Abs. 2 auch für den gerichtlichen Sachverständigen ausschließlich nach den Nummern 5369–5380 des Gebührenverzeichnisses der GOÄ, Abschnitt O. 27

4. Gutachterliche Äußerung, Reisezeiten

Neben den durchgeführten Untersuchungen wird durch das Honorar der Nr. 305, 306 auch eine kurze gutachterliche Äußerung abgegolten. Eine zusätzliche Vergütung für die Fertigung der Äußerung kann daher nicht verlangt werden. Nicht abgegolten ist hingegen eine mündliche Erläuterung, der hierfür erforderliche Zeitaufwand einschließlich notwendiger Reise- und Vorbereitungszeiten ist gem. § 10 Abs. 3 nach der Honorargruppe 1 mit einem Stundensatz von 65 EUR gesondert zu vergüten. 28

5. Abgegoltener Untersuchungsaufwand

Im Gegensatz zu den Nummern 302–304 werden nicht nur die verbrauchten geringwertigen Materialien abgegolten, sondern der „mit der Untersuchung verbundene Aufwand". Deshalb sind mit den Honoraren der Nummern 305, 306 auch die verbrauchten Stoffe, ein für die Benutzung der Räume und Geräte zu zahlendes Entgelt und eventuelle Kosten für Hilfskräfte abgegolten (Meyer/Höver/*Bach* Anl. 2 zu § 10 Rn. 26.48). Für die Einrichtung oder Herrichtung der Untersuchungsräume und Bereitstellung der notwendigen Gerätschaften kommt eine gesonderte Vergütung auch nach § 10 Abs. 3 nicht in Betracht. 29

VIII. Blutentnahme (Nummer 307)

1. Allgemeines

Für die Vornahme einer Blutentnahme bestimmt sich das Honorar nach Nummer 307, es beträgt stets 9 EUR. Es handelt sich um einen Festsatz, der nicht über- und auch nicht überschritten werden kann. Mit dem Honorar ist neben dem Zeitaufwand für die Durchführung der Blutentnahme auch das An- und Einstechen der Kanüle sowie das Suchen der Blutader abgegolten. Wird nur die Entnahmespritze gewechselt, liegt keine neue Blutentnahme vor (Meyer/Höver/*Bach* Anl. 2 zu § 10 Rn. 26.49). Auch die Niederschrift zur Identitätsfeststellung der betroffenen Person wird abgegolten, eine weitere Vergütung kann dafür nicht beansprucht werden, auch nicht wenn ein Finger- oder Fußabdruck genommen wird (Binz/Dörndorfer/*Binz* § 10 Anl. 2 JVEG 30

Anhang
2. Anlage 2 (zu § 10 Abs. 1) – mit Kommentierung –

Rn. 12). Wird die Blutentnahme bei mehreren Personen durchgeführt, so entsteht das Honorar für jede Person gesondert. Die Kosten für eine Venüle können gesondert erstattet werden (*LG Berlin* Rpfleger 1965, 156).

2. Zusätzlich benötigte Zeit

31   Sind weitere Untersuchungen notwendig, steht dem Sachverständigen jedoch eine gesonderte Vergütung zu, die sich nach der durchgeführten Untersuchung bestimmt, ggf. sind weitere Honorare nach der Anlage 2 zu § 10 Abs. 1 oder Abschnitt O der GOÄ (§ 10 Abs. 2) zu gewähren. Für die sonstige zusätzlich benötigte Zeit ist der Sachverständige gem. § 10 Abs. 3 mit der Honorargruppe 1 mit einem Stundensatz von 65 EUR zu vergüten, soweit nicht andere Tatbestände der Anlage 2 zu § 10 Abs. 1 oder nach § 10 Abs. 2 einschlägig sind. Das gilt insbesondere für anfallende Reise- und Wartezeiten, die beispielsweise für die Fahrt zur Blutentnahme aufgewendet werden müssen.

3. Persönliche Vornahme der Blutentnahme

32   Der Sachverständige muss die Blutentnahme persönlich vornehmen, um einen Anspruch auf das Honorar der Nummer 307 zu erlangen (*LSG Stuttgart* NJW 1967, 694). Lässt er die Blutentnahme durch eine Hilfskraft durchführen, so besitzt der beauftragte Sachverständige jedoch einen Erstattungsanspruch für solche Kosten nach § 12 Abs. 1 S. 2 Nr. 1. Die Erstattung ist insoweit nicht auf den Satz der Gebühr Nummer 307 begrenzt.

4. Blutentnahme im Rahmen weiterer Leistungen

33   Findet die Blutentnahme im Rahmen einer Untersuchung nach Nummer 302–303 oder Herstellung einer DNA-Probe (Nummer 304) statt, so ist das Honorar der Nummer 307 gesondert zu erstatten.

5. Blutentnahme bei einer Leiche

34   Die Blutentnahme bei einer Leiche wird nicht durch Nummer 307 abgegolten (*LG Heilbronn* KostRsp. ZSEG § 5 Nr. 15). Den dortigen Argumenten, dass der Arbeitsaufwand bei einer solchen Blutentnahme wesentlich höher ist als bei der Blutentnahme bei einem lebenden Menschen ist zu folgen. Die Vergütung ist deshalb nach § 9 Abs. 1 zu bestimmen. § 10 Abs. 3 ist nicht anzuwenden, da eine zusätzliche Zeit nur vorliegen kann, wenn die Anlage 2 zu § 10 Abs. 1 überhaupt Anwendung findet. Gleichwohl erscheint die dortige Zuweisung in die Honorargruppe 1 (Stundensatz: 65 EUR) angemessen, da es sich um eine medizinisch einfache Tätigkeit handelt. Eine Einteilung in eine Honorargruppe M1 – M3 scheidet aus, da diese nur für medizinische oder psychologische Gutachten gelten.

Abschnitt 4. Abstammungsgutachten

Vorbemerkung 4:
(1) Das Honorar umfasst die gesamte Tätigkeit des Sachverständigen einschließlich aller Aufwendungen mit Ausnahme der Umsatzsteuer und mit Ausnahme der Auslagen für Probenentnahmen durch vom Sachverständigen beauftragte Personen, soweit nichts anderes bestimmt ist. Das Honorar um-

2. Anlage 2 (zu § 10 Abs. 1) – mit Kommentierung – Anhang

fasst ferner den Aufwand für die Anfertigung des schriftlichen Gutachtens und von drei Überstücken.

(2) Das Honorar für Leistungen der in Abschnitt M III 13 des Gebührenverzeichnisses für ärztliche Leistungen (Anlage zur GOÄ) bezeichneten Art bemisst sich in entsprechender Anwendung dieses Gebührenverzeichnisses nach dem 1,15fachen Gebührensatz. § 4 Abs. 2 Satz 1, Abs. 2a Satz 1, Abs. 3 und 4 Satz 1 und § 10 GOÄ gelten entsprechend.

400	Erstellung des Gutachtens	140,00 €
	Das Honorar umfasst 1. die administrative Abwicklung, insbesondere die Organisation der Probenentnahmen, und 2. das schriftliche Gutachten, erforderlichenfalls mit biostatistischer Auswertung.	
401	Biostatistische Auswertung, wenn der mögliche Vater für die Untersuchungen nicht zur Verfügung steht und andere mit ihm verwandte Personen an seiner Stelle in die Begutachtung einbezogen werden (Defizienzfall):	
	je Person	25,00 €
	Beauftragt der Sachverständige eine andere Person mit der biostatistischen Auswertung in einem Defizienzfall, werden ihm abweichend von Vorbemerkung 4 Absatz 1 Satz 1 die hierfür anfallenden Auslagen ersetzt.	
402	Entnahme einer genetischen Probe einschließlich der Niederschrift sowie der qualifizierten Aufklärung nach dem GenDG:	
	je Person	25,00 €

	Untersuchung mittels
	1. Short Tandem Repeat Systemen (STR) oder
	2. diallelischer Polymorphismen:
	  – Single Nucleotide Polymorphisms (SNP) oder
	  – Deletions-/Insertionspolymorphismen (DIP)	

403	– bis zu 20 Systeme: je Person	120,00 €
404	– 21 bis 30 Systeme: je Person	170,00 €
405	– mehr als 30 Systeme: je Person	220,00 €
406	Mindestens zwei Testkits werden eingesetzt, die Untersuchungen erfolgen aus voneinander unabhängigen DNA-Präparationen und die einge-	

Anhang 2. Anlage 2 (zu § 10 Abs. 1) – mit Kommentierung –

	setzten parallelen Analysemethoden sind im Gutachten ausdrücklich dargelegt: Die Honorare nach den Nummern 403 bis 405 erhöhen sich um jeweils	80,00 €
407	Herstellung einer DNA-Probe aus anderem Untersuchungsmaterial als Blut oder Mundschleimhautabstrichen einschließlich Durchführung des Tests auf Eignung: je Person	bis zu 120,00 €

Übersicht

	Rn.
I. Allgemeines	1
II. Abgeltung der Honorare (Vorbem. 4 Abs. 1)	2
1. Leistungen	2
2. Aufwendungen des Sachverständigen	3
III. Leistungen nach der GOÄ (Vorbem. 4 Abs. 2)	4
IV. Leistungen nach den Nummern 400–407	5
1. Nummer 400	5
2. Nummern 401	6
3. Nummer 402	7
4. Nummer 403 bis 405	8
5. Nummern 406	9
6. Nummer 407	10

I. Allgemeines

1   Abschnitt 4 wurde durch Art. 7 des 2. KostRMoG mit Wirkung zum 1.8.2013 grundlegend novelliert. Der Gesetzgeber hat damit die vergütungsrechtlichen Regelungen an die Entwicklung bei der Erstellung von Abstammungsgutachten angepasst.

II. Abgeltung der Honorare (Vorbem. 4 Abs. 1)

1. Leistungen

2   Durch die Honorare der Nr. 400 bis 407 wird die gesamte Tätigkeit des Sachverständigen abgegolten, so dass daneben ein Honorar nach § 9 nicht geltend gemacht werden kann. Etwas anderes gilt nur dann, wenn für die Leistungserbringung zusätzliche Zeit benötigt wurde. Es kann dann nach § 10 Abs. 3 ein Stundenhonorar nach Honorargruppe 1 von 65 EUR je Stunde gewährt werden. Abgegolten sind zugleich die Aufwendungen des Sachverständigen, → Rn 3.

2. Aufwendungen des Sachverständigen

3   Mit den Honoraren der Nr. 400 bis 407 werden zugleich die Aufwendungen des Sachverständigen abgegolten, so dass er keine gesonderte Erstattung nach §§ 7, 12 verlangen kann. Das gilt auch für Reisekosten, die wegen der Erstellung des Abstammungsgutachtens entstehen, nicht aber, wenn der Sach-

2. Anlage 2 (zu § 10 Abs. 1) – mit Kommentierung – **Anhang**

verständige das Gutachten später in einem Termin erläutern muss. Eine gesonderte Erstattung kann daher auch für aufgewendete Materialien nicht erfolgen. Abs. 1 S. 2 ordnet ausdrücklich an, dass auch für die Erstellung des schriftlichen Gutachtens und die Fertigung von drei Überstücken des Gutachtens kein gesonderter Auslagenersatz verlangt werden kann. Es kann daher insoweit kein Ersatz nach § 12 Abs. 1 S. 2 Nr. 3 oder § 7 Abs. 2 geltend gemacht werden. Erst ab dem vierten Überstück, können Kopie- oder Ausdruckkosten geltend gemacht werden.

Werden für die Erstellung eines Abstammungsgutachtens Hilfskräfte hinzugezogen, so können diese Kosten neben den Gebühren des Abschnitts 4 nicht gesondert nach § 12 Abs. 1 S. 2 Nr. 1 erstattet werden (*OLG Schleswig* SchlHA 1985, 163; *OLG Stuttgart* JurBüro 1987, 1581; *OLG Karlsruhe* Rpfleger 1989, 173), da die Honorare den normalen Personalaufwand für die von Abschnitt 4 erfassten Leistungen abdecken. Auch die für die Benutzung von fremden Einrichtungen, wie beispielsweise eines Universitätsinstituts, zu zahlenden Entgelte, sind durch die Honorare abgegolten und können nicht gesondert erstattet werden (*OLG Stuttgart* JurBüro 1987, 1852; *OLG Karlsruhe* Rpfleger 1989, 173).

Von dem Erstattungsausschluss ausgenommen sind nach Abs. 1 S. 1 jedoch die Umsatzsteuer, die dem Sachverständigen gesondert nach § 12 Abs. 1 S. 2 Nr. 4 zu erstatten ist. Blutgruppenuntersuchungen im Rahmen der Vaterschaftsfeststellung sind nicht nach § 4 Nr. 14 UStG von der Umsatzsteuerpflicht befreit, hierzu ausführlich → § 12, Rn. 67.

Auslagenersatz kann zudem für solche Kosten verlangt werden, die dadurch entstehen, dass der Sachverständige andere Personen mit der Probenentnahme (z. B. durch Gesundheitsämter) beauftragt. Hierfür kann vollständiger Kostenersatz verlangt werden. Eine weitere Ausnahme besteht nach Anm. zu Nr. 401, wenn der Sachverständige bei Vorliegen eines Defizienzfalls eine andere Person mit der biostatistischen Auswertung beauftragt.

III. Leistungen nach der GOÄ (Vorbem. 4 Abs. 2)

Führt der Sachverständige Untersuchungen aus, die in Abschnitt M III Nr. 13 der GOÄ genannt sind aus, erhält er hierfür ein gesondertes Honorar, dass sich nach den entsprechenden Nummern der GOÄ bestimmt. Hierzu gehören etwa die Bestimmung von Blutgruppenmerkmalen. Das Honorar entsteht in Höhe des 1,15fachen Gebührensatzes der jeweiligen GOÄ-Vorschriften (Vorbem. 4 Abs. 2 S. 1). Die Aufzählung ist abschließend, auf andere Regelungen der GOÄ ist die Vorbem. 4 Abs. 2 nicht anwendbar. § 4 Abs. 2 S. 1, Abs. 2a S. 1, Abs. 3, 4 S. 1 und § 10 GOÄ gelten entsprechend (Vorbem. 4 Abs. 2 S. 2). Die Regelungen sind abgedruckt bei § 10 Rn. 22.

Die Vorschriften des Abschnitt M III Nr. 13 sind im Anhang abgedruckt.

IV. Leistungen nach den Nummern 400–407

1. Nummer 400

Für die Erstellung des Abstammungsgutachtens entsteht ein Honorar nach Nr. 400, das stets 140 EUR beträgt. Mit dem Honorar werden aufgrund der

431

Anhang 2. Anlage 2 (zu § 10 Abs. 1) – mit Kommentierung –

Anm. zu Nr. 400 nur die administrative Abwicklung und das schriftliche Gutachten einschließlich einer erforderlicher biostatistischer Auswertung abgegolten. Wegen letzterer siehe aber Nr. 401 (→ Rn. 6). Zur administrativen Abwicklung gehört insbesondere die Ladung der Untersuchungspersonen zur Probeentnahme oder auch die Versendung von Untersuchungsmaterial an Gesundheitsämter oder andere Stellen.

Das Honorar nach Nr. 400 entsteht auch dann, wenn es nicht zur Begutachtung kommt und die Gründe hierfür nicht bei dem Sachverständigen selbst liegen. Der Gesetzgeber hat zu Nr. 400 ausgeführt (BT-Drs. 17/11471 (neu), S. 264): *„Ein beträchtlicher Teil des Aufwands des Sachverständigen entfällt gerade nicht auf die Untersuchungen, sondern auf die formal korrekte Abwicklung der Begutachtung: In Erfüllung des GenDG müssen die Probenentnahmen ggf. extern durch im Verfahren objektive Stellen organisiert werden. Hierzu muss Untersuchungsmaterial z. B. an Gesundheitsämter verschickt werden, die Beteiligten müssen unter Umständen mehrfach geladen werden, die beauftragende Stelle muss über Verzögerungen und Besonderheiten informiert werden. Dieser Aufwand entsteht unabhängig vom Umfang der Analytik und in besonderem Maße z. B. auch, wenn es nicht zur Begutachtung kommt, weil nicht von allen Beteiligten Proben erlangt werden konnten."*

Andere Leistungen werden durch das Honorar nach Nr. 400 nicht abgegolten, so dass die Honorare nach Nr. 401 ff. ebenso wie das Honorar für Leistungen nach Vorbem. 4 Abs. 2 gesondert zu zahlen sind.

Für die Erstellung des schriftlichen Gutachtens kann keine Schreibpauschale nach § 12 Abs. 1 S. 2 Nr. 3 verlangt werden. Auch für die Fertigung von bis zu drei Überstücken des Gutachtens können Kopie- oder Ausdruckkosten nicht geltend gemacht werden (Vorbem. 4 Abs. 1 S. 2).

2. Nummern 401

6 Steht der mögliche Vater für die Untersuchung nicht zur Verfügung und müssen daher andere mit ihm verwandte Personen an seiner Stelle in die Begutachtung einbezogen werden, erhält der Sachverständige abweichend von Anm. Nr. 2 zu Nr. 400 für die biostatistische Auswertung ein gesondertes Honorar nach Nr. 401. Erfasst sind insbesondere die Fälle, in denen der Putativvater verstorben ist.

Das Honorar beträgt stets 25 EUR. Beauftragt der Sachverständige jedoch eine andere Person mit der biostatistischen Auswertung, so kann er die hierfür entstandenen Auslagen in voller Höhe erstattet verlangen (Anm. zu Nr. 401). Der Erstattungsausschluss der Vorbem. 4 Abs. 1 S. 1 gilt insoweit nicht.

3. Nummer 402

7 Für die Entnahme einer genetischen Probe erhält der Sachverständige ein Honorar nach Nr. 402. Neben der Probeentnahme werden zugleich die Fertigung der Niederschrift sowie die Erteilung der qualifizierten Auskunft nach dem GenDG abgegolten.

Das Honorar beträgt 25 EUR je Person, so dass es nicht auf die entnommenen genetischen Proben ankommt.

4. Nummer 403 bis 405

8 Die Untersuchung wird mit dem Honorar nach Nr. 403 abgegolten, wenn es sich um eine Untersuchung handelt mittels Short Tandem Repeat System

2. Anlage 2 (zu § 10 Abs. 1) – mit Kommentierung – **Anhang**

(STR) oder diallelischer Polymorphismen (Single Nucleotide Polymorphisms/SNP oder Deletions-/Insertionspolymorphismen/DIP).

Die Höhe des Honorars ist nach Nr. 403 bis 405 gestaffelt nach der Anzahl der eingesetzten Systeme. Das Honorar beträgt

– 120 EUR je Person bei Einsatz von bis zu 20 Systemen,
– 170 EUR je Person bei Einsatz von 21 bis 30 Systemen,
– 220 EUR je Person bei Einsatz von mehr als 30 Systemen.

Das Honorar erhöht sich unter den Voraussetzungen der Nr. 406 um jeweils 80 EUR (→ Rn. 9).

Für die im Gebührenverzeichnis der GOÄ Abschnitt M III Nr. 13 aufgeführten Leistungen entstehen die dort aufgeführten Honorare gesondert (Vorbem. 4 Abs. 2).

5. Nummern 406

Die Honorare nach Nr. 403 bis 405 erhöhen sich um jeweils 80 EUR, wenn mindestens zwei Testkits eingesetzt werden und die Untersuchungen von aus voneinander unabhängigen DNA-Präparationen erfolgen. Weitere Voraussetzung für den Honoraranspruch ist, dass die doppelte Untersuchung im Gutachten ausdrücklich dargelegt wird.

Die Erhöhung nach Nr. 406 tritt je Person ein (BT-Drs. 17/11471 (neu), S. 265), so dass sich nicht lediglich das Gesamthonorar erhöht.

6. Nummer 407

Muss die DNA-Probe aus einem anderen Untersuchungsmaterial als Blut oder Mundschleimhautabstrich gefertigt werden, ist hierfür ein gesondertes Honorar nach Nr. 407 zu gewähren, das bis zu 120 EUR beträgt. Durch das Honorar ist neben der Herstellung auch die Durchführung des Tests auf Eignung der Probe abgegolten. In Betracht kommen DNA-Proben aus Gewebe, Knochen, Rückstellproben, forensische Proben oder histologische Präparate.

| | **Abschnitt 5** **Erbbiologisches Abstammungsgutachten** *(aufgehoben)* | |

Abschnitt 5, der besondere Honorare für die Erstellung von erbbiologischen Abstammungsgutachten vorsah, wurde durch Art. 7 des 2. KostRMoG mit Wirkung zum 1.8.2013 aufgehoben, da diesen Gutachten keine praktische Bedeutung mehr zukommt.

Ist ein erbbiologisches Gutachten zu erstellen, bemisst sich das Honorar deshalb nach § 9.

Wegen der Erläuterungen zum vormaligen Abschnitt 5 wird auf die Vorauflage verwiesen.

3. Anlage 3 (zu § 23 Abs. 1) – mit Kommentierung –

Anlage 3
(zu § 23 Abs. 1)

Nr.	Tätigkeit	Höhe
	Allgemeine Vorbemerkung:	
	(1) Die Entschädigung nach dieser Anlage schließt alle mit der Erledigung des Ersuchens der Strafverfolgungsbehörde verbundenen Tätigkeiten des Telekommunikationsunternehmens sowie etwa anfallende sonstige Aufwendungen (§ 7 JVEG) ein.	
	(2) Für Leistungen, die die Strafverfolgungsbehörden über eine zentrale Kontaktstelle des Generalbundesanwalts, des Bundeskriminalamtes, der Bundespolizei oder des Zollkriminalamtes oder über entsprechende für ein Bundesland oder für mehrere Bundesländer zuständige Kontaktstellen anfordern und abrechnen, ermäßigen sich die Entschädigungsbeträge nach den Nummern 100, 101, 300 bis 312, 400 und 401 um 20 Prozent, wenn bei der Anforderung darauf hingewiesen worden ist, dass es sich bei der anfordernden Stelle um eine zentrale Kontaktstelle handelt.	
	Abschnitt 1. Überwachung der Telekommunikation	
	Vorbemerkung 1:	
	(1) Die Vorschriften dieses Abschnitts gelten für die Heranziehung im Zusammenhang mit Funktionsprüfungen der Aufzeichnungs- und Auswertungseinrichtungen der berechtigten Stellen entsprechend.	
	(2) Leitungskosten werden nur entschädigt, wenn die betreffende Leitung innerhalb des Überwachungszeitraums mindestens einmal zur Übermittlung überwachter Telekommunikation an die Strafverfolgungsbehörde genutzt worden ist.	
	(3) Für die Überwachung eines Voice-over-IP-Anschlusses oder eines Zugangs zu einem elektronischen Postfach richtet sich die Entschädigung für die Leitungskosten nach den Nummern 102 bis 104. Dies gilt auch für die Überwachung eines Mobilfunkanschlusses, es sei denn, dass auch die Überwachung des über diesen Anschluss abgewickelten Datenverkehrs angeordnet worden ist und für die Übermittlung von Daten Leitungen mit Übertragungsgeschwindigkeiten von mehr als 144 kbit/s genutzt werden müssen und auch genutzt worden sind. In diesem Fall richtet sich die Entschädigung einheitlich nach den Nummern 111 bis 113.	
100	Umsetzung einer Anordnung zur Überwachung der Telekommunikation, unabhängig von der Zahl der dem Anschluss zugeordneten Kennungen:	
	je Anschluss	100,00 €
	Mit der Entschädigung ist auch der Aufwand für die Abschaltung der Maßnahme entgolten.	
101	Verlängerung einer Maßnahme zur Überwachung der Telekommunikation oder Umschaltung einer	

3. Anlage 3 (zu § 23 Abs. 1) – mit Kommentierung – **Anhang**

Nr.	Tätigkeit	Höhe
	solchen Maßnahme auf Veranlassung der Strafverfolgungsbehörde auf einen anderen Anschluss dieser Stelle	35,00 €
	Leitungskosten für die Übermittlung der zu überwachenden Telekommunikation:	
	für jeden überwachten Anschluss,	
102	– wenn die Überwachungsmaßnahme nicht länger als eine Woche dauert	24,00 €
103	– wenn die Überwachungsmaßnahme länger als eine Woche, jedoch nicht länger als zwei Wochen dauert	42,00 €
104	– wenn die Überwachungsmaßnahme länger als zwei Wochen dauert:	
	je angefangenen Monat	75,00 €
	Der überwachte Anschluss ist ein ISDN-Basisanschluss:	
105	– Die Entschädigung nach Nummer 102 beträgt	40,00 €
106	– Die Entschädigung nach Nummer 103 beträgt	70,00 €
107	– Die Entschädigung nach Nummer 104 beträgt	125,00 €
	Der überwachte Anschluss ist ein ISDN-Primärmultiplexanschluss:	
108	– Die Entschädigung nach Nummer 102 beträgt	490,00 €
109	– Die Entschädigung nach Nummer 103 beträgt	855,00 €
110	– Die Entschädigung nach Nummer 104 beträgt	1525,00 €
	Der überwachte Anschluss ist ein digitaler Teilnehmeranschluss mit einer Übertragungsgeschwindigkeit von mehr als 144 kbit/s, aber kein ISDN-Primärmultiplexanschluss:	
111	– Die Entschädigung nach Nummer 102 beträgt	65,00 €
112	– Die Entschädigung nach Nummer 103 beträgt	110,00 €
113	– Die Entschädigung nach Nummer 104 beträgt	200,00 €
	Abschnitt 2. Auskünfte über Bestandsdaten	
200	Auskunft über Bestandsdaten nach § 3 Nr. 3 TKG, sofern	
	1. die Auskunft nicht über das automatisierte Auskunftsverfahren nach § 112 TKG erteilt werden kann und die Unmöglichkeit der Auskunftserteilung auf diesem Wege nicht vom Unternehmen zu vertreten ist und	

Anhang 3. Anlage 3 (zu § 23 Abs. 1) – mit Kommentierung –

Nr.	Tätigkeit	Höhe
	2. für die Erteilung der Auskunft nicht auf Verkehrsdaten zurückgegriffen werden muss:	
	je angefragten Kundendatensatz	18,00 €
201	Auskunft über Bestandsdaten, zu deren Erteilung auf Verkehrsdaten zurückgegriffen werden muss:	
	für bis zu 10 in demselben Verfahren gleichzeitig angefragte Kennungen, die der Auskunftserteilung zugrunde liegen	35,00 €
	Bei mehr als 10 angefragten Kennungen wird die Pauschale für jeweils bis zu 10 weitere Kennungen erneut gewährt. Kennung ist auch eine IP-Adresse.	
	Abschnitt 3. Auskünfte über Verkehrsdaten	
300	Auskunft über gespeicherte Verkehrsdaten:	
	für jede Kennung, die der Auskunftserteilung zugrunde liegt	30,00 €
	Die Mitteilung der die Kennung betreffenden Standortdaten ist mit abgegolten.	
301	Die Auskunft wird im Fall der Nummer 300 aufgrund eines einheitlichen Ersuchens auch oder ausschließlich für künftig anfallende Verkehrsdaten zu bestimmten Zeitpunkten erteilt:	
	für die zweite und jede weitere in dem Ersuchen verlangte Teilauskunft	10,00 €
302	Auskunft über gespeicherte Verkehrsdaten zu Verbindungen, die zu einer bestimmten Zieladresse hergestellt wurden, durch Suche in allen Datensätzen der abgehenden Verbindungen eines Betreibers (Zielwahlsuche):	
	je Zieladresse	90,00 €
	Die Mitteilung der Standortdaten der Zieladresse ist mit abgegolten.	
303	Die Auskunft wird im Fall der Nummer 302 aufgrund eines einheitlichen Ersuchens auch oder ausschließlich für künftig anfallende Verkehrsdaten zu bestimmten Zeitpunkten erteilt:	
	für die zweite und jede weitere in dem Ersuchen verlangte Teilauskunft	70,00 €
304	Auskunft über gespeicherte Verkehrsdaten für eine von der Strafverfolgungsbehörde benannte Funkzelle (Funkzellenabfrage)	30,00 €

3. Anlage 3 (zu § 23 Abs. 1) – mit Kommentierung – Anhang

Nr.	Tätigkeit	Höhe
305	Auskunft über gespeicherte Verkehrsdaten für mehr als eine von der Strafverfolgungsbehörde benannte Funkzelle:	
	Die Pauschale 304 erhöht sich für jede weitere Funkzelle um	4,00 €
306	Auskunft über gespeicherte Verkehrsdaten in Fällen, in denen lediglich Ort und Zeitraum bekannt sind:	
	Die Abfrage erfolgt für einen bestimmten, durch eine Adresse bezeichneten Standort	60,00 €
	Die Auskunft erfolgt für eine Fläche:	
307	– Die Entfernung der am weitesten voneinander entfernten Punkte beträgt nicht mehr als 10 Kilometer:	
	Die Entschädigung nach Nummer 306 beträgt	190,00 €
308	– Die Entfernung der am weitesten voneinander entfernten Punkte beträgt mehr als 10 und nicht mehr als 25 Kilometer:	
	Die Entschädigung nach Nummer 306 beträgt	490,00 €
309	– Die Entfernung der am weitesten voneinander entfernten Punkte beträgt mehr als 25, aber nicht mehr als 45 Kilometer:	
	Die Entschädigung nach Nummer 306 beträgt	930,00 €
	Liegen die am weitesten voneinander entfernten Punkte mehr als 45 Kilometer auseinander, ist für den darüber hinausgehenden Abstand die Entschädigung nach den Nummern 307 bis 309 gesondert zu berechnen.	
310	Die Auskunft erfolgt für eine bestimmte Wegstrecke:	
	Die Entschädigung nach Nummer 306 beträgt für jeweils angefangene 10 Kilometer Länge...............	110,00 €
311	Umsetzung einer Anordnung zur Übermittlung künftig anfallender Verkehrsdaten in Echtzeit:	
	je Anschluss	100,00 €
	Mit der Entschädigung ist auch der Aufwand für die Abschaltung der Übermittlung und die Mitteilung der den Anschluss betreffenden Standortdaten entgolten.	
312	Verlängerung der Maßnahme im Fall der Nummer 311...	35,00 €
	Leitungskosten für die Übermittlung der Verkehrsdaten in den Fällen der Nummern 311 und 312:	

Anhang 3. Anlage 3 (zu § 23 Abs. 1) – mit Kommentierung –

Nr.	Tätigkeit	Höhe
313	– wenn die Dauer der angeordneten Übermittlung nicht länger als eine Woche dauert	8,00 €
314	– wenn die Dauer der angeordneten Übermittlung länger als eine Woche, jedoch nicht länger als zwei Wochen dauert............................	14,00 €
315	– wenn die Dauer der angeordneten Übermittlung länger als zwei Wochen dauert:	
	je angefangenen Monat............................	25,00 €
316	Übermittlung der Verkehrsdaten auf einem Datenträger	10,00 €
	Abschnitt 4. Sonstige Auskünfte	
400	Auskunft über den letzten dem Netz bekannten Standort eines Mobiltelefons (Standortabfrage)	90,00 €
401	Auskunft über die Struktur von Funkzellen:	
	je Funkzelle	35,00 €

Übersicht

	Rn.
I. Allgemeines	1
1. Allgemeines	1
II. Vorbemerkung	2
1. Abgeltungsbereich der Entschädigungsnummern (Abs. 1)	2
2. Zentrale Kontaktstellen (Abs. 2)	3
III. Überwachung der Telekommunikation (Abschnitt 1)	4
1. Allgemeines	4
2. Umsetzung und Verlängerungen von Anordnungen (Nr. 100, 101)	5
a) Umsetzung von Anordnungen (Nr. 100)	5
b) Verlängerung oder Umschaltung (Nr. 102)	6
3. Leistungskosten für die Übermittlung (Nr. 102–113)	7
a) Allgemeines	7
b) Übermittlung von Telekommunikation	8
c) Anschlüsse nach Nr. 102–104	9
d) ISDN-Basisanschlüsse (Nr. 105–107)	10
e) ISDN-Primärmultiplexanschluss (Nr. 108–110)	11
f) Digitaler Anschluss mit hoher Übertragungsgeschwindigkeit (Nr. 111–113)	12
IV. Auskünfte über Bestandsdaten (Abschnitt 2)	13
1. Bestandsdaten (Nr. 200)	13
2. Rückgriff auf Verkehrsdaten (Nr. 201)	14
3. Abgeltung der Entschädigung	15
V. Auskünfte über Verkehrsdaten (Abschnitt 3)	16
1. Auskünfte nach Nr. 300–305	16
a) Auskünfte über Verkehrsdaten nach Nr. 300, 301	16
b) Zielwahlsuche (Nr. 302, 303)	17
c) Funkzellenabfrage (Nr. 304, 305)	18
d) Übermittlung auf Datenträger	19
2. Übermittlung von Verkehrsdaten nach Nr. 306–310	20
3. Übermittlung künftiger Verkehrsdaten in Echtzeit (Nr. 311–316)	21
4. Erstattung von Aufwendungen	22
VI. Sonstige Auskünfte (Abschnitt 4)	23

3. Anlage 3 (zu § 23 Abs. 1) – mit Kommentierung – **Anhang**

I. Allgemeines

1. Allgemeines

Anlage 3 zu § 23 Abs. 1 wurde durch Art. 1 des TK-Entschädigungs-Neu- **1**
ordnungsgesetzes vom 29.4.2009 (BGBl. I 994) mit Wirkung zum 1.7.2009
eingeführt. Für Telekommunikationsdienstleistungen war bis dahin in § 110
Abs. 9 TKG eine Verordnungsermächtigung für die Bundesregierung enthalten. Der Gesetzgeber hat jedoch festgestellt, dass die Umsetzung der Verordnungsermächtigung aufgrund der Regelungen im JVEG nicht umsetzbar ist, so dass die Entschädigungsvorschriften direkt in das JVEG aufnehmen sind. Eine leistungsrechte Entschädigung ist deshalb in Anlage 3 zu Abs. 1 enthalten.

II. Vorbemerkung

1. Abgeltungsbereich der Entschädigungsnummern (Abs. 1)

Die nach Anlage 3 gewährten Entschädigungen schließen alle Tätigkeiten **2**
des Dritten ein, die wegen der Erledigung des Ersuchens der Strafverfolgungsbehörde anfallen (Vorbem. Abs. 1). Eine gesonderte Erstattung von Verdienstausfall ist deshalb ausgeschlossen.

Durch die Nummern der Anlage 3 werden zugleich sämtliche bare Aufwendungen abgegolten (Vorbem. Abs. 1 Hs. 2), so dass eine gesonderte Erstattung nach §§ 5–7 ausgeschlossen ist. Das gilt auch für Porto-, Kopie und Telefonkosten. Ausgeschlossen ist auch eine separate Erstattung der Umsatzsteuer, auch wenn das Unternehmen umsatzsteuerpflichtig ist, da § 12 Abs. 1 S. 2 Nr. 4 nur für den von § 8 erfassten Personenkreis gilt, nicht aber für Dritte.

2. Zentrale Kontaktstellen (Abs. 2)

Vorbem. Abs. 2 ordnet an, dass sich die Entschädigungen der Nr. 100, 101, **3**
300 bis 310, 400, 401 um 20 Prozent reduzieren, wenn es sich um Leistungen
handelt, die die Strafverfolgungsbehörden über eine zentrale Kontaktstelle des
Generalbundesanwalts, des Bundeskriminalamtes, der Bundespolizei oder des
Zollkriminalamtes oder über entsprechende für ein Bundesland oder für
mehrere Bundesländer zuständige Kontaktstellen anfordern und abrechnen.

III. Überwachung der Telekommunikation (Abschnitt 1)

1. Allgemeines

Die Nummern 100 bis 113 finden Anwendung, wegen Tätigkeiten aus **4**
Anlass eines Ersuchens auf Überwachung der Telekommunikation. Aufgrund
der Vorbem. zu Abschnitt 1, gelten die Regelungen für die Heranziehung im
Zusammenhang mit Funktionsprüfungen der Aufzeichnungs- und Auswertungseinrichtungen der berechtigten Stellen entsprechend.

Neben den Nummern 100 bis 113 werden keine weiteren Aufwendungen
erstattet (Vorbem. Abs. 1).

Anhang 3. Anlage 3 (zu § 23 Abs. 1) – mit Kommentierung –

2. Umsetzung und Verlängerungen von Anordnungen (Nr. 100, 101)

5 **a) Umsetzung von Anordnungen (Nr. 100).** Für die Umsetzung einer Anordnung zur Telekommunikationsüberwachung gilt Nr. 100. Die Entschädigung beträgt danach 100 EUR, und zwar unabhängig von der Anzahl der zugeordneten Kennungen. Die Entschädigung kann für jeden Anschuss gesondert beansprucht werden. Bei Nutzung einer zentralen Kontaktstelle nach Vorbem. Abs. 2 ermäßigt sich die Entschädigung um 20 Prozent auf 80 EUR. Als Anschluss im Sinne der Nummern 100 und 101 gilt nach BT-Drs. 16/7103, S. 7 jede Zugangsmöglichkeit zu öffentlich zugänglichen Telekommunikationsnetzen oder zum Internet, die einem Nutzer zur Verfügung gestellt wird über
– einen analogen Telefonanschluss;
– einen ISDN-Anschluss;
– einen Mobilfunkanschluss;
– einen VoIP-Anschluss mit einer eigenen zugewiesenen Zugangskennung (Benutzerkennung), unabhängig von der Anzahl der dieser Zugangskennung zugeordneten Rufnummern oder anderen Adressangaben und unabhängig vom Ort der möglichen Nutzung;
– einen Zugang zur elektronischen Post (E- Mail-Konto) mit einer eigenen zugewiesenen Zugangskennung (Benutzerkennung), unabhängig von der Anzahl der dieser Zugangskennung zugeordneten E- Mail-Adressen und unabhängig vom Ort der möglichen Nutzung oder
– einen Übertragungsweg für den unmittelbaren teilnehmerbezogenen Zugang zum Internet wie z. B. DSL, Breitbandkabel oder vergleichbare technische Realisierungen, wobei mit der Entschädigung alle über diesen Übertragungsweg abgewickelten Telekommunikationsdienste, wie etwa E-Mail-Verkehr und VoIP, abgegolten sind.

Durch Nummer 100 wird auch der Aufwand für die **Abschaltung der Maßnahme** abgegolten (Anm. zu Nr. 100), so dass hierfür keine gesonderte Entschädigung gewährt wird. Ergeht nach Abschaltung der Maßnahme eine neue Anordnung, ist die Entschädigung nach Nr. 100 erneut zu gewähren. Nach § 12 Abs. 2 S. 2 TKÜV ist eine auf Grund eines Telefaxes eingeleitete Überwachungsmaßnahme durch den Verpflichteten wieder abzuschalten, sofern ihm das Original oder eine beglaubigte Abschrift der Anordnung nicht binnen einer Woche nach Übermittlung der Kopie vorgelegt wird. Wird die Maßnahme wegen Nichteinhaltung der Frist abgeschaltet, ist die Entschädigung der Nr. 100 erneut und gesondert zu gewähren, wenn die Anordnung später im Original oder in beglaubigter Form vorgelegt wird (*LG Meiningen* Az. 2 Qs 20/12).

6 **b) Verlängerung oder Umschaltung (Nr. 102).** Nummer 101 findet Anwendung, wenn die
– Maßnahme zur Telekommunikationsüberwachung verlängert wird oder
– Umschaltung einer Telekommunikationsüberwachung auf Anordnung der Strafverfolgungsbehörde auf einen anderen Anschluss dieser Stelle umgeschaltet wird.

Die Entschädigung beträgt 35 EUR. Bei Nutzung einer zentralen Kontaktstelle nach Vorbem. Abs. 2 ermäßigt sich die Entschädigung um 20 Prozent auf 28 EUR.

3. Anlage 3 (zu § 23 Abs. 1) – mit Kommentierung – **Anhang**

3. Leistungskosten für die Übermittlung (Nr. 102–113)

a) Allgemeines. Die zu erstattenden Leistungskosten für die Übermittlung 7
der zu überwachenden Telekommunikation bestimmen sich nach Nr. 102 bis
113. Dabei ist zu unterscheiden zwischen
- gewöhnlichen Anschlüssen, z. B. analoge Telefonanschlüsse, sowie Voice-over-IP-Anschlüsse (Nr. 102–103),
- ISDN-Basisanschlüssen (Nr. 105–107),
- ISDN-Primärmultiplexanschlüssen (Nr. 108–110),
- digitalen Teilnehmeranschlüssen mit einer Übertragungsgeschwindigkeit von mehr als 144 kbit/s, aber kein ISDN-Primärmultiplexanschluss (Nr. 111–113).

Die Entschädigungen der Nr. 102 bis 113 entstehen für jeden überwachten Anschluss gesondert.

b) Übermittlung von Telekommunikation. Eine Entschädigung wird 8
nach Vorbem. 1 Abs. 2 nur gewährt, wenn die betreffende Leitung innerhalb
des Überwachungszeitraums mindestens einmal zur Übermittlung überwachter Telekommunikation an die Strafverfolgungsbehörde genutzt worden ist.
Diese Regelung gilt für sämtliche Nummern 102 bis 113. Dabei genügt es,
dass irgendeine Form der Kommunikation über diese Leitung stattgefunden
hat, z. B. Gespräche (*LG Dortmund* Az. 36 Qs 46/11).

c) Anschlüsse nach Nr. 102–104. Handelt es sich nicht um einen ISDN- 9
Basisanschluss, ISDN-Primärmultiplexanschluss oder einen digitalen Anschluss mit hoher Übertragungsgeschwindigkeit, werden die Leistungskosten
nach Nr. 102–104 entschädigt. Die Entschädigung beträgt danach für jeden
überwachten Anschluss
- 24 EUR, wenn die Maßnahme nicht länger als eine Woche dauert (Nr. 102),
- 42 EUR, wenn die Maßnahme länger als eine Woche, aber nicht länger als zwei Wochen dauert (Nr. 103),
- 75 EUR je angefangenen Monat, wenn die Maßnahme länger als zwei Wochen dauert (Nr. 104). Maßgeblich ist das Datum des Beginns der Maßnahme, auf den Kalendermonat kommt es nicht an. Da nur auf den angefangenen Monat abgestellt wird, findet eine anteilige Kürzung der Entschädigung nicht statt, wenn die Maßnahme keinen weiteren vollen Monat dauert.

Nach Vorbem. 1 Abs. 3 S. 1 finden Nr. 102–104 auch dann Anwendung,
wenn es sich um die Überwachung von Voice-over-IP-Anschlüssen handelt.
Allein die bloße Nutzung von Internettelefonie, z. B. mit Skype, rechtfertigt
aber nicht, stets nach Nr. 102–104 zu entschädigen, denn die Regelung gilt
nur, wenn Internettelefonie über ein herkömmliches Telefon an einem Analogtelefonadapter oder mit einem GSM-Mobilfunktelefon mit verfügbaren
WLAN geführt wird (*OLG Frankfurt* NStZ-RR 2012, 95). Werden hierfür
aber Leitungen genutzt, die von Nr. 105–113 erfasst sind, ist die Entschädigung auch nach Nr. 105–113 zu zahlen (*OLG Frankfurt* NStZ-RR 2012, 95).
Nr. 102–104 gelten wegen Vorbem. 1 Abs. 3 S. 1 auch dann, wenn Zugänge
zu einem elektronischen Postfach überwacht werden, zu denen auch ein
De-Mail-Postfach im Sinne des De-Mail-Gesetzes gehört (BT-Drs. 17/11471
(neu), S. 265).

Anhang 3. Anlage 3 (zu § 23 Abs. 1) – mit Kommentierung –

Für die Überwachung von Mobilfunkanschlüssen gelten Nr. 102–104 hingegen nicht, wenn auch die Überwachung des über diesen Anschluss abgewickelten Datenverkehrs angeordnet worden ist und für die Übermittlung von Daten Leitungen mit Übertragungsgeschwindigkeiten von mehr als 144 kbit/s genutzt werden müssen und auch genutzt worden sind. In diesen Fällen sind Nr. 111–113 anzuwenden (Vorbem. 1 Abs. 3 S. 2).

10 **d) ISDN-Basisanschlüsse (Nr. 105–107).** Wird ein ISDN-Basisanschluss überwacht, beträgt die Entschädigung je überwachten Anschluss nach Nr. 105–107

– 40 EUR, wenn die Maßnahme nicht länger als eine Woche dauert (Nr. 105),
– 70 EUR, wenn die Maßnahme länger als eine Woche, aber nicht länger als zwei Wochen dauert (Nr. 106),
– 125 EUR je angefangenen Monat, wenn die Maßnahme länger als zwei Wochen dauert (Nr. 107); im Übrigen gilt das zu Nr. 104 Gesagte.

Wegen Vorbem. 1 Abs. 2 wird die Entschädigung nur gewährt, wenn die betreffende Leitung innerhalb des Überwachungszeitraums mindestens einmal zur Übermittlung überwachter Telekommunikation an die Strafverfolgungsbehörde genutzt wurde.

11 **e) ISDN-Primärmultiplexanschluss (Nr. 108–110).** Ist ein ISDN-Primärmultiplexanschluss zu überwachen, beträgt die Entschädigung je überachten Anschluss nach Nr. 108–110

– 490 EUR, wenn die Maßnahme nicht länger als eine Woche dauert (Nr. 108),
– 855 EUR, wenn die Maßnahme länger als eine Woche, aber nicht länger als zwei Wochen dauert (Nr. 109),
– 1525 EUR je angefangenen Monat, wenn die Maßnahme länger als zwei Wochen dauert (Nr. 110); im Übrigen gilt das zu Nr. 104 Gesagte.

Die Entschädigung wird nur gewährt, wenn die betreffende Leitung innerhalb des Überwachungszeitraums mindestens einmal zur Übermittlung überwachter Telekommunikation an die Strafverfolgungsbehörde genutzt wurde (Vorbem. 1 Abs. 2).

12 **f) Digitaler Anschluss mit hoher Übertragungsgeschwindigkeit (Nr. 111–113).** Handelt es sich bei dem überwachten Anschluss um einen digitalen Teilnehmeranschluss mit einer Übertragungsgeschwindigkeit von mehr als 144 kbit/s, aber nicht um einen ISDN-Primärmultiplexanschluss, beträgt die Entschädigung je überachten Anschluss nach Nr. 111–113

– 65 EUR, wenn die Maßnahme nicht länger als eine Woche dauert (Nr. 111),
– 110 EUR, wenn die Maßnahme länger als eine Woche, aber nicht länger als zwei Wochen dauert (Nr. 112),
– 200 EUR je angefangenen Monat, wenn die Maßnahme länger als zwei Wochen dauert (Nr. 113); im Übrigen gilt das zu Nr. 104 Gesagte.

Durch das 2. KostRMoG wurde die Überschrift vor Nr. 111 geändert und die Bezeichnung „DSL" gestrichen, da sie zu Interpretationsschwierigkeiten darüber geführt hat, ob auch andere als DSL-Leitungen von der Vorschrift erfasst sind, was nunmehr durch die neugefasste Überschrift klargestellt wird. Erfasst sind daher auch **GPRS-Leitungen** (*LG Dortmund* Az. 36 Qs 46/11)

3. Anlage 3 (zu § 23 Abs. 1) – mit Kommentierung – **Anhang**

oder **UMTS-Mobilfunkanschlüsse** (*OLG Frankfurt* NStZ-RR 2012, 95; *LG Dortmund* Az. 36 Ws 46/11).

Aufgrund der Vorbem. 1 Abs. 2 wird die Entschädigung nur gewährt, wenn die betreffende Leitung innerhalb des Überwachungszeitraums mindestens einmal zur Übermittlung überwachter Telekommunikation an die Strafverfolgungsbehörde genutzt wurde.

IV. Auskünfte über Bestandsdaten (Abschnitt 2)

1. Bestandsdaten (Nr. 200)

Ist eine Auskunft über Bestandsdaten nach § 3 Nr. 3 TKG zu erteilen, ist eine Entschädigung nach Nr. 200 zu gewähren, wenn 13
– die Auskunft nicht über das automatisierte Auskunftsverfahren nach § 112 TKG erteilt werden kann und die Unmöglichkeit der Auskunftserteilung auf diesem Wege nicht vom Unternehmen zu vertreten ist und
– für die Erteilung der Auskunft nicht auf Verkehrsdaten zurückgegriffen werden muss.

Es müssen beide Voraussetzungen vorliegen, was aus dem Wortlaut „und" folgt. Muss auf Verkehrsdaten zurückgegriffen werden, gilt Nr. 201.
Die Entschädigung der Nr. 200 beträgt 18 EUR je angefragten Kundendatensatz. Ergeht später ein weiteres Auskunftsersuchen der Strafverfolgungsbehörde, ist die Entschädigung erneut und gesondert zu zahlen, auch wenn zu dem Kundendatensatz bereits ein Auskunftsersuchen erfolgt ist.

2. Rückgriff auf Verkehrsdaten (Nr. 201)

Ist Auskunft über die Bestandsdaten zu erteilen, für die auf Verkehrsdaten zurückgegriffen werden muss, ist eine Entschädigung nach Nr. 201 zu zahlen. 14
Die Entschädigung beträgt für bis zu zehn in demselben Verfahren gleichzeitig angefragte Kennungen, die der Auskunftserteilung zugrunde liegen, 35 EUR. Bei mehr als zehn abgefragten Kennungen wird die Entschädigung für jeweils bis zu zehn weiteren Kennungen erneut gewährt (Anm. S. 1 zu Nr. 201). Kennung ist auch eine IP-Adresse (Anm. S. 2 zu Nr. 201). Sind die Kennungen für verschiedene Verfahren abgefragt, ist die Entschädigung für jedes Verfahren gesondert zu berechnen.

Beispiel: Es werden insgesamt 25 Kennungen abgefragt
Zu entschädigen sind wie folgt:
Entschädigung nach Nr. 201 = 105,– EUR (3 × angefangene zehn Kennungen á 35 EUR).

3. Abgeltung der Entschädigung

Mit der Entschädigung der Nr. 200, 201 sind sämtliche Tätigkeiten abgegolten (Allgemeine Vorbem. Abs. 1), so dass ein gesonderter Verdienstausfall nicht geltend gemacht werden kann. Auch § 23 Abs. 2 S. 2 gilt nicht, da er wegen Abs. 1 der Allgemeine Vorbemerkung keine Anwendung findet (BT-Drs. 16/7103, S. 7). Bare Aufwendungen nach § 7 wie Porto-, Kopie- oder Druckkosten oder das Überlassen von Daten auf Datenträgern können nicht gesondert erstattet werden. 15

Anhang 3. Anlage 3 (zu § 23 Abs. 1) – mit Kommentierung –

V. Auskünfte über Verkehrsdaten (Abschnitt 3)

1. Auskünfte nach Nr. 300–305

16 a) **Auskünfte über Verkehrsdaten nach Nr. 300, 301.** Für die Auskunft über gespeicherte Verkehrsdaten beträgt die Entschädigung 30 EUR für jede Kennung, die der Auftragserteilung zugrunde liegt (**Nr. 300**). Mit der Nummer ist zugleich die Mitteilung der die Kennung betreffenden Standortdaten abgegolten (Anm. zu Nr. 300).

Ist die Auskunft aufgrund eines einheitlichen Ersuchens der Strafverfolgungsbehörde auch oder ausschließlich für künftig anfallende Verkehrsdaten zu bestimmten Zeitpunkten zu erteilen, ist für die zweite und jede weitere in dem Ersuchen verlangte Teilauskunft eine Entschädigung nach **Nr. 301** von 10 EUR zu gewähren. Die Regelung gilt nicht, wenn es sich um eine Übertragung in Echtzeit handelt (BT-Drs. 17/11471 (neu), S. 266), hierfür sind Nr. 311 ff. anzuwenden.

17 b) **Zielwahlsuche (Nr. 302, 303).** Muss Auskunft über gespeicherte Verkehrsdaten zu Verbindungen, die zu einem bestimmten Zieladresse hergestellt werden, durch Suche in allen Datensätzen der abgehenden Verbindungen eines Betreibers (Zielwahlsuche) erteilt werden, beträgt die Entschädigung nach **Nr. 302** für jede Zieladresse 90 EUR. Mit der Entschädigung ist auch die Mitteilung über die Standortdaten der Zieladresse mit abgegolten (Anm. zu Nr. 302).

Ist die Auskunft aufgrund eines einheitlichen Ersuchens der Strefverfolgungsbehörde auch oder ausschließlich für künftig anfallende Verkehrsdaten zu bestimmten Zeitpunkten zu erteilen, ist für die zweite und jede weitere in dem Ersuchen verlangte Teilauskunft eine Entschädigung nach **Nr. 303** von 70 EUR zu gewähren.

18 c) **Funkzellenabfrage (Nr. 304, 305).** Für die Auskunft über gespeicherte Daten für eine von der Strafverfolgungsbehörde benannte Funkzelle (Funkzellenabfrage), ist eine Entschädigung nach **Nr. 304** von 30 EUR zu zahlen. Ist die Auskunft für mehr als eine Funkzelle zu erteilen, eröht sich die Entschädigung nach **Nr. 305** für jede weitere Funkzelle um 4 EUR.

19 d) **Übermittlung auf Datenträger.** Erfolgt die Übermittlung auf einem Datenträger, sind neben den Nr. 300–305 weitere 10 EUR nach Nr. 316 zu entschädigen.

2. Übermittlung von Verkehrsdaten nach Nr. 306–310

20 Für die Erteilung einer Auskunft über gespeicherte Verkehrsdaten, wenn lediglich Ort und Zeitraum bekannt sind, entsteht eine Entschädigung nach Nr. 306, wenn die Abfrage für einen bestimmten, durch eine Adresse bezeichneten Standort erfolgt. Die Entschädigung beträgt 60 EUR.

Erfolgt die Auskunft für eine Fläche, beträgt die Entschädigung
– 190 EUR, wenn die Entfernung der am weitesten voneinander entfernten Punkte nicht mehr als 10 Kilometer beträgt (Nr. 307),
– 490 EUR, wenn die Entfernung der am weitesten voneinander entfernten Punkte mehr als 10 und nicht mehr als 25 Kilometer beträgt (Nr. 308),

3. Anlage 3 (zu § 23 Abs. 1) – mit Kommentierung – **Anhang**

– 903 EUR, wenn Entfernung der am weitesten voneinander entfernten Punkte mehr als 25, aber nicht mehr als 45 Kilometer beträgt (Nr. 309).

Liegen die am weitesten voneinander entfernten Punkte mehr als 45 Kilometer auseinander, ist für den darüber hinausgehenden Abstand die Entschädigung nach Nr. 307–309 gesondert zu berechnen (Anm. zu Nr. 309).

Ist die Auskunft für eine bestimmte Wegstrecke zu erteilen, ist die Entschädigung nach Nr. 310 zu gewähren. Sie beträgt 110 EUR je angefangene 10 Kilometer Länge. Es ist daher stets auf volle zehn Kilometer aufzurunden, eine anteilige Kürzung der Pauschale, bei weniger als zehn Kilometer Länge erfolgt nicht.

Erfolgt die Übermittlung auf einem Datenträger, sind neben den Nr. 306–310 weitere 10 EUR nach Nr. 316 zu entschädigen.

3. Übermittlung künftiger Verkehrsdaten in Echtzeit (Nr. 311–316)

Ist eine Anordnung zur Übermittlung künftig anfallender Verkehrsdaten in Echtzeit umzusetzen, beträgt die Entschädigung nach Nr. 311 für jeden Anschluss 100 EUR. Mit der Entschädigung ist zugleich der Aufwand für die Abschaltung der Übermittlung und die Mitteilung der den Anschluss betreffenden Standortdaten entgolten (Anm. zu Nr. 311). 21

Für die Verlängerung der Maßnahme ist eine Entschädigung nach Nr. 312 von 35 EUR zu gewähren. Die Höhe der Entschädigung beträgt danach

– 8 EUR, wenn die Maßnahme nicht länger als eine Woche dauert (Nr. 313),
– 14 EUR, wenn die Maßnahme länger als eine Woche, aber nicht länger als zwei Wochen dauert (Nr. 314),
– 25 EUR je angefangenen Monat, wenn die Maßnahme länger als zwei Wochen dauert (Nr. 315). Maßgeblich ist das Datum des Beginns der Maßnahme, auf den Kalendermonat kommt es nicht an. Da nur auf den angefangenen Monat abgestellt wird, findet eine anteilige Kürzung der Entschädigung nicht statt, wenn die Maßnahme keinen weiteren vollen Monat dauert.

Erfolgt die Übermittlung auf einem Datenträger, sind neben den Nr. 313–315 weitere 10 EUR nach Nr. 316 zu entschädigen.

4. Erstattung von Aufwendungen

Mit der Entschädigung der Nr. 300–315 sind wegen Abs. 1 der Allgemeinen Vorbem. sämtliche Tätigkeiten abgegolten, so dass ein gesonderter Verdienstausfall nicht geltend gemacht werden kann. Auch § 23 Abs. 2 S. 2 gilt nicht, da er wegen Abs. 1 der Allgemeinen Vorbemerkung keine Anwendung findet (BT-Drs. 16/7103, S. 7). Bare Aufwendungen nach § 7 wie Porto-, Kopie- oder Druckkosten oder das Überlassen von Daten auf Datenträgern können gleichfalls nicht gesondert erstattet werden. Eine Ausnahme gilt nur für den Fall, dass die Übermittlung der Verkehrsdaten mittels Datenträger erfolgt, weil dann eine gesonderte Entschädigung nach Nr. 316 von 10 EUR geltend gemacht werden kann. § 7 Abs. 3 findet daneben keine Anwendung. 22

Anhang   3. Anlage 3 (zu § 23 Abs. 1) – mit Kommentierung –

VI. Sonstige Auskünfte (Abschnitt 4)

23   Für Auskünfte, die nicht von Abschnitten 1 bis 3 erfasst sind, ist eine Entschädigung nach Nr. 400, 401 zu zahlen. Es muss sich jedoch um einen in Nr. 400, 401 genannten Tatbestand handeln, da es sich trotz der Überschrift „Sonstige Auskünfte" nicht um eine allgemeine Auffangvorschrift handelt.

Ist Auskunft über den letzten dem Netz bekannten Standort eines Mobiltelefons (Standortabfrage) zu erteilen, beträgt die Entschädigung 90 EUR (**Nr. 400**). Die Entschädigung ist für jede Auskunft gesondert zu gewähren.

Handelt es sich um eine Auskunft über die Struktur von Funkzellen, beträgt die Entschädigung nach **Nr. 401** je Funkzelle 35 EUR.

Durch die Nr. 400, 401 sind nach Abs. 1 der Allgemeinen Vorbem. sämtliche Tätigkeiten abgegolten, so dass ein gesonderter Verdienstausfall nicht geltend gemacht werden kann. Auch § 23 Abs. 2 S. 2 gilt nicht, da er wegen Abs. 1 der Allgemeinen Vorbemerkung keine Anwendung findet (BT-Drs. 16/7103, S. 7). Eine gesonderte Erstattung scheidet auch für bare Aufwendungen nach § 7 wie Porto-, Kopie- oder Druckkosten aus.

4. Gebührenordnung für Ärzte (GOÄ)
– Gebührenverzeichnis Abschnitte M, O –

In der Fassung der Bekanntmachung vom 9.2.1996 (BGBl. I S. 210)
Zuletzt geänd. durch Art. 17 ÄndG v. 4.12.2001 (BGBl. I S. 3320)
– Auszug –

Übersicht

	Rn.
I. Allgemeines	1
II. Aufwendungen	2
III. Gesetzestext Gebührenordnung für Ärzte (GOÄ) – Gebührenverzeichnis Anlage M –	

I. Allgemeines

Werden Leistungen erbracht, die im Abschnitt O der GOÄ genannt sind, 1
richtet sich die Vergütung ausschließlich nach den dortigen Bestimmungen
(§ 10 Abs. 2). Nur soweit zusätzliche Zeit benötigt wird wie beispielsweise für
die mündliche Erläuterung des Gutachtens, ist gem. § 10 Abs. 3 ein zusätzliches Honorar vorgesehen. Es wird dann ausschließlich ein Stundensatz von
65 EUR nach der Honorargruppe 1 vergütet. Das gilt auch dann, wenn für
die Leistung nach dem Schwierigkeitsgrad oder der Fachrichtung ein höheres
Stundenhonorar (M1–M3) zu zahlen wäre.

Der Sachverständige erhält gem. § 10 Abs. 2 den **1,3fachen Gebührensatz** vergütet. Die 1,3fache Gebühr ist in der folgenden Anlage fettgedruckt
neben dem einfachen Gebührensatz gekennzeichnet.

Im Bereich der Strahlendiagnostik sind durch die Gebühren alle Kosten
abgedeckt (Allgem. Best. Nr. 1 zu Teil I. der Anlage). Gem. Nr. 7 gilt das
auch für die Kosten für Kontrastmittel auf Bariumbasis und etwaiger Zusatzmittel für eine Doppelkontrastuntersuchung.

Soweit sich aus der Anlage ergibt, dass Gebühren nur mit dem einfachen
Gebührensatz zu berechnen sind (z. B. Bemerkung zu Nr. 5308), gilt das auch
für den Sachverständigen, da diese Bestimmungen als Sonderbestimmung
dem § 10 Abs. 2 vorgehen. Soweit eine solche Regelung besteht, ist eine
1,3fache Gebühr in der anliegenden Tabelle nicht angegeben. Es muss der
einfache Gebührenwert zugrunde gelegt werden.

Für Leistungen, die im Bereich der Nuklearmedizin erbracht werden, sind
auch die einfache Befundmitteilung oder der einfache Befundbericht mit
Angaben zum Befund und der Diagnose durch die Gebühren abgegolten
(Allgem. Best. Nr. 3 zu Teil II). Die Kosten für die Radiopharmazeutika sind
gesondert berechenbar. Es dürfen nur die für den Patienten verbrauchten
Mengen abgerechnet werden (Nr. 7 der Allgem. Best. zu Teil II). Die Kosten
für die Beschaffung, Aufbereitung, Lagerung und Entsorgung sind hingegen
nicht gesondert berechenbar. Eine Berechnung der verbrauchten Stoffe ist
nach § 12 Abs. 1 S. 2 Nr. 1 möglich, soweit § 4 Abs. 2 S. 1, Abs. 2a S. 1,
Abs. 3, 4 S. 1 und § 10 GOÄ nicht dagegen stehen (§ 10 Abs. 2).

Anhang 4. GOÄ – Gebührenverzeichnis Abschnitt M, O

Ist ein **Abstammungsgutachten** zu erbringen, bestimmt Vorbem. 4 Abs. 4 der Anlage 2 zu § 10 Abs. 1, dass sich das Honorar für Leistungen in Abschnitt M III 13 GOÄ in entsprechender Anwendung dieses Gebührenverzeichnisses nach dem **1,15fachen Gebührensatz** bestimmt.

II. Aufwendungen

2   Die Bestimmungen der §§ 7, 12 bleiben gem. § 10 Abs. 2 unberührt. Der Sachverständige kann deshalb besondere Aufwendungen geltend machen. Soweit aber in der GOÄ etwas anderes bestimmt ist, gehen diese Bestimmung als Spezialregelungen den §§ 7, 12 vor. Aus dem Bereich der GOÄ gelten § 4 Abs. 2 S. 1, Abs. 2a S. 1, Abs. 3, 4 S. 1 sowie § 10 (§ 10 Abs. 2 S. 2). Mit dem Honorar ist danach zugleich abgegolten der Sprechstundenbedarf einschließlich der Kosten für die Anwendung von Instrumenten und Apparaten. Das gilt auch, wenn der Arzt die Leistung unter Inanspruchnahme Dritter erbracht hat (§ 4 Abs. 3 GOÄ). In § 10 GOÄ wird der Ersatz von Auslagen geregelt. § 10 Abs. 2 GOÄ enthält eine Auflistung solcher Auslagen, die nicht gesondert berechnet werden können. § 10 Abs. 3 GOÄ betrifft Porto- und Versandkosten. Sind Auslagen nach §§ 4, 10 GOÄ nicht erstattungsfähig können sie auch nach den §§ 7, 12 JVEG nicht erstattet werden. Die Regelungen der GOÄ sind abgedruckt bei § 10 Rn. 22.

Die Kosten für die schriftliche Fertigung des Gutachtens, verwendete Fotos und eine anfallende Umsatzsteuer sind nach § 12 Abs. 1 S. 2 erstattungsfähig. Umsatzsteuer wird im Regelfall anfallen, siehe das Schreiben des Bundesfinanzministeriums vom 13.2.2001, siehe § 12 Rn. 67. Danach gilt im Einvernehmen mit den obersten Finanzbehörden der Länder abweichend von Abschnitt 88 Abs. 3 Nr. 1, 2 und 4 UStR Folgendes: Die Erstellung eines ärztlichen Gutachtens ist nur dann nach § 4 Nr. 14 UStG steuerfrei, wenn ein therapeutisches Ziel im Vordergrund steht.

Kosten für Hilfskräfte können nicht gesondert erstattet werden, soweit diese für die Erbringung von in Abschnitt O der GOÄ tätig geworden sind.

Bei der Erstellung von von **Abstammungsgutachten** wird die Anwendung von §§ 7, 12 jedoch wegen Vorbem. 4 Abs. 1 der Anlage 2 zu § 10 Abs. 1 stark eingeschränkt. Im übrigen gelten auch hier § 4 Abs. 2 S. 1, Abs. 2a S. 1, Abs. 3, 4 S. 1 und § 10 GOÄ entsprechend. Die Regelungen sind abgedruckt bei § 10 Rn. 22.

III. Gesetzestext Gebührenordnung für Ärzte (GOÄ)
– Gebührenverzeichnis Abschnitt M –

Laboratoriumsuntersuchungen

III. Untersuchungen von körpereigenen oder körperfremden Substanzen und körpereigenen Zellen
13 Blutgruppenmerkmale, HLA-System

Nummer	Leistung	Punktzahl	Gebühr EUR	1,15-fache Gebühr EUR
3980	ABO-Merkmale	100	5,83	**6,70**
3981	ABO-Merkmale und Isoagglutinine	180	10,49	**12,07**
3982	ABO-Merkmale, Isoagglutinine und Rhesusfaktor D (D und CDE)	300	17,49	**20,11**
3983	ABO-Merkmale, Isoagglutinine und Rhesusformel (C, c, D, E und e)	500	29,14	**33,52**
Bestimmung weiterer Blutgruppenmerkmale *Katalog*				
3984	im NaCl- oder Albumin-Milieu (z. B. P, Lewis, MNS), je Merkmal	120	6,99	**8,04**
3985	im indirekten Anti-Humanglobulin-Test (indirekter Coombstest) (z. B. C^w Kell, D^u Duffy), je Merkmal	200	11,66	**13,41**
3986	im indirekten Anti-Humanglobulin-Test (indirekter Coombstest) (z. B. Kidd, Lutheran), je Merkmal *Bei den Leistungen nach den Nummern 3984 bis 3986 sind die jeweils untersuchten Merkmale in der Rechnung anzugeben.*	360	20,98	**24,13**
3987	Antikörpersuchtest (Antikörper gegen Erythrozytenantigene) mit zwei verschiedenen Test-Erythrozyten-Präparationen im indirekten Anti-Humanglobulin-Test (indirekter Coombstest)	140	8,16	**9,38**

Anhang 4. GOÄ – Gebührenverzeichnis Abschnitt M, O

III. Untersuchungen von körpereigenen oder körperfremden Substanzen und körpereigenen Zellen
13 Blutgruppenmerkmale, HLA-System

Nummer	Leistung	Punktzahl	Gebühr EUR	1,15-fache Gebühr EUR
3988	Antikörpersuchtest (Antikörper gegen Erythrozytenantigene) mit drei und mehr verschiedenen Test-Erythrozyten-Präparationen im indirekten Anti-Humanglobulin-Test (indirekter Coombstest)	200	11,66	**13,41**
3989	Antikörperdifferenzierung (Antikörper gegen Erythrozytenantigene) mit mindestens acht, jedoch nicht mehr als zwölf verschiedenen Test Erythrozyten-Präparationen im indirekten Anti-Humanglobulin-Test (indirekter Coombstest) im Anschluß an die Leistung nach Nummer 3987 oder 3988, je Test-Erythrozyten-Präparation	60	3,50	**4,02**
3990	Antikörpersuchtest (Antikörper gegen Erythrozytenantigene) mit zwei verschiedenen Test-Erythrozyten-Präparationen im NaCl- oder Enzymmilieu	70	4,08	**4,69**
3991	Antikörpersuchtest (Antikörper gegen Erythrozytenantigene) mit drei und mehr verschiedenen Test-Erythrozyten-Präparationen im NaCl- oder Enzymmilieu	100	5,83	**6,70**
3992	Antikörperdifferenzierung (Antikörper gegen Erythrozytenantigene) mit mindestens acht, jedoch höchstens zwölf verschiedenen Test Erythrozyten-Präparationen im NaCl- oder Enzymmilieu im Anschluß an die Leistung nach Nummer 3990 oder 3991,	30	1,75	**2,01**

4. GOÄ – Gebührenverzeichnis Abschnitt M, O　　　　　　　**Anhang**

III. Untersuchungen von körpereigenen oder körperfremden Substanzen und körpereigenen Zellen
13 Blutgruppenmerkmale, HLA-System

Nummer	Leistung	Punktzahl	Gebühr EUR	1,15-fache Gebühr EUR
	je Test-Erythrozyten-Präparation			
3993	Bestimmung des Antikörpertiters bei positivem Ausfall eines Antikörpersuchtests (Antikörper gegen Erythrozytenantigene) im Anschluß an eine der Leistungen nach Nummer 3989 oder 3992	400	23,31	**26,81**
3994	Quantitative Bestimmung (Titration) von Antikörpern gegen Erythrozytenantigene (z. B. Kälteagglutinine, Hämolysine) mittels Agglutination, Präzipitation oder Lyse (mit jeweils mindestens vier Titerstufen)	140	8,16	**9,38**
3995	Qualitativer Nachweis von Antikörpern gegen Leukozyten- oder Thrombozytenantigene mittels Fluoreszenzimmunoassay (bis zu zwei Titerstufen) oder ähnlicher Untersuchungsmethoden	350	20,40	**23,46**
3996	Quantitative Bestimmung von Antikörpern gegen Leukozyten- oder Thrombozytenantigene mittels Fluoreszenzimmunoassay (mehr als zwei Titerstufen) oder ähnlicher Untersuchungsmethoden	600	34,97	**40,22**
3997	Direkter Anti-Humanglobulin-Test (direkter Coombstest), mit mindestens zwei Antiseren	120	6,99	**8,04**
3998	Anti-Humanglobulin-Test zur Ermittlung der Antikörperklasse mit monovalenten Antiseren im Anschluß an die Leistung	90	5,25	**6,04**

Anhang

4. GOÄ – Gebührenverzeichnis Abschnitt M, O

III. Untersuchungen von körpereigenen oder körperfremden Substanzen und körpereigenen Zellen
13 Blutgruppenmerkmale, HLA-System

Nummer	Leistung	Punktzahl	Gebühr EUR	1,15-fache Gebühr EUR
	nach Nummer 3989 oder 3997, je Antiserum			
3999	Antikörper-Elution, Antikörper-Absorption, Untersuchung auf biphasische Kältehämolysine, Säure-Serum-Test oder ähnlich aufwendige Untersuchungen, je Untersuchung *Die Art der Untersuchung ist in der Rechnung anzugeben.*	360	20,98	**24,13**
4000	Serologische Verträglichkeitsprobe (Kreuzprobe) im NaCl-Milieu und im Anti-Humanglobulintest	200	11,66	**13,41**
4001	Serologische Verträglichkeitsprobe (Kreuzprobe) im NaCl-Milieu und im Anti-Humanglobulintest sowie laborinterne Identitätssicherung im ABO-System *Die Leistung nach Nummer 4001 ist für die Identitätssicherung im ABO-System am Krankenbett (bedside-test) nicht berechnungsfähig.*	300	17,49	**20,11**
4002	Serologische Verträglichkeitsprobe (Kreuzprobe) im NaCl- oder Enzym-Milieu als Kälteansatz unter Einschluß einer Eigenkontrolle	100	5,83	**6,70**
4003	Dichtegradientenisolierung von Zellen, Organellen oder Proteinen, je Isolierung	400	23,31	**26,81**
4004	Nachweis eines HLA-Antigens der Klasse I mittels Lymphozytotoxizitätstest nach Isolierung der Zellen	750	43,72	**50,27**
4005	Höchstwert für die Leistung nach Nummer 4004	3000	174,86	**201,09**

4. GOÄ – Gebührenverzeichnis Abschnitt M, O   **Anhang**

III. Untersuchungen von körpereigenen oder körperfremden Substanzen und körpereigenen Zellen
13 Blutgruppenmerkmale, HLA-System

Nummer	Leistung	Punktzahl	Gebühr EUR	1,15-fache Gebühr EUR
4006	Gesamttypisierung der HLA-Antigene der Klasse I mittels Lymphozytotoxizitätstest mit mindestens 60 Antiseren nach Isolierung der Zellen, je Antiserum	30	1,75	**2,01**
4007	Höchstwert für die Leistung nach Nummer 4006	3600	209,83	**241,31**
4008	Gesamttypisierung der HLA-Antigene der Klasse II mittels molekularbiologischer Methoden (bis zu 15 Sonden), insgesamt	2500	145,72	**167,58**
4009	Subtypisierung der HLA-Antigene der Klasse II mittels molekularbiologischer Methoden (bis zu 40 Sonden), insgesamt	2700	157,38	**180,98**
4010	HLA-Isoantikörpernachweis	800	46,63	**53,62**
4011	Spezifizierung der HLA-Isoantikörper, insgesamt	1600	93,26	**107,25**
4012	Serologische Verträglichkeitsprobe im Gewebe-HLA-System nach Isolierung von Zellen und Organellen	750	43,72	**50,27**
4013	Lymphozytenmischkultur (MLC) bei Empfänger und Spender – einschließlich Kontrollen –	4600	268,12	**308,34**
4014	Lymphozytenmischkultur (MLC) für jede weitere getestete Person	2300	134,06	**154,17**

– Gebührenverzeichnis Abschnitt O –

Strahlendiagnostik, Nuklearmedizin, Magnetresonanztomographie und Strahlentherapie

I. Strahlendiagnostik

3 Allgemeine Bestimmungen
(1) Mit den Gebühren sind alle Kosten (auch für Dokumentation und Aufbewahrung der Datenträger) abgegolten.
(2) Die Leistungen für Strahlendiagnostik mit Ausnahme der Durchleuchtung(en) (Nummer 5295) sind nur bei Bilddokumentation auf einem Röntgenfilm oder einem anderen Langzeitdatenträger berechnungsfähig.
(3) Die Befundmitteilung oder der einfache Befundbericht mit Angaben zu Befund(en) und zur Diagnose ist Bestandteil der Leistungen und nicht gesondert berechnungsfähig.
(4) Die Beurteilung von Röntgenaufnahmen (auch Fremdaufnahmen) als selbstständige Leistung ist nicht berechnungsfähig.
(5) Die nach der Strahlenschutzverordnung bzw. Röntgenverordnung notwendige ärztliche Überprüfung der Indikation und des Untersuchungsumfangs ist auch im Überweisungsfall Bestandteil der Leistungen des Abschnitts O und mit den Gebühren abgegolten.
(6) Die Leistungen nach den Nummern 5011, 5021, 5031, 5101, 5106, 5121, 5201, 5267, 5295, 5302, 5305, 5308, 5311, 5318, 5331, 5339, 5376 und 5731 dürfen unabhängig von der Anzahl der Ebenen, Projektionen, Durchleuchtungen bzw. Serien insgesamt jeweils nur einmal berechnet werden.
(7) Die Kosten für Kontrastmittel auf Bariumbasis und etwaige Zusatzmittel für die Doppelkontrastuntersuchung sind in den abrechnungsfähigen Leistungen enthalten.

1. Skelett

Allgemeine Bestimmungen
Neben den Leistungen nach den Nummern 5050, 5060 und 5070 sind die Leistungen nach den Nummern 300 bis 302, 372, 373, 490, 491 und 5295 nicht berechnungsfähig.

Nummer	Leistung	Punktzahl	Gebühr EUR	1,3fache Gebühr EUR
Zähne				
5000	Zähne, je Projektion *Werden mehrere Zähne mittels einer Röntgenaufnahme erfaßt, so darf die Leistung nach 5000 nur*	50	2,91	**3,78**

4. GOÄ – Gebührenverzeichnis Abschnitt M, O — Anhang

Nummer	Leistung	Punktzahl	Gebühr EUR	**1,3fache** Gebühr EUR
	einmal und nicht je aufgenommenen Zahn berechnet werden.			
5002	Panoramaaufnahme(n) eines Kiefers	250	14,57	**18,94**
5004	Panoramaschichtaufnahme der Kiefer	400	23,31	**30,31**
Finger oder Zehen				
5010	jeweils in zwei Ebenen	180	10,49	**13,64**
5011	ergänzende Ebene(n) *Werden mehrere Finger oder Zehen mittels einer Röntgenaufnahme erfasst, so dürfen die Leistungen nach den Nummern 5010 und 5011 nur einmal und nicht je aufgenommenen Finger oder Zehen berechnet werden.*	60	3,50	**4,55**
Handgelenk, Mittelhand, alle Finger einer Hand, Sprunggelenk, Fußwurzel und/oder Mittelfuß, Kniescheibe				
5020	jeweils in zwei Ebenen	220	12,82	**16,67**
5021	ergänzende Ebene(n) *Werden mehrere in der Leistungsbeschreibung genannte Skeletteile mittels einer Röntgenaufnahme erfaßt, so dürfen die Leistungen nach den Nummern 5020 und 5021 nur einmal und nicht je aufgenommenen Skeletteil berechnet werden.*	80	4,66	**6,06**
Oberarm, Unterarm, Ellenbogengelenk, Oberschenkel, Unterschenkel, Kniegelenk, ganze Hand oder ganzer Fuß, Gelenke der Schulter, Schlüsselbein, Beckenteilaufnahme, Kreuzbein oder Hüftgelenk				
5030	jeweils in zwei Ebenen	360	20,98	**27,27**
5031	ergänzende Ebene(n) *Werden mehrere in der Leistungsbeschreibung genannte Skeletteile mittels einer Röntgenaufnahme erfaßt, so dürfen die Leistungen nach den Nummern 5030 und 5031 nur einmal und nicht je aufgenommenen Skeletteil berechnet werden.*	100	5,83	**7,58**

Anhang 4. GOÄ – Gebührenverzeichnis Abschnitt M, O

Nummer	Leistung	Punktzahl	Gebühr EUR	1,3fache Gebühr EUR
5035	Teile des Skeletts in einer Ebene, je Teil *Die Leistung nach Nummer 5035 ist je Skeletteil und Sitzung nur einmal berechnungsfähig. Das untersuchte Skeletteil ist in der Rechnung anzugeben.* *Die Leistung nach Nummer 5035 ist neben den Leistungen nach den Nummern 5000 bis 5031 und 5037 bis 5121 nicht berechnungsfähig.*	160	9,33	**12,13**
5037	Bestimmung des Skelettalters – gegebenenfalls einschließlich Berechnung der prospektiven Endgröße, einschließlich der zugehörigen Röntgendiagnostik und gutachterlichen Beurteilung –	300	17,49	**22,74**
5040	Beckenübersicht	300	17,49	**22,74**
5041	Beckenübersicht bei einem Kind bis zum vollendeten 14. Lebensjahr	200	11,66	**15,16**
5050	Kontrastuntersuchung eines Hüftgelenks, Kniegelenks oder Schultergelenks, einschließlich Punktion, Stichkanalanästhesie und Kontrastmitteleinbringung – gegebenenfalls einschließlich Durchleuchtung(en)	950	55,37	**71,98**
5060	Kontrastuntersuchung eines Kiefergelenks, einschließlich Punktion, Stichkanalanästhesie und Kontrastmitteleinbringung – gegebenenfalls einschließlich Durchleuchtung(en) –	500	29,14	**37,88**
5070	Kontrastuntersuchung der übrigen Gelenke, einschließlich Punktion, Stichkanalanästhesie und Kontrastmitteleinbringung – gegebenenfalls einschließlich Durchleuchtung(en), je Gelenk	400	23,31	**30,30**

4. GOÄ – Gebührenverzeichnis Abschnitt M, O — Anhang

Nummer	Leistung	Punktzahl	Gebühr EUR	1,3fache Gebühr EUR
5090	Schädel-Übersicht, in zwei Ebenen –	400	23,31	**30,30**
5095	Schädelteile in Spezialprojektionen, je Teil	200	11,66	**15,16**
5098	Nasennebenhöhlen – gegebenenfalls auch in mehreren Ebenen –	260	15,15	**19,70**
5100	Halswirbelsäule, in zwei Ebenen	300	17,49	**22,74**
5101	ergänzende Ebene(n)	160	9,33	**12,13**
5105	Brust- oder Lendenwirbelsäule, in zwei Ebenen, je Teil	400	23,31	**30,30**
5106	ergänzende Ebene(n)	180	10,49	**13,64**
5110	Ganzaufnahme der Wirbelsäule oder einer Extremität	500	29,14	**37,88**
5111	ergänzende Ebene(n) *Die Leistung nach Nummer 5111 ist je Sitzung nicht mehr als zweimal berechnungsfähig. Die Leistungen nach den Nummern 5110 und 5111 sind neben den Leistungen nach den Nummern 5010, 5011, 5020, 5021, 5030 und 5031 nicht berechnungsfähig. Die Nebeneinanderberechnung der Leistungen nach den Nummern 5100, 5105 und 5110 bedarf einer besonderen Begründung.*	200	11,66	**15,16**
5115	Untersuchung von Teilen der Hand oder des Fußes mit Feinstfokustechnik (Fokusgröße maximal 0,2mm) oder Xeroradiographietechnik zur gleichzeitigen Beurteilung von Knochen und Weichteilen, je Teil	400	23,31	**30,30**
5120	Rippen einer Thoraxhälfte, Schulterblatt oder Brustbein, in einer Ebene	260	15,15	**19,70**
5121	ergänzende Ebene(n)	140	8,16	**10,61**

Anhang 4. GOÄ – Gebührenverzeichnis Abschnitt M, O

2. Hals- und Brustorgane

Nummer	Leistung	Punktzahl	Gebühr EUR	1,3fache Gebühr EUR
5130	Halsorgane oder Mundboden – gegebenenfalls in mehreren Ebenen –	280	16,32	**21,22**
5135	Brustorgane-Übersicht, in einer Ebene *Die Leistung nach Nummer 5135 ist je Sitzung nur einmal berechnungsfähig.*	280	16,32	**21,22**
5137	Brustorgane-Übersicht, – gegebenenfalls einschließlich Breischluck und Durchleuchtung(en) –, in mehreren Ebenen	450	26,33	**34,23**
5139	Teil der Brustorgane *Die Berechnung der Leistung nach Nummer 5139 neben den Leistungen nach den Nummern 5135, 5137 und/oder 5140 ist in der Rechnung zu begründen.*	180	10,49	**13,64**
5140	Brustorgane, Übersicht im Mittelformat	100	5,83	**7,58**

3. Bauch- und Verdauungsorgane

Nummer	Leistung	Punktzahl	Gebühr EUR	1,3fache Gebühr EUR
5150	Speiseröhre, gegebenenfalls einschließlich ösophagogastraler Übergang, Kontrastuntersuchung (auch Doppelkontrast) – einschließlich Durchleuchtung(en) – als selbständige Leistung	550	32,06	**41,68**
5157	Oberer Verdauungstrakt (Speiseröhre, Magen, Zwölffingerdarm und oberer Abschnitt des Dünndarms), Monokontrastuntersuchung – einschließlich Durchleuchtung(en)	700	40,80	**53,04**

4. GOÄ – Gebührenverzeichnis Abschnitt M, O   **Anhang**

Nummer	Leistung	Punktzahl	Gebühr EUR	1,3fache Gebühr EUR
5158	Oberer Verdauungstrakt (Speiseröhre, Magen, Zwölffingerdarm und oberer Abschnitt des Dünndarms), Kontrastuntersuchung – einschließlich Doppelkontrastdarstellung und Durchleuchtung(en), gegebenenfalls einschließlich der Leistung nach Nummer 5150 –	1200	69,94	**90,92**
5159	Zuschlag zu den Leistungen nach den Nummern 5157 und 5158 bei Erweiterung der Untersuchung bis zum Ileozökalgebiet	300	17,49	**22,74**
5163	Dünndarmkontrastuntersuchung mit dem Bereich der Flexura duodenojejunalis endender Sonde – einschließlich Durchleuchtung(en)	1300	75,77	**98,50**
5165	Monokontrastuntersuchung von Teilen des Dickdarms – einschließlich Durchleuchtung(en) –	700	40,80	**53,04**
5166	Dickdarmdoppelkontrastuntersuchung – einschließlich Durchleuchtung(en)	1400	81,60	**106,08**
5167	Defäkographie nach Markierung der benachbarten Hohlorgane – einschließlich Durchleuchtung(en) –	1000	58,29	**75,78**
5168	Pharyngographie unter Verwendung kinematographischer Techniken – einschließlich Durchleuchtung(en) –, als selbständige Leistung	800	46,63	**60,62**
5169	Pharyngographie unter Verwendung kinematographischer Techniken – einschließlich Durchleuchtung(en) und einschließlich der Darstellung der gesamten Speiseröhre –	1100	64,12	**83,36**

Anhang   4. GOÄ – Gebührenverzeichnis Abschnitt M, O

Nummer	Leistung	Punktzahl	Gebühr EUR	**1,3fache Gebühr EUR**
5170	Kontrastuntersuchung von Gallenblase und/oder Gallenwegen und/oder Pankreasgängen	400	23,31	**30,30**
5190	Bauchübersicht in einer Ebene oder Projektion *Die Leistung nach Nummer 5190 ist je Sitzung nur einmal berechnungsfähig.*	300	17,49	**22,74**
5191	Bauchübersicht, in zwei oder mehr Ebenen oder Projektionen	500	29,14	**37,88**
5192	Bauchteilaufnahme – gegebenenfalls in mehreren Ebenen oder Spezialprojektionen –	200	11,66	**15,16**
5200	Harntraktkontrastuntersuchung – einschließlich intravenöser Verabreichung des Kontrastmittels –	600	34,97	**45,46**
5201	Ergänzende Ebene(n) oder Projektion(en) im Anschluß an die Leistung nach Nummer 5200 – gegebenenfalls einschließlich Durchleuchtung(en) –	200	11,66	**15,16**
5220	Harntraktkontrastuntersuchung – einschließlich retrograder Verabreichung des Kontrastmittels, gegebenenfalls einschließlich Durchleuchtung(en), – je Seite	300	17,49	**22,74**
5230	Harnröhren- und/oder Harnblasenkontrastuntersuchung (Urethrozystographie) – einschließlich retrograder Verabreichung des Kontrastmittels, gegebenenfalls einschließlich Durchleuchtung(en) –, als selbständige Leistung	300	17,49	**22,74**
5235	Refluxzystographie – einschließlich retrograder Verabreichung des Kontrastmittels, einschließlich Miktionsaufnahmen und gegebenenfalls einschließ-			

4. GOÄ – Gebührenverzeichnis Abschnitt M, O **Anhang**

Nummer	Leistung	Punktzahl	Gebühr EUR	1,3fache Gebühr EUR
	lich Durchleuchtung(en) –, als selbständige Leistung	500	29,14	**37,88**
5250	Gebärmutter- und/oder Eileiterkontrastuntersuchung – einschließlich Durchleuchtung(en) –	400	23,31	**30,30**

4. Spezialuntersuchungen

Nummer	Leistung	Punktzahl	Gebühr EUR	1,3fache Gebühr EUR
5260	Röntgenuntersuchung natürlicher, künstlicher oder krankhaft entstandener Gänge, Gangsysteme, Hohlräume oder Fisteln (z. B. Sialographie, Galaktographie, Kavernographie, Vesikulographie) – gegebenenfalls einschließlich Durchleuchtung(en) – *Die Leistung nach Nummer 5260 ist nicht berechnungsfähig für Untersuchungen des Harntrakts, der Gebärmutter und Eileiter sowie der Gallenblase*	400	23,31	**30,30**
5265	Mammographie einer Seite, in einer Ebene *Die Leistung nach Nummer 5265 ist je Seite und Sitzung nur einmal berechnungsfähig.*	300	17,49	**22,74**
5266	Mammographie einer Seite, in zwei Ebene	450	26,23	**34,10**
5267	Ergänzende Ebene(n) oder Spezialprojektion(en) im Anschluss an die Leistung nach Nummer 5266	150	8,74	**11,36**
5280	Myelographie	750	43,72	**56,84**
5285	Bronchographie – einschließlich Durchleuchtung(en) –	450	26,23	**34,10**
5290	Schichtaufnahme(n) (Tomographie), bis zu fünf Strahlenein-			

Anhang

4. GOÄ – Gebührenverzeichnis Abschnitt M, O

Nummer	Leistung	Punktzahl	Gebühr EUR	1,3fache Gebühr EUR
	richtungen oder Projektionen, je Strahleneinrichtung oder Projektion	650	37,89	**49,26**
5295	Durchleuchtung(en), als selbständige Leistung	240	13,99	**18,19**
5298	Zuschlag zu den Leistungen nach den Nummern 5010 bis 5290 bei Anwendung digitaler Radiographie (Bildverstärker-Radiographie) *Der Zuschlag nach Nummer 5298 beträgt 25 v. H. des einfachen Gebührensatzes der betreffenden Leistung.*			

5. Angiographie

Allgemeine Bestimmungen

Die Zahl der Serien im Sinne der Leistungsbeschreibung der Leistungen nach den Nummern 5300 bis 5327 wird durch die Anzahl der Kontrastmittelabgaben bestimmt.

Die Leistungen nach den Nummern 5300, 5302, 5303, 5305 bis 5313, 5315, 5316, 5318, 5324, 5325, 5327, 5329 bis 5331, 5338 und 5339 sind je Sitzung nur einmal berechnungsfähig.

Nummer	Leistung	Punktzahl	Gebühr EUR	1,3fache Gebühr EUR
5300	Serienangiographie im Bereich von Schädel, Brust- und/oder Bauchraum, eine Serie	2000	116,57	**151,54**
5301	Zweite bis dritte Serie im Anschluss an die Leistung nach Nummer 5300, je Serie *Bei der angiographischen Darstellung von hirnversorgenden Arterien ist auch die vierte bis sechste Serie jeweils nach Nummer 5301 berechnungsfähig.*	400	23,31	**30,30**
5302	Weitere Serien im Anschluss an die Leistungen nach den Nummern 5300 und 5301, insgesamt	600	34,97	**45,46**

4. GOÄ – Gebührenverzeichnis Abschnitt M, O — **Anhang**

Nummer	Leistung	Punktzahl	Gebühr EUR	**1,3fache Gebühr EUR**
5303	Serienangiographie im Bereich von Schädel-, Brust- und Bauchraum im zeitlichen Zusammenhang mit einer oder mehreren Leistungen nach den Nummern 5315 bis 5327, eine Serie	1000	58,29	**75,78**
5304	Zweite bis dritte Serie im Anschluss an die Leistung nach Nummer 5303, je Serie	200	11,66	**15,16**
	Bei der angiographischen Darstellung von hirnversorgenden Arterien ist auch die vierte bis sechste Serie jeweils nach Nummer 5304 berechnungsfähig.			
5305	Weitere Serien im Anschluss an die Leistungen nach den Nummern 5303 und 5304, insgesamt	300	17,49	**22,74**
5306	Serienangiographie im Bereich des Beckens und beider Beine, eine Serie	2000	116,57	**151,54**
5307	Zweite Serie im Anschluss an die Leistung nach Nummer 5306	600	34,97	**45,46**
5308	Weitere Serien im Anschluss an die Leistungen nach den Nummern 5306 und 5307, insgesamt	800	46,63	**60,62**
	Neben den Leistungen nach den Nummern 5306 bis 5308 sind die Leistungen nach den Nummern 5309 bis 5312 für die Untersuchung der Beine nicht berechnungsfähig. Werden die Leistungen nach den Nummern 5306 und 5308 im zeitlichen Zusammenhang mit einer oder mehreren Leistung(en) nach den Nummern 5300 bis 5305 erbracht, sind die Leistungen nach den Nummern 5306 bis			

Anhang 4. GOÄ – Gebührenverzeichnis Abschnitt M, O

Nummer	Leistung	Punktzahl	Gebühr EUR	1,3fache Gebühr EUR
	5308 nur mit dem einfachen Gebührensatz berechnungsfähig.			
5309	Serienangiographie einer Extremität, eine Serie	1800	104,92	**136,40**
5310	Weitere Serien im Anschluß an die Leistung nach Nummer 5309, insgesamt	600	34,97	**45,46**
5311	Serienangiographie einer weiteren Extremität im zeitlichen Zusammenhang mit der Leistung nach Nummer 5309, eine Serie	1000	58,29	**75,78**
5312	Weitere Serien im Anschluss an die Leistung nach Nummer 5311, insgesamt	600	34,97	**45,46**
5313	Angiographie der Becken- und Beingefäße in Großkassetten-Technik, je Sitzung	800	46,63	**60,62**
	Die Leistung nach Nummer 5313 ist neben den Leistungen nach den Nummern 5300 bis 5312 sowie 5315 bis 5339 nicht berechnungsfähig.			
5315	Angiokardiographie einer Herzhälfte, eine Serie	2200	128,23	**166,70**
	Die Leistung nach Nummer 5315 ist je Sitzung nur einmal berechnungsfähig.			
5316	Angiokardiographie beider Herzhälften, eine Sitzung	3000	174,86	**227,32**
	Die Leistung nach Nummer 5316 ist je Sitzung nur einmal berechnungsfähig. *Neben der Leistung nach Nummer 5316 ist die Leistung nach Nummer 5315 nicht berechnungsfähig.*			
5317	Zweite bis dritte Serie im Anschluss an die Leistung nach Nummer 5315 oder 5316, je Serie	400	23,31	**30,30**

4. GoÄ – Gebührenverzeichnis Abschnitt M, O — Anhang

Nummer	Leistung	Punktzahl	Gebühr EUR	1,3fache Gebühr EUR
5318	Weitere Serien im Anschluss an die Leistung nach Nummer 5317, insgesamt *Die Leistungen nach den Nummern 5315 bis 5318 sind neben Leistungen nach den Nummern 5300 bis 5302 sowie 5324 bis 5327 nicht berechnungsfähig.*	600	34,97	**45,46**
5324	Selektive Koronarangiographie eines Herzkranzgefäßes oder Bypasses mittels Cinetechnik, eine Serie *Die Leistungen nach den Nummern 5324 und 5325 sind nicht nebeneinander berechnungsfähig.*	2400	139,89	**181,86**
5325	Selektive Koronarangiographie aller Herzkranzgefäße oder Bypasse mittels Cinetechnik, eine Serie	3000	174,86	**227,32**
5326	Selektive Koronarangiographie eines oder aller Herzkranzgefäße im Anschluss an die Leistungen nach Nummer 5324 oder 5325, zweite bis fünfte Serie, je Serie	400	23,31	**30,30**
5327	Zusätzliche Linksventrikulographie bei selektiver Koronarangiographie *Die Leistungen nach den Nummern 5324 bis 5327 sind neben den Leistungen nach den Nummern 5300 bis 5302 und 5315 bis 5318 nicht berechnungsfähig.*	1000	58,29	**75,78**
5328	Zuschlag zu den Leistungen nach den Nummern 5300 bis 5327 bei Anwendung der simultanen zwei-Ebenen-Technik *Der Zuschlag nach Nummer 5328 ist je Sitzung nur einmal und nur mit dem einfachen Gebührensatz berechnungsfähig.*	1200	69,94	**./.**

Anhang 4. GOÄ – Gebührenverzeichnis Abschnitt M, O

Nummer	Leistung	Punktzahl	Gebühr EUR	**1,3fache Gebühr EUR**
5329	Venographie im Bereich des Brust- und Bauchraums	1600	93,26	**121,24**
5330	Venographie einer Extremität	750	43,72	**56,84**
5331	Ergänzende Projektion(en) (insbesondere des zentralen Abflußgebietes) im Anschluß an die Leistung nach Nummer 5330, insgesamt	200	11,66	**15,16**
5335	Zuschlag zu den Leistungen nach den Nummern 5300 bis 5331 bei computergestützter Analyse und Abbildungen *Der Zuschlag nach Nummer 5335 kann je Untersuchungstag unabhängig von der Anzahl der Einzeluntersuchungen nur einmal und nur mit dem einfachen Gebührensatz berechnet werden.*	800	46,63	**./.**
5338	Lymphographie, je Extremität	1000	58,29	**75,78**
5339	Ergänzende Projektion(en) im Anschluss an die Leistung nach Nummer 5338 – einschließlich Durchleuchtung(en) –, insgesamt	250	14,57	**18,94**

6. Interventionelle Maßnahmen

Allgemeine Bestimmung
Die Leistungen nach den Nummern 5345 und 5356 können je Sitzung nur einmal berechnet werden.

Nummer	Leistung	Punktzahl	Gebühr EUR	**1,3fache Gebühr EUR**
5345	Perkutante transluminale Dilatation und Rekanalisation von Arterien mit Ausnahme der Koronararterien – einschließlich Kontrastmitteleinbringung und Durchleuchtung(en) im zeitlichen Zusammenhang mit dem gesamten Eingriff –	2800	163,20	**212,16**

4. GOÄ – Gebührenverzeichnis Abschnitt M, O — Anhang

Nummer	Leistung	Punktzahl	Gebühr EUR	1,3fache Gebühr EUR
	Neben der Leistung nach Nummer 5345 sind die Leistungen nach den Nummern 350 bis 361 sowie 5295 nicht berechnungsfähig. Wurde innerhalb eines Zeitraums von vierzehn Tagen vor Erbringung der Leistung nach Nummer 5345 bereits eine Leistung nach den Nummern 5300 bis 5313 berechnet, darf neben der Leistung nach Nummer 5345 für dieselbe Sitzung eine Leistung nach den Nummern 5300 bis 5313 nicht erneut berechnet werden. Im Falle der Nebeneinanderberechnung der Leistung nach Nummer 5345 neben einer Leistung nach den Nummern 5300 bis 5313 ist in der Rechnung zu bestätigen, daß in den vorhergehenden vierzehn Tagen eine Leistung nach den Nummern 5300 bis 5313 nicht berechnet wurde.			
5346	Zuschlag zu der Leistung nach Nummer 5345 bei Dilatation und Rekanalisation von mehr als zwei Arterien, insgesamt	600	34,97	**45,46**
	Neben der Leistung nach Nummer 5346 sind die Leistungen nach den Nummern 350 bis 361 sowie 5295 nicht berechnungsfähig.			
5348	Perkutane translumiale Dilatation und Rekanalisation von Koronararterien – einschließlich Kontrastmitteleinbringungen und Durchleuchtung(en) im zeitlichen Zusammenhang mit dem gesamten Eingriff –	3800	221,49	**287,94**
	Neben der Leistung nach Nummer 5348 sind die Leistungen nach den Nummern 350 bis 361 sowie 5295 nicht berechnungsfähig. Wurde innerhalb des Zeitraums von vierzehn Tagen vor Erbringung der Leistung nach Nummer 5348			

Anhang

4. GOÄ – Gebührenverzeichnis Abschnitt M, O

Nummer	Leistung	Punktzahl	Gebühr EUR	**1,3fache** Gebühr EUR
	bereits eine Leistung nach den Nummern 5315 bis 5327 berechnet, darf neben der Leistung nach Nummer 5348 für dieselbe Sitzung eine Leistung nach den Nummern 5315 bis 5327 nicht erneut berechnet werden. Im Falle der Nebeneinanderberechnung der Leistung nach Nummer 5348 neben einer Leistung nach den Nummern 5315 bis 5327 ist in der Rechnung zu bestätigen, daß in den vorhergehenden vierzehn Tagen eine Leistung nach den Nummern 5315 bis 5327 nicht berechnet wurde.			
5349	Zuschlag zu der Leistung nach Nummer 5348 bei Dilatation und Rekanalisation von mehr als einer Koronararterie, insgesamt	1000	58,29	**75,78**
	Neben der Leistung nach Nummer 5349 sind die Leistungen nach den Nummern 350 bis 361 sowie 5295 nicht berechnungsfähig.			
5351	Lysebehandlung als Einzelbehandlung oder ergänzend zu den Leistungen nach Nummer 2826, 5345 oder 5348 – bei einer Lysedauer von mehr als einer Stunde –	500	29,41	**38,23**
5352	Zuschlag zu der Leistung nach Nummer 5351 bei Lysebehandlung der hirnversorgenden Arterien	1000	58,29	**75,78**
5353	Perkutane translumiale Dilatation und Rekanalisation von Venen – einschließlich Kontrastmitteleinbringungen und Durchleuchtung(en) im zeitlichen Zusammenhang mit dem gesamten Eingriff –	2000	116,57	**151,54**
	Neben der Leistung nach Nummer 5353 sind die Leistungen nach			

Nummer	Leistung	Punktzahl	Gebühr EUR	1,3fache Gebühr EUR
	den Nummern 344 bis 347, 5295 sowie 5329 bis 5331 nicht berechnungsfähig.			
5354	Zuschlag zu der Leistung nach Nummer 5353 bei Dilatation und Rekanalisation von mehr als zwei Venen, insgesamt	200	11,66	**15,16**
	Neben der Leistung nach Nummer 5354 sind die Leistungen nach den Nummern 344 bis 347, 5295 sowie 5329 bis 5331 nicht berechnungsfähig.			
5355	Einbringung von Gefäßstützen oder Anwendung alternativer Angioplastiemethoden (Atherektomie, Laser), zusätzlich zur perkutanen transluminalen Dilatation – einschließlich Kontrastmitteleinbringungen und Durchleuchtungen(en) im zeitlichen Zusammenhang mit dem gesamten Eingriff –	2000	116,57	**151,54**
	Neben der Leistung nach Nummer 5355 sind die Leistungen nach den Nummern 344 bis 361, 5295 sowie 5300 bis 5327 nicht berechnungsfähig			
5356	Einbringung von Gefäßstützen oder Anwendung alternativer Angioplastiemethoden (Atherektomie, Laser), zusätzlich zur perkutanen transluminalen Dilatation einer Koronararterie – einschließlich Kontrastmitteleinbringungen und Durchleuchtungen(en) im zeitlichen Zusammenhang mit dem gesamten Eingriff –	2500	145,72	**189,44**
	Neben der Leistung nach Nummer 5356 sind die Leistungen nach den Nummern 350 bis 361, 5295, 5315 bis 5327, 5345, 5353 sowie 5355 nicht berechnungsfähig.			

Anhang 4. GOÄ – Gebührenverzeichnis Abschnitt M, O

Nummer	Leistung	Punktzahl	Gebühr EUR	**1,3fache Gebühr EUR**
5357	Embolisation einer oder mehrerer Arterie(n) mit Ausnahme der Arterien im Kopf-Halsbereich oder Spinalkanal – einschließlich Kontrastmitteleinbringung(en) und angiographischer Kontrollen im zeitlichen Zusammenhang mit dem gesamten Eingriff – je Gefäßgebiet *Neben der Leistung nach Nummer 5357 sind die Leistungen nach den Nummern 350 bis 361, 5295 sowie 5300 bis 5312 nicht berechnungsfähig.*	3500	204,01	**265,21**
5358	Embolisation einer oder mehreren Arterie(n) im Kopf-Halsbereich oder Spinalkanal – einschließlich Kontrastmitteleinbringung(en) und angiographischer Kontrollen im zeitlichen Zusammenhang mit dem gesamten Eingriff –, je Gefäßgebiet *Neben der Leistung nach Nummer 5358 sind die Leistungen nach den Nummern, 350, 351, 5295 sowie 5300 bis 5305 nicht berechnungsfähig.*	4500	262,29	**340,98**
5359	Embolisation der Vena spermatica – einschließlich Kontrastmitteleinbringung(en) und angiographischer Kontrollen im zeitlichen Zusammenhang mit dem gesamten Eingriff – *Neben der Leistung nach Nummer 5359 sind die Leistungen nach den Nummern 344 bis 347, 5295 sowie 5329 bis 5331 nicht berechnungsfähig.* *Neben der Leistung nach Nummern 5356 ist die Leistung nach Nummer 5355 für Eingriffe an koronararterien nicht berechnungsfähig.*	2500	145,72	**189,44**

4. GOÄ – Gebührenverzeichnis Abschnitt M, O **Anhang**

Nummer	Leistung	Punktzahl	Gebühr EUR	1,3fache Gebühr EUR
5360	Embolisation von Venen – einschließlich Kontrastmitteleinbringung(en) und angiographischer Kontrollen im zeitlichen Zusammenhang mit dem gesamten Eingriff – *Neben der Leistung nach Nummer 5360 sind die Leistungen nach den Nummern 344 bis 347, 5295 sowie 5329 bis 5331 nicht berechnungsfähig.*	2000	116,57	**151,54**
5361	Transhepatische Drainage und/oder Dilatation von Gallengängen – einschließlich Kontrastmitteleinbringung(en) und cholangiographischer Kontrollen im zeitlichen Zusammenhang mit dem gesamten Eingriff *Neben den Leistungen nach Nummer 5361 sind die Leistungen nach den Nummern 370, 5170 sowie 5295 nicht berechnungsfähig.*	2600	151,55	**197,01**

7. Computertomographie

Allgemeine Bestimmungen

Die Leistungen nach den Nummern 5369 bis 5375 sind je Sitzung jeweils nur einmal berechnungsfähig.

Die Nebeneinanderberechnung von Leistungen nach den Nummern 5370 bis 5374 ist in der Rechnung gesondert zu begründen. Bei Nebeneinanderberechnung von Leistungen nach den Nummern 5370 bis 5374 ist der Höchstwert nach Nummer 5369 zu beachten.

Nummer	Leistung	Punktzahl	Gebühr EUR	1,3fache Gebühr EUR
5369	Höchstwert für Leistungen nach den Nummern 5370 bis 5374 *Die im Einzelnen erbrachten Leistungen sind in der Rechnung anzugeben.*	3000	174,86	**277,32**

Anhang

4. GOÄ – Gebührenverzeichnis Abschnitt M, O

Nummer	Leistung	Punktzahl	Gebühr EUR	1,3fache Gebühr EUR
5370	Computergesteuerte Tomographie im Kopfbereich – gegebenenfalls einschließlich des kraniozervikalen Übergangs –	2000	116,57	**151,54**
5371	Computergesteuerte Tomographie im Hals- und/oder Thoraxbereich	2300	134,06	**174,28**
5372	Computergesteuerte Tomographie im Abdominalbereich	2600	151,55	**197,02**
5373	Computergesteuerte Tomographie des Skeletts (Wirbelsäule, Extremitäten oder Gelenke bzw. Gelenkpaare)	1900	110,75	**143,98**
5374	Computergesteuerte Tomographie der Zwischenwirbelräume im Bereich der Hals-, Brust- und/oder Lendenwirbelsäule – gegebenenfalls einschließlich der Übergangsregionen	1900	110,75	**143,98**
5375	Computergesteuerte Tomographie der Aorta in ihrer gesamten Länge *Die Leistung nach Nummer 5375 ist neben den Leistungen nach den Nummern 5371 und 5372 nicht berechnungsfähig.*	2000	116,57	**151,54**
5376	Ergänzende computergesteuerte Tomographie(n) mit mindestens einer zusätzlichen Serie (z. B. bei Einsatz von Xenon, bei Einsatz der High-Resolution-Technik, bei zusätzlichen Kontrastmittelgaben) – zusätzlich zu den Leistungen nach den Nummern 5370 bis 5375 –	500	29,14	**37,88**
5377	Zuschlag für computergesteuerte Analyse – einschließlich speziell nachfolgender 3D-Rekonstruktion – *Der Zuschlag nach Nummer 5377 ist nur mit dem einfachen Gebührensatz berechnungsfähig.*	800	46,63	**60,62**

4. GOÄ – Gebührenverzeichnis Abschnitt M, O **Anhang**

Nummer	Leistung	Punktzahl	Gebühr EUR	1,3fache Gebühr EUR
5378	Computergesteuerte Tomographie zur Bestrahlungsplanung oder zu interventionellen Maßnahmen *Neben oder anstelle der computergesteuerten Tomographie zur Bestrahlungsplanung oder zu interventionellen Maßnahmen sind die Leistungen nach den Nummern 5370 bis 5376 nicht berechungsfähig.*	1000	58,29	**75,78**
5380	Bestimmung des Mineralgehalts (Osteodensitometrie) von repräsentativen (auch mehreren) Skelettteilen mit quantitativer Computertomographie oder quantitativer digitaler Röntgentechnik	300	17,49	**22,74**

II. Nuklearmedizin

Allgemeine Bestimmungen

1. Szintigraphische Basisleistung ist grundsätzlich die planare Szintigraphie mit der Gammakamera, gegebenenfalls in mehreren Sichten/Projektionen. Bei der Auswahl des anzuwendenden Radiopharmazeutikums sind wissenschaftliche Erkenntnisse und strahlenhygienische Gesichtspunkte zu berücksichtigen. Wiederholungsuntersuchungen, die nicht ausdrücklich aufgeführt sind, sind nur mit besonderer Begründung und wie die jeweilige Basisleistung berechnungsfähig.
2. Ergänzungsleistungen nach den Nummern 5480 bis 5485 sind je Basisleistung oder zulässige Wiederholungsuntersuchung nur einmal berechnungsfähig. Neben Basisleistungen, die quantitative Bestimmungen enthalten, dürfen Ergänzungsleistungen für Quantifizierungen nicht zusätzlich berechnet werden. Die Leistungen nach den Nummern 5473 und 5481 dürfen nicht nebeneinander berechnet werden. Die Leistungen nach den Nummern 5473, 5480, 5481 und 5483 sind nur mit Angabe der Indikation berechnungsfähig.
3. Die Befunddokumentation, die Aufbewahrung der Datenträger sowie die Befundmitteilung oder der einfache Befundbericht mit Angaben zu Befund(en) und zur Diagnose sind Bestandteil der Leistungen und nicht gesondert berechnungsfähig.
4. Die Materialkosten für das Radiopharmazeutikum (Nuklid, Markierungs- oder Testbestecke) sind gesondert berechnungsfähig. Kosten für Beschaffung, Aufbereitung, Lagerung und Entsorgung der zur Untersuchung not-

Anhang 4. GOÄ – Gebührenverzeichnis Abschnitt M, O

wendigen Substanzen, die mit ihrer Anwendung verbraucht sind, sind nicht gesondert berechnungsfähig.
5. Die Einbringung von zur Diagnostik erforderlichen Stoffen in den Körper – mit Ausnahme der Einbringung von Herzkatheder, Arterienkatheder, Subokzipitalpunktion oder Lumbalpunktion – sowie die gegebenenfalls erforderlichen Entnahmen von Blut oder Urin sind mit den Gebühren abgegolten, soweit zu den einzelnen Leistungen dieses Abschnitts nichts anderes bestimmt ist.
6. Die Einbringung von zur Therapie erforderlichen radioaktiven Stoffen in den Körper – mit Ausnahme der intraarituklären, intralymphatischen, endoskopischen oder operativen Einbringungen des Strahlungsträgers oder von Radionukliden – ist mit den Gebühren abgegolten, soweit zu den einzeln Leistungen dieses Abschnitts nichts anderes bestimmt ist.
7. Rechnungsbestimmungen
    a) Der Arzt darf nur die für den Patienten verbrauchte Menge an radioaktiven Stoffen berechnen.
    b) Bei der Berechnung von Leistungen nach Abschnitt O II sind die Untersuchungs- und Behandlungsdaten der jeweils eingebrachten Stoffe sowie die Art der ausgeführten Maßnahmen in der Rechnung anzugeben, sofern nicht durch die Leistungsbeschreibung eine eindeutige Definition gegeben ist.

1. Diagnostische Leistungen (In-vivo-Untersuchungen)

Nummer	Leistung	Punktzahl	Gebühr EUR	1,3fache Gebühr EUR
a) Schilddrüse				
5400	Szintigraphische Untersuchung (Schilddrüse) – gegebenenfalls einschließlich Darstellung dystoper Anteile –	350	20,40	**26,52**
5401	Szintigraphische Untersuchung (Schilddrüse) – einschließlich quantitativer Untersuchung –, mit Bestimmung der globalen, gegebenenfalls auch der regionalen Radionuklidaufnahme in der Schilddrüse mit Gammakamera und Meßverarbeitungssystem als Jodidclearance-Äquivalent – einschließlich individueller Kalibrierung und Qualitätskontrollen (z. B. Bestimmung der injizierten Aktivität) –	1300	75,77	**98,50**
5402	Radiojodkurztest bis zu 24 Stunden (Schilddrüse) – gegebenenfalls einschließlich Blut-			

4. GOÄ – Gebührenverzeichnis Abschnitt M, O **Anhang**

Nummer	Leistung	Punktzahl	Gebühr EUR	**1,3fache Gebühr EUR**
	aktivitätsbestimmungen und/oder szintigraphischer Untersuchung(en) – *Die Leistungen nach den Nummern 5400 bis 5402 sind nicht nebeneinander berechnungsfähig.*	1000	58,29	**75,78**
5403	Radiojodtest (Schilddrüse) vor Radiojodtherapie mit 131J mit mindestens drei zeitlichen Meßpunkten, davon zwei später als 24 Stunden nach Verabreichung – gegebenenfalls einschließlich Blutaktivitätsbestimmungen – *Die Leistungen nach den Nummern 5402 und 5403 sind nicht nebeneinander berechnungsfähig.*	1200	69,64	**90,53**
b) Gehirn				
5410	Szintigraphische Untersuchung des Gehirns	1200	69,94	**90,93**
5411	Szintigraphische Untersuchung des Liquorraums *Für die Leistung nach Nummer 5411 sind zwei Wiederholungsuntersuchungen zugelassen, davon eine später als 24 Stunden nach Einbringung(en) des radioaktiven Stoffes.*	900	52,46	**68,20**
c) Lunge				
5415	Szintigraphische Untersuchung der Lungenperfusion – mindestens vier Sichten/Projektionen –, insgesamt	1300	75,77	**98,50**
5416	Szintigraphische Untersuchung der Lungenbelüftung mit Inhalation radioaktiver Gase, Aerosole oder Stäube	1300	75,77	**98,50**
d) Herz				
5420	Radionuklidventrikulographie mit quantitativer Bestimmung von mindestens Auswurffrakti-			

Anhang

4. GOÄ – Gebührenverzeichnis Abschnitt M, O

Nummer	Leistung	Punktzahl	Gebühr EUR	**1,3fache Gebühr EUR**
	on und regionaler Wandbewegung in Ruhe – gegebenenfalls einschließlich EKG im zeitlichen Zusammenhang mit der Untersuchung –	1200	69,94	**90,93**
5421	Radionuklidventrikulographie als kombinierte quantitative Mehrfachbestimmung von mindestens Auswurffraktion und regionaler Wandbewegung in Ruhe und unter körperlicher oder pharmakologischer Stimulation – gegebenenfalls einschließlich EKG im zeitlichen Zusammenhang mit der Untersuchung	3800	221,49	**287,94**
	Neben der Leistung nach Nummer 5421 ist bei zusätzlicher Erste-Passage-Untersuchung die Leistung nach Nummer 5473 berechnungsfähig.			
5422	Szintigraphische Untersuchung des Myokards mit myokardaffinen Tracern in Ruhe – gegebenenfalls einschließlich EKG im zeitlichen Zusammenhang mit der Untersuchung	1000	58,29	**75,78**
	Die Leistungen nach den Nummern 5422 und 5423 sind nicht nebeneinander berechnungsfähig.			
5423	Szintigraphische Untersuchung des Myokards mit myokardaffinen Tracern unter körperlicher oder pharmakologischer Stimulation – gegebenenfalls einschließlich EKG im zeitlichen Zusammenhang der Untersuchung –	2000	116,57	**151,54**
5424	Szintigraphische Untersuchung des Myokards mit myokardaffinen Tracern in Ruhe und unter körperlicher oder pharmakologischer Stimulation – gegebenenfalls einschließlich EKG			

4. GOÄ – Gebührenverzeichnis Abschnitt M, O **Anhang**

Nummer	Leistung	Punktzahl	Gebühr EUR	**1,3fache Gebühr EUR**
	im zeitlichen Zusammenhang mit der Untersuchung –	2800	163,20	**212,16**
	Neben der Leistung nach Nummer 5424 sind die Leistungen nach den Nummern 5422 und/oder 5423 nicht berechnungsfähig.			
e) Knochen- und Knochenmarkszintigraphie				
5425	Ganzkörperskelettszintigraphie, Schädel und Körperstamm in zwei Sichten/Projektionen – einschließlich der proximalen Extremitäten, gegebenenfalls einschließlich der distalen Extremitäten –	2250	131,15	**170,50**
5426	Teilkörperskelettszintigraphie – gegebenenfalls einschließlich der kontralateralen Seite –	1260	73,44	**95,47**
5427	Zusätzliche szintigraphische Abbildung des regionalen Blutpols (Zwei-Phasenszintigraphie) – mindestens zwei Aufnahmen	400	23,31	**30,30**
5428	Ganzkörperknochenmarkszintigraphie, Schädel und Körperstamm in zwei Sichten/Projektionen – einschließlich der proximalen Extremitäten, gegebenenfalls einschließlich der distalen Extremitäten	2250	131,15	**170,50**
f) Tumorszintigraphie Tumorszintigraphie mit radioaktiv markierten unspezifischen Tumormarkern (z. B. Radiogallium oder -thallium), metabolischen Substanzen (auch 131J), Rezeptorsubstanzen oder monoklonalen Antikörpern				
5430	eine Region	1200	69,94	**90,93**
5431	Ganzkörper (Stamm und/oder Extremitäten)	2250	131,15	**170,50**
	Für die Untersuchung mehrerer Regionen ist die Leistung nach Nummer 5430 nicht mehrfach berechnungsfähig. Für die Leistung nach Nummer 5430 sind zwei Wiederholungsuntersuchungen zugelassen, davon eine später als 24 Stun-			

Anhang 4. GOÄ – Gebührenverzeichnis Abschnitt M, O

Nummer	Leistung	Punktzahl	Gebühr EUR	**1,3fache** Gebühr EUR
	den nach Einbringung der Testsubstanz(en). Die Leistungen nach den Nummern 5430 und 5431 sind nicht nebeneinander berechnungsfähig.			
g) Nieren				
5440	Nierenfunktionsszintigraphie mit Bestimmung der quantitativen Ganzkörper-Clearance und der Einzelnieren-Clearance – gegebenenfalls einschließlich Blutaktivitätsbestimmungen und Vergleich mit Standards	2800	163,20	**212,16**
5441	Perfusionsszintigraphie der Nieren – einschließlich semiquantitativer oder quantitativer Auswertung –	1600	93,26	**121,24**
5442	Statische Nierenszintigraphie	600	34,97	**45,46**
	Die Leistungen nach den Nummern 5440 bis 5442 sind je Sitzung nur einmal und nicht nebeneinander berechnungsfähig.			
5443	Zusatzuntersuchung zu den Leistungen nach Nummer 5440 und 5441 – mit Angabe der Indikation (z. B. zusätzliches Radionephrogramm als Einzel- oder Wiederholungsuntersuchung, Tiefenkorrektur durch Verwendung des geometrischen Mittels, Refluxprüfung, forcierte Diurese) –	700	40,80	**53,04**
5444	Quantitative Clearanceuntersuchungen der Nieren an Sondenmessplätzen – gegebenenfalls einschließlich Registrierung mehrerer Kurven und Blutaktivitätsbestimmungen –	1000	58,29	**75,78**
	Neben der Leistung nach Nummer 5444 ist die Leistung nach Nummer 5440 nicht berechnungsfähig.			

4. GOÄ – Gebührenverzeichnis Abschnitt M, O **Anhang**

Nummer	Leistung	Punktzahl	Gebühr EUR	**1,3fache Gebühr EUR**
h) Endokrine Organe				
5450	Szintigraphische Untersuchung von endokrin aktivem Gewebe – mit Ausnahme der Schilddrüse –	1000	58,29	**75,78**
	Das untersuchte Gewebe ist in der Rechnung anzugeben. Für die Leistung nach Nummer 5450 sind zwei Wiederholungsuntersuchungen zugelassen, davon eine später als 24 Stunden nach Einbringung der radioaktiven Substanz(en). Die Leistung nach Nummer 5450 ist neben den Leistungen nach den Nummern 5430 und 5431 nicht berechnungsfähig.			
i) Gastrointestinaltrakt				
5455	Szintigraphische Untersuchung im Bereich des Gastrointestinaltrakts (z. B. Speicheldrüsen, Ösophagus-Passage – gegebenenfalls einschließlich gastralem Reflux und Magenentleerung –, Gallenwege – gegebenenfalls einschließlich Gallenreflux –, Blutungsquellensuche, Nachweis eines Meckel'schen Divertikels)	1300	75,77	**98,50**
5456	Szintigraphische Untersuchung von Leber und/oder Milz (z. B. mit Kolloiden, gallengängigen Substanzen, Erythrozyten), in mehreren Ebenen	1300	75,77	**98,50**
j) Hämatologie, Angiologie				
5460	Szintigraphische Untersuchung von großen Gefäßen und/oder deren Stromgebieten – gegebenenfalls einschließlich der kontralateralen Seite	900	52,46	**68,20**
	Die Leistung nach Nummer 5460 ist neben der Leistung nach Nummer 5473 nicht berechnungsfähig.			

Anhang

4. GOÄ – Gebührenverzeichnis Abschnitt M, O

Nummer	Leistung	Punktzahl	Gebühr EUR	1,3fache Gebühr EUR
5461	Szintigraphische Untersuchung von Lymphabflußgebieten an Stamm und/oder Kopf und/oder Extremitäten – gegebenenfalls einschließlich der kontralateralen Seite –	2200	128,23	**166,70**
5462	Bestimmung von Lebenszeit und Kinetik zelluärere Blutbestandteile – einschließlich Blutaktivitätsbestimmungen –	2200	128,23	**166,70**
5463	Zuschlag zu der Leistung nach Nummer 5462, bei Bestimmung des Abbauorts	500	29,14	**37,88**
Szintigraphische Suche nach Entzündungsherden oder Thromben mit Radiogallium, markierten Eiweißen, Zellen oder monoklonalen Antikörpern				
5465	einer Region	1260	73,44	**95,47**
5466	Ganzkörper (Stamm und Extremitäten) *Für die Untersuchung mehrerer Regionen ist die Leistung nach Nummer 5465 nicht mehrfach berechnungsfähig. Für die Leistungen nach den Nummern 5462 bis 5466 sind zwei Wiederholungsuntersuchungen zugelassen, davon eine später als 24 Stunden nach Einbringung der Testsubstanz(en).*	2250	131,15	**170,50**
k) Resorptions- und Exkretionstests				
5470	Nachweis und/oder quantitative Bestimmung von Resorption, Exkretion oder Verlust von körpereigenen Stoffen (durch Bilanzierung nach radioaktiver Markierung) und/oder von radioaktiv markierten Analoga, in Blut, Urin, Faeces oder Liquor – einschließlich notwendiger Radioaktivitätsmessungen über dem Verteilungsraum –	950	55,37	**71,98**

4. GOÄ – Gebührenverzeichnis Abschnitt M, O **Anhang**

Nummer	Leistung	Punktzahl	Gebühr EUR	**1,3fache Gebühr EUR**
l) Sonstige				
5472	Szintigraphische Untersuchungen (z. B. von Hoden, Tränenkanälen, Augen, Tuben) oder Funktionsmessungen (z. B. Ejektionsfraktion mit Meßsonde) ohne Gruppenzuordnung – auch nach Einbringung eines Radiopharmazeutikums in einer Körperhöhle –	950	55,37	**71,98**
5473	Funktionsszintigraphie – einschließlich Sequenzszintigraphie und Erstellung von Zeit-Radioaktivitätskurven aus ROI und quantifizierender Berechnung (z. B. von Transitzeiten, Impulsratenquotienten, Perfusionsindex, Auswurffraktionen aus Erster-Radionuklid-Passage) –	900	52,46	**68,20**
	Die Leistung nach Nummer 5473 ist neben den Leistungen nach den Nummern 5460 und 5481 nicht berechnungsfähig.			
5474	Nachweis inkorporierter unbekannter Radionuklide	1350	78,69	**102,30**
m) Mineralgehalt				
5475	Quantitative Bestimmung des Mineralgehalts im Skelett (Osteodensitometrie) in einzelnen oder mehreren repräsentativen Extremitäten- oder Stammskelettabschnitten mittels Dual-Photonen-Absorptionstechnik	300	17,49	**22,74**
n) Ergänzungsleistungen Allgemeine Bestimmung Die Ergänzungsleistungen nach den Nummern 5480 bis 5485 sind nur mit dem einfachen Gebührensatz berechnungsfähig.				
5480	Quantitative Bestimmung von Impulsen/Impulsratendichte (Fläche, Pixel, Voxel) mittels Gammakamera mit Meßwertverarbeitung – mindestens zwei ROI	750	43,72	./.

Anhang

4. GOÄ – Gebührenverzeichnis Abschnitt M, O

Nummer	Leistung	Punktzahl	Gebühr EUR	**1,3fache Gebühr EUR**
5481	Sequenzszintigraphie – mindestens sechs Bilder in schneller Folge –	680	39,64	./.
5483	Subtraktionsszintigraphie oder zusätzliche Organ- oder Blutpoolszintigraphie als anatomische Ortsmarkierung	680	39,64	./.
5484	In-vitro-Markierung von Blutzellen (z. B. Erythrozyten, Leukozyten, Thrombozyten), – einschließlich erforderlicher In-vitro Qualitätskontrollen –	1300	75,77	./.
5485	Messung mit dem Ganzkörperzähler – gegebenenfalls einschließlich quantitativer Analysen von Gammaspektren	980	57,12	./.
o) Emissions-Computer-Tomographie				
5486	Single-Photonen-Emissions-Computertomographie (SPECT) mit Darstellungen in drei Ebenen	1200	69,94	**90,93**
5487	Single-Photonen-Emissions-Computertomographie (SPECT) mit Darstellungen in drei Ebenen und regionaler Quantifizierung	2000	116,57	**151,54**
5488	Positronen-Emissions-Tomographie (PET) – gegebenenfalls einschließlich Darstellung in mehreren Ebenen –	6000	349,72	**454,64**
5489	Positronen-Emissions-Tomographie (PET) mit quantifizierender Auswertung – gegebenenfalls einschließlich Darstellung in mehreren Ebenen –	7500	437,15	**568,30**

4. GOÄ – Gebührenverzeichnis Abschnitt M, O   **Anhang**

2. Therapeutische Leistungen

(Anwendung offener Radionuklide)

Nummer	Leistung	Punktzahl	Gebühr EUR	1,3fache Gebühr EUR
5600	Radiojodtherapie von Schilddrüsenerkrankungen	2480	144,55	**187,92**
5602	Radiophosphortherapie bei Erkrankungen der blutbildenden Organe	1350	78,69	**102,30**
5603	Behandlung von Knochenmetastasen mit knochenaffinen Radiopharmazeutika	1080	62,95	**81,84**
5604	Installation von Radiopharmazeutika in Körperhöhlen, Gelenke oder Hohlorgane	2700	157,38	**204,59**
5605	Tumorbehandlung mit radioaktiv markierten, metabolisch aktiven oder rezeptorgerichteten Substanzen oder Antikörpern	2250	131,15	**170,50**
5606	Quantitative Bestimmung der Therapieradioaktivität zur Anwendung eines individuellen Dosiskonzepts – einschließlich Berechnungen auf Grund von Vormessungen *Die Leistung nach Nummer 5606 ist nur bei Zugrundeliegen einer Leistung nach den Nummern 5600, 5603 und/oder 5605 berechnungsfähig.*	900	52,46	**68,20**
5607	Postherapeutische Bestimmung von Herddosen – einschließlich Berechnungen auf Grund von Messungen der Kinetik der Therapieradioaktivität – *Die Leistung nach Nummer 5607 ist nur bei Zugrundeliegen einer Leistung nach den Nummern 5600, 5603 und/oder 5605 berechnungsfähig.*	1620	94,43	**122,76**

Anhang   4. GOÄ – Gebührenverzeichnis Abschnitt M, O

III. Magnetresonanztomographie

Allgemeine Bestimmungen
Die Leistungen nach den Nummern 5700 bis 5735 sind je Sitzung jeweils nur einmal berechnungsfähig.
Die Nebeneinanderberechnung von Leistungen nach den Nummern 5700 bis 5730 ist in der Rechnung besonders zu begründen.
Bei Nebeneinanderberechnung von Leistungen nach den Nummern 5700 bis 5730 ist der Höchstwert nach Nummer 5735 zu beachten.

Nummer	Leistung	Punktzahl	Gebühr EUR	1,3fache Gebühr EUR
5700	Magnetresonanztomographie im Bereich des Kopfes – gegebenenfalls einschließlich des Halses –, in zwei Projektionen, davon mindestens eine Projektion unter Einschluss T2-gewichteter Aufnahmen	4400	256,46	**333,40**
5705	Magnetresonanztomographie im Bereich der Wirbelsäule, in zwei Projektionen	4200	244,81	**318,25**
5715	Magnetresonanztomographie im Bereich des Thorax – gegebenenfalls einschließlich des Halses –, der Thoraxorgane und/oder der Aorta in ihrer gesamten Länge	4300	250,64	**325,83**
5720	Magnetresonanztomographie im Bereich des Abdomens und/oder des Beckens	4400	256,46	**333,40**
5721	Magnetresonanztomographie der Mamma(e)	4000	233,15	**303,09**
5729	Magnetresonanztomographie eines oder mehrerer Gelenke oder Abschnitte von Extremitäten	2400	139,89	**181,86**
5730	Magnetresonanztomographie einer oder mehrerer Extremität(en) mit Darstellung von mindestens zwei großen Gelenken einer Extremität *Neben der Leistung nach Nummer 5730 ist die Leistung nach*	4000	233,15	**303,10**

4. GOÄ – Gebührenverzeichnis Abschnitt M, O **Anhang**

Nummer	Leistung	Punktzahl	Gebühr EUR	**1,3fache Gebühr EUR**
	Nummer 5729 nicht berechnungsfähig.			
5731	Ergänzende Serie(n) zu den Leistungen nach den Nummern 5700 bis 5730 (z. B. nach Kontrastmitteleinbringung, Darstellung von Arterien als MR-Angiographie)	1000	58,29	**75,78**
5732	Zuschlag zu den Leistungen nach den Nummern 5700 bis 5730 für Positionswechsel und/oder Spulenwechsel *Zuschlag nach Nummer 5732 ist nur mit dem Einfachen Gebührensatz berechnungsfähig.*	1000	58,29	./.
5733	Zuschlag für computergesteuerte Analyse (z. B. Kinetik, 3D-Rekonstruktion) *Der Zuschlag nach Nummer 5733 ist nur mit dem einfachen Gebührensatz berechnungsfähig.*	800	46,63	./.
5735	Höchstwert für Leistungen nach den Nummern 5700 bis 5730 *Die im einzelnen erbrachten Leistungen sind in der Rechnung anzugeben.*	6000	349,72	**454,64**

IV. Strahlentherapie

Allgemeine Bestimmungen

1. Eine Bestrahlungsserie umfasst grundsätzlich sämtliche Bestrahlungsfraktionen bei der Behandlung desselben Krankheitsfalls, auch wenn mehrere Zielvolumina bestrahlt werden.
2. Eine Bestrahlungsfraktion umfaßt alle für die Bestrahlung eines Zielvolumens erforderlichen Einstellungen, Bestrahlungsfelder und Straheneintrittsfelder. Die Festlegung der Ausdehnung bzw. der Anzahl der Zielvolumina und Einstellungen muß indikationsgerecht erfolgen.
3. Eine mehrfache Berechnung der Leistungen nach den Nummern 5800, 5810, 5831 bis 5833, 5840 und 5841 bei der Behandlung desselben Krankheitsfalls ist nur zulässig, wenn wesentliche Änderungen der Behandlung durch Umstellung der Technik (z. B. Umstellung von Stehfeld auf Pendeltechnik, Änderung der Energie und Strahlenart) oder wegen fortschreiten-

Anhang   4. GOÄ – Gebührenverzeichnis Abschnitt M, O

der Metastasierung wegen eines Tumorrezidivs oder wegen zusätzlicher Komplikationen notwendig werden. Die Änderungen sind in der Rechnung zu begründen.
4. Bei Berechnung einer Leistung für Bestrahlungsplanung sind in der Rechnung anzugeben: die Diagnose, das/die Zielvolumen/ina, die vorgesehene Bestrahlungsart und -dosis sowie die geplante Anzahl von Bestrahlungsfraktionen.

1. Strahlenbehandlung dermatologischer Erkrankungen

Nummer	Leistung	Punktzahl	Gebühr EUR	1,3fache Gebühr EUR
5800	Erstellung eines Bestrahlungsplans für die Strahlenbehandlung nach den Nummern 5802 bis 5806, je Bestrahlungsserie	250	14,57	**18,94**
	Der Bestrahlungsplan nach Nummer 5800 umfaßt Angaben zur Indikation und die Beschreibung des zu bestrahlenden Volumens, der vorgesehenen Dosis, der Fraktionierung und der Strahlenschutzmaßnahmen und gegebenenfalls die Fotodokumentation			
Orthovotstrahlenbehandlung (10 bis 100 kV Röntgenstrahlen)				
5802	Bestrahlung von bis zu zwei Bestrahlungsfeldern bzw. Zielvolumina, je Fraktion	200	11,66	**15,16**
5803	Zuschlag zu der Leistung nach Nummer 5802 bei Bestrahlung von mehr als zwei Bestrahlungsfeldern bzw. Zielvolumina, je Fraktion	100	5,83	./.
	Der Zuschlag nach Nummer 5803 ist nur mit dem einfachen Gebührensatz berechnungsfähig. *Die Leistungen nach den Nummern 5802 und 5803 sind für die Bestrahlung flächenhafter Dermatosen jeweils nur einmal berechnungsfähig.*			
5805	Strahlenbehandlung mit schnellen Elektronen, je Fraktion	1000	58,29	**75,78**
5806	Strahlenbehandlung der gesamten Haut mit schnellen Elektronen, je Fraktion	2000	116,57	**151,54**

2. Orthovolt- oder Hochvoltstrahlenbehandlung

Nummer	Leistung	Punktzahl	Gebühr EUR	1,3fache Gebühr EUR
5810	Erstellung eines Bestrahlungsplans für die Strahlenbehandlung nach den Nummern 5812 und 5813, je Bestrahlungsserie	200	11,66	**15,16**
	Der Bestrahlungsplan nach Nummer 5810 umfaßt Angaben zur Indikation und die Beschreibung des zu bestrahlenden Volumens, der vorgesehen Dosis, der Fraktionierung und der Strahlenschutzmaßnahmen und gegebenenfalls die Fotodokumentation			
5812	Orthovolt- (100 bis 400 kV Röntgenstrahlen) oder Hochvoltstrahlenbehandlung bei gutartiger Erkrankung, je Fraktion	190	11,07	**14,40**
	Bei Bestrahlung mit Telecaesiumgerät wegen einer bösartigen Erkrankung ist die Leistung nach Nummer 5812 je Fraktion zweimal berechnungsfähig.			
5813	Hochvoltstrahlenbehandlung von gutartigen Hypophysentumoren oder der endokrinen Orbitopathie, je Fraktion	900	52,46	**68,20**

3. Hochvoltstrahlenbehandlung bösartiger Erkrankungen (mindestens 1 MeV)

Allgemeine Bestimmungen

Die Leistungen nach den Nummern 5834 bis 5837 sind grundsätzlich nur bei einer Mindestdosis von 1,5 Gy im Zielvolumen berechnungsfähig. Muss diese im Einzelfall unterschritten werden, ist für die Berechnung dieser Leistung eine besondere Begründung erforderlich.

Bei Bestrahlungen von Systemerkrankungen oder metastasierten Tumoren gilt als ein Zielvolumen derjenige Bereich, der einem Großfeld (z. B. Mantelfeld, umgekehrtes Y-Feld) bestrahlt werden kann.

Die Kosten für die Anwendung individuell geformter Ausblendungen (mit Ausnahme der Kosten für wiederverwendbares Material) und/oder Kompensatoren oder für die Anwendung individuell gefertigter Lagerungs- und/oder Fixationshilfen sind gesondert berechnungsfähig.

Anhang 4. GOÄ – Gebührenverzeichnis Abschnitt M, O

Nummer	Leistung	Punktzahl	Gebühr EUR	**1,3fache Gebühr EUR**
5831	Erstellung eines Bestrahlungsplans für die Strahlenbehandlung nach den Nummern 5834 bis 5837, je Behandlungsserie *Der Bestrahlungsplan nach Nummer 5831 umfaßt Angaben zur Indikation und die Beschreibung des Zielvolumens, der Dosisplanung, der Berechnung der Dosis im Zielvolumen, der Ersteinstellung einschließlich Dokumentation (Feldkontrollaufnahme).*	1500	87,43	**113,66**
5832	Zuschlag zu der Leistung nach Nummer 5831 bei Anwendung eines Simulators und Anfertigung einer Körperquerschnittszeichnung oder Benutzung eines Körperquerschnitts anhand vorliegender Untersuchungen (z. B. Computertomogramm), je Bestrahlungsserie *Der Zuschlag nach Nummer 5832 ist nur mir dem einfachen Gebührensatz berechnungsfähig.*	500	29,14	**./.**
5833	Zuschlag zu der Leistung nach Nummer 5831 bei individueller Berechnung der Dosisverteilung mit Hilfe eines Prozessrechners, je Bestrahlungsserie *Der Zuschlag nach Nummer 5833 ist nur mir dem einfachen Gebührensatz berechnungsfähig.*	2000	116,57	**./.**
5834	Bestrahlung mittels Telekobaltgerät mit bis zu zwei Strahleneintrittsfeldern – gegebenenfalls unter Anwendung von vorgefertigten, wiederverwendbaren Ausblendungen –, je Fraktion	720	41,97	**54,56**
5835	Zuschlag zu der Leistung nach Nummer 5834 bei Bestrahlung mir Großfeld oder von mehr als zwei Strahleneintrittsfeldern, je Fraktion	120	6,99	**9,09**

4. GOÄ – Gebührenverzeichnis Abschnitt M, O   **Anhang**

Nummer	Leistung	Punktzahl	Gebühr EUR	**1,3fache Gebühr EUR**
5836	Bestrahlung mittels Beschleuniger mit bis zu zwei Strahleneintrittsfeldern – gegebenenfalls unter Anwendung von vorgefertigten, wieder verwendbaren Ausblendungen –, je Fraktion	1000	58,29	**75,78**
5837	Zuschlag zu der Leistung nach Nummer 5836 bei Bestrahlung mit Großfeld oder von mehr als zwei Strahleneintrittsfeldern, je Fraktion	120	6,99	**9,09**

4. Brachytherapie mit umschlossenen Radionukliden

Allgemeine Bestimmungen

Der Arzt darf nur das für den Patienten verbrauchte Material an radioaktiven Stoffen berechnen.

Bei der Berechnung von Leistungen nach Abschnitt O IV 4 sind die Behandlungsdaten der jeweils eingebrachten Stoffe sowie die Art der ausgeführten Maßnahmen in der Rechnung anzugeben, sofern nicht durch die Leistungsbeschreibung eine eindeutige Definition gegeben ist.

Nummer	Leistung	Punktzahl	Gebühr EUR	**1,3fache Gebühr EUR**
5840	Erstellung eines Bestrahlungsplans für die Brachytherapie nach den Nummern 5844 und/oder 5846, je Bestrahlungsserie *Der Bestrahlungsplan nach Nummer 5840 umfaßt Angaben zur Indikation, die Berechnung der Dosis im Zielvolumen, die Lokalisation und Einstellung der Applikatoren und die Dokumentation (Feldkontrollaufnahmen)*	1500	87,43	**113,66**
5841	Zuschlag zu der Leistung nach Nummer 5840 bei individueller Berechnung der Dosisverteilung mit Hilfe eines Prozessrechners, je Bestrahlungsserie	2000	116,57	**./.**

Anhang

4. GOÄ – Gebührenverzeichnis Abschnitt M, O

Nummer	Leistung	Punktzahl	Gebühr EUR	1,3fache Gebühr EUR
	Der Zuschlag nach Nummer 5841 ist nur mit dem einfachen Gebührensatz berechnungsfähig.			
5842	Brachytherapie an der Körperoberfläche – einschließlich Bestrahlungsplanung, gegebenenfalls einschließlich Fotodokumentation –, je Fraktion	300	17,49	**22,74**
5844	Intrakavitäre Brachytherapie, je Fraktion	1000	58,29	**75,78**
5846	Interstitielle Brachytherapie, je Fraktion	2100	122,40	**159,12**

5. Besonders aufwendige Bestrahlungstechniken

Nummer	Leistung	Punktzahl	Gebühr EUR	1,3fache Gebühr EUR
5851	Ganzkörperstrahlenbehandlung vor Knochenmarktransplantion – einschließlich Bestrahlungsplanung –	6900	402,18	**522,83**
	Die Leistung nach Nummer 5851 ist unabhängig von der Anzahl der Fraktionen insgesamt nur einmal berechnungsfähig.			
5862	Oberflächen-Hyperthermie, je Fraktion	1000	58,29	**75,78**
5863	Halbtiefen-Hyperthermie, je Fraktion	2000	116,57	**151,54**
5854	Tiefen-Hyperthermie, je Fraktion	2490	145,14	**188,68**
	Die Leistungen nach den Nummern 5852 bis 5854 sind nur in Verbindung mit einer Strahlenbehandlung oder einer regionären intravenösen oder intraarteriellen Chemotherapie und nur mit dem einfachen Gebührensatz berechnungsfähig.			
5855	Intraoperative Strahlenbehandlung mit Elektronen	6900	402,18	**522,83**

5. VwV Reiseentschädigung

Gewährung von Reiseentschädigungen an mittellose Personen und Vorschusszahlungen für Reiseentschädigungen an Zeuginnen, Zeugen, Sachverständige, Dolmetscherinnen, Dolmetscher, Übersetzerinnen und Übersetzer, ehrenamtliche Richterinnen, ehrenamtliche Richter und Dritte
(VwV Reiseentschädigung)

I.
Die Landesjustizverwaltungen haben die folgende bundeseinheitliche Neufassung der Bestimmungen über die Gewährung von Reiseentschädigungen an mittellose Personen und Vorschusszahlungen für Reiseentschädigungen an Zeuginnen, Zeugen, Sachverständige, Dolmetscherinnen, Dolmetscher, Übersetzerinnen und Übersetzer, ehrenamtliche Richterinnen, ehrenamtliche Richter und Dritte beschlossen:

1. Mittellosen Parteien, Beschuldigten oder anderen Beteiligten können auf Antrag Mittel für die Reise zum Ort einer Verhandlung, Vernehmung oder Untersuchung und für die Rückreise gewährt werden. Hierauf soll in der Ladung oder in anderer geeigneter Weise hingewiesen werden. Die gewährten Mittel gehören zu den Kosten des Verfahrens (vgl. Nummer 9008 Nr. 2 und Nummer 9015 der Anlage 1 zu § 3 Absatz 2 GKG, Nummer 2007 Nummer 2 der Anlage 1 zu § 3 Absatz 2 FamGKG, § 137 Absatz 1 Nummer 10 KostO). Als mittellos im Sinn dieser Vorschrift sind Personen anzusehen, die nicht in der Lage sind, die Kosten der Reise aus eigenen Mitteln zu bestreiten. Die Vorschriften über die Bewilligung von Prozess- oder Verfahrenskostenhilfe bleiben unberührt.

1.1 Über die Bewilligung entscheidet das Gericht, bei staatsanwaltschaftlichen Verhandlungen, Vernehmungen oder Untersuchungen die Staatsanwaltschaft. Nach Bewilligung verfährt die Geschäftsstelle, soweit in der Bewilligung nichts anderes bestimmt ist, wie folgt:

1.1.1 Die Reiseentschädigung wird durch die für den Erlass der Auszahlungsanordnung zuständige Anweisungsstelle zur Zahlung angewiesen.

1.1.2 Die Reiseentschädigung ist so zu bemessen, dass sie die notwendigen Kosten der Hin- und Rückreise deckt. Zu den Reisekosten gehören entsprechend den Vorschriften des JVEG neben den Fahrtkosten gegebenenfalls auch unvermeidbare Tagegelder (entsprechend § 6 Abs. 1 JVEG) und Übernachtungskosten (entsprechend § 6 Abs. 2 JVEG), ferner gegebenenfalls Reisekosten für eine notwendige Begleitperson sowie Kosten für eine notwendige Vertretung (entsprechend § 7 Abs. 1 Satz 2 JVEG). Eine Erstattung von Verdienstausfall kommt nicht in Betracht.

1.1.3 Regelmäßig sind Fahrkarten der zweiten Wagenklasse der Deutschen Bahn oder eines anderen Anbieters im öffentlichen Per-

Anhang 5. VwV Reiseentschädigung

sonenverkehr zur Verfügung zu stellen. Eine Auszahlung kommt nur im Ausnahmefall in Betracht.

1.1.4 Eine Durchschrift der Kassenanordnung oder ein Nachweis über die Gewährung von Reiseentschädigung ist zu den Sachakten zu nehmen. Auf der Kassenanordnung ist dies zu bescheinigen.

1.1.5 Wird eine Reiseentschädigung bewilligt, bevor die Ladung abgesandt worden ist, ist dies nach der Art und, soweit möglich, auch nach der Höhe in auffallender Form in der Ladung zu vermerken. Wird schon vor dem Termin eine Kassenanordnung vorbereitet, so ist der Betrag, sofern er aktenkundig ist, auffällig zu vermerken.

1.1.6 Fällt der Grund der Reise weg oder erscheint der Antragsteller nicht zu dem Termin, ist die zur Verfügung gestellte Fahrkarte oder die Reiseentschädigung zurückzufordern. Gegebenenfalls ist dafür zu sorgen, dass der Fahrpreis für nicht benutzte Fahrkarten erstattet wird.

1.2 Ist in Eilfällen die Übermittlung einer Fahrkarte oder die Auszahlung des Betrags an den Antragsteller durch die zuständige Anweisungsstelle nicht mehr möglich, kann die Geschäftsstelle des Amtsgerichts, in dessen Bezirk sich der Antragsteller aufhält, ersucht werden, die Beschaffung der Fahrkarte oder die Auszahlung des Betrags für die Hin- und Rückreise zu veranlassen. Die gewährte Reiseentschädigung ist auf der Ladung auffällig zu vermerken. Die ladende Stelle ist unverzüglich von der Gewährung der Reiseentschädigung zu benachrichtigen.

1.3 Der Anspruch erlischt, wenn er nicht binnen drei Monaten nach der Verhandlung, Vernehmung oder Untersuchung geltend gemacht wird.

2. Ist es in Eilfällen nicht möglich, die Entscheidung des zuständigen Gerichts oder der zuständigen Staatsanwaltschaft einzuholen, kann die Präsidentin oder der Präsident bzw. die Direktorin oder der Direktor des Amtsgerichts, in dessen Bezirk sich der Antragsteller aufhält, im Verwaltungsweg eine Reiseentschädigung bewilligen. Die Nummern 1, 1.1.1 bis 1.1.3 und 1.1.6 gelten entsprechend. Die gewährte Reiseentschädigung ist auf der Ladung auffällig zu vermerken; die ladende Stelle ist unverzüglich von der Bewilligung und der Gewährung der Reiseentschädigung zu benachrichtigen.

3. Zeugen, Sachverständigen, Dolmetschern, Übersetzern, ehrenamtlichen Richtern und Dritten ist nach § 3 JVEG auf Antrag ein Vorschuss für Reiseentschädigungen zu bewilligen, wenn dem Berechtigten voraussichtlich erhebliche Fahrtkosten oder sonstige Aufwendungen entstehen werden. Hierauf soll in der Ladung oder in anderer geeigneter Weise hingewiesen werden.

3.1 Für die Bewilligung und Anweisung gelten folgende Bestimmungen:

3.1.1 Die Vorschüsse werden von der zum Erlass der Auszahlungsanordnung zuständigen Anweisungsstelle bewilligt und zur Zahlung angewiesen.

3.1.2 Nummer 1.1.2 bis 1.1.6 gelten entsprechend mit der Maßgabe, dass Fahrtkosten bis zur Höhe der Kosten für die Benutzung der ersten Wagenklasse gewährt werden können.

3.1.3 Bei der Vorbereitung der Anweisung für die Entschädigung von Zeugen, ehrenamtlichen Richtern und Dritten sowie für die Vergütung von Sachverständigen, Dolmetschern und Übersetzern vor dem Termin ist die Vorschusszahlung, sofern sie aktenkundig ist, in auffälliger Weise zu vermerken.

Wird die Berechnung der Entschädigung oder Vergütung nicht schriftlich eingereicht, sind die Antragsteller in jedem Fall zu befragen, ob und gegebenenfalls in welcher Höhe sie Vorschüsse erhalten haben, um deren Anrechnung sicherzustellen. Die Befragung ist in der Auszahlungsanordnung zu vermerken.

3.2 Ist in Eilfällen die Übermittlung einer Fahrkarte oder die Auszahlung des Betrags nicht mehr möglich, kann auch die Geschäftsstelle des Amtsgerichts, in dessen Bezirk sich der Antragsteller aufhält, einen Vorschuss nach § 3 JVEG bewilligen und zur Zahlung anweisen. Ist ein Antrag auf gerichtliche Festsetzung des Vorschusses gestellt oder wird eine Festsetzung für angemessen erachtet, kann in dringenden Fällen auf Ersuchen des für die Entscheidung nach § 4 Abs. 1 JVEG zuständigen Gerichts eine Fahrkarte für ein bestimmtes Beförderungsmittel zur Verfügung gestellt und/oder ein festgesetzter Vorschuss ausgezahlt werden. Die Auszahlung des Vorschusses ist in der Ladung auffällig zu vermerken. Die ladende Stelle ist von der Gewährung des Vorschusses unverzüglich zu benachrichtigen.

Übersicht

	Rn.
I. Allgemeines	1
II. Verfahren	3
1. Antrag	3
2. Zuständigkeit	4
3. Wesen der Entscheidung	5
4. Form der Entscheidung, Zustellung	6
5. Eilfälle	7
6. Prüfung des Antrags	8
a) Mittellosigkeit	8
b) Rechtsschutzbedürfnis	9
c) Erfolgsaussicht	10
7. Frist	11
8. Festsetzung der Reiseentschädigung	12
9. Vermerke über die Gewährung der Reiseentschädigung	13
10. Wegfall des Reisegrunds	14
11. Rechtsmittel	15
a) Allgemeines	15
b) Anzuwendende Vorschriften	16
c) Kosten des Beschwerdeverfahrens	17
d) Justizverwaltungsakte	18
III. Prozess- und Verfahrenskostenhilfe	19
1. Erstattungsanspruch bei PKH/VKH-Bewilligung	19
2. Notwendigkeit der Reisekosten	20
3. Zuständigkeit	21
4. Fehlende Beschwerdemöglichkeit der Staatskasse	22
IV. Berechtigte Personen und Anwendungsfälle	23
1. Berechtigte Personen	23
2. Einzelne Anwendungsfälle	24
3. Antritt des Jugendarrestes	32
V. Höhe der Reiseentschädigung	33
1. Allgemeines	33

Anhang 5. VwV Reiseentschädigung

	Rn.
2. Fahrtkosten	34
a) Öffentliche Verkehrsmittel	34
b) Auszahlung von Bargeld	35
3. Verpflegungskosten/Tagegeld	36
4. Übernachtungskosten	37
5. Verdienstausfall	38
6. Begleitungskosten	39
VI. Wiedereinziehung der gezahlten Beträge vom Kostenschuldner	40
1. Allgemeines	40
2. Kostenschuldner	41

I. Allgemeines

1 Soweit eine mittellose Partei, ein Beschuldigter oder ein anderer Beteiligter aufgrund von Mittellosigkeit nicht in der Lage ist, zum Ort einer Verhandlung, Vernehmung oder Untersuchung zu reisen, können die Reisekosten aus der Staatskasse im Rahmen einer zu gewährenden Reiseentschädigung erstattet werden. Solche Personen können einen Anspruch jedoch nicht auf § 3 stützen, da es sich nicht um Anspruchsberechtigte nach diesem Gesetz handelt. Dabei setzt die Bewilligung einer Reiseentschädigung jedoch nicht zwingend voraus, dass Prozess- oder Verfahrenskostenhilfe bewilligt ist (*Hess. LAG* Az. 8 Ta 167/78).

2 Der Bund und die Länder haben wegen der Gewährung von Reiseentschädigungen bundeseinheitliche Verwaltungsbestimmungen erlassen, die auch Ausführungsbestimmungen für Vorschusszahlungen nach § 3 beinhalten. Soweit die landesrechtlichen Bestimmungen auch die Gewährung eines Reisekostenvorschusses in den finanz-, sozial- und verwaltungsgerichtlichen Verfahren vorsehen, gelten diese Regelungen jedoch nur dann, wenn das Verfahren an einem Gericht des jeweiligen Landes anhängig ist, da bundeseinheitliche Regelungen oder eine Ländervereinbarung hierfür fehlen. Die Amtsgerichte sind aber in Eilfällen aufgrund von Nr. 2 VwV Reiseentschädigung verpflichtet, eine Reiseentschädigung auch dann zu bewilligen, wenn es sich um ein Verfahren vor einem Fachgericht des jeweiligen Landes handelt (vgl. in Bayern Schr. d. Bayr.StM.d.J v. 8.5.1995, 5110-VI-382/95). Der zwischen den Justizverwaltungen der Länder und des Bundes vereinbarte Erstattungsverzicht betrifft jedoch nur Verfahren der ordentlichen Gerichtsbarkeit, einschließlich der freiwilligen Gerichtsbarkeit, und die Verfahren vor den Arbeitsgerichten. Für andere Gerichtsbarkeiten ist ein Erstattungsverzicht nicht vereinbart.

II. Verfahren

1. Antrag

3 Die Gewährung der Reiseentschädigung setzt stets einen Antrag voraus (*OLG Stuttgart* NJW 1956, 473). Dieser kann schriftlich gestellt oder auch zu Protokoll der Geschäftsstelle erklärt werden. Es bedarf daher auch in Anwaltsprozessen keiner anwaltlichen Vertretung durch den Betroffenen. Im Übrigen bedarf es keiner besonderen Form. Das Gericht hat vielmehr auch durch Auslegung festzustellen, ob ein solcher Antrag gestellt ist. Es muss daher auch dann über die Gewährung einer Reiseentschädigung entscheiden, wenn die

5. VwV Reiseentschädigung **Anhang**

Partei nur ihre Mittellosigkeit anzeigt und mitteilt, sie könne deshalb eine Verhandlung nicht wahrnehmen (*Hess.* LAG NZA 1995, 239). Ein solches Schreiben muss als entsprechender Antrag ausgelegt werden. Unterlässt es die Partei aber, einen Antrag zu stellen, kann die aufgrund der Mittellosigkeit unterbliebene Teilnahme an gerichtlichen Terminen keinen Verfahrensmangel begründen (BFH Az. V S 3/89). Auf die Möglichkeit eines solchen Antrags, soll in der Ladung oder in anderer geeigneter Weise hingewiesen werden.

2. Zuständigkeit

Soweit ein Antrag gestellt wird ist zu unterscheiden zwischen 4

a) mittellosen Parteien, Beschuldigten oder sonstigen Beteiligten und
b) Anspruchsberechtigten nach dem JVEG, die einen Vorschuss nach § 3 beanspruchen.

Über den Antrag mittelloser Parteien, Beschuldigter oder sonstiger Beteiligten hat das Gericht zu entscheiden. Gericht ist der Richter, in übertragenen Geschäften auch der Rechtspfleger. Es ist der mit der Hauptsache befasste Richter oder Rechtspfleger zuständig (*OLG Bamberg* JurBüro 1987, 249). Handelt es sich um eine staatsanwaltschaftliche Vernehmung, Verhandlung oder Untersuchung, entscheidet der Staats- bzw. Amtsanwalt über den Antrag. Der Anweisungsbeamte ist nicht befugt über einen solchen Antrag zu entscheiden. Die Entscheidung ergeht durch Beschluss, da es sich nach herrschender Meinung um einen Akt der Rechtsprechung handelt, vgl. Rn. 5. Örtlich zuständig ist stets die ladende Stelle, das gilt auch in Strafsachen. Über den Antrag auf Gewährung einer Reiseentschädigung für einen Angeklagten entscheidet das Gericht, bei dem die Sache anhängig ist (*OLG Düsseldorf* StV 1983, 499). Handelt es sich um ein Rechtsmittelverfahren, entscheidet das Rechtsmittelgericht. Wegen der Zuständigkeit bei Eilfällen siehe Rn. 7.

Liegt hingegen ein Antrag eines Anspruchsberechtigten nach dem JVEG vor, so richtet sich das Verfahren ausschließlich nach § 3, vgl. dort. Zuständig für die Berechnung und Anweisung des Vorschusses ist hier zunächst der zuständige Anweisungsbeamte. Das Gericht entscheidet nur im Rahmen des gerichtlichen Festsetzungsverfahrens nach § 4.

3. Wesen der Entscheidung

Eine gesetzliche Grundlage für die Gewährung eines Reisekostenvorschus- 5
ses an mittellose Parteien, Beschuldigte oder sonstige Beteiligte besteht nicht, da die Regelung des § 3 nur nach dem JVEG berechtigte Personen erfasst und für andere Verfahrensbeteiligte in den jeweiligen Verfahrensordnungen entsprechende Regelungen fehlen. In der Rechtsprechung war es deshalb auch bestritten, ob es sich bei der Bewilligung einer Reiseentschädigung für eine mittellose Partei um einen Akt der Rechtsprechung oder um einen reinen Justizverwaltungsakt handelt. Nach überwiegender Meinung handelt es sich bei der Entscheidung über die Gewährung einer Reiseentschädigung um einen Akt der Rechtsprechung (BGH NJW 1975, 1124; *OLG Stuttgart* NJW 1956, 473; *OLG Düsseldorf* NJW 1959, 728; *OLG Bremen* NJW 1965, 1617; *OLG Hamm* Rpfleger 1969, 68; *OLG Karlsruhe* Justiz 1972, 209; *OLG Düsseldorf* StV 1983, 499; *OLG Brandenburg* NJW-RR 2004, 63; **a. A.** *OLG Nürnberg* Rpfleger 1956, 298; *OLG Celle* NdsRpfl. 1963, 29). Das gilt unabhängig davon, ob der mittellosen Person Prozess- oder Verfahrenskostenhilfe bewilligt

Anhang

ist. Auch die bundeseinheitlichen Verwaltungsvorschriften behandeln die Entscheidung Akt der Rechtsprechung, da es in Nr. 1.1 VwV Reiseentschädigung heißt: „Über die Bewilligung entscheidet das Gericht". Um einen Akt der Justizverwaltung handelt es sich aber dann, wenn das Amtsgericht in Eilfällen im Verwaltungswege durch den Direktor oder den Präsident des Amtsgerichts entscheidet (Nr. 2 VwV Reiseentschädigung). Nach der gerichtlichen Entscheidung sind die Akten dem zuständigen Anweisungsbeamten vorzulegen, der die Reiseentschädigung berechnet und zur Anweisung bringt.

4. Form der Entscheidung, Zustellung

6 Die Entscheidung muss in Form eines Beschlusses ergehen, der insbesondere im Fall der Ablehnung auch einer kurzen Begründung bedarf. Soweit dem Antrag stattgegeben wird, bedarf der Beschluss keiner förmlichen Zustellung. Wird dem Antrag jedoch nicht stattgegeben, so ist eine förmliche Zustellung notwendig, da ein befristetes Rechtsmittel stattfindet, → Rn. 15 ff.

5. Eilfälle

7 In Eilfällen entscheidet im Verwaltungswege der Präsident oder Direktor des Amtsgerichts, in dessen Bezirk sich der Antragsteller aufhält (Nr. 2 Vwv Reiseentschädigung). Ein Eilfall ist gegeben, wenn die ladende Stelle bei Berücksichtigung des Postlaufs nicht mehr in der Lage ist, das Bargeld oder die Fahrkarte rechtzeitig vor Reisebeginn an den Antragsteller zu übersenden. Das für Eilfälle zuständige Amtsgericht hat den Reisekostenvorschuss für die Hin- und Rückreise auszustellen (Nr. 1.2 VwV Reiseentschädigung). Die ladende Stelle ist unverzüglich in Kenntnis zu setzen und hat die Bewilligung in auffälliger Weise auf der Ladung zu vermerken. In Niedersachsen kann in Verfahren der Sozial- oder Verwaltungsgerichtsbarkeit eine Bewilligung durch das Amtsgericht im Verwaltungswege nur erfolgen, wenn das Verfahren vor einem niedersächsischen Gericht oder dem LSG Niedersachsen-Bremen anhängig ist (Nr. 2.1 AV d. MJ v. 26.5.2006, NdsRpfl. 205). In Rheinland-Pfalz kommt die Zahlung von Reiskostenvorschüssen in Verfahren der Finanz-, Sozial- und Verwaltungsgerichtsbarkeit nur in Betracht, wenn das Verfahren vor einem Gericht in Rheinland-Pfalz anhängig ist (VwV d. MJ v. 9.5.2006, JBl. 91). Wegen der Kostenerstattung zwischen einzelnen Ländern → § 1 Rn. 37.

6. Prüfung des Antrags

8 **a) Mittellosigkeit.** Die Reiseentschädigung wird nur für den Fall der Mittellosigkeit gewährt. Das Gericht hat deshalb sorgfältig die Bedürftigkeit zu prüfen (*OLG Stuttgart* NJW 1956, 473). Als mittellos sind nach Nr. 1 VwV Reiseentschädigung solche Personen anzusehen, die nicht in der Lage sind, die Kosten der Reise aus eigenen Mitteln zu bestreiten. Eine konkrete Nachweispflicht sehen die Verwaltungsbestimmungen nicht vor, jedoch hat der Antragsteller seine Mittellosigkeit darzulegen (*OVG NRW* Az. 12 E 153/11), z. B. durch einen Einkommensnachweis oder Vorlage eines Bescheids über Sozialleistungen. Der Entscheidung des *Hess. LAG*, 8 Ta 167/78, wonach die Mittellosigkeit analog § 114 ZPO durch einen speziellen Vordruck nachzuweisen ist, kann nicht gefolgt werden, da PKH-Vordrucke ausschließlich im

5. VwV Reiseentschädigung **Anhang**

PKH-Bewilligungsverfahren zu verwenden sind. Im Übrigen ist die Mittellosigkeit nach Nr. 1 VwV Reiseentschädigung nicht gleichzusetzen mit den subjektiven Bewilligungsvoraussetzungen des § 114 ZPO (*LAG Thüringen* Az. 6 Ta 155/11), da es nur darauf ankommt, ob der Antragsteller in der Lage ist, die Reisekosten aufzubringen. Gleichwohl können die für die Bewilligung von Prozess- oder Verfahrenskostenhilfe geltenden Regelungen des § 115 ZPO im Einzelfall als Richtlinie herangezogen werden. Es ist der mittellosen Person jedoch nicht zuzumuten, sich die Geldmittel für die Reise aus anderen Quellen wie durch Kreditaufnahme (auch bei Verwandten) zu beschaffen, da es nur auf „eigene" Mittel ankommt.

b) Rechtsschutzbedürfnis. Neben Mittellosigkeit muss ein Rechts- 9 schutzbedürfnis bestehen. Dem Antrag fehlt ein solches, wenn noch kein Verhandlungstermin angesetzt wurde und auch der beabsichtigte Anreiseort des Antragstellers nicht bekannt ist (*OVG Sachsen* SächsVBl 2001, 201). Weiter ist zu prüfen, ob die die persönliche Teilnahme des Betroffenen an der Verhandlung überhaupt notwendig ist. Hier wird eine Bewilligung der Reiseentschädigung insbesondere dann in Betracht kommen, wenn das Gericht das persönliche Erscheinen angeordnet hat oder es sich um bedeutsame Termine handelt oder die Terminswahrnehmung durch die Partei erforderlich erscheint. In solchen Fällen kann sogar ein Rechtsanspruch auf eine Reiseentschädigung bestehen (BayVGH Bay VBl. 1985, 438), was auch für Beweistermine gilt. Ist das das persönliche Erscheinen nicht angeordnet, ist eine Reiseentschädigung zu gewähren, wenn auch eine vermögende Partei an dem Termin teilnehmen würde (*OLG München* MDR 1997, 194).

c) Erfolgsaussicht. Die Gewährung der Reiseentschädigung kann nicht 10 von der Erfolgsaussicht der beabsichtigten Rechtsverfolgung abhängig gemacht werden (*OVG Magdeburg* Az. 1 O 169/06).

7. Frist

Der Anspruch auf Gewährung einer Reiseentschädigung erlischt nach 11 Nr. 1.3 VwV Reiseentschädigung, wenn er nicht binnen drei Monaten nach der Verhandlung geltend gemacht wird. Die Justizverwaltungen sind damit der Regelung des § 2 gefolgt. Damit ist zugleich klargestellt, dass die Beantragung und Bewilligung der Reiseentschädigung auch nachträglich erfolgen kann (*LAG Düsseldorf* MDR 2005, 1378). Es handelt sich um eine Ausschlussfrist, so dass bei verspäteter Antragstellung die Bewilligung der Reiseentschädigung zu versagen ist.

8. Festsetzung der Reiseentschädigung

Die Festsetzung und Auszahlung der Reiseentschädigung erfolgt nach der 12 gerichtlichen Entscheidung durch den Anweisungsbeamten. Sie wird gem. Nr. 1.1.1 VwV Reiseentschädigung durch die für den Erlass der Auszahlungsanordnung zuständigen Anweisungsstelle zur Zahlung angewiesen. Der Anweisungsbeamte wird als reiner Verwaltungsbeamter tätig und ist an die Verwaltungsvorschriften gebunden. Soweit das Gericht aber die Benutzung bestimmter Verkehrsmittel bewilligt hat, die auch höhere als in § 5 vorgesehene Kosten verursachen, ist der Anweisungsbeamte nur noch an die Entscheidung des Richters oder Rechtspflegers gebunden.

Anhang

9. Vermerke über die Gewährung der Reiseentschädigung

13 Die Zahlung der Reiseentschädigung ist entsprechend zu vermerken. Mit dem Vermerk soll verhindert werden, dass Reiseentschädigungen doppelt ausgezahlt werden und gleichzeitig den Wiedereinzug dieser Auslagen vom Kostenschuldner ermöglichen. Nach Nr. 1.1.4 VwV Reiseentschädigung ist daher eine Durchschrift der Kassenanordnung oder ein Nachweis über die Gewährung von Reiseentschädigung zu den Sachakten zu nehmen und dies auf der Kassenanordnung zu bescheinigen. Soweit eine Reiseentschädigung schon vor Versendung der Ladung bewilligt wird, ist die Bewilligung und ggf. auch die Höhe der gewährten Entschädigung auf der Ladung zu vermerken. Der Anweisungsbeamte hat den Betroffenen zudem bei der endgültigen Berechnung zu befragen, ob ein Vorschuss bewilligt wurde und hat dies in der Auszahlungsanordnung zu vermerken. Dieser Grundsatz gilt auch bei der Berechnung der Vergütung von Zeugen und Sachverständigen. Wird einem Zeugen oder Sachverständigen vor dem Termin eine Reiseentschädigung bewilligt, ist dies in auffälliger Weise auf der Kassenanweisung zu vermerken.

Hat das Amtsgericht in Eilfällen eine Reiseentschädigung gewährt, hat es dies auf der Ladung auffällig zu vermerken und die ladende Stelle unverzüglich von der Bewilligung und der Gewährung der Reiseentschädigung zu benachrichtigen (Nr. 2 VwV Reiseentschädigung).

10. Wegfall des Reisegrunds

14 Entfällt der Grund der Reise, ist die Rückzahlung der gezahlten Reiseentschädigung zu veranlassen. Soweit als Reiseentschädigung ausnahmsweise Bargeld gezahlt wurde, ist der Antragsteller zunächst aufzufordern den Betrag innerhalb einer angemessenen Frist (2–3 Wochen) zurückzuzahlen. Wird dieser Aufforderung keine Folge geleistet, ist der Betrag der zuständigen Gerichtskasse zur Einziehung zu überweisen. Es ist eine Annahmeanordnung zu erlassen. Das Eintreibungsverfahren richtet sich nach der Justizbeitreibungsordnung (§ 1 Abs. 1 Nr. 8 JBeitrO). Sind Beträge irrtümlich oder überhöht gezahlt, ist ebenfalls so zu verfahren. Im Übrigen ist die Rücksendung der Fahrkarte anzuordnen.

Eine Rückforderung des Geldbetrages oder die Erstattung des Fahrpreises für nicht benutzte Fahrkarten ist auch anzuordnen, wenn der Antragsteller nicht zu dem Termin erscheint. Wird der Termin von Amts wegen verlegt oder liegen andere Gründe für eine Terminsverlegung nicht in der Person des mittellosen Antragstellers begründet, kann zwar die Rücksendung der Fahrkarte verlangt werden, eine Erstattung sonstiger Kosten (etwa für Rückgabe oder Umtausch der Fahrkarte) kann jedoch nicht verlangt werden. Solche Kosten können bei von Amts wegen verlegten Terminen nach § 21 GKG, § 20 FamGKG, § 21 GNotKG bzw. § 10a KostVfg auch nicht von dem endgültigen Kostenschuldner eingezogen werden.

11. Rechtsmittel

15 **a) Allgemeines.** Da es sich um einen Akt der Rechtsprechung handelt, ist der erlassene Beschluss beschwerdefähig. Gegen einen abweisenden Beschluss ist das Rechtsmittel der sofortigen Beschwerde gegeben, die binnen einen

5. VwV Reiseentschädigung **Anhang**

Monats bei dem Gericht einzureichen ist, dessen Entscheidung angefochten wird.

b) Anzuwendende Vorschriften. Nach Rechtsprechung und Literatur ist **16** die Beschwerde entsprechend § 127 ZPO zu behandeln (*BGH* NJW 1975, 1124; *OLG Nürnberg* FamRZ 1998, 252; MüKoZPO/*Motzer* § 122 ZPO Rn. 9), da bei der Entscheidung über die Bewilligung der Reiseentschädigung die Bestimmungen über die PKH anzuwenden sind (BVerwG 3 PKH 1/97). Beschwerdeberechtigt ist nur der Antragsteller. Der Staatskasse steht kein eigenes Beschwerderecht zu (*OLG Brandenburg* NJW-RR 2004, 63). Das gilt auch dann, wenn der Antrag verspätet gestellt wurde (*OLG Nürnberg* FamRZ 1998, 252). Der Staatskasse wird ein Beschwerderecht jedoch immer dann zuzugestehen sein, wenn eine Mittellosigkeit des Betroffenen nicht vorliegt. Dies ergibt sich aus der analogen Anwendung von § 127 Abs. 3 ZPO, wonach im Falle der Bewilligung von ratenfreier PKH der Staatskasse ein Beschwerderecht zusteht, wenn aufgrund der persönlichen und wirtschaftlichen Verhältnisse doch Zahlungen anzuordnen wären. Die Mindermeinung hält die Vorschrift des § 56 RVG für anwendbar (*OLG Stuttgart* MDR 1985, 852). Danach würde grundsätzlich auch der Staatskasse ein Beschwerderecht zustehen. Die Beschwerde bzw. Erinnerung nach § 56 RVG könnte aber überhaupt nur insoweit angewendet werden, wie die Reiseentschädigung durch das Gericht grundsätzlich bewilligt wurde und nur noch hinsichtlich ihrer Höhe, also gegen die Erstattung durch den Anweisungsbeamten Streit besteht. Handelt es sich dagegen um eine Beschwerde gegen einen Beschluss, der die Gewährung der Reiseentschädigung dem Grunde nach versagt, kommt nur die Beschwerde nach § 127 ZPO in Betracht.

c) Kosten des Beschwerdeverfahrens. Es ist § 127 Abs. 4 ZPO analog **17** anzuwenden. Danach werden die Kosten des Beschwerdeverfahrens nicht erstattet. Auch der Staatskasse können solche Kosten nicht auferlegt werden. Gerichtskosten sind von dem erfolglosen Beschwerdeführer zu erheben. Handelt es sich um einen bürgerlichen Rechtsstreit ist eine Festgebühr nach Nr. 1812 KV-GNotKG i. H. v. 60 EUR zu erheben, in Familiensache gilt Nr. 1912 KV-FamGKG, in sonstigen Verfahren der freiwilligen Gerichtsbarkeit Nr. 19116 KV-GNotKG danach beträgt die Gebühr gleichfalls 60 EUR. Die Gebühren entstehen nur dann, wenn die Beschwerde verworfen oder zurückgewiesen wird. Wird die Beschwerde nur teilweise verworfen oder zurückgewiesen, kann das Gericht anordnen, dass die Gebühr nur zur Hälfte zu erheben ist. Unterbleibt eine solche Anordnung, muss die volle Gebühr angesetzt werden. Anfallende Zustellungskosten sind von der ersten Zustellung an zu erheben, da es sich um Festgebühren handelt.

Soweit auf das Beschwerdeverfahren § 56 RVG angewendet wird, ist das Beschwerdeverfahren allerdings gebührenfrei (§ 56 Abs. 2 S. 2 RVG). Auslagen sind im Falle der Erfolglosigkeit jedoch einzuziehen. Außergerichtliche Kosten werden gemäß den Bestimmungen gleichfalls nicht erstattet, auch der Staatskasse können sie, selbst im Falle der erfolgreichen Beschwerde, nicht überbürdet werden.

d) Justizverwaltungsakte. Liegt tatsächlich ein Justizverwaltungsakt vor **18** (z. B. Eilentscheidung des Amtsgerichts oder Vorschusszahlung in einer Justizverwaltungssache), findet § 30a EGGVG und nicht § 23 EGGVG Anwendung, da es sich um eine Kostenangelegenheit handelt. Über den Antrag

Anhang

entscheidet das Amtsgericht, in dessen Bezirk die für die Befriedigung des Anspruchs zuständige Kasse ihren Sitz hat (*Tschischgale* Rpfleger 1963, 29), nicht das Oberlandesgericht.

III. Prozess- und Verfahrenskostenhilfe

1. Erstattungsanspruch bei PKH/VKH-Bewilligung

19 Die Rechtsprechung geht überwiegend davon aus, dass die Bewilligung von Prozess- oder Verfahrenskostenhilfe auch eine Reiseentschädigung umfasst (*OLG Brandenburg* AGS 2013, 243; *OLG Nürnberg* FamRZ 1998, 252; *OLG Düsseldorf* JurBüro 1989, 839; *OLG Bamberg* JurBüro 1989, 1285; *OLG Koblenz* 1988, 1721). Diese Auffassung wird darauf gestützt, dass die Prozess- oder Verfahrenskostenhilfe dem mittellosen Beteiligten gleichen Rechtsschutz wie einem bemittelten Beteiligten gewähren will und somit § 122 Abs. 1 ZPO, der eine Befreiung von der Zahlung der Gerichtskosten gewährt, zu denen die gezahlten Reiseentschädigungen zählen, deshalb analog auf die Gewährung einer Reiseentschädigung anzuwenden sei (*Zöller/Geimer* § 122 ZPO Rn. 26). Da auch Nr. 1 VwV Reiseentschädigung anordnet, dass die Vorschriften über die Bewilligung von Prozesskostenhilfe unberührt bleiben, wird dieser Auffassung beigetreten und die in der Vorinstanz vertretene Auffassung ausdrücklich aufgegeben.

Einer ausdrücklichen Bewilligung im Beschluss über die Bewilligung der Prozess- oder Verfahrenskostenhilfe bedarf es nicht (*OLG Nürnberg* FamRZ 1998, 252; *OLG Bamberg* JurBüro 1989, 1285; *Zöller/Geimer* § 122 ZPO Rn. 26).

2. Notwendigkeit der Reisekosten

20 Auch im Rahmen bewilligter Prozess- oder Verfahrenskostenhilfe kommt eine Erstattung der Reisekosten nur in Betracht soweit sie notwendig waren, so dass nicht von vornherein sämtliche Kosten zu erstatten sind. Ein Erstattungsanspruch besteht aber dann, wenn das Gericht das persönliche Erscheinen angeordnet hat (*OLG München* Rpfleger 1985, 165; *Bayr. VGH* BayVBl. 1985, 438; *OLG Koblenz* JurBüro 1988, 1721; *OLG Bamberg* JurBüro 1989, 1285), der mittellose Beteiligte zu einem Gerichtstermin geladen war (*OLG Düsseldorf* JurBüro 1989, 839) oder es sich um einen Beweistermin handelt, bei dem eine informatorische Anhörung der Parteien wahrscheinlich ist (*OLG München* MDR 1997, 194). Ist das persönliche Erscheinen nicht angeordnet, so kommt eine Erstattung der Reisekosten nur in Betracht, wenn auch eine bemittelte Partei aus verständlichen Gründen an dem Termin teilgenommen hätte (*OLG Karlsruhe* OLGR Karlsruhe 2000, 258).

3. Zuständigkeit

21 Erfolgt die Erstattung der Reiseentschädigung im Rahmen einer bewilligten Prozess- oder Verfahrenskostenhilfe, wird die Höhe der zu zahlenden Entschädigung durch den für die Festsetzung der PKH- oder VKH-Vergütung zuständigen Urkundsbeamten festgesetzt (*OLG Stuttgart* MDR 1985, 852).

4. Fehlende Beschwerdemöglichkeit der Staatskasse

Soweit das Gericht im Rahmen der Bewilligung von Prozess- oder Verfahrenskostenhilfe die Erstattung von Reisekosten der Partei bewilligt, kann der Beschluss durch die Staatskasse nicht angefochten werden, wenn keine greifbare Gesetzeswidrigkeit vorliegt (*OLG Nürnberg* FamRZ 1998, 25; *OLG Brandenburg,* JurBüro 1996, 142). Es liegt insoweit eine gerichtliche Entscheidung über die Bewilligung von Reiseentschädigung vor, die den zuständigen UdG bindet. 22

IV. Berechtigte Personen und Anwendungsfälle

1. Berechtigte Personen

Gemäß dem Wortlaut der VwV Reiseentschädigung ist die Gewährung einer Reiseentschädigung an mittellose Parteien, Beschuldigte oder andere Verfahrensbeteiligte möglich. Schon aus dieser Aufzählung wird allerdings deutlich, dass der Geltungsbereich weit gefasst ist. Nicht erfasst werden aber ausdrücklich Reisekostenvorschüsse für Zeugen, Sachverständige, Dolmetscher, Übersetzer und Dritten (§ 23), da hierfür nur die Vorschriften des § 3 gelten. 23

Als Partei bzw. Beteiligter gelten in Zivil- und Familiensachen insbesondere Kläger, Beklagter, Antragsteller oder Antragsgegner, aber auch Nebenintervenienten und Streitverkünder (*OLG Bremen* Rpfleger 1957, 272). In Verfahren der freiwilligen Gerichtsbarkeit kann neben Antragsteller und Antragsgegner jeder, der nach dem FamFG eine Beteiligtenstellung besitzt, eine Reiseentschädigung beantragen. In Strafsachen kann eine Reiseentschädigung dem Beschuldigten oder Angeklagten sowie dem Privat- oder Nebenkläger gewährt werden.

2. Einzelne Anwendungsfälle

– **Ausländer:** Einem Ausländer kann eine Reiseentschädigung gewährt werden. Das gilt selbst dann, wenn er im Ausland lebt. Im Strafverfahren hängt die Bewilligung jedoch davon ab, ob die Kosten im Verhältnis zu dem öffentlichen Interesse an der Strafverfolgung stehen (*OLG Stuttgart* NJW 1978, 1120). 24

– **Beweistermin:** Für die notwendige Teilnahme an einem Beweistermin kann eine Reiseentschädigung gewährt werden. 25

– **Blutentnahme:** Eine Reiseentschädigung ist auch für eine durchzuführende Untersuchung zu gewähren, wenn sie gerichtlich oder staatsanwaltschaftlich angeordnet ist. Sie kann daher auch für eine Blutentnahme, etwa in Abstammungs- oder Strafsachen, oder für eine für die Gutachtenerstellung notwendige sonstige ärztliche Untersuchung gewährt werden. 26

– **Informationsreisen:** Für eine notwendige Informationsreise zu seinem Pflichtverteidiger kann dem mittellosen Angeklagten eine Reiseentschädigung gewährt werden (*OLG Hamm* Rpfleger 1969, 68). 27

– **Persönliches Erscheinen:** Ist das persönliche Erscheinen der Partei angeordnet, ist eine Reiseentschädigung zu bewilligen (*Bayr. VGH* Bay VBl. 1985, 438), soweit eine Mittellosigkeit vorliegt. 28

Anhang   5. VwV Reiseentschädigung

29 – **Sozialgerichtssachen:** Parteien in Sozialgerichtssachen kann eine Reiseentschädigung auch für notwendige Fahrtkosten zu einem Untersuchungstermin gewährt werden.

30 – **Verfahrensbeistand und -pfleger:** Kosten für notwendige Fahrten eines Beteiligten zum Verfahrenspfleger oder dem Verfahrensbeistand eines Kindes können als notwendig und erstattungsfähig anzusehen sein (*OLG Rostock* FamRZ 2003, 1396).

31 – **Vermögensauskunft:** In dem Verfahren zur Abgabe der Vermögensauskunft kann dem mittellosen Schuldner für seine Teilnahme am Termin eine Reiseentschädigung gewährt werden (*LG Schweinfurt* JurBüro 1972, 266). Das gilt sowohl in dem Verfahren nach § 802c ZPO als auch in Verfahren nach § 98 InsO.

3. Antritt des Jugendarrestes

32 Die Kosten für die Fahrt zum Antritt des Jugendarrestes können nach den in den Ländern erlassenen Jugendarrestgeschäftsordnungen (JAGO) ganz oder teilweise ersetzt werden, wenn die eigenen Mittel des Jugendlichen nicht ausreichen oder solche aus Gründen der Billigkeit nicht in Anspruch genommen werden sollen. Die Einzelheiten des Verfahrens regeln die Verwaltungsbestimmungen der Länder. In Bayern ist mit Schreiben des Bay. StM. d. J. v. 6.3.1996, 4411-VII a-46/96, bestimmt, dass die Entscheidung auf Antrag des Jugendlichen der aufsichtführende Richter des Amtsgerichts trifft, in dessen Bezirk sich der Jugendliche aufhält. In Sachsen-Anhalt kann gem. Nr. 22 JAGO (AV d. MJ v. 24.2.2003, JMBl. LSA 115) unter Einschaltung des Amtsgerichts oder des Jugendamtes eine Fahrkarte beschafft werden. Die in den Ländern erlassenen Verwaltungsbestimmungen enthalten darüber hinaus zumeist auch Bestimmungen, aus welchen Haushaltstiteln und Kapiteln die Beträge zu buchen sind.

V. Höhe der Reiseentschädigung

1. Allgemeines

33 Die Höhe der Reisentschädigung ist so zu bemessen, dass durch sie die notwendigen Kosten der Hin- und Rückreise gedeckt werden. Nach den allgemeinen Verwaltungsbestimmungen können gewährt werden:
– Fahrtkosten für die Hin- und Rückreise,
– Kosten für die Verpflegung, soweit sie unvermeidbar sind,
– Übernachtungskosten, soweit diese notwendig sind,
– Reisekosten für eine notwendige Begleitperson,
– notwendige Vertretungskosten.

Dabei sollte die zu gewährende Reiseentschädigung durch die im JVEG bestimmten Sätze begrenzt werden, da eine Wiedereinziehung dieser Kosten als gerichtliche Auslagen nur in der nach dem JVEG zu zahlenden Höhe statthaft ist (Nr. 9008 KV-GKG, Nr. 2007 KV-FamGKG, Nr. 31008 KV-GNotKG).

2. Fahrtkosten

a) Öffentliche Verkehrsmittel. Nach Nr. 1.1.3 VwV Reiseentschädi- 34
gung sollen nur die Fahrtkosten für eine Anreise mit öffentlichen Verkehrsmitteln erstattet werden. Regelmäßig sind deshalb Fahrkarten der zweiten Wagenklasse der Deutschen Bahn oder eines anderen Anbieters im öffentlichen Personenverkehr zur Verfügung zu stellen. Nur wenn es sich um einen Berechtigten nach § 3 handelt, kann eine Fahrkarte für die erste Wagenklasse bereitgestellt werden (Nr. 3.1.2 VwV Reiseentschädigung). Fahrtausweise der Deutschen Bahn können auf verschiedene Weise bargeldlos besorgt werden, so etwa durch Selbstausstellen im Rahmen eines Firmen-Abonnements oder auch durch telefonische Bestellung vorab möglich. In dem letzteren Fall können die Fahrkarten abgeholt oder per Post übersandt werden. Ferner besteht die Möglichkeit der Bestellung per Internet bei postaler Übersendung. Auch das „Bahn-Tix-Verfahren" kann angewendet werden. Dabei wird die Fahrkarte von der Behörde bei einem Reisebüro bestellt und bezahlt. Die Behörde erhält von dem Reisebüro eine Auftragsnummer, welche der mittellosen Partei mitzuteilen ist. Gibt diese die Auftragsnummer in den Fahrkartenautomaten der Deutschen Bahn ein, wird ihr eine Fahrkarte bargeldlos ausgestellt. Welches der verschiedenen Verfahren anzuwenden ist, wird durch die Justizverwaltung bestimmt, soweit keine allgemeinen Verwaltungsbestimmungen bestehen, auch durch die jeweilige Behörde selbst. Insbesondere die Verwendung des Bahn-Tix-Verfahrens ist in einigen Ländern durch Zusätze zu den VwV Reiseentschädigung ausdrücklich vorgeschrieben.

b) Auszahlung von Bargeld. Die Auszahlung von Bargeld kommt nur in 35
Ausnahmefällen in Betracht. Soweit die Überlassung einer Fahrkarte nicht in Betracht kommt, sind die Reisekosten der Höhe nach auf die Sätze des § 5 zu beschränken. Ein Rechtsanspruch auf die Zahlung von Bargeld besteht nicht. Handelt es sich um eine mittellose Partei, sind bei Anreise mit dem eigenen Kfz 0,25 EUR/km zu erstatten, die für Sachverständige zu zahlende Pauschale gilt nicht.
Ein Ausnahmefall, der die Zahlung von Bargeld zulässt, kann vorliegen, wenn eine Anreise mit öffentlichen Verkehrsmitteln nicht möglich ist. Gleiches gilt, wenn die Anreise ganz oder teilweise mit dem Bus erfolgt, für den regelmäßig bargeldlos keine Fahrausweise besorgt werden können. Im Übrigen kann auch das Gericht die Anreise mit einem bestimmten Verkehrsmittel bewilligen. An eine solche Anordnung ist der Anweisungsbeamte gebunden, da es sich zudem um einen Akt der Rechtsprechung handelt, vgl. in Nordrhein-Westfalen: RV d. JM v. 15.6.2004. Es handelt sich dabei um eine richterliche Tätigkeit zur Förderung des Verfahrens. Der Richter kann in Einzelfällen auch die Anreise mit einem Taxi bewilligen, wenn der Zustand des Antragstellers oder Zeitdruck eine Beförderung mit anderen Verkehrsmitteln nicht zulässt. Solche Genehmigungen sollten aber unbedingt Ausnahmefällen vorbehalten bleiben. In Baden-Württemberg und Nordrhein-Westfalen ist durch Verwaltungsbestimmung ausdrücklich auch die Beschaffung von Flugscheinen im Rahmen der Vorschussbewilligung zulässig.

3. Verpflegungskosten/Tagegeld

Soweit unbedingt notwendig, können auch die Kosten für Verpflegung im 36
Rahmen der Reiseentschädigung erstattet werden. Nr. 1.1.2 VwV Reiseent-

Anhang

schädigung spricht von notwendigen Tagegeldern nach § 6. Der Begriff der Notwendigkeit bedarf der Auslegung und muss unter Berücksichtigung des Einzelfalls bestimmt werden. Insbesondere der Gesundheitszustand des Antragstellers oder zeitliche Länge der Anreise können Anhaltspunkte sein. Die Bestimmung des § 6 Abs. 1 ist entsprechend anwendbar, es gelten deshalb die Tagesgeldsätze des § 4 Abs. 5 S. 1 Nr. 5 EStG. Tagegeld kann daher auch im Rahmen einer Reiseentschädigung nur gewährt werden, wenn die Abwesenheit insgesamt mindestens 8 Stunden beträgt und die mittellose Partei, der Beschuldigte oder der sonstige Beteiligte am Gerichtsort weder arbeitet noch seinen Wohnsitz hat. Als Tagegeld sind zu erstatten, bei einer Abwesenheit an einem Tag von

- von 24 Stunden: 24,– EUR
- von weniger als 24 Stunden, aber mindestens 14 Stunden: 12,– EUR
- von weniger als 14 Stunden, aber mindestens 8 Stunden: 6,– EUR.

4. Übernachtungskosten

37 Notwendige Übernachtungskosten sind im Rahmen der Reiseentschädigung zu erstatten. Wegen der Übernachtungskosten (Höhe und Notwendigkeit) verweist Nr. 1.1.2 VwV Reiseentschädigung auf die Regelung des § 6 Abs. 1; auf die dortigen Erläuterungen wird verwiesen. Ungeachtet des in den Verwaltungsvorschriften erfolgten Verweises auf § 6 hat die mittellose Partei nur einen Anspruch auf die Erstattung der Kosten einer preisgünstigen Unterkunft ohne besonderen Komfort (*OLG Koblenz* JurBüro 1988, 1721).

5. Verdienstausfall

38 Eine Erstattung von Verdienstausfall kommt nach Nr. 1.1.2 VwV Reiseentschädigung nicht in Betracht (*OLG Bamberg* FamRZ 2008, 2300). Soweit der mittellosen Person ein Verdienstausfall entsteht, handelt es sich um Parteikosten (§ 91 ZPO). Nur im Kostenfestsetzungsverfahren ist zu prüfen, ob und in welcher Höhe ein Erstattungsanspruch gegenüber dem Gegner, in Strafsachen auch gegenüber der Staatskasse, besteht. Auch eine Person, der Prozess- oder Verfahrenskostenhilfe bewilligt ist, kann für die Wahrnehmung eines gerichtlichen Termins keine Erstattung von Verdienstausfall geltend machen (*OLG Frankfurt,* MDR 1984, 500). Ausgeschlossen ist auch die Erstattung von Zeitversäumnis nach §§ 20, 21 (*OLG Bamberg* FamRZ 2008, 2300). Ausdrücklich zugelassen durch Nr. 1.1.2. VwV Reiseentschädigung ist aber die Erstattung von notwendigen Vertreterkosten nach § 7 Abs. 1, dort → Rn. 17 ff.

6. Begleitungskosten

39 Die Kosten für notwendige Begleitpersonen sind im Rahmen der Reiseentschädigung erstattungsfähig (Nr. 1.1.2 VwV Reiseentschädigung). Eine Notwendigkeit liegt insbesondere dann vor, wenn es sich um eine minderjährige Partei handelt (→ § 7 Rn. 26), aber auch Krankheit oder Gebrechlichkeit können eine Begleitperson notwendig machen (Zöller/*Geimer* § 122 ZPO Rn. 27). Soweit die Beaufsichtigung eines Kleinkindes erfolgt, können auch die dafür notwendigen Betreuungskosten als Reiseentschädigung erstattet werden (*OLG Braunschweig* NdsRpfl. 1988, 88). Ein Antrag auf Bewil-

5. VwV Reiseentschädigung   **Anhang**

ligung der Betreuungskosten muss nicht unbedingt schon vor Antritt der
Reise gestellt werden, es gilt die allgemeine Frist der Nr. 1.3 VwV Reiseentschädigung. Bei ungewöhnlich hohen Begleitkosten ergibt sich aus der Sorgfaltpflicht jedoch die Notwendigkeit einer vorherigen Anzeige bei der ladenden Stelle. Neben den Reisekosten der Begleitperson sind ihr sämtliche
weiter entstandenen Kosten zu erstatten, das gilt ausdrücklich auch für Verdienstausfall oder Zeitversäumnis, welcher der Begeleitperson entstanden ist,
da § 7 Abs. 1 anzuwenden ist, so dass Prinzip der vollständigen Kostenerstattung gilt.

Keine Begleitperson i. S. d. Nr. 1.1.2. VwV Reiseentschädigung ist der
gem. § 50 Abs. 2 JGG geladene gesetzliche Vertreter des Jugendlichen. Da er
einen unmittelbaren Entschädigungsanspruch nach dem JVEG besitzt, muss
einen Vorschuss nach § 3 beantragen. Auch der Betreuer einer Partei gilt nicht
als Begleitperson, er muss seinen Vergütungsanspruch beim Betreuungsgericht
geltend machen (*OLG Dresden* NStZ 2002, 164).

VI. Wiedereinziehung der gezahlten Beträge vom Kostenschuldner

1. Allgemeines

Die gezahlten Reiseentschädigungen sind gerichtliche Auslagen und gehö- 40
ren zu den Gerichtskosten und sind daher vom Kostenschuldner wieder
einzuziehen (Nr. 9008 KV-GKG, Nr. 2007 KV-FamGKG, Nr. 31008 KV-
GNotKG. Die Reiseentschädigung kann jedoch nur soweit wieder eingezogen werden, wie die gezahlten Beträge die im JVEG bestimmten Beträge
nicht übersteigen. An ehrenamtliche Richter gezahlte Vorschüsse können
regelmäßig nicht wieder eingezogen werden.

2. Kostenschuldner

Der Kostenschuldner des Verfahrens haftet auch für die als Auslagen gelten- 41
de und gezahlte Reiseentschädigung in voller Höhe (*OLG München* JurBüro
1972). Die Reiseentschädigung muss auch dann als Gerichtskosten behandelt
werden, wenn der mittelosen Person Prozess- oder Verfahrenskostenhilfe
bewilligt war.

Die Inanspruchnahme des Zweitschuldners ist jedoch nicht statthaft, da
§ 31 Abs. 3 S. 2 GKG, § 26 Abs. 3 S. 2 FamGKG, § 33 Abs. 2 S. 2 GNotKG
anordnen, dass die Haftung eines anderen Kostenschuldners nicht geltend
gemacht werden darf, soweit dem Entscheidungsschuldner ein Betrag für die
Reise zum Ort einer Verhandlung, Anhörung oder Untersuchung und für die
Rückreise gewährt worden ist. Gleiches gilt, wenn dem Übernahmeschuldner
in den Fällen des § 31 Abs. 4 GKG, § 26 Abs. 4, § 33 Abs. 3 GNotKG eine
Reiseentschädigung bewilligt war. Eine parallele Anwendung der zu § 59
RVG geltenden Bestimmungen auf die Reiseentschädigungen ist nicht möglich, da es sich um Gerichtskosten und nicht um außergerichtliche Kosten
handelt (*OLG Zweibrücken,* JurBüro 1983, 1855).

Nicht zu folgen ist der Ansicht des *OLG Schleswig* SchlHA 1991, 222, dass
im Falle einer vergleichsweisen Kostenübernahme bei vereinbarter gegenseitiger Kostenaufhebung im Allgemeinen nicht angenommen werden kann, dass
diese Kostenübernahme auch die Übernahme der (aus der Staatskasse) gezahl-

Anhang

ten Reisekosten umfasst. Nach § 92 Abs. 1 ZPO fallen die Gerichtskosten den Parteien hälftig zur Last, wenn die Kosten gegeneinander aufgehoben sind. Da es sich bei den Zahlungen einer Reiseentschädigung um Gerichtskosten handelt, werden auch solche Zahlungen von § 92 Abs. 1 ZPO erfasst. Ein Ausschluss muss daher im Vergleich ausdrücklich vereinbart werden.

6. Übersicht: Gesetze und Verordnungen der Länder*

Baden-Württemberg

I. Gesetze und Verordnungen (JVEG)

Gesetz über das Berufsrecht und die Kammern der Ärzte, Zahnärzte, Tierärzte, Apotheker, Psychologischen Psychotherapeuten sowie der Kinder- und Jugendlichenpsychotherapeuten (Heilberufe-Kammergesetz – HBKG) Neubekanntmachung vom 16.3.1995 zuletzt geändert durch Art. 2 ÄndG vom 15.6.2010 (GBl. S. 427)
Gesetz zur Ausführung des Gerichtsverfassungsgesetzes und von Verfahrensgesetzen der ordentlichen Gerichtsbarkeit (AGGVG) Gesetz vom 16.12.1975 zuletzt geändert durch Art. 2 ÄndG vom 13.12.2011 (GBl. S. 545)
Gesetz über Einsetzung und Verfahren von Untersuchungsausschüssen des Landtags (Untersuchungsausschussgesetz – UAG) Gesetz vom 3.3.1976 zuletzt geändert durch Art. 1 ÄndG vom 24.7.2012 (GBl. S. 448)
Kommunalabgabengesetz (KAG) Gesetz vom 17.3.2005 zuletzt geändert durch Art. 29 Achte AnpassungsVO vom 25.1.2012 (GBl. S. 65)
Landesgesetz zur Gleichstellung von Menschen mit Behinderungen (Landes-Behindertengleichstellungsgesetz – L-BGG) Gesetz vom 3.5.2005
Landesmediengesetz (LMedienG) Gesetz vom 19.7.1999 zuletzt geändert durch Art. 1 ÄndG vom 20.11.2012 (GBl. S. 631)
Landesrichter- und -staatsanwaltsgesetz (LRiStAG) in der Fassung vom 22.5.2000 zuletzt geändert durch Art. 1 ÄndG vom 16.4.2013 (GBl. S. 77)
Verordnung der Landesregierung über die Schiedsstelle nach § 111b des Fünften Buches Sozialgesetzbuch für Vergütungsvereinbarungen zwischen Krankenkassen und Trägern von Vorsorge- und Rehabilitationseinrichtungen in Baden-Württemberg (Landesschiedsstellenverordnung Reha – SchiedsVO Reha) Verordnung vom 17.4.2012
Polizeigesetz (PolG) in der Fassung vom 13.1.1992

---

* Weitere wichtige Verwaltungsvorschriften der Länder finden Sie auf der beiliegenden CD-ROM.

Anhang 6. Übersicht: Gesetze und Verordnungen der Länder

zuletzt geändert durch Art. 13 PolizeistrukturreformG vom 23.7.2013 (GBl. S. 233)
Staatsvertrag für Rundfunk und Telemedien (Rundfunkstaatsvertrag – RStV) Vertrag vom 31.8.1991
Verordnung der Landesregierung, des Ministeriums für Verkehr und Infrastruktur und des Finanz- und Wirtschaftsministeriums zur Durchführung des Baugesetzbuchs (Durchführungsverordnung zum Baugesetzbuch – BauGB-DVO) Verordnung vom 2.3.1998 zuletzt geändert durch Art. 227 Achte AnpassungsVO vom 25.1.2012 (GBl. S. 65)
Verordnung der Landesregierung über die Errichtung von Einigungsstellen bei Industrie- und Handelskammern nach dem Gesetz gegen den unlauteren Wettbewerb (EinigungsstellenVO) Verordnung vom 9.2.1987 zuletzt geändert durch ÄndVO vom 19.10.2004 (GBl. S. 774)
Verordnung der Landesregierung über die Gutachterausschüsse, Kaufpreissammlungen und Bodenrichtwerte nach dem Baugesetzbuch (Gutachterausschußverordnung) Verordnung vom 11.12.1989 zuletzt geändert durch ÄndVO vom 15.2.2005 (GBl. S. 167)
Verordnung der Landesregierung über die Schiedsstelle nach § 114 Abs. 5 des Fünften Buches Sozialgesetzbuch (Schiedsstellenverordnung SGB V – SchiedVO SGB V) Verordnung vom 20.7.2004 zuletzt geändert durch Art. 194 Achte AnpassungsVO vom 25.1.2012 (GBl. S. 65)
Verordnung des Finanz- und Wirtschaftsministeriums über das Eintragungs- und Löschungsverfahren nach dem Architektengesetz (Architekteneintragungsverordnung) Verordnung vom 13.7.1999 zuletzt geändert durch Art. 91 Achte AnpassungsVO vom 25.1.2012 (GBl. S. 65)
Verordnung des Ministeriums für Ländlichen Raum, Ernährung und Verbraucherschutz über die Gebühren der Chemischen und Veterinäruntersuchungsämter und des Staatlichen Tierärztlichen Untersuchungsamtes Aulendorf Verordnung vom 23.12.2008 zuletzt geändert durch Art. 1 ÄndVO vom 14.12.2010 (GBl. S. 1077)
Verordnung des Ministeriums für Ländlichen Raum, Ernährung und Verbraucherschutz über die Gebühren des Landwirtschaftlichen Zentrums für Rinderhaltung, Grünlandwirtschaft, Milchwirtschaft, Wild und Fischerei (GebVO LAZ) Verordnung vom 14.12.2010
Verordnung des Umweltministeriums und des Ministeriums für Ländlichen Raum und Verbraucherschutz über die Gebühren der Landesanstalt für

6. Übersicht: Gesetze und Verordnungen der Länder **Anhang**

Umwelt, Messungen und Naturschutz Baden-Württemberg (Gebührenverordnung – LUBW) Verordnung vom 1.12.2006 zuletzt geändert durch Art. 144 Achte AnpassungsVO vom 25.1.2012 (GBl. S. 65)
Verordnung des Wirtschaftsministeriums über den Sanktionsausschuss an der Baden-Württembergischen Wertpapierbörse (Sanktionsausschussverordnung) Verordnung vom 18.12.2008
Verwaltungsverfahrensgesetz für Baden-Württemberg (Landesverwaltungsverfahrensgesetz – LVwVfG) Neubekanntmachung vom 12.4.2005 zuletzt geändert durch Art. 2 DLR-Gesetz BW vom 17.12.2009 (GBl. S. 809)

II. Gesetze und Verordnungen (ZSEG)

Gesetz über den Petitionsausschuß des Landtags Gesetz vom 20.2.1979
Gesetz über die Gutachterstelle für die freiwillige Kastration und andere Behandlungsmethoden Gesetz vom 1.12.1969
Verordnung der Landesregierung über die Schiedsstelle in Jugendhilfeangelegenheiten (Jugendhilfe-Schiedsstellenverordnung) Verordnung vom 18.1.1999

III. Sonstige Gesetze und Verordnungen

Landesjustizkostengesetz (LJKG) In der Fassung der Bekanntmachung vom 15.1.1993 zuletzt geändert durch Art. 1 G. zur Änd. des LandesjustizkostenG und des PolG vom 4.12.2012 (GBl. S. 657)
Landesreisekostengesetz (LRKG) In der Fassung vom 20.5.1996 zuletzt geändert durch Art. 4 Lebenspartnerschaften-EinbeziehungsG vom 24.7.2012 (GBl. S. 482)

Bayern

I. Gesetze und Verordnungen (JVEG)

Bayerische Verordnung zur Verwendung der Deutschen Gebärdensprache und anderer Kommunikationshilfen im Verwaltungsverfahren und in der Kommunikation mit der Schule (Bayerische Kommunikationshilfenverordnung) Verordnung vom 24.7.2006 zuletzt geändert durch § 2 ÄndG vom 27.11.2012 (GVBl. S. 582)

Anhang   6. Übersicht: Gesetze und Verordnungen der Länder

Bayerisches Verfassungsschutzgesetz (BayVSG) in der Fassung der Bekanntmachung vom 10.4.1997 zuletzt geändert durch § 2 ÄndG vom 24.6.2013 (GVBl. S. 373)
Bayerisches Verwaltungsverfahrensgesetz (BayVwVfG) Gesetz vom 23.12.1976 zuletzt geändert durch § 1 Viertes G zur Änd. des Bayerischen Verwaltungs- verfahrensG vom 22.12.2009 (GVBl. S. 628)
Geschäftsordnung für den Bayerischen Landtag in der Fassung der Bekanntmachung vom 14.8.2009 zuletzt geändert durch ÄndVO vom 24.10.2013 (GVBl. S. 645)
Gesetz über die Aufgaben und Befugnisse der Bayerischen Staatlichen Polizei (Polizeiaufgabengesetz – PAG) in der Fassung der Bekanntmachung vom 14.9.1990 zuletzt geändert durch § 1 ÄndG vom 24.6.2013 (GVBl. S. 373)
Staatsvertrag für Rundfunk und Telemedien (Rundfunkstaatsvertrag) Vertrag vom 31.8.1991
Verordnung über den Landesplanungsbeirat (Landesplanungsbeiratsverord- nung – LplBV) Verordnung vom 30.6.2005
Verordnung über die Beihilfefähigkeit von Aufwendungen in Krankheits-, Geburts-, Pflege- und sonstigen Fällen (Bayerische Beihilfeverordnung – BayBhV) Verordnung vom 2.1.2007 zuletzt geändert durch § 1 ÄndVO vom 11.3.2011 (GVBl. S. 130)
Verordnung über Einigungsstellen zur Beilegung bürgerlicher Rechtsstreitig- keiten auf Grund des Gesetzes gegen den unlauteren Wettbewerb (Eini- gungsstellenverordnung – EinigungsV) Verordnung vom 17.5.1988 zuletzt geändert durch § 1 ÄndVO vom 15.3.2005 (GVBl. S. 80)
Verordnung über die Gutachterausschüsse, die Kaufpreissammlungen und die Bodenrichtwerte nach dem Baugesetzbuch (GutachterausschussV) Verordnung vom 5.4.2005
Verordnung über die Naturschutzbeiräte (Naturschutzbeiräteverordnung – NatBeiVO) Verordnung vom 16.11.2006
Verordnung zur Ausführung des Bayerischen Rettungsdienstgesetzes (AVBayRDG) Verordnung vom 30.11.2010 zuletzt geändert durch § 1 ÄndVO vom 22.5.2013 (GVBl. S. 354)
Verordnung zur Ausführung der Sozialgesetze (AVSG) Verordnung vom 2.12.2008 zuletzt geändert durch § 1 ÄndVO vom 5.8.2013 (GVBl. S. 507)
Wahlordnung für die Gemeinde- und die Landkreiswahlen (Gemeinde- und Landkreiswahlordnung – GLKrWO) Vom 7.11.2006 zuletzt geändert durch § 1 ÄndVO vom 19.10.2012 (GVBl. S. 545)

6. Übersicht: Gesetze und Verordnungen der Länder **Anhang**

II. Gesetze und Verordnungen (ZSEG)

Verordnung über die Entschädigung von Zeugen und Sachverständigen in Verwaltungssachen (ZuSEVO) Verordnung vom 10.5.1978 zuletzt geändert durch Verordnung zur Änderung der Verordnung über die Entschädigung von Zeugen und Sachverständigen in Verwaltungssachen vom 28.11.1989 (GVBl. S. 684)

III. Sonstige Gesetze und Verordnungen

Bayerisches Gesetz über die Reisekostenvergütung der Beamten und Richter (Bayerisches Reisekostengesetz – BayRKG) In der Fassung der Bekanntmachung vom 24.4.2001 zuletzt geändert durch § 30 G zur Anpassung an das Neue Dienstrecht vom 20.12.2011 (GVBl. S. 689)

Berlin

I. Gesetze und Verordnungen (JVEG)

Allgemeines Gesetz zum Schutz der öffentlichen Sicherheit und Ordnung in Berlin (Allgemeines Sicherheits- und Ordnungsgesetz – ASOG Bln) in der Fassung vom 11.10.2006 zuletzt geändert durch Art. I Vierzehntes ÄndG vom 14.11.2013 (GVBl. S. 584)
Berliner Schiedsamtsgesetz (BlnSchAG) Gesetz vom 7.4.1994 zuletzt geändert durch Art. XII Nr. 43 DienstrechtsänderungsG vom 19.3.2009 (GVBl. S. 70)
Geschäftsordnung des Abgeordnetenhauses von Berlin in der Fassung der Bekanntmachung vom 2.11.2011 zuletzt geändert durch Art. I ÄndBek vom 19.6.2012 (GVBl. S. 219)
Gesetz über den Verfassungsschutz in Berlin (Verfassungsschutzgesetz Berlin – VSG Bln) Neubekanntmachung vom 25.6.2001 zuletzt geändert durch Art. I Zweites ÄndG vom 1.12.2010 (GVBl. S. 534)
Gesetz über die Gutachterstelle für die freiwillige Kastration und andere Behandlungsmethoden Gesetz vom 29.1.1971 zuletzt geändert durch Art. XII Nr. 23 Dienstrechtsänderungsgesetz vom 19.3.2009 (GVBl. S. 70)

Anhang

Gesetz über die Untersuchungsausschüsse des Abgeordnetenhauses von Berlin (Untersuchungsausschussgesetz – UntAG)
Gesetz vom 13.7.2011

Richtergesetz des Landes Berlin (Berliner Richtergesetz – RiGBln)
Gesetz vom 9.6.2011

Staatsvertrag für Rundfunk und Telemedien (Rundfunkstaatsvertrag – RStV)
Vertrag vom 31.8.1991

Verordnung über das Verfahren vor dem Eintragungsausschuß
Verordnung vom 23.5.1973
zuletzt geändert durch § 8 KostenrechtsanpassungsG vom 19.6.2006 (GVBl. S. 573)

Verordnung über die Einigungsstelle für Wettbewerbsstreitigkeiten bei der Industrie- und Handelskammer zu Berlin
Verordnung vom 29.7.1958
zuletzt geändert durch Art. I Fünfte ÄndVO vom 6.3.2012 (GVBl. S. 85)

Verordnung über die Ethik-Kommission des Landes Berlin (Ethik-Kommissionsverordnung Berlin – EKV Berlin)
Verordnung vom 10.1.2006
zuletzt geändert durch Art. 1 und 2 Erste ÄndVO vom 4.4.2011 (GVBl. S. 144)

Verordnung über die Schiedsstelle für die Festsetzung von Krankenhauspflegesätzen (Pflegesatz-Schiedsstellenverordnung – PflSchVO)
Verordnung vom 13.6.1986
zuletzt geändert durch Art. XII Nr. 25 DienstrechtsänderungsG vom 19.3.2009 (GVBl. S. 70)

Verordnung über die Schiedsstelle nach § 21 Abs. 7 des Rettungsdienstgesetzes (Rettungsdienst-Schiedsstellenverordnung – RDSchVO) Verordnung vom 5.12.2005
zuletzt geändert durch Art. XII Nr. 24 DienstrechtsänderungsG vom 19.3.2009 (GVBl. S. 70)

Verordnung über die Schiedsstelle nach § 76 des Elften Buches Sozialgesetzbuch (Pflegeversicherungs-Schiedsstellen-Verordnung – PflegeVSchVO)
Verordnung vom 2.2.2010

Verordnung über die Schiedsstelle nach § 78g des Achten Buches Sozialgesetzbuch (Schiedsstellen VO SGB VIII)
Verordnung vom 5.8.1999
zuletzt geändert durch Art. XII Nr. 49 DienstrechtsänderungsG vom 19.3.2009 (GVBl. S. 70)

Verordnung über den Landespflegeausschuss nach § 92 des Elften Buches Sozialgesetzbuch (Landespflegeausschuss-Verordnung – LPflegeAV)
Verordnung vom 1.2.2011

Verordnung über die Errichtung und das Verfahren der Schiedsstelle und der erweiterten Schiedsstelle nach dem Sozialgesetzbuch Fünftes Buch (V) – Gesetzliche Krankenversicherung – (SGB V)

6. Übersicht: Gesetze und Verordnungen der Länder **Anhang**

Verordnung vom 2.10.1990 zuletzt geändert durch Art. XII Nr. 48 DienstrechtsänderungG vom 19.3.2009 (GVBl. S. 70)
Verordnung über die Wahl des Börsenrates und die Errichtung eines Sanktionsausschusses der Börsen in Berlin (BörsenratswahlVO) Verordnung vom 12.10.2010
Verordnung zur Durchführung des Baugesetzbuches (DVO-BauGB) Verordnung vom 5.11.1998 zuletzt geändert durch Art. I § 6 KostenrechtsanpassungsG vom 19.6.2006 (GVBl. S. 573)

II. Gesetze und Verordnungen (ZSEG)

Berliner Architekten- und Baukammergesetz (ABKG) Gesetz vom 6.7.2006 zuletzt geändert durch Art. XVI ÄndG vom 18.11.2009 (GVBl. S. 674)
Verordnung über die Einrichtung, die Zusammensetzung und das Verfahren der Ehrenausschüsse der Berliner Produktenbörse und der Berliner Wertpapierbörse Verordnung vom 26.11.1975 zuletzt geändert durch Art. II § 10 AnpassungsG vom 15.10.2001 (GVBl. S. 540)

III. Sonstige Gesetze und Verordnungen

Landesbeamtengesetz (LBG) Gesetz vom 19.3.2009 zuletzt geändert durch durch Art. II G zur Auflösung des Zentralen Personalüberhangmanagements und zur Anpassung davon betroffener Gesetze vom 5.11.2012 (GVBl. S. 354)

Brandenburg

I. Gesetze und Verordnungen (JVEG)

Gesetz über die Aufgaben, Befugnisse, Organisation und Zuständigkeit der Polizei im Land Brandenburg (Brandenburgisches Polizeigesetz – BbgPolG) Gesetz vom 19.3.1996 zuletzt geändert durch Art. 5 G zur Änd. verwaltungsvollstreckungs- und abgabenrechtl. Vorschriften vom 16.5.2013 (GVBl. I Nr. 18)
Gesetz über Hilfen und Schutzmaßnahmen sowie über den Vollzug gerichtlich angeordneter Unterbringung für psychisch kranke und seelisch behinderte Menschen im Land Brandenburg (Brandenburgisches Psychisch-Kranken-Gesetz – BbgPsychKG)

Anhang   6. Übersicht: Gesetze und Verordnungen der Länder

Gesetz vom 5.5.2009 zuletzt geändert durch Art. 1 Erstes ÄndG vom 26.10.2010 (GVBl. I Nr. 34 S. 1)
Heilberufsgesetz (HeilBerG) Gesetz vom 28.4.2003 zuletzt geändert durch Art. 18 Brandenburgisches Lebenspartnerschaftsanpassungsgesetz vom 13.3.2012 (GVBl. I Nr. 16 S. 1)
Richtergesetz des Landes Brandenburg (Brandenburgisches Richtergesetz – BbgRiG) Gesetz vom 12.7.2011
Staatsvertrag für Rundfunk und Telemedien (Rundfunkstaatsvertrag – RStV) Vertrag vom 31.8.1991
Verordnung über die Schiedsstelle nach § 80 des Zwölften Buches Sozialgesetzbuch (Sozialhilfe-Schiedsstellenverordnung – SozSchV) Verordnung vom 17.10.2005
Verordnung über die Zusammensetzung des Forstausschusses, die Berufung der Mitglieder sowie deren Aufwandsentschädigungen (Forstausschussverordnung – FoAV) Verordnung vom 13.1.2010
Verordnung zur Übertragung der Befugnis für den Abschluss von Vereinbarungen nach § 14 des Justizvergütungs- und -entschädigungsgesetzes (JVEGÜV) Verordnung vom 30.3.2006 zuletzt geändert durch Art. 1 Erste ÄndVO vom 22.11.2006 (GVBl. II S. 478)

II. Gesetze und Verordnungen (ZSEG)

Gesetz über die Einsetzung und das Verfahren von Untersuchungsausschüssen des Landtages Brandenburg (Untersuchungsausschußgesetz – UAG) Gesetz vom 17.5.1991 zuletzt geändert durch Art. 3 G zur Änd. des BbgRiG und anderer Gesetze vom 14.10.1996 (GVBl. S. 283)
Verordnung über den Landespflegeausschuss nach dem Elften Buch Sozialgesetzbuch (Landespflege-ausschussverordnung – LPflegeAV) Verordnung vom 7.6.1996 zuletzt geändert durch Art. 11 G zur Errichtung und Auflösung von Landesoberbehörden sowie zur Änd. von Rechtsvorschriften vom 15.7.2010 (GVBl. I Nr. 28 S. 1)
Gesetz über die Schiedsstellen in den Gemeinden (Schiedsstellengesetz- SchG) Neubekanntmachung vom 21.11.2000 zuletzt geändert durch Art. 6 Brandenburgisches LebenspartnerschaftsanpassungsG vom 13.3.2012 (GVBl. I Nr. 16 S. 1)

6. Übersicht: Gesetze und Verordnungen der Länder **Anhang**

III. Sonstige Gesetze und Verordnungen

Beamtengesetz für das Land Brandenburg (Landesbeamtengesetz – LBG) Gesetz vom 3.4.2009 zuletzt geändert durch Art. 11 Brandenburgisches Lebenspartnerschafts-anpassungsG vom 13.3.2012 (GVBl. I Nr. 16 S. 1)
Verwaltungsverfahrensgesetz für das Land Brandenburg (VwVfGBbg) Gesetz vom 7.7.2009 zuletzt geändert durch Art. 6 G zur Änd. verwaltungsvollstreckungs- und abgabenrechtl. Vorschriften vom 16.5.2013 (GVBl. I Nr. 18)
Gebührenordnung für die Gutachterausschüsse für Grundstückswerte des Landes Brandenburg und deren Geschäftsstellen (Brandenburgische Gutachterausschuss-Gebührenordnung) Vom 30.7.2010 zuletzt geändert durch Art. 2 VO zur Änd. von Gebührenordnungen im Geschäftsbereich des Ministers des Inneren vom 18.2.2013 (GVBl. II Nr. 21)

Bremen

I. Gesetze und Verordnungen (JVEG)

Bremisches Ausführungsgesetz zum Tierseuchengesetz (BremAGTierSG) Gesetz vom 8.4.2003 zuletzt geändert durch Nr. 2.1 i. V. m. Anl. 1 und Nr. 2.4 i. V. m. Anl. 4 ÄndBek vom 24.1.2012 (Brem.GBl. S. 24)
Verordnung zur Verwendung von Gebärdensprache und anderen Kommunikationshilfen im Verwaltungsverfahren nach dem Bremischen Behindertengleichstellungsgesetz (Bremische Kommunikationshilfenverordnung – BremKHV) Verordnung vom 27.9.2005 zuletzt geändert durch Art. 1 ÄndVO vom 20.11.2012 (Brem.GBl. S. 512, ber. S. 545)
Bremisches Polizeigesetz (BremPolG) Gesetz vom 6.12.2001 zuletzt geändert durch Art. 6 G zum Rechtsschutz bei überlangen Gerichtsverfahren vom 8.5.2012 (Brem.GBl. S. 160)
Bremisches Verwaltungsverfahrensgesetz (BremVwVfG) Neubekanntmachung vom 9.5.2003 zuletzt geändert durch Art. 1 ÄndG vom 29.1.2013 (Brem.GBl. S. 27)
Gesetz über die Berufsvertretung, die Berufsausübung, die Weiterbildung und die Berufsgerichtsbarkeit der Ärzte, Zahnärzte, Psychotherapeuten, Tierärzte und Apotheker (Heilberufsgesetz – HeilBerG) Gesetz vom 12.5.2005 zuletzt geändert durch Art. 1 G zum Rechtsschutz bei überlangen Gerichtsverfahren vom 8.5.2012 (Brem.GBl. S. 160)

Anhang 6. Übersicht: Gesetze und Verordnungen der Länder

Gesetz über die Gutachterstelle für die freiwillige Kastration und andere Behandlungsmethoden Gesetz vom 11.7.1972
Gesetz über Einsetzung und Verfahren von Untersuchungsausschüssen Gesetz vom 15.11.1982 zuletzt geändert durch Art. 1 G zur Anpassung des Landesrechts an das KostenrechtsmodernisierungsG vom 18.10.2005 (Brem.GBl. S. 547)
Gesetz über Hilfen und Schutzmaßnahmen bei psychischen Krankheiten (PsychKG) Gesetz vom 19.12.2000 zuletzt geändert durch Nr. 2.1 i. V. m. Anl. 1 ÄndBek vom 24.1.2012 (Brem.GBl. S. 24)
Erstes Gesetz zur Ausführung des Achten Buches Sozialgesetzbuch – Gesetz zur Ausführung des Kinder- und Jugendhilfegesetzes im Lande Bremen (BremAGKJHG) Gesetz vom 17.9.1991 zuletzt geändert durch Nr. 2.2 i. V. m. Anl. 2 ÄndBek vom 24.1.2012 (Brem.GBl. S. 24)
Verordnung über Einigungsstellen zur Beilegung von bürgerlichen Rechtsstreitigkeiten aufgrund des Gesetzes gegen den unlauteren Wettbewerb (Verordnung über Einigungsstellen) Verordnung vom 16.2.1988 zuletzt geändert durch Nr. 2.4 i. V. m. Anl. 4 ÄndBek vom 24.1.2012 (Brem.GBl. S. 24)
Verordnung über die Schiedsstelle nach dem Bundessozialhilfegesetz (BSHG-SchV) Verordnung vom 27.9.1994 zuletzt geändert durch Nr. 2.2 i. V. m. Anl. 2 ÄndBek vom 24.1.2012 (Brem.GBl. S. 24)
Verordnung über die Errichtung und das Verfahren der Landesschiedsstelle und der erweiterten Landesschiedsstelle nach dem Fünften Buch Sozialgesetzbuch Verordnung vom 17.12.1991 zuletzt geändert durch Nr. 2.1 i. V. m. Anl. 1 ÄndBek vom 24.1.2012 (Brem.GBl. S. 24)
Verordnung über die Errichtung und das Verfahren der Schiedsstelle nach dem Elften Buch Sozialgesetzbuch Verordnung vom 7.3.1995 zuletzt geändert durch Nr. 2.2 i. V. m. Anl. 2 ÄndBek vom 24.1.2012 (Brem.GBl. S. 24, ber. 153)
Verordnung über die Schiedsstelle nach dem Achten Buch Sozialgesetzbuch Verordnung vom 22.12.1998 zuletzt geändert durch Nr. 2.2 i. V. m. Anl. 2 ÄndBek vom 24.1.2012 (Brem.GBl. S. 24)

6. Übersicht: Gesetze und Verordnungen der Länder **Anhang**

Verordnung über eine Schiedsstelle nach dem Krankenhausfinanzierungsgesetz (Schiedsstellenverordnung – SchV) Verordnung vom 24.4.2007 zuletzt geändert durch Art. 1 ÄndVO vom 27.11.2012 (Brem.GBl. S. 520)
Verordnung zur Durchführung des Baugesetzbuches Verordnung vom 22.6.1993 zuletzt geändert durch Nr. 2.3. i. V. m. Anl. 3 ÄndBek vom 24.1.2012 (Brem.GBl. S. 24)
Zuständigkeits- und Verfahrensordnung zum Bundesentschädigungsgesetz für Opfer der national-sozialistischen Verfolgung vom 29.6.1956 (ZVO-BEG) Verordnung vom 4.12.1956 zuletzt geändert durch Art. 11 G zur Anpassung des Landesrechts an das KostenrechtsmodernisierungsG vom 18.10.2005 (Brem.GBl. S. 547)

II. Sonstige Gesetze und Verordnungen

Bremisches Reisekostengesetz (BremRKG) Gesetz vom 24.2.2009 zuletzt geändert durch Art. 1 G zur Bereinigung reise- und umzugskostenrechtl. Vorschriften und zur Änd. des BeamtenG vom 17.5.2011 (Brem.GBl. S. 370)

Hamburg

I. Gesetze und Verordnungen (JVEG)

Verordnung über die Kommission nach § 20 Absatz 4 des Hamburger Kinderbetreuungsgesetzes (Kinderbetreuungsgesetz-Kommissionsverordnung – KibeGKommVO) Verordnung vom 30.11.2004
Verordnung über die Schiedsstelle nach § 20 Absatz 1 des Hamburger Kinderbetreuungsgesetzes (Kinderbetreuungsgesetz-Schiedsstellenverordnung – KibeG-SchVO) Verordnung vom 30.11.2004
Hamburgisches Gesetz über die Bildung einer Landeskonferenz Versorgung (HmbLKVG) Gesetz vom 19.2.2013
Verordnung über die Inanspruchnahme von Einrichtungen, Personal und Material des Dienstherrn sowie über das hierfür zu entrichtende Entgelt bei Nebentätigkeiten der hamburgischen Beamtinnen und Beamten (Inanspruchnahme- und Entgelt-Verordnung – IEVO) Verordnung vom 6.12.2011
Gesetz über die Datenverarbeitung der Polizei Verordnung vom 2.5.1991

Anhang 6. Übersicht: Gesetze und Verordnungen der Länder

Verordnung über die Bildung eines Landespflegeausschusses nach dem Sozialgesetzbuch, Elftes Buch (SGB XI) – Soziale Pflegeversicherung – (Landespflegeausschussverordnung – LPAVO –) Verordnung vom 19.9.1995
Verordnung über die Schiedsstelle nach dem Sozialgesetzbuch, Elftes Buch (SGB XI) – Soziale Pflegeversicherung – (Pflege-Schiedsstellenverordnung – PSchVO –) Verordnung vom 16.5.1995
Verordnung über die Schiedsstelle nach § 80 des Zwölften Buches Sozialgesetzbuch (SGB XII-Schiedsstellenverordnung – SGB XII-SchVO) Verordnung vom 28.12.2004
Verordnung über die Hamburgische Schiedsstelle für Vergütungsvereinbarungen zwischen Krankenkassen und Trägern von Vorsorge- oder Rehabilitationseinrichtungen nach § 111b des Fünften Buches Sozialgesetzbuch (Hamburgische Schiedsstellenverordnung – HmbSchVO – Reha) Verordnung vom 19.6.2012
Staatsvertrag für Rundfunk und Telemedien (Rundfunkstaatsvertrag – RStV) Vertrag vom 31.8.1991
Gesetz zum Schutz der öffentlichen Sicherheit und Ordnung (SOG) Gesetz vom 14.3.1966
Gesetz über die Untersuchungsausschüsse der Hamburgischen Bürgerschaft Gesetz vom 27.8.1997
Hamburgisches Verfassungsschutzgesetz (HmbVerfSchG) Gesetz vom 7.3.1995
Hamburgisches Verwaltungsverfahrensgesetz (HmbVwVfG) Gesetz vom 9.11.1977
Hamburgisches Disziplinargesetz (HmbDG) Gesetz vom 18.2.2004

II. Gesetze und Verordnungen (ZSEG)

Verordnung über die Einigungsstelle zur Beilegung von Wettbewerbsstreitigkeiten Verordnung vom 27.1.1959 zuletzt geändert durch § 1 VO zur Änd. der VO über die Einigungsstelle vom 23.12.1986 (HmbGVBl. S. 368)
Verordnung über die Schiedsstelle nach § 18a Absatz 1 des Krankenhausfinanzierungsgesetzes (Pflegesatz-Schiedsstellenverordnung – PflSchVO) Verordnung vom 11.5.1993
Verordnung über die Schiedsstelle nach § 16 des Hamburgischen Gesetzes zur Förderung von Kindern in Tageseinrichtungen und in Tagespflege (Tageseinrichtungen-Schiedsstellenverordnung – Kita-SchVO) Verordnung vom 15.4.2003

6. Übersicht: Gesetze und Verordnungen der Länder **Anhang**

Verordnung über die Errichtung, die Zusammensetzung und das Verfahren des Sanktionsausschusses an der Hanseatischen Wertpapierbörse Hamburg (Sanktionsausschussverordnung – SktionAVO) Verordnung vom 3.9.2004
Verordnung über die Landesschiedsstelle nach dem Fünften Buch Sozialgesetzbuch (SGB V) – Gesetzliche Krankenversicherung – (Landesschiedsstellenverordnung – LSchiedsVO) Verordnung vom 10.12.1991

III. Sonstige Gesetze und Verordnungen

Hamburgisches Reisekostengesetz (HmbRKG) In der Fassung vom 21.5.1974 zuletzt geändert durch § 1 Achtes ÄndG vom 19.2.2008 (HmbGVBl. S. 70)

Hessen

I. Gesetze und Verordnungen (JVEG)

Hessische Verordnung zur Durchführung des Baugesetzbuches (DVO-BauGB) Verordnung vom 17.4.2007 zuletzt geändert durch Art. 1 Fünfte ÄndVO vom 19.8.2013 (GVBl. S. 532)
Börsenverordnung Verordnung vom 16.12.2008 zuletzt geändert durch Art. 1Zweite ÄndVO vom 12.3.2013 (GVBl. S. 128)
Verordnung über Einigungsstellen zur Beilegung von Wettbewerbsstreitigkeiten (Verordnung über Einigungsstellen) Verordnung vom 13.2.1959 zuletzt geändert durch Art. 9 Siebente VO zur Verlängerung der Geltungsdauer u. Änd. befristeter Rechtsvorschriften vom 29.11.2010 (GVBl. I S. 450)
Hessisches Enteignungsgesetz (HEG) Gesetz vom 4.4.1973 zuletzt geändert durch Art. 6 Siebtes G zur Geltungsdauerverlängerung u. Änd. befristeter Rechtsvorschriften vom 27.9.2012 (GVBl. S. 290)
Verordnung zur Regelung von Angelegenheiten im Bereich des Krankenhauswesens (Krankenhausverordnung) Verordnung vom 11.12.2012
Geschäftsordnung des Hessischen Landtags Vom 16.12.1993 zuletzt geändert durch Beschl. des Landtags vom 27.6.2013 (GVBl. S. 473)
Gebührenordnung für die Ortsgerichte im Lande Hessen Vom 17.10.1980 zuletzt geändert durch Art. 1 Sechste ÄndVO vom 3.3.2012 (GVBl. I S. 44)
Staatsvertrag für Rundfunk und Telemedien (Rundfunkstaatsvertrag – RStV) Vertrag vom 31.8.1999

Anhang 6. Übersicht: Gesetze und Verordnungen der Länder

Hessisches Schiedsamtsgesetz (HSchAG) Gesetz vom 23.3.1994 zuletzt geändert durch Art. 31 G zur Entfristung und zur Veränderung der Geltungsdauer von befristeten Rechtsvorschriften vom 13.12.2012 (GVBl. S. 622)
Verordnung über die Schiedsstelle nach § 76 des Elften Buches Sozialgesetzbuch Verordnung vom 20.10.1995 zuletzt geändert durch Art. 8 Achte VO zur Verlängerung der Geltungsdauer u. Änd. befristeter Rechtsvorschriften vom 7.11.2011 (GVBl. I S. 702)
Hessisches Gesetz über die öffentliche Sicherheit und Ordnung (HSOG) Neubekanntmachung vom 14.1.2005 zuletzt geändert durch Art. 1 G zur Änd. des HSOG u. des G über das Landesamt für Verfassungsschutz vom 27.6.2013 (GVBl. S. 444)
Verordnung über die Höhe der Aufwandsentschädigung nach § 3 Abs. 1 Satz 1 und die Kostenerstattung nach § 3 Abs. 2 des Hessischen Gesetzes zur Ausführung des Transplantationsgesetzes Verordnung vom 19.3.2001 zuletzt geändert durch Art. 11 Fünfte VO zur Verlängerung der Geltungsdauer und Änd. befristeter Rechtsvorschriften im Bereich des Sozialministeriums vom 11.12.2012 (GVBl. S. 681)
Gesetz über das Landesamt für Verfassungsschutz Gesetz vom 19.12.1990 zuletzt geändert durch Art. 2 G zur Änd. des HSOG u. des G über das Landesamt für Verfassungsschutz vom 27.6.2013 (GVBl. S. 444)
Hessisches Verwaltungsverfahrensgesetz (HVwVfG) Neubekanntmachung vom 15.1.2010 zuletzt geändert durch Art. 9 G zur Entfristung und zur Veränderung der Geltungsdauer von befristeten Rechtsvorschriften vom 13.12.2012 (GVBl. S. 622)

II. Gesetze und Verordnungen (ZSEG)

Hessische Zuständigkeits- und Verfahrensordnung zum Bundesentschädigungsgesetz (HZVO) Gesetz vom 8.7.1968 zuletzt geändert durch ÄndVO vom 6.8.1973 (GVBl. I S. 315)
Gesetz über die Gutachterstelle für die freiwillige Kastration und andere Behandlungsmethoden Gesetz vom 15.7.1970 zuletzt geändert durch Art. 99 EGStGB-AnpassungsG vom 4.9.1974 (GVBl. I S. 361)
Verordnung über die Landesschiedsstelle nach § 114 und § 115 Abs. 3 des Fünften Buches Sozialgesetzbuch Verordnung vom 9.9.1996

6. Übersicht: Gesetze und Verordnungen der Länder **Anhang**

III. Sonstige Gesetze und Verordnungen

Hessisches Reisekostengesetz (HRKG) Vom 9.10.2009

Mecklenburg-Vorpommern

I. Gesetze und Verordnungen (JVEG)

Kostenverordnung für Amtshandlungen der Gutachterausschüsse für Grundstückswerte und deren Geschäftsstellen (Gutachterausschusskostenverordnung – GAKostVO M-V) Verordnung vom 12.7.2007
Landesverordnung über die Gutachterausschüsse für Grundstückswerte (Gutachterausschusslandesverordnung – GutALVO M-V) Verordnung vom 29.6.2011
Heilberufsgesetz (HeilBerG) Gesetz vom 22.1.1993 zuletzt geändert durch Art. 6 ÄndG vom 10.12.2012 (GVOBl. M-V S. 537)
Gesetz über das Landesverfassungsgericht Mecklenburg-Vorpommern (Landesverfassungsgerichtsgesetz – LVerfGG M-V) Gesetz vom 19.7.1994 zuletzt geändert durch Art. 1 ÄndG vom 19.1.2010 (GVOBl. M-V S. 22)
Rundfunkgesetz für das Land Mecklenburg-Vorpommern (Landesrundfunkgesetz – RundfG M-V) Gesetz vom 20.11.2003 zuletzt geändert durch Art. 2 ÄndG vom 11.3.2010 (GVOBl. M-V S. 150)
Staatsvertrag für Rundfunk und Telemedien (Rundfunkstaatsvertrag) Vertrag vom 31.8.1991
Landesverordnung über die Schiedsstelle nach § 76 des Elften Buches Sozialgesetzbuch (Schiedsstellenlandesverordnung SGB XI – SchStLVO SGB XI M-V) Verordnung vom 13.12.2005
Landesverordnung über die Schiedsstelle nach § 80 des Zwölften Buches Sozialgesetzbuch (Schiedsstellenlandesverordnung SGB XII – SchStLVO SGB XII M-V) Verordnung vom 13.12.2005
Landesverordnung über die Schiedsstelle nach § 78g Achtes Buch Sozialgesetzbuch (Schiedsstellenlandesverordnung SGB VIII – SchiedsLVO-SGB VIII) Verordnung vom 27.5.1999 zuletzt geändert durch Erste ÄndVO vom 10.10.2005 (GVOBl. M-V S. 548)

Anhang   6. Übersicht: Gesetze und Verordnungen der Länder

Gesetz über die öffentliche Sicherheit und Ordnung in Mecklenburg-Vorpommern (Sicherheits- und Ordnungsgesetz – SOG M-V) Neubekanntmachung vom 9.5.2011 zuletzt geändert durch Art. 2 ÄndG vom 2.7.2013 (GVOBl. M-V S. 434)
Gesetz über den Verfassungsschutz im Lande Mecklenburg-Vorpommern (Landesverfassungsschutzgesetz – LVerfSchG M-V) Gesetz vom 11.7.2001 zuletzt geändert durch Art. 1 ÄndG vom 2.7.2013 (GVOBl. M-V S. 434)
Schiedsstellen- und Schlichtungsgesetz (SchStG M-V) Gesetz vom 13.9.1990 zuletzt geändert durch Art. 1 Zweites ÄndG vom 1.7.2010 (GVOBl. M-V S. 329, ber. S. 436)
Verwaltungsverfahrens-, Zustellungs- und Vollstreckungsgesetz des Landes Mecklenburg-Vorpommern (Landesverwaltungsverfahrensgesetz – VwVfG M-V) Neubekanntmachung vom 26.2.2004 zuletzt geändert durch Art. 1 EG-DienstleistungsRL-UmsetzungsG vom 2.12.2009 (GVOBl. M-V S. 666)
Verordnung über das Feststellungsverfahren in Wild- und Jagdschadenssachen (Wild- und Jagdschadensverordnung – Wild- und JagdSVO M-V) Verordnung vom 2.1.2001 zuletzt geändert durch Zweite ÄndVO vom 23.6.2010 (GVOBl. M-V S. 361)

II. Gesetze und Verordnungen (ZSEG)

Verordnung über Einigungsstellen zur Beilegung von bürgerlichen Rechtsstreitigkeiten aufgrund des Gesetzes gegen den unlauteren Wettbewerb (Verordnung über Einigungsstellen) Verordnung vom 19.9.1991
Landesverordnung über die Landesschiedsstelle nach dem Fünften Buch Sozialgesetzbuch (Landesschiedsstellenverordnung – LSchVO) Verordnung vom 7.8.1995 zuletzt geändert durch Erste ÄndVO vom 19.5.1999 (GVOBl. M-V S. 304)
Verordnung über die Schiedsstelle nach § 11a des Rettungsdienstgesetzes (Rettungsdienstschiedsstellenverordnung – RDSchVO M-V) Verordnung vom 23.10.1998
Gesetz zur Ausführung des Transplantationsgesetzes (Transplantationsausführungsgesetz – TPGAG M-V) Gesetz vom 24.11.2000
Gesetz über die Einsetzung und das Verfahren von Untersuchungsausschüssen (Untersuchungsausschussgesetz – UAG M-V) Gesetz vom 9.7.2002

6. Übersicht: Gesetze und Verordnungen der Länder **Anhang**

III. Sonstige Gesetze und Verordnungen

Gesetz über die Reisekostenvergütung für die Beamten und Richter des Landes Mecklenburg-Vorpommern (Landesreisekostengesetz – LRKG M-V) Gesetz vom 3.6.1998 zuletzt geändert durch Art. 1 Drittes ÄndG vom 28.11.2008 (GVOBl. M-V S. 460)

Niedersachsen

I. Gesetze und Verordnungen (JVEG)

Niedersächsisches Behindertengleichstellungsgesetz (NBGG) Gesetz vom 25.11.2007
Niedersächsisches Gesetz über gemeindliche Schiedsämter (Niedersächsisches Schiedsämtergesetz – NSchÄG) Gesetz vom 1.12.1989 zuletzt geändert durch Art. 2 G zur Einführung der obligatorischen außergerichtl. Streitschlichtung und zur Änd. des Nds. G über gemeindl. Schiedsämter vom 17.12.2009 (Nds. GVBl. S. 482)
Verordnung über die Erstattung der Auslagen der Mitglieder des Landeselternrats, des Landesschülerrats und des Landesschulbeirats sowie die Gewährung von Sitzungsgeldern Verordnung vom 25.4.2005
Niedersächsisches Gesetz über Hilfen und Schutzmaßnahmen für psychisch Kranke (NPsychKG) Gesetz vom 16.6.1997 zuletzt geändert durch Art. 1 G zur Änd. des Nds. G über Hilfen und Schutzmaßnahmen für psychisch Kranke und des Nds. MaßregelvollzugsG vom 10.6.2010 (Nds. GVBl. S. 249, ber. S. 285)
Staatsvertrag für Rundfunk und Telemedien (Rundfunkstaatsvertrag – RStV) Vertrag vom 31.8.1991
Niedersächsisches Gesetz über die öffentliche Sicherheit und Ordnung (Nds. SOG) in der Fassung vom 19.1.2005 zuletzt geändert durch Art. 1 und Art. 5 G zur Änd. des Nds. SOG und des NVerfSchG vom 19.6.2013 (Nds. GVBl. S. 158)
Ausführungsgesetz zum Tierseuchengesetz (AGTierSG) Neubekanntmachung vom 1.8.1994 zuletzt geändert durch Art. 18 Kommunalverfassungsrecht-AnpassungsG vom 13.10.2011 (Nds. GVBl. S. 353)
Gesetz über den Verfassungsschutz im Lande Niedersachsen (Niedersächsisches Verfassungsschutzgesetz NVerfSchG –) Neubekanntmachung vom 6.5.2009

Anhang 6. Übersicht: Gesetze und Verordnungen der Länder

zuletzt geändert durch Art. 2, 6 G zur Änd. des Nds. SOG und des NverfSchG vom 19.6.2013 (Nds. GVBl. S. 158)

Niedersächsische Verordnung zur Durchführung des Baugesetzbuches (DVO-BauGB)
Neubekanntmachung vom 24.5.2005
zuletzt geändert durch Art. 2 VO zur Änd. der SubdelegationsVO-Justiz und der Nds. VO zur Durchführung des BauGB vom 12.11.2010 (Nds. GVBl. S. 514)

II. Gesetze und Verordnungen (ZSEG)

Verordnung über Einigungsstellen nach dem Gesetz gegen den unlauteren Wettbewerb
Verordnung vom 21.2.1991

Niedersächsisches Gesetz über die öffentliche Sicherheit und Ordnung (Nds. SOG)
in der Fassung vom 19.1.2005
zuletzt geändert durch Art. 1 und Art. 5 G zur Änd. des Nds. SOG und des NverfSchG vom 19.6.2013 (Nds. GVBl. S. 158)

III. Sonstige Gesetze und Verordnungen

Niedersächsisches Verwaltungsverfahrensgesetz (NVwVfG)
Gesetz vom 3.12.1976
zuletzt geändert durch Art. 1 G zur Änd. verwaltungsverfahrensrechtl. Vorschriften vom 24.9.2009 (Nds. GVBl. S. 361)

Niedersächsisches Beamtengesetz (NBG)
Vom 25.3.2009
zuletzt geändert durch Art. 2 G zur Verbesserung der Feststellung und Anerkennung im Ausland erworbener Berufsqualifikationen vom 12.12.2012 (Nds. GVBl. S. 591)

Nordrhein-Westfalen

I. Gesetze und Verordnungen (JVEG)

Börsenverordnung für das Land Nordrhein-Westfalen (Börsenverordnung NRW – BörsVO NRW)
Verordnung vom 25.5.2010

Verordnung über Einigungsstellen zur Beilegung von bürgerlichen Rechtsstreitigkeiten aufgrund des Gesetzes gegen den unlauteren Wettbewerb (Verordnung über Einigungsstellen)
Verordnung vom 15.8.1989
zuletzt geändert durch Art. 1 ÄndVO vom 23.10.2012 (GV. NRW. S. 476)

6. Übersicht: Gesetze und Verordnungen der Länder **Anhang**

Verordnung über die Gutachterausschüsse für Grundstückswerte (Gutachterausschussverordnung NRW – GAVO NRW) Verordnung vom 23.3.2004 zuletzt geändert durch Art. 8 ÄndVO vom 16.7.2013 (GV. NRW. S. 483)
Verordnung zur Durchführung des Landesplanungsgesetzes (LandesplanungsgesetzDVO – LPlG DVO) Verordnung vom 8.6.2010 zuletzt geändert durch Art. 1 ÄndVO vom 13.3.2012 (GV. NRW. S. 146)
Polizeigesetz des Landes Nordrhein-Westfalen (PolG NRW) Neubekanntmachung vom 25.7.2003 zuletzt geändert durch Art. 1 ÄndG vom 21.6.2013 (GV. NRW. S. 375)
Staatsvertrag für Rundfunk und Telemedien (Rundfunkstaatsvertrag – RStV) Vertrag vom 31.8.1999
Gesetz über das Schiedsamt in den Gemeinden des Landes Nordrhein-Westfalen (Schiedsamtsgesetz – SchAG NRW) Gesetz vom 16.12.1992 zuletzt geändert durch Art. 3 Gesetz zur Förderung der gesellschaftlichen Teilhabe und Integration in Nordrhein-Westphalen und zur Anpassung anderer gesetzlicher Vorschriften vom 14.2.2012 (GV. NRW. S. 97)
Verordnung über die Schiedsstellen nach dem nach dem Sozialgesetzbuch Zwölftes Buch (SGB XII) -Sozialhilfe- (Schiedsstellenverordnung – SchV) Verordnung vom 14.6.1994 zuletzt geändert durch Art. 3 G zur Anp. Des LandesR an das SGB XII vom 16.12.2004 (GV. NRW. S. 816)
Gesetz über die Einsetzung und das Verfahren von Untersuchungsausschüssen des Landtags Nordrhein-Westfalen Gesetz vom 18.12.1984 zuletzt geändert durch Art. 1 ÄndG vom 16.11.2004 (GV. NRW. S. 684)
Gesetz über den Verfassungsschutz in Nordrhein-Westfalen (Verfassungsschutzgesetz Nordrhein-Westfalen – VSG NRW) Gesetz vom 20.12.1994 zuletzt geändert durch Art. 1 G zur Neuausrichtung des Verfassungsschutzes in Nordrhein-Westfalen vom 21.6.2013 (GV. NRW. S. 367)
Verwaltungsverfahrensgesetz für das Land Nordrhein-Westfalen (VwVfG. NRW) Neubekanntmachung vom 12.11.1999 zuletzt geändert durch Art. 3 Sechstes ÄndG vom 1.10.2013 (GV. NRW. S. 566)
Maßregelvollzugsgesetz (MRVG) Gesetz vom 15.6.1999 zuletzt geändert durch Art. 3 Untersuchungshaftregelungs- und JVA-VerbesserungsG vom 27.10.2009 (GV. NRW. S. 540)

Anhang 6. Übersicht: Gesetze und Verordnungen der Länder

II. Gesetze und Verordnungen (ZSEG)

Zuständigkeits- und Verfahrensordnung zum Bundesentschädigungsgesetz (ZVO-BEG) Neufassung vom 27.1.1966 zuletzt geändert durch Art. 8 VO zur Änd. der Befristung von Rechtsvorschriften IM und MGFFI vom 10.11.2009 (GV. NRW. S. 582)

Rheinland-Pfalz

I. Gesetze und Verordnungen (JVEG)

Landesverordnung zur Durchführung des Architektengesetzes Verordnung vom 9.2.2009
Landesverordnung über Einigungsstellen nach dem Gesetz gegen den unlauteren Wettbewerb Verordnung vom 2.5.1988 zuletzt geändert durch Art. 1 ÄndVO vom 19.10.2005 (GVBl. S. 489)
Landesverordnung über Gutachterausschüsse, Kaufpreissammlungen und Bodenrichtwerte (Gutachterausschussverordnung – GAVO –) Verordnung vom 20.4.2005
Landesverordnung über die Gebühren der Gesundheitsverwaltung (Besonderes Gebührenverzeichnis) Verordnung vom 28.3.2013
Heilberufsgesetz (HeilBG) Gesetz vom 20.10.1978
Landesjagdverordnung (LJVO) Verordnung vom 25.7.2013
Landesverordnung über die Nachprüfungsbehörden für die Vergabe öffentlicher Aufträge Verordnung vom 19.1.1999 zuletzt geändert durch Art. 1 Zweite ÄndVO vom 8.7.2010 (GVBl. S. 218)
Polizei- und Ordnungsbehördengesetz (POG) Gesetz vom 10.11.1993
Landesgesetz zu dem Staatsvertrag über den Rundfunk im vereinten Deutschland Gesetz vom 10.12.1991
Schiedsamtsordnung (SchO) Vom 12.4.1991
Landesverordnung über die Schiedsstelle nach § 76 des Elften Buches Sozialgesetzbuch Verordnung vom 8.9.1995
Landesverordnung über die Schiedsstelle nach § 80 des Zwölften Buches Sozialgesetzbuch Verordnung vom 23.8.1994

6. Übersicht: Gesetze und Verordnungen der Länder **Anhang**

Landesgesetz über die Einsetzung und das Verfahren von Untersuchungsausschüssen (Untersuchungsausschußgesetz – UAG –)
Gesetz vom 18.9.1990

II. Gesetze und Verordnungen (ZSEG)

Zuständigkeits- und Verfahrensordnung zum Bundesentschädigungsgesetz Vom 23.8.1967
Landesgesetz über die Gutachterstelle für die freiwillige Kastration und andere Behandlungsmethoden (Landesgesetz zur Ausführung des Kastrationsgesetzes – AGKastrG) Gesetz vom 22.12.1970
Pflegesatz-Schiedsstellenverordnung (PflSchVO) Verordnung vom 27.2.1986
Landesgesetz über den Rechnungshof Rheinland-Pfalz (RHG) Gesetz vom 20.12.1971
Landesverordnung über die Landesschiedsstelle nach dem Fünften Buch Sozialgesetzbuch Verordnung vom 21.7.1992
Landesverordnung über die Schiedsstelle nach § 78g des Achten Buches Sozialgesetzbuch Verordnung vom 3.9.1999

III. Sonstige Gesetze und Verordnungen

Landesverwaltungsverfahrensgesetz (LVwVfG) Gesetz vom 23.12.1976
Landesreisekostengesetz (LRKG) Gesetz vom 24.3.1999 zuletzt geändert durch Art. 10 DienstrechtsreformG vom 18.6.2013 (GVBl. S. 157)

Saarland

I. Gesetze und Verordnungen (JVEG)

Verordnung über die Einigungsstelle bei der Industrie- und Handelskammer des Saarlandes zur Beilegung von bürgerlichen Rechtsstreitigkeiten auf Grund des Gesetzes gegen den unlauteren Wettbewerb (EinigungsstellenVO) Verordnung vom 21.1.1988 zuletzt geändert durch Nr. 895 Viertes RechtsbereinigungsG vom 26.1.1994 (Amtsbl. S. 587)

Anhang 6. Übersicht: Gesetze und Verordnungen der Länder

Verordnung über die Gutachterausschüsse, Kaufpreissammlungen und Bodenrichtwerte nach dem Baugesetzbuch (Gutachterausschussverordnung – GutVO) Verordnung vom 21.8.1990 zuletzt geändert durch Art. 1 ÄndVO vom 6.5.2013 (Amtsbl. I S. 153)
Verordnung über die Regelung der Nachprüfungsverfahren der Vergabe öffentlicher Aufträge Verordnung vom 17.8.1999 zuletzt geändert durch Art. 6 Abs. 1 VerwaltungsstrukturreformG vom 21.11.2007 (Amtsbl. S. 2393)
Saarländisches Polizeigesetz (SPolG) Gesetz vom 8.11.1989 zuletzt geändert durch Art. 1 Abs. 2 G zur Verl. d. Geltungsdauer von Vorschr. vom 26.10.2010 (Amtsbl. I S. 1406)
Verordnung über die Errichtung einer Landesschiedsstelle für Vergütungsvereinbarungen zwischen Krankenkassen und Trägern von Vorsorge- und Rehabilitationseinrichtungen Verordnung vom 16.7.2013
Saarländische Schiedsordnung (SSchO) Neubekanntmachung vom 19.4.2001 zuletzt geändert durch Art. 50 G zur Anpassung des Saarländischen Landesrechts an das LebenspartnerschaftsG des Bundes vom 19.11.2008 (Amtsbl. S. 1930)
Gesetz Nr. 800 über die Erhebung von Verwaltungs- und Benutzungsgebühren im Saarland (SaarlGebG) Gesetz vom 24.6.1964 zuletzt geändert durch Art. 3 Abs. 2 AnpassungsG 2006 vom 15.2.2006 (Amtsbl. S. 474)
Gesetz Nr. 719 Saarländisches Ausführungsgesetz zur Verwaltungsgerichtsordnung (AGVwGO) Gesetz vom 5.7.1960 zuletzt geändert durch Art. 6 Abs. 8 G Nr. 1639 zur Modernisierung des saarl. Vermessungswesens, zur Umbenennung des Amtes für Landentwicklung, zur Änd. Des LandesbauO und des LandeswaldGs sowie zur Anpassung weiterer Rechtsvorschriften vom 21.11.2007 (Amtsbl. 2008 S. 278)
Gesetz Nr. 1056 – Saarländisches Verwaltungsverfahrensgesetz (SVwVfG) Gesetz vom 15.12.1976 zuletzt geändert durch Art. 1 ÄndG vom 16.3.2010 (Amtsbl. S. 64)

II. Gesetze und Verordnungen (ZSEG)

Gesetz über die Enteignung von Grundeigentum Gesetz vom 11.6.1874 zuletzt geändert durch Art. 2 Abs. 1 AnpassungsG 2006 vom 15.2.2006 (Amtsbl. S. 474)
Gesetz Nr. 970 über den Landtag des Saarlandes Gesetz vom 20.6.1973 zuletzt geändert durch Art. 1 ÄndG vom 9.5.2012 (Amtsbl. I S. 152)

6. Übersicht: Gesetze und Verordnungen der Länder **Anhang**

III. Sonstige Gesetze und Verordnungen

Gesetz Nr. 827 – Saarländisches Reisekostengesetz (SRKG) Neubekanntmachung vom 13.8.1976 zuletzt geändert durch Art. 3 G zur Änd. des BeamtenG und sonstiger dienstrechtl. Vorschriften vom 20.6.2012 (Amtsbl. I S. 238)

Sachsen

I. Gesetze und Verordnungen (JVEG)

Verordnung des Sächsischen Staatsministeriums für Wirtschaft, Arbeit und Verkehr zur Durchführung des Börsenrechts (Sächsische Börsenrechtsdurchführungsverordnung – SächsBörsDVO) Verordnung vom 9.2.2012
Verordnung der Sächsischen Staatsregierung über die Schiedsstelle gemäß § 81 Abs. 2 SGB XII (SchiedVergSozVO) Verordnung vom 11.10.2000
Gesetz zur Durchführung des Bundesversorgungsgesetzes und weiterer sozialer Entschädigungsgesetze (SächsDGBVG) Gesetz vom 29.1.2008
Verordnung der Sächsischen Staatsregierung über Einigungsstellen zur Beilegung von bürgerlichen Rechtsstreitigkeiten aufgrund des Gesetzes gegen den unlauteren Wettbewerb (Einigungsstellenverordnung) Verordnung vom 10.4.2006
Verordnung der Sächsischen Staatsregierung über die Gutachterausschüsse, Kaufpreissammlungen und Bodenrichtwerte nach dem Baugesetzbuch (Sächsische Gutachterausschussverordnung – SächsGAVO) Verordnung vom 15.11.2011
Gesetz über Berufsausübung, Berufsvertretungen und Berufsgerichtsbarkeit der Ärzte, Zahnärzte, Tierärzte, Apotheker sowie der Psychologischen Psychotherapeuten und der Kinder- und Jugendlichen-psychotherapeuten im Freistaat Sachsen (Sächsisches Heilberufekammergesetz – SächsHKaG) Gesetz vom 24.5.1994
Verordnung der Sächsischen Staatsregierung über die Schiedsstelle in der Jugendhilfe (SchiedJugVO) Verordnung vom 13.10.1999
Verordnung der Sächsischen Staatsregierung über die Verwendung von Gebärdensprache und anderen Kommunikationshilfen im Verwaltungsverfahren (Sächsische Kommunikationshilfenverordnung – SächsKhilfVO) Verordnung vom 20.10.2007
Verordnung der Sächsischen Staatsregierung über die Schiedsstelle für die Festsetzung der Krankenhauspflegesätze (SchiedKrPflV) Verordnung vom 16.4.1991

Anhang 6. Übersicht: Gesetze und Verordnungen der Länder

Gesetz über den Petitionsausschuss des Sächsischen Landtags (Sächsisches Petitionsausschussgesetz – SächsPetAG) Gesetz vom 11.6.1991 zuletzt geändert durch Art. 1 Kostenrechts-ModernisierungsG-ÄndG vom 5.5.2008 (SächsGVBl. S. 302)
Polizeigesetz des Freistaates Sachsen (SächsPolG) Neubekanntmachung vom 13.8.1999 zuletzt geändert durch Art. 20 Sächsisches Standortegesetz vom 27.1.2012 (SächsGVBl. S. 130)
Staatsvertrag für Rundfunk und Telemedien (Rundfunkstaatsvertrag RStV) Vertrag vom 31.8.1991
Gesetz über die Schiedsstellen in den Gemeinden des Freistaates Sachsen und über die Anerkennung von Gütestellen im Sinne des § 794 Abs. 1 Nr. 1 der Zivilprozessordnung (SächsSchiedsGütStG) Gesetz vom 27.5.1999 zuletzt geändert durch Art. 3 HinterlegungsG-EinführungsG und ÄndG vom 11.6.2010 (SächsGVBl. S. 154)
Verordnung der Sächsischen Staatsregierung über die Schiedsstelle gemäß § 76 Abs. 5 SGB XI (Sächsische Schiedsstellenpflegeversicherungsverordnung – SächsSchiedsPflegeVersVO) Verordnung vom 2.11.2009
Verordnung der Sächsischen Staatsregierung über die Landesschiedsstelle gemäß § 114 Abs. 5 Sozialgesetzbuch (SGB V) (Landesschiedsstellenverordnung – LSchiedVO) Verordnung vom 23.2.2004 zuletzt geändert durch Art. 3 ÄndVO vom 21.1.2008 (SächsGVBl. S. 74)
Verordnung der Sächsischen Staatsregierung über den Landespflegeausschuss gemäß § 92 Satz 3 SGB XI (Pflegeausschussverordnung – PflegeAVO) Verordnung vom 17.5.1995
Sächsisches Ausführungsgesetz zum Transplantationsgesetz (Sächsisches Transplantationsausführungsgesetz – SächsAGTPG) Gesetz vom 7.11.2005
Gesetz über Einsetzung und Verfahren von Untersuchungsausschüssen des Sächsischen Landtages (Untersuchungsausschußgesetz – UAusschG) Gesetz vom 12.2.1991 zuletzt geändert durch Art. 7 ÄndG vom 12.3.2009 (SächsGVBl. S. 102)
Verordnung der Sächsischen Staatsregierung, der Sächsischen Staatskanzlei, des Sächsischen Staatsministeriums des Innern, des Sächsischen Staatsministeriums der Finanzen, des Sächsischen Staatsministeriums der Justiz und für Europa , des Sächsischen Staatsministeriums für Kultur, des Sächsischen Staatsministeriums für Wirtschaft und Kunst, des Sächsischen Staatsministeriums für Wirtschaft, Arbeit und Verkehr, des Sächsischen Staatsministeriums für Soziales und Verbraucherschutz und des Sächsischen Staatsministeriums für Umwelt und Landwirtschaft über die Vertretung des Freistaates Sachen in gerichtlichen Verfahren. Verordnung vom 30.3.2009

6. Übersicht: Gesetze und Verordnungen der Länder **Anhang**

II. Sonstige Gesetze und Verordnungen

Sächsisches Gesetz über die Reisekostenvergütung der Beamten und Richter (Sächsisches Reisekostengesetz – SächsRKG) Gesetz vom 12.12.2008
Gesetz zur Regelung des Verwaltungsverfahrens- und des Verwaltungszustellungsrechts für den Freistaat Sachsen (SächsVwVfZG) Gesetz vom 19.5.2010 zuletzt geändert durch Art. 3 G zur Änd. wasserrechtlicher Vorschriften vom 12.7.2013 (SächsGVBl. S. 503)

Sachsen-Anhalt

I. Gesetze und Verordnungen (JVEG)

Verordnung über Einigungsstellen zur Beilegung von Wettbewerbsstreitigkeiten Verordnung vom 21.1.1992 zuletzt geändert durch Art. 9 G zur Änd. des Landeskostenrechts und des G über die Organisation der ordentlichen Gerichte im Lande Sachsen-Anhalt vom 14.2.2008 (GVBl. LSA S. 58)
Verordnung über Ethik-Kommissionen zur Bewertung klinischer Prüfungen von Arzneimitteln (Ethik-Kom-VO) Verordnung vom 10.12.2009
Gesetz über die Kammern für Heilberufe Sachsen-Anhalt (KGHB-LSA) Gesetz vom 13.7.1994 zuletzt geändert durch Art. 4 Zweites Gesetz zur Änderung des Landesrechts aufgrund der bundesrechtlichen Einführung des Rechtsinstituts der eingetragenen Lebenspartnerschaft vom 2.2.2011 (GVBl. LSA S. 58)
Verordnung über die Schiedsstelle in der Jugendhilfe Verordnung vom 25.9.2000 zuletzt geändert durch Art. 13 G zur Änd. des Landeskostenrechts und des G über die Organisation der ordentlichen Gerichte im Lande Sachsen-Anhalt vom 14.2.2008 (GVBl. LSA S. 58)
Verordnung über die Schiedsstelle für die soziale Pflegeversicherung Verordnung vom 26.7.1995 zuletzt geändert durch Art. 12 G zur Änd. des Landeskostenrechts und des G über die Organisation der ordentlichen Gerichte im Lande Sachsen-Anhalt vom 14.2.2008 (GVBl. LSA S. 58)
Gesetz über Hilfen für psychisch Kranke und Schutzmaßnahmen des Landes Sachsen-Anhalt (PsychKG LSA) Gesetz vom 30.1.1992 zuletzt geändert durch Art. 4 G zur Änd. des Landesrechts aufgrund des G zur Reform des Verfahrens in Familiensachen und in den Angelegenheiten der freiwilligen Gerichtsbarkeit vom 13.4.2010 (GVBl. LSA S. 192)

Anhang 6. Übersicht: Gesetze und Verordnungen der Länder

Staatsvertrag für Rundfunk und Telemedien (Rundfunkstaatsvertrag – RStV) Vertrag vom 31.8.1991
Schiedsstellen- und Schlichtungsgesetz (SchStG) Neubekanntmachung vom 22.6.2001 zuletzt geändert durch Art. 7 G zur Änd. des Landesrechts aufgrund des G zur Reform des Verfahrens in Familiensachen und in den Angelegenheiten der freiwilligen Gerichtsbarkeit vom 13.4.2010 (GVBl. LSA S. 192)
Verordnung über die Errichtung und das Verfahren einer Landesschiedsstelle Verordnung vom 18.7.1994 zuletzt geändert durch Art. 11 G zur Änd. des Landeskostenrechts und des G über die Organisation der ordentlichen Geruchte im Lande Sachsen-Anhalt vom 14.2.2008 (GVBl. LSA S. 58)
Gesetz über die öffentliche Sicherheit und Ordnung des Landes Sachsen-Anhalt (SOG LSA) Neubekanntmachung vom 23.9.2003 zuletzt geändert durch Art. 1 G zur Neuregelung der Erhebung von telekommunikations- und telemedien-rechtlichen Bestandsdaten vom 10.10.2013 (GVBl. LSA S. 494)
Gesetz über die Tierseuchenkasse und zur Ausführung des Tierseuchengesetzes (AG TierSG) Neubekanntmachung vom 15.7.2002 zuletzt geändert durch Art. 9 G zur Umsetzung der europäischen DienstleistungsRL in Sachsen-Anhalt vom 16.12.2009 (GVBl. LSA S. 700)
Gesetz über die Einsetzung und das Verfahren von Untersuchungsausschüssen (Untersuchungsausschußgesetz – UAG) Gesetz vom 29.10.1992 zuletzt geändert durch Art. 1 G zur Änd. des Landeskostenrechts und des G über die Organisation der ordentlichen Gerichte im Lande Sachen-Anhalt vom 14.2.2008 (GVBl. LSA S. 58)
Kostenverordnung für das amtliche Vermessungs- und Geoinformationswesen (VermKostVO) Verordnung vom 15.12.1997 zuletzt geändert durch Art. 1 Siebte ÄndVO vom 12.6.2013 (GVBl. LSA S. 262)

II. Sonstige Gesetze und Verordnungen

Verwaltungsverfahrensgesetz Sachsen-Anhalt (VwVfG LSA) Gesetz vom 18.11.2005 zuletzt geändert durch Art. 3 G zur Änd. verwaltungsvollstreckungs- und verwaltungsverfahrensrechtl. Vorschriften vom 26.3.2013 (GVBl. LSA S. 134)
Besoldungs- und Versorgungsrechtsergänzungsgesetz Sachsen-Anhalt (BesVersEG LSA)

6. Übersicht: Gesetze und Verordnungen der Länder **Anhang**

Gesetz vom 8.2.2011 zuletzt geändert durch Art. 3 G zur Änd. landesbesoldungs- und beamten- rechtl. Vorschriften vom 30.7.2013 (GVBl. LSA S. 400)

Schleswig-Holstein

I. Gesetze und Verordnungen (JVEG)

Landesverordnung über die Durchführung des Baugesetzbuches durch die Enteignungsbehörde und die höhere Verwaltungsbehörde zur Festsetzung von Entschädigungen Verordnung vom 9.5.1997 zuletzt geändert durch Art. 1 ÄndVO vom 20.10.2008 (GVOBl. Schl.-H. S. 518)
Gesetz zur Gleichstellung von Menschen mit Behinderung in Schleswig-Holstein (Landesbehindertengleichstellungsgesetz – LBGG) Gesetz vom 18.11.2008
Landesverordnung über die Errichtung von Einigungsstellen bei den Industrie und Handelskammern zur Beilegung von Wettbewerbsstreitigkeiten (Einigungsstellenverordnung) Verordnung vom 19.7.1991 zuletzt geändert durch Art. 68 VO zur Anpassung von Rechtsvorschriften an geänderte Zuständigkeiten der obersten Landesbehörden und geänderte Ressortbezeichnungen vom 4.4.2013 (GVOBl. Schl.-H. S. 143)
Landesverordnung über die Bildung von Gutachterausschüssen und die Ermittlung von Grundstückswerten Verordnung vom 6.12.1989 zuletzt geändert durch Art. 1 ÄndVO vom 16.8.2004 (GVOBl. Schl.-H. S. 333)
Gesetz über die Kammern und die Berufsgerichtsbarkeit für die Heilberufe (Heilberufekammergesetz – HBKG) Gesetz vom 29.2.1996 zuletzt geändert durch Art. 65, 67, 68 und 69 VO zur Anpassung von Rechtsvorschriften an geänd. Zuständigkeiten der obersten Landesbehörden und geänd. Ressortbezeichnungen vom 4.4.2013 (GVOBl. Schl.-H. S. 143)
Landesverordnung über die Schiedsstelle nach dem Achten Buch Sozialgesetzbuch, Kinder- und Jugendhilfe (Kinder- und Jugendhilfe-Schiedsstellenverordnung – KJHSVO –) Verordnung vom 13.12.2000 zuletzt geändert durch Art. 69 VO zur Anpassung von Rechtsvorschriften an geänderte Zuständigkeiten der obersten Landesbehörden und geänderte Ressortbezeichnungen vom 4.4.2013 (GVOBl. Schl.-H. S. 143)
Maßregelvollzugsgesetz (MVollzG) Gesetz vom 19.1.2000 zuletzt geändert durch Art. 1 ÄndG vom 31.3.2008 (GVOBl. Schl.-H. S. 158)

Anhang
6. Übersicht: Gesetze und Verordnungen der Länder

Landesverordnung über den Landespflegeausschuß nach dem Pflege-Versicherungsgesetz (Landespflegeausschußverordnung – LPAVO) Verordnung vom 21.3.1995 zuletzt geändert durch Art. 69 VO zur Anpassung von Rechtsvorschriften an geänderte Zuständigkeiten der obersten Landesbehörden und geänderte Ressortbezeichnungen vom 4.4.2013 (GVOBl. Schl.-H. S. 143)
Landesverordnung über die Schiedsstelle nach dem Pflege-Versicherungsgesetz (Pflege-Schiedsstellenverordnung – PSchVO) Verordnung vom 24.3.1995 zuletzt geändert durch Art. 69 VO zur Anpassung von Rechtsvorschriften an geänderte Zuständigkeiten der obersten Landesbehörden und geänderte Ressortbezeichnungen vom 4.4.2013 (GVOBl. Schl.-H. S. 143)
Staatsvertrag für Rundfunk und Telemedien (Rundfunkstaatsvertrag – RStV) Vertrag vom 31.8.1991
Schiedsordnung für das Land Schleswig-Holstein (SchO) Vom 10.4.1991 zuletzt geändert durch Art. 65 VO zur Anpassung von Rechtsvorschriften an geänderte Zuständigkeiten der obersten Landesbehörden und geänderte Ressortbezeichnungen vom 4.4.2013 (GVOBl. Schl.-H. S. 143)
Landesverordnung über die Landesschiedsstelle nach dem Fünften Buch Sozialgesetzbuch (Landesschiedsstellenverordnung – LSchVO) Verordnung vom 11.12.1990 zuletzt geändert durch Art. 69 VO zur Anpassung von Rechtsvorschriften an geänderte Zuständigkeiten der obersten Landesbehörden und geänderte Ressortbezeichnungen vom 4.4.2013 (GVOBl. Schl.-H. S. 143)
Landesverordnung zur Ausführung tierseuchenrechtlicher Vorschriften Verordnung vom 3.12.2008 zuletzt geändert durch Art. 2 VO zur Änd. tierseuchenrechtl. Vorschriften vom 2.10.2013 (GVOBl. Schl.-H. S. 411)
Gesetz zur Regelung des Rechts der parlamentarischen Untersuchungsausschüsse (Untersuchungsausschußgesetz) Gesetz vom 17.4.1993 zuletzt geändert durch Art. 1 ÄndG vom 30.3.2010 (GVOBl. Schl.-H. S. 413)
Gesetz über den Verfassungsschutz im Lande Schleswig-Holstein (Landesverfassungsschutzgesetz – LVerfSchG) Gesetz vom 23.3.1991 zuletzt geändert durch Art. 2 G zur Änd. des LVwG und des LVerfSchG – Anpassung des manuellen Abrufs der Bestanddaten nach dem TKG an die verfassungsrechtlichen Vorgaben vom 21.6.2013 (GVOBl. Schl.-H. S. 254)
Allgemeines Verwaltungsgesetz für das Land Schleswig-Holstein (Landesverwaltungsgesetz – LVwG) Neubekanntmachung vom 2.6.1992 zuletzt geändert durch Art. 1 G zur Änd. des LVwG und des LVerfSchG – Anpassung des manuellen Abrufs der Bestanddaten nach dem TKG an die verfassungsrechtl. Vorgaben vom 21.6.2013 (GVOBl. Schl.-H. S. 254)

6. Übersicht: Gesetze und Verordnungen der Länder **Anhang**

Landesverordnung über Verfahren in Wild- und Jagdschadenssachen Verordnung vom 18.11.2008

II. Sonstige Gesetze und Verordnungen

Landesbeamtengesetz (LBG) Gesetz vom 26.3.2009 zuletzt geändert durch Art. 5 Besoldungs- und VersorgungsanpassungsG 2013 bis 2014 vom 25.6.2013 (GVOBl. Schl.-H. S. 275)

Thüringen

I. Gesetze und Verordnungen (JVEG)

Thüringer Verordnung über die Gewährung von Beihilfen in Geburts-, Krankheits-, Pflege- und sonstigen Fällen (Thüringer Beihilfeverordnung – ThürBhV) Verordnung vom 25.5.2012 zuletzt geändert durch Art. 1 Erste ÄndVO vom 5.7.2013 (GVBl. S. 180)
Thüringer Verordnung über die Schiedsstelle nach § 80 des Zwölften Buches Sozialgesetzbuch (ThürSchiedsVO-SGB XII) Verordnung vom 21.10.1994 zuletzt geändert durch Art. 1 Zweite ÄndVO vom 8.12.2009 (GVBl. S. 777)
Thüringer Heilberufegesetz (ThürHeilBG) Neubekanntmachung vom 29.1.2002 zuletzt geändert durch Art. 14 RL 2006/123/EG-UmsetzungsG vom 8.7.2009 (GVBl. S. 592)
Thüringer Gesetz über die Aufgaben und Befugnisse der Ordnungsbehörden (Ordnungsbehördengesetz – OBG) Gesetz vom 18.6.1993 zuletzt geändert durch Art. 2 ÄndG vom 19.9.2013 (GVBl. S. 251)
Thüringer Gesetz über das Petitionswesen (ThürPetG) Gesetz vom 15.5.2007 zuletzt geändert durch Art. 1 Erstes ÄndG vom 6.3.2013 (GVBl. S. 59)
Thüringer Gesetz über die Aufgaben und Befugnisse der Polizei (Polizeiaufgabengesetz – PAG) Gesetz vom 4.6.1992 zuletzt geändert durch Art. 1 ÄndG vom 19.9.2013 (GVBl. S. 251)
Staatsvertrag für Rundfunk und Telemedien (Rundfunkstaatsvertrag – RStV) Vertrag vom 31.8.1991
Thüringer Gesetz über die Schiedsstellen in den Gemeinden (Thüringer Schiedsstellengesetz – ThürSchStG) Neubekanntmachung vom 17.5.1996 zuletzt geändert durch Art. 5 ÄndG vom 9.9.2010 (GVBl. S. 291)

Anhang   6. Übersicht: Gesetze und Verordnungen der Länder

Thüringer Verordnung über den Landespflegeausschuß nach § 92 des Elften Buches Sozialgesetzbuch (ThürVOLPflA-SGB XI) Verordnung vom 28.9.1995 zuletzt geändert durch Art. 1 Erste ÄndVO vom 29.11.2012 (GVBl. S. 477)
Thüringer Verordnung über die Schiedsstelle nach § 78g des Achten Buches Sozialgesetzbuch – Kinder- und Jugendhilfe – (ThürSchiedsVO-SGB VIII) Verordnung vom 28.1.1999 zuletzt geändert durch Art. 2 ÄndVO vom 18.9.2012 (GVBl. S. 410)
Thüringer Verwaltungsverfahrensgesetz (ThürVwVfG) Neubekanntmachung vom 18.8.2009 zuletzt geändert durch Art. 10 ÄndG vom 9.9.2010 (GVBl. S. 291)

II. Gesetze und Verordnungen (ZSEG)

Thüringer Pflegesatz-Schiedsstellenverordnung Verordnung vom 17.8.1992 zuletzt geändert durch Art. 1 Erste ÄndVO vom 1.3.2013 (GVBl. S. 65)
Thüringer Verordnung über die Schiedsstelle nach § 76 des Elften Buches Sozialgesetzbuch (ThürSchiedsVO-SGB XI) Verordnung vom 28.9.1995
Landesgesetz über die Einsetzung und das Verfahren von Untersuchungsausschüssen (Untersuchungs-ausschußgesetz – UAG –) Verordnung vom 7.2.1991 zuletzt geändert durch Art. 2 Thüringer Euro-UmstellungsG vom 24.10.2001 (GVBl. S. 265)

III. Sonstige Gesetze und Verordnungen

Thüringer Gesetz über die Reisekostenvergütung der Beamten und Richter (Thüringer Reisekostengesetz – ThürRKG) Gesetz vom 23.12.2005 zuletzt geändert durch Art. 10 ÄndG vom 19.9.2013 (GVBl. S. 266)

Sachregister

Die fett gedruckten Zahlen beziehen sich auf Paragrafen, die mageren Zahlen auf Randnummern. Handelt es sich um Anlage zu einzelnen Paragrafen, ist jeweils ein A angefügt, z. B. bei der Anlage 3 zu § 23 = **23 (A)**.

Abendessen **6**, 31
Abhilfemöglichkeit
– Anweisungsbeamter **4**, 45
– Rechtspfleger in Strafsachen **1**, 126
Abladung **5**, 2
Ablehnung des Sachverständigen
– Ablehnungsgründe **8a**, 3
– Anzeigepflicht **8a**, 4
– Vergütung **8a**, 5
Ablehnungsgesuch
– Richter **4**, 35
– Vergütung **8**, 19
Abschleppkosten **1**, 145
Abstammungsgutachten
– Aufwendungen **10 (A-4)**, 3
– Biostatistische Auswertung **10 (A-4)**, 6
– Entgelte **12**, 19 ff.
– erbbiologisches A. **10 (A-5)**, 1
– Gutachtenerstellung **10 (A-4)**, 5
– Hilfskräfte **10 (A-4)**, 3
– Schreibauslagen **10 (A-4)**, 3
– Umsatzsteuer **10 (A-4)**, 3; **12**, 66
– Untersuchung **10 (A-4)**, 8
– Verbrauchte Materialien **10 (A-4)**, 3
Absprache über Vergütung **13**, 21
Abstammungssachen **1**, 41; **3 (R)**, 23; **19**, 3
Abtretung **2**, 15 ff.; **22**, 6
Abzuführende Entgelte **12**, 19 ff.
Adoptionssachen **1**, 74
Afghanisch **11**, 20
Ärztliches Attest **7**, 5
Akten
– Fotokopien **7**, 42 ff.
Aktenanlage **8**, 24
Aktenausdruck
– elektronisches Dokument **4 b**, 9
Aktenauszug
– Kopiekosten **7**, 39
– Zeitaufwand **8**, 31
Akteneinsicht
– Fahrtkosten **5**, 4
– Portokosten **12**, 6
– Zeitversäumnis **16**, 7
Aktenstudium **8**, 20
Aktenrechtl. Spruchverfahren **13**, 12
Alter **8**, 17

Amtshilfe **1**, 64
– Erstattung von Kosten **1**, 37
– Vergütungsanspruch **1**, 64
siehe auch *Rechtshilfe*
Anamnese **8**, 22
Aneignung von Wissen **8**, 23
Angeklagter, freigesprochener
– Anreiseort **1**, 146
– Auslagen **1**, 145
– Bezirksrevisor **1**, 124
– Dolmetscherkosten **1**, 131
– Ermittlungskosten **1**, 132
– Fahrtkosten **1**, 146
– Informationsreisen **1**, 135
– Jugendgerichtssachen **1**, 128, 136
– Kostenentscheidung **1**, 122, 128
– Kostenfestsetzung **1**, 120 ff.
– Privatgutachten **1**, 137
– Rechtsgrundverweis auf JVEG **1**, 119
– Rechtsmittel **1**, 126
– Teilnahme an Verhandlungen **1**, 140
– Vernehmungen **1**, 141
– Urlaub **1**, 148
– Umsatzsteuer **1**, 149; **12**, 78
– Verdienstaufall **1**, 150
– Vollmacht **1**, 125
– Zinsen **1**, 143
Angelegenheit
– Fotokopiekosten **7**, 36
Angestellte **22**, 6
Angriff, persönlicher **8a**, 18
Anhörungsrüge
– Abhilfe **4 a**, 20 ff.
– Anwaltsprozess **4 a**, 15
– Fristen **4 a**, 9 ff.
– Rechtsbehelfsbelehrung **4 c**, 3
– Stellungnahme **4 a**, 16 f.
– Vollstreckung **4 a**, 22
– Voraussetzungen **4 a**, 3 ff.
Anordnungen (§ 95 StPO) **23**, 9 ff.
Anordnungen (§§ 142, 144 ZPO) **23**, 3 ff.
Annahmeanordnung **3**, 15; **3 (R)**, 14
Anreise von einem anderen Ort **5**, 54 ff.
Anrufbeantworter **5**, 2
Anschlagszählung
– Schätzung **12**, 50
– Übersetzer **11**, 46 ff.

537

Sachregister

fette Zahlen = §§

Anwaltsverfahren
– Wiedereinsetzung **2**, 55
– Anhörungsrüge **4 a**, 15
– Beschwerde **4**, 43
– gerichtliche Festsetzung **4**, 28
Anwesenheitsprämie **22**, 7
Arabisch **11**, 21
Arbeitsgerichte
– Beratender Ausschuss **1**, 20
– Besondere Vergütung **13**, 11
– Gerichtskosten **1**, 188
– Heranziehung **1**, 20
– Reiseentschädigung **3 (R)**, 2
Arbeitslose
– Haushaltsführung **17**, 4; **21**, 11
– Zeitversäumnis **20**, 5
Arbeitsschutz **1**, 91
Arbeitsunterlagen **7**, 38
Architekt **22**, 5, 24
Arzt
– Befundbericht **10 (A-2)**, 2ff.
– Dienstaufgaben **1**, 86
– Leichenbesichtigung **10 (A-1)**, 7
– Nachweis Verdienstausfall **22**, 5
– sachverständiger Zeuge **19**, 14
– Verdienstausfall **22**, 8
– Vertretungskosten **7**, 22
Attest **7**, 5
Audatex **12**, 16
Auflagen
– gerichtliche A. (§ 153a StPO) **1**, 49
– Führungsaufsicht **1**, 50
– Urinproben **1**, 50
Aufrundung
– Sachverständige, Dolmetscher **8**, 61 f
– Zeugen **19**, 19
Aufsichtsbehörde für das Versicherungswesen **1**, 68
Auftragsannahme **8**, 24
Auftragserteilung **8**, 2 ff.
Auftragsüberschreitung **8**, 59 f.
Aufwandsentschädigung
– Beteiligte in Sozialsachen **1**, 159
– Betreuer **1**, 172
– Unmittelbar geladene Zeuge **1**, 107
Aufzeichnungen, Überprüfen von A. **11**, 51
Ausdrucke **7**, 35
Ausfallentschädigung für Dolmetscher **9**, 41
Auskunft über Bestandsdaten
– Auslagen **23 (A)**, 15
– Datenträger **23 (A)**, 15
– Entschädigung **23 (A)**, 13 ff.
– IP-Adresse **23 (A)**, 14

– Verdienstausfall **23 (A)**, 15
– Verkehrsdaten **23 (A)**, 14
Auskunft über Verkehrsdaten
– Datenträger **23 (A)**, 19
– Entschädigung **23 (A)**, 16 ff.
– Funkzellenabfrage **23 (A)**, 18
– Mitteilung über Standortdaten **23 (A)**, 17
– Zielwahlsuche **23 (A)**, 17
Ausländische Gerichte
– Übersetzungskosten EG-VO Zustellung **1**, 223
– Strafsachen **1**, 231 ff.
– Zivilsachen **1**, 215 ff.
Auslagen
– Angeklagter **1**, 145
– Besondere Vergütung **13**, 4
– Festsetzungsverfahren **4**, 59
– Fotokopiekosten **7**, 31 ff.
– Nachweis **7**, 2
– Polizei **1**, 206 ff.
– Sozialgerichtssachen **1**, 160
– Vergütungsvereinbarung **14**, 14
– Vertretungskosten **7**, 17ff.
– Vorschuss **3**, 30ff.
Auslagenvorschuss
– Anordnungen (§§ 142, 144 ZPO) **23**, 8
– Besondere Vergütung **13**, 34 ff.
– Kostenfreiheit **13**, 39 ff.
– Prozesskostenhilfe **13**, 44 ff.
– Verfahrenskostenhilfe **13**, 44 ff.
Ausland
– Aufenthaltsort **19**, 26
– Kostenanforderung **1**, 237 ff.
– Sachverständige aus dem A. **8**, 65
– Zeugen aus dem A. **19**, 24ff.
Auslandsvertretung, Kosten der A.
– Strafsachen **1**, 237
– Zivilsachen **1**, 238
Ausländer
– Dolmetscherkosten **1**, 191 ff.
– höhere Entschädigung **8**, 65; **19**, 23 ff.
– Reiseentschädigung **3 (R)**, 24
– Tagegeld **6**, 10; **19**, 23
Ausländische Währung *siehe bei Währung*
Auslandskostenverordnung **11**, 44
Auslandsreisekostenverordnung **19**, 24, 32
Auslandstagegeld **6**, 10; **19**, 24, 32
– Verwaltungsvorschrift zur ARV **19**, 32
Auslöse **18**, 4; **22**, 4
Außergerichtliche Tätigkeit **8a**, 17
Auszubildende
– Verdienstausfall **22**, 9
– Zeitversäumnis **20**, 6
Autovermieter **23**, 13

538

magere Zahlen = Rn.

Sachregister

Bahncard **5,** 12 ff.
Bahn-Tix-Verfahren **3 (R),** 34
Bakterielle Untersuchung **10 (A-3),** 11
Bausachen **1,** 6 ff.
Bauteilöffnung **12,** 31
Beamte
– Verdienstausfall **22,** 10
– Zeitversäumnis **20,** 7
Befangenheit des Sachverständigen
– Außergerichtliche Tätigkeit **8a,** 17
– Beleidigung **8a,** 18
– Beratung **8a,** 19
– Bewertungen **8a,** 20
– Fahrlässigkeit **8a,** 16
– Informationen **8a,** 22
– Kanzleigemeinschaft **8a,** 23
– Ortstermin **8a,** 24
– Vergütung **8a,** 15 ff.
– Vorsatz **8a,** 16
Befundbericht
– außergewöhnlicher Umfang **10 (A-2),** 8
– Erläuterung in der Verhandlung **10 (A-2),** 6
– gutachterliche Äußerung **10 (A-2),** 14 ff.
– Hilfskräfte **10 (A-2),** 11
– Mehrere Befundberichte **10 (A-2),** 9
– Negativer B. **10 (A-2),** 4
– Schreibauslagen **10 (A-2),** 12
– Sichten von Unterlagen **10 (A-2),** 4
– Untersuchungen **10 (A-2),** 17
– Verwertbarkeit **10 (A-2),** 2
Beglaubigung **11,** 3
Begleitkosten
– Betreuer **7,** 29
– Minderjährige **7,** 26
– Reiseentschädigung **3 (R),** 39
Begleitstoffanalyse **10 (A-3),** 17
Behörde (Begriff der B.) **1,** 63
Behördenangehörige
– Reisekosten **5,** 5
– Tagegeld **6,** 7
Behördengutachten
– Amtshilfe **1,** 64
– Ärzte **1,** 86
– Dienstaufgaben **1,** 81 ff.
– Erstattungsverzicht **1,** 65
– Reisekosten **1,** 85; **5,** 5
– Stellungnahme kraft Gesetzes **1,** 67 ff.
Beistand (Strafsachen) **1,** 42, 130
Beleidigungen **8a,** 18
Belehrungspflicht **2,** 20
Belgien **1,** 217, 232
Benachrichtigung **12,** 58
Beratung von Parteien **8a,** 19

Beratungshilfe **1,** 198
Bereitschafsdienst **7,** 22; **12,** 18
Berichterstatter **13,** 30
Berlin-Warschau-Express **5, 22**
Berufliche Niederlassung **5,** 58
Berufsgerichte **15,** 11
Berufsschule **20,** 6
Beschwerde
– Abhilfe **4,** 45
– Ablehnung des Richters **4,** 35
– Beschwerdegericht **4,** 46
– Entscheidung **4,** 47 ff.
– Form **4,** 43
– Frist **4,** 44
– gerichtliche Festsetzung **4,** 36 ff.
– Kosten des B.verfahrens **4,** 58 ff.
– Rechtsanwaltskosten **7,** 4
– Rechtsbehelfsbelehrung **4 c,** 3
– Reiseentschädigung **3 (R),** 15
– Weitere Beschwerde **4,** 50 ff.
– Wiedereinsetzung **2,** 39 ff.
Beschwerdewert **4,** 38 ff.
– Mehrere Aufträge **4,** 40
– Teilabhilfe **4,** 41
– Umsatzsteuer **4,** 39
– vorherige Festsetzung des Stundensatz **9,** 16
Besondere Vergütung
– Auslagenvorschuss **13,** 34 ff.
– Bußgeldverfahren **13,** 16
– ehrenamtliche Richter **13,** 8
– Einverständniserklärung **13,** 19 ff.
– Dolmetscher **13,** 7
– Kapitalanlegermusterverfahren **13,** 47 ff.
– Mittellosigkeit **13,** 45 f.
– Prozesskostenhilfe **13,** 43 ff.
– Rechtsmittel **13,** 33
– Sozialgerichtssachen **13,** 15
– stillschweigendes Verhalten **13,** 23
– Strafsachen **13,** 16
– Streitgenossenschaft **13,** 46
– Übersetzer **13,** 7
– Umfang der B. **13,** 2 ff.
– Verfahrenskostenhilfe **13,** 43 ff.
– Vertrauensschutz **13,** 25
– Zeugen **13,** 8
– Zustimmung durch Gericht **13,** 26 ff.
Bestandsdaten *siehe Auskunft über B.*
Besuchsfahrten **1,** 177
Besuchskontrolle
– Dolmetscherkosten **1,** 195
– Vergütung **9,** 36
Beteiligte
– Kosten d. B. in Bausachen **1,** 11

Sachregister

fette Zahlen = §§

Betreuer
- Aufwandsentschädigung **1**, 172
- Begleitungskosten **3 (R)**, 39; **7**, 29
- Fahrtkosten **1**, 167 ff.
- gerichtliche Festsetzung **1**, 174
Betreuungsgericht **4**, 21; **7**, 29
Betreuungskosten
- Reiseentschädigung **3 (R)**, 39
Betreuungsverfahren
- Ärztliches Zeugnis **9**, 21
- Anforderungen an das Gutachten **9**, 19
- Aufhebung der Betreuung **9**, 20
- Gutachten d. Gesundheitsamt **1**, 71
- Honorargruppen **9**, 20
Betriebsarzt **1**, 54
Beurkundungszeugen **1**, 44
Bewährungsauflage **1**, 49 f.
Bewährungshelfer **1**, 43; **22**, 11
Bezirksrevisor
- Anhörung in Strafsachen **1**, 124
- Befangenheit **4**, 15
- Einrede der Verjährung **2**, 64
- Zustellung in Strafsachen **1**, 124
Binden des Gutachtens **8**, 27, 48; **12**, 52
Biostatistik **10 (A-4)**, 6
Blinde Personen **1**, 129
Blutalkoholgehalt
- Blutentnahme d. d. Polizei **1**, 36
- Feststellung des B., Dienstaufgabe **1**, 86
Blutalkoholuntersuchung **10 (A-3)**, 15
Blutentnahme
- Abstammungssachen **19**, 3
- Hilfskräfte **10 (A-3)**, 32
- Identitätsfeststellung **10 (A-3)**, 30
- Leiche **10 (A-3)**, 34
- Parteien **19**, 3
- Persönliche Vornahme **10 (A3)**, 32
- Reiseentschädigung **3 (R)**, 26
- Straßenverkehr **1**, 36
- Venüle **10 (A-3)**, 30
- Vergütung **10 (A-3)**, 30 ff.
Blutgruppe **10 (A-4)**, 4
Bodensonderungsgesetz **1**, 15
Bohrungen **3**, 30; **12**, 14
Brachytherapie **10**, 18
Brandleiche **10 (A-1)**, 19
Briefannahmestelle **2**, 21
Briefkontrolle
- Dolmetscherkosten **1**, 195
Brückenmaut **5**, 40
Buchsachverständiger **1**, 89
Büroarbeiten **12**, 35, 37
Bürokraft **8**, 26, 27; **12**, 37, 39
Bundesnotarkammer **1**, 76
Bußgeldverfahren
- Auslagen der Polizei **1**, 36, 206, 207

- Autovermieter **23**, 13
- Besondere Vergütung **13**, 16, 40

Chemische Untersuchung **10 (A-3)**, 11
Chemische Untersuchungsämter **1**, 87
Computerausdruck **7**, 35
Computerprogramm
- Anschlagsberechnung **11**, 48; **12**, 49
- Wegberechnung **5**, 31
Computertomographie **10 (A-3)**, 27
CPU-Sekunde **23**, 26

Dänemark **1**, 216, 218, 223
Dänisch **11**, 22
Daktyloskopiesches Gutachten **1**, 93
Datenanlagen **23**, 22 ff.
Datenbank
- Aktualisierung **8**, 21
- Entgelte **12**, 16
Datenträger **7**, 46 ff.; **23**, 12, 20; **23 (A)**, 15, 19, 21
Dauerkarten **5**, 17
DEKRA
- Anspruch eines Bediensteten **1**, 53
Deletions/Insertionspolymorismen **10 (A-4)**, 8
De-Maile-Postfach **23 (A)**, 9
Desinfektionsmittel **10**, 15
Devisenbriefkurs **19**, 30
Deutsche Bundesbank **1**, 70
Deutsches Patentamt **1**, 69
Deutscher Wetterdienst
- Dienstaufgaben **1**, 99
- durchlaufende Gelder **1**, 204
Diagramme **12**, 33
- Ausdrucke **12**, 46
- Übersetzung **11**, 17
- Vergütung **8**, 28
Dienstaufgaben
- DEKRA **1**, 53
- Dolmetscher **9**, 37
- Erstattungsanspruch **1**, 81, 83
- Freizeit **1**, 82
- Hinzuziehung von Dritten **1**, 84
- Kriminalämter **1**, 93
- Reisekosten **1**, 85
Dienstherr, Entgelte **12**, 19 ff.
Dienstkraftfahrzeug
- Geschäfte außerhalb der Gerichtsstelle **1**, 83
Digitalanschlüsse **23 (A)**, 12
Digitalisierung **7**, 6
Diktat **8**, 28
DIMIDI-Informationsdienst **12**, 16
DIP **10 (A-4)**, 8
Diskussionspartner **8a**, 9

magere Zahlen = Rn.

Sachregister

Disziplinargerichte **1**, 14
DNA-Probe
– Eignung der D. **10 (A-3)**, 18
– Entnahme **10 (A-4)**, 10
Dolmetscher
– Angeklagter, freigesprochener **1**, 131
– Auswahl durch Angeklagten **1**, 193
– Beeidigung **9**, 31
– Beiordnung **1**, 192, 193, 199
– Beratungshilfe **1**, 198
– Berufliche Niederlassung **5**, 58, 59
– Dienstaufgaben **9**, 37
– Höhe der Vergütung **9**, 32 ff.
– Notare **1**, 31
– Terminsaufhebung **9**, 41
– Übergangsbestimmung **24**, 7
– Vermittlungskosten **7**, 14
– Verwaltungsbehörden **1**, 39
– Vorschuss **3**, 34
– Wahl- und Pflichtverteidiger **1**, 199
Dolmetscherkosten
– Arbeitsgerichtssachen **1**, 188
– Ausländer in Strafsachen **1**, 191 ff.
– Ermittlungsmaßnahmen **1**, 194
– Gerichtsvollzieher **1**, 27
– Telefonüberwachung **1**, 194, 200
– Vorbereitende Gespräche **1**, 192
– Wahlverteidiger **1**, 199
– Wiedereinziehung **1**, 186 ff.
DRG-System **12**, 17
Dritte (§ 23)
– Überwachung d. Telekommun. **23 (A)**, 1 ff.
– Vermittlungskosten **7**, 14
Drittverschulden **2**, 15, 48
Drogenkontrolle **1**, 49
Durchlaufende Gelder **1**, 203 ff.
– Auszahlung **1**, 212
– Gerichtsvollzieherkosten **1**, 209
– Kostenrechnung **1**, 211
– Landesbehörden **1**, 210
– Polizei **1**, 206 ff.
Durchsicht **8**, 28

EEG-Untersuchung **10 (A-3)**, 25
Ehrenamtliche Richter
– Begleitperson **7**, 28
– Besprechungen **16**, 3
– Fahrtkosten **5**, 4
– häufige Heranziehung **18**, 8 ff.
– Haushaltsführung **17**, 1 ff.
– Terminsvorbereitung **16**, 7
– Übergangsbestimmung **24**, 9
– Umsatzsteuer **18**, 5
– Vorschuss **3**, 35
– Zeitversäumnis **16**, 1 ff.

EhrRiEG **25**, 1
Ehrengerichte
– Anwendung d. JVEG **1**, 14
– Entschädigung ehrenamtl. Richter **15**, 11
Eigenständige Leistung
– Proben durch Dritte **10 (A-3)**, 8
– Sachverständige **9**, 4
Eilfälle
– Vorschusszahlung **3**, 6; **3 (R)** 7
Eingangsstempel **4**, 55
Einheitliche Zeichenvergütung **11**, 9
Einkleben von Lichtbilder **8**, 24, 27, 48
Einkommensbescheid **22**, 5
Einschreiben **12**, 9
Einzelnachweis
– Reisekosten **1**, 178
Einzelposition **4**, 31
Einzelrichter **4**, 49
Einzelzimmer **6**, 27
EKG **10 (A-3)**, 25
Elektronisches Dokument
– Aktenausdruck **4 b**, 9
– Anhörungsrüge **4 a**, 14
– Aufbewahrungsfristen **4 b**, 11
– Rechtswirkungen **4 b**, 12 ff.
– Signatur **4 b**, 7 f.
– Versendungskosten **7**, 46 ff.
– Vorschuss **3**, 11
Elektronisches Postfach **23 (A)**, 9
Elternvertreter **1**, 47
Embryo **10 (A-1)**, 6 ff., 20
Englisch **11**, 23
Entgelt *siehe auch bei abzuführendes Entgelt*
Entschädigungsanspruch **19**, 2
Entschädigungsbehörde nach dem BauGB **1**, 10 ff.
Entwürfe **12**, 58
Erben **8**, 10
Erbbiologisches Abstammungsgutachten **10 (A-5)**, 1
Erforderliche Zeit
– Maßgebende Kriterien **8**, 15 ff.
– Reisezeit **8**, 41
– Vergütung **8**, 13 ff.
– Wartezeit **8**, 38, 41
Ergänzungsgutachten **24**, 4
Erinnerung gegen den Kostenansatz **4**, 13, 19, 37, 53 ff.
Ermittlungskosten **1**, 66.2
Ermittlungsverfahren **1**, 16
– Dolmetscherkosten **1**, 194
– Finanzbehörden **1**, 16
– gerichtliche Festsetzung **4**, 23 ff.
– Kosten der Polizei **1**, 206, 207
Erschwerniszulage **22**, 4, 21

541

Sachregister

fette Zahlen = §§

Erstattung von Kosten
- Rechtshilfe **1**, 37
- Zahlungsverzicht **1**, 65

Erstattungsverzicht
- Auslagen der Polizei **1**, 206 ff.
- Landesbehörden **1**, 65, 210
- Reiseentschädigung **3 (R)**, 2

Erwerbsersatzeinkommen **17**, 4; **21**, 6
Erziehungsfähigkeit **8**, 49
ESDA-Polymer-Reproduktion **7**, 10
EU-Amtssprachen **11**, 24
Eurocity **5**, 22
EuroNight **5**, 22
Europäisches Rechtshilfeübereinkommen **1**, 232
EU-VO Zustellung **1**, 223
Exhumierung **10 (A-1)**, 19

Fachbehörden
- Gutachten in Strafsachen **1**, 66

Fachkenntnisse **8**, 4
Fachtext **11**, 15 ff.
Fachliteratur
- Kosten **12**, 12
- Literaturstudium **8**, 36

Fährgebühren **5**, 37
Fahrgemeinschaft **5**, 35
Fahrkartenkauf **8**, 42
Fahrlässigkeit **8a**, 11, 16
Fahrrad **5**, 41
Fahrradbeförderung **5**, 41
Fahrtkosten *siehe bei Reisekosten*
Fallpauschale **12**, 17
Familiensachen **13**, 13
Farbkopien
- Erstattung **7**, 31 ff.
- Lichtbilder **12**, 42 ff.

Feiertag **8**, 14; **10 (A-1)**, 18
Ferientage **20**, 9
Festplatte **23**, 6, 12
Festsetzung
- Hemmung der Verjährung **2**, 62
siehe auch gerichtliche Festsetzung

Finanzbehörden
- Heranziehung **1**, 16

Finanzamt
- Dienstaufgaben **1**, 89

Finanzbehörden
- durchlaufende Gelder **1**, 205
- gerichtliche Festsetzung **4**, 25
- Vorbereitungskosten **1**, 200

Finanzdienst **1**, 145
Finanzgerichte **1**, 21
- Buchsachverständiger **1**, 89
- gerichtliche Festsetzung **4**, 8
- Reiseentschädigung **3 (R)**, 2, 7

Flämisch **11**, 25
Flatrate **12**, 11
Flugkosten
- Erstattung von F. **5**, 46
- Flughafensteuer **5**, 46
- Parkhaus **5**, 38

Formbogengutachten
- Vergütung **10 (A-2)**, 15
- Schreibauslagen **10 (A-2)**, 20

Formular **11**, 17
Forstausschüsse **1**, 48
Fortbildungsveranstaltung
- Betreuer **1**, 177
- ehrenamtliche Richter **15**, 12 ff.; **16**, 5

Fotoanlage
- Obduktion **10**, 21
- Zeitaufwand **8**, 48

Fotokopiekosten
- Computerausdruck **7**, 35
- Gerichtsakte **7**, 39
- Handakten **7**, 40
- Hilfskräfte **7**, 33
- Höhe der Pauschale **7**, 32, 42, 45
- Mehrfertigungen **7**, 37; **8**, 31 f., 37
- Vorbereitende Schreiben **7**, 41

Fragebogen **10 (A-2)**, 8
Französisch **11**, 26
Fremdleistungen **12**, 13 ff., 69ff.
Fremduntersuchung **12**, 13
Freiwillige Gerichtsbarkeit
- Besondere Vergütung **13**, 14
- Heranziehung **1**, 18
- Mehrkosten **8a**, 32
- Reiseentschädigung **3 (R)**, 2

Freizeit
- Dienstaufgaben **1**, 8

Frist zur Geltendmachung des Anspruchs **2**, 19 ff.
- Belehrungspflicht **2**, 20
- Reiseentschädigung **3 (R)**, 11
- Vorschuss **3**, 12
- Vorzeitige Auftragsbeendigung **2**, 31

Fristverlängerung **2**, 32 ff.
Frühstück **6**, 31 ff.
Führungsaufsicht **1**, 50
Funkzellenabfrage **23 (A)**, 18
- Abfrage **23 (A)**, 18
- Strukturabfrage **23 (A)**, 23

Fußweg **5**, 41

Garage **6**, 34
Gebärdendolmetscher
- Höhe der Vergütung **9**, 38
- Wiedereinziehung der Kosten **1**, 190

Gebührenordnungen
- Amtshilfe **1**, 63

magere Zahlen = Rn.

Sachregister

– Besondere Vergütung **13**, 6
– Gesundheitsamt **1**, 71
– Hilfskräfte **12**, 30
– keine Anwendung von G. **1**, 2
Gefangene
– Begleitpersonen **7**, 30
– Verdienstausfall **22**, 12 f.
Gegendarstellung **4**, 6
Gegenüberstellung **1**, 133
Geldentwertung **5**, 27
Geltendmachung
– der Ansprüche **2**, 19 ff.
– Fristverlängerung **2**, 32 ff.
– Form **2**, 3 ff.
– Wiedereinsetzung **2**, 39 ff.
Gemeinde **13**, 40
Gemeinkosten **12**, 18 ff.
– abzuführende Entgelte **12**, 19 ff.
– Hilfskräfte **12**, 36 ff.
Gepäck **5**, 20
Gepäckträger **5**, 20
Gepäckversicherung **5**, 20
Geräte
– Mietkosten **12**, 23
– Wertverlust **12**, 26
Gerichte
– Heranziehung **1**, 17 ff.
Gerichtliche Festsetzung
– berichtigte Personen **4**, 11 ff.
– Beschwerdeverfahren **4**, 36 ff.
– Entscheidung **4**, 29 ff.
– Form **4**, 28
– Rechtsbehelfsbelehrung **4 c**, 3
– Rechtliches Gehör **4**, 34, 51
– Umfang der Festsetzung **4**, 31
– Verschlechterungsverbot **4**, 48; **4 a**, 21
– Wirkung zu Lasten des Kostenschuldners **4**, 56 f.
Gerichtskosten
– Anhörungsrüge **4 a**, 24
– Beschwerde bei Reiseentschädigung **3 (R)**, 17
– Beschwerde bei Wiedereinsetzung **2**, 58
– Durchlaufende Gelder **1**, 203 ff.
– gerichtliche Festsetzung **4**, 58 ff.
– Reiseentschädigungen **3 (R)**, 17, 40
Gerichtsvollzieher
– Dolmetscher **1**, 27
– Dritter (§ 23) **23**, 14
– durchlaufende Gelder **1**, 209
– gerichtliche Festsetzung **4**, 26
– Heranziehung durch G. **1**, 24 ff.
– Verdienstausfall **22**, 14
– Zeitversäumnis **20**, 8

Gesamtbetrag **2**, 2; **4**, 29, 31
– Austausch innerhalb des G. **4**, 29
Gesetzlicher Vertreter
– Jugendgerichtssachen **19**, 4
– Reiseentschädigung **3 (R)**, 39
– Verdienstausfall **19**, 4
Gestellte Zeugen **19**, 5
Gesundheitsamt
– Dienstaufgaben **1**, 90
– Stellungnahme kraft Gesetz **1**, 71
Gewerbeämter **1**, 72
Gewerbeaufsichtsamt **1**, 91
Gleitzeitkonto **18**, 7; **20**, 1
GOÄ **10**, 5 ff.
– Abstammungsgutachten **10 (A-4)**, 4
– Hilfskräfte **10**, 17
– Vergleichsrechnung **10 (A-3)**, 18
GPRS-Leistungen **23 (A)**, 12
Grafiken **12**, 33
– Ausdrucke **12**, 46
– Übersetzung **11**, 17
– Vergütung **8**, 28
Griechisch **11**, 27
Grobe Fahrlässigkeit **8a**, 11, 16
Großbritannien **1**, 216, 220
GSM-Mobilfunktelefon **23 (A)**, 9
Gutachten
– Aktenauszüge **7**, 39
– Diktat und Durchsicht **8**, 28
– Erstellung des G. **8**, 30
– Lichtbilder **12**, 42 ff.
– Mindestanforderungen **8a**, 13
– Schreibauslagen **12**, 48 ff.
– Unverwertbarkeit **8a**, 10 ff.
siehe auch Unverwertbarkeit des Gutachtens
Gutachterausschuss
– Entschädigung **1**, 51
– Umsatzsteuer **12**, 74
Gutschein **3**, 20

Handakten **7**, 40; **11**, 54
Handelsbücher **23**, 3, 12
Handelsrichter
– Fahrtkosten **15**, 17
– Landesreisekostengesetze **15**, 19
– Tagegeld **15**, 18 f.
– Übergangsbestimmung **24**, 9
– Übernachtungsgeld **15**, 18 f.
– Versicherungsschutz **15**, 17
– Wiedereinziehung **1**, 185
Handschrift **11**, 14
Hartz-IV Empfänger **20**, 5; **21**, 11
siehe auch Erwerbsersatzeinkommen
Häufige Heranziehung **18**, 8 ff.
Hausbesuche **8**, 49 f.
Hausdurchsuchung **1**, 134

Sachregister

fette Zahlen = §§

Haushaltsführung (Nachteile)
- bei Angeklagten **1**, 147
- ehrenamtliche Richter **17**, 1 ff.
- Kinderbetreuung **21**, 13
- Pflegepersonen **21**, 8
- Polizisten **21**, 9
- Rentner **17**, 4; **21**, 10
- Teilzeitbeschäftigte **17**, 5; **21**, 4 f.
- Vertretung **17**, 6
- Zeugen **21**, 1 ff.

Hausmann **17**, 1; **21**, 1
Hebräisch **11**, 28
Heilpraktiker **10**, 8
Heizungskosten **12**, 18
Hemmung der Verjährung **2**, 62, 67
Hilfskräfte
- Abstammungsgutachten **10 (A-4)**, 3
- Ärzte **10**, 17
- Angestellte H. **12**, 36 ff.
- Befundbericht **10 (A-2)**, 11
- Besondere Leistungen **12**, 34
- Blutentnahme **10(A-3)**, 32
- Bürokraft **12**, 37
- elektronische Datei **7**, 47
- Erstattungsanspruch gegen die Staatskasse **1**, 52
- Fotokopien **7**, 33
- gerichtliche Festsetzung **4**, 11
- Kostenerstattung **12**, 29 ff.
- Laborangestellte **12**, 39
- Mehrkosten **12**, 31
- Nachweis **12**, 33
- Sachverständige **12**, 32ff.
- Schreibkräfte **12**, 37
- Sektionsgehilfe **10(A-1)**, 17
- Sprechstundenhilfe **12**, 40
- Umsatzsteuer **12**, 71
- Untersuchungen **10 (A-3)**, 24, 29
- Vorschuss **3**, 3, 33
- Zuschlag **12**, 41

Hinterlegungssachen **1**, 30
Hochschullehrer **1**, 92
Hochvoltstrahlenbehandlung **10**, 18
Hotelgarage **6**, 34
Hotelkosten **6**, 18 ff.

ICE **5**, 22
IHK **1**, 73
Informationsreisen **1**, 135; **3 (R)**, 27
Ingenieurbüro **8**, 2
Insolvenzgeld **17**, 4; **21**, 6
Insolvenzverwalter
- Vergütung **9**, 26 ff.
- Veröffentlichungskosten **7**, 15
- Zeuge **22**, 15

Internet
- Kosten **7**, 12; **12**, 11
- Studium **8**, 33
- Versendungskosten **7**, 47
- Veröffentlichungskosten **7**, 15
Interventionsgutachten **8**, 52
Investitionssumme **23**, 24 f.
ISDN-Basisanschluss **23 (A)**, 10
ISDN-Primärmultiplexanschluss **23 (A)**, 11
Italienisch **11**, 29

Jiddisch **11**, 30
Jugendamt
- Stellungnahme kraft Gesetzes **1**, 74
Jugendarrest, Antritt zum J. **3 (R)**, 32
Jugendgerichtssachen **1**, 128, 134; **19**, 4
Juris-Abfrage **1**, 145
Juristische Personen **22**, 16 ff.
Justizverwaltung **1**, 29 f.
JVA, Besichtigung einer **15**, 14

Kanzleigemeinschaft **8a**, 23
Kapitalanlegermusterverfahren **13**, 47 ff.
Katasteramt (Umsatzsteuer) **12**, 72
Kaukasische Sprachen **11**, 31
Kinder
- Begleitpersonen **7**, 26
- Reiserücktritt **7**, 11
- Vorschuss **3**, 21
Kinderbetreuung
- Beaufsichtigung **3 (R)**, 39
- Haushaltsführung **17**, 6; **21**, 13
Kleinbetrag
- Verjährung **2**, 70
Körperflüssigkeiten **10 (A-3)**, 11, 13
Körperteile **10 (A-3)**, 11
Konsulate **1**, 237 f.; **19**, 27
Kontrastmittel **10**, 18
Konzeptseiten **7**, 38
Korrekturen **12**, 54
Korrekturentwurf **12**, 60
Kostenerstattung von Beteiligten
- Abstammungssachen **19**, 3
- Anhörungsrüge **4 a**, 23
- Ausländer **19**, 31
- Bausachen **1**, 7 ff.
- Beschwerdeverfahren **4**, 60
- Juristische Personen **22**, 16 ff.
- Privatgutachten **1**, 7 f., 137
- Reiseentschädigung **3 (R)**, 41
- Reisekosten **5**, 8
- Übersetzungen **11**, 5; **23**, 7
- Umsatzsteuer **12**, 76ff.
- unmittelbar geladenen Zeugen **1**, 117, 139

544

magere Zahlen = Rn.

Sachregister

Kostenfestsetzung **4,** 19 *siehe auch bei Kostenerstattung*
Kostenfreiheit **13,** 39 ff.
Kostenrechnung
– Erstellung der K. **8,** 34
– Portokosten **12,** 7
– Schreibauslagen **12,** 58
Kostenschuldner
– gerichtliche Festsetzung **4,** 12, 19, 34, 37, 56 f.
– Wirkung zu Lasten des K. **4,** 56 f.
Krankengeld **17,** 4; **21,** 6
Krankenhaus, **12,** 17
Krankentransport **5,** 47
Krankenversicherung **18,** 14
Krankheit
– Begleitperson **7,** 27
– Gutachtenerstellung **8,** 17
– Reisekosten **5,** 20, 21, 44, 49, 53
– Übernachtungskosten **6,** 21
Kreditinstitute
– Dritte (§ 23) **23,** 15 ff.
– Fotokopiekosten **23,** 20
– gerichtliche Festsetzung **4,** 18
– schriftliche Auskünfte **23,** 19
– Sparkassen **23,** 15
– Steuerstrafsachen **23,** 18
– Umsatzsteuer **23,** 21
– Verdienstausfall **23,** 16
Kriminalämter **1,** 93
Kursgebühren **7,** 7

Laborangestellte **12,** 39
Laboreinrichtung **10 (A-3),** 4
Ladung
– Fotokopiekosten **7,** 41
– Schreibauslagen **12,** 58
Landeselternrat **1,** 47
Landesrechnungshof **4,** 17
Landpachtsachen **1,** 55
Landwirt **22,** 20
Landwirtschaftsamt **1,** 94
Landwirtschaftsgericht **1,** 55
Landwirtschaftskammer **1,** 75
Leerzeichen **11,** 46; **12,** 49
Lebenspartner **21,** 3
Lehrerin, teilzeitbeschäftigte **17,** 5
Lehrvergütung **22,** 10
Leichenbesichtigung
– Aufwendungen **10 (A-1),** 21 ff.
– Bericht **10 (A-1),** 10 f.
– Hinzuziehung eines Arztes **10(A-1),** 7
– Hilfskräfte **10 (A-1),** 23
– Höhe der Vergütung **10 (A-1),** 8
– Mehrere Leistungen **10 (A-1),** 9
– Mehrere Personen **10 (A-1),** 5

Leichenöffnung *siehe bei Obduktion*
Leichenteile **10 (A-3),** 11
Leistungskosten **23 (A),** 7 ff.
Lichtbilder
– Bearbeitung von L. **8,** 25
– Einkleben von L. **8,** 27
– Erstattung **12,** 42 ff
– Farbausdrucke und -kopien **7,** 44; **8,** 35
– Herbeischaffung von L. **8,** 35
Liegewagen **5,** 23
Literaturstudium **8,** 36

Mängelbeseitigung **8**a, 14
Mangelleistung
– Aufklärungspflicht **8a,** 8
– Befangenheit **8a,** 15 ff. *siehe auch Befangenheit des Sachverständigen*
– Fehlende Fertigstellung **8a,** 27
– Grobe Fahrlässigkeit **8a,** 11
– Mängelbeseitigung **8a,** 14
– Mindestanforderung **8a,** 13
– Nachprüfbarkeit **8a,** 12
– Pflichtwidriges Verhalten **8a,** 11
– Schlechtleistung **8a,** 10 ff.
– Vergütung **8a,** 6 ff.
Maklerin **22,** 24
Materialprüfanstalt **12,** 69
Mautgebühren **5,** 40
Mehrere Aufträge
– Aufteilung der Vergütung **8,** 63 f.
– Beschwerdewert **4,** 40
Mehrtägige Reise **6,** 21
Medizinische Gutachten
– Honorargruppen **9,** 17 ff.
– Zeitaufwand **8,** 53
Mehrfache Heranziehung **2,** 30
Mehrkosten
– Kosten der Mitteilung **8a,** 39
Menschenrechte **1,** 192
Metronom Eisenbahnges. **5,** 18
Microfiches **23,** 12
Mietkosten
– Geräte **12,** 23
– Räumlichkeiten **12,** 18
Mietwagen **5,** 46
Mikroskopische Untersuchung **10 (A-3),** 11
Militärdienstfahrschein **5,** 19
Mineralölproben **10 (A-3),** 2
Mindestvergütung **11,** 45
Missverhältnis der Kosten
– Bestimmung der Vergütung **8a,** 33 f.
– Fortsetzungsanalyse **8a,** 33
– Hinweispflicht **8a,** 29

545

Sachregister

fette Zahlen = §§

– Mitteilung **8a**, 30
– Streitwert **8a**, 32
Mitarbeiterrabatt **5**, 18
Mitfahrer **5**, 32 ff.
Mittagessen **6**, 31 ff.
Mittagspause **8**, 38
Mittelklassehotel **6**, 27
Mittellosigkeit **3**, 2; **3 (R)**, 8
Mitteilungspflicht (§ 407a ZPO) **8a**, 8 f., 29 ff., 35 ff.
Monatskarte **5**, 17
Monaco **1**, 235
Mutterschutzgeld **17**, 4; **21**, 6

Nachbesserung **8a**, 14
Nachforderungsverbot **4**, 57
Nachlösen **5**, 24
Nachprüfbarkeit **8a**, 12
Nachprüfung des Antrags
– Beschwerdeverfahren **4**, 47
– gerichtliche Festsetzung **4**, 30
Nachtdienstzulage **22**, 21
Nachteilsentschädigung
– ehrenamtliche Richter **16**, 1 ff.; **17**, 1
– Reiseentschädigung **3 (R)**, 38
– Vorschuss **3**, 24 siehe auch bei Haushaltsführung
– Zeugen **20** 1 ff; **21**, 1 ff.
Nachtruhe **8**, 38
Nachweis
– Hilfskräfte **12**, 33
– Reisekosten **5**, 11, 14, 40
– Übernachtungskosten **6**, 23
– Verdienstausfall **18**, 3; **22**, 5
– Vertretungskosten **7**, 18
Nebenintervenient **3 (R)**, 23
Nebenkläger **3 (R)**, 23
Negative Einkünfte **22**, 24
Nettobetrag **9**, 2
Netzkarte **5**, 17
Neubeginn der Verjährungsfrist **2**, 63, 67
Nichtaufgeführte Sachgebiete **9**, 4 ff.
Norwegen **1**, 225
Norwegisch **11**, 32
Notare
– Beurkundung **7**, 8
– Heranziehung durch N. **1**, 31
– Heranziehung nach SachRBerG **1**, 32
Notarkammer **1**, 76
Nottestamente **1**, 44
Nutzungsentgelte **12**, 16

Obduktion
– Aufwendungen **10 (A-1)**, 21 ff.
– Bericht **10 (A-1)**, 15
– Bildmappe **10**, 21
– Brand-, Wasserleiche **10 (A-1)**, 19
– Erhöhung der Vergütung **10 (A-1)**, 18 f.
– Exhumierung **10 (A-1)**, 19
– Hilfskräfte **10 (A-1)**, 23
– Reisezeit **10 (A-1)**, 16
– Sektion **10 (A-1)**, 20
– Ungünstige Bedingungen **10 (A-1)**, 18 f.
– Vergütung **10 (A-1)**, 14, 18 f.
– Verwesungszustand **10 (A-1)**, 23
– Vorläufiges Gutachten **10 (A-1)**, 15
– Zweiter Obduzent **10 (A-1)**, 17
Obduzent **10 (A-1)**, 12 ff.
Öffentliche Klage
– Vorbereitungskosten **1**, 200
Öffentliche Verkehrsmittel **5**, 10 ff.
Österreich **1**, 216, 222
Ordnen des Gutachtens **12**, 57
Ordnungsgeld **8a**, 27
Ordnungswidrigkeitsverfahren
– Polizei **1**, 36
– gerichtliche Festsetzung **4**, 16
Ortsmitte **5**, 30
Ortstermin
– Befangenheit **8a**, 24
– Ladungsschreiben **8**, 44; **12**, 58
– Portokosten **12**, 8

Papierkosten **12**, 27
Parkgebühren **5**, 38
Parkhaus **5**, 38
Parteien
– Anhörungsrüge **4 a**, 17
– gerichtliche Festsetzung **4**, 4, 12 f., 19, 56 f.
Parteikosten siehe bei Kostenerstattung
Patentanwaltskammer **1**, 77
Patientenkartei **10 (A-2)**, 4
Pausenzeiten **8**, 38; **19**, 17
Pensionär **17**, 4; **20**, 11; **21**, 10
Persisch **11**, 33
Persönliches Erscheinen **3 (R)**, 28
Physikalische Untersuchung **10 (A-3)**, 11
Pflege **7**, 21
Pflegeperson (§ 1630 BGB) **21**, 8
Platzkarten **5**, 21
Polizei
– durchlaufende Gelder **1**, 206 ff.
– Ermittlungsverfahren **1**, 35
– Freifahrten **5**, 18
– gerichtliche Festsetzung **4**, 11, 16, 24, 25
– Heranziehung durch P. **1**, 34 ff.
– Wasserproben **10 (A-3)**, 3
– Zulagen **22**, 21, 22

magere Zahlen = Rn.

Sachregister

Polizist
- Haushaltsführung **21**, 9
- Verdienstausfall **22**, 21, 22
- Zeitversäumnis **20**, 10

Portokosten
- Ärzte **10**, 16
- Einschreiben **12**, 9
- Erstattung **12**, 14 ff.
- schriftliche Zeugenaussage **19**, 22
- Übersendung des Gutachten **12**, 19
- Vorprüfung **8a**, 39

Portugiesisch **11**, 34
Postamt **8**, 26; **12**, 55
Postdienstleistungen (USt) **12**, 70
Postlauf
- Wiedereinsetzung **2**, 50

Praxiskosten **10**, 11
Privatgutachten
- Baussachen **1**, 7 ff.
- d. freigespr. Angeklagten **1**, 137

Privatklage (Besondere Vergütung) **13**, 16
Privatkläger **3 (R)**, 23
Protokoll (zu P. der Geschäftsstelle)
- Anhörungsrüge **4 a**, 14
- gerichtliche Festsetzung **4**, 28, 43
- Vorschuss **3**, 11

Protokollführer **9**, 37
Prozesskostenhilfe
- Besondere Vergütung **13**, 43 ff.
- Gerichtsvollzieherkosten **1**, 209
- Reiseentschädigung **3 (R)**, 19 ff.
- Übersetzungskosten **11**, 5

Prüfungsbeamte **1**, 95
Psychologische Gutachten **8**, 6
Putativvater **10 (A-4)**, 6

Radiopharmazeutikum **10**, 18
Reagenzmittel **10**, 15
Recherchen **8**, 39
Rechtliches Gehör
- Besondere Vergütung **13**, 29
- gerichtliche Festsetzung **4**, 17, 34, 51

Rechtsanwalt
- Dolmetscher- und Übersetzungskosten **1**, 197 ff.
- Kosten als Zeugenbeistand **7**, 4
- Mitnahme d. Mandanten **5**, 34
- Sachverständiger **1**, 56
- Selbstvertretung **22**, 25
- Übersetzer **11**, 4
- Zeugen **22**, 23
- *siehe auch Anwaltszwang*

Rechtsanwaltskammer **1**, 78
Rechtshilfe
- Ausländische Gerichte **1**, 214 ff.
- Erstattung von Kosten **1**, 37
- Übersetzungskosten **1**, 196
- Zuständigkeit für Festsetzung **1**, 37

Rechtsbehelfsbelehrung
- Adressat **4 c**, 7
- Anfechtbare Entscheidungen **4 c**, 2 f.
- Beschwerdeentscheidung **4 c**, 12
- Hinweispflichtige Rechtsbehelfe **4 c**, 4 ff.
- Fehlerhafte R. **4 c**, 8
- Festsetzungsverfahren **4 c**, 10
- Form **4 c**, 6
- Gerichtliche Festsetzung **4 c**, 11
- Inhalt **4 c**, 8 ff.
- Unterlassene R. **4 c**, 9

Rechtskraft **1**, 120, 143
Rechtsmißbrauch **4**, 30
Rechtsmittel
- Anhörungsrüge **4 a**, 19
- Besondere Vergütung **13**, 33
- Rechtsbehelfsbelehrung **4 c**, 3
- Reiseentschädigung **3 (R)**, 15 ff.
- Vorschusszahlungen **3**, 14 ff.

Rechtspfleger
- als Gericht **1**, 17
- Kostenfestsetzung in Strafsachen **1**, 120

Rechtswirkung **4 a**, 13; **4 b**, 12 ff.
Rechtsverstoß **4**, 6
Reinigungsmittel **10**, 15
Reinschrift **8**, 40
Reiseentschädigungen
- Antrag **3 (R)**, 3
- Frist **3 (R)**, 11
- Geltungsbereich **3 (R)**, 2
- Höhe der R. **3 (R)**, 32 ff.
- Mittellosigkeit **3 (R)**, 8
- Nebenintervenient **3 (R)**, 23
- Nebenkläger **3 (R)**, 23
- Privatkläger **3 (R)**, 23
- Prozesskostenhilfe **3 (R)**, 19 ff.
- Rechtsmittel **3 (R)**, 15 ff.
- Sozialgerichtssachen **3 (R)**, 29
- Streitverkünder **3 (R)**, 23
- Verfahrenskostenhilfe **3 (R)**, 19 ff.
- Wiedereinziehung **3 (R)**, 40 f.

Reisekosten
- Angeklagter **1**, 146
- Bahncard **5**, 12 ff.
- Baussachen **1**, 6, 11
- Behördenangestellte **5**, 5
- Betreuer, Pfleger, Vormund **1**, 167 ff.
- Besondere Vergütung **13**, 4
- Beteiligter in Sozialgerichtssachen **1**, 151 ff.
- Dauerkarten **5**, 17
- Dienstaufgaben **1**, 85; **5**, 5

547

Sachregister

fette Zahlen = §§

- Fahrrad **5**, 41
- Freifahrten **5**, 18 f.
- Garagenkosten **6**, 34
- Gepäck **5**, 20
- Höhere Fahrtkosten **5**, 42 ff.
- Juristische Personen **22**, 19
- Mitfahrer **5**, 33 ff.
- Parkgebühren **5**, 38
- Polizeibeamte **5**, 6
- Privates Kfz **5**, 25 ff.
- Reisentschädigung **3 (R)**, 34 f.
- Soldaten **5**, 19
- Straßengebühren **5**, 40
- unmittelbar geladene Sachverständige **1**, 110
- unmittelbare geladene Zeugen **1**, 106
- Verfahrenspfleger **1**, 170
- Vorschuss **3**, 18 ff.
- Zweitwohnsitz **5**, 62

Reiserücktrittsversicherung **7**, 11
Reisevorbereitung **8**, 42
Reisezeit
- Befund **10 (A-2)**, 17
- Leichenbesichtigung **10 (A-1)**, 6 ff.
- Sachverständige **8**, 41
- Untersuchungen **10 (A-3)**, 21, 28
- Zeugen **19**, 17
- zumutbare R. **6**, 19 f.

Rentenversicherung **18**, 15
Rentenversicherungsträger **1**, 80
Rentner
- Haushaltsführung **17**, 4; **21**, 10
- Zeitversäumnis **20**, 11

Reproduktionskosten **23**, 12, 27
Revisionsverhandlung **1**, 140
Richter
- Äußerung zum Stundensatz **9**, 4
- Befangenheit **4**, 15
- Stellungnahme **4**, 32
- Vermerk auf Kassenanordnung **4**, 33
- Wahl d. Verkehrsmittel **3 (R)**, 35; **5**, 1, 22
- Zusage des R. **14**, 8

Röntgenleistungen **10 (A-3)**, 25
Rückforderung überzahlter Beträge
- Besondere Vergütung **13**, 21
- Einwendungen gegen R. **4**, 54
- Rechtsmittel **2**, 75
- Reiseentschädigungen **3 (R)**, 14
- Verjährung **4**, 55
- Verzichtserklärung **19**, 8
- Vorschusszahlungen **3**, 15
- Zahlungsaufforderung **2**, 73

Rücksprache mit dem Gericht **8**, 43
Rumänisch **11**, 35
Russisch **11**, 36

Sachenrechtsbereinigungsgesetz **1**, 32
Sachstandsanfrage
- Fotokopiekosten **7**, 41
Sachverständige
- gerichtliche Festsetzung **4**, 11
- Hotelzimmer **6**, 27
- Vergütungsvereinbarung **14**, 1 ff.
- Vertretungskosten **7**, 20
- Verwaltungsbehörde **1**, 39
- Vorschuss **3**, 26 ff.
Sachverständige Zeugen
- Abgrenzung zum Zeugen **19**, 12
- Ärzte **19**, 14
- Bezeichnung des Herangezogenen **19**, 13
- Ladung **19**, 13
- Vernehmung **19**, 15

Sammeltransport **22**, 12
Satzzeichen **11**, 45
Schadensersatzhaftung **4**, 29
Schiedsstellen **1**, 58
- gerichtl. Festsetzung **1**, 58
- Verdienstausfall **1**, 58
Schlafwagen **5**, 23
Schreibauslagen
- Abstammungsgutachten **10 (A-4)**, 3
- Befundbericht **10 (A-2)**, 12, 20
- Gutachtenerstellung **12**, 48 ff.
- Stellungnahmen **12**, 50
- Übersetzer **11**, 53
- Untersuchungsbericht **10 (A-3)**, 23
Schreibkräfte
- allgemeiner Schriftverkehr **12**, 35
- Hilfskräfte **12**, 35, 37
Schriftliche Äußerungen
- Angeklagter **1**, 138
- Kreditinstitute **23**, 19
- Verdienstausfall **19**, 21
- Zeugen **19**, 20 ff.
Schriftsteller **22**, 24
Schriftuntersuchungen **7**, 10
Schriftverkehr **8**, 44
Schriftzeichen **11**, 47
Schüler **20**, 12
Schweden **1**, 233
Schweiz **1**, 226
Seetestamente **1**, 44
Selbstständige
- Negative Einkünfte **22**, 24
- Verdienstausfall **22**, 5, 24
- Zeitversäumnis **20**, 13
Selbsttötung **8**, 10
Selbstvertretung **22**, 25
Sektion **10 (A-1)**, 20 ff.
Sektionsgehilfe **10 (A-1)**, 23
Semesterkarten **5**, 17

magere Zahlen = Rn.

Sachregister

Serbokroatisch **11**, 37
Short Tandem Repeat System **10 (A-4)**, 8
Sicherstellung **1**, 145
Sichten von Unterlagen **23**, 15
Signatur **4 b**, 7 f.
Silbenschrift **11**, 47
Single Nucleotide Polymorphisms **10 (A-4)**, 8
Sitzungsverlegung **16**, 6
SNP **10 (A-4)**, 8
Soldaten, Reisekosten der S. **5**, 19
Sonntag **8**, 14; **10 (A-1)**, 18
Sozialgericht
– Auskünfte (§ 103 SGG) **23**, 27
– Besondere Vergütung **13**, 15
– Entschädigung des Beteiligten (§ 191 SGG) **1**, 151 ff.
– Heranziehung **1**, 22
Sozialgerichtsbarkeit
– gerichtliche Festsetzung **4**, 9
– Reiseentschädigung **3 (R)**, 2, 7, 30
Sozialhilfeempfänger **20**, 14; **21**, 11
Sozialversicherung
– ehrenamtliche Richter **18**, 13 ff.
– Hilfskräfte **12**, 36
Spanisch **1**, 30
Spende **6**, 35
Sprache **11**, 19 ff.
– dritte S. **11**, 19
siehe auch unter den einzelnen Sprachen z. B. Arabisch
Sprachsachverständige **9**, 40
Sprechstundenbedarf **10**, 11
Sprechstundenhilfe **12**, 40
Spurensicherung **1**, 93
Staatsangehörigkeit **19**, 25
Staatsanwaltschaften
– gerichtliche Festsetzung **4**, 16, 23
– Heranziehung durch S. **1**, 34, 38
– Wirtschaftsreferent **1**, 100, 200
Staatskasse
– Beschwerde bei Reiseentschädigung **3 (R)**, 22
– gerichtliche Festsetzung **4**, 34
– rechtliches Gehör **4**, 34
Stahlträger **10 (A-3)**, 2
Standortabfrage **23 (A)**, 23
Standarttext **8**, 30
Stationäre Behandlung **12**, 17
Stellungnahme **12**, 58
Stellungnahme d. Richters **4**, 32
STR **10 (A-4)**, 8
Steuerberater **22**, 24
Steuerberaterkammer **1**, 79
Steuerbescheid **22**, 5

Steuerstrafsachen **23**, 18
Stichproben **11**, 41
Stillschweigen **13**, 23
Stornogebühren **7**, 11
Strafsachen **1**, 19
– Besondere Vergütung **13**, 16
– Signatur **4 b**, 7 f.
Strafverfolgungsbehörden
– Anordnungen nach § 95 StPO **23**, 9 ff.
– Besondere Vergütung **13**, 16, 40
– Heranziehung durch S. **1**, 3, 38, 49
Strafvollzugsgesetz, Leistungen nach dem S. **22**, 12 f.
Straßengebühren **5**, 40
Streitverkünder **3 (R)**, 23
Streitwert **8a**, 32
Stromkosten **12**, 18
Studenten **20**, 12
Stundensatz, vorherige Festsetzung **9**, 15 f.
Studenten
– Semesterkarten **5**, 17
– Zeitversäumnis **20**, 12
Stundung **2**, 68
Substanzverlust **12**, 25
Sütterlinschrift **11**, 14

Tagegeld
– Berechnung **6**, 11 ff.
– Handelsrichter **15**, 18 f.
– Höhe des T. **6**, 11 ff.
– Inklusivpreis **6**, 31 ff.
– Vorschuss **3**, 22
Taxikosten **5**, 49
Technische Geräte **12**, 6
Teilabhilfe **4**, 41, 45
Teilfestsetzung **4**, 2
Teilleistungen
– Frist zur Geltendmachung **2**, 23
– Vergütungsanspruch **8**, 8
– Verjährung **2**, 70
– Vorschuss **3**, 28, 34
Teilnahmegebühr **15**, 12
Teilzeitbeschäftigte **17**, 5; **21**, 4 f.
Telefongespräche **8**, 49 f.
Telefonkosten
– Anzeige d. Urlaubsortes **5**, 61
– Bare Aufwendungen **7**, 12
– elektronische Dateien **7**, 47
– Erstattung **12**, 11
– Grundgebühr **12**, 11, 18
– Internet **12**, 11
– Mitteilung (§ 407 a ZPO) **8a**, 39
Telekommunikation
siehe Überwachung der Telekommunikation
siehe Auskunft über Bestandsdaten

549

Sachregister

fette Zahlen = §§

siehe *Übermittlung von Verkehrsdaten*
siehe *Standortabfrage*
Terminabsprache **12**, 37
Terminsaufhebung **9**, 41
Terminsvorbereitung
– ehrenamtliche Richter **16**, 7
Testkits **10 (A-4)**, 9
Thalys **5**, 22
Therapiegespräche **1**, 49
Tierbetreuung **7**, 13
Toxikologische Untersuchung **10 (A-3)**, 11
Trinkgeld **6**, 36
Tschechisch **11**, 39
Türkei **1**, 227
Turksprachen **11**, 41
Türkisch **11**, 40
TÜV
– Anspruch eines Bediensteten **1**, 54
– Umsatzsteuer **12**, 75
Tunesien **1**, 228, 236
Tunnelgebühren **5**, 40

Übergangsbestimmungen
– Dolmetscher **24**, 7
– Ehrenamtliche Richter **24**, 59
– Ergänzungsgutachten **24**, 4
– Handelsrichter **24**, 9
– Ladung **24**, 5, 7 ff.
– Übersetzer **24**, 2 ff.
– Umsatzsteuer **24**, 11
– Unterbrechung **24**, 6
– Zeugen **24**, 8
Überhöhte Zahlungen
– Erinnerung der Parteien **4**, 37, 56 f.
– Wiedereinziehung **1**, 202
Übermittlung von Verkehrsdaten
– Abschaltung **23 (A)**, 21
– Auslagen **23 (A)**, 22
– Datenträger **23 (A)**, 22
– Echtzeit **23 (A)**, 21
– Entschädigung **23 (A)**, 20 ff.
– Künftige Verkehrsdaten **23 (A)**, 21
– Mitteilung der Standortdaten **23**, 21
Übernachtungskosten
– Betreuer **1**, 180
– Handelsrichter **15**, 18 f.
– Höhe der Ü. **6**, 18 ff.
– Inklusivpreis **6**, 29 ff.
– Nachweis **6**, 23
– Reiseentschädigung **3 (R)**, 37
– Schlafwagen **5**, 23
– Sozialsachen **1**, 164
– Spenden **6**, 35
– Vergütungsanspruch **8**, 7 ff.
– Vorschuss **3**, 23

Überschreiten des Vorschusses
– Erheblichkeit **8a**, 36
– Fehlendes Verschulden **8a**, 38
– Hinweispflicht **8a**, 35
– Vergütungsanspruch **8a**, 37
Übersetzer
– Auslagen **11**, 52 ff.
– Erhöhtes Honorar **11**, 6
– Diagramme **11**, 17
– Grafiken **11**, 17
– Grundhonorar **11**, 7
– Höhe der Vergütung **11**, ff.
– Mindestvergütung **11**, 45
– Notare **1**, 31
– Rechtsanwälte **11**, 4
– Schiedsstellen **1**, 58
– Sprache **11**, 19 ff.
– Überprüfung von Aufzeichnungen **11**, 51
– Verwaltungsbehörden **1**, 39
– Vorschuss **3**, 34
Übersetzungen
– Formulare **11**, 17
– identische Ü. **11**, 50
Übersetzungskosten
– Anordnung (§§ 142, 144 ZPO) **23**, 7
– Ausländer in Strafsachen **1**, 191 ff.
– blinde Personen **1**, 189
– Parteikosten **1**, 182
Überstunden **18**, 7; **20**, 15; **22**, 26
Überwachung der Telekommunikation
– Abschaltung **23 (A)**, 5
– ISDN-Anschlüsse **23 (A)**, 9, ff.
– Leistungskosten **23 (A)**, 7 ff.
– Umschaltung **23 (A)**, 6
– Umsetzung von Anordnungen **23 (A)**, 5 ff.
– Verlängerung **23 (A)**, 6
Umgangsregelung **8**, 52
Umladungen **12**, 62
Umsatzsteuer
– Angeklagter **1**, 149; **12**, 78
– Befreiung **12**, 66
– Befundbericht **10 (A-2)**, 13
– Beschwerdewert **4**, 39
– Beteilige Sozialgerichtssachen **12**, 77
– Betreuer **1**, 181
– Dolmetscher **9**, 34
– ehrenamtliche Richter **18**, 5
– Fremdleistungen **12**, 69 ff.
– Gutachterausschuss **12**, 74
– Heilberufe **12**, 67
– Hilfskräfte **12**, 71
– Katasteramt **12**, 72
– Kostenfestsetzungsverfahren **12**, 76 f.
– Nachträgliche Geltendmachung **2**, 51

magere Zahlen = Rn.

Sachregister

– Postdienstleistungen **12**, 70
– TÜV **12**, 75
UMTS-Mobilfunkanschluss **23 (A)**, 12
Umwandlungsrechtliches Spruch-
 verfahren **13**, 17
Unbekannter Aufenthalt **2**, 69
Unfallversicherung
– Ehrenamtliche Richter **18**, 16
– Handelsrichter **15**, 17
Ungarisch **11**, 42
Unmittelbar geladene Zeugen
– Berechnung der Entschädigung **1**, 104
– Darbietung der Entschädigung **1**, 102
– Hinterlegung d. Betrages **1**, 103
– Höhe der Entschädigung **1**, 105 ff.
– Kostenfestsetzung **1**, 117, 139
– Rechtsmittel **1**, 116
– Reisekosten **1**, 106, 110
– Sachverständige **1**, 108 ff.
– Verdienstausfall **1**, 105
Unterbrechung des Verfahrens **24**, 6
Unterbringung
– Dienstaufgaben **1**, 86
Unterbringungskosten **1**, 59, 60
Untersuchung der Eltern **8**, 49
Untersuchungsausschuss **1**, 61
Untersuchungsgefangene
– Besuchs- und Briefkontrolle **1**, 195
Untersuchungstermin **1**, 157
Untersuchungsvorgang **10 (A-3)**, 5, 14
Unverwertbarkeit des Gutachtens **8a**, 6 ff.
Unverwertbarkeit der Zeugenaussage
 19, 2
Urdu **11**, 43
Urinprobe **1**, 50
Urlaub
– Angeklagter **1**, 148
– Sozialgerichtssachen **1**, 165
– Zeugen **20**, 16; **22**, 27
Urlaubsgeld
– Hilfskräfte **12**, 36
Urlaubsort **5**, 61; **6**, 5

Venüle **10 (A-3)**, 30
Verbandmittel **10**, 15
Verbrauchte Materialien **10**, 15; **(A-1)**,
 24; **10 (A-3)**, 22; **10 (A-4)**, 3; **12**,
 24 ff.
Verdienstausfall
– Angeklagter**1**, 150
– Baussachen **1**, 6, 11
– Befundbericht **10 (A-2)**, 2, 4, 6
– Dolmetscher **9**, 32
– Dritte **23**, 16
– ehrenamtliche Richter **18**, 1 ff.
– Juristische Personen **22**, 16 ff.

– Reiseentschädigung **3 (R)**, 38
– Sachverständige **9**, 5
– Selbstständige **18**, 6; **22**, 24
– Sozialsachen **1**, 166
– Vorschuss **3**, 21, 24, 35
Vereinbarung der Vergütung
– Auslagen **14**, 14
– Berechtigte Stellen **14**, 7 ff.
– Bundesgerichte **14**, 11
– Form **14**, 5
– Honorar **14**, 12
– Landesrecht **14**, 10
– Stundensatz **14**, 13
– Umfang **14**, 12 ff.
– Wirkung **14**, 4
Vereinsbetreuer
– Fahrtkosten **1**, 168, 170
– Verfahrensbeistand **3 (R)**, 30
– Verfahrenskostenhilfe siehe Prozess-
 kostenhilfe
Verfahrenspfleger
– Reisekosten **1**, 170
– Vorschuss f. Reisekosten **3 (R)**, 30
Vergleichsrechnung **5**, 43
Vergütung
– Aufrundung **8**, 61 f.
– Auftragsüberschreitung **8**, 59 f.
– restliche Tageszeit **8**, 16
– Umfang der V. **8**, 11 f.
– Vorprüfung **8a**, 39 f.
Verjährung
– Ansprüche nach § 464 a StPO **1**, 127
– Ansprüche nach dem JVEG **2**, 60 ff.
– Eingangsstempel **4**, 55
– Einrede der V. **2**, 64
– Entreicherung **2**, 72
– Hemmung der V. **2**, 62, 67
– Kleinbetrag **2**, 70
– Neubeginn **2**, 63, 67
– Rechtsmittel **2**, 76
– Reisekosten der Betreuer **1**, 168
– Rückzahlungsansprüche **2**, 66 ff.
– Teilleistungen **2**, 70
– Verwaltungszwangsverfahren **2**, 74
Verkehrsdaten siehe Übermittlung von V.
Verkündungsdatum **24**, 3
Verlegung von Sitzungen **16**, 6
Vermittlungskosten **7**, 14
Vermögensauskunft **3 (R)**, 31
Vermögenseinbuße **8**, 5
Vernehmungen
– des Angeklagten **1**, 141
– kommissarische V. **1**, 141
Veröffentlichungskosten **7**, 15
Verpflegungskosten
– Reiseentschädigung **3 (R)**, 36

551

Sachregister

fette Zahlen = §§

Versandkosten
– Ärzte **10**, 16
– Sachverständige **12**, 4 ff.
Verschlechterungsverbot **4**, 48
Verschulden
– Wiedereinsetzung **2**, 39 ff.
Versorgungsausgleich
– Entschädigung der Rententräger **1**, 80
– Übersetzungen **11**, 17
Versicherungsmathematisches Büro im VA-Verfahren **1**, 80
Vertrauensleite siehe Vertrauenspersonen
Vertrauenspersonen
– Vergütung **15**, 7
– Vorschuss **3**, 35
Vertrauensschutz **4**, 53 ff.
Vertretungskosten
– Gewinnanrechnung **7**, 20
– Haushalt **17**, 6; **21**, 12 f.
– Hinweispflichten **7**, 19
– Höhe **7**, 18
– Nachweis **7**, 18
– Sachverständige **7**, 20
– Zeugen, Dritte **7**, 21
Verwaltungsbehörden **1**, 39
– gerichtliche Festsetzung **4**, 27
Verwaltungsgerichtsbarkeit **1**, 23
Verwaltungsweg **4**, 2, 57
Verwaltungszwangsverfahren **2**, 74
Verwandter
– Entschädigung in Sozialgerichtssachen **1**, 158
– Übernachtung bei V. **6**, 22
Verwesungszustand **10 (A-1)**, 19
Verwirkung der Beschwerde **4**, 44
Verzichtserklärung *siehe bei Zeugenentschädigungsverzichtserklärung*
Veterinäramt **1**, 96
Volkshochschule **15**, 12
Vollmacht **1**, 125
Vollstreckbare Ausfertigung **1**, 13
Vollstreckung
– Aussetzung der V. **4 a**, 22
Vollstreckungsbeamte **1**, 24
Vollstreckungsgericht
– gerichtl. Festsetzung **1**, 25, 26; **4**, 26
Vollstreckungshandlung
– Heranziehung von Zeugen **1**, 25
– Verjährung **2**, 67
Vorabfestsetzung **9**, 9, 15 f.
Vorarbeiten **8**, 8
Vorbereitende Schreiben **7**, 41
Vorbereitungszeit
– des Angeklagten **1**, 142
– Dolmetscher **9**, 32
– Reisevorbereitung **8**, 42

– Zeitaufwand **8**, 46
Vorlesung **20**, 12
Vorprüfung
– Aktenstudium **8a**, 39
– Vergütung **8a**, 39
Vorschuss
– Antrag **3**, 10 ff.
– Art der Entscheidung **3 (R)**, 5
– Ausländische Gerichte **1**, 214 ff.
– Dolmetscher **3**, 34
– Dritte **3**, 25
– Ehrenamtliche Richter **3**, 35
– Festsetzung **3**, 4 ff; **4**, 7
– Frist **3**, 12
– Grundsätze **3**, 1 f.
– Hilfskräfte **3**, 3, 33
– Leistungsvergütung **3**, 28 f.
– Mittellosigkeit **3**, 2; **3 (R)**, 8
– Nachteilsentschädigung **3**, 24
– Reisekosten des Betreuers **1**, 168
– Rückforderung **3**, 15
– Sachverständige **3**, 26 ff.
– Tagegeld **3**, 22
– Übernachtungskosten **3**, 23
– Überschreiten *siehe Überschreiten des Vorschusses*
– Übersetzer **3**, 34
– Verdienstausfall **3**, 24
– Zeugen **3**, 17 ff.
– Zuständigkeit **3**, 4 ff.
Vorschussüberschreitung *siehe Überschreiten des Vorschusses*
Vorzeitige Auftragsbeendigung **2**, 31

Währung
– ausländische W. **19**, 30
Wagenklasse **5**, 10
Wartungstechniker **19**, 12
Wasserleiche **10 (A-1)**, 19
Wasserprobe **10 (A-3)**, 2, 5
Wasserwirtschaft **1**, 97
Wechsel des Sachbearbeiters **8**, 47
Wechselkurs **19**, 30
Wegstrecke
– Berechnung der W. **5**, 30
– Vergütung **8**, 41
Wehrdienstgericht **5**, 19
Wehrpflichtsachen **4**, 10
Weihnachtsgeld **12**, 36
Weinkontrolleur **1**, 98
Weitere Beschwerde **4**, 50 ff.
Werkzeuge **12**, 3, 5, 8 ff.
Wertminderung
– Gerätschaften **12**, 25
– Versicherung **12**, 26
Wetterdienst *siehe Deutscher Wetterdienst*

magere Zahlen = Rn.

Sachregister

Wiedereinsetzung
- Antrag **2**, 40
- Beschwerde **2**, 54 ff.
- elektronisches Dokument **4 b**, 14
- Entscheidung **2**, 53
- Form **2**, 41
- Frist **2**, 42 f.
- Geltendmachung von Ansprüchen **2**, 39 ff.
- Verschulden **2**, 44 ff.

Wiederaufnahme der Arbeit **19**, 18

Wiedereinziehung
- Dolmetscherkosten in Strafsachen **1**, 191 ff.
- der n. d. JVEG gezahlten Beträge **1**, 182 ff.
- ehrenamtliche Richter **1**, 185
- Gerichtsvollzieherkosten **1**, 209
- Handelsrichter **1**, 185

Winterreifen **1**, 178
Wirtschaftsreferent **1**, 100, 200
Wohngemeinschaft **21**, 3
Wohnungsöffnung **20**, 8
Wortwiederholung **11**, 9

Zahlungsaufforderung **2**, 68
Zahlungsverzicht **1**, 65
Zentrale Kontaktstellen **23 (A)**, 3
Zeichenvergütung **11**, 6 ff.
- Erhöhtes Honorar **11**, 8
- Grundhonorar **11**, 7
- maßgeblicher Text **11**, 47

Zeichenzählung
- Gutachten **12**, 49
- Übersetzung **11**, 46 ff.

Zeitaufwand
- Erziehungsfähigkeit **8**, 50
siehe auch bei erforderliche Zeit
Zeitbegrenzung **8**, 14
Zeitdruck **11**, 18
Zeitguthaben **20**, 15

Zeitversäumnis
- Juristische Personen **22**, 16 ff.
- Reise- und Wartezeit **16**, 6

Zeugen
- Aufrundung **19**, 19
- Besondere Vergütung **13**, 8
- gestellte Z. **1**, 13
- sachverständige Z. **19**, 11 ff.
- schriftliche Aussage **19**, 20 ff.
- Umfang der Entschädigung **19**, 6 f.
- Umsatzsteuer **19**, 7
- Vertretungskosten **7**, 21
- Vorschuss **3**, 17 ff.

Zeugenbeistand **7**, 4
Zeugenentschädigungsverzichtserklärung
- Anfechtung **19**, 9
- Staatskasse **19**, 10
- Widerruf **19**, 9
- Wirksamkeit **19**, 10

Zielwahlsuche **23 (A)**, 18
Zinsen **1**, 143; **7**, 16
Zivildienstgesetz **1**, 40
Zollkriminalamt **1**, 93
ZSEG **25**, 1
Zuordnung in ein Sachgebiet **9**, 2 ff.
- verschiedene Sachgebiete **9**, 7
- Vorabfestsetzung **9**, 15 f.
Zurückverweisung **18**, 10
Zusage des Richters **14**, 8
Zusammenstellung des Gutachtens **8**, 48
Zuschläge **5**, 22
Zusätzliche Zeit
Zuschlag (Hilfskraft) **12**, 41
Zuschläge **22**, 4, 21, 22
Zuständigkeit **3**, 4 ff.
Zustellung **2**, 38
Zustellungsempfänger **1**, 230
Zustellungskosten **4**, 59
Zweitschuldner **3 (R)**, 41
Zweitwohnsitz **5**, 62

553